LISHUISHIJIAOTONGZHI

丽水市交通志

(1991–2010)

《丽水市交通志》编纂委员会 编

方志出版社
Publishing House of Local Records

图书在版编目（CIP）数据

丽水市交通志. 1991-2010 / 丽水市交通志编纂委员会编. -- 北京 : 方志出版社, 2019.1
ISBN 978-7-5144-3582-5

Ⅰ. ①丽… Ⅱ. ①丽… Ⅲ. ①交通运输业—概况—丽水—1991-2010 Ⅳ. ①F512.755.3

中国版本图书馆 CIP 数据核字(2019)第 021397 号

丽水市交通志(1991—2010)

编　　者:丽水市交通志编纂委员会
责任编辑:陈　菁

出 版 人:冀祥德
出 版 者:方志出版社
　　地址　北京市朝阳区潘家园东里 9 号(国家方志馆 4 层)
　　邮编　100021
　　网址　http://www.fzph.org
发　　行:方志出版社图书经销中心
　　电话(010)67110500
经　　销:各地新华书店
印　　刷:丽水市丽娅印刷文印有限公司

开　　本:889×1194　　1/16
印　　张:55 张
字　　数:1123 千字
版　　次:2019 年 1 月第 1 版　2019 年 1 月第 1 次印刷
印　　数:0001~1000 册

ISBN 978-7-5144-3582-5　　定价:275.00 元

《丽水市交通志》编纂委员会

主任委员：叶旭勇

以下曾任：崔建宏　叶沙平

副主任委员：叶锦伟

以下曾任：王川发　李根林

委　　员：高向东　季宋平　刘旭东　罗高阅　俞利清　叶郑献

蒋仲胜　刘　军　叶　彪　彭　中　蓝小华　罗新海

赖军政　邱发强　赖小文　江启法　朱立军　黄文伟

毛南俊　何炯伟　吴礼华　陈德权　徐建坤　高建昌

方建春　蔡竹聪　吴伟东

《丽水市交通志》编纂委员会办公室

主　　任：何炯伟

主　　编：何炯伟

副 主 编：纪绍奎

提供资料单位

丽水市交通局、丽水市公路管理局(含直属公路分局)、丽水市公路运管稽征处、丽水市港航管理处(含直属港航所)、丽水市交通工程质量监督站、丽水市紧石电站船筏过坝管理处、丽水水阁公路征费管理站、9县(市、区)交通志编纂办公室、丽水市汽车运输集团有限公司(简称“丽汽集团”)、丽水市汽车运输集团有限公司汽车技术学校、丽水汽车客运东站、丽水汽车客运西站、丽水市南明物流有限公司、丽水市南明专用汽车有限公司、丽水市城市公共交通有限公司、丽水市城乡公共交通有限公司、金丽温高速丽水管理处、丽龙高速丽龙管理处、龙丽高速龙丽管理处、龙庆高速龙庆管理处、丽水市丽通工程监理公司、丽水市公安局交警支队、丽水火车站、丽水市农机管理站等。

《丽水市交通志》原编纂委员会

2007年12月,成立《丽水市交通志》编纂委员会,下设办公室,起动志书编纂工作。后因工作需要调动或换届,编纂委员会主任、副主任、委员、编委会办公室主任及相关人员,不再担任此职。但他们开启的《丽水市交通志》(1991~2010年)编纂工作,发挥的领导作用和付出的辛勤劳动将永载史册。

现将《丽水市交通志》原编纂委员会组成人员及参与编写人员记叙如下:

党组书记、局长崔建宏、叶沙平先后任编纂委员会主任

党组副书记、副局长王顺发、李根林先后任编委会副主任

时任副局长詹百松、谢华友、蒋金松、祝亮、吴和俊、王栋、纪检组长曹章兴以及王梅生任编委会委员,编委会办公室主任先后由局原办公室主任俞利清、李维强兼任,王梅生、吕珠钗参与撰写工作(凡连任者不列入)。

2015年9月,市局领导班子换届,《丽水市交通志》尚在编修中,接着,在新成立的编纂委员会领导下继续志书编纂工作,直至出版发行。

编者

二〇一五年十月

2005 年 12 月 23 日，金丽温高速公路丽青段在青田县船寮服务区举行通车典礼，24 日零时，金丽温高速全线通车。

2005 年 9 月 9 日，加快“两龙”高速公路建设动员大会在龙泉召开。

2006 年 12 月 31 日,“两龙”高速公路贯通通车典礼在莲都区北埠枢纽隆重举行。

2001 年 12 月 29 日,丽水市绕城公路南线、客运西站工程在吕埠坑举行隆重开工典礼。

丽水市交通运输局办公大楼(2011 年 6 月
15 日前为丽水市交通局办公大楼
(市交通运输局办公室提供)

丽水市公路管理局办公大楼
(市公路局办公室提供)

丽水市道路运输管理局办公大楼
(市运管局办公室提供)

丽水市港航管理局办公大楼
(市港航局办公室提供)

2005 年 12 月 24 日，途经金华、丽水、温州 3 市的金丽温高速公路建成通车。图为金丽温高速缙云段。

2007 年 12 月 25 日，长 102.346 千米的丽龙高速公路建成通车。图为丽龙高速公路龙泉市安仁张畈段。

2008 年 12 月 31 日，台金高速公路建成通车。图为台金高速公路缙云段。

龙丽高速公路遂昌东互通(摄于 2010 年 5 月)

路。图为改建后的菊后段路线路貌。

1998 年 1 月，330 国道丽缙复线建成通车。(摄于 2011 年 4 月)

S222(50)省道龙丽线遂昌至松阳交界段一级公路(摄于 2009 年 11 月 26 日)。

浙江第一条环保生态公路——龙泉市安豫线官浦垟路段(摄于 2010 年 5 月 29 日)

2009 年 11 月，S229(54)省道龙后线庆元县菊水至后山桥段改建工程动工，三级改为二级公路。图为改建后的菊后段路线路貌。

S328(53)省道丽浦线莲都段一级公路,后更名丽水市水阁工业园区绿谷大道。图为大道左幅。(摄于2010年6月30日)。

2005年12月26日温丽高速锦水沿江桥建成通车。该桥右幅长4815米,左幅长4790米,双幅桥梁全沿瓯江岸边而建。

2005年12月26日,温丽高速公路特大桥——长10296米的海口戈溪外村沿江桥建成通车。

1953 年 1 月，丽水小水门浮桥重建成功，桥下能通行舴艋船。

1983 年 12 月 25 日，小水门大桥建成后，浮桥拆除。

原小水门浮桥，位于丽水城西南门外，创始年代不详。宋乾道四年(1168)，处州知州范成大实始重建，用木船 72 艘，横梁 36 条，铁索贯联成浮桥。时称济川桥，后改称平政桥。历代曾数次重建。

1983 年 12 月，小水门大桥建成通车。该桥于 2004 年 1 月动工加宽 1 幅，长 338 米，宽 26 米，双向四车道，中间设隔离带。

2006 年 1 月 26 日，丽水市区紫金特大桥建成通车。该桥全长 736.7 米，车行道宽 30.5 米，道路等级为城市主干道一级，设计时速 40 千米，是连接丽水市区南北区块的重要桥梁。

2005 年 12 月 26 日，温丽高速特长隧道——阳山隧道建成通车。该隧道右线长 3790 米，左线长 3742 米。

2013 年 4 月 10 日，云景高速泗州岭特长隧道建成通车。该隧道右线长 6780 米，左线长 6760 米。

瓯江上游紧水滩库区航道。1988年12月31日，紧水滩电站大坝下闸蓄水形成库区，长66.3千米，Ⅶ级航道。

瓯江中游南明湖航道。2006年10月1日，开潭电站大坝下闸蓄水形成南明湖，长14.12千米，Ⅳ级航道。

小溪滩坑库区航道。2008年4月29日，滩坑电站大坝下闸蓄水，形成长90.5千米的库区航道。

瓯江中游段航道两岸防护林
(摄于 2010 年 6 月 30 日)

瓯江上游段航道两岸防护林
(摄于 2010 年 6 月 30 日)

九龙国家湿地公园——瓯江中游航道生态屏障。该公园位于莲都区瓯江干流玉溪水利枢纽至白岩大桥段,长 22 千米。

原丽水城区南瓯江中游大水门码头，2006 年 10 月 1 日，开潭电站下闸蓄水形成南明湖，码头被淹没。

南明湖游船码头，位于丽水市区南明湖北岸，2006 年 4 月建成（摄于 2012 年 4 月）。

瓯江下游温溪码头，位于青田县温溪镇东 3 千米的下花门瓯江北岸，始建于 1977 年 1 月，可停靠千吨级货轮（摄于 2012 年 10 月）。

2008 年，瓯江下游青山码头建成。该码头位于青田县温溪镇小峙村瓯江下游南岸，可停靠千吨级货轮（摄于 2012 年 10 月）。

瓯江上游云和县石塘库区龙石渡待渡亭
(摄于 2010 月 5 月 10 日)

繁忙的遂昌县湖山库区渡
(摄于 2010 年 5 月 6 日)

瓯江中游石门洞渡。位于青田石门洞国家 4A 级旅游景区，横渡瓯江，日渡运 800~2500 人次。

"快客"——丽水客运西站客运的主要乘运者。

绿谷巴士——丽水市短途客运品牌。2010 年底,全市有班线 57 条,"绿谷巴士"296 辆。

营运于丽水市境内各行政村之间的康庄小巴,2007 年底通达行政村 113 个,通达里程 570 千米,解决了边远山区农民乘车难。

集装箱运输

抗洪抢险现场(市公路局办公室提供)

330 国道莲都段文明公路创建场景
(摄于 1996 年 10 月)

2006 年 9 月,台金高速公路缙云段路面施工现场。
(摄于 2006 年 9 月)

330 国道莲都段改建工程施工现场
(摄于 2014 年 10 月)

云景高速景宁收费站建成投入使用

金丽温高速公路收费站收费员整装上岗

丽水市运管局运政人员执法现场

依法治理超限运输现场

2011 年 10 月 21 日下午，丽水市港航局在南明湖举办水上应急救援演练。

2014 年 7 月 27 日，千吨级货船载运 388 吨特大型物件过闸穿桥溯瓯江而上，抵达莲都区联城街道临时码头。（本页照片市港航局办公室提供）

序 一

盛世修志，志以存史。续编《丽水市交通志(1991—2010)》是继《丽水地区交通志(589—1990)》1995年出版后，丽水市交通文化建设的又一壮举，为交通文化建设新添异彩，确是令人欣慰的盛事。

交通是国民经济发展的先行官。随着“改革、开放、搞活”方针的进一步贯彻落实，生产力得到解放，国民经济迅速发展，交通事业奋起直追，近20年来，为适应经济发展的需要，公路建设进入一个高速发展时期。在各级党和政府的领导下，全市交通系统干部、职工，解放思想，真抓实干，心系群众做善人，修桥铺路行善事，服务社会施善政，全面开创交通运输建设新局面，创建了具有丽水山区特色的公路水路交通网络。《丽水市交通志(1991—2010)》的编纂出版充分彰显了丽水交通人和人民群众的艰辛、坚强和智慧，开创了以代表丽水经济社会进步为主要内容的交通事业。

《丽水市交通志》除补充从古代到1990年的一些重要史实外，全面系统地记述1991—2010年20年间，丽水交通系统干部、职工发展交通事业的艰辛历程。走过了“四自”“自行贷款、自行建设、自行收费、自行还款”工程建设高潮、高速公路建设高潮、低等级公路改高等级公路建设高潮、康庄工程建设高潮，至2010年年底，全市公路总里程达到13939.86千米，高级、次高级路面铺装率达98.6%，标志着丽水公路交通从量的增加到质的飞跃；公路密度由“十五”期末的45.47千米/百平方千米提高到“十一五”期末的80.59千米/百平方千米，增长率达77.2%，公路路网结构和通行能力显著提高，这是丽水交通建设公路的辉煌业绩，也充分体现了全市交通攻坚克难、创业创新、大办交通的可贵精神。

《丽水市交通志》坚持实事求是的思想路线，求实存真，突出重点，兼顾全面，观点正确，体例完备，门类齐全，纲目清晰，史料翔实，内容丰富，具有鲜明的时代精神、交通特点和地方特色，是一部“存史、资政、育人”，可信、可读、可用的志书。

《丽水市交通志》和《丽水地区交通志》，是丽水市交通文化建设的重要成果，是学习的教材，信息的宝库，资政的良友，发展的镜子，是一部了解丽水交通、宣传丽水交通、发展丽水交通、汇集丽水山区交通史实的百科全书。历史是“以往的见证，现在的楷模，未来的鉴戒”。阅读历史，不仅使人变得明智，更好地把握今天和创造明天。学习和利用《丽水市交通志》可以为有志于丽水市交通事业者开拓前进，为加快丽水交通事业发展步伐提供可靠实用的依据，从中汲取丰富的营养，为科学跨越式发展丽水经济，加快全市人民全面进入小康社会，和全省同步实现四个现代化作出贡献。

纵观此书，丽水不再是闭塞的山区，已融入浙江省4小时交通圈。愿借此书，能为海内外人士了解丽水，宣传丽水，走进丽水，开发丽水交通，发展丽水经济，发挥应有的作用。愿全市交通系统的干部、职工和全市人民继续发扬艰苦奋斗、不屈不挠的精神，为建设丽水、振兴丽水作出更大的贡献。

《丽水市交通志》编纂过程中，始终得到浙江省交通运输厅编志办、丽水市地方志办公室、各地修志专家、学者，提供资料的有关部门和同志们的热心关怀、指导、支持和帮助，在此表示衷心的感谢和敬意。

丽水市交通运输局党组书记、局长

2014年4月

序 二

在盛世修志的热潮中，新编《丽水市交通志(1991—2010)》付梓出版，这是丽水交通文化建设的又一硕果，可喜可贺！

《丽水地区交通志(589—1990)》出版后，20年来，丽水交通建设经历了前所未有的辉煌发展时期。全市交通人针对丽水山区交通滞后的面貌，奋起直追，多方举措，筹集资金，交通投资力度持续增大，水陆交通设施建设规模不断扩大，交通运输日臻繁荣，交通服务水平进一步提高，交通信息化水平和支持保障系统能力进一步提升。1998年6月，途经缙云、丽水、青田3县(市)的金温铁路开通营运，铁路作为现代交通的大动脉，为丽水经济腾飞插上了翅膀；2007年，全市实现乡乡通公路；2008年，境内缙云、莲都、青田、遂昌、松阳、云和、龙泉7县(市、区)首先开通高速。2010年，全市公路通车里程达13939.86千米，比1990年增加2.56倍，公路通村率达99.4%，高级、次高级路面达98%以上，这是公路质的飞跃，极大地提升了交通对经济建设的支撑力度，为人民服务的水平。2013年，云景、龙庆2条高速公路建成，全市9县(市、区)全部开通高速，基本实现到丽水市区2小时交通圈、到省城4小时交通圈的宏愿，有利于实现全市经济跨越式发展。

纵观丽水市20年来交通发展的历程，我深深感到，全市交通人不愧是一支特别能战斗的队伍，不愧是一支披荆斩棘，不畏艰险，特别能攻坚克难的队伍，更是一支善于创业创新，砥砺奋进，一往无前的队伍。丽水交通人为发展山区交通，创建具有丽水特色的水陆交通网络，所作出的辉煌业绩，所奉献的辛劳，要求我们及时续写交通志，这是时代赋予我们的使命。

续志记述20年来丽水交通行业发展的历程，形成和发展交通行业社会主义市场经济的轨迹，交通管理向全行业公共行政管理的转变；记述了交通发展在促进经济社会发展，市场经济发展，促进城乡经济结构改革，产业结构优化，商品市场繁荣，现代物流发展过程中所作出的应有贡献；记述了丽水交通人才辈出，交通文化日臻繁荣的发展历程；讴歌了丽水交通人彪炳交通史册的业绩。

《丽水市交通志》集区域性、思想性、科学性、资料性于一书，不愧是丽水交通发展的百科全书，内容丰富，资料翔实，信息量大，具有鲜明的时代精神、地方特色和行业特点，是信息的宝库，资政的良友，发展的镜子，可读可信可用。

归零翻篇开新局，谋新定位，求新作为，显新起色，愿全市交通人从《丽水市交通志》中汲取精华，继往开来，续写21世纪丽水交通发展的新篇章，在构建美丽经济交通走廊中，在共同推动人类文明建设不断进步中再立新功。

在此，特向参与《丽水市交通志》的编写人员和提供资料的单位和有关人士表示衷心的感谢！

丽水市交通运输局党组书记、局长 叶旭勇

2016年5月

凡 例

一、《丽水市交通志(1991—2010)》是在1995年出版的《丽水地区交通志(589—1990)》基础上编撰的续志。记事以丽水市为主,兼及各县(市、区)。对部分历史事件需补遗,故上限追溯到事物发端,下讫2010年末,重大事件延伸至搁笔之时。

二、本志以马克思主义、毛泽东思想、邓小平理论、“三个代表”重要思想、科学发展观和习近平新时代中国特色社会主义思想为指导;坚持辩证唯物主义和历史唯物主义的立场、观点和方法,力求体现时代精神,突出地方特色及行业特点,实事求是,记载丽水交通事业改革发展的基本面貌和发展情况,为各级领导提供准确的信息和情况,为各界人士提供基本信息资料,为编修地方综合志书积累资料。

三、体裁采用述、记、志、传、图、表、录,以志为主,分篇、章、节、目,个别门类设子目,横排纵写。各篇、章设无题小序。

四、记述范围和时间,以2010年全市行政区域为空间,对全市重大公路水路交通重大决策和发展现状作详细记述,重点反映中心城市的交通支撑功能,各县(市、区)资料从简记载。文中行政区域称谓按历史原貌记述。

五、2000年5月20日,经国务院批准,丽水撤地设市;撤销县级丽水市,设立莲都区,本志文中记述2000年5月20日前丽水市不括注现莲都区。

六、纪年,民国以前沿用朝代纪年(括注公元纪年)。民国纪年用阿拉伯数字。中华人民共和国成立后,一律采用公历纪年。

七、解放前后,以丽水市及各县(市、区)解放之日为界,1949年5月10日,丽水县解放。

八、计量单位,均按历史各朝代计量,不作换算;现行计量遵循国务院颁布的《中华人民共和国法定计量单位》的规定。

九、数据应用,均按统计部门和主管部门的统计数据为准,表述采用阿拉伯数字。

十、地名,以《浙江省丽水地区通览》为准,古地名在括号内加注今名。

十一、人物传,生不立传。2010年年底前去世、为交通事业作出杰出贡献者入传。先进集体和先进个人,仅录市(厅)级及其以上机关命名者,一般以时间为序。

十二、本志所用资料源于正史、旧志、档案、总结、正式出版书籍、报刊及有关人士记录、口述等。

目 录

第一篇 道路设施

第二篇 水路设施

第三篇　运　输

第四篇　物流　仓储

第五篇 生态交通建设

第六篇 管理机构

第七篇 业务管理

第八篇 体制改革

第九篇 交通工业 科技 培训

第十篇 人物 交通文化

附 录

概　述

丽水市位于浙江省西南部，与福建省为邻，位于东经118°41′—120°26′，北纬27°5—28°57′市境南北长165.801千米，东西宽171.457千米。总面积17298平方千米，其中山地占88.42%，耕地占5.15%，其余为溪流、道路和村庄，素有"九山半水半分田"之称。

2000年5月20日撤地设市，下辖莲都区、龙泉市和青田、缙云、遂昌、松阳、云和、庆元、景宁7县。2010年，全市总人口2596480人。市人民政府驻地莲都区。

市境内有瓯江、钱塘江、飞云江、赛江、椒江、闽江6大水系，被称为"六江之源"。瓯江是浙江省第二大河流，丽水人民的母亲河。

民国21年（1932），境内始筑公路，金温公路丽水段为境内第一条公路。至民国28年(1939)，全区有公路500多千米。因日本侵略军进犯丽水，公路遭破坏，继之国民党发动内战，大部分公路失养，至1949年5月，只有303.82千米公路勉强能通车。

中华人民共和国成立后，专区各级党组织和人民政府针对丽水山区落后的交通，发动群众，自力更生，艰苦创业，大办交通。全区交通部门干部职工，科学谋划，刻苦耐劳，无私奉献，为发展山区交通谱写了新篇章。

1978年12月，中共十一届三中全会后，以经济建设为中心，发展经济，交通先行。"若要富，先修路"，至1990年年底，全区有公路343条、4022.39千米(其中高级、次高级路面342.72千米)，比解放前增加3522多千米(解放前公路包括失养不通车里程)，增长8.04倍；93.41%的乡镇开通公路，行政村通公路达46.2%，初步形成纵横交错的公路网络，为此后20年交通大发展奠定了坚实基础。

从1991至2010年的20年间，全市交通系统干部、职工认真实施发展交通"八五""九五""十五""十一五"规划，在丽水山区勾画发展交通网络，谱写发展交通的新篇章。

加强交通基础设施建设，实现6个突破。

1.突破瓶颈，缓解交通拥堵现象。改革开放以后，经济社会迅速发展，社会车辆迅猛增加，330国道丽水地区段车辆日通行数1991年汽车4389辆、其他机动车4769辆、混合交通5146辆，比20世纪80年代初增长1倍以上，堵车、拥挤现象十分严重。其他11条省道和主要县乡道因路面狭、弯道多、路况差，翻山越岭，车行十分缓慢，交通滞后远远不能适应经济社会快速发展的需要。"八五"(1991—1995)初期，交通部适时提出"公路主骨架，水运主通道，港站主枢纽,通讯信息保障支持系统”(简称三主一支持)的发展交通战略。省委、省政府提出“先缓解、后适应”的交通发展方针。1993年出台“自行贷款、自行建设、自行收费、自行还贷”的“四自”公路建设方针,全区交通部门加大道路交通设施建设力度,强力推进国省道和重要县乡道改善扩建以及新线路建设。1993年10月330国道缙云县兰(口)黄(碧街)“四自”工程开工,1996年10月竣工,全长20千米,改为双向四车道,提高了通行能力。1998年1月330国道丽缙复线建成通车,全长31.325千米,减轻了330国道丽缙段的交通压力。与此同时,改建330国道丽水至青田段,新建瓯青公路14.33千米、瓯青公路延伸线6.14千米。进入21世纪,又动工新建了330国道青丽复线湖边至船寮段,全长11.519千米,2002年7月动工,2004年12月验收通车。丽水市境内干线公路——330国道堵车、拥挤现象基本得到缓解。2.实现铁路零的突破。1992年12月18日,纵贯丽水境内的金温铁路工程动工建设,全长252.289千米,其中丽水地区段123.56千米,途经缙云、丽水、青田3县(市)16个乡镇(街道),1998年6月11日全线竣工通车。3.实现高速公路零的突破。2002年12月28日,金丽温高速公路金华至莲都段建成通车,全长92.874千米。2005年12月24日,金丽温高速全线建成通车,全长237千米,其中丽水段128.345千米,途经缙云县、莲都区、青田县15个乡镇。此后,相继动工建造龙丽、丽龙、台金高速公路。4条高速公路丽水市境内328.771千米,至2008年全部建成通车,缙云、莲都、青田、遂昌、松阳、云和、龙泉7个县(市、区)开通高速。4.公路里程突破1万千米。20年间,公路部门在抓好原有公路改造提升的同时,多举措融资,解决资金不足,加大新线路建设力度。2000年撤地设市后,公路建设步入跨越式发展时期。特别是2003年9月根据省交通厅《关于实施乡村康庄工程的意见》,全市以实施“康庄工程”为契机,大力开展通村公路建设。2007年,全市实现乡乡通公路。至2007年年底,5年累计完成农村公路投资29.54亿元,全市通村里程10685千米,通车里程突破1万千米。从2003至2010年年底,全市投入“康庄工程”建设资金55.79亿元,全市农村公路里程达12641.498千米,加上国省道里程,全市公路通车里程13939.86千米。公路通村率99.4%。5.乡镇客运站建设实现零的突破。1991年以后,为适应汽车客运迅猛发展的需要,全区投入资金22642万元(不含龙泉),新建、改建丽水汽车东站、丽水汽车西站以及龙泉、青田(汽车东站、南站)、缙云、遂昌、云和、庆元等9座客运站(松阳、景宁客运站建于1989年前)。随着乡村康庄工程建设,准四级乡镇客运站和行政村港湾式停靠站建设异军突起,实现零的突破。至2010年,全市建成乡镇客运站64座,行政村回头站或港湾式停靠站611座,招呼站60个,规范了农村客运秩序。6.港航基础设施建设获得突破性进展。从丽水到温溪高等级航道基本建成。继20世纪80年代建成瓯江干流紧水滩电站库区航道和石塘电站库区航道,进入90年代,国家加大投入,加快瓯江干流高等级航道建设,至2013年,先后建成开潭、五里亭、外雄、三溪口4条库区航道,总长102.16千米(含玉溪电站坝下至开潭水库回水处之间30.5千米自然航道),并建有过坝船闸。瓯江支流小溪中游的滩坑电站，于2008年4月底下闸蓄水，形成90.5千米的库区航道。

为适应库区航运发展，至2010年，在各大库区新建、改建80多座30吨级、50吨级、100吨级内河码头。

海港码头有青田港温溪码头和青山码头。温溪码头建成于20世纪70年代，可停靠千吨级海轮；青山码头建成于2008年，有千吨级码头2座，于2010年10月开港运行。

交通基础设施建设，全市交通运输呈现5个提高。1.公路质量提高。“十五”“十一五”期间，公路部门改扩建330国道、12条省道和重要县乡道，省道公路等级从四级改为三级、二级、一级；新建丽水市绕城公路。全市高级、次高级路面铺装率达98.6%，其中，高速公路、国省道、县乡道达100%。公路密度达80.59千米/百平方千米。2.车辆通行能力提高。20世纪90年代前公路行车时速仅30~40千米，随着公路质量提高，2010年，国省道行车时速达50~60米，高速公路行车时速80~100千米。3.交通安全系数提高。境内高速公路、国省道全部建有较完善的交通安保设施，有4条省道建有4处避险车道；县乡道、村道建有钢质护栏和水泥混凝土护栏等相关安保设施，为减少交通事故发挥应有作用。水上交通渡船全部实现钢质化，撤渡建桥获突破性进展，2004—2010年，据不完全统计，全市共新建民间桥梁23座，撤渡29处，改造渡埠72处，水上交通事故大幅下降。4.水上通航能力提高。瓯江梯级电站库区高等级航道形成，海港码头和内河码头新建、改造，提高靠泊功能，增加靠泊吨位。丽水至温溪为Ⅳ级航道，通航300吨兼顾500吨。2014年7月27日，千吨级货船运载388吨大型变压器，从青田县三溪口水利枢纽库区起航，溯瓯江而上，通过外雄、五里亭、开潭3座电站大坝船闸，抵达莲都区联城街道临时码头，获得成功。5.服务水平提高。汽车客运站、乡镇客运站、农村港湾式停靠站、公交线路候车亭建设、水运码头、渡埠改扩建、待渡亭建设，方便乘客候车、等渡，提高了为民服务水平。

运输市场兴旺繁荣 物流业异军突起。

全市交通运输部门在推进科学发展交通运输行业中，形成多种客运方式和各类货运、小件快运、物流以及汽车租赁、汽车维修、汽车驾培、联托快递等分支行业协调发展的完整体系，促进运输市场兴旺繁荣。

1991年后，客运方式呈现多种多样，除普通班车客运外，“快客”、出租车客运、旅游客运、城市公交客运、城乡公交客运实现零的突破。客运市场日益繁荣，色彩纷呈。2010年，全市有客运汽车2390辆，比1990年的425辆大型客车(不含小型客车、轿车、吉普车1305辆)，增长4.62倍。其中班车1390辆、32673客位；出租车783辆、3040客位；旅游车135辆、4966客位，其余为其他客车。2010年，全市完成道路客运量5697万人次，比1990年的2162.2万人，增长1.63倍，旅客周转量24.20亿人·千米，比1990年的8.05亿人·千米，增长2.01倍。由于水上旅游业的兴起和发展，水上客运呈现复兴。2010年，全市有机动客船45艘，比1990年增加27

艘。全年完成水路客运量43万人次,比1990年的11.6万人次,增长2.71倍,客运周转量422万人千米,比1990年的264.2万人·千米,增长60%。

20年间,公路货运业蓬勃发展,有普通货运、集装箱运输、零担运输、短驳运输、联托运输等方式。至2010年底,全市有营运载货汽车13896辆、64497.47吨位,全年完成货运量7028万吨,比1990年的455万吨,增长14.87倍;货运周转量85亿吨千米,比1990年的4.33亿吨·千米,增长18.61倍。

2010年,全市完成水上货运量204万吨,货运周转量1.14亿吨·千米,分别比1990年18.8万吨和3675.6万吨·千米,增长9.85倍和2.10倍。20年间,交通基础设施建设,助推交通物流业迅猛发展。2010年,全市有物流服务、货运代理、信息配载等业户285户,其中丽水市区从事与物流相关的企业(户)90家。物流快运专线运达10多个省、市、区50多个大中城市以及省内11个市的几十个城镇。具备储存、保管、装卸、包装、运载、中转、信息发布等多种功能。

市境内快递货运网络基本建成,9县(市、区)全部加入浙江快运小件网络,入网率100%。至2010年年底,全市170个乡镇有132个建立农村物流网络服务站,覆盖率达77.64%。全市大物流中心建设快速有序推进。

三、经济腾飞,交通助力。

金温铁路建成通车,境内330国道、12条省道改善提升,4条高速公路和市绕城公路建成通车,增强了丽水市域交通的畅通功能和辐射功能,提高了丽水的城市品位。特别是金丽温、龙丽、丽龙、台金4条高速公路建成通车,使丽水沿线各地提前10年进入高速时代,通行能力提高1.8倍,大大推动缙云、莲都区、青田、云和、龙泉、遂昌、松阳7个县(市、区)的经济提速,7个县(市、区)均在高速公路周边建立工业园区或工业走廊,龙泉市工业园区被提升为省级工业园区,丽水南城新区工业获得迅猛发展,全市经济社会实现跨越式发展。

2010年,全市实现生产总值663.29亿元,人均生产总值31296元,分别比2002年的136.76亿元和5515元,增长3.85倍和4.67倍;实现工业总产值1328.08亿元,比2002年的171.4亿元,增长6.75倍。

干线路网、农村路网的形成,旅游景区道路建设,助推旅游产业快速发展。2010年,全年接待国内旅游者2065.30万人次,国内旅游收入97.11亿元,分别比2000年的132.7万人次和4.85亿元,增长14.56倍和19.02倍。同年,接待入境旅游者12.92万人,国际旅游外汇收入2.89亿美元,分别比2000年的境外旅游人数7908人次和国际旅游外汇收入1510万美元,增长15.34倍和18.14倍。

20年间,全市交通文明建设,创造多方面成果,涌现出一批国家级、省部级、先进集体和先进个人。古桥文化特别是木拱廊桥得到有效保护。农村公交化客运改革,乡镇客运站场建设,农村港湾式停靠站建设，农村物流网站建设，促进了农村商品市场的发展，方便了广大村民出行，有利于加快农村经济发展；出租车文明服务，文明公路创建，“五型”(品质型、平安型、生态型、服务型、阳光型)公路建设，在全市全面实施，结出丰硕成果。创作了一批交通作品，交通文化得到发展；完成一批交通科研项目，发展低碳，节能减排，生态交通得到高度重视，交通科研成果得到快速应用。

20年来，交通部门经过体制改革，丽水交通行政管理从交通直属部门管理转向交通全行业的公共行政管理，依据国家有关交通的法律法规，实行依法治路，依法管理运输行业，依法管理交通运输服务行业。市、县(市、区)两级交通局确立了交通执法主体地位；交通局属下的公路管理部门，路政管理部门，运输管理部门，港航、海事、船舶检验部门执法职权更加完善，依据部门所承担的职责，依法全面实施行政执法；市交通工程质量监督站依法全面实施交通技术质量行政管理和监督；高速公路管理部门依据国家有关高速公路管理的法律、法规对辖区高速公路实行全面的执法管理；车辆性能检测部门，市紧石电站过坝管理处等执法单位，依据国家有关交通管理的法律法规全面实施依法管理；港口、码头、渡口加强了水上运输安全管理，使交通运输全行业的管理走上法治轨道。

大　事　记

1991年

2月，丽水地区运管稽征处对市区三轮黄包车实行“一车一档制”。

3月20日，丽(水)武(义)公路丽水市丽新乡畎岸至武义县三港段开工建设，长12.7236千米，被列为浙江省第一批世界银行贷款项目。1995年6月30日竣工。

6月20日，世界银行中国局交通处专家斯蒂芬·斯代尔思一行3人到松阳县考察农村道路。

9月6日，浙江03F0268号“东风”牌客车从金华返回瑞安途经330国道K136+670处，因超车翻入好溪，载客29人，死亡23人。

11月1日，50省道龙丽线松阳县青蒙至合溪段改造工程开工，全长36千米，按山岭重丘二级公路标准改建。1993年11月5日，验收通车。

11月28日，52省道云(和)寿(福建寿宁)公路岚头岭段11.6336千米改建工程开工，其中岚头岭隧道长1062米，1994年10月17日通车。该工程降低高差184米，缩短里程4.3千米。

12月8日，丽水市碧湖大桥动工建造，桥长421米，跨瓯江中游大溪，被列为世界银行贷款项目。1994年1月竣工通车，50省道南山汽车渡撤销。

1992年

1月28日，青(田)景(宁)公路末段——景宁县鹤口至陈村段8.6千米建成，青景公路全线通车。

3月7日10时50分，青田县石溪乡渡口由于无证驾驶和严重超载，发生沉船事故，死亡10人。

是月，丽水地区景宁县大(均)沙(湾)公路在广西南宁举行的全国首批世界银行贷款优秀项目表彰会上被评为全国优秀项目。

3月，53省道丽水市九里至规溪亭段改造工程开工。长33.740千米，按城市主干道和一级公路标准改造。2004年6月交工验收。

5月3日,全省交通扶贫会议在景宁畲族自治县召开,省交通厅和地(市)、县(市)交通局代表124人参会。省交通厅厅长邵尧定作报告。

6月1日,省交通厅在330国道青田至丽水二期改造工程施工路段石溪工地召开“三度一排”(长度、宽度、平整度和排水)现场会。

7月28日,丽水地区汽车运输公司景宁分公司一辆大客车,从庆元返回景宁途中,在菊寿线K22+345下坡右转弯地段,由于超速行驶,翻入庆元县兰溪桥水库,死亡8人。

8月29—31日,全区受第16号热带风暴影响,普降大到暴雨,中断公路25条,毁坏路基41.4千米。

9月16日,青田县瓯江大桥动工,桥长383.8米,1995年12月27日交付使用。青田建县千年境内瓯江无桥历史结束,西门渡撤销。

10月1日,地区汽车运输公司龙泉、庆元、遂昌、松阳、云和、景宁、青田、缙云8家分公司成建制下放所在县(市)管理。

10月12—18日,丽水客运站驾驶员蓝伟亮出席中国共产党第十四次全国代表大会。

1993年

1月10日,地区汽车运输公司首发丽水至广州长途卧铺客运班车,全程1508千米,途经缙云、上饶、赣州、河源、东莞等站。

1月11日,丽水地区汽车运输公司更名为丽水地区汽车运输联合总公司。

8月8日,330国道青田县鹤城临江大桥开工,桥长1930米,1995年12月27日竣工通车。

9月13日,330国道丽水市至青田段改建工程丽水段完工,即日移交公路管理部门养护。

10月,缙云县境330国道兰(口)黄(碧街)“四自”工程动工,长20.2千米,宽15~42米,分隔带各1米,1996年10月竣工。

1994年

4月5日,缙云县雁岭乡左库水库内的柳某某将无证渡船擅自给学生春游摆渡,严重超载,导致渡船翻沉,学生死45人。

6月16—19日,丽水地区遭受特大暴雨袭击,中断公路18条,毁坏桥梁207座,冲毁公路路基42750立方米/3.6千米,路面37475平方米/93.5千米。

11月,54省道龙后线菊水至后山桥改建工程蓬桥至后山桥段动工,全长17.3千米,四级公路改建成三级公路,2000 年 10 月完工。

12 月 9 日,丽水桃山大桥上腹拱移位坍塌,交通中断,丽(水)浦(城)线车辆改经小水门大桥通行。次年 2 月 19 日动工修建, 8 月 8 日修复通车。

1995 年

1 月 23 日,330 国道丽水段“四自”工程长 693 米的冷水隧道竣工通车。

2 月 8 日,330 国道冷水隧道公路收费站开始对通过的机动车辆双向收取通行费。

3 月 10 日,世界银行贷款项目——松阳县下宅街至云和县金村公路竣工通车,全长 7.60 千米,获世界银行贷款 185 万元。

是月,55 省道菊寿线庆元县城至福建寿宁县坑底公路拓建工程动工,全长 92 千米。2012 年 5 月完工。

5 月 9 日,地区物价局、公路运输管理处发文公布《关于制定和规范丽水地区出租汽车收费标准及有关事项》,即日起执行。

6 月 27 日,庆元县遭受洪灾,冲毁公路 9000 立方米/1.8 千米,路面 235.55 万平方米/67.3 千米,塌方 14.48 万立方米/238 处,出县公路全部中断。交通部门全力抢修,6 月 29 日起先后恢复通车。

7 月 18 日,省际公路庆元县生水塘至福建松溪县炉下 8.39 千米建成通车。

8 月 10 日,330 国道丽缙复线建设工程领导小组成立。

10 月 8 日凌晨 2 时 30 分,330 国道青田县海口段山坡突然塌方, 压覆一辆温州大客车, 37 名乘客和驾驶员罹难。

11 月 29 日,丽浦公路云和县城段 5.26 千米过境公路建成通车。

是月,《丽水地区交通志(589—1990)》出版。

1996 年

1 月 25 日,50 省道龙丽线遂昌段 22.9218 千米改建工程验收通车。

2 月,330 国道青田县温溪镇花岩头至缙云县新碧镇界首通过省创建文明样板路检查组验收考评,建成“畅、洁、绿、美”、管理规范的文明样板路。

3 月,330 国道瓯青公路青田段 14.7 千米工程动工, 东起青田县与瓯海县交界之小峙,西至鹤城镇水南村。1998 年 4 月验收通车。

4 月 13 日 4 时 30 分,丽水市航运公司代管的“永芳 8 号”轮从深圳装地砖 950 吨和碎布

97 吨驶往温州和山东烟台，在广东惠东县港口镇东南 20 海里左右海域沉没，船上 12 名船员除 2 名生还外，其余 10 名下落不明。

4 月 23 日，330 国道丽缙复线工程开工，南起丽水九里，北至缙云东渡，全长 31.325 千米，1998 年 1 月 5 日竣工通车。

6 月 20 日，松阳县西屏至三都公路 K7+810 处一辆“三月山”牌机动三轮车因严重超载坠入 60 米深山涧，死 17 人。

10 月 18 日，省重点工程—— 52 省道云寿线景宁段四级改二级公路工程动工，长 35.08 千米，2004 年 1 月 5 日验收通车。

11 月 25 日，丽水汽车客运中心(即客运东站)站房动工兴建，1998 年 6 月 26 日投入营运。

1997 年

1 月 23 日，地区行署办公室印发《关于加强拖拉机交通安全管理的通知》。

2 月 2 日，地区行署印发《关于丽水地区客运出租车管理办法的通知》。

3 月 13 日，丽水市车辆综合性能检测站建成投入使用。

3 月 18 日，44 省道上松线松阳段改建工程动工，工程包括当年浙西南最长的公路隧道—— 长 2343 米寨头岭隧道。2000 年 12 月 17 日，全长 12.07 千米的改建工程通过竣工验收，比原线降低高差 283 米，缩短里程 9.63 千米。

5 月 16 日，地区行署召开全区行政村简易公路建设动员暨签订责任书大会。

6 月 13 日，丽水市城市公共交通有限公司成立。

6 月 25 日，丽水市区开通溪口—丽阳街—丽青路—火车站和南明山—解放街—火车站 2 条公交线路。

6 月 28 日，53 省道丽浦线龙泉段础石岭隧道及接线工程开工，隧道长 1070 米，翌年 12 月 30 日竣工。2003 年，让予丽龙高速公路，改称塔石岭隧道；53 省道另建坑岭底隧道。

7 月 8—9 日，遂昌、松阳县和丽水市普降大暴雨，宣平溪洪水 50 年一遇，导致山体滑坡，道路冲毁多处。

9 月 1 日，丽水城区客运出租车统一安装计价器，即日起按计价器收费。

9 月 5 日，青田瓯江腊口大桥工程开工，1999 年 7 月 30 日验收通车，瓯江最后一座公路汽车渡口三塘汇渡撤销。

10 月 25 日，在丽水地区全国、省人大代表考察 330 国道丽缙复线工程建设情况。

11 月 25—26 日，浙江省副省长张启楣到丽水考察 330 国道丽缙复线工程建设情况。

12月4日10时50分，遂昌县湖山乡陈某驾驶农用客车，载客20人(限载12人)，途经峡北线K9+800九墅岭地段，与同县三仁乡范某驾驶的农用客车迎面相撞。坠入坎下，造成死13人、伤7人、车辆损坏的特大交通事故。

1998年

1月18日，位于丽水市上岗背新建的330国道丽水收费站开始对通过丽缙复线的机动车辆双向收取通行费，原冷水隧道公路收费站同时撤销。

1月23日，地区交通局制定《简易公路建设管理验收养护之规定》。

2月24日，庆元县城以东地区，北纬27°35.5'，东经119°07.41'，发生ML3.7级地震，270平方千米范围内道路、房屋有微震。

6月，梅雨季节，全区持续普降大暴雨，山洪暴发，导致山体多处滑坡，330国道青田海口、丽浦线、龙后线等国省道干线公路多处路段屡遭水淹，330国道丽缙复线K19+650路段发生路基沉陷，庆元、龙泉、景宁、遂昌县共有60余条县乡公路交通中断。

6月28日，丽水公路客运中心(2001年改称丽水公路客运东站)开业，原丽水客运中心撤销。

7月10日，浙江省交通厅、金华市人民政府、丽水地区行署联合成立浙江省金丽温高速公路建设总指挥部。指挥部驻永康市。

9月22日，330国道瓯青公路延伸线青田水南至湖边段工程开工，长6.14千米，2002年4月竣工。

10月，景宁县村道县城至严村公路叶公六岙隧道开工，长1103米，2003年12月建成，为当时省内最长村道隧道。

11月14日，地区行署、丽水市、缙云县政府与省交通厅签定金丽温高速公路金华至丽水段投资协议。

11月18日，金丽温高速公路金丽段开工典礼在金华举行。起点金华市二仙桥，终点丽水市富岭互通，全长92.874千米。2002年12月28日通车。

1999年

3月25日7时40分，紧水滩水电厂厂车途经丽浦线石塘水库路段时，因山体崩塌，巨石砸中厂车坠入水库，全车47人，死亡18人。

5月19日，省交通厅厅长郭学焕考察规划中的丽龙一级公路龙泉段。

6月16日,丽水市对市内及过境车辆征收城市道路“四自”工程通行费。

6月28日,50省道龙丽线松阳西屏至古市过境公路“四自”工程开工,全长20.806千米,2001年7月27日竣工验收。

9月4日凌晨4时,330国道K42+300处温溪汛桥接头处断裂8~10米;同时330国道瓯青复线K28+300处和K31+800处发生大塌方,计3万多立方米,330国道交通中断,滞留汽车1万多辆,经公路部门突击抢修,5日恢复通车。

2000年

1月6日,丽水市区溪口大桥动工,长646米,宽26米,工程总投资2083万元。2002年12月完工。

1月31日9时,330国道丽缙复线枫树湾处浙C03713号解放牌10吨大卡车与浙K1761号中巴客车相撞,死9人、伤12人,直接经济损失100多万元。

2月25日,交通部部长黄镇东到丽水考察金丽温高速公路丽水段建设工作。

5月20日,丽水撤地设市;撤销县级丽水市,改设莲都区。

6月8日,省政协副主席耿典华到丽水考察金温铁路安全运行工作。

6月10日,温州市、丽水地区航运管理处联合加强瓯江水系砂石运输市场管理,使用统一的水路运输货物运单。

7月1日,丽水地区交通局更名为丽水市交通局。

8月16日,全市第一家股份制客运企业——景宁畲族自治县朝龙客运股份有限公司挂牌营业。

9月28日,丽水市区300余辆昌河牌“面的”出租车,更新为“捷达”“富康”中档轿车。

11月11日,引种香根草治理公路边坡试验研究成果通过专家鉴定。

12月13日,在丽水的全国、省人大代表考察53省道南山至大港头段改建工程。

12月24—27日,省委书记张德江到金丽温高速公路丽水互通区调研基础设施建设工程工作。

12月,丽水市交通局制定《丽水市公路水路交通建设规划(2001—2015)》。

2001年

2月2日9时40分,330国道青田县海口镇高沙村K91+663处,一辆福建卧铺客车与青田县一辆农用三轮车相撞,10人死亡,3人重伤,三轮车报废。

3月29日，丽龙一级公路工程动工建设，2005年6月一级改高速。2006年12月31日龙游经莲都区北埠至龙泉段199千米建成贯通。

3月，根据省交通厅《关于开展第二次全省公路普查工作的通知》，市交通局部署公路普查工作，次年2月结束。

6月25日，国务院（国发〔2001〕25号文件）公布庆元县如龙桥木拱廊桥为全国重点文物保护单位。

7月29日3时，丽水地区长途汽车运输联合总公司丽水—淮阴浙KA1080客车回程，途经杭州沈半路口时，职工陈如明、陈成连、张建荣、陈水生发现犯罪嫌疑人窃走乘客钱包，临危不惧，与歹徒搏斗至制服。

8月17日，市委书记丁耀民实地考察金丽温高速公路、53省道丽龙一级公路。

9月17—21日，省港口协会等10多家单位专家，考察瓯江中上游航运综合开发。

9月24—26日，丽水、温州、金华、衢州4市交通局长会议在丽水举行。

11月27日，丽水市汽车运输联合总公司经改制后组建的丽水市汽车运输集团有限公司（简称"丽汽集团"）成立。

12月29日，丽水市区绕城公路工程动工，起点溪口大桥南端桥头，终点水阁街道垟店，长26.4千米。2012年10月27日全线通车。

是日，丽水公路客运西站开工建设，2003年6月28日投入试运行。原丽水客运站整体并入西站运作。

2002年

2月，丽水市区东水东好溪大桥工程开工，长473.5米，跨径总长460米，桥面净宽15米，两侧人行道宽6.5米。2005年2月22日建成通车，旧桥拆除。

3月，市交通局编制《丽水市道路运输业发展规划（2003—2020）》，次年8月，通过专家评审。

5月31日，载重1300吨级的"浙甬洲"9号货轮，顺利进入温溪港，这是温溪港建港以来接受靠泊的最大货轮。

6月，丽水绕城南路塔下大桥开工。2004年9月15日竣工通车。

7月5日，丽水市水阁公路收费站（位于水阁街道垟店村）开始对过往328(53)省道丽水桃山至大港头段公路的机动车实行双向收取通行费。2004年10月13日，移址水阁街道上沙溪村新建站，收费站名和收费标准不变。

7月17日，市人民政府颁布《丽水市渡口安全管理办法》。自此，全市撤渡建桥速度加快，水上安全形势好转。

7月26日,330国道青丽复线湖边至船寮段工程开工,全长11.5193千米。2004年12月17日通过竣工验收。

7月31日,市政府发文《关于丽水市公路管理体制改革意见的批复》,并依据市编制委员会的批复,完成高速公路路政大队及市、县公路管理机构养护中心的组建工作。

8月,市公安局、工商局、城建局、交通局联合发布通告,对丽水市区人力三轮车(黄包车)实施单双日行驶,进一步扩大禁行的路段范围。

10月28日,全省渡口安全管理现场会在云和召开,推动全市水上交通安全工作规范化。

10月,根据交通部《关于开展第二次全国内河航道普查工作的通知》,市交通局制订瓯江流域及内河航道普查工作,普查标准时间为12月31日,历时2年3个月。

12月28日,金丽温高速公路莲青段工程在青田县海口镇高沙村举行开工典礼,次年3月1日正式动工。全长69.918千米,2005年12月24日零时通车。

2003年

1月10日,省道路运输管理局〔2002〕3号竞标结果揭晓:丽汽集团对青田—杭州、衢州—嘉兴高速班线,丽水—磐安、青田—桥下、景宁—绍兴普通班线中标。

1月16日,市人民政府办公室发文《关于转发丽水市客运出租汽车治安管理实施办法的通知》。

是月,龙丽高速公路遂昌段28.9千米工程动工,龙丽高速公路工程正式启动。2007年1月1日通车。

4月1日,丽水市区紫金特大桥工程开工,全长736.7米,车行道宽30.5米,2006年1月25日建成通车。

4月12日,龙泉市道太等11个乡镇(街道)遭风、雹、雨袭击,冲断公路5条,毁坏路基5.9千米。

6月24日14时20分,一辆从缙云县城开出的中巴车,途经东渡镇南山村时,被突如其来的洪水淹没,死亡4人。

7月14日,交通部部长张春贤一行在省长吕祖善、副省长巴音朝鲁的陪同下,到丽水考察交通建设。

8月28日,全市康庄工程动员会召开。

9月11—12日,市委书记楼阳生、常务副市长吕子春到松阳接访,协调解决古市镇东角垄村9.14千米简易公路资金缺口问题。

9月,市政府成立绿色通道领导小组及办公室,制定全市公路绿色通道建设5年计划。

10月31日,滩坑电站工程动工,小溪上下游航道截断。2008年4月29日下闸蓄水,形成长90.5千米库区航道。

11月3日,瓯江干流五里亭水利枢纽工程开工。电站按Ⅳ级航道通航能力设计,并建有通航船闸。2006年电站建成,形成长17.87千米库区航道。

11月10日,金丽温高速丽水段沿线兴建隔音屏障5处,总长900米,总造价225万元,2004年1月20日完工,改善了沿线学校和村庄的环境。

12月8日,省交通厅下发《关于龙丽、丽龙一级公路改建为高速公路的通知》。

2004年

1月1日,台金高速公路缙云段工程开工。2008年1月26日,缙云壶镇互通至永康前仓段建成通车。12月31日24时,全长152.681千米的台金高速公路建成通车。

是月,位于丽水经济开发区跨瓯江石牛特大桥工程开工。桥长1408.38米,桥宽按6车道建设。2007年11月竣工,工程投资6492.20万元。

3月10日,市港航管理处与温州市港航管理处联合,对瓯江水系砂石运输船舶进行全面核实、整治,分类造册上报,6月底结束。

3月18日,市区绕城公路控制性工程社后特大桥动工,桥长1063米。2008年1月竣工。

4月7日,市政府召开全市水上交通安全工作会议。

是月,市交通局依照《浙江省高速公路服务区汽车维修管理细则》,对汽车维修点进行全面、系统地整顿,10月结束。

5月12日,金丽温高速公路莲青段全长3790米阳山特长隧道提前贯通,为当时全省第二长隧道。2005年12月24日通车。

6月,丽浦线大港头至规溪亭段一级公路改造工程完工,长2.88千米。

8月5—6日,全市乡村康庄工程工作会议在龙泉召开。

9月16日,市政府召开全市交通安全生产工作会议。

9月19日,全省公路保障工程建设会在丽水召开。

9月29日,市政府下发《关于印发丽水市区有动力装置残疾人专用车处理工作方案的通知》,决定对市区105辆残疾人机动车按2.5:1置换成出租小轿车。

10月8日,丽汽集团GPS监控室成立,对平台内营运车辆实施24小时监控。

10月,瓯江中游开潭电站动工兴建。2006年10月1日下闸蓄水,形成长14.12千米的库区航道,建有过坝船闸。

11月4日，市地方海事局与云和县地方海事处在紧水滩库区开展交通事故应急演练。

12月2日，青田县石帆大桥开工。该桥属于滩坑电站移民安置点交通基础设施。2006年8月竣工交付使用。

12月23—24日，受交通部委托，浙江省交通厅组织并通过金丽温高速公路金华至丽水段工程竣工验收。

12月30日，车辆购置税征收移交国税部门。

是月，金丽温高速公路丽水段通过省创建文明样板路检查组验收。

2005年

1月4日，市交通局制定的《丽水市农村公路发展规划(2003—2010)》通过省交通厅审查。

3月4日，丽水市高速路政大队、高速交警大队和高速施救中心实行联合执勤。

4月12日，省交通厅成立浙江龙丽、丽龙高速公路建设总指挥部。

4月30日，浙江金丽温高速公路有限公司成立，经省政府批准授权管理金丽温高速公路。

5月，丽浦线坑岭底隧道改建工程动工，隧道长1323米，净宽9米，人行道宽2×0.75米，翌年12月31日验收通车。

6月13日，浙江龙丽、丽龙高速公路建设总指挥部与龙游、遂昌、松阳、莲都、云和、龙泉6个县(市、区)指挥部签订龙丽、丽龙高速公路代建协议。

6月22日夜11时，一辆浙GC7271大型卧铺客车行驶至330国道K136+260处时，与缙云驶往丽水赣E1027装运废铁料货车交会时，冲破护栏坠落30多米的山谷，死7人，伤11人。

7月1日，S229(54)省道龙(泉)后(山桥)线庆元曹岭至菊水段、S329(55)省道菊(水)寿(宁)线菊水至松源段改善工程开工，全长38.859千米，三级公路改建为二级公路。2007年6月20日竣工。

是月，丽浦线云和石塘特大桥工程动工，长1380米。翌年11月30日通车。

8月11日，省委书记、省人大常委会主任习近平考察龙(游)丽(水)高速公路、丽(水)龙(泉)高速公路工程建设，并作重要指示。

9月1日，瓯江中游外雄电站工程动工，2009年12月建成，形成长11.67千米的库区航道，建有过坝船闸。

9月9日，丽龙高速公路(G25长深线丽龙段)建设动员大会在龙泉市召开。市长刘希平到会，并提出要求和希望。

9月15日，全市首座农村乡镇准四级客运站在青田仁庄镇建成。

10月27日,庆元县官塘乡、合湖乡公路路面硬化主体工程完工,全县实现乡乡通油路,成为丽水市乡乡通油路第一县。

12月23日,金丽温高速公路全线建成暨莲(都)青(田)段通车典礼在青田船寮服务区举行。

12月29日,青景庆公路滩坑电站水库淹没段55.1千米复建工程开工。2011年竣工验收。

是日,滩坑库区青田县北山大桥工程开工,桥长944延米,桥面净宽9米。2009年9月完工。

2006年

1月3日,省人民政府批准景宁畲族自治县公路管理段石竹岙公路养护管理站原站长鲍伟平为革命烈士,号召全省交通系统开展学习宣传鲍伟平先进事迹活动。

2月9日,全省山区公路小流域防灾减灾治理工作现场会在龙泉召开。

3月24—25日,省人民政府在遂昌县召开全省中小学生接送车管理工作现场会暨电视电话会议,号召全省学习遂昌县1998年开通学生班车的经验。

3月,54省道龙后线龙泉市区至小梅段改善工程动工,全长33.91千米。次年12月29日验收通车。

5月10日,经省公安厅交通管理局批准,龙泉机动车辆性能检测站建成投入使用。

5月19日,省交通厅党组成员、省公路管理局局长郑黎明率督导组进驻"两龙"高速公路(龙丽高速公路、丽龙高速公路简称"两龙"高速公路),督促指导"两龙"高速参建单位年内完成龙游经莲都区北埠至龙泉199千米建成贯通。

7月27日,省委书记、省人大常委会主任习近平第二次考察"两龙"高速公路,并作重要指示。

7月,市交通局、浙江公路水运工程咨询公司共同制定《丽水市公路水路交通"十一五"规划》。

8月9—10日,副省长王永明考察慰问"两龙"高速公路建设者,充分肯定工程建设。

8月10日,"桑美"强台风正面袭击庆元县,导致山洪暴发,山体滑坡,境内55省道和通往东部12个乡镇的7条县道交通中断。省交通厅下拨赈灾资金6000余万元。省、市、县三级交通部门启动紧急抢险预案全力组织抢救;庆元县交通局组织19支抢险分队300多人紧张施工,5天恢复交通。

8月15日,市人大常委会主任焦光华考察G25长深线云和段工程进展和政策处理等工作。

8月31日，丽龙高速公路富岭互通连接线工程开工，起点为富岭互通收费广场，终于紫金大桥南端，全长5.94千米，宽32米，系一级公路标准，2007年12月25日竣工通车。

9月9日，全省高速公路桥梁伸缝施工技术大比武在台金高速公路缙云段举行。

10月8日，市港航管理处制定的《瓯江中上游航运规划》获省发改委、省交通厅正式批复。

10月31日，在丽水的省政协委员在丽水市政协主席施基城带领下到G25长深线云和段考察工程建设质量和进度。

11月24日，省交通厅厅长郭剑彪检查"两龙"高速，指出"两龙"高速建设的成绩都摆在路上。

11月25日，龙泉汽车客运站经省道路运输管理局核定，批准为一级站。

11月27日，台缙高速公路控制性工程苍岭隧道贯通。该隧道横跨缙云、仙居两县，为双线分离式，左幅长7536米，右幅长7605米，是目前华东地区第一特长隧道，名列全国第二。

12月31日，龙丽、丽龙高速公路龙游经莲都区北埠枢纽至龙泉199千米建成通车。

2007年

1月1日，《中华人民共和国车船税暂行条例》开始施行，乘用车按座位和车型大小征税。

是日，龙丽高速公路发生一起涵洞火灾，导致龙游至遂昌段监控信号中断近15小时，13块公路梁板被不同程度损坏，直接经济损失20万元以上。

1月31日，云和县紧水滩镇至大源乡通乡公路竣工通车，至此，全省实现乡乡通公路。

2月16日，市委副书记、市长陈荣高一行慰问"两龙"高速莲都段建设者。

2月25日，市委书记楼阳生率市委一行在春节后第一天工作日视察"两龙"高速富岭连接线工程。

4月7日，330国道丽水超限运输检测站设立。

4月15日3时55分，金丽温高速公路莲都段温州方向(G1513K110处)发生3车相撞事故，死亡1人，受伤2人，7吨盐酸流入瓯江。

5月14—16日，庆元县后坑木拱廊桥保护项目获"2005年联合国教科文组织第六届亚太地区文化遗产保护卓越奖"。联合国教科文组织亚太地区文化管理办公室文化遗产项目主管帕曲霞·阿尔伯特专程到庆元颁奖并演讲。

6月5—6日，副省长王永明到丽水调研公路交通建设工作。强调丽水要继续加快公路交通建设，进一步改善交通条件，促进地方经济社会更快发展。

8月3日晚，龙丽高速公路遂昌段发生两车追尾事故，造成死亡3人，龙丽高速公路丽水方向车道封道3小时，这是"两龙"高速开通以来发生的第一起特大交通事故。

8月7日，省委副书记、省长吕祖善到云和调研，北溪大桥被纳入省政府计划补助项目。

9月13日，莲都区成立通村公路管理办公室，为浙江省第一家通村公路管理专门机构。

9月21日，庆元、泰顺、景宁、寿宁等浙闽两省11个县（市）在福建省寿宁县召开的第二届中国廊桥国际研讨会上联手为保护木拱廊桥共同签署《中国廊桥申遗寿宁宣言》。

12月7日7时30分，S222(50)省道龙丽线松阳县王店铺路段发生3车相撞交通事故，死亡5人，受伤10人。

12月25日，“两龙”高速公路莲都段23.18千米主线建成，“两龙”高速公路全线竣工通车。

2008年

1月2日，庆元县被中国民间文艺家协会命名为“中国廊桥之乡”，于11月10日举行授匾仪式。

1月27日，位于莲都区下风化村的330国道丽水超限运输检测站正式启动治超工作。

2月11日，全市受降雪和冰冻影响，县乡公路中断69条，计824千米，全市交通部门投入人员、设备抢修通车。

2月25—26日，《丽水市交通志（1991—2010）》编纂工作会议召开。

3月20日，龙丽高速公路云和至景宁县城段工程开工。工程全长11.524千米。2013年4月10日，云景高速验收通车。

5月7日，全省首条跨区域城际公交线路青田小峙到温州渡船头公交车开通。

5月12日14时28分，四川汶川发生8级地震，市交通系统抽调57辆10吨卡车，迅速将抗震救灾物资运达灾区，并捐资100万元。

5月27日，全省农村公路工作座谈会在龙泉市召开。副省长王建满、省交通厅厅长郭剑彪、省公路管理局局长李良福等参加。

6月6日，省高速公路应急救援中心丽水分中心投入运行，承担管理丽水市境内金丽温、龙丽、丽龙、云景4条高速公路应急救援工作。

6月7日，国务院批准，第二批国家非物质文化遗产名录公布，庆元等县“木拱桥传统营造技艺”名列其中。

8月1日，市交通局开始施行《浙江省农村公路养护与管理办法》。

8月5日，温州永强机场丽水候机厅在丽水客运西站启用，从此，丽水市民到温州乘飞机，在丽水就可办理登机手续。2011年1月1日，搬迁到市区大洋路192号丽汽集团大楼一楼。

8月21日，市政府发布《关于加快丽水市交通事业发展的意见》。

8 月 22 日，全省农村公路建设民主恳谈会在遂昌县召开。

8 月 26 日，省交通投资集团公司董事长陈继松率团就加快龙庆高速公路建设工程到庆元调研座谈。

9 月 4 日 0 时 19 分，一辆闽 BY8006 的大客车在温丽高速公路 K116 处，冲破中央护拦后猛撞隧道口挡墙，当场死亡 10 人。

9 月 19 日，位于庆元县城濛洲廊桥建成。桥长 114.67 米，宽 5.4 米，廊屋 39 间，是一座石墩廊屋桥。

9 月 22 日，市交通局开始实施交通运输部颁布的《公路桥梁抗震设计细则》《公路桥梁加固设计规范》《公路桥梁加固施工技术规范》3 个文件精神。

9 月 28 日，龙泉市与福建浦城县共同签署《龙浦高速公路项目合作备忘书》。

10 月 10 日，省公路管理局公布《浙江省山区农村公路水毁防治技术指导意见》。全市交通系统按照“预防为主，防治结合”的方针，实施“因地制宜、治理到位、节省投资、切实管用”的治理原则。

10 月 28 日，省发改委、省农办、省公路管理局联合组成农村公路调研组到松阳县专题调研。2003—2007 年该县农村公路建设总投资 2.9 亿元，为前 50 年的总和。

10 月，青田港港头港区青山码头 2 座 1000 吨级泊位建成，是当时丽水市境内瓯江干线最大码头。2010 年 10 月 23 日开港运行。

12 月 3 日，副省长王建满到景宁县检查指导交通工作。

12 月 12 日，丽水市交通行业安全生产暨物流建设工作会议召开。市交通局副局长吴和俊作如何做好交通物流建设与安全生产工作的主题讲话。

12 月 22 日，丽水市城乡公共交通有限公司成立。

12 月 29 日，浙江省 2008 年公路财务决算编制工作会议在遂昌县召开。

2009 年

1 月 1 日，全国统一取消公路、水路各种规费，开征燃油税。

1 月 8—9 日，省交通厅、省发改委、金丽温高速公路有限公司和温州市、丽水市、瑞安市、泰顺县等地政府、交通部门领导和专家 60 多人，先后在景宁、瑞安召开龙丽温高速景宁至瑞安段线位论证会议，形成专家论证意见。

1 月 26—2 月 1 日，受降雪冰冻影响，景宁、庆元、龙泉 3 县(市)境内 4 条省道、7 条县道及 330 国道莲都段先后交通中断。2 月 1 日，全市交通部门投入 900 多人次、60 多辆工程抢险车、30 吨工业用盐、32 吨防滑材料，经一天清理恢复通车。

2月20日,省道路运输管理局副局长陈永林到松阳县检查指导乡镇客运站建设。到2009年1月,全县已建成乡镇客运站15所,占应建率75%。

2月23日,全市交通系统开展全市道路运输业安全生产大检查。3月20日结束。

3月3日,丽水市港航建设开发有限公司成立。

3月6日,副省长王建满到松阳县调研农村公路建设。

3月27日,市人民政府第49次常务会议审议通过《丽水市渡口安全管理办法》,5月1日起施行。

4月12日,福建省南平市交通局和丽水市交通局在龙泉召开龙浦高速公路浙、闽省界接点商洽会,研究和解决两省接点、花桥隧道建设、两省主线收费站设置等事项。

6月15日,省交通运输厅首站"平安交通浙江行"活动在丽水市启动,关注临水临崖路段安保工程建设。

6月19日,市政府在景宁召开全市农村公路工作会议,部署2009年农村公路工作任务。

7月7日, 全市城乡物流配送暨农村站场建设现场会在松阳召开。省道路运输管理局副局长陈永林参加。

8月17日,金丽温高速公路有限公司在金丽温高速和"两龙"高速全线开展打击无卡、换卡、冲卡等偷逃通行费车辆专项活动。11月30日结束。

9月17日,市人民政府第58次常务会议审议通过《丽水市农村公路养护与管理办法》,11月1日起施行。

9月24日,全市交通大物流建设工作会议在市行政中心召开。

10月1日,联合国教科文组织保护非物质文化遗产政府委员会第四次会议决定,由庆元县参与联合申报的"中国木拱桥传统营造技艺"被首批列入《急需保护的非物质文化遗产名录》,可获得专门设立的基金资助。

10月,丽水市区交警对1740辆营运人力三轮车开展整治,现场处罚80余起,教育后放行300余起。

11月11日,丽水市委书记陈荣高率有关人员赴龙泉市调研交通重点项目推进情况。

11月23日8时40分许,龙丽高速公路松阳段一辆江西牌照的小轿车因超速与一辆浙江牌照的大货车发生追尾,当场死亡4人。

11月27日,丽(水)武(义)公路联城至老竹段改建工程动工,全长13.11千米,路基宽10米,二级公路。该路段是丽水市区通往东西岩景区和莲都、松阳、武义3县(区)4个畲族乡镇的最新通道。

11月30日, 丽水汽车客运东站、西站网上购票业务正式开通, 市民用手机登陆 wap.86580.cn 或用电脑登陆 wap.86580.cn 网站,查询和选择车次,通过网上银行成功付款后即完成购票。

12月3日,省港航管理局局长郑惠明到丽水调研滩坑库区水上安全基础设施建设工作。

12月15日,省交通运输厅副厅长徐纪平率省公路管理局有关领导到龙泉考察农村公路建设和养护情况,强调要打好“攻坚战”,完成“双百”(行政村通公路百分之百路面硬化率百分之百)目标。

是日,省交通运输厅副厅长储雪青到松阳调研交通工作。

2010年

1月5日,省十届人大常委会副主任卢文舸带领省人大代表丽水中心组韦铁民、毛建华、方水岳等人到庆元考察龙庆高速连接线工程、景区公路工程建设工作。

1月8日,从丽水客运东站开往北京的38座豪华快客开通,途经德州、沧州和天津等站。

1月9日,金丽温高速公路丽水管理处投资40余万元,在丽水西、青田海口、船寮3处收费站外的入口匝道上安装6块可变信息情报板。司乘人员可以通过情报板掌握高速公路的通行情况,减少高速公路阻塞,提高行车安全。

1月13日,由省交通运输厅副厅长储雪青、省公路管理局党委副书记洪建浦组成的考核组一行,考核台金高速公路文明公路创建情况;并检查考核台州段、丽水段、金华段沿线3对服务区、9个收费站。

1月18日,G25长(春)深(圳)线龙泉至庆元段(龙庆高速公路)开工典礼在庆元县竹口镇举行,全长53.961千米,2013年6月25日通车。

2月4日,省交通运输厅副厅长储雪青带领春运检查组,检查和指导丽水春运工作。

2月28日23时58分开始,丽水市境330国道丽水收费站(上岗背)、330国道青田收费站、瓯青公路青田收费点、S222(50)省道松阳过境公路收费站4个政府还贷二级公路收费站(点)取消收费。

3月5—7日,遂昌、松阳雷雹骤雨百年一遇,日降雨量200毫米;其他县(市)降雨量168毫米,山洪暴发,S227(51)省道遂龙线遂昌K51+880处及全市21条乡村公路被山洪冲断。

3月15日,330国道丽水超限运输检测站治超信息平台成立,交警、派出所等部门共享平台,能够在同一时间统一调度,保障人力、警力到位,防止突发事件的蔓延、恶化。

3月16日,省重点交通建设项目——S219(42)省道缙云县壶镇至早宅段公路改建工程开工,长17.203千米。路基宽24.5米,按一级公路技术标准建设,设计时速80千米。2013年7月23日,通过竣工验收。

3月25—26日,省交通运输厅副厅长、省公路管理局局长李良福率省政府督查室、省公路管理局以及省财政厅、省编委办等单位组成的省政府农村公路建设与养护管理专项督查组到云和、庆元县检查指导工作。

3月26日，市交通局在丽水召开全市交通系统上海世博会安保暨2010年安全生产工作会议。各县(市、区)、市直交通单位分管业务部门、市交通局处室负责人共60余人参加。市交通局与各县(市、区)交通局、市直交通21个单位签订2010年安全生产目标考核责任书和上海世博会安保工作责任书。

4月9日，市政府在青田召开全市文明公路创建暨农村公路管养工作会议。市政府副秘书长刘世书代表市政府与缙云等4个县政府分管副县长签订2010年文明公路创建责任状。

4月16日,零时开始,浙江省高速公路全面实行计重收费和不停车收费,至5月26日,“双超”(超速超载)车辆明显减少,超限货车在所有货车中的比例由计重收费实施前的12%下降至3%。

5月,省重点交通工程——S227省道遂龙线改线工程动工,起点遂昌县王村口西侧,接已通车的石王公路,终点至龙泉市牛头岭与S328省道二期改建工程相衔接,全长51.357千米,二级公路,2015年9月9日,通过竣工验收。工程总投资7.45亿元。

7月初，丽水高速公路管理部门投入2043万元更新丽水境内314.63千米高速公路的标志牌,7月底完成。

7月28日,瓯江莲都段河道砂场最后一艘采砂船切割拆除,转移上岸。

8月1日,全市路政部门“迎国检”百日专项整治行动启动,用100天时间,对全市高速公路、国省道干线公路用地及公路建筑控制区内违法行为进行整治。

8月12日,省交通投资集团总经理王洪涛到丽水踏勘龙(泉)浦(城)高速公路线位走向。

9月7日上午,S222(50)省道龙丽线松阳赤首至象溪镇雅溪口段改建工程动工,主线长26.5千米,按一级公路技术标准建设。

9月19日,松阳浙江天虹物流有限公司经中国物流与采购联合会考核专家组评估,被评为丽水市首家国家AAA级物流企业。

11月19日，开潭电站大坝首次开闸通航,7艘运输船经过1个多小时航行安然通过船闸。

11月26日,全市车管部门统一行动,对电动车配上丽水防盗登记牌,从此,电动车有了“户口”。

11月28日,省交通运输厅副厅长徐纪平,副厅长、省公路管理局局长李良福分别带领督查组分赴青田等县督查通村公路建设。

12月7日，丽汽集团快客分公司丽杭快客班组被中国海员建设工会授予2009—2010年度全国交通建设系统“工人先锋号”称号。

12月12日，省重点交通建设工程—— S222（50）省道莲都段改建工程开工，总里程27.322千米，总投资12.02亿元，2014年12月26日通车。

是月，丽水市长运出租车公司出租车司机楼峻被中华见义勇为基金会授予“全国十大见义勇为好司机”称号。浙江省仅此一名。

2003—2010年，全市实施“乡村康庄工程”，累计投入资金55.79亿元。全市3452个行政村有3431年行政村开通等级公路，通村率达99.4%。

2010年年底，全市公路总里程13939.86千米，比1990年年底的3914.74千米，增加10025.12千米；高级、次高级路面铺装率达98.6%；公路密度由“十五”期末的45.47千米/百平方千米提高到“十一五”期末的80.59千米/百平方千米，增长率77.2%。

第一篇

道路设施

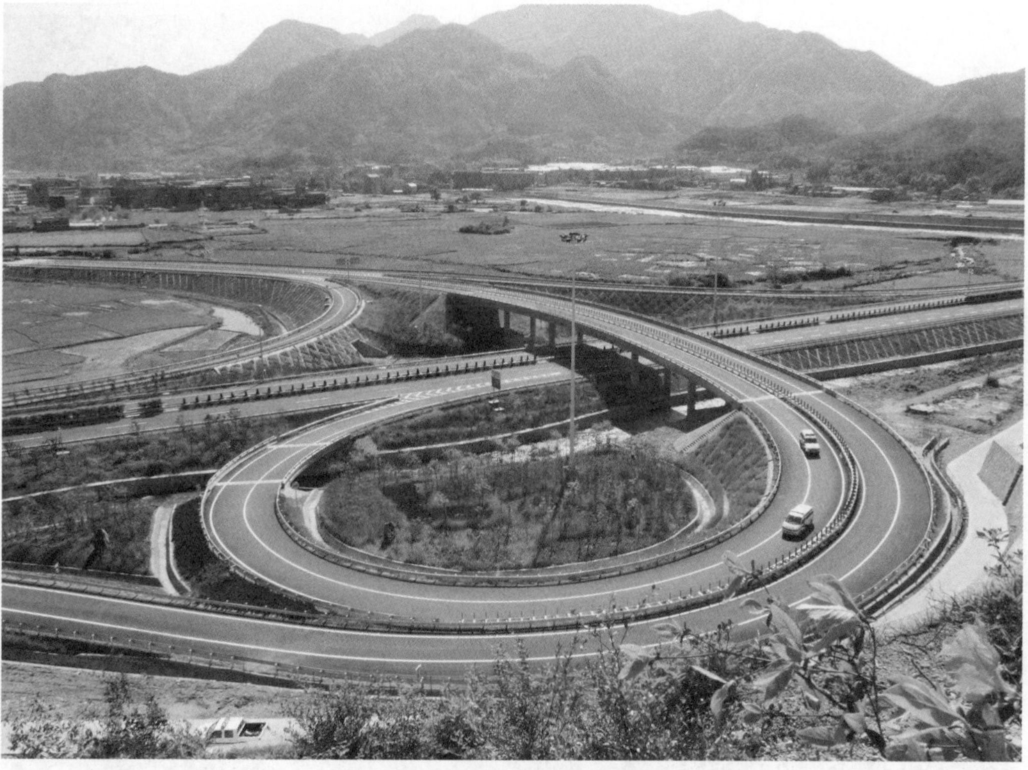

丽龙高速安仁互通

发展经济，交通先行。在古代，即古道、驿站和古桥建设；在当代，道路交通设施建设，主要是公路、铁路、高速公路建设，包括桥梁、隧道等，至2010年底，全市有公路13939.86千米，其中高速公路4条、328.771千米，国道1条、130.343千米，省道12条、838.243千米，其余为县、乡、村道和专用公路；公路桥梁2886座、179479.9延米；隧道219座、145256.81延米。确保道路畅通无阻，对于充分发挥运输效能，推动经济社会发展至关重要。

两龙高速北埠枢纽

第一章　公　路

公路是指经公路主管部门验收认定的城市间、城乡间、乡镇间、乡村间能行驶汽车的公共道路，包括路基、路面、桥梁、隧道、涵洞。

民国21年(1932)5月1日，丽水境内首条公路——金丽温公路缙云至温州动工兴建，接着先后动工兴建丽水—浦城公路，龙游—丽水县南山公路。至1949年5月，丽水解放时，全区有公路里程500余千米，其中得到保养，勉强能通车的303千米。

1949年10月1日，中华人民共和国成立后，加快公路建设。步入21世纪以来，公路交通建设进入跨越式发展时期，国省道和部分县乡道改善提质，实现干线畅通工程；高速公路建设，使全市提前10年进入高速公路时期。至2010年，市境内有高速公路、国省道、县乡道、专用公路、通村公路13939.86千米，行政村通公路率达99.4%，高级、次高级路面占总里程的98.6%。高等级公路网络的形成，成为全市经济社会持续发展强有力的助推器。至2013年6月25日，全市9个县(市、区)全部开通高速公路。

第一节　高速公路

高速公路为全封闭、全立交专供汽车分向、分车道行驶，并全部控制出入的多车道公路，一般可分为四车道、六车道和八车道。丽水市建成的第一条高速公路为金丽温高速公路丽水段。

2010年，全市有高速公路4条，其中国家高速公路规划高速公路2条、229.678千米，省级高速公路2条、98.768千米，共计328.771千米。

金丽温高速公路

——长深线(编号G25)金丽段和温丽高速公路(编号G1513)

1998年5月4日，地区行署办公室发文成立金丽温高速公路丽水区段工程建设协调小组，加强金丽温高速公路丽水区段工程建设的领导。

金丽温高速公路是浙江省交通建设规划“两纵两横十八连三绕三通道”的重要一“横”，也是连接我国黑龙江同江至海南三亚、上海至云南瑞丽两条主干线在浙江中部的重要干道，贯穿浙江中西部。起于金华市金东区二仙桥，与杭金衢高速公路相接，止点温州白象桥枢纽互通，与温州南高速公路衔接。跨金华、丽水、温州3市，途经武义、永康、缙云、莲都、青田、永嘉

6县区。其中起于金华市金东区二仙桥至莲都区富岭互通为长深线(编号G25)金丽段;起于温州白象桥,里程桩号K000,经青田至莲都区富岭互通,里程桩号K116+143,为G1513温丽高速公路。全线部分路段与330国道、S333(49)省道、S219(42)省道、03省道相连,全长237千米,总投资127亿元。浙江金丽温高速公路有限公司为金丽温高速公路管理单位,下设金丽温高速公路丽水管理处。1998年11月18日在金华举行开工典礼。2005年12月24日零时全线通车。

金丽温高速公路丽水段是丽水市建成的第一条高速公路,由长深高速缙丽段和温丽高速青丽段组成,起于永康与缙云交界处,里程桩号G25K2555+21,终于温州市与青田县交界之花岩头,里程桩号G1513K45+608,全长128.345千米,途经缙云县、莲都区、青田县15个乡镇,采用山岭重丘区四车道高速公路标准建设,设计行车时速100千米。整体式路基宽24.5米,分离式路基宽12.5米,沥青混凝土路面,桥涵与路基同宽。自缙云往青田方向有互通出口8个,依次为:G25K2561缙云、K2586洪渡、K2606丽水(西)、G1513K118丽水(富岭)、G1513K109石帆、K94海口、K76船寮、K52温溪。全线桥梁155座、44075米,占里程34.3%,其中特大桥梁11座、37709米,大桥42座、10787米,中桥36座、2198米,小桥69座、1370米,最长桥梁为青田海口戈溪外村沿江桥,全长10295米;隧道47座、25909米,其中长隧道7座、11599米,最长隧道为阳山隧道,右洞长3790米;中隧道5座、3083米,短隧道26座、6521米,棚洞7座、857米,明洞1座、460米,涵洞248道;高边坡78处、9965米;高挡墙12处、1245米;高路堤104处、38508米。金丽温高速公路丽水管理处为具体业务管理单位,下设缙云、洪渡、丽水(西)、石帆、船寮、温溪收费所7处;缙云牛廷岭、青田阳山、青田鹤城隧道管理所3处;丽水、青田(船寮)服务区2处和丽水、船寮养护工区2处。

金丽温高速公路缙丽段 1999年12月8日,在缙云县新碧镇山前村开工。起于永康与缙云交界处,里程桩号K2555+21,止点莲都区富岭互通,桩号K2613+020。全长58.788千米,缙云境内长26.432千米,其中主线长21.542千米,互通区匝道4.89千米;莲都区境内长20千米,2002年12月28日建成通车。工程总投资9亿元。

G1513温丽高速公路青丽段(金丽温高速公路丽青段) 2002年1月16日,丽水市人民政府办公室发文成立丽水市金丽温高速公路(丽青段)建设领导小组及指挥部,加快丽青段建设步伐。2002年12月28日,丽青段工程在青田县海口镇高沙村举行开工典礼,2003年3月1日正式开工建设。起于温州与青田交界之花岩头,里程桩号K45+558,与丽水至温州高速公路衔接,止于莲都区富岭互通,里程桩号K115+468,与长深线缙丽段相接,全长69.918千米。双向四车道,设计行车时速80千米。路基宽24.5米,桥涵与路基同宽。桥涵设计车辆荷载汽—超20级,挂车—120,路基及大中小桥设计洪水频率百年一遇,特大桥设计洪水频率300年一遇。地震基本烈度六度。2005年12月23日在青田县船寮服务区举行通车典礼,24日零时正式通车。工程总投资50.19亿元。

图一 浙江金丽温高速公路丽水段保畅示意图(全段128km)

图二

龙丽丽龙高速公路示意图

龙丽温高速公路、丽龙高速公路

龙丽温(编号 S33)、丽龙(长深线编号 G25)高速公路由龙游至丽水、丽水至龙泉两条高速公路组成(简称 “两龙”高速公路)。“两龙”高速是浙江省高速公路规划建设“两纵两横十八连三绕三通道”中十八连之二“连”,其中丽龙段被纳入国家高速公路规划网“7918 网”长春至深圳主干线在浙江西南部的重要干线,也是穿越丽水内陆的主要交通动脉。全长 222.6 千米,其中新建段长 65.1 千米,在建一级公路改建为高速公路长 157.5 千米(含已建成通车的一级改高速公路 43.5 千米,在建的一级改高速公路 113.7 千米),全线结构物占 25%,设互通式立交 18 处(含枢纽互通 3 处),服务区 3 处和停车区 2 处,设计时速 80~100 千米,路基宽 22.5~26 米,工程总投资 104.56 亿元。

“两龙”高速公路建成通车使得浙西南山区提前 10 年进入高速公路时代,直接节约土地 1800 公顷(2.7 万多亩),节约建设资金 40 多亿元,通行能力提高 1.83 倍,直接受益人口达 100 多万。浙江龙丽丽龙高速公路有限公司为“两龙”高速公路管理单位,下设龙丽和丽龙两个管理处,分别管理龙丽和丽龙高速公路。

丽龙高速公路(G25 长深线)丽龙段 起点莲都区富岭枢纽互通立交 G25K2613+020,与长深线缙丽段相接,途经莲都、云和、龙泉 3 县(市、区)的大港头、石塘、云坛、云和、赤石、安仁、础石等乡镇,终于龙泉市剑池街道周际村大猫亭 K2715+521,与 S229 省道(原称 54 省道)连接线相衔接,全长 102.346 千米,其中新建路段全长 26.286 千米,改建段全长 76.06 千米,(已建成通车一级公路改建 17 千米)。丽龙段有 13.5 千米路面采用透水防燥技术,该项技术在浙江省高速公路中首次使用。丽水段工程全线采用双向四车道高速公路标准建设,设计行车时速 60~80 千米。路基宽 24.5~25.5 米,分离式路基宽 11.25 米,沥青混凝土路面,桥涵与路基同宽。桥涵设计车辆荷载汽—20 级,挂—120,路基及大中小桥设计洪水频率百年一遇,特大桥设计洪水频率 300 年一遇。地震基本烈度六度。共有大中小桥 86 座、10951 米;隧道 44 座、44872 米;互通式立交 8 处,枢纽互通 3 处。

2001 年 3 月 29 日动工建设,2006 年 12 月 31 日龙游经莲都区北埠至龙泉段 199 千米建成贯通。总投资 46 亿元(含一级公路投资)。2007 年 12 月 25 日,丽龙高速公路莲都段 23.18 千米竣工,龙丽、丽龙高速公路全线建成通车。

位于云和境内的丽龙高速公路管理处为具体管理单位。下设丽水、云和、安仁中心收费管理所 3 处,丽水(富岭)、南山、石塘、云和、安仁、塔石、龙泉收费站 7 处;马岭头、赤石岭、塔石岭隧道管理所 3 处;丽水停车区 1 处;云和服务区 1 处和丽水养护工区 1 处。

2006 年 8 月 31 日, 丽龙高速公路富岭互通连接线动工, 起点丽龙高速富岭互通收费广场,经富岭街道齐村、大坑口、中堂村等村庄,穿中堂隧道、少微山隧道,终于紫金大桥南端,与丽水市区绕城公路南线十字交叉。全长 5.94 千米,宽 32 米。中堂隧道、少微山隧道长 360 延米,按双向六车道建设。设计时速60千米,系一级公路标准,总投资2.12亿元(市政府出资1.5亿元)。该连接线在原丽龙高速公路富岭互通连接线基础上加宽。2007年12月25日建成通车。它是丽水连接南北城的第一条交通要道,是金丽温高速和"两龙"高速通往丽水城区的主通道。

龙丽温高速公路(编号S33)丽水段 龙丽温高速公路起于龙游吕塘角枢纽互通立交,与杭金衢高速公路和杭新景高速公路龙游支线相接,途经龙游、遂昌、松阳、莲都县(区),终于莲都区北埠,设北埠枢纽与丽龙高速公路相接,全长157.224千米(含龙游支线37.110千米),其中新建路段全长38.9千米,改建段全长80.9千米(已建成通车一级公路改建段26.5千米)。丽水段2003年1月开工。起点位于遂昌与龙游县交界之北界镇渡船头,里程桩号K71+854,止点位于莲都区北埠村,里程桩号K157+224,途经遂昌、松阳、莲都3县(区)北界、新路湾、妙高、云峰、赤寿、新兴、古市、樟溪、斋坛、叶村、西屏、象溪、裕溪、大港头等14个乡镇。主线全长85.370千米,其中利用在建一级公路改建为高速公路54.3千米,新建段27.4千米。全封闭,全立交。路基宽24.5千米,桥涵与路基同宽。双向四车道,沥青混凝土路面,设计行车时速80千米,车辆荷载汽—超20级、挂车—120。全线有桥梁136座、12540延米;隧道11座,单洞长13088延米。路基及大中小桥设计洪水频率百年一遇,特大桥设计洪水频率300年一遇。地震基本烈度六度。共设北界、新路湾、遂昌、遂昌东、古市、松阳、象溪互通立交7处。总投资36.6亿元。2003年1月开工建设,2006年12月31日下午,在莲都区北埠举行龙游经北埠至龙泉段通车典礼。省政府副秘书长王小玲,省交通厅厅长郭剑彪,丽水市领导楼阳生、焦光华、施基城、程海南、叶朝丏等出席典礼。2007年1月1日正式通车。

2007年5月25日,丽水市交通局局长崔建宏考察"两龙"高速莲都段建设。

位于松阳县新溪村的龙丽高速公路龙丽管理处为具体管理单位,下设龙游南、遂昌、松阳中心收费管理所3处,下辖收费站9处,其中丽水段7处;沿线设遂昌停车区1处,灵溪、松阳服务区 2 处，溪田、青云岭、东田隧道管理所 3 处和高速公路养护项目部。

2010 年 7 月，高速公路更名，龙丽高速更名龙游—丽水—温州高速公路（简称龙丽温高速），为省级高速公路，编号 S33。

台金高速公路（编号 S28）缙云段

2004 年 1 月 1 日，台金高速公路缙云段动工建设。台金高速公路是全国重点公路规划“十三纵十五横”中的一“纵”（嘉荫至南平）的组成部分，同时也是浙江省公路交通建设“两纵两横十连”公路主骨架中的一“连”。是浙江省“五大百亿”工程和“四小时交通圈”布局的一个重要衔接枢纽，也是“金丽温”与“甬台温”高速公路的连接线。东起台州市临海杜桥，接甬台温高速公路，西至金华市永康市前仓，接 G25 长深线金丽段，全长 152.681 千米，跨台州、丽水、金华 3 市，其中台州段长 126.934 千米，丽水市缙云段长 13.723 千米，金华市永康段长 12.024 千米。途经临海、仙居、缙云、永康等县（市）。设计时速 100 千米。双向四车道，全封闭，全立交，整体式路基宽 24.5 米，分离式路基宽 12.5 米。缙云段长 19.653 千米，其中主线长 13.723 千米。起点苍岭，止点岩腰，匝道及连接线 5.93 千米，总投资 10.97 亿元。沿线经过壶镇镇、东方镇、前路乡 17 个行政村。全段有大、中、小桥 18 座、1316.42 延米；隧道 4 座、长 7817 米，该路段是浙江省最难建设的山区高速公路之一，其中缙云县与仙居县交界的苍岭隧道（左道长 7536 米，右道长 7605 米），是台金高速公路关键控制性工程，也是浙江省最长的公路隧道之一。2008 年 1 月 26 日，缙云段壶镇互通至永康市前仓段建成通车，12 月 31 日 24 时台金高速公路全线通车，自此，缙云壶镇至台州缩短里程 38 千米。

图三 台金高速公路示意图

云景高速公路

云景高速公路(编号 S34)

云景高速公路是龙丽温高速公路〔编号 S33〕的一段。起点接长深线丽龙段(丽龙高速)云和枢纽,终点位于景宁县城北鸭蛋坑。路线将云和、景宁两县城相连接。主线全长 12.158 千米(K0+635.471~K12+158.635),临时连接线长 0.933 千米。双向四车道,设计时速 80 千米。整体式路基宽 24.5 米,路面宽 22.5 米,复合式路面结构。桥梁宽 2×12.0 米,隧道宽 2×10.25 米,涵洞与路基同宽,设计荷载路面:双轮单轴轴载 100 公吨;桥梁汽车荷载:公路–I 级。特大桥设计洪水频率 300 年一遇,大、中、小桥及路基和涵洞洪水频率百年一遇。临时连接线公路时速 60 千米。项目总投资 14.62 亿元。桥梁 7 座,长 2567.5 米(以右线计);涵洞通道 6 道;隧道 2 座,右线长 8008 米,其中泗州岭隧道右线长 6780 米、左线长 6760 米,溪口隧道右线长 1228 米、左线长 1205 米;全线构造物占 90%以上。

2008 年 3 月 20 日,景宁段工程开工典礼在景宁溪口 I# 桥头召开,11 月 15 日主体工程正式开工建设。云和段于 2009 年 8 月 18 日开工。2012 年 4 月 24 日,云景高速全线贯通。

2013 年 3 月 26 日,在由省发改委、省交通运输厅、省公路管理局、省交通运输厅质量管理监督局的专家组检查后,通过交工验收。4 月 10 日晚 8 时正式通车。云景高速建成通车后,景宁至云和行车时间比原来缩小 20 余分钟。

云景高速南端与规划中的景泰高速公路相连接。

龙庆高速公路

龙庆高速公路

2010 年 1 月 18 日,G25 长深线龙庆段(龙庆高速公路)动工建设。

龙庆高速公路是《国家高速公路网规划》第三纵“长春至深圳高速公路”浙江省境内的最南段。它连接着我国东北、京津冀、环渤海、“长三角”、海西区和“珠三角”,同时也是连接中国东南部江、沪、浙、闽、台和粤、港、澳 3 大旅游区的最便捷的交通主干道,从长(春)深(圳)线金丽段、丽龙段、龙庆段至深圳,与走沈海线相比可缩短里程 200 多千米,在国家和区域干线公路网中居于重要地位。

龙庆段起自龙泉市剑池街道周际村大猫亭，顺接已建成通车的长深线丽龙段（丽龙高速公路），经龙泉市兰巨乡、查田镇、小梅镇和庆元县黄田镇、竹口镇，止于庆元县新窑新城隧道K2769+482（浙闽界），与福建省松溪至建瓯高速公路相衔接，全长53.961千米（G25K2715+521~K2769+482）。全封闭，全立交。整体式路基宽26米，分离式路基宽13米，复合式路面结构。桥梁宽25.5米（2×12.5米），涵洞与路基同宽。荷载汽车公路Ⅰ级。桥梁106座（双幅，含匝道桥），总长20035米，涵洞132道、2278米；隧道10座20幅，总长11925米；洪水频率大、中、小桥及涵洞百年一遇。全线在龙泉、梅垟、查田、黄田、新窑设置互通式立交5处，预留白马畈互通式立交1处，在龙泉、庆元各设置服务区1处。双向四车道，设计时速100千米。2013年6月25日验收通车，总投资45.67亿元。庆元连接线在原国家发改委批复的二级公路基础上拼宽为一级公路，长25.3千米，投资17.5亿元。

龙庆高速公路在龙泉白马畈枢纽与2012年12月18日动工建设的龙（泉）浦（城）高速公路相衔接。

表1　**2010年年底丽水市高速公路统计一览表**

县(市、区)	条数(段)	国家高速公路里程(千米)	省高速公路	
			条 数(段)	里程(千米)
莲 都	2	65.156	1	3.603
龙 泉	1	31.775		
青 田	1	67.301		
缙 云	1	21.546	1	13.723
遂 昌			1	28.986
松 阳			1	52.781
云 和	1	43.9		
庆 元				
景 宁				
合 计	国家高速公路2条(段)	229.678	省级高速公路2条(段)	99.093

说明：1. 2010年市境内有高速公路4条、328.771千米；
2.上表不包括2013年通车的云景、龙庆高速公路里程

第二节 国 道

国道即国家干线公路，是公路网中具有全国性经济、政治意义的干线公路，丽水市现有330国道1条（不含高速公路）。

温州—寿昌公路

简称温寿线(编号 G330)。部颁标准二级公路。

原称金丽温公路,起自寿昌县,经金华、永康、缙云、丽水、青田、永嘉,至温州市区。1982 年编号 330 国道。1989 年改称温寿线,起点温州,终点建德县寿昌镇陈家村。

自温州西站经永嘉朱涂入境,过青田、丽水、缙云出境去永康、金华过兰溪至寿昌,全长 317.273 千米,其中丽水市境内 145.04 千米(初建时里程)。经多次改善,至 2010 年,全长缩短为 290.894 千米,其中丽水市境内长 130.343 千米。

民国 21 年(1932)5 月 1 日动工兴建缙云至温州段,民国 23 年(1934)10 月竣工。

民国 26 年(1937)12 月 24 日,日本侵略军占领杭州。次年 1 月,省会南迁。6 月,第三战区司令长官顾祝同下令破坏公路。民国 34 年(1945)日本投降,9 月,开工抢修丽(水)缙(云)永(康)段 71.88 千米,翌年 7 月修复通车。缙云低水位桥未修,设渡拖运。

中华人民共和国成立后,从 1951 年 8 月起,国家多次投资,拓宽改造缙、丽、青段,并于 1976 年 10 月起铺筑沥青渣油路面,至 1988 年底全线实现路面高级次高级化。

330 国道青田段改建工程 青田段起点与永嘉县交界,经温溪、鹤城镇、船寮、海口、腊口,止于与莲都区交界之风化村,全长 81 千米。为适应交通事业发展需要,缓解“瓶颈”路段堵车现象,1987 年,交通部将 330 国道丽水区段改善工程列入“七五”计划,投资 1.21 亿元。5 月 7 日,丽水地区行政公署成立金温公路丽水区段改建工程指挥部,1988 年初由铁道部第十五局承包第一期改建工程,在青田章村、船寮两区(现腊口镇、船寮镇)地段施工,于 1990 年 12 月完成。

1991 年 5 月,青田段第二期改建工程开工,全长 19.51 千米。分 4 段:即石溪段 5.52 千米、海口段 4.6 千米、高沙岭段 4.67 千米、塔山湾段 4.72 千米。石溪地段线路向石溪坑下游外移 340 米,新建小孔跨径 16 米、长 216 米大桥,线路缩短 1.133 千米。原船寮桥桥面狭窄,仅容单车通车,且系低水位桥,每遇洪水,交通中断,成为全线路的卡脖子地段,在原位置上游新建 8 孔跨径 16 米预应力钢筋混凝土箱梁桥,桥面净宽 9 米,两侧设人行道各 1.5 米,桥面标高比原桥提高 5 米,桥头引线作相应处理。麻埠桥头弯道急,系事故多发地段,路线外移,调整各项技术指标重建新桥。原海口段线路穿过居民区,行人拥挤,线路向下游移 320 米,另建新桥,线路缩短 0.45 千米。原高沙至小群路段翻越高沙岭,纵坡 7%,且平面线型弯曲,岭顶视线又差,沿江边另择新线绕行,开凿长 168 米的高沙岭隧道,避免爬坡越岭,降低高差 60 米,缩短里程 400 米。原塔山湾路段,线路傍山沿江,地势陡险,后坡个别地段高达 30 米,平面线型弯曲,行车视线差,改建线路,穿越塔山腰部凿 210 米隧道,避开陡坡弯道,线路缩短 47 米。原海溪桥桥面标高过低,多雨季节行车频遇水阻,且为单车道,事故经常发生。新建 3 孔跨径 13 米钢筋混凝土空心板梁桥,桥面净宽 9 米,桥面标高比原桥提高 2.10 米。二期工程按山岭重丘二级加宽公路改造,路基宽 12 米,路面宽 9 米,水泥混凝土路面,两侧各设 1.5 米水泥混凝土硬路肩。桥梁荷载标准汽—20、挂—100,大、中桥净宽 9+2×(0.25~1.5 米);隧道宽 9+2×0.75 米,净高 5 米,1994 年 7 月 27 日通过交工验收。总投资 4397.5 万元。改建后,该段里程缩短 2.08 千米。

第三期改建工程共分 6 个标段实施: Ⅰ标段北岸段长 2.733 千米, Ⅱ标段锦水段 K104+000~K107+057 长 3.057 千米, Ⅲ标段石门洞段 K84+000~K90+870 长 6.870 千米, Ⅳ标段 K100+123~K104+000 长 3.877 千米,Ⅴ标段温溪段 K37+440~K43+281 长 5.84 千米,Ⅵ标段鹤城东路段 K53+880~K54+690 长 810 米,6 段共计 23.187 千米。1993 年 2 月 11 日,鹤城东路段工程动工,此后,各标段相继动工建设。按山岭重丘二级公路加宽技术标准改建。路基宽新建路段 12 米,拓宽路段 12~15 米,采用沥青砼路面,宽 9~12 米。桥梁设计荷载汽—20、挂—100,小桥涵与路基同宽, 大中桥净宽 9 米+2×0.5 防撞护栏。1996 年 7 月全部竣工, 工程总投资 4481.52 万元(不含石门洞段投资)。

1993 年 2 月 11 日,330 国道青田鹤城东路 K53+800~K54+690 改善工程开工。改善路线长 810 米,主车道宽 14 米,1995 年 5 月 5 日建成通车,改善了鹤城东路的通行状况。

因 330 国道青田县城段进入城区,公路和街道并用,不利交通安全和车辆畅通,1993 年开工建设青田县城过境公路鹤城临江大桥,桥长 1930 米、净宽 9 米,1995 年 5 月 5 日建成通车。青田段经多期工程拓宽改建,弯道减少,缩短里程 3 千米,全段长为 78 千米。

1995 年 12 月 27 日,330 国道瓯青公路及其延伸线(又称丽青复线)工程建设开工。东起青田县与瓯海县交界之小峙村,途经港头、高岗、魁市、水南、湖口、湖边、下白浦、上白浦、良岸,终点船寮镇黄言村,全长 30.808 千米。按山岭重丘二级加宽公路标准建设,沥青或水泥混凝土路面,设计时速 40~80 千米,路基宽 12 米,路面宽 9 米。大桥 16 座、7328.08 延米,中桥 6 座、317 米,桥梁与路基同宽。桥涵设计荷载汽—20,挂—100。总投资 3.44 亿元。分期分段建设,2004 年 12 月 17 日通过交工验收,此段路后改为 330 国道。

修桥铺路惠民生

□□ 330 国道莲都段改建工程 原 330 国道丽水市段(莲都段)起自与青田交界之风化村,经塔下、好溪水东大桥、奚渡、凉塘、岩泉、冷水、蒲岸,至大庭庙桥出境入缙云县境,全长 28 千米,其中长岗背至大庭庙桥 16.717 千米段后改为 49 省道(2001 年全国公路普查改编号为 S333)。现 330 国道莲都段起自与青田交界之风化村,经塔下、好溪水东大桥、市区开发路、凉塘、上岗背、枫树湾、银场、雨伞岗、林村,至桃花岭隧道口入缙云县境,全长 29.721 千米,桩号为 K111+161~K140+882。其中水泥混凝土路面 3.512

千米,沥青路面 26.209 千米。路基宽 12 米,路面宽 9 米。系山岭重丘二级加宽公路标准。

莲都段曾经过数次改造。1988 年 8 月,330 国道塔下隧道工程开工。该隧道位于丽水市(县级)塔下村,长 350 米,宽 11 米,净宽 9 米,高 5.12 米。1990 年 1 月竣工,同年 11 月验收通车,比原线缩短里程 450 米。1990 年,“四自”(自行贷款,自行建设,自行收费,自行还贷)工程 330 国道丽水市冷水地段改造工程动工,开凿长 693.1 米、宽 11 米、高 5 米的冷水隧道,1995 年 1 月通车,缩短里程 1 千米,线路避开了一个大拐弯。

2003 年 10—12 月,交通部门投资 150 万元,对 330 国道 K116+109~K117+309 进行路面大修并实施塔下隧道降坡工程。2003 年 11 月—2005 年 12 月,公路部门投资 413 万元,在 330 国道丽水 K114~K115 段弯道实施改善工程。

2006 年 10 月—2007 年 4 月,公路部门投资 1300 余万元,对 330 国道莲都段进行大中修。2008 年公路部门投资 350 万元,对 330 国道丽缙复线莲都段路面进行大中修,总修复 4 千米。2009 年公路部门两次投资 300 万元,对 330 线 K123+600~K139+899 沥青混凝土路面实施中修工程(纤维封层,总修复 6 千米)。至此,莲都段成为二级公路标准国道,通行能力大大提高,为行车安全提供了重要保障。

330 国道缙云段改建工程 1993 年 10 月,330 国道缙云段兰黄“四自”工程动工,对缙云境内 20.200 千米(K156+000~K176+200)地段进行改造,项目名称为兰(口)黄(碧街)“四自”工程。路基宽兰口至东渡桥头 42 米,东渡桥头至金弄 18 米,金弄至界牌(缙云与永康交界处)24 米。双向四车道,单向路面宽 15 米,水泥混凝土路面,分隔带各 1.0 米。1996 年 10 月竣工。

330 国道丽缙复线工程 1996 年 4 月 23 日,330 国道丽缙复线工程开工建设。南自丽水市九里村(330 国道 K125+775.7),北至缙云县东渡镇(330 国道 K157+100),全长 31.325 千米,路基宽 12 米,路面宽 9 米,沥青混凝土路面。途经丽水市(现莲都区)、缙云县的 6 个乡镇 26 个行政村。按山岭重丘二级公路加宽标准建设,设计行车时速 60 千米。最大纵坡 4.9%,平曲线最小半径 110 米,桥梁设计荷载汽—20,挂—100。有大桥 6 座、1046.8 延米,中桥 6 座、384.4 延米,小桥 15 座、380.66 延米;长隧道 3 座、4228.2 延米,短隧道 2 座、222.8 延米。工程预算 2.61 亿元,1998 年 1 月 5 日建成通车,不仅减轻 330 国道丽水市段的交通压力,而且使丽水至缙云缩短距离近 10 千米。2002 年 10 月 16 日,依照省交通厅浙交〔2002〕410 号文件批复,丽缙复线调整更名为 330 国道线。

330 国道莲缙段改建工程 2011 年 12 月 15 日,330 国道莲缙段公路改建工程启动仪式在莲都区岩泉街道洪渡自然村举行,开始实施工程前期各项准备工作。2013 年 3 月 28 日,改建工程正式起动。330 国道莲缙段是莲都至缙云东渡镇的一段,1998 年 1 月,330 国道丽缙复线建成通车后,复线于 2002 年改名 330 国道,而原 330 国道莲缙段改为 49 省道六岙—东渡公路的一段。

该工程起点莲都区 330 国道与市绕城公路九里立交分离式交叉口处（桩号 K122+955），经岩泉、蒲岸、上冷水、大庭桥、长坑、小井，终点缙云县东渡镇插花端(桩号K146+330)，接 49 省道，全长 23.292 千米，其中莲都段 16.453 千米，缙云段 6.839 千米，按一级公路标准改建，路基宽 24.5 千米，路面宽 22.5 米，中间设隔离带，双向四车道。设计时速 80 千米，桥梁设计荷载公路Ⅰ级。有特大桥 3 座、3658 米，大桥 4 座、5247.5 米；隧道 3 座 5 幅(含原冷水隧道 1 幅)、6043 米。工程总造价约 17.59 亿元。

该工程于 2016 年底建成通车，丽水市区到缙云县城的行车时间缩短至 30 分钟以内。

330 国道部分老路段保护良好 1993 年 7 月，省交通厅公路管理局发文致丽水地区公路管理处《关于继续保留 330 国道部分老路段的通知》(浙交公〔1993〕202 号)。《通知》指出："330 国道是国家的主要干线公路，特别在你区境内公路地形比较复杂，易发生塌方等灾害，造成车阻。为了保证抢险等需要，已改建好的 330 线丽青公路路段中原东岙桥北接线老路、塔山湾、石溪岭老路弯道处，高沙岭老路，水东老桥至 330 国道老路，及塔下隧道老路都应保留，不能移作它用。今后凡因改线等情况变化，个别路段失去原有作用，需经上一级公路主管部门批准，并办理有关手续，才能改作其他用途。

请你处继续加强对路政工作的领导。对上述路段继续做好公路产权的保护和公路维修工作，以确保应急抢险和战备需要，利于交通畅通。"

自 1993 年省交通厅公路管理局发文 20 年来，文中指定应保留的 330 国道老路段一直保护良好。

第三节 省 道

省道是指具有全省性的政治、经济、国防意义，连接省内中心城市和主要经济区的公路，以及不属国道的省际间、县际间的省级干线。丽水市境内除改建为"两龙"高速公路的一级公路外，有省道 12 条，总长 839.243 千米，遂龙线在丽水市境内，其余 11 条均与省内其他地市及与福建省公路相连，是丽水连接外地的重要通道。

磐安—缙云公路

简称磐缙线，2001 年全国公路普查改编号为 S219(1990 年，编号 S42，简称 42 省道)。

1955 年动工建设。自磐安县城安文镇起，过双溪口、深泽、冷水、壶镇，与临石公路接合，至胡宅口转仙都达缙云县城，长 172.21 千米，其中丽水市缙云境内长 44.382 千米(不含重复线 2.55 千米)。1966 年全线通车。1968 年、1980 年、1982 年和 1984 年先后进行改建，始上等级公路。至 2010 年，全线里程缩短至 72.132 千米，缙云境内长仍为 44.382 千米。一级、二级公路。

1980年缙云段改建工程动工。起点缙云县白竹乡上东岸(K27+750),终点缙云县五云镇(接温寿线K160+730),全长44.382千米(其中壶镇至胡宅口段2.584千米与35省道重叠)。逐段进行改扩建,铺设水泥混凝土路面、渣油路面、沥青混凝土路面,实现路面高级、次高级化,2007年底竣工。投资5000多万元。

2008年3月1日,磐缙线及平黄公路仙都景区段改线工程动工。起点仙岩村,经上岗背、白岩村、陈弄口村、红狮水泥厂、碧川,止于官店,与42省道相接,是连接磐安、台州、永康3县、市交通干线的节点。长16千米,其中9千米为一级公路,路基宽24.5米;7千米为二级公路,路基宽12米。大桥1座,长206米;隧道2座,总长1979米;公路铁路立交2处,全互通1处(外堰互通),工程总投资3.232亿元,2010年12月竣工。原公路穿越仙都风景区,改线工程完成后,既解决重要交通干线对旅游景区的干扰,又解决从县城到高速公路连接线的交通,实现缙云县新城区、仙都风景区、工业园区的"三区"互动,形成从金丽温高速公路缙云出口到县城的迎宾大道。

2008年8月,磐缙线缙云段仙都景区改线工程动工。起点五云镇官店村,与磐缙线及平黄公路仙都景区段改线工程终点相衔接,终点与330国道K158+000相衔接。全长4.4千米,大桥1座、181米;隧道1座、170米。按一级公路技术标准建设。工程投资9201.9万元。该项工程的建成,有利于进一步改善仙都AAAA国家级风景区和金华、磐安等地的经济贸易状况。

2010年3月16日,壶镇至早宅段改建工程动工。起点壶镇青川,终点早宅,全长约17.203千米,路基宽度24.5米,按一级公路技术标准建设。设计时速80千米。项目总投资约5.2亿元。2013年7月23日,通过工验收。

上茭道—松阳公路

简称上松线,2001年全国公路普查改编号为S220(1990年,编号S44,简称44省道)。

自武义县上茭道起,与G330国道连接,经武义(壶山镇)王宅、柳城,越海拔800多米的竹客岭(又称寨头岭)、四都,至松阳县城,全长98.05千米,其中松阳境内长21.72千米,后松阳境内经改线,全线里程缩短至86.35千米,松阳境内线路缩短至12.07千米。二级公路。

1978年10月,上松线松阳段工程建设动工。长21.72千米,起点松阳县城西屏镇,与省道龙南线(原称50省道)连接,终点为与武义县交界处(K75+897),与武义段衔接。

松阳境内段除西屏至邵山脚4千米为平原微丘路段外,其余都是山岭重丘地带,高低落差500多米,平均纵坡5.8%。全线有石拱桥6座、94.2米,涵洞195道。总造价193.75万元(其中:国家投资114.5万元,地方支出78.86万元,民工建勤0.39万元)。1984年9月完工,当时称松武公路,亦称615省道,1990年改称44省道上松线。该公路建成通车,使松阳至金华的里程缩短了49千米。

1997年3月18日,松阳段改建工程动工。该工程被列入丽水地区"九五"计划基础设施重点建设项目,改建里程全长 12.07 千米,路基宽 8.5~12 米。其中当年浙西南最长公路隧道——寨头岭隧道,长 2343 米、宽 10.5 米。2000 年 12 月 17 日通过竣工验收。工程总投资 0.73 亿元。改造后的松阳段比原公路降低高差 283 米,减少弯道 200 多处,缩短里程 9.63 千米,松阳段线路从 21.72 千米缩短至 12.07 千米。

龙游—丽水公路

简称龙丽线(原称龙南线),2001 年全国公路普查改编号为 S222(1990 年,编号 S50,简称 50 省道)。一、二级公路。

起点龙游(与兰贺线相接),至遂昌北界入境,经新路湾、洋条隧道、上江(原线翻马头岭,越连头岭)、金岸、古市、西屏,过碧湖大桥,至莲都区南山,与 S328(53)省道相连。初建时全长 144.46 千米,丽水地区境内长 104.66 千米。后经多次改造改线,至 2010 年,总里程缩短至 132.113 千米,其中丽水段 96.277 千米。

民国 22 年(1933)12 月动工,23 年(1934)8 月 19 日,松阳至遂昌段 32.13 千米(其中遂昌辖 10.08 千米,松阳段 22.05 千米)建成通车。28 年(1939)9 月全线(单车道)贯通,终点丽水县上南山,当时称龙南线。中华人民共和国建立后,对该线进行多次改建。

1981 年 6 月,自丽水县碧湖,经石牛、苏港至联城大桥公路建成,1985 年 3 月与龙南线三峰相接,称联(城)三(峰)线,1990 年 11 月,联城大桥至桃山大桥北端路段与联三线划归龙南线,终点改至桃山大桥北,全线称龙丽线,长 168.69 千米,其中丽水地区境内长 129.88 千米。1991 年 12 月 8 日动工建造瓯江碧湖大桥,全长 421 米,桥面宽 9 米+2×1.5 米人行道,被列为世界银行贷款项目,1994 年 1 月竣工,南山汽车渡撤。2001 年 12 月全国公路普查后,终点改经碧湖大桥至莲都区南山,与 S328(53)省道丽浦线 K21+720 相接,仍称龙丽线。

遂昌段改建工程 1988 年 6 月 5 日,龙丽线遂昌县小马埠至上江段公路改建工程开工,全长 11.405 千米,其中洋条隧道长 638 米。按山岭重丘二级公路标准设计,路基宽 8.5~10.0 米,路面宽 7 米。桥涵设计荷载汽—20、挂—100,隧道净宽 7 米+2×0.75 米,桥涵与路基同宽。1992 年 3 月 19 日竣工,耗资 1200 万元。公路改建后,原金龙线金岸至上江段 1.420 千米并入龙丽线,避开翻越连头岭和马头岭,使遂昌至龙游缩短里程 10.3 千米,丽水经上江至龙游比原路缩短 9.5 千米。

1992 年 10 月,龙丽线遂昌段改建工程动工。全长 22.92 千米,按山岭重丘二级公路标准改建,路基宽 10~12 米,水泥混凝土路面宽 9.0 米,1996 年 1 月 25 日通过省竣工验收。总投资 2234 万多元。

2002 年 9 月 15 日,遂昌段 K45+530~K48+530 路面大修工程开始。长 2.8 千米,按山岭重丘二级公路标准设计,路基宽 10 米、水泥混凝土路面宽 7 米,同年 12 月 15 日完工。耗资 284.43 万元。

2005年6月16日，龙潭至梧桐公路改建工程开工。全长11.555千米，总投资2.3亿元。其中龙丽线上江至庄山段3.42千米按二级公路标准建设，桥涵设计荷载标准汽—20、挂—100，设计时速60千米，2007年12月完工通车。

2005年11月，因龙丽高速公路建设需要，龙丽线遂昌段恢复工程动工，起点新路湾，终点遂昌与松阳交界之界首。恢复工程分4段，全长7.044千米，按山岭重丘二级公路标准建设，路基宽10米，路面宽9米，桥梁设计荷载汽—20、挂—100，桥涵与路基同宽，沥青混凝土面层；庄山至界首2.624千米按山岭重丘一级公路标准建设，路基宽22.5米，路面宽20米，行车道中间设绿化隔离带1.5米，桥梁设计荷载汽—20、挂—100，桥涵与路基同宽，沥青混凝土路面，2006年12月竣工通车。耗资3892万元。

松阳段改造工程 1991年11月1日开始，对松阳界首至合溪段57.468千米进行改造，按山岭重丘二级公路技术标准建设，路基宽8~9米，路面宽7米，桥梁设计荷载汽—20，挂—100，桥涵与路基同宽，为水泥混凝土和沥青渣油路面，1999年11月全线完工。投资2725.86万元。至此，龙丽线松阳段全部为高级路面。

1999年7月28日，西屏至古市过境公路工程开工。起自赤首乡三里亭K63+740，止点原松阳造纸厂门口。全长20.806千米，按平原微丘二级公路技术标准建设，设计行车时速80千米，双向四车道，路基宽18米，设中央分隔带2米，两侧路缘带宽2×0.75米，行车道宽2×7.5米，路面结构为24厘米厚水泥混凝土路面。该工程为“四自”工程，项目总投资1.352亿元。由松阳县国有资产管理局、丽水市东方农业发展公司、丽水市水电发展有限公司出资3500万元，共同组建松阳龙丽公路经营有限责任公司，负责项目的建设。2001年7月27日通过交工验收。2003年由松阳县政府收购。

2010年9月7日，省重点建设工程松阳赤寿至象溪段改建工程开工。起点赤寿乡三里亭，终点象溪镇雅溪口村，与原50省道连接。主线长26.5千米，其中拓宽段20.6千米，新建段5.9千米。工程按一级公路标准设计，双向四车道，路基宽24.5米(加宽段28米)，设计时速80千米。主线改建段(长20.6千米)采用老路拼宽设计，全线设大中小桥19座，长1710米；长隧道1座，长1005米。概算总投资5.86亿元，工期30个月。工程完工后，自三里亭至雅溪口可缩短里程6千米。

莲都段改建工程 1993年，丽水公路段投资432万元对龙丽线（K126+000~K135+458）9.46千米路基进行拓宽，改砂石路面为沥青碎石路面。1998年2月，交通部门投资400万元，将联城桥至碧湖19.3千米砂石路面改造为沥青路面。2004年10月—2005年6月，丽水市直属公路段投资1200万元，对全线路面进行了大修(50省道畅通工程)。2009—2010年，投资590万元，对该线路进行大中修。

2010年12月12日，省重点建设工程——龙丽线莲都段改建工程开工。起点莲都区碧湖镇保定村附近,路线基本沿碧湖平原西侧山脚布线,经岚山头、郎奇、港口、苏埠等 28 个行政村,终点位于丽水市区教工路与城北街交叉口,由城北街连接线、S222(50)省道连接线和碧湖连接线组成。全段有大中小桥 6 座,总长 1493 米(双线计);隧道 3 座,总长 3650 米(双线计);涵洞 91 道,总长 2457.6 米。总里程 27.322 千米。主线长 20.853 千米,起点至国师村段 4.955 千米,按二级公路技术标准建设,路基宽 12 米,设计时速 60 千米;国师村至终点设联城互通,与绕城公路连接,长 15.895 千米,采用一级公路技术标准建设,路基宽 24.5 千米,设计时速 80 千米。城北街连接线,长 5.361 千米,起点位于丽水市绕城公路西线联城互通,终点在城北街与教工路交叉口,为一级公路,路基宽 29.5 米,设计时速 60 千米;碧湖连接线长 1.108 千米,路基宽 12 米,起点位于碧湖镇国师村附近,终点在碧湖镇碧兴路,为二级公路,设计时速 60 千米。2014 年 12 月 26 日,工程正式交工验收,全线通车。总投资 12.02 亿元。

改建工程把丽龙、龙丽、金丽温高速公路,S328(53)省道、丽水市绕城公路、丽武公路等干线公路有机相连,形成四通八达的交通网络。

该改建工程验收通车后,S222(50)省道终点从莲都区南山移至教工路与城北街交叉口。

遂昌—龙泉公路

简称遂龙线,2001 年全国公路普查改编号为 S227(1990 年编号 S51,简称 51 省道)。一、二、三级公路。

该线路原称金龙公路,金梧公路,1992 年改称遂龙公路。起点遂昌县上江,向西经遂昌县城、三墩桥、黄砣口,越桂义岭,至坝头入龙泉市境,经东书、城北、村头、牛门口至东大桥塔下,与丽浦线 K122+200 相接,全长 107.34 千米。2010 年全国干线公路大检查,终点调整至龙泉市环城东路,与丽浦线 K123+400 相接,全长 108.606 千米。

遂昌段改建工程 金岸至遂昌县城 6.58 千米,县城至三墩桥 6.22 千米分别于民国 22 年(1933)、民国 29 年(1940)建成。

遂昌县城至黄砣口(桂洋)段 42 千米,于 1958 年 2 月开工,同年 8 月因“大办钢铁”停工,次年 5 月 3 日复工,至 1966 年 4 月三墩桥至龙泉县界分段建成通车。遂昌境内城桂路段耗资 58.4 万元。龙泉段从坝头至梧桐口,1966 年建成,至此,全线贯通,全长 102.58 千米。其中遂昌县金岸至坝头 60 千米,坝头至龙泉县梧桐口 42.58 千米。

1969 年 7 月 20 日遂昌县城至黄砣口段 38.85 千米改善工程开工,其中将县城飞鹤桥起沿南溪而上至尖山脚段改道经遂(昌)湖(山)公路三墩桥衔接原线,计 1.5 千米。其他路段进行拓宽、改善。工程于 1970 年 6 月 28 日完工。耗资 76.4 万元。金龙公路改称金梧公路,经拓宽改造,始上等级公路。

1978—1986 年,国家拨款 62.2 万元,将金岸至妙智堂(梅溪庵村口)段 7.59 千米浇筑水泥混凝土路面。

1984年6月,按山岭重丘三级公路标准,完成根竹口路段1.24千米穿村改线工程,耗资18.35万元。1985年12月,按山岭重丘三级公路标准,拓宽金岸至遂昌县城段6.1千米路基,达到宽10米,路面宽7.5米。耗资29.73万元。

从1995年7月起,国家先后投资6次,共计2.4亿元,对遂昌段按山岭重丘三级公路、二级公路、一级公路及城市次干道Ⅱ级、Ⅲ级进行改扩建,路面实施砂改油、沥青砼路面或水泥混凝土路面,2011年12月竣工。通过改建,沿线加设钢质护栏等交通安保设施,提高了公路通畅能力和安全系数。

2008年12月25日,遂昌境内上江至三墩桥段公路改建工程开工。起点上江,与遂龙线K0+995相衔接,经渡船头、水阁、半路亭,终点三墩桥,与三砺线K0+550相接,长9.963千米。其中大桥2座、273.33延米, 小桥2座、57.08延米, 互通立交桥1座、159.08米; 隧道4座、1878延米。按二级公路标准建设,设计时速60千米,路基宽12米,路面宽10.5米,桥涵与路基同宽。隧道净宽11.83米,净高6.8米(建筑界限净高5米)。桥涵设计荷载公路—Ⅱ级,大中桥设计洪水频率百年一遇。小桥、涵洞及路基设计洪水频率50年一遇。2012年1月16日通过交工验收。核定投资1.99亿元。

龙泉段改建工程 1985年,由于紧水滩水电站建设,龙泉县梧桐口为水库回水淹没,公路改由村头经牛门口至龙泉东大桥,改线9.7千米,4月开工,按三级公路标准建设,7月25日经省、市、县(市)三级联合验收通车。自此,金梧公路改称金龙公路。1992年3月,起点改为遂昌上江,金龙公路改称遂龙公路。

1999年7月—2001年10月,省交通厅、省公路管理局累计拨款2200万元,分3年对龙泉段实施砂改油工程。路面宽5.5米~6米,2001年10月全线完工。2004—2008年累计投入1548多万元,实施安保工程,修建水泥混凝土护栏470个,安装钢质波形护栏23.53千米。

2006年创建文明公路及路面中修等,使该线路的路貌路况有了重大改善。

由于遂龙线的线型和路况路貌已不适应经济社会发展的需要,省交通厅把遂龙线改线工程列为省重点交通工程。起点为遂昌县王村口西侧,接已通车的石(练)王(村口)公路,在石练接三(墩桥)砺(砺下)线,在三墩桥与原遂龙线衔接。在王村口西侧经西坑口、龙洋、老虎跳、龙泉市住溪、锦旦,至牛头岭与S328(53)省道二期改建工程相衔接,全长51.357千米,其中遂昌段长13.487千米。大桥4座、597.6延米,中小桥2座、135.2延米;隧道3座、1528延米。龙泉段长37.87千米,大桥9座、1410延米,中桥8座、496延米,涵洞111道;长隧道1座、2936延米,中隧道1座、780延米,短隧道2座、812延米。按二级公路标准建设,设计时速60千米,路基宽10米,路面宽8米,荷载标准公路—Ⅱ级。大中桥设计洪水频率百年一遇,小桥、涵洞及路基设计洪水频率50年一遇。工程于2010年5月和9月分别在龙泉和遂昌段动工,2015年9月9日,通过交工验收。工程总投资7.45亿元。

云和—寿宁公路

简称云寿线,2001 年全国公路普查改编号为 S228(1990 年编号 S52,简称 52 省道),四级公路改造成三级、二级公路。

起自云和县大徐隧道南口,经武垟、景宁县外舍、鹤溪镇、东坑,过童岭头,入泰顺县境至福建省寿宁县,全长 162.11 千米,其中丽水市境内长 88.35 千米。后经改线,至 2010 年,全线里程缩短至 99.958 千米,其中丽水市境内 63.784 千米。

云寿线与其沿线良好生态融为一体

1956 年 2 月 16 日,云寿线丽水段工程建设动工。起自云和县象山村,至景宁与泰顺县交界之童岭头。分三期建设。1964 年 1 月,全线正式通车。总投资 209 万元。

云和段改建工程 云寿线丽水段初建时为四级公路,砂石路面。坡陡、弯道多,高差达 600 米,通行能力差,安全隐患多。1970 年 10 月,动工改道,起点云和县独山桥头,经霞晓桥、云坛、水岗山入景宁县岚头村,到官山附近接上老线,改建全长 20 千米,共投入资金 139 万元。改线后,避开了老线等外路段,减少弯道 300 余个,降低高差 272 米(621~349 米),缩短里程 8 千米,景宁到云和缩短行车距离 5.1 千米,到丽水缩短 7 千米。1971 年 4 月通车。

1991 年 11 月,云和、景宁交界地段改造工程(包括岚头岭隧道)动工(云和段 1993 年 6 月开工)。起于云和县水口(武垟外侧),经沈庄后至岚头岭隧道、大坟村、西汇村,止于景宁县外舍乡岭北村。工程分云和、景宁两县所辖地段进行施工。按山岭重丘三级公路标准改建,设计时速 30 千米,全长 11.634 千米(含隧道 1062 米),路基宽 7.5 米,路面宽 6.5 米,隧道净空 4.5 米,净宽 7+2×0.75 米,投资 1829.51 万元。1994 年 10 月 17 日在景宁畲族自治县成立 10 周年时,县交通局举行岚头岭改建工程通车典礼。岚头岭改建后,岚头岭地段降低高差 184 米,缩短里程 4.3 千米。

1999 年 3 月 2 日,云景公路云和大徐至武垟(水口)11.2 千米路段四级改二级工程开工,包括路基拓宽、取直、桥梁改建工程。路基宽 8~10 米,路面宽 7~9 米,沥青路面,二级公路。2001 年 8 月 15 日完工,10 月 11 日通过交工验收。总投资 4387.1 万元。

2000 年 10 月,大徐隧道和大徐大桥建成通车,云景公路起点由独山桥头改至大徐村口,缩短里程 1 千米。

2005年10月，因建高速公路，云和沈岸至云坛段1390.3米路段进行改造，新建大桥两座，桥长分别为165米和156米，全宽8.5米，净宽8米。荷载公路—Ⅱ级。

改建后的云寿线云和段总里程13.38千米，比初建时缩短3.62千米。

景宁段改建工程 1965年6月，外舍大桥建设和改线工程动工。工程始于西汇后山，过岭北，建外舍大桥，到外舍村止，全长3.5千米。建长243.32米、宽8米的外舍大桥，改西汇人力汽车过渡为外舍大桥通过，提高了通车效率。1966年12月竣工。

1992年9月，景宁段通天门改线工程（新建三级、二级公路）动工。始于外舍乡岭北村（接岚头岭工程改线K22+825），建新线沿小溪而上至溪口，过溪口大桥沿鹤溪河左岸经栋底到岭脚村（接环城西路K27+338），全长4.362千米，路基宽12.0米，路面宽9.0米，另有溪口大桥长247.2米。全线设计时速30千米。1997年1月18日，验收后正式通车。投资970万元。

1996年10月18日，景宁县城到泰顺县四级改二级公路工程动工。长69.1千米（未改建前老路长126.64千米），按山岭重丘二级公路技术标准建设。路基宽8.5米，桥涵与路基同宽，路面宽7.0米，隧道净空5米，净宽7+2×0.75米。设计时速40千米。分别由景宁、泰顺两县按所辖地段各分两期工程实施。景宁段起点浮丘村（K32+700），经马岭头隧道（长1200米）、三石、米岩山、张山岙隧道（长1333米）、北溪、白鹤、东坑、龙井隧道（县界，长1910米，景宁段1065米，泰顺段845米）。2004年1月5日通过省交通厅组织竣工验收，至此，景泰公路景宁段35.08千米二级公路改建竣工。新建隧道2.5座、3598延米，其中马岭头、张山岙、龙井3座隧道建成后，分别降低高差46米、202米、346米；新建中小桥6座、320延米，缩短里程13.8千米。总投资1.97亿元。

2004年11月，景宁汇田大桥到溪口段改建工程（滩坑库区淹没段复建）动工。由于滩坑电站建设，云寿线景宁段圩头过岭北至溪口大桥南段长4.8千米淹没。青景庆公路滩坑库区公路复建时将该路段纳入复建，起点圩头（K19+200），新建汇田大桥长330米，经油田口到溪口（长90米的溪口一号桥西止）接上原线，按二级公路标准改建，路基宽8.5米、路面宽7.0米，桥梁设计荷载汽—20、挂—100，2008年完工。改建后，新线比老线增长1.07千米。

2010年12月25日，岚头岭再次改建工程动工。起点云和县沈庄，终点景宁汇田大桥，全长6.705千米，其中云和境内2.672千米，景宁境内4.033千米。按二级公路标准建设，设计时速60千米，路基宽10米，桥宽9.5米，隧道净宽10米，净高5米。大桥6座、2050.56米，中桥1座、78.08米。开挖岚头岭新隧道，长2635米，地面高程从265.66米下降到173.5米，降低高差92.16米。概算总投资2.52亿元。计划工期36个月，项目建成后，云和至景宁缩短里程1.85千米。

2009年，云寿线云景段文明公路通过省交通运输厅组织竣工验收。

龙泉—后山桥公路

简称龙后线,2001 年全国公路普查改编号为 S229(1990 年编号 S54,简称 54 省道)。二、三级公路。

起自龙泉市城南、丽浦线 K125+107 处,经查田、小梅、黄田、竹口、新窑,翻越蜈蚣岭到菊水,经蓬桥、安溪至后山桥,与福建省政和县政岭公路衔接。全长 97.53 千米。改建后,2010 年,龙庆段里程缩短至 88.23 千米。

该线原为龙泉至庆元公路(以下简称龙庆线)。民国 27 年(1938)修筑龙泉至小梅段 44 千米,翌年 4 月 8 日完成。民国 29 年(1940)6 月完成小梅至菊水段 41.53 千米,其中新窑至蜈蚣岭段路基仅宽 1.8 米,其余路基宽 5 米。建龙庆段耗资 104.3 万元。

民国 33 年(1944)日军再扰丽水,省府后撤,拓宽新窑段,建成单车道,民国 35 年(1946)3 月完成。7 月,水毁弃养。

1951—1989 年,丽水专署(地区行署)组织龙泉、庆元两县人民政府对龙庆公路逐段进行修复、拓宽、改造,提高公路通行能力。

菊水至后山桥段,逐段分年建成。1957 年 1 月动工,1966 年 10 月竣工。龙后线全线通车。

龙泉段改造工程　龙泉段起自龙泉市城南,丽浦线 K125+107 处,经豫章、查田至小梅桥。

1991 年 2 月,按浙江省交通厅浙交公〔1991〕224 号文件批复,54 省道龙泉境内段 43.47 千米的路基路面进行改造,按山岭重丘三级公路技术标准改造,路基宽 8.5 米,加铺沥青表处路面,宽 7 米。对独田、豫章、小查田、查田 4 处截弯取直,小梅岭改造降坡,工程于 1992 年开工,1994 年完成,缩短里程 3.7 千米。总投资 2100 万元。

1994 年 6 月 17 日,豫章桥水毁倒坍,交通中断,新建豫章大桥,全长 129.6 延米,1994 年 11 月开工,1995 年 12 月完成。总投资 180 万元。

1995—1996 年,完成龙后线 38.173 千米砂石路面改沥青路面工程,投资 499 万元。

2003 年 8 月,对龙后线 K14+520~K16+500,K32~K35 两段计 4.98 千米进行路面大修,投资 170 万元。

2004 年 12 月 29 日,小梅过境段改建工程动工。起点小梅镇大梅口村,经骆庄、陈山坑、曹岭,终于庆元县头陀附近(K43+000),全长 5.43 千米,其中龙泉市境内长 3.903 千米,大桥一座、105 米;庆元县境内约 1.5 千米。按二级公路标准建设。设计行车时速 60 千米,路基宽 12 米,路面宽 9 米,采用沥青混凝土路面结构,桥梁与路基同宽,桥涵设计荷载汽—20,挂车—100,大中桥设计洪水频率百年一遇,小桥、涵洞和路基设计洪水频率 50 年一遇。总投资 5089.08 万元(其中龙泉 3613.53 万元,庆元 1475.55 万元)。2006 年 10 月 30 日竣工,2007 年 1 月 30 日交工验收。

2006 年 3 月,龙泉城区至小梅段改建工程动工。起点剑池街道南秦村,终点与小梅过境段相衔接，全长 33.91 千米，按二级公路标准改造，路基宽市区至宏山段 3.12 千米，采用城市道路 15 米，宏山至豫章段 6.2 千米，宽 12 米，其余 24.59 千米，宽 8.5 米。全线隧道 2 座、510 延米(其中蜜峰岭隧道 100 延米，下堡岭隧道 410 延米)，沿线边坡绿化，加固安保设施和隧道机电照明，总投资 1.23 亿元。2007 年 9 月完工，缩短里程 3.1 千米，2007 年 12 月 29 日经验收交付营运。

庆元段改建工程 庆元段起自小梅桥，经黄田、竹口、新窑，至后山桥(浙闽界)，全长 50.03 千米。

1990 年 8 月 13 日，龙后线、菊寿线(54、55 省道)交叉地带拓宽改建工程(四级改三级)动工。起点 54 省道龙后线 K43+240、55 省道菊寿线 K10+600，改建工程总长 46.36 千米，按山岭重丘三级公路加宽标准建设，路基宽 7.5 米~8.5 米，路面宽 7 米。1997 年 6 月 9—13 日交工验收。

1994 年，龙后线菊水至后山桥段改建工程动工。起点庆元县菊水，止点与福建交界之后山桥(四级改三级、三级改二级)，全长 17.3 千米。按山岭重丘三级公路标准改造。设计时速 30 千米，荷载汽—20，挂—100；路基宽 7.5~8.5 米；路面宽 6~7 米，小桥和涵洞路基同宽。概算总投资 2100 万元。2000 年 10 月 15 日竣工。

2009 年 11 月 30 日，菊后段由三级改为二级工程动工。起点桩号 K73+970，经后口、淤上、蓬桥、安溪等村。在 K84+137 处设蓬桥 1 号中桥并设蓬桥 1 号隧道，蓬桥 2 号中桥回至老路 600 米后，设置蓬桥 2 号隧道拉直路线，终于浙江与福建省交界处，终点桩号 K88+23，全长 14.260 千米，比原路缩短 2 千米，按双车道二级公路标准建设。设计时速 60 千米，路基宽 12 米，行车道 2×3.5 米，桥梁宽 12 米，隧道净宽 10 米，涵洞与路基同宽。设计荷载公路—Ⅱ级，汽—20，挂—100。全段工程有桥梁 7 座、556 米；涵洞 64 道，通道 1 处；隧道 3 座、1653 米。概算总金额 2.65 亿元。2013 年底完成主体工程。

青田—岱口公路

简称青岱线，2001 年全国公路普查改编号为 S230(1990 年编号 S57，简称 57 省道)。

起自青田县西门瓯江大桥南，与 330 国道相交，经魁市、山口、仁庄、汤垟，越海拔 800 余米的十字路口，出境至温州市文成县境，经瑞安市大藏、高楼，过渡到石龙达平阳县岱口。全长 121 千米，青田县境内长 51.07 千米。改建后，2010 年，全线长 112.007 千米，其中青田境内长 37.343 千米，为二级公路。

1957 年 9 月，青田县腊石矿建成山口村至魁市专用公路，1971 年 9 月起逐段修建至汤垟，长 38.02 千米，青(田)汤(垟)公路建成。

1980 年，青汤线改为青岱线，起点移至 330 国道 K58+480 处，终点汤垟与文成交界处。

1985 年，由世界银行贷款 117 万元，继续修筑汤垟向文成县延伸公路，长 15.255 千米，

1989年12月青岱公路全线贯通。

1995年,对青岱线青田县境仁庄段、山口段进行改建,工程于1997年1月通过竣工验收。1998年7月,对该路溪口至山口段路面进行硬化,同年11月竣工投入使用。

1999年1月20日,青田县鹤城镇石郭村到汤垟乡将军岩32.62千米改建工程动工。分3期进行改建。第一期工程起点330国道瓯青复线K38+300米处,在石郭村后开凿隧道,经油竹、山口,利用山口大桥及接线至终点,改建路线长7.24千米,全线新建长1179米石郭岭隧道;长211.45米的秋炉大桥。工程实际标准为路基、桥梁、隧道宽均12米,路面宽9米,为山岭重丘二级加宽或二级公路,沥青混凝土路面,设计行车时速60千米。桥涵荷载汽—20,挂—100。2002年5月8日通过竣工验收,使青田县城至山口缩短里程6千米。工程决算7168万元。

二期工程,2002年6月16日开工。起于山口镇山口大桥(一期工程终点),经南园、冯垟、仁庄乡、吴岸,终于汤垟乡(桩号K25+330),全长18.18千米。全线有大、中桥梁3座、259米;隧道3座、902米。按山岭重丘二级公路标准建设,沥青混凝土路面,设计行车时速40千米。路基宽8.5米,路面宽7米,桥梁宽度:净7+2×0.5米,桥涵设计荷载汽—20、挂—100;隧道净宽9+2×0.75米,净高5米。大中桥设计洪水频率百年一遇,涵洞和路基设计洪水频率50年一遇。2004年9月21日通过竣工验收。决算总投资9571万元。

三期工程,2006年10月17日动工。起点汤垟乡政府附近,桩号K25+330(接二期工程终点),经四脚潭、下西坑、下田龙、黄泥袋,终点将军岩(即57省道文成段改建工程起点),桩号K32+687,全长7.402千米。全线设中桥4座、270.16米;隧道1座、175米。改建工程按山岭重丘二级公路标准设计,沥青砼路面。路基宽8.5米,路面宽7.0米,桥面净宽7.5米。设计时速40千米,桥涵设计荷载:公路—Ⅱ级,标准汽—20,挂—100。隧道宽7+2×0.75米,净高5米。大、中桥设计洪水频率百年一遇,路基、小桥和涵洞设计洪水频率50年一遇。工程决算1.02亿元(包括水土保持方案388万元)。2011年通过验收,移交公路部门管养。

临海—石柱公路

简称临石线,2001年全国公路普查改编号为S322(1990编号S35,简称35省道)。二、三级公路。

自临海市留贤起,经仙居入境,翻越三溪岭,经过缙云壶镇,越打鼓岭出境至永康石柱,全长142.32千米,其中丽水市缙云县境内长34.20千米。经历次改建,2010年,全线总长137.335千米,其中缙云境内长31.336千米。35省道是连接台州、丽水、金华3地市4县(市)的重要省道。

1956年11月,35省道缙云段工程动工建设。起点缙云县平坑口与仙居交界处(K92+530),经三溪乡、东方镇、壶镇镇,越打鼓岭,至缙云与永康交界处(K126+450),1957年11月竣工,1958 年 5 月 1 日通车。总投资 32.5 万元,投工 79 万工。

1973 年因修建岭头方水库,公路改线延长 0.5 千米。1986 年底,缙云公路段投资,对壶镇新车站段 1 千米铺筑水泥混凝土路面,1988 年春又投资 13.86 万元,车站至医院 1.068 千米铺筑块石路面。

1993 年,K119+832~K126+450 路段改建工程动工,长 6.618 千米,路基宽 12 米,路面宽 9 米,1995 年竣工。1998 年,K92+530~K93+580 路段改建工程动工,长 1.05 千米,路基宽 10 米,路面宽 8 米,2000 年竣工。投资 347 万元。2005 年 5 月,K92+580~K119+832 路段改建工程开工,全长 27.252 千米,路基宽 7.0 米,路面宽 6.0 米,2008 年竣工。投资 1300 万元。经逐年改建,实施砂改油和砂改水泥混凝土路面,实现了路面高级、次高级化。

丽水—浦城公路

简称丽浦线,2001 年全国公路普查改编号为 S328(1990 年编号 S53,简称 53 省道)。

起自丽水市区九里,过桃山大桥、水阁、大港头、小顺、云和县城(走改线),越赤石岭(1991 年 12 月 10 日开通隧道)入龙泉市境,经武溪、安仁、龙泉县城,越新岭、牛头岭、八都、上垟、木岱口到花桥,出境至福建省浦城县,全长 224.345 千米,其中丽水境内长 185.05 千米。后经多次改线,至 2010 年,丽水市段里程缩短至 168.86 千米。一、二级公路。

民国 21 年(1932)10 月动工,民国 24 年(1935)11 月竣工。民国 29 年(1940)交通部将其列为东南运输干线。

丽浦线连接浙闽两省,线路长,翻山越岭多,弯道多,通行能力差。中华人民共和国成立后,从 1951 至 1979 年,国家多次投资,对丽浦线丽水段许多路段进行修复、改建,拓宽、截弯取直,对丽水城关段和云和县城段公路改建为水泥混凝土路面。

1982 年,建设紧水滩电站,云和赤石岭至龙泉段(桩号 K78+900~K139+267)50.367 千米公路被水库淹没,公路由龙泉溪北改行溪南。起于云和县临海垟,过严山岭隧道至龙泉西大桥西端,全长 44 千米。1982 年 4 月开工,1985 年 8 月 5 日通过省、地、县三级组织验收通车。总投资 1286.99 万元。

1984—1988 年,地区公路总段投资 154.87 万元,对丽水市(县级)境 31.5 千米,云和县境 15 千米,龙泉县境 15 千米,铺筑沥青渣油路面,提高了公路等级。

莲都段工程建设(技术等级一级) 莲都区管养段从九里至均溪 33.740 千米,即 53 省道 K0+000~K33+740。1992 年 3 月动工改建大洋路至中山街路段,长 614 米。1995 年 5 月改建中山街至括苍路段,长 546 米。1997 年 11 月动工改建括苍路至浙少师(溪口)路段,长 760 米。1998 年 10 月,动工改建九里至大洋路段,长 2240 米,当年 12 月竣工通车。改建后,全长 4160 米,宽 42 米,其中机动车道 15 米,两侧绿化带各 2 米,非机动车道各 6.5 米,人行道各 5 米。现为丽阳街。

1999 年 10 月,动工改建水阁工业园区垟店至大港头镇段,长 22.45 千米。按一级公路标准设计,双向4车道,设计行车时速80千米。车辆荷载汽—20,挂—100。有大小桥梁9座,2001年12月通车。大港头至规溪亭,长2.88千米,2002年6月动工,按一级公路标准改建,2004年6月完工。2001年12月,溪口大桥建成后,车辆从九里出发,沿丽阳街,过溪口大桥,经长深高速缙丽段连接线至西站路进入原线。

云和段改建工程 根据省交通厅《关于丽浦公路赤石岭改建工程设计及预算的批复》(浙交〔1988〕307号),1990年2月,赤石岭隧道改线工程开工,翌年12月10日完工。总投资1208.5万元。工程由云和县交通局组织实施。改线后,丽浦线赤石岭段原由后山经重河至临海垟改由后山经隧道通行。赤石岭隧道长1239.8米。改建后行车里程比原路线缩短4.513千米。

1994年3月,云和县城过境公路改建工程开工,翌年11月完工。按山岭重丘二级公路标准建设,长5.25千米,路基宽12米,路面宽9米,铺洒沥青路面。段内有桥涵5座。总投资893.5万元。

2001年9月,对5.25千米县城过境路段实施沥青混凝土路面,总投资473万元,12月竣工。

2005年7月,丽浦线规溪亭至石塘路段改线工程动工。全长6.510千米,路基宽10米,路面宽8.5米,土路肩宽2×0.75米,路段中沿石塘库湾建长1380米的石塘特大桥,2006年10月竣工。

2010年12月30日,丽浦线云和县城过境公路改线工程动工。起点丽浦线K60+350,跨过浮云溪,穿过睦田村后亚口,经白垟墩等村,在K62+960处与长深高速丽龙段云和出口接线交叉,再经古竹黄桥头等地,跨浮云溪,与丽浦线K68+000相接,全长8.25千米,其中中间段即东起狮山,西至梅雾公路,总长4.75千米路段为县城主干道复兴路。投资1.20亿元。

龙泉段工程建设 1990—1992年,实施八都穿镇段路基、路面改造,投资280万元。1991年3月—1994年1月,完成牛头岭至源坑改线工程6.12千米,投资275万元。1993年5月,53省道K131+300~K165地段中,分4段长22.44千米进行路基路面改造,总投资2200万元,缩短里程1.2千米。1996年完成高浦至横溪桥段长3.5千米路基、路面改造,投资117万元。1997年6月28日,硋石岭隧道改建工程开工,按山岭重丘二级公路标准建设,1999年7月建成。2003年,该隧道让予丽龙高速公路,另建坑岭底隧道。

1999年12月28日,53省道硋石至花桥二期工程的木岱口至花桥段公路改建工程开工。起点木岱口,终点花桥,长9.6千米。主要工程有隧道2座、1075延米;桥梁11座、501.4延米,其中社曲畈大桥长168延米、桥高26.5米。按山岭重丘二级公路标准改建,路基宽8.5米,路面宽7米,2001年完工,丽浦线缩短里程10.037千米。投资8346万元。

2003年6月,南秦大桥上部结构和北端接线段降坡改造工程开工,由双曲拱改为T型梁桥,桥长147延米,3孔,净跨43米,总投资546万元。2011年8月10日,改名秦溪桥。

2004年7月,龙泉至木岱口畅通工程动工,长33.73千米,2006年3月竣工验收。投资3665万元。

2006年,丽浦线黄林源段K97+440~K99,长1.56千米,安福段K100+382~K103+825,长3.443千米,础石段K116+372~K118+850,长2.478千米被丽龙高速公路相继占用,由丽龙高速公路龙泉段建设指挥部组织改建。改线全长7.481千米。

2008年9月16日,龙泉至八都段一期改建工程动工。八都段改建工程按二级公路标准设计,全长16.9千米(其中一级公路1.1千米),大桥3座、574延米;隧道3座、3105延米,总投资3.56亿元。分2期实施,一期为8.4千米。其中八都过境段长5.1千米,龙泉市区过境段长2.769千米。2009年7月8日,二期工程上凉亭至八都段8.5千米开工典礼在西街街道上凉亭举行。2013年1月22日,一期工程竣工验收;同年6月30日,二期工程竣工验收。

菊水—寿宁公路

简称菊寿线,2001年全国公路普查改编号为S329(1990年编号S55,简称55省道)。二、三级公路。

起自庆元县菊水,与龙后线相交,经庆元县城,过五大堡、荷地、左溪、江根,至福建省寿宁县当阳村,全长109.65千米,庆元境内104.4千米,是浙闽两省省际的交通要道。改建后,2010年,全线长105千米,其中庆元境内长103.836千米。

民国27年(1938),菊水至庆元县城段动工,民国29年(1940)6月完成。庆元县城至寿宁坑底,分期分段施工。1958年2月动工,1987年10月20日竣工,菊寿公路全线贯通,1997年11月经丽水地区交通局竣工验收通车。

1995年3月,菊寿线庆元段拓宽改造工程动工。全长92千米,起点菊寿线K9+200,经五大堡、荷地、左溪、江根等乡镇,与福建寿宁县相接,按山岭重丘三级公路标准改造,铺设沥青表处路面,设计荷载汽—20,挂—100,路基宽8.5米,路面宽7米。其中庆元县城过境线8.46千米,起自菊寿线K9+200,终点洋心桥K17+600,比老线缩短1000米。按二级公路技术标准建设,行车时速40千米。线路在K10+485处穿过石龙山,建龙山隧道,长1325米;建祝家洋大桥,长154.5米,中小桥3座、123.19米。桥涵设计荷载汽—20,挂—100。大桥设计洪水频率为百年一遇,中小桥、涵洞和路基设计洪水频率为50年一遇。工程投资8983.10万元。2012年5月全段改造完工。该项工程的完成,有利于促进浙江西南部地区与珠江三角洲地带经济贸易的发展。

2005年7月1日,龙后线、菊寿线庆元曹岭至松源段S229(54)、S329(55)省道庆元段改善工程动工(三级改二级),工程根据省交通厅《关于54、55省道龙庆公路庆元段工程初步设计的批复》进行改建。54省道改建工程起于庆元曹岭,止于庆元菊水,全长30.497千米;55省道改建工程起于菊水,按新线布设,设菊隆隧道,出隧道后接55省道沿老路进行改造,止于庆元县松源镇阁门岭桥头,全长8.362千米。改建全长38.859千米,按二级公路技术标准建设。设计时速60千米,路基宽8.5米,路面宽7米,全线有隧道3座、1100米;大桥2座,大中桥设计洪水频率百年一遇。总投资1.13亿元。2007年6月20日竣工。

2008年11月28日,55省道反墺段改造工程动工。起点屏都镇岩头洋村,终点祝家洋桥头,长3.675千米,按山岭重丘二级公路标准建设,设计时速60千米。路基宽12米,路面宽10.5米,沥青混凝土路面,2012年1月17日交工验收。总投资5609万元。

瑞安—东坑公路

简称瑞东线,2001年全国公路普查改编号为S330(1990年编号S56,简称56省道)。四级公路。

起自瑞安市飞云镇,于瑞安市飞云江大桥南(G1951+300处)与104省道相交,经马屿、营前、文成县城、西坑、石垟,在干坑岙(K123+250)进入景宁县境,经杨斜、章坑,到东坑,与云寿线相交,全长145.1千米,景宁境内长22.05千米。经改线,2010年,全线里程缩短至131.095千米,其中景宁段21.81千米。

1963年4月,西坑至东坑段44.2千米动工建设。按当时六级甲乙混合公路(相当于现在四级公路)技术标准建设。路基宽6.5米,路面宽5.5米,桥涵宽6.5米,纵坡最大8%,弯道最小半径20米。设计行车时速20千米。1965年8月验收,10月1日通车。

2004年对景宁段22.05千米进行砂改油,投资912万元。2005—2006年分期增设钢质护栏与其他安全设施。改造以后,景宁段缩短至21.81千米。

六岙—东渡公路

简称六东线,2001年全国公路普查编号为S333(2002年编号S49,简称49省道)。部颁公路等级二级、三级。

起点为温州六岙,终点为缙云东渡。全长139.57千米,其中丽水市境内长115.987千米。经改线,2010年,全长85.725千米,其中丽水市境内长62.709千米,温州市境内长23.016千米。途经温州、青田、莲都、缙云。此段线路原为330国道,330国道复线(包括丽缙复线、瓯青公路及其延伸线)建成后,复线改称330国道,此段原330国道于2002年改称49省道。而青田县船寮镇黄言村至莲都区上岗背段仍为330国道。49省道丽水境内段,由2段线路组成。第一段从永嘉县朱涂入境,经温溪、青田县城,至船寮镇黄言村(K23.576~K58.539),计34.963千米;第二段起点莲都区上岗背经大庭至缙云县东渡镇,桩号K111.824~K139.57,计27.757千米,两段合计62.709千米。

青田段改建工程 2007年3月12日,动工对温溪至鹤城段实施改建。起点温溪大桥,桩号K31+000,终点桩号K38+100,主线全长6.937千米,路基宽15米,路面宽14米,在K36+520处同步建设鹤城东路与49省道连接线1.08千米,路线全长8.01千米。连接线路段,路基宽12米,路面宽9米;大桥两座,总长293米,净宽14千米;隧道1座,长874米,净宽11.5米,净高5米。桥涵设计汽车荷载:公路—Ⅰ级;大中桥设计洪水频率百年一遇。工程按二级公路技术标准建设,设计时速 60 千米,2009 年 12 月 25 日建成通车。工程总投资 1.36 亿元。

2010 年 4 月 28 日,六东线青田县鹤城过境段改建工程动工。起点 49 省道 K35+895 处,路线向西北前进,设戈岙隧道、风门亭隧道、新建岭隧道、锦屏山隧道,穿锦屏山、青田变电所至终点樟树湾接 49 省道桩号 K40+888,全长 4.99 千米,宽 12 米,2014 年 1 月 20 日完工。总投资 2.47 亿元。

莲都段改建工程 莲都境内段 16.717 千米,原系 330 国道上岗背经坑口、杉树坑、大庭桥段。根据 2002 年公路普查数据更新,此段公路列入 49 省道。其中二级公路 15.417 千米,三级公路 1.3 千米,有桥梁 5 座、137.85 米;涵洞 87 道;隧道 1 座、693.1 米,全部为水泥混凝土路面。1999—2000 年,省公路管理局投资 2131 万元,将丽水至缙云段 23.25 千米的沥青路面改造为水泥混凝土路面。

缙云段改建工程 1999 年 8 月开工。起点缙云县与莲都区交界之大庭桥(K128+534),到东渡与 330 国道交接(K139+563),全长 11.029 千米,路基宽 8.5~42 米,路面宽 7.0~15.0 米,水泥混凝土路面, 1999 年 12 月 30 日竣工。此段公路原名 330 国道,2002 年 10 月 16 日由省交通厅浙交〔2002〕410 号文件调整更名为 49 省道。

"两龙"一级公路

由龙游至丽水、丽水至龙泉两条在建一级公路组成,合称"两龙"一级公路。

丽龙一级公路

2000 年,浙江省政府浙政发〔2000〕130 号文件批准建设丽龙一级公路,是丽水市的主干线公路。起点丽水市区,终点龙泉市剑池街道周际村大猫亭,基本按 53 省道丽浦线位进行改建,其中丽水市区至莲都区规溪亭已建成一级公路。

云和段建设 起点瓦窑头,至麻垟为终点,全长 44 千米。一期工程瓦窑头至云坛于 2001 年 6 月 27 日开工,大桥 2 座,中小桥 9 座;隧道 3 座。总投资 3.97 亿元。2004 年 9 月 7 日交工通车。2005 年 7 月按高速公路标准动工改建。二期工程云坛至麻垟段,于 2003 年 9 月开工,整体式路基宽 22.5 米,分离式路基宽 2×11.25 米,隧道单幅 5 座、13277 延米;桥梁 23 座、2840 米。建成一级公路路基 14.1 千米,后因一级改高速而大部分工程停工,2005 年 10 月 9 日经省交通厅以浙交复〔2005〕146 号文批准按高速公路标准开工改建。

龙泉段建设 由云和县麻垟隧道入境,途经安仁、础石,终点到龙泉剑池街道周际村大猫亭,全长 35 千米。按山岭重丘一级公路标准建设,设计行车时速 60 千米。整体式路基宽22.5 米,分离式路基宽 11.25 米。隧道 8.5 座、6505 延米;大桥 2 座、630 延米。一期工程于 2001 年 10 月 28 日开工。二期工程于 2002 年 11 月 30 日开工。2003 年 12 月 8 日,省交通厅下发《关于龙丽、丽龙一级公路改建为高速公路的通知》(浙交〔2003〕508 号),2004 年 10 月 13 日,省发改委批复同意改建为高速公路(浙发改函〔2004〕234 号文件),批准丽龙一级公路改建为丽

龙高速公路。

龙丽一级公路

基本由S222省道(原称50省道)龙丽线改建,起点龙游县城关,经遂昌县、松阳县,终于莲都区,与S328(53)省道丽浦线连接。

遂昌段建设 2002年12月21日动工建设。起点遂昌县北界镇,经新路湾镇、妙高镇、云峰镇庄山,止于与松阳县交界之界首村,主线长28.987千米,遂(昌)龙(泉)支线—— 遂昌县城连接线长7.21千米。全线有桥梁26座、2801.52延米;涵洞63道、1959.78米;分离式隧道1座、2180延米,连体式隧道5座、1050延米,双向四车道,设计行车时速60千米,荷载汽—20,挂车—100。工程概算8.51亿元,至2003年底,完成总投资3.04亿元,形象进度35.70%。2005年3月一级提升为高速。工程概算13.97亿元。

松阳段建设 2003年3月7日松阳段一级公路动工建设。根据浙江省发展计划委员会《关于50省道龙丽线松阳段改建工程初步设计的批复》(浙计批复〔2002〕211号),全长50.5千米,按部颁山岭重丘一级公路标准建设,设计荷载汽—超20级,挂车—100。路基宽22.5~25.5米,双向四车道,其中隧道5.5座、3668.5延米;桥梁24.5座、3462延米。概算投资11.34亿元。2003年12月8日,根据省交通厅下达的《关于龙丽、丽龙一级公路改建为高速公路的通知》,龙丽一级公路松阳(青蒙至堰后圩)段施工处于停工半停工状态。后根据浙江省交通厅〔2005〕150号施工图设计的批复,松阳改建段25.4千米于2005年3月复工改建为高速公路。根据浙发改函〔2005〕21号《关于龙丽高速公路松阳新建段初步设计的复函》和浙江省交通厅〔2005〕151号施工图设计的批复,龙丽高速松阳新建段27.4千米于2005年7月开工建设。

表2 **2010年年底丽水市国省道统计一览表**

县(市、区)	330国道		省 道	
	条数(段)	里程(千米)	条 数(段)	里程(千米)
莲都(市辖区)	1	29.721	3	61.074
龙 泉			3	171.249
青 田	1	72.783	2	72.306
缙 云	1	27.839	3	86.747
遂 昌			2	85.544
松 阳			2	69.538
云 和			2	66.705
庆 元			2	153.866
景 宁			2	72.214
合 计	市境内国道1条段	130.343	市境内省道12条段	839.243

表3

1970—1990年丽水地区公路建设情况

单位：千米

年份	丽水		龙泉		青田		缙云		遂昌		松阳		云和		庆元		景宁		全区	
	新建	累计	新建	累计	新建	累计	新建	累计	新建	累计	新建	累计	新建	累计	新建	累计	新建	累计	新建	累计
1970					18.06	18.06													18.06	18.06
1971	11	11	24.80	24.8	38.99	57.05	7.32	7.32					18.64	18.64					100.75	118.81
1972	3	14	26.4	51.2	40	97.05			35.54	35.54					4.1	4.1			109.04	227.85
1973							13.41	20.73	21.93	57.47					22.37	26.47			57.21	285.56
1974	4.92	18.92	37.87	89.07			17.4	38.13	33.28	90.75					11.4	37.87			104.87	390.43
1975	37.08	56	11.64	100.71					54.27	145.02			2	20.64	8.78	46.65			113.77	504.2
1976	6.06	62.06	13.62	114.33					11.44	156.46			15.95	36.59	9.5	56.15			56.57	560.77
1977			38.8	153.13	44.41	141.46							42.44	79.03	9.17	65.32			134.82	695.59
1978	6.34	68.4	58.19	211.32	25.26	166.72	24.28	62.91	39.66	196.12			25.02	104.05	41.8	107.12			221.05	916.64
1979	23.02	91.42	24.55	235.87			30.38	93.29	6.83	202.95					22.5	129.62			107.28	1023.92
1980	20.44	111.86	14.67	250.54	11.24	177.96	3.91	97.2	35.72	238.67			6.7	110.75	54.9	184.52			147.58	1171.5
1981	4.91	116.77	65.15	315.69	18.76	196.72	10.23	107.43				(101.01)	53.39	164.14	25.21	209.73			177.65	1349.15
1982	7.24	124.01			23.63	220.35	7.6	115.03	35.15	215.85	18.37	119.38			51.06	260.79			143.05	1492.2
1983	6.15	130.16	17.6	333.29	13.35	233.7			10.36	226.21			3.45	24.34	31.53	292.32		(157.13)	139.36	1631.56
1984	7.1	137.26	14.6	347.89	13.45	247.15	20.63	135.66	11.14	237.35	7.30	126.68	3	27.34	10.05	302.37	10.46	167.59	97.73	1729.29
1985			4.92	352.81			14.06	149.72			17.30	143.98	9.05	36.39			2.16	169.75	47.49	1776.78
1986	9.44	146.7	36.58	389.39	7.92	255.07	4.52	154.24	31.26	268.61	15.59	159.57	4.64	41.03	12.85	315.22	21.5	191.25	144.3	1921.08

续表 3

年份	丽水		龙泉		青田		缙云		遂昌		松阳		云和		庆元		景宁		全区	
	新建	累计	新建	累计	新建	累计	新建	累计	新建	累计	新建	累计	新建	累计	新建	累计	新建	累计	新建	累计
1987		146.7	56.88	446.127	2.52	257.59		154.24	9.35	277.96	11.55	171.12	4.83	45.86	25.9	341.12	15.1	206.35	126.13	2047.21
1988	9.84	156.54	27.31	473.58	6.48	264.07	8.86	163.10	42.78	320.74	19.34	190.46	12.50	58.36	12.5	353.62	1.52	207.87	141.13	2188.34
1989			30.07	503.65	8.46	272.53									8.7	362.32	5.5	213.37	52.73	2241.07
1990	8.62	165.16		503.65	11.4	283.93	8.49	171.59		320.74		190.46	6.7	65.06		362.32	3.5	216.87	38.71	2279.78
划专业	-9.55				-42.08						-14.87		-9.5		-70.13		-2.16		-148.29	
90 年路况登记		155.74		503.07		250.08		185.53		320.74		175.3		57.41		298.95		223.44		2170.26
1991 年		155.61		503.65	10.93	252.78	12.38	183.97		320.74		175.59	3.3	58.86	6.06	298.25	8.6	223.31	41.27	2172.76
1991年报		155.7		503.1		249.1		185.5		320.74		175.4		57.4		306		223.4		2176.30

说明:(1)1990 年底县乡道公路养护里程达到 2279.78 千米,1991 年新线接养 41.27 千米,划给专业养护 148.29 千米,验收时、口头协商划给 16.19 千米。实际上从 1970~1991 年底止,总共建有新公路里程为 2340.78 千米。1990 年路况登记时,调整为 2170.26 千米,1991 年年报为 2176.3 千米;

(2)1990 年止,县乡公路登记时(不含专业养护县乡路)有大、中、小桥 448 座,累计 11506.74 延米。公路隧道 5 座(注:8 座),累计 366.7 延米(1673 米),过水路面 12 道,累计 1152 延米,道班房 195 座,累计 30003.45 平方米,机轮渡口一处;

(3)松阳县 1981 年前县乡路由松阳公路段代管,101.01 千米,所以表上不反映新线接养里程;

(4)景宁县 1984 年分县时,由云和县划给 139.8 千米,另新建 17.33 千米,所以分县时里程为 157.13 千米;

(5)上表为 1992 年 10 月资料

表 4

1990 年底丽水地区交通情况

县(市)别	未通乡镇个数	1990 年底未通公路情况	1990 年可开发乡/里程(千米)
		乡名称/未通公路数里程	
丽水市		乡乡通公路	
龙泉市		乡乡通公路	
青田县	9	坪心/7、万阜/40、坑底/8、张口/3、岭根/22、石盖/6、祯旺/12、金田/4、吴坑/10 计 9 乡/112 千米	孙坑/4.8
缙云县		乡乡通公路	
遂昌县		乡乡通公路	
松阳县		乡乡通公路	
云和县	5	安溪/9、沙铺/10、大湾/20、库北/7、大源/19,计 5 乡/65 千米	雾溪/4.8
庆元县	1	合湖/12 ,计 1 乡/12 千米	
景宁县	6	叶桥/12、隆川/6、大地/15、梅岐/35、郑坑/15、葛山/14,计 6 乡/97 千米	陈村/3.5

说明:1.乡镇数,根据地区民政局 1989 年底资料统计。全区 8 县 1 个市,48 个区,334 个乡镇,其中,乡 293 个,镇 41 个;

2.丽水市 35 个乡镇(乡 29 个、镇 6 个)。青田县 54 个乡镇(乡 48 个、镇 6 个)。云和县 22 个乡镇(乡 19 个、镇 3 个)。景宁县 37 个乡镇(乡 35 个、镇 2 个)。龙泉县 44 个乡镇(乡 36 个、镇 8 个)。庆元县 38 个乡镇(乡 35 个、镇 3 个)。缙云县 46 个乡镇(乡 42 个、镇 4 个)。遂昌县 31 个乡镇(乡 25 个、镇 6 个)。松阳县 27 个乡镇(乡 24 个、镇 3 个);

3.已通公路乡镇 313 个,占全市乡镇 93.71%,公路密度 0.225 千米/平方千米。16.16 千米/万人(按 1989 年底人口计算);

4.缙云、丽水、遂昌、松阳、龙泉 5 个县,相继实现乡乡通公路,青田已通 83.3%,云和已通 77.3%,景宁已通 83.8%,庆元已通 97.4%

表5

1990—2010年丽水市公路概况

单位：千米

年份	年末通车里程	养护里程	按行政等级划分					按技术等级划分						高级、次高级路面	高级、次高级路面铺装率%
			国道	省道	县道	乡道	专用道	高速公路	一级公路	二级公路	三级公路	四级公路	等外公路		
1990	3914.74	3837.90	140.87	888.21	2673.82	211.84									
1991	3996.7	3858.7	140.9	888.2	1992.2	837.4	138.0			75.5	237.9	1065.0	304.0	394.0	10.17
1992	4056.2	3918.2	140.9	879.6	2098.1	799.6	138.0			92.0	254.6	3139.6	570.0	468.9	11.97
1993	4123.7	4123.7	140.9	875.2	2112.3	857.3	138.0			92.0	254.6	3207.2	569.9	557.4	13.52
1994	4162.4	4162.4	140.9	875.2	2147.1	861.3	138.0			121.1	286.0	3185.3	569.9	656.3	15.77
1995	4365.2	4242.5	139	869.2	2231.9	864.4	138.0			231.1	306.8	3156.9	547.7	879.0	20.7
1996	4397.0	4303.3	135.71	867.82	2273.8	888.0	138.0			265.0	359.6	3133.5	545.2	976.0	22.7
1997	4329.2	4329.2	135.7	866.9	2299.2	889.4	138.0			293.3	357.2	3133.5	545.2	1012.0	23.4
1998	4365.35	4365.3	136.91	865.89	2347.55	887.52	127.48			365.5	381.4	3143.0	475.4	1208.2	27.7
1999	4390.7	4390.7	136.91	861.03	2370.51	894.78	127.5			371.6	403.4	3140.3	475.42	1295.64	29.5
2000	4387.82	4387.82	136.91	851.40	2384.09	887.94	127.5			394.84	448.93	3082.71	461.34	1520.0	34.6
2001	4585.96	4585.96	176.53	782.17	2710.78	754.74	161.74		22.41	591.0	342.2	3334	296.4	1838.5	40.09
2002	4702	4702	130.8	879.8	2774.5	754.7	161.8	51.9	26.3	606.0	350.9	3370.1	296.4	2063.9	43.89
2003	4707	4706.5	130.8	879.7	2782.4	751.7	161.8	51.9	29.3	604.5	371.6	3376.8	272.4	2242.4	47.6
2004	4726.0	4726.0	129.75	895.46	2787.9	751.2	161.8	51.9	46.2	626.1	386.5	3342.8	272.5	2853	60.4
2005	4809.2	4809.2	129.77	971.16	2793.8	752.7	161.8	127.6	46.2	641.9	388.1	3348.6	256.8	4323.2	89.9
2006	9640.8	5281.2	129.8	1135.3	2984.0	876.0	156.2	291.4	35.5	688.4	443.2	3652.5	170.2	8168.2	97.9
2007	10685	5327.4	129.7	1158.0	3006.1	877.4	156.2	314.6	48.4	705.9	442.2	3662.3	154.0	9372.9	98
2008	11697.1	53683607	130.343	839.02	3037.9	877.4	156.2	328.3	54.3	794.4	389.2	3875.4	95.8	10809.4	98.5
2009	12681.7	5417.4	130.343	839.02	3059.7	904.4	156.2	328.3	66.8	825.9	424.8	3853.3	74.5	11845.7	98.5
2010	13939.86	5430.67	130.343	839.243	3077.44	899.657	156.2	328.771	72.49	884.74	372.04	3920.83	29.39	12934.82	98.6

说明：1. 2007年，村道5357.63千米；
2. 2008年，村道6328.46千米；
3. 2009年，村道7264.3千米；
4. 2010年，村道8508.191千米；
5. 2008年，准四级公路6159.7千米；
6. 2009年，准四级公路7108.2千米；
7. 2010年，准四级公路8331.62千米

第四节 绕城公路

绕城西线花街至周处段路貌

2001年9月12日，丽水市人民政府办公室发文，为加快丽水市区绕城公路建设步伐，成立丽水市区绕城公路建设领导小组。丽水市区绕城公路是《丽水市公路水路交通“十一五”规划》中“一绕两线六通道”中的“一绕”。全长26.4千米，起点溪口大桥南端桥头，接金丽温高速公路(长深线缙丽段)丽水西出入口进城连接线，终点到达水阁街道坪店，接开发区石牛大道。

绕城公路按一级公路标准设计，路基宽25.5米，主车道单幅8.5米，中央设2.5米隔离带，双向四车道，两边非机动车道各1.5米。设计时速80千米。沿线有特大桥1座，即社后特大桥，长1063.23米，大桥5座、1488延米(含双线)，中桥14座、792.4延米(含双线)。设计荷载：路面BZZ-100kn、桥涵公路—I级，洪水频率大、中、小桥、涵洞与路基百年一遇，社后特大桥300年一遇。工程总投资约7.9亿元。

根据路线位置和实施计划，工程建设分三期实施。

绕城南线(一期工程)

绕城公路南线十里月季花长廊

绕城南线起点溪口大桥南端桥头，接金丽温高速公路（长深线）丽水西出入口进城连接线，沿瓯江南岸东下，经丽南、水南、牛岭头、中岸等村，终点至塔下大桥接330国道，全长6.54千米。2001年12月29日举行开工典礼，2002年6月正式开工，2006年12月交工验收投入使用。浙江省交通设计院设计，其中，塔下大桥由上海同济交通设计院设计。工程Ⅰ、Ⅱ两个标段分别由浙江山水建筑公司和浙江交通工程建设集团第四交通工程有限公司承建。绕城南线途经5座大、中桥梁和1座战备栈道。其中大桥2座分别为塔下大桥(通往330国道金华方向桥长340米，通往330国道温州方向桥长366米)和牛岭头栈桥(220米)；中桥3座，分别为南明桥(60米)、中岸桥(20米)、岭田桥(20米)；

另有栈道 60 米。标志性桥梁为塔下大桥。

绕城东线和北线东段(二期工程)

绕城东线和北线东段起点塔下大桥北端,终止丽阳殿。左线起于丽浦线丽水市延伸段(桃山至塔下)K6+540,右线起于 330 国道塔下隧道金华方向出口,两线合并后沿 330 国道经前山村、芦埠村、水东桥头,折向好溪东岸防洪堤内侧北上,跨好溪社后特大桥,直到上岗背与 330 国道设互通立交,之后经白门口、望城岭、弄和、上吉寺等村,到丽阳殿终点 K15+360,接丽水城区大水门至白云森林公园公路,全长 8.82 千米。2003 年 10 月 31 日举行开工仪式,2004 年 3 月 18 日正式开工。2008 年 12 月完成交工验收并投入使用。中国公路咨询监理总公司设计,Ⅲ、Ⅳ标段分别由浙江交通工程建设集团有限公司和浙江大地交通工程有限公司承建。该工程有桥梁 6 座,其中:特大桥 1 座:即社后大桥长 1063.23 米;大桥 1 座:九里立交桥长 120 米;中桥 4 座:分别为雅坑溪 1# 桥长 16 米,雅坑溪 2# 桥长 48 米,贺家桥长 50 米,丽阳坑桥长 20 米。标志性桥梁为社后特大桥。

绕城西线(即绕城西线和北线一部分,三期工程)

2010 年 1 月,绕城西线和北线一部分工程开工,起点接已经建成的二期工程,终点丽阳,经五里亭、花街、周处等村,下穿金丽温高速公路(长深线)常宅桥,跨太平港,从太平港西岸南进,经官桥、苏埠等村再次跨过瓯江,终点到达水阁开发区垟店,接开发区石牛大道,全长 11.04 千米,宽 24.5 米。全线有大桥 2 座:分别为太平港大桥,长 450 米和白岩大桥,长 426.5 米;中桥 7 座:唐山桥长 75 米,周处桥长 20 米,毛宅口桥长 20 米,官桥桥长 40 米,联城桥长 80 米,黄渡新村桥长 75 米,前吴桥:左桥长 80 米,右桥长 80 米。由中国公路工程咨询集团公司设计,Ⅴ、Ⅵ、Ⅶ标分别由浙江方正交通建设有限公司、浙江大成建设集团公司和浙江鼎盛交通建设有限公司施工,丽水市丽通工程监理有限公司监理。2012 年 10 月 27 日通车。绕城公路全线通车,把通过丽水市区周围的长深线丽水段、温丽高速、龙丽高速、330 国道和 S333、S222、S328 省道等干线公路有机地连接在一起,对于完善丽水市区公路网络,减轻丽水市区交通压力,加快丽水市城市化建设进程,改善投资环境,促进和适应丽水市经济可持续发展具有十分重要的意义。

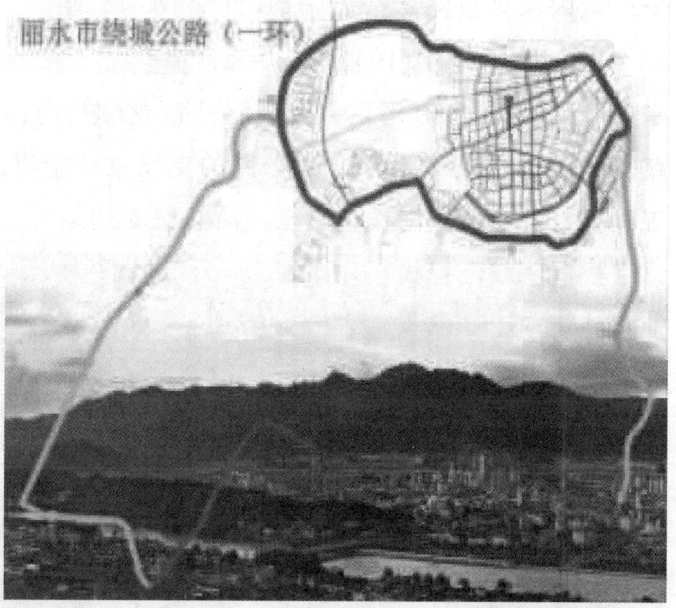

绕城公路线路图

第五节 县乡道

县乡公路是县道公路和乡道公路的总称。县道公路是指对全县有政治、经济、文化意义和运输量较大、经济效益较高的公路。乡道公路主要为乡内部经济、文化、行政服务,并与外部联系的公路。县乡公路是国家公路网的组成部分，对发展地区经济、建设农村物流网络、活跃农村商品市场、沟通城乡物资交流、建设小康社会等具有重要意义。

莲都区丽和线

境内通乡公路建造始于20世纪30年代。民国21年(1932),先后动工建造金丽温(即330国道温寿线)公路、龙(游)南(丽水县南山)公路、丽(水)浦(福建浦城)公路,部分乡村或景区连接干线公路的支线也开始建造。如缙云黄碧街至仙都,丽水县城至三岩寺、南明山支线,龙南线金岸至遂昌县城支线。

缙云县坦五线

中华人民共和国建立后，人民政府采取国家投资和民办公助建设公路方针,大办交通。至1990年底,全市共建有县道90条、2075.56千米；乡道114条、280.37千米;专用公路27条、137.38千米。20世纪90年代,经济社会快速发展,公路建设速度加快。特别是2000年5月，丽水撤地设市后,公路建设进入跨越式发展时期。

2003年6月开始实施“乡村康庄工程”。2007年,全市实现乡乡通公路。实施“乡村康庄工程”5年,至2007年,全市通村公路达6328.456千米。至2010年底，全市县道183条、3077.35千米，乡道129条、899.657千米,专用公路156.215千米,通村公路8508.191千米,全市3452个行政村,通公路行政村3431个,通村率达99.4%。至2011年底,全部行政村开通公路,通村率达100%。

表6 **2010年丽水市县道公路一览表**

县(市、区)	编 号	起讫地点	里程(千米)	建成时间	备注(管养单位)
莲都区	X004331101	港口—武义前湾 14.3～23.669	9.369	多期建成	市直属公路段
	X005331101	北廊桥—武义和尚桥 0～23.52	23.52	多期建成	
	X006331101	滴水岩—双溪 7.62～16.05	8.43	多期建成	
	X009331101	大港头—大顺 0～31.093	31.093	多期建成	
	X010331101	柿树垟—大山峰 0～17.52	17.52	多期建成	
	X011331101	三南线 0～1.609	1.479	多期建成	
	X012331101	百中潭—林场 0～1.639	1.639	多期建成	
	X013331101	奚丽线 0～2.559	2.559	多期建成	
	X014331101	冷水隧道外线 0～2.519	2.519	多期建成	
	X015331101	桃山大桥北—碧湖 0～24.331	24.331	多期建成	
	X017331101	官山—陈山 0～1.035	1.035	多期建成	
	X018331101	沙溪—上沙溪 0～0.779	0.779	多期建成	
	X019331101	上坛线 0～1.442	1.442	多期建成	
	X020331101	河玉线 0～3.02	3.02	多期建成	
	X021331101	溪吕线 0～1.94	1.94	多期建成	
	X023331101	绕城南线 0～15.385	14.251	2006.12	
	X024331101	丽龙高速连接线 0～6.467	5.94	2007.12	
		合 计	150.866		
	X001331102	上冷水—李村 0～16.474	16.474	多期建成	莲都区县乡公路管理所
	X002331102	上水南—小水门 0～14.208	14.208	多期建成	
	X003331102	黄山坑—碧湖 0～10.882	10.882	多期建成	
	X004331102	港口—武义前湾 0～40.451	31.082	多期建成	
	X005331102	丽水—武义和尚桥 23.52～48.468	24.948	多期建成	
	X006331102	滴水岩—双溪 0～7.62	7.62	多期建成	
	X007331102	武村—林宅口 0～2.834	2.834	多期建成	
	X008331102	杉树坑—黄畈 0～7.292	7.292	多期建成	
	X009331102	大港头—大顺 31.093～38.093	7	多期建成	
	X025331102	石牛—郎奇 0～2.693	2.693	多期建成	
	X501331102	兰口—石笕 25.714～35.347	9.633	多期建成	
	X502331102	岩沿村—靖居口 17.412～69.671	36.677	多期建成	
		合 计	171.343		

续表6

县(市、区)	编 号	起 讫 地 点	里 程(千米)	建成时间	备 注(管养单位)
龙泉市	X102331181	木岱口—焦滩 0～83.693	83.693	多期建成	龙泉市公路局
	X101331181	后岭背—庆元会溪 0～83.8	75.679	多期建成	
	X103331181	村头—沈村 0～80.25	80.25	多期建成	
	X104331181	安仁口—豫章 0～73.515	73.515	多期建成	
	X105331181	查田—供村岙 0～26.484	26.484	多期建成	
	X106331181	际头叉口—凤阳庙 0～12.07	12.07	多期建成	
	X107331181	龙泉—梧桐口 0～7.203	7.203	多期建成	
	X108331181	高塘—山际口 0～15.413	15.413		
	X109331181	西大桥—独口 0～49.874	49.874		
	X110331181	横溪桥—山溪口 0～10.666	10.666		
	X111331181	牛头岭—住溪 0～43.603	42.364		
	X112331181	遂龙线 K106+900—新车站 0～2.098	2.098		
	X113331181	车站—官头 0～2.75	2.75		
	X114331181	林桥—岭坤 0～10.481	10.481		
	X115331181	瀑云—岭根 0～6.732	6.732		
	X116331181	五都垟—花桥 0～10.082	10.082	多期建成	
	X117331181	白蜜线 0～1.776	1.776	多期建成	
	X118331181	溪下线 0～3.775	3.775	多期建成	
	X119331181	小曹线 0～1.955	1.955	多期建成	
	X401331181	兰溪桥—荒村 69.346～91.282	21.936	多期建成	
	X402331181	柏渡口—小黄南 21.181～30.097	8.916	多期建成	
	X601331181	梅树垟—白岩 8.178～21.721	13.543	多期建成	
	X803331181	鸬鹚—叶村 32.14～37.884	5.744	多期建成	
		合 计	566.999		
青田县	X201331121	瓯江大桥—北岸 0～57.791	57.791	多期建成	青田县公路局
	X202331121	瓯江大桥—双垟 0～38.214	38.214	多期建成	
	X203331121	岙里—海口 0～30.693	30.693	多期建成	
	X204331121	红光—黄放口 0～13.626	13.626	多期建成	
	X205331121	黄言—黄垣 0～48.185	48.185	多期建成	
	X206331121	腊口—黄庄岭 0～29.679	29.679	多期建成	
	X207331121	下庄—铅锌矿 0～8.941	8.941	多期建成	
	X208331121	山口—方山 0～7.375	7.375	多期建成	
	X209331121	石平川—茅山 0～12.106	12.106	多期建成	
	X210331121	道地—王岙 0～7.664	7.664	多期建成	
	X211331121	溪口—秋炉 0～7.562	7.562	多期建成	

续表6

县(市、区)	编 号	起 讫 地 点	里 程(千米)	建成时间	备 注(管养单位)
青田县	X212331121	塔山下—西门外 0～3.367	3.367	多期建成	青田县公路局
	X213331121	溪口—马寮 0～2.071	2.071	多期建成	
	X214331121	高沙—小群 0～2.99	2.99	多期建成	
	X215331121	小连云—祯旺 0～13.499	13.499	多期建成	
	X216331121	大安—凤祥 0～5.675	5.675	多期建成	
	X217331121	黄言口—高湖 0～9.74	9.74	多期建成	
	X218331121	六东线支线 0～1.25	1.25	多期建成	
		合 计	300.428		
缙云县	X502331122	外堰—靖居口(牛岱岭止)0～17.412	17.412	多期建成	缙云县公路局
	X501331122	兰石线 0～39.412	29.779	多期建成	
	X503331122	金钩—安岭 0～20.14	20.14	多期建成	
	X504331122	新建—东干 0～17.08	17.08	多期建成	
	X505331122	沈渡—岱石 0～2.477	2.477	多期建成	
	X506331122	壶镇—石垄 0～2.2	2.2	多期建成	
	X507331122	石松—仁岸 0～7.475	7.475	多期建成	
	X508331122	坦下—五里牌 0～54.903	54.903	多期建成	
	X509331122	双溪口村—尚黄 0～6.75	6.75	多期建成	
	X510331122	壶镇—北山 0～4.95	4.95	多期建成	
	X511331122	仙都—靖岳 0～6.406	6.406	多期建成	
	X512331122	壶镇—南田 0～19.06	19.06	多期建成	
	X513331122	南溪—木栗 0～8.84	8.84	多期建成	
	X514331122	壶镇—大集 0～14.07	14.07	多期建成	
	X515331122	平坑口—黄碧街 0～37.019	34.012	多期建成	
	X516331122	上交岭—金弄 0～5.8	5.8	多期建成	
	X517331122	杜桥—五云镇 0～2.01	2.01	多期建成	
	X518331122	河阳—马堰 0～4	4	多期建成	
	X519331122	石笕—朱庄 0～14	14	多期建成	
		合 计	271.345		
遂昌县	X102331123	木岱口—焦滩 83.693～110.092	26.399	多期建成	遂昌县公路局
	X109331123	西大桥—独口 49.874～59.891	10.017	多期建成	
	X601331123	梅树垟—白岩 0～8.178	8.178	多期建成	
	X602331123	连头—直坑岙 0～38.147	38.147	多期建成	
	X603331123	三墩桥—砾下 0～109.803	109.803	多期建成	
	X604331123	黄脱坑口—九牛岙 0～51.127	51.127	多期建成	
	X605331123	峡口门—北界 0～67.215	67.215	多期建成	
	X606331123	三十箩—长树源 0～28.019	16.019	多期建成	
	X607331123	钢铁厂—梧桐 0～6.387	6.387	多期建成	
	X608331123	潘兵—金鸡头 0～11.035	11.035	多期建成	
	X609331123	大路街—双溪口 0～32.865	16.365	多期建成	
	X610331123	丁口—大柘 0～15.163	15.163	多期建成	
	X611331123	金竹—牛岭岙 0～19.85	19.85	多期建成	

续表6

县(市、区)	编 号	起讫地点	里程(千米)	建成时间	备 注(管养单位)
遂昌县	X612331123	长濂—社后 0～3.819	3.819	多期建成	遂昌县公路局
	X613331123	湖山—大溪边 0～11.759	11.759	多期建成	
	X614331123	新路湾—汀溪 0～38.801	38.801	多期建成	
	X615331123	桂义岭—王村口 0～42.514	42.514	多期建成	
	X616331123	遂昌—尖山脚 0～5.428	5.428	多期建成	
	X617331123	小马埠—金岸 0～19.652	19.652	多期建成	
	X618331123	柘岱口—关口岙 0～15.135	15.135	多期建成	
	X619331123	石练—王村口 0～31.024	31.024	多期建成	
	X620331123	坟岗—格路口 0～1.07	1.07	多期建成	
	X621331123	株树窟—北门 0～3.487	3.487	多期建成	
	X622331123	遂昌县城—金溪 0～4.857	4.857	多期建成	
	X623331123	庄山—梧桐 0～5.754	3.518	多期建成	
	X707331123	玉岩—黄砝口 29.697～39.031	9.334	多期建成	
	X713331123	三里亭—庄山 4.429～6.156	1.727	多期建成	
		合 计	601.244		
松阳县	X301331124	石汶线 21.582～39.226	17.644	多期建成	松阳县公路局
	X502331124	外桥—靖居口 69.971～88.834	18.863	多期建成	
	X701331124	港排线 0～46.793	46.793	多期建成	
	X702331124	古市—大岭根 0～16.671	16.671	多期建成	
	X703331124	葫芦井—峰洞岩 0～12.786	12.786	多期建成	
	X704331124	弓桥—大潘坑 0～16.686	16.686	多期建成	
	X705331124	西延线 0～2.742	2.742	多期建成	
	X706331124	西屏—大石 0～18.94	18.94	多期建成	
	X707331124	玉岩—黄砝口 0～29.697	29.697	多期建成	
	X708331124	邵寨线 0～12.167	12.167	多期建成	
	X709331124	古市二中—青蒙 0～18.664	18.664	多期建成	
	X710331124	上五木—古市收费站 0～2.922	2.922	多期建成	
	X711331124	马桥—西屏收费站 0～4.95	4.95	多期建成	
	X712331124	象溪—象溪收费站 0～0.168	0.168	多期建成	
	X713331124	三里亭—庄山 0～4.429	4.629	多期建成	
		合 计	228.486		
云和县	X301331125	石塘—汶水口 0～21.582	21.582	多期建成	云和县公路局
	X302331125	云龙线 0～20.292	20.292	多期建成	
	X303331125	局龙线 0～16.67	16.67	多期建成	
	X304331125	小云线 0～9.999	9.999	多期建成	
	X305331125	后山—交见圩 0～47.802	47.802	多期建成	
	X306331125	沈庄—北岸 0～6.129	6.129	多期建成	
		合 计	122.474		

续表6

县(市、区)	编 号	起 讫 地 点	里 程(千米)	建成时间	备 注(管养单位)
庆元县	X101331126	后岭背—会溪 83.8～115.087	31.287	多期建成	庆元县公路局
	X119331126	小曹线 1.955～2.595	0.64	多期建成	
	X401331126	兰溪桥—荒村 0～69.346	69.346	多期建成	
	X402331126	柏小线 0～21.181	21.181	多期建成	
	X403331126	岭头—荷地 0～8.783	8.783	多期建成	
	X404331126	岗双线 0～24.175	24.175	多期建成	
	X405331126	官局—下党 0～35.628	35.628	多期建成	
	X406331126	生水塘—炉下 0～10.064	10.064	多期建成	
	X407331126	后田—大济 0～2.708	2.708	多期建成	
	X408331126	枫堂—上洋 0～16.755	16.755	多期建成	
	X409331126	出水岙—合湖 0～14.442	14.442	多期建成	
	X410331126	左溪—交溪口 0～7.319	7.319	多期建成	
	411331126	蓬源线 0～22.005	22.005	多期建成	
	X412331126	新窑—松溪 0～1.488	1.488	多期建成	
	X413331126	水尾桥—坝头 0～1.783	1.783	多期建成	
	X414331126	枫堂—竹口 0～1.441	1.441	多期建成	
	X415331126	马蹄岙—大坝 0～2.002	2.002	多期建成	
	X416331126	马蹄岙—建山 0～1.278	1.278	多期建成	
	X417331126	安溪—砖厂 0～1.154	1.154	多期建成	
	X418331126	岗后洋—车头洋 0～1.234	1.234	多期建成	
	X419331126	庙下—胡处洋 0～0.555	0.555	多期建成	
	X420331126	反洋线 0～9.015	9.015	多期建成	
	X421331126	祝会线 0～0.608	0.608	多期建成	
	X422331126	龙星线 0～0.519	0.519	多期建成	
	X423331126	西上线 0～1.412	1.412	多期建成	
	X424331126	大阙线 0～1.73	1.73	多期建成	
	X425331126	枫官线 0～3.12	3.12	多期建成	
	X426331126	黄村线 0～0.76	0.76	多期建成	
	X427331126	蜈马线 0～0.85	0.85	多期建成	
	X428331126	菊八线 0～1.5	1.5	多期建成	
	X429331126	坝大线 0～3.556	3.556	多期建成	
	X801331126	东塘—新桥头 59.1～73.161	14.061	多期建成	
	X802331126	溪杉线 67.986～109.19	41.204	多期建成	
		合 计	353.603		

续表5

续表6

县(市、区)	编号	起讫地点	里程(千米)	建成时间	备注(管养单位)
景宁县	X009331127	大港头—大顺 52～60.16	8.16	多期建成	景宁县公路局
	X201331127	瓯江大桥—北岸 57.791～111.628	53.837	多期建成	
	X305331127	后山村—交见圩 47.802～64.302	16.5	多期建成	
	X306331127	沈庄—北岸 6.129～17.468	11.339	多期建成	
	X801331127	东塘村—桥头 0～59.1	38.983	多期建成	
	X802331127	溪口—杉树湾 0～67.986	67.986	多期建成	
	X803331127	鸬鹚—叶村 0～32.14	32.14	多期建成	
	X804331127	标溪—交溪口 0～17.128	17.128	多期建成	
	X805331127	白鹤—大漈驿0～22.381	22.381	多期建成	
	X806331127	童岭头—石门洞 0～21.24	21.24	多期建成	
	X807331127	景宁—外舍 0～4.235	4.235	多期建成	
	X808331127	东坑—童岭头 0～14.098	14.098	多期建成	
	X809331127	沙湾—七里 0～2.105	2.105	多期建成	
		合 计	310.132		

表7

2010年丽水市县乡道公路统计一览表

县(市区)	县道		乡道	
	条数(条)	里程(千米)	条数(条)	里程(千米)
莲 都	29	322.724	12	70.417
龙 泉	23	566.999	21	138.691
青 田	18	300.428	16	95.443
缙 云	19	271.345	9	54.077
遂 昌	27	601.244	13	101.685
松 阳	15	228.486	16	95.452
云 和	6	122.474	12	86.444
庆 元	33	353.603	16	102.683
景 宁	13	310.132	14	154.765
合 计	183	3077.435	129	899.657

第六节 通村公路

330国道通往却金馆公路

通村公路是在20世纪60年代拓宽手拉车道路成拖拉机路,90年代开始拓宽拖拉机路成简易公路基础上发展起来的;有的是新开辟建造的。

2003年4月,省委省政府把乡村公路建设列入浙江交通建设新的跨越式发展的“交通六大工程”之一,称“乡村康庄工程”。同年8月16日,省交通厅制定出台《关于实施乡村康庄工程的意见》(浙交〔2003〕279号),专门成立省、市、县各级“乡村康庄工程”办公室,确定康庄工程的任务、要求和技术标准。

2003年9月29日,丽水市政府颁发《关于印发丽水市乡村康庄工程实施意见的通知》(丽政发〔2003〕77号),按照省里统一部署和市政府文件精神,全市以实施“康庄工程”为契机,大力开展通村公路建设。2003年,全市有乡镇187个(不含8个街道),行政村3477个(不含110个居民区),至2007年,5年累计完成农村公路投资29.73亿元。完成通乡公路建设1133.23千米(其中:通乡公路路基114.4千米,路面1018.83千米);完成通村公路建设10551.66千米(其中:通村公路路基5809.4千米,路面4742.2千米)。全市共有2944个行政村开通等级公路,等级公路通村率达84.6%,较2002年提高48.5%;全市共有2669个行政村实现公路硬化,通村公路硬化率为76.7%,较2002年提高50.3%,初步改变了山区人民“路难行,山货难外运”的状况。截至2010年底,全市投入“康庄工程”建设资金55.79亿元,完成通乡公路建设1306.3千米(其中,通乡公路路基148.8千米,路面硬化1159.5千米);完成通村公路建设17499.9千米(其中,路基8700.4千米,路面硬化8799.5千米)。全市农村公路总里程达12641.498千米,占全市公路总里程的93%。新增通等级公路行政村2108个,使等级公路通村率从2002年的36.9%提高到99.4%,提高了62.5%,全市3431个行政村开通等级公路,通村公路硬化率从2002年的24.6%提高到99.4%,提高了75.8%。

表 8　**2010 年丽水市通村公路统计一览表**

县(市、区)	通村公路(条数)	里程(千米)
莲 都	185	684.668
龙 泉	288	1380.08
青 田	331	1409.246
缙 云	372	849.763
遂 昌	292	747.512
松 阳	261	849.492
云 和	117	526.143
庆 元	206	836.223
景 宁	217	1225.064
合 计	2269	8508.191

表 9　**2003—2010 年丽水市“康庄工程”完成情况一览表**

年 份	路基(千米)	路面(千米)	完成数(千米)	总投资(万元)
2003	433.2	154	587.2	9057
2004	1278.8	941.4	2220.2	85770
2005	1527.4	1193	2720.4	69784
2006	1562.6	1338.5	2901.1	68453
2007	1122.5	1071.1	2193.6	64280
2008	961.2	1300.6	2261.8	78801
2009	1206.2	1213.9	2420.1	87667
2010	844.3	1786.7	2631	94115

注:包括部分乡道;投资额来自《丽水市交通统计资料汇编》,下同。

表 10　**2003—2010 年丽水市通行政村公路建设统计一览表**

年 份	行政村个数(个)	通公路村(个)	里程(千米)	公路通村率%	投资(万元)	备 注
2003	3479	1508	433.2	43.35	15033	
2004	3477	1858	1712	53.4	57551	
2005	3477	2277	3239.4	65.49	66323	
2006	3476	2663	4359.6	76.6	68964	
2007	3480	2944	5357.6	84.6	57102	
2008	3481	3109	6238.5	89.3	65782	
2009	3482	3284	7264.3	94.3	87034	
2010	3452	3431	8508.2	99.4	87633	

表 8　　1991—2010 年丽水市公路通乡镇村情况一览表

年份	公路通乡镇情况			公路通村情况			
	乡镇数（个）	通公路乡镇数（个）	通达率（%）	行政村（个）	通公路行政村（个）	公路通村率（%）	公路、简易公路通村率（%）
1991	334	315	94.3				
1992	194	182	93.8				
1993	194	186	95.9	3662	1737	47.4	
1994	194	189	97.4	3662	1779	48.5	
1995	194	194	100	3661	1704	46.5	
1996	194	194	100	3661	1680	45.9	71.6
1997	194	185	95.4	3661	1680	45.9	87.3
1998	194	185	95.4	3662	1680	45.9	87.3
1999	194	187	96.4	3663	1680	45.9	87.3
2000	194	187	96.4	3663	1680	45.9	91.6
2001	194	187	96.4	3664	1683	45.9	84.8
2002	190	183	96.3	3664	1693	46.2	
2003	187	181	96.79	3479	1508	43.35	
2004	187	183	97.86	3477	1858	53.4	
2005	187	186	99.5	3477	2277	65.49	
2006	187	187	100	3476	2663	76.6	
2007	181	181	100	3480	2944	84.6	
2008	170	170	100	3481	3109	89.3	
2009	170	170	100	3482	3284	94.3	
2010	170	170	100	3452	3431	99.4	

说明：1. 1996—2000 年简易公路包括机耕路，2001 年不包括机耕路；
2. 1991—2000 年为市公路局编《丽水市公路史实资料汇编》资料；
3. 2001—2010 年为市交通局编《丽水市交通统计资料汇编》资料

第七节　专用公路

专用公路为厂矿、大中型水电站、企事业单位自建、自用、自养的公路。丽水专区建造专用公路始于 20 世纪 50 年代后期。1958 年，遂昌县建成源口至一级电站公路，长 8.65 千米。1959 年，松阳县湖溪林场砍伐木材运输需要，由林业部门投资兴建古市至湖溪公路，1960 年建成。起点古市镇下街，经塘头、湖溪、源口，至七都源口，全长 4.71 千米。

1962年10月,由专区实验林场动工兴建林场场部至太山林区公路。起点场部,经丽阳坑林区、骑龙岗至捣臼扁止,长16.5千米。此后,陆续兴建狮子坛至白云山林区公路,电视台公路—— 起点林场场部至太山公路15千米处,至陈寮山电视塔,长2.71千米。

1971年12月,庆元县建成新窑至黄坛化肥厂专用线,长1.75千米。1990年12月底前,全区专用公路27条,137.38千米,1991年以后,特别是2003年实施乡村康庄工程以来,全市有相当条数专用公路或整条或其中一段改建为乡道或村道。有的新建单位建造专用公路,至2010年,全市有专用公路30条,计156.215千米。详见下表。

表12 **2010年丽水市专用公路统计表**

县(市区)	线路名称	里程(千米)	总计(千米)
莲都区			30.247
	Z001331102 路湾—变电所	1.22	
	Z002331102 丽阳坑—电视台	18.633	
	Z003331102 丽阳坑—庵堂	10.394	
龙泉市			36.008
	Z101331181 吴林—209矿	2.72	
	Z102331181 八都—砩矿	1.399	
	Z103331181 瑞垟—小梅	24.113	
	Z104331181 溪口—矿区	6.86	
	Z105331181 临江—油库	0.172	
	Z106331181 河村—电厂	0.157	
	Z107331181 丁埠头—管村	0.587	
遂昌县			57.609
	Z601331123 后葛口—天堂	4.709	
	Z602331123 高碧街—十三都	3.726	
	Z603331123 大柘—塘根	4.1	
	Z604331123 治岭头—金矿仓库	0.222	
	Z605331123 湖山—莹石矿	2.756	
	Z606331123 源口——级电站	8.256	
	Z607331123 黄沙腰—黄砭淤	5.021	
	Z608331123 溪口—小岩	4.023	
	Z609331123 王川—坞里源坑	1.306	
	Z611331123 上马头—苏庄滩电站	5.752	
	Z612331123 岩坑口—马头山	10.06	
	Z613331123 大坞坑—金田寺	7.678	

续表

续表 12

县(市区)	线路名称	里程(千米)	总计(千米)
松阳县			15.06
	Z701331124 古市—湖溪	3.662	
	Z702331124 叶村—东坞水库	3.011	
	Z703331124 上方—梧桐源水库	4.667	
	Z704331124 和仁桥—六都水库	3.72	
云和县			12.665
	Z301331125 王山头—沙铺砻电站	10.283	
	Z302331125 箬溪—垃圾场	2.382	
庆元县			4.626
	Z401331126 源头—石灰矿	2.901	
	Z402331126 黄坦—新窑	1.725	
合 计	30 条	0	156.215

续表 13

2010 年丽水市县乡道、通村公路、专用公路里程表

单位：千米

县(市、区)	里 程 合 计	县 道		乡 道		通村公路		专用公路	
		条数	里程	条数	里程	条数	里程	条数	里程
莲 都	1108.056	29	322.724	12	70.417	177	684.668	3	30.247
龙 泉	2121.778	23	566.999	21	138.691	278	1380.08	7	36.008
青 田	1805.121	18	300.428	16	95.443	239	1409.25		
缙 云	1175.185	19	271.345	9	54.077	333	849.763		
遂 昌	1508.05	27	601.244	13	101.685	267	747.512	12	57.609
松 阳	1188.49	15	228.486	16	95.452	242	849.492	4	15.06
云 和	747.726	6	122.474	12	86.444	94	526.143	2	12.665
庆 元	1297.135	33	353.603	16	102.683	182	836.223	2	4.626
景 宁	1689.957	13	310.132	14	154.765	173	1225.06		
合 计	12641.498	183	3077.435	129	899.657	1985	8508.191	30	156.215

表 14 **1995—2010 年丽水市新建公路一览表** 单位:千米

县(市)	编 号	起讫地点	里 程	摘 要	修建年月	备 注
青 田	AAC-040	0.00~3.19	3.2	环城路	1995	
莲 都	AAC-041	0.00~2.34	2.3	冷水隧道外线	1995	
云 和	AAC-042	0.00~15.05	15.1	沈庄—北岸	1995	
	AAC-043	0.00~5.10	5.1	环城路	1995	
景 宁	AAC-044	0.00~4.38	4.4	景宁—外舍	1996	
龙 泉	AAC-045	0.00~1.55	1.6	丰堂—竹下	1996	
庆 元	AAC-046	0.00~1.96	2	马蹄岙—大坝	1996	
	AAC-047	0.00~1.38	1.4	马蹄岙—建山	1996	
松 阳	AAR-021	0.00~1.50	1.5	汶水口—大东坝	1997	
丽—缙	AAC-048	8.50~25.40	25.4	330 复线	1997	
青 田	AAR-022	0.00~1.43	1.4	山口穿镇路段	1998	
	X8960	25.65~31.2	5.6	瓯青公路	1998	
缙 云	X9370	0.00~5.80	5.8	缙云县城 330 老线	1998	
庆 元	X9375	0.00~1.50	1.3	安溪—砖厂	1998	
1999 年至 2001 年无新建公路						
缙 云	S001330000	61.205~82.747	21.542	金温高速	2002	
莲 都	S001330000	82.747~113.187	30.4	金丽温高速	2002	
青 田	S333330000	23.576~41.552	17.976	六东线	2002	
莲 都	S333330000	111.834~128.534	16.7	六东线	2002	
缙 云	S333330000	128.534~139.563	11.029	六东线	2002	
	X021331100	0.00~1.944	1.944	溪吕线	2002	
松 阳	X709331124	0.00~17.00	17	左青线	2002	
庆 元	X401331100	0.00~81.77	5.08	兰荒线	2003	
青 田	G330000000	52.48~69.186	16.7	温寿线	2004	
云 和	X307331100	0.00~10.74	10.7	石云线	2004	
松 阳	X716331124	0.00~1.10	1.1	大潘线	2004	
丽 青	S001330000	113.147~188.848	75.7	丽青高速	2005	
龙 丽	S33	35.483~120.528	85	龙丽高速	2006	
丽 龙	G25	23.15~101.911	78.8	丽龙高速	2006	
青 田	X217331121	0.00~9.74	9.74	黄言口—高湖	2006	
遂 昌	X621331123	0.00~3.487	3.487	株树窑—北门	2006	
遂 昌	X622331123	0.00~4.857	4.857	遂昌县城—金溪	2006	
松 阳	X710331124	0.00~2.922	2.922	上五木—古市收费站	2006	
松 阳	X711331124	0.00~4.95	4.95	马桥—西屏收费站	2006	
松 阳	X712331124	0.00~0.168	0.168	象溪—象溪收费站	2006	
龙 丽	S33	0.00~23.15	23.15	龙丽高速	2007	
莲 都	X024331101	龙丽高速连接线	6.5	县 道	2007	
莲 都	X023331101	绕城公路南线	6.4	溪口大桥—塔下大桥	2007	
缙 云	S28	102.572~116.295	13.7	台缙高速	2008	

续表

续表 14

县(市)	编 号	起讫地点	里 程	摘 要	修建年月	备 注
遂 昌	X619	21.459～31.024	9.6	石练—王村口	2008	
遂 昌	X623	0.00～5.754	5.8	庄山—梧桐	2008	
莲 都	X009	30.093～38.093	7	大港头—大顺	2009	
	X025	0.00～2.693	2.7	石牛—朗奇	2009	
	X023	6.444～15.385	7.8	绕城东路	2009	塔下—城北村
青 田	X218	0.00～1.25	1.2	六东线	2009	
庆 元	X429	0.00～3.556	3.6	坝头村—寿宁	2009	福建寿宁
青 田	X216	0.00～28.706	28.7	北山—万阜	2009	乡 道
遂 昌	X624	0.00～7.747	7.7	石笋头—阳扒凹	2010	
缙 云	X625	0.00～5.667	5.7	石柱—金岙	2010	
松 阳	X714	0.00～8.073	4.4	大东坝—弓桥	2010	

说明：1999 年至 2001 年无新建公路。此表不包括村道

表 15 **1991—2010 年丽水市水泥路面建设情况一览表** 单位：千米

年份	线别								
	编 号	起讫点	长度	编 号	起讫点	长度	编 号	起讫点	长度
1991	S42	72.75～74.23	2.1	S58	38.00～168.69	5.8	S52	0.00～17.00	15
	S54	0.00～3.30	3.3	S55	0.00～104.48	9.2			
1993	G330	38.00～119.02	19.5	S50	38.00～134.15	9.3	S51	0.00～107.45	0.5
	S54	0.00～97.53	1.8						
1994	AAB-012	0.00～10.09	1						
1995	AAC-040	0.00～3.19	3.2	AAC-043	0.00～5.10	5.1	G330	38.00～178.87	11.5
	S50	38.00～168.69	18.7	S52	0.00～88.30	1.5	S57	0.00～53.87	2.9
	AAC-019	34.10～38.60	0.9	AAC-026	0.00～11.66	1	AAC-037	0.00～12.30	2
	AAR-006	0.00～5.83	0.9	AAR-007	0.00～6.58	6.6	AAR-012	0.00～10.09	1
1996	AAC-044	0.00～4.38	1.3	AAC-045	0.00～1.55	1.6	G330	38.00～176.20	5.7
	S35	94.50～128.70	3.5	S54	0.00～97.53	1.3	S57	0.00～53.88	1
1997	G330	118.00～146.00	2.1	S57	0.00～52.92	0.8			
1998	S252	14.56～88.30	1	S257	0.00～52.92	6.6	X353	0.00～180.59	5.7
	X9430	0.00～1.00	1						
1999	S242	27.75～74.23	25.5	S251	0.00～107.45	10.5	X8892	0.00～3.19	3.2
	X9080	0.00～73.65	0.9	X9375	0.00～1.30	1.3			
2000	S244	76.00～97.70	4.1	X8860	14.40～23.51	3.1	X9240	0.00～5.49	1.7
	X9292	17.52～53.41	0.8	X9410	0.00～18.50	1	Y9379	0.00～0.50	0.5
	YQ001	0.00～1.43	0.8						
2001	S242	27.75～74.23	3	S257	0.00～52.92	1.8	S335	94.50～128.70	1
	X8960	25.65～31.20	1	X9190	0.00～25.54	25.2	X9200	0.00～37.09	1.2
	X9240	0.00～5.49	1.5						
2002	G330000000	56.368～57.832	1.5	S219330000	70.127～72.132	2	S222330000	71.032～88.175	17.1
	S322330000	92.53～102.4	6.1	S328330000	61.4～66.4	5			
2003	X009331100	0.00～39.705	3.3	X013331100	0.00～2.28	1.6	X603331100	0.00～106.086	5
	Y009331102	0.00～11.08	5.7	Y011331101	0.00～16.8	5			
2004	G330000000	52.48～69.186	5.3	Y71633	0.00～1.10	1.1		老路改建	106
2005		老县道改建	475						
2006		新建、老路改建	183.4						
2007		老路改建	69.4						
2008		新建改建乡村道	1410	X619	21459～31024	9.6	623	0.00～5.754	5.8
2009	X025	0.00～2.693	2.7	X009	31093～38093	7	Y216	0.00～28.706	28.7
		乡村道改建	982						
2010	X625	0.00～5.667	5.7		乡村道新改建	18943			

说明：此表中的起讫点有些是整条路，有的是其中一大段或几小段

表 16

1991—2010 年丽水市油路面建设情况一览表

单位：千米

年份	线别								
	编号	起讫点	长度	编号	起讫点	长度	编号	起讫点	长度
1991	S42	72.75～74.23	2.1	S50	38.00～168.69	5.8	S52	0.00～17.00	15
	S54	0.00～43.38	3.3	S55	0.00～104.48	9.2			
1992									无
1993	S50	38.00～134.15	10.3	S51	0.00～107.45	1.9			
1994	S42	72.75～74.23	23.1	S50	134.15～168.69	4.3	S54	0.00～97.53	36.2
	AAC-031	0.00～18.15	5						
1995	AAC-041	0.00～2.34	2.3	AAC-042	0.00～15.05	4	S42	72.75～74.23	9
	S50	38.00～168.69	2	S52	0.00～88.30	8.4	S53	0.00～185.05	24.3
	S54	43.30～97.53	10.7	AAC-022	0.00～43.40	8.9			
1996	AAC-044	0.00～4.38	1	S42	27.75～74.23	7.1	S51	57.40～107.45	5
	S52	14.56～88.30	3.5	S54	0.00～97.53	6.3	S55	0.00～104.40	9.6
	AAC-037	0.00～12.30	10.3	AAR-006	0.00～5.83	3.8			
1997	S50	38.80～159.73	16.4						
1998	S254	0.00～97.53	5	S257	0.00～52.92	5.3	S353	0.00～180.59	10.7
	S355	0.00～104.40	5.7	X0000	17.52～53.41	5.6	X9030	0.00～9.50	9.5
	X9040	0.00～43.53	15.2	X9290	0.00～37.7	37.7	X9310	0.00～5.65	3
	X9450	0.00～12.30	2	X8960	0.00～5.83	1.1	X8970	0.00～6.85	6.6
	S250	38.80～126.00	4						
1999	S250	68.40～126.00	19	S353	0.00～180.59	5.1	X9080	0.00～73.65	8.5
	Y9077	0.00～5.60	4.7						
2000	S251	0.00～107.45	47.1	S254	0.00～97.53	9.4	S355	0.00～104.40	4.8
	X9220	0.00～65.75	18	X9292	17.52～53.41	12.3	X9420	0.00～11.66	1
2001	S252	0.00～107.45	17.7	S355	0.00～104.40	1.3			
2002	S227330000	58.392～72.89	14.5	S228330000	4.00～11.00	7	S328330000	4.3～30.83	26.5
2003				X004331100	0.00～36.389	6	X103331100	0.00～77.354	2.5
	X701331100	0.00～44.67	14	X401331100	0.00～81.77	5.08	X809331100	0.00～2.40	2.4
	县乡道改建	120.8							
2004	G330000000	52.48～69.186	11.4	X307331100	0.00～10.74	10.7		老路改建	104.5
2005	S001330000	11314～188848	75.7		县道砂改油	852			
2006	S33	35.483～188.848	85	S33	23.15～101.911	78.8		新建、老路砂改油	374.1
2007	S33	0.00～23.5	23.15	S33	0.00～23.15	23.15	X024331101	龙丽高速连接线	6.5
	X023331101	莲都绕城公路	6.4		老路改建	143.5			
		溪口－塔下							
2008		老路改建	38	S28	102.57～116.295	14			
2009	X023	6.444～15.385	7.8	X218	0.00～1.25	1.2	X429	0.00～3.556	3.6
		老路改建	102						
2010	X624	0.00～7.747	7.7	X714	0.00～8.073	4.4		老路改建	340.7

说明：从 2003 年起加快县道砂改油进度，具体路段未能在表中详细记述

第八节 简易公路

简易公路是指不上国家等级的公路，是在拓宽拖拉机路的基础上发展起来的供小型汽车行驶的乡村间公路。

民国24年(1935)，缙云首建五云镇至壶镇手拉车道后，丽水行政督察区各县相继仿效，陆续开始修筑手拉车道。中华人民共和国成立以后，政府鼓励发展地方交通，采取国家补助、民众自办的办法筹建，解决农用物资和农产品、木材等林产品的运输问题，手拉车道建设有了很大发展。20世纪70年代，出现轮胎式拖拉机、手扶拖拉机行驶公路，也用于耕田，运送肥料及稻谷等农作物。随之，开始修筑村庄通往田间以及村与村之间的拖拉机路，原有的手拉车道及农村古道被拓宽建成拖拉机路。

1978年12月中共十一届三中全会后，农村实行经济体制改革，商品经济发展，拖拉机作为小型、轻便、价廉的运输工具大量进入运输市场，拖拉机路迅速发展。为了加大木、竹运输量，在林区修筑大量拖拉机路。1986年浙江省召开山区经济工作会议，通过《加快山区交通建设的意见》，提出加快山区交通建设，加大扶持力度，全区各县加快了修路进度，至1990年底，全区拖拉机路有4000多千米。

1997年4月24日，省政府召开"全省山区公路建设暨交通扶贫电视电话动员会议"，再次提出加快全省山区公路建设，全面实现全省在"九五"(1996—2000年)期末"乡乡通公路、行政村基本通简易公路"的目标。加大扶持力度，把拖拉机路拓宽，裁弯取直，改善成简易公路。在各级政府的鼓励和扶持下，农村群众修路积极性进一步高涨。拖拉机路和简易公路里程不断延伸。1988年龙泉县有拖拉机路263条、1055.56千米，至2002年底，拖拉机路(包括简易公路)增加到556条、1783.3千米。遂昌县1990年年底有拖拉机路179条、496千米，2003年有拖拉机路、简易公路181条、786.26千米，至2010年基本改建成通村公路。丽水市1990年底有拖拉机路510条、852.31千米，因扩大运输需要，仅1997—2001年间，把拖拉机路改建成简易公路里程达717.1千米。

2003年4月，开始实施"乡村康庄工程"，拖拉机路和农村简易公路的地位、建设标准和管理均发生了变化，相当一部分拖拉机路(包括林区拖拉机路)和简易公路改造成通行政村的准四级公路，而且实行路面硬化。全市9县(市、区)的原有拖拉机路、简易公路除一部分林区专用拖拉机路和村庄通往田间的拖拉机路外，凡通村简易公路，能够打通村与村之间的拖拉机路、简易公路均已改造成准四级通村公路，至2010年底，全市尚存拖拉机路(含农机路、林机路)775条，共计4112.44千米。其中龙泉市有林机路279条、714.9千米，农机路369条、928.2千米；庆元县有通农田、林区、果园拖拉机路56条、2233.18千米；景宁县有通农田、林区拖拉机路 71 条、236.16 千米。莲都、青田、缙云、遂昌、松阳、云和 6 县(区)的机耕路和简易公路至 2010 年底已基本上改造为通村公路。

表 17　　2010 年丽水市等级公路里程一览表

单位:千米

道路名称	总里程	等级公路养护							等外公路
		小计	高速	一级	二级	三级	四级	准四级	
国道	360.1	360.1	229.7	4.3	126.1	0	0	0	0
省道	938.3	938.3	99.1	45.3	491.8	204.7	97.4	0	0
县道	3077.4	3077.4	0	22.9	266.2	150.4	2637.9	0	0
乡道	899.7	894.8	0	0	0	16.9	877.9	0	4.9
村道	8508.2	8491.4	0	0	0.6	0	159.1	8331.7	16.8
专用公路	156.2	148.5	0	0	0	0	148.5	0	7.7
总计	13939.9	13910.5	328.8	72.5	884.7	372	3920.8	8331.7	29.4

说明:1、国道里程,含普通公路国道和高速公路国道;
　　2、省道里程,含普通公路省道和高速公路省道

图四

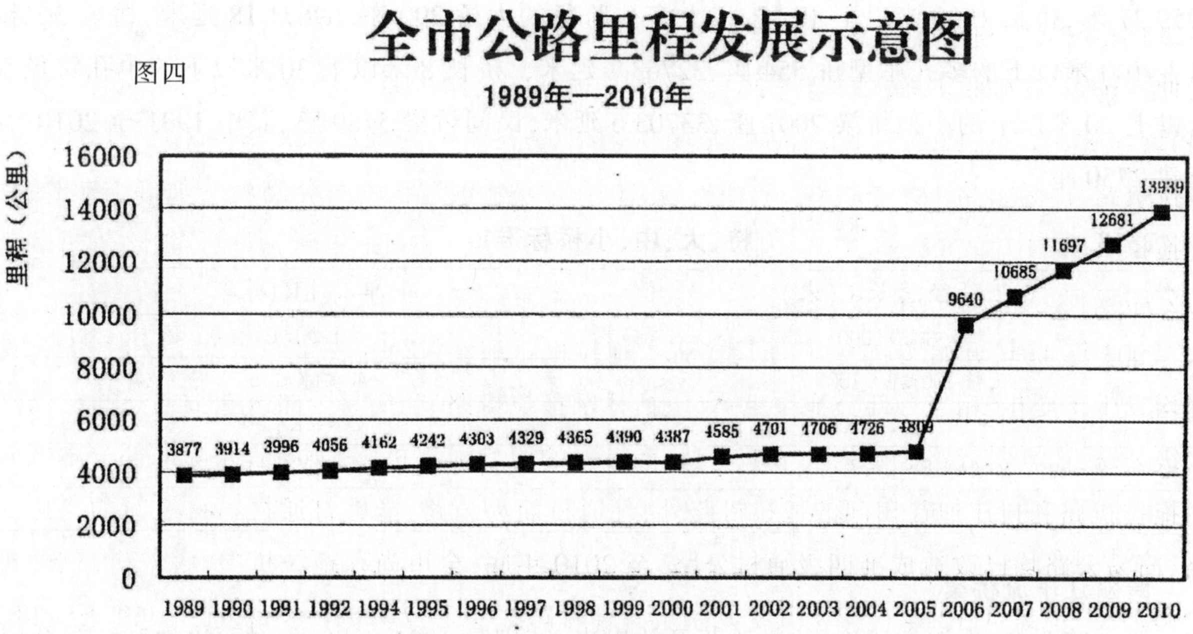

注:2006年起全市公路总里程包含村道里程。

第二章 桥梁 隧道

丽水市桥梁建造历史悠久;隧道开凿始于1965年5月,缙云县修建五里牌至木栗公路凿蛟坑隧道。桥梁按建造时间分,有古桥(民国末年以前建造)和现代桥梁(指1949年以后建造的石拱桥、钢筋混凝土公路桥和民间桥梁)。至2010年年末,全市有公路桥梁2886座,总长179479.9延米(含特大桥、互通立交桥);民间桥梁4930座,其中1991至2010年新建1886座;有公路隧道219座,总长145256.81延米。

第一节 公路桥

民国时期公路桥梁多数为木架木梁木面轨道式桥,少数为半永久性低水位桥。中华人民共和国建立后,随着交通发展,对原有公路桥梁进行重建和新建。撤渡建桥,改临时性、半永久性桥梁为永久性石拱桥或钢筋混凝土桥,改低水位桥为高水位桥。少数可利用的旧石拱桥也进行了载重测试和维修,改为公路桥,至2010年年底,全市有公路桥梁2886座,计179479.9延米。其中1000米以上,多孔跨径的特大桥14座、42082.23延米;互通立交桥21座,长1259.27米,桥长1000米以下100米以上多孔跨径的大桥290座、69671.18延米,桥长30米以上100米以下的多孔中型桥554座、32763.7延米,桥长8米以上30米以下的单孔跨径5米以上20米以下的小型桥梁2007座、33703.6延米,民间桥梁5789座,其中1991至2010年新建2750座。

表18 特、大、中、小桥标准

多孔跨径总长L(米)	单孔LK(米)
特大桥L>1000	LK>150
大桥100≤L<1000	40≤LK≤150
中桥30<L<100	20≤LK<40
小桥8≤L≤30	5≤LK<20
涵 洞	LK<5

跨瓯江干流桥梁

彩虹跨瓯江,天堑变通途,这是改革开放以来,特别是1991年以后,对丽水地区(市)公路大发展,在瓯江主流及其支流上架设起一座座现代化公路桥梁,瓯江不再成为阻碍两岸人民经济文化交往的真实写照。九山半水半分田的丽水市是六江之源,解放以后,丽水人民艰苦奋进,共建跨江过溪大小公路桥梁2000余座,使丽水山山水水融为一体,有力地促进了丽水经济跨越式发展,也拉近丽水与“长三角”、海西区和“珠三角”的距离,促进丽水和经济发达地区的交往。桥,与丽水人民休戚相关,对于丽水的经济社会发展至关重要。现将解放以后瓯江干流上新建的跨江桥梁自上游小梅大桥起至下游温溪大桥止, 共计50座 (其中特大型桥梁3座)简述如下:

小梅大桥 位于龙泉市小梅镇,横跨瓯江上游小梅溪。2007年建造。桥长105米,跨径总长100米,单孔最大跨径20米,5孔,桥梁跨径组合5×20米,桥梁全宽12米,净宽11米。设计荷载汽—20。

小梅二号桥 该桥原名小梅川桥,建于清乾隆四十二年(1777),后重建并改名“通福”,为龙泉、庆元之界桥。位于龙泉市小梅镇南,横跨瓯江上游小梅溪。民国29年(1940)建造小梅至庆元新窑公路所利用,1949年5月13日被国民党军队撤退时焚毁。1954年修建为木架木面临时式桥梁,常遭水毁。1968年改建为钢筋混凝土双曲拱桥,全长131.40延米,6孔,每孔跨径18米,桥面宽7.5米,净宽6.5米,设计荷载汽—15,挂—80。

溪西桥 位于龙泉市。1978年建。全长87米,单孔最大跨径24米,跨径组合3×24米,桥梁全宽7.6米,桥面净宽6.6米,荷载汽—10。

下圩中桥 位于龙泉市。建于1990年。全长68米,跨径总长60米 ,单孔最大跨径20米,跨径组合3×20米,桥梁全宽6.8米,桥面净宽6米,荷载汽—15。

竹舟大桥 位于龙泉市。1980年建。全长96米,跨径总长80米,单孔最大跨径40米,跨径组合2×40米,桥梁全宽6.8米,桥面净宽6米,荷载汽—10。

圩头大桥 位于龙泉市。1988年建。全长120米,跨径总长90米,单孔最大跨径30米,跨径组合3×30米,桥梁全宽7.6米,桥面净宽6.8米,荷载汽—10。

青坑中桥 位于龙泉市。1986年建。全长90米,跨径总长75米,单孔最大跨径25米,跨径组合3×25米。桥梁全宽6.8米,桥面净宽6米,荷载汽—10。

菰湖大桥 位于龙泉市。1977年建。全长102.8米,跨径总长100米,单孔最大跨径30米,跨径组合5米+3×30米+5米,桥梁全宽5.2米,桥面净宽4.5米,荷载汽—10。

河村大桥 位于龙泉市。2004年4月开工。桥梁全长205延米,跨径总长200米,10孔,单孔跨径20米。桥面全宽12米,净宽9米,两侧设置人行道1.5米,设计荷载汽—20。2005年12月完工。

南大洋大桥 位于龙泉城西南大洋。2008年10月开工。全长304延米,10孔。桥面全宽12米,净宽11米,设计荷载汽—20。2010年10月完工。

秦溪桥(南秦大桥) 位于龙泉市龙渊镇。1982年7月动工。总投资70.88万元。由省交通设计院设计，5肋4波组成，3孔，每孔跨径40米。1986年4月竣工。2003年上部结构由双曲拱桥改建成钢筋水泥T型梁桥，长147延米，行车道宽9米，两侧人行道宽1.5米，设计荷载汽—20，挂—100。2001年8月10日命名为秦溪桥。

留槎大桥 位于龙泉市区中部留槎洲。1996年动工。桥长273.8米，桥宽18.6米，其中，行车道宽12米，桥头两侧分设4个梯级登桥人行道。桥中两侧设有梯级人行道，直通留槎洲水上公园，设计荷载汽—10，1997年4月建成通车，2001年8月10日命名为留槎桥。

济川桥(龙泉南大桥) 位于龙泉市新华街南端。1961年动工。总造价137.1万元。大桥总长614米，主桥长209米，桥面中心海拔203.7米，4墩，5孔，每孔跨径35米，桥面宽7米+2×1.5米。北岸引桥盘道长211米，宽8米，最大纵坡4%，平曲线最小半径16米，环绕一圈半降坡与县城新华大街衔接，环绕一圈时，穿过9米净跨的钢筋混凝土板梁立交孔。南岸引桥长194米，纵坡5%，桥头设有净跨6米的石拱立交孔；用以沟通水南的沿溪路。桥两端分设梯级登桥人行道3对，过桥人行道涵洞二道，设计荷载汽—13，挂—60。1964年12月建成通车，改名龙泉南大桥。2001年8月10日复名济川桥。

剑川大桥 位于龙泉市区国际大酒店西侧。2003年动工。桥长245延米，桥梁宽27.5米，其中，两侧分设1.5米人行道，桥中设绿化隔离带3.5米。两侧行车道净宽10米，为双车道双向行驶城市桥梁。两端桥头分设4对阶梯人行道。设计荷载汽—超20、挂—120，2005年6月建成通车。

圣塔桥(曾名东大桥) 位于龙泉市龙渊镇。1986年9月16日开工。正桥长188.33延米，北端接环城东路，接线长300米，以3%坡比上桥，南端接线170米，以3%的环形盘道降坡。主桥3孔，跨径50米，桥宽9米+2×1.5米，净宽50米，荷载汽—20，挂—100。1990年5月25日竣工通车。因故于2011年9月拆除重建。

后沙大桥 位于龙泉市龙渊街道。桥长285.4米，主桥5孔，桥宽26.5米，其中，两侧分设1.5米人行道，中间设绿化隔离带宽2.5米，为双车道双向行驶城市梁桥，车道全宽为2×10.5米。设计荷载公路—Ⅱ级。

武潭大桥 位于龙泉市龙泉—梧桐口公路。桥长150米，单孔最大跨径30米，跨径组合5×30米，桥梁全宽7.8米，桥面净宽6.8米，设计荷载汽—15，挂—60。1999年10月通车。

水南坞大桥 建于1993年。位于龙泉市。桥长150米，单孔最大跨径22米。桥梁全宽4.5米，桥面净宽3.5米，设计荷载汽—15，挂—60。

紧水滩大桥 位于云和县紧水滩电站水库大坝下首，跨龙泉溪(石塘库区)。长225米，6跨，其中2跨20米、4跨40米，跨长200米，净高6.2米，全宽6米，净宽5.5米。荷载汽—20。中国水利电力部第十二工程局承建。1980年12月竣工。总投资310万元。

石浦大桥 位于云和县紧水滩镇。1998年10月开工。全长137米，跨径总长120米，6跨，单孔跨径20米。桥宽9米，净宽8米，高15米，钢筋混凝土板梁桥，有栏杆。2000年3月完工，2005年12月30日通车。总投资163.7万元。

北溪大桥 位于云和县石塘镇。2008年5月开工。长254米，8跨，每孔29.5米。桥宽7米，净宽6.5米，高36.6米，有栏杆。2010年7月完工。总投资约260万元。

石塘大桥 位于云和县石塘镇。1986年建成。全长170.4米，宽8.5米，两侧人行道各1米，7孔，2孔每孔跨径16米，5孔每孔跨径30米。净高3.5米，设计荷载汽—20，挂—100。系石塘水电站专用桥梁。

滩下大桥 位于云和县石塘镇。建于2004年。长186.7米，6跨，每孔跨径30米。桥宽9米，净宽8.5米，荷载汽—20，挂—100。

规溪大桥 1996年12月开工。位于云和县石塘镇。长192米，跨径总长180米，9跨，单孔跨径20米。桥宽9米，净宽7.5米，高24米，有栏杆，荷载汽—15。1997年11月完工。总投资250万元。

北埠—均溪大桥 丽龙高速公路大桥。建于2006年。位于莲都区大港头镇。桥东北端毗邻北埠村，西南端靠近均溪村，长518米，跨径总长510米，单孔最大跨径45米。桥梁全宽25米，净宽21.5米，净高4米，设计荷载公路—I级。2007年12月30日通车。

北埠大桥 位于丽水市大港头镇。1997年11月12日开工建设。系撤渡建桥。设计荷载汽—20，挂—100。桥长210米，桥面宽7米+2×0.75米人行道，桥头接线路基宽8.5米，桥面与路基同宽。大桥接线全长0.502千米，其中：南端丽浦线方向接线0.231千米，北端北埠村接线0.271千米。1998年12月24日完工。总投资426万元。

玉溪大桥 位于莲都区大港头镇。丽龙高速公路桥梁。建于2007年。长394.54米，跨径总长382.5米，11孔，单孔最大跨径34.5米。桥宽25米，净宽21.5米，设计荷载公路—I级。2007年12月30日通车。

碧湖大桥 位于丽水市碧湖镇。1991年12月8日动工。全长421米，接线长1.245千米，桥面宽9米+2×1.5米人行道，净高11.5米。路基宽12米，路面宽9米，设计荷载汽—20，挂—100，水泥混凝土路面，总投资668万元。1994年1月竣工通车，50省道南山汽车渡撤。

石牛大桥 起自丽水市经济开发区主干路进城线与水阁中二路交叉口，西端位于碧湖镇石牛村，接桃碧线。长1408.38延米，其中主桥长328.04米，东岸接线长460.98米，西岸接线长619.36米，道路等级采用城市主干道，设计行车时速50千米，路基宽33米，桥梁宽度按六车道建设，主桥宽31.5米，桥幅布置人行道2×2.25米，车行道2×12.0米，中间绿化带3.0米。设计荷载城市—A级，洪水频率为百年一遇，通航净空标准为Ⅵ级航道，通航净高≥4.5米，通航净宽≥22米。2004年1月开工，2007年11月竣工。工程投资6492.20万元。

白岩大桥 位于莲都区联城镇。2008年3月18日动工。全长426.5米，桥面宽23.5米，2×

(0.5+10.50+0.75)米,桥梁跨径为25米(边跨)与35米(中跨)的组合,桥涵设计荷载公路—I级,桥梁设计洪水频率百年一遇,行车时速80千米。2010年12月31日交工验收。总投资2736万元。

大溪大桥 G25长深线丽水段桥梁。位于丽水市区西。建于2004年。全长699.17米,跨径总长690米,单孔最大跨径30米,桥宽25米,桥面净宽21.5米,设计荷载公路—I级。2005年2月22日通车。

桃山大桥 位于丽水市区西桃山。1968年11月20日开工。全长278米,8孔,每孔净跨30米,桥面净宽8米,设灯柱、栏杆。桥高20米,桥面高程(吴淞高程)59.91米,平坡;墩底高程40.75米,设计洪水位56.00米,为50年一遇。荷载汽—15,挂—60。1970年1月25日建成通车,53省道括苍汽车渡撤。

1994年12月9日,大桥上腹拱移位坍塌,交通中断,53省道车辆改经小水门大桥通行。1995年2月19日,修复改建工程动工,桥宽度由9米增加到10米,1995年8月8日修复通车。

溪口大桥 位于丽水市区小水门大桥和桃山大桥之间,是城市道路网的组合部分。桥长666.763米,跨径总长640米,单孔最大跨径40米,桥宽26.0米,桥面净宽22米,双向四车道,中间设隔离带,桥高18.5米。设计荷载汽超—20,挂—120。2000年1月6日动工,2002年12月竣工。总投资2083万元。

丽水市区溪口大桥

小水门大桥 位于丽水市小水门外。1981年11月14日开工。桥长351.7米,宽7米,两边人行道各1.62米,设灯柱、栏杆。设计荷载汽超—20,挂—150(150吨平板车安全通过)。5孔,每孔净跨42米,加两悬半波组成。净高4.59米,桥下可通18吨位船舶,设计洪水位50年一遇。该桥由浙江省交通设计院设计,省公路工程局第三工程队承建。1983年12月25日竣工,1984年元旦通车。总造价234.7万元。该桥建成,小水门浮桥和渡船撤,原渡口废。

因交通日益繁忙,从西南进出丽水市区的车辆、行人大幅增加,亟需对小水门大桥进行扩改建。2002年1月动工,2004年1月竣工,总造价3017万元。总长338米,7孔,每孔跨径46米,桥宽26米,车行道21米,双向四车道,中间设隔离带,两侧各设人行道和栏杆2.5米,荷载汽—20,挂—100,设计洪水频率50年一遇。工程分两期实施,一期保留老桥通行,在下游拼一幅新桥，新桥通车后，在利用老桥基础上实施二期改建工程。该桥由杭州市城建设计院、上海林同炎李国豪土建工程咨询有限公司共同设计，中铁四局集团第二工程有限公司承建。

紫金大桥 2003年4月1日动工兴建。位于丽水市区南端，是连接丽水市区南北区块的重要桥梁。全长736.7米，其中桥梁总长526.7米，桥宽30.5米为车行道，道路等级为城市主干道一级，设计时速40千米，路基宽48米，荷载汽超—20，挂—120。洪水频率为百年一遇，抗震按7度设防，通航净空按V级航道要求设计。大桥设计年限为100年，2006年1月25日建成通车。总投资1.26亿元。

塔下大桥 2002年6月开工。位于丽水市区绕城公路南线终点塔下村，跨越瓯江中游。大桥由上海同济规划建筑设计研究院设计，自西向东成“Y”型结构，其中连接金华方向桥长340米；通往温州方向桥长366米，主桥跨径90米。按一级公路标准设计建造，桥宽25.5米，主车道为单幅8.5米双向四车道，中央设1.5米隔离带，两边非机动车道各1.5米，设计时速60千米。大桥灯光工程按城市道路照明标准建设，设计防洪标准为百年一遇。2004年9月15日贯通，12月通车。投资2075万元。

塔下大桥

铁路塔下大桥 桥长546.85米，桥面宽4.7米，主桥配跨15×32.5米，设计最高水位47.76，百年一遇洪水位53.79米。1995年动工，1998年通车。

石帆大桥 位于青田县腊口镇石帆村，属于青田县滩坑电站库区移民安置点交通基础设施。全长343.12米，跨径总长330米，单孔最大跨径50米，桥宽10米，净宽9米，设计荷载公路—Ⅱ级，行车时速40千米。洪水频率百年一遇，Ⅳ级航道。2004年12月2日开工，2005年6月竣工，2006年8月通车。总投资1200万元。

石帆大桥（左、右） G1513温丽高速青田段桥梁。位于青田县腊口镇石帆村。桥梁全长458.04米，桥面净宽21.5米，人行道宽2×1.5米，跨径450米，单孔最大跨径50米。荷载汽—超20级，挂车—120。2003年5月25日动工，2005年12月24日通车。

腊口大桥 位于青田县腊口镇腊口村旁，北接330国道，南连三塘汇至黄庄岭公路。主桥长274.8米，宽9米，引线长1.5千米，路基宽7.5米，路面宽6米，设计荷载汽—20，挂—100。1997年9月5日开工，1998年12月31日完工。总投资1120万元。该桥建成，瓯江上最后一座汽车渡撤销。

五里亭电站交通桥 位于青田县祯埠乡，属五里亭电站配套工程。2003年11月3日动工。长420米，主桥配跨2×16米，通航净宽11米，设计最高水位36.50米，百年一遇洪水位39.98米。2006年建成通车。

海口大桥 位于青田县海口镇。桥长373.56米，桥宽7米+2×1米人行道，接线路基宽7.5米，路面宽6.5米，按三级公路标准建设，荷载公路—Ⅱ级，设计行车时速30千米。2005年10月13日开工，2008年1月交工验收。总投资1522万元。

外雄电站交通桥 位于青田县高市乡，属外雄电站配套工程。2006年4月正式开工。长300.1米，宽6.3米，主桥配跨6.5米，通航净宽12米，百年一遇洪水位33.21米。2010年1月竣工。

高市大桥 位于青田县高市乡。2005年11月1日开工。长395.58米，桥宽7米+2×1米人行道，设计荷载公路—Ⅱ级，行车时速30千米，洪水频率50年一遇，通航等级Ⅳ级，通航净宽45米，净高8米。2008年5月1日通车。总投资1941.78万元。

船寮大桥 330国道桥梁。位于青田县船寮西北隅。2002年7月动工。桥长484.04延米，跨径总长484.04米，单孔最大跨径50.20米，桥宽12米，净宽11米，设计荷载公路—Ⅰ级。2005年12月建成通车。

三溪口电站坝桥 2009年11月动工，系三溪口电站配套工程，三溪口电站专用桥。

青田瓯江大桥 位于青田县城西门。1992年9月开工，是该县第一座跨瓯江桥梁。桥长383.8米，接线2872米，跨径总长381米，主跨90米，桥宽13米，净宽11米，由省交通设计院设计，设计荷载公路—Ⅱ级，净空高度6.23米。总投资3365.5万元。1995年10月竣工，同年11月15日通过验收，12月27日举行通车典礼，全国人大常委会副委员长陈慕华为“青田瓯江大桥”题字。该桥的建成，使与青田毗邻的景宁、文成、瑞安3县及青田县瓯江以南10多个乡镇的交通实现与330国道对接。

瓯江大桥

太鹤大桥 位于青田县城中部。1996年1月28日开工。桥长628.6米，宽10米，其中车行道7米，人行道2×1.5米。设计荷载：汽—15，挂—80，分主桥和引桥两部分。大桥按百年一遇洪水设计，净空高度6.0米，Ⅳ级航道。1999年6月29日竣工，11月9日交工验收。总投资4095.5万元。省长柴松岳为“太鹤大桥”题字。

塔山大桥 位于青田县城东侧。2003年10月30日开工。大桥全长499延米，其中主桥

280米(80+120+80),南引桥158米,北引桥61米,桥梁全宽18米,其中车行道宽14米,两侧人行道各2.0米,荷载汽车—20,挂—100,设计行车时速40千米,纵坡不大于4.0%,净空高度6.88米,最高通航水位13.9米,通航标准为Ⅳ级。2006年5月底竣工,7月18日通车。工程总投资7780万元。

温溪大桥 位于青田县温溪镇。2003年5月9日开工。桥长687米,7孔,跨径总长350米,单孔最大跨径50米,桥宽13米,桥面净宽9米。设计荷载公路II级,净空高度8米,Ⅳ级航道。2004年11月16日交工验收,同年12月7日正式通车。投资3585万元。

特大桥

至2010年底,全市有公路特大桥14座、42068.4延米。

鹤城临江桥 位于青田县鹤城镇。1993年8月8日开工。桥长1930米,跨径总长1920米,单孔最大跨径16米,桥宽12米,桥面净宽9米。采用二级汽车专用公路标准建设。总投资4486.51万元。1995年5月18日正式通车。

鹤城临江桥

圩地后沿江桥(左、右) 位于青田县海口镇。2003年4月5日动工。温丽高速公路桥梁,长2346米,跨径总长2340米,单孔最大跨径30米,桥宽24.5米,净宽21.5米,设计荷载公路—Ⅰ级。2005年12月24日建成通车。

海口—戈溪沿江桥(左、右) 位于青田县海口镇。2003年4月8日动工。温丽高速公路桥梁,长10296米,跨径总长10290米,单孔最大跨径30米,桥宽24.5米,净宽21.5米。设计荷载公路—Ⅰ级。2005年12月24日建成通车。

锦水—小群沿江桥(右) 位于青田县祯埠乡。2003年4月10日动工。温丽高速公路桥梁,长4815米,跨径总长4790米,单孔最大跨径35米,桥宽12.5米,净宽11米,设计荷载公路—Ⅰ级。2005年12月24日建成通车。

锦水—小群沿江桥(左) 位于青田县祯埠乡。2003年4月10日动工。温丽高速公路桥梁,长4793米,跨径总长4790米,单孔最大跨径35米,桥宽12.5米,净宽11米。设计荷载公路—Ⅰ级。2005年12月24日建成通车。

温溪沿江桥(左、右) 位于青田县温溪镇。2003年4月19日动工。温丽高速公路桥梁,长3680米,跨径总长3677.5米,单孔最大跨径35米,桥宽24.5米,净宽21.5米。设计荷载公路—Ⅰ级。2005年12月24日通车。

芝溪沿江桥(左、右) 位于青田县芝溪村附近。2003年4月21日动工。温丽高速公路桥梁,桥长1866米,跨径总长1860米,单孔最大跨径30米,桥宽24.5米,桥面净宽21米,设计荷载公路—Ⅰ级。2005年12月24日建成通车。

博瑞沿江桥(左、右) 位于青田县境。2003年4月28日动工。温丽高速公路桥梁,长3545米,跨径总长3535米,单孔最大跨径35米,桥梁全宽24.5米,净宽21.5米。设计荷载公路Ⅰ级。2005年12月24日建成通车。

雷石—东岙沿江桥(右) 位于青田县境。2003年7月2日动工。温丽高速公路桥梁,长1174米,跨径总长1155米,单孔最大跨径35米,桥宽12米,净宽11米。设计荷载公路—Ⅰ级。2005年12月24日建成通车。

雷石—东岙沿江桥(左) 位于青田县境。2003年7月2日动工。温丽高速公路桥梁,长1128米,跨径总长1110米,单孔最大跨径30米,桥宽12米,净宽11米。设计荷载公路—Ⅰ级。2005年12月24日建成通车。

沙湾沿江桥(右) 位于青田县境。2003年10月30日动工。温丽高速公路桥梁,长2033米,跨径总长1995米,单孔最大跨径35米,桥宽12米,净宽11米,设计荷载公路—Ⅰ级。2005年12月24日建成通车。总投资3540万元,其中省补745万元。

沙湾沿江桥(左) 位于青田县境。2003年10月30日动工。温丽高速公路桥梁,长2033米,跨径总长2025米,单孔最大跨径35米,桥宽12米,净宽10.5米,设计荷载公路—Ⅰ级。2005年12月24日建成通车。

社后桥 位于莲都区岩泉街道。2004年3月18日开工。丽水市绕城公路桥梁,跨瓯江支流好溪。全长1063.23延米,跨径总长1050米。桥宽25.5米,桥面净宽17米。双向四车道,中间设防撞隔离带。设计防洪标准为300年一遇。按一级公路标准设计建设,设计时速60千米。2009年12月1日竣工通车。总投资4557.5万元。

社后大桥

石塘大桥 位于云和县石塘镇。丽浦线桥梁,跨石塘库湾。长1380米,跨径总长1375米,单孔最大跨径25米,桥宽9.5米,桥面净宽8.5米, 荷载汽—20,挂—100。2005年7月开工,2006年11月30日通车。

表 19　**1995—2009 年丽水市公路特大桥按线路分统计表**

线　路	通车时间	所在县	座　数(座)	桥　长(米)
S333 六东线青田鹤城沿江桥	1995.05	青田	1	1930
G1513 温丽高速	2005.12	青田	11	37709
S328 丽浦线石塘大桥	2006.11	云和	1	1380
X023331101 丽水市区社后桥	2009.12	莲都区	1	1063.23
合　　计			14	42082.23

说明:高速公路特大桥长度均经高速公路管理处核实,与市公路管理部门统计稍有差距,表内数字以公路部门统计为准。

截至 2010 年年底,全市有大、中、小桥 2886 座,总长 179479.9 米。其中,特大桥 14 座、42082.23 米,互通立交桥 21 座,1259.27 米。大桥 290 座、69671.18 延米,中桥 554 座、32763.7 延米,小桥 2007 座、33703.6 延米。大桥列表以存,大、中、小桥分县(市、区)列表统计。详见下表。

表 20

2010 年丽水市公路大桥基本情况

单位：米

路线代码	桥梁名称	桥梁所在地点	跨越地物	桥梁全长	跨径总长	单孔最大跨径	桥梁跨径组合	桥高	桥面净宽	人行道宽	荷载标准		通车时间	变更时间
长深高速 G25	新建溪大桥	缙云	新建溪	216.99	200	20	10×20	0	22	0	汽车—超 20 级	挂车—120	2005.02.22	
G25	立交桥	缙云		338.08	320	20	16×20	0	22	0	汽车—超 20 级	挂车—120	2005.02.22	
G25	溪岩下桥	缙云	溪岩下溪	154.3	140	20	7×20	0	22	0	汽车—超 20 级	挂车—120	2005.02.22	
G25	陶墅大桥	缙云	陶墅溪	231.85	220	20	11×20	0	22	0	汽车—超 20 级	挂车—120	2005.02.22	
G25	马池桥	缙云	马池溪	321.85	306	20	4×20+1×13+4×53.25	0	22	0	汽车—超 20 级	挂车—120	2005.02.22	
G25	钟染1号大桥	缙云	钟染溪	235.06	213	25	8×25+1×13	0	22	0	汽车—超 20 级	挂车—120	2005.02.22	
G25	桃坑口2号桥	莲都	桃坑口小河	176.1	160	20	8×20	0	22	0	汽车—超 20 级	挂车—120	2005.02.22	
G25	竹后桥	莲都	竹后小河	136.85	120	20	6×20	0	22	0	汽车—超 20 级	挂车—120	2005.02.22	
G25	双港口桥	莲都	双港口小河	106.8	100	20	5×20	0	22	0	汽车—超 20 级	挂车—120	2005.02.22	
G25	凉亭根桥	莲都	凉亭根小河	134.58	120	20	6×20	0	22	0	汽车—超 20 级	挂车—120	2005.02.22	
G25	汇后桥	莲都	小安溪	268.6	250	25	10×25	14	22	0	汽车—超 20 级	挂车—120	2005.02.22	

续表 20

单位:米

路线代码	桥梁名称	桥梁所在地点	跨越地物	桥梁全长	跨径总长	单孔最大跨径	桥梁跨径组合	桥高	桥面净宽	人行道宽	荷载标准		通车时间	变更时间
G25	田里桥	莲都	小安溪	164.12	150	30	5×30	15.5	22	0	汽车—超 20 级	挂车—120	2005.02.22	
G25	雅里桥	莲都	小安溪	229.6	210	30	7×30	13.5	22	0	汽车—超 20 级	挂车—120	2005.02.22	
G25	雅里港 1 号桥	莲都	小安溪	131.9	120	40	3×40	19.5	22	0	汽车—超 20 级	挂车—120	2005.02.22	
G25	雅里港 2 号桥	莲都	小安溪	288.25	280	40	1×30+4×40+3×30	22.5	22	0	汽车—超 20 级	挂车—120	2005.02.22	
G25	洪渡桥	莲都	小安溪	176.12	150	30	5×30	8.5	22	0	汽车—超 20 级	挂车—120	2005.02.22	
G25	雅 溪 1 号桥	莲都	雅溪 1 号	225.1	210	30	7×30	14.6	22	0	汽车—超 20 级	挂车—120	2005.02.22	
G25	雅 溪 2 号桥	莲都	雅溪 2 号	194.96	180	30	6×30	19.8	22	0	汽车—超 20 级	挂车—120	2005.02.22	
G25	雅 溪 3 号桥	莲都	雅溪 3 号	410.2	390	30	13×30	15.6	22	0	汽车—超 20 级	挂车—120	2005.02.22	
G25	雅庄口 2 号桥	莲都	雅庄口 2 号	251.95	240	30	8×30	16.8	22	0	汽车—超 20 级	挂车—120	2005.02.22	
G25	雅庄口 3 号桥	莲都	雅庄口 呀号	197.1	180	30	6×30	13.8	22	0	汽车—超 20 级	挂车—120	2005.02.22	
G25	新路高架	莲都	丽雅公路	941.44	925	25	25×37	8	22	0	汽车—超 20 级	挂车—120	2005.02.22	
G25	学坑口桥（右）	莲都	太平港	139.6	130	40	1×40+3×30	0	11	0	汽车—超 20 级	挂车—120	2005.02.22	

续表 20

单位：米

路线代码	桥梁名称	桥梁所在地点	跨越地物	桥梁全长	跨径总长	单孔最大跨径	桥梁跨径组合	桥高	桥面净宽	人行道宽	荷载标准		通车时间	变更时间
G25	学坑口桥（左）	莲都	太平港	128.1	120	30	4×30	0	11	0	汽车—超 20 级	挂车—120	2005.02.22	
G25	小安大桥	莲都	太平港	516.14	510	40	7×30+3×40+6×30	0	22	0	汽车—超 20 级	挂车—120	2005.02.22	
G25	大观大桥 102+865	莲都	山间沟壑	102.44	100	20	5×20	0	22	0	汽车—超 20 级	挂车—120	2005.02.22	
G25	直弯山桥	莲都	太平港	347.8	340	40	2×30+7×40	0	22	0	汽车—超 20 级	挂车—120	20050222	
G25	八角井桥	莲都	太平港	165.65	150	30	5×30	0	22	0	汽车—超 20 级	挂车—120	2005.02.22	
G25	太平大桥 1	莲都	山间沟壑	315.7	300	30	10×30	0	22	0	汽车—超 20 级	挂车—120	2005.02.22	
G25	太平大桥 2	莲都	山间沟壑	133.38	120	30	4×30	0	22	0	汽车—超 20 级	挂车—120	2005.02.22	
G25	柴弄口桥	莲都	太平港	313	300	12	12×25	0	22	0	汽车—超 20 级	挂车—120	2005.02.22	
G25	大溪大桥	莲都	瓯　江	699.17	690	30	30×23	20	22	0	汽车—超 20 级	挂车—120	2005.02.22	
G25	沙　溪 3 号桥	莲都	沙溪 3 号	230	225	25	9×25	0	21	0	汽车—超 20 级	挂车—120	2007.12.30	
G25	松坑口大　桥	莲都	松　坑	208	200	25	8×25	0	21	0	汽车—超 20 级	挂车—120	2007.12.30	
G25	上南山大　桥	莲都	上南山	130	125	25	5×25	0	21	0	汽车—超 20 级	挂车—120	2007.12.30	

续表 20

单位：米

路线代码	桥梁名称	桥梁所在地点	跨越地物	桥梁全长	跨径总长	单孔最大跨径	桥梁跨径组合	桥高	桥面净宽	人行道宽	荷载标准		通车时间	变更时间
G25	石侯大桥	莲都	石侯	105	100	20	5×20	0	21	0	汽车—超 20 级	挂车—120	2007.12.30	
G25	河边大桥	莲都	河边	381.5	350	25	14×25	0	21	0	汽车—超 20 级	挂车—120	2007.12.30	
G25	玉溪大桥（新）	莲都	瓯江	394.5	382.5	34.5	8×35+1×33.5+2×34.5	0	21	0	汽车—超 20 级	挂车—120	2007.12.30	
G25	北埠分离立交桥（玉溪大桥）	莲都	道路	167.06	162	24	3×20+1×18+2×24+2×18	0	21	0	汽车—超 20 级	挂车—120	2006.12.30	
G25	北埠大桥	莲都	瓯江	518	510	45	9×45+3×35	0	21	0	汽车—超 20 级	挂车—120	2006.12.30	
G25	石塘栈桥（石塘大桥）	云和县石塘镇	瓯江水系	568	560	16	16×35	0	10	0	公路—I 级		2004.12.01	
G25	小顺堡大桥（右）	云和县石塘镇	瓯江水系	140	140	20	7×20	0	10	0	公路—I 级		2004.12.01	
G25	小顺堡大桥（左）	云和县石塘镇	瓯江水系	156	140	20	7×20	0	10	0	公路—I 级		2004.12.01	
G25	沈岸大桥（右）	云和县云坛乡	瓯江水系	146	140	20	7×20	5	10.75	0	公路—I 级		2004.12.01	
G25	沈岸大桥（左）	云和县云坛乡	瓯江水系	146	140	20	7×20	3.4	10.75	0	公路—I 级		2006.12.30	
G25	霞晓大桥（右）	云和县云坛乡	瓯江水系	350	340	20	17×20	5.06	10.75	0	公路—I 级		2006.12.30	

续表 20

单位：米

路线代码	桥梁名称	桥梁所在地点	跨越地物	桥梁全长	跨径总长	单孔最大跨径	桥梁跨径组合	桥高	桥面净宽	人行道宽	荷载标准		通车时间	变更时间
G25	霞晓大桥（左）	云和县云坛乡	瓯江水系	330	320	20	16×20	5.06	10.75	0	公路—I级		2006.12.30	
G25	大处桥（右）	云和县云和镇	瓯江水系	106	100	20	5×20	3.83	10.75	0	公路—I级		2006.12.30	
G25	大处桥（左）	云和县云和镇	瓯江水系	105	100	20	5×20	3.83	10.75	0	公路—I级		2006.12.30	
G25	大坪大桥（右）	云和县云和镇	瓯江水系	505	499	25	12+19×25+12	12.4	10.75	0	公路—I级		2006.12.30	
G25	大坪大桥（左）	云和县云和镇	瓯江水系	505	499	25	12+19×25+12	12.4	10.75	0	公路—I级		2006.12.30	
G25	梅山根大桥（右）	云和县云和镇	瓯江水系	736	700	50	3×50+4×50+4×50+3×50	33.3	10.75	0	公路—I级		2006.12.30	
G25	梅山根大桥（左）	云和县云和镇	瓯江水系	740	700	50	3×50+4×50+4×50+3×50	33.3	10.75	0	公路—I级		2006.12.30	
G25	河上村大桥（右）	云和县云和镇	瓯江水系	876	870	30	29×30	21.6	10.75	0	公路—I级		2006.12.30	
G25	河上村大桥（左）	云和县云和镇	瓯江水系	876	870	30	29×30	21.6	10.75	0	公路—I级		2006.12.30	
G25	后山1号大桥(右)	云和县云和镇	瓯江水系	560	550	25	22×25	10.2	10.75	0	公路—I级		2006.12.30	
G25	后山1号大桥(左)	云和县云和镇	瓯江水系	560	550	25	22×25	10.2	10.75	0	公路—I级		2006.12.30	
G25	后山2号大桥(右)	云和县赤石乡	丽浦线	160	150	25	6×25	19.8	10.75	0	公路—I级		2006.12.30	

续表 20

单位:米

路线代码	桥梁名称	桥梁所在地点	跨越地物	桥梁全长	跨径总长	单孔最大跨径	桥梁跨径组合	桥高	桥面净宽	人行道宽	荷载标准		通车时间	变更时间
G25	后山2号大桥(左)	云和县赤石乡	丽浦线	160	150	25	6×25	19.7	10.75	0	公路—I级		2006.12.30	
G25	碗窑岭大桥(右)	云和县赤石乡	丽浦线	400	390	30	13×30	39.2	10.75	0	公路—I级		2006.12.30	
G25	碗窑岭大桥(左)	云和县赤石乡	丽浦线	400	390	30	13×30	38.3	10.75	0	公路—I级		2006.12.30	
G25	独山2号大桥(右)	云和县赤石乡	瓯江水系	429.5	420	30	13×30	17.6	10.75	0	公路—I级		2006.12.30	
G25	独山2号大桥(左)	云和县赤石乡	瓯江水系	429.5	420	30	13×30	17.3	10.75	0	公路—I级		2006.12.30	
G25	排山大桥(右)	云和县赤石乡	瓯江水系	220	210	30	7×30	9.6	10.75	0	公路—I级		2006.12.30	
G25	排山大桥(左)	云和县赤石乡	瓯江水系	220	210	30	7×30	10.2	10.75	0	公路—I级		2006.12.30	
G25	麻垟大桥(右)	云和县赤石乡	山沟	308	300	30	10×30	9	10.75	0	公路—I级		200.612.30	
G25	麻垟大桥(左)	云和县赤石乡	山沟	510	500	30	2×25+15×30	22	10.78	0	公路—I级		2006.12.30	
G25	安仁大桥(右)	龙泉	无名小溪	244	220	20	11×20	0	10.25	0	汽车—超20级	挂车—120	2006.12.25	
G25	安仁大桥(左)	龙泉	无名小溪	244	220	20	11×20	0	10.25	0	汽车—超20级	挂车—120	2006.12.25	
G25	林洋大桥(右)	龙泉	无名小溪	186	180	30	6×30	0	10	0	汽车—超20级	挂车—120	2006.12.25	

续表 20

单位:米

路线代码	桥梁名称	桥梁所在地点	跨越地物	桥梁全长	跨径总长	单孔最大跨径	桥梁跨径组合	桥高	桥面净宽	人行道宽	荷载标准		通车时间	变更时间
G25	林洋大桥（左）	龙泉	无名小溪	186	180	30	6×30	0	10	0	汽车—超 20 级	挂车—120	2006.12.25	
温丽高速 G1513	剑石大桥	青田	青田	331.4	330	30	11×30	0	11.5	1.5	汽车—超 20 级	挂车—120	2005.12.26	
G1513	石溪大桥（左右）	青田	330 国道	230	225	25	9×25	0	22	1.5	汽车—超 20 级	挂车—120	2005.12.26	
G1513	大洋坑桥（右）	青田		480	475	25	25×19	0	11	0.75	汽车—超 20 级	挂车—120	2005.12.26	
G1513	大洋坑桥（左）	青田		480	475	25	25×19	0	11	0.75	汽车—超 20 级	挂车—120	2005.12.26	
G1513	船寮大桥（右）	青田	船寮港	586	580	30	25+30+25+25×20	0	11	0.75	汽车—超 20 级	挂车—120	2005.12.26	
G1513	船寮大桥（左）	青田	船寮港	626	620	30	20+30+20+25×22	0	11	0.75	汽车—超 20 级	挂车—120	2005.12.26	
G1513	洪府前大桥	青田		485.04	480	20	24×20	0	10.75	1.5	汽车—超 20 级	挂车—120	2005.12.26	
G1513	锦水大桥（左右）	青田		117	100	25	4×25	0	21.5	1.5	汽车—超 20 级	挂车—120	2005.12.26	
G1513	石帆大桥（左右）	青田	大溪	458.04	450	50	8×25+5×50	0	21.5	1.5	汽车—超 20 级	挂车—120	2005.12.26	
G1513	余天弄分离桥	莲都	公路	146.5	125	25	5×25	0	21	1.5	汽车—超 20 级	挂车—120	2005.12.26	
G1513	小叶分离桥	莲都	公路	105.04	100	20	5×20	0	21	1.5	汽车—超 20 级	挂车—120	2005.12.26	

续表 20

单位:米

路线代码	桥梁名称	桥梁所在地点	跨越地物	桥梁全长	跨径总长	单孔最大跨径	桥梁跨径组合	桥高	桥面净宽	人行道宽	荷载标准		通车时间	变更时间
龙丽高速 S33	田铺1#桥	遂昌	小山溪	168	150	30	5×30	17	21	0	汽车—20 级	挂车—100	2006.12.30	2006
S33	肖箕湾2#桥	遂昌	小山溪	128	120	20	6×20	14	21	0	汽车—20 级	挂车—100	2006.12.30	2006
S33	新路湾桥	遂昌	小山溪	129	120	20	6×20	11	21	0	汽车—20 级	挂车—100	2006.12.30	2006
S33	骑马兰桥	遂昌	小山溪	106	100	20	5×20	12	21	0	汽车—20 级	挂车—100	2006.12.30	2006
S33	小马埠桥	遂昌	小山溪	164	160	20	8×20	7	21	0	汽车—20 级	挂车—100	2006.12.30	2006
S33	竹山下桥	遂昌	小山溪	150	140	35	4×35	27	21	0	汽车—20 级	挂车—100	2006.12.30	2006
S33	遂昌大桥	遂昌	小山溪	278	274	70	3×20+1×42+1×70+1×42+3×20	17	21	0	汽车—20 级	挂车—100	2006.12.30	2006
S33	渡船头桥	遂昌	松阴溪	104	100	20	5×20	5	21	0	汽车—20 级	挂车—100	2006.12.30	2006
S33	高路桥	遂昌	小山溪	264	260	20	13×20	7	21	0	汽车—20 级	挂车—100	2006.12.30	2006
S33	资口桥	遂昌	小山溪	370	360	30	12×30	10	21	0	汽车—20 级	挂车—100	2006.12.30	2006
S33	徐郑大桥	松阳	河流	277	270	30	9×30	0	15	0	汽车—超 20 级	挂车—120	2006.12.30	200612
S33	水南分离桥	松阳	通道	480	460	20	23×20	0	15	0	汽车—超 20 级	挂车—120	2006.12.30	200612

续表 20

单位:米

路线代码	桥梁名称	桥梁所在地点	跨越地物	桥梁全长	跨径总长	单孔最大跨径	桥梁跨径组合	桥高	桥面净宽	人行道宽	荷载标准		通车时间	变更时间
S33	西屏大桥	松阳	通道	1000	980	35	28×35	0	15	0	汽车—超20级	挂车—120	2006.12.30	2006.12
S33	过境分离桥	松阳	通道	489	469	20	23×20	0	15	0	汽车—超20级	挂车—120	2006.12.30	2006.12
S33	石马铺大桥	松阳	通道	420	400	40	10×40	0	15	0	汽车—超20级	挂车—120	2006.12.30	2006.12
S33	k100.35大桥	松阳	通道	140	120	20	6×20	0	15	0	汽车—超20级	挂车—120	2006.12.30	2006.12
S33	下行105.149	松阳	河流	290	280	20	14×20	0	15	0	汽车—超20级	挂车—120	2006.12.30	2006.12
S33	下行	松阳	河流	395	380	20	19×20	0	7.5	0	汽车—超20级	挂车—120	2006.12.30	2006.12
S33	小槎大桥	松阳	松阴溪	200	180	20	9×20	0	15	0	汽车—超20级	挂车—120	2006.12.30	2006.12
S33	柴头1#大桥	松阳	通道	240	220	20	11×20	0	15	0	汽车—超20级	挂车—120	2006.12.30	2006.12
S33	柴头2#大桥	松阳	通道	480	460	40	5×20+9×40	0	15	0	汽车—超20级	挂车—120	2006.12.30	2006.12
S33	下行115.367	松阳	通道	240	220	20	11×20	0	7.5	0	汽车—超20级	挂车—120	2006.12.30	2006.12
S33	下行桥	松阳	通道	120	100	20	5×20	0	7.5	0	汽车—超20级	挂车—120	2006.12.30	2006.12
S33	堰后大桥	莲都	宣平港	405	400	25	16×25	0	21.4	0	汽车—超20级	挂车—120	2006.12.30	2006.12

续表 20

单位：米

路线代码	桥梁名称	桥梁所在地点	跨越地物	桥梁全长	跨径总长	单孔最大跨径	桥梁跨径组合	桥高	桥面净宽	人行道宽	荷载标准		通车时间	变更时间
台金高速S28	浣溪1号桥	缙云		425.92	420	30	14×30	0	21.5	0	汽车—超20级	挂车—120	2008.12.31	
S28	浣溪2号桥	缙云		357.75	350	25	14×25	0	21.5	0	汽车—超20级	挂车—120	2008.12.31	
S28	浣溪5号桥	缙云		404	390	30	13×30	0	21.5	0	汽车—超20级	挂车—120	2008.12.31	
S28	卧龙桥	缙云		190	180	30	6×30	0	21.5	0	汽车—超20级	挂车—120	2008.12.31	
S28	包公殿桥	缙云		205	200	20	10×20	0	21.5	0	汽车—超20级	挂车—120	2008.12.31	
S28	官前桥	缙云		205	200	20	10×20	0	21.5	0	汽车—超20级	挂车—120	2008.12.31	
S28	双溪口桥	缙云		105	100	20	5×20	0	21.5	0	汽车—超20级	挂车—120	2008.12.31	
S28	互通1号桥	缙云		560	540	20	20×27	0	22.5	0	汽车—超20级	挂车—120	2008.12.31	
S28	西安亭桥	缙云		105	100	20	5×20	0	22.5	0	汽车—超20级	挂车—120	2008.12.31	
S28	好溪大桥	缙云	好溪	512.42	500	25	25×20	0	22.5	0	汽车—超20级	挂车—120	2008.12.31	
G330国道	溪口大桥	青田	四都港	529	523.2	16.35	32×16.35	8	9	0	公路—Ⅱ级		1998	
G330	湖口大桥	青田	下坑	230	220	20	11×20	11.6	13	0	公路—Ⅱ级		2005.02.22	

续表 20

单位：米

路线代码	桥梁名称	桥梁所在地点	跨越地物	桥梁全长	跨径总长	单孔最大跨径	桥梁跨径组合	桥高	桥面净宽	人行道宽	荷载标准	通车时间	变更时间
G330	湖边桥	青田	小溪港	606.04	588	32	11×20+4×32+12×20	13.8	11	0	公路—Ⅱ级	2005.02.22	
G330	港头桥 2	青田		122.04	100	20	5×20	0	11	0	公路—Ⅱ级	2005.02.22	
G330	下白浦一桥	青田		591.04	580	20	29×20	0	11	0	公路—Ⅱ级	2005.02.22	
G330	下白浦二桥	青田		965.18	960	48	20×48	0	11	0	公路—Ⅱ级	2005.02.22	
G330	上白浦桥	青田		345.18	340	20	17×20	0	11	0	公路—Ⅱ级	2005.02.22	
G330	良岸一桥	青田		525.18	520	20	26×20	0	11	0	汽车—15 级	2005.02.22	
G330	良岸二桥	青田		745.18	740	20	37×20	0	11	0	公路—Ⅱ级	2005.02.22	
G330	良岸三桥	青田		630.04	620	20	31×20	0	11	0	公路—Ⅱ级	2005.02.22	
G330	邵坑桥	青田		153.04	140	20	7×20	0	11	0	公路—Ⅱ级	2005.02.22	
G330	滩头一桥	青田		897.04	880	20	44×20	0	11	0	公路—Ⅱ级	2005.02.22	
G330	滩头二桥	青田		131.04	120	20	6×20	0	11	0	公路—Ⅱ级	2005.02.22	
G330	白岸桥	青田		250.54	240	20	12×20	0	11	0	公路—Ⅱ级	2005.02.22	

续表 20

单位：米

路线代码	桥梁名称	桥梁所在地点	跨越地物	桥梁全长	跨径总长	单孔最大跨径	桥梁跨径组合	桥高	桥面净宽	人行道宽	荷载标准		通车时间	变更时间
G330	船寮桥	青田	瓯　江	484.04	484.04	50.2	2×50.2+19×20	0	11	0	公路—Ⅱ级		2005.02.22	
G330	天师岭桥	青田	天师坑	112	100	20	5×20	0	12	0	公路—Ⅱ级		1990.12.01	
G330	湾岙桥	莲都	瓯　江	140.04	120	20	6×20	6.3	9	0	汽车—20级	挂车—100	2006.12.30	2006
G330	好溪桥	莲都	好　溪	473.5	460	20	20×23	8.3	15	6.5	汽车—20级	挂车—100	2005.02.22	
G330	里山大桥	莲都	杉树坑	260	220	20	11×20	25.1	11	0	汽车—20级	挂车—100	2005.02.22	
G330	水口殿大　桥	莲都	水口殿	148	140	20	7×20	33.2	11	0	汽车—20级	挂车—100	2005.02.22	
G330	泉墩大桥	莲都	泉　墩	145.4	140	20	7×20	27	11	0	汽车—20级	挂车—100	2005.02.22	
G330	滴水岩大　桥	莲都	滴水岩	184.1	180	20	9×20	31.9	11	0	汽车—20级	挂车—100	200.502.22	
G330	东渡大桥	缙云东渡	好　溪	144	106.2	11.8	9×11.8	0	15	0	汽车—20级	挂车—100	2005.02.22	
G330	缙云二桥	缙云杜桥	好　溪	165.3	158.8	43	2×25+2×22.9+1×43+1×20	0	15	0	汽车—20级	挂车—100	2005.02.22	
龙丽线S222	庄山大桥	遂昌	小山溪	400	390	30	13×30	7.5	20	0	汽车—超20级	挂车—100	2008	2007
S222	大石大桥	松阳	松阴溪	178	160	20	8×20	0	21.5	0	汽车—20级	挂车—100	2006.12.30	2006

续表 20

单位：米

路线代码	桥梁名称	桥梁所在地点	跨越地物	桥梁全长	跨径总长	单孔最大跨径	桥梁跨径组合	桥高	桥面净宽	人行道宽	荷载标准		通车时间	变更时间
S222	碧湖大桥	莲都	瓯　江	421	420	35	3×25+7×35+4×25	11.5	9	0	汽车—20级	挂车—100	2005.02.22	
遂龙线 S227	东大桥	龙泉	瓯江支流	197.2	166.5	33	1×4.5+3×50+1×12	4.5	8.5	0	汽车—20级	挂车—100	1990.05.31	20100701
云寿线 S228	大徐中桥	云和县云和镇	瓯江水系	140	120	20	6×20	6.4	12	0.5	汽车—20级	挂车—100	2000.10.30	
S228	老矮1#桥	云和县云坛乡	高速公路	155.56	140	20	8×20	11.1	8.5	0	公路—Ⅱ级	挂车—100	2006.12.01	
S228	老矮2#桥	云和县云坛乡	高速公路	165	160	20	7×20	8.71	8.5	0	公路—Ⅱ级	挂车—100	2006.12.01	
S228	汇田大桥	景宁	小　溪	340	330	30	11×30	10	8	1	公路—Ⅱ级	挂车—100	2008.11.11	
龙后线 S229	豫章桥	龙泉	瓯江支流	129.6	120	20	6×20	5.5	10	0	汽车—20级	挂车—100	1995.12.01	20100701
S229	小梅溪大　桥	龙泉	小梅溪	105	100	20	5×20	10.5	11	0	汽车—20级	挂车—100	2007.12.31	20100701
S229	竹下大桥	庆元	竹口溪	184.1	180	20	9×20	6.5	8	0	汽车—20级	挂车—120	2007	2009
青岱线 S230	秋炉桥	青田	四都港	196	192	16	12×16	10.5	11	0	公路—Ⅱ级		2000	
S230	山口桥	青田	山口溪	128.6	128	16	8×16	8.5	9	0	公路—Ⅱ级		1997	
S230	南园桥	青田	四都港	126.54	120	20	6×20	0	8.5	0	公路—Ⅱ级		2005.02.22	

续表 20

单位：米

路线代码	桥梁名称	桥梁所在地点	跨越地物	桥梁全长	跨径总长	单孔最大跨径	桥梁跨径组合	桥高	桥面净宽	人行道宽	荷载标准		通车时间	变更时间
S230	冯垟桥	青田	四都港	106.54	100	20	5×20	0	8.5	0	公路—Ⅱ级		2005.02.22	
临石线 S322	壶镇大桥	缙云壶镇	好 溪	175.8	124.8	8.6	13×8.6+2×6.5	5.5	6.5	1.5	汽车—20级	挂车—100	1970.09.13	
丽浦线 S328	溪口大桥	莲都	瓯 江	666.76	640	40	12×20+5×40+10×20	18.5	22	0	汽车—20级	挂车—100	2005.02.22	
S328	上县头桥	莲都	瓯江支流	200	180	20	9×20	8.8	10.5	0	汽车—20级	挂车—100	2005.02.22	
S328	小顺桥	云和县石塘镇	石塘水库	134.1	120	20	6×20	6	8	0	汽车—20级	挂车—100	1998.08.01	
S328	狮山大桥	云和县云和镇	浮云溪	116.9	104	13	8×13	4.9	8.6	0	公路—Ⅱ级		1995.10.01	
S328	安福大桥	龙泉	旱 地	205	200	25	8×25	17	7.5	0	汽车—20级	挂车—100	2006.12.31	20100701
S328	塔石大桥	龙泉	G25	282	270	30	9×30	28	7.5	0	汽车—20级	挂车—100	2006.12.31	20100701
S328	南秦大桥	龙泉	瓯 江	147	129	43	3×43	10.5	9	3	汽车—20级	挂车—100	2002.12.31	20100701
S328	沙溪大桥	龙泉	瓯江支流	174.9	168	20	8×20+1×8	18.4	9	0	汽车—20级	挂车—100	1994.12.11	20100701
S328	社曲畈大桥	龙泉	社曲畈	168	160	20	8×20	26.3	7.5	0	汽车—20级	挂车—100	2001.12.30	20100701
菊寿线 S329	祝家洋大桥	庆元	松源河	154.5	140	20	7×20	9	9.5	0	汽车—20级	挂车—100	2007.04.27	2009

续表 20

单位:米

路线代码	桥梁名称	桥梁所在地点	跨越地物	桥梁全长	跨径总长	单孔最大跨径	桥梁跨径组合	桥高	桥面净宽	人行道宽	荷载标准		通车时间	变更时间
六东线 S333	温溪大桥	青田	瓯 江	687	350	50	7×50	8	9	0	公路—Ⅱ级		2004	
S333	圩仁桥	青田	圩仁坑	100	100	25	4×25	5	12	0	汽车—15 级		1953	
S333	戈岙湾桥	青田	石湾坑	175	175	25	7×25	2.6	15	0	汽车—15 级		1953	
S333	青田瓯江大桥	青田	瓯 江	383.8	381	90	1×30+2×60+1×90+4×30+1×20	4.5	11	0	公路—Ⅱ级		1995	
S333	石溪大桥	青田	石溪坑	224.4	208	13	13×16	13	10	0	公路—Ⅱ级		1992	
S333	船寮桥	青田	十二都港	133	128	16	8×16	3.2	9	0	公路—Ⅱ级		1998	
以下县乡道 X001331102 上冷水—李村	冷水大桥	莲都	好溪支流	136	90	45	2×45	18	7	0	汽车—20 级		1979.12.30	1979
X004331102 港前线	白岸口大 桥	莲都	宣平港	126.9	112	16	7×16	6.63	7	0	汽车—20 级		1995.12.30	1995
X015331101 桃碧线	联城桥	莲都	太平港	155	125	25	5×25	9.9	7	0	汽车—15 级	挂车—80	1980.03.30	
X015331101 桃碧线	港口桥	莲都	宣平港	135.4	105	35	3×35	14.3	7	0	汽车—20 级	挂车—100	1981.11.30	
X021331102 原 53 省道	桃山大桥	莲都	瓯 江	278	240	30	8×30	73	9	0	汽车—15 级	挂车—80	1970.01.30	
X023331102	牛岭头栈 道	莲都	瓯 江	230	220	20	11×20	0	7.5	0	汽车—超20级	挂车—120	2006	

续表 20

单位：米

路线代码	桥梁名称	桥梁所在地点	跨越地物	桥梁全长	跨径总长	单孔最大跨径	桥梁跨径组合	桥高	桥面净宽	人行道宽	荷载标准		通车时间	变更时间
X023331102 绕城公路	塔下大桥	莲都	瓯江	411.77	330	90	2×20+2×30+1×90+2×30+4×20	0	17	0	汽车—超20级	挂车—120	2006	
X023331102 绕城公路	九里立交桥	莲都	道路	115.08	100	25	4×25	0	17	0	汽车—超20级	挂车—120	2009.01	
X502331102 外靖线	小安大桥	莲都	小安溪	92.5	66	50	1×50	8.7	7	0	汽车—20级		1993.12.30	1993
X502331102 外靖线	畎岸大桥	莲都	宣平溪支流	149.4	140	20	7×20	4.5	7	0	汽车—20级	挂车—120	1990.12.30	1990
X102331181 木岱口—五埠垟	大坛壁大桥	龙泉	瓯江支流	56	40	40	1×40	4.5	5.4	0	汽车—15级	挂车—80	1988.01.02	2008
X103331181 村头—沈村	管村桥	龙泉	瓯江支流	88	60	60	1×60	13	5.5	0	汽车—15级	挂车—80	1989.10.30	2008
X109331181 西大桥—独口	双港大桥	龙泉	瓯江水系	138	120	60	2×60	2.5	7	0	汽车—20级	挂车—100	2005.12.30	2008
X112331181 遂龙线—新车站	南大桥	龙泉	瓯江支流	209	209	35	5×35+1×9+1×6	0	7	0	汽车—10级	履带—50	1965.07.17	2008
X119331181 小曹线	小梅二桥	龙泉	瓯江支流	131.4	111	18	1×3+6×18	9	7	0.5	汽车—15级	挂车—80	1968.11.30	2008
X124331181 剑上线	南秦大桥	龙泉	瓯江	143	129	43	3×43	0	9	0	汽车—20级	挂车—100	1985.12.31	
Y101331181 大门垟—赤源	胜利大桥	龙泉	瓯江支流	88	40	40	1×40	23.4	4.5	0	汽车—15级	挂车—80	1981.12.30	2008
X205331121 黄言—黄坦	红光大桥	青田	十二都港	127.08	116	16	1×10+6×16+1×10	0	7.5	0	公路—Ⅱ级		2005.01	

续表 20

单位：米

路线代码	桥梁名称	桥梁所在地点	跨越地物	桥梁全长	跨径总长	单孔最大跨径	桥梁跨径组合	桥高	桥面净宽	人行道宽	荷载标准		通车时间	变更时间
X206331121 腊口—黄庄岭	腊口大桥	青田	瓯江	274.8	261	35	3×15.6+3×35+7×15.6	7	7	0	公路—Ⅱ级		1999.01.25	
X211331121 溪口—秋炉	彭括大桥	青田	四都港	196	180	20	9×20	2.5	4.5	0	汽车—20级		2005.12.30	
X217331121 黄言口—高湖	东山大桥	青田	都源河	205.1	200	20	10×20	5.7	7.5	0	公路—Ⅱ级		□2006	□
Y216331121	东坑桥	青田	东坑	174	160	30	20+4×30+20	4	6	0	公路—II级		2009.12.30	
X501331122 兰石线	兰口大桥	缙云兰口	兰口	204	200	20	10×20	0	9	0	汽车—15级	挂车—120	2005.12.25	
X501331122 兰石线	兆岸大桥	缙云兆岸	兆岸	124	120	20	6×20	0	9	0	汽车—15级	挂车—120	2005.12.25	
X505331122 外靖线	东金一大桥	缙云深渡	好溪	161.8	140	20	7×20	4	7	0	汽车—15级	挂车—100	1981.08.11	
X506331122 壶镇—石垄	石龙头大桥	缙云	好溪	162	140	20	7×20	4.5	5	0	汽车—15级	挂车—100	2010.12.13	
X507331122 石松—仁岸	仁岸大桥	缙云仁岸	盘溪	124.1	120	20	6×20	3.5	11	0	汽车—15级	挂车—100	2005.03.31	
X507331122 石松—仁岸	舒洪二号大桥	缙云舒洪	盘溪	104.1	100	20	5×20	4.5	11	0	汽车—15级	挂车—100	2005.01.28	
X508331122 坦下—五里牌	船埠头桥	缙云船埠头	好溪	122.4	100	20	5×20	4.8	6	0	汽车—15级	挂车—100	1967.08.30	
X511331122 仙都—靖岳	仙都友谊大桥	缙云	好溪	137.4	120	20	6×20	2	6.5	0	汽车—15级	挂车—100	1995.12.30	

续表 20

单位：米

路线代码	桥梁名称	桥梁所在地点	跨越地物	桥梁全长	跨径总长	单孔最大跨径	桥梁跨径组合	桥高	桥面净宽	人行道宽	荷载标准		通车时间	变更时间
X512331122 壶镇—南田	田村石拱桥	缙云	好溪	119	100	20	5×20	2.5	5.8	0	汽车—15级	挂车—100	1981.12.30	
X516331122 上交岭—金弄	缙云一桥	缙云	好溪	110	100	20	5×20	4.7	10	0	汽车—15级	挂车—120	1984.12.30	
X520331122 玉碧线	仙都大桥	缙云	好溪	217.3	200	25	8×25	4.5	9	0	汽车—15级	挂车—100	1996.12.30	
Y502331122 左库—石赤旧	雁岭桥	缙云	好溪	154	128	16	8×16	4.8	6.5	0	汽车—15级	挂车—100	1977.12.30	
X603331123 三石示线	牛尾岗大桥	遂昌	乌溪江	88	60	60	1×60	0	6.2	0	汽车—15级		1973.04.30	
X603331123 三石示线	焦滩桥	遂昌	乌溪江	126.8	108	36	3×36	24.8	8.2	0	汽车—20级		1973.12.30	
X603331123 三石示线	下定桥	遂昌	周公源	64.5	50	50	1×50	0	6	0	汽车—10级	挂车—100	1974.12.07	
X604331123 黄九线	渡口桥	遂昌	洋溪源	63	55	55	1×55	0	7.6	0	汽车—15级		1978.01.10	
X605331123 峡口门—北界	湖山大桥	遂昌	梭溪	155	145.2	48.4	3×47	0	5.5	0	汽车—10级		1978.12.30	
X619331123 石练—王村口	甲门潭桥	遂昌	乌溪江	214.06	200	20	10×20	0	7.5	1	汽车—20级	挂车—100	2009.12	
X619331123 石练—王村口	中桥头桥	遂昌	大枫坑	114.04	100	20	5×20	0	7.5	1	汽车—20级	挂车—100	2009.12	
X622331123 县城—金溪	金溪桥	遂昌	金溪	128	120	20	6×20	0	28	0	公路—Ⅱ级	挂车—100	2006	

续表 20

单位：米

路线代码	桥梁名称	桥梁所在地点	跨越地物	桥梁全长	跨径总长	单孔最大跨径	桥梁跨径组合	桥高	桥面净宽	人行道宽	荷载标准		通车时间	变更时间
S227330000 上江—三墩桥	水阁分离式立交桥	遂昌水阁	水阁路	159.16	140	35	4×35		12	无	公路—II 级		2011.12	
S227330000 上江—三墩桥	东门桥	遂昌东门	梅溪源及村道	125.29	120	20	6×20		12	无	公路—II 级		2011.12	
S227330000 上江—三墩桥	外寮桥	遂昌后江	村道	154.04	140	20	7×20		12	无	公路—II 级		2011.12	
X102331123 木焦线	龙洋桥	遂昌内龙口	乌溪江	104	75	25	3×25		7.6	无	汽—15	挂—80	1994.12	
X603331123 木焦线	源口桥	遂昌柘岱口	周公源	48	40	40	1×40		6.2	无	汽—15	挂—80	1982.7	2008 年 12 月被水库淹没
X102331123 三石标线	独山桥	遂昌	乌溪江	127.2	105	35	3×35		8.2		公路—II 级		1984.1.31	
Z605331123 萤石矿—专用道	上龙潭	遂昌	湖山源	140	108	108	1×108				汽车—10 级		1979.12.30	
专用道	金岸垃圾填埋场桥	遂昌金岸	襟溪	209.58	200	20	10×20		7	无	汽—20	挂—100	2006.4	
村道	福罗淤桥	遂昌福罗淤	周公源	114.33	100	20	5×20		5.9	无	汽—15	挂—80	1992.4	
村道	云峰大桥	遂昌云峰	濂溪	111	80	20	4×20		10	1.5	汽—20	挂—100	2005.11	
村道	大竹桥	遂昌大竹	梧桐源	116	43.5	8.7	5×8.7		3.3	长 72 米、高 38 米坝体	汽—3.5		1999	

续表 20

单位：米

路线代码	桥梁名称	桥梁所在地点	跨越地物	桥梁全长	跨径总长	单孔最大跨径	桥梁跨径组合	桥高	桥面净宽	人行道宽	荷载标准		通车时间	变更时间
X701331124 港排线	港口大桥	松阳	松阴溪	120	90	45	2×45	0	7	0	汽车—10级	挂—80	1977.12.30	2000
X702331124 古大线	古市大桥	松阳	松阴溪	205	198	22	9×22	0	7.2	0	汽车—10级	履带—50	1970.12.30	2004
X703331124 葫峰线	葫芦井桥	松阳	小港源	60	40	40	1×40	0	4.5	0	汽车—15级	履带—50	1986.12.30	2005
X706331124 西大线	南门新大桥	松阳	松阴溪	300	297	33	9×33	0	7	0	汽车—20级	挂—100	1990.12.30	2004
X706331124 西大线	新兴大桥	松阳	山 溪	200	180	20	9×20	0	10	0	汽车—20级	挂车—100	2006.12.30	2006
X710331124 上古线	古市大桥	松阳	松阴溪	225	200	20	10×20	0	10.5	2	汽车—超20级	挂车—120	2006.12	2006
X711331124 马西线	寺岭下大 桥	松阳	山 坑	272	260	20	13×20	0	17	2	汽车—超20级	挂车—120	2006.12	2006
X714331124 大弓线	梅村1#桥	松阳	沟 壑	106.08	100	20	5×20	0	9	0	汽车—20级	挂车—120	2010.07.01	
X714331124 大弓线	虎上坝1#桥	松阳	沟 壑	108.08	100	20	5×20	0	9	0	汽车—20级	挂车—120	2010.07.01	
X714331124 大弓线	青石坝2#桥	松阳	沟 壑	114.08	100	20	5×20	0	9	0	汽车—20级	挂车—120	2010.07.01	
X714331124 大弓线	源口2#桥	松阳	沟 壑	108.08	100	20	5×20	0	9	0	汽车—20级	挂车—120	2010.07.01	
X314331125 百龙线	石塘桥	云和县石塘镇	瓯江水系	180	170	30	2×10+5×30	0	7	0	公路—Ⅱ级		1986.11.30	

续表20

单位：米

路线代码	桥梁名称	桥梁所在地点	跨越地物	桥梁全长	跨径总长	单孔最大跨径	桥梁跨径组合	桥高	桥面净宽	人行道宽	荷载标准		通车时间	变更时间
X304331125 小云线	枫树湾分离式立交桥	云和县云坛乡	高速公路	150.04	140	20	7×20	6.4	6.6	0	公路—Ⅱ级		2006.12.30	
X304331125 小云线	加弄湾分离式立交桥	云和县云坛乡	高速公路	112	100	20	5×20	10.8	6	0	公路—Ⅱ级		2006.12.30	
X304331125 小云线	云坛大桥	云和县云坛乡	高速公路	116	100	20	5×20	6.4	6	0	公路—Ⅱ级		2006.12.30	
Y311331125 紧赤线	紧水滩大　桥	云和	瓯江	225	200	40	4×40+2×20	0	3.5	0	公路—Ⅱ级	挂车—100	1980.12.30	
X407331126 后大线	东大桥	庆元	松源溪	118.6	118	23.6	5×23.6	2.6	9	1.5	汽车—20级		1996.11.01	2009
X421331126 祝会线	龙山大桥	庆元	松源溪	220	220	20	11×20	0	7.5	0	汽车—20级	挂车—100	2006.12.10	2009
X429331126 坝大线	坝头溪桥	庆元	坝头溪	59.94	40	40	1×40	10	7	0	汽车—20级	挂车—100	2009	
X802331127 溪杉线	标溪大桥	景宁	标溪坑	131.8	100	25	4×25	11.7	7	1	汽车—10级	履带—50	1986.10.11	
X802331127 溪杉线	沙湾大桥	景宁	沙湾坑	152	125	25	5×25	11.3	7	1	汽车—10级	履带—50	1987.08.11	
X802331127 溪杉线	交见圩桥	景宁	交见圩坑	70	50	50	1×50	13.5	6.2	1	汽车—10级	履带—50	1979.10.11	
X809331127 沙七线	沙湾二桥	景宁	沙湾河	132	100	25	4×25	12.7	7	2	汽车—10级	履带—50	2000.12.12	

续表 20

单位：米

路线代码	桥梁名称	桥梁所在地点	跨越地物	桥梁全长	跨径总长	单孔最大跨径	桥梁跨径组合	桥高	桥面净宽	人行道宽	荷载标准		通车时间	变更时间
其他线路桥梁														
C035331102	凤山前大桥	莲都	小安溪	192	180	22.50	8×22.5	0	4.5	0	公路—Ⅱ级	履带—50	1996.12.30	
C129331102	陈村桥	莲都	小安溪	128	108	12	9×12	0	4	0	公路—Ⅱ级	履带—50	2010.12.30	
C131331102	竹舟大桥	莲都	宣平溪	110	80	40	2×40	0	4.5	0	公路—Ⅱ级	履带—50	1999.12.01	
C156331102	北埠大桥	莲都	瓯江	196	180	30	6×30	0	4.5	0	公路—Ⅱ级	履带—50	1998.12.01	
C157331102	长潭口大桥	莲都	雅溪	80	40	40	1×40	0	4.5	0	公路—Ⅱ级	履带—50	2006.12.01	
C203331102	黄村水库桥	莲都	严溪	144	104	13	8×13	0	4	0	公路—Ⅱ级	履带—50	2000.12.30	
C224331102	下土夭桥	莲都	小安溪	175	160	20	8×20	0	4.5	0	公路—Ⅱ级	履带—50	1984.12.01	
C224331102	竹舟桥	莲都	小安溪	138.08	137.6	21.15	19.575+4×21.15+10.45+11.115+11.89	0	4.4	0	公路—Ⅱ级	履带—50	2010	
C016331181	水南坞大桥	龙泉	瓯江	150	150	22	6×22+1×18	0	3.5	0	公路—Ⅱ级	履带—50	2005.04.01	
C195331181	通苑桥	龙泉	无名小溪	64	40	40	1×40	0	4.8	0	公路—Ⅱ级	履带—50	1978.12.30	
C384331181	溪西桥	龙泉	瓯江	122	112	28	4×28	0	6.6	0	公路—Ⅱ级	履带—50	1978.04.01	

续表 20

单位:米

路线代码	桥梁名称	桥梁所在地点	跨越地物	桥梁全长	跨径总长	单孔最大跨径	桥梁跨径组合	桥高	桥面净宽	人行道宽	荷载标准		通车时间	变更时间
C399331181	竹舟桥	龙泉	龙泉溪	96	84	42	2×42	0	6	0	公路—Ⅱ级	履带—50	1978.04.01	
C436331181	武潭大桥	龙泉	瓯江	150	150	30	5×30	0	6.8	0	公路—Ⅱ级	履带—50	1998.11.02	
C085331121	徐岸桥	青田	河流	125	121	11	11×11	0	4	0	公路—Ⅱ级	履带—50	1983.03.31	
C125331121	通济桥	青田	河流	52	48	48	1×48	0	4	0	公路—Ⅱ级	履带—50	2008.12.30	
C188331121	石帆大桥	青田	瓯江	378	300	50	6×50	0	4	0	公路—Ⅱ级	履带—50	2005.06.30	
C245331121	仁宫大桥	青田	小溪	286	270	30	9×30	0	4	0	公路—Ⅱ级	履带—50	2008.12.30	
C016331122	周村下大桥	缙云	溪流	120	103.6	7.4	14×7.4	0	3.5	0	公路—Ⅱ级	汽车—80	1992.12.30	
C090331122	西岩桥	缙云	溪流	110	100	20	5×20	0	3.5	0	汽车—10级	挂车—80	1990.12.30	
C133331122	外孙一桥	缙云	溪流	118	114	9.5	12×9.5	0	4.5	0	汽车—10级	挂车—80	1989.12.30	
C136331122	下小溪大桥	缙云	溪流	136	110	22.00	5×22	0	4.5	0	汽车—10级	挂车—80	1999.12.30	
C140331122	姓姚桥	缙云	溪流	132	127.5	8.50	15×8.5	0	3.5	0	汽车—10级	挂车—80	1998.12.30	
C232331122	新缙大桥	缙云	溪流	120	108	18	6×18	0	4.5	0	汽车—10级	挂车—80	1976.12.03	

续表 20

单位：米

路线代码	桥梁名称	桥梁所在地点	跨越地物	桥梁全长	跨径总长	单孔最大跨径	桥梁跨径组合	桥高	桥面净宽	人行道宽	荷载标准		通车时间	变更时间
C232331122	盖竹大桥	缙云	溪流	130	108	18	6×18	0	4.5	0	汽车—10级	挂车—50	1976.03.31	
C393331122	靖岳桥	缙云	溪流	115	104	8	13×8	0	4.5	0	汽车—10级	挂车—80	1998.12.30	
C004331124	小槎桥	松阳	松阴溪	184	180	20	9×20	8.8	6	0	公路—Ⅱ级	履带—50	2010.11.11	
C024331124	风弄源桥	松阳	松阴溪	130	120	20	6×20	7.8	5	0	公路—Ⅱ级	履带—50	2007.12.01	
C025331124	合溪桥	松阳	松阴溪	200	180	20	9×20	7	5	0	公路—Ⅱ级	履带—50	2007.12.01	
C070331124	吕潭桥	松阳	松阴溪	128	120	20	6×20	7.5	5	0	公路—Ⅱ级	履带—50	2006.12.01	
C076331124	南坑源一桥	松阳	松阴溪	192	180	20	9×20	7	5	0	公路—Ⅱ级	履带—50	2008.12.01	
C081331124	象溪二村桥	松阳	松阴溪	210	200	20	10×20	7	5	0	公路—Ⅱ级	履带—50	2007.12.01	
C082331124	塔背桥	松阳	松阴溪	150	140	20	7×20	7	5	0	公路—Ⅱ级	履带—50	2006.12.01	
C094331124	大石桥	松阳	松阴溪	118	100	25	4×25	4.5	7	0	公路—Ⅱ级	挂车—60	1994.10	
C113331124	南岩桥	松阳	松阴溪	134	120	40	3×40	7	6	0	公路—Ⅱ级	履带—50	1992.12.01	
C035331125	石浦大桥	云和	石塘水库	137	120	20	6×20	0	8	0	公路—Ⅱ级	履带—50	2000.12.30	

续表 20

单位:米

路线代码	桥梁名称	桥梁所在地点	跨越地物	桥梁全长	跨径总长	单孔最大跨径	桥梁跨径组合	桥高	桥面净宽	人行道宽	荷载标准		通车时间	变更时间
C051331125	规溪大桥	云和	玉溪水库	192	180	20	9×20	0	7.5	0	公路—Ⅱ级	履带—50	1996.12.30	
C057331125	北溪大桥	云和	石塘水库	248	240	30	8×30	0	6.5	0	公路—Ⅱ级	履带—50	2010.12.30	
C016331126	五都桥	庆元	松源溪	147	140	28	5×28	0	4.5	0	公路—Ⅱ级	其他	1990.12.30	
C052331126	下吴桥	庆元	松源溪	120	114	19	6×19	0	4.5	0	汽车—10级	其他	1980.12.30	
C120331127	伏叶大桥	景宁	小溪	127	120	20	6×20	0	6	0.5	公路—Ⅱ级	履带—50	2008.12.13	
C121331127	大均大桥	景宁	小溪	163	160	20	8×20	0	6	0	公路—Ⅱ级	挂车—100	2005.12.10	
C132331127	梧桐大桥	景宁	小溪	183	175	25	7×25	0	6	0	公路—Ⅱ级	挂车—100	2001.03.17	
C157331127	岭尾桥	景宁	家地溪	51	41	41	1×41	0	5	0	公路—Ⅱ级	挂车—100	2008.12.01	

表 21

2010 年丽水市公路桥梁分县统计表

单位	桥梁												其中危桥	
	总计		互通立交		特大桥		大桥		中桥		小桥			
	座	米	座	米	座	米	座	米	座	米	座	米	座	米
合计	2886	179479.9	21	1259.27	14	42082.23	290	69671.18	554	32763.65	2007	33703.57	16	692.9
莲都区	424	25961	17	518.23	1	1063.23	64	15317.18	80	4686.73	262	4375.63		0
龙泉市	369	13415.8		0		0	24	3704.1	87	5137.6	258	4574.1	2	138.6
青田县	313	61313.74		0	12	39639	44	15188.92	60	3550.84	197	2934.98		0
缙云县	432	17262.34	2	609.04		0	38	7557.12	56	3759.54	336	5336.64		0
遂昌县	383	15063.19		0		0	30	4623	97	5674.64	256	4765.55	4	167
松阳县	382	16700.88		0		0	34	8213.32	64	3728.42	284	4759.14	7	351.5
云和县	205	19035.43	2	132	1	1380	40	12713.6	46	2687.3	116	2122.53	3	35.8
庆元县	240	6208.82		0		0	7	1004.14	33	1937.08	200	3267.6		0
景宁畲族自治县	138	4518.7		0		0	9	1349.8	31	1601.5	98	1567.4		0

表 22

2013 年年底云景、龙庆高速公路桥梁简况一览表

桥名	所在地	方向	起点桩号	长度(米)	桥梁宽(米)	桥下净高(米)	汽车荷载	级别	通车时间	备注
云景高速公路桥梁										
芝畈大桥	云和县境	上行	K0+743.00	658	2×12		公路Ⅰ级	大桥	2013.4.10	
		下行	K0+742.50	739	2×12		公路Ⅰ级	大桥	2013.4.10	
芝畈 2 号桥	云和县境	上行	K1+555.00	86	2×12		公路Ⅰ级	中桥	2013.4.10	
		下行	K1+532.00	136	2×12		公路Ⅰ级	大桥	2013.4.10	
桶降背 1 号桥	景宁县境	上行	K8+990.20	129.5	2×12		公路Ⅰ级	大桥	2013.4.10	
		下行	K8+890.50	613.5	2×12		公路Ⅰ级	大桥	2013.4.10	
桶降背 2 号桥	景宁县境	上行	K9+146.50	317	2×12		公路Ⅰ级	大桥	2013.4.10	
		下行	K9+419.75	460.5	2×12		公路Ⅰ级	大桥	2013.4.10	
桶降背 3 号桥	景宁县境	上行	K9+597.75	404.5	2×12		公路Ⅰ级	大桥	2013.4.10	
溪口大桥	景宁县境	上行	K11+212.50	907	2×12		公路Ⅰ级	大桥	2013.4.10	
		下行	K11+234.50	907	2×12		公路Ⅰ级	大桥	2013.4.10	
互通匝道桥				65.5			公路Ⅰ级	中桥	2013.4.10	
合计				5423.5				7 座		
龙庆高速公路主线大桥										
大猫亭分离立交桥	龙泉市境	下行	K2715+175.74	104.92	12.5	8.6	公路Ⅰ级	大桥	2013.6.25	
		上行	K2715+175.74	104.92	12.5	8.6	公路Ⅰ级	大桥	2013.6.25	
公园路分离立交桥	龙泉市境	下行	K2715+385.74	144.92	12.5	13.3	公路Ⅰ级	大桥	2013.6.25	
		上行	K2715+385.74	144.92	12.5	13.3	公路Ⅰ级	大桥	2013.6.25	
龙泉互通主线 2# 桥	龙泉市境	下行	K2716+165.9	479.92	12.5	30	公路Ⅰ级	大桥	2013.6.25	
		上行	K2716+165.9	479.92	12.5	30	公路Ⅰ级	大桥	2013.6.25	

续表 22

续表 1

桥名	所在地	方向	起点桩号	长度(米)	桥梁宽(米)	桥下净高(米)	汽车荷载	级别	通车时间	备注
外村大桥	龙泉市境	下行	K2717+137.6	395.92	12.5	23.6	公路Ⅰ级	大桥	2013.6.25	
		上行	K2717+138.6	395.92	12.5	23.6	公路Ⅰ级	大桥	2013.6.25	
蜜蜂岭分离立交桥	龙泉市境	下行	K2718+914.8	154.92	12.5	23.2	公路Ⅰ级	大桥	2013.6.25	
		上行	K2718+914.8	154.92	12.5	23.2	公路Ⅰ级	大桥	2013.6.25	
龙泉服务区主线桥	龙泉市境	下行	K2719+980.8	335.92	12.5	22.9	公路Ⅰ级	大桥	2013.6.25	
		上行	K2719+980.8	365.92	12.5	22.9	公路Ⅰ级	大桥	2013.6.25	
豫章溪大桥	龙泉市境	下行	K2722+265.3	426.92	12.5	16.1	公路Ⅰ级	大桥	2013.6.25	
		上行	K2722+265.3	426.92	12.5	16.1	公路Ⅰ级	大桥	2013.6.25	
豫章口大桥	龙泉市境	下行	K2723+003	124.92	12.5	10.4	公路Ⅰ级	大桥	2013.6.25	
		上行	K2723+003	124.92	12.5	10.4	公路Ⅰ级	大桥	2013.6.25	
坑口大桥	龙泉市境	下行	K2725+254	289.92	12.5	11.9	公路Ⅰ级	大桥	2013.6.25	
		上行	K2725+224.8	326.92	12.5	11.9	公路Ⅰ级	大桥	2013.6.25	
李家圩大桥	龙泉市境	下行	K2725+798	426.42	12.5	18.2	公路Ⅰ级	大桥	2013.6.25	
		上行	K2725+802	427.42	12.5	18.2	公路Ⅰ级	大桥	2013.6.25	
安吉村大桥	龙泉市境	下行	K2727+047.4	304.92	12.5	10.5	公路Ⅰ级	大桥	2013.6.25	
		上行	K2727+047.4	304.92	12.5	10.5	公路Ⅰ级	大桥	2013.6.25	
河川畈大桥	龙泉市境	下行	K2728+019	406.42	12.5	13.5	公路Ⅰ级	大桥	2013.6.25	
		上行	K2728+019	406.42	12.5	13.5	公路Ⅰ级	大桥	2013.6.25	
油车后大桥	龙泉市境	下行	K2731+865.1	321.92	12.5	33.7	公路Ⅰ级	大桥	2013.6.25	
		上行	K2731+815.7	356.92	12.5	33.7	公路Ⅰ级	大桥	2013.6.25	
黄家林大桥	龙泉市境	下行	K2734+425.3	286.12	12.5	19.6	公路Ⅰ级	大桥	2013.6.25	
		上行	K2734+425.3	253.92	12.5	19.6	公路Ⅰ级	大桥	2013.6.25	

续表 22

桥名	所在地	方向	起点桩号	长度(米)	桥梁宽(米)	桥下净高(米)	汽车荷载	级别	通车时间	备注
南窑溪大桥	龙泉市境	下行	K2737+854	129.92	12.5	12.3	公路Ⅰ级	大桥	2013.6.25	
		上行	K2737+807.8	154.92	12.5	12.3	公路Ⅰ级	大桥	2013.6.25	
溪口大桥	龙泉市境	下行	K2738+555.4	154.92	12.5	9.3	公路Ⅰ级	大桥	2013.6.25	
		上行	K2738+558.4	154.92	12.5	9.3	公路Ⅰ级	大桥	2013.6.25	
下芋村大桥	龙泉市境	下行	K2738+913.7	305	12.5	9.3	公路Ⅰ级	大桥	2013.6.25	
		上行	K2738+914.7	305	12.5	9.3	公路Ⅰ级	大桥	2013.6.25	
查田互通主线桥	龙泉市境	下行	K2740+224.7	179.92	12.5	16.2	公路Ⅰ级	大桥	2013.6.25	
		上行	K2740+220.7	179.92	12.5	16.2	公路Ⅰ级	大桥	2013.6.25	
查田大桥	龙泉市境	下行	K2740+732	562.92	12.5	15.1	公路Ⅰ级	大桥	2013.6.25	
		上行	K2740+708.2	562.92	12.5	15.1	公路Ⅰ级	大桥	2013.6.25	
小梅岭大桥	龙泉市境	下行	K2744+809.3	104.92	12.5	12.6	公路Ⅰ级	大桥	2013.6.25	
		上行	K2744+800	104.92	12.5	12.6	公路Ⅰ级	大桥	2013.6.25	
小梅溪大桥	龙泉市境	下行	K2746+407.7	229.42	12.5	15.3	公路Ⅰ级	大桥	2013.6.25	
		上行	K2746+444.7	229.42	12.5	15.3	公路Ⅰ级	大桥	2013.6.25	
曹岭分离式立交桥	庆元县境	下行	K2749+112.8	104.92	12.5	9.2	公路Ⅰ级	大桥	2013.6.25	
		上行	K2749+232.3	104.92	12.5	9.2	公路Ⅰ级	大桥	2013.6.25	
观音堂大桥	庆元县境	下行	K2749+539.04	575.92	12.5	17.6	公路Ⅰ级	大桥	2013.6.25	
		上行	K2749+539.04	665.92	12.5	17.6	公路Ⅰ级	大桥	2013.6.25	
金锥1号桥	庆元县境	下行	K2756+926.5	205.92	12.5	20.3	公路Ⅰ级	大桥	2013.6.25	
		上行	K2756+904.9	229.92	12.5	20.3	公路Ⅰ级	大桥	2013.6.25	
金锥2号桥	庆元县境	下行	K2757+469	329.92	12.5	22.3	公路Ⅰ级	大桥	2013.6.25	
		上行	K2757+492.5	304.92	12.5	22.3	公路Ⅰ级	大桥	2013.6.25	

续表 22

桥名	所在地	方向	起点桩号	长度(米)	桥梁宽(米)	桥下净高(米)	汽车荷载	级别	通车时间	备注
大泽1号分离式立交桥	庆元县境	下行	K2757+912.2	153.32	12.5	19.4	公路Ⅰ级	大桥	2013.6.25	
		上行	K2757+921.2	153.32	12.5	19.4	公路Ⅰ级	大桥	2013.6.25	
大泽2号分离式立交桥	庆元县境	下行	K2758+399	315	12.5	23.2	公路Ⅰ级	大桥	2013.6.25	
		上行	K2758+393.3	210	12.5	23.2	公路Ⅰ级	大桥	2013.6.25	
竹口大桥	庆元县境	下行	K2762+210.5	300	12.5	13.4	公路Ⅰ级	大桥	2013.6.25	
		上行	K2762+208.3	300	12.5	13.4	公路Ⅰ级	大桥	2013.6.25	
平岭岗大桥	庆元县境	下行	K2764+053.5	280	12.5	31.7	公路Ⅰ级	大桥	2013.6.25	
		上行	K2764+053.5	280	12.5	31.7	公路Ⅰ级	大桥	2013.6.25	
良秋大桥	庆元县境	下行	K2766+249	140	12.5	10.6	公路Ⅰ级	大桥	2013.6.25	
		上行	K2766+256.8	140	12.5	10.6	公路Ⅰ级	大桥	2013.6.25	
黄坛大桥	庆元县境	下行	K2767+640.2	300	12.5	14.5	公路Ⅰ级	大桥	2013.6.25	
		上行	K2767+554	300	12.5	14.5	公路Ⅰ级	大桥	2013.6.25	
新窑大桥	庆元县境	下行	K2768+362.5	390	12.5	20.3	公路Ⅰ级	大桥	2013.6.25	
		上行	K2768+377.5	300	12.5	20.3	公路Ⅰ级	大桥	2013.6.25	
合计	32座		17632.16							

说明:龙庆高速公路除表中所示主线有大桥32座、17632.16米(双线64条计),尚有匝道大桥4座、811.34米(双线5条计),主线中桥10座、1164.62米(双线20条计),匝道中桥5座、328.36米,匝道小桥2座、32米(双线4条计),主线小桥4座、68米(双线8条计)。总计有桥梁106座、20036.48米

第二节 民间桥梁

中华人民共和国成立以后，特别是中共十一届三中全会以后，经济迅速发展，农村集体财力不断充裕，群众自愿筹资，并在有关部门的资助下，开始建造钢筋混凝土永久桥梁，至1990年12月底，全地区有现存民间桥梁3044座。

2002年7月17日，丽水市人民政府出台《丽水市渡口安全管理办法》，加快撤渡建桥工作。从1991—2010年底，全市新建民间桥梁1886座，至2010年底，全市有民间桥梁4930座。现择记各县(市、区)较长或具特色民间桥梁2至3座，余以数字列表。

龙泉市

腾龙桥　位于住龙镇住溪村，跨住溪。建于1995年。3孔石拱桥，净跨20米，桥长92延米，宽9米，高11米。

飞龙桥　位于城北乡陂川村。建于1997年。木梁屋桥，单孔，净跨15米，桥长20米，宽5米，高10米，仿古代廊桥艺术建造的当代木梁廊屋桥。

宜石大桥　位于兰巨乡梅垟村。建于2004年。4孔不等跨双曲拱桥，长170.8米，桥面宽4米，高6米。民间筹资建造，造价100万元。

青田县

冯垟大桥　位于仁庄镇冯垟村。1998年建造。耗资70万元。桥长140米，桥面宽5米，高6米，4孔，净跨120米。混凝土结构。

坑根石拱桥　位于章村乡黄寮村。2000年造。长20米，宽5米，高6米，单孔，跨长10米，石砌拱桥。

岭祯大桥　位于祯埠乡祯埠村。2006年12月造。长190米，桥面宽8米，桥高5米，9孔，单孔跨径20米，钢筋混凝土结构。

缙云县

洋山二桥　位于缙云县洋山工业区通往外靖线公路，横跨新建溪。11孔条石钢筋架水泥平桥，长88米，宽10米，桥面宽7米，两边人行道各1.5米。1996年动工，1998年建成。投资64万元。

丁步滩桥　位于缙云县交雅村东，属钱塘江水系新建溪桥梁，通往隔溪畈至凝碧村。3孔钢筋混凝土平板桥，长32米，宽3.5米，高3米。2008年建成。耗资20万元。

遂昌县

万石桥　清乾隆四十年(1775)，里人黄姓和尹时美等募银3000两，历时4年建成。原桥位于大柘镇横街村，跨柘溪。桥长56米、3孔，系石墩木梁廊屋桥。两座石墩内藏有铁大刀、铁公鸡以使其坚固,硬木梁上铺小松木串成板,再覆以黄泥夹小卵石,路中心铺3行石条,其中并用卵石排成八字形密铺,故称“万石桥”。因其建筑特殊,被《浙江古代道路交通史》收录,惜于1973年为洪水冲塌。

1976年,当地政府集资,县交通局补助,改建成石拱桥,桥长40米,宽4米,2孔,跨径15米。2005年,由里人王宏宇等人发起募捐,在桥上部建筑廊屋,以恢复旧观。

柳村桥 原桥位于石练镇柳村,跨练溪。桥长52米,宽4.5米,3孔,跨径15米,高3米,系钢筋混凝土双铰平板拱桥。县交通局补助2.63万元,其余为当地村集资,1978年10月建成。2004年8月受“云娜”台风影响为洪水冲毁。

2005年6月7日,由县公路勘察设计室设计,桥长60.04米,净宽12米,3孔,跨径16米,两侧设1.75米人行道,系预应力混凝土空心板桥。青石栏,桥两头各饰两只石狮。设计荷载汽—20、挂—100。2006年6月6日竣工。

排路铁索桥 位于龙洋乡西坑口村排路下,跨乌溪江。桥长105米、宽2.3米、高16米,系钢丝索人行桥。该桥主孔41米加两端接线台18米。上部结构采用粗18.5毫米5根钢丝索组成,上铺硬木板桥面,桥上两边挂拉粗11毫米各2根钢丝扶手索;下部结构采用钢筋混凝土桥台、墩柱及基础,耗资3万元,建成于2002年9月。此类钢丝索人行桥全县有3座,均在龙洋乡,形式、构造和造价俱相仿。

松阳县

碇步桥 1985年冬建成。位于岗寺乡(现古市镇)岗下村西,跨松阴溪分流灌溉农田的官圳河通黄圩村。桥长15.6米,桥面宽1.3米,桥高5米。全桥分6孔,每孔净跨2米,浆砌块石碇步(0.5米×1.3米×0.3米),利用原干砌块石水碓圳顶为桥基,均匀分布流水地段,碇步上覆以钢筋混凝土平板,以便人畜和手拉车通行。近年来几次特大洪水,溢满桥面最深处在20厘米左右,仍能涉水通行,桥面保持完好。

中弓桥 位于玉岩镇大岭脚村。2001年重修。桥长20米,宽3米,高4.5米,单孔,净跨4.5米,石拱。

云和县

霞晓桥桥 建于明代。位于云和镇霞晓桥村,跨云坛溪。原系木桥,长40余丈,桥面设楼栏亭阁,是通往处州府的官马要道。1956年坍圮。1985年,耗资1.3万元,移址原桥下方约100米处建钢筋混凝土板梁桥。1994年10月耗资2.1万元完成桥面改造。桥长65米,宽2.2米,高4米,7孔,净跨径8.6米,有栏杆。

下村桥 又名安溪桥。始建于清康熙年间。位于安溪乡下村村,跨安溪。系三节蛤蟆柱木桥,是云和通往景宁古道泗洲岭的控道。1981年国家补助0.3万元建成12米长的水泥桥面。1986年,国家补助0.4万元,村民集资0.04万元改建为石拱桥,长16.8米,宽2.6米,高4.3

米,2孔,净跨径7米,无护栏。2007年,县农业综合开发办公室投资13.62万元,改建成钢筋混凝土板梁桥。长25.92米,宽6.5米,高5.3米,2孔,净跨径11.5米,有护栏。

黄水碓桥 清同治时称“藏花桥”。位于云和镇黄水碓村口,跨安溪,木桥,后水毁。民国31年(1942)12月至32年(1943)9月,重建木桥。自民国33年(1944)至1965年8月19日,曾毁建数次。1972年改建成钢筋混凝土T梁桥,长61.2米,宽3.4米,高2.5米,5孔,净跨径12米,无栏杆,西侧桥面1.55米未建。1998年12月,耗资26.6万元进行桥面改建。现桥长61.2米,宽5.5米,高3米,5孔,净跨径12米,钢筋混凝土板梁结构,有栏杆。

庆元县

吾田头桥 位于淤上乡吾田头村,跨安溪,4孔石拱桥,全长83米,单孔最大跨径16米,宽5米。1991年3月建成通车。群众投工和新安江移民建设补助资金建造。

苦竹桥 1993年开工。位于淤上乡淤上村至吾田头村,跨安溪。水泥板梁桥,长34米,宽3米。由淤上村9队(新安江移民70人口)集资建造,材料费约3万元。

濛洲木拱廊桥 2006年11月30日动工。位于松源镇东部,横跨松源溪,南接横城北路和溪沿路,北连县道反墺线,是国内当时最长、跨度最大的仿古木拱廊桥,采用传统工艺建造,设两墩三跨,全长114.67米,净跨80.8米(中跨29.6米,边跨23.4米),桥宽5.4米。中部设三重檐歇山顶楼阁,桥两端桥墩设石拱门通溪沿路,形成桥路立交,石拱门上设重檐歇山顶桥亭,九檩四柱两面坡屋顶,廊屋39间。2008年8月31日竣工,投资953万元,其中社会各界捐款167万元。

庆元县城濛洲桥

景宁县

伏叶铁索桥 1997年建成。位于大均乡伏坑自然村,跨小溪。桥北端连接溪杉公路,南端即伏坑村。桥长126米,宽2.15米,桥高离水面约20米。不设桥墩,左右两条铁索,其两头固定在桥头钢筋混凝土墩台,桥面用木板横铺,离桥面1米有左右两条铁索供扶手。耗资40万元。

至2010年,全市有铁索桥10多座。

大均浮伞渡桥 2005年建成。位于大均乡大均村浮伞渡口,跨小溪。T型钢架桥,投资232万元。该桥建成,结束千百年来人们靠渡船渡河的历史。汽车可以行使到民族村、革命老区村。

表23

丽水市民间桥梁统计表

县(市、区)别	至古代~1990年底		至1991—2010年12月31日止(新建)		其中古桥(座)	备注
	总数(座)	总长(延米)	总数(座)	总长(延米)		
莲都	320	4799.7	138		古桥19座,浮桥1座,其中屋桥4座,铁索桥尚余1座	实施康庄工程后,各县均有一部分民间桥梁改为通村公路桥。铁索桥未记古桥内。至2010年底全市共有民间桥梁4930座。
龙泉	190	5342.13	121		古桥50座,其中木梁屋桥24座、石拱屋桥16座。铁索桥2座	
青田	249	5142.13	382		古桥81座,其中廊桥14座	
缙云	222	8350.52	295		10米以上古桥154座,其中石拱廊桥2座	
遂昌	453	10354.62	241		古桥171座,其中廊桥14座,铁索桥3座	
松阳	567	4795.3	151		古桥76座,其中廊桥28座	
云和	274	4633.05	112		古桥21座,其中廊桥1座	
庆元	400	7286.95	328		10米以上古桥132座,其中古廊桥96座	
景宁	369	8632.5	118		古桥96座,其中廊桥40座,铁索桥9座	
合计	3044	59336.9	1886		古桥801座,其中廊桥239座	

说明:石拱桥、石平桥取长10米(含10米)以上统计及10米以下属文物保护点列表

第三节 隧 道

隧道,是指在山体中、江河底下或地下开凿的通道,以便于行人、车辆通行,改善交通条件。

特长、长、中长、短隧道标准:特长隧道长于3000米,长隧道短于3000米、长于或等于1000米,中隧道短于1000米、长于或等于500米,短隧道短于500米。

1965年5月,缙云县修建五里牌木栗公路凿蛟坑隧道,为全省最早开凿的公路隧道。至1990年底,全区有竣工公路隧道8道,长1673米,机耕路隧道1道,长103米。

1991年以后,全区公路建设迅速发展,隧道开凿数量、长度均快速增加,新建公路遇山开凿隧道。原有公路拓改建,为改善公路质量,降低高差,裁弯取直,也开凿隧道,有些隧道不但降低公路高差一二百米,而且缩短里程几千米、至数十千米,拉近了丽水市区及有关县与兄弟市县及外省的距离,解决山高冬雪冰冻阻路,提高车辆通行能力。至2010年底,全市有公路隧道219道、145256.81延米,其中特长隧道2道、7532延米,长隧道52道、85167延米,中隧道36道、24746.5延米,短隧道129道、27811.31延米。现择特长、长隧道记述如下,余则列表以记。

高速公路特长、长隧道

温丽高速公路隧道

温溪隧道 位于青田县温溪镇境内。2003年4月30日动工。左线(右线为中隧道)长1188.5米,净宽7.5米,人行道宽2×0.5米,净高5米,沥青混凝土路面,全部照明,机械通风。2005年12月24日通车。

风门亭隧道 位于青田县鹤城镇境内。2003年4月10日动工。右线长1253米,左线长1504米,净宽均7.5米,人行道宽2×0.5米,净高5米,沥青混凝土路面,全部照明,机械通风。2005年12月24日通车。

鹤城隧道 位于青田县鹤城镇境内。2003年5月14日动工。右线长2380米,左线长2550米,净宽均7.5米,两侧人行道宽2×0.5米,净高5米,沥青混凝土路面,全部照明,机械通风。2005年12月24日通车。

石溪隧道 位于青田县石溪乡境内。2003年5月1日动工。右线长1548米,左线长1495米,净宽均7.5米,人行道宽2×0.5米,净高5米。沥青混凝土路面,全部照明,机械通风。2005年12月24日通车。

东岙隧道 位于青田县石溪乡境内。2003年6月30日动工。右线长1567米,左线长1553

说明:高健公路、国、省道长隧道自线路起点接序论述米，净宽均 7.5 米，人行道宽 2×0.5 米，净高 5 米。沥青混凝土路面，全部照明，机械通风。2005 年 12 月 24 日通车。

阳山隧道 位于青田县境内。2003 年 3 月 9 日动工。右线长 3790 米，左线长 3742 米，净宽均 15 米，人行道 2×1 米，净高 5 米，沥青混凝土路面，全部照明，机械通风。2005 年 12 月 24 日通车。

大梁山隧道 位于莲都区境内。2003 年 5 月 22 日动工。右线长 2066 米，左线长 2057.5 米，净宽均 10 米，人行道宽 2×0.5 米，净高 5 米，沥青混凝土路面，全部照明，机械通风。2005 年 12 月 19 日通车。

长深线丽水段隧道

牛廷岭隧道 位于长深线金丽段缙云县境内。2000 年 1 月 27 日动工。长 1507 米，净宽 10 米，人行道宽 2×0.75 米，净高 5 米。水泥混凝土路面，全部照明，自然通风。2002 年 12 月 28 日通车。

马岭头隧道 位于云和县石塘镇。2001 年 7 月开工。右线长 1875 米，左线长 1848 米，隧道净宽均 8 米，人行道宽 2×0.75 米，净高 6.72 米，复合式路面结构，2004 年 12 月 1 日通车。

朱岭头隧道 位于云和县小顺。2001 年 6 月开工。右线长 2256 米，左线长 2297 米，宽均 8 米，人行道 2×0.75 米，净高 6.72 米，复合式路面结构，2004 年 12 月 1 日通车。

庵基头隧道 位于云和县境内。2005 年 9 月开工。右线长 1645 米，左线长 1659 米，净宽 8 米，人行道宽 2×0.75 米，净高 6.72 米。沥青混凝土路面，2006 年 12 月 30 日通车。

赤石岭隧道 位于云和县后山。2004 年 6 月开工。右线长 2781 米，左线长 2784 米，净高 6.72 米，净宽 8 米，人行道宽 2×0.75 米，行车道宽 2×3.75 米，高 5 米，检修道宽 0.75 米，高 2.5 米。分离式隧道，复合式路面结构，2006 年 12 月 30 日通车。

碗窑岭隧道 位于云和县临海垟。2003 年 6 月开工。右线长 1396 米，左线长 1340 米，净宽 8 米，人行道宽 2×0.75 米，净高 6.72 米。沥青混凝土路面，2006 年 12 月 30 日通车。

黄岗隧道 位于云和县垟田。2004 年 9 月开工。右线长 1995 米，左线长 2078 米，净宽 8 米，人行道宽 2×0.75 米，净高 6.72 米。沥青混凝土路面，2006 年 12 月 30 日通车。

严山岭隧道 位于龙泉市境内。2003 年 12 月 22 日开工。右线长 2285 米，左线长 2275 米，隧道净宽均 8 米，人行道宽 2×0.75 米，净高 5.5 米。水泥混凝土路面，全部照明，自然通风。2006 年 12 月 30 日通车。

五贤门隧道 位于龙泉市境内。右线长 1240 米，左线长 1144 米，净宽均 8 米，人行道宽 2×0.75 米，净高 5.5 米，水泥混凝土路面，全部照明，机械通风。2006 年 12 月 30 日通车。

枣槐岭 1# 隧道右线 位于龙泉市境内。2002 年 4 月 2 日开工。长 1045 米，净宽 8 米，人行道宽 2×0.75 米，净高 5.5 米，水泥混凝土路面，全部照明，自然通风。2006 年 12 月 30 日通车。

塔石岭隧道 位于龙泉市境内。2003年1月19日开工。右线长1105米,左线长1070米,净宽均8米,人行道宽2×0.75米,净高5.5米,水泥混凝土路面,全部照明,机械通风。2006年12月30日通车。

S33龙丽高速公路隧道

青云岭隧道 位于遂昌县新路湾镇。2003年3月6日动工。右线长2130米,左线长2180米,行车道宽2×3.75米,人行道宽2×0.5米,净高6.85米。沥青混凝土路面,全部照明,机械通风。2005年12月1日通车。

东田隧道 位于松阳县西屏镇境内。2003年7月19日动工。右线长1240米,左线长1245米,净宽均9.6米,人行道宽2×0.5米,净高6.8米,沥青混凝土路面,全部照明,射流式通风。2006年12月30日通车。

国、省道长隧道

330国道隧道

余岭隧道 位于莲都区境内。1996年9月开工。长1203米,净宽11米,人行道宽2×1米,净高4.94米。水泥混凝土路面,全部照明,自然通风。1997年8月19日竣工,同年12月12日通车。

大湾山隧道 位于莲都区境内。1996年9月开工。长1610.1米,净宽11米,人行道宽2×1米,净高5.32米。水泥混凝土路面,全部照明,自然通风,1997年12月12日通车。

桃花岭隧道 位于莲都区境内。1996年9月开工。长1415米,净宽11米,人行道宽2×1米,净高5.32米。水泥混凝土路面,全部照明,自然通风。1997年11月竣工,同年12月12日通车。

S220(44)省道上松线隧道

寨头岭隧道 位于松阳县境内。1997年3月18日开工。全长2343米,宽10.5米。高5米,水泥混凝土路面,灯光照明,机械通风。1999年12月20日通过了省交通厅工程质量监督站交工质量鉴定。

S228(52)省道云寿线隧道

岚头岭隧道 位于云和县和景宁县交界处。1992年6月景宁段开工。全长1062米,其中云和段430米,景宁段632米,由云和、景宁两县对所辖地段进行施工。隧道净高5米,净宽7米+2×0.75米,按山岭重丘三级公路标准改建,设计时速30千米。总投资1829.51万元(不含世界银行贷款665.7万元的利息)。1994年10月17日,在景宁畲族自治县成立10周年时举行通车典礼。

马岭头隧道 位于景宁县境内。1997年1月动工。长1200米,净宽8.5米,人行道宽2×0.75米,净高5米。水泥混凝土路面,全部照明,机械通风,1998年9月竣工,2000年10月10

日通车。

张山岙隧道　位于景宁县境内。2000 年 12 月动工。长 1333 米，宽 8.5 米，人行道宽 2×0.75 米，净高 5 米。水泥混凝土路面，全部照明，机械通风。2002 年 11 月竣工，2005 年 3 月通车。

龙井隧道　位于景宁、泰顺两县交界境内。2001 年 4 月动工。长 1910 米（景宁段 1065 米），净宽 8.5 米，人行道宽 2×0.75 米，净高 5 米。水泥混凝土路面，全部照明，机械通风。2002 年 8 月竣工。

S328(53)省道丽浦线隧道

赤石岭隧道　位于云和县境内。1990 年 3 月动工。长 1239.8 米，行车道宽 7.5 米，为 0.4% 双向人字坡，人行道宽 2×0.75 米，净高 6.31 米。水泥混凝土路面，洞内采用高压钠灯照明，自然通风。1991 年 12 月竣工，1992 年 5 月 3 日通车。该隧道投入使用，缩短该路段行车里程 4.5 千米。

严山岭隧道　位于龙泉县安仁乡(镇)境内。1983 年 7 月动工。长 1037 米，宽 8.5 米，净高 6.2 米，灯光照明，覆被 30~60 米，衬砌采用现浇施工，水泥混凝土路面，进出洞光差处理，洞口浇筑水泥混凝土拱架，覆盖绿色玻璃钢瓦，自然减光。1985 年 10 月 11 日通车。总投资 259 万元。

坑岭底隧道　位于龙泉市础石乡境内。2005 年 5 月动工，长 1323 米，宽 10.5 米，人行道宽 2×0.75 米，净高 5 米。水泥混凝土路面，全部照明，自然通风。2006 年 11 月竣工，12 月 31 日通车。总投资 3601 万元。

S329(55)省道菊寿线隧道

翔龙隧道(龙山隧道)　位于庆元县城松源镇岙坞村。2003 年 9 月 1 日动工。长 1325 米，宽 10.5 米，高 5 米，人行道宽 2×0.75 米，按二级公路标准建设，水泥混凝土路面。全线照明，自然通风。2007 年 4 月 27 日竣工通车。投资 3738 万元。

S230(57)省道青岱线隧道

石郭岭隧道　位于青田县鹤城镇。1999 年 1 月 20 日开工。长 1179 米，宽 12 米(车行道 9 米，人行道 2×1.5 米)，净高 7.36 米，水泥混凝土路面，全部照明，自然通风。2000 年 12 月 30 日通车。总投资 7716 万元。

石郭岭隧道

县乡村道长隧道

飞石岭隧道　位于遂昌县石练镇，石练—王村口公路通过。2001 年 7 月动工。长 1435 米，宽 10.5 米(含人行道)，高 5 米。2005 年 11 月 30 日通车。

十八欠隧道 位于青田和景宁鹤口交界处，县道青景庆复建公路通过。2005年开工。全长1101米，其中景宁境内长530米，青田境内长571米，净宽8.5米(人行道0.75米×2)、净高5米，高压纳灯照明，自然通风。2007年建成。造价783.76万元。

天堂隧道 位于景宁县九龙乡炉西坑、大顺境内，县道青景庆复建公路通过。2006年11月动工。全长1352米，净宽8.5米(人行道0.75米×2)，净高5米。高压钠灯照明，自然通风。2007年4月建成通车。造价2376.6万元。

叶公六呑隧道 位于景宁县鹤溪镇严坑村坑头自然村，村道三枝树—严村公路通过，长1103米，净宽3.7米，净高3.5米，村民集资建造，自然通风，无照明设施。1998年10月动工，2003年12月建成，为当时浙江省村道第一长隧道。

表24 **2010年12月丽水市公路特长隧道、长隧道统计表**

	路线名称	隧道总数(座)	隧道总长(米)	备 注
特长隧道				
G1513	温丽高速	2(左、右线)	7532	
长隧道				
G25	长深高速	20(左、右线)	36049	
G1513	温丽高速	11(左、右线)	19162	
S33	龙丽高速	4(左、右线)	6795	
国 道				
G330	温寿线	3	4228.1	
省 道				
S220	上松线	1	2343	
S228	云寿线	4	5505	
S230	青岱线	1	1179	
S328	丽浦线	3	3599.8	
S329	菊寿线	1	1325	
县乡道				
遂昌县	石练—王村口	1	1435	飞石岭隧道
景宁县	三枝树—严村	1	1103	叶公六呑隧道
景宁县	青景庆公路	2	2453	

说明：高速公路特长隧道、长隧道均经高速公路管理部门核实；国省道长隧道以公路管理部门统计资料为准

中隧道、短隧道

至2010年底，全市有公路中隧道36道、24746.5米；短隧道129道、27811.31米。

表 25 **2010 年 12 月丽水市公路中隧道基本情况表** 单位:米

路线代码	路线名称	隧道名称	隧道所在地点	隧道长度	隧道净宽	隧道净高	通车时间
G25	长深高速	双港桥隧道	缙云	964	9	5	2002.11.19
G25	长深高速	独山隧道左线	云和	584	8	6.72	2006.12.30
G25	长深高速	独山隧道右线	云和	584	8	6.72	2006.12.30
G25	长深高速	黄林源隧道左线	龙泉	620	20	5.5	2006.12.12
G25	长深高速	黄林源隧道右线	龙泉	605	20	5.5	2006.12.12
G25	长深高速	枣槐岭 1# 隧道左线	龙泉	990	20	5.5	2006.12.12
G25	长深高速	章田岭隧道左线	龙泉	610	20	5.5	2006.12.12
G25	长深高速	章田岭隧道右线	龙泉	620	20	5.5	2006.12.12
G1513	温丽高速	温溪隧道(右)	青田	630	7.5	5	2005.12.24
G1513	温丽高速	剑石隧道(左)	青田	556	7.5	5	2005.12.24
G1513	温丽高速	雷石隧道(左)	青田	550	7.5	5	2005.12.24
G1513	温丽高速	雷石隧道(右)	青田	540	7.5	5	2005.12.24
G1513	温丽高速	大洋隧道(左)	青田	640	7.5	5	2005.12.24
G1513	温丽高速	大洋隧道(右)	青田	630	7.5	5	2005.12.24
G1513	温丽高速	船寮 2 号隧道(左)	青田	528	7.5	5	2005.12.24
G1513	温丽高速	船寮 2 号隧道(右)	青田	537	7.5	5	2005.12.24
G1513	温丽高速	船寮 1 号隧道(左)	青田	857	7.5	5	2005.12.24
G1513	温丽高速	船寮 1 号隧道(右)	青田	832.6	7.5	5	2005.12.24
S33	龙丽高速	章坑岭隧道右线	松阳	795	19.6	6.8	2006.12.30
S33	龙丽高速	夹坑隧道左线	松阳	588	19.6	6.8	2006.12.30
S33	龙丽高速	夹坑隧道右线	松阳	705	19.6	6.8	2006.12.30
S33	龙丽高速	靖居口隧道左线	松阳	600	19.6	6.8	2006.12.30
S33	龙丽高速	靖居口隧道右线	松阳	627	19.6	6.8	2006.12.30
S222330000	龙丽线	洋条隧道	遂昌	638	8.5	5.1	1991.12.31
S328330000	丽浦线	西山隧道	龙泉	900	9	5	2000.12.30
S229330000	龙后线	下堡岭隧道	龙泉	510	9	5	2007.12.31
S229330000	龙后线	马蹄岙隧道	庆元	778	8.5	5	1996.08.07
S329330000	菊寿线	菊隆隧道	庆元	580	10	5	2007
S333330000	六东线	冷水隧道	莲都	693.1	11	5	1995.01.15
X218331121	六东线支线	平阳隧道	青田	888	11.5	5	2009.12.30
X429331126	坝大线	庆寿隧道	庆元	692.8	8.5	5	2009
X603331123	三墩桥—石示下	西岭隧道	遂昌	769	8.5	5	1997.12.30
C106331181	溪下—小岩	小岩隧道	龙泉	800	3.5	4.5	2008
C126331181	大坝—下乾	下乾隧道	龙泉	800	4	4	2008.12
C281331181	53 省道 K 141.7—际下	际下隧道	龙泉	605	3.5	4.5	2005.12.30
C515331122	安岭—双坑	安郑隧道	缙云	900	4	4.5	1990.01.01

2010年12月丽水市公路隧道、涵洞分县统计情况一览表

表26

单位	总计				按隧道长度分类								涵洞
			水下隧道		特长隧道		长隧道		中隧道		短隧道		
	座	延米	座	延米	座	延米	座	延米	座	延米	座	延米	道
丽水市合计	219	145256.81			2	7532	52	85167	36	24746.51	129	27811.31	42498
市辖区	39	12703.4		0		0	3	4228.2	1	693.1	35	7782.1	1310
莲都区	5	4318.5		0		0	2	4123.5		0	3	195	3415
龙泉市	35	23148.8		0		0	9	12938	10	7060	16	3150.8	7294
青田县	41	36584.31		0	2	7532	10	16217.5	11	7188.6	18	5646.21	4095
缙云县	28	7147.8		0		0	1	1507	2	1864	25	3776.8	430
遂昌县	16	9343.8					3	5745	2	1407	11	2191.8	6404
松阳县	15	9824		0		0	3	4828	5	3315	7	1681	5039
云和县	24	28512.6				0	13	25193.8	2	1168	9	2150.8	4061
庆元县	7	4129.8		0		0	1	1325	3	2050.8	3	754	6356
景宁县	9	9543.8		0		0	7	9061		0	2	482.8	4094

说明：长隧道左右线均统计在内，长度以高速公路管理处核实为准。景宁县境内长隧道包括一座村道长隧道

表 27

云景、龙庆高速公路隧道简况

隧道名称	所在地	隧道形式	方向	起点桩号	全长(米)	净宽(米)	检修道宽(米)	高(米)	路面结构	通车时间
云景高速公路隧道(编号 S34)										
泗州岭	跨云和、景宁县界	分离式	上行	K1+925	6780	7.5	0.75×2	5	沥青混凝土路面	2013.4.10
			下行	K1+915	6760	7.5	0.75×2	5	沥青混凝土路面	2013.4.10
溪口隧道	景宁境内	分离式	上行	K10+002	1228	7.5	0.75×2	5	沥青混凝土路面	2013.4.10
			下行	K10+100	1205	7.5	0.75×2	5	沥青混凝土路面	2013.4.10
合计	2 座 4 洞				15948					
龙庆高速公路隧道(编号 G25)										
隧道名称	所在地	隧道形式	方向	起点桩号	全长(米)	隧道全宽(米)	检修道宽(米)	高	路面结构	通车时间
富坞隧道	龙泉境内	分离式	上行	K2717+981	420	11.12		5	沥青混凝土路面	2013.6.25
			下行	K2717+981	420	11.12		5	沥青混凝土路面	2013.6.25
李家圩隧道	龙泉境内	分离式	上行	K2726+285	350	11.12		5	沥青混凝土路面	2013.6.25
			下行	K2726+285	350	11.12		5	沥青混凝土路面	2013.6.25
河川门隧道	龙泉境内	分离式	上行	K2727+399	217	11.12		5	沥青混凝土路面	2013.6.25
			下行	K2727+399	217	11.12		5	沥青混凝土路面	2013.6.25
黄沙岗隧道	龙泉境内	分离式	上行	K2729+814	680	11.12		5	沥青混凝土路面	2013.6.25
			下行	K2729+716	817	11.12		5	沥青混凝土路面	2013.6.25

说明：分离式高速公路一座隧道有左右幅(当地称左右洞，下同)

续表27

续表

隧道名称	所在地	隧道形式	方向	起点桩号	全长(米)	隧道全宽(米)	检修道宽(米)	高(米)	路面结构	通车时间
横坑隧道	龙泉境内	分离式	上行	K2735+576	1775	11.12		5	沥青混凝土路面	2013.6.25
			下行	K2735+521	1912	11.12		5	沥青混凝土路面	2013.6.25
半山垅隧道	庆元境内	分离式	上行	K2751+296	450	11.12		5	沥青混凝土路面	2013.6.25
			下行	K2751+296	450	11.12		5	沥青混凝土路面	2013.6.25
黄潭隧道	庆元境内	分离式	上行	K2756+061	715	11.12		5	沥青混凝土路面	2013.6.25
			下行	K2756+061	745	11.12		5	沥青混凝土路面	2013.6.25
大泽隧道	庆元境内	分离式	上行	K2758+086	195	11.12		5	沥青混凝土路面	2013.6.25
			下行	K2758+086	195	11.12		5	沥青混凝土路面	2013.6.25
鱼塘尾隧道	庆元境内	分离式	上行	K2763+131	508	11.12		5	沥青混凝土路面	2013.6.25
			下行	K2763+131	508	11.12		5	沥青混凝土路面	2013.6.25
新城隧道	庆元境内	分离式	上行	K2768+933	486	11.12		5	沥青混凝土路面	2013.6.25
			下行	K2768+927	515	11.12		5	沥青混凝土路面	2013.6.25
合计	10座20洞,总长11925米									

第二篇

水路设施

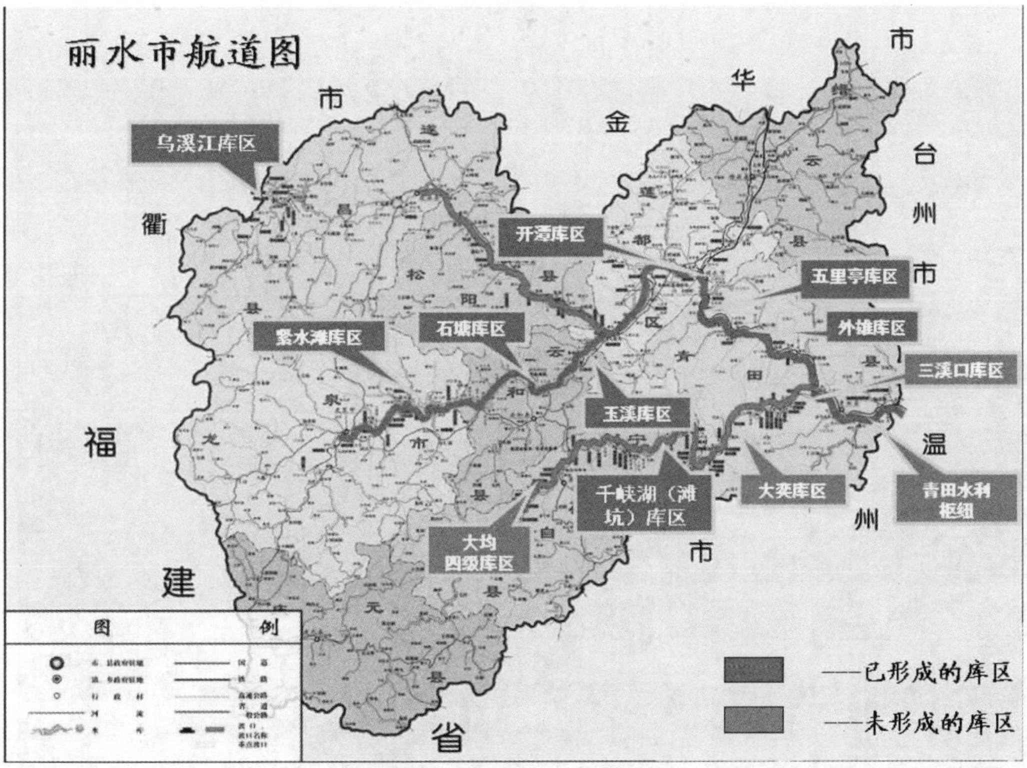
丽水市航道图
乌溪江库区
开潭库区
五里亭库区
外雄库区
三溪口库区
紧水滩库区
石塘库区
玉溪库区
千峡湖（滩坑）库区
大奕库区
青田水利枢纽
大均四级库区
金华市
台州市
衢州市
温州市
福建省
图例
——已形成的库区
——未形成的库区

丽水境内水运主要有瓯江航道和乌溪江航道,在城乡物资交流,发展对外经济文化交往以及改善人民生活方面发挥过重要作用。

随着经济快速发展,加快港航发展,引起省、市领导和交通、港航等有关部门的高度重视。自1979年1月,乌溪江湖南镇水电站大坝建成下闸蓄水,形成乌溪江水库遂昌湖山库区航道,至2010年,在瓯江干流建成7座梯级电站水库,形成串珠状7条库区航道。在紧水滩、石塘电站大坝的一端各建有过坝船筏道。玉溪电站至三溪口电站5座电站大坝建有过坝船闸。

为适应水运需要，在各大库区改造和新建上百座码头和埠头。拟建的青田港和丽水港,其中青田港已建成投入营运。水运设施的建设,为发展瓯江航运奠定了基础。

丽水市水上交通监管和应急指挥救助中心

第一章 航 道

丽水市境内有瓯江和乌溪江两条内河航道,瓯江干流自上游到下游有松阴溪、宣平溪、好溪、小溪4条一级支流,历史上均发挥过重要航运作用,历代都非常重视瓯江航道疏浚和整治。

自1979年1月,乌溪江湖南镇水电站建成,形成乌溪江水库遂昌湖山库区航道,至2010年,在瓯江干流建成紧水滩、石塘、玉溪、开潭、五里亭、外雄、三溪口(在建)7座梯级电站水库,形成7条库区航道,为建成高等级航道奠定了基础。

第一节 内河航道

唐宣宗大中九年(855),段成式任处州刺史,主持在丽水县东15里的"恶溪"垒石围堰,发动疏溪治滩,开渠引水,既利于灌田,又通舟筏,人们遂以好溪相称,舟筏从好溪可直达瓯江。

宋元祐七年(1092),龙泉县疏浚龙泉溪80余处浅滩、险滩,处州各县相继仿效,瓯江水路交通得以改善,昼夜行舟无覆没之忧。

清康熙二十二年(1683),缙云知县霍维腾主持重疏好溪水道,捐俸禄置木材,造船10艘,建埠头,缙丽再复通舟。

民国18年(1929),云和县政府筹款疏浚云和县城至局村浮云溪7千米,小船从龙泉溪沿浮云溪可上溯至云和县城。

1949年,全市航道总长1029.5千米,其中可通木帆船560.5千米,通竹筏469千米。20世纪50年代后期至80年代初,由于乱砍滥伐森林,水土流失严重,泥沙淤积,河床抬高,通航里程缩短。丽水境内瓯江4条一级支流,除小溪外,松阴溪、宣平溪、好溪3条支流1985年以后均不通航。1990年,全市通航里程421.2千米,其中瓯江航道203.5千米,小溪航道141.0千米,乌溪江航道76.7千米。2010年,全市航道总里程437.14千米,其中瓯江干流及其支流400.72千米;乌溪江水库遂昌境内库区航道65.5千米(注:水位变化很大,此为正常水位)。

瓯江航道(20世纪80年代前航道)

瓯江,旧称慎江、蜃江,系浙江省第二大江,发源于庆元县与龙泉市交界的洞宫山锅帽尖西麓,河流源头高程约1365米。瓯江干流自源头至莲都区大港头称龙泉溪,河长195.5千米,

说明:瓯江及其支流长度、源头高程运用丽水市水利局编、中国水利水电出版社于2008年出版的《丽水市河流简明手册》数据

河道坡降1.2‰~14.7‰,为瓯江上游段。龙泉溪会松阴溪后,自大港头至青田湖边村河段称大溪,河长94.6千米,河道坡降0.7‰~0.8‰,即干流中游段。大溪与小溪在青田县湖边村汇合后至河口称瓯江,河长92.9千米,河道坡降0.1‰~0.7‰,即干流下游段。干流流经云和、莲都、青田及温州市的永嘉、瓯海、鹿城、乐清等县(市、区),出温州湾入东海。总长384千米,丽水市境内长309.4千米,流域面积13105平方千米。20世纪80年代前,木帆船可上溯至龙泉小梅,沿八都溪可上溯至八都。

龙泉至丽水航段 龙泉南大桥(2001年复名济川桥)至丽水大水门段航道长135.45千米。沿线经大白岸、道太、安仁、武溪、赤石、龙门、紧水滩、局村、石塘、大港头、碧湖、石牛、苏埠等村镇。全段落差130米,平均比降0.134%,滩险120余处,其中碍航较大的有65处。一般通航2.75吨舴艋船,正常水位上行需7—8天,下行2—3天。洪水期水流湍急,水势汹涌,船舶有一段时间避洪停航。枯水期由于水深不足,2.75吨舴艋船上行仅载600~1000千克, 下行载1000~1500千克,船到浅滩处还需结队过滩,船工赤足下水,背扛肩推。木排顺水下行,由于枯水航槽曲率半径过小,以及横流影响,常有排尾打在滩上,致使木排打散,造成祸事的危险。

丽水至温溪花岩头航段 全长86.5千米。沿线主要村镇有莲都区塔下、开潭、风化,青田县石帆、腊口、五里亭、祯埠、海口、石门洞、高市、芝溪头、船寮、石溪、鹤城镇、圩仁、温溪镇等。该段航道洪水期水流湍急,枯水期滩多水浅,航行困难。航道总落差42米,平均比降0.05%,有险滩60处,平均1.5千米有1个滩,滩险处水深一般为0.6~0.8米,流速一般为1.0~2.0米/秒,比降一般为0.1%~0.2%。温溪镇以上属山溪性河流,两岸山势险峻,河谷下切深,具有岩性河岸、卵石河床鲜明特征。瓯江段下游航道为感潮河段,感潮止于温溪高岗滩。

20世纪90年代,尤其进入90年代中、后期及21世纪初,瓯江段采砂业发展迅速,特别是温溪至鹤城河段,多处浅滩砂石被采挖,致使河道加深,感潮河段逐步上溯至鹤城镇,使该段通航能力得到较大的提高,航道定级为内河Ⅳ级,3米等深线全程贯通,乘潮1500吨级海轮(桅杆改造)可抵达温溪港区,温溪至鹤城段疏浚后,1000吨海轮可达鹤城港区。

下花门(温溪港)至河口航段 长76.2千米,完全处于冲积平原地带,河底为淤泥,河面正常水面宽度1500米左右,为感潮河段,候潮1500吨海轮可抵达温溪港。

瓯江支流航道

松阴溪 发源于遂昌县垵口乡北园岙村东面,河流源头高程约1020米,流经遂昌、松阳、莲都区,在莲都区大港头汇入龙泉溪。干流全长120.12千米,遂昌县境内长54.14千米,松阳县境内长61.17千米,莲都区境内长4.81千米,流域面积1985.02千米,河宽120~160米,平均水深4.8米,平均年径流量20.3亿立方米,河道天然落差854米,平均坡降7.8‰。据松阳县靖居口水文站实测:1955年最高洪水位95.91米,相应流量4250立方米每秒,1967年11月3日最小枯水流量0.82立方米每秒,洪水枯期变化悬殊,具有山溪性河流的特性。靖居口水文站断

面航道最高通航水位92.70米,最低通航水位86.25米,遂昌、松阳县是松阴溪航道的直接经济腹地,历史上木帆船可上溯至遂昌县金岸。1985年后,由于河床淤积抬高,不再通航。

根据瓯江航运规划,松阴溪松阳县西屏至莲都区大港头段航道是其中的一条支流航道,1995年,航道技术定级为Ⅶ级。长41.73千米,航道宽度25.6米,水深0.7米,沿线有水电站大坝3座,拦砂坝1座,桥梁7座,其中碍航桥梁4座,通航孔径最大45米,最小20米;通航净宽高度最高5.39米,最低1.59米,规划通航50吨级,待条件具备后开发通航。

宣平溪(又名午溪、宣平港) 发源于武义县柳城镇顶头岗,河流源头高程约600米。流经武义、松阳、莲都3县(区),在武义县三港乡章湾流入莲都区境,至港口注入瓯江中游段大溪。干流全长77千米,莲都区境内长37.92千米,1985年后不再通航。

好溪 旧名恶溪,发源于磐安县大盘山(仁川镇)溪上村北之仰曹尖,河流源头高程605米,流经缙云县、莲都区,至丽水市城区古城村注入大溪。干流长125.80千米,1985年后不再通航。2005年后,其下游青林至古城段被南明湖覆盖,成为南明湖东北端蓄水湖。

小溪 发源于庆元县鱼树坑山尖西麓(洋溪村大毛峰),河流源头高程1200米,干流长225.65千米,其中:庆元县内52.66千米,景宁县内124.88千米,青田县内48.11千米,平均坡降5.28‰,至青田县石溪乡湖边村汇入大溪,年降水量1600~1700毫米。自景宁县秋炉乡下圩到九龙乡鹤口,为Ⅵ级航道,长90.5千米,从鹤口入境青田,经岭根、张口、北山、坑底、巨浦、仁宫、湖边等乡镇村,至湖边汇入大溪,全程48.11千米。

2003年5月,滩坑水电站工程动工。2005年10月,实现小溪截流,2008年,滩坑电站下闸蓄水,160米水位,形成长90千米的深水航道。

乌溪江航道

乌溪江属钱塘江水系,是衢江的一大支流,发源于福建省浦城县大福罗东坡,河流源头高程约1360米,由南向北流经丽水市的龙泉市、遂昌县,在衢州市8千米处的樟滩镇汇入衢江,全长155.9千米,其中丽水市境内河段长86.87千米。

乌溪江属山溪性河流,中华人民共和国成立初期,3~5吨小木船和竹木排筏,可从遂昌县王村口直抵衢江;竹木排筏可从龙泉住龙直抵衢江。1979年乌溪江湖南镇水电站大坝建成后,上下游航道中断。

第二节 库区航道

1979年,钱塘江水系乌溪江衢州市湖南镇水电站建成,形成遂昌县湖山库区深水航道。1981—2007年在瓯江干流上游建成紧水滩、石塘、玉溪3座库区,而且上下相连,航道总长近100千米;相继兴建开潭(南明湖)、五里亭、外雄、三溪口、、青田四都(在建)5座库区,形成上下相连总长 87.25 千米的深水航道,各座电站大坝建有船闸等过船设施。瓯江干流从龙泉城区至青田温溪花岩头,形成长 221.77 千米的深水航道。2008 年,瓯江支流小溪滩坑电站大坝下闸蓄水,形成深水库区航道;10 条库区航道特别是瓯江干流串珠式 8 座库区形成的航道,为打通瓯江中上游出海大通道奠定了基础。

湖山库区航道 位于乌溪江上游遂昌县境内,1979 年 1 月乌溪江湖南镇水电站大坝下闸蓄水。有深水航道 99.5 千米,回水至遂昌县焦滩乡,从遂昌县焦滩至龙鼻头出境,航道长 29.5 千米,流经遂昌琴圩、湖山、金竹、焦滩 4 个乡镇 23 个行政村,正常蓄水位,航道长 65.5 千米。水库水位落差明显,最大落差达 40 余米,低水位时遂昌县境内通航里程缩短为 23.5 千米,减少停靠站 13 个。

紧水滩库区航道 1982 年 6 月紧水滩电站主体工程动工。位于瓯江上游、龙泉市和云和县境内,集雨面积 2761 平方千米。多年平均年降水量 1833.8 毫米,年径流量 31.5 亿立方米。电站坝高 102 米,坝顶宽 5 米,1983 年 10 月截流,1986 年 6 月下闸蓄水成为库区。库区航道上溯至龙泉市区,形成长 66.34 千米(其中龙泉境内 44.61 千米,云和境内 21.73 千米)的Ⅶ级航道。

石塘库区航道 位于云和县紧水滩至石塘河段,与紧水滩水库坝下水位相衔接。电站主体工程于 1985 年 1 月动工,1987 年 11 月 29 日截流,1988 年 12 月 31 日下闸蓄水成为库区。水库坝高 38.9 米,形成长 25 千米的Ⅶ级航道。

玉溪水利枢纽库区航道 跨云和县和莲都区。水库大坝位于莲都区均溪村附近。1994 年 2 月电站项目工程开工建设,2000 年 6 月竣工验收。总投资 3.88 亿元。库区上游集雨面积 3407 平方千米,水域面积 2.81 平方千米,库区长 11 千米,水库上游有紧水滩、石塘两座大中型水库作保障,来水充沛,为Ⅶ级航道。从玉溪库区坝下至莲都区联城镇苏埠(开潭电站水库回水处)30.5 千米航道,由于上游电站流量调节,水量大增,水位上升,通航能力加强,船舶吨位增加,定为Ⅵ级航道。

开潭水利枢纽库区(南明湖)航道 地处瓯江中游段,贯穿丽水市区,大坝位于丽水市区下游 7 千米的莲都区开潭村,集雨面积 8544 平方千米。2004 年 10 月,电站动工建设,2006 年 10 月 1 日零时大坝下闸蓄水,回水至丽水市环城西路白岩大桥上首 600 米处(莲都区联城镇苏埠),形成湖长 14.12 千米、航道底标高 44.00 米、湖面宽 200~400 米、湖区水域面积 5.6 平方千米的南明湖,设计最高通航水位 47.5 米,最低通航水位 46.5 米,级别为Ⅳ级。总投资 4.6 亿元。

五里亭电站库区航道 坝址位于青田县祯埠乡岭下村、瓯江干流中游河段。2003 年 11 月 3 日动工,2006 年电站建成蓄水后形成人工湖, 与开潭电站水库坝下水位相衔接。库区长 17.87 千米、航道底标高 33.50 米、水面宽 200~400 米,航道等级为Ⅳ级。工程总投资 4.31 亿元。

外雄电站库区航道 位于青田县高市乡雄溪村北侧、瓯江干流中游河段。2005年9月1日开工,2009年12月建成,与五里亭电站水库坝下水位相衔接,库区长11.67千米,航道底标高25.25米,水面宽200~400米,通航级别为Ⅳ级。工程总投资4.94亿元。

三溪口水利枢纽库区(在建)航道 大坝位于青田县境内瓯江干流中游与小溪汇合口下游近1000米、青田县城上游约6千米处。南邻湖边村,北靠溪口村和49省道。2009年11月27日动工建设,建成后将形成长23.14千米的库区航道,航道底标高15.25米、水面宽200~400米,通航级别为Ⅳ级。2013年,第二期工程已围堰,拦截瓯江蓄水回水至戈溪,初步形成17千米长的库区航道。工程总投资16.8亿元。

青田水利枢纽库区(在建)航道 2014年12月27日,青田水利枢纽开工典礼在青田县瓯江干流与四都港汇合处的高岗村举行。坝址位于青田县境内瓯江干流下游高岗段、四都源汇合口下游185米处,距上游青田县城约10千米。青田水利枢纽建成后,正常蓄水位7米,库区航道长13千米,与三溪口电站坝下水位相接。航道底标高4.25米、水面宽300~500米,通航级别为Ⅳ级。总工期52个月,总概算为15.99亿元。

滩坑电站库区(千峡湖)航道 坝址位于青田县北山镇滩坑,库区处于青田、景宁两县境内的瓯江支流小溪中游河段。2004年10月31日开工建设,静态投资42.7亿元。2008年4月29日大坝下闸蓄水,160米水位,从大坝至景宁白马寮大桥,形成长90.5千米的库区。根据工程项目规划设计,滩坑水利枢纽不设船闸,小溪航道因滩坑电站大坝拦截分为两截,大坝至景宁形成近71平方千米大库区,其中景宁境内36.76平方千米,青田境内35平方千米,具备极好的通航条件;大坝至湖边为原有航道,长48.11千米,电站发电放水,将缩小航道洪水期与枯水期水位变化差异,利于通航。

由于瓯江干流自上游至下游将建成8座梯级电站,形成8大库区。瓯江航道属省干流航道(全省10条)之一。瓯江干流龙泉至花岩头航道长221.77千米,龙泉经紧水滩库区、石塘库区航道长91.34千米,通航30吨级,规划通航50吨级;石塘电站坝下至丽水港(规划建)航道长44.56千米,为Ⅵ级航道,规划通航100吨级;丽水市区至青田鹤城航道长69.31千米,通航300吨级,兼顾通航500吨级;青田鹤城至温州交界花岩头航道长17.01千米,通航1000吨级;温溪至温州航道长42千米,通航1500吨级以上轮船,实际最大通航船舶已达1300吨,规划通航1000~2000吨级轮船;丽水至温溪航道长86.5千米,可最大通航船舶300吨级,规划通航500吨级。

“十一五”期间,市委、市政府和港航部门精心构筑港航建设平台,航道与港口建设取得突破性进展,至“十一五”期末,已投入政府性资金14.2亿元,引进社会投资28.3亿元。丽水市区至青田温溪段规划建设的开潭、五里亭、外雄、三溪口、青田水利枢纽五级电站水位衔接并同步建设船闸。开潭、五里亭、外雄三级电站已经建成,形成梯级库区高等级航道约46千米,开潭、五里亭电站船闸,已通水试航成功;三溪口电站工程于2009年11月动工,青田水利枢纽工程于2014年12月27日动工;青田港港头港区一期工程500吨级(兼靠1000吨级)海轮泊位2座已建成,为瓯江航运发展创造了条件。

第三节 航道等级评定

1995年,根据省交通厅《关于印发浙江省内河航道技术等级评定工作实施计划的通知》,丽水地、县(市)航管部门从8月开始对辖区内航道基本情况进行全面的调查和勘测。在此基础上,对辖区内河航道技术等级进行评定。

编号:050104,瓯江,丽水市(县)城关—温州江心渡口,Ⅴ级,航道长123千米。

编号:050104,瓯江,云和县石塘镇—丽水城关,Ⅵ,航道长40千米。

编号:050104,瓯江,龙泉市城关—云和县石塘,Ⅶ,航道长86千米(注:至石塘水库大坝91千米)。

编号:861901,小溪,景宁县沙湾—青田县石溪口,Ⅵ,航道长140千米。

编号:873001,松阴溪,松阳县西屏镇—丽水大港头,Ⅶ,航道长40千米。

1996年10月8日,地区交通局在丽水东方宾馆召开丽水地区内河航道定级评审会议,省航运管理局、地区行署办公室、计经委、公路管理处、航运管理处等有关单位及有关县(市)交通局共16个单位的专家和代表20余人与会。

会议对《丽水地区内河航道定级》进行评审,肯定了航道定级的必要性。为充分发挥丽水地区水运优势,保证交通、铁路、水利、水电、城建等有关部门,在通航河流上建设与通航有关的过河、拦河、临河建筑物时,其通航标准能够符合《内河航道通航标准》的规定,保证瓯江梯级电站船闸建设的通航标准;为航道行政管理部门以法行政提供依据,逐步实现航道的规范化、科学化管理,使内河航道适应国民经济发展对水路运输的需要。

表 28 **1949—2008 年 12 月丽水市航道情况**

年 份	全区航道总长	其中可通木帆船航道	通 竹 筏 航 道	
1949 年	1029.5 千米	560.5 千米	469 千米	
1990 年	421.2 千米	其中大溪(瓯江干流)203.5 千米	小溪航道 141.0 千米	乌溪江航道 76.7 千米
2010 年瓯江干流龙泉至青田与温州交界之花岩头丽水市境内航道总长 221.77 千米。小溪航道 141 千米		1979 年乌溪江电站大坝下闸蓄水,遂昌湖山库区航道总长 65.5 千米(正常水位)		

库 区 航 道

年 份	名 称	库区航道长	级 别	可通航情况
1986 年 6 月	紧水滩电站大坝下闸蓄水形成库区	航道长 66.3 千米	Ⅶ级	建有过坝船、筏道,可通航 30 吨级,兼顾 50 吨级
1988 年 12 月	石塘电站大坝下闸蓄水形成库区	航道长 25 千米	Ⅶ级	建有过坝船、筏道,可通航 30 吨级,兼顾 50 吨级
2000 年 6 月建成	玉溪水利枢纽库区	航道长 11 千米	Ⅶ级	建有船闸,可通航 30 吨级,兼顾 50 吨级
自然航道	玉溪水利枢纽大坝至莲都区苏埠	航道长 30.5 千米	Ⅵ级航道,规划通航 100 吨级船舶	
2006 年 10 月	开潭电站大坝下闸蓄水,形成南明湖	航道长 14.12 千米	建有船闸,级别Ⅳ级,可通航 300 吨级内河船舶,兼顾 500 吨级通航要求	
2006 年建成	五里亭电站库区	航道长 17.87 千米	建有船闸,级别为Ⅳ级,可通航 300 吨级内河船舶,规划通航 500 吨级	
2009 年 12 月建成	外雄电站库区	航道长 11.67 千米	建有船闸,级别为Ⅳ级,可通航 300 吨级内河船舶,规划通航 500 吨级	
2009 年 11 月开工建设	三溪口电站库区(在建)	航道长 23.14 千米	建有船闸,级别为Ⅳ级,可通航 300 吨级内河船舶,规划通航 500 吨级	
2014 年 12 月动工	青田水利枢纽库区(在建)	航道长 13 千米	拟建船闸,级别Ⅳ级,可通航 300 吨级内河船舶,规划通航 500 吨级	
2008 年 4 月	滩坑电站大坝下闸蓄水形成千峡湖	航道长 90 千米	大坝不设船闸, 大坝上下航道均利于通航;大坝至湖边 48.11 千米,为原航道	

第二章 码头 渡口

码头是指船舶进出航道，供停、靠和旅客上下岸、货物装卸、储存等功能的水域和陆地范围的建筑场所和设施。

2008年8月21日，丽水市政府出台《关于加快丽水市交通事业发展的意见》，以“打通一条出海大通道”为目标，加快瓯江港航建设。全市“十一五”（2006—2010年）期间水上康庄工程新建复建码头57座，渡埠改造120处，撤渡建桥（路）33处，民间渡口减少至115处；3座汽车渡口撤销。渡船更新64艘，及其他候船亭等配套设施的建设，共投入资金3.51亿元。

第一节 海港码头

港口是指具有船舶进出、停泊、靠泊、旅客上下、货物装卸、储运、储存等功能，具有相应的码头设施，由一定范围的水域和陆地组成的区域，是水上运输的重要设施。

温溪港建设

1972年12月，丽水地区革委会生产指挥组投资30万元在青田县温溪镇东3千米的下花门建设温溪港。1977年1月第一期工程竣工开港通航。1978年4月18日温溪航运公司以“浙海901”号轮首驶上海港。1990年，港口吞吐量为9.15万吨，操作量为12.9万吨。

码头

泊位 前沿水深“潮残”6~7米，可停靠500~1000吨级船舶，330国道温寿线（2001年改称S333省道六东线）通过港区，建有500吨级36.9×9×2.11米浮码头和500吨级40×8米高桩码头各1座，可供1000吨级船舶停靠作业。2002年5月31日，载重1300吨级的“浙通州9号”货轮，在港航人员的引导下，顺利进入温溪港，这是通过疏浚瓯江航道，提高通航条件后，温溪港建港以来进出最大的货轮。同时在其上游右侧建有驳岸式小船码头。

场库 该港码头堆场8217平方米，1988年又扩建前方堆场1000平方米；仓库两座，面积约3000平方米；油库油罐2只，容积100立方米。

机具 2010年，码头和堆场有8吨吊机1台，5吨吊机2台，6吨叉车1台，4吨叉车2台，3吨铲车2台，柴油平板车6辆，皮带输送机1套长40米，斗容抓斗1个。主要吞吐物件为杂货物、散装水泥和柴油。海运航线南可至广西，北达山东青岛，西向入长江可达重庆。公路转驳主要覆盖浙西南各县(市、区)。

航线

温溪至上海 由温溪港起航,经温州过舟山至上海,全程342海里。1977年1月开辟该航线,主要出口物资为叶蜡石、黄砂,主要进口物资为煤、杂货。

温溪至黄石 由温溪港起航,经温州、舟山、上海,再沿长江过南通、江阴、南京、铜陵、安庆至湖北省黄石市,全程872海里。1984年4月开辟该航线,运出主要货物为叶蜡石、石英砂,主要进口物资为水泥、煤、粮食。

温溪至宁波 由温溪港起航,经温州过舟山,至宁波,全程241海里。1985年开辟该航线,主要出口物资为黄砂、矿粉,进口物资为钢材、杂货。

温溪至海门 起自温溪港,途经温州,直达海门(椒江市),全程99海里。运出物资为木材、农副产品,放空回港。

温溪至广州 自温溪港起航,经温州、厦门、汕头、蛇口,到广州,全程632海里。1989年开辟该航线,运出物资为叶蜡石,运进主要物资为化肥、白糖。

温溪至连云港 起自温溪港,经温州、舟山,过上海到连云港,全程605海里。1989年开辟该航线。运黄砂到上海,放空至连云港,运食盐回温溪港。

服务设施

配电间83平方米,备185马力柴油机1台,120千瓦发电机1组;机修车间313平方米,配有常用机具,承担小修保养任务。此外还有海员俱乐部、图书室、电视室、建筑面积183平方米。

办公楼2幢、1127平方米,职工宿舍6幢、2650平方米,厨房餐厅及单身职工宿舍1幢、464平方米,平房(会议室)1座、140平方米,车库1座、213平方米。温溪港是全国25个主要港口之一,已发展为一个集河口港、深水海港为一体,大中小泊位配套的综合性港口。

2007年,青田港开港后,温溪港作为港区之一归属青田港。

青田港建设

2007年12月《青田港总体布局规划(修编)》通过丽水市政府批复(丽政函〔2007〕118号)。规划就青田港地理位置、自然条件、现状作了综合分析和评价,突出重点、明确功能,对港口吞吐量的发展水平、内河船型发展趋势以及到港船型进行科学预测,船型按海船和内河货船进行分类,以1000吨级海轮和500吨级、300吨级内河船型为主。针对岸线利用、港口总体布局、配套工程、环境影响评价及环境保护等几方面进行合理规划,实行"一港管理,三区作业"的基本框架,三区即平演港区、高岗港区(后改为港头港区)和温溪港区,并就港口总体布局的分期实施制定近期、远期和预留泊位实施目标。

青田港具有内河、沿海两大功能,位于瓯江干线下游,是浙江省7大重点内河港之一,由温溪港区(原温溪港)、港头(原在高岗)港区、鹤城(平演)港区组成,有正规码头泊位21个,仓库面积4000平方米,堆场面积近26000平方米,港口机械18台。

表29 **2010年青田港主要港区情况表**

港口名称	所在航道	2009年吞吐量(万吨)	设计年吞吐能力(万吨)	现有泊位	
				数量	最大靠泊吨级
温溪港区	瓯江干线	22.5	25	5	1000
港头港区	瓯江干线	19.5	37	9	1000
鹤城港区	瓯江干线	28	10	7	100
其他泊位	瓯江干线	15.6	16		

温溪港区　位于温溪镇东下花门,距温溪镇3千米处,地处瓯江下游北岸,溯江而上至青田县城17千米,顺江而下至温州42千米,至瓯江口74千米,陆路有S333省道(原称49省道)和温丽高速公路连接全省公路网。

温溪港区担负着丽水市物资中转及出海运输任务,始建于1972年12月,拥有国有划拨土地1.53公顷(23亩),港口水域面积2.25万平方米。有500吨级泊位2个,100吨级泊位2个,可靠泊1000吨级海轮,是丽水市唯一的出海港口,设计年吞吐能力25万吨,已达到设计能力。

港头港区　原位于温溪镇港头村港头渡口下游、瓯江下游南岸,水路距温州港47千米,距青田县城9千米。港区与铁路货运站相连,与330国道相接,与温丽高速公路温溪互通隔江通过温溪大桥连接。由于温溪大桥建成和青田县工业格局的调整,港区移至距离高岗2千米处的温溪镇小峙村、位于高岗下游1400米的河道转弯处。此处水流平稳,江面宽约700米,比原高岗港区宽100米。一期工程占地总面积28000平方米。规划新建2个500吨级多用途码头泊位,靠泊能力为1000吨,以及相应的配套设施。工程于2007年1月9日开工。港区2个1000吨级的泊位(青山码头)于2008年底建成,设计年吞吐能力37万吨,是丽水市境内瓯江干流最大的码头,全市海船码头泊位数增加到5个,新增吞吐能力62万吨。工程业主为浙江青山钢铁有限公司,总投资2600万元。2010年10月23日,青山码头开港运行。

鹤城港区　位于青田县城,由平演货运码头和塔山客运码头组成,20吨级泊位7个,100吨级塔山客运码头1个。至2010年底,货运码头尚未动工建设。

塔山客运码头,2001年2月,塔山码头动工建设。该码头位于青田县鹤城镇东面、瓯江北岸塔山脚南瓯江边。建成100吨级泊位1个,年吞吐能力为旅客10万人次。斜坡式码头平台336平方米,驳岸680平方米,旅客临时候船场地540平方米,后方场地4000平方米,接线道路长220米、宽6米。2002年12月竣工交付使用。总投资320万元。

表 30 **2010 年青田港主要码头情况表**

码头名称	码头位置	功 能	泊位数（个）	靠泊能力（吨级）	库场面积（立方米）
温溪港码头	温溪花岩头	散货石油	2	500	16027
燃料公司码头	温溪镇马湾	矿建煤类	3	100	7000
温溪村 2 号码头	温溪镇	矿 建	3	100	3500
港头码头	温溪镇港头村	矿 建	5	100	
鹤城码头	鹤城镇平演	矿 建	4	100	
塔山客运码头	鹤城镇塔山下	客 运	1	100	

表 31 **2007—2010 年青田港客货运输情况一览表**

年 份	货物吞吐量(万吨)	旅客运送量(万人)	备 注(含 3 大港区)
2007	144	11	
2008	140	12	
2009	85.6	12.1	
2010	105.3	6.51	

第二节 港口普查

第一次全国港口普查

根据交通部《关于开展全国港口普查工作的通知》精神，浙江省对省辖范围内港口进行一次普查，普查资料截止日期为 1985 年年底，丽水地区有 1~10 万吨吞吐量内河港口 5 个，20 万~50 万吨吞吐量内河港口 1 个，共 6 个。

第二次全国港口普查

普查标准时间为 1996 年 12 月 10 日。普查数据成果：丽水地区有内河港口生产单位 18 个，通过能力为：货物 126 万吨、旅客 57 万人。

第三次全国港口普查

2008 年交通运输部部署第三次全国港口普查。丽水市港航管理处根据交通运输部统一部署和省港航局浙港航〔2008〕95 号文件要求，于 2008 年 5 月 9 日下发丽港航〔2008〕19 号文，成立以处长卓观园为组长的普查工作领导小组和普查办公室，全面负责这次普查的领导工作。

普查的标准时间：港口基础设施、设备及港口经营人现状的调查时点为2008年6月30日，港口吞吐量的调查时期为2008年9月1日至9月30日、2008年1月1日至2008年6月30日和2007年，港口生产能源消费的调查时期为2008年1月1日至6月30日。

普查显示：丽水市有丽水港、青田港2个港口。其中丽水港为规划港口，规划建设风化货运港区、水阁货运港区、水东客运中心码头3个港区，尚未建设和经营；青田港为已建设港口，分为鹤城港区、港头港区、温溪港区，港区现状面积17.84万平方米，港口生产使用自然岸线长度6591米。青田港区有5个港口经营人，拥有设计靠泊能力500吨级海轮泊位3个、300吨级以下内河生产用码头泊位25个，码头泊位长度1056米，自然坡岸占用岸线长度5184米，1000吨级以下海轮(内河)生产用码头泊位前沿装卸机械36台、库场机械24台，港口生产用仓库面积5000平方米、堆场面积56472平方米(其中煤场堆场面积3500平方米、矿石堆场面积50472平方米)、非生产用库场面积500平方米。2008年9月青田港完成港口吞吐量96297吨，其中，出港86177吨、进港10120吨，进出港货物有煤炭及制品、矿建材料(砂)、非金属矿石及其他；自然坡岸完成的船舶货物装卸量为331820吨。

表32 2008年第三次全国港口普查中青田港温溪港区生产用泊位情况表

序号	港区名称	港口经营人名称	泊位名称	泊位型式	主要用途	投产年份	前沿水深(米)		泊位长度(米)	设计靠泊能力(吨级)	散装件、杂货泊位设计年综合通过能力(万吨)	备注
							设计	维护				
1	温溪港区	青田县宏海燃料有限公司	温溪马湾码头1#泊位	直立式	通用杂货	2002	6	6	65	500		
2		浙江省温溪海运分公司	温溪固定高桩1#泊位	直立式	通用杂货	1984	3.5	2.5	40	500	25	
3			温溪浮动码头2#泊位	直立式	通用杂货	1984	3.5	2.5	40	500	25	

表33 2007—2010年青田港客货运输情况表(含3大港区)

年份	货物吞吐量(万吨)	旅客运输量(万人)
2007	144	11
2008	140	12
2009	85.6	12.1
2010	105.3	6.51

说明：第一、二次全国港口普查资料，丽水佚失不全。

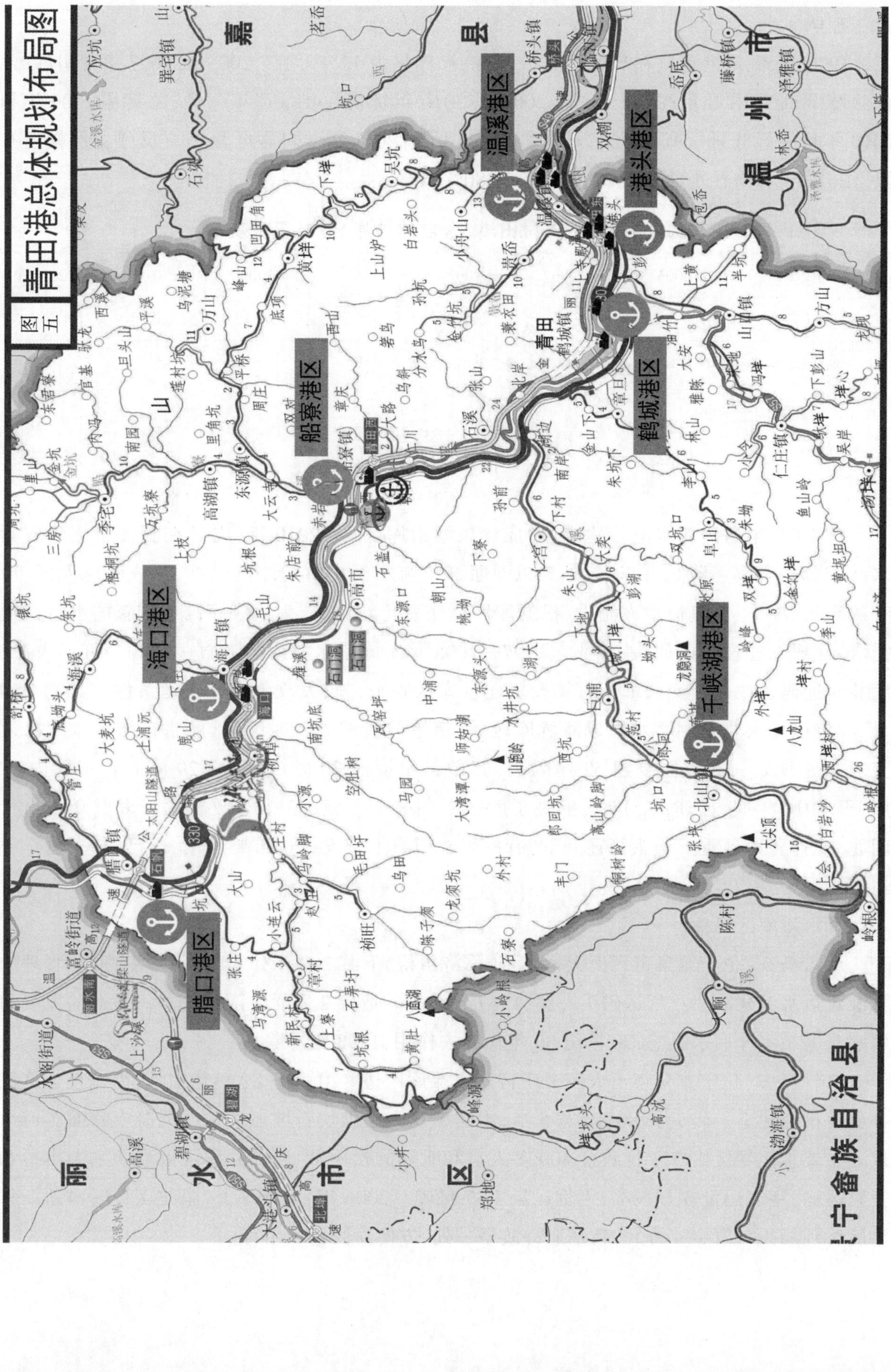

图五 青田港总体规划布局图

港口生产

1990年,温溪港港口吞吐量为9.15万吨,操作量为12.9万吨。2005至2007年青田港(含自然坡岸)货物吞吐量逐年上升,但2007至2010年货物吞吐量逐年下降,尤其是2009年和2010年货物吞吐量仅有370.25万吨和382.3万吨,2011年港口吞吐量稍有反弹,但幅度有限。2011年货物吞吐量较2007年下降31.80%。

表34 **2005—2011年青田港(含自然坡岸)吞吐量情况表**

年份	2005	2006	2007	2008	2009	2010	2011
吞吐量(万吨)	527.3	628.6	639.9	606.2	370.3	382.3	436.4

说明:丽水港因各种原因,至2010年底尚未动工建设,规划见附录

第三节　内河码头

自1979年乌溪江水电站建成,形成遂昌湖山库区,至2010年,先后在瓯江干流建成紧水滩、石塘、玉溪、开潭、五里亭、外雄以及瓯江支流小溪中游的滩坑电站,形成8座库区,原有的码头、埠头、渡口被水库淹没,根据库区村庄变化新情况,为适应库区地域新的水运交通需求,建成一座座新的码头、埠头。1997—2008年实施紧水滩库区赤石(垟田)、龙门、大源、库北交通码头改建,交通部门直接投资建设库区码头,较大改善库区水运条件。2008年4月,滩坑电站大坝下闸蓄水形成滩坑库区后,市港航管理处及时编制《丽水市滩坑水库水运交通复建规划》,在库区复建52座码头,其中景宁境内30座(已建成29座),青田境内22座,至2010年底,已建成51座,解决了库区周围8个乡镇、83个行政村5万多群众的出行问题。现择各库区重要码头简述如下:有的码头历史上曾发挥过重要作用,现已消失,也作补遗记述。

紧水滩库区码头

龙泉码头 位于龙泉市区南大桥(后改称济川桥)下游200米处。1966年经省航运管理局批准建造水泥浆砌块石货运码头一座,1967年竣工。造价2万元。随着公路汽车运输发展和紧水滩电站水库回水影响,20世纪80年代失去作用,1993年拆除。

沈村码头 位于龙泉市道太乡王庄村紧水滩库区边。20世纪80年代中期,由龙泉县移民办公室投资建造。码头长80米,宽5米,主体工程为干砌块石坡道和水泥混凝土路面车道组成。主要承担辖区内3个行政村400多人口和毗邻的松阳县、云和县库区群众的水上出行和货物运输,年客运量3万人次,年货运量1.87亿吨。2006年,实施水上"康庄工程",由浙江省港航管理局投入资金4万元,新建造待渡亭一处,方便库区群众出行。

大白岸码头 位于龙泉市道太乡政府驻地大白岸村紧水滩库区边。20世纪80年代中期，由龙泉县移民办公室投资建造。码头长90米，宽8米，主体工程为干砌块石坡道和水泥混凝土路面车道组成。主要承担乡政府所在地1000多人口的水上出行，年客运量1万人次。

安仁码头 位于龙泉市安仁镇东北约200米处。1989年由龙泉县移民办公室出资62万元，按简易码头设计建造，主体工程由干砌块石坡道和水泥混凝土路面车道两部分组成，分上、下两级，长270米、宽6.6米平坡道与过水路堤连接。2003—2007年，实施水上"康庄工程"以来，浙江省港航管理局和龙泉市交通局共同投入资金262.62万元，对码头进行扩建改造。由原码头向西南扩建延伸接线道路930米、长80米、宽6米、50吨级泊位、年吞吐量4.2万人次的新码头，以满足不同水位时船舶停泊需要。

大源码头 位于云和县大源乡渡蛟村南、紧水滩电站水库北岸。始建于1986年，县移民办公室投资6.24万元建成长500米、宽4米、浆砌块石结构的斜坡道码头，20吨级泊位，1988年7月完工。1997年1月，县移民办公室投资5万元改造。2000年县交通局投资196万元、县移民办投资10万元改造，工程于2000年12月开工。斜坡道码头，长200米，宽7米，50吨级泊位，混凝土结构。2002年5月完工。

紧水滩电站上码头 1986年建。位于电站大坝上游南岸，系岸壁式立式码头，为电站过坝通航设施，供船、排过坝待运使用。上方与斜坡道码头和大坝公路连接。斜坡道码头宽12米~15米，供船舶停靠。2007年5月，县移民办公室投资5.15万元修复斜坡道码头，后方接线长150米，宽5米，混凝土结构，与紧龙公路连接。

龙门码头 1987年5月开工建造。位于云和县紧水滩镇龙门村山后自然村、紧水滩库区南岸，系混凝土结构斜坡道码头。长200米，宽4米，30吨级泊位，后方有通村公路与云(和)龙(门)公路相接。另辟人行蹬级70级通往码头，长50米，宽2米。1988年10月完工，由县移民办公室投资6.24万元建置。1991年5月，县移民办公室拨款1.26万元修缮。

库北码头 位于云和县紧水滩镇饭甑砻村、紧水滩电站水库北岸。始建于1987年，县移民办拨补0.25万元，建成长68米、宽2米的浆砌块石渡埠。2000年县交通局投资213万元改造，工程于2000年12月开工。斜坡道码头，长200米，宽7米，混凝土结构，50吨级泊位。后方接线与通往库北管理处准四级公路连接。2002年5月竣工。

赤石码头 1988年11月动工。位于云和县赤石乡政府驻地黄岗村(原称黄岗码头)、紧水滩库区南岸，又称赤石南交通码头，系道路式斜坡道码头。水泥混凝土结构，自海拔188米向水库延伸到170米，长405米，宽4.1米，沿线设钢桩系缆船只，30吨级泊位。后方有公路与53省道连接，1990年12月建成，由县移民办公室投资14万元建置。2008年1月，云和县交通局投资505万元动工改建，结构为斜坡道客运和阶梯式货运一体50吨级泊位轮渡码头。长450米，宽5米，水泥混凝土结构，后方接线长1.5千米，路基宽5.5米，路面宽4.5米，四级公路，并设有800平方米停车场。2009年2月完工。

梓坊码头 1988年，云和县移民办公室拨补0.2万元在紧水滩库区梓坊移民新村（山塘湾）设立埠头1处，长122米，宽1.5米，混凝土结构。2009年，云和县交通局投资480.7万元改建，是年12月25日开工，2011年5月完工。阶梯式码头，设计最高水位184.6米，最低水位168.4米，50吨级客货、50人客渡、双车渡泊位各一个，混凝土结构。后方接线长285米，停车平台500平方米，混凝土结构。

建源码头 位于云和县紧水滩库区北岸、赤石乡建源村口，又称赤石北交通码头。1988年云和县移民办公室投资4.4万元建造，系道路式斜坡道码头。块石结构，自海拔188米向水库延伸至175米，长300米，宽4米，20吨级泊位。1991年12月，县移民办公室投资5.88万元改造成水泥混凝土结构码头。2007年12月，云和县交通局投资306万元对该码头实施改造，2009年2月完工，结构为斜坡道轮渡码头，长280米，宽8米，50吨级泊位。后方连接线长1.5千米，路基宽5.5米，路面宽4.5米，水泥混凝土结构，四级公路。

石塘库区码头

紧水滩电站下码头 位于石塘电站水库上游南岸、紧水滩大桥下游50米处，与紧水滩电站南岸护坡相接。1986年建。长60米，宽4~6米，纵列式混凝土结构，前沿水深1.5米，供过坝竹、木排整装待运使用。

石塘电站上码头 位于石塘电站水库上游南岸，距电站大坝130米。1988年建，长100米，宽50米，斜坡式混凝土结构，前沿水深15米，30吨级泊位，为石塘电站过坝通航码头。

小顺码头 位于石塘水库小顺库湾南岸、云和县石塘镇小顺村口。1989年云和县移民办公室投资1.4万元建成。长45米，宽4米，混凝土结构。2001年11月，县移民办公室拨款4.75万元拓建斜坡道。

玉溪库区码头

朱村码头 位于云和县朱村乡埠头村、玉溪水库北岸，1980年丽水县建。为高、中、低水位三级平台式码头。混凝土结构，每级长100米，宽10米，前沿水位可供30吨级船舶停靠。原为双港至朱村车渡码头，1988年孙家地至朱村口公路建成通车后，废车渡为航运码头。

石塘电站下码头 位于云和县石塘镇石塘村、玉溪电站水库南岸，电站护坡中段。1988年建。长60米，宽1.2~2.0米，纵列式混凝土结构，是石塘电站船筏道通航设施，供船舶停靠和过坝竹、木排整装待运使用。

瓯江中游码头

大港头码头 离丽水市区西南水路26千米的莲都区大港头镇，和通济堰隔江相望。1988年前，船只装卸货物利用民间埠头或自然坡岸。1988年冬，国家有关单位资助3.9万元，当地群众集资4000元，建成1座宽5米、长93米的石砌水泥混凝土路面新码头。该码头前沿水深

1.5米,可供10~18吨位船舶装卸作业。2010年,有钢质机动船2艘,可供群众过渡和货物运输。

碧湖码头 始建于1979年3月。位于丽水市区西水路20千米处的莲都区碧湖镇采桑村口,系石砌水泥混凝土路面斜坡码头。1994年1月,碧湖大桥竣工通车,码头失去作用。

开潭库区(南明湖)码头

大水门码头 历史悠久。位于丽水市区大水门外。此处水流平稳,有宽广的溪滩地,利用自然坡岸停靠船只。抗日战争时期直至20世纪50年代,丽水、青田、云和、龙泉、松阳、温州等各线木帆船都在此停靠或装卸货物。沿溪上起小水门水障阁、竹筏头,下至大水门、校场圩,绵延数里,帆樯如林。解放初期,为适应舴艋船装卸货物,始建齿型简易码头。1972年交通部门投资2.5万元,由丽水航运管理站主持,改建1座纵25米、横100米、厚15厘米、前沿水深2.5米的水泥混凝土斜坡码头。1988年航管部门又投资3.3万元,在紧接原码头左侧增建1座长97米、宽6米的深水码头。大水门码头历为货物运输水水中转、水陆中转的集散地,汽车可以直达,日吞吐能力可达500吨。2006年10月1日开潭电站下闸蓄水形成南明湖,码头被淹没。

下河埠码头 位于丽水市区东南2.2千米处的下河村。丽水通公路前,是重要渡埠兼水运装卸埠。清雍正《处州府志》载:明代陈见龙(知府)所作《下河渡埠记》文中说:"郡城之东五里,有下河埠头,河通青田出温州,陆路多山麓,崎岖狭小,唯水路捷,官民无不从舟行者。而温州入省亦唯此西路为尤便。故斯埠为二郡往来,乘舟登岸必繇之地。他郡自宁绍台而外,凡有事于温州者亦不能舍是他之。"民国时期,下河村设有盐行、旅店、运输行、埠班等。缙云、宣平一带的食盐大多在此转运。南岸中堂村有较大的盐库,民国31年(1942)被日本侵略军飞机轰炸殆尽。1990年,交通部门资助1万元,帮助下河村重建码头。当年10月,工程完工,为交通渡埠。2006年1月25日,紫金大桥建成通车后,下河渡口码头自然消失。

南明湖游船码头 位于丽水市区中部大溪北岸防洪堤亲水平台迎水侧河道内。2005年11月10日开工建设。码头顺水流方向长约113米,垂直水流方向宽约37米,面积4181平方米,上部设置必要的绿化照明暨休闲设施。2006年4月下旬竣工。码头置游船1艘32客位,供各地游客游览南明湖;快艇4艘,属工作用游艇。

塔下码头 1992年5—6月开工。丽水市航运公司筹资40万元建设,1993年1月8日竣工验收投入使用。2000年,因建设瓯江防洪堤,码头被征用。市(地区级)防洪堤建设指挥部补偿35万元。

开潭码头 位于丽水市区东南7千米处,码头对面为莲都区开潭村。1993年1月,经丽水市航运管理所批准原码头进行扩建,用于渡船和货运。由于开潭电站蓄水将淹没原码头,莲都区紫金街道开潭村申请要求重建码头。2005年11月16日,省交通厅同意在开潭水利枢纽上游原开潭渡口码头处(向岸侧右移)进行码头改建,左右岸各1个泊位,靠泊能力100吨。

湾岙码头 位于丽水市区东南水路7.5千米瓯江边,码头后面为330国道和湾岙村。1993年,丽水市水东乡湾岙村村民兰子林和李小林合伙搞货物中转,选址在湾岙村新建湾岙码头。2006年10月,因开潭电站蓄水,码头淹没。

2005年,莲都区政府统一整治瓯江航道,有序采砂。瓯江边有一些砂场要求建造简易码头,用于运输砂石料。经市交通局审批同意,新建临时简易码头10座:苏埠临时简易码头、大港头连河、玉溪、上赵村、联城苏埠下埠、联城苏埠上埠、十八都、沙溪、蔡村、敏河。2010年,取缔瓯江采砂,10座简易码头自然消失。

松阴溪松阳码头

松阳码头位于松阳县西屏镇南、松阴溪北岸,历史上利用自然坡岸泊船。1965年经省航运管理局批准建设,系水泥混凝土码头。2005年,西屏镇南门建造防洪堤,城区段松阴溪筑坝成湖,码头消失。

滩坑库区码头

鹤口码头 2007年9月2日开工建设。位于景宁县九龙乡(原陈村乡)鹤口乌岩。100吨级客运、货运码头,与青田县毗邻,和五坑底村(未通车)形成对江渡。码头长54米,宽9米,2007年10月25日竣工。投入资金38.32万元。有二车渡钢质机动船1艘,2009年渡运量为2.5万人次。

湖边码头 绿草码头 分别于2008年1月6日和2008年2月23日动工建造。位于景宁县外舍管理区(原金钟乡)杨菉湖村湖边、绿草。100吨级车渡客运对江渡码头,斜坡式,长、宽各为270米、7米,混凝土挡墙,分别投资206.15万元和177.91万元,辐射岭根、杨山、徐山、潘坑等5村2200余人。两码头分别于同年6月27日和6月1日完工。2009年渡运量分别为6.2万人次和5.8万人次,居全县29座码头渡运量之首。

汇头码头 2008年2月16日动工建造。位于景宁县外舍管理区汇田,距景宁县城约5千米,辐射县城和岚头、王金垟、岗石等村。100吨级客、货运码头、海事码头和海事搜救中心。6月20日竣工。投资559.41万元,为景宁水上交通、旅游的主要集散地。

新长汀码头

新长汀码头 2008年5月15日动工。位于景宁县九龙乡新长汀村。辐射九龙乡大大公路沿线1乡5村约3000

余人口,是青景公路和水上交通、旅游(九龙地质公园)交汇地。50吨级客运和海事码头。踏步式,长40米,宽4米。同年5月30日完工。

2008年6月27日,第一艘30座渡轮下水试航,及时解决了库区两岸人民群众因水位升高出行难的问题。

泉山客货码头 2007年8月动工。位于青田县北山镇泉山村老鹰山上旁,距北山镇政府约1千米。100吨级车渡客货运码头,是滩坑库区青田部分水上交通码头的枢纽。浆砌块石护坡,码头上面每隔3.96米置系船环供船舶系缆。2008年12月竣工。

黄岭头车渡码头 2007年8月动工。位于青田县岭根乡九龙洞景区右侧,与张坪至黄岭头康庄公路连接,与井坪车渡码头形成对渡,属100吨级车渡,是北山镇连接岭根乡的重要水陆通道。斜坡道码头,长270米,宽7米。码头上面每隔7米置系船环供船舶系缆。2008年12月投入使用。

井坪车渡码头 2007年8月开始施工。位于青田县岭根乡井坪村。通过码头连接线与岭根乡政府连接,与黄岭头车渡码头形成对渡,属100吨级车渡,是北山镇连接岭根乡的重要水陆通道。2008年12月投入使用。

八、湖山库区码头

湖山码头又称香炉岗码头,位于遂昌县湖山乡香炉岗。原在湖山大桥上游水库北岸,称湖山客船埠头。2001年6月,开始新建香炉岗码头,地点移至水库南岸湖山大桥下游500米处,有30客位客运码头泊位2个,2006年6月建成投入使用。

湖山码头

表35

2010年丽水市码头一览

库区名称	码头名称	所在地	吨位级别	码头结构	码头长宽(米)	主要功能	竣工时间	年载运人次(备注)
紧水滩库区龙泉市境内码头	龙泉码头	龙泉城区				货运	1967	1993年拆除
	大白岸	道太乡大白岸		混凝土	90×8	客运	20世纪80年代中期	1万
	沈村	道太乡王庄村		混凝土	80×5	客运	2006年改造	3万
	安仁码头	安仁镇安仁口	50	混凝土	80×6	客运	2007年改造	4.2万

续表35

库区名称	码头名称	所在地	吨位级别	码头结构	码头长宽（米）	主要功能	竣（完）工时间	年载运人次（备注）
紧水滩库区云和县境内码头	紧水滩电站上码头					供船、筏过坝待运使用	1986	
	下黄岗老码头	赤石乡黄岗村		混凝土	300×4.5	客货运	1997.1	
	龙　门	紧水滩镇龙门村	30	混凝土	200×4	客　运	1991.5	
	龙门下码头	紧水滩镇龙门村		混凝土	475×3.5	货　运	1991.11	
	卜　家	紧水滩镇卜家自然村		混凝土	360×3	客　运	1997.1	
	开心岛	赤石乡垟田村		混凝土		客　运	1998.12	
	库　北	紧水滩镇饭甑砻村	50	混凝土	200×7	客货渡运	2000.2	
	大　源	大源乡渡蛟村	50	混凝土	200×7	客货渡运	2002.1	
	梓坊老码头	紧水滩镇梓坊移民村		混凝土	480×2.5	客　运	2007.1	
	张源头	赤石乡张源头村		混凝土		客　运	2007.3	
	建　源	赤石乡建源村	50	混凝土	300×4	客货渡运	2009.2	
	赤　石	赤石乡黄岗村	50	混凝土	405×4.1	客货渡运	2009.2	
	梓　坊	紧水滩镇梓坊新村	30	混凝土	195×7.8	客货渡运	2010	
石塘库区云和境内码头	紧水滩电站下码头	石塘电站水库上游南岸		混凝土	60×6	供船、筏过坝待运使用	1986	
	石塘电站上码头	石塘电站水库南岸	30	混凝土	100×50	船筏过坝通航码头	1988	
	小　顺	石塘镇小顺村		混凝土	45×4	客、货渡运	1989	
玉溪库区云和境内码头	石塘电站下码头	石塘镇石塘村玉溪库区南岸		混凝土	60×2	竹、木过坝待运设施	1988	
	朱　村	朱村乡埠头村	30	混凝土	100×10	航　运	1988	
	朱村口	朱村乡朱村村船埠头		混凝土	20×4.5		1989.5	
	滩　下	石塘镇滩下村		混凝土	13×10	客　运	2006.12	
瓯江中游莲都区境内码头	碧　湖	碧湖镇采桑村		混凝土	100×3		1979	已失修
	大水门	丽水市城区		混凝土	97×6	客货运	1979	2006年1月开潭电站蓄水淹没
	大港头	大港头镇		混凝土	93×5	客货运	1988	
	下河埠	丽水市区下河村		混凝土			1990.10重修	2006年1月紫金大桥通车，码头消失

续表35

续表2

库区名称	码头名称	所在地	吨位级别	码头结构	码头长宽(米)	主要功能	竣工时间	年载运人次(备注)
瓯江中游莲都区境内码头	塔下码头	紫金街道塔下村	50				1993	2000年因建防洪堤被拆
	湾 岙	紫金街道湾岙村	50	混凝土		货运中转	1993	2006年开潭电站蓄水淹没
	莲都区大溪边2005年后新建10座运输砂石料临时码头,2010年取缔瓯江采砂,10座码头自然消失							
	开潭码头	丽水市区东南7千米处	100	混凝土		货运为主	2005.11	
	南明湖游船码头	丽水市区中部大溪北岸		混凝土		水上游览	2006.4	
松阴溪码头	松阳码头	西屏镇		混凝土		货 运	1965	2005年建造防洪堤码头消失
滩坑库区青田县境内码头	小呈山	北山镇	50	重力式踏步	54×9	客渡旅游	2008.12	对江渡
	坑 底	北山镇	50	重力式踏步	54×9	客渡旅游	2008.12	
	石岭头	北山镇	50	重力式踏步	54×4	客 渡	2008.12	
	箬 弯	北山镇	50	重力式踏步	54×4	客 渡	2008.12	
	泉 山	北山镇	100	重力式踏步	54×25.5	客、货运旅游	2008.12	
	北 山	北山镇	50	重力式踏步	54×9	客 渡	2008.12	对江渡
	肖岙底	北山镇	50	重力式踏步	54×9	客 渡	2008.12	对江渡
	底 垟	北山镇	50	重力式踏步	54×4	客 渡	2008.12	
	仁 村	北山镇	50	重力式踏步	54×4	客 渡	2008.12	
	张山岩头	北山镇	50	重力式踏步	54×9	客 渡	2008.12	
	桔 圩	北山镇	50	重力式踏步	54×4	客 渡	2008.12	与张岙码头对江渡
	张 岙	北山镇	50	重力式踏步	54×9	客渡旅游	2008.12	
	济 根	北山镇	50	重力式踏步	54×9	客 渡	2008.12	
	龙泉峡	北山镇	50	重力式踏步	54×9	客 渡	2008.12	旅游功能,对江渡
	万 阜	北山镇	50	重力式踏步	54×4	客 渡	2008.12	旅游功能,对江渡
	钟 山	北山镇	50	重力式踏步	54×4	客 渡	2008.12	
	吴山埠	岭根乡	50	重力式踏步	54×9	客 渡	2008.12	废弃处理
	黄岭头	岭根乡	100	斜坡道	270×7	车、客渡	2008.12	旅游功能,与井坪对江渡
	井 坪	岭根乡	100	斜坡道	270×7	车、客、货	2008.12	
	石 柱	岭根乡	50	重力式踏步	54×9	客渡旅游	2008.12	
	驮田平	岭根乡	50	重力式踏步	54×4	客 渡	2008.12	形成对江渡
	铁沙济	岭根乡	50	重力式踏步	54×4	客 渡	2008.12	形成对江渡

续表35

库区名称	码头名称	所在地	吨位级别	码头结构	码头长宽(米)	主要功能	开工日期	完工年月	年载运人次(备注)
滩坑库区景宁县境内码头	桃园码头	九龙乡桃源	100	斜坡	270×7	车、客渡	2007.9	2008.7	2.3万
	鹤口	九龙乡乌岩村	100	踏步	54×9	客、货运	2007.9	2007.1	2.5万
	五坑底	九龙乡大田坪	50	踏步	54×4	客渡	2007.1	2007.11	0.4万
	朱岐	九龙乡朱坑	50	踏步	54×4	客渡	2007.1	2007.12	0.23万
	方寮	九龙乡坑心岗	50	踏步	54×4	客渡	2007.11	2007.12	0.26万
	桂根	九龙乡西岙	100	斜坡	270×7	车、客渡	2007.12	2008.7	1.9万
	朱村	九龙乡朱村	50	踏步	54×4	客渡	2008.2	2008.3	0.26万
	牛塘	九龙乡陈村对面	50	踏步	54×4	客渡	2008.3	2008.4	0.32万
	后坪	九龙乡陈村	50	踏步	54×4	客渡	2008.4	2008.5	0.3万
	新长汀	九龙乡新长汀村	50	踏步	40×4	海事、客渡	2008.5	2008.5	
	活岱	九龙乡活岱	50	踏步	54×4	客渡	2008.6	2008.8	0.4万
	下朱山	九龙乡罗卜洋	50	踏步	54×4	客渡	2008.7	2008.8	1.8万
	金山	九龙乡金山	50	踏步	54×4	客渡	2008.9	2008.11	0.3万
	顺利	九龙乡横坑	50	踏步	54×4	客渡	2008.1	2008.11	0.25万
	鹤口	九龙乡鹤口	100		54×9	车渡	2010.2	2010.12	
	旦水	渤海镇黄狗盘窝	100	斜坡	270×7	车、客渡	2007.9	2008.2	2.5万
	石步山	渤海镇金树丰	100	斜坡	380×7	车、客渡	2007.1	2008.4	0.7万
	塘底湾	渤海镇塘底湾	50	踏步	54×4	客渡	2007.12	2008.2	3.5万
	金头会	渤海镇小粗口	50	踏步	54×4	客渡	2007.12	2008.3	3.5万
	梅坑	渤海镇王处屋后	50	踏步	54×4	客渡	2008.1	2008.4	3.3万
	门谭	渤海镇底车村	100	斜坡	270×9	车、客渡	2008.2	2008.7	3.2万
	湖坑	渤海镇坑口	100	斜坡	355×9	车、客渡	2008.3	2008.7	3.2万
	东岸	外舍管理区大粗口	50	踏步	54×4	客渡	2007.12	2008.4	0.4万
	湖边	外舍管理区湖边	100	斜坡	270×7	车、客渡	2008.1	2008.3	6.2万
	绿草	外舍管理区绿草	100	斜坡	270×7	车、客渡	2008.1	2008.6	5.8万
	古传	外舍管理区古传口	50	斜坡	210×4	车、客渡	2008.2	2008.5	0.8万
	汇头	外舍管理区汇田	100	踏步	54×25.5	海事、客货运	2008.2	2008.6	
	石埠圩	外舍管理区石龙	50	踏步	54×4	客渡	2008.3	2008.6	0.7万
	官渡	外舍管理区官渡	50	斜坡	224.5×4	车、客渡	2008.3	2008.7	0.8万
	石埠坑	外舍管理区新华	50	踏步	54×4	客渡	2008.4	2008.7	0.7万
	白马寮	大均乡白马寮	50	踏步	待建	客渡	2006.6		
遂昌县湖山库区码头	湖山	湖山乡香炉岗	30客位泊位2个	重力式		客运			
	黄泥岭	湖山乡香炉岗	50客位码头2个，100吨级货运车渡泊位1个	重力式		客货运交通码头			设计年通过能力货3.9万吨，客17.9万人次
	大溪边	湖山乡大溪边村	50客位码头泊位2个，100吨级货运车渡泊位1个						设计年通过能力货3.9万吨，客17.9万人次

续表 36

2010 年丽水市码头统计表

坐落库区、河流	所在县	数量(座)	备 注
紧水滩库区	龙泉市	4	其中龙泉码头已拆
	云和县	13	
石塘库区	云和县	3	
玉溪库区	云和县	4	
瓯江中游(含南明湖)	莲都区	8	大水门、下河埠、塔下、湾岙已不存在
松阴溪	松阳县	1	松阳码头已消失,需重建
湖山库区	遂昌县	3	
滩坑库区	景宁县	29	待建1座
	青田县	22	
瓯江下游	青田县	温溪港区 4 港头港区 9 鹤城港区 8	海港码头兼内河码头

第四节 埠 头

埠头是指在溪流、湖泊的村旁或溪边人工建造的可供客、货船舶停靠、货物装卸和乘渡客人上下船的简易码头。

丽水市瓯江和乌溪江均系山溪性河流,航道通过能力低,运行船舶小,停靠方便,因而在航道沿线凡有村庄处,都建有停靠船只的埠头。特别是随着市境内大中型水电站的建设,形成一座座水面较大的库区,为适应库区周围乡镇村经济的发展和方便群众出行,库区沿岸村庄相继建造简易码头,即渡埠。埠头投资省,供小型船舶停靠,运载方便。2010 年,全市共计有埠头 173 座。本节撷取部分埠头记述,余列表以存。

龙泉市

源口埠头　位于道太乡源口村紧水滩库区旁。1985 年由县移民办公室出资兴建。采用人工砌筑块石阶梯踏步 150 级,长 50 米,在近水边浇铺水泥混凝土泊位小型码头,长 5 米,宽 2 米,分阶梯 5 级。1989 年,县航运管理所投资 2.5 万元加以维修。

道太埠头　位于道太乡道太村紧水滩库区旁。1985 年,县移民办公室投资建造。采用人工干砌块石斜坡,加铺水泥混凝土路面,长 30 米,宽 2 米。1989 年,县航运管理所投资 2 万元加以维修。

坑口埠头　位于道太乡坑口村。原系民间自然埠头,紧水滩库区形成后,1986 年由县移民办公室出资建造人工干砌块石斜坡道,浇筑水泥混凝土路面,埠头长 100 米,宽 4 米。1989 年,县航运管理所出资 3.5 万元进行维修。

青田县

温溪埠 位于温溪镇马弯、瓯江下游。岸壁式结构,长216米,宽(平均)34.3米,总面积7420平方米,前沿水深6~12米,4个舶位,可供475吨级货轮停靠装卸。码头上建有简易仓库4间,办公室2间,并配备3吨吊机1台,皮带运输机1台,地磅及供电配套设施。1986年9月开始施工,1987年12月竣工,投资60万元。

云和县

高山岭足埠头 位于紧水滩镇饭甑砻村高山岭足、紧水滩水库饭甑砻库湾。1986年县移民办公室拨款0.2万元资金建置,浆砌块石结构。1997年10月,县移民办公室拨款1.6万元改造,2000年4月拨款2.2万元扩建,长140米,宽2.2米,混凝土结构。

下黄岗老码头(埠头) 位于赤石乡下黄岗村、紧水滩水库南岸。1987年县移民办公室拨补0.25万元资金建置,浆砌块石结构。1991年1月,县移民办公室拨款1万元改造。长800米,宽4.5米,水泥混凝土结构,30吨级泊位,南有拖拉机路与丽浦公路衔接。

大牛埠头 位于大源乡大牛村朱坑、紧水滩库区。1988年县移民办公室拨补0.4万元建置,长195米,宽1.2米,浆砌块石结构。2000年8月,县移民办公室拨款7.8万元改造。2007年11月,县交通局投资117.3万元改建。长327米,宽3米,台阶长47米,宽1.2米,候船亭长3.5米,宽4米,高4米,混凝土结构,后方与通村公路连接。

大牛埠头

大源口埠头 位于石塘镇大源口村、石塘水库北岸。1989年县移民办公室拨款4.9万元建置。1991年1月,县移民办公室拨补0.1万元修理,长35米,宽2.5米,泥石结构。2001年4月,县移民办拨款2.05万元改造扩建,长37.5米,宽2.5米,混凝土结构,并建路亭一座。

遂昌县

琴圩埠头 位于琴圩乡画眉丘村,乌溪江湖山库区。水泥混凝土阶梯路面,宽1.5米,长333米。

焦滩埠头 位于焦滩乡焦滩村,乌溪江湖山库区,系石级阶梯埠头。

续表37

2010年丽水市埠头一览

县(市、区)	埠头名称	位置		长(米)	宽(米)	结构	投资金额(万元)	建设时间
		乡镇	所在地					
紧水滩库区龙泉市境内埠头(补充,见139页注)	沙潭	龙渊街道	沙潭	100	5	混凝土	3	1989年
	黄金坑	道太	上横	80	5	混凝土	3	1989年
	源口	道太	源口	60	4	混凝土	2.5	1989年
	吴庄	道太	吴庄	1000	4	混凝土	3	1989年
	道太	道太	道太	30	2	混凝土	2	1989年
	梨垟	道太	梨垟	100	4	混凝土	1.5	1989年
	半潭	道太	丁山	100	4	混凝土	1.5	1989年
	丁山	道太	丁山	100	3	混凝土	1.5	1989年
	社门	道太	山石坑	200	4	混凝土	2.3	1989年
	陈家连	道太	坑口	100	4	混凝土	1.5	1989年
	坑口	道太	坑口	100	4	混凝土	1.5	1989年
	蛤湖	道太	蛤湖	100	4	混凝土	1.5	1989年
	坞盛口	道太	上坑	100	3	混凝土	2.5	1989年
	沈村	道太	沈村	80	5	混凝土	3	1989年
	武溪	道太	武溪	100	4	混凝土	1.5	1989年
	前赖	道太	前赖	100	4	混凝土	2.5	1989年
紧水滩库区云和县境内埠头	下黄岗老码头(埠头)	赤石	下黄岗村	800	4.5	混凝土	1.25	1991.1改造
	高胥	赤石	赤石村	600	1.2	浆砌块石	0.4	1991.1
	歇坑	赤石	建林村歇坑	120	1.2	混凝土	0.48	1993.12
	龙坑	赤石	龙坑村	120	1.2		0.6	1993.12
	下黄岗新埠头	赤石	下黄岗村	50	2	混凝土	1	1995.11
	正泉	赤石	正泉村	200	1.2	混凝土	0.5	1996.5
	建升	赤石	建升村	150	2	混凝土	1.34	1996.5
	垟田	赤石	垟田	200	1.2	混凝土	1	1997.1
	滩头	赤石	滩头村	300	2	混凝土	1.45	2000.3
	锯板厂	赤石	建源村	150	2	混凝土	0.8	2001.1
	满荣	赤石	满荣村	70	1.5	混凝土	0.5	2001.2
	望牛坪	赤石	望牛坪村	50	1.2	混凝土	0.3	2001.2
	阙家	赤石	建林阙家	600	1.2	混凝土	2.2	2001.3
	阴岩上	赤石	阴岩村	500	3	混凝土	6.87	2001.11
	桥头岗	赤石	桥头岗村	50	1.2	混凝土	0.2	2003.1
	朱坑	赤石	朱坑村	100	2	混凝土	1.1	2003.1
	友根	赤石	友根村	100	1.2	混凝土	0.3	2003.1
	桐子坑	赤石	桐子坑村	120	1.2	混凝土	0.3	2003.1
	阴岩下	赤石	阴岩村	19	2.5	混凝土	0.8	2008.7
石塘库区云和县境内埠头	局村老埠头	云和镇	局村	7	6	混凝土	0.1	1991.1
	局村新桥	云和镇	局村	70	5	混凝土	1.72	1992.6
	溪口船厂	云和镇	溪口村	10	1.5	混凝土	拨补0.1	1992.6
	溪口油厂	云和镇	溪口村	10	1.5	混凝土	0.1	1992.6
	木垟	云和镇	局村木垟	25	2.5	混凝土	4.3	1993.12
	溪口	云和镇	溪口村	30	3.5	混凝土	0.78	1997.12

续表 37

县(市、区)	埠头名称	位置		长(米)	宽(米)	结构	投资金额(万元)	建设时间
		乡镇	所在地					
石塘库区云和县境内埠头	局村新埠头	云和镇	局村	25	6	混凝土	1.9	2000.6
	龙石	云和镇	局村龙石	23	1.5	混凝土	0.73	2002.1
	龙石南岸	云和镇	局村龙石	27	1.5	混凝土	12	2002.1
	贵圩坝	云和镇	溪口村	10	2	混凝土	0.13	2006.1
	官坑南埠头	云和镇	局村下官坑	45	8.5	混凝土	160.45	2007.6 改建
	官坑北埠头	云和镇	局村下官坑	43	6	混凝土		2007.6 改建
	石浦南北	紧水滩	石浦村	25	3	混凝土	7.38	1990.3 建 2000.3 停用
	上官坑	紧水滩	石浦村	15	1.5	泥石	拨补 0.04	1993.1
	黄泥弄	紧水滩	黄泥弄自然村	15	1.5	泥石	0.04	1993.1
	石浦东	紧水滩	石浦村	30	4	混凝土	2	2006.1
石塘库区云和县境内埠头	菖蒲砻	紧水滩	菖蒲砻	25	1.5	混凝土	0.13	1992.1
	大毛塆	紧水滩	大毛塆	50	1.2	续表 37	0.15	1995.11
	插花殿	紧水滩	插花殿	100	2.5	混凝土	2.58	2000.1 改建
	高山岭足	紧水滩	高山岭足	140	2.2	浆砌块石	6.2	2000.4 改建
	乌头坑	紧水滩	乌头坑	230	1	混凝土	1.15	2001.3
	端丘	紧水滩	端丘	135	1	混凝土	1.27	2001.3
	樟坪岗	紧水滩	樟坪岗	178	1.5	混凝土	1.7	2001.4
	吾思岭足	紧水滩	吾思岭足	224	2.5	混凝土	1.3	2002.2
	荒田塆	紧水滩	荒田塆	590	1.2	混凝土	1.7	2003.12
	阴坑头	紧水滩	阴坑头	345	2.8	混凝土	3.24	2005.12 改建
	牛岱	紧水滩	牛岱	590	1.5	混凝土	2.23	2007.1
	紧水滩大坝	紧水滩	大坝上游	150	5	混凝土		2007.5 改建
	砻空	紧水滩	砻空	65.5	1.3	混凝土	1.52	2008.1 改建
	三望坛	紧水滩	三望坛	30	2.9	混凝土	0.45	2008.1
	垟后	大源	垟后村	50	1.2	混凝土	1.05	1991.7 改建
	黄苏坑	大源	黄苏坑	200	1.2	混凝土	0.57	1994.8
	西坪岗	大源	西坪岗	30	1.2	泥石路面	0.2	1995
	双坑	大源	双坑	160	1.2	混凝土	0.87	1996.12
	垟后半坑	大源	垟后村	1500	2.8	混凝土	6.1	2000.1 改建
	大牛岗	大源	大牛岗	80	1.5	混凝土	0.84	2001.2
	大王岗下	大源	大王岗	200	3.5	泥石路面	2.98	2002.7
	垟后林场	大源	垟后林场	380	1.3	混凝土	1.31	2003.12
	大王岗	大源	大王岗	410	3.5	混凝土	9.4	2003.12
	渡蛟	大源	渡蛟村	250	2	混凝土	8.84	2005.10 扩建
	杨梅坑	大源	杨梅坑	80	1.2	混凝土	1.2	2007.3
	田铺	大源	田铺村	430	3	混凝土	10.217	2007.6 改造
	大牛	大源	大牛村朱坑	327	3	混凝土	125.5	2007.11 改建

续表37　　　　续表2

县(市、区)	埠头名称	位置		长(米)	宽(米)	结构	投资金额(万元)	建设时间
		乡镇	所在地					
石塘库区云和县境内埠头	桑溪	石塘	桑溪村	70	3.5	混凝土	3.5	1991.1
	长汀老埠头	石塘	长汀村	70	3	混凝土	4.1	1991.1改建
	蒲潭	石塘	蒲潭村	35	4	混凝土	1.57	1996.11
	续莫圩	石塘	续莫圩	10	3.5	混凝土	0.1	1996.11
	麻厂	石塘	湖滨村	15	2.5	混凝土	1.1	1997.11
	北溪坑口	石塘	北溪坑口	40	5	浆砌块石	2.75	2000.1
	大源口	石塘	大源口	37.5	2.5	混凝土	7.05	2001.2改建
	长汀南北	石塘	长汀村	93	5.15	混凝土	5.8	2002.2
	岭足	石塘	岭足村	15	2.5	混凝土	0.65	2002.2
	滩头	石塘	长汀滩头	15	1.5	混凝土	0.3	2003.1
	戈头	石塘	小顺村	30	1.5	混凝土	0.4	2005.1改建
	寨下	石塘	寨下村	15	2	混凝土	1.65	2005.2
	北溪	石塘	北溪村	20	3.2	混凝土	0.17	2005.12

县(市、区)	埠头名称	位置		县(市、区)	埠头名称	位置	
		乡镇	所在地			乡镇	所在地
瓯江干流青田县境内埠头	陈山埠	腊口	陈山埠村	瓯江干流青田县境内埠头	滩头下村	船寮	滩头下村
	青竹	腊口	青竹村		西岸	船寮	西岸村
	外垟	腊口	外垟村		良岸	船寮	良岸村
	石帆	腊口	石帆村		石溪	石溪乡	溪口村
	武洋	腊口	武洋村		白浦	鹤城	白浦村
	石浦	腊口	石浦村		京岙	鹤城	京岙村
	浮弋	腊口	浮弋村		上岸港头	鹤城	上岸村
	腊口	腊口	腊口村		湖边	鹤城	湖边村
	坑口	腊口	坑口村		沙湾	鹤城	沙湾村
	三塘汇	腊口	三塘汇村		湖口	鹤城	湖口村
	锦水	祯埠	锦水村		水南埠头	鹤城	水南村
	大演背	祯埠	岭下村		新码道	鹤城	水南村
	祯埠	祯埠	祯埠村		大埠头	鹤城	水南村
	小群	祯埠	小郡村		中坊	鹤城	水南村
	官坑	祯埠	官坑村		关埠头	鹤城	水南村
	陈篆	祯埠	陈篆村		行春门	鹤城	水南村
	高沙	海口	高沙村		石郭	鹤城	石郭村
	海口	海口	海口村		三脚湾	鹤城	三脚湾村
	南岸	海口	南岸村		前仓	鹤城	前仓村
	界阜	海口	界阜村		圩仁	鹤城	圩仁村
	下井	海口	南岸下井自然村		魁市	鹤城	魁市村
	雄溪	高市	雄溪村		高岗	温溪	港头村
	港头埠	高市	港头埠村		沙埠	温溪	沙埠村

续表 37

县（市、区）	埠头名称	位置		县（市、区）	埠头名称	位置	
		乡镇	所在地			乡镇	所在地
瓯江干流青田县境内埠头	练岙	高市	练岙村	瓯江干流青田县境内埠头	小峙	温溪	小峙村
	石门洞	高市	石门洞村		水坎埠	温溪	
	高市凉亭	高市	高市对江渡		航船埠	温溪	
	高市	高市	高市外村		温溪	温溪	马弯
	芝溪	船寮	芝溪村		港头	温溪	港头
	陈造	船寮	陈合村	小溪青田县境内埠头	城门	巨浦	城门村
	水井头	船寮	水井头村		石寨	巨浦	石寨村
	石盖口	船寮	石盖村		钓汰上地	仁宫	上地村
	洪府前	船寮	洪府村		钓汰下地	巨浦	下地村
	船寮	船寮	船寮村		钓汰下	巨浦	汰下村
	白岸	船寮	白岸村		彭湖	巨浦	彭湖村
	滩头上村	船寮	滩头村		朱山	巨浦	朱山村
	大洋	船寮	大洋村		过海坑	巨浦	过海村
	滩头	船寮	滩头村		过海	巨浦	过海村
小溪青田县境内埠头	小奕	巨浦	小奕村	遂昌湖山库区埠头	琴圩	琴圩	画眉丘村
	寺岙	巨浦	寺岙村		焦滩	焦滩	焦滩村
	大奕	巨浦	大奕村				
	仁宫	巨浦	仁宫村				
	孙前对江	巨浦	孙前对江渡				
	孙前	巨浦	孙前村				

表 38

1991 年后云和县未改造埠头一览

埠头名称	位置		长(米)	宽(米)	结构	投资金额（万元）	建设时间
	乡镇	所在地					
将军岗	大源	将军岗西	185	2.5	浆砌块石	0.48	1988 年
樟树下	大源	樟树下	180	1.2	浆砌块石	0.44	1988 年
后庄岭足	大源	后庄村东	95	1.5	浆砌块石	0.2	1988 年
麻厂	紧水滩	麻厂新村	68	2	浆砌块石	0.25	1987 年
麻地湾	紧水滩	麻地湾	310	2	浆砌块石	0.25	1988 年
西尖	紧水滩	下西尖	44	2	块石	0.2	1988 年
叶草	紧水滩	叶草村	223	1.5	块石	0.2	1988 年
瑞滩	紧水滩	瑞滩村	42	1.5	块石	0.07	1988 年
木吉寮	紧水滩	木吉寮村	65	2.5	浆砌块石	0.31	1988 年
火坟岗	紧水滩	火坟岗	151	1.5	浆砌块石	0.23	1988 年
山塘湾	紧水滩	梓坊村	122	1.5	浆砌块石	0.19	1988 年
风砻	紧水滩	风砻村	92	2.5	块石	0.2	1989 年
沈林	赤石	独山村	200	2	浆砌块石	0.25	1985 年
坳后	赤石	坳后岭足	100	1.5	浆砌块石	0.25	1987 年
沙埠	赤石	沙埠村西	120	2	浆砌块石	0.25	1987 年

续表 38

埠头名称	位置		长(米)	宽(米)	结构	投资金额(万元)	建设时间
	乡镇	所在地					
乌甚源口	赤石	建升村南	120	2	浆砌块石	0.25	1987 年
田铺	赤石	田铺村南	90	1.5	浆砌块石	0.25	1987 年
建源	赤石	建源村西	80	1.5	浆砌块石	0.25	1988 年
牛渡	赤石	黄垟村西	80	1.5	浆砌块石	0.25	1988 年

表 39 **2010 年丽水市埠头统计表**

坐落库区	所在县	数量	备注
紧水滩库区	龙泉市	16	
石塘库区	云和县	56	
紧水滩库区	云和县	19	1991 年后未改造埠头
瓯江干流	青田县	65	
小溪	青田县	15	
湖山库区	遂昌县	2	
	合计	173	

县(市、区)	埠头名称	位置		长(米)	宽(米)	结构	投资金额(万元)	建设时间
		乡镇	所在地					
紧水滩库区龙泉市境内埠头	沈村	道太	沈村	80	5	砼	3	1989
	武溪	道太	武溪	100	4	砼	1.5	1989
	前赖	道太	前赖	100	4	砼	2.5	1989

第五节 渡口

自古以来,瓯江、乌溪江等江、溪及其支流两岸往来除架木桥以通行人,沿溪设渡口,来往行人赖摆渡过溪。

清雍正《处州府志》载:“括地(今丽水市)皆阻溪,急流断岸,舆马难道,匪桥渡,人且望崖而返。”

清光绪《处州府志》及各县旧志记载,渡口经费来源系个人捐资,或民户捐募集资,购置田产,以田租收入建造渡船和渡工生活之需,不收渡费,称为义渡,人们视这种行为为善举。

中华人民共和国成立后,通过土改,田租废除,渡口由所在村管理,集体供给渡工口粮,对外地乘客收取渡费。经济困难的乡村,由县交通局拨款建造渡船或维修渡船。1980 年后,大部分渡口收过渡费。

1990年底全区有渡口243处,渡工306人,人力渡船220艘,机动渡船73艘。

2002年7月17日,丽水市人民政府出台《丽水市渡口安全管理办法》,加快了撤渡建桥工作。全市渡口从1990年的243处减少到2010年底的115处, 渡船从1990年的293艘减到2010年的120艘,完成年渡运量316.4万人次。

民间渡口

莲都区

大港头渡 位于大港头镇大溪边,与大溪北岸保定村通渡。江面一般宽200米,水深4米。1980年以后,改人力渡船为机动渡船。有机动渡船2艘,渡工2人,可渡运拖拉机,日均渡运1000人次,迄今50年渡运无事故。

红圩渡 位于碧湖镇石牛办事处红圩村瓯江边,与溪南沙溪村通渡。1990年以后,改人力渡船为机动渡船。2010年,有机动渡船1艘,可渡运拖拉机,渡工1人。日均渡运500人次。迄今50年渡运无事故。

开潭渡 位于丽水市区东7千米处,旁330国道,与瓯江南边开潭村通渡。有机动渡船1艘,渡工1人,日均渡运500人次。

龙泉市

吴口渡 位于紧水滩库区、道太乡双平片(原双平乡)源口村。2001年渡运延至吴庄村,设吴庄埠头,是双平乡民2000余人,尤其是源口、吴庄2村400余人水上出行通往安仁的主要渡口,距安仁5.5千米。1988年,龙泉县移民办公室补助购置木质机动渡船1艘,配渡工1人。1999年,市移民办公室、交通部门共同投资购置更换机动钢质渡船,核定乘员30人,设渡工1人,年运量1.6万人次。

道太渡 位于紧水滩库区、道太乡供村片(原供村乡)道太村。受益村民4000人,是村民水上出行通往安仁的主要渡口。1988年,龙泉县移民办公室补助购置木质机动船1艘,配渡工1人。1999年,市移民办公室、交通部门投资更换钢质机动渡船,核定乘员25人,设渡工1人,年渡运量1万人次。

坑口渡 位于紧水滩库区、道太乡坑口村,是坑口村通往老丽浦线杨梅岭的重要渡口。紧水滩库区形成后,由龙泉县移民办公室出资购置木质机动船1艘,配渡工1人。1999年,由龙泉市移民办公室、交通部门共同投资更换钢质机动渡船1艘,核定乘员30人,设渡工1人,年渡客2.1万人次。

青田县

石门洞渡 位于石门洞AAAA国家级旅游景区·石门洞国家森林公园。横渡瓯江,有渡船3艘,渡工4人,客位83座。重大节假日和双休日,来石门洞游客较多,日渡运800~2500人次。

温溪渡 位于温溪镇温溪村，横渡瓯江。渡船4艘，渡工4人，115客位。主要是对岸温州市鹿城区渡船头、沈岙公交车直达温州市区及火车站，客流量大，日渡运500~1000人次。

孙前渡 位于仁宫乡孙山村。横渡小溪，有机动和人力渡船各1艘，渡工各1人，客位50座，每年渡运杨梅等水果50万千克。

遂昌县

赤山渡 位于湖山乡赤山岭头，横渡湖山源，至对岸矿山，渡运距离450米。备有钢质人力渡船1艘，渡工1名，2009年渡客4万人次。

桐梗渡 位于湖山乡桐梗。横渡乌溪江，至对岸，渡运距离200米。有钢质人力渡船1艘，渡工1名，2009年渡客1.2万人次。

松阳县

谢村水库渡 位于谢村乡大岭里村谢村水库，是大岭里至李山头、南坑、上仓、大甫、北坑下等村渡埠的渡口，渡程3千米。1996年谢村水库大坝建成蓄水后，村民李松富、毛开亮、李金隆、李法荣4人各自投资建造木质12马力机动船4艘，进行收费渡运。2002年4艘木质机动船停运。谢村乡政府集资8万余元，购置20马力钢质机动船舶，定载额30人。免费从事常年沿库学生、村民交通和农事渡运。2005—2008年丽水市港航管理处补助资金10余万元，在大岭里村主渡埠和对岸渡埠修建较规范的渡埠和候渡亭，方便群众来往和安全渡运。

靖居口渡 位于象溪镇靖居口村。又名南山渡、普济渡。横渡松阴溪，渡距约90米。原为木质船，可载20人。2002年，丽水市港航管理处补助2万元，购置“浙松阳渡0004号”钢质渡船，投入营运。

云和县

建源渡 原称赤石渡，明成化年间(1465—1487)创置，古称“七赤渡”“七尺度”。位于赤石乡赤石村西(已淹)，横渡龙泉溪，是赤石通往瓦窑头、沙坑埠头之渡口。民国23年(1934)丽浦公路建成通车，增置人力车渡船，承担丽浦线过往车辆的渡运。1966年，赤石大桥建成通车，停车渡，保留客渡。

紧水滩库区建源渡口

1986年紧水滩电站水库蓄水，原村庄、大桥、渡位被淹没。是年，县移民办公室投资复渡于黄岗,沿用原名。是赤石通往建源、建林、建升、龙门、饭甑砻、梓坊、阴岩等地之渡口。置机木船两艘,通往建源和饭甑砻。1990年12月,县交通局拨款8.2万元、县移民办公室拨款4万元改置钢质船两艘通往建源和饭甑砻。1991年1月,县交通局拨款10万元、移民办公室拨补0.8万元置定员50人的钢质客船1艘,渡往建林渡口。1994年1月15日,县交通局、移民办公室拨补资金置钢质渡船1艘,定员50人,航行于赤石、沙埠、桐子坑、桥头岗、朱坑等埠。1997年6月,县交通局投资购置定员120人的客轮通航于赤石至库北渡口,日均渡运量390人次。1997年12月20日,县交通局将赤石渡并入1986年创置的建源渡。2006年,将原库北渡120客位渡船、饭甑砻车渡船调整至赤石—建源航线。2008年,对原120客位渡船进行改造,定员50人,可渡摩托车15辆,持证渡工2人,日均渡运120人次。

大源口渡 位于石塘库区北岸大源口,是大源口通往小顺及53省道之渡口。1988年11月,县移民办公室拨款购置机木船1艘,1990年11月,县交通局拨款6万元、县移民办公室拨补0.8万元添置钢质船1艘,定员30人,持证渡工2人,日均渡运170人次。

田铺渡 位于大源乡潘山头西北紧水滩库区桃子坑库湾,是田铺村通往龙门之渡口,渡距6000米。1986年建置,设机木船1艘,总吨位5.5,净吨位3.8,定员20人,渡工1人,日均渡运150人次。1992年6月,县交通局拨款5.5万元,县移民办公室拨款2万元添置钢质船1艘,定员50人,持证渡工2人,日均渡客230人次。

景宁县

梅花圩渡 位于大均乡新庄村梅花圩自然村,距县城16千米。原为自然坡岸渡埠,2008年建造水泥码头,现为皮筏艇漂流起点。有12客位人力钢质渡船1艘,渡工1人,年渡运4000人次左右。

绿草渡 位于外舍管理区。原名金钟渡口,建于清嘉庆年间。滩坑水库开始蓄水后,外舍管理区的黄山楼下山脱贫安置点、岭根村、杨山村、潘坑村约4000村民通往景宁县城只能从绿草渡口过渡,县移民办公室租借1艘50客位渡船在此渡口渡运。2009年7月由县水上指挥部建造的二车渡投入运行,该渡船170总吨、38客位,同时可载运2辆5吨载重汽车,配备渡工3人,年渡运量24500人次左右,年载运车辆14900辆次左右。

大均渡 又名浮伞渡,位于县城西南8千米大均乡大均村西隅。相传唐时已有此渡。据传,该渡值水涨无渡,曾以伞渡,故有浮伞渡之称。1990年县财政拨款9000元整修,渡工1人,最高日渡运1000人次以上。2007年,长163米大均桥建成,渡撤。

说明:大均渡未列入统计表内

表40 **2010年丽水市民间渡口一览**

区市县	渡口名称	所在乡镇村（往返地址）	所在地点	渡船（艘）		渡工（人数）	年渡运量（万人次）
				钢质	木质		
莲都区	风化	风化—大岙	瓯江大溪	机动1		1	3.65
	开潭	开潭—湾岙	瓯江大溪	机动1		1	18.25
	新亭	新亭—河埠	瓯江大溪	人力船1		1	2.92
	红圩	红圩—丽沙	瓯江大溪	机动1		1	18.25
	九龙	九龙—上沙溪	瓯江大溪	机动1		1	3.65
	县头	县头—上阁	瓯江大溪	机动1		1	18.25
	大港头	大港头—保定	瓯江大溪	机动2		2	36.5
	青林	青林—河村	好溪	人力1		1	7.3
	黄渡	黄渡—小坑	好溪	人力1		1	1.8
	堰头	堰头村—对面圩	松阴溪	人力1		1	1.46
	桥马郑	桥马郑—对面公路	松阴溪	人力1		1	1.8
	黄村水库	黄草鸟—对面	水库	人力1		1	2.9
龙泉市	梧桐口	龙渊街道梧桐口村	龙泉溪				目前已停渡
	石退	龙渊街道石退村	龙泉溪				目前已停渡
	宏山	剑池街道宏山村	龙泉溪				目前已停渡
	黄金坑	道太乡上横村	紧水滩库区	1			1.3
	乌盛口	道太乡上坑村	紧水滩库区	1			1
	沈村	道太乡上坑村	紧水滩库区	1			1
	吴口	道太乡吴庄村	紧水滩库区	1			1.6
	道太	道太乡道太村	紧水滩库区	1			1.2
	梨洋	道太乡梨洋村	紧水滩库区	1			2.1
	半潭	道太乡丁山村	紧水滩库区	1			1
	丁山	道太乡丁山村	紧水滩库区	1			1.2
	社门	道太乡山后坑村	紧水滩库区	1			1.3
	陈家连	道太乡坑口村	紧水滩库区	1			1
	坑口	道太乡坑口村	紧水滩库区	1			2
	蛤湖	道太乡蛤湖村	紧水滩库区	1			1.5
	武溪	道太乡武溪村	紧水滩库区				目前已停渡
	前赖	道太乡前赖村	紧水滩库区				目前已停渡

续表 40

区市县	渡口名称	所在乡镇村（往返地址）	所在地点	渡船（艘）		渡工（人数）	年渡运量（万人次）
				钢质	木质		
青田县	青竹	腊口镇青竹村	瓯江大溪	1		1	水果 15~25 万千克
	陈篆	祯埠乡陈篆村	瓯江大溪	2		2	1.8~7.3
	祯埠	祯埠乡祯埠村	瓯江大溪	1		1	7.3~11.8
	官坑	祯埠乡官坑村	瓯江大溪	1			
	石门洞	石门洞森林公园	瓯江大溪	3		4	29~91.2
	陈合	船寮镇陈合村	瓯江大溪	1		1	1.8~3.6
	石溪	石溪乡石溪村	瓯江	1			
	上岸	鹤城镇上岸村	瓯江	1			
	温溪	温溪镇温溪村	瓯江	4		4	18~36.5
	孙前	仁宫乡孙山村	小溪	1		1	年运杨梅 50
	寺岙	仁宫乡寺岙村	小溪	人力 1		1	1.8~10.9
	大奕	仁宫乡大奕村	小溪	人力 1		1	1.8~7.3
	过海坑	仁宫乡过海坑村	小溪	1		1	1.8~7.3
	朱山	仁宫乡朱山村	小溪	2		1	7.3~21.9
	彭湖	仁宫乡彭湖村	小溪	1		1	1.8~10.9
	钓汰下	仁宫乡钓汰下地村	小溪	1		1	2.9~12.7
	钓汰下地	仁宫乡钓汰下地村	小溪	1		1	3.6~10.9
	钓汰上地	仁宫乡钓汰上地村	小溪	1		1	3.6~10.9
	石寨	巨浦乡石寨村	小溪	1		1	1.8~10.9
	城门	巨浦乡城门村	小溪	1		2	5.5~21.9
	大奕坑电站		大奕坑电站库区	1		2	7.3
	泉山	北山镇	滩坑库区	1			8 万人次渡车 30 辆
	龙泉峡	北山镇	滩坑库区	1			3.6
	张岙	北山镇	滩坑库区	1			2.8
	钟山	北山镇	滩坑库区	1			2.8
	仁村	北山镇	滩坑库区	1			1.8
	石岭村	北山镇	滩坑库区	1			1.8
	北山	北山镇	滩坑库区	1			1.8
	井坪	北山镇	滩坑库区	1			5.2
	黄岭头	北山镇	滩坑库区	1			1.8
	石柱	北山镇	滩坑库区	1			2.9
	驮田坪	北山镇	滩坑库区	1			3

续表40

区市县	渡口名称	所在乡镇村(往返地址)	所在地点	渡船(艘)		渡工(人数)	年渡运量(万人次)
				钢质	木质		
遂昌县	赤山	湖山乡赤岭头村	湖山库区	1		1	4
	芦口	湖山乡麻车坪村	湖山库区	1		1	2.5
	桐梗	湖山乡桐梗村	湖山库区	1		1	1.2
	甲门潭	焦滩乡甲门岭脚村	湖山库区	1		1	2010年桥建渡撤
	大溪边	湖山乡大溪边村	湖山库区	1		1	6.5
	九峰岩	湖山乡九峰岩村	湖山库区	1		1	0.6
	黄泥岭	湖山乡黄泥岭村	湖山库区	2		2	6.5
	福罗淤	湖山乡福罗淤村	湖山库区	1		1	2.2
	凉山头	湖山乡凉山头村	湖山库区	1		1	0.9
	白坛下	湖山乡白坛下村	湖山库区	1		1	1.5
	左肩	湖山乡左肩村	湖山库区	3		3	1
	城围渡	湖山乡姚岭村城围	湖山库区	1		1	0.5
	奕山	湖山乡奕山村	湖山库区	1		1	0.4
	紫林坞	湖山乡紫林坞村	湖山库区	1		1	5
松阳县	叶村	叶村乡叶村	松阴溪	1		1	
	陈下	象溪镇吕潭村	松阴溪	1		1	
	靖居口	象溪镇靖居口村	松阴溪	1		1	
	谢村源水库	谢村乡大岭里村	谢村源水库	1		2	
云和县	梓坊	紧水滩镇梓坊村	紧水滩库区	1		1	1.65
	阴岩	赤石乡阴岩村	紧水滩库区	1		1	0.9
	建升	赤石乡建升村	紧水滩库区	1		2	2.5
	建源	赤石乡建源村	紧水滩库区	1		1	7.2
	建林	赤石乡建林村	紧水滩库区	1		1	1.69
	大牛	大源乡大牛村	紧水滩库区	1		1	2.4
	田铺	大源乡田铺村	紧水滩库区	1		2	7.4

续表40

区市县	渡口名称	所在乡镇村(往返地址)	所在地点	渡船(艘)		渡工(人数)	年渡运量(万人次)
				钢质	木质		
云和县	大源	大源乡渡蛟村	紧水滩库区	1		2	0.52
	饭甑砻	紧水滩镇饭甑砻村	紧水滩库区	1		1	3.65
	北溪坑口	石塘镇北溪坑口村	石塘库区	1		1	1.65
	大源口	石塘镇大源口村	石塘库区	1		2	3.12
	长汀	石塘镇长汀村	石塘库区	1		2	1.1
	龙石	云和镇局村龙石	石塘库区	1		1	1.8
	官坑	云和镇局村下官坑自然村	石塘库区	1		1	2.8
	朱村口	朱村乡朱村口	玉溪水库	1		1	0.54
景宁县	梅花圩	大均乡	小溪	1		1	0.4
	底圩	大均乡	小溪	1		1	0.35
	兰头圩	梧桐乡	小溪	1		1	0.32
	梧桐下	梧桐乡	小溪				大桥已建成
	上坑	梧桐乡	小溪	1		1	0.37
	枫林口	标溪乡	小溪				
	大地桥	沙湾镇	小溪				已在建设
	上沙湾	毛垟乡	小溪				项目已立项
	桃园(码头、渡口)	九龙乡	滩坑库区	2		5	1.68
	鹤口(码头、渡口)	九龙乡	滩坑库区	2		3	1.13
	朱村(码头、渡口)	九龙乡	滩坑库区				
	下朱山(码头、渡口)	九龙乡	滩坑库区	2		4	0.52
	后坪(码头、渡口)	九龙乡	滩坑库区				
	门潭(码头、渡口)	渤海镇	滩坑库区	2		5	1.22
	石步山(码头、渡口)	渤海镇	滩坑库区	1		3	未开通
	梅坑(码头、渡口)	渤海镇	滩坑库区	1		3	1.37
	金头会(码头、渡口)	外舍管理区	滩坑库区	1		3	1.49
	绿草(码头、渡口)	外舍管理区	滩坑库区	1		3	2.45人次 车1.49辆
	古传(码头、渡口)	外舍管理区	滩坑库区	2		3	0.63
	石埠坑(码头、渡口)	外舍管理区	滩坑库区	1		3	0.6

说明:梅花圩等8个为库区外渡口,其中梧桐下、枫林口、大地桥、上沙湾为撤渡建桥渡口;桃园等12个渡口为滩坑库区复建的码头、渡口(景政函〔2010〕5号)

表 41

1991—2010 年民间渡口渡船统计表

年份	渡口(处)	渡船(艘)	渡工人数(人)	钢质渡船(艘)	木质渡船(艘)	年渡运量(万人次)
1991	240	311		15	296	
1992	235	297		16	281	
1993	230	287		27	260	
1994	222	279		35	241	1824
1995	222	278		53	224	
1996	215	274		69	205	
1997	211	260		77	183	1126
1998	204	251		92	159	1097.8
1999	186	232		99	133	1130.6
2000	186	232		119	113	912
2001	193	234	235	126	108	902
2002	197	248	267	145	103	1097.8
2003	187	236	249	176	59	923
2004	179	223	236	164	27	1013.37
2005	165	183	199	148	35	849.2
2006	139	175	183	132	36	813.05
2007	131	139	153	114	25	652.7
2008	123	131	148	106	25	580.52
2009	117	121	148	96	25	528.99
2010	115	120	142	120		316.4

说明:资料来源:《丽水地区(市)交通统计资料汇编》(部分资料缺)

表 42

1990、2010 年分县民间渡口对比表

县、市、区	1990 年底				2010 年底				
	渡口数(处)	渡工人数	渡船数		渡口数(处)	渡工人数	渡船数		年渡运量(万人)
			人力船(艘)	机动船(艘)			人力船(艘)	机动船(艘)	
合计	243	306	220	73	115	142	31	89	316.4
莲都(丽水)	44	70	37	25	12	9	5	6	7.1
龙泉	27	27	27		18	17	4	8	21
青田	68	95	47	43	32	45	12	25	177.2
缙云									
遂昌	12	12	11	1	14	17	4	13	17.5
松阳	28	32	28	4	4	4	0	2	22
云和	28	34	34		15	25	2	20	54.2
庆元									
景宁	36	36	36		20	25	4	15	17.4

说明:2010 年云和县 2 艘拖驳未计在内

公路汽车渡口

民国21年(1932)5月建公路以来,曾先后设括苍渡、碧湖渡、缙云渡、安仁渡、龙泉渡、豫章渡、大白岸渡、赤石渡、局村渡、西汇渡、港口渡、三塘汇渡、西门渡。随着公路桥梁建设的发展,桥成渡撤。到1990年底仅存青田县西门渡、三塘汇渡和丽水市(现莲都区)南山渡。至1999年7月 ,青田腊口大桥建成,丽水地区境内已无汽车轮渡。

碧湖渡 位于丽水县(现莲都区)碧湖镇上南山,横渡瓯江(大溪),民国27年(1938)11月设置。1962年,省交通厅将该渡上移1.1千米的深水河段,6月动工,11月竣工通渡。1984年10月,丽水地区公路总段投资18.83万元,委托温州地区公路总段造船厂代造120马力钢质机轮和配套趸船,投入使用。1986年又建造150马力钢质机轮渡船1艘(造价6万元),1988年有职工18人,平均每昼夜渡运机动车325辆(次)、非机动车77辆(次),日均126航次。

50 省道龙丽线碧湖汽车渡

1994年1月,碧湖大桥竣工通车,渡口撤销。

西门渡 位于青田县城西门外,横渡瓯江,1971年6月,为青(田)北(山)公路通车而建。1972年,丽水地区公路总段从丽水公路段调拨80马力三拼搭和60马力五拼搭木质机轮各1艘(调拨价3.5万元),当年10月1日正式投入渡运,渡工8人,日均渡运19辆次。1977年10月,青(田)汤(垟)公路修通后,日渡运增至133辆次。1980年4月,投资16万元建造80马力钢质拖轮和两车趸船1艘。1982年4月,以18.4万元,委托温州地区公路总段造船厂建造120马力钢质拖轮和两车趸船1艘。1986年渡口接线铺筑块石路面。1987年投资5万元,修建人渡码头,实行人、车分渡,以策渡运安全。1988年,有渡工18人,日均渡机动车132辆次。1995年12月27日,西门瓯江大桥竣工通车,渡废。

三塘汇渡 位于青田县章村区(现腊口镇)三塘汇,三(塘汇)黄(庄岭)公路起点处。横渡瓯江中游大溪,为5级台阶式码头。1983年4月,青田县交通局向温州地区公路总段造船厂订购二拼搭渡船1艘,1984年9月改成三拼搭渡船,船机24马力,机轮造价10万元,码头及引线、渡班工房建筑,投资8万元,渡口建成总投资为18万元。1984年10月正式投入使用。1999年7月30日,腊口大桥建成通车,瓯江最后一座汽车渡口撤销。

①:1马力=735.499瓦

第三章　船筏过坝设施及船闸

瓯江干流实行梯级电站开发,为改善瓯江航运,使瓯江干流丽水至温州段122千米航道符合内河Ⅳ级航道标准。在紧水滩电站、石塘电站大坝建设过坝船筏道,在玉溪水利枢纽、开潭水利枢纽、五里亭电站、外雄电站、三溪口水利枢纽(在建)、青田水利枢纽(在建)建设船闸,为打通瓯江中上游出海大通道奠定了基础。

第一节　紧石电站水库船筏过坝设施

紧水滩水库过坝船道

1986年9月动工。该船道设在电站大坝排道右侧。船舶货运过坝采用高低斜面式升船机。船道总长855.00米,纵坡1:6,坝区上游轨道长250米,最低轨顶高程154.00米;轨距4.5米。坝区下游轨道长605米,最低轨顶高程94.5米,承船车轨道距离3.2米。上、下坡从中部驼峰轨顶高程193.7米通过。承船车长16米,宽8米,高8米,由牵引机牵动。在坝顶上采用摇摆轮转向。最小通航流量50立方米/秒。升船机通过船只30吨位。年平均通航以300天计,年运量为18.36万吨。土建设计留有余地,必要时可改建通过50吨位船舶。1988年4月29日建成试运行。2000年前,仅有少数渔船通过船道至石塘库区返回。2000年以后,特别是2010年前后,随着旅游业兴起,旅游船过船道至石塘库区逐年增多,至2013年先后,年通过船道达50余艘,至石塘库区再返回;未过竹木排筏。

紧水滩水库过坝船、筏道

紧水滩水库过坝筏道

1989年动工。该排道设在电站大坝右岸,与船道中心轨距25米处。钢筋混凝土结构,货筏过坝采用斜坡卷扬道型式。排道总长644米,纵坡1:4。坝区上游坡道长204米,轨道中心距5米,最低轨顶高程154米。坝区下游滑道长440米,轨道中心距5米,最低轨顶高程95米。上下坡从中部驼峰轨顶高程205米通过。运载车长25米,宽16米,高8米,由牵引机牵动,在坝顶上用摇摆轮三角转向。筏道设计年最大通过排筏能力29.74万立方米。1990年竣工。

石塘水库过坝船道

1989年动工。该船道位于石塘水电站大坝右端排道外侧,与排道中心线相距20米,船舶货运过坝采用高低斜面式升船机。船道长283.09米,上下纵坡1:6。坝区上游坡道长57.50米,轨距4.5米。始端最低轨顶95.69米。坝区下游坡道长225.59米,轨距3.2米,末端最低轨顶高程79.94米。载船斜面升降车长、宽分别为8米、高4米,过坝由牵引机牵动,在坝顶上用摇摆轮转向,保持车身平衡。船舶过坝装车型长、宽、高21米×4.36米×1.6米。船只装车周围加垫料(轮胎)保固。过坝单向18.5分钟,双向22.5分钟。过坝能力,近期年过坝运量15万吨~30万吨。远期土建留有余地,可改建通过50吨位船舶。年过坝运量50万吨。1990年建成。

石塘水库过坝筏道

1989年动工。该排道位于石塘水电站大坝南船道内侧,货筏过坝采用斜坡卷扬道型式。排道总长273.85米。上下纵坡1:6。坝区上游滑道长57.69米,始端最低轨顶高程95.69米,轨道距5.2米,坝区下游坡道长216.35米,末端最低轨顶高程71.54米。载排斜面升降车长、宽分别为8米,高5米,过坝采用牵引机牵动,在大坝顶以摇摆轮转向,保持车身平衡。竹木排装车过坝型尺寸、宽、高为8米×8米×0.6米。单向过坝每次15分钟,过坝能力近期年过坝量20万~25万立方米。工程设计留有余地,远期年过坝量为30万立方米。1990年建成。未过竹木排筏。

紧、石电站大坝船、排道,总投资1.78亿元。均系中国水利电力部华东勘测设计院设计,中国水利电力部第十二工程局施工处负责施工。属电站建筑工程项目之一。

第二节 船 闸

船闸是使船只能在河道上水位差较大的地段通行的水工建筑物,由闸室和两端的闸门构成。船只驶入闸室后,关闭后闸门,调节水位,使与前面航道的水位相平或接近,然后开启前闸门,船只就驶出闸室而前进。在瓯江干流石塘电站以下建有5座电站船闸。

玉溪电站过坝船闸

电站水库大坝位于莲都区大港头镇均溪村附近、瓯江上游。1994年2月20日电站工程动工,2000年6月竣工。船闸位于大坝泄洪闸左侧,通航标准Ⅶ级。闸室有效宽度12米(净空),有效长100米。设计洪水位79.35米,校核洪水位79.98米;设计洪水50年一遇,校核洪水500年一遇。上游最高通航水位79.1米,最低通航水位77.6米;下游最高通航水位68.19米,最低通航水位66.8米。通航保证流量每小时50立方米。上闸首钢闸门、下闸首钢闸门均由液压启闭机启闭。近期通航 30 吨级船舶，远期通航 50 吨级。年过木、竹量近期 15 万立方米，远期 30 万立方米。

开潭电站过坝船闸

2004 年 10 月开潭水利枢纽工程动工建设。电站水库大坝位于莲都区开潭村，2006 年 10 月 1 日下闸蓄水，2009 年 2 月 13 日船闸建成，通航标准Ⅳ级，通航能力为 300 吨级，并兼顾 500 吨级船舶的通航要求。船闸投资 4500 万元。设计洪水 50 年一遇，洪水位为 51.03 米；校核洪水 200 年一遇，洪水位为 52.49 米。上游最高通航水位 47.5 米，最低通航水位 46.5 米；下游最高通航水位 38.1 米，最低通航水位 37.0 米；船闸通航净空 5.5 米。

船闸布置在左岸连接坝的右侧和泄洪闸左侧，位于河床的左岸，邻近 330 国道，由上游引航道、上闸首、闸室、下闸首、下游引航道等组成，其中上闸首与泄洪闸位于同一轴线上，同为枢纽挡水建筑物，枢纽泄洪时，船闸不通航，当需要时参与泄洪。

五里亭电站过坝船闸

电站坝址位于青田县祯埠乡岭下村北。2003 年 11 月 3 日电站工程开工建设，2009 年建成。工程总投资 4.31 亿元。设计洪水 50 年一遇，校核洪水百年一遇。建有船闸，通航标准为Ⅳ级，净空不少于 5.5 米。通航能力为 300 吨级，并兼顾 500 吨级通航要求。

船闸布置在泄洪闸的左侧、河床的左岸，与 330 国道相距 46 米。由上游引航道、上闸首、闸室、下闸首和下游引航道等组成，其中上闸首与泄洪闸位于同一轴线上，同为电站挡水建筑物，电站泄洪，船闸不通航，需要时参与泄洪。

外雄电站过坝船闸

电站水库大坝位于青田县高市乡雄溪村北侧、瓯江中游河段。2005 年 9 月电站工程开工。2009 年 9 月底建成。总投资 6.85 亿元。船闸闸室按 10 年一遇洪水设计。长 160 米，净宽 12 米，通航净空大于 5.5 米。级别Ⅳ级，通航能力为 300 吨级，并兼顾 500 吨级货船通航要求。

外雄电站船闸

船闸布置在泄洪闸左侧、河床的左岸，与 330 国道相邻。由上游引航道、上闸首、闸室、下闸首和下游引航道等组成。其中上闸首与泄洪闸位于同一轴线上，同为电站挡水建筑物，电站泄洪时，船闸不通航，需要时参与泄洪。

特大件货物过闸航运成功,2014 年 7 月 27 日,千吨级货船载着 388 吨大型变压器从青田三溪口水利枢纽库区起航,在丽水市交通港航海事部门的护航下,溯瓯江而上,通过外雄、五里亭、开潭 3 座电站大坝船闸以及 20 座桥梁,顺利抵达莲都区联城街道临时装卸码头。至 9 月 27 日,7 台每台 388 吨大型变压器运输圆满结束,标志着丽水市境内瓯江高等级航道基本建成。

三溪口水利枢纽过坝船闸(在建)

坝址位于青田县石溪乡石溪村附近、小溪汇入瓯江干流下游近 1000 米处。2009 年 11 月动工建设。船闸布置在枢纽泄洪闸右端,右接右岸,左邻泄洪闸。整座船闸尺度为 260 米×12 米×3.5 米(有效长度×有效宽度×门槛水深)。单向设计年过闸货运通过能力近期 567 万吨、远期 746 万吨(通航能力为 300 吨级,兼顾通航 500 吨级船舶)。

船闸等级为Ⅳ级,船闸闸首、闸室为 3 级,上下游导航、靠船建筑为 4 级。主要建筑物设计洪水标准为 100 年一遇,校核洪水位 500 年一遇。

上游设计最高、最低通航水位分别为 18 米、17.5 米;下游设计最高、最低通航水位分别为 10.1 米、6.25 米。

船闸由上、下闸首、闸室及上下游引航道组成。上闸首为枢纽挡水建筑物的组成部分,左侧紧邻泄洪闸闸墩。上下闸首、闸室均采用整体坞式结构。

上、下游引航道的主要水工建筑物有:上游导航墙、靠船墩、隔流墩,下游导航墙、靠船墙、隔流墙,护坦,消力池。

坝前交通桥设计净高通航 9.35 米,主桥配跨 23 米,宽度 6.5 米,梁底标高 27.35 米,可满足通航要求。

该工程枢纽部分与船闸同步建成,同时发挥发电、防洪和通航效益。

船闸总概算近 3 亿元。

青田水利枢纽过坝船闸(在建)

坝址位于青田县境内瓯江干流下游、四都源注入瓯江汇合口下游 185 米处。2014 年 12 月 27 日动工建设。船闸布置在水利枢纽左岸,左接左岸重力坝,右连泄洪闸。船闸由上下闸首、闸室及上下游引航道组成。上闸首位于坝轴线处。船闸上下闸首、闸室均采用整体式结构。

船闸尺度为 260 米×12 米×3.5 米,为Ⅳ级航道,单向设计年过闸货运量近、远期通过能力分别为 643 万吨、781 万吨。

上、下游引航道的主要水工建筑物有:上游导航墙、上游隔流墙、上游靠船墩、下游导航墙、下游靠船墙、下游辅导航墙及下游护坡。主要建筑物设计洪水为 50 年一遇,校核洪水标准为 200 年一遇。该工程枢纽部分与船闸部分同步建成,同时发挥发电和通航效益。

表 43

丽水市瓯江航道过坝船筏道、船闸一览表

名 称	所在地	建成年份	过船吨位	通过能力
紧水滩水库过坝船、筏道	船道位于紧水滩电站大坝右侧	1988.4	30 吨	年运量 18.36 万吨，改建后，年过坝能力达 50 万吨
	筏道位于紧水滩电站大坝右岸	1990.1		年通过木、竹排筏 29.74 万立方米
石塘水库过坝船、筏道	船道位于石塘电站大坝右端筏道外侧	1990.9	年过坝运量 15～30 万吨	改建后，年过坝运量达 50 万吨
	筏道位于石塘电站大坝船道内侧	1990.9	单向过坝每次 15 分钟	年过坝木竹 20 万～25 万立方米，改建后，年过坝可达 30 万立方米
玉溪电站大坝船闸	位于瓯江上游，玉溪电站大坝泄洪闸左侧。	2000.6	30 吨位	远期通船 50 吨级，年过木、竹量 15 万立方米，远期可达 30 万立方米
开潭电站大坝船闸	位于瓯江中游，电站大坝左岸连接坝右侧	2006.1	300 吨级兼顾 500 吨级	通航标准Ⅳ级
五里亭电站大坝船闸	位于瓯江中游，河床的左岸，泄洪闸左侧	2009	300 吨级兼顾 500 吨级	通航标准Ⅳ级
外雄电站大坝船闸	位于瓯江中游，大坝泄洪闸左侧，河床左岸	2009.9	300 吨级兼顾 500 吨级	通航标准Ⅳ级
三溪口水利枢纽过坝船闸	位于瓯江下游，布置在枢纽泄洪闸右端	2009.11 动工建设	300 吨级兼顾 500 吨级	通航标准Ⅳ级
青田水利枢纽过坝船闸	位于瓯江下游，布置在水利枢纽左岸	2014.12.动工	300 吨级兼顾 500 吨级	通航标准Ⅳ级

第三篇

运　　输

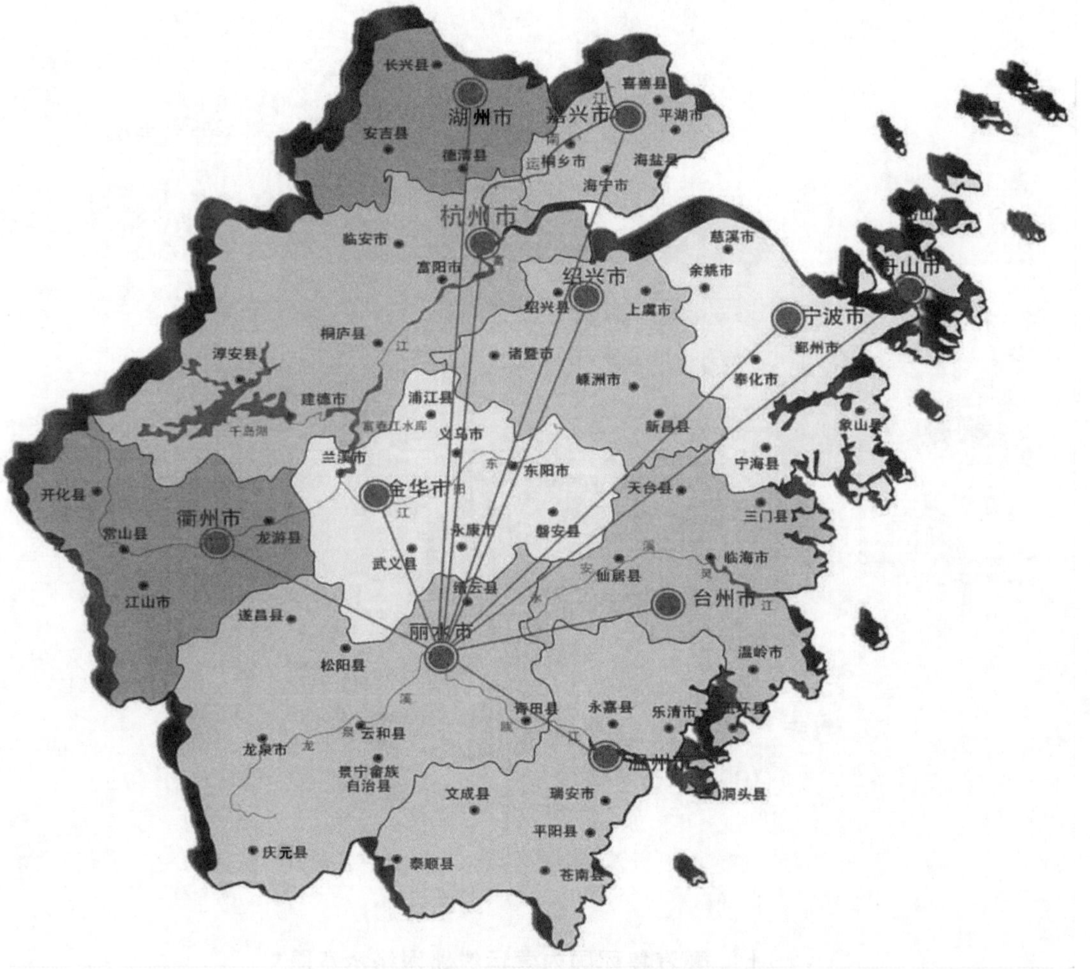

图六　丽汽集团省内营运线路网络示意图

交通运输是国民经济发展的重要组成部分。运输工具的创新提质,带动运输方式转型升级;运输站场的建设,进一步提升运输服务水平;改革开放,催生了多种运输组织,原国有企业改制为股份制有限公司,经营更为灵活;个体(联户)水陆运输组织不断涌现,在激烈竞争中,有的重新组合,形成新的私营股份制企业。各种运输组织在运管、港航部门的政策指导和监管下,公开、公平、公正地搞好运输业,运输方式更加灵活和多样性。截至2010年,丽水市运输方式有公路运输、水路运输和铁路运输。运输业的发展成为经济社会发展的强力助推器。

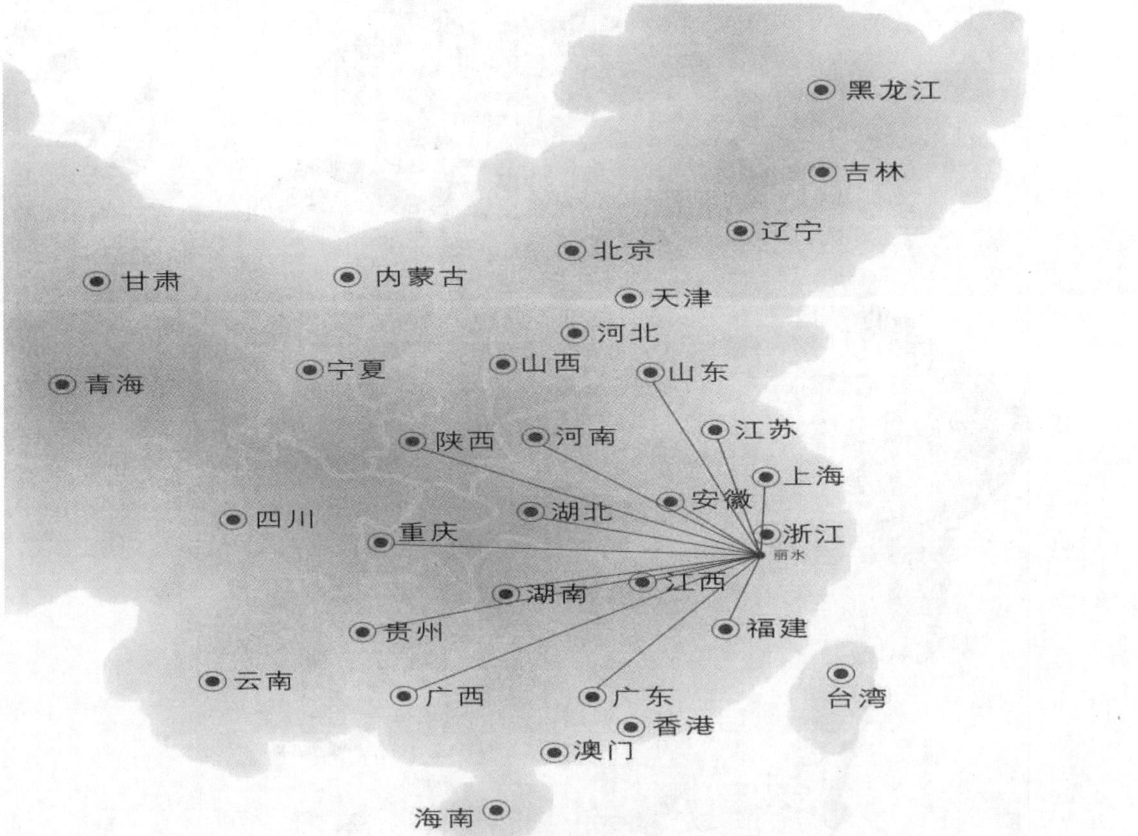

图七 丽汽集团国内营运线路网络示意图

第一章 公路运输

自古以来,境内各县交通运输非常困难,陆运、水运全赖人力。祖祖辈辈翻山越岭、涉水淌溪、肩挑背扛手提运输生活和生产所需物资,与此同时,产生与人力运输相适应的道路设施和运输工具。

民国22年(1933)5月1日,金丽温公路缙云至温州段动工兴建,机动运输工具进入丽水境内,揭开建设现代交通运输的序幕。

中华人民共和国建立后,特别是1978年12月以后,丽水地区境内国省道、县道干线公路的改造提质,铁路、高速公路的兴建,康庄公路的实施,通村公路快速发展,公路网络在全市形成,公路畅通战略基本实现,推进了公路运输快速发展。

2010年全市公路客运量5697万人,客运周转量24.20亿人·千米,分别比1991年增长1.23倍和1.37倍;货运量7028万吨,货运周转量85亿吨·千米,分别比1991年增长12.81倍和15.36倍。

第一节 运输工具

篼、桥

篼 载人工具,古已有之。丽水地区有的县将其称为椅轿或三板轿(靠、座、蹬各一块板),是民间、特别是山区百姓通用的代步工具。轿座形似躺椅,左右两边穿扎直径8公分、长丈余(约4米)毛竹杠,轿夫2人抬之。中华人民共和国成立前,供妇幼老弱走亲访友、士绅富商游山玩水时乘坐。有小轿、花轿、官轿之分。

小轿 亦称便轿,木制轿壳,四周幔帘,左右有布窗,前帘可掀起,以便出入,外型深色,为民间富商、乡绅、医生、妇孺乘坐。普通人家婚娶新娘也有坐小轿的。民国期间全区各县城设有"轿行",供人租用。中华人民共和国成立后淘汰。

花轿 系中华人民共和国成立前豪富人家婚娶供新娘乘坐的轿子。木竹精制,装饰华丽,一般以4人抬行,少数2人抬之,个别豪绅富户为显耀门庭,以8人抬扛。中华人民共和国成立后,已鲜见。

官轿 为古时文职官员乘坐的交通工具,以官职大小分2人、4人、8人抬行。丽水行政督察区也有富商、豪绅乘坐。中华人民共和国成立后已绝迹。

人力车

有独轮车、手拉车、自行车、脚踏三轮车、黄包车等多种。

手推独轮车 俗称羊角车,民国初年在缙云县出现。开始车架和车轮均用硬木制作,载重约150千克。后木轮被钢圈橡胶充气轮胎所代,载重达300千克。抗日战争时期多达千辆,多系外地进入,手拉车出现后,逐渐被淘汰。

手拉车 手拉车出现在独轮车之后,民国23年(1934),金丽温公路缙云段通车后,在五云镇、黄碧街等地出现。开始以木为轮,后改为钢圈橡胶充气轮胎,载重达300千克。民国23年(1934),松阳县城商民阙桐斋自温州购进双轮钢圈橡胶充气轮胎手拉车12辆,经营松阳至遂昌的货运业务。随着公路的发展,遍及全区,是民间通用的轻便运输工具。1962年全区有手拉车7907辆,1988年有127488辆,为厂区、工地、农家田间和住户短途搬运使用。进入20世纪90年代,因摩托车及电动三轮车发展,手拉车减少。

自行车 又名脚踏车,1人骑行,也有带送小孩用之。全区各县在20世纪20年代出现。中华人民共和国成立前,增至数百辆,城内有自行车出租店。50年代,政府机关和企事业单位置办公用,也有一些个人购用,并由财税部门收费发照管理。进入20世纪80年代,全区各县(市)城乡自行车迅速发展,成为城乡居民代步的普通工具。至2010年,据不完全统计,丽水市区共有自行车10万余辆,有自行车销售商店20余家,年销售达5000至10000辆左右,但已逐渐被摩托车、电动车代替,自行车数量减少。

黄包车 黄包车是手把式人拉二轮车,有车座和车棚,因装上活动黄包以遮风雨而得名,可乘1人。民国期间全区各县均有出现,而以丽水为多,解放后消失。

三轮车 用人力脚踏,分载客、装货两种。装货三轮车多用于为机关团体食堂购菜、运粮或为个人运货;载客三轮车也称黄包车,可乘2人,曾一度盛行,"文化大革命"期间被淘汰。改革开放后,有人以三轮车在车站接送旅客,群众称便,继而不断发展,尤以丽水市区为多,车数逾千,其他各县相继发展。2010年,丽水市区有三轮车1742辆。

轮椅 主要供残疾人、年老步行不便或病人护理用的交通工具,有人推、手摇、电动三种类型。1995年以来,政府和社会对残疾人关心,丽水市残疾人联合会筹措资金,购买轮椅无偿赠送给残疾人,至2010年全市共赠送轮椅4525辆。

机动工具

客车 民国22年(1933)11月,丽水至云和公路修通后,省公路管理局以2辆"雪佛兰"牌小客车,开始经营丽水至云和客运。至民国26年(1937)底,省建设厅交通处第三区(丽水)管理处,有客车43辆。民国31年(1942)6月,日军侵占丽水,车辆毁于战乱,仅存丽水车务处2辆客车。1949年5月10日,丽水解放时,仅有废旧客车5辆。解放以后,经济发展,汽车数量增加。至1966年,省汽车运输公司丽水运输段(1977年4月22日改称丽水地区汽车运输公司)有客车40辆。

1979年后,出现国营、集体、个体(联户)一起搞汽车运输。1985年,全区有大型客车366辆,小型客车599辆。

1990年,全区有大型客车425辆、18656座位,小型客车(含轿车)1039辆。分别比1978年增加267、13901座和931辆。其中国营丽水地区汽车运输公司有客车295辆、12845客位。个体(联户)运输专业户,从1985年起,有购置"菲亚特"小型轿车及中小型面包车从事客运以及出租旅游客运,1990年全区有163辆、3041座位,面包车87辆、1017座位,简易机动车2410辆、1421.4吨位。

进入20世纪90年代以后,为适应经济发展,车辆迅速增加,1995年全区有载客汽车3452辆,其中交通运输部门营运客车462辆、9802座位;非交通部门载客汽车2990辆、26861客位,其中营业性798辆;机关企事业单位105辆,个体(私营)693辆。2010年底,全市有客运汽车2390辆、44036客位,其中班车1387辆、32888客位;出租车783辆、3040座位;旅游车129辆、4966客位,其他客车114辆、2410客位。

货车 民国23年(1934)11月,省公路管理局与缙云、丽水商民合组成立缙丽公路汽车两合公司,官股90万元,商股10万元。配有客车2辆,货车1辆,在缙云至丽水及缙云至仙都,丽水至三岩寺、南明山等路线从事客货运输业务,至民国26年(1937)年底,全区载货汽车2辆,民国38年(1949)5月,丽水解放时,有破旧货车8辆。另有商人货车20余辆。

中华人民共和国成立后,汽车货运不断发展,1952年丽水拥有货车82辆、265吨位。1965年全区货运汽车增加到161辆、606.5吨位。中共十一届三中全会后,经济发展,运输市场兴旺,各行各业自购汽车运货,集体、个体(联户)购车经营运输,1985年全区有大型货车2337辆,小型货车365辆。1990年底,全区拥有大货车2765辆、16442吨位,小货车761辆。

至2010年,全市有普通货车(不含厢式货车和专用车)13896辆、64497吨位,其中个体8975辆、20631吨位。

专用车 1990年底,全区有各类专用车477辆(特种车)。20世纪90年代以后,随着社会各项事业发展,专用车辆快速增加,至2010年底,全市有专用车297辆、4940.89吨位,其中冷藏保温车18辆、56.425吨位,罐车190辆,载重2528.885吨位。集装箱运输车76辆、2298.38吨位、169.4TEU①;危险品运输车402辆、3022.926载重吨;厢式货车3752辆、9573.307吨位,其中丽水市区1702辆、3438.653吨位。

摩托车 丽水地区出现摩托车在20世纪40年代,当时少数富商从外埠购进两轮摩托车。60年代后,公安、交通、邮电部门开始分配购置作为公务用车。80年代后,摩托车遍及各县(市)

①此长度为20英尺的集装箱为计量单位,也称国际标准箱单位

城乡,进入家庭。丽水地区出现的摩托车有两轮(有一种较轻便的,又名“轻骑”)、三轮(又分侧三轮、后三轮两种)。侧三轮多为公安、交通、税务、工商管理等部门公务车,后三轮则分载客装货两种。据统计,至2010年全市有摩托车329041万辆,其中市本级的摩托车从2005年的49105辆增加到2010年的76546辆,净增27441辆。

拖拉机 丽水地区最早出现于20世纪60年代中后期,有方向盘式和手扶式两种,方向盘式多为24马力以上的大、中型拖拉机,手扶式则是12马力的小型拖拉机。60年代除大、中型拖拉机从事短途运输外,多为农田耕作,60年代后逐渐驶上公路运输。中共十一届三中全会后,农村实行联产承包责任制,拖拉机由承包到转让给个人经营,既用于农田耕作,也用于公路运输;既载货,也载客。各县(市)均在1000台上。至2010年底,全市有方向盘式拖拉机6153台,手扶拖拉机731台。

简易机动车 即小四轮和机动三轮车,机动三轮车分客、货两种,以12马力柴油机为动力,载货0.6吨,乘客6人,轻便灵巧,厂家生产时多作载货,1984年起丽水地区一些运输个体户,以此装棚改成载客,从事短途客运。以“天目山”“飞燕”牌简易机动车及西湖、南京、东风、长江牌摩托车装棚运客,成为公路短途客运工具,1990年全区有此类客运工具3153辆,2004年有简易机动车860辆、119吨位。至2010年,全市有简易机动车(三轮汽车)494辆,其中,营运货车235辆,非营运259辆。

电动车 包括轻便型、摩托型和电动三轮车。由蓄电池、电动机组成。根据不同用途,有不同型号,小的车斗可装货0.15吨,大的车斗可装货0.4吨。可以随时充电,由于轻便、快捷、省力,深受城乡群众欢迎。

轻便型电动车:即双轮电动车(又称电动自行车)。20世纪90年代开始进入全区各县(市),由于比摩托车价更廉、轻便、环保,充电方便,城乡群众购买此类电动车的数量超过摩托车,至2010年底,全市有电动车近50万辆,其中丽水市区有近10万辆。

残疾人营运专用车 一种三轮摩托车,顶篷左右和后面围有布,可挡风雨,乘座2人,出现于20世纪90年代,是从事市区短途客运的交通工具。鉴于当时为解决残疾人就业问题。地区残疾人联合会还专门购置车辆赠送符合条件的残疾人。政府从税费、审批等方面给予照顾。初期,丽水市区有此类营运车二三十辆,2004年增加到108辆。

表 44

1991—2010 年丽水市公路运输营业性工具统计表

年份	客车		货车		简易机动车		特种车		专用车	其中		集装箱车辆	
							大	小		油罐车	起重车		
	辆	座位	辆(大型)	吨位	辆	吨位	辆	辆	辆	辆	辆	辆	吨位
1991	453	19228	3038				49	180	237	70	34		
1992	463		3212				44	187		67	34		
1993	542		3722				44	187		77	35		
1994	573		4317				53	195	285	82	40		
1995	649		4719				59	209	328	85	42		
1996	725		4821				63	212	376	87	43		
1997	783		4880				65	214	380	87	43		
1998	1815	14555	3525	16646	16646								
1999	2427	31987	4829	21873	21873		45		131				
2000	2391	39151	5279	24922	24922				143				
2001	2356	39407	5350	24854	24854				142				
2002	2476	37784	5787	26034	26034				64				
2003	2529	38816	6064	26362	26362				215				
2004	2688	41418	5956	25914	25914	1119			243				
2005	1780	38989	6926	29177	29177		568	1542	623				
2006	2392	38714	11252	38438.47	38438.47		1411	3308.39	210			59	1677.22
2007	2369	39691	12885	39893.77	39893.77		1784	3763.39	223			84	2461.16
2008	2358	40506	12146	45574.22	45574.22		3154	6843.5	235			78	2359.66
2009	2381	42126	13552	54416.74	54416.74		3689	7940.656	299			77	2327.44
2010	2390	44036	13942	64552.63	64552.63		3752	9573.307	297			76	2298.38

说明:1. 1997 年以前为《丽水统计年鉴》数据;

2. 1998—1999 年载客汽车包括交通运输部门营运客车和非交通运输部门公路客运工具;载货汽车同。《丽水地区交通统计资料汇编》数据;

3. 2001—2010 年数据来自《丽水市交通统计资料汇编》,与《丽水统计年鉴》同

表 44

2010 年公路旅客营业性运输工具拥有量

指 标	计算单位	序号	总 计	个 体	按标记客位分						按车长分				按等级分			安装 GPS 的车辆	安装行驶记录仪的车辆
					大 型	个 体	中 型	个 体	小 型	个 体	特大型	大 型	中 型	小 型	高 级	中 级	普 通		
甲	乙	丙	1	2	3	4	5	6	7	8	9	10	11	12	13	14	15	16	17
客运车辆总计	辆	1	2390	15	409	0	1102	5	879	10	6	287	761	1336	496	842	1052	555	1942
	客位	2	44036	178	16258	0	22731	95	5047	83	284	11435	18907	13410	16782	15922	11332	17011	39312
载客汽车	辆	3	2390	15	409	0	1102	5	879	10	6	287	761	1336	496	842	1052	555	1942
	客位	4	44036	178	16258	0	22731	95	5047	83	284	11435	18907	13410	16782	15922	11332	17011	39312
其中:卧铺客车	辆	5	40	0	34	0	6	0	0	0	1	38	1	0	36	4	0	34	38
	客位	6	1439	0	1264	0	175	0	0	0	46	1364	29	0	1318	121	0	1242	1373
1.按经营范围分	—	—																	
(1)班车	辆	7	1387	15	278	0	1036	5	73	10	6	186	675	520	365	673	349	420	1314
	客位	8	32888	178	10707	0	21427	95	754	83	284	7196	16457	8951	11699	14953	6236	12401	31363
(2)出租客车	辆	9	760	0	0	0	0	0	760	0	0	0	0	760	0	162	598	21	467
	客位	10	3772	0	0	0	0	0	3772	0	0	0	0	3772	0	803	2969	105	2297
(3)包车(旅游)	辆	11	129	0	100	0	24	0	5	0	0	72	52	5	125	3	1	113	113
	客位	12	4966	0	4374	0	520	0	72	0	0	3406	1488	72	4876	60	30	4470	4470
(4)城内公共汽车	辆	13	108	0	28	0	39	0	41	0	0	26	34	48	4	0	104	0	44
	客位	14	2257	0	1064	0	744	0	449	0	0	720	962	575	160	0	2097	0	1053
其中1:县城区	辆	15	93	0	24	0	30	0	39	0	0	22	31	40	0	0	93	0	30
	客位	16	1911	0	904	0	579	0	428	0	0	560	907	444	0	0	1911	0	716
其中2:地级市城区	辆	17	306	0	0	0	0	0	0	0	0	0	0	0	0	0	0	0	0
	客位	18	6093	0	0	0	0	0	0	0	0	0	0	0	0	0	0	0	0
(5)其他(含机动运力)	辆	19	6	0	3	0	3	0	0	0	0	3	0	3	2	4	0	1	4
	客位	20	153	0	113	0	40	0	0	0	0	113	0	40	47	106	0	35	129

说明:2010 年,已无租赁载客汽车和其他载客机动车

表 46

2010 年丽水市载货汽车情况表一

指标	计算单位	序号	总计	按标记吨位分										安装 GPS 的车辆	安装行驶记录仪的车辆
				个体	大型	重型	个体	个体	中型	个体	小型	个体			
货运车辆总计	辆	1	13942	9021	3443	2571	750	1112	226	98	10273	7811		562	1782
	吨位	2	64552.63	20685.87	52653.66	47966.82	10478.8	12539.11	753.285	327.23	11145.68	7819.532		7304.311	20342.31
载货汽车	辆	3	13896	8975	3443	2571	750	1112	226	98	10227	7765		562	1782
	吨位	4	64497.47	20630.72	52653.66	47966.82	10478.8	12539.11	753.285	327.23	11090.52	7764.377		7304.311	20342.31
1. 按车型结构分	—	—													
(1)牵引车	辆	5	1121	126	1121	1105	123	126	0	0	0	0		115	482
	吨位	6	29749.21	3250.5	29749.21	29667.21	3233.5	3250.5	0	0	0	0		2739.95	10751.95
(2)厢式货车	辆	7	3752	2283	646	295	112	227	106	49	3000	2007		143	377
	吨位	8	9573.307	4392.804	5744.568	3920.64	1504.985	2114.69	373.935	176.38	3454.804	2101.734		622.523	1170.523
(3)专用汽车	辆	9	297	36	234	206	26	30	18	1	45	5		185	194
	吨位	10	4940.89	589.39	4817.695	4653.53	557.1	581.4	56.54	2.3	66.655	5.69		3354.47	3746.97
其中 1:冷藏保温车	辆	11	18	1	3	1	0	0	5	1	10	0		0	1
	吨位	12	56.425	2.3	26.87	14.92	0	0	16.015	2.3	13.54	0		0	3.5
其中 2:罐车	辆	13	190	27	148	124	23	26	13	0	29	1		120	121
	吨位	14	2528.885	506.47	2443.995	2284.81	499.475	505.78	40.625	0	44.265	0.69		1416.53	1459.53
(4)普通货车	辆	15	8726	6530	1442	965	489	729	102	48	7182	5753		119	729
	吨位	16	20234.07	12398.02	12342.19	9725.444	5183.219	6592.519	322.81	148.55	7569.064	5656.953		587.368	4672.868
2、按经营范围分	—	—													
(1)危险货物运输车	辆	17	402	0	166	137	0	0	34	0	202	0		402	402
	吨位	18	3022.926	0	2666.823	2492.02	0	0	121.185	0	234.918	0		3022.926	3022.926
(2)集装箱运输车	辆	19	76	1	76	76	1	1	0	0	0	0		76	76
	吨位	20	2298.38	30.5	2298.38	2298.38	30.5	30.5	0	0	0	0		2298.38	2298.38
	TEU	21	169.4	30.5	169.4	169.4	2.25	2.25	0	0	0	0		169.4	169.4

说明：货运车辆总数中含牵引车、厢式货车、专用汽车、普通货车和其他货车 46 辆

表 44

2010年丽水市载货汽车情况表二

指标	计算单位	序号	总计	个体	按标记吨位分									安装GPS的车辆	安装行驶记录仪的车辆
					大型	重型	个体	个体	中型	个体	小型	个体			
	TEU	21	169.4	2.25	169.4	169.4	2.25	2.25	0	0	0	0		169.4	169.4
(3)商品汽车运输车	辆	22	0	0	0	0	0	0	0	0	0	0		0	0
	吨位	23	0	0	0	0	0	0	0	0	0	0		0	0
(4)大型物件运输车	辆	24	5	5	5	5	5	5	0	0	0	0		0	2
（牵引车）	吨位	25	48	48	48	48	48	48	0	0	0	0		0	29
(5)普通运输	辆	26	13413	8969	8969	2353	744	1106	192	98	10025	7765		84	1302
	吨位	27	59128.16	20552.22	20552.22	43128.42	10400.3	12460.61	632.1	327.23	10855.61	7764.377		1983.005	14992.01
3、按燃料类型分	—	—													
汽油车	辆	28	1641	1504	1504	0	0	0	0	0	1641	1504		5	141
柴油车	辆	29	12255	7471	7471	2571	750	1112	226	98	8586	6261		557	1641
双燃料车	辆	30	0	0	0	0	0	0	0	0	0	0		0	0
其他燃料车	辆	31	0	0	0	0	0	0	0	0	0	0		0	0
二、挂车		32													
其中1:集装箱挂车	辆	33	79	1	1	79	1	1	0	0	0	0		74	74
	吨位	34	2392.38	30.5	30.5	2392.38	30.5	30.5	0	0	0	0		2234.38	2234.38
其中2:大件运输挂车	辆	35	4	4	4	4	4	4	0	0	0	0		0	0
	吨位	36	40	40	40	40	40	40	0	0	0	0		0	0
其中3:危险品挂车	辆	37	60	0	0	60	0	0	0	0	0	0		41	38
	吨位	38	1550.01	0	0	1550.01	0	0	0	0	0	0		1106.7	1014.7
三、其他载货机动车	辆	39	46	46	46	0	0	0	0	0	46	46		0	0
	吨位	40	55.155	55.155	55.155	0	0	0	0	0	55.155	55.155		0	0

说明:上表由丽水市公路运输管理处提供

表 48

2010 年年底丽水市机动车统计表

单位:辆		机动车保有量																				报废	未检车辆
		总计			营运									非营运									
			进口	个人	合计	公路客运	公交客运	出租客运	旅游客运	货运	租赁	危化运输	教练		警用	消防	救护	工程救险	营转非	出租营转非	校车		
		1	2	3	4	5	6	7	8	9	10	11	12	13	14	15	16	17	18	19	20	21	22
总计	1	410030	4589	384412	26524	1774	395	859	131	22589	40	37	699	383507	3	1	72	119	1041	55	0	2471	156389
汽车 合计	2	135930	4503	112402	20580	1692	390	754	129	16851	40	25	699	115350	3	1	72	117	1031	55	0	1645	13492
汽车 载客 小计	3	101898	4435	88127	3624	1684	390	752	92	6	33	0	667	98274	3	0	33	5	452	55	0	1018	5029
汽车 载客 大型	4	1280	3	68	1125	736	300	0	79	4	1	0	5	155	0	0	0	1	45	0	0	52	156
汽车 载客 中型	5	1807	48	436	998	901	86	0	10	1	0	0	0	809	0	0	7	0	34	1	0	131	455
汽车 载客 小型	6	94845	4379	83864	1480	32	2	752	3	1	28	0	662	93365	3	0	26	4	360	54	0	798	3229
汽车 载客 微型	7	3966	5	3759	21	15	2	0	0	0	4	0	0	3945	0	0	0	0	13	0	0	37	1189
汽车 载货 小计	8	32033	56	22976	16114	8	0	2	37	16004	6	25	32	15919	0	0	0	75	571	0	0	612	7755
汽车 载货 重型	9	4091	40	1358	4022	1	0	0	6	3989	0	8	18	69	0	0	0	0	2	0	0	13	1149
汽车 载货 中型	10	3224	0	1611	3117	3	0	1	7	3091	0	1	14	107	0	0	0	1	2	0	0	25	1484
汽车 载货 轻型	11	22928	16	18396	8695	4	0	1	24	8644	6	16	0	14233	0	0	0	74	557	0	0	503	4597
汽车 载货 微型	12	1790	0	1611	280	0	0	0	0	280	0	0	0	1510	0	0	0	0	10	0	0	71	525
汽车 其他	13	1999	12	1299	842	0	0	0	0	841	1	0	0	1157	0	1	39	37	8	0	0	15	708
汽车 其他 其中 三轮汽车	14	494	0	494	235	0	0	0	0	235	0	0	0	259	0	0	0	0	1	0	0	0	184
汽车 其他 其中 低速货车	15	693	0	648	504	0	0	0	0	504	0	0	0	189	0	0	0	0	3	0	0	0	383
摩托车 合计	16	272425	86	271770	4283	82	5	105	2	4089	0	0	0	268142	0	0	0	2	10	0	0	826	142353
摩托车 普通	17	260568	86	259931	4280	81	5	105	2	4087	0	0	0	256288	0	0	0	2	10	0	0	800	134890
摩托车 轻便	18	11857	0	11839	3	1	0	0	0	2	0	0	0	11854	0	0	0	0	0	0	0	26	7463
挂车 合计	19	1675	0	239	1661	0	0	0	0	1649	0	12	0	14	0	0	0	0	0	0	0	0	543
挂车 重型	20	1497	0	215	1484	0	0	0	0	1472	0	12	0	13	0	0	0	0	0	0	0	0	390
挂车 中型	21	178	0	24	177	0	0	0	0	177	0	0	0	1	0	0	0	0	0	0	0	0	153
挂车 轻型	22	0	0	0	0	0	0	0	0	0	0	0	0	0	0	0	0	0	0	0	0	0	0

表49

2010年丽水市挂车保有量

单位：辆

		总计	重型	中型	轻型	其中个人			
						合计	重型	中型	轻型
		1	2	3	4	5	6	7	8
全挂车	合计	180	3	177	0	23	0	23	0
	普通	178	2	176	0	23	0	23	0
	厢式	0	0	0	0	0	0	0	0
	罐式	0	0	0	0	0	0	0	0
	平板	1	1	0	0	0	0	0	0
	集装箱	0	0	0	0	0	0	0	0
	自卸	1	0	1	0	0	0	0	0
	仓栅	0	0	0	0	0	0	0	0
	旅居	0	0	0	0	0	0	0	0
	专项	0	0	0	0	0	0	0	0
半挂车	合计	1496	1494	1	1	217	216	0	1
	普通	1204	1204	0	0	178	178	0	0
	厢式	13	13	0	0	0	0	0	0
	罐式	80	80	0	0	11	11	0	0
	平板	37	37	0	0	13	13	0	0
	集装箱	99	98	0	1	7	6	0	1
	自卸	30	29	1	0	1	1	0	0
	特殊结构	3	3	0	0	1	1	0	0
	仓栅	13	13	0	0	0	0	0	0
	旅居	0	0	0	0	0	0	0	0
	专项	0	0	0	0	0	0	0	0
	低平板	17	17	0	0	6	6	0	0

表50

1991—2010年丽水市拖拉机拥有量

轮式拖拉机		手扶拖位机	
年份	台数	年份	台数
1991	481	1991	11969
1992	758	1992	12167
1993	1109	1993	12327
1994	2716	1994	12355
1995	4158	1995	12488
1996	4696	1996	12658
1997	4406	1997	12400
1998	5390	1998	13102
1999	7642	1999	8778
2000	9451	2000	6512
2001	9650	2001	4915
2002	10361	2002	3366
2003	10870	2003	2434
2004	9879	2004	1761
2005	8601	2005	1542
2006	7701	2006	1170
2007	7447	2007	1260
2008	6899	2008	1008
2009	6427	2009	786
2010	6153	2010	731

表 51　　**2010 年丽水市摩托车保有量**

单位:辆	总　计	普　通	轻　便	其　中　个　人		
				合　计	普　通	轻　便
总　计	329041	315863	13178	328291	315132	####
二　轮	295779	282604	13175	295148	281992	####
正三轮	9285	9282	3	9245	9242	3
正三轮载客	97	97	0	96	96	0
正三轮载货	23833	23833	0	23790	23790	0
侧三轮	47	47	0	12	12	0

表 52　　**丽水市始有各类交通运输工具一览表**

工具名称	时间、地点及其他详细情况	数　量
独轮车(木轮)	民国初年,在缙云县出现,开始车架和车轮均用硬木制作,载重约 150 千克	
独轮车(橡胶轮)	20 世纪 30 年代,缙云人改用钢圈橡胶充气轮胎,载重 300 千克	抗日战争时期全地区多达千辆
手拉车(木轮)	20 世纪 30 年代,金丽温公路缙云段建成后在缙云出现	
手拉车(橡胶轮)	民国 23 年(1934),松阳至遂昌公路开通。松阳县城商民阙同斋自温州购进双轮钢圈橡胶充气轮胎手拉车 12 辆,经营松阳至遂昌的货运业务	1988 年,全区有 127488 辆
黄包车	20 世纪 30 年代,全区各县陆续出现	
自行车	各县在 20 世纪 20 年代出现,解放前夕,全区增至数百辆	2010 年,丽水市区有自行车 10 万辆,最高年份,全市达 90 多万辆
牛　车	20 世纪 50 年代,在 50 省道等干线公路,用牛拉车养护公路路面	
客　车	民国 22 年(1933)11 月,2 辆"雪佛兰"牌小客车开始在丽水至云和公路从事客运	2010 年,全市有客运班车 1387 辆
货　车	民国 23 年(1934)11 月,货车 1 辆在丽水至缙云公路从事货运	2010 年,全市有普通货车 13896 辆
摩托车	最早出现 20 世纪 40 年代,少数富商从外埠购进	2010 年,全市有 329041 辆
拖拉机	最早出现于 20 世纪 60 年代中后期	2010 年,全市有方向盘 6153 台、手扶 731 台
集装箱运输车	1999 年 5 月,成立丽水地区公铁联运公司,开展 1 吨箱、10 吨箱运输业务	2010 年,全市有 76 辆
油罐车	1963 年,丽水石油公司开始用油罐车运油	2010 年,全市有 190 辆
危险品运输车	2004 年开始专设危险品运输车	2010 年,全市有 402 辆
简易机动三、四轮车	1984 年,一些个体户购进,用于载货、载客。	1990 年,有 3153 辆,2010 年全市有简易机动车(三轮汽车)494 辆
出租车	个体零星出租车出现于 20 世纪 90 年代初,专业出租车公司于 1995 年 1 月 18 日在丽水城区投放客运出租车 18 辆	2010 年,全市有客运出租车 783 辆,其中丽水市区有客运出租车 409 辆
电动自行车	20 世纪 90 年代出现全区各县	2010 年,全市 50 万辆
残疾人专用车	有人推、手摇、电动三种类型,由地(市)、县(市)残联发给残疾人	2010 年,全市有 4525 辆(市残联赠送)

第二节 客运站

2010年,全市有市、县(市)客运站11座、乡镇准四级客运站64座、农村港湾式停靠站611座、简易站6个、招呼站60个,汽车客运站场是为汽车客运直接服务的基础设施,为汽车客运业的发展发挥着至关重要的作用。

丽水市区汽车客运站

丽水客运站 地址在丽水市丽阳路(街)2号。建于民国22年(1933)11月,民国27年(1938)5月26日被日本侵略军飞机炸毁,迁址中山街52号。1955年12月又迁址中山门外82号(今丽阳路2号)。1968年,丽阳路2号建造新站房,建筑面积4328平方米。1981年9月,丽水县城关镇拖拉机站面积3800平方米转让给汽车站作为停车场地之用。汽车站占地面积11900平方米,房屋建筑面积6295平方米,其中,站房建筑面积4328平方米,办公室、驾驶员公铺等辅助房屋建筑面积1967平方米,候车室491平方米,售票室433.44平方米。1990年,营运客车67辆,始发班车96班次,其中,跨省5个班次,跨地(市)26班次,跨县39班次,社会车辆在站发车3个班次,农村过夜点5个。

丽水客运站(1988年)

2002年8月7日,顺利通过北京世标认证中心审核认定,取得ISO9001:2000国际质量管理体系认证证书。

丽水客运中心 创办于1992年12月。位于丽阳路(街)北面,与丽水客运站隔街相望。初由丽水地区运管处和丽水市(县级)运管所联办,后由市运管所主办。中心场地租用丽东村丽东旅馆(其前身称红旗旅馆)。主要从事客运业务。车辆由本地区非国有专业运输单位客运车辆、社会个体车辆和外地挂靠车辆200多辆组成。经营线路有跨省班次3个,跨地(市)班次20余个,跨县班次30多个,以及丽水市(县)内部分客运线路,始发90个班次。

1998年6月26日,丽水公路客运中心(公路客运东站)建成开业,位于丽阳街2号的丽水客运站和丽水客运中心的班线班车整合后进行调整。两个站凡经丽青路上330国道,包括发往丽水市(县)内和缙云、青田方向的班线班车划归东站经营,其他班线班车归丽水客运站经营。跨地(市)、跨省(市)班线龙游、宣平、武义、福建省松溪、建阳、政和、南平、石狮方向班线归客运站经营;其它跨省(市)、跨地(市)班线划归东站经营。客运中心的设施和人员并入东站,丽水客运中心撤销。

丽水公路客运中心（公路客运东站） 丽汽集团分公司。地址丽水市丽青路399号，南沿330国道线,距丽水火车站1千米。

1995年3月1日,丽水地区行署办公室发文成立丽水客运中心筹建领导小组,加强对筹建工作的领导。

1995年4月,由丽水市汽车运输公司、丽水地区汽车运输联合总公司、丽水地区交通投资开发公司3家共同筹建。1996年11月25日动工建造站房。1998年6月26日投入使用,由丽汽联合总公司和丽水市运输公司共同经营(后丽水市汽运公司并入丽汽集团)。2001年12月4日更名为丽水公路客运东站，是地区重点工程之一，占地面积3.66公顷（55亩)，主站房12222平方米,共投资2800多万元,集停车、修理、加油、站务、餐饮、住宿、商贸、娱乐为一体,其中候车大厅1870平方米。停车场可同时停靠大客车200辆,是丽水地区首家面向社会开放的公用型车站。站内配有微机售票、视频监控、发车电子显示屏、条形码检票、售票动态显示屏、X射线危险品检测仪等。2010年,有职工110人,拥有进站班车213辆,班线85条,日发客运班车394.5班,年发送旅客143.229万人次,最高日发送旅客近万人次。客运班线覆盖山东、河南、江苏、安徽、福建、广东、广西等7省(区),省内各地级市、市内缙云、青田两县以及莲都区部分乡镇村,是外省(区)、市出入丽水的主要交通枢纽。

开业10多年来,客运东站先后荣获市级文明车站、浙江省卫生先进单位等称号,2002年8月7日顺利通过ISO9001:2000国际质量管理体系认证。2010年2月1日,被省交通运输厅评为“三星级客运站”。

丽水汽车客运东站

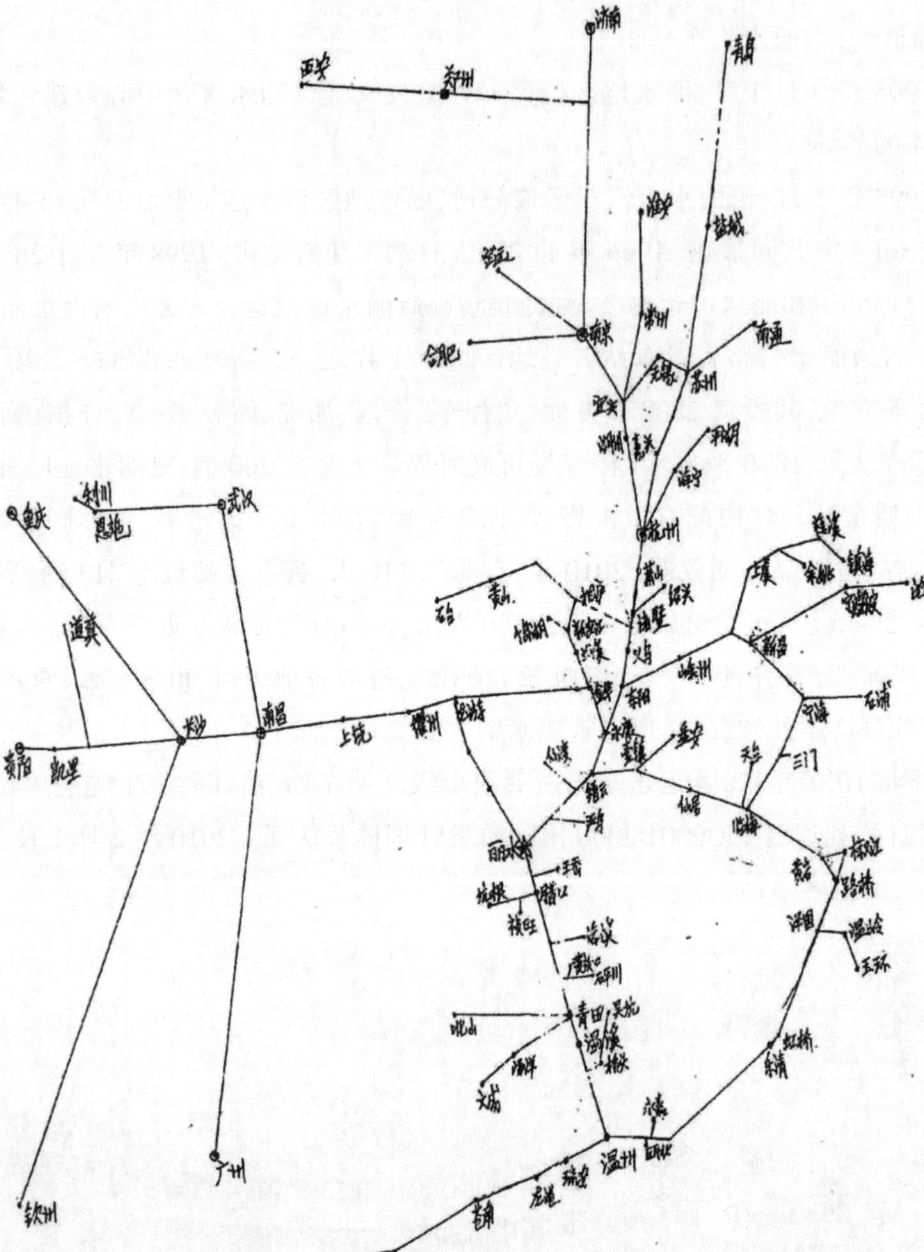

图八　　2010 年丽水汽车东站客运线路示意图

表 53

1998—2010 年丽水客运东站历年客运班线

年份	跨省	跨市	跨县	莲都区内	班线(条)
1998	苏州、南京、淮阴、无锡、南通、盐城、济南、青岛、福州、石狮、湛江、深圳、潮州、广州、南宁、合肥、上海	杭州、萧山、桐庐、新安江、宁波、镇海、慈溪、余姚、石浦、宁海、嵊州、沈家门、温州、龙湾、桥头、瓯北、永嘉、乐清、虹桥、瑞安、龙港、鳌江、苍南、文成、金华、永康、义乌、东阳、磐安、武义、衢州、海宁、海盐、椒江、路桥、温岭、玉环、临海、天台、仙居、绍兴、诸暨、柯桥、湖州	青田、缙云、壶镇、双溪口、坑根、黄放口、石平川、方山、北山、温溪、海溪、王岙、腊口、吴坑、黄垟		76
1999	上海、苏州、南京、淮阴、无锡、南通、盐城、济南、青岛、合肥、福州、石狮、广州、深圳、湛江、潮州、南宁、石台	杭州、湖州、海盐、萧山、桐庐、新安江、宁波、镇海、慈溪、余姚、石浦、沈家门、绍兴、柯桥、嵊州、诸暨、新昌、上虞、椒江、路桥、温岭、玉环、临海、仙居、天台、衢州、三门、金华、永康、义乌、东阳、磐安、温州、瓯北、虹桥、乐清、龙湾、龙港、瑞安、桥头、鳌江、文成、永嘉、苍南、武义	青田、坑根、黄放口、海溪、石平川、方山、北山、黄垟、王岙、缙云、壶镇、双溪口、温溪		76
2000	上海、苏州、南京、淮阴、无锡、南通、盐城、济南、青岛、合肥、福州、石狮、广州、深圳、湛江、潮州、南宁、石台、浦东	杭州、湖州、海盐、萧山、桐庐、新安江、宁波、镇海、慈溪、余姚、石浦、沈家门、绍兴、柯桥、嵊州、诸暨、新昌、上虞、椒江、路桥、温岭、玉环、临海、仙居、天台、衢州、三门、金华、永康、义乌、东阳、磐安、温州、瓯北、虹桥、乐清、龙湾、龙港、瑞安、桥头、鳌江、文成、永嘉、苍南、嘉善、武义、嘉兴	青田、坑根、黄放口、海溪、石平川、方山、北山、黄垟、王岙、缙云、壶镇、双溪口、温溪		79
2001	上海、苏州、南京、淮阴、无锡、南通、盐城、济南、青岛、合肥、福州、石狮、广州、深圳、湛江、潮州、南宁、石台、浦东	杭州、湖州、海盐、萧山、桐庐、新安江、宁波、镇海、慈溪、余姚、石浦、沈家门、绍兴、柯桥、嵊州、诸暨、新昌、上虞、椒江、路桥、温岭、玉环、临海、仙居、天台、衢州、三门、金华、永康、义乌、东阳、磐安、温州、瓯北、虹桥、乐清、龙湾、龙港、瑞安、桥头、鳌江、文成、永嘉、苍南、嘉善、武义、嘉兴、宁海	青田、坑根、黄放口、海溪、石平川、方山、北山、黄垟、王岙、缙云、壶镇、双溪口、温溪		80
2002	上海、南京、淮阴、无锡、南通、盐城、济南、青岛、福州、石狮、广州、深圳、湛江、潮州、南宁、石台、浦东	杭州、湖州、海盐、萧山、桐庐、新安江、宁波、镇海、慈溪、余姚、石浦、沈家门、绍兴、柯桥、嵊州、诸暨、新昌、上虞、椒江、路桥、温岭、玉环、临海、仙居、天台、衢州、三门、金华、永康、义乌、东阳、磐安、温州、瓯北、虹桥、乐清、龙湾、龙港、鳌江、苍南、文成、永嘉、苍南、嘉善、武义、嘉兴、观城、桥头	青田、坑根、黄放口、海溪、石平川、方山、北山、黄垟、王岙、缙云、壶镇、双溪口、温溪、蛟坑、祯旺、腊口、吴坑		82
2003	上海、南京、淮阴、无锡、南通、盐城、济南、青岛、福州、石狮、广州、深圳、湛江、南宁、石台、浦东	杭州、湖州、萧山、桐庐、新安江、宁波、镇海、慈溪、余姚、石浦、沈家门、绍兴、柯桥、嵊州、诸暨、新昌、上虞、椒江、路桥、温岭、玉环、临海、仙居、天台、衢州、三门、金华、永康、义乌、东阳、磐安、温州、瓯北、虹桥、乐清、龙湾、龙港、瑞安、鳌江、文成、永嘉、苍南、嘉善、武义、嘉兴、观城、桥头、开化、黄岩	青田、坑根、黄放口、海溪、石平川、方山、北山、黄垟、王岙、缙云、壶镇、双溪口、温溪、蛟坑、祯旺、腊口、吴坑、汤垟	碧湖、河东、黄畈、垟店、严乌、仙渡	89

续表53

年份	跨省	跨市	跨县	莲都区内	班线
2004	南京、淮阴、无锡、南通、盐城、济南、青岛、福州、石狮、广州、深圳、湛江、南宁、石台、定远	湖州、萧山、桐庐、新安江、宁波、镇海、慈溪、余姚、石浦、沈家门、绍兴、柯桥、嵊州、诸暨、新昌、上虞、椒江、路桥、温岭、玉环、临海、仙居、天台、衢州、三门、永康、义乌、东阳、磐安、温州、瓯北、虹桥、乐清、龙湾、龙港、瑞安、水头、文成、永嘉、苍南、武义、嘉兴、观城、桥头	青田、坑根、黄放口、海溪、石平川、方山、北山、黄垟、王岙、缙云、壶镇、双溪口、温溪、蛟坑、祯旺、腊口、吴坑、汤垟、新建	大港头、碧湖、河东、黄畈、垟店、严乌、仙渡、莲房、石蒙圩、双源	88
2005	郑州、苏州、南京、淮安、无锡、南通、盐城、济南、青岛、福州、石狮、定远、石台、湛江、深圳、潮州	湖州、萧山、桐庐、新安江、嘉兴、宁波、镇海、观城、余姚、石浦、宁波、沈家门、绍兴、柯桥、嵊州、上虞、新昌、诸暨、椒江、路桥、温岭、玉环、临海、仙居、天台、衢州、三门、瓯北、虹桥、乐清、龙港、瑞安、桥头、龙湾、苍南、水头、文成、永嘉、温州、永康、东阳、磐安、武义、义乌	青田、缙云、壶镇、双溪口、蛟坑、坑根、黄放口、石平川、方山、北山、温溪、海溪、祯旺、王岙、腊口、吴坑、汤垟	大港头、碧湖、河东、黄畈、垟店、严乌、仙渡、莲房、石蒙圩、双源	87
2006	郑州、苏州、南京、淮安、无锡、南通、盐城、济南、青岛、福州、石狮、定远、石台、湛江、深圳、广州	湖州、萧山、桐庐、新安江、嘉兴、宁海、镇海、观城、余姚、石浦、沈家门、绍兴、柯桥、嵊州、上虞、新昌、诸暨、椒江、路桥、温岭、玉环、临海、仙居、天台、衢州、三门、瓯北、虹桥、乐清、龙港、瑞安、桥头、龙湾、苍南、水头、文成、永嘉、温州、永康、东阳、磐安、武义、义乌	青田、缙云、壶镇、双溪口、蛟坑、坑根、黄放口、石平川、方山、北山、温溪、海溪、祯旺、王岙、腊口、吴坑、汤垟	大港头、碧湖、河东、黄畈、垟店、严乌、仙渡、莲房、石蒙圩、双源	86
2007	郑州、苏州、南京、淮阴、无锡、南通、盐城、济南、青岛、福州、石狮、定远、石台、湛江、深圳、广州	湖州、萧山、桐庐、新安江、嘉兴、宁海、镇海、观城、余姚、石浦、沈家门、绍兴、柯桥、嵊州、上虞、新昌、诸暨、椒江、路桥、温岭、玉环、临海、仙居、天台、衢州、三门、瓯北、虹桥、乐清、龙港、瑞安、桥头、龙湾、苍南、水头、文成、永嘉、温州、永康、东阳、磐安、武义、义乌	青田、缙云、壶镇、双溪口、蛟坑、坑根、黄放口、石平川、方山、北山、温溪、海溪、祯旺、王岙、腊口、吴坑、汤垟	大港头、碧湖、河东、黄畈、垟店、严乌、仙渡、莲房、石蒙圩、双源	86
2008	郑州、苏州、南京、淮安、无锡、南通、盐城、济南、青岛、福州、石狮、定远、石台、合肥、湛江、深圳、广州、钦州	湖州、萧山、桐庐、新安江、嘉兴、宁海、镇海、观城、余姚、石浦、沈家门、绍兴、柯桥、嵊州、上虞、新昌、诸暨、椒江、路桥、温岭、玉环、临海、仙居、天台、衢州、三门、瓯北、虹桥、乐清、龙港、瑞安、桥头、龙湾、苍南、水头、文成、永嘉、永康、东阳、磐安、武义、义乌	青田、缙云、壶镇、双溪口、蛟坑、坑根、黄放口、石平川、方山、北山、温溪、海溪、祯旺、王岙、腊口、吴坑、汤垟	大港头、碧湖、河东、黄畈、垟店、严乌、仙渡、莲房、石蒙圩、双源	87
2009	郑州、苏州、南京、淮安、无锡、南通、盐城、济南、青岛、福州、石狮、定远、石台、合肥、湛江、深圳、广州、钦州	湖州、萧山、桐庐、千岛湖、新安江、嘉兴、宁海、海盐、镇海、观城、余姚、石浦、沈家门、绍兴、柯桥、嵊州、上虞、新昌、诸暨、椒江、路桥、温岭、玉环、临海、仙居、天台、衢州、三门、瓯北、虹桥、乐清、龙港、瑞安、桥头、龙湾、苍南、水头、文成、永嘉、永康、东阳、磐安、武义、义乌	青田、缙云、壶镇、双溪口、蛟坑、坑根、黄放口、石平川、方山、北山、温溪、海溪、祯旺、王岙、腊口、吴坑、汤垟	黄畈、严乌、仙渡、莲房、石蒙圩、双源	85
2010	郑州、苏州、南京、淮安、无锡、南通、盐城、太仓、济南、青岛、福州、石狮、定远、石台、合肥、湛江、深圳、广州、钦州	南浔、萧山、桐庐、千岛湖、新安江、嘉兴、宁海、镇海、观城、余姚、石浦、沈家门、绍兴、柯桥、嵊州、上虞、新昌、诸暨、椒江、路桥、温岭、玉环、临海、仙居、天台、衢州、三门、瓯北、虹桥、乐清、龙港、瑞安、桥头、龙湾、苍南、水头、文成、永嘉、永康、东阳、磐安、武义、义乌	青田、缙云、壶镇、双溪口、蛟坑、坑根、黄放口、石平川、方山、北山、温溪、海溪、祯旺、王岙、腊口、吴坑、汤垟	黄畈、严乌、仙渡、莲房、石蒙圩、双源	85

表54　　**2011年10月丽水客运东站班线里程一览表**

类别	序号	起讫地点	里程(千米)	类别	序号	起讫地点	里程(千米)	类别	序号	起讫地点	里程(千米)
跨省班线	1	丽水—钦州	2006	跨市班线	12	丽水—镇海	368	跨市班线	44	丽水—永嘉(上塘)	137
	2	丽水—南京	632		13	丽水—石浦	337		45	丽水—乐清	159
	3	丽水—苏州	440		14	丽水—宁海	247		46	丽水—虹桥	174
	4	丽水—盐城	753		15	丽水—宁海	344		47	丽水—温岭	265
	5	丽水—无锡	502		16	丽水—观城	323		48	丽水—路桥	244
	6	丽水—太仓	494		17	丽水—沈家门	413	市内跨区班线	1	丽水—缙云	36
	7	丽水—南通	578		18	丽水—诸暨	205		2	丽水—壶镇	68
	8	丽水—淮安	812		19	丽水—绍兴	262		3	丽水—蛟坑	61
	9	丽水—济南	1331		20	丽水—上虞	257		4	丽水—双溪口	64
	10	丽水—青岛	1245		21	丽水—嵊州	200		5	丽水—青田	68
	11	丽水—合肥	745		22	丽水—新昌	211		6	丽水—腊口	16
	12	丽水—定远	780		23	丽水—柯桥	268		7	丽水—王岙	30
	13	丽水—石台	639		24	丽水—仙居	131		8	丽水—海溪	44
	14	丽水—广州	1508		25	丽水—三门	221		9	丽水—坑根	39
	15	丽水—普宁	1184		26	丽水—临海	178		10	丽水—祯旺	41
	16	丽水—湛江	1971		27	丽水—天台	209		11	丽水—石平川	72
	17	丽水—深圳	1510		28	丽水—玉环	292		12	丽水—黄放口	66
	18	丽水—福州	535		29	丽水—椒江	242		13	丽水—温溪	82
	19	丽水—石狮	754		30	丽水—路桥	227		14	丽水—方山	88
	20	丽水—郑州	1402		31	丽水—永康	71		15	丽水—汤垟	101
	21	丽水—上饶	357		32	丽水—磐安	110		16	丽水—北山	113
跨市班线	1	丽水—衢州	223		33	丽水—武义	103		17	丽水—吴坑	108
	2	丽水—萧山	262		34	丽水—东阳	129	区内班线	1	丽水—严乌	30
	3	丽水—千岛湖	250		35	丽水—义乌	150		2	丽水—大庭桥	22
	4	丽水—新安江	198		36	丽水—瑞安	169		3	丽水—黄畈	23
	5	丽水—桐庐	266		37	丽水—龙港	198		4	丽水—雅溪	36
	6	丽水—南浔	428		38	丽水—文成	151		5	丽水—莲房	
	7	丽水—湖州新站	394		39	丽水—水头	218		6	丽水—石蒙圩	
	8	丽水—嘉兴	365		40	丽水—苍南	212		7	丽水—双溪	
	9	丽水—平湖	406		41	丽水—桥头	96		8	丽水—仙渡	
	10	丽水—海盐	393		42	丽水—瓯北	121				
	11	丽水—余姚	312		43	丽水—龙湾	142				

说明：跨省21条、跨市48条、市内跨区17条、区内8条，共计94条班线

表 55 1998—2010 年客运东站主要经济指标一览表

年度	进站车辆		总班次	平均日发班次	始发总人数	产值		
	车辆(辆)	座位(座)				营收(万元)	利润(万元)	税金(万元)
1998	344	7780	120169	329.23	460.381	97.94	-28.27	4.49
1999	361	7842	118114	323.6	907933	348.79	42.43	14.42
2000	360	7746	123480	338.3	1072350	419.89	29.06	26.17
2001	306	6885	128382	351.73	1152370	497.57	92.56	20.82
2002	298	6694	134185	367.63	1478916	570.31	87.99	34.09
2003	275	6463	143069	391.97	1465258	620.13	95.85	32.16
2004	260	6227	148125	405.8	1534609	664.86	142.28	31.59
2005	281	6227	154887	424.35	1647151	583.74	142.67	19.08
2006	248	6248	145860	399.62	1478874	581.15	175.03	19.47
2007	248	6350	145418	401.41	1445405	612.18	113.94	20.58
2008	261	6926	145416	398.41	1411609	642.24	71.94	21.59
2009	232	6381	144008	394.54	1409442	659.77	56.31	22.17
2010	213	6180	134208	367.96	1427237	870.88	14.26	25.14
合计			1785321		16431614	7169.45	1036.05	291.77

丽水公路客运西站 丽汽集团控股公司。2001 年 12 月 29 日动工兴建。位于丽水市区西南吕埠坑下村、市南环西路 109 号、金丽温高速公路丽水入口连接线与丽浦线交叉处，是丽水市道路客运高速、快速向外辐射的最主要站点。2003 年 6 月 28 日建成投入试运行，原设在汽车东站内的丽汽集团快客公司迁到西站经营。原丽水客运站除 1998 年东站开业划给东站的客运班线外，其余班线班车和人员整体迁入西站。金丽温高速公路开通后，上海、杭州、金华、宁波、温州线路又划归西站经营。9 月 17 日正式投入运行。总投资 6500 万元。占地面积 8.15 公顷(122.34 亩)，总建筑面积 18363 平方米，由主站房、沿街辅楼、维修车间、仓库、停车场、广场等组成。停车场面积 35800 平方米，可同时停放大型客车 220 辆，站房面积 9030 平方米。候车厅 2146 平方米，售票厅 377 平方米。广场内建有游步道，种有多种花木、绿树、草坪，与车站有机结合一起，从西南方向展现丽水的新形象。出租车停车位、港湾式公交车终点站，可以满

足不同层次旅客的要求。

2003 年 8 月,获得 ISO9001:2000 国际质量管理体系认证证书。

该站为一级客运站,配有微机售票、视频监控、发车电子显示屏、条形码检票、售票动态显示屏、X 射线危险品检测仪等设施、设备,2009 年 11 月 30 日开通网上售票。

2006 年 1 月,被省交通厅授予"三星级汽车客运站"称号。

2010 年,有营运客车 121 辆,职工 106 人,主要担负着丽水市西南方向 7 个县(市)和上海、杭州、宁波、金华、温州、苏州、龙游、武义、泰顺、建阳、松溪、政和、南平及市郊农村班线 221 个日发班次的旅客运输任务,可满足年发送旅客 490 万人次,日均发送旅客 13500 人次的需求。

是年,有客运线路共 32 条。其中跨省 7 条,跨地(市)7 条,跨县 14 条,县(区)4 条。全年发送 80717 班次,日均发送 221 班次,年发送客运量 157 万人次。

丽水汽车客运西站

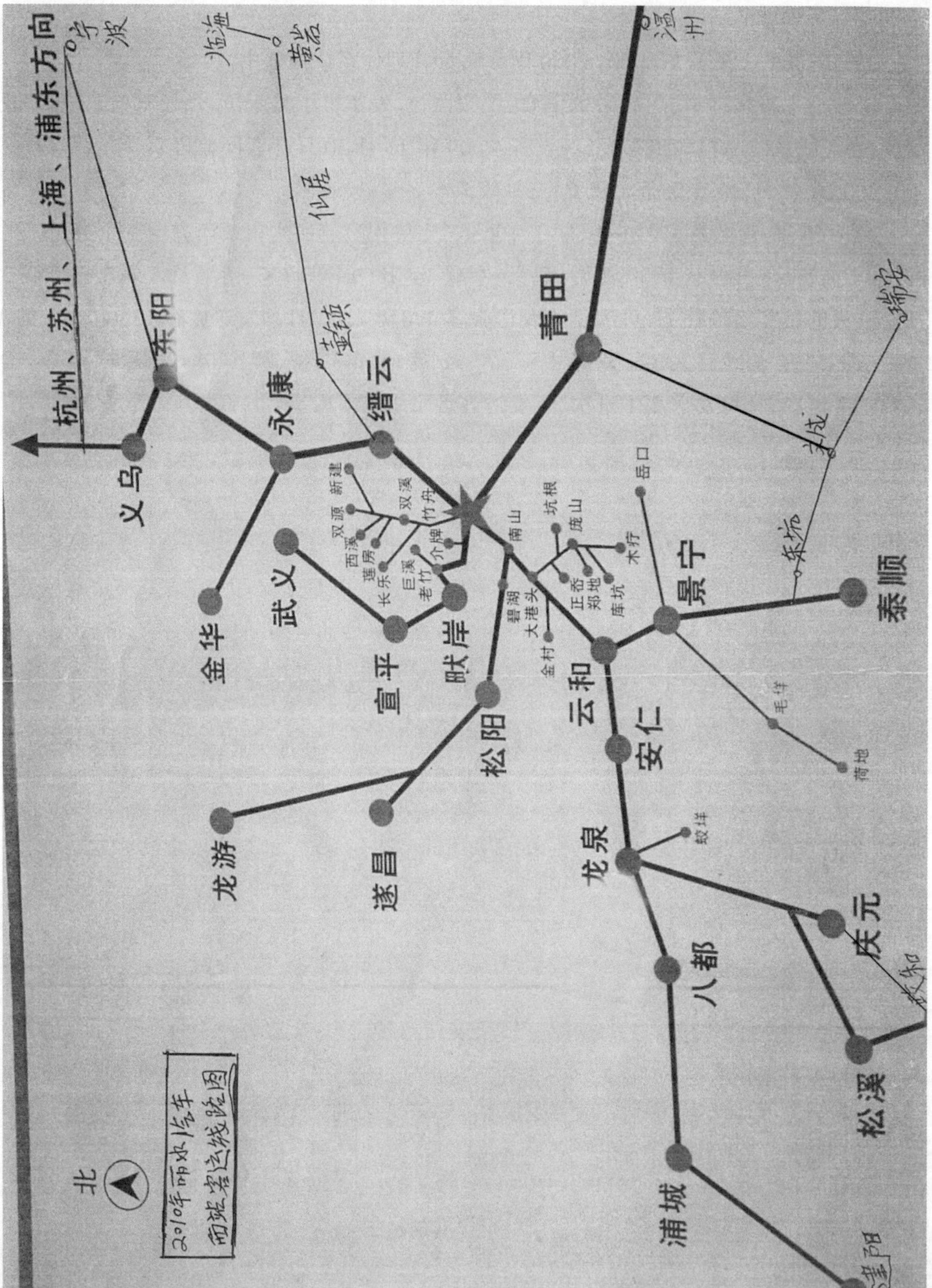

图九　2010年丽水汽车西站客运线路示意图

表56 **1998—2010年丽水客运站、客运西站客运班线一览表**

年份	跨省	跨市	市内跨区	莲都区内(丽水市)	班线
丽水客运站 1998	政和 松溪 建阳 上海	龙游 宣平 武义 泰顺 杭州	庆元 龙泉 云和 景宁 遂昌 松阳 岭头 八都 蛟垟 住龙 小梅 毛垟 岳口 板桥 金村	雅溪 黄肚 莲房 界牌 长乐 竹舟 庞山 老竹	32
1999	政和 松溪 建阳 上海	龙游 宣平 武义 泰顺 杭州	庆元 龙泉 云和 景宁 遂昌 松阳 岭头 八都 蛟垟 住龙 小梅 毛垟 岳口 板桥 金村	雅溪 黄肚 莲房 界牌 长乐 竹舟 庞山 老竹	32
2000	政和 松溪 建阳 上海	龙游 宣平 武义 泰顺 杭州	庆元 龙泉 云和 景宁 遂昌 松阳 岭头 八都 蛟垟 住龙 小梅 毛垟 岳口 板桥 金村	雅溪 黄肚 莲房 界牌 长乐 竹舟 庞山 老竹	32
2001	政和 松溪 建阳 上海	龙游 宣平 武义 泰顺 杭州	庆元 龙泉 云和 景宁 遂昌 松阳 岭头 八都 蛟垟 住龙 小梅 毛垟 岳口 板桥 金村	雅溪 黄肚 莲房 界牌 长乐 竹舟 庞山 老竹	32
2002	政和 松溪 建阳 上海	龙游 宣平 武义 泰顺 杭州	庆元 龙泉 云和 景宁 遂昌 松阳 岭头 八都 蛟垟 住龙 小梅 毛垟 岳口 板桥 金村	雅溪 黄肚 莲房 界牌 长乐 竹舟 庞山 老竹	32
2003年6月以下为西站	政和 松溪 建阳	龙游 宣平 武义 泰顺	庆元 龙泉 云和 景宁 遂昌 松阳 岭头 八都 蛟垟 住龙 小梅 毛垟 岳口 板桥 金村	雅溪 黄肚 莲房 界牌 长乐 竹舟 庞山 老竹	34
2004	上海 浦东 政和 松溪 建阳	杭州 金华 宁波 龙游 宣平 武义 泰顺	庆元 龙泉 云和 景宁 遂昌 松阳 岭头 八都 蛟垟 住龙 小梅 毛垟 岳口 板桥 金村 新建	雅溪 黄肚 莲房 界牌 长乐 竹舟 庞山 老竹 学坑口	37
2005	上海 浦东 政和 松溪 建阳	杭州 金华 温州 宁波 龙游 宣平 武义 泰顺	庆元 龙泉 云和 景宁 遂昌 松阳 岭头 八都 蛟垟 住龙 小梅 毛垟 岳口 板桥 金村 新建	庞山	30
2006	上海 浦东 苏州 政和 松溪 建阳	杭州 金华 温州 宁波 龙游 宣平 武义 泰顺	庆元 龙泉 云和 景宁 遂昌 松阳 岭头 八都 蛟垟 住龙 小梅 毛垟 岳口 板桥 金村 新建	庞山	31
2007	上海 浦东 苏州 政和 松溪 建阳 南平	杭州 金华 温州 宁波 龙游 宣平 武义 泰顺	庆元 龙泉 云和 景宁 遂昌 松阳 岭头 八都 蛟垟 住龙 小梅 毛垟 岳口 板桥 新建	庞山	31
2008	上海 浦东 苏州 政和 松溪 建阳 南平	杭州 金华 温州 宁波 龙游 武义 泰顺	庆元 龙泉 云和 景宁 遂昌 松阳 岭头 八都 住龙 小梅 毛垟 岳口 板桥 新建	庞山	29
2009	上海 浦东 苏州 政和 松溪 建阳 南平	杭州 金华 温州 宁波 龙游 武义 泰顺	庆元 龙泉 云和 景宁 遂昌 松阳 岭头 八都 住龙 小梅 毛垟 岳口 板桥 新建	郑地 下庄 木寮 库坑	32
2010	上海 浦东 苏州 政和 松溪 建阳 南平	杭州 金华 温州 宁波 龙游 武义 泰顺	庆元 龙泉 云和 景宁 遂昌 松阳 岭头 八都 住龙 小梅 毛垟 岳口 板桥 新建 安仁	郑地 下庄 木寮 库坑	32

表 57

2010年12月丽水客运西站班车里程一览表

起讫地	里程(千米)	班次
跨省班次		
丽水—上海	510	对开 3/日
丽水—上海浦东	522	单开 1/日
丽水—江苏苏州	440	单开 1/日
丽水—福建政和	235	对开 2/日
丽水—福建建阳	328	对开 1/日
丽水—福建松溪	208	单开 1/日
丽水—福建南平	396	单开 0.5/日
跨市班次		
丽水—杭州	296	对开 17/日
丽水—宁波	396	对开 6/日
丽水—金华	129	对开 12/日
丽水—温州	125	对开 18/日
丽水—龙游	152	单开 1/日
丽水—武义	112	对开 2/日
丽水—泰顺	148	对开 2/日
市内跨县班次		
丽水—云和	59	对开 24/日(快客) 12/日(慢客)
丽水—景宁	80	对开 24/日
丽水—松阳	65	对开 24/日
丽水—遂昌	96	对开 18/日
丽水—龙泉	119	对开 20/日
丽水—庆元	208	对开 11/日
丽水—景宁岳口	128	单开 1/日
丽水—景宁毛垟	140	单开 1/日
丽水—松阳板桥	43	单开 2/日
丽水—龙泉小梅	162	单开 1/日
丽水—龙泉八都	146	单开 1/日
丽水—龙泉住龙	168	单开 1/日
丽水—庆元岭头	175	对开 2/日
丽水—缙云新建	52	单开 0.5/日
丽水—莲都庞山	53	对开 5/日
丽水—龙泉安仁		对开 2/日

表 58

2010 年 12 月丽水客运西站行车时刻表

到达站	发车时间	到达站	发车时间
杭州快客	07:00 08:10 09:10 9:50 10:20 11:00 11:50 12:40 13:10 13:50 14:40 15:20 16:10 16:50 17:40 18:30 19:00	温州快客	06:50 07:40 08:20 08:50 09:30 10:10 10:50 11:30 12:10 12:50 13:30 14:10 14:50 15:30 16:10 16:50 17:30 18:40
金华快客	06:40 07:50 09:00 10:00 11:05 12:00 13:00 14:00 15:00 16:00 17:10 18:35	上海浦东	18:30
		上海快班	09:30 12:50 18:20
龙泉直快	06:55 07:45 08:30 09:10 09:50 10:30 11:10 11:50 12:35 13:10 13:50 14:30 15:10 15:50 16:30 17:10 17:50 18:45	宁波快客	8:00 10:10 12:05 13:30 14:50 16:55
松阳直快	06:30 07:00 07:30 08:00 08:30 09:00 09:30 10:00 10:30 11:00 11:30 12:00 12:30 13:00 13:30 14:00 14:30 15:00 15:30 16:00 16:30 17:00 17:45 18:30	庆　元	07:00 08:10 09:40 11:00 12:30 13:20 14:35 15:35 16:55 18:10 19:30
云和直快	06:20 06:50 07:20 07:50 08:20 08:50 09:20 09:50 10:20 10:50 11:20 11:50 12:20 12:50 13:20 13:50 14:20 14:50 15:20 15:50 16:20 16:50 17:40 18:25	政　和	06:30 16:10
		云和普客	7:30 8:30 9:30 10:30 11:30 12:30 13:30 14:30 15:30 16:30 17:25 18:35
遂昌直快	06:30 07:15 07:55 08:30 09:00 09:30 10:00 10:40 11:20 12:00 12:35 13:15 13:50 14:30 15:00 15:30 16:10 16:50 17:40 18:40	小　梅	13:40
		八　都	14:00
		住　龙	13:20
		安　仁	10:20 16:50
景宁直快	06:25 07:00 07:40 08:20 08:50 09:20 09:50 10:20 10:50 11:20 12:00 12:40 13:10 13:40 14:10 14:40 15:10 15:40 16:10 16:40 17:10 17:40 18:05 18:30	松　溪	14:10
		建　阳	7:40
		泰　顺	08:40 13:25
		龙　游	7:45
		武　义	07:00 13:00
常　德	15:50	板　桥	09:00 15:10
仙　桃	14:00	新　建	08:00 14:00
石家庄	13:30	岭　头	7:30 13:05
宜　昌	13:30	岳　口	12:10
水　城	16:00	毛　垟	10:20
太　原	17:00	郑　地	08:05 12:30
		夏　庄	07:05 11:15 14:10

说明:发车时间有变动以站内公告为准

联系电话:2682000(订票) 2682018(包车) 2682016(行包托运)

表 59

1998—2010 年丽水客运西站主要经济指标一览表

年度	进站车辆		总班次	平均日发班次	始发总人数	产值		
	车辆(辆)	座位(座)				营收(万元)	利润(万元)	税金(万元)
1998	288	5109	151760	415.78	483000 (7~12 月份)	144.61	28.08	9.09
1999	356	6315	191021	523.35	1298959	266.52	55.82	12.7
2000	352	6258	188998	517.8	1285184	251.21	22.31	10.65
2001	320	6778	205191	562.22	1395435	257.9	50.44	10.53
2002	314	5999	210675	577.19	1845971	338.45	121.6	13.08
2003	243	5102	157934	432.69	1506996	180.64	100.35	9.23
2004	184	4312	124103	340	1487055	583.31	-104.27	22.11
2005	173	4361	83308	228	1410178	710.62	-109.56	46.88
2006	157	4168	81066	222	1510155	913.4	156.43	81.28
2007	159	4161	78673	215	1493404	927.13	72.71	67.21
2008	161	4107	80341	220	1483175	979.8	-25.15	111.71
2009	131	3800	79730	218	1397080	946.3	19.59	100.51
2010	125	3795	80709	221	1569970	1128.16	98.83	121.47
合计			1713509		17631862	8672.05	487.18	615.49

说明:丽水客运站自 1998 年 5 月站队分设后成为二级单位;2003 年 6 月 28 日整体迁入客运西站运作

县(市)汽车客运站

龙泉汽车客运中心　位于龙泉市区剑池东路 300 号。前身为坐落在市区北面 53 省道丽浦线过境段麻车头的龙泉汽车站。20 世纪 80 年代中期,因建设紧水滩水电站,丽浦线改线,市区过境段移至龙泉溪南岸水南,新建剑池路。90 年代初期,在市区南大桥南端剑池路南边新建龙泉汽车客运中心站。占地面积 15500 平方米,建筑面积 3197.83 平方米,其中站房面积 3000 平方米,候车室面积 1260 平方米,停车场面积 12500 平方米。设计日发送 350 班次,日发送旅客能力 10000 人次。1993 年 12 月 28 日市长运公司迁入新车站。客运站职工 71 人,下设微机调度、行车、站售、例检、门检、危险品检查 6 个班组。1997 年 5 月 4 日,龙泉市交通局(龙交〔1997〕23 号)批准,市长运公司兼并龙泉市运输公司,市内短途客运进入新站经营。1997 年 8 月,经省交通厅核定为二级汽车客运站。2002 年 1 月,分设长、短途旅客进、出口。2004 年 5 月 1 日,通过 ISO9001:2000 国际质量管理体系认证。2006 年 11 月 28 日经省交通厅运输管理局核定为一级客运站,并被评为省级信用质量信誉 AAA 级道路客运企业。售票房开通微机售票系统,发车出口上方安装有电子显示屏,实行条形码检票,候车室进口安装有危险品检测仪。

行李、检票实行电脑操作。候车室和停车场安装有视频监控系统。

长途客运 长途客运受市场调节,班线时有变化,2010年底,龙泉市长途客运有跨省线路7条、12班次,跨市线路15条、24班次,跨县班线6条、34班次。

短途客运 2010年底,龙泉市内短途客运线路63条,其中42条是由乡镇通行政村班线,从龙泉客运站始发车的线路21条、314个班次。2010年全年全社会客运量592万人次,客运周转量23884万人千米。其中龙泉市长途汽车运输公司经营客运班线92条,日发班车378班次,年客运量182.47万人次。

青田汽车客运东站(原青田汽车站) 位于鹤城镇鹤城东路26号,为三级汽车客运站。2003年1月,茂源长运公司为改善站场设施,扩大经营规模,将20世纪80年代建造的老站房拆除,建设高层站房,新站占地面积740.2平方米,建筑面积4521.1平方米。投资近1000万元。2004年10月1日竣工投入使用,改名青田汽车客运东站。

后经扩建,2010年12月,车站占地面积6700平方米,其中停车场面积5800平方米,日进站137辆车。其中站房面积4540平方米,候车室面积300平方米。有班线37条,日发班车564班,其中跨市(地)班线2条,日发39班次;跨县班线10条,日发45班次;县内班线25条,日发477班次。年发送旅客245万人次。

客运站票房实行电脑联网售票,发车出口上方安装有电子显示屏,候车大厅及停车场安装有视频监控系统。

青田汽车客运南站 位于鹤城镇江南大道108号,为二级汽车客运站。1996年8月开工建设,1999年7月建成投入营运。总投资1000余万元。占地面积7300平方米,停车场面积6150平方米,其中站房面积3500平方米,候车室面积600平方米。有班线25条,日进站车辆76辆,日发132班次,其中跨省班线5条,日发7班次;跨市(地)班线9条,日发13班次;县内班线9条,日发112班次,年发送旅客46.87万人次。售票房实行电脑联网售票,发车出口上方安装有电子显示屏,条形码检票,候车大厅内安装有危险品检测仪,候车大厅及停车场安装有视频监控系统。

缙云客运中心 1997年2月开工建设。位于五云镇迎晖路28号,为二级汽车客运站。1999年7月7日建成投入使用。占地面积2.88公顷(43.3亩),建筑面积9733.6平方米,客运站房等附属设施建筑面积10000余平方米,停车场地15000平方米。其中候车室面积1000平方米,总投资1805万元。1999年7月初从原位于县城南面大桥南路4号的原汽车站搬入客运中心。全县客运班车全部进站统一排班、统一售票、统一发车。有省际班线9条(其中路过2条)、市际班线16条(其中路过3条)、市内班线4条(其中路过3条)、县内班线19条。进站车辆329辆,日发班次715个,年客运量207.5万人次。站内配有危险品检测仪、电脑微机售票、发车电子显示屏、条型码检票设备及监控等。

遂昌客运中心 位于妙高镇平昌路1号。1994年10月动工,1995年12月26日落成投入营运。总投资510多万元。占地面积8376平方米,停车场面积4033平方米,可同时停车150多辆。候车室面积2100平方米,建筑面积2800平方米,其余为办公楼和商铺,是集吃、住、运、贸、娱乐于一体的社会公用型二级客运站,有跨省班线1条、跨市班线17条(其中路过1条)、市内跨县班线4条(其中路过1条)、县内班线41条,2009年,日均发班次392个,年发送旅客251万人。站内配有危险品检测仪、电脑微机售票、发车电子显示屏、条型码检票等设备。原位于车站路客运站停用。

松阳客运中心 位于松阳县城长虹中路48号(原车站路7号)。1986年12月26日建成,1987年1月1日投入使用。占地面积11970平方米,建筑面积2886平方米,停车场面积10331.91平方米,可停靠120多辆汽车。候车大厅600平方米。大楼5层,底层为候车大厅(分普客候车室、快客候车室)、售票厅、行包房及长运旅行社、客运分公司、出租车分公司办公用房,底楼临街铺面均出租开设便民商店;2至5层先后用于公铺(二层),公司总部办公用房。2006年4月后,大楼除用于公司安全生产部办公用房外,余均用于客运分公司办公用房,客运分公司下设客运中心站、客车大队、机务科、安全科、财务科、稽查科等。

1997年,客运中心站被交通部评定为国家二级客运站,实行微机售票,条形码检票,候车厅设置客车班次动态电子显示屏、营运线路图、电子日历牌、危险品检测仪等。2010年,有跨省班线1条,跨市班线12条、跨县班线4条,县内班线19条,日发班次230.5班,全年累计发送旅客220万人次。

云和客运中心 位于云和镇城东路160号。2005年3月动工,2006年9月建成,原位于中山街55号的老车站迁至客运中心营业。客运中心占地面积19525平方米,建设用地14025平方米,建筑面积(售票厅、候客厅、办公楼等)8527平方米,总投资3900万元,为云和县恒通汽车运输有限公司下辖的二级客运站。有跨省班线1条、跨市班线5条、跨县班线6条、县内班线12条,日发班次199班,年发送旅客295.4万人次,过往云和站的客班有11个班次。站内配有微机售票机2台,电视监控主机1台,探头16个,发车电子显示屏3台,条型码检票仪2台以及危险品检测仪等设施。

庆元新汽车站 位于县城松源镇大济路与S329省道(原称55省道)过境公路交汇处。2004年5月11日开工,2005年12月20日竣工,12月28日投入试运行。占地面积31767平方米(47.65亩),总建筑面积13132平方米,由主站房、沿街辅楼、车辆维修车间、设备用房及停车场组成。主楼4层,附楼2层,停车场可停放大小客车300多辆,站前设有4000多平方米的广场,是一个集客运、维修、检测、培训为一体的综合性车站。总投资4957.15万元,其中省交通厅补助200万元。有跨省班线9条、跨市班线10条、跨县班线6条、县内班线46条,日发班次112个,年发送旅客120.45万人次。

该站为二级客运站，站内设有微机售票系统、条型码微机检票、危险品安全监测仪，在候车室、停车场、车站广场装有22个监控摄像头；8个检票口安装有发车电子显示屏、售票动态电子显示屏；2008年11月，实现全省小件快运联网，2009年实现全省售票联网等现代高科技产品。新客运站投入运行后，位于松源镇新建路103号的原客运站停用。

景宁汽车客运中心　位于鹤溪镇环城西路151号。1988年9月开工建设，1989年12月建成，次年元旦投入使用。占地面积11067.43平方米，站房面积3189.98平方米，候车室面积467.2平方米，停车场面积4553平方米，全县85辆客运车辆统一进出、门检、管理。

该客运中心为交通部二级客运站，有省际班线2条、市际班线7条、县际班线9条，县内班线20条，日发112班次，年发送旅客209万人次。站内配有条形码检票仪2件、危险货物检测仪1台、摄像监控6台、微机售票6台、车载视频22台、快件1台。

表60　**2010年县(市)汽车客运站(客运中心)班线班次一览表**

名　称	坐落地点	营运线路(条)	日发班次	年发送旅客(万人次)	备　注
龙泉客运中心	龙泉市区剑池东路300号	跨省7条、跨市15条、跨县6条、市内63条	384	年全社会客运量592	另有42条由乡镇通行政村班线
青田客运东站	鹤城镇鹤城东路26号	跨市2条、跨县10条、县内25条	477	245	2004年10月改建后投入使用
青田客运南站	鹤城镇江南大道108号	跨省5条、跨市9条、县内9条	132	46.87	1999年7月建成投入使用
缙云客运中心	五云镇迎晖路28号	跨省9条、跨市16条、市内4条，县内19条	715	207.5	1999年7月建成投入使用
遂昌客运中心	妙高镇平昌路1号	跨省1条、跨市17条、跨县4条、县内41条	392	251	1995年12月建成投入使用
松阳客运中心	西屏镇长虹中路48号	跨省1条、跨市12条、跨县4条、县内19条	230.5	220	1987年1月建成投入使用
云和客运中心	云和镇城东路160号	跨省1条、跨市5条、跨县6条、县内12条	199	295.4	2006年9月建成投入使用
庆元客运中心	松源镇大济路与S329省道交汇处	跨省9条、跨市10条、跨县6条、县内46条	112	120.4	2005年12月建成投入使用
景宁客运中心	鹤溪镇环城西路151号	跨省2条、跨市7条、跨县9条、县内20条	112	209	1989年12月建成投入使用

乡镇客运站、港湾式停靠站

乡镇客运站又称准四级客运站，港湾式停靠站有的称回头站。2003年，随着“康庄工程”的实施，通村公路步入跨越式建设时期。2006年全市实现乡乡通公路，乡镇客运站和农村港湾式停靠站适时而建，为农村乘客提供候车、上下车方便，规范农村客运秩序，为农村乘客夏避烈日,雨天避淋,候车小憩提供方便。乡镇客运站由政府投资、交通部门建设,交通部门与乡镇共同管理。至2010年底,全市已建准四级客运站64座,行政村回头站和港湾式停靠站611座,占全市行政村的17.5%和已通客车行政村的21.1%。详见下表。

表61　**2010年底全市乡镇客运站、农村港湾式停靠站一览表**

县(市、区)	乡镇客运站(名称)	数量(座)	港湾式停靠站(回头站)数量(座)	备注
莲都	老竹	1	53	简易站2个
龙泉	安仁、住龙、八都、龙南、小梅、锦溪、宝溪	7	103	小梅、锦溪为客、货一体站
青田	仁庄、温溪	2	57	简易站4个
缙云	壶镇、新建、舒洪、前村、大源、岩沿	6	46	
遂昌	应村、北界、三仁、根竹口、柘岱口、濂竹、龙洋、马头、焦滩、三井(白马山)平昌、大柘、高坪、红星坪、蔡源	15	88	
松阳	新兴、樟溪、叶村、斋坛、赤寿、象溪、安民、大东坝、板桥、裕溪、四都、三都、谢村、新处、竹溪、枫坪、古市	17	106	农村货运站15所
云和	龙门、张家地、小顺、包山	4	46	
庆元	左溪、黄田、安溪、岭头、隆宫,客运回头站:江根、官塘	7	52	招呼站56个
景宁	东坑、上标、沙湾、英川、九龙,2010年新建农村5级客、货一体站4座	5	60	招呼站4个
合计		64	611	

第三节 停车场 货运场

城市停车场、货运场包括高速公路停车区、服务区是供车辆停放、货物装卸、驾驶员休息或车辆维修等直接为交通运输服务的基础设施。

丽水市区停车场

市区车辆发展情况 汽车:2005—2010年12月,市本级汽车净增25339辆,近5年快速增长。市本级的摩托车从2005年的49105辆增加到2010年的76546辆,净增27441辆。

表62　**2005—2010年丽水市区车辆发展情况一览表**　单位:辆

车辆	2005	2006	2007	2008	2009	2010.12
汽车	27806	35618	42690	56724	64899	53145
摩托车	49105	56975	65412	71834	71834	76546

所有新增的汽车，均要求有车位（库）停放。包括上班、购物娱乐、回家，大部分汽车要求有2个车位。

市区车位（库）资源情况 市区（不包括城中村）共有车位（库）27744个，其中车位15249个，车库12495个。在不被摩托车、电动自行车、三轮车占用的情况下，平均2.34辆车拥有1个车位（库），导致市区停车难。

表63 **2010年丽水市区各类区域车位车库分布情况一览表**

项目	停车位（个）	停车库（个）	合计（个）
居住小区	3708	11588	15296
公共停车场	1280	——	1280
机关企事业单位	6502	907	7409
城市道路	3759	——	3759
合计	15249	12495	27744

市区道路车位 市区城市道路已划停车泊位线近18800米，临时泊位3759个，占市区停车位（库）总量的13.5%，其中丽阳街、中山街、大洋路、花园路5条道路共有临时泊位2197个，占路边临时泊位总数的58%。

市区道路停车步入"咪表时代①"，2010年10月15日试运行，28日正式实施。收费区域：丽阳街以南，括苍路（含）以东，花园路以西，囿山路以北。

收费标准：前15分钟免费，超过15分钟2元/半小时。

收费时段：8:00—22:00

丽水市区公共停车场现状：现择记几座大型停车场，余列表。

诚信大型综合停车场 又名丽阳街长岗背停车场，属大型综合停车场。位于330国道长岗背村，建于2003年4月，用地面积8750平方米，可停放汽车250辆，主要功能为停车、汽修等。由长岗背行政村出租给个人经营。

丽南停车场 位于绕城公路南线丽水客运西站对面，由丽南行政村组织开发，与丽水客运西站同步建成。用地面积24000平方米，可停放汽车300辆，原有车位300个，新增500个，因地处金丽温高速公路丽水入口处，停车场功能齐全，站内设有20多个联托运调度室、4家汽车修理店，集停车、维修、货运于一体，是目前丽水市区最大的停车场。

凉塘停车场 位于330国道凉塘村6号，即岩泉街道办事处对面。用地面积6000平方米，可停放150辆车。由凉塘行政村组织建造承包给个人经营。主要功能为停车、维修等。

牛岭头停车场 位于绕城公路K4+100处，又名丽水市联合车辆施救服务中心，专供事故

①咪表，即泊车电子计时表，可分为电子咪表和凭票泊车咪表

车辆施救停放。用地面积3000平方米,可停放车辆50辆,2004年建成投入使用。现状位置不变,新增50个停车位。

丽水市平安高速公路车辆施救有限公司 位于莲都区水阁街道垟店村原53省道水阁公路收费站左侧。占地面积4000多平方米,2002年12月23日建成投入使用。主要功能为:高速公路事故车辆清障施救、车辆停放、货物装卸等,可停放30吨大货车20多辆,无修理。隶属丽水市高速公路路政管理大队(不列入表内)。

南明物流货运场 位于丽阳街514号,丽汽集团汽车技术学校内。占地面积1500平方米,建筑面积5260平方米,为南明物流公司货运站场。设有广州、义乌、杭州、龙泉、遂昌等货运专线7条,年货运量约7万吨,属南明物流公司专用停车场。

表64 **2010年丽水市区公共停车场现状一览表**

位 置	用地面积(平方米)	停车泊位(个)	备 注
城西菜场停车场	1836	70	现状不变
中山街灯塔街交叉口西北角	1724	50	现状位置,原有车位50个,立体改造增加150个
经贸委临时停车场	1362	30	现状位置,原有车位30个,新增15个
纳爱斯健身广场对面	2200	48	现状位置,原有车位48个,新增27个
括苍路临时停车场	3186	72	现状位置,原有车位72个,新增38个
囿山路西停车场	791	19	现状位置,原有车位19个,新增11个
囿山路东停车场	651	13	现状位置,原有车位13个,新增12个
溪口停车场	3500	60	现状位置,原有车位60个,新增60个
丽南停车场	24000	300	现状位置,原有车位300个,新增500个
牛岭头停车场	3000	50	现状位置,原有车位50个,新增50个
凉塘停车场	6000	150	现状不变
丽阳街长岗背停车场	8750	250	现状不变
城东路与继光街交叉口停车场	700	30	现状不变
丽水中学门口	1800	60	现状不变
体育场西南角	10000	250	现状不变
合 计	69500	1452	

丽水市区机动车停放收费标准和2010年10月27日市发改委《关于丽水市区机动车停放收费管理的实施意见》(丽发改价管〔2010〕361号)规定,机动车停放服务收费实行政府定价和市场调节价两种定价形式。政府投资配建的公共停车场、城市道路停车泊位的停车服务收

费,车站、码头、旅游景点等配套停车场所实行政府定价。政府定价外的商场、娱乐场所、宾馆酒店、写字楼、物流园区、专业市场等配套停车场,以及社会投资建设的专业停车场的停车服务费,实行市场调节价。同时,鼓励商场等服务场所的配套停车场所免费停车。

根据丽水市发改委《丽水市区机动车停放服务收费标准确认单》(丽发改价确〔2010〕2号),小型车1元/车·小时;中型车2元/车·小时;大型车3元/车·小时。每次停车不超过15分钟免收费;停放时间不足1小时的按1小时计算;车辆连续停放8小时以上,在24小时以内的,一律按8小时计费;车辆连续停放超过24小时的,超过部分按计时收费标准重新计算。

丽水市区公共停车场布点总体规划。随着丽水市中心城市区域的扩大,市区人口的增加,人民生活日益提高,机动车辆的数量快速增长,市区尤其是中心城区停车难的矛盾更加突出。为了统筹解决市区停车难的问题,市有关部门经多次调查研究,对市区停车场布点制定总体规划。布点规划分近期(2010—2012)和远期(2013—2020),近期规划新建停车场9个,改造2个,新增停车位1132个,新增占地面积34922平方米。

政府投资配建的公共停车场停车服务收费标准是小型车每小时1元,中型车每小时2元,大型车每小时3元。每次停车不超过15分钟免收费;停放时间不足1小时的按1小时计算;车辆连续停放8小时以上,在24小时以内的一律按8小时计费;由各类社会投资停车场所,停放交通肇事、违法、故障被强制拖离现场的车辆的停车服务收费小型车每天每车10元,中型车每天每车20元。

表65　**2010—2012年丽水市区公共停车场规划布点一览表**

位　置	用地面积(平方米)	停车泊位(个)	备　注
大洋路与丽青路交叉口西南角	3883	112	近期新增
原莲都区公安局	3000	80	近期新增
大洋路与滨江路交叉口西侧	2100	80	近期新增
灯塔公园	1800	60	近期新增(地下停车场)
括苍路原丽水公交公司南侧	2800	100	近期新增
紫金路与丽青路交叉口西北角	7000	250	近期新增
花园路花园中学东侧	2700	100	近期新增
东外环路北侧	10139	300	近期新增
府前菜场东侧	1500	50	近期新增(地下停车场)
合　计	34922	1132	

说明:不含现有的15个

表 66 **1993—2010 年丽水市、县(市)公共停车场一览表**

县市	名称	坐落地点	面积(平方米)	备注
龙泉	水南停车场	龙泉市区剑池东路	4600	水南村委会建
青田	城东停车场	鹤城镇东	5000	1993 年建
	塔山下临时停车场	鹤城镇东塔山下	6300	1994 年建
	鸣山路停车场			1996 年建
	瓯江大桥转盘下客运车辆停车场	鹤城镇西门外	2600	1997 年建
	鹤城镇东、西门、湖口头 3 处停车场		10000	1998 年建
遂昌	金岸停车场	妙高镇金岸村	17700	2006 年建 2011 年不再停车
	公安路停车场	妙高镇公安路	1000 可停轿车 30 辆	2007 年建
	北溪路停车场	妙高镇北溪路	600 可停轿车 20 辆	2009 年建
	君子路生态停车场	妙高镇君子路	1000 可停轿车 34 辆	2010 年建
	电影院停车场	妙高镇东街电影院	500 可停轿车 15 辆	
	渡船头停车场	妙高镇渡船头村	4000 可停轿车 100 辆	2005 年 8 月建 2007 年因建公路停业
	平昌广场地下停车场	妙高镇平昌广场地下	4000 可停轿车 80 辆	2005 年建
	路边停泊点	城区 9 条街道	共有 610 个泊位点	2010 年 7 月 开始计时收费
松阳	县长运公司货运分公司停车场	县城东北郊草场圩	7300	1999 年 11 月建
	县城沿街停车位		1399	2008 年建
	拆除新华路、紫金路口部分临时构筑物建停车位		1400	2008 年建
	广场地下停车场	县城环城西路市政广场地下	可停小车 88 辆	2010 年 6 月建
	西屏山公园门口至县委党校路口停车场		可停小车 65 辆	2010 年 12 月建
景宁	宏发便民停车场	县城鹤溪河边	8211	2008 年 5 月建

丽水市各县(市)除汽车客运中心停车场供站内营运车辆停放外,还有部分县并未建有政府部门建或私人建的公用服务型停车场。另有物流企业建的露天停车场和室内停车场,供本企业车辆停放。详见下表。

表67　　**2010年丽水市物流企业货运站场基本情况表**

单位名称(含物流公司)	占地面积合计	(平方米)露天停车场	建筑面积合计	(平方米)室内停车场	单位名称(物流企业)	占地面积合计	(平方米)停车场	建筑面积合计	(平方米)室内停车场
丽水市南明物流有限公司	11514	6796.8	5259	0	龙泉市安仁货运站	760	350	289	40
浙江光年物流有限公司	10000	6000	3000	500	龙泉市八都货运站	1672	800	444	50
景宁畲乡物流有限公司	680	500	209.89	0	龙泉市龙南货运站	646	300	150	30
景宁任一物流有限公司	800	600	240.13	0	龙泉市小梅货运站	873	400	504	50
景宁顺达物流有限公司	520	500	53.59	0	龙泉市锦溪货运站	646	300	271	30
景宁晨丰物流有限公司	458	400	60	0	龙泉市宝溪货运站	1434	800	391	50
龙泉市住龙货运站	750	400	562	50	浙江路网物流有限公司	20000	10000	41700	0
					松阳县长运有限公司物流中心	100000	4500	55000	3300

高速公路服务区、停车区

G1513温丽高速青丽段服务区

青田服务区　位于温丽高速公路G1513K89+100处，距青田县城约20千米。占地面积71713.7平方米,建筑面积6306.04平方米,道路及广场面积48600平方米,绿化面积1999平方米,加油站面积307.6平方米。2005年12月建成,同月23日正式投入使用。总投资2713万元,服务区集餐饮、购物、休息、汽车修理、加油、停车等功能于一体。日均车流量达3500辆。设333个停车位,其中,小车车位124个,大车车位209个。服务区设有汽车维修站,提供车辆修理和汽车配件供应。由浙江交通投资实业公司主管。

G25长深线丽水段服务区、停车区

丽水服务区 位于G25深线K2600+800处，距丽水市区8千米。占地面积3.73公顷(56亩)，建筑面积7000平方米，绿化面积7000平方米，分左右两区。设施配套齐全，有大小停车位168个，是集加油、餐饮、购物、汽车维修、停车、休闲、紧急救护为一体的综合性服务区。该服务区由金丽温高速公路丽水管理处管理，采用对外承包管理模式，分别由中石化及嘉兴华达茧丝有限公司租赁承包经营。

青田服务区

莲都停车区 位于长深线丽龙段K2620+500处(莲都区水阁街道大源村)，分上行、下行两处。上行(北区)占地面积14008平方米，房屋3幢，建筑面积391.4平方米；下行(南区)占地面积13990平方米，房屋2幢，建筑面积390平方米。停车区设加油站、汽修房等，为过往丽龙高速公路驾驶员提供服务。有大小客货车位36个。2006年11月投入使用。浙江交通投资实业公司主管。

云和服务区 位于长深线丽龙段K2653+775两侧、云和县云坛乡陈村。置加油站、餐厅、自选商场、大型停车场(大小车位297个)和汽车维修厂等。占地面积9.93公顷，分东、西两区，总建筑面积7570.76平方米，其中综合楼(东、西侧)2幢，建筑面积5800平方米；机修间2幢，建筑面积264平方米；加油站2座，建筑面积308平方米；泵房及配变电所各2幢，建筑面积479平方米。有管理人员5名，设主任1人。置所务、稽查、设备岗位，主要负责服务区的日常管理及营运工作。隧道管理站与服务区并址合建。2005年7月动工，2006年11月建成。浙江交通投资实业公司主管。

龙泉服务区 位于G25长深线龙庆段K2719+500米处，占地面积5.26公顷(79亩)，建筑面积2998平方米。分南北两区，南区为办公区域和经营区，北区为停车区。行政区域隶属于龙泉市兰巨乡。该服务区停车场面积1200平方米，有大小停车位176个，其中小车位95个。是集加油、餐饮、购物、汽车维修、停车、休闲为一体的综合性服务区。有员工44人，2013年6月25日投入营运。主管单位浙江交通投资实业公司。

庆元服务区 位于G25长深线龙庆段K2753+700处，占地面积4.07公顷(61亩)，总建筑面积3163平方米。分南北两区，北区为办公区域和经营区，南区为停车区。行政区域隶属庆元县黄田镇。该服务区停车场面积1620平方米，可供114辆大小汽车停泊，是集加油、餐饮、购物、汽车维修、停车、休闲为一体的综合性服务区。有员工43人,2013年6月25日投入营运。主管单位浙江交通投资实业公司。

S33龙丽温高速公路服务区、停车区

灵溪服务区 位于龙游县境内(略)。

遂昌停车区 位于龙丽高速K93+572处、遂昌收费站与古市收费站之间。占地面积25949平方米,建筑面积2936平方米,其中宿舍建筑面积252平方米;变电所2座,建筑面积396平方米;汽修间2间,建筑面积210平方米;加油站2座,建筑面积294平方米。大小停车位53个。停车区以外包租赁的方式为驾驶员及车辆提供加油、维修等服务业务;以附属合同形式为施救单位提供场所。2006年6月投入使用。停车区由遂昌中心所负责管理和维护。由浙江交通投资实业公司主管。

松阳服务区 位于龙丽高速公路K118+372两侧,介于松阳、古市收费站之间。占地面积8公顷(120亩),建筑面积6473平方米,设大车位136个、小车位206个,是集餐饮、住宿、加油、购物、汽车修理为一体的高速公路驿站,设管理人员3名。服务区主要采用"目标责任制"、"合同管理"和"租赁承包"经营管理模式,即餐饮、加油站、汽修部对外租赁经营。2006年6月投入使用。由浙江交通投资实业公司主管。

第四节 加油站

到2010年底,全市有加油站、店、点156座,除文字简述丽水市区(含莲都区)加油站,各县(市、区)加油站以数字统计列表;高速公路加油站8座,文字简介。

市、县(市、区)加油站

莲都区加油站(含丽水市区)

三岩寺加油站 位于丽水市区三岩寺叉路口、丽阳街212号。1978年10月由丽水县石油公司创建,有加油机3台,专供90#汽油、70#汽油、0#柴油以及部分润滑油。

凉塘加油站 位于330国道K122、莲都区岩泉街道凉塘村。1986年9月16日由丽水地区石油公司建成使用。有加油机5台,供应90#汽油、70#汽油、0#柴油及部分润滑油。

奚渡加油站 位于丽水汽车东站对面,丽水市区东2千米的奚渡村,隶属丽水市(县级)石油公司,1991年6月1日投入使用,有加油机4台,供应90#汽油、70#汽油、0#柴油及部分润滑油。

风化加油站 位于330国道K114、莲都区下风化村。

330国道加油站 位于莲都区岩泉街道铁丁桥,330国道K123处。

九里加油站 位于S328省道丽浦线K1、莲都区岩泉街道九里村附近。

南明加油站 位于丽水市区丽青路399号。

丽汽集团加油站 位于丽水市区丽阳街86号。

南山加油站 旁近S328省道丽浦线、莲都区碧湖镇南山。

碧湖加油站 位于莲都区碧湖镇环西路1号。

城南加油站 位于丽水城南吕埠坑村、汽车客运西站附近。

丽青加油站 位于丽水市区丽青路38号。

紫金南路加油站 位于丽水市区囿山路629号。

中国石油公司浙江丽水分公司在莲都区境内设加油站3处:

水阁沙溪加油站 位于S328省道丽浦线丽水水阁公路收费站旁。

水阁2号加油站 位于水阁街道。

北苑加油站 位于丽水市区北苑路口与城北路交叉北侧。

上述加油站均供应0#柴油、90#、93#、95#、97#汽油,并实行24小时昼夜服务。

表68 **2010年12月丽水市县(市、区)加油站统计表**

县(市、区)	加油站数量(座)	县(市、区)	加油站数量(座)
莲都区	16	松阳	18
龙泉	24	云和	8
青田	12	庆元	13
缙云	25	景宁	9
遂昌	31	全市合计	156

高速公路加油站(均由浙江交通投资实业公司主管)

G1513温丽高速青田加油站 位于青田县船寮镇上陈村、青田服务区两侧,温丽高速K89+100处。2005年12月24日建成投入使用。两侧各有加油机4台、加油枪24支。

G25长深线缙丽段丽水加油站 位于丽水服务区两侧,长深线K2600+800处。2002年12月24日投入营运。两侧各有加油机4台、加油枪16支。

G25长深线丽龙段(丽龙高速)莲都加油站 位于丽水市水阁经济开发区大源宅塘村、莲都停车区两侧。2007年12月25日投入营运。两侧各有加油机4台、加油枪16支。

G25长深线丽龙段(丽龙高速)云和加油站 位于云和县云坛乡陈村、云和服务区两侧。2007年12月25日投入营运。两侧各有加油机4台,下行线(往丽水方向)有加油枪22支,上行线(往龙泉方向)有加油枪24支。主要为进入高速公路的车辆供油。

G25长深线龙庆段(龙庆高速)龙泉加油站 位于龙泉市兰巨乡蜜蜂岭村、龙庆高速龙泉服务区两侧。2013 年 6 月 25 日投入使用。两侧各有加油机 4 台、加油枪 20 支。

G25 长深线龙庆段(龙庆高速)庆元加油站 位于庆元县黄田镇黄坞村、龙庆高速庆元服务区两侧。2013 年 6 月 25 日投入使用。两侧各有加油机 4 台、加油枪 20 支。

S33 龙丽温高速遂昌加油站 位于遂昌停车区东西两侧。2007 年 8 月投入使用。两侧各有加油机 4 台、加油枪 16 支。

S33 龙丽温高速松阳加油站 位于松阳服务区东西两侧，介于松阳西屏、古市收费站之间。建于 2007 年 8 月。两侧各有加油机 4 台、加油枪 24 支。

S34 云景高速畲乡加油站 位于景宁县鹤溪镇人民北路 275 号,云景高速路口边。2013 年 4 月 10 日投入使用,有加油机 8 台、加油枪 16 支(把)。

上述加油站主供油品 93#、97# 汽油、0# 柴油,部分兼供润滑油。

第五节 收费站

国省道("四自"工程)收费站

国省道、"四自"工程等重要路段经省交通部门批准,设立收费站,依据国家有关法律法规对过往车辆收取过路费,实行以路养路。现将市交通部门管辖下的收费站,"四自"工程收费站记述如下:

严山岭隧道管理收费站 位于龙泉市与云和县交界处，在龙泉县安仁镇境内，隧道长 1037.42 米。1986 年 8 月设站收取车辆通行费,由龙泉公路段管理,1989 年由地区公路管理处接管,为副科级自收自支事业单位,定编 24 人。1999 年 12 月 7 日,根据浙政发〔1999〕297 号文要求,该站并入龙云收费站,于 2000 年 3 月停止收费并撤销。撤销后,其人员和财产均作了妥善安置和移交。

洋条隧道管理收费站 位于遂昌县洋条村,隧道长 638 米。1992 年 4 月 18 日建立,为地区公路管理处下属股级事业单位,定编 24 人。浙政办发〔1992〕195 号函,省人民政府同意自 1992 年 7 月 10 日起,征收车辆通行费。经丽水地区编委〔1996〕78 号文核批,为副科级自收自支事业单位。2002 年 2 月,经省公路局核定编制 35 人。

根据浙交函〔2003〕326 号文件要求,2003 年 12 月 5 日 12 时起洋条收费站停止收费并撤销。自 1992 年 7 月 10 日开始收费,至 2003 年 5 月 12 日共征收通行费 5147.92 万元,经费支出 4985.90 万元,收支相抵结余 162.02 万元。撤销后其人员和财产均作了妥善安置和移交。

龙云隧道管理收费站 位于云和县临海垟村,隧道长 1239.77 米。1993 年 5 月 21 日成立,为地区公路管理处下属股级事业单位,定编 24 人。1999 年 12 月 7 日,根据浙政发〔1999〕297 号文,要求严山岭隧道管理收费站归并该站,更名为"龙云隧道管理收费站",为副科级自收自

支事业单位,定编48人。自1993年8月10日起,收取车辆通行费。1993年8月24日,省交通厅浙交函〔93〕922号规定,考虑到已收通行费的丽浦线严山岭隧道与赤石岭隧道相距较近,为了减少车辆停车交费时间,决定对过往车辆实行往返单向一次收费,即云和至龙泉方向的车辆由赤石岭隧道收费站按甲类标准一次性收取往返通行费;龙泉至云和方向的车辆由严山岭隧道收费站按乙类标准一次性收取往返通行费。

根据浙交函〔2003〕326号文要求,该站于2003年12月5月12时起停止收费并撤销。自1993年8月10日至2003年12月5日,征收通行费3255.49万元,经费支出3078.68万元,结余176.81万元。撤销后,其人员和财产均作了妥善安置和移交。

330国道缙云收费站 位于缙云县东渡,桩号G330K149+200处。1996年底330国道缙云县兰(口)黄(碧街)段"四自"工程公路通过交工验收(浙交函〔1996〕1167)通车。经浙江省人民政府办公厅《关于"四自"工程330国道缙云段收费车辆通行费的函》(浙政办发〔1995〕8号)文件批准,按文件规定标准进行收费。

1997年2月8日,省人民政府办公厅同意(浙政办发〔1997〕284号),经营时间自1996年12月26日至2021年12月25日,共25年。收费标准均按省交通厅、省物价局核准,省政府办公厅批准规定要求标准执行收取。至2010年底贷款余额为3566.28万元。因各种原因,经各方协议,该收费站于2014年6月30日24时停止收费,该站撤销,人员作了妥善安置。

高速公路收费站

国家建造高速公路,同时建造高速公路收费站。高速公路竣工通车,依据国家有关法律法规,按照高速公路收费标准,对过往车辆收取过路费,实行以路养路,用于高速公路产权管理,维护线路完好无损,桥梁、隧道、涵洞破损修复,沿线设施维护、增设等,确保境内高速公路"畅、洁、绿、美、安全、舒适"。至2014年,市境内6条(段)高速公路有收费站31座。详见下表:

表 69　　　**丽水市高速公路收费站一览表**

站　名	地　址	开通时间	进出车道	管理单位
G1513 温丽高速公路收费站				
温溪收费站	青田县温溪镇沙埠村	2005.12	二进二出 4 条车道	温溪收费管理所
青田收费站	青田县鹤城镇黄浦村	2013.2	三进三出 6 条车道	船寮收费管理所
青田西收费站	青田县船寮镇	2005.12	二进二出 4 条车道	船寮收费管理所
海口收费站	青田县海口镇	2005.12	二进二出 4 条车道	船寮收费管理所
石帆收费站	青田县腊口镇石帆村	2005.12	二进二出 4 条车道	石帆收费管理所
G25 长深线丽水市段收费站(缙云—莲都—云和—龙泉—庆元)				
缙云收费站	缙云县新建镇宅基村	2002.12	三进四出 7 条车道	缙云收费管理所
洪渡收费站	莲都区雅溪镇	2002.12	二进二出 4 条车道	丽水西收费管理所
丽水西收费站	莲都区水阁街道垟店	2002.12	三进五出 8 条车道	丽水西收费管理所
丽水(富岭)收费站	莲都区富岭街道	2007.12	三进四出 7 条车道	丽水(富岭)中心收费所
南山收费站	莲都区南山	2007.12	二进二出 4 条车道	丽水(富岭)中心收费所
石塘收费站	云和县石塘镇西滩头	2006.12	二进二出 4 条车道	云和中心收费所
云和收费站	云和县城东	2006.12	二进二出 4 条车道	云和中心收费所
赤石收费站	云和县赤石乡黄岗村	2014.4	三进三出 6 条车道	云和中心收费所
安仁收费站	龙泉市安仁镇	2002.12	二进二出 4 条车道	安仁中心收费所
塔石收费站	龙泉市础石乡	2002.12	二进二出 4 条车道	安仁中心收费所
龙泉主线收费站	龙泉市剑池街道大猫亭	2006.12	二进二出 4 条车道	安仁中心收费所
龙泉收费站	龙泉市剑池街道松溪弄	2013.6	三进四出 7 条车道	龙泉中心管理所
龙泉南收费站	龙泉市兰巨乡	2013.6	三进四出 7 条车道	龙泉中心管理所
查田收费站	龙泉市查田镇	2013.6	三进三出 6 条车道	龙泉中心管理所
黄田收费站	庆元县黄田镇	2013.6	三进三出 6 条车道	庆元中心管理所
庆元收费站	庆元县竹口镇新窑	2013.6	三进三出 6 条车道	庆元中心管理所
G25 主线收费站	庆元县黄坦(浙闽界)	2013.6	六进八出 14 条车道	庆元中心管理所
S33 龙丽温高速公路丽水市段收费站(遂昌—松阳—莲都)				
北界收费站	遂昌县北界镇大谷岭	2006.12	二进二出 4 条车道	遂昌中心收费所
新路湾收费站	遂昌县新路湾镇小马步	2006.12	二进二出 4 条车道	遂昌中心收费所
遂昌收费站	遂昌县妙高镇株树窟	2006.12	二进二出 4 条车道	遂昌中心收费所
遂昌东收费站	遂昌县妙高镇金岸	2006.12	二进二出 4 条车道	遂昌中心收费所
古市收费站	松阳县古市镇	2006.12	二进二出 4 条车道	松阳中心收费所

续表 69

站　名	地　址	开通时间	进出车道	管理单位
松阳收费站	松阳县西屏镇	2006.12	二进二出 4 条车道	松阳中心收费所
象溪收费站	松阳县象溪镇	2006.12	二进二出 4 条车道	松阳中心收费所
S28 台金高速公路缙云段收费站				
壶镇收费站	缙云县壶镇镇姓汪村	2008.1	二进二出 4 条车道	壶镇收费管理所
S34 云景高速公路收费站				
景宁收费站	景宁县鹤溪镇鸭蛋坑	2013.4	三进三出 6 条车道	景宁中心管理所

2010 年开始，除个别收费站，各收费站均设有 ETC 不停车收费车道；各收费站均安装有 GPM 监控系统，用于监控本区段道路及安全通行情况。

附：收费标准

收费系统采用人工收费、车辆检测器校核、计算机管理、摄像机监视的全封闭收费制式。设收费中心、收费分中心、收费站三级管理机构。按照不同的车型、不同的费率标准收取通行费，即通行费=车次费+车千米费×里程+桥梁隧道叠加费。2008 年，已与全省其他高速公路实行联网收费。2009 年 10 月，实行计重收费模式。

2007 年 12 月—2009 年 10 月车型收费费率标准

金丽温高速公路收费车辆按以下标准分类：

一类车：20 座(含)以下客车，2 吨(含)以下货车。

二类车：20 座以上 40 座(含)以下客车，2 吨以上 5 吨(含)以下货车。

三类车：40 座以上客车(含 32 座以上卧铺车)，5 吨以上 10 吨(含)以下货车。

四类车：10 吨以上 15 吨(含)以下货车。

五类车：15 吨以上货车。

金丽温高速公路通行费按以下标准分类：

一类车：车次费 5 元/辆次，车千米费 0.40 元/车·千米。

二类车：车次费 10 元/辆次，车千米费 0.80 元/车·千米。

三类车：车次费 15 元/辆次，车千米费 1.20 元/车·千米。

四类车：车次费 15 元/辆次，车千米费 1.40 元/车·千米。

五类车：车次费 20 元/辆次，车千米费 1.60 元/车·千米。

对装有通风和监控设施的高速公路独立隧道(含左右洞)叠加收取通行费的标准为：长度 1000~2500 米的，叠加 1 元/辆次；2500~4000 米的，叠加 2 元/辆次；4000 米以上的，叠加 5 元/辆次。

对桥长达10千米以上特大桥一类车5元/辆次,二类车以上10元/辆次进行叠加计算。

通行费计算以5元为一个单位,尾数超过或不足部分,角分按"四舍五入",元按逢2进5,逢7进10。

2010年4月16日实行计重收费后,费率标准为:

合法装载车辆,实际车货总质量:

1. 小于5吨(含)的车辆按0.09元/吨·千米计费;

2. 5吨至15吨(含)的车辆按0.09元/吨·千米×1.5线性递减到0.09元/吨·千米计费;

3. 15吨至30吨的车辆按0.09元/吨·千米线性递减到0.06元/吨·千米计费;

4. 大于30吨的车辆按30吨计费。

超限车辆费率,按车货总质量超总轴限(或总质量限)的不同分别确定:

1. 对超限量小于10%的超限超载车辆,按照合法装载车辆的基本费率进行计费。

2. 超限30%以内(含30%)的车辆,超限10%以上部分按0.09元/吨·千米×1.2计,其余部分按上述"(1)"的规定计。

3. 超限30%~50%(含50%)以内的车辆,合法装载部分和超限30%以内(含)部分,按上述"(2)"规定计,其余部分按0.09元/吨·千米×2计。

4. 超限50%~100%(含100%)的车辆,合法装载部分和超限30%以内(含)部分,按上述"(2)"规定计,其余部分按0.09元/吨·千米×3计。

5. 超限100%以上的车辆,合法装载部分和超限30%以内(含)部分,按上述"(二)"规定计,其余部分按0.09元/吨·千米×4计。

车货总质量不足5吨的,按5吨计费;车辆计重收费不足10元的,按10元计费;通行费尾数取舍,以元为单位,逢2退0、逢3进5、逢7退5、逢8进10,角、分四舍五入。

其他规定

1. 客车、集装箱车辆的收费维持现行收费方式和标准不变,对进出宁波港的国际标准集装箱车辆的优惠政策继续实施。

2. 运输鲜活农产品的货运车辆行驶鲜活农产品运输"绿色通道"在正常装载及超限30%以内(含)的情况下,免收车辆通行费。但车货总质量超限30%以上的车辆,按超限车辆的收费方法收取通行费。

2007年12月—2010年4月按车型收费费率标准

龙丽丽龙高速公路收费车辆按以下标准分类:

一类车:20座(含)以下客车,2吨(含)以下货车。

二类车:20座以上40座(含)以下客车,2吨以上5吨(含)以下货车。

三类车:40座以上客车(含32座以上卧铺车),5吨以上10吨(含)以下货车。

四类车:10 吨以上 15 吨(含)以下货车。

五类车:15 吨以上货车。

(高速公路收费标准全省统一。"两龙"高速公路车辆通行费费率可参照金丽温高速公路收费标准)。

第六节 运输企业

丽水市市、县(市)陆路运输均有客货运输企业,在人流、物流,促进经济社会发展发挥了强有力的杠杆作用。

丽水市区主要汽车运输企业

丽水市汽车运输集团有限公司(简称"丽汽集团")

丽水市汽车运输集团有限公司系股份制企业,驻丽水市大洋路 192 号,是丽水市规模最大的道路运输骨干企业。前身为民国 22 年(1933)设立的丽云公路管理事务所。1988 年 3 月 7 日,浙江省汽车运输公司丽水分公司建制下放丽水地区管理,改称为丽水地区汽车运输公司(简称"丽汽公司")。公司设有龙泉、青田、缙云、遂昌、松阳、云和、庆元 7 个分公司。1989 年 3 月 25 日,云和、景宁分站,4 月 1 日,景宁分公司完成建制。至此,丽汽公司在下属各县站设有 8 个分公司。1990 年底,公司有职工 3837 人,其中工程技术人员 95 人。营运客车 295 辆、12845 座位;货车 233 辆、1815 吨位;货挂 124 辆、686 吨位;非营运车 70 辆(其中教练车 22 辆、油罐车 6 辆、吊车 5 辆),拥有机具设备 475 台,生产用房 73985.93 平方米,生活用房 85812.46 平方米,办公用房 9979.52 平方米,公铺、食堂、职工医院 8672.86 平方米,储油库 8 处,储油量 352 吨,固定资产 5023 万元,净值 3415 万元(为原值的 67.99%),流动资金 294 万元。全年完成客运量 1350 万人次,客运周转量 5.92 亿人千米;货运量 41.1 万吨,货运周转量 7640 万吨千米,创利税 556 万元。

丽汽集团办公大楼

1992 年 10 月,根据丽水地区行政公署〔1992〕82 号文件精神,公司下属的龙泉、青田、缙云、遂昌、松阳、云和、庆元、景宁 8 个分公司自 10 月 1 日起建制下放各所在县(市)管理。

体制下放后,丽水片有人员 1559 人(其中固定工 1237 人,合同工 213 人,计划内临时工

46人，计划外临时工63人)；有车辆141辆(其中客车75辆、3127座，货车66辆、510吨)。挂车41辆、205吨。

1993年1月11日，丽水地区行署办公室发文〔1993〕2号批复，同意“丽水地区汽车运输公司”更名为“丽水地区汽车运输联合总公司”(简称“丽汽总公司”)。公司本部设党办、经理办(合署办公)、计划财务处、经营开发处、生活管理处、纪委、人武部(合署办公)、工会、团委(合署办公)等处室。1月15日，丽水地区交通局丽地交复〔1993〕1号文批复同意建立丽水长途汽车运输公司、丽水地区汽车工业公司、丽水地区交通贸易公司3个二级单位，为全民所有制企业，对内实行分级管理、独立核算，对外实行独立的生产经营活动，具有法人资格。

2000年8月2日，因丽水撤地设市，“丽水地区汽车运输联合总公司”更名为“丽水市汽车运输联合总公司”。

2000年12月20日，根据丽水市人民政府办公室〔2000〕32号文《关于市汽车运输联合总公司兼并市运输总公司的协调会议纪要》精神，公司与原“丽水市运输总公司”签订交接协议书。划转员工165人、大中型客车40辆，其中大客车4辆、106座，中巴车29辆、293座，农用车7辆、77座；出租车48辆；丽水至杭州、义乌、虹桥等客运班线8条；土地使用面积2704.54平方米。

2001年11月27日，由公司改制后组建的“丽水市汽车运输集团有限公司”(简称“丽汽集团”)正式成立。其下属有汽车客运东站、客长运公司、快客公司、长运出租车公司、汽车技术学校、汽车修理厂、物业管理公司、燃料经营公司等12个分公司；拥有丽水市公路客运西站有限公司、丽水市公铁联运有限公司、丽水市车辆综合性能检测站有限公司、丽水市南明宾馆有限公司、丽水市旅游集散中心有限公司、缙云县运发汽车运输有限公司、缙云运发公铁联运有限公司、庆元县南明汽车运输有限公司等11个控(参)股公司；公司本部设有董事会办公室、经理办公室(合署办公)、党委办公室、劳动人事处(合署办公)、财务审计处、企业管理处、计算机信息中心(合署办公)、安全生产处、客运经营处、综合经营处、投资管理处、基建处(合署办公)、保卫稽查处、工会、团委、离退休职工管委会等处室。

丽汽集团质量管理体系审核会现场

2002年8月7日，集团公司取得ISO9001:2000北京世标质量管理体系认证证书。

2010年底，丽汽集团有营运客车171辆，运送旅客299.25万人次，货车66辆，完成货运量36万吨。营业收入43400万元，比2001年增长6.83倍；利润982.90万元，比2001年增长2.97倍；税金2079.32万元，比2001年增长9.17倍。

表 70 1983—2010年丽汽集团历届领导人名录

行政领导			党组织领导		
姓名	职务	任期	姓名	职务	任期
邢志良	经理	1983.7—1991.6	马历夏	党委副书记	1983.7—1989.11
陆家骧	副经理	1983.7—1993.5	马历夏	党委书记	1989.11—1997.2
楼呈志	副经理	1983.7—1997.2	吴加茂	党委副书记	1991.11—1997.2
吕文明	副经理	1988.3—1995.7	吴加茂	党委书记	1997.2—1998.11
马历夏	副经理	1988.4—1991.6	何赤峰	党委副书记	1997.2—1998.11
	总经理	1991.6—1997.2	何赤峰	党委书记	1998.11—2000.6
吴加茂	副总经理	1991.11—1998.11	杜志田	党委副书记	1998.11—2006.10
何赤峰	总经理	1997.2—2000.6	赵国新	党委副书记(主持)	2000.6—2000.9
虞大贵	副总经理	1997.2—2001.11	赵国新	党委书记	2000.9—2008.9
	常务副总经理	2001.11—2008.12	张仲初	党委副书记	2006.10—2008.9
	总经理	2008.12—2011.5	张仲初	党委书记	2008.9—2009.1
张仲初	副总经理	2000.10—2009.1	张为社	党委书记	2009.1—2011.11
	常务副总经理	2009.1—	薛和有	党委副书记	2009.1—2011.11
何赤诠	副总经理	2000.10—			
黄增清	总经理助理	2000.10—2006.9			
赵国新	副总经理	1996.5—2000.6			
	总经理	2000.7—2008.12			
	董事长兼总经理	2001.11—2008.12			
张为社	董事长	2008.12—			
薛和有	副总经理	2009.9—			

说明：1991 年为丽水地区汽车运输公司；
1993 年 1 月更名为丽水地区汽车运输联合总公司；
2000 年 8 月更名为丽水市汽车运输联合总公司；
2001 年 11 月更名为丽水市汽车运输集团有限公司

丽汽集团下属分公司

客长运公司　丽汽集团分公司，驻地丽水汽车客运东站。前身是丽水客运分公司和丽水长途汽车运输公司。1992 年 10 月，8 县(市)分公司管理体制下放后，丽汽公司将丽水客运分公司与货运分公司合并组建丽水长途汽车运输公司，主营客、货运输。

1994 年 5 月 12 日，长运公司管辖客运业务及客运车辆，从事旅客运输及客车单车承包经营业务。

2001年12月4日,因公司改制,丽水长途汽车运输公司更名为丽水市汽车运输集团有限公司客长运公司(简称"客长运公司"),下设客一客二两个车队、保修厂及办公室、企管科、运务科、安全科、计财科等部门、科室。2001年,有营运车辆289辆、5602座(铺),运送旅客343万多人,旅客周转量2745万多人·千米。营业收入1455.19万元,创利润104.51万元,税金54.20万元。2010年,有跨省班线15条、17班次,跨市班线26条、30班次,市内跨区班次19个,莲都区内班次21个。营运客车111辆、3173客位,全年运送旅客2118.02万人,客运周转量2.6亿人·千米。营业收入4833万元,实现利润78.71万元,税金162.4万元。

公司于2002年8月7日取得ISO9001:2000国际质量管理体系认证证书。

表71 **2010年12月客长运公司营运班车情况一览表(公营)**

序号	班线	里程(千米)	班次	车号	车型	等级	座位数
1	丽水—绍兴	262	2	KA7745	宇通	高一	39
2	丽水—萧山	262	1	KA7796	宇通	高一	39
3	丽水—临海	178	1	KA8049	宇通	高一	39
4	丽水—永康	71	2	KA5921	合客	高一	29
5	丽水—永康	71	2	KA5918	合客	高一	29
6	丽水—永康	71	2	KA5947	合客	高一	29
7	丽水—永康	71	3	KA8671	宇通	高一	35
8	丽水—永康	71	3	KA8677	宇通	高一	35
9	丽水—青田	68	3	KA6999	合客	高一	33
10	丽水—青田	68	3	KA6931	合客	高一	33
11	丽水—青田	68	3	KA6989	合客	高一	33
12	丽水—青田	68	3	KA6340	合客	高一	33
13	丽水—青田	68	3	KA6995	合客	高一	33
14	丽水—青田	68	3	KA6980	合客	高一	33
15	丽水—青田	68	3	KA6432	江淮	高一	33
16	丽水—青田	68	3	KA6579	江淮	高一	33
17	丽水—青田	68	3	KA6633	江淮	高一	33
18	丽水—青田	68	3	KA6550	江淮	高一	33
19	丽水—青田	68	3	KA6243	江淮	高一	33
20	丽水—碧湖	26	4	KA6149	神马	中级	19
21	丽水—碧湖	26	4	KA6197	神马	中级	19
22	丽水—碧湖	26	4	KA6207	神马	中级	19
23	丽水—碧湖	26	4	KA6225	神马	中级	19
24	丽水—碧湖	26	4	KA5727	亚星	高一	28
25	机动			KA5883	合客	高一	29
26	机动			KA5945	合客	高一	29
27	机动			KA6618	合客	中级	28
28	机动			KA8337	宇通	高一	39
29	丽水—衢州	223	1	KA7783	宇通	高一	34

表 72 2010 年 12 月客长运公司营运班车情况一览表(省际、承包)

序号	班线	里程(千米)	班次	车号	车型	等级	座位数
1	丽水—福州	535	0.5	KA6506	宇通卧	高一	29
2	丽水—石狮	754	0.5	KA5929	宇通卧	高一	32
3	丽水—青岛	1245	0.25	KA8130	青年卧	高一	36
4	丽水—青岛	1245	0.25	KA7546	宇通卧	高一	29
5	丽水—无锡	502	0.5	KA6943	安凯卧	高一	39
6	丽水—无锡	502	0.5	KA8585	金旅卧	普通	39
7	丽水—淮安	812	0.5	KA8207	安凯卧	高一	42
8	丽水—南京	632	0.5	KA7643	安凯卧	高一	42
9	丽水—南通	547	0.5	KA6830	宇通卧	高一	36
10	丽水—盐城	753	0.5	KA7066	金龙卧	高一	36
11	丽水—苏州	440	1	KA6622	宇 通	高一	38
12	丽水—深圳	1510	0.25	KA7798	安凯卧	高二	37
13	丽水—湛江	1971	0.17	KA8019	北方卧	高二	46
14	丽水—定远	780	0.5	KA7263	安 凯	高一	36
15	丽水—钦州	2006	0.17	KA7661	宇 通	高一	38
16	丽水—广州	1439	0.5	KA7839	北 方	高一	38
17	丽水—太仓	494	0.5	KA8662	北 方	高二	40

表 73 2010 年 12 月客长运公司营运班车情况一览表(跨市、承包)

序号	班线	里程(千米)	班次	车号	车型	等级	座位数
1	丽水—镇海	368	0.5	KA7551	五十铃	高一	33
2	丽水—余姚	312	0.5	KA7250	宇通	高二	30
3	丽水—观城	323	1	KA7256	金龙	高一	37
4	丽水—石浦	337	0.5	KA7549	金龙	高一	37
5	丽水—宁海	247	1	KA7998	金龙	高一	19
6	丽水—沈家门	446	0.5	KA7288	金龙	高一	30
7	丽水—天台	209	1	KA6915	金龙	高一	24
8	丽水—三门	221	1	KA7366	江淮	高一	25
9	丽水—路桥	244	1	KA8126	北方	高一	39
10	丽水—路桥	227	1	KA8259	金龙	高一	39
11	丽水—椒江	242	1	KA8098	金龙	高一	40
12	丽水—玉环	292	1	KA7221	宇通	高一	19
13	丽水—温岭	252	1	KA1888	宇通	高一	37
14	丽水—仙居	131	1	KA6235	江淮	普通	24
15	丽水—义乌	150	1	KA8673	金龙	高一	40
16	丽水—义乌	150	1	KA8683	金龙	高一	40
17	丽水—上虞	257	1	KA7081	大宇	高一	33
18	丽水—诸暨	205	1	KA6476	江淮	中级	19
19	丽水—嘉兴	359	0.5	KA8345	宇通	高一	33
20	丽水—湖州	394	0.5	KA7228	金龙	高一	30
21	丽水—桐庐	266	1	KA8217	金龙	高一	35
22	丽水—虹桥	174	1	KA8067	宇通	高一	35
23	丽水—瓯北	121	1	KA7638	金龙	中级	19
24	丽水—瓯北	121	1	KA5961	宇通	高一	24
25	丽水—永嘉	137	1	KA8276	金龙	中级	20
26	丽水—乐清	159	1	KA7171	宇通	高一	29
27	丽水—文成	151	1	KA8190	金龙	高一	30
28	丽水—瑞安	169	1	KA6125	宇通卧	高一	30
29	丽水—瑞安	169	1	KA8355	宇通	高二	40
30	丽水—龙港	198	1	KA7781	宇通	高一	31

表 74 2010 年 12 月客长运公司营运班车情况一览表(市内跨区、承包)

序号	班 线	里程(千米)	班 次	车 号	车 型	等 级	座位数
1	丽水—温溪	82	2	KA6245	宇通	普通	24
2	丽水—坑根	39	2	KA8297	现代	中级	18
3	丽水—坑根	39	2	K67075	东风	普通	18
4	丽水—王岙	30	2	K56489	神马	普通	18
5	丽水—王岙	30	2	K56448	神马	普通	18
6	丽水—海溪	44	2	KK8597	跃进	中级	18
7	丽水—北山	113	2	KA6973	江淮	高一	24
8	丽水—缙云	36	4	KA7259	金龙	高一	19
9	丽水—缙云	36	4	KA7321	金龙	高一	19
10	丽水—缙云	36	4	KA7261	金龙	高一	19
11	丽水—缙云	36	4	KA7130	金龙	高一	19
12	丽水—缙云	36	4	KA7160	金龙	高一	19
13	丽水—缙云	36	4	KA7359	金龙	高一	19
14	丽水—蛟坑	61	2	KA6469	宇通	中级	19
15	丽水—祯旺	41	2	K68326	东风	普通	18
16	丽水—腊口	16	4	K76282	金龙	普通	18
17	丽水—腊口	16	4	K76433	金龙	普通	18
18	丽水—腊口	16	4	K76341	金龙	普通	18
19	丽水—腊口	16	4	K76275	金龙	普通	18

表 75 2010 年 12 月客长运公司营运班车情况一览表(区内、承包)

序号	班 线	里程(千米)	班 次	车 号	车 型	等 级	座位数
1	丽水—严鸟	30	3	K59383	跃进	中级	18
2	丽水—严鸟	30	3	K59317	跃进	中级	18
3	丽水—严鸟	30	3	K59382	跃进	中级	18
4	丽水—严鸟	30	3	K59392	跃进	中级	18
5	丽水—仙渡	30	3	KK7625	跃进	普通	18
6	丽水—仙渡	30	3	KK7748	跃进	普通	18
7	丽水—仙渡	30	3	KK7752	跃进	普通	18
8	丽水—仙渡	30	3	KK7661	跃进	普通	18
9	丽水—仙渡	30	3	K57049	神马	普通	18
10	丽水—黄畈	23	2	KK5058	跃进	普通	18
11	丽水—雅溪	27	6	KA6627	合客	中级	28
12	丽水—雅溪	27	6	KA6638	合客	中级	28
13	丽水—雅溪	27	6	KA6490	合客	中级	28
14	丽水—雅溪	27	6	KA6595	合客	中级	28
15	丽水—巨溪	41	2	KK9483	跃进	普通	18
16	丽水—巨溪	41	2	KK9507	跃进	普通	18
17	丽水—莲房	7	2	KK9503	跃进	普通	18
18	丽水—石蒙圩	11	2	KK9522	跃进	普通	18
19	丽水—库头	18	2	KK9539	跃进	普通	18
20	丽水—小溪	23	2	KK9552	跃进	普通	18
21	丽水—康巴		循环	K01775			6

表 76 **1989~2010 年客长运公司主要经济指标一览表**

年度	营运车辆		产 量		产 值			安 全 指 标			
	车辆	座位	运 量(人)	周转量(人·千米)	营 收(万元)	利 润(万元)	税 金(万元)	责任事故率(<1.5人/百万千米)	责任死亡率(<0.3人/百万千米)	责任受伤率(<1.2人/百万千米)	经济损失率(<3万元/百万千米)
1989	62	2918	2686991	140250923	599.07	98.82	19.65	4.06	0.51	2.73	2.12
1990	61	2850	2641404	152685903	766.33	155.63	25.36	0.9	0.23	0.42	0.57
1991	65	3020	2409353	160160251	803.62	142.66	25.79	0.75	0.64	2.35	2.29
1992	81	3269	1538900	171095164	866.52	77.39	27.82	2.5	0	0.36	1.72
1993	85	2956	859734	149087409	1256.72	110.05	41.32	0.79	0.46	0.54	2.21
1994	92	2641	696974	133316002	1014.31	32.56	34.99	0.78	0.12	0.78	1.4
1995	110	2533	702083	13016331	1310	70.8	47.95	0.85	0.2	1.06	2.84
1996	149	3317	823097	112610690	2000	120	56.22	0.53	0.08	0.56	1.71
1997	196	4172	908992	10646283	1781.86	195.76	84	0.72	0.12	0.96	1.12
1998	238	5075	929801	98162453	1557.14	145.36	62.89	0.66	0.47	1.18	6.07
1999	275	5467	886011	89739639	1064.13	89.31	61.59	0.38	0.21	0.81	3.24
2000	275	5432	1054527	89602676	1049.21	105.25	59.8	0.5	0.07	0.85	2.12
2001	289	5602	3430194	274521544	1455.19	104.51	54.2	0.43	0.076	0.33	1.42
2002	274	5538	4596897	282033984	2391.57	101.53	76.22	0.51	0.15	0.5	2.06
2003	223	4831	4285478	282740275	3030.4	148.46	97.4	0.21	0.09	0.27	1.8
2004	214	4877	4959963	320746318	4128.15	142.52	141.91	0.33	0.11	0.3	1.59
2005	143	3597	4367658	251591074	3204.86	-94.71	106.77	0.05	0.03	0.02	1.2
2006	164	3965	4399538	259667688	4857.41	215.1	162.7	0.05	0.02	0.03	1.05
2007	149	3853	4527480	272961849	5143.67	146.98	172.83	0.13	0.09	0.16	4.27
2008	161	4042	3361997	258765557	4872.46	-1.82	163.71	0.12	0.07	0.33	2.12
2009	116	3166	2488877	262705085	5023.16	64.66	168.78	0.05	0.02	0.1	0.87
2010	112	3137	1995855	256581093	4833.64	78.71	162.41	0.03	0.03	0	0.44
合计	/	/	54552794	4042688191	53009.42	2249.53	1771.15	/	/	/	/

快客公司 丽汽集团分公司,驻丽水汽车客运西站。成立于1999年9月15日,曾用名快客公司、快客分公司,2001年丽汽总公司完成股份制改制后称快客分公司。下设计划财务科、办公室、安全机务科、快客车队、修理车间等部门、科室。2010年底有在职职工148人、固定资产5385万元、客运净资产1672万元。营运线路16条,其中快客、快速班线10条(丽水至杭州、金华、温州、宁波、上海、云和、松阳、龙泉、庆元、青田至杭州),普通客运班线7条(丽水至庞山、武义、龙游、泰顺、建阳、政和、庆元至深圳);客运班次75个;营运车辆50辆、1735座,年运送旅客130万人次,客运周转量18.60亿人·千米。2010年实现营业收入5866万元,利润1200万元,上交税金197万元。

该公司于2002年8月7日取得ISO9001:2000质量管理体系认证证书,是省级文明行业先进单位;丽杭线被评为2010年全国交通行业文明示范窗口;市级"规范化党支部"。在安全生产、机务运务、财务管理、企业文化建设等方面形成行之有效的管理制度和措施,在车辆设施、司乘人员素质、服务质量与要求、操作程序、规范服务等方面严格按照浙江快客生产和管理规范体系和经过ISO9001:2000《质量手册》、《过程控制文件》等有关标准执行。

表77 **2010年快客公司营运线路一览表**

营运线路	里程(千米)	车辆数及等级	座位数(个)	日均发班	对开单开	GPS、行车记录仪、监控运用
丽水—杭州	285	安凯(高三级)8辆	301	8	对开	GPS、行车记录仪、车辆监控
青田—杭州	350	安凯(高三级)1辆	39	1	对开	GPS、行车记录仪、车辆监控
丽水—金华	125	尼奥普兰(高二级)2辆	68	6	对开	GPS、行车记录仪、车辆监控
丽水—温州	115	尼奥普兰(高二级)4辆	156	9	对开	GPS、行车记录仪、车辆监控
丽水—龙泉	110	尼奥普兰(高二级)5辆	195	9	对开	GPS、行车记录仪、车辆监控
丽水—松阳	70	现代(高二级)4辆	156	12	对开	GPS、行车记录仪、车辆监控
丽水—庆元	185	尼奥普兰(高二级)4辆	156	4	对开	GPS、行车记录仪、车辆监控
丽水—宁波	335	安凯(高三级)2辆	78	2	对开	GPS、行车记录仪、车辆监控
丽水—云和	62	现代(高二级)3辆	117	12	对开	GPS、行车记录仪、车辆监控
丽水—上海	440	尼奥普兰(高二级)4辆	156	3	对开	GPS、行车记录仪、车辆监控
丽水—庞山	68	跃进4辆	76	4	单开	行车记录仪
丽水—武义	115	宇通1辆	19	1	对开	GPS、行车记录仪
丽水—龙游	170	宇通1辆	29	1	对开	GPS、行车记录仪
丽水—泰顺	209	宇通1辆	29	1	对开	GPS、行车记录仪
丽水—建阳	336	宇通1辆	29	1	对开	GPS、行车记录仪
丽水—政和	242	宇通1辆	29	1	对开	GPS、行车记录仪

表 78

1999—2010 年快客公司主要经济指标一览表

年度	营运车辆		运输量		经营状况			安全指标		
	全年平均营运车辆(辆)	全年平均座位(个)	运量(人次)	周转量(人·千米)	营收(万元)	利润(万元)	税金(万元)	责任事故率(人/百万千米)	责任死亡率(人/百万千米)	责任受伤率(人/百万千米)
1999	6	96	37670	11420030		-4.9	1.1	/	/	/
2000	10	202	76630	20150930	23.26	-2.61	2.41	/	/	/
2001	24	374	307360	48785420	819.69	75.09	18.91	/	/	/
2002	29	850	470870	87304640	1511.3	0.13	50.36	0.27	0.12	0.3
2003	29	850	600630	98794520	2160.62	170.17	71.88	0.12	0.12	0.12
2004	31	926	699603	114551794	2644.51	301.06	89.17	0.07	0.07	0
2005	40.85	1398.57	1358190	149982324	4240.23	670.61	141.2	0.08	0.16	0.39
2006	39.75	1390.64	1018830	148859820	4864.06	898.5	162.94	0.074	0	0.074
2007	41.5	1400.17	1159944	182678152	5308.95	816.54	178.38	0.05	0	0
2008	46.25	1516.25	1148300	181021330	5528.07	910.89	185.75	0.04	0	0.04
2009	38.25	1395.75	1101389	176276760	5492.13	1019.25	183.74	0.05	0	0
2010	40.59	1498.17	1178471	181355099	5900.91	1176.42	196.14	0.1	0.05	0

长运出租车公司 丽汽集团分公司，办公地址丽水汽车客运东站，与客长运公司合署办公。前身是地区汽运总公司于 1994 年 12 月 18 日组建的“丽水地区旅游汽车出租有限公司”。初与长运公司合署办公，拥有各型出租车 112 辆。1998 年 8 月站队分设后，独立建制，当时有各型出租车 103 辆；5 辆“征天”轿车因车况较差，先后由承包人转出公司；另有 4 辆因毁损未能更新。

2000 年 8 月 19 日，丽水市首次以拍卖形式向社会出让 20 辆客运出租车的经营权(经营期 8 年)。通过竞拍，汽运总公司获得其中 10 辆客运出租车的经营权。同年 9 月，丽汽总公司所属出租车全部更换成“富康”轿车，计 113 辆(含竞拍所得 10 辆出租车的指标)。12 月 20 日，丽汽总公司兼并“丽水市(县级)运输总公司”，其中并入出租车 48 辆。2004 年 11 月 22 日，丽水市区 105 辆残疾人机动车进行改造，更换成 42 辆出租车，由其承包人自选管理单位，自愿归丽汽集团的有 17 辆出租车。至 2004 年底，该公司拥有出租车 178 辆，占丽水市区客运出租车总数的 43.52%。2004 年，营业收入 475.12 万元，创利润 39.50 万元，税金 26.71 万元。2010 年，有出租车 178 辆、712 座位，管理人员 13 人，营业收入 640.8 万元，利润 60 万元，税金

27.77 万元。

2002 年 8 月公司取得 ISO9001:2000 国际质量管理体系认证证书。

丽水市公铁联运有限公司·丽水市长途货车运输公司

丽水市公铁联运有限公司,丽汽集团控股公司,成立于 1999 年 5 月 27 日,由丽汽总公司在丽水地区货物联运有限公司的基础上与丽水地区联运公司合资组建。注册资本 80 万元,其中总公司出资 51 万元,占注册资本 63.75%;地区联运公司出资 29 万元,占注册资本 36.25%。主营公铁联运零担快运、货运配载、货运信息服务、危险品运输和出租车货运等业务,是丽水交通系统的货运骨干企业。下设货车大队、整车站、货运站、市场营销部、办公室、财务科等部门(科室)和杭州、金华 2 个驻外办事处,拥有员工 60 人。开辟了丽水至广州、福建、上海、杭州、宁波、瑞安、柯桥、路桥、义乌、金华及丽水地区 8 县(市)共计 18 条货运专线。2001 年被交通部授予“文明货运单位”荣誉称号。2002 年 3 月 18 日,与丽汽集团货长运公司合并。

丽水市长途货车运输公司,成立于 1994 年 6 月 16 日。前身为丽水地区汽车运输联合总公司(简称丽汽总公司)的货运分公司,在 1992 年以前是公司的二级核算单位。1992 年底—1993 年 1 月,丽汽总公司对丽水片各下属单位的管理体制进行改革时,将客运分公司与货运分公司合并组建成丽水长途汽车运输公司,货运分公司改称货车大队,遂成为公司的一个三级生产单位。1994 年 6 月 16 日,丽汽总公司对长运公司的管理体制进行改革时,在货车大队的基础上成立了丽水地区长途货车运输公司(正科级建制)。

2002 年 3 月 18 日,丽水市公铁联运有限公司董事会作出决议,同意与丽汽集团所属的货长运公司合并,组建成新的丽水市公铁联运有限公司,2006 年 1 月 13 日变更为丽水市南明物流有限公司。

城乡客运绿谷巴士分公司 丽汽集团分公司,成立于 2003 年 6 月 11 日,与客长运公司合署办公。辖有莲都区大港头、上沙溪、碧湖、河东、严鸟、老竹、雅溪 7 条“绿谷巴士”专线,营运客车 73 辆、1550 座。分公司注册号 331100000023498,于 2010 年 6 月 21 日经市工商局核准注销登记。原经营的 7 条“绿谷巴士”专线,丽水东站至大港头、碧湖转为城乡公交;丽水至上沙溪转城市公交 18 路;丽水至老竹转由丽水市旅游集散中心经营;丽水至河东、严鸟、雅溪 3 条转给丽汽集团客长运分公司。

丽水市旅游集散中心有限公司 丽汽集团控股公司,成立于 2004 年 4 月 23 日。注册资本 50 万元,其中丽汽集团出资 35 万元,占注册资本的 70%;社会自然人出资 15 万元,占注册资本的 30%。位于丽水市大洋路 192 号丽汽集团综合办公楼,占地面积 1226.68 平方米,停车场面积 1600 平方米。下设办公室、市场部、计财科、旅游汽车分公司等部门,有从业人员 92 人。拥有旅游汽车 15 辆、498 座,其中高级车 14 辆、477 座。2010 年有旅游汽车 23 辆、774 个座位。

表 79 **2006~2010 年丽水市旅游集散中心运送旅游人数统计表** 单位:人

年	2006	2007	2008	2009	2010	合计
人数	480882	471351	547022	568424	604549	2672228

长运公交营运有限公司 丽汽集团控股公司,成立于 2004 年 5 月 13 日,与客长运公司合署办公。注册资本金 200 万元,丽汽集团出资 180 万元,丽水市车辆性能检测站出资 20 万元;1998 年 6 月开通市区 8 路公交车(厦河门—灵山寺)专线 1 条,营运车辆 10 辆。

丽汽集团县级控股公司:

缙云县运发汽车运输有限公司 2002 年 7 月 22 日,缙云县运输公司经改制成立新的有限责任公司,更名为缙云县运发汽车运输有限公司,2002 年 11 月 12 日,丽汽集团收购该公司 51 万元股份控股该公司。2010 年,经营线路有缙云至深圳宝安、缙云至丽水以及县内班线共 14 条,客运班车 37 辆、741 座。日发跨省班次 0.25 班、跨市班次 15 班、跨县班次 30 班、县内班次 80 班。年运送旅客 113 万人次。

云和县恒运旅游运输有限公司 2002 年 10 月 11 日,丽汽集团收购该公司 30 万元股份控股该公司。2004 年 8 月 9 日,丽汽集团 30 万元股份按原价格转让给其他 6 位自然人股东,不再控股该公司。

缙云县运发公铁联运有限公司 丽汽集团间接控股公司。于 2003 年 6 月 5 日由缙云运发汽车运输有限公司、丽水市公铁联运有限公司和 1 位自然人股东投资 50 万元注册成立。主要从事公路、铁路货物联运和咨询服务。

庆元县南明汽车运输有限公司 2003 年 11 月 14 日,该公司成立时,丽汽集团投资 25.5 万元(占注册资金的 51%)控股该公司,经营庆元至深圳客运班线。2008 年,丽汽集团将所持股份全额转让给庆元县汽车运输总公司。

丽水市大通联运有限公司

丽水市大通联运有限公司位于丽水市区丽阳街 877 号。前身为成立于 1988 年 4 月 15 日的丽水地区联合运输指挥部,地区经委主任张德堂任指挥,地区交通局副局长傅志新任副指挥,下设办公室,全面指挥丽水地区的货物联合运输业务。同年 11 月,在联运指挥部办公室基础上,成立国营丽水地区联运服务部,1989 年 6 月,改名国营丽水地区联运公司。同年,开通金华至丽水的"门到门"铁路集装箱运输业务。

1999 年 5 月,金温铁路开通后,丽水地区联运公司和丽水地区汽车运输联合总公司联合成立"丽水地区公铁联运有限公司"。双方将原有的货运联运业务全部划入地区公铁联运有限公司统一经营,开始形成规模化经营货运业务。2000 年 2 月 16 日,经丽水地区经济体制改革委员会丽地改〔2000〕4号文件批准，国营丽水地区联运公司改制为私营丽水市大通联运有限公司。

2006年，大通联运公司的股份从丽水市公铁联运有限公司退出，停止货运联运业务，改为主要经营城市出租汽车、汽车修理、水路客运及旅行社业务。

2010年，该公司城市出租汽车业务，有出租小轿车112辆，是丽水市区3大出租车公司之一，有在册人员16人（不含驾驶员）。

丽水市处州汽车运输有限公司

丽水市处州汽车运输有限公司（简称"处州汽运公司"）位于丽水市括苍路163号。1992年创建，注册资金500万元，法定代表人纪国权。

2010年有营运客货汽车66辆，其中，客运汽车56辆、2284座；货运汽车10辆、180吨位，主营县内班车客运、县际班车客运、市际班车客运、省际班车客运；县内包车客运、县际包车客运、市际包车客运、省际包车客运；普通货运；货运站（场）经营（货运配载、货运代理）；汽车维修，有在职员工95人。

有跨市班线11条、日发10.5个班次；跨县班线8条、日发44个班次；2010年有市际包车（旅游车）25辆、1045座，运送旅游客人207672人。

表80 **2006—2010年处州汽运公司运送旅游人数统计表**

2006年	2007	2008	2009	2010	合计
73440	92616	148104	184824	207672	706656

丽水市城市公共交通有限公司

1997年6月13日经丽水市（县级）人民政府批复成立。位于丽水市区清远街1号公交中心站场，属国有独资企业。6月25日，首次开通南明山至火车站2路和溪口至火车站3路两条公交线路（属私人车主挂靠公司）。

丽水撤地设市后，市人民政府大力实施公交优先发展战略，鼓励支持发展城市公交营运，并于2008年4月30日出台《关于优先发展城市公共交通的意见》（丽政发〔2008〕40号），加大资金投入，加快公交基础设施建设，有力促进城市公交快速发展。2008年位于清远街1号新公交中心场站落成，5月，公司从原址括苍路536号迁至现址，站场总建筑面积3335平方米。

至2010年底，丽水城区有公交线路17条，其中市公交公司经营的13条。总里程148.15千米，有公交车146辆，其中属4家民营企业38辆。形成5家公司共同经营市区公交的格局。所有营运公交车均配有公交IC卡刷卡系统，车载电视，语音报站，车载监控录像系统。公交网络基本覆盖建城区，方便了广大市民出行。

至2013年6月30日,1路、2路、3路、8路4条公交线路已全部收归市公交公司经营。

智能科技应用 2005年6月,在全部公交车上安装了车载电视、语音报站器;同年10月,7路公交线开始实行无人售票,这是丽水市第一条无人售票的公交车线路;2006年10月1日起启用公交IC卡刷卡乘车;2008年7月,全部营运车辆安装视频监控装置。至2010年底,全部公交线路实行无人售票,全部车辆均配有IC卡刷卡系统、车载电视、语音报站、车载录像监控等系统。

2010年7月,由市政府投资,全部公交车安装GPS卫星定位系统,公交GPS智能调度中心成立。该系统通过卫星随时将公交车所在位置、车速及违章、事故等信息传送到公交GPS智能调度中心,分析处理后再反馈回每辆公共汽车,公交司机根据得到的信息,可及时调整车速和与前方车辆的间隔,提高准班准点率,提升服务质量。

IC卡中心 2006年4月,启动丽水公交IC卡收费系统筹备工作,9月22日,IC卡正式开始售卡。10月1日起市区除5路、11路、16路外,其他公交线路全部实行刷卡乘车。IC卡分为普通卡(A卡)、月卡(B卡)、老年卡(C卡)、免乘卡(D卡)和员工卡5种。2007年11月27日,在原有卡种的基础上,又推出更为实惠的畅通卡。至2010年1月,全部公交线路均开通使用IC卡。公交IC卡的投入使用,改善了公交服务措施,提高服务质量,也提升了丽水城市的品位。

公交IC卡售卡充值点有4处:大众街公交IC卡便民亭、市公交公司一楼IC卡售充大厅、市交通运输局一楼公交IC卡服务中心、水阁IC卡便民亭(水阁开发区管委会大楼对面)。畅通卡代售点有5处:丽水汽车西站公交车停靠站亭、丽水火车站公交车终点站、水阁街道莲花超市、丽水学院(螺丝田背9号)、丽水市人民医院大门旁利民报亭。

站场站亭站牌建设 1997—2002年,丽水公交只有火车站和灵山寺两个首末站;2003年,丽水汽车西站公交首末站建成;2008年,公交中心站场建成投入使用;2010年,水阁沙溪枢纽站一期工程建设完工,紫金路北段公交首末站主体完工。至2010年底,丽水公交公司建成5个公交站场,在建1个站场。丽水站亭站牌建设经历铁制水管焊接公交站亭站牌到不锈钢站亭站牌再到仿古、欧式等多样化站亭站牌,截止2010年底,市区和城乡道路共有站亭363个、站牌438个,港湾式公交停靠站66个。

丽水市杭外旅旅游汽车有限公司

该公司位于丽水市西站路95号,是杭州外事旅游汽车公司控股的子公司。2006年3月31日成立,注册资本100万元,资产总额702余万元。至2010年底止,有员工25人,其中专职驾驶员18人,有各种大、中型“厦门”“金龙”豪华旅游客车15辆,座位633个,全年运送旅游客人11.02万人次。经营县内包车客运、县际包车客运、市际包车客运、省际包车客运。

表 81　**丽水市杭外旅旅游汽车有限公司运送旅游客人统计一览表**

年 份	车 辆 数(辆)	座 位 数(个)	年运输量(万人)
2006.03.31~12.31	8	256	4.4803
2007	8	298	7.7119
2008	8	338	6.0744
2009	11	427	7.4432
2010	15	633	11.0191

丽水市城乡公共交通有限公司

办公地址位于丽水汽车客运西站主站房三楼。2008 年 8 月 28 日经丽水市人民政府批复，于 12 月 22 日注册成立，为国有控股专业公交营运企业，主营丽水南城城市公共交通，并逐步向四周中心镇延伸。截至 2011 年 1 月 1 日，有营运线路 9 条、224.4 千米，主要经营 17 路、18 路、201 路、202 路、203 路公交车及丽水至富岭、310 路、311 路、312 路农村班线，有各类营运车辆 54 台，日发班次 659 班，2010 年输送旅客 909.81 万人次。

表 82　**2010 年丽水市区主要汽车货运企业一览**

序号	单 位 名 称	法定代表人	注册地址	经营范围	车辆数量
1	丽水市丰业汽车服务有限公司	崔绪远	莲都区丽阳街 31 号	普通货运、货物专用运输	64
2	丽水市瑞达汽车运输有限公司	王 健	莲都区丽阳街 116 号	普通货运	24
3	丽水市劳服汽车运输有限公司	单金飞	莲都区永晖新村 223 幢 203 室	普通货运、货物专用运输	11
4	丽水市安达汽运服务有限公司	夏小永	莲都区大洋小区 12 幢 1 号	普通货运	74
5	丽水市兴业汽车服务有限公司	叶 毅	莲都区丽阳街 108 号	普通货运	80
6	丽水市顺通汽车运输有限公司	童宗和	吕埠坑(西站斜对面城南大型停车场内)	普通货运	21
7	丽水市中顺汽车服务有限公司	杜永利	莲都区吕埠坑 2 号	普通货运	82
8	丽水市亚通汽车运输有限公司	陈洪钦	莲都区解放街 555 号 5 楼	普通货运、货物专用运输	51
9	丽水市恒兴汽车代理服务有限公司	王志兴	莲都区丽阳街 104 号	普通货运、货物专用运输	88
10	丽水市华峰汽车运输服务有限公司	陈建锋	莲都区吕埠坑 2 号(车管所对面)	普通货运、货物专用运输	166

续表 81

序号	单位名称	法定代表人	注册地址	经营范围	车辆数量
11	丽水市浙西南汽运服务有限公司	余建庆	莲都区开发路 737 号	普通货运、货物专用运输	213
12	丽水市金达汽车服务有限公司	潘玉山	莲都区丽阳街 108 号	普通货运	43
13	丽水市远大汽车信息服务有限公司	朱永龙	莲都区吕埠坑老丽龙路旁边	普通货运	303
14	浙江天虹物流有限公司丽水分公司	徐卫平	莲都区水阁街道垟店村 93 号	普通货运、站场:货运站	67
15	丽水市仲伟汽车运输服务部	周伟红	东升南区 32 幢 13-15 号	普通货运	64
16	丽水市凯瑞物流中心有限公司	张仲初	莲都区南环路 109 号	普通货运、站场:货运站	25
17	丽水市双龙汽车运输服务有限公司	吴美凤	长岗背大型停车场 30-32 号	普通货运	26
18	丽水市万峰机动车服务有限公司	张　丽	莲都区丽阳街 690 号	普通货运	30
19	浙江光年物流有限公司	徐光年	莲都区开发路与人民路交叉路口	普通货运、站场:货运站	19
20	丽水市大路运输有限公司	卢爱敏	莲都区芦埠村丽水市黄龙化工有限公司内	普通货运、经营性危险货物	21
21	徐秀敏	徐秀敏	丽水市区丽东新村 29 号	普通货运、货物专用运输	14
22	周晓文	周晓文	丽水市区水南综合市场 85 号	普通货运	14
23	黄丽和	黄丽和	莲都区金苑小区 15 幢 406 室	普通货运	15
24	丽水市天顺汽车信息服务有限公司	娄小平	莲都区长岗背	普通货运	22
25	丽水市至真商贸有限公司	赵岳林	莲都区天宁工业区城北街 895 号	普通货运	14
26	丽水朝阳油品运输有限公司	徐　明	莲都区联城街道路湾村 65 号	经营性危险货物	64
27	丽水市通海燃气化工有限公司危险品运输分公司	陈明南	莲都区上岗背	普通货运、危险货物运输	43
28	浙江顺虎德邦涂料有限公司	胡士满	水阁工业园区龙石路 16 号	普通货运、经营性危险货物	23
29	丽水市南明物流有限公司	叶龙慧	莲都区吕埠坑南环路 109 号	普通货运(货运出租)	

县(市、区)运输公司

莲都区

丽水市(县级)运输总公司　丽水市集体企业,建于 1949 年 8 月,1958 年 12 月,成立地方国营丽水县运输公司,1983 年 10 月改称丽水县运输公司,1986 年 4 月更名为丽水市运输公司，1996年4月24日，改称为丽水市运输总公司。

2000年10月，经公司职代会审议通过了公司在改制的基础上兼并整体划转至丽水市汽车运输联合总公司的方案。

2000年12月20日，根据丽水市人民政府办公室〔2000〕32号《关于市汽车运输联合总公司兼并市运输总公司的协调会议纪要》，丽水市汽车运输联合总公司与丽水市运输总公司签定交接协议书。划转人员165人，大中型客车40辆、出租车48辆，丽水至杭州、义乌、虹桥等客运班线8条，土地使用面积2704.54平方米。

丽水市第二运输公司 设在丽水县(现莲都区)碧湖镇，系集体企业。主要从事手拉车搬运和汽车货运业务。因经营不善，已于1993年1月破产。破产后，对企业职工进行分流安置，妥善安排。

龙泉市

龙泉市长途汽车运输公司 位于龙泉市剑池东路300号，国有企业。前身为丽水地区汽车运输公司龙泉分公司。

1992年10月1日，根据地区行署文件(丽地署〔1992〕82号)，丽水地区汽车运输公司下属分公司自即日起成建制下放各所在县(市)管理，龙泉分公司改称龙泉市长途汽车运输公司，2010年，有就业员工近1000人。下属单位有客运站、稽查大队、客车大队、客车二队、快客分公司、公交出租车分公司、旅游分公司、快件分公司、车辆维修中心、车辆综合性能检测站、汽校、实业公司。有客运车辆216辆、4219客座。采取公车公营、客车承包经营等方式。另有出租轿车30辆，教练小车21辆，教练大货车2辆，企业固定资产净值4183.3万元，是国有道路旅客运输二级企业和AAA级道路客运信用企业。主营道路旅客运输、客运公交、客运出租、客运站经营、普通货运、货运站(场)经营(货运配载、货运代理)、一类机动车维修(大中型客车维修，大中型货车维修)、普通机动车驾驶培训综合类(C1、B2)、车辆综合性能检测，兼营汽车配件零售、汽车装璜等。

浙江龙鑫化工有限公司运输分公司 位于龙泉市城东杨莲原三线厂浙江木材厂驻地，距市区2.5千米，是浙江龙鑫化工有限公司下属行业运输公司。有货物运输汽车26辆、263吨位。2010年在册职工94人，承担化工危险品、易燃液体类、氧化气体类、腐蚀物质类1项和化工公司全年8万多吨化工产品的运输任务。

龙泉市顺达液化气运输有限公司 位于龙泉市区江滨南路132号。有小型载货汽车5辆、6.78吨位。2010年在册职工10人，专业从事龙泉市内液化气配送运输业务。

龙泉市安平民用爆破器材服务有限责任公司 位于龙泉市区中山东路与后沙路交叉口。有小型载货汽车5辆、7.09吨位。2010年在册职工15人，主要从事龙泉市内民用爆破器材的押运运输和协助民用爆破作业服务。

青田县

青田茂源长运有限公司　地址青田汽车客运东站大楼。前身为丽水地区汽车运输公司青田分公司,1992年10月,改称青田县长途汽车运输公司,2001年5月经青田县政府批准改制为股份制企业,改称青田茂源长运有限公司。

公司下辖青田客运东站、青田客运南站、出租车分公司、公交分公司、石雕市场、汽车修理厂、青田侨乡国际大酒店、青田新世界大酒店、行包快件等部门。先后投资注册3家子公司——青田县旅游集散中心、青田双源快客有限公司、上海大众汽车青田销售服务有限公司,基本形成了以道路客运经营为主业,宾馆、旅游、市场管理、汽车销售、汽车维修、货运快件等产业为辅的经营格局。

2001年以来,公司先后投资5000多万元,对原丽水、船寮、海口、阜山、山口、温州班线车辆进行更新处理,购置一批高级空调客车投入营运,全部实行公车公营,统一售票、统一排班、统一管理。

2003年,公司投资6000多万元建成青田侨乡国际大酒店、青田新世界大酒店和青田客运东站。2005年上半年,投资500多万元,成立青田旅游集散中心,成为丽水市首家县级旅游超市。

2010年,公司拥有资产1.5亿元,年营业额达1.1亿元,在册员工950人。各种客运车辆226辆,营运线路53条。东、南两客运站日发班次609班,年发送旅客292万人次,旅客周转量1.59亿人·千米。

青田县泰源运输有限公司　坐落于鹤城镇临江东路68号。前身为青田县交通运输有限公司,创建于1988年,2002年3月改制为股份制企业,同时更名为青田县泰源运输有限公司,有营运客车79辆,营运线路23条(其中跨省2条、跨市及县内21条),日发班车110余班次。

青田茂源长运有限公司出租分公司　前身为1995年2月成立的青田长途汽车运输公司大众出租分公司。青田长运公司改制后,变更为茂源出租分公司。2009年,有出租汽车64辆,主要从事青田县城及周边地区出租车客运业务。

青田迅达汽车运输租赁有限公司　前身为青田迅达实业有限公司,创建于1995年10月,为股份制企业。注册资金60万元。主要从事青田—东源、青田—黄放口、青田—海溪、青田—仁庄、青田—汤垟线路客运。公司员工120人。

青田顺达客运有限公司　成立于2001年,当年收购青田—北山农用客车58辆,更新投入中巴少林客车26辆,从事青田—北山循环营运。2010年,有营运车辆25辆,营业路线1条,日发班车26班次。

青田县平安汽车运输有限公司　驻地青田县温溪镇安定东路176号,成立于2002年3月,为股份制有限责任公司。2002年7月,对原有班线35辆农用面包车进行报废,投入空调中巴车进行营运。2010年有客运汽车36辆,从事客运业务。

缙云县

缙云县汇通汽车运输有限公司　坐落缙云县客运中心大楼。前身为丽水地区汽车运输公司缙云分公司。1992年10月,分公司成建制从丽水地区汽车运输公司下放至缙云县交通局管理,1993年1月16日,更名为浙江省缙云县汽车运输总公司。经营范围:汽车客运、货运,出租车客运,运输服务,汽车修理,汽车配件销售。1997年7月,县客运中心建成投入使用,公司从县城大桥南路4号老车站迁入客运中心。2001年12月,公司注册登记为缙云县汇通汽车运输有限公司,是国有独资的专业汽车运输企业,隶属缙云县交通局领导。

缙云县长红客货运输有限公司　位于五云镇电力路99号。1999年9月成立,属股份制个私运输企业。1996年组成股份制个私运输企业。2008年底,有管理人员16名,从业人员260多名。有班线车112辆、旅游车8辆、出租车47辆、专线车11辆、机动车3辆、2737座位。经营范围有县内班车包车客运、县际班车包车客运、市际班车包车客运、省际班车包车客运,以及客运出租和县内专线客运。跨市线路3条,县境线路19条,年客运量120万人次、客运周转量1925万人·千米。

遂昌县

遂昌县华通汽车运输有限责任公司　位于妙高镇平昌路1号。前身是丽水地区汽车运输公司遂昌分公司。1992年10月改称遂昌县长途汽车运输公司。1994年6月,遂昌县运输公司与遂昌县长途汽车运输公司合并,改称遂昌县汽车运输总公司。

2001年1月,经过体制改革,改名为遂昌县华通汽车运输有限责任公司。2008年8月,浙江魏氏实业(集团)有限公司对公司的股权进行全部收购,该公司由浙江魏氏实业(集团)有限公司实行控股,注册资本2000万元。

该公司具有道路客运三级、道路货运三级资质的专业企业。公司下辖客运分公司、城乡公交公司、汽车出租旅游分公司、汽车修理厂、加油站和公司全额投资注册的遂昌县华通旅行社有限公司,2003年获得ISO9001国际质量管理体系认证。2010年有在册员工79人,经营用地2万平方米,房产面积3万平方米;客运车辆140辆,其中跨县长途班线36辆、县境内短途班线45辆、旅游出租车5辆、城乡公交车27辆、出租车27辆,各等级客运班线33条。2009年完成客运量310万人次、客运周转量8250万人·千米,实现运输产值2020万元,净资产达4399万元。

遂昌县运输公司　位于妙高镇原东街54号,民国期间为埠班。1955年5月成立遂昌县搬运服务站,1958年组建为地方国营遂昌搬运站。1982年10月改称遂昌县运输公司。1994年6月,遂昌县运输公司与遂昌县长途汽车运输公司合并,组建遂昌县汽车运输总公司。

遂昌捷利达运输有限公司　办公地点县城君子路276号。前身为遂昌县西向客运中心,

2000年9月20日成立私营有限责任公司,资本151万元。公司经营范围为县内班车客运、县际班车客运、市际班车客运、县内包车客运、县际包车客运、市际包车客运、客运公交。2010年拥有客车74辆、1464个客位,经营21条线路,主要承担遂昌县西部12个乡镇的旅客运输任务。

2009年10月,成立石练换乘中心,地址在石练镇路堰,有客车6辆,主要任务是换乘到南尖岩、神龙谷景区的旅客。2010年完成客运量183万人,客运周转量6173万人·千米。

松阳县

松阳县长运集团有限公司　前身为丽水地区汽车运输公司松阳分公司,驻松阳县西屏镇。1992年10月1日,改称松阳县长途汽车运输总公司。

1996年8月,松阳县长途汽车运输总公司、松阳县运输公司、松阳县第二运输公司合并组建为松阳县长运(集团)公司。

1998年10月,该公司实行改制,国有资产全额置换,改制为股份制企业。成立松阳县长运有限公司。企业改制后,采取“一业为主、多业并举、综合发展”的发展战略。除运输业以外,向旅游、水电和茶叶市场等方向发展。第一年企业实现产值4000多万元,创税利379万元,是1997年的3.6倍。至2010年,形成公路客货运输、汽修服务、茶叶市场经营、旅游、汽车驾培、小水电生产等多业并举的经营格局。营运客车122辆,经营线路28条,营运货车111辆,公司资产总额从2000多万元发展到1.45亿元,净资产3426.2万元。员工265人。

松阳县第三运输有限公司　前身为松阳县第三运输公司,成立于1993年12月,是个体汽车运输户自发成立的联合组织,有货车76辆。1994年底,公司拥有营运货车102辆、906吨位,营运客车2辆,有驾驶员219名。投运下宅街班线、丽水班线客车各1辆。遂昌、龙泉的大部分木材出口由松阳县第三运输公司承运。货物营运线路延伸至全国各地。

1995年12月,公司办公地址设松阳县交警大队办公楼内,和县驾驶员协会合署办公。

2001年6月,松阳县第三运输公司解散。夏宗清注册50万元资金,成立松阳县第三运输有限公司,任董事长兼总经理,驻地西屏镇长虹中路141号。

2003年8月,投入202万元资金,取得板桥班线13辆客车营运权,组建公司客车队。至2003年10月,公司拥有客车36辆,经营县内10条客运班线。2003年11月18日,公司取得四级道路客运企业经营资质,成为县内第二家客运企业;拥有货车91辆、2210吨位,取得五级货运企业经营资质。

2004年初,公司经营县内8条客运班线,拥有客车36辆,日发班次127班;同时承运县内9座中小学校周末学生班线。2004年底,拥有固定资产900万余元,营运客车36辆,日发车班次127班。是年创税利70余万元,实现利润40余万元。

2009年12月,松阳县长运公司受让松阳县第三运输有限公司90%股权,委派谢作庭任公司董事长兼总经理。

云和县

云和县恒通汽车运输有限公司　位于云和镇城东路160号新客运中心。前身为丽水地区汽车运输公司云和分公司。1989年3月31日,云和、景宁两县公司分设经营,云和分公司下辖3个自设站、3个代办站和64个停靠站。营运里程181千米。1992年10月下放县管。11月改名为浙江省云和县汽车运输公司。1993年12月,再次更名为云和县汽车运输总公司,驻地云和镇中山路65号。同年6月建立云和县客运中心。1998年1月,公司改名为云和县汽车运输有限责任公司。

2000年9月,公司进行改制,组建为云和县恒通汽车运输有限公司,注册资金383.9万元。2004年2月,以邵仁富为代表的股东对恒通公司进行股份收购。2005年8月,以魏文华为代表的股东对恒通公司进行整体收购和股份重组。2006年10月1日,恒通汽运公司从云和镇中山路65号迁至云和镇城东路160号新客运中心。总投资3900万元。

云和县恒通汽车运输有限公司为国家二级道路客运企业,注册资金600万元;有员工148人(含外聘)。主营汽车客货运输,兼营汽车维护修理、旅游车出租和房地产开发等。开设客运班线24条,其中跨省班线1条,跨市班线5条,跨县班线6条,县内班线12条。年客运量65万余人次,客运周转量2100万人·千米,年营运收入720万元。

云和县交通服务公司　始称手车搬运队,组建于民国36年(1947),从事局村至城镇的食盐、商货搬运。1985年1月20日,更名为云和县交通服务公司。

云和县恒运旅游有限公司　驻云和镇车站路29号。建于2001年8月,股份制企业,注册资金50万元;员工35人。有出租小汽车23辆,主营出租车客运,兼营城乡货物配送。

云和县仙宫城市公交客运有限公司　办公地址县客运中心二楼。2008年11月28日,由云和县国有资产经营有限公司独家出资200万元组建而成,有员工35人。拥有城市公交车16辆,主营城市公交客运业务,兼营广告载体出租。

庆元县

庆元县汽车运输总公司　位于松源镇大济路166号,国营企业。前身为丽水地区汽车运输公司庆元分公司,1992年10月体制下放至县,改称庆元县汽车运输总公司,隶属县交通局。

1993年公司陆续将班车承包管理,公司只收取一定班线管理费,公司没有自营班车,也不再经营货运业务。2005年9月1日起公司收回庆元至丽水6个班车中的4辆车的72.5%股份,再次实行公车公营,至2008年3月1日承包合同到期时全部收回庆元至丽水班线6个班次,并投入巨资对丽水班线班车全部更新改造,2008年9月1日收回承包合同尚未到期的庆元至杭州班线2辆班车。

2005年12月搬迁现车站时成立庆元县出租汽车调度中心,有出租车26辆。至2010年底公司创办的企业有修理厂(庆元县大中型客车维修中心)、城北农贸市场、加油站,共有职工151人,有客车78辆,年客运量41.85万人次。

庆元县长运汽车运输有限公司 位于松源镇大济路166号。由庆元县汽车运输总公司全额投资于2001年3月20日成立,与庆元县汽车运输总公司两块牌子同一套人员管理,注册资金50万元,经营汽车租赁、公路运输、出租车营运。

庆元县通达运输有限责任公司 位于松源镇霞帔路15号,2003年2月24日成立。经营旅客运输、汽车旅游运输、普通货运服务、汽配零售。主要经营隆宫、南坑片区农村班线运输。有农村线路11条,中型普通客车10辆、大型客车2辆,共有座位236个。2009年下半年完成所有班线的线路改造工程,并于2009至2010年更新大部分车辆。2010年完成客运量41.34万人次,客运周转量51万人·千米。

庆元县濛洲运输有限公司 位于松源镇石龙街242号,2003年3月11日成立。主要经营县内班车客运、县际班车客运;县内包车客运、县际包车客运;市际包车客运、省际包车客运,货运、普通货运班线运输。有农村线路38条,中型普通客车19辆、大型客车30辆,共有座位1144个。2010年下半年完成了班线的线路改造工程,并于2008至2010年更新了大部分车辆。2010年完成客运量120.783万人次。

景宁县

景宁畲族自治县汽车长途运输公司 驻地鹤溪镇环城西路151号(原为城西路88号)。前身为丽水地区汽车运输公司景宁分公司。1992年,管理体制下放归景宁县管理,10月1日正式成立景宁畲族自治县汽车长途运输公司。2002年12月31日,管理体制再次下放,为县交通局下属国有企业,拥有大小客车63辆(含出租车13辆),省际、市际、县际、县内和城乡公交班线26条,营运客车61辆。公司经营的县客运中心日发班车138班次。

公司下属客运站有沙湾、郑坑、九龙、东坑、大漈 、上标、渤海等7个。

公司为交通部三级道路运输企业、二级客运站、二类汽车修配厂。下辖客运中心、景宁县风景旅游发展有限公司(独资)、景宁县旅行社(独资)、华泰驾驶员培训有限公司(控股30%)等单位。2005年公司被中华全国总工会授予“模范职工之家”称号。

景宁汇丰汽车运输有限公司 坐落鹤溪镇环城西路150号。2005年9月28日成立。根据交通部2005年7月12日令《道路旅客运输部务及客运站管理规定》(交通部令2005年第10号):企业经营集约化、公司化要求,由保宁客运公司牵头,把保宁、朝龙、景联、双赢(出租车)4家公司进行资产重组,车辆收购,组合为汇丰汽车运输有限公司。2010年有大、中、小客运汽车44辆、666座位,客运班车39辆631座,营运客运线路18条,日发班次98个,全年完成客运量130万人次。

表83 **2010年丽水市主要运输企业一览表**

	公司名称	法人代表人	电话号码	成立时间
丽水市区	丽水市汽车运输集团有限公司	赵国新		始创于1933年 2001.11改制
	丽水市处州汽车运输有限公司	范世应	2667699	1992
	丽水市公共交通有限公司	朱金芝(女)		1997.6
	丽水汽车客运东站	吴凤明	2177229	1998.6
	丽水汽车客运西站	卢永坚	2682001	2003.9
	丽水市旅游集散中心有限公司	虞大贵		2004.4
	丽水市杭外旅旅游有限公司	吴 斌	2110388	2006.3
	丽水市城乡公共交通有限公司	吴 新	2666669	2008.12
龙泉	龙泉市长运公司	林佰和	7211541	1992.1
青田	青田县泰源运输有限公司	张东敏	6821768	1988,2002.3改制
	青田县茂源长运有限公司	王小平	6838598	1992.10,2001.5改制
	青田县迅达汽车租赁有限公司	梅阿军	6818871	1995.1
	青田县顺达汽车客运有限公司	徐旭阳	6612898	2001
	青田县平安汽车运输有限公司	郑旭初	6856868 6857568	2002.3
缙云	缙云县汇通汽车运输公司	丁成铭	3130977	1992.10,2001.12改制
	缙云县长红客货运输公司	赵启红	3133662	1999.9
	缙云县万达运输公司	刘灵光	3138227	2001.12
	缙云县运发运输公司	胡灵飞	3130875	2002.7
遂昌	遂昌县华通汽车运输有限公司	陆国明		1992.10,2001.1改制
	遂昌县捷利达汽车运输有限公司	聂 坚	8181461	2000.9
松阳	松阳县长运公司	宋火星	8062167	1992.10,1998.10改制
	松阳县第三运输公司	夏宗清	8010267	2001.6
云和	云和县恒通汽车运输有限公司	魏文华		1992.10,2000.9改制
	云和县恒运旅游有限公司	包丰平		2001.8
	云和县仙宫城市公交客运有限公司	雷建华		2008.11
庆元	庆元县汽运总公司	姚德飞	6225001	1992.1
	庆元县通达运输公司	范道勤	6226722	2003.2
	庆元县濛洲汽车运输公司	毛传火	6226699	2003.3
景宁	景宁县长运公司	诸一兵	5081046	1992.1
	景宁县汇丰汽车运输有限公司	苏承波	5087377	2005.9

第七节 专业车队

1957年国务院发布《合理组织运用机关企业货运汽车的指示》,1961年国务院发布《关于厂矿企业办运输的几项规定》,两个文件为非公路交通部门汽车运输的发展创造条件。自20世纪70年代开始,丽水地直机关、企事业单位先后建立丽水地区水电工程处车队、丽水市邮政运输站车队、省林业厅汽车队第七分队(驻丽水)、丽水市公路管理处车队,地区物资局、商业局、供销社、粮食局等单位都曾建立车队,运输本单位物资兼营社会货运。进入90年代,随着个体(联户)运输业迅速发展,互争货运,部门专业车队货源减少,除市邮政运输站车队外,其他专业车队有的改行,有的并入其他单位,大部分解散。

丽水市邮政运输站车队,驻莲都区岩泉街道九里村。全站占地面积5175平方米,房屋建筑面积2560平方米,属丽水地区邮电局领导(1998年9月10日,邮政、电讯分设,归属地区邮政局领导),为全民所有制单位。

1974年12月16日建立丽水地区邮件转运站,归省邮政运输总站领导。1985年7月1日改名为浙江省丽水邮政运输站,业务由省、地区邮电局双重领导。物资分配、人员调配、劳动工资计划由省安排。该站初建时职工22人,邮运车3辆。

1990年底,职工194人,载货汽车、邮运车21辆,并配有各种汽车修理专用设备。

始建时,承担丽水、缙云、云和、龙泉4县(市)邮件转运出口任务,有丽水至金华、丽水至龙泉两条自办邮路,平均日行程524千米。1976年丽水至龙泉邮路延伸至庆元,1977年3月1日开通丽水至龙游邮路 (1988年5月15日调整为丽水至遂昌),1978年开通丽水至温州邮路,开始承担丽水地区各县(市)邮件及温州市乐清、柳市、清水埠、桥头等地部分邮件的转运出口任务。

1995年,在原邮政运输站旁边新建用房3幢,占地面积2公顷,建筑面积近10000平方米。

2010年,有邮运车41辆,其中速递车30辆;员工130余人,其中速递人员70多人。有干线邮路8条:丽水—云和—龙泉—庆元2条,丽水—松阳—遂昌2条,丽水—杭州1条,丽水—景宁2条,丽水—青田1条,其余为委办或自办投递邮路。

第八节 运输方式

丽水市运输方式有陆路运输和水路运输两大类,其中陆路运输包括公路运输和铁路运输。丽水全境,山高岭峻,山路崎岖,车马难行。在古代,货运全靠箩筐扁担,肩挑背驮;人们出行,除步行外,官绅、富商则乘轿舆;水运,全靠人力撑划船。现代运输工具汽车、机动船、铁路列车进入境内,运输方式发生质的变化。

客运

班车客运 指用于在公路上定线、定时、定点的营业性运输的客车。丽水市、县(市)的班车有跨省线路、跨市线路、跨县线路、县(市)内通乡镇村线路4类。客运班车一般分普通班车和直达班车(包括快客)。在每个车站售票房墙上或电子显示屏公布有班车起讫点、里程、发车时间、票价等牌目。经营单位根据不同季节、客流变化情况,对班次和发车时间适时进行调整,尽量为乘客做好服务工作。

民国22年(1933)11月,省公路管理局2辆“雪佛兰”小客车,在丽水至云和公路从事客运,这是丽水地区汽车客运之始。

中华人民共和国成立后,全区各级党和人民政府以及交通部门,狠抓交通建设,交通运输业得到迅速发展。特别是中共十一届三中全会后,国营、集体、个体一起搞运输。1980年11月,丽水地区交通局与丽水县交通局集资贷款购置客车3辆,组建金丽温汽车运输联合服务公司、丽水汽车客运服务公司,经营客运,继而丽水、青田、松阳、云和等县运输公司相继购买客车,经营客运。1990年全区完成公路客运量2162.25万人、客运周转量8.05亿人·千米。

1992年12月,丽水客运中心创办,有大小客车200余辆,6000多座位,跨省班线有江苏南通(隔日1班)、盐城(隔日1班)、上海(每日1班)以及跨地(市)班次20多个、跨县班次30多个,始发班次90个,在一定程度上弥补了公路客运不能满足需求的状况。

1995年,全区从事公路旅客运输的单位有812家(含个体联户),拥有营运客车1691辆、27529客位。其中大客车188辆、7428客位;面包车1382辆、19506客位;轿车121辆、595客位。全区客运班车日发送1820个班次,其中发往外省48个班次,省内其他市、县387班次、区内(地区)跨县1355个班次。丽水市(县级)内每天发送260个班次。全年完成公路客运量2452万人、客运周转量14.91亿人·千米,分别比1990年增长13.45%和85.36%。

1998年6月26日,丽水汽车客运中心(汽车东站)投入运行,位于丽阳街丽水客运站和丽水客运中心往北、往东的客运线路,包括省外、地区外、市内青田、缙云及其县内班线和丽水市内往东班线划归东站。主要由丽汽集团(2001年11月前称丽水市汽车运输联合总公司)客长运公司承担客运业务。当年客运覆盖7省市,有班线17条,省内跨市班线44条,地区内跨县班线15条,共计经营班线76条。

1999年9月15日,丽水地区汽车运输联合总公司成立“快客分公司”(即改制后丽汽集团快客分公司),当年投放“快客”6辆、96客位,运送旅客37670人次、旅客周转量1142万人·千米。由于车速快、行驶稳,规定停靠点,获得迅速发展。

2002年11月26日,市运管处推出丽水市短途客运品牌“绿谷巴士”第一条班线丽水—大港头，并对“绿谷巴士”的标识和服务质量标准进行商标注册，拥有专线7条，营运客车73辆、1550客座，方便农村旅客出行。2010年6月21日，经市有关部门核准、登记，市区7条“绿谷巴士”专线分别转为其他客运单位经营，以利于客运资源整合和提高服务质量。至2010年底，全市9县(市)有“绿谷巴士”班线57条，“绿谷巴士”296辆、6191座位，获得广大农村居民的青睐。

2003年6月28日，丽水客运西站投入试运行，位于丽水市区丽阳街丽水客运站除1998年6月，汽车东站建成投入运行，划拨给东站的客运线路外，其业务和人员整体迁入西站。是年，西站有进站车辆243辆、5102座位，平均日发班次432.69个。7—12月，发送旅客150.70万人次。2005年，金丽温高速公路全线建成通车后，逐年将上海、苏州、杭州、金华、宁波、温州等班线划归西站经营。至2010年有班线29条，营运客车121辆，日发班次221个，可满足年发送旅客490万人次。

2006年，随着乡村康庄工程建设快速推进，市运管处为了解决边远山区农民乘车难问题，及时推出农村客运三级网络——以乡镇为中心，辐射到各行政村的“康庄小巴”，方便山区群众出行难和当地学生上学难的问题，受到当地乡村干部和群众的好评。经营短短一年时间，就在全市推出农村“康庄小巴”20辆，通达行政村113个，通达里程570千米，受惠农民群众5万余人。

个体联户客运　改革开放以后，个体联户经营客运兴起，逐年发展，为全区客运市场注入新的活力。1983年，个体联户购置客车、面包车、简易机动车开始从事客运。1985年，个体联户有客车5辆、198座，面包车6辆、68座，简易机动车550辆，成了山区短途客运的重要工具。1990年，个体联户有客车163辆、3041座，面包车87辆、1017座，简易机动车2410辆，全年完成客运量631万人次、客运周转量1.29亿人·千米。

1995年，个体联户有营运客运机动车2112辆，为上年的92.4%，2000年，个体联户客运机动三轮车1352辆。此种三轮车对方便农村群众出行起到一定作用。但由于该种三轮车重心高，稳定性能差，且往往人货混载、超载，驾驶员应变能力差，而且山区公路路狭、坡陡、急弯多，常造成交通事故。运管、交警部门加强管理，仍然事故频发。

2000年，全市有私营及个体载客汽车354辆、6345座，其中班车客车348辆、6315座。运管部门和市交警支队同时加强管理，从2003年起，允许他们自选客运企业，挂靠企业，统一实行企业化管理，至2004年底，全部加入客运企业，此后全市已不存在个体联户经营班车客运。

2001年2月，浙江省政府发布《道路客运管理办法》(省政府令〔2001〕24号)，明令禁止小三轮农用运输车从事客运。市公路运输管理处、市交警支队、市安监局联合行动，采取置换措施，以几辆小三轮转换1辆中巴车或面包车投入营运。各县(市)小三轮前后退出客运市场。

至2010年底，全市拥有客车2390辆、44036客位，完成客运量5697万人次、客运周转量

24.20亿人·千米,分别比1990年增长1.63倍和2.01倍。

出租车客运 1994年11月,丽水地区出租汽车有限公司成立,次年1月18日,在丽水城区投放出租汽车18辆,车型为黄色五菱面包车,开创了丽水城区出租车客运业务,受到了市民欢迎,称之为“面的”。因出行方便,市民争相乘坐。春节过后,地区汽车运输联合总公司、丽水市(县级)运输公司、地区旅游局以及个体户都相继开展出租车业务,至5月底,丽水城区出租车达368辆,其中丽水地区出租汽车有限公司80辆,丽水地区长运出租汽车有限公司110辆,丽水市侨声旅游有限公司6辆,丽水市(县级)汽车运输公司50辆,丽水地区外事旅游汽车有限公司40辆,个体82辆。与此同时,各县(市)城区出租车相继出现,至年底,全区有客运出租汽车专业公司6家,投放客运出租汽车487辆,其中丽水城区有客运出租汽车专业公司5家,有出租汽车368辆。1995年5月29日,丽水地区交通局针对迅猛发展的客运出租车,下发《关于加强全区客运出租汽车发展宏观管理的通知》,指出“为加强对出租汽车行业的宏观管理,自6月1日起,实行先审批,后购置的原则”。除1人退出外,此后,丽水市区客运出租汽车一直稳定在367辆。

2000年5月,丽水撤地设市后,为提高城市品位,9月28日,丽水市区原有367辆黄色昌河“面的”全部更新为“捷达”“富康”等小轿车,颜色为紫色,所有车辆均实行公司化管理。9月,丽水地区出租汽车有限公司更名为丽水市大通联运有限公司,丽水市(县级)运输公司并入丽水市长运出租汽车有限公司,侨声旅游公司和个体出租车并入丽水市外事旅游汽车有限公司,从此,丽水市区客运出租车由3家经营。

2004年11月20日,经市政府批准,市区残疾人营运的108辆载客三轮车置换成42辆出租车进入市区出租车市场,至此,丽水市区共有出租汽车409辆,其中“捷达”175辆、“富康”207辆、“悦达”5辆、“羚羊”2辆,分属3家出租汽车公司。2008年7月29日,丽水市区更新324辆出租车,车型捷达、畅达和东风爱丽舍轿车和上海大众3000型,颜色为苹果绿。2010年底,丽水市长运出租汽车有限公司178辆,丽水市外事旅游汽车有限公司119辆,丽水市大通联运有限公司112辆,共计409辆。全市有18家企业从事(兼)出租车营运,共有客运出租汽车783辆、3040座位。城市客运出租车的发展,为方便市民出行,提高城市品位,促进经济社会快速发展发挥了应有作用。

截至2010年,丽水市区出租车汽车从业人员约有800余人,人员来源以下岗失业人员及城郊失地农民为主,也有部分来自其他地区及边远山区的劳动力,按月出车率26天计算,月营运收入11700元/辆左右。

表 84

1994—2010年丽水市出租车统计一览表

年份	丽水市区						全市					
	出租小轿车		面包车		货运出租车		出租小轿车		面包车		货运出租车	
	数量(辆)	座位(个)	数量(辆)	座位(个)	数量(辆)	吨位(吨)	数量(辆)	座位(个)	数量(辆)	座位(个)	数量(辆)	吨位(吨)
1994		29					24	119				
1995			368				121		366	2232		
1996			367		100		116		450	2717		
1997			367				114		462	2693		
1998			367		70	35	150		510	2709	76	38
1999			367		70	35	147		510		76	38
2000	367						599	3117				
2001	367				70	35	641	3334			92	46
2002	367						616	3126				
2003	367				36		665	3236				
2004	409						788	3353				
2005	409						725	3625				
2006	409						763	3762				
2007	409						770					
2008	409						778	3853				
2009	409						783	3040				
2010	409						783	3040				

说明：资料来源：于《丽水地区(市)交通统计资料汇编》、当事人口碑述，《浙江省道路运输行业统计资料汇编》，部分资料缺

表 85

丽水市各县(市)出租车企业及车辆情况一览表

单位:辆

公　　司	成立时间	成立时投放数量	2010 年底车辆数
全市合计			783
丽水市外事旅游汽车有限公司	1997.2.27	42	119
丽水市大通联运有限公司(前身为成立于 1994 年 11 月的丽水地区出租汽车有限公司)	2000.9.15	86	112
丽汽集团长运出租汽车公司(前身为成立于 1994 年的丽水长运出租车有限公司)	2001.12.27	100	178
龙泉市长运公司	1988.7.25	30	7,其余待更新
青田县迅达汽车运输有限公司	1995.10.16	12	12
青田茂源长运公司出租车分公司	2001.5.21	64	64
青田县顺达客运有限公司	2001.7.1	14	14
青田县汇丰出租车有限公司	2001.10.21	10	10
青田县泰源运输有限公司	2002.2.4	27	27
缙云县长红客货运输有限公司	1999.6.1	47	47
缙云县汇通汽车运输有限公司	2001.12.14	31	31
遂昌县华通汽运公司出租旅游分公司	1995.4	10	27
松阳县长运公司出租车分公司	2005.4.1	21	21
云和县恒运旅游运输有限公司	2001.8.27	23	23
庆元县长运汽车运输有限公司	1992.12.20	21	26
景宁县长运公司	1989.1.1	13	13
景宁县联运出租车有限公司	2001.8.3	24	24
景宁县汇丰客运公司	2005.9.30	5	5

表 86

2010 年丽水市出租车分类情况一览表

单位:辆

辖区	合计	捷达	畅达	桑塔纳	奇瑞	长安	起亚	现代	宝莱	雪铁龙	其他车型	
											排量 1.9L 以上	排量 1.9L 以下
市区	409	220	76							90		23
龙泉	30				30							
青田	127			126								1
缙云	78	78										
遂昌	27	1		22				2				2
松阳	21			20					1			
云和	23			23								
庆元	26						20			6		
景宁	42			32		5	4					1
合计	783	299	76	223	30	5	24	2	1	96		36

旅游客运 20世纪90年代前,丽水地区没有专营旅游客运的运输企业。1992年创办的丽水市处州汽车运输有限公司主营客货运输,兼营旅游客运,2010年,旅游客车发展到26辆,成为丽水市区经营旅游客运的大单位之一。

专营旅游客运的企业有2004年4月成立的丽汽集团控股企业——丽水市旅游集散中心有限公司,成立时拥有旅游汽车15辆、498座位。2006年3月成立的丽水市杭外旅旅游有限公司,成立时投放旅游汽车8辆、256座位。至2010年,全市从事(兼)旅游客运的企业有15家,旅游汽车135辆、4966座位。其中丽水市区3家旅游运输公司,有旅游汽车63辆、2454座位,自2006至2010年5年间运送旅游客人374.62万人次,其中2010年运送旅游客人92.24万人次。

表87　**丽水市区3家旅游客运公司运送旅游客人情况一览表**

年份	处州汽运公司			市旅游集散中心			杭外旅旅游公司		
	车辆数(辆)	座位(个)	运送人数(人)	车辆数(辆)	座位(个)	运送人数(人)	车辆数(辆)	座位(个)	运送人数(人)
2006	15	585	73440			480882	8	256	44803
2007	15	585	92616	16	462	471351	8	298	77119
2008	16	624	148104	18	561	547022	8	338	60744
2009	20	810	184824	20	647	568424	11	427	74432
2010	25	1045	207672	23	776	604549	15	633	110191
合计			706656			2672228			367289

表88　**丽水市客运企业兼营旅游客运简况表**

序号	公司名称	成立时间	2010年旅游车(辆)
1	丽水市处州汽车运输有限公司	1992	25
2	丽水市旅游集散中心有限公司	2004.4	23
3	丽水市杭外旅旅游有限公司	2006.3	15
4	龙泉市长运公司	1992.10	4
5	青田县茂源长运有限公司	2001.5	15
6	缙云县长红客货运输公司	1999.9	12
7	缙云县汇通汽车运输公司	2001.12	5
8	遂昌捷利达运输公司	2000.9	1
9	遂昌县华通汽车运输公司	2001.1月改制	8
10	松阳县长运公司	1998.10月改制	4
11	云和县恒通汽车运输有限公司	2000.9月改制	4
12	庆元县汽运总公司	1992.10月改名	6
13	庆元县濛州汽车运输公司	2003.3	7
14	景宁县长运公司	1992.10月改名	4
15	景宁县汇丰汽车运输有限公司	2005.9	2

丽水市区公交客运　1997年6月13日，丽水市公共交通有限公司成立，同月，丽水市区首次开通南明山至火车站的2路公交线和溪口至火车站的3路公交线，投入16辆中巴车运营，由私人购车，采用由私人车主挂靠市公交公司的经营模式，公司收取管理费。1998年6月增开6路军分区至火车站、1路大水门至白云山脚(地区实验林场)、8路厦河门至灵山寺等公交线路。1999年1月开通5路公交线，同6路公交线一起采取承包租赁的经营模式。

丽水市公共交通有限公司办公大楼

2000年丽水撤地设市后，城市化进程加快，城域扩大，市公交公司先后开通7路、9路、10路公交线，对7路公交线采取承包租赁的经营模式。2001年，随着市公交公司的实力不断增强，为彻底解决挂靠经营和承包租赁经营中出现的种种问题，对新增的4路、9路、10路和承包租赁经营期满后收回的5路、6路、7路公交线路尝试由公司直接经营。2002年7月，《丽水市城市公共交通规划》经市政府批准实施。2003年初开始，根据国家政策，在加快公用事业市场化进程的背景下，市政府积极倡导经营城市的理念，分别将原经营合同期满的2路、3路和1路、8路公交线路营运权推向市场，采用公开向社会招投标的形式择优选择营运主体，实现法人市场化经营。10月1日，2路、3路首先推向市场。2路由处州公共交通营运有限公司经营；3路由顺达公共交通营运有限公司经营。2004年7月1日，8路、1路经营权拍卖，8路由丽汽集团经营，1路由华通公共交通营运有限公司经营。从此，形成5家公司共同经营丽水市区公交营运的格局。

2008年4月，丽水市人民政府颁布《关于优先发展城市公共交通的意见》(丽政发〔2008〕40号)。意见提出要逐步推行城市公交优先通道，合理分配通行权，优化城市公共交通网络布局，完善公交站场和配套设施，加大城市公共交通财政投入，对公交优先提供政策保障。

至2010年，5家企业共开通丽水市区公交线路17条，线路总长148.15千米，公交车146辆，其中民营公交车38辆。全年运送旅客2000余万人次，促进丽水市区客运业发展，方便市民出行，也促进了市区旅游业发展。

说明：2012年12月31日，开通20路；
2012年12月25日，8路收回归市公交公司经营；
2012年12月29日，2路收回归市公交公司经营；
2013年3月28日，3路收回归市公交公司经营；
2013年6月30日，1路收回归市公交公司经营

表 89 **丽水市区公交线路一览表**

线路别里程(千米)	途经站点	开通单位时间	车辆数(辆)
1路 5.1	大水门、中医院、梅山脚、联邦春天、百货大楼、联邦百货罗马店、王道友金楼、国税局、灯塔村、三里亭、市质量技术监督局、丽水职业技术学院、市公交公司(市委党校)、红云渡假村、白云森林公园	1998.6 开通 2004.1 转华通公司经营	8
2路 7.25	火车站、农贸商城、汽车东站、万丰吴氏伤科(厦河商城)、括苍房产(解放街)、稠州商业银行(紫金路口)、莲都农村合作银行(金苑新村)、山水宾馆、四牌楼、区财政局、万象山公园、洞天楼、水南村	1997.06 开通 2003.10 转处州公司经营	10
3路 9.3	火车站、农贸商城、汽车东站、电信大楼、汪氏伤科、烟草公司(后甫村)、恒洁卫浴(南明旅游学校)、老年公园、丽东村、中国移动、华文家私(星火商城)、三岩寺、丽水学院附中、天虹运输公司(吕埠坑)、汽车西站(南)、汽车西站	1997.06 开通 2003.10 转顺达公司经营	10
4路 11.2	火车站、农贸商城、汽车东站、中华保险、东苑小区、奥达汽贸公司、开发路路口、畲乡缘农家乐、中信银行(区公安分局)、元正房产、天宁寺行政村、泰隆银行、市交警队、北苑新村、第二医院、年年红家私广场、区法院、消防队、三岩寺、丽水学院附中、桃山大桥、同泰装饰家居城、汽车西站	丽水市公共交通公司 2003.06	10
5路 5.4	第二医院、年年红家私、灯塔公园、三中路口、中心医院、淼聚轩茶楼(军分区)、万象山公园、区财政局、四牌楼、解放路口、中东路口、老年公园、丽东村、市交警队、北苑新村、第二医院	丽水市公共交通公司 1999.01	12
6路 7	丽水学院、区法院(单)、消防队(单)、中心医院、军分区、莲星房产、艾莱依旗舰店、府前菜场、新华保险、都市孕婴生活馆、武警支队、金苑新村、嘉城典当、括苍房产、人民医院万丰院区、万丰吴氏伤科、汽车东站、农贸商城、火车站	丽水市公共交通公司 1998.06	11
7路 7	汽车东站(南)、江滨小区、厦河小区、梅山中学、新华书店、华墩街路口、解放路口、金苑新村、武警支队、都市孕婴生活馆、中东路口、老年公园、市妇幼保健院、拉芳舍、尚兴祥金楼(粮油批发市场)、绿洲眼镜平价店、消防队、区法院、灯塔四村、城北村、丽水职高	丽水市公共交通公司 2000.04	7
8路 8.3	厦河门、中国联通、解放路口、中东路口、老年公园、丽东村、泰隆银行、天宁寺行政村、元正房产、中信银行、畲乡缘农家乐(九里村)、岩泉办事处、凉塘村、飞机场角、二中、上岗背、煤气站、香蜜园、岩泉村、灵山武校、灵山寺	1998.06 开通 2004.1 转丽汽集团经营	10
9路 9.5	市信防局、市财政局(政府审批中心)、市公安局、第二医院、国税局、王道友金楼、中央公馆(丽阳门广场)、市建设局、纳爱斯广场、新华保险、解放路口、中国联通、花园中学、怡景花园、新华书店、东银苑、银泰集团、汪氏伤科、寿尔福路口、莲都小学、民俗乐园、九里加油站、中信银行(区公安分局)、丽水海关、天宁一村、体育中心、市政府行政中心、市信访局	丽水市公共交通公司 2001.04	10
10路 6	大水门、中医院、梅山脚、区财政局、绿洲眼镜府前店、府前菜场(单)、纳爱斯广场、市妇幼保健院、老年公园、东西岩旅游公司、泰隆银行、天宁寺行政村、元正房产、中信银行(区公安分局)、天宁工业区路口、三元票据、万鸿纸业、大拇指食品公司、方正电机、弄和村南、弄和村	丽水市公共交通公司 2002.02	5
11路 11.3	处州中学、梅山小学、绿洲眼镜府前店、府前菜场(单)、新华保险、都市孕婴生活馆、武警支队、金苑新村、嘉城典当、括苍房产、人民医院万丰院区、万丰吴氏伤科(厦河商城)、汽车东站、农贸商城、火车站、芦埠村、前山村、塔下洞口、塔下村、开潭村、梅岙村、湾岙村、上风化村、风化村	丽水市公共交通公司 2005.06	4
12路 6.9	市公交公司(市委党校)、山水嘉苑、城北东区、接官亭小区、市人民法院、北苑新村、市交警大队、中国移动、中央公馆(丽阳门广场)、市建设局、纳爱斯广场、新华保险、解放路口、山水宾馆、三胞房产、怡景花园、新华书店、梅山中学、厦河小区、江滨小区	丽水市公共交通公司 2009.12	6

续表 89

线路别里程(千米)	途经站点	开通单位时间	车辆数(辆)
13 路 9.7	水东新村、水东小学、火车站排档城、火车站广场、农贸商城、汽车东站、中华保险(金三角)、东苑小区、奥达汽贸公司、开发路路口、凉塘村、艾莱依、城北路口、弄和村、天宁三村(丽水中学)、天宁二村(南)、市政府行政中心、市信访局、欣苑小区、山水嘉苑	丽水市公共交通公司 2009.12	6
15 路 17.11	火车站、农贸商城、汽车东站、万丰吴氏伤科(厦河商城)、括苍房产、银泰集团、紫金花园大酒店、万松、梅松花苑、万锦花苑、天宁一村、处州公园、浦发银行、泰隆银行、中国移动、华文家私、三岩寺、丽水学院附中、桃山大桥(北)、同泰装饰家居城、汽车西站、高速路口、垟店、开发区公安分局、顺虎德邦涂料公司、吴垵、金侨华府、张村路口、辉煌大酒店、开发区管委会、方正电机(单)、瑞德公司(单)、浙江俊达(单)、官山村(单)、开发区管委会(开发区行政中心)	丽水市公共交通公司 2010.08	8
16 路 7.6	市政府行政中心(北)、体育中心(东)、天宁一村(北)、处州公园、浦发银行、泰隆银行、东西岩旅游公司、郎饰墙纸、武警支队、都市孕婴生活馆(永晖新村)、新华保险、市人民医院(单)、绿洲眼镜府前店、梅山小学、培红幼儿园、囿山小学、花园中学、怡景花园、新华书店(单)、安全局(单)、刘英学校(单)、丽华小区	丽水市公共交通公司 2005.12	6
19 路 12.5	天宁三村、天宁中学、水木清华苑、城北东区、接官亭小区、市人民法院、第二医院、国税局、王道友金楼、联邦百货罗马店、尚兴祥金楼、绿州眼镜平价店、中心医院、淼聚轩茶楼、绿城(中医院)、处州中学、培红幼儿园、囿山小学、花园中学、怡景花苑、新华书店、梅山中学、厦河小区、江滨小区、汽车东站(南)、汽车东站、电信大楼、汪氏伤科、紫金花园大酒店、民俗乐园(西)、丽水海关、体育中心(东)、天宁三村	丽水市公共交通公司 2010.12	6
Y1 线 7	白云森林公园、红云渡假村、山水嘉苑、欣苑小区、市档案馆、处州公园、浦发银行、泰隆银行、东西岩旅游公园、朗饰墙纸、正达集团、三胞房产(大洋河小区)、囿山路口、怡景花苑、江滨路口、滨水公园、紫金大桥、刘英学校、江滨岩生园	丽水市公共交通公司 2008.12	2

说明:Y1 线开通时,有车 4 辆,2010 年 8 月,15 路线开通时,Y1 线划 2 辆到 15 路线

丽水市区城乡公交客运　2008 年 12 月 22 日,丽水市城乡公共交通有限公司成立,主营丽水南城城市公共交通，并逐步向其他中心镇延伸。同月 30 日投入城乡公交车 4 辆,开通第一条城乡公共交通 K201 路（府前菜场东—富岭街道办事处）公交线路。2009 年 3 月 26 日，将城市公交公司原 K17 路（艾莱依—龙石北路)、K18（市区小转盘—沙溪公交枢纽站）公交线路成建制划转给城乡公交公司经营。截至 2011 年 1 月 1 日,有营运线路 9 条,长 224.4 千米,营运车辆 54 台,2010 年输送旅客 909.81 万人次。具体营运线路见下表。

城乡公交车

表 90 **丽水市区城乡公交线路**

线路别里程（千米）	途经站点	开通单位	车辆数日开行班次
17 路 17.5	艾莱依、弄和村南、丽水海关、体育中心、天宁二村、行政中心、市信访局、丽水市外国语学校、三里亭、灯塔村、年年红家私广场、括苍路口、区法院、消防队、三岩寺、学院附中、桃山大桥北、吕埠坑、客运西站、垟店高速路口、垟店、一泰集团、大众集团、吴垵、浙江宏源公司、鸿利公司、水阁新村、水阁老村、浙江俊达、浙江新时代公司、豪登公司、有邦公司、力邦公司、信达宏企业、丽沙路、爱珠公司、歌蕾思、龙石路	2007.11.6 城市公交公司开通 2009.3.26 划转城乡公交公司	7 辆日开行 98 班
18 路 17.2	中东路小转盘、稠州商业银行（紫金路口）金苑新村、大洋河小区、花园中学、囿山小学、培红幼儿园、梅山小学、绿洲眼镜府前店、市人民医院、艾莱依旗舰店（太平坊）、百货大楼、粮油批发市场、绿洲眼镜平价店、莲城宾馆、三岩寺、丽水学院附中、桃山大桥北、吕埠坑、客运西站、垟店高速路口、垟店、开发区公安分局、顺虎德邦、吴垵、水阁小学、张村、万可锦绣南城、庆龙云阁苑、上桥、华都集团、合力公司、美特康企业、龙石、岑山、沙溪村、沙溪公交枢纽站	2007.11.4 城市公交公司开通 2009.3.26 划转城乡公交公司	18 辆日开行 226 班
201 路 9.1	富岭街道办事处、富岭收费站、朱弄、大塘后、大坑口、柳后、金山下、叶村、中堂、白岭脚、中岸、刘英学校、安全局、新华书店、怡景花园、花园中学、中国联通、解放路口、府前菜场	城市公交公司 2008.12.31	2 辆日开行 62 班
水南至富岭农村班线 26.2	水南村、官岩、桐岭、余村、俞庄前、吴弄口、富岭村、周前、下张、前垟、上徐、陶庄、章庵、富岭收费站、富岭办事处、朱弄、大塘后、大坑口、柳后、金山下、叶村、中堂、白岭脚、中岸（招手即停）	城市公交公司 2009.9.1	2 辆日开行 24 班
202 路 万象山公园至碧湖镇 20.8	万象山公园、中心医院、三岩寺、汽车西站、高速路口、垟店、开发区公安分局、顺虎德邦、吴垵、金侨华府、张村路口、辉煌大酒店、开发区管委会、官山、惠民街口、豪登公司、友邦公司、力邦公司、信达宏企业、丽沙路、沙溪村、沙溪枢纽站、上沙溪、下县头、县头、上县头、松坑口、南山工业区（万控电气）、下南山、南山、碧湖桥头（法敏骨伤医院）、碧湖镇	城市公交公司 2009.9.1	6 辆日开行 78 班
203 路火车站至大港头 35	火车站、汽车东站、九里村、泰隆银行、华文家私星火商城、三岩寺、吕埠坑、汽车西站、高速路口、垟店、开发区公安分局、顺虎德邦、吴垵、水阁小学、张村、万可锦绣南城、庆龙云阁苑、上桥、华都集团、浙江旭力、合力公司、美特康企业、龙石、岑山、沙溪村、沙溪公交枢纽站、上沙溪、下县头、县头、上县头、松坑口、南山工业区（万控电气）、下南山、南山、碧湖桥头（法敏骨伤医院）、碧湖小学、碧湖桥头（法敏骨伤医院）、上南山、坛埠、蔡村、石侯、十八都、栋村、莲河新村、莲河、坛岩山、（忠达家俱厂）、喇叭口、河边、菜场路口、大港头	城市公交公司 2009.9.30	10 辆日开行 84 班
310 路农村班线 31.5	丽阳门广场、丽东二村、中国移动（老年站）、华文家私星火商城、三岩寺、学院附中、桃山大桥北、路湾、路湾新村、敏河、武村、坑口、下苏埠、苏埠村、上苏埠、港口、昆濑、石罗柱、金弄口、陈村教会、陈村、黄村州、显滩、瑶畈、黄村、徐坑口、下周坦、周坦村、上周坦、破桥、老竹	城市公交公司 2011.1.1	7 辆日开行 64 班
311 路农村班线 47.5	老竹、畎岸、巨溪（招手即停）	城市公交公司 2011.1.1	1 辆日开行 11 班
312 路农村班线 20	丽阳门广场、丽东二村、中国移动（老车站）、华文家私星火商城、三岩寺、学院附中、桃山大桥北、路湾、路湾新村、混凝土厂、敏河、武村、官桥、张村街、下林、余村、木勺坦、水口（招手即停）	城市公交公司 2011.1.1	1 辆日开行 12 班

各县(市)城市公交客运、城乡公交客运,详见下表。

表91 **2010年12月龙泉市区公交线路一览表**

线路名称	里程(千米)	站点数(含起讫点)	开通时间	投放车辆(辆)	班次/日
2路 环城西路—环城西路	9	候车亭38个,临时停靠点19处	2001.9.25	12	28
3路 公园路—公园路	4	候车亭16个,临时停靠点8处	2006.3	6	42
1路 南大洋公寓—工业园区	5	候车亭20个,临时停靠点11处	2007.7.24	8	24

表92 **2010年12月龙泉市城乡公交线路一览表**

线路名称	里程(千米)	途经站点	开通时间	车辆数(辆)	日班次
龙泉至五梅垟	22	宏山、蜜蜂岭、大汪	1999.3	2	4
龙泉至锦旦	16	观音桥、吴林	2001.5	2	10
龙泉至陈村	20	大沙、季边	2001.5	1	4
河村至大沙	12	河村、宫头、中山西路、剑池东路、大沙	2001.5	1	10
龙泉至磁湖	25	宏山、蜜蜂岭、大汪、豫章、独田	2001.6	3	8
龙泉至大赛	28	宏山、蜜蜂岭、大汪、五梅垟、坑儿门	2001.6	2	6
龙泉至新岭	11	上凉亭、牛头岭	2002.1	1	5
龙泉至村头	14	客运站、新华电影院、中医院、商贸中心、金乐园、大转盘、一村、临江、凤鸣、村头	2003.1	2	8
龙泉至南弄	12	客运站、加油站、水泥厂、大沙、础石、银场、竹坑、南弄	2003.4	1	2

表93 **2010年12月青田县城区公交线路一览表**

线路名称	里程(千米)	站点数(含起讫点)(个)	开通时间	投放车辆(辆)	班次/日
1路 塔山下—火车站	5.3	18	1999.12	8	136
2路 塔山下—火车站	4.5	13	1999.12	8	136
3路 平演—湖口头	7.4	15	1999.12	6	78

表 94

2010 年 12 月青田县城乡公交线路一览表

线路名称	里程(千米)	站点数(含起终点)(个)	开通时间	投放车辆(辆)	班次/日
青田—小口	12	9	2005.7	4	48
青田—山口	13	9	2007.7	16	192
温溪—青田	13	5	2008.3	14	28
青田—港头(小峙)	13	8	2009.4	6	60
青田—彭括	11	7	2009.4	1	11
青田—石盖	27	12	2011.1	1	3
青田—船寮	20	9	2011.1	2	16
青田—梅山	39	20	2011.1	9	45

表 95

2010 年 12 月缙云县城区公交线路一览表

线路名称	里程(千米)	站点数(含起终点)(个)	开通时间	投放车辆(辆)	班次/日
1 路 皮革厂—周村	8	21	2001.8	6	152
2 路 火车站—兰口	7.8	24	2001.8	8	208
3 路 火车站—金弄	9	20	2001.8	8	208

表 96

2010 年 12 月遂昌县城区公交线路一览表

线路名称	里程(千米)	投放车辆(辆)	座位(个)	往返班次	票价
源口—利民化工厂	13	10	150	6:00—21:00 每日每辆车 9 个往返	2
叶坦—永新化工厂	14	3	41	6:30—17:00 每日每辆车 11 个往返	2
大毛头—株树窟	8	1	17	6:30—18:30 每日每辆车 5 个往返	1
兴居花园—茗月山庄	7	1	17	6:30—18:30 每日每辆车 5 个往返	1
茗月山庄—大桥	14	1	17	6:00—18:00 每日每辆车 12 个往返	2

表 97

2010 年 12 月遂昌县城乡公交线路一览表

线路名称	里程(千米)	投放车辆(辆)	座位(个)	往返班次	单价
北门—社后	20	6	78	6:00—18:00 每日每辆车 8—9 个往返	4

表 98

2013 年 5 月松阳县城区公交线路一览表

线路名称	里程（千米）	站点数（个）	开通时间	投放车辆	班次/日
1 路 公交总站—公交总站	20	23	2012.1.16	共投放 10 辆车	高峰时 1 班/10 分
2 路 公交总站—公交总站	20	22	2012.1.16	对开	一般 1 班/15 分钟 日发 120 班
3 路 公交总站—王村工业园区	往返 11	25	2013.5.2	投入 6 辆车	6 班/日
5 路 公交总站—王村工业园区	往返 20	25	2013.5.2	对开	5 班/日
6 路 水南环片支线	14	13	2013.3.11	车辆从 1 路、2 路抽调对开	6 班/日
7 路 水南环片支线	14	13	2013.3.11	车辆从 1 路、2 路抽调对开	6 班/日
8 路	8	16	2013.5.2		12 班/日 2014.12.19 取消
9 路	8	16	2013.5.2		12 班/日 2014.12.19 取消
10 路 农贸市场—工业园区管委会	9.5	23	2014.12.27	6 辆	86 班/日

表 99

2010 年 12 月云和县城区公交线路一览表

线路名称	里程（千米）	站点数（含起讫点）（个）	开通时间	投放车辆（辆）	班次/日
1 路 新车站—新车站	13	35	2009	8	双向发车
2 路 云和三中—农民公寓	4.5	16	2009	4	双向发车
3 路 古竹村口—新建南路	4.5	16	2010	4	双向发车

表 100

2010 年 12 月云和县城乡公交线路一览表

线路名称	里程（千米）	站点数（含起终点）（个）	开通时间	投放车辆（辆）	班次/日
云和—雾溪	10	4	2001.1	1	10
云和—安溪	10	4	2001.2	1	7
云和—沈庄	17	6	2006.1	2	13

表 101

2010 年 12 月庆元县城区公交线路一览表

线路名称	里程（千米）	站点数(含起终点)（个）	开通时间	投放车辆（辆）	班次/日
1路 客运站—疾控中心	3.5	11	2009.3.19	8	6时至20时
2路 客运站—林业局	4	14	2009.7.1	8	6时至20时
3路 客运站—同济新村	4.2	7	2010.8	4	6时至20时
5路 老车站—同德新村	6.5	11	2010.8	4	6时至20时

表 102

2010 年 12 月庆元县城乡公交线路一览表

线路名称	里程（千米）	站点数(含起讫点)（个）	开通时间	投放车辆（辆）	班次/日
淤上公交	18	8	2001.1	3	7
大济公交	4	客运站—大济	2001.11	1	10
塘根公交	31	12	2002.3	1	3
星光公交	6	卫生局至星光村	2003.11	1	10
焦坑公交	8	7	2004	1	10
工业园区专线	18	20	2004.12	1	10
余村公交	11	13	2005.1	1	8
菊水公交	12	7	2005	2	10
曹岭公交	46	11	2006	8	24

表 103

2010 年 12 月景宁县城区公交线路一览表

线路名称	里程（千米）	站点数(含起讫点)（个）	开通时间	投放车辆（辆）	班次/日
王金垟—三枝树	14	36	1998.1.1	4	24

表 104

2010 年 12 月景宁县城乡公交线路一览表

线路名称	里程（千米）	站点数（含起终点）(个)	开通时间	投放车辆（辆）	班次/日
景宁—际头	15.5	13	2001.8	3	18
景宁—大均	15	循环	2003	2	6
景宁—岚头	19	5	2009.7	1	2

表105 **2010年12月各县(市)城市公交客运线路、班次一览表**

县(市)别	开通条数	营运里程(千米)	停靠站点数(个)	投放车辆(辆)	班次/日
龙泉	3	18	候车亭74个,临时停靠点38个	26	94
青田	3	17.2	46	22	350
缙云	3	24.8	65	22	568
遂昌	5	56		16	145
松阳					
云和	3	22	67	16	双向发车
庆元	4	18.2	43	24	6时至20时
景宁	1	14	36	4	24

表106 **2010年12月各县(市)城乡公交客运线路、班次一览表**

县(市)别	开通条数	营运里程(千米)	停靠站点数(个)	投放车辆(辆)	班次/日
龙泉	9	160	42	15	57
青田	8	148	79	53	403
缙云					
遂昌	1	20		6	48
松阳					
云和	3	37	14	6	30
庆元	9	154	78	19	92
景宁	3	49.5	18+循环	6	26

学生接送 改革开放以来,为适应教育形势的发展,优化师资资源,从20世纪90年代初开始,对全区各县(市)中小学校布局进行调整,中小学生就读的学校也有变动。为解决家住农村的学生周末回家乘车难,保障学生往返途中及时、安全回家和返校,各县(市)运管、教育部门和客运企业协商开通接送学生的客运班车;有渡口的县(市),由所在县乡镇和渡口管理办公室、渡工协商开通学生渡运。

1991年9月,松阳县在全区首先开通学生周末班车,至2006年12月,全县有22所中小学共开通70条周末接送学生线路,接送班车120辆次。

1998年,遂昌县开通“学生放心车”接送学生,至2000年1月1日,全县有28所中小学校开通了周末班车(班船),每周有57条线路、100余车次,惠及学生3200余名。乌溪江水库湖山库区开通渡船学生专渡,2010年,每周有7班渡船接送学生。至年底,全县水陆已安全运送学生近百万人次。

1998年2月20日,云和县交通局、教育局联合发出《关于加强学生水上交通安全管理的通知》,对渡口的管理、渡工的职责、学生上渡船时应注意的事项,均作了具体规定。2005年2月,开通学生专运,至2007年共开通8条线路,8辆客车,往返里程299千米。同时,县内紧水滩、石塘、玉溪3大库区有13个渡口、13艘钢质渡船每周接送学生人数达171人次。

2002年8月,青田中学整体搬迁到油竹雅岙新校区,而大部分教职工及学生居住在县城老城区,从9月初开始,茂源长运公司每天安排车辆定时定班接送。茂源公司还承担石溪乡校、华侨中学、石门小学等12所中小学校的学生接送任务。

2004年秋季开学,莲都区开通8所中小学校学生接送专车,共开通线路24条,惠及1091名学生。2010年,市、区二级政府共补贴390多万元,开通天宁中学、碧湖一小、碧湖二小每天接送专车。全年全区开通19所中小学校学生接送车(包括2004年开通的8所学校),每天接送学生2000多人,政府每年投入补贴费用近50万元。

景宁县自2006年开通学生接送车以来,至2010年共投入52辆学生接送车。对乡镇小学学生乘车实行全免费或半免费,由县财政对运输企业给予补贴。2008年12月,九龙码头—桂根码头航线开通,九龙乡校有14名学生由航班渡运,航程15千米,免费乘坐,船上备有救生衣和救生圈等设施。至2010年下学期全县乘坐周末班车学生达652人。

庆元县财政每年安排40万元专项资金用于学生交通安全保障。周末安排32辆运送车,开通47条线路,为12所学校1574名学生运送90趟次。

缙云县除安排班车专送学生外,2011年10月由政府出资购买学生接送车6辆,解决学校撤并后学生往返学校问题。

在开通接送学生的客运班车和渡船渡运学生的同时,各县(市、区)运管、港航、教育、交警、安监等部门密切配合,切实抓好客运和渡船安全。制定规定,要求参加接送的车、船必须确保技术状况良好,卫生整洁,服从学校安排,严禁脱班、停班,严禁超载超速,严禁携带危险品上车(船),严禁无车、船从业资格证的驾驶员(渡口)驾驶车辆(渡船),严禁途中无故换车接送学生,严禁进入非等级公路接送学生。经常开展学生接送时段的检查工作,龙泉市仅2008年开展学生接送车检查达960次,排除车辆隐患18次,开展学生接送现场安全监督86天次。

至2010年末,全市9县(市、区)均实现安全接送学生。

1991~2010年丽水市全社会公路客运量一览表

表107

年份	客运量(万人)	同上年比%	客运周转量(万人千米)	同上年比%	备 注
1990	2162.25		80460.54		
1991	2556.93	18.25	102244.99	27.07	
1992	2485.2	-2.81	102445.5	0.20	
1993	2350.4	-5.42	97750.0	-4.58	
1994	2920	24.23	143079	46.37	
1995	2452	-16.03	149075	4.19	
1996	2629	7.21	176282	18.25	
1997	2532	-3.69	164484	-6.69	
1998	2551	0.75	154692	-5.95	
1999	2896	13.52	141353	-8.62	
2000	3297	13.85	158914	12.42	
2001	3202	-2.88	152354	-4.13	
2002	3300	3.06	152497	0.09	
2003	3267	-1.0	150210	-1.50	
2004	4291	31.34	172045	14.54	
2005	4634	7.99	182591	6.13	
2006	4658	0.51	194511	6.53	
2007	4976	6.83	213962	10	
2008	5586	12.26	228685	6.88	
2009	5615	0.52	237630.4	3.91	
2010	5697	1.46	241949	1.82	

说明:1.1990年数据录自1993年版《丽水地区志》;

2.表中数据录自《丽水市(地)交通统计资料汇编》

货运

丽水地区陆上运输货物,历来靠人力肩挑背负。民国22年(1933)缙(云)永(康)公路建成后,才有独轮车(羊角车)、手拉车承担货运。民国23年(1934)11月,官商合营缙丽公路两合公司购有货车1辆,在缙云至丽水等地营运零担业务,标志着现代公路交通货物运输业开始发展。

中华人民共和国成立后,公路运输获得较快发展。由国营运输公司和各县集体运输(搬运)公司担负着全区的城乡物资交流、工农业生产、国民经济建设的货物运输的主要任务。

1978年12月中共十一届三中全会后,工农业生产迅速发展,汽车货运业务剧增。国营、集体、个体(联户)一起搞运输,同时出现大量拖拉机、简易机动车投入货运,企事业单位购置车辆组成车队投入营运,运输市场发生根本变化。

1990年，全区有大小货车3183辆、15393吨位，全年完成公路货运量454.48万吨、货物周转量4.3341亿吨千米。

20世纪90年代，社会主义市场经济进一步发展，各县(市)工业园区相继兴建，各地综合市场、专业市场蜂拥而起，全区经济社会发展速度加快，商品交易日益频繁，市场繁荣。适应社会经济发展的需要，专业运输企业、专业运输户也迅速增加。1994年6月16日，丽水地区长途货车运输公司成立(简称货长运公司)，拥有货车81辆、705吨位，丽水城区相当一部分货运量由其承担。1995年，货车增加到135辆、1148吨位，全年完成货运量11.7万吨、货运周转量2534.13万吨·千米，分别比上年增长1.48倍和1.17倍。

1995年，全区从事公路货物运输专业运输企业16家，营运货车520辆、3856吨位；社会货运单位19家，营运货车2708辆、14569吨位；个体运输户1989户，营运货车1764辆、8635吨位。全区有大小货车4992辆、27060吨位，分别比1990年增加1809辆、11666.9吨。全年完成公路货运量1851万吨，货运周转量16.60亿吨·千米(其中交通运输部门完成货运量71万吨、货运周转量7760万吨千米)，分别比1994年增长4.93%和45.34%。与1990年同期比，货运量增长3.07倍、周转量增长2.83倍。

1999年5月27日，由丽汽总公司在“丽水地区货物联运有限公司”的基础上与“丽水地区联运公司”合资组建“丽水市(地区)公铁联运有限公司”，主营公路铁路联运零担快运货运配载、货运信息服务、危险品运输和出租车货运等业务，成为丽水市(地区)交通系统的货运骨干企业。2002年3月，市货长运公司并入公铁联运公司，货运线路增加，货运经营范围扩大，至2004年，已开辟丽水至广州、福建、上海、杭州、宁波、瑞安、柯桥、路桥、义乌、金华及丽水市属8县(市)共计18条货运专线，拥有货车111辆、843.73吨位，全年完成货运量29.39万吨、货运周转量419.47万吨·千米。

2000年5月，丽水撤地设市，“三市并举”(即生态立市、工业强市、绿色兴市)发展战略全面实施，经济社会迈入跨越式发展时期，公路运输业蓬勃发展。由于货物运输的需要，专用载货汽车逐年增多，集装箱运输获得新的发展。到“十五”末期的2005年，全市拥有营业性载货汽车6926辆、29177吨位，其中，个体户有营运货车4375辆、1.14万吨位；专用载货汽车623辆、3888吨位；厢式货车568辆、1542吨位；拥有非营运货车14327辆、31438吨位。全年完成全社会货运量2664.45万吨、货物周转量19.94亿吨·千米。

丽水市在汽车货运发展方面除长、中、短货物运输线外，基于经济发展和物主的需要，还开展特色货运服务。

零担运输 1989年5月，丽水地区汽车运输公司(简称“丽汽公司”)成立货运分公司时，便有零担方面的业务，同年成立的南明物流公司，主要经营项目也是零担专线运输。1997年7月，丽水地区汽车运输联合总公司(简称“丽汽总公司”)开通丽水至义乌及全国160多个城市的快件运输零担业务。1999 年将联运零担和公路快慢件联系在一起,组成零担货运站,对外承诺零担快件运输服务。2000 年 5 月 1 日,丽汽总公司实行快件运期承诺服务制度(按规定运期运达,每推迟一天退还客户当票运费的 20%)。2002 年根据丽水零担货运市场的发展状况,适时开辟丽水至广州、杭州等 14 条零担专线,至 2004 年底,先后开通丽水至义乌、金华、杭州、宁波、上海、柯桥、路桥、瑞安、广州、福州 10 条跨省、市零担专线,同时开通丽水至市内 8 县(市)的 8 条零担专线。

与此同时,全市货物快运专线迅速增加。从 20 世纪 90 年代初至 2000 年,全市货运站场经营(即货运集散、货运配载、货运代理、仓储服务)业户不上 30 家,至 2010 年,发展到 382 家,其中丽水市区从事与专线快运等物流相关的企业(户)有 90 家。专线运达单位除省内 11 个市的县(市、区)几十个城镇外,还直达上海、广东、海南、山东等 10 多个省、市、区 50 多个大中城市,促进了全市长途货运及零担专业快运业务的发展。

集装箱运输 20 世纪 90 年代初,丽汽公司主要承接金华至丽水的集装箱运送业务。1997 年 3 月,丽汽总公司开通金华火车站至丽水的一吨箱门到门运输业务,当年完成 1 吨箱进出运输 2210 只。1999 年 5 月,货联运公司与丽水地区联运公司合资组建由丽汽总公司控股的公铁联运公司(即公路、铁路联运公司)后,将原货联运公司的 1 吨箱业务和原丽水地区联运公司的 10 吨箱、20 英尺箱业务合二为一,组成集装箱中转站。2000 年 3 月,丽汽总公司开始承接丽水火车站(超过铁路规定提取期限)的区内无委托物资(包括零担、整车、集装箱)的中转疏运业务;2001 年,丽汽总公司在丽水火车站开辟 1 吨箱到达发送业务;10 吨箱业务逐渐向各县(市)辐射。2006 年全市有集装箱车辆 59 辆、1677.22 吨位,2007 年增加到 84 辆、2461.16 吨位。

短驳运输 金温铁路全线开通后,1999 年 6 月,丽汽总公司控股的公铁联运公司旋即在丽水火车站设立公铁联运营业处,为货主提供门到门的运送服务。短驳物资主要是纳爱斯公司的原材料和产成品。2000 年 4 月,公司针对货物短驳中完全依赖社会车辆、组织无序等不良现象,适时增加 2 辆 10 吨货车;对参加短驳的社会车辆通过挂靠、合作等形式进行有效的整顿和管理,使短驳运输业务更加规范、有序。

2002 年 5 月,丽汽集团(2001 年 11 月丽汽总公司改制后改名)投入 5 辆 10 吨半挂货车组建公营车队,增购 2 辆 10 吨半挂货车参与短驳运输。

2004 年 1 月和 8 月,丽汽集团再次投入 5 辆 10 吨半挂货车参与短驳运输,至此累计投入 12 辆 10 吨半挂货车从事短驳运输服务。同年 9 月,丽汽集团将 12 辆 10 吨半挂货车改装成 25 吨半挂货车,使之成为丽汽集团短驳货物运输的经济支柱。

货运方式的多样性,为丽水市经济跨越式发展发挥强有力的助推器作用。至 2010 年底,全市有营运载货汽车 13896 辆、64497.47 吨位,其中个体户 8975 辆、20631 吨位,专用载货汽车 81 辆、2346 吨位;集装箱运输车 76 辆、2298.38 吨位、169.4TEU;危货运输车 402 辆、2023 吨位,全年完成货运量7028万吨,货运周转量85亿吨·千米,分别比1991年增长12.81倍和15.36倍。

表108

1991—2010年丽水市全社会公路货运量一览表

年份	货运量(万吨)	同上年比%	货运周转量(万吨千米)	同上年比%	备 注
1990	455		43341		
1991	509	11.87	51955.93	19.88	
1992	606	19.06	62381	20.07	
1993	867.2	43.10	105092.9	68.47	
1994	1764	103.41	114213	8.68	
1995	1851	4.93	166004	45.35	
1996	1978	6.86	190611	14.85	
1997	1572	-20.53	175188	-8.16	
1998	1877	19.40	171089	-2.34	
1999	2156	14.86	175326	2.48	
2000	2171	0.69	159452	-9.05	
2001	2259	4.05	162600	1.97	
2002	2260	0.04	162759	0.10	
2003	2280	0.88	162900	0.09	
2004	2450	7.46	191133	17.33	
2005	2550	4.08	194172	1.59	
2006	2457	-3.65	193471	-0.36	
2007	2668	8.59	210899	9.01	
2008	6261	134.67	751534	256.35	
2009	6546	4.55	799079	6.33	
2010	7028	7.36	849956	6.37	

说明:1990年数据录自1993年版《丽水地区志》;
1991~1999年为公路全行业货运量;
2000~2010年为公路营业性货运量;
资料来源:《丽水市(地)交通统计资料汇编》

第二章　水路运输

水路运输历史悠久，有客运，也有货运。晋永和、升平年间(355—361)，书法家王羲之溯瓯江而历好溪，即1600年前，瓯江已有水上客运，货运比客运早，水运工具为竹筏和木质船。历史上，丽水各县的物资进出主要依赖水运。

1972年始有机动船，而且发展迅速，使水运业务发生巨大变化；1972年动工建设温溪港，1977年3月，丽水地区沿海运输启动。

2010年，全市内河客运量43万人次，客运周转量422万人·千米，分别比1991年增长1.64倍和0.81倍，货运量204万吨，货运周转量1.14亿吨·千米，分别比1991年增长9.80倍和4.48倍。

第一节　水运工具

丽水市水运工具发展，大致经历竹筏、木帆船、大岱船和以柴油为动力的小马力机动船和沿海货轮等阶段。以柴油为动力的钢质船，受内河航道限制，水运船舶载重一般在18吨级以下。沿海货运船始于1977年，初为木质机动船，载重150吨，后提升为钢质机动船，最大载重达450吨。

人力工具

竹筏　又称竹排，为最古老水上运输工具。以2—3年生长的毛竹24~28根(胸径12~14厘米)，立冬后砍下，断根去梢，截取6~8米长，削去青皮以防暴裂，贴水部分从头至尾保留四分之一青皮以增强牢固度和光滑，制成主副两筏。主筏用松明火熏至表皮焦黑，整形呈弧状弯翘定型，长8米，宽1.5米；副筏平直，长6米，宽1.5米，在两头和腰间凿孔，用硬木平行穿孔做横档编扎而成。运货时主副两筏前后相联，一人操作，放空或运量少时两筏相叠。顺流载重500~600千克，逆水载重300千克，装干货时筏上放货架垫高20厘米左右，并备特制篾席遮盖，以防雨淋，遇有乘客，则临时添置排盂、小凳，以便乘坐。

竹筏自重轻，吃水浅，成本低，山区可就地取材，适宜浅水溪流运输，是小溪、小港的主要运输工具，也是渡口、池塘、水库养殖户渡运、养鱼、捕鱼的水上工具。进入21世纪，水上旅游业兴起，新制竹筏，供水上旅游者乘坐观光或乘排筏漂流。

舴艋船 东晋永和、升平年间(355—361),书法家王羲之溯瓯江而历好溪。北宋天禧五年(1021),处州奉命打造航船605艘,此航船应类似舴艋船(木帆船),由此可见,当时处州造船业已相当发达。舴艋船又称木帆船或民船,头尾尖,舱肚大,备大桨、椤桨、竹篙、风帆,浅水用篙,深水用桨,顺风扬帆。上滩时船工要下水拔(手拉、肩推)船和上岸拉纤相结合。这种木船,古代为小四舱,卸篷后空船2人可抬扛过坝。以后逐步发展为小五舱、大五舱,载重2.75吨左右,长10.1米,宽1.75米,深0.7米,吃水0.6米。5个主舱,前3舱为装货舱,后2舱主要为船工生活用舱。主要材料,松木为底板,杉木为漂板,船梁、马腿(肋)为硬木。底板厚2.5厘米,漂板厚1.8厘米,船只自重约400千克,空船吃水13厘米。有3块箬叶衬里的硬船篷遮盖,固定中间的叫"娘篷",前头的叫"头篷儿",后头的叫"推篷"。"头篷儿"和"推篷"叠在"娘篷"上面,可前后移动,以防刮风下雨时雨水侵入船舱。前头设7.1米长桅杆1支以资扬帆之用。船工1至2人操作。舴艋船吃水浅,转向灵活,适宜多礁多湾,深浅相间的溪流航行。自古以来直至20世纪70年代以前,是瓯江主要水运工具。20世纪90年代末,一些航运公司还在使用这种船作水上运输工具,21世纪初,作为水运工具,已退出历史舞台,现有少量舴艋船被改装成旅游船在紧水滩、石塘等库区供旅游者游湖观光之用。

大峃船 又称大峃艇。头尖、尾翘、底平,装货舱宽1.7米,高0.9米,船长15米。有桅杆、风帆、船舵,船员2名,需结队航行,上滩时要下水推船和多人拉纤相结合。原出于瑞安县大峃(1948年后属文成县),航行于飞云江。抗日战争时期迁入丽温航道航行。建造1艘大峃船,需木材4立方米,由于材料耗量大,航速慢,效益差,境内于20世纪80年代前绝迹。

舢舨船 也叫三板船,头尾略小平直、船舱略大、底平,船舱无隔板,备有木桨、竹篙。这种木船也有大小之分,舱底到船舷高度60~80厘米,用途广泛,既可运货也可载人,船员1人操作,深浅水域均可行驶。20世纪90年代前,舢舨船是瓯江流域、渡口、水上养殖户运输、渡运和捕鱼的主要水上运输工具。现存无几,仅在紧水滩等库区水产养殖户还用舢舨船来运养鱼的工具、饲料和捕鱼。

橡皮筏 橡皮制成,四周椭圆型,中间坐人。长5.15米,宽1.66米,空载尽高0.5米,满载吃水0.1米,乘坐10人,筏工2人。供旅游者水上飘流。较小的橡皮筏长3.58米,宽1.6米,空载尽高0.45米,满载吃水0.1米,乘坐5人,筏工1人。2003年从省外购进,供景宁县大均乡大均小溪段飘流。飘流者乘皮筏从上游往下游飘流,到终点,然后由人工抬皮筏到上游起点。

机动工具

木质机动船 1972年丽水县航运公司试验舴艋船,配以12~15马力柴油机为动力获得成功,有舵无桅、不用桨划,靠螺旋桨进退,以舵转换方向。载重有7吨、12吨、14吨、18吨等多种,船员1~2人操作,18吨船舶舱高1.6米,宽3.3米,有装货舱12个,底板长12.5米,船身长15米。空船吃水前头15厘米,后头40厘米,满载吃水1米,行驶吃水约1.2米。顺水时速15

千米，逆水时速 7.5 千米。中速行驶每小时耗柴油 5 公升左右(快速每小时 3.5 公升)。上滩完全靠机械动力行驶，是全区内河主要水运工具。1990 年，有机动船 1123 艘，其中货船 1105 艘、17120 吨位；客船 18 艘、716 客座。木帆船 186 艘。2010 年，全市有机动客船 45 艘、684 座位；有机动货船 339 艘、40597 载重吨。

水泥船　水泥船有钢筋水泥混凝土船和钢丝水泥船两类，安装 8.8 千瓦的落舱座机。20 世纪 80 年代后在瓯江等江、溪、水库一度曾少量替代木质渡船。2000 年后被淘汰。

钢质船　用各种规格的钢板和型材焊接而成，由船底、两舷、艏艉和甲板组成的水密空心结构。1990 年，境内民间渡口陆续购置钢质"三防"(防沉、防翻、防超载)渡船。由于具有抗风力强、水阻小、行速快、稳性好，以及坚固耐撞、耐腐、修理成本低等特点，航行性能、操作性能和安全性能均优于木质船和水泥船，20 世纪 90 年代后，逐步代替了木质货船和渡口船。2010 年，全市全部渡船实现了钢质化。

挖砂船　始见于 20 世纪 70 年代末，是集挖砂、筛砂、输送于一体的柴油机动船，经常固定在瓯江河床及其支流内作业。2009 年 10 月，市委、市政府召开瓯江干流莲都—青田段全面禁止河道采砂工作动员大会。2010 年 7 月 28 日，莲都段河道中合同到期砂场的最后一艘采砂船正式切割、转移上岸，不再有运砂船。2012 年 7 月起，瓯江干流青田段河道全面禁止采砂，河道内不再有采砂船、运砂船。

运砂船　系配合挖砂船在瓯江水域运送砂石料至码头的散装机动船舶，有木质和钢质两种。

捕鱼船　酷似舴艋船，但船体较小，机动与手撑并用，调头转身灵活，用于库区捕鱼作业。

纤维增强塑料旅游船　又称玻璃钢旅游船。丽水市区南明湖游船码头和莲都区大港口码头等有此类旅游船。大港头码头玻璃钢旅游船长 16.1 米，宽 4.1 米，型深 1.1 米，满载吃水 0.6 米，高 3.5 米(从底到顶)，柴油机主机 89 千瓦。30 客位，可载客 49 人。

钢质旅游船　自 2000 年以来，在乌溪江水库遂昌县湖山库区以及紧水滩、南明湖、滩坑库区(千峡湖)，遂昌、龙泉、云和、莲都、青田、景宁县(市、区)在库区添置钢质旅游船，船型有大有小，载客人数多寡不同。龙泉市"丰荷"号旅游船长 27.1 米，宽 9.3 米，船高 4.5 米，双体结构，甲板以下型深 1.4 米，满载吃水 0.9 米，排水量 131.13 吨，柴油机 2 台，每台 90 千瓦，双机双轴，螺旋桨直径 680 毫米，载客 150 人。

2014 年，上述 4 大库区有机动旅游船 50 余艘、1300 余客位。

沿海货轮　1978 年 1 月，地区交通局投资 25 万元，委托鄞县造船厂建造 150 吨级水泥船 1 艘，同年 4 月建成，丽水地区有了第一艘沿海运输货船，当月 18 日首航上海港。至 1981 年 6 月，全区有 150 吨级旧木质轮船 3 艘，1983 年开始更新为钢质轮船。1990 年有钢质轮船 7 艘、2430 吨位，其中浙海 911 号 450 吨级。1991 年，丽水地区有沿海货轮 24 艘、6728 载重吨，开始往外运送蜡石粉、钼矿石等货物。1992 年 8 月,地区交通局在青田县温溪镇召开丽水地区加速发展沿海船舶运输座谈会,此后,沿海船舶由 24 艘增加到 40 艘,运力达 12000 余载重吨。1993 年沿海船舶继续增加到 78 艘,运力达 37790 载重吨。1995 年,由于当年水运市场及外部各种因素的影响,沿海船舶从 78 艘减少到 48 艘,运力从 37790 载重吨减少到 25000 载重吨。1996 年上半年,发生沿海船舶“永芳 8 号”沉船死亡 10 人的重大水上安全事故。丽水地区航运管理处按照国家的相关法律法规,加强对沿海船舶安全治理整顿的力度,决定对全区 8 家不具备海船代管能力的航运企业停止代管权,对 48 艘属代管性质的沿海船舶实行全面强制清退,至此,丽水境内无沿海船舶。

表 109

1991—2010 年丽水市市水上运输工具一览

项目	木帆船		机动船									
			客船			货船			合计			
年份	艘	吨位	艘	座位(个)	马力(千瓦)	艘	载重吨	马力(千瓦)	艘	座位(个)	载重吨	马力(千瓦)
1991	92	230	17	683	157	1032	18277	14869	1049	683	18277	15026
1992	13	32	19	752	171	1014	22685	15657	1033	752	22685	15828
1993	33	83	9	286	73	1366	62478	33962	1375	286	62478	34035
1994			15	592	223	1135	47696	32870	1150	592	47696	33093
1995			17	674	246	1129	40582	37201	1146	674	40582	37447
1996			25	985	362	765	14123	20067	790	985	14123	20429
1997			24	743	364	603	11648	18622	627	743	11648	18986
1998			49	910	657	526	9374	18289	575	910	9374	18946
1999			96	1685	1031	417	18617	18699	513	1685	18617	19729
2000			82	1371	913	458	25473	26807	540	1371	25473	27720
2001			84	1407	980	422	24671	32389	506	1407	24671	33369
2002			72	1166	716	460	29133	28886	532	1166	29133	29602
2003			47	707	518	496	33688	31072	543	707	33688	31590
2004			40	480	359	472	40146	31716	512	480	40146	32075
2005			42	504	377	463	40904	31878	505	504	40904	32255
2006			44	556	539	481	42332	32864	525	556	42332	33403
2007			38	484	484	416	40452	30218	454	484	40452	30702
2008			37	472	475	416	42912	30767	453	472	42912	31242
2009			42	656	1047	379	40912	28254	421	656	40912	29301
2010			45	684	962	339	40597	27641.5	384	684	40597	28603.5

说明:合计数,木帆船未统计在内

表 110

1991—1994 年客货船情况一览表

年份	艘数(艘)	净载重(吨)	载客量(客位)	功率(千瓦)
1991	7	53	259	71
1992				
1993	12	106	426	154
1994	1	50	17	18

第二节 水运企业

瓯江民船,在民国期间,分散经营。中华人民共和国成立后,曾建立民船工会、船民协会等组织。1952年12月开始,瓯江民船业开展民主改革运动,青田、丽水、云和、龙泉、松阳的船舶,先后成立木帆船运输合作社,有船只650多艘,年运量4万余吨。继而成立高级社,船民将船只折价计股入社,年终分红。

进入20世纪70年代,特别是80年代后,由于航道淤堵和公路运输迅速发展,许多货主弃水从陆,水运货源锐减,业务停滞,一些水运组织开始转行,同时兴起一批个体水运专业户。

市(地)水运企业

温溪港务管理处 位于青田县温溪镇东3千米的下花门、瓯江下游,与温州市永嘉县接壤,省道S333(原称49省道)通过港区。1976年3月23日,由原丽水地区交通局发文批准成立,称浙江省丽水地区温溪港革命委员会、温溪航运公司革命委员会,实施港、航合一体制,两块牌子,一套领导班子。

1979年,隶属关系转至浙江省交通厅航运管理局、浙江省航运公司管理领导。1989年5月温溪航运分公司改称浙江省温溪海运公司,隶属于浙江省海运总公司领导,港务处业务功能归口浙江省交通厅航运管理局,行政管理归口海运总公司。1991年12月和1993年6月,青田县委对温溪海运公司调整为温溪港务处。1992年温溪港务处、海运公司进行体制改革,港务处负责港口装卸业务,海运公司负责海上运输,独立核算,自负盈亏。1994年省海运公司对温溪港务处、温溪海运公司进行“撤航简港”改革,完全退出海运市场,保留、简化港口管理。温溪港务处及海运公司海运从业人员被分流到温州、台州、舟山等地海运公司,另有部分职工买断工龄自谋职业。温溪港务处留下37人,代管海运公司退休职工8人。处置海运公司的7艘船舶,保留港口装卸。港务的各类规费一直由港务处收缴,上缴给浙江省港航管理局,再返回用于港口建设。

表111 **省航运公司温溪分公司·温溪港务处历届领导人名录**

行政领导			党组织领导		
姓名	职务	任期	姓名	职务	任期
林作川	经理、主任	1985.1—1991.5	林作川	党委书记	1988.1—1991.12
朱少华	经理、主任	1991.11—1993	赵典跃	党委书记	1991.12—1993.8
韦祥林	主任、经理	1994—1995	柯立武	党委书记	1993.8—2001.9
郑桂焕	主任、经理	1999.5—2001.8	单秀林	党委书记	2001.10—
单建华	主任、经理	2001.8—			

丽水市南明湖船舶运输有限公司 位于丽水市丽阳街877号(大通联运大楼内)。2005年成立,属私营企业,注册资金150万元。2006年经申请核准从事水上客运经营项目,主要经营游船客运业务,兼营瓯江水上船舶餐饮业务。拥有52客位、162千瓦的游船2艘,船员8人。游船客运航线:莲都区碧湖镇至开潭电站大坝。

南明湖管理处 2006年10月成立。位于丽水市区南明湖游船码头,事业编制,有32客位游船1艘,接待游船1艘,员工10人。游船客运航线:莲都区联城镇敏河村瓯江边至开潭电站大坝。

丽水古堰画乡开发建设管理委员会 2006年成立。位于丽水市区人民路649号,属国有企业,注册资金2000万元。经营古堰画乡水上旅游观光业务,有旅游观光船舶5艘、128客位。航线大港头码头至保定循环,年均运送旅游客人40万人次。

县(市)水运企业

丽水市航运公司 驻丽水市大水门,集体所有制企业,属市交通局。前身为创建于20世纪60年代的丽水县航运公司。2002年破产。

龙泉县航运公司 驻龙泉城区东街、龙泉溪北岸。集体所有制企业,属县交通局。前身为1958年1月1日成立的龙泉县民船运输合作社,1982年改名龙泉县航运公司。1986年后由于紧水滩电站关闸蓄水,瓯江上游航道中断,1993年4月5日经批准,公司解体。

青田县航运公司 位于青田县城新大街41号。集体所有制企业,属县交通局。前身为1954年成立的城镇运输社。1983年7月,改称青田航运公司,下辖岭根、白岩、海口、温溪等12个航运站。进入20世纪90年代,公司业务基本上处于停业状态。2001年,因旧城改造,综合大楼被拆除。

青田县航务公司 位于鹤城镇水南新区。1993年成立,属国有企业。注册资金50万元,员工4人。主要经营船舶、货物代理业务。原为集体所有制企业,1998年8月停止营业。1999年12月经青田县人民政府批准,变更所有制性质和法定代表人后恢复营业。

青田县温溪通达船务有限公司 位于温溪镇下花门温溪港务处内。2002年成立,属国有企业,注册资金50万元,员工8人。主要经营船舶代理、货物运输代理业务,兼营水上运输咨询服务业务。

青田县东瓯船运有限公司 位于鹤城镇临江东路147号港务大楼内。2003年5月开业,民营企业,注册资金50万元,员工10多人。主要经营瓯江及温州航区普通货物、砂石运输业务。拥有货物运输船舶40艘、6000载重吨、6000千瓦,航线主要是瓯江及温州航区。运输业务向沿海运输与液化危险品运输拓展,至2008年管理人员11人,拥有船舶68艘、10556载重吨、5470总吨、3067净吨。

青田县江往达运输有限公司 位于鹤城镇工商巷5弄2号。2006年9月6日,市交通局确定该公司企业类型为有限责任公司,注册资金50万元。主要经营瓯江水系内河普通货物运输业务,开业运力规模为货运船舶5艘、623载重吨、470千瓦,管理员8人。2008年,公司拥有船舶40艘、4972载重吨、2642总吨、1452净吨。

云和县瓯江老艄公旅游有限公司 位于云和县新华街42号,2009年12月22日成立,属私营企业,注册资金50万元。主要经营紧水滩—麻垟—龙泉、石塘—紧水滩两条航线的旅客运输。设停靠站12个,航运总里程52千米。有舴艋船7艘,18座客车1辆,职工14人,其中专业管理人员3人,驾驶员兼管理员4人,驾机员兼管理员1人,驾驶员4人,船员(水手)7人。

景宁畲族自治县运输公司 原位于外舍乡汇头,属集体企业。前身为1951年1月成立的瓯江第一个民船工会,1956年4月成立瓯江民船运输合作社,后改称外舍航运公司。1984年10月21日,更名为景宁畲族自治县运输公司。因被滩坑电站水库淹没,公司驻所外舍和渤海航运站房屋及附属物按滩坑电站政策补偿81.49万元。县交通局于2009年4月1日—12月31日,采取破产解散形式进行改制,对职工生活出路作了妥善处置。

浙江丽水云水旅游投资管理有限公司 驻址景宁县大均乡大均村。2010年7月23日成立。注册资金100万元。有竹排4艘、40客位,PC管排5艘、40客位,橡皮筏10客位15艘和5客位7艘。有员工100余人。主要经营旅游开发及咨询服务。

青宁旅业有限公司 位于景宁县鹤溪镇建设路23号。2010年10月27日成立,注册资金1000万元。有普通客船2艘、116客位,普通游船2艘、20客位,员工16人,经营千峡湖景宁境内水上运输。

第三节 水运方式

内河运输

瓯江历来是浙西南交通主要航道,历史上在促进城乡物资交流和改善人民生活方面发挥过重要作用。

客运 瓯江航道在清代以前无专用客船。据史料记载,龙泉、云和、遂昌、松阳、景宁等地旅客除富商、官绅以货船代客船专程送行外,都搭乘货船。清朝时,丽水—青田—温州渐有客船通航。据民国7年(1918)《大中华浙江地理志》载:“由永嘉溯瓯江而上一百二十里,水深二丈,浅处九尺,自瓯至青,一潮可达,故航运畅行”。从民国8年(1919)至38年(1949年),先后有济瓯轮船公司、西安轮船公司、永青快船公司、丽青快船公司、丽青温快船公司、詹凤友兄弟3人组织的丽温交通队、丽碧松快船办事处等9家私人创办的轮船公司,置办轮船或用轮船拖带木帆船,在瓯江及其支流小溪、松阴溪从事客运业务,往返于丽水—碧湖—松阳 、龙泉—丽水、丽水—青田—永嘉(温州)航线,白岩到青田沿小溪也有客船对驶。

1949—1953年期间，丽水至温州“小客船”一直在营运。1953年10月丽温公路通车后，水路旅客减少，“小客船”停开。

1972年丽水县航运公司试制成小马力机动船后，于1974年12月1日起经营机动船客班，受到旅客青睐，并由2艘迅速增至13艘(其中4艘为拖船)，计413座位，由丽水开往青田、温州。1975年，水上客运量6.02万人次。

乌溪江遂昌县境段，1979年前无专营客船，偶有旅客搭乘货船。1979年1月乌溪江电站建成后，衢县乌溪江航运公司抽调2艘柴油机木质客船入水库营运，大坝至焦滩、大坝至香炉岗，每日各往返1次，因常遇水位降低，船不能按航程行驶而停开。

1985年，全区水上客运量6.29万人次。1988年，丽水至温州公路拓宽改造，公路受阻，水路旅客增多，有3艘机动船轮流开往青田，每日1个班次，水路旅客增至8.7万人次。1990年，内河客运量11.6万人次，客运周转量264.17万人·千米。

1991年，瓯江航道上拥有客运船舶18余艘、700余客位，客运量16.28万人次，客运周转量233.69万人·千米，客源主要来自瓯江、乌溪江库区周边的群众。1995年，客运量19.74万人次，客运周转量559.08万人·千米。

1997年，遂昌县乌溪江库区出现货船代客船从事客运的情况，存在很大安全隐患。航管部门经过调查研究，乌溪江水库遂昌湖山库区确定18艘船况和船员素质都较好的货船报批后从事客运。2002年，根据水上安全状况，取缔该18艘简易客船，停止客运资格。

2000年前后，瓯江水上旅游观光业开始兴起，逐渐形成一个以水上旅游观光为主的客运市场，旅游客运船舶逐渐增多，2002年有客船72艘、1166客位，客运量30万人次，客运周转量369万人·千米。

2005年，有客船42艘、504客位，客运量28.04万人次，客运周转量239.8万人·千米。

2010年，全市全年有机动客船45艘、684客位，客运量42.56万人次，客运周转量421.76万人·千米，分别比2005年增长52%和0.76%。

货运　历史上，瓯江是处州(今丽水市)和外地物资交流的水运大动脉，瓯江沿岸各县的山货、土特产全部通过水上航线运往外地；外地的土特产、海货、食盐等也通过瓯江、乌溪江运抵处州各县。

1950—1953年，丽水各公路尚未完全修复通车，瓯江航运仍是交通运输主体，拥有专业木帆船5000多艘，运出农林副产品，运进日用百货及食盐。随着公路的修复和新建公路里程增加，汽车运输速度快，货运大都弃水从陆，水上货运日趋衰落。1974年后，全区原有3000多艘木帆船减少三分之一。

随着改革开放方针的贯彻实施，水上货运稍有好转。1990年，全区内河水上货运量18.8万吨，货物周转量3675.6万吨·千米，均高于1978年的记录。

1991年,全区有货运船舶662艘、10102载重吨,货运量28.82万吨,货运周转量5712.12万吨·千米。

1993年,水上运输市场开放,多种经济成分、多种行业参与市场竞争。全区全年货运量60.54万吨,货运周转量1.90亿吨·千米。

1995年之后,随着瓯江中下游水域出现挖砂船及钢质船的增多,部分货运船舶开始装载砂石料运往温州方向。全年货运量达69.19万吨,货运周转量1.01亿吨千米。

1996年,通过政策引导和市场调节,运力结构进一步优化,船舶由小吨位向大吨位、木质船向钢质船发展,年末拥有货运船舶897艘,其中钢质船450艘,占总数的50%。全年货运量115.48万吨,货运周转量1.55亿吨·千米,比1995年增长66.9%和53.3%。

1997年,瓯江流域挖砂船达53艘(青田38艘、丽水15艘),年挖沙量500余万吨。全年货运量200.1万吨,货运周转量1.15亿吨·千米。

1999年,因砂石料运输市场出现混乱状况,丽水地区航运管理处通过调查研究,拟定《瓯江航区水运市场秩序整治方案》,报浙江省港航管理局批准实施。具体做法:在青田港头设点,对每艘钢质运砂船进行从新检验丈量,发载货参考吨0.38系数核定载货吨位、标号、船名、船号、船籍港,勘划载重线、换发船舶、船员证等,纠正大船小证现象,按新确定的船舶吨位补征规费29万元。

2000年前后,营运船舶出现公司化管理模式,港航部门积极扶持营运船舶组建公司化,凡符合条件的申请都予以及时审批。到2009年末营运船舶公司化比例达25%以上,使水上营运船舶管理更加规范。

2001年开始,随着国家宏观经济形势明显好转,基本建设力度不断加大,丽水和周边地区建筑市场逐步繁荣,对砂石料的需求量明显上升,价格上扬,丽水航区砂石开采运输逐年增加,运砂船舶通过更新、改造,运力结构更趋合理。

2001年船舶平均吨位60.15吨,2009年增加到107.95吨;2001年,货物运输量274万吨,货物周转量1.52亿吨·千米;2007年货运量增加到378.7万吨, 货物周转量1.76亿吨·千米。2008年开始,建筑市场由于受金融危机影响,砂石料需求开始下降,船舶运输量明显下降,到2010年末, 货物运输量、货物周转量达204万吨和1.14亿吨·千米, 分别比2009年下降6.42%和增长16.43%。

木、竹排放运　宋哲宗元祐时(1086—1094),温州造船业兴盛,所需木材均从瓯江上游水运至温州。宋徽宗政和年间(1111—1118),青田县已有木材交易。明、清以来青田县鹤城镇是浙南木材集散地。民国22年(1933)全区从事木、竹排放运人员1231人,竹、木放运量达20余万立方米。直至20世纪50年代,木材都从瓯江水运至温州,再由温州转运台州、舟山、杭州、上海、南通等地,年运量达50万立方米。1960年以后,木材逐渐由水运转为水陆兼运,但瓯江主流及小溪仍为木材水运的主航道。1975~1984年林业部门通过瓯江运出的木材达144.93万立方米,占木材总运出量的45.93%。其他部门每年约有5万立方米木材和150万支毛竹通过瓯江水运。1983年10月,紧水滩电站大坝截流,瓯江上游木材全部改为陆运。

龙泉县的住龙、遂昌县的王村口、湖山、黄沙腰等林区的木材历年都沿乌溪江放运至衢县。1979年1月,乌溪江湖南镇电站建成后,库区木排由遂昌县林业局乌溪江木材转运站用轮船拖至大坝交库。

表112　**1991—2010年丽水市市水上客货运输情况一览**

年份	货运量(万吨)	比上年增减(%)	货运周转量(万吨千米)	比上年增减(%)	客运量(万人次)	比上年增减(%)	客运周转量(万人千米)	比上年增减(%)
1991	35.42	88.4	10229.38	178.3	16.28	40.34	234	-11.43
1992	43	21.4	13432.1	31.31	13	-20.15	229	-2.14
1993	72.4	68.37	26811.3	62.38	17	30.77	236	3.06
1994	88	21.55	22235	1.94	15	-11.76	382	61.86
1995	69.19	-21.4	10105	-54.55	20	33.33	559	46.34
1996	115.34	66.7	15496	53.35	20	0	559	0
1997	200	73.4	11469	-26	18	0.1	624	11.63
1998	161.45	-19.3	9578.3	-16.49	18	0	628	0.32
1999	196.3	21.6	11528.7	20.36	35	94.44	706	12.42
2000	206	5	11622	0.81	42	0.2	816	15.58
2001	274	33	15210	30.87	36	-14.29	706	-13.48
2002	351	28	19696	29.49	30	-16.67	369	-47.73
2003	379	8	17939	-8.92	28	-6.67	255	-30.89
2004	382	0.79	17733	-1.15	28	0	252	-1.18
2005	364.3	-4.6	16675	-5.97	28	0	240	-4.76
2006	380	4.31	17143	2.81	28	0	248	3.33
2007	379	0.26	17556.5	2.41	31	10.71	267	7.66
2008	362	-4.5	16297	-7.2	30	3.23	262	-1.87
2009	218	-39.8	9799.1	-39.87	30	0	261	-0.38
2010	204	-6.42	11409	16.43	43	43.33	422	61.69

说明:1994年(含1994年)前包括沿海货运量

沿海运输

1976年3月23日,设丽水地区温溪港务处、温溪航运公司。1979年1月改称浙江省航运公司温溪分公司、温溪港务处,两块牌子,一套班子。

1977年3月19日,浙江省交通局同意温溪港为省开征港口之一后,温溪港成为丽水地区第一个出海港口,开始沿海运输。至年末吞吐物资0.98万吨,操作量1.89万吨。

1978年4月18日,浙海901轮装载叶蜡石、黄砂首航上海,运载煤炭返航。是年,货运量0.48万吨,货物周转量303.20万吨千米。

1978—1981年,省航运公司先后调拨台州、宁波、钱江分公司150吨级木质货轮各1艘,分别编号为"浙海902""浙海903""浙海904",行驶上海航线。1984年,淘汰旧船只,由温州造船厂新建钢质330吨级货轮4艘,分别编号为"浙海905""浙海906""浙海907""浙海908",并开辟浙江椒江和江苏扬州,长江中下游黄石、铜陵、南京、镇江、江阴、南通诸港口航线。1986年,由于业务不断发展,货运量增加,续添"浙海909""浙海910""浙海911"钢质货轮参与营运。1988年开辟海南岛航线,货轮远航厦门、蛇口、广州、海口诸港口,货运量增至9.51万吨。主要出口货物有叶蜡石、黄砂、花岗岩制品、矿粉等;进口货物主要有煤炭、钢材、化肥、食盐等。1990年港口货运量6.56万吨,货运周转量5380.76万吨·千米。

1994年,实施"撤航简港"改革,温溪海运公司完全退出海运市场,保留部分海运公司经营资质。

表113 **1977—2010年温溪港务处·温溪海运公司生产经营情况一览表**

年份	港口航运历年经营汇总							
	吞吐量(万吨)	操作量(万吨)	货运量(万吨)	周转量(万吨·千米)	总收入(万元)	总支出(万元)	盈(万元)	亏(万元)
1977	0.98	1.89			4.7	11.7		7
1978			0.48	303.2	16	20.7		4.7
1979	3.5	7			23.1	22.8	0.3	
1980	4.7	9.4	0.98	635.3	24.5	25.24		0.74
1981	5.4	10.8	1.5	972	29.7	29.67	0.03	
1982	5.71	11.42	1.42	898.3	35.24	37.94		2.7
1983	4.36	8.72	2.17	1395.5	47.67	36.7	10.97	
1984	4.62	9.23	2.6	1623	60.35	50.35	10	
1985	5.84	11.67	5.08	3491	118.76	93.45	25.31	
1986	6.76	13.52	6.05	4556	158.76	130.46	28.3	

续表 113

年 份	港口航运历年经营汇总							
	吞吐量（万吨）	操作量（万吨）	货运量（万吨）	周转量（万吨·千米）	总收入（万元）	总支出（万元）	盈（万元）	亏（万元）
1987	6.7	13.4	9.19	6838.4	218	186.11	31.89	
1988	6.88	13.74	9.56	6858	273.9	241.54	32.36	
1989	9.42	14.82	8.81	6604.34	324.83	272.54	27.57	
1990	8.15	12.89	6.56	5380.76	250.76	285.25		55.64
1991		12.41	5.58	4327.39	240.56	257.97		17.41
1992		11.86	8.23	6294.9	347.42	344.2	3.22	
1993		14.1	11.89	7817.61	597.1	630.7		33.6
1994		8.9	3.99	3451.1	166.93	193.63		26.7
1995		7.7			89.8	104.09		14.29
1996		7.26			87.82	107.2		19.38
1997		7.45			105.55	123.55		18
1998		7.52			100.56	118.56		18
1999		8.33			116.05	122.81		6.76
2000		9.23			115.15	115.06	0.09	
2001		12.67			141.73	140.88	0.85	
2002		15.87			206.02	201.38	4.64	
2003		13.68			219.56	300.28		80.72
2004		16.18			237.89	246.62	8.73	
2005		15.19			216.31	211.08	5.23	
2006		16.67			233.39	225.1	8.29	
2007		14.9			240.31	233.92	6.39	
2008		18.16			229.08	229.63		0.55
2009		21.22			200.44	205.18		4.74
2010		26.21			326.36	306.99	19.37	

第三章 联运 托运 装卸

民国 22 年(1933)开通丽水至云和公路客运,民国 23 年(1934)开通缙云至丽水汽车货运,在客运站设行包房,在货车停车场,托运、搬运装卸业随之兴起。这是直接为旅客和货主服务的行业,其操作最初运用肩挑、手提、背驮。20 世纪 90 年代后发展为半机械化、机械化搬运装卸。

随着公路、水路、铁路运输的发展,公路、铁路、水路联运,进一步促进客流、物流的快速发展。

第一节 联合运输

民国 29 年(1940)4 月 26 日,丽水顺大总公司专办省际水陆联运,并兼售各种汽车材料、油料,以应需要。36 年(1947)5 月 1 日,浙江省公路联营运输处丽水段与丽温快船公司合办车船联运,缙云、松阳、遂昌、云和、龙泉等站,均可购直达温州的联运票。5 月 25 日,浙江省公路联营处丽水运输段为便利浙南各地旅客与火车时间衔接,举办丽水、永康、东阳、义乌联运车。

中华人民共和国成立初,国营华东联运公司浙江省公司实行省际和省内联运,开展“一次托运、一次结算、一票到底、全程负责”的运输工作,至 1953 年 5 月,由于管理不善而撤销。

1971 年 9 月 16 日,丽水地区汽车运输段,扩大客运联运范围,增辟联运线站,丽水、龙泉、遂昌、缙云、青田、云和、东坑(景宁)各站开始发售有关中转线的车票(有控制数),到站办理签票手续,以方便行旅。

1988 年 11 月,成立丽水地区联运服务部,次年 6 月改为联运公司,开展铁路、公路、水路联合运输业务,并开通丽水至金华衔接铁路的集装箱运输。

1995 年 4 月 23 日,在丽水地区汽车运输联合总公司“货联运公司”的基础上组建“丽水地区货物联运有限公司”,扩大货物联运范围,实行货物公路与公路、公路与铁路联运。

2006 年 1 月,丽水市公铁联运有限公司并入丽水市南明物流公司。2009 年 10 月 16 日,凯瑞物流公司成立,与南明物流公司同处一地,两块牌子,合署办公,一套人马管理,在省内外开辟 10 多条货物联运专线,主营公铁联运、铁路零担、铁路集装箱、危险品运输和货运信息服务等,成为丽水市区最大的、全方位服务的物流联运企业。

第二节 行包托运

丽水地、县前后开通汽车客运后,在客运站房设行李房,开办旅客的行李和包裹托运业务。一种是旅客凭车票随车托运不超出规定重量、大小的行李,旅客到达目的地,即可凭收据到行李房领取行李;另一种是无客票托运包裹,托运者在行李房办妥包裹托运手续,写明托运到某地、收件人,然后由收件人按通知单到包裹运达站行李房领取包裹。行李包裹一般按尺寸大小面积计价,有的按重量计价,包裹的托运价格比旅客随车托运的行李要高。

1992 年 12 月,丽水客运中心创办前,丽水城区旅客的行包托运全由丽水客运站经营;丽水客运中心投入营运,旅客的行包托运由两站经营。

1998 年 6 月,丽水公路客运东站建成投入营运,丽水客运中心撤销,旅客的行包由丽水客运站和汽车东站的行李房承运。

2003 年 6 月,丽水汽车客运西站建成投入营运,丽水客运站并入丽水客运西站,旅客的行包由丽水汽车东、西两站行李房承运。

2005 年 6 月 10 日,丽汽集团注册设立快件运输分公司。8 月 1 日,丽水客运东、西两站的行包房业务整体划转归快件公司经营管理。成立东、西两站小件快运部,实行货运门到门服务。2006 年,为有效提升小件快运业务的竞争力,丽汽集团将快件运输分公司的业务职能划归南明物流有限公司。南明物流公司下设客运东站和客运西站经营部。经过 4 年运作,经营中与两站整体管理存在一些问题。2009 年 5 月 19 日,快件运输分公司注销,行包托运业务仍归丽水客运东站和西站行李房经营。

丽水汽车东站行李房面积 260 余平方米,有工作人员 12 人。至 2010 年底,月平均进出行包 13000 件左右。

丽水客运西站行李房面积 180 余平方米,有工作人员 12 人。至 2010 年底,月提取行包 8000 余件、发出行包 13000 余件。

进入 21 世纪,全市货运行业专线快递迅速发展,2010 年,丽水市区从事与物流相关的企业(户)90 家。许多企业和个人(联户)货物委托专线运送。运达单位除省内 11 个市的几十个县(市、区)外,还直达上海、广东等 10 多个省市 50 多个大中城市。

第三节 搬运装卸

丽水市搬运、装卸始于埠班搬运。瓯江和乌溪江上游沿岸埠头均有埠班或埠伕,以驮、背、扛、挑,从事货物搬运装卸。20 世纪 30 年代,丽水行政督察区开发公路后,手车成为部分人从事搬运谋生的主要手段。

1953 年,国家实行第一个“五年计划”,丽水专区各县组织搬运装卸工人成立搬运服务站。1958 年,各县都改成地方国营运输公司,1961 年仍恢复搬运站名称,为集体所有制。

中共十一届三中全会后,特别是 1981 年农村经济体制改革后,一部分农民进城购进机动三轮车或小型货车从事搬运装卸。1982 年后,各县(市)的集体运输公司除从事大件物品装卸外,也改为购进客货汽车,扩大营运范围。进入 20 世纪 90 年代,在火车站、汽车客运站,除行包装卸还需人力外,从行包房到装车用小型电动平板车运送行包;在货运站场、火车站、温溪港海运码头,大件货物搬运装卸运用吊机、叉车、铲车等机械由工人操作,从堆场或仓库搬运到车上或船舶上,进行机械或半机械化搬运装卸。温溪港码头和堆场装卸工具有吊机、叉车、铲车、柴油平板车、皮带输送机、斗容抓斗等机具,只需人工操作,实现机械化搬运装卸。全市从事搬运装卸的单位已从 1995 年的 65 家下降到 2004 年的 32 家,而且不是单纯的原来意义上的搬运、装卸,整套货运运作过程由物流企业包装。2010 年,交通运输业从事搬运装卸工人仅 11 人,其中公路运输 5 人,改制企业及其他 6 人。

第四篇

物流 仓储

南明物流公司货运信息交易大厅

物流是“物品从供应地到接受地的实体流动过程”，现代物流是传统货运的更高形式，是利用先进信息技术和物流装备，整合传统运输、储存、装卸、搬运、包装、流通加工、配送、信息处理等物流环节，实现物流运作一体化、高效化营运的先进组织方式。丽水市物流发展在20世纪90年代前，基本上停留在传统货运形式。进入90年代，逐渐出现货运站场等经营。2000年后，加快培育物流业，建设城乡物流配送体系；加大力度，建设大物流中心，重视仓储和信息平台建设，促进全市物流业发展。

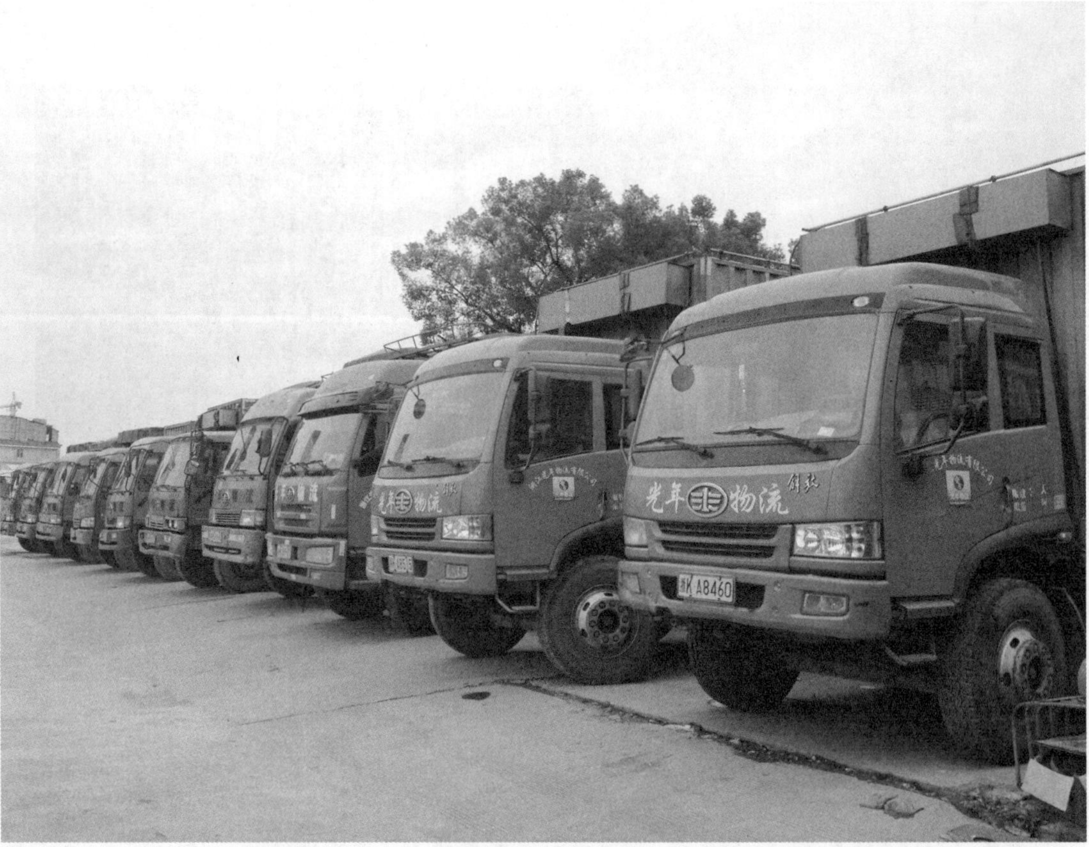

货车整装待发

第一章　物流网络建设

现代物流业的发展,对于促进各类综合专业市场的发育,增加物流快运专线,推进水陆现代物流建设,加快城乡物流配送网络形成,提高"三农"服务水平,提前实现小康社会,具有重要意义。

第一节　物流业发展状况

1978 年 12 月中共十一届三中全会后,随着"改革开放""搞活",发展社会主义商品经济方针政策不断贯彻落实,国营、集体、个体(联户)一起搞道路和水上运输,全区公路、水路运输快速发展。至 1990 年,全区有大货车 2765 辆、16442 吨位,小货车 761 辆。其中,国营丽水地区汽车运输公司有货车 111 辆、453.5 吨位,货挂 58 辆、250 吨位。此外,林业、物资、供销、商业、粮食等部门均有本单位的货运车队运输本单位物资。在水运方面,全区有货运船舶 1105 艘、17120.5 吨位、13504.1 马力,比 1978 年增加 1035 艘、16680.5 吨位、12722.1 马力。

迅速发展的公路、水路运输,使货物能及时从产地中转到加工地或销售地。据统计,1990 年,全区货运量 479.81 亿吨,比 1980 年增长 4.47 倍,货物周转量 5.24 亿吨·千米,比 1980 年增长 3.76 倍。

2000 年 5 月,丽水撤地设市,经济进入跨越式发展时期,全市公路、水路运输快速发展,至 2010 年,全市有高速公路、国省道、县乡道、通村公路 13939.855 千米,加上市境内 123 千米金温铁路,为全市经济腾飞、商品流通发挥巨大作用。至年底,全市有载货汽车 13942 辆、64552.63 吨位。汽车货运业户 9404 户,从业人员 23104 人,其中汽车货运企业 788 家,占总货运业户 8.38%,个体汽车货运业户 8616 户,占总汽车货运业户 91.66%。全市拥有厢式货车 3752 辆、9573.307 吨位,比 2009 年增加 63 辆,增加 1632.651 吨位。全市有货运站场(有形市场)16 个,货运服务业户 225 家,其中拥有交通部三级道路货运经营资质企业 3 家。全年全市完成公路货运量 7028 万吨,比 1990 年 454.48 万吨增长 5.46 倍,货物周转量 85 亿吨·千米,比 1990 年的 4.33 亿吨·千米增长 9.61 倍。

市场发展加快

1978 年 12 月以后,丽水地区各类市场在各县(市、区)相继崛起,并日益发展壮大。全市物流业的发展主要依托综合性专业市场的商贸流通型物流市场。如丽水城区的丽水粮油副食品市场、府前农贸市场、浙西南农贸城;县里的大市场有松阳浙南茶叶市场、庆元香菇市场等。2002年12月8日开业的浙西南农贸城,总面积54000平方米,有店铺530间,仓库8000平方米,停车场800平方米,分茶叶、食用菌、中药材、粮油副食品、参茸滋补品、水产等专业市场,各类商品来自东北、西北、西南、中南、华东等10多个省、区,发挥商品集散功能。市场内有2家快运业户,拥有多条快运专线,充分发挥物流服务作用。2010年,农贸城交易额达28.6亿元。松阳浙南茶叶市场辐射到周边县市上百万亩茶叶产区,2010年交易量5.12万吨,交易额17.8亿元,分别比2009年增加0.92万吨和5.4亿元,连续4年居全省同类市场首位,销往杭州、上海、北京等大城市。至2010年,全市年交易额1亿元至10亿元以下的市场有11家,年交易额10亿元以上至20多亿元的除浙西南农贸城、松阳浙南茶叶市场,还有丽水粮油副食品市场、丽水府前农贸市场、庆元香菇市场等,综合市场的崛起,为物流业发展开辟了广阔的前景。

物流快运专线迅速发展

进入21世纪,随着路网和交通基础设施的完善,综合运输能力大大增强,全市客流、物流迅速增长,社会经济快速发展,物流服务业应运而生,干线运输、快件速递、专业运输、仓储、搬运、装卸等成为时代的需求。20世纪90年代,全市货运站场经营(即货运集散、货运配载、货运代理、仓储服务)业户不上30家。2000年以后,全市货运行业以发展快速货运、培育现代物流业为主线,提升行业服务水平,积极扶持物流企业的重点联系单位工作,推进全市小件快运标准化作业。2010年,全市有物流服务23户,货运代理205户,信息配载54户。丽水市区从事与物流相关的企业(户)90家。专线运达单位除省内11个市的县(市、区)几十个城镇外,还直达上海、广东、海南、山东等10多个省、市、区50多个大中城市,承担把丽水市的物资融入长三角,接轨海西区,南达珠三角,西抵两湖的物流快运任务。

城乡物流配送体系建设

2008年6月27日,全市交通部门在缙云县召开全市发展快速货运网络工作会议,引导和扶持运输企业向小件快运网络化方向发展。大力开展城乡物流配送网络建设工作,积极推进城乡物流配送一体化进程,加快物流基地建设,打造物流发展设施。

2007年,丽水市南明(凯瑞)物流有限公司与市内各县(市)签订合作协议,以市内11座客运站行包房为基础,充分发挥客运班线网络的优势,县(市、区)境内快速货运网络基本建成,全部加入浙江快运小件网络,入网率100%。市级网点实现了“门到门”服务,县级小件快运网络向各乡镇扩展延伸,与放心食品配送站点联盟,设立农村物流配送站点,发展农村物流配送体系。

农村物流配送资源整合

松阳县路路发物流有限公司和松阳县永兴商贸有限公司的城乡配送网点的资源通过整合，达到降低经营成本，优化资源配置，提高配送效率的目的，同时也有利于加快全市农村货运配送网络站建设。

经济的发展，对物流信息服务系统提出更高要求，不再是车找货、货找车，而是实现网上查询，一查便知。市内部分物流业主，不断创新转型意识，实现经营方式转型，通过整合社会各类物流资源，逐步形成“管理信息化、服务专业化、合作多元化”的物流服务模式，提高管理和服务水平，积极探索适合本地经济发展和城乡居民需要的物流发展新路子，使企业在创新中既获得持续发展又能更好地做好物流服务工作。2010 年 8 月，松阳浙江天虹物流有限公司通过 ISO9001 质量管理体系标准认证，成为丽水市市级物流龙头企业；9 月，经中国物流与采购联合会考核专家组考核评估，被授予丽水市首家国家 AAA 级物流企业。

截至 2010 年年底，全市 170 个乡镇已有 132 个乡镇建立农村物流网络服务站，覆盖率达 77.64%；全市建成农村货运站（客、货运一体站、农村货运网络站）29 个，其中货运站 22 个（客、货运一体站），农村货运网络站 7 个（网点 67 个）。全市 3452 个行政村，有 3430 多个建立农村物流配送点（含放心食品配送站点），近 200 万农民在家门口就可享受到“零成本”的现代物流服务。

第二节　港航物流业发展

大力发展港航现代物流，是丽水市拥有的一大特色也是一大优势。

丽水市港航管理处鉴于丽水市水路物流发展要以瓯江水系港航建设为依托，加强与温州港布局规划的有效衔接，积极探讨瓯江航运开发、瓯江和温州港的组合发展、江海联运项目的推进等，为早日建成综合交通运输网络、产业集聚、外贸、海关、信息平台等因素的物流体系打下基础。同时，因地制宜，积极发展库区农村物流配送。在原有农村公路物流配送基础上，通过水上康庄工程建设，整合现有资源，设立库区配送点，并与公路农村配送点相衔接，形成库区农村物流配送网络。

发展港航现代物流，首先要建设发展港航物流设施，最重要的是港口、码头和船舶。为利于库区四周群众的生产和出行，码头等设施相继动工建设，并配备船舶。进入 21 世纪，对 20 世纪 80—90 年代建造的码头进行改扩建，以钢质船舶取代木质船舶，为发展港航物流业发展奠定坚实基础。

位于瓯江上游的龙泉市、云和县有紧水滩、石塘、玉溪 3 大库区黄金水道；位于瓯江支流小溪的景宁、青田拥有滩坑库区黄金水道，特别是青田县还拥有瓯江中下游这条水运大动脉，这4个县(市)依托黄金水道,布局水路物流网络,大力发展港航物流产业。其中龙泉市在境内紧水滩库区建成3座码头,发展各类货运船舶12艘;客货运输航线9条;云和县在紧水滩、石塘、玉溪3大库区建成30至50吨级停靠码头22座,2010年,全县有持证船舶85艘,其中货船4艘,其余为客船、旅游船等,开辟有紧水滩至龙泉、石塘库区、玉溪库区航线及渡运等。

青田县在发展港航物流方面,具有得天独厚的条件,海港码头建设取得突破性进展。青田港具有内河、沿海两大功能,位于瓯江干线下游,由温溪港区(原温溪港)、港头(高岗)港区、鹤城港区组成,有码头泊位18个,仓库面积4000平方米,堆场面积近26000平方米,港口机械18台。新建的港头港区是丽水市唯一一处功能齐全的港口物流集散地,有泊位9个,最大靠泊能力1000吨,2个500吨级的泊位于2008年建成,使青田港新增吞吐能力37万吨,全市海船码头泊位数增加到5个。此外,青田在滩坑库区建成22座码头。全县有各类钢质机动货船321艘、40190载重吨,2010年全县货运量189万吨,货物周转量1.13亿吨·千米;开辟航线2条。景宁县在境内滩坑库区已新建码头29座,有各类运输船舶25艘,开辟运输航线12条,规划建设公路、水路物流运转基地2万平方米,并确立65个行政村399个自然村为首批水运物流配送网点。截至2010年10月,直接由水路配送给当地农村群众、沿江百姓的生产和生活物资50余万吨,通过水路转运物资120余万吨。

截至2010年底,全市有内河码头83座,海港码头有青田港的温溪港区和港头港区,有泊位14个(不包括鹤城港区),年吞吐量达62万吨。2010年全市有客船45艘、684座位,货船339艘、40597载重吨,全年完成水路货运量203.88万吨,货物周转量1.14亿吨·千米。沿江、库区沿岸乡镇已全部建立物流配送站,部分行政村建立物流配送点,港航物流的发展,为沿江、库区沿岸群众运送了大量生产资料和生活用品,他们不需乘船、摆渡,在自己村里就可买到"零成本"的商品。

第三节 大物流中心建设

2008年,丽水市交通局根据浙江省交通厅物流发展指导意见,制定《丽水市建设大物流行动计划》《丽水市建设大物流工作思路》《丽水市物流基地布局规划》,确定丽水市南明物流有限公司、缙云县路网物流中心有限公司、浙江绿通物流有限公司、松阳长运有限公司货运分公司、庆元超大运输有限公司5家市级培育龙头企业和龙泉市交通运输物流中心、缙云县物流中心、丽水水阁物流园区、庆元超大物流配送中心、遂昌县货运物流中心、松阳县工业园区物流中心等6家市级重点扶持交通物流基地。向省交通厅上报龙泉市交通运输物流中心、缙云县物流中心为2009年丽水市级物流基地建设项目并投入建设。为进一步推进丽水市交通大物流建设,市公路运管处印发《丽水市2010年交通大物流建设工作意见》,明确提出2010年全市交通大物流建设的总体要求和7项重点工作。项目32个,其中:市级物流基地建设有龙泉物流中心、缙云物流中心;龙头企业建设项目有松阳浙南茶叶市场物流中心、丽水南明(凯瑞)物流有限公司信息平台建设;乡镇货运站(含客货一体站)21个;农村货运网络站7个。

2010年10月26日,省道路运输管理局携手龙泉市政府共建物流中心,推进龙泉成为浙西南一大物流节点,双方在物流园区建设,物流龙头企业培育及物流信息化方面展开深层次合作,以物流发展带动龙泉经济社会发展。根据规划,该项目客运站迁建项目及物流中心(一期)建设用地近3.35公顷(50.2亩),总投资1.6亿元,建成后,将集信息联网共享功能、货物仓储配载功能、生产生活综合服务管理功能于一身,客货运一体。

积极发展农村物流配送网络。市公路运输管理处印发《丽水市2010年发展农村物流工作方案》,在松阳县召开农村物流配送网络建设的省县共建的签约仪式,省道路运输管理局领导参加签约作为省级试点单位;同时市公路运输管理处把景宁县作为市级农村物流配送网络建设试点单位,通过试点,以进一步推动全市农村货运物流配送网络的发展,2010年县级小件快运网络和农村货运配送网络正在向农村各乡镇拓展延伸,与放心食品配送站点联盟,设立农村物流配送站点,积极发展农村物流配送。

积极开展交通大物流试点示范扶持项目建设工作。2010年5月22日市运管处印发《关于推进我市交通大物流试点示范扶持项目建设工作的通知》文件,在全市推出2个农村物流配送网络建设试点单位(松阳和景宁),推出2个甩挂运输试点单位(丽水南明物流有限公司和浙江天虹公司),推出1个制造业联动试点单位(浙江光年物流有限公司),推出1个集装箱软件安装试点(庆元超大汽运公司),通过试点推动,加快全市交通物流业的发展。

截至2013年底,除个别物流公司业务下降,经营萎缩,其余市定的大物流中心建设,有的即将建成,投入营运,有的项目多,投资大,尚在建。

丽水市南明物流有限公司·丽水市凯瑞物流中心有限公司

位于丽水市区南环西路109号,两块牌子,一套领导班子,合署办公。南明物流公司前身为成立于1989年1月的丽水地区联运调度室,2006年1月, 丽水市公铁联运有限公司并入,改名丽水市南明物流公司。2006年与丽水市汽车运输集团有限公司快件分公司资源重组,成立丽水市南明物流有限公司, 是由丽汽集团控股,并按现代企业制度运作的道路货物运输企业。主要经营项目:铁路零担、铁路集装

丽水市凯瑞物流有限公司服务中心

箱、快件、整车、零担、仓储、配送、装卸、中转、包装、货运信息服务等。

凯瑞物流公司成立于2009年10月16日，经营项目主要是组织危险品运输和物流信息服务。2010年12月两公司有员工69人,拥有一批具备多年物流管理和运作经验的专业人才(多名物流专业毕业生，物流师2名和助理物流师2名以及其他中、初级技术职称人员11人)。企业资产700余万元,具有较强的集、疏、储、运能力。根据业务发展需要设立铁路货运站、公路货运站、义乌经营部和丽水市区黄泥山仓储配送中心等营业网点及驻杭州分支机构,组建金华、温州、台州、杭州、上海、广州、福州等城市和地区及市内各县市等10余条货运零担专线,运输网络遍及市属各县(市)以及周边地区和全国各主要城市。

公司通过长期的规范运作,逐步形成自己的服务特色:门到门服务、一票式全程服务、微机制票及市内配送服务等。针对市场货运业务发展需求,2009年开设农村货运网络业务,开通8个农村货运网络业务点及投资建设信息服务平台。

2001年,被交通部授予"全国文明货运站"荣誉称号。有全国三级货运经营资质,有各类车辆48台,加盟全国货运网络的各地货车1000多台,2003年,通过ISO9001:2000国际质量管理体系认证。2006年省道路运输管理局授予"省道路运输诚信企业"荣誉称号。2007年,被省物流协会评为省联运物流行业先进企业,被省道路运输管理局定位为2008至2009年度省现代物流发展重点联系企业。2008年,被省道路运输管理局授予省级文明行业先进单位称号。

浙江光年物流有限公司

位于丽水市区人民路与开发北路大转盘附近。前身是丽水市利民联托运有限公司,创办于2002年。注册资金300万元,占地面积10000多平方米,有专线车辆30多辆,配送车辆20多辆,除自有车外,还与其他运输公司建立长期合作的联运关系。在义乌、金华、永康、瑞安、苍南等省内多个城市设有下属分公司,在莲都区各乡镇设有农村物流网站,合作经营的网站遍布全国各地,开通省内直达专线10多条,省内直达专线到站覆盖温州、台州、金华、丽水以及广东省直达专线。

公司拥有货物堆存面积3000平方米,其中室内堆存面积2000平方米;仓储面积1000平方米,具有储存、保管、装卸、中转、信息等功能。

2012年,公司被丽水市道路运输管理处评为"丽水市十佳物流企业",被浙江市场商品与服务质量消费满意度调查办公室、品牌影响力调查咨询管理中心、市场在线、《市场导报》评选为"浙江省质量服务诚信AAA级企业""浙江省消费者最满意'金牌物流'"。

运输是物流最基本也是最重要的一部分。公司针对客户的产品性质、运输要求、市场因素等进行反复的研究和第一线操作,拟定最佳运输路线、最适合的运输方式,实行标准化操作和流程管理,让客户用最低的成本换取最高的回报。公司已为方正电机、艾莱依集团等多家丽水市知名企业提供物流服务,并与多家企业达成战略合作伙伴关系,实现三方共赢的目标。

第二章　仓 储

发展现代物流业，加快仓储建设、物流信息平台建设，充分发挥仓库储存、保管、检选、配送、检验、重新包装以及信息发布等功能，对于促进物流业发展具有重大作用。

第一节　仓储建设

发展现代物流业中，仓储是非常重要的构成要素之一，具有储存、保管、检选、配货、检验、配送以及附加标签、重新包装等流通加工功能。

仓储

2000 年以后，为推进物流业发展，市、县(市)经营规模较大的物流企业十分重视货运站场、堆存面积和仓储的建设。2002 年创办的浙江光年物流有限公司有货物堆存面积 3000 平方米，其中室内堆存面积 2000 平方米；仓储面积 1000 平方米。松阳县长运有限公司物流中心有堆场 51000 平方米，其中室内堆场 12150 平方米，另有仓储面积 10584 平方米。该公司 2003 年 1 月投资创办浙南茶叶市场，同时兴建仓储用房，分两期建成，至 2008 年 8 月竣工验收，建筑面积 3 万平方米，交易仓储用房 189 间。2009 年 10 月开工建设物流仓储和金融服务中心，建筑面积 4825 平方米，物流 12 间，仓储 13 间，金融服务中心 5 间。总投资 6000 万元。2006 年丽水市南明物流有限公司投入上百万元在 3 万多平方米的场地改造建设了 13624 平方米的仓储。该公司还有货物堆存面积 5600 平方米，其中室内堆存面积 4717.2 平方米。2006—2008 年，缙云鸿金、武业、华石 3 家物流有限公司建成仓储面积共计 8100 平方米。

经营规模较大的物流企业添置有吊车、叉车、铲车、起重车、输送车等装卸机具。

据不完全统计，全市 18 家较大的物流企业和货运站 2010 年有堆存面积 81700 平方米，其中室内堆存面积 18867.2 平方米；仓储面积 43328 平方米。装卸机具：吊车 3 台、叉车 12 台、铲车 5 台、起重车 2 台、输送车 232 辆。经营范围广，物流专线多的物流企业(物流中心)，其仓储已具有储存、保管、理货、包装、信息传递、配送之功能。

第二节 信息平台建设

电子信息平台，是实现商贸电子化，掌握瞬息万变的市场动向，推动物流快速发展的高科技平台，市、县(市)经营规模较大的物流、商贸企业(物流集散地)均十分注重科技在创新发展中的应用，重视信息平台建设。

2002 年 12 月 8 日建成开业的浙西南农贸城，在筹建时就同步建设电子信息平台，建成农贸城网络商务中心，作为农贸城的信息管理中心，给 300 多家店铺安装“中国·农贸在线”，全面实现农贸城商务电子化，提供网络接入服务、市场信息服务、增值服务等，业主坐在店铺内，利用“农贸在线”就可查询商品供求信息、市场行情，同类商品在国际国内的实时报价等，推动商贸物流发展。

2007 年，浙江路网物流有限公司成立后，着手筹建缙云路网物流中心，同时兴建信息中心大楼。该信息大楼占地面积 804.4 平方米，建筑面积 9116.3 平方米，层次 11 层，主体工程 2014 年建成，投入营运后，为企业提供展示场所和物流信息发布及物流发包招标，降低企业物流成本。

2008 年，浙江天虹物流有限公司(松阳)投资 100 多万元，建成网站 www.ls556.com(信息平台)，安装普通运输通用软件 CS 版物流信息管理系统。提高货源信息、资源信息等有关信息发布的及时性和可靠性，实现货物运输(托单、调度)计费、结算、查询、统计等的有效管理。公司在全国设立 31 个运营网点，业务辐射面遍及全国 28 个省、市、区，并开通温州、丽水至广州的运输专线。该公司还于 2010 年投资筹建松阳县工业园区物流中心，项目总投资 8000 万元，分两期完成。占地总面积约 6.6 公顷，建筑面积 5 万平方米。项目主要功能为仓储、运输、商业、联运、物资、信息、交易、停车、修理等综合性的物流基地。

2010 年，丽水市南明物流有限公司物流信息平台动工建设，2012 年建成。总投资 400 万元。能提供专线服务、货物配送、零担等物流信息发布。

是年 10 月，省道路运输管理局携手龙泉市政府共建物流中心，总投资 1.6 亿元。建成后将集信息联网共享功能、货物仓储配载功能、生产生活综合服务管理功能于一身，客、货运一体。

松阳浙南茶叶市场建成电子商务平台，成为茶叶市场的专业网站，实行虚拟市场和实体市场相互结合。网站有电脑 20 多台，茶商和消费者批发、零售茶叶均可在网上购买，不必到实体市场，拓宽了销售渠道，茶商节省了开支，也方便了广大消费者，自投入营运到年底，网上交易额达 5000 多万元。

表 114

2010 年丽水市主要物流企业概况一览表

县市	名　称	成立时间	法定代表人	地　址	经营内容	车辆(辆)	从业人员
丽水市区	丽水市南明物流有限公司	1989 年成立、2006.1 改名南明物流公司	叶龙慧	丽水市区南环西路 109 号	货运、仓储、配送、装卸中转、信息服务	46	49
	丽水市凯瑞物流公司	2009.10	张仲初	丽水市区南环西路 109 号	危货运输、货运站、信息服务	2014 年有车 23 辆	与南明物流公司合署办公
	浙江鑫联缙物流有限公司	2000	王海丰	莲都区水阁街道龙石村 49 号	货运、货运服务	8	7
	浙江光年物流有限公司	2002	徐光年	市区人民路与开发路交叉附近	货运、储存、保管、中转、信息服务等	50 含挂靠	43
	浙江鸿汇医药物流有限公司	2006	王培衡	丽水市水阁工业园区垟店路 5 号	货运、货运配载、货运代理、仓储、理货	12	
	浙江齐利物流有限公司	2006	刘君勇	丽水市水阁工业园区垟店路	零担、整车、配载、仓储、海运	23 含挂靠	20
	浙江天虹物流有限公司丽水分公司	2010	徐卫平	市区丽阳街 891—2号	货运、货运配载、站场经营等	67	
	丽水市远大汽车信息服务有限公司		朱永龙	市区吕埠坑村	货运、货物专线	303 含挂靠	
龙泉市	龙泉市南丰物流有限公司		周南明	剑池东路 9 号	配载、代理、仓储	39	75
	龙泉市金义物流有限公司	1999.12	周茂培	剑池街道龙福路 51 号	仓储、快递	8	44
	浙江龙鑫化工有限公司运输分公司		姜　鑫	杨莲龙鑫化工有限公司	化工、危险品物流专运,仓储		56
	龙泉市民用爆破器材有限公司		王善才	中山路东路与后沙路交叉口	危险、爆破品专运,仓储		13
	龙泉市通达货物托运经营部		杨少云	同心花园 A6 幢 C15 室	货物代理		12
	龙泉市中信托运部		蒋兆付	剑池东路 11 号	配载、代理		14
	浙江佳信物流有限公司		陈　贵	龙泉市环城西路 17 号	配载、仓储、代理		12
	龙泉市安达物流经营部		徐少明	龙泉市环城东路 F 幢 1 室	配载		13
	龙泉市运通物流公司		季金元	龙泉市大沙老木材市场 668 号	配载、仓储、代理		27

表115 续表

县市	名称	成立时间	法定代表人	地址	经营内容	车辆(辆)	从业人员
青田县	青田县速达快运有限公司	2010		鹤城镇水南村山水嘉苑内	货运、配送、仓储	10	50
	浙江省邮政速递物流有限公司青田分公司	2010.1		温溪镇安定东路安康小区A幢	快递、仓储	转运车7电瓶车6	40
缙云县	缙云县华石物流有限公司	2006	麻秋钟	缙云县五云镇仙岩村	货运、仓储服务等	20	40
	缙云县武业物流有限公司	2008	吕兆武	缙云县壶镇镇贤母西路	货运、仓储服务等	60	120
	缙云县鸿鑫物流有限公司	2010年成立,后改名	胡周亮	缙云县壶镇镇胡宅口村	整车、零担货运、仓储、货运代理服务	63	32
遂昌县	浙江遂昌凯运物流有限公司	2003.4	吴周云	妙高镇平昌路16弄1支弄6号	货运、货运调度、汽车咨询服务	300含挂靠	管理人员15人
	浙江省绿通物流有限公司	2003.7	黄剑飞	妙高镇牡丹亭中路7号	货运、物流配送、危险货物运输	64	380
	浙江遂昌神剑物流有限公司	2008.10	姜慧勤	妙高镇平昌路16弄1支弄6号	危货运输、汽车咨询服务、货运调度	9	24
松阳县	浙江天虹物流有限公司	2003.4	徐卫平	松阳长虹中路116号	货运、仓储、物流信息	70	70
	松阳县路路发物流有限公司	2006.8	王春福	西屏镇望松岭3号	快递、物流专线、电子发物、农产品专业合作社	17	40
	浙南茶叶市场有限公司物流集散中心	2007.4	宋火星	松阳县西屏镇长虹中路155号	各种货运、仓储	12	管理人员12,从业人员200
景宁县	景宁县东川商贸有限公司	2006	赵东川	鹤溪镇新人民南路111号	货运配送、站场经营	8	100
	景宁县畲乡物流有限公司	2009.9	苏承波	鹤溪镇团结东路19号	快递、配送、仓储、站场经营	13	100
	景宁县任一物流有限公司	2009.9	任文忠	鹤溪镇李宅路2号	货运、配送、零担、货物代理、配载	15	30
	景宁县顺达物流有限公司	2009.9	李光有	鹤溪镇鹤溪中路113~117号	货运、配送、零担、专线、货运站场、仓储、理货	20	70
	景宁县晨丰物流有限公司	2009.12	许　涛	鹤溪镇胜利路28号	站场、货运、配送、仓储	10	8

第五篇

生态交通建设

丽水西出入口景观林

生态交通建设是促进人与自然和谐发展的内在要求，是破解资源环境要素约束,实现交通可持续发展的必然选择,是推动交通转型升级,加快现代交通运输业发展的必由之路和必然要求。

丽水是浙江省重点林区,中国生态第一市。2010 年全市森林覆盖率达 80.79%,林木绿化率达 81.62%。近观山林葱郁,远眺峰峦叠翠,被誉为“秀山丽水”“浙江绿谷”。经过林业、交通等部门和各级政府十余年的倾心、倾力、科学创建，全市 13939.86 多千米高速公路、国省道、县乡公路、通村公路,“两岸青山夹路行”,犹如一条条绿色长廊展现在浙西南大地。

瓯江,是丽水人民的母亲河,境内干流及其支流总长达上千千米,在全市人民的呵护下,重现“一江清水向东流”。

发展与保护生态公路

第一章 生态公路建设

生态公路建设就是注重在公路两侧植树造林,使绿树成行;两侧山上实施封管造,使绿树成林,生态优良;新建或改建公路,少占用耕地,少劈山造路,保护原有生态;借道江河,实施路桥一体,创建具有丽水特色的生态公路;车辆行驶,做到节能减排,保护公路的生态环境,使公路如一条条绿色通道展现在丽水大地。

第一节 绿色长廊建设

1994 年,丽水地区按省林业厅规定提前一年消灭宜林荒山,此后几年,造林育林,迹地更新,封山育林继续紧抓不放,超额完成上级下达的任务,林木郁闭率越来越高,林相越来越好。

1998 年 3 月 23 日,地区交通局、共青团丽水地委针对公路、航道绿化是国土绿化的重要组成部分,联合发文《关于开展"创建公路、航道绿色长廊"活动的通知》(丽地交〔1998〕60 号),同时成立"创建公路、航道绿色长廊"活动领导小组。按照交通绿化计划,从 1998 年开始,交通各部门有计划、有步骤地掀起公路、航道绿化工作的新高潮,全年新增公路绿化里程 380 余千米,建造 6 个庭院式公路管理站。到 2000 年,330 国道和丽浦线、龙丽线等干线公路可绿化路段绿化率达到 95%以上,其他干线公路和县乡公路绿化率达到 90%以上,形成一条条公路、水路的绿色长廊。

1999 年,地区林业局为进一步推进生态示范区建设,提出实施千里绿色长廊形象工程,得到地委、行署领导的高度重视,多次指示有关部门抓好千里绿色长廊工程的规划和建设。

至此,地区交通局、团地委联合提出的创建公路、航道绿色长廊和地区林业局提出的实施千里绿色长廊,目标完全一致,双方紧密合作,共同创建。

千里绿色长廊建设,从丽水山区实际出发,因地制宜,统筹规划,分级负责。交通部门负责公路两旁造林护林;公路沿线各级政府负责公路两旁山上植树造林、封山育林。采取全封山与半封山、续封山与轮封山,城镇周围、江河两岸、公路两旁山上重点封山和群众集体面上一般灭荒育林封山相结合的办法,有的划定距公路两旁 500 米范围内为重点封山区,连封几年;有的以公路两旁山上的山脊为界,实行全封山,也称死封山,连封几年。

全区各级领导根据地委、行署统一部署,以建设国家级生态示范区为动力,在植树节期间,纷纷带头参加千里绿色长廊建设。各县(市、区)把绿色长廊建设项目中有关封山育林、造林补植等营林生产列入乡镇领导的主要考核内容之一,并层层签订责任状。各县(市、区)交通局、共青团组织、林业局把绿色长廊项目作为绿化造林的重中之重,紧抓不放。各县(市、区)林业局还把绿化工作具体落实到乡镇林业工作站,责任到人,任务到山,及时制止和查处乱砍滥伐山林的违法行为。

在绿色长廊工程建设中,林业、交通等部门密切配合。林业部门重点抓好城镇周围和铁路、国省道两旁山上的植树造林、封山育林,实行重点扶持和以奖代补等政策,以封山育林为主实施千里绿色长廊建设。

自 1999 至 2002 年共计封山育林 100.42 万公顷(包括新封、续封),造林更新 33906 公顷,四旁植树 1887.65 万株。

各地公路管理部门针对存在的薄弱环节,狠抓公路两旁绿化。1998 至 2000 年 3 年间,全区公路交通部门投入公路绿化资金达 443.11 万元。加强路政管理,严禁和查处破坏行道树的行为。深入开展"千家万户绿公路"活动,至 2002 年 4 年间共新植、补植绿化公路 2216.30 千米,种植乔灌木、花草 46.43 万株。公路上边坡种植爬山虎,下边坡种植香根草,仅 2001 年在 S228 省道云寿线(原称 52 省道)、S328 省道(原称 53 省道)丽浦线共种植香根草 5 万平方米;2002 年在全市公路上边坡种植爬山虎 2 万株,下边坡种植香根草 13 万平方米,有效地减轻了水土流失,推进了生态公路建设。

公路上边坡种植爬山虎

至 2002 年全市绿色长廊建设总里程 2508.4 千米,其中铁路 131.8 千米,主河道 448.6 千米,公路 1928 千米。全市境内金温铁路、330 国道和 12 条省道及大多数县乡道两旁,群山连绵,峰峦叠翠、青山排闼、近绿远黛,群山"挺拔深邃",林海"碧波荡漾",绿色长廊建设取得显著效果。

第二节 绿色通道建设

公路绿色通道工程建设是国土绿化的重要组成部分,是改善生态环境的积极手段。2000 年,国务院下发关于进一步推动全国绿色通道建设的通知。2001 年,浙江省政府下发关于建设"万里绿色通道"的通知。2003 年,公路绿色通道作为浙江省交通厅年度"六大工程"之一在全省组织实施。同年9月12日，由丽水市政府牵头，林业、交通等部门共同负责实施绿色通道的工作网，成立市绿色通道建设领导小组及其办公室，制定全市公路绿色通道建设五年计划。自2003至2007年的5年间，公路绿色通道工程建设计划1362.78千米。其中，高速公路43.1千米、国省道476.68千米、县乡道843千米。编制金丽温高速公路丽水段绿色通道规划设计方案，重点实施缙丽段主线范围内隧道洞口、边坡的绿化、美化工作。规定2003年4月前完成培土、种植任务，整个工程培土2420.4立方米，种植树苗5万株，绿化面积12万平方米，总投资28万元。全年全市完成国、省道绿色通道建设17千米，县乡道173千米，种植树苗21375株，投入经费388万元。

公路下边坡种植香根草

2000年，市、县(市、区)林业部门以生态效益和社会效益为主体功能，开始实施生态公益林建设，至2010年，全市共建生态公益林面积77.53万公顷(1163万亩)，占全市林业用地的53%，占有林地面积的56%。全市生态公益林基本上分布在河流两岸和公路两旁。

丽水市区西出入口是G25长深线丽水段(金丽温高速公路)出入口，S328丽浦公路、S33龙丽高速公路进入市区的主入口，是丽水市区的主要门面。市委、市政府决定建设市区西出入口绿色通道工程，建设标准为30~100米，在公路两边第一层坡面的山地，根据不同的位置，分别设计“流霞飞彩”“岩嶂叠翠”“层林尽染”“山花烂漫”等主题。种植深山含笑、红花木莲、紫薇、杜英、木荷、香港秀丽四照花、香樟、香花槐、合欢、马褂木(鹅掌楸)、刨花楠、枫香等珍贵树种。工程建成后，两侧山体得到全面绿化，成为丽水市区一道靓丽的风景线。工程投资600万元。

云寿线景宁段绿色长廊

在实施全市5年公路绿色通道工程建设中，采取国家投资，专业实施和开展“千家万户绿公路”活动，取得进度快、质量好的显著效果。各县也非常注重公路生态建设，在境内公路沿线以植树造林、迹地更新、封山育林等办法创建生态公益林。青田县为改善城区和农村的人居环境,摒弃造林就是种松树、栽杉木的传统观念,根据区域的地理位置,自然条件和城市发展对环境的需求,以生态学、植物学、园林学等原理为指导,运用生态效益好、景观价值高的植物物种,进行多树种合理配置、营造良好的城区森林生态环境。2007 年 1 月,设计《2007 年度城区生态景观林工程实施方案》,并据此完成瓯江第一层山脊线以内,城区周边山体的火烧迹地更新工作。全年共完成造林更新 912 公顷(13682 亩),义务植树 110 万株,完成海防林工程 520.8 公顷(7812 亩),生物防火林带 70 千米;建设生态公益林面积 5.17 万公顷(77.59 万亩),发放补偿金 600 万元。

自 2003 年实施绿色通道建设以来,至 2007 年,全市提前一年超额完成省下达的计划任务,累计完成公路绿色通道工程建设 1715.51 千米,完成省计划的 125.88%。其中高速公路 43.1 千米,完成 100%;国道 56.14 千米,完成 100%;省道 485.27 千米,完成 115.39%;县乡道公路 1131 千米,完成省计划 134.16%。共种植乔灌木 59.8 万株,藤本 23 万株,新建花坛 2.4 万平方米,种植香根草 45 万平方米,累计投入 4000 多万元。

丽水市区西出入口绿色通道工程至 2007 年也高标准完成。

第三节 打造丽水特色生态公路

打造"生态型"公路,就是对新建公路,无论是高速公路还是国省道、县乡道公路改扩建都要把绿化防护工作摆在格外重要的位置,保持生态与其环境的和谐统一。

借道瓯江,桥路一体

石塘特大桥

丽水是九山半水半分田的大山区,耕地仅占全市总面积的 5.15%,土地资源十分匮乏,交通部门牢牢树立生态是资源、是品牌、是优势、是文化、是生产力的观念。公路设计部门和施工建设单位坚持以人为本,注重环保,建设绿色屏障,全力打造生态之路。设计者苦心钻研,科学设计;建设者精心施工,环保部门全力配合,在建设中尽量做到不破坏山体,或少破坏山体,尽量不占用耕地。金丽温高速公路丽水段 128.168 千米,大部分路段穿山或傍山沿江而建。在青田境内有长1000米以上特大桥12座(包括330国道鹤城临江桥),其中海口戈溪外村沿江桥双向四车道,跨越瓯江沿岸,长10296米,势如长龙,伏卧瓯江岸边,既不占山也不占田。丽龙高速莲都北埠至云和石塘一线,几乎有半幅公路双车道沿江边构筑,不仅使老路得到充分利用,节约资源和投资,并且最大限度减少工程建设对周边环境交通的影响,形成"水天一色,桥路一体"的特色生态景观。

生态护坡与环境地貌融为一体

纵横穿越丽水境内已建成的4条高速公路,沿线峰峦叠翠,风景优美,旅游景区、景点密布,桥隧等结构几占总路程的30%,高边坡、高挡墙、高路堤比比皆是。为使建成的高速公路与周边自然景观相协调,更有效地将路与地貌自然融为一体,各条高速公路指挥部采用一坡一设计,尽可能减少开挖,取消上边坡高挡墙,以打造生态亮点。如对"两龙"高速全线上边坡防护采用"一坡一设计"原则,有的取消原设计中的六角空心砖、总孔式护面墙,降低浆砌挡墙高度,在确保安全的前提下,通过喷播植草,三维植被网,原层基材等生态防护形式进行边坡防护,以生态护坡;有的改石块堆砌结构为边坡绿化,既节约投资,又美化环境。

因地制宜,走生态环保新路

穿越丽水境内的6条高速公路(含云景、龙庆)及国省道改扩建,始终以"生态环保路"为建设理念。绿化设计因地制宜,既充分利用地形,顺应山势,以反映秀山丽水生态特点和山区风光为基础,使绿化尽量融入自然。在苗木选择上,采用多样性,大量采用易种植、适应性强、耐旱耐贫瘠的乡土植物进行绿化;在景观地带,一改以往单一使用草覆盖防护为主的绿化方式,推行乔木、灌木、草本、蕨类、藤本植物多样性立体混种,既体现自然生态的"生物多样性",又起到护坡固土作用,使公路集"畅、洁、亮、绿、美"于一体。

管养公路,注重生态建设

丽水交通系统干部、职工大力倡导交通运输可持续发展理念,从源头控制建设新项目对环境的影响。在交通基础设施新建、改建和养护方面,一直把绿化工作作为交通基础设施建设的重要组成部分。在建设项目的管理、设计、施工、营运各个环节以及公路(航道)大中修、改建等方面,切实加强绿化和环保意识,做到"建设(养护)一条公路,保护一线水土,营造绿色长廊"。

丽水公路人还把公路绿化和观赏结合起来,努力打造精品"生态型公路"。把创建文明公路和打造生态公路相结合。2008年创建S328省道(原称53省道)文明公路,2009年创建S228省道(原称52省道)云寿线云景段文明公路,2010年创建S322省道(原称35省道)缙云段文明公路,把两者紧密结合起来,补植行道树,绿化公路边废弃地,美化道班房庭院,创建山区特色的文明公路。

松阳县在规划、选址、设计、建设、养护和运行管理中充分考虑生态环境的健康发展,追求对生态环境最小的破坏和最大的恢复，积极打造以资源节约型、环境友好型为内涵的“生态型”公路。在治理S220(44)省道松阳段沿线9处危险边坡时，公路部门采取高处喷播复绿，中部种植爬山虎，低处种植黄素馨、松柏及草皮的方法，因地制宜造就环保边坡。

丽水各县公路养护人长年累月，精心打造生态型公路，根据不同边坡的特点，分别采取工程防护、植物防护、柔性防护及综合防护等形式，采用削坡、灌浆、喷锚等8种措施进行科学处置，使公路沿线保持生态和环境的和谐统一。

第四节 保护公路生态环境

建设生态交通，传统运输产业转型升级刻不容缓。

2003年，丽水市委和市政府根据国务院和省政府关于建设公路绿色通道的通知，认真贯彻落实1996年3月国务院下发的《关于环境保护若干问题的决定》，一手抓生态公路建设，一手抓节能减排，保护公路生态环境，淘汰一批落后的生产设备、工艺，关停248家污染重、消耗大的中小企业，383家企业治理达标，环境质量进一步改善，经过5年努力，于2000年12月17日顺利通过省政府的考核验收，全面完成国务院提出的“一控双达标”任务。至2009年，累计投入资金3.3亿元，引导丽水经济开发区塑料人造革、合成革制造企业建成各类污染防治设施446台，减轻对环境的污染。

采取的具体措施：以实施环境保护“绿色、蓝天、碧水、清静、田园”5大工程为抓手，全面实施“绿色行动”计划。全市完成城市污水配套管网投资6058万元，新增收集管网65千米。切实加强对老污染源的监督管理，确保重点污染源达标率在95%以上，污水处理厂水质达标率100%。2008年，丽水市EI值(生态环境状况指数)为96.4，连续6年稳居全省第一，从源头上控制工程生态建设。

狠抓农村面源污染整治，2010年农村环境污染整治取得新成效。全面启动实施“百村示范，千村整治”，至年底，全市累计2760多个行政村实行垃圾集中收集处理，达行政村覆盖面的86.2%。全市有960个村建成生活污水污染治理设施，处理生活污水的行政村比例达到27.6%。公路沿线村、镇的垃圾收集、污染整治，美容公路，有效地保护了公路的生态环境。

加大力度，推进交通运输部门节能减排工作。严格控制尾气污染，调整企业运力，发展低碳经济。推广节能减排工作，明确节能减排目标和落实责任制，加强对运输企业的节能减排工作指导，落实“五废”(废油、废配件、废包装、废轮胎、废电瓶)回收、“两废”(废水、废气)下降工作。开展节能减排全国宣传周活动，提高运输业户节能意识。开展城乡客运班线集约化和公交化改造。2010年，完成丽水至衢州、松阳至遂昌的城际班线改造；完成庆元县城至曹岭、青田县城至港头、缙云县城至大源等3条农村客运班线的改造。全市更新客运车辆92辆(其中农村班线更新56辆,更新为全承载车辆15辆),淘汰一批老旧及高油耗车辆。以控制噪音污染为目的,在高速公路通过城镇、学校、乡村路段,建立隔音屏障,解决噪音扰民问题,进一步彰显高速公路生态品牌。变废为宝,保护公路生态环境。公路大中修应用沥青厂拌冷再生技术,变废为宝,旧沥青路面废碴不再倾倒路边,应用泡沫沥青厂拌冷再生技术修复路面,节能减排,保护公路原有的生态环境。报废汽车回收再生利用。位于丽水市区丽青路165号的丽水市废旧汽车回收站(又称市物资再生利用有限公司)是经省商务厅认证定点在丽水市从事报废汽车回收拆解的企业,成立于1982年,国家对报废汽车回收拆解企业实行政府统一规划,定点布局,资格认证的管理制度。该企业有经过专业培训的拆解技术人员5名,拥有各种专业设备,对回收的报废汽车进行专业拆解,废物再生利用,有利于保护良好的生态环境。

第五节 丽汽集团节能减排措施

丽水市汽车运输集团有限公司(以下简称丽汽集团)是全市最大的汽车运输企业,2010年有营运客车171辆,载客出租小汽车178辆,货运汽车62辆。丽汽集团在保持交通运输业平稳较快发展中,把节能减排,发展低碳经济作为转变交通发展方式、加快结构调整的重要抓手,特别是从2007年开始,依靠先进的科学技术和管理手段,以突出重点、全面控制、精细管理、力求实效的工作原则,切实抓好节能减排。

合理配置车辆资源,优化运力结构。遵循技术先进、节能低耗、经济适用的原则,在考虑车辆采购成本的基础上,更加注重车辆的使用成本(节油省料程度),结合使用条件选购相适应的车辆。从2007—2008年,投入车辆更新资金2100多万元,以柴油车取代汽油车。发展大型化车型,消除6米长客车;高档车型,达到交通部高一级等级以上客车占73%,各种进口品牌车型占25%;择优选购油耗低的车型,节约燃油;积极配置电控和排放标准高的发动机、底盘自动润滑系统、发动机电子风扇散热系统、全承载车身等,9米以上客车安装缓速器。2008年起公司规定一律选用高一级欧Ⅲ[①]排放标准的车辆,淘汰使用年限长、车况差、费用高的车辆,从源头上控制高油耗车辆,减少了排污。

推进集约化经营,优化运输组织结构。截至2008年,丽汽集团客运集约化经营程度达57%,快(直)客车辆占公营客车的32%。优化班线资源,提高班车的利用率和实载率,达到节能增效。丽汽集团下属的快客公司,2006年底拥有客运车辆62辆、1576座位,班次104班,通过车辆结构和运行结构调整,原有的老旧客车退出营运,更新为现代、尼奥普兰等39座客车,车辆数下降至2008年末的42辆、座位数为1482座、班次数为101班,车辆数下降35.5%,班次数基本持平,但年总收入2005年为3521万元,2008年末为5538万元,增幅为57.3%。

①欧盟制定的2000—2005年汽车废弃排放标准

通过连续3年对公营班线跟车客流调查，密切掌握客流情况和运输规律，适时调整车辆结构，科学调度，合理排班，提高车辆的运行效率，减少空驶率，提高了产能。丽水至温州班线2006年投放4辆、39座大客，日开行8班；2007年调整为3辆开9班，车辆减少1辆，班次增加1班，班线实载率从61.45%提高到2008年的65.56%。

倡导"绿色驾驶"。要求所有驾驶员共同树立"绿色驾驶"新理念，养成良好的节能驾驶好习惯，节约每一滴油、减少每一点排放，以最少的燃油消耗和尾气排放，实现最经济、最高效的出行。有关研究表明，驾驶习惯的不同对汽车燃油经济性的影响可达30%。

正确使用车辆，保持良好的车辆技术状况才能保障车辆经常处于节油状态。

加强轮胎管理。强化日常检查，定期测量胎压，实行胎管员定期巡查制，确保轮胎正确使用。选好轮胎的类型和厂牌型号，优先使用真空胎和子午线轮胎。2007年年底开始，将原使用的普利斯通厂牌轮胎逐步换用米其林牌轮胎，米其林轮胎延长胎千米约8万千米，油耗下降4%左右。购置轮胎充氮机，对所有车辆轮胎充加氮气，保证车辆长期高速运行时轮胎气压保持正常，既延长轮胎使用寿命，又节约了燃油。

节油比赛

采用科技产品，控制燃油消耗。先后共投入资金110多万元，对营运客车安装卫星定位系统(GPS)和行车记录仪，并建立GPS运行平台和监控管理中心。2008年投资8.2万元，对GPS系统进行改造。充分利用车辆卫星定位系统(GPS)和行车记录仪等先进技术，全面准确掌握和监控车辆行驶的全过程。严格控制行车速度，杭州班线2002年10月投放的尼奥普兰BFC6120-2D车型，从未安装GPS到安装GPS，从GPS的安装到对GPS管理逐渐规范和加强，该车型的百车千米油耗从27升下降到2008年的23升。仅此项所有车辆平均每年百车千米油耗可节约2升[①]，全公司每年可节约燃油60万升。

由于开展一系列节能降耗的工作和措施，取得良好效果，油耗在管理控制成效的基础上，2010年1—11月，公营客车燃油消耗量285.8万升，比2007年同期节约24.4万升。燃油节约，排污减轻。

①升，各号汽油、柴油计量单位

第二章　生态航道建设

打通瓯江中上游出海大通道，建设“万里清水河道”，就是要大力建设瓯江干流及其支流沿岸防护林，保护河道两岸原有防护林，使之成为挺立在瓯江两岸的绿色长城，护卫着千里航道；对库区（航道）周边实施封山育林，更新船舶，达到节能减排，保护航道生态环境，使航道沿线生态环境优越，千里航道绿水长流。

第一节　瓯江沿岸防护林建设

头顶青天，凝望瓯江，曾哺育一代又一代丽水儿女的母亲河依然奔腾着千古涛声，得天独厚的自然资源条件和丽水人民坚持不懈地注重生态环境保护，使丽水的生态环境质量多年来在全省、全国保持领先地位。

早在20世纪90年代，丽水地委、地区行署提出构建公路绿色长廊，就包括对瓯江干流及其支流整治河道污染，两岸植树造林和两岸山上封山育林，采取切实措施，加强绿色生态航道建设。关停了4家国营造纸厂（其中3家位于瓯江流域，1家位于闽江上游竹口溪旁），有的实行转产，恢复“瓯江清水向东流”，以及闽江上游支流松源溪的清水向南流。对河流两岸原有乔灌木实行严格保护，对无树少树的江溪岸边和滩地种植、补植，由沿溪乡镇村负责管养所辖溪段的林木生长，严禁乱砍滥伐。

2003年，市政府根据省政府“五大百亿工程”之一——“万里清水河道工程”建设，结合建设公路绿色通道工程，积极推进“万里清水河道工程”，计划在5年内全市建设“万里清水河道”364.9千米，投资21.4亿元，其中市本级投入资金8.34亿元，整治河道86.8千米。2003年全市完成河道整治76.35千米，完成计划任务的114%。完成投资2.57亿元。其中市本级完成整治10千米，完成投资1.01亿元。建立健全江溪两岸护林育林、建设生态河道的各项规章制度。莲都区后制定《瓯江干流水生态系统保护与修复总体规划（2006—2020）》，2007年4月下发《瓯江干流莲都段生态河道管理办法》。2008年10月27日，丽水市人民政府颁发《关于加强瓯江干流石塘大坝至风化青田界段河道管理的通告》。规定从2009年11月1日起，瓯江干流莲都段河道逐步减少采砂场。2009年10月，市委、市政府召开瓯江干流莲都—青田段全面禁止河道采砂工作动员大会，率先在瓯江莲都段启动全面禁采工作。成立瓯江干流河道采砂管理工作领导小组，开展以偷采、越界开采、合同到期设备上岸和管理房拆除为重点的系列整治活动。2010 年 7 月 28 日，莲都段河道中合同到期砂场的最后一艘采砂船切割拆除、转移上岸，至此，瓯江干流莲都段实现全面禁采。在此过程中，平整河道面积 250 万平方米，平复弃碴 500 万立方米，给河道休养生息，还江河以碧水。《通告》规定从 2012 年 7 月 1 日起，瓯江干流青田段河道全面禁止采砂。

与此同时，各县(市、区)均采取有效措施加强对境内溪流及防护林的管护。莲都区大港头镇北埠村划定村重点公益林区，面积 150 公顷(2250 亩)，包括瓯江上游北埠村溪段，“禁止在公益林区内进行樵采、开垦、采石、挖砂、取土、筑坟等损坏重点生态公益林的行为”，推选管理人员，并配监管人员监管。

在江溪两旁的山地，在各级林业部门的指导下，当地乡镇村选派护林员专职或兼职管护林木，取得显著效果。昔日山体裸露的荒山、疏林山，如今已是满山树木郁郁葱葱，有的成了名副其实的花果山。

经过十余年的管养，瓯江干流及其支流除沿溪建造金温铁路、高速公路等工程施工地段外，基本形成“绿色长城”夹溪流。在瓯江干流中游莲都区大港头镇至联城镇大溪段，高大挺拔的护岸树木，郁郁葱葱整齐地排列在江边，护卫着大溪河段。在松阴溪下游两岸，生长着香樟、柳树、翠竹、白扬、青松等自然成长和人工种植的各种乔灌木，青山、绿树和溪水融为一体，更显得勃勃生机。

第二节 库区(航道)周边封山护林

随着水电站建设，全市较大的水电站库区，在瓯江干流有紧水滩库区(即仙宫湖，亦称云和湖)、石塘库区、玉溪库区、开潭库区(即南明湖)、五里亭库区、外雄库区、三溪口库区、青田水利枢纽库区(在建)以及瓯江支流小溪的滩坑电站库区、乌溪江湖南镇电站遂昌湖山库区。这些库区既是深水航道也是水上旅游景区。抓好库区周边的封山育林，防止水土流失，保护库区生态环境，是建设水上生态交通的重大举措之一，一直受到市、县(市、区)和库区沿岸乡镇、村的重视。

仙宫湖位于瓯江干流上游，云和县北部，湖区跨云和县、龙泉市，湖长 66.3 千米，也是库区航道里程。湖区周边近 190 平方千米的山林受到云和、龙泉两县(市)的良好保护，建立护林小组，安排专业护林员管护山林。在封山区立有禁牌，禁止砍柴、取土、破坏山林，严防山林火灾发生。2007 年龙泉市人民政府把库区航道生态建设列为龙泉“创建国家级森林城市”的重要内容来抓，制造政策，规划三沿(沿库、沿溪、沿路)的生态林建设，加强库区和龙泉溪两岸的封山育林及污水处理整治，改善和美化库区航道生态环境，推进龙泉生态文明建设。沿溪、沿库的安仁、道太、龙渊、剑池 4 个乡镇和街道办事处积极做好库区生态公益林 9933 公顷的保护工作。绿化沿溪、沿江环城林带20千米,沿库沿溪绿化率达91.1%。在水环境综合整治中,落实各项举措,从源头上抓好整治工作,对库区和龙泉溪水源保护立法,规范生活垃圾和生活污水处理和排放。2008年,在龙泉市区江北建设污水处理厂,2009年投资建设道太紧水滩库区和安仁镇项边村污水设施,2010年达到水环境整治预期目标。

云和县在53省道沿线和紧水滩、石塘、玉溪3大库区沿岸6个乡镇共营造生态公益林25175.1公顷,占6个乡镇有林地面积的60%以上,有效地保护了公路沿线、库区沿岸的生态环境。

2000年青田县启动瓯江绿色长廊建设,并作为重点工程。在瓯江中下游青田段,上自与莲都风化交界起,下至与温州交界处86千米航道,包括五里亭、外雄、三溪口、青田(库区在建)等库区,两旁山地从江边至山脊,自近山至远山,采取“封、补、造、管、育”等各种营林措施,通过裸岩复绿、火烧迹地更新、无林地绿化、疏林地景观改造等措施,有条不紊地推进瓯江绿化建设。自2006年开始,瓯江绿色长廊工程建设力度加大,划定和建设生态公益林8000公顷(12万亩),以瓯江两岸为主线,治理水土流失、涵养水源为重点,结合兴林富民工程、绿色通道工程、小城镇(村庄)绿化工程和新农村建设,推行“工程造林”“大苗造林”后,成活率明显提高。2007年10月,在原有瓯江绿色长廊工程建设规划的基础上,编制《青田县瓯江景观林总体规划》,实施低山缓坡经济林,高山陡岭色彩林,使瓯江沿线绿化达到生态、景观、色彩、大气的效果;计划用10年时间,把瓯江青田段构建成“青山绿地、碧水蓝天、果丰花香、绿树成荫”的优质生态河道。

2007年1月10日,经省林业厅批准,丽水市首个省级湿地公园瓯江九龙湿地公园设立,11月19日,被国家林业局批准为国家湿地公园试点。公园位于莲都区瓯江干流玉溪水利枢纽大坝至白岩大桥段,长22千米,涉及大港头镇、碧湖镇、联城镇和水阁街道沿线42个行政村。保定圩湿地、对门圩内侧湿地、连河村河滩湿地、硋埠湿地、吴村圩湿地、松坑口湿地、九龙湿地走廊、新治河河口湿地、万步滩湿地等9片泛洪湿地,呈瓯江干流大溪穿珠状分布,总面积2800公顷。区域内野生动植物资源丰富,已知植物有近百种,树林高大挺拔,树林成片。

九龙湿地公园是瓯江中游航道的天然生态屏障,有效地保护着瓯江中游良好的生态环境。

湖山库区位于乌溪江上游,正常蓄水15.82亿立方米,回水至遂昌县焦滩乡,从焦滩至龙鼻头出境,航道长29.5千米,流经琴圩、湖山、金竹、焦滩等4个乡镇23个行政村。湖山库区既是天然深水航道,又是风景名胜区。4个乡镇有山林面积35346.4公顷,其中生态公益林(即封山区)面积20769.86公顷,占4乡镇山林总面积的58.7%。库区集雨面积的山林一直受到良好保护,蓝天、青山、绿水融为一体,是一条优良的生态航道。

2009年7月,《遂昌县乌溪江流域生态保护与发展规划》通过论证。遂昌境内乌溪江流域面积1510平方千米,占全县总面积的64%,由于地处上游,规划为水源保护和涵养两大生态功能作出了具体规定。

滩坑库区跨景宁、青田两县。从大坝至景宁白马寮大桥,形成长90千米的库区,水面总面积71平方千米,其中景宁境内36平方千米,跨6个乡镇管理区;青田境内水面35平方千米,跨4个乡镇。两县非常重视库区生态环境建设,采取切实措施抓好库区周边封山育林和生态公益林建设。景宁县境内小溪流域,有林地15.03万公顷(225.47万亩),续封新封山林面积8.67万公顷(130.1万亩),占全县有林地面积的57.7%。库区6个乡镇区山林面积5.78万公顷,续封、新封山林面积3.53万公顷,占61.10%。在此基础上,将库区向外延伸至第一重山脊的林地界定为国家级重点公益林,库区主要支流延伸20千米两侧至第一重山脊的林地界定为省重点公益林,离水边100米内坡地耕地全部退耕还林,林权属于外迁移民的库边生态公益林,鼓励其林权转让,加大生态补偿力度,争取到2020年,千峡湖库区森林覆盖率达80%左右,生态公益林面积占林业用地面积90%以上。青田县从2004年起就开始对库区4个乡镇实施生态公益林建设,4个乡镇有林地面积3.45万公顷(51.88万亩),生态公益林面积1.807万公顷,占52%,至2010年,公益林面积占有林地面积55%以上,有效地防止了水土流失,涵养了水源,库区生态环境更加秀丽。

第三节 保护航道生态环境

根据浙江省资源节约和环境保护行动计划的总体要求,丽水市港航管理处结合实际,制订全市港航系统节能降耗实施方案,努力推进水运交通节能工程,保护航道生态环境。

优化运力结构,大力推进瓯江水系货运船舶结构调整。通过服务与引导相结合,至2008年10月底,全市运力总规模保持在2007年末的4.3万吨水平,船舶平均吨位103吨,比上年提高15吨。2010年末,全市有货运船舶339艘、40597吨,平均吨位119吨位,比上年增加载重吨,吨位提高,能耗下降。

加快老旧船舶改造,大力推进渡船船型标准化工作。通过实施水上康庄工程,2008年共更新改造客渡船28艘,2009年,渡船改造18艘,2010年更新改造客渡船5艘,完成投资125万元。全市"十一五"期间,共更新渡船64艘。

完善经营组织,提高内河航道和港口设施的利用率。通过优化港口装卸组织和合理船舶配载,加快船舶周转,提高船舶运行效益。

加快瓯江港航开发,构筑综合交通体系,降低物流成本,提高航道通航能力,实现运力结构优化。2007年全市水路运输营业性运输船舶燃料消耗每千吨·千米,高于全省平均水平。2010年,内河货运船舶每千吨·千米燃油消耗降至8.42千克,比2009年下降2.0%,达到行业节能减排要求。

第六篇

管理机构

2010年丽水市交通局办公大楼

民国以前,处州(今丽水市)交通管理未设专门机构和吏员。修道路,设驿站,疏浚航道,整治水运工程,由府、县派员督管。20世纪30年代,丽水境内始筑公路,交通由丽水行政督察区专员公署建设科兼管。中华人民共和国成立后,党和人民政府重视交通发展,有关交通的法律法规日臻完善规范,设立了专门管理机构,包括行政机构、职能机构、高速公路管理机构等,对全市交通运输等事项实行全面管理。

2010年丽水市公路管理局直属分局办公楼大门

第一章 行政机构

丽水市交通行政机构包括市、县(市、区)交通局,市、县(市、区)交通战备办公室。市、县(市、区)交通局是市、县(市、区)政府主管公路和水路交通行业的行政管理机构。

市、县(市、区)交通战备办公室是市、县(市、区)国防动员委员会的办事机构,也是县(市、区)政府主管交通战备工作的办事机构。依据交通战备的方针、政策、法律和规章制度,负责做好有关交通战备的各项工作。

第一节 市级行政机构

丽水市交通局

丽水市交通局办公地址位于丽水市大洋路262号。1991年底,全区交通部门有干部、职工8394人,其中地属全民所有制单位干部、职工5593人,地区交通局37人。2000年5月20日,丽水撤地设市,7月1日,地区交通局改称丽水市交通局。市交通局是市政府主管全市公路和水路交通行业的行政机构。

其主要职责是:贯彻国家和省关于交通工作的方针、政策、法规,制定全市交通发展战略和规划,提出发展全市交通事业的政策措施。主管全市公路、水路及其设施的建设、养护、路政、航政管理和交通规费的稽征工作(费改税后,2009年停征各种规费)。负责全市车船检测、运输服务、汽车维修市场、汽车驾驶学校和汽车驾驶员培训等行业管理;负责交通运输安全管理,引导交通运输行业优化运输结构和协调发展;加强物流行业建设;大力促进交通文化发展;对关系国计民生的重点物资和紧急物资运输进行必要的调控;会同有关部门培育和管理交通运输市场。建立市场服务体系,监督经营行为;主管运政管理工作,优化道路运输,提高运输质量;指导交通行业的体制改革和企业管理工作;指导全区交通行业的两个文明建设和职工队伍建设、人才培养,组织指导交通行业培训和劳资工作;组织交通科技引进、科技开发和应用,负责交通经济的合作、交流、协调;负责交通工业产品的认证和质量监督以及完成市政府交办的其他工作。

该局原驻丽水市灯塔街103号,建有5层办公楼1幢。1999年,购进位于灯塔街与大洋路交叉东北角丽水市食品公司钢混框架8层楼房1幢,经装饰,局机关于2002年10月3日从灯塔街103号搬迁现大楼办公。土地使用权面积2580平方米,建筑使用权面积8584平方米。

2010年,局机关设办公室、法制处、计财处、建管处、运安处、纪检检察室等处室;设局长1人、副局长5人(挂职1人)、纪检组长1人。在编职数26人、借用9人、临时工11人。局下设丽水市公路管理处(2010年6月4日市编委批复同意更名为丽水市公路管理局)·公路路政管理支队、丽水市运管稽征处、丽水市港航管理处·丽水市地方海事局、丽水市紧石电站船筏过坝管理处、丽水市交通工程质量监督站、330国道丽水收费管理处、丽水水阁公路征费管理站等局属事业单位。经体制改革,局属部分事业单位改制为企业单位,有的单位进行了合并。原事业单位丽水市交通规划设计院改制后更名为浙江佳途勘测设计有限公司、原丽水市公路水路工程监理咨询有限公司改制后更名为丽水市丽通工程监理有限公司;原局属丽水市县乡公路管理处2003年6月并入市公路管理处,成为该处的"县乡道路科"。

下属县交通行政机构有莲都、龙泉、青田、缙云、遂昌、松阳、云和、庆元、景宁县(市、区)交通局,并对其进行业务指导。

2011年5月13日,丽水市委、市人民政府下发《关于印发〈丽水市人民政府机构改革方案〉的通知》(丽委发〔2011〕42号):"组建市交通运输局,将市交通局的职责、市建设局的城市客运管理职责,整合划入市交通运输局,不再保留市交通局"。6月15日,丽水市交通运输局正式挂牌。

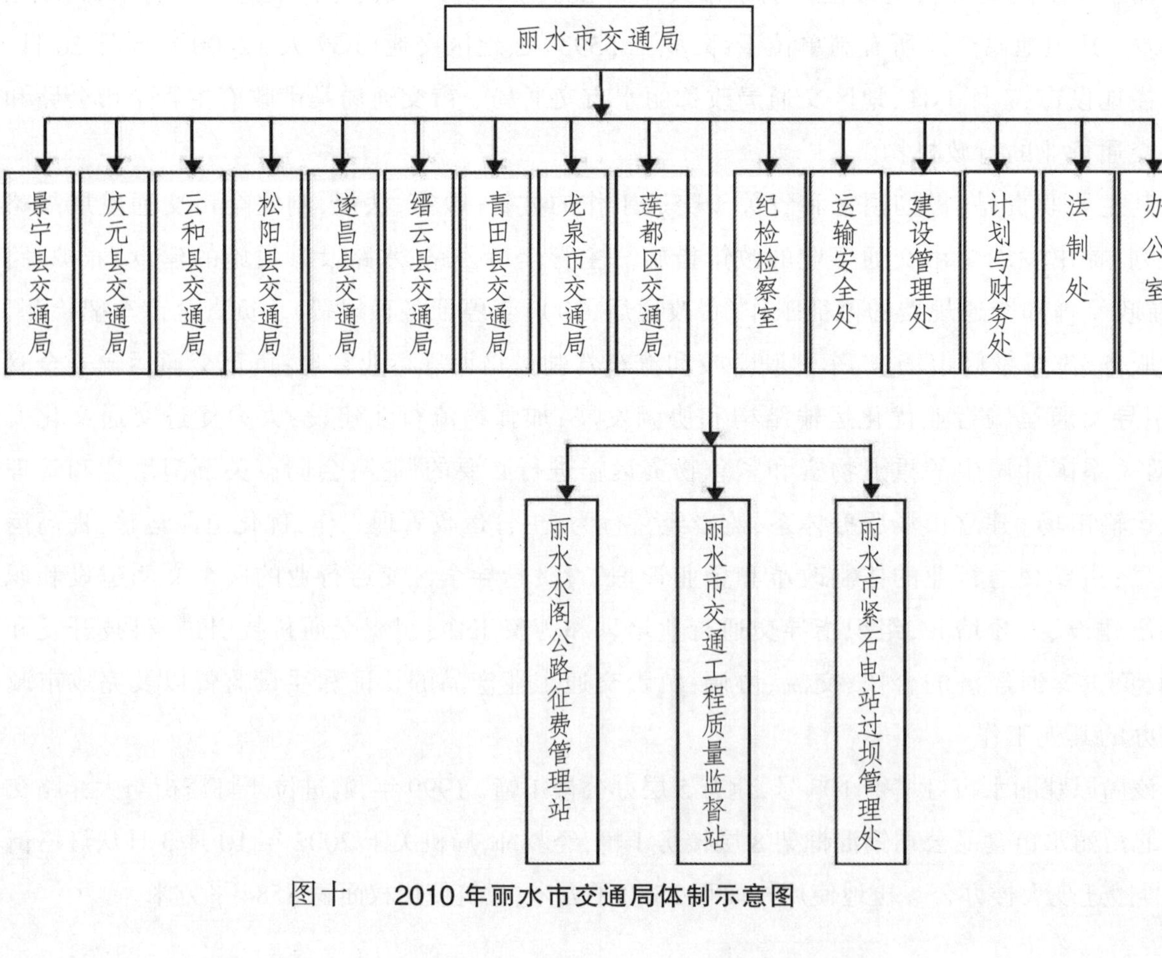

图十　2010年丽水市交通局体制示意图

表116 **1990年6月—2011年5月丽水地区(市)交通局历届领导人名录**

行政领导			党组织领导		
姓名	职务	任期	姓名	职务	任期
蒋维洛	局长	1990.6—1992.11	蒋维洛	党组书记	1990.6~1992.11
朱建新	副局长	1992.12—2001.4			
蒋维洛	局长	1994.1—1998.6	蒋维洛	党组书记	1994.1~1998.6
金时龙	副局长	1994.1—1995.8	1996年1月,建立地区交通局纪检组		
朱建新	调研员	2001.4—2004.8	朱建新	纪检组长(兼)	1996.1~2001.4
钟祖敏	副局长	1994.1—1995.8	周荣星	纪检组长	2001.4~2005.1
翟三扣	副局长	1994.12—1996.8	曹章兴	纪检组长	2005.4~2013.4
蔡旭锋	副局长	1995.11—2000.6	蔡旭锋	党组副书记	1998.6~2000.7
李以勤	局长	1998.9—2000.6	李以勤	党组书记	1998.9~2000.7
丽水市交通局(2000.7—2011.5)					
李以勤	局长	2000.7—2007.5	李以勤	党组书记	2000.6—2007.5
蔡旭锋	副局长	2000.7—2010.6	蔡旭锋	党组副书记	2000.7—2010.6
谢华友	副局长 调研员	2001.4—2009.12			
蒋金松	副局长	2001.7—2011.7			
李建荣	副局长	2001.9—2010.10			
黄河	副局长	2004.5—2006.4			
吴和俊	副局长	2006.8—2011.7			
王顺发	副局长	2007.4—2010.7	王顺发	党组副书记	2007.4—2010.7
詹百松	副局长	2007.5—2009.4			
崔建宏	局长	2007.5—2011.5	崔建宏	党组书记	2007.5—2011.5
祝亮	副局长	2010.6—2011.7			
王栋	副局长	2010.10—2011.7			
高向东	副局长	2010.12—2011.7			

表 117 丽水市交通运输局领导人名录

行政领导			党组织领导		
姓 名	职 务	任 期	姓 名	职 务	任 期
叶沙平	局 长	2011.5—2015.9	叶沙平	党组书记	2011.5—2015.9
李根林	副局长	2012.4—2014.12	李根林	党组副书记	2012.4—2014.12
蒋金松	副局长	2011.7—2012.6			
吴和俊	副局长	2011.7—2013.04			
祝 亮	副局长	2011.7—2012.6			
王 栋	副局长	2011.7—2012.6			
高向东	副局长	2011.7—			
季宋平	副局长	2012.6—			
刘旭东	副局长	2012.6—			
叶锦伟	副局长	2014.12—	叶锦伟	党组副书记	2014.12—
叶旭勇	局 长	2015.9—	叶旭勇	党组书记	2015.9—

丽水市交通战备办公室

丽水市国防动员委员会交通战备办公室成立于 1987 年,在市交通局大楼办公。

根据国家交通战备办公室《关于结合地方政府机构改革调整健全交通战备办事机构有关问题的意见》和中央编办的意见,省、地、县三级交通战备办公室应原则上统一挂靠在同级政府交通行政主管部门,各级交通战备办公室是国防动员委员会的办事机构,也是政府主管这项工作的办事机构。其党务、行政工作接受挂靠单位领导,与设在单位为挂靠关系,不是其内设机构。

其担负的职责:贯彻落实有关交通战备工作的方针、政策、法律、规章制度;落实国防交通建设计划,在交通建设时贯彻国防要求;制定并修改战时和应急交通保障预案;督促并协助有关部门编制和修改交通重点目标保障方案;指导和督促有关部门加强交通战备专业保障队伍建设,开展专业训练和演练;组织完成交通保障任务,主动参与本部门、本单位的急难危重任务,配合有关部门做好抢险救灾的预案准备和实施保障;组织和开展交通战备科研和学术研究活动。

表 118 1987—2010 年丽水市交通战备办公室领导人名录

姓 名	职 务	任职时间	
蓝光谅	主 任	1987—1990.6	
蒋维洛	主 任	1990.6—1992.11	
蒋维洛	主 任	1994.1—1998.6	
张志树	副主任	编制外	
李以勤	主 任	1998.9—2007.5	
方建春	副主任	2002.8—	
崔建宏	主 任	2007.5—2011.5	
叶沙平	主 任	2011.5—2015.9	
叶旭勇	主 任	2015.9—	

第二节 县(市、区)行政机构

县(市、区)交通行政机构有交通局,国防动员委员会交通战备办公室(简称"交战办"),原则上统一挂靠在同级政府交通行政主管部门。

莲都区交通局 局址丽水市区解放街534号。2000年5月,丽水撤地设市,原县级丽水市撤销,设立莲都区,原丽水市交通局改称莲都区交通局,是莲都区人民政府主管水、陆交通行业的职能部门,业务上受丽水市交通局指导。负责制定全区公路、水路交通行业的发展战略、规划和政策措施,承担全区公路、水路管养、客货运输、公路路政、航政管理,组织指导交通行业科技开发,公路、水上运输安全生产各项工作以及负责交通战备日常工作。

莲都区交通局原设在城东路17号,建3层办公楼兼车库、宿舍1幢,建筑面积1152平方米。1997年12月丽水市(现莲都区)政府因拆迁改造城东路,于同月28日租用括苍路丽光集团二楼办公室办公。1998年5月18日,解放街534号新办公大楼竣工投入使用。2010年,局机关设办公室、工程科、法制运管科,行政编制15名。

2011年6月24日,中共莲都区委莲委办〔2011〕39号文《关于转发莲都区人民政府机构改革方案的通知》,决定莲都区交通局更名为莲都区交通运输局。

表119 1991—2010年丽水市(莲都区)交通局历届领导人名录

机构名称	行政领导			党组织领导		
	姓名	职务	任期	姓名	职务	任期
丽水市(县级)交通局	李建平	副局长	1984.1—1996.11	吕树财	党委书记	1986.6—1998.7
	邱连玉	副局长	1986.5—2001.12	厉土友	党委副书记	1990.6—1993.7
	厉土友	局长	1990.6—1993.7	梁冰	党委副书记	1994.11—1995.8
	梁冰	副局长	1993.8—1994.12	王国荣	党委副书记	1996.1—1996.11
	梁冰	局长	1994.12—1995.8	留佰林	党委副书记	1996.11—1998.11
	黄丽华	副局长	1996.1—2010.1	李建平	党委书记	1998.7—2002.1
	王国荣	局长	1996.3—1996.11	陈炳荣	党组书记	2003.6—2006.1
	留佰林	局长	1996.11—1998.7	高跃峰	党组副书记	2003.6—2006.1
	李建平	局长	1998.7—2002.1	高跃峰	党组书记	2006.2—2010.12
莲都区交通局	陈丽平	副局长	2001.9—2010.10			
	高跃峰	局长	2003.6—2010.12			
	徐建坤	副局长	2007.4—			
	麻伟民	副局长	2010.2—			
	洪飞	副局长	2010.2—			

龙泉市交通局 位于龙泉市区中山西路53号。建有钢筋水泥混凝土框架结构6层办公大楼1幢。龙泉市交通局是龙泉市人民政府主管交通行业的职能部门，业务上受丽水市交通局指导。主要职能是：制定全市交通发展战略、规划和政策措施，承担全市公路、水路建设、养护、客货运输、运管稽征、路政、航政等行业管理职能。内设机构有办公室、计划财务科、建设管理科、运输安全科、法制科。2010年有行政编制16名。

2011年11月2日，龙泉市委办公室发文，组建龙泉市交通运输局，将龙泉市交通局的职能和市建设局城市客运管理职责整合划入市交通运输局，不再保留龙泉市交通局。

表120 **1989—2010年龙泉市交通局历届领导人名录**

行政领导			党组织领导		
姓名	职务	任期	姓名	职务	任期
蔡仁保	副局长	1977.4—1990.6	范鼎维	党委书记	1986.2—1999.7
范鼎维	局长	1987.7.12—1998.5	蔡仁保	副书记	1990.6—1993.8
高元胜	副局长	1987.7—1990.6	张春生	副书记	1993.8—2001.8
赵寿昌	副局长	1990.6—1992.3	杨建中	副书记	1998.5—1999.7
吴金松	副局长	1990.7—1996.11	杨建中	党组书记	1999.7—2005.10
郭子余	副局长	1993.7—2001.12	项世才	副书记	2001.8—2005.6
吴礼华	副局长	1996.11—2002.1	包新华	副书记	2005.5—2005.10
杨建中	局长	1998.5—2005.6	毛松义	副书记	2005.6—2009.3
刘立欣	副局长	2001.12—2007.5	刘立欣	副书记	2005.7—2007.5
徐显林	副局长	2003.10—	包新华	党组书记	2005.10—2007.5
程小和	副局长	2003.10—	刘立欣	党组书记	2007.6—2009.8
包新华	局长	2005.6—2007.5	张平	副书记	2009.4—
黄亚荣	副局长	2006.6—	罗新海	党组书记	2010.10—
刘立欣	局长	2007.5—2009.6			
罗新海	局长	2010.1—			
吴金松	副总工程师	1996.11—2001.9			
刘立欣	副总工程师	1999.8—2001.12			
邝永有	总工程师	2004.1—2006.4			
叶春龙	总工程师	2007.6—			

青田县交通局 位于鹤城镇校场路2号。交通局是县政府主管交通职能机构,业务上受丽水市交通局指导。其职责是制定全县公路、水路发展规划、建设、养护,承担全县公路、水路客货运输、路政、航政管理,规费征收及陆路、水上运输安全生产等各项工作。局机关设办公室(监察室)、计划财务科、运管科(渡口办)、工程科。有干部职工18人。

2011年5月24日,丽水市委办公室、市政府办公室下发〔2011〕35号文,批准组建"青田县交通运输局",将青田县交通局的职能和县建设局城市客运管理职责整合划入县交通运输局,不再保留县交通局。

表106 **1989—2010年青田县交通局历届领导人名录**

行政领导			党组织领导		
姓名	职务	任期	姓名	职务	任期
叶阮青	局长	1988.1—1990.3	叶阮青	党组书记	1998.1—1990.3
姚春松	副局长	1988.1—1990.3	颜伯南	纪检组长	1989.6—1993.6
叶汉成	副局长	1988.1—1996.2	朱品岳	党委书记 党组书记	1990.3—1997.7
颜伯南	副局长	1989.4—1993.7	黄光荣	党委书记	1997.12—2004.12
朱品岳	局长	1990.3—1997.12	留爱荣	纪委书记	1997.12—2006.2
吴祖坤	副局长	1990.3—1997.7	留大成	党委副书记	1998.4—2001.10
郭海民	副局长	1996.1—2001.11	郭海光	党委副书记	2001.10—2003.1
孙如光	副局长	1996.11—1998.7	舒志勇	党委副书记	2003.1—2007.4
黄光荣	副局长	1997.8—2001.11	吴永甫	党委副书记	2004.8—
留大成	局长	1998.5—2001.11	吴金平	纪检组长	2006.2—
徐观兰	副局长	1998.5—2004.11	杨炳甫	党组书记	2007.4—
章志芬	总工程师	1998.5—			
郭海光	局长	2001.11—2003.1			
叶清敏	副局长	2001.11—2007.6			
郑建荣	副局长	2001.11—			
季宋平	副局长	2002.3—2004.2			
舒志勇	局长	2003.1—2007.5			
杨炳甫	局长	2007.5—			
虞向群	副局长	2007.6—			

缙云县交通局 位于五云镇迎晖路24号。1990年建成4层办公大楼1幢,从原址溪滨北路201号迁入现址。县交通局是缙云县人民政府主管交通运输工作的职能部门,分管全县公路和民间道路的规划修建和养护,组织运输单位完成运输任务;指导交通、运管人员的交通管理,保障道路安全畅通。2008年年底前,承担公路各种规费稽征。业务接受丽水市交通局指导。

2010年,局机关设办公室、工程科、计财科、运管科、行政审批服务科,在职人数22名。

2011年9月28日,缙云县委办公室、县政府办公室发文,组建缙云县交通运输局,将县交通局的职能和县建设局城市客运管理职责整合划入县交通运输局,不再保留县交通局。

表122 **1991—2010年缙云县交通局历届领导人名录**

行政领导			党组织领导		
姓名	职务	任期	姓名	职务	任期
赵章丁	副局长	1984.8—1996.9	郑子夏	党组书记	1987.8—1991.8
郑子夏	局长	1987.8—1993.7	郦锡焕	党组书记	1991.8—1993.7
郦锡焕	局长	1993.7—1996.9	郑子夏	党组副书记	1991.8—1993.7
徐旭清	局长	1996.9—1998.1	郑子夏	党组书记	1993.7—1996.9
施兆成	副局长	1996.9—1998.10	郦锡焕	党组副书记	1993.7—1996.9
杨奎平	副局长	1996.9—2007.5	陶国亮	党委副书记	1996.9—1997.7
应潜龙	副局长	1997.11—1998.8	陶国亮	纪委书记	1997.6—2004.2
董子华	局长	1998.5—2002.6	徐旭清	党委书记	1996.9—1997.11
应茂喜	局长	2003.6—2007.3	应潜龙	党委书记	1997.11—1998.8
丁伟康	副局长	2005.5—2007.5	董子华	党委书记	1998.8—2002.12
陶军友	局长	2007.5—	应茂喜	党委副书记	2003.6—2007.3
赵德灿	副局长	2007.5—	杨奎平	党委书记	2003.6—2010.12
周建波	副局长	2007.5—	杨跃堂	纪委书记	2004.2—2010.2
江启法	副局长	2008—	杨跃堂	纪检组长	2010.2—
陶国清	总工程师	2009.5—	陶军友	党委副书记	2007.5—2010.12

遂昌县交通局 局址妙高镇北街120号。1986年，在北街30号(即现在北街120号)建造5层办公楼1幢。1987年1月，迁入新址办公。县交通局是县人民政府的职能机构，受县人民政府和丽水市交通局双重领导，负责制订全县水、陆交通运输事业的发展战略，提出发展交通事业的政策措施，组织编制全县公路和水路交通发展规划，制订固定资产投资、运输、交通科技、教育的中长期规划和年度计划，负责全县交通基础设施建设、交通运输管理、规费征收、公路养护管理、交通安全等工作。内设办公室、计划财务科、建设管理科、运输安全科、行政许可科等职能科室。2010年，有干部职工16人。

2012年1月16日，遂昌县政府办公室遂政办发〔2012〕3号文决定，遂昌县交通局更名为遂昌县交通运输局。

表123 **1991—2010年遂昌县交通局历届领导人名录**

行政领导			党组织领导		
姓　名	职　务	任　期	姓　名	职　务	任　期
刘光礼	副局长、 总工程师	1989.1—2005.11 2001.12—2010.11	刘光礼	纪检组长	1989.1—1997.5
胡春水	局　长	1990.7—1992.3	胡春水	党委书记	1990.7—1992.3
李福庭	副局长	1991.8—1993.7 (1991.8—1992.3 主持工作)	李福庭	党委副书记	1991.8—1993.7
邱林涛	局　长	1992.3—1993.7	邱林涛	党委书记	1992.3—1993.7
张根林	副局长	1993.1—1993.7	季包献	党委书记	1993.7—1994.10
季包献	局　长	1993.7—1994.8	朱永逍	党委副书记 纪委书记	1994.7—1999.12 1997.5—1999.12
刘文蔡	局　长	1994.8—2001.9	刘文蔡	党委书记	1994.10—2001.8
林在育	副局长	1996.11—2001.12	何建华	党委副书记 纪委书记	1999.12—2001.12
陈隆信	副局长	1999.5—2004.9	胡苏朝	党组书记、党组副书记、 机关党委书记	2001.12—2007.12 2007.12—2009.12 2002.3—2008.12
项　健	局　长	2001.9—2007.9	项　健	党委副书记 党组副书记	2001.8—2001.12 2001.12—2007.9
高初明	副局长	2002.3—	李丽云	纪检组长 机关党委副书记	2001.12—2004.3 2002.3—2004.10
潘建龙	副局长	2004.9—	郭锦羽	纪检组长	2004.9—
叶法明	副局长	2004.11—2007.9	郭锦羽	机关党委副书记 机关党委书记	2004.10—2008.12 2008.12—
徐瑞祥	副局长	2006.8—2010.1	李美顺	党组副书记 党组书记	2007.9—2007.12 2007.12—2010.1
张朝晖	副局长	2007.8—	朱根仁	机关党委副书记	2008.12—
李美顺	局　长	2007.9—2010.1	周瑞琛	党组书记	2010.1—
周瑞琛	局　长	2010.1—			

松阳县交通局 局址西屏镇新华路76号。1982年1月复置松阳县,5月,县交通局成立,暂设钟楼路县运输公司原址办公。1987年底,在新华路76号建成的工交办公大楼投入使用,县交通局办公楼位于南楼,共有办公楼、3层宿舍楼以及车库等用房。2010年,局机关设办公室(含计财)、工程科、运输科(交通战备办公室),有行政编制10人,办公楼建筑面积958.3平方米。

县交通局是主管全县公路和水路交通行业的县政府职能部门,在县政府和市交通局领导下,开展水陆交通运输方面的各项工作。

2011年5月,经县编批复,同意松阳县交通局更名为松阳县交通运输局,将县交通局的职能和县建设局城市客运管理职责整合划入县交通运输局,不再保留松阳县交通局。

表124 **1991—2010年松阳县交通局历届领导人名录**

行政领导			党组织领导		
姓名	职务	任职	姓名	职务	任职
叶连旺	局长	1987.7—1992.4	叶连旺	党委书记	1987.7—1992.4
叶明亮	副局长	1987.7—1991	徐发林	党委副书记	1992.4—1993.6
张显祖	副局长	1987.8—1993.6	王大伟	纪检委书记	1992.4—1993.8
徐发林	副局长	1992.4—1993.6	毛宗龙	纪检委副书记	1993.8—2001.10
赖祖标	副局长	1992.8—1993.2	叶龙法	党委书记 党组书记	1993.6—2001.10 2001.10—2003.6
叶新朗	副局长	1993.4—2001.10	叶新朗	党组副书记	2001.11—2003.6
叶龙法	局长	1993.6—2003.6	叶新朗	纪检组长	2001.10—2006.5
周永跃	副局长	1993.6—1998.5	毛宗龙	党组书记	2003.6—2008.12
毛建南	副局长	1998.5—2001.9	夏志明	党组副书记	2003.6—2010.2
毛宗龙	副局长	1999.5—2003.6	夏志明	纪检组长	2006.6—2010.2
谢松华	副局长	2001.9—2010.10	阙晓明	党组书记	2009.1—
邵建仁	副局长	2001.9—2010.10	汤海滨	纪检组长	2010.12—
毛宗龙	局长	2003.6—2008.12			
吴宝田	副局长	2003.6—2007.7			
江东明	副局长	2006.3—2007.12			
徐金坤	副局长	2007.6—2009.9			
张新忠	总工程师	2007.6—2009.9			
阙晓明	局长	2008.12—			
方建来	副局长	2010.6—			
金赟苑	副局长	2010.9—			

云和县交通局 局址1995年从云和镇城北路23号迁至红光路1号。1978年2月成立，1984年6月与景宁县分设交通局。

交通局是县政府主管交通的职能部门，业务接受丽水市交通局指导，负责全县水、陆交通规划、建设、管理和养护工作及2009年之前水、陆规费稽征。内设机构有办公室(含财务)、工程科、运管科、渡口办公室，共有干部职工24人。

2011年10月27日，云和县委〔2011〕12号文：组建云和县交通运输局，将县交通局职能和县建设局城市客运管理职责整合划入县交通运输局，不再保留县交通局。

表125 **1991—2010年云和县交通局历届领导人名录**

行政领导			党组织领导		
姓名	职务	任期	姓名	职务	任期
杨大杨	副局长	1989.7—1993.7	杨大杨	副书记	1990.7—1993.2
朱康茂	副局长	1990.7—1993.3	杨大杨	党组书记	1993.2—1996.10
杨大杨	局长	1993.7—1996.10	胡坚	纪检组长	1993.9—1996.10
胡坚	副局长	1993.7—2001.12	刘世平	党组书记	1996.10—2005.4
刘世平	副局长	1993.11—1996.10	陈锡金	纪检组长	1996.10—2007.5
陈吉郎	副局长	1996.10—2006.1	江乃华	党组书记	2005.4—2009.1
刘世平	局长	1996.10—2005.7	肖希荣	纪检组长	2007.6—
陈旭彪	副局长	2000.9—2009.12	王丽荣	党组书记	2009.6—
周和平	副局长	2003.2—2003.12			
张文东	副局长	2004.3—2010.7			
张荣森	副局长	2005.7—2006.12			
江乃华	局长	2005.7—2009.1			
叶建华	副局长 总工程师	2005.8—2009.11			
季银环	副局长	2006.1—			
王丽荣	局长	2009.6—			
宋建荣	副局长	2010.3—			
陈智明	副局长	2010.3—			
刘光洪	副局长	2010.8—			

庆元县交通局 局址松源镇松源街6号。1994年4月6日,在松源街6号动工建设局机关新大楼,12月31日竣工,局机关从原址松源镇庆元大桥北端搬入新大楼办公。

县交通局是主管全县公路交通运输行业的县政府直属部门,业务上受市交通局指导。负责全县公路交通运输规划设计、建设、管理和养护以及公路规费稽征等。内设机构有办公室、建管科、行政许可科(原工程科)、法制科、交通安全科。2009年底在职干部职工12人,借用11人。

2012年4月27日,县政府办公室根据丽水市委办公室、市政府办公室丽委办〔2011〕37号文,将庆元县交通局更名为庆元县交通运输局。同日,启用庆元县交通运输局印章,停用庆元县交通局印章。庆元县交通运输局职能包括原庆元县交通局职能和建设局城市客运管理之职责。

表126 **1991~2010年庆元县交通局历届领导人名录**

行政领导			党组织领导		
姓名	职务	任期	姓名	职务	任期
曹律	局长	1984.1—1993.6	曹律	党组书记	1991.7—1993.6
杜国其	副局长	1988.2—1993.6	吴华赞	纪检组长	1993.8—1995.3
徐启荣	副局长	1988.10—1993.6	彭荣根	党组副书记	1995.3—1996.10
张成林	副局长	1990.6—1992.2	彭荣根	纪检组长	1995.3—1998.9
吴华赞	副局长	1993.3—1995.3	彭荣根	党组书记	1996.10—2000.11
吴荣	副局长	1993.3—2003.6	杜国其	党组副书记	1996.10—2001.12
杜国其	局长	1993.7—2001.12	蔡竹聪	纪检组长	1998.9—2002.4
彭中	副局长	1996.10—2004.12	郑胜光	党组书记	2000.11—2007.3
郑胜光	副局长	2000.11—2007.4	揭德长	党组副书记	2001.12—2004.8
揭德长	局长	2001.12—2004.9	叶新发	党组副书记	2001.12—2003.6
蔡竹聪	副局长	2001.12—2002.4	叶新发	纪检组长	2001.12—2003.6
吴治高	副局长	2002.8—2010.9	吴荣	党组副书记	2003.6—2006.7
叶新发	副局长	2003.6—2005.10	吴荣	纪检组长	2003.6—2005.12
彭中	局长	2004.12—	彭中	党组副书长	2004.11—2007.7
周显文	副局长	2004.12—	吴国兴	党组副书长	2006.7—
吴新清	总工程师	2006.7—2007.9	彭中	党组书记	2007.7—
薛力群	副局长	2006.11—	柳昌杨	党组副书记	2007.7—
柳昌杨	副局长	2007.7—	毛守亲	纪委派主任	2010.6—
吴新清	副局长	2007.9—			
吴治高	总工程师	2010.9—			

景宁畲族自治县交通局 局址鹤溪镇建设路8号。1984年成立景宁畲族自治县后设立。原址鹤溪镇庆春路7号，建有4层楼房2幢，1986年6月投入使用。

县交通局是县政府主管全县交通运输的部门，业务上受丽水地区（市）交通局指导。主要职责是负责全县水陆交通建设、管理和养护工作；路政、航政管理、规费稽征、陆路水上安全生产等事项。2010年内设机构有办公室、计划财务科、工程科、运安科（交战办）、法制和行政审批科、农村公路管理办公室以及下设的交通建设管理所、交通建设工程试验检测中心等，有干部职工20人。

1994年9月9日，位于鹤溪镇建设路8号的5层综合办公大楼落成投入使用，建筑面积1383平方米。

2011年8月26日，根据景宁县政府办公室景政办发〔2011〕85号文件，县交通局更名为县交通运输局。县交通局的职能和县建设局城市客运管理职责整合划入县交通运输局，不再保留县交通局。

表127 **1991~2010年景宁县交通局历届领导人名录**

行政领导			党组织领导		
姓名	职务	任期	姓名	职务	任期
叶瑛	副局长	1988.8—1991.3	陈清	党组书记	1989.6—1998.10
严振汤	副局长	1989.3—1991.3	陈清	纪检组长	1991.4—1993.10
陈清	局长	1989.3—1998.11	陈晓谷	纪检组长	1993.10—1996.2
叶彪	副局长	1991.3—2002.2	叶方海	纪检组长	1996.3—2000.4
陈建校	副局长	1992.3—1993.1	纪岩英	党委书记	1999.4—2005.12
陈晓谷	副局长	1993.6—1996.2	程起进	纪检组长	2000.4—2003.6
叶方海	副局长	1996.2—2004.4	余晓军	纪检组长	2003.6—2006.8
纪岩英	局长	1999.4—2005.12	叶常萌	党组书记	2005.12—2007.1
华少良	副局长	2000.4—2002.4	陈海峰	党组书记	2007.1—
程起进	副局长	2000.4—2003.6	彭清	党组副书记 纪检组长	2007.9—
徐建强	副局长	2003.6—2010.8			
余晓军	副局长	2003.6—2006.5			
陈海峰	副局长	2004.4—2007.1			
叶常萌	局长	2005.12—2007.2			
潘美林	副局长	2006.5—			
陈海峰	局长	2007.2—			
梅晓春	总工程师 副局长	2003.6—2008.11 2007.9—2008.11			
项秀梅	副局长	2008.11—			
任贵慧	副局长	2009.11—			
严益贵	总工程师	2009.11—			

第二章 职能机构

市级交通职能机构有公路管理、运输管理、港航管理等机构以及交通规划设计院、紧石电站船筏过坝管理处、市交通工程质监站、收费站、工程监理等单位,在市交通局领导下,各司其职。

市属9县(市、区)职能机构有公路管理局、运输管理所、港航管理所等局属机构,在市、县(市、区)交通部门领导下,负责本部门的行业工作,为发展交通运输业发挥作用。

第一节 公路管理职能机构

公路管理机构

丽水市公路管理局

丽水市公路管理局位于丽水市区灯塔街194号,系全民所有制副县级事业单位。前身是丽水养路段,始建于1952年7月。1964年8月,成立丽水养路段。1964年9月25日,省交通厅交政字〔1964〕第20425号文,公布成立丽水运输段和丽水养路总段。丽水养路总段于11月1日正式成立并开展工作, 全衔为“浙江省交通厅丽水养路总段”,1971年2月28日撤销。1977年11月设立丽水地区公路总段,1989年5月19日交通体制下放,改称丽水地区公路管理处,受省公路管理局、地区交通局双重领导。9县(市)公路管理段隶属地区公路管理处。1991年初全区有专业养路职工1243人,其中处机关69人。负责全区主要干线公路和部分县乡公路的专业养护管理工作。1999年11月26日,根据丽水地区部署丽署〔1999〕26号文件精神,为理顺关系,完善体制,公路管理实行“条块结合,以县(市)为主”的体制,各公路段成建制划归各县(市)交通局管理。

2000年7月1日撤地建市后改称丽水市公路管理处。2001年根据省交通厅浙交〔2001〕295号文件精神,在市公路管理处增挂“丽水市公路路政管理支队”牌子,实行两块牌子,一套领导班子,合署办公。

2002年12月5日,在老办公楼地址,动工重建1幢高6层新办公大楼。由丽水市建筑规划设计院设计, 浙江省第一建筑公司承建,2004年6月25日竣工验收。建筑面积4736平方米,投资820万元,2004年7月6日启用。

2010年6月2日,丽水市机构编制委员会正式批复,同意丽水市公路管理处更名为丽水市公路管理局,7 月 15 日正式挂牌,仍为全民所有制副县级事业单位,和市公路路政管理支队合署办公,两块牌子,一套领导班子。领导职数:设局长 1 人,党委书记 1 人,副局长 2 人,纪委书记 1 人。

内设机构有办公室、政工(监察)科、财务(审计)科、养工(设备)科、县乡道路科、路政(公安)科、安全科、纪检检察室等 8 个职能科室。下属公路管理机构有直属公路段、直属路政大队、高速公路路政大队、330 国道超限运输检测站,以及龙泉、青田、缙云、遂昌、松阳、云和、庆元、景宁县(市)公路管理局,并对其进行业务指导。2010 年底,全市有在编公路系统干部职工 1030 人,其中局机关工作人员 53 人。其职责是负责全市干线公路建设计划的制订,主要干线公路和部分县乡道公路路政管理,主要干线公路和部分县乡道公路的专业养护管理工作,确保公路畅通。负责创建文明公路,打造“畅、洁绿、美、安全、舒适”的“五型”公路。

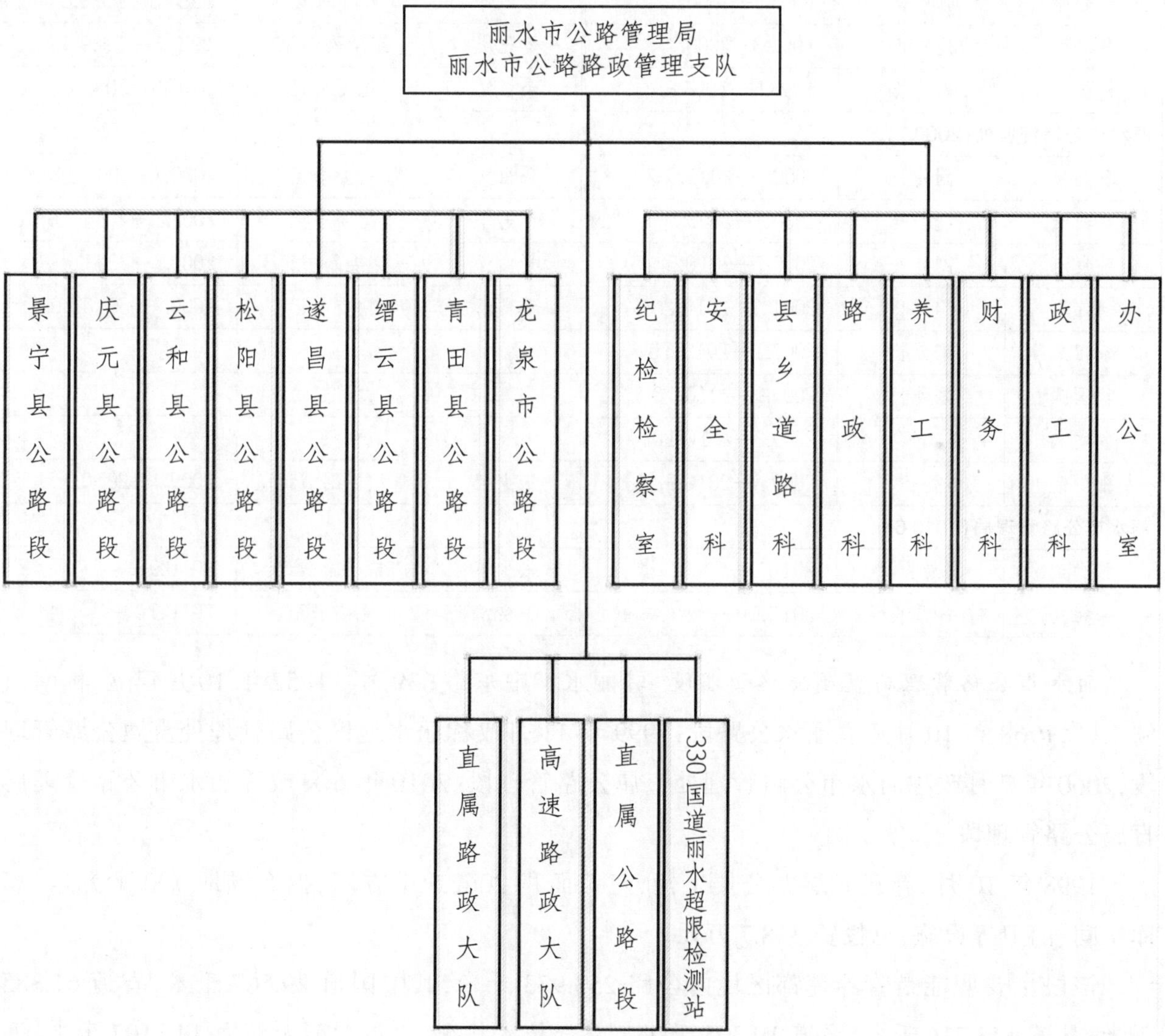

图十一 2010 年丽水市公路管理局体制示意图

表 128 **1991—2010 年丽水地区(市)公路管理局历届领导人名录**

行政领导			党组织领导		
姓名	职务	任期	姓名	职务	任期
丽水地区公路管理处(1991.1—2000.6)					
邹观水	处长	1989.7—1995.3	邹观水	党委书记	1986.3—1995.3
蔡旭锋	副处长	1989.7—1995.3	蔡旭锋	党委书记	1995.3—1995.12
吴贤焯	副处长	1989.7—1991			
曹起邦	副处长	1989.7—1995.9	叶水法	党委书记	1995.12—1998.9
李正明	副处长	1992.3—1999.4	吴丽松	党委副书记	1996.3—2000.6
蔡旭锋	处长	1995.3—1995.12	毛良清(女)	党委书记	1998.10—2000.7
毛良清(女)	副处长	1996.2—2000.7	1984 年 6 月,成立纪律检查委员会		
蒋金松	副处长	1996.2—2000.7	蔡旭锋	纪委书记	1984.6—1986.8
吴丽松	处长	1996.3—2000.7	樊积庆	纪委副书记	1986.5—1989.3
梅德魁	副处长	1996.5—1996.8	余祖文	纪委书记	1992.5—2000.7
丽水市公路管理处(2000.7)					
蒋金松	副处长	2000.7—2001.6	余祖文	纪委书记	2000.7—2001.12
吴丽松	处长	2000.7—2008.7	严志华	纪委书记	2002.1—2010.10
毛良清	副处长	2000.7—2010.5	吴丽松	党委副书记	2000.7—2008.6
何伟军	副处长	2001.9—2010.2	毛良清	党委书记	2000.7—2010.10
余祖文	副处长	2002.1—2010.10			
程国强	副处长	2009.9—2010.10			
曹发文	总工程师	2009.2—2010.10			
张少荣	处长	2009.4—2010.9	张少荣	党委副书记	2009.4—2010.9
丽水市公路管理局(2010.6)					
张少荣	局长	2010.9—	张少荣	党委副书记	2010.9—
余祖文	副局长	2010.10—	毛良清	党委书记	2010.10—

丽水市公路管理局直属公路管理段 驻丽水市中东路 639 号。1952 年 10 月建立,称南山领工区,1968 年 10 月建立丽水公路段,1999 年 11 月改称丽水地区公路管理处直属公路管理段,2000 年 7 月改称丽水市公路管理处直属公路管理段,2010 年 6 月改称丽水市公路管理局直属公路管理段。

1998 年 10 月,新建 6 层办公楼 1 幢,建筑面积 2062.5 平方米,拥有场地 700 平方米、车库 7 间、门卫等设施,总投资 338.7 万元。

该段主要职能是管养莲都区境内公路 253.973 千米,其中国道 29.567 千米,省道 61.385 千米,县道 143.716 千米,乡道 19.305 千米。路面技术状况:水泥混凝土路面 141.107 千米,沥青混凝土路面 111.257 千米,砂石路面 1.609 千米。

2010年底，在职人员99人，其中段部管理人员22人，莲都公路养护中心77人。其设置：1.莲都公路养护中心，下设上岗背、张村、南山、周巷、新亭、茶子棚、西山、庞山、小井、林宅口、双溪、老竹12个公路站；2.路政管理大队办事机构：设路政股，下设上岗背、南山2个中队；3.办公室；4.公路养护技术股。

2012年5月14日，按丽水市编制委员会丽编委〔2012〕35号文件，改称丽水市公路管理局直属分局。

表129　**1991—2010年丽水市直属公路管理段历届领导人名录**

行政领导			党组织领导		
姓名	职务	任期	姓名	职务	任期
薛大山	段长	1989—1996.6	薛大山	书记	1984—1993
潘景飞	段长	1996.7—2004.5	张培新	书记	1993—1996
陈永平	段长	2004.6—2006.6	严国俊	书记	1996—2007
严国俊	段长	2007.7—	钟强	副书记	2007—

表130　**2010年市公路局直属公路段公路养护、施工设备一览**

序号	设备名称	数量	序号	设备名称	数量
1	装载机	3台	16	沥青搅拌除尘设备	1台
2	压路机	5台	17	水泥摊铺机	1台
3	清扫机	1辆	18	搅拌机	3台
4	沥青摊铺机	1台	19	嵌缝机	1台
5	沥青加温设备	2台	20	配料机	1台
6	微型柴油车	3台	21	破碎机	3台
7	中型自卸车	6辆	22	压缩机	1台
8	方向盘拖拉机	12辆	23	内燃平板夯	1台
9	发电机	5台	24	切缝机	1台
10	微型客车	1辆	25	抹光机	1台
11	中型客车	1辆	26	切草机、修剪机	4台
12	中档国产轿车	4辆	27	喷灌机	1台
13	奥迪轿车	1辆	28	油锯	1台
14	柴油车	1辆	合计：原价总值1043.46万元		
15	沥青洒布机	1台			

丽水市县乡公路管理处 前身是地区交通局于1977年建立的道路科,1989年10月6日,改为地区县乡公路管理处,负责全区(市)县乡公路修建计划与养护管理。在丽水市中东路616号院内办公,各县(市、区)设县乡公路管理所,对辖区内的县乡公路进行管理。2002年根据省交通厅《浙江省公路管理体制与运行机制改革的指导意见》精神,实行“两合并”,县乡公路管理机构与公路管理机构和路政机构合并。2003年6月市县乡公路管理处并入市公路管理处,成为该处的县乡道路科。

县(市、区)公路管理机构

莲都区县乡公路管理所 驻丽水市区解放街534号莲都区交通局办公大楼六楼。1990年9月设立,原称丽水市公路管理所,2000年7月更名为莲都区县乡道路管理所,系全额拨款全民事业单位。行政隶属莲都区交通局,业务接受丽水市公路管理局县乡公路管理科指导。主要负责全区范围内县乡公路的管理养护、大中修及路政管理。编制9人,现有10人。全所下辖9个养护站,有养护民工30余人。共计管养县乡公路325千米,其中县道232千米,乡道69千米,专用公路24千米。

表131 1991—2010年莲都区县乡公路管理所历届领导人名录

行政领导			党组织领导		
姓名	职务	任期	姓名	职务	任期
金云泉	所长	1991.5—1992.8	陈木成	支部书记	1996.8—2007.7
梅官仁	所长	1992.8—1995.3	赵守军	支部书记	2007.7—2010.2
君明英	所长	1995.3—1996.7	章跃南	支部书记	2010.2—2010.5
陈木成	所长	1996.8—2007.7			
章跃南	所长	2008.7—2009.7			
杨勇	所长	2010.2—			

龙泉市公路管理局 坐落中市区宫头41号。1989年是丽水地区公路总段下属的龙泉县公路管理段。1990年12月,龙泉撤县设市,更名为龙泉市公路段。1999年11月,丽水地区行署批准地区交通局《关于公路管理体制改革的若干意见的通知》,实行条块结合,以县(市)为主的管理体制,龙泉公路段下放龙泉市管理,隶属龙泉市交通局。2002年8月,根据浙江省交通厅公路养护体制两合并改革方案,龙泉市县乡公路管理所并入龙泉公路段,成立龙泉市公路管理段。2010年12月24日,龙泉市编制委员会龙编委〔2010〕25号文件批复,同意将龙泉市公路管理段更名为龙泉市公路管理局,下设机构和职能不变。

龙泉市公路管理局与龙泉市公路路政管理大队合署办公,实行两块牌子,一套领导班子。依法从事公路养护管理工作,同时承担路面改造、水毁抢修等职能。建有砖混结构3层办公楼

1幢。龙泉市公路管理局下设办公室、计划财务、养护、工程、县乡道路、安全、路政7个股室和豫章、八都、村头3个路政中队,1个公路养护中心。养护中心有14个公路养护管理站和59个县乡公路养护道班,担负市境内738.248千米公路养护管理。

全局有干部职工272人,各类养护机械设备价值1460万元。

表132 **1989—2010年龙泉市公路管理局历届领导人名录**

行政领导			党组织领导		
姓名	职务	任期	姓名	职务	任期
赵树基	段长	1985.6—1994.10	季良茂	段总支部书记	1988.2—1998.12
夏雨林	段长	1994.10—1996.12	夏雨林	段总支部书记	1998.12—2001.7
蒋力生	段长	1996.12—1999.12	杜陈元	段总支部书记	2001.7—2007
杜陈元	段长	1999.7—2007.6	徐敏勇	段总支部书记	2007—
徐敏勇	段长	2007.6—			

青田县公路管理局 位于鹤城镇鹤城东路18号。2002年与县县乡公路管理所合并,实现"管养分离,事企分开",建立新的全民事业性质的公路管理机构。青田公路管理段与县公路路政管理大队实行两块牌子,一套班子,合署办公。内设行政办公室、养护工程科、海口路政中队、县乡路政中队和城郊路政中队。同时组建具有独立法人资格的青田县公路工程养护有限公司。该局承担县境内国道72.789千米(330国道小峙至风化段)、省道72.624千米(49省道温溪至船寮镇黄言村段和57省道青田石郭至文成交界)、15条县道241.6千米公路的养护、路政管理工作;其他乡道年每千米补助800元,由当地乡镇政府管养。

2010年9月13日,经县编委同意更名为青田县公路管理局,其下设机构和职能不变。

表133 **1989—2010年青田县公路管理局历届领导人名录**

行政领导			党组织领导		
姓名	职务	任期	姓名	职务	任期
程尧波	段长	1994.12—1995.5	牛洪美	支部书记	1988.1—
尹迎松	副段长 段长	1988.1—1995.6 2000.7—2000.11	程尧波	支部副书记	1988.1—1991.3
季宋平	段长	2000.11—2001.2	尹迎松	副书记 书记	1991.3—1992.1 2001.3—2008.12
麻权波	段长	2005.2—	程尧波	支部书记	1993.3— 2000.7—2001.3
			厉永华	支部书记	2008.12—

缙云县公路管理局 位于五云镇溪滨北路201号。成立于1968年,前身为缙云县公路养路段。1991年10月,为丽水地区公路管理处缙云公路管理段,下设办公室、养护科、工程科、公路路政管理大队。2010年5月3日,经县编委批复,同意更名为缙云县公路管理局,内设机构不变。负责县境内国省道、县乡道、村道共1373.804千米公路的管养任务。

2002年,开始实行公路管理体制改革,全面推行以"两合并、两分开、一加快"为主要内容的公路管理体制和运行机制改革,即公路管理机构与县乡公路管理机构合并、公路管理机构与路政管理机构合并,设立统一、高效的公路管理机构;将公路管理与养护生产分开,事业与企业分开。把养护管理中生产性和经营性部分剥离出来,按市场化运作方式组建养护公司,引入企业经营机制,使养护公司成为自主经营、自负盈亏的养护实体;加快公路养护市场化进程,养护公司通过招投标获得养护工程,公路管理机构对养护实体实行合同管理,计量支付养护资金,逐步建立起公平竞争、规范有序的公路养护市场。

表134 **1991—2010年缙云县公路管理局历届领导人名录**

行政领导			党组织领导		
姓名	职务	任期	姓名	职务	任期
李振利	段长	1991—1998.5	陈设文	支部书记	1983.7—1991.12
潘桂法	段长	1999.7—2009.4	王国清	支部书记	1991.12—2001.12
饶小雷	段长	2009.4—	应水云	支部书记	2001.12—2009.12

遂昌县公路管理局 位于妙高镇北街君子路21号,是管养全县公路的业务职能部门,副科级单位,和遂昌县公路路政管理大队合署办公,两块牌子,一套班子。下设办公室、工程养护科、县乡养护科、财务科、路政科、大柘路政中队、新路湾路政中队、城郊路政中队。有正式职工45人,合同制临时工11人,下属养护公司58人。

该局前身为碧游公路段,1968年改称遂昌公路段,直属丽水地区公路管理处。1999年底体制改革成建制下放遂昌县,更名为遂昌县公路管理段,2002年管理体制进一步深化,遂昌县县乡公路管理所并入县公路管理段,组建公路养护公司,实行管养分离、事企分开,公路管理部门与养护公司实行合同管理、计量支付。2010年10月25日,经县编委发文同意更名为遂昌县公路管理局,为副科级事业单位,下设科室不变。

该局主要负责县境内省、县道679.398千米的管养及全县公路的养护计划编制,省道及县乡道的改建和大中修工作,指导农村公路养护管理,制止和处理公路违法、违章行为,整治超限运输,维护路产路权,保障公路安全畅通。对由各乡镇养护管理的889.454千米的乡道、村道负责考核、监督，并根据考核结果拨付养护资金，同时给予养护管理技术指导。

表 135 **1991—2010 年遂昌县公路管理局历届领导人名录**

行政领导			党组织领导		
姓名	职务	任期	姓名	职务	任期
蔡国恩	段长	1989.1—2001.9	厉玉琪	支部书记	1989.1—1992.3
叶法明	段长	2001.9—2007.9	鲁之平	支部书记	1992.3—2006.12
吴瑾秋	段长	2007.9—2010.10	张毅	支部书记	2006.12—
吴瑾秋	局长	2010.10—			

松阳县公路管理局 位于西屏镇长虹东路 178 号。1999 年 11 月，丽水地区行署〔1999〕26 号文件批准地区交通局《关于公路管理体制改革的若干意见的通知》，公路管理实行“条块结合，以县(市)为主”的体制，松阳县公路段划归县交通局管理，改称松阳县公路管理段，有在职职工 88 人，退休职工 41 人。2002 年底管理体制进一步深化，松阳县县乡公路管理所并入县公路管理段，成立专业养护公司—— 松阳县三鑫工程有限公司，隶属松阳县交通局管理，2008 年改属县公路管理段管理。

2010 年 12 月底，松阳县编委批复同意松阳县公路管理段更名为松阳县公路管理局。内设机构有办公室、养护管理科、工程管理科、农村公路管理科、计划财务科、路政管理科、桥隧安全科，全局有在编事业编制 39 人。

松阳县公路管理局受丽水市公路管理局、松阳县交通局双重目标责任考核。

表 136 **1991—2010 年松阳县公路管理局历届领导人名录**

行政领导			党组织领导		
姓名	职务	任期	姓名	职务	任期
鲁之平	段长	1991.3—1992.3	张忠义	支部书记	1989.9—1992.3
何宇飞	段长	1999.7—2005.8	王松华	支部书记	1992.3—2001.4
方建来	段长	2005.8—2010.4	王家权	支部书记	2004.7—
潘建业	局长	2011.1—	王家权	支部书记	2011.3—

云和县公路管理段 始驻云和镇红光路 222 号。1999 年 11 月，根据丽水地区部署丽署〔1999〕26 号文件精神，云和公路管理段改由地方管理，为云和县交通局下属机构，业务受丽水

地区(市)公路管理处指导。

2002 年,根据省交通厅〔2002〕67 号文件和丽水市交通局〔2002〕130 号文件精神,云和公路管理段开展公路管理养护体制改革,是年 12 月 20 日,实现了公路管理机构与县乡公路管理机构合并,管理与养护分开、事业与企业分离的“两合并、两分开”的体制改革,组建云和县永盛公路养护工程有限公司。内设办公室(含财务)、养工股、路政大队,共有干部职工 35 人。

该局主要职责是负责辖区内省、县、乡公路的专业养护、维修、改造、绿化、路政管理,确保境内公路畅通、安全、洁、美;负责设置公路交通标志和安全设施;开展文明公路建设。

2011 年 1 月 11 日根据云和县编云编制委员会〔2011〕5 号文,批复同意云和县公路管理段更名为云和县公路管理局,内设机构及职责不变。

表 137 **1991—2010 年云和县公路管理段历届领导人名录**

行政领导			党组织领导		
姓名	职务	任期	姓名	职务	任期
吴秀文	段长	1990.6—1995.6	王兆民	支部副书记	1988.6—1994.1
赵常山	段长	1996.6—1999.6	王兆民	支部书记	1994.1—1994.9
张启敏	段长	1999.6—2003.2	朱志杰	支部副书记	1994.9—1997.12
陈吉郎	段长	2003.2—2004.10	章首明	支部副书记	1994.9—2000.7
王克伟	段长	2005.9—	章首明	支部书记	2000.8—

庆元县公路管理段 位于松源镇松源街 8 号,是管养全县公路的业务职能部门,副科级事业单位。1990 年 10 月,庆元县公路路政管理队(后改称路政大队)成立后,和县公路路政管理大队合署办公,两块牌子,一套班子。下设办公室、养护股、工程股、路政管理股、县乡公路管理股。路政大队下设新窑、荷地 2 个中队。公路段管理人员编制 44 人,其中段领导 4 人、中层干部 16 人、专职路政人员 18 人、一般管理人员 6 人。

2002 年 12 月,根据省交通厅〔2002〕67 号文件和丽水市交通局〔2002〕130 号文件,公路段开展公路管养体制改革,实行县公路管理段与县乡公路管理所合并,管理和养护分开,事业与企业分离,成立养护中心。

改制后的县公路管理段主要负责辖区内省、县、乡道公路的专业养护、维修、改造、绿化、路政、文明公路创建等,确保道路畅通。

2010 年管理里程 1451 千米,其中省道 153.866 千米,县道 353.603 千米,乡道 102.683 千

米,专业公路4.262千米,村道836.223千米。

2011年1月7日,庆元县编制委员会庆编委〔2011〕11号文批复同意县公路管理段更名为庆元县公路管理局。

表138　1991—2010年庆元县公路管理段历届领导人名录

行政领导			党组织领导		
姓名	职务	任期	姓名	职务	任期
周坚民	段长	1988.2—2000.10	陈孟兴	支部书记	1988.2—1994.8
彭中	段长	2000.11—2004.12	周坚民	支部书记	1994.9—1998.12
薛力群	段长	2004.12—	吴杭旭	支部书记	1998.12—2009.12
			毛传宝	支部书记	2010.1—

景宁畲族自治县公路管理局　驻鹤溪镇金仙桥西189号。1999年12月,公路体制由原来的条管下放到县管,为全民所有制副科级事业单位,并更名为景宁畲族自治县公路管理段。根据省交通厅《关于公路管理体制改革的指导意见》和景宁畲族自治县人民政府《关于县公路管理体制与运行机制改革方案的批复》精神,同年12月完成"两合并、两分开"改革,县乡公路管理所和县乡路政队并入县公路段·县路政大队,实行"事企分离、管养分开",成立"县养护工程公司"。

县公路管理局和路政管理大队,两块牌子,一套领导班子,合署办公。下设办公室、养护股、工程股、安全综合股、景宁路政中队,东坑路政中队和养护工程公司,核定管理人员42人,其他51人(事业身份)归属县养护工程公司,负责县境内省道、县乡道共计632.862千米公路的管养任务,同时对1250.758千米村道养护实行指导和核实监督。

2010年10月14日,景宁县编委批复同意更名为景宁畲族自治县公路管理局。

表139　1991—2010年景宁县公路管理局历届领导人名录

行政领导			党组织领导		
姓名	职务	任期	姓名	职务	任期
潘长友	段长	1985.1—1994.1	潘长友	支部书记	1985.1—1993.3
赵常山	段长	1994.10—1995.1	刘金法	支部书记	1993.5—2000.3
华少良	副段长	1995.6—1998.12	徐建强	支部书记	2000.3—2001.9
华少良	段长	1998.12—2000.4	夏德福	支部书记	2001.9
徐建强	段长	2000.4—2010.8			
徐关铭	局长	2010.9—			

公路路政管理机构

丽水市公路路政管理支队

2008年5月，根据省公路管理局要求，建立丽水市公路路政管理支队（简称“市路政支队”）。龙泉、青田、缙云、遂昌、松阳、云和、庆元、景宁8县（市）设路政大队，与县（市）公路管理局合署办公，业务上接受市路政支队指导。

市路政支队与市公路管理处合署办公，两块牌子，一套领导班子。办公地点在丽水市灯塔街194号丽水市公路管理处二楼。路政管理工作职责：许可挖掘、占用、利用公路的申请事项，制止和查处破坏、损坏或者非法占用公路的行为；许可超限运输申请事项，制止和查处违法超限运输行为；管理公路附属设施的设置和维护；管理公路两侧建筑控制区；管理公路施工秩序；参与公路工程中涉及路政管理事项的设计审查、竣工验收；实施公路路政巡查；法律、法规规定的其他职责。

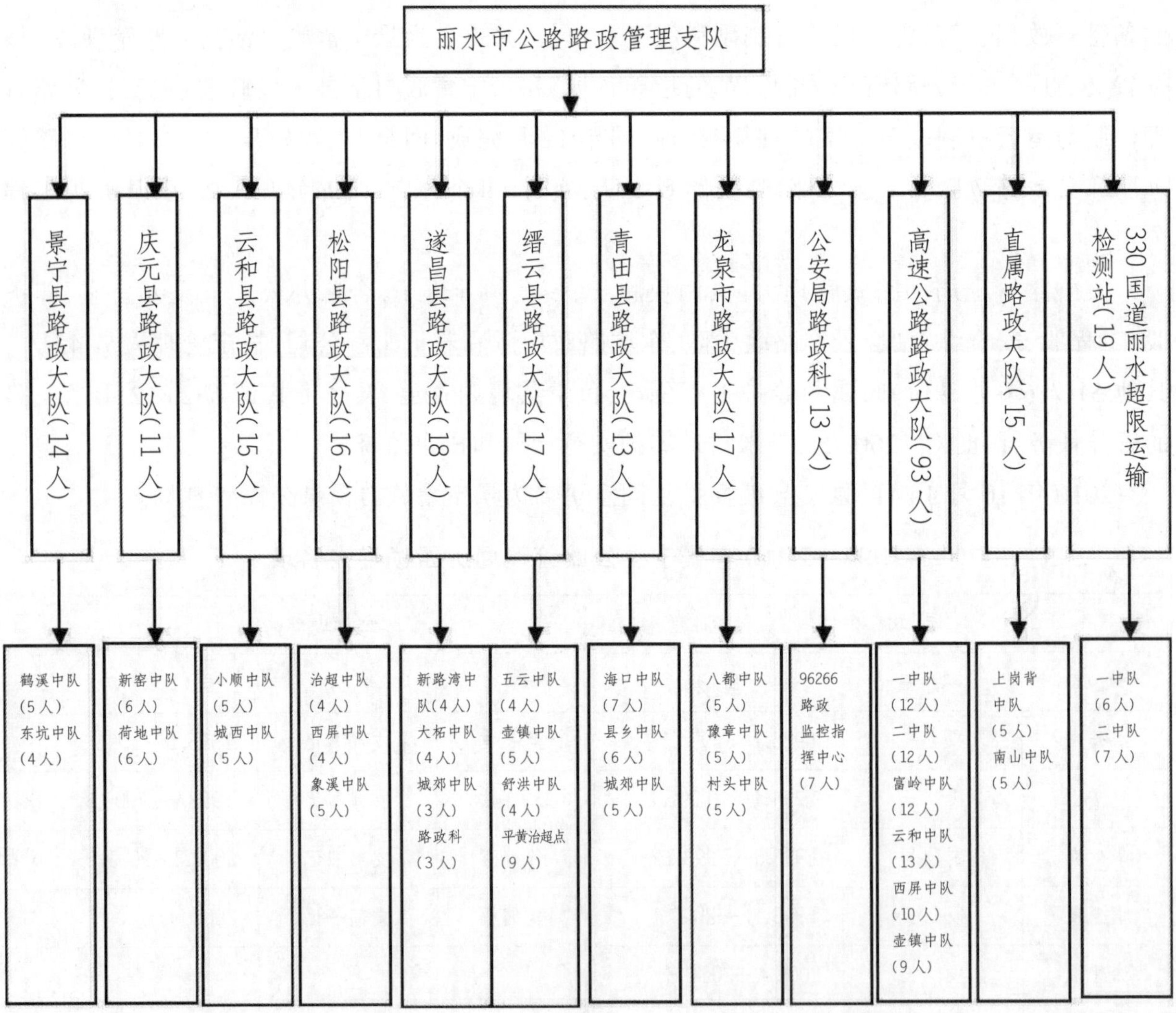

图十二　2010年丽水市公路路政管理机构及人员示意图

丽水市公路路政管理支队直属路政大队 位于莲都区吕埠坑桃山桥头南。1990年11月成立。办公大楼面积400平方米。大队下设1个路政股、2个中队(南山中队6人、上岗背中队6人)、1个办事窗口,共有执法人员15人。主要担负莲都区境内国、省道、部分县乡道和收费公路共计273.973千米的路政管理职责。其中330国道29.567千米、省道S328(53)、S222(50)、S222莲都新建段、S333(49)共81.385千米,县道143.716千米,乡道19.305千米,市绕城公路26.4千米以及丽龙高速富岭连接线5.94千米。

市公路管理局直属公路管理段与直属路政管理大队采用“两块牌子、一套领导班子”模式,在市公路管理局、路政支队统一领导下,严格做到依法治路,维护路产路权;加强对辖区公路的巡查:国省道每天不少于2次,县乡道每周不少于2次,确保道路畅通无阻。

丽水市高速公路路政管理大队 驻莲都区水阁街道绿谷大道6号。2002年2月21日,经市编委同意,设立金丽温高速公路路政大队。2006年9月21日,更名为丽水市公路路政管理支队高速公路大队,下设2个中队,为科级自收自支事业单位,隶属于丽水市公路路政管理支队。随着“两龙”、台金高速公路建成通车,增设4个中队。中队下设办公室、法制科、6个中队(一中队、富岭中队、二中队、云和中队、西屏中队和壶镇中队),每队配有巡查车,管理所辖路段。承担金丽温高速公路、“两龙”高速公路、台金高速公路丽水市境内段共计328.711千米的路政管理工作。2010年有正式路政队员94人,其中协管员24人。2013年,云景、龙庆高速公路开通后,增设龙泉中队,全大队共有工作人员98人,其中正式路政队员70人。管辖里程397.470千米。

高速公路路政管理大队办公大楼

2003年4月沈建华任副大队长,2006年3月任大队长。2006年3月单建国任副大队长。2007年11月陈建海任副大队长。

大队成立以来,坚持“以路为体、以人为本”的工作中心,依法行使路政管理职责:宣传、贯彻路政法规,依法保护路产路权,维护业主(经营者)合法权益;路政巡查,制止和查处各种破坏路产行为,确保公路完好畅通;管理高速公路两侧建筑控制区;负责超限运输、广告设置审批和管理以及标志标线、养护及施工作业现场管理、监督检查等。

表 140 **2013 年底丽水市高速公路路政大队各中队管辖路段一览表**

单 位	队员(人)	管 辖 路 段	地 址
大队部	20		莲都区水阁埠店(绿谷大道 6 号)
一中队	9	G25 长深线缙莲段(包括富岭互通)K2555+232~2627+658,计 72.426 千米	莲都区水阁埠店(绿谷大道 6 号)
二中队	10	温丽高速公路青莲段 K45+558~115+468,计 69.910 千米	青田海口收费所内
云和中队	10	G25 长深线丽龙段 K2627+658~K2688+901、云景高速 K0~K12+133,计 73.376 千米	云和石塘收费所内
西屏中队	8	龙丽高速公路 K71+854~K156+692(包括北埠互通),计 84.838 千米	松阳古市收费所内
壶镇中队	9	S28 台金高速公路缙云段 K128+700~K146+100,计 17.400 千米	缙云壶镇收费所内
龙泉中队	9	G25 长深线龙泉市安仁—浙闽收费站 K2688+901~K2768+421,计 79.520 千米	龙泉查田隧道管理所内
机动中队	7	主要负责丽水境内高速公路的违法超限运输车辆的查处、突发事件的应急处置等工作	莲都区水阁埠店(绿谷大道 6 号)
合计	82	397.470 千米	

路政监控指挥中心　2008 年 5 月,根据浙江省公路管理局要求,建立丽水市路政监控指挥中心,负责接听各类来电和对全市路政队伍进行统一调度指挥,实行对 330 国道丽水超限运输检测站全天候监控。有接听监控员 7 名,分 4 班运作。在全市路政车上安装 GPS 监控系统,并在全市公路上安装 96266 电话联系牌。自 2008 年 5 月至 2010 年 12 月 30 日止,共接听电话 8041 起,其中报案 1657 起,咨询 2927 起,投诉 48 起,求助 50 起,转兄弟市路政监控中心 17 起,涉及相关部门 550 起,其他相关电话 2792 起,每次来电均得到妥善处理。

金丽温高速公路丽水联合治超检查点　位于长深线缙丽段丽水(西)进出口处。成立于 2004 年 6 月,工作人员由路政、交警及业主共同派员组成,主要负责进出高速公路超限车辆的治理工作。按照分工,路政部门负责超限车辆的处罚,对超限货物进行卸载并对卸载过程进行全程监管;交警部门负责拦车,并维持治超点的治安秩序;业主高速公路管理处主要负责协助及做好后勤保障工作。

治超工作主要由丽水市高速公路路政大队一中队及富岭中队负责开展。2010 年有路政人员(含协管员)78 人。办公地点设在莲都区水阁街道埠店村。

2004年6月—2010年12月31日,共查处超限车辆5095辆,卸货物6.82万吨,收取公路赔(补)偿费87.19万元。

330国道丽水超限运输检测站 位于莲都区风化村。2007年4月7日,丽水市编委根据浙江省人民政府《关于设置超限运输车辆检测站的批复》(2001年12月30日,浙政函〔2001〕275号),发文(丽编委〔2001〕19号)批准,于2007年7月31日登记设立,是浙江省人民政府批准的全省21个超限运输检测站之一,为市公路管理处·市公路路政管理支队下属事业单位。主要职责是:依法查验超限运输通行证,检测车辆外廓尺寸及总载质量、轴载质量等,查处和纠正超限运输违章行为;负责组织超限车辆的货物卸载和保管卸载货物;负责检测站设施、设备的管理和维护以及超限运输管理中各类数据的收集、整理和上报,提供超限运输动态信息等。

站房于2000年6月动工建设,2010年12月竣工验收。占地面积1.33公顷(20亩),总建筑面积2482.96平方米,绿地面积3900平方米。站内设1个综合办公室,2个治超中队,1个案件处理室,有专职路政员20名,协管员10名,实施2个中队4班运转,24小时监控。站内配有执法车7辆,高低速结合智能检测系统(DCS-H)、动态称重仪各2套,OA办公自动化系统、治超监控系统3大系统齐全。

2008年1月27日,检测站正式启动治超工作,至2010年12月30日共检测车辆30487辆,其中超限车辆1100辆,卸载车辆1097辆,卸货物10206.5吨,收取公路赔(补)偿费260.73万元。其中2010年度检测车辆21351辆。内超限车辆746辆,卸载746辆、5114.6吨,收取赔(补)偿车168辆,计6.04万元。行政处罚746辆,收取罚款182.10万元。

超限运输检测点,2004年6月14日,省政府浙政函〔2004〕93号,批准增设:50省道松阳联合检查点、53省道龙泉联合检查点、平黄公路缙云联合检查点。

S222 (50)省道松阳联合检查点,位于松阳县50省道龙丽线K85+300处,隶属松阳县路政大队。租地1公顷(15亩),年租10万元,盖简易办公用房3间,会议室1间,卸货仓库7间,厨房、门卫等设施,投入建点经费60万元。由治超中队组织实施,由松阳县路政大队路政员轮换上班,协管员3名,实行3班制作业,电脑24小时监控。内设固定称重仪1套,携式超限检测仪2套,公务小车2辆。于2004年6月1日开通检测。2010年度,检测车辆5326辆,内超限车辆200辆,卸载198辆、2199.1吨,收取赔(补)偿车200辆、1.63万元;行政处罚200辆。

S328(53)省道龙泉联合检查点,位于龙泉市大沙村(53省道丽浦线K121+500)处,隶属龙泉市路政大队。租用土地0.2公顷(3亩),设有简易办公用房6间、宿舍6间,卸货仓库200平方米,投入建点经费40万元,由龙泉市路政大队路政员轮换上班,分3班作业。设置固定称重仪1套,携式超限检测仪3套,电脑24小时监控。自2004年6月20日~2010年12月30日,共查处超限车辆2005辆,其中卸载1859辆、卸货物1.08万吨,收取罚款6.66万元。超限率从治超前的90%下降到2.44%。

平黄公路缙云联合检查点，位于平黄公路K22+650，隶属缙云县路政大队。租用私人停车场0.2公顷(3亩)，内设办公室、休息室、宿舍、厨房等设施，投入建点经费72万元。固定路政员6名，3班制作业。内设固定称重仪1套，携式超限检测仪3套。2004年6月1日开通。2010年，共检测车辆44531辆，内超限车辆3796辆，卸车3368辆，卸货物5.67万吨，行政处罚73辆。

第二节 公路运输管理·公路稽征机构

丽水市公路运输管理处·公路稽征处·车辆购置附加费征收管理办公室

丽水市运管稽征处·车辆购置费征收办公室位于丽水市区中东路616号（紫金新村1号），系行政执法类副县级事业单位。其前身是1979年10月成立的丽水地区跨省运输管理办公室，在地区交通局内和综合运输组合署办公。1981年4月，改为公路运输管理处，为科级事业单位。1985年9月，与地区车辆监理所合并成立丽水地区交通监理处。1987年9月，根据国务院《关于交通道路体制改革的通知》(国发〔1986〕94号)及省人民政府指示精神，地区交通监理处原车辆监理成建制划归公安部门，成立交通警察支队。恢复丽水地区公路运输管理处，养路费征收划出，新建丽水地区公路稽征处和丽水地区车辆购置附加费征收管理办公室，三块牌子，一套人马，合署办公，其机构于1988年升格为副县级。

1990年底处机关在职人数26人，全区运管稽征人员214人。2000年7月，改称丽水市公路运管处·公路稽征处，原丽水市(县级)公路运管稽征所、车辆购置附加费征收管理办公室划归丽水市运管稽征处，隶属于丽水市交通局。下属县运管机构有龙泉、青田、缙云、遂昌、松阳、云和、庆元、景宁县(市)运管稽征所。2010年，内设机构有办公室、计划财务科、法制监察稽查科、行政审批科、客运安全管理科、维修业管理科、货运物流管理科、驾培业管理科、出租车管理科、运政稽查大队(奚渡运政稽查站)等10个职能科室。处本级有运管编制62人，合同工32人，临时工4人，领导职数：处长1人，党总支书记1人，副处长3人，科级职数18人。全市运管系统有在编干部、职工252人，合同工84人，临时工98人，共计434人。

主要职能：承担道路旅客运输经营、货物运输经营、机动车维修及检测经营、机动车驾驶人培训行业监督和管理、道路运输站(场)经营的监管、出租车经营的监管以及机动车养路费、公路建设基金、公路运输管理费和车辆购置附加费征收等工作。2000年国务院决定将车辆购置附加费改为车辆购置税，2001~2004年底，车辆购置税由稽征部门“车购办”代征。2005年1月1日起移交国税部门征收。公路稽征部门“车购办”自然撤销。

2008年12月22日，财政部、国家发改委、交通部等5部委联合下发财〔2008〕84号文，通知从2009年1月起，国家实施燃油税费改革，开征燃油税，取消公路养路费、公路建设基金和公路运输管理费的征收,2名人员分流至地税部门,并从运管稽征编制中核减2名编制。2009年1月1日~12月31日为清理往年公路各种规费欠费时限。

1997年在丽水市区中东路616号(紫金新村1号)建造6层办公楼,建筑面积2365.5平方米,1999年竣工。2000年1月投入使用,运管稽征处从灯塔街290号搬迁到中东路616号办公。

2000年7月20日,中共丽水市委、市人民政府颁发《关于市本级与莲都区部分事权划分的决定》(丽委〔2000〕1号),莲都区运输管理所·公路稽征所并入丽水市公路运输管理处·公路稽征处,其房产一并划入丽水市运管稽征处。2003年,市运管稽征处养路费征收科从中东路616号搬迁至寿尔福路881号办公。丽青路76号、灯塔街290号两处建筑面积共1653平方米原办公场所停用,使用权暂挂市运管处名下。

2011年11月29日,丽水市编委(丽编委〔2011〕103号)批复同意丽水市公路运输管理处更名为丽水市道路运输管理处,2013年8月22日,丽水市编委批复同意更名为丽水市道路运输管理局。不再保留公路稽征处。同时增设公交管理科(公交管理处)。内设机构不变。

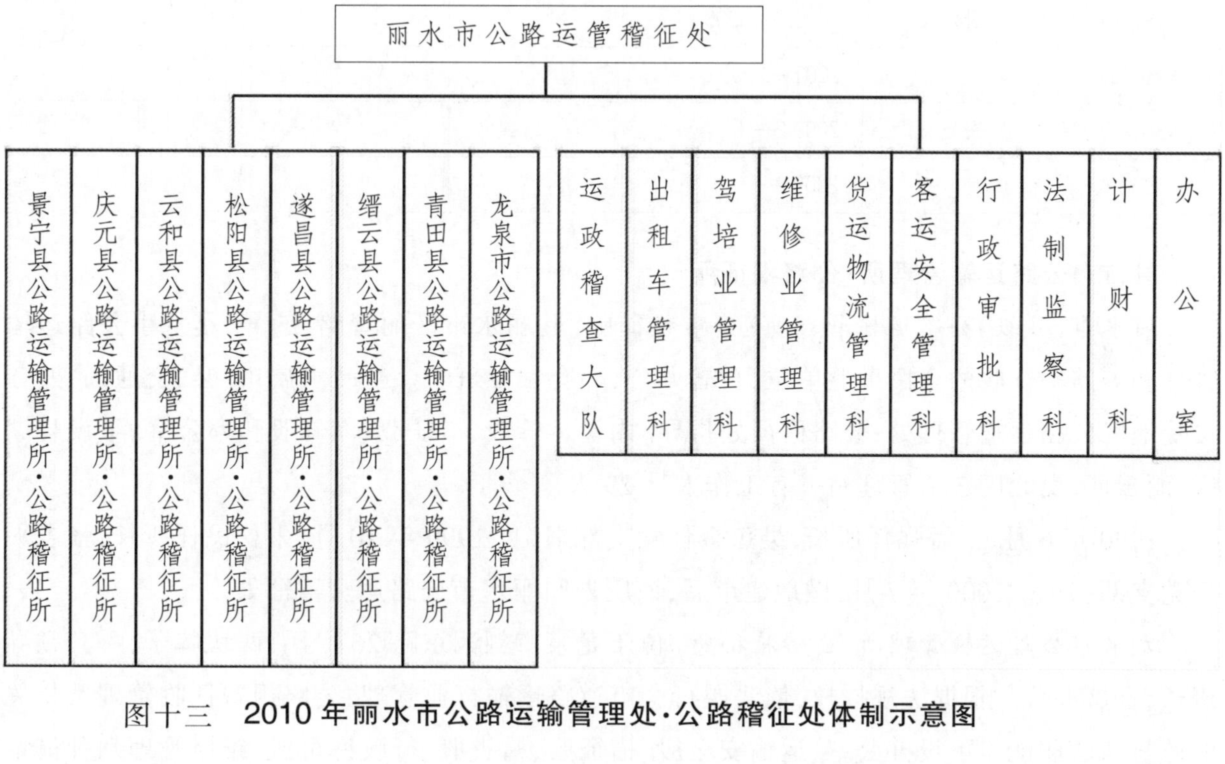

图十三 2010年丽水市公路运输管理处·公路稽征处体制示意图

表 141　**1991—2010 年丽水地区(市)公路运管稽征处历届领导人名录**

行政领导			党组织领导		
姓名	职务	任期	姓名	职务	任期
纪介三	处长	1988—1998	谢华友	支部书记	1992—1998
谢华友	副处长	1988—1998	吴晓根	支部副书记	1992—
马尚芳	副处长	1992.8—2000.7	邱巧屯	支部书记	1998—2000.7
张志清	副处长	1993—2000.7			
任利群	副处长	1993—2000.7			
谢华友	处长	1998—2000.7	2001 年 12 月成立党总支		
丽水市公路运管稽征处(2000.7)					
谢华友	处长	2000.7—2001	邱巧屯	支部书记	2000.7—2001.12
马尚芳	副处长	2000.7—2006	邱巧屯	总支书记	2001.12—2008.12
张志清	副处长	2000.7—2005	吕卫东	总支书记	2009.7—
任利群	副处长	2000.7—2005			
吕卫东	处长	2001—2009.6			
金昌平	副处长	2009.2—			
沈利文	处长	2009.7—			

县(市)公路运输管理所·公路稽征所

丽水市(县级)公路运输管理所·公路稽征所　驻丽水市区丽青路 55 号,是从事公路运输管理和养路费征收的全民事业单位,合署办公,一套领导班子。行政隶属市(县)交通局,业务接受地区公路运输管理处·公路稽征处指导。内设运管股、稽征股、汽修股和办公室。下设碧湖区、丽云区、曳岭区 3 个管理站。有工作人员 29 人。

1990 年 6 月,王孟强任所长,吴鱼金任党支部书记。1999 年 10 月,朱松民任所长,张志平任党支部书记。2000 年 7 月,撤地建市后,该所划归丽水市公路运管稽征处。

龙泉市公路运输管理所·公路稽征所　位于龙泉市剑池东路 267 号。两块牌子,一套领导班子,合署办公。根据法规授权,依法履行全市道路运输行业管理、公路规费征收管理及相关的监督执法职能。下设办公室、运输安全股、稽征股、稽查股、行政许可股、维修管理驾驶员培训股 6 个职能股室和花桥征费稽查站(八都运管站)。全所定编 29 人,实际在册人员 28 人,另有协管人员 14 人。

2012 年 6 月 25 日,龙泉市编委批复同意更名龙泉市道路运输管理局,不再保留公路稽征所。

表 142　**1989—2010 年龙泉市运管稽征所历届领导人名录**

行政领导			党组织领导		
姓名	职务	任期	姓名	职务	任期
傅良朋	所长	1987.11—1994.2	傅良朋	支部书记	1988.5—1991.1
徐启荣	所长	1994.3—2002.8	徐启荣	支部书记	1991.1—1994.3
周建钧	所长	2002.9—2010.6	周建钧	支部书记	1994.3—2009.4
陈善长	所长	2010.7—	陈善长	支部书记	2009.4—

青田县公路运输管理所·公路稽征所　位于鹤城镇鹤城东路 288 号。建于 1987 年 10 月，两块牌子，一套领导班子，合署办公，隶属于县交通局。2009 年 11 月被市编委列入监管类执法单位。其职责主要负责全县道路客货运输、机动车维修、机动车驾驶员培训行业的监管和公路规费征收，以及道路运输经营许可与资质管理、道路运输从业人员资质管理、道路运输经营监督与违章经营处罚、道路运输质量纠纷调节、道路运输行业调查与统计等。下设办公室、财务室、运管股、行业管理股、规费征收股、行政许可中心、法治处理中心（兼 96520 举报投诉中心）、高速运政中队、稽查一中队、稽查二中队、稽查三中队、稽查四中队，有在编人员 30 人。

2012 年 6 月 14 日，青田县编委发文，同意青田县公路运输管理所·公路稽征所更名为青田县道路运输管理局，同时撤销公路稽征所。

表 143　**1989—2010 年青田县运管稽征所历届领导人名录**

行政领导			党组织领导		
姓名	职务	任期	姓名	职务	任期
林金雄	所长	1988.7—1990.7	林金雄	支部书记	1988.6—2002.8
郭海民	副所长 所长	1990.7—1991.9 1991.10—1997.12	陈维忠	支部书记	2002.9—2004.6
陈维忠	副所长	1997.12—1998.9	王满玉	支部书记	2005.6—
陈维忠	所长	2000.7—2004.6			
王满玉	所长	2005.2—2010.1			
孙建仁	所长	2010.2—			

缙云县公路运输管理所·公路稽征所　位于五云镇东门小区 11 幢。两块牌子，一套领导班子，合署公办，副科级事业单位，隶属于县交通局，业务上受丽水市公路运管稽征处指导。由县交通局委托依法对县境内的道路运输行业实施服务管理、公路各种规费稽征。内设机构有办公室、执法室和运管、汽修、行政审批服务、稽查 4 股。以及直属、壶镇、新建、盘溪、车站运管 5

站,1997 年 11 月 19 日,办公地址从五云镇大桥北路 57 号(现为 39 号)迁移到东门小区 11 幢。

2012 年 11 月 13 日,缙云县编制委员会批复,缙云县公路运输管理所·公路稽征所更名为缙云县道路运输管理局,同时撤销公路稽征所。

表 144 1991—2010 年缙云县运管稽征所历届领导人名录

行政领导			党组织领导		
姓名	职务	任期	姓名	职务	任期
杨奎平	所长	1990.6—1998.6	丁伟康	书记	2000.12—2003.6
胡森土	所长	1998.6—1999.11	赵德灿	书记	2003.6—
丁伟康	所长	1999.11—2003.6			
赵德灿	所长	2006.6—			

遂昌县公路运输管理所·公路稽征所 驻遂昌县城车站路 44 号。两块牌子,一套领导班子,合署办公,隶属县交通局。内设机构有办公室、运输管理股、公路稽征股,下设北界公路运输管理站。全所有职工 13 人。业务上受丽水市运管稽征处指导。负责县境内公路客、货运输、各种规费征收、运政管理、公路营运安全、运输市场以及机动车维修、驾驶员培训管理等。

2012 年 6 月 25 日,经遂昌县机构编制委员会批复,遂昌县公路运输管理所更名为遂昌县道路运输管理局,同时撤销遂昌县公路稽征所。

表 145 1991—2010 年遂昌县运管稽征所历届领导人名录

行政领导			党组织领导		
姓名	职务	任期	姓名	职务	任期
季方强	所长	1989.1—1994.1	朱永逍	党支部书记	1994.1—1994.7
黄法雄	所长	1994.1—1996.1	黄法雄	党支部书记	1994.7—2010.1
陈隆信	所长	1996.1—2004.9	章莉	党支部书记	2010.1—
徐瑞祥	所长	2004.9—2010.1			
黄丰产	所长	2010.1—			

松阳县公路运输管理所·公路稽征所 位于县城长虹东路 70 号。1987 年 10 月成立,为副科级事业单位,隶属松阳县交通局,受丽水市运管稽征处、松阳县交通局双重领导。两块牌子,一套班子,合署办公。内设机构有办公室、办事中心、运输管理股、运输安全股、征收股、稽查一

中队、二中队、三中队；办公室兼管财务、法制工作。其主要职责是：对县境内道路客、货运输业、道路危险货物运输业及与道路运输相关业务经营，包括站（场）经营、机动车维修经营、机动车驾驶员培训经营等行业实施经营许可及监督管理，以及公路规费稽征及税务、工商等部门代征相关规费等工作。2010 年，有工作人员 45 人，其中在编 21 人，编外聘用 24 人。

2012 年 6 月，经松阳县机构编制委员会批复，松阳县公路运输管理所改称松阳县道路运输管理局，同时撤销公路稽征所。

表 146　**1991—2010 年松阳县运管稽征所历届领导人名录**

行政领导			党组织领导		
姓名	职务	任期	姓名	职务	任期
叶连高	所长	公路稽征所 1987.10—1991.2	王志祥	支部书记	1987.10—1991.2
王志祥	所长	公路运管所 1987.10 —1991.2	谢松华	支部书记	2001.9 —2006.1
运管稽征所			王寿康	支部书记	2006.1—2009.11
谢松华	所长	2001.9—2006.1	包海鹰	支部书记	2009.11—
王寿康	所长	2006.1—			

云和县公路运输管理所·公路稽征所　驻云和镇中山西路 52 号。两块牌子，一套领导班子，合署办公，副科（局）级事业单位，隶属县交通局，业务上受丽水市运管稽征处指导。其职责是负责县境内公路客、货运输、道路、站（场）运输经营管理，各种规费稽征、运政管理、陆路安全生产、机动车维修管理、驾驶员培训管理等。2010 年，有职工 27 人，其中在编 20 人，编外聘用 7 人。内设机构有办公室（含财务）、运管股、征收股、稽查站、运政稽查中队，驻云和客运中心运管站。

2002 年 5 月从中山路 132 号移驻中山西路 52 号。有工作用车 10 辆，固定资产 643 万元。

2012 年 8 月 2 日，云和县编委批复同意云和县公路运输管理所更名为云和县道路运输管理局，同时撤销公路稽征所。

表 147

1991—2010 年云和县运管稽征所历届领导人名录

行政领导			党组织领导		
姓名	职务	任期	姓名	职务	任期
刘世平	副所长	1990.10—1992.10	张荣森	支部副书记	1990.10—1993.12
刘世平	所长	1992.10—1996.10	张荣森	支部书记	1993.12—2001.1
郑国超	所长	1996.10—2000.12	朱明勋	支部书记	2001.1—2001.11
张荣森	所长	2001.1—2006.12	涂旭峰	支部副书记	2003.3—2004.12
陈智明	所长	2006.12—2010.3	易火伟	支部副书记	2007.3—
吴祖培	所长	2010.3—	黄绍贵	支部书记	2007.4—

庆元县公路运输管理所·公路稽征所 位于松源镇新建路 126 号。成立于 1987 年 9 月,两个机构,一套班子,合署办公,隶属庆元县交通局。新运管稽征综合业务用房位于庆元县松源镇大济路与濛洲街交叉路口东南角。为副科级事业单位,业务上受丽水市公路运管稽征处指导。内设机构有办公室、行政许可股、客运与行业安全管理股、货运维修检测驾培管理股、稽查股、新窑稽查站、基建与清欠办公室等 7 个股室站,2010 年底,有干部职工 47 人,其中正式干部职工 26 人。主要承担县域范围内公路规费征收和公路运输行业管理以及维护道路运输市场秩序等工作职能。

2012 年 2 月 7 日,经庆元县机构编制委员会批复,庆元县公路运管所更名为庆元县道路运输管理局,同时撤销公路稽征所。

表 148

1991—2010 年庆元县运管稽征所历届领导人名录

行政领导			党组织领导		
姓名	职务	任期	姓名	职务	任期
徐启荣	所长	1988.3—1990.6	许宜贵	支部书记	1988.7—1997.1
吴荣	所长	1991.10—2003.6	吴荣	支部书记	1997.6—2002.11
吴小平	所长	2003.6—2004.12	吴秋凉	支部书记	2002.12—2003.6
周显文	所长	2004.12.6—	吴宗岳	支部书记	2003.6—2004.12
			吴小平	支部书记	2004.12—2010.1
			吴杭旭	支部书记	2010.1—

景宁畲族自治县公路运输管理所·公路稽征所 位于鹤溪镇复兴西路18号。1987年7月建立,两块牌子,一套领导班子,合署办公。全民所有制事业单位,受县交通局领导,业务上受丽水市公路运管稽征处指导。在编干部职工18人。内设办公室、财务室、运管所、稽查大队等部门。建有4层办公综合楼1幢。

主要职责是负责县境内公路客、货运输、运输市场管理、各种规费征收、运政管理、公路运输安全生产管理、机动车维修管理、驾驶员培训管理等。

根据国务院"费改税"的规定,2009年1月起停止公路养路费等各种规费征收。

2012年3月28日,县公路运管所更名为景宁畲族自治县道路运输管理局,同时撤销公路稽征所。

表149 **1991—2010年景宁县运管稽征所历届领导人名录**

行政领导			党组织领导		
姓名	职务	任期	姓名	职务	任期
叶彪	所长	1998.9—2000.2	叶彪	支部书记	1994.1—2000.2
叶河清	所长	2000.2—2006.5	李火林	支部书记	2003.1—2006.5
罗耀军	所长	2006.5—2010.2	罗耀军	支部书记	2006.5—2010.2
沈奇云	所长	2010.2—	沈奇云	支部书记	2010.2—

第三节 港航管理机构

丽水市港航管理处

丽水市港航管理处驻丽水市中山街683号。前身为丽水专区航运管理所,1964年6月3日成立,1984年7月4日,改称地区航运管理处,同年成立浙江省船舶检验处丽水检验所;1987年成立丽水地区航运监督所,实行三块牌子,一套班子,合署办公的管理体制,为科级全民所有制事业单位,隶属省航运管理局和地区交通局双重领导。处内设运管、港监、船检、航道、办公室5个科(室),下设温溪港航监督。

1990年全区航管干部职工273人,其中处本部23人。

2000年7月1日改称丽水市航运管理处。2003年9月8日,按市交通局《关于市航管处更名并增挂牌子的通知》(丽交〔2003〕147号)精神,改名为丽水市港航管理处,并挂丽水市地方海事局、丽水市船舶检验处、丽水市航道管理处三块牌子,实行四块牌子,一套班子,合署办公的管理体制。为全额拨款具有行政职能的监督管理事业单位。有关县(市)水上安全监督机构的更名及挂牌工作也相应进行。

2008年4月12日,丽水市机构编制委员会丽编委〔2008〕19号文件,同意丽水市港航管理处升格为副处级全民所有制事业单位,隶属省港航管理局和市交通局双重领导。2009年4月22日,丽水市机构编制委员会下发丽编委〔2009〕31号《关于印发丽水市港航管理处(地方海事局、船舶检验处、航道管理处)职责配置、内设机构和人员编制规定的通知》,规定其主要职责是贯彻执行国家和省、市有关水路交通建设与养护、水上交通安全、船舶检验、水路运输、港口和航道管理的法律、法规、规章及方针、政策。参与编制全市港航发展规划,制订年度计划并组织落实。承担全市水路运输及港口的行业管理;负责全市水路运输服务业、营运船舶的经营资质、经营行业以及运力结构调整;汇总发布水运信息,维护运输秩序;负责全市建设项目使用港口岸线的审批管理;指导渡口管理工作(2009年之前负责航养规费征收)。负责指挥调动水上应急救援力量、水上抢救、救援装备、设备的合理布局以及水上搜救打捞专业人员的培训和管理等职责。处内设办公室、港航监管(航道)、运政港政(港航执法大队)、海事(水上应急指挥中心)、船舶检验、计划财务等6个科(室),下设船闸管理所,原派出机构温溪海事处与青田港航机构整合。下属县港航机构有龙泉、青田、遂昌、松阳、云和、景宁县港航管理所。2000年5月,撤地设市后,原丽水市航运所撤销,改设市港航处直属港航所,负责莲都境内港航管理职责,兼管缙云县境内港航事务。市港航处对各县(市)港航所进行业务指导。2010年全市港航干部职工76人,处本部干部职工37人。

1991年在丽水市中山街(683号)绅弄口建造办公、宿舍综合楼1幢,建筑面积2660平方米,其中办公用房1080平方米,宿舍25套、1580平方米。配置小车6辆,小型巡逻艇2艘。

2011年11月29日,市机构编制委员会发文批复同意更名为市港航管理局(市地方海事局、市船舶检验处、市航道管理局)。

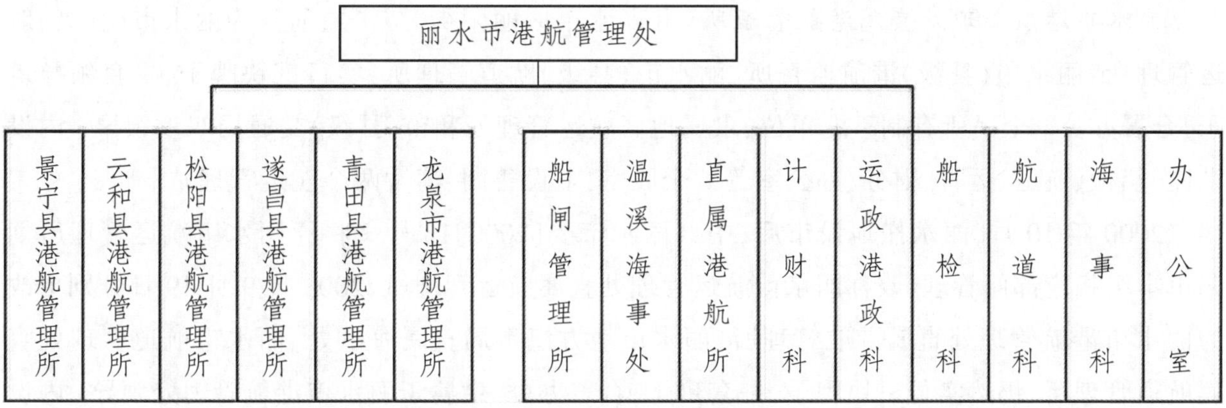

表150 **1991—2010年丽水地区(市)港航管理处历届领导人名录**

行政领导			党组织领导		
姓 名	职 务	任 期	姓 名	职 务	任 期
杜岳鹏	主 任	1987—1997.4	戴振裕	支部书记	1985—1995.5
周思石	副主任	1984.7—1997.7	杜岳鹏	支部副书记	1990.3—1996.4
卓观园	副主任(副处长)	1994.11—2002.6	杜岳鹏	支部书记	1996.5—1997.4
丽水市航运管理处(2000.7)					
留寿贤	副主任(副处长)	1996.5—2000.7	留寿贤	支部副书记	1996.5—2000.7
何海龙	副主任(副处长)	1998.3—2010.3	留寿贤	支部副书记	2000.7—2002.11
留寿贤	副主任(副处长)	2000.7—2003.9	沙永榜	支部书记	1997.7—2000.7
丽水市港航管理处(2003.9)			沙永榜	支部书记	2000.7—2002.11
卓观园	副处长	2003.9—2009.5	2002年11月,成立党总支		
卓观园	处 长	2009.5—	沙永榜	党总支书记	2002.11—2006.12
刘 军	副处长	2010.4—	卓观园	党总支副书记	2002.11—2009.5
刘剑标	副处长	2010.3—	项 武	党总支副书记	2008.4—
朱理伟	总工程师	2010.3—	卓观园	党总支书记	2009.5—

图十四 **丽水市港航管理处 丽水市地方海事局**

体制示意图

丽水市船舶检验处 丽水市航道管理处

丽水市港航管理处直属港航管理所 驻丽水市区丽阳街877号,前身为丽水市(县级)航运管理所、丽水市(县级)港航监督所、丽水市(县级)航道管理所,实行三块牌子,一套领导班子,合署办公。全民所有制事业单位,隶属地区航运管理处和市(县级)交通局双重领导。内设港监、船检、航道、运管、财务、办公室等6个股室,下设碧湖、湾岙两个航运管理站。

2000年10月,丽水撤地设市后,中共丽水市委〔2000〕13号文将原丽水市航运管理所划归市本级相应部门管理,改称丽水市航运管理处直属航运管理所。2003年9月19日分别更改为丽水市港航管理处直属港航管理所、丽水市地方海事局直属海事处、丽水市航道管理处直属航道管理所,仍然实行三块牌子,一套班子,合署办公,隶属于丽水市港航管理处领导。内设海事、船检、航道、运管、财务、办公室等6个股室,在编干部职工8人。主要职责为:主管莲都、缙云两区、县水上交通运输管理、水上交通安全监管、行业管理、船舶检验、航道管理、码头建设及养护等。该所原驻大水门城楼上,2005年在丽阳街877号与大通联运公司合作建房1幢,四、五两层产权归所,建筑面积700平方米,一楼有车库2间,54平方米。

表151 **1991—2010年丽水市港航处直属港航所历届领导人名录**

行政领导			党组织领导		
姓名	职务	任期	姓名	职务	任期
杨樟桂	所长	1976.1—1990.7	杨樟桂	书记	1986.1—1991.8
朱永廉	副所长(主持)	1990.7—1991.6	朱永廉	书记	1994.2—
朱永廉	所长	1991.7—1994.2			
刘坤荣	所长	1994.2—2009.5			
鲍伟强	副所长主持	2009.5—			

丽水市地方海事局温溪海事处 丽水市地方海事局温溪海事处(原名浙江省温溪港航监督)成立于1987年5月,于2003年9月因全国水监体制改革后更名为丽水市地方海事局温溪海事处,隶属丽水市地方海事局。业务办公用楼位于温溪镇下花门(温溪港),有在职职工4人,配备海事执法车1辆、海事巡逻艇1艘。辖区内有从事水路运输经营服务企业5家,沿海500吨级码头3座,100吨级泊位2个。温溪至温州航道候潮可通1500吨级的海船,担负着丽水市物资中转及出海运输任务。

温溪海事处按照国家和上级有关水上交通安全管理的方针、政策、法律、法规,负责温溪港港区及水域的水上交通安全和水上防污染安全管理以及辖区内的船舶进出港签证、船舶载运内贸危险货物申报审核、船舶在港作业备案审查、辖区水域水上水下工程和岸线使用的审批等海事行政许可和审批事项;对岸线、码头、作业点、靠泊船舶的安全停泊、作业、防污染、配员等实施监督检查;实施季节性安全管理及专项整治工作;征收辖区内的船舶港务费;负责调查处理辖区内水上交通事故,查处海事违法行为,必要时实施海事行政处罚和行政强制。

2009 年 1 月 22 日,丽水市机构编编制委员会文,温溪海事处与青田县港航机构整合。

表 152　**1991—2010 年温溪地方海事处历届领导人名录**

行政领导			党组织领导		
姓名	职务	任期	姓名	职务	任期
陈松寿	监督长	1987.5—1991.1	郭少卿	党支部书记	2003.4—
单南波	监督长	1991.1—1995.12			
郭少卿	监督长(主任)	1996.1—			

丽水市港航建设开发有限公司　办公地址:原丽水市港航管理局大楼。2009 年 3 月 3 日,丽水市人民政府复函市交通局:《关于同意设立丽水市港航建设开发有限公司的批复》(丽政函〔2009〕23 号),同意设立丽水市港航建设开发有限公司,为市政府授权经营国有资产、具有法人资格的国有独资企业,专项负责全市港航建设项目的开发建设、资金筹措及运营管理。

丽水市船闸管理所　办公地址丽水市港航管理局大楼一楼(丽水市区中山街 683 号)。2009 年 4 月 22 日,丽水市编制委员会发文成立,为市港航管理局下属相当于副科级纯公益类事业单位。核定编制 6 名,其中领导职数 1 名。其主要职责是:负责瓯江干流丽水至温溪港高等级航道上的开潭、五里亭、外雄、三溪口(在建)、四都(即青田水利枢纽(在建)等 5 座船闸的管理、运行,确保船闸有序畅通。

县(市)港航管理所

龙泉市港航管理所　位于龙泉市区华楼街旺角二楼,和龙泉市地方海事处、龙泉市航道管理所合署办公,三块牌子,一套领导班子,属市交通局领导下的全民所有制事业单位,业务上接受丽水市港航管理处指导。2003 年 11 月 17 日根据省、丽水市港航管理机构改革精神,为加强港航管理,统一规范水上安全监督机构名称,经龙泉市机构编制委员会办公室〔2003〕5 号《关于同意龙泉市航运管理所更名和增挂牌子的批复》,龙泉市航运管理所更名为龙泉市港航管理所,并增挂龙泉市地方海事处、龙泉市航道管理所 2 块牌子,机构更名及挂牌后,机构规格、人员编制和经费来源均保持不变。主要工作职责根据国家颁发的水上交通法律、法规,依法从事龙泉市航道、内河的水上交通安全、船舶检验、水路运输、水路规费稽征、督促查处水上交通违章行为、参与水运码头、渡埠、航标等水上设施建设规划、水运市场的调研和发展规划的制定等工作,下设海事、船检、运管和办公室。共有管理干部 5 人。

表 153　**1989—2010 年龙泉市港航管理所历届领导人名录**

行政领导			党组织领导		
姓名	职务	任期	姓名	职务	任期
刘家德	副所长	1988.10—1996.6	尹关月	支部书记	1999.10—2003.11
尹关月	所长	1996.7—1999.10	王文武	支部书记	2003.12—2008.4
王文武	所长	1999.10—2008.4	林文	支部书记	2008.4—
毛必瑞	所长	2008.4—			

青田县港航管理所　位于鹤城镇临江东路147号。青田县港航管理所、青田县地方海事处、青田县船舶检验所、青田县航道管理所四块牌子，一套班子，合署办公，是青田县水上综合管理机构，属差额补助事业单位。行使着全县水上运输管理、水上交通安全监督管理、船舶检验、港口行政管理、港航规费稽征、航道规划、建设、养护及航政管理等职能。县编委批准编制17人，正式在册职工24人，内设办公室、海事股、航道运管股、船舶检验股、稽查财务股、温溪港航管理站、滩坑库区港航管理站、滩坑库区水上搜救中心等职能股室站。

大件办公用品：管理车3辆，港事艇4艘。

2013年3月13日，根据丽水市编制委员会丽编委〔2013〕18号文，青田县港航管理所更名为青田县港航管理局，撤销丽水市地方海事局温溪海事处，其职能并入青田县港航管理局(同时增挂青田县地方海事局、航道管理局、船舶检验所)，其级别相当于正科级事业单位。

表 154　**1989—2010 年青田县港航管理所历届领导人名录**

行政领导			党组织领导		
姓名	职务	任期	姓名	职务	任期
郭玉川	所长	1988.8—1999.5	郭玉川	党支部书记	1989.10—1999.5
洪叶平	所长	1999.6—2008.6	刘登科	党支部书记	1994.1—1999.1
杨维瓯	所长	2008.6—	洪叶平	党支部书记	2000.6—

遂昌县港航管理所　设在湖山乡琴圩，工作人员1人。1958年11月，松阳县并入遂昌县，1961年9月，遂昌县人委批复，在西屏镇设立遂昌县航运管理站，管理全县水运。1979年3月，在琴淤公社大溪边建立遂昌琴淤航运管理站，行政业务受县交通局和县航运管理站双重领导。具体负责乌溪江水库遂昌库区水运。1980年，丽水地区航管处投资在大溪边征地2250

平方米,建站房180平方米。1982年1月,松阳恢复县制,遂昌县境航运管理工作由琴淤航管站负责。1988年4月,地区航管处、遂昌县林业局鉴证,琴淤航管站将全部房地产有偿转让给遂昌县湖山林场,由林场向航管站无偿提供80平方米工作用房。后改称遂昌县航运管理所,2003年又改称遂昌县港航管理所,负责管理乌溪江水库遂昌库区水运。

表155 **1990—2010年遂昌县港航管理所历届领导人名录**

行政领导			党组织领导		
姓名	职务	任期	姓名	职务	任期
何德生	副所长	1990.6—2004.5			
何德生	所长	2004.5—			

松阳县港航管理所 办公地点设县交通局内。原名松阳县航运管理站。2004年6月,更名为松阳县港航管理所,与松阳县地方海事处、松阳县航道管理所合并。三块牌子,一套班子,合署办公。负责全县水上交通安全监管和水上规费稽征以及航道管理等事项,是松阳县水上交通管理事业机构,行政隶属县交通局,业务接受丽水市港航管理处指导。

表156 **1987—2010年松阳县港航管理所历届领导人名录**

行政领导			党组织领导		
姓名	职务	任期	姓名	职务	任期
杨松彬	站长	1987.6—2004.6			
谢松华	所长(兼任)	2004.6—			

云和县港航管理所 驻云和镇红光北路141号。1984年,云和、景宁分县后,原驻景宁外舍的云和县航运管理站归景宁畲族自治县管辖。1985年1月30日,云和县人民政府以云政〔1985〕号文批准重建云和县航运管理站,属股级事业单位,隶属县交通局,业务受丽水地区航运管理处指导。1988年11月6日,改“站”为“所”,并与云和县港航监督站、浙江省船舶检验处云和检验站实行三块牌子,一套领导班子,合署办公。2003年11月,云和县航运管理所改称为云和县港航管理所,同时挂云和县地方海事处、云和县船舶检验所、云和县航道管理所3块牌子。2010年,有干部职工7人,工作用车1辆,船(艇)1艘。

表 157　**1991—2010 年云和县港航管理所历届领导人名录**

行政领导			党组织领导		
姓名	职务	任期	姓名	职务	任期
朱文华	副所长(主持)	1990.10—1992.12			
刘方贵	所长	1992.12—1994.1	朱文华	支部书记	1997.5—2002.7
朱文华	所长	1994.1—2002.9	刘日宏	支部书记	2002.8—2005.12
刘日宏	所长	2002.9—2007.5	胡爱娜	支部书记	2006.1—2008.10
吴祖培	所长	2007.6—2010.3	周其龙	副支书	2008.11—2010.9
叶雪芳	所长	2010.10—	周其龙	支部书记	2010.10—

景宁畲族自治县港航管理所　位于鹤溪镇人民北路 56 号。1985 年 7 月,县航运管理站成立。1988 年 10 月,更名为景宁畲族自治县航运管理所(当时驻景宁城北外舍村)。2003 年 9 月,经县编制办公室批复更名为景宁畲族自治县港航管理所,同时增挂浙江省景宁畲族自治县地方海事处、景宁畲族自治县航道管理所,三块牌子,一套班子,合署办公。隶属县交通局,业务上接受丽水市港航管理处指导,为县交通局下属股级差额拨款事业单位。内设行政办公(法制)室,运管(航道)股、海事(航检)股、安全监管股、水上搜寻救助中心。2008 年,批准招聘协管员 4 人,2010 年有正式职工 4 人,其中高级职称 1 人。负责境内水上运输管理、港航监管、航道管理、航政、规费征收等,确保水上交通运输安全畅通。

表 158　**1991—2010 年景宁县港航管理所历届领导人名录**

行政领导			党组织领导		
姓名	职务	任期	姓名	职务	任期
刘坤荣	所长	1987.5—1993.1	陈爱民	支部书记	2007.10—2008.12
陈爱民	所长	1993.1—2008.6	李火林	支部书记	2008.12—
李火林	所长	2008.6—			

第四节　丽水市交通规划设计院

丽水市交通规划设计院前身为 1985 年 1 月 22 日成立的丽水地区交通勘察设计室,在地区(市)交通局内办公。1989 年 10 月 6 日确定为地区交通局属下事业单位,定编 8 人,1991 年编制增至18人,实有技术人员9人。其职责:负责全区公路工程勘察设计、工程质量监理、工程定额管理、公路工程前期工作。1995年4月26日,地区编委办丽地编委办〔1995〕4号文回复地区交通局,同意丽水地区交通勘察设计室更名为丽水地区交通勘察设计所。更名后,其单位性质、设计业务范围和隶属关系仍然不变。2000年5月29日更名为丽水地区交通规划设计院,7月,更名为丽水市交通规划设计院。

根据丽水市委、市人民政府《关于深化市直属事业单位改革的意见》(丽委〔2002〕4号文)及市人民政府《关于印发丽水市市直属单位改制实施办法的通知》(丽政发〔2002〕179号)文件精神和体改办通知,2003年10月10日,丽水市交通规划设计院改制为企业单位"浙江佳途勘测设计有限公司"。

表159　**丽水地区(市)交通勘察设计室(所、院)历届领导人名录**

行政领导			党组织领导		
姓名	职务	任期	姓名	职务	任期
丽水地区交通勘察设计室(1985.1—1995.4.26)					
叶葆鹤	副主任	1985.1—1990.2			
叶葆鹤	主任	1990.2—1991.6			
严振汤	副主任	1991.6—1992.6			
严振汤	主任	1992.6—1992.12			
王延敏	副主任	1992.12—1994.10			
曹律	主任	1994.10—1995.4			
丽水地区交通勘察设计所(1995.4.26—2000.5.29)					
曹律	主任	1995.4—2000.5			
丽水地区交通规划设计院(2000.5.29—2000.7.1)					
曹律	主任	2000.5—2000.7			
丽水市交通规划设计院(2000.7.1—2003.10.10)					
曹律	主任	2000.7—2003.10			

第五节 丽水市紧石电站船筏过坝管理处

丽水市紧石电站船筏过坝管理处驻云和县云和镇新华街42号,科级事业单位,隶属市交通局。根据1991年1月20日省政府办公厅浙政办发〔1991〕12号文,于1991年8月成立,核定过坝管理机构编制为183人。其中水上作业干部13人、工人95人,港监10人,机械操作维修干部6人、工人59人。2000年7月,撤地设市后,更名为丽水市紧石电站船筏过坝管理处。管理处职责:确保瓯江航道畅通,负责紧水滩电站上游龙门起至石塘电站下游西滩头之船筏过坝操作及安全管理正常运行无偿提供保障工作。

管理处设办公室、生产科、财务科,下设紧水滩港监站,紧水滩过坝站及石塘过坝站。2010年底,有干部、工作人员84人。

配置帕萨特工作用车1辆、双排工具车1辆,共有固定资产476万元。

表160 **丽水市紧石电站船筏过坝管理处历届领导人名录**

行政领导			党组织领导		
姓名	职务	任期	职务	任期	分管工作
丽水地区紧石电站船筏过坝管理处(1991.8)					
卢兴雪	主任	1991.8—1993.3			主持工作
卓观园	主任	1993.4—1993.8			主持工作
黄雪痕	主任	1993.9—2003.8	支部书记	1993.9—1994.10	主持工作
丽水市紧石电站船筏过坝管理处(2000.7)					
余志平	主任	2003.9—	支部书记	2004.5—	主持工作

第六节 丽水市交通工程质量监督(造价管理)站

丽水市交通工程质量监督站驻丽水市区中东路616号紫金新村1幢东首三楼。1996年9月3日成立,前身为丽水地区交通工程质量监督站,2000年7月改称丽水市交通工程质量监督站。内设机构有办公室、质量监督科、造价管理科、安监科、资质管理科,在编人员14人。

市交通工程质量监督站受市交通局委托,依据相关法律、法规及规范性文件,履行交通建设工程质量与安全领域行政执法和监督管理。主管全市交通公路、水运工程的质量与安全监督管理,负责各交通公路、水运工程的质量和安全监督、工程监理和试验检测管理。具体负责公路、水运工程监理和检测市场管理,对重点工程建设项目的工程质量、监理工作进行监督、检查,组织重点工程的竣工质量鉴定,参与工程竣工验收。组织或参与质量与安全事故调查处理,对质量与安全违法行为进行行政处罚。

市交通工程质量监督站(交通工程造价管理站)也是全市交通公路、水运建设工程的造价审核管理单位,具体对各交通公路、水运建设工程的概预算及变更进行审核,合理控制工程造价。

表 161 **丽水地区(市)交通工程质量监督站历届领导人名录**

行政领导			党组织领导		
姓名	职务	任期	姓名	职务	任期
丽水地区交通工程质量监督站(1996.9)					
徐德进	站长	1997—2000			
丽水市交通工程质量监督站(2000.7)					
吴碧军	副站长	2000.6—2003.4			
吴碧军	站长	2003.4—2010.12			
林小军	副站长	2007.12—			
			傅长荣	支部副书记	2006—2010.5
			傅长荣	支部书记	2010.6—

第七节 公路收征费职能机构

330 国道丽水收费管理处

330 国道丽水收费管理处前身为 330 国道丽水地区冷水隧道公路收费站,站址设在原 330 国道丽水市(县级)平沙村(桩号:K199+300),设 6 车道。1995 年 2 月 8 日开始对通过“四自”工程 330 国道冷水隧道的机动车辆双向收取通行费。1997 年 12 月,330 国道丽水至缙云段复线公路竣工通车,报经浙江省人民政府批准,站址迁移至 330 国道莲都区上岗背(桩号 K123+317),设 10 车道。根据丽水地区编制委员会办公室丽地编办〔1998〕1 号批复,该站更名为 330 国道丽水地区收费管理处。1998 年 1 月 18 日起,对通过 330 国道丽水至缙云段(复线)公路的机动车辆双向收取通行费,同时撤销 330 国道冷水隧道收费站,由于“四自”工程冷水隧道贷款尚未还清,冷水隧道与丽缙复线合并收费。

2000年5月20日,丽水撤地设市后,330国道丽水地区收费管理处更名为330国道丽水公路收费管理处,具体负责收费站的收费管理工作,为市交通局属下自收自支事业单位,共有职工90人。内设办公室、征收科、稽查科、财务室和5个征费班组,实行5班3运转工作制,通行费收入采用“统收统支”的管理模式。2010年2月28日,根据省政府统一安排,从23时58分开始,取消收费并撤销收费站。

表162 **330国道丽水至缙云段公路车辆通行费标准**

车辆种类	收费标准
二、三轮摩托车(含轻骑)	2元/车次
载客20人以下(含20座和载重2吨以下,含2吨的客、货汽车及简易机动车)	5元/车次
载客50人以下(含50座和载重5吨以下,含5吨的客、货汽车及简易机动车)	10元/车次
载客50人以上和载重10吨以下(含10吨)的客、货汽车	15元/车次
10吨以上的车辆(含大型平板车、特种车)按行驶证规定的载重吨位(特种车自重吨位)计征。超过40吨以上的部分按50%计征	2元/车次吨

S328省道丽水水阁公路征费管理站

丽水水阁公路征费管理站前身为53省道丽水水阁公路收费站,位于莲都区水阁镇垟店村、53省道K8+800处。设8车道,经省政府批准同意,2002年7月5日起,对过往53省道丽水桃山至大港头公路的机动车辆双向征收通行费

由于丽水撤地设市和城市总体规划的调整,水阁收费站原址垟店村已属于城区范围,经省有关部门同意后,对收费站点进行重新选址和规划。2004年3月20日,收费站迁建工程动工,概算投资1100多万元,总面积24908平方米。2004年10月13日,丽水水阁收费站由53省道K8+800处迁移至K16+800处(水阁镇上沙溪村),移址后收费站名和收费车道不变。

丽水水阁公路征费管理站具体负责收费站的收费管理工作，为市交通局属下自收自支科级事业单位，编制数62名，科级职数3名，设管理站党支部书记1名。下设办公室、稽查科、征收科、收费4个班组。通行费收入采用“统支统收”的管理模式。

2002年7月—2012年7月，王春刚任收费站党支部书记，主持全面工作，2012年7月，续任收费站党支部书记，负责党务工作。

2009年11月—2012年7月，徐双风(女)任收费站副站长，分管征收、稽查工作，2012年7月任站长，主持收费站全面工作。

表163 **S328(53)省道丽水桃山至大港头段车辆通行费标准**

车辆种类	收费标准
二、三摩托车(含轻骑)	4元/车次
载客20人以下(含20座)和载重2吨以下(含2吨)的客、货汽车及简易机动车	10元/车次
载客50人以下(含50座)和载重5吨以下(含5吨)的客、货汽车及简易机动车	20元/车次
载客50人以上和载重10吨以下(含10吨)的客、货汽车	30元/车次
10吨以上的车辆(含大型平板车、特种车)按行驶证规定的载重吨位(特种车自重吨位)计征。超过40吨以上的部分按50%计征。	4元/车次吨

2008年1月29日，浙江省交通厅、浙江省物价局下达浙交复〔2008〕18号《关于调整丽水水阁公路收费站车辆通行费统缴标准的批复》，调整后具体标准如下：

表164 **丽水水阁公路收费站车辆通行费统缴标准**

车辆种类	收费标准	备注
20座(含)以下和2吨(含)以下非营运客车、货车及机动三轮车	30元/辆·月	收费站所在地街道辖区内、莲都经济开发区内企业车辆30元/辆·年
2吨(含)以下营运货车、拖拉机	100元/辆·月	收费站所在地街道区内、莲都经济开发区内企业车辆减半征收
2吨以上5吨(含)以下营运货车、拖拉机	200元/辆·月	
5吨以上营运货车	300元/辆·月	
丽水市区的营运客车	按营运班次的50%征收	
丽水市下属各县(市)在市区始发的营运客车	按营运班次的70%征收	
丽水市各驾驶员培训学校教练车	360元/辆·月	
丽水市区出租车、公交车、农村客运班车	120元/辆·月	

第三章 党组织和群众团体

中共丽水市交通系统组织机构是市交通系统的核心领导力量，为交通运输的发展和行业的管理发挥至关重要的领导作用。工会、共青团、妇女组织在党的领导下，为团结全体职工、团员、妇女，共同为交通运输快速发展发挥应有作用。

第一节 中国共产党组织

中共丽水市交通系统组织有交通局党组、市公路管理局党委、市运管稽征处党总支、市港航管理处党总支以及市交通局属下事业单位党组织，各单位还先后建立纪检组织。在建章立制、党员队伍建设、廉政建设、发扬民主、加强职工思想教育、凝聚职工力量、发展交通运输事业等方面，发挥着核心领导作用。

工会、共青团、妇女组织团结全体职工、团员青年、女职工，爱岗敬业，为发展交通事业同样发挥着领导和管理作用。

中共丽水市交通局组织机构

1978 年 1 月，丽水地区交通局党组成立，霍在宝任党组书记，刘先(宪)任党组副书记。1983 年 9 月局党组撤销。1984 年 7 月复建党组，金明光任党组副书记至 1987 年 12 月。此后，历任局长兼任局党组书记。

1996 年 1 月，建立地区交通局纪检组，朱建新任纪检组长。至 2010 年，先后由朱建新、周荣星、曹章兴任纪检组长。

中共丽水市公路管理局委员会

始建于 1964 年 10 月，时称浙江省交通厅丽水养路总段党委。1964 年 10 月—1968 年 10 月刘先任书记，1978—1984 年初，雷畯田任书记，1982—1989 年刘汉春任副书记，(1984 年 2 月—1986 年初主持党委工作)，1986 年 3 月—1995 年 3 月邹观水任书记，1995 年 3 月—1995 年 12 月蔡旭锋任书记，1995 年 12 月—1998 年 9 月叶水法任书记，1998 年 10 月毛良清(女)任书记。2000 年 7 月，更名丽水市公路管理处，仍毛良清任处党委书记；2010 年 6 月更名丽水市公路管理局，毛良清任局党委书记。2010 年有 5 个基层党组织：市公路局直属公路段党支部、高速公路路政大队党支部、330 国道丽水超限运输检测站党支部、局机关党支部、局机关离退休老干部党支部，有党员 128 名。

1984 年 6 月建立丽水地区公路管理处纪律检查委员会，蔡旭锋兼任书记，1986 年 5 月—1989 年 3 月樊积庆任副书记（主持日常工作），1992 年 5 月—2001 年 12 月余祖文任书记，2002 年 1 月—2010 年严志华任书记。

中共丽水市公路运管稽征处总支部委员会

1987 年 9 月 16 日成立中共丽水地区运管稽征处支部委员会，谢华友任支部书记，1998 年邱巧屯任支部书记。2001 年 12 月 24 日成立党总支，下设市运管稽征处机关党支部、市处直属所党支部和市处奚渡检查站党支部。原支部书记邱巧屯任党总支书记，2008 年 2 月，吕卫东当选为丽水市运管处党总支书记。2010 年 7 月 15 日，中共丽水市委直属机关工作委员会发布《关于调整市运管处党总支所属支部设置的批复》，设立市运管处第一党支部、市运管处第二党支部、市运管处第三党支部。撤销总支所属的原市运管稽征处机关支部、市处直属所支部和市处奚渡检查站支部。

中共丽水市港航管理处总支部委员会

前身是中共丽水地区航运管理所支部委员会，1964 年 6 月 3 日建立，林上楼任党支部第一任书记。2000 年 7 月更名中共丽水市航运管理处支部委员会，沙永楞任党支部书记。2002 年 11 月 11 日，丽水市交通局机关党委下发丽交机党〔2002〕3 号文件，批准成立中共丽水市港航管理处总支部委员会，沙永楞任党总支书记，至 2006 年 12 月退休离任。2008 年 4 月 15 日，丽水市交通局机关党委批准任命项武为党总支副书记，主持党总支日常工作。2009 年 5 月 31 日，批准任命卓观园为党总支书记。党总支下设 4 个党支部：处机关党支部，书记项武（兼）；直属港航所党支部，书记朱永廉；温溪海事处党支部，书记郭小青；离退休干部、职工党支部，书记詹玉珍。至 2010 年 5 月底止，党总支共有党员 36 人。

第二节　工会组织

丽水市交通局工会委员会

1986 年 4 月，丽水地区交通局工会召开全体会员代表大会，选举产生工会第一届委员会，金时龙任主席，张素琴任副主席，委员：梅德魁、郭桐。

1998 年召开第二届工会会员代表大会，选举朱建新任主席，李维强任副主席。

2001 年 9 月 7 日，第三届工会委员会，由周荣星、李维强、吴碧军、周晓琳、王文君 5 人组成，周荣星任主席，李维强任副主席，由王文君、谢丽霞、金玉娣 3 人组成第三届工会经费审查委员会，王文君任经审会主任。

2007 年 1 月 5 日，市交通局召开全体工会会员（代表）大会，选举产生（联合）工会第四届委员会,全体会员代表43人,参加选举40人,选举结果,曹章兴任主席,詹百松任副主席,俞利清任经审、组织委员,潜晓华任财务、妇女工作委员,叶彪任宣传、生活委员。

市交通局工会工作委员会在丽水市总工会和局党组织领导下,发挥党和职工群众的桥梁纽带作用,开展工会各项工作和活动,认真贯彻工会工作的方针和任务,传达贯彻有关会议、文件精神,并督促检查,定期向市总工会和局党组织汇报工作,制订工会工作计划,总结工会工作经验;维护职工合法权益。在审议重大决策,参与单位民主管理,监督行政领导等方面发挥了应有作用。

丽水市公路管理局工会委员会

成立于1965年初,先后由林如存、杨一民任主席,孙玉培任副主席。骆承勋任工代会负责人,李正明任主席,赵济堂任副主席。

丽水市运管稽征处工会委员会

成立于1988年,任利群当选丽水地区运管稽征处第一届工会主席,1993年,马尚芳当选为丽水地区运管稽征处第二届工会主席。2008年4月21日叶爱伟当选为丽水市运管稽征处第三届工会主席。

丽水市港航管理处工会委员会

一、二届工会委员会选举产生于20世纪70~80年代,组织关系隶属于中国海员工会。1990年1月,第三届工会委员会产生时组织关系归属于丽水地区工会办事处。至2010年12月底,共选举产生了四届工会委员会。第三届工会委员会主席戴振裕,副主席宁宏洲,任期3年(1990年1月16日—1993年10月15日),第四届工会委员会主席留寿贤,任期3年(2006年10月23日—2009年10月22日),有会员25人。

第三节 共青团组织 妇女组织

共青团组织

共青团丽水市交通局总支委员会 1991年9月14日,共青团丽水地区机关直属单位委员会批复成立共青团丽水地区交通局第一届总支委员会。下设机关、航管处、汽配公司、联运公司4个团支部。官平东、王卫、朱理伟、周少波、张晓明组成共青团丽水地区交通局第一届总支委员会,官平东任书记,王卫任副书记。

1992年9月16日,共青团丽水地区交通局总支委员会经选举,由金时龙、梅德魁、郭桐组成第二届总支委员会,金时龙任书记。

1996年11月29日,共青团丽水地区交通局总支委员会进行改选,选举周少波、范清云、金玉娣、钟芸、何海龙组成第三届总支委员会,周少波任书记,范清云、金玉娣任副书记,钟芸任组织委员，何海龙任宣传委员。

2003年5月15日，共青团丽水市直机关工作委员会批复，同意共青团丽水市交通局总支委员会改选结果，何炯伟、余筱箐、周聪聪、曹润汉、沈云蛟任市交通局团总支委员，何炯伟任书记，周聪聪、余筱箐任副书记。

共青团市交通局总支委员会在共青团丽水市委和局党组织领导下，负责领导基层团组织开展各项工作。落实局党组和团市委布置的各项工作，制订团的工作计划，总结团的工作经验，开展组织活动，抓好组织建设，在发展交通运输事业中发挥先锋模范作用。

共青团丽水市公路管理局委员会　成立于1964年10月。钱俊炎任团委书记，1977年11月—1984年初余祖文任书记，1991年5月—2004年2月金昌平任书记，2004年3月—2009年10月赵昳任副书记，2009年11月赵昳任书记。共有4个基层团组织：市直属公路管理段团支部、高速公路路政大队团支部、330国道丽水超限运输检测站团支部、处机关团支部，共有团员56名。

共青团丽水市公路运管稽征处支部委员会　成立于2008年8月8日。团员30人，支部书记吴蓓。截至2010年8月有团员34人。

丽水市港航管理处团员的组织关系隶属于共青团丽水市交通局总支委员会，未成立团支部。

妇女组织

1994年4月5日，省妇女联合会丽水地区办事处妇丽处〔1994〕23号批复地区交通局《关于要求建立交通系统妇委会的报告》，同意交通系统妇委会由张素琴、邓玉英、吴剑敏、詹玉珍组成。张素琴任主任。

丽水市交通局妇女委员会　2004年3月成立，成员4人。2004年3月—2006年3月蔡竹聪任主任。2006年4月，李丽云任主任。

丽水市公路管理局妇女委员会　成立于1994年3月28日，主任毛良清，副主任何碧玲，委员：朱美君、王家莺、马月琴、张晓环。2004年12月30日，丁建萍任副主任。

第四章 高速公路管理机构

高速公路管理机构包括高速公路管理处、高速公路收费管理所、高速公路隧道管理所等。至2013年，丽水市境内有高速公路管理处4个，高速公路收费管理所6个，高速公路隧道管理所3个，在上级主管单位领导下，依照高速公路管理法规、法则，各司其职，对所辖路段实施养护、收费、隧道管理、路检路查，确保高速公路畅通无阻。

第一节 高速公路管理处

金丽温高速公路丽水管理处

金丽温高速公路丽水管理处位于丽水市莲都区水阁街道垟店，2005年4月成立，隶属于浙江金丽温高速公路有限公司。所辖路段为国高网长深线(编号G25)缙丽(莲)段和温丽高速(编号G1513)青丽(莲)段。担负着北起缙云县新建镇，东至青田县温溪镇，全长127.698千米的金丽温高速公路丽水市段的收费、营运、道路养护、机电设备维护、路产路权维护、故障车辆施救等管理工作。截至2010年，全处有员工309人，其中中共党员39人、共青团员97人、大专以上学历193人，获中级职称以上者27人，技师、高级工4人。

金丽温高速丽水管理处办公大楼

管理处机关设办公室、财务、营运、养护、设备、安全保畅6个职能科室和1个桥梁检查组，机关大院用地面积22000平方米，建筑面积4600平方米，办公大楼和职工宿舍合用1幢，另有监控分中心、职工食堂、机电房、停车场、材料仓库等。下设缙云、丽水西、石帆、船寮、温溪5个收费管理所，分别管理缙云、洪渡、丽水西、石帆、海口、青田西、青田东7个收费站；设有丽水、青田2对服务区；牛廷岭、阳山、鹤城3个隧道管理所。所辖里程范围为：温丽高速（编号G1513）青丽段K45+558~K115+468计69.910千米；长深线（编号G25）缙丽段K2555+232~K2613+020，计57.788千米，合计127.698千米。有桥梁155座、44051千米，其中特大桥11座、37709米，大桥42座、10787米，中桥36座、2198米，小桥69

座、1370 米；隧道 47 座、25627 千米，其中特长隧道 1 座：右幅长 3742 米，左幅长 3790 米，长隧道 7 座、11599 米，中隧道 5 座、3083 米，短隧道 26 座、6521 米，棚洞 7 座、857 米，明洞 1 座、460 米，涵洞、通道 248 道；20 米以上(含 20 米)高边坡 78 处，长 9.965 千米；10 米以上高挡墙 12 处，长 1.245 千米。高边坡、高挡墙、高路堤等结构物多。

为有效开展各项管理工作，全处有各种车辆 41 辆，其中，洒水车 3 辆，登高车 2 辆，桥检车 1 辆，生产用车 12 辆，公务车 14 辆，接送车 9 辆。

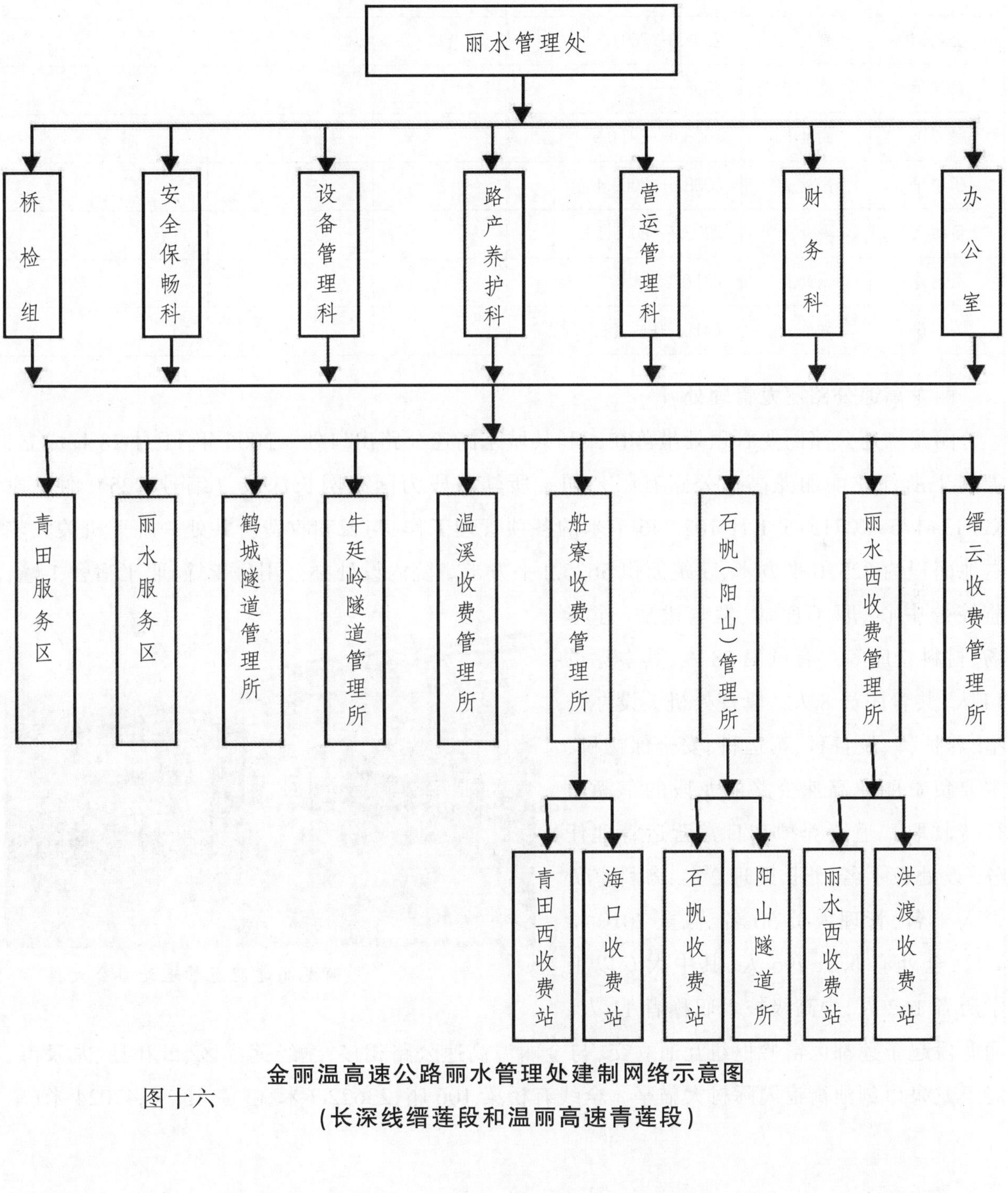

图十六　**金丽温高速公路丽水管理处建制网络示意图**
(长深线缙莲段和温丽高速青莲段)

表 165 **金丽温高速公路丽水管理处历届领导人名录**

行政领导			党组织领导		
姓名	职务	任期	姓名	职务	任期
郑坤平	副处长	2002.11—2006.7	任利群	党总支书记	2002.12—2006.8
任利群	处长	2002.12—2006.8	黄发荣	党总支书记	2006.9—
纪岩英	副处长	2006.1—2008.4			
金朝阳	副处长	2006.8—2007.3			
黄发荣	处长	2006.9—			
蔡邦国	副处长	2008.4—2010.9			
张中平	副处长	2008.6—2009.4			
吕雄飞	副处长	2009.7—2009.11			
吴则建	副处长	2010.10—			
吴仁平	副处长	2010.10—			

丽龙高速公路丽龙管理处

丽龙高速公路丽龙管理处坐落在云和县城东高速公路出口处。2006 年 11 月 28 日成立，隶属于浙江龙丽丽龙高速公路有限公司。所辖路段为国高网长深线（编号 G25）丽龙段 K2613+175~K2715+521 计 102.346 千米的各项管理工作，与云和收费所共处一院。机关大院占地面积约 22320 平方米，建筑面积 5625.2 平方米。院内设处办公用房 1 幢，职工宿舍 1 幢，监控分中心、职工食堂、发电机房、停车场、材料仓库等。有员工 58 人，其中党员 14 人，共青团员 8 人。管理处机关设办公室、养护科、设备科、营运科、安全保畅科，主要负责丽龙高速公路丽龙段的车辆通行费收取、道路养护和日常营运管理任务。设处长 1 名，处长助理 2 名；各科室负责人 1 名，管理人员 50 名，截至 2010 年 4 月，全处有职工 296 人，其中大专以上学历者 162 人，中高级技术职称者 11 人。

丽龙高速丽龙管理处办公大楼

丽龙段起于莲都区富岭枢纽互通立交，与金丽温高速公路相接，途经莲都区、云和县、龙泉市，终于龙泉市剑池街道周际村大猫亭。全线有桥梁 106 座、23622.2 米，隧道 33 座、47024 米（单幅);高边坡、高挡墙、高路堤“三高”路段318处、48420米,涵洞通道319道。管理处下设丽水、云和、安仁3个中心收费管理所,丽水(富岭)、碧湖、石塘、云和、安仁、塔石、龙泉7个收费站,朱岭头、赤石岭、塔石岭3个隧道管理所和莲都停车区、云和服务区。每个中心所设所长1名及所务4人,每个收费站设12名收费人员(大站适当增加)。管理处设监控分中心,各中心所设监控室。全段有大型标志标牌829处。

全处共有车辆42辆,其中江铃皮卡车15辆,接送车5辆,公务车12辆,大巴车2辆,洒水车1辆,登高车1辆,施救作业车6辆。

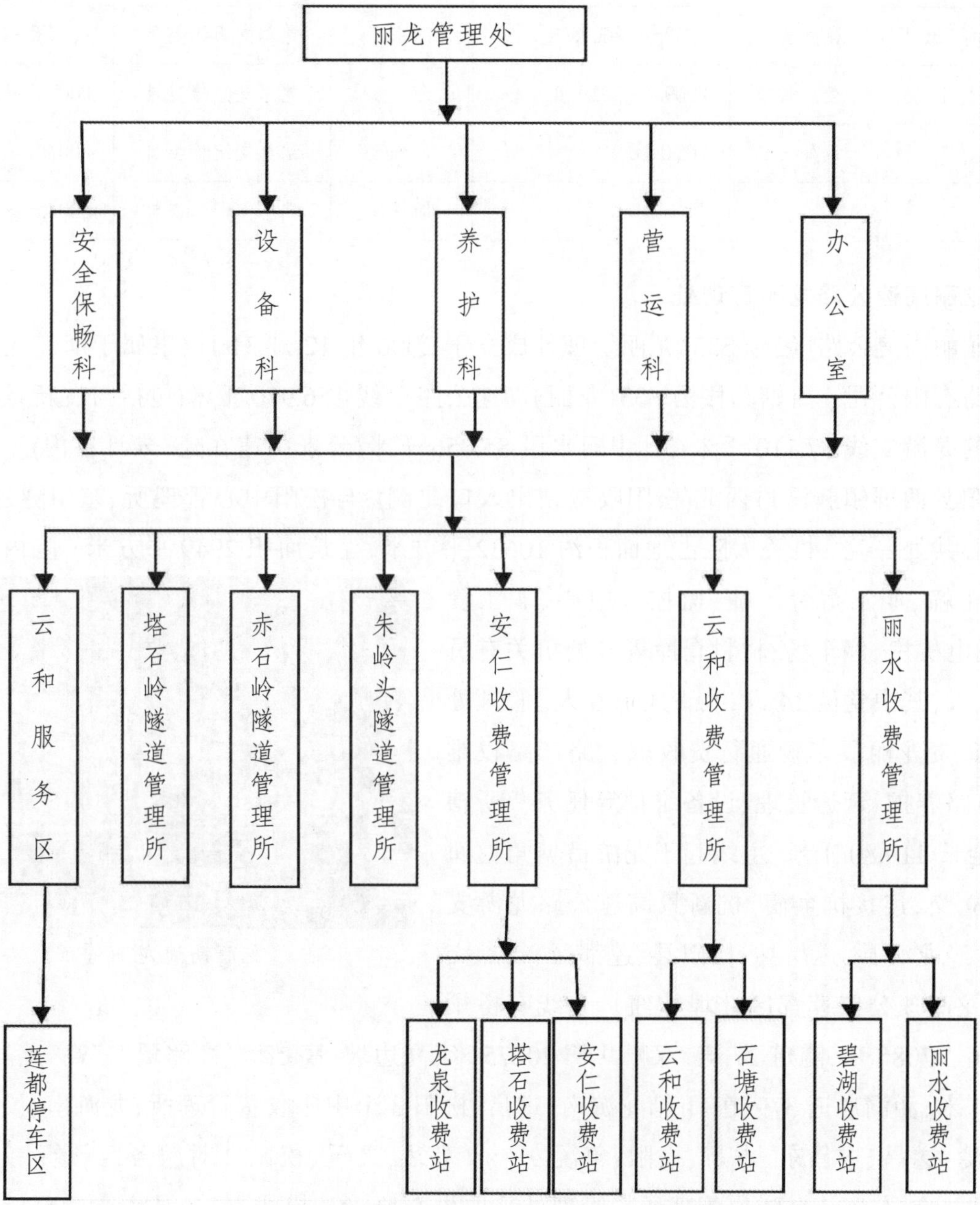

图十七　**丽龙高速公路管理处建制网络示意图**

表 166

丽龙高速公路管理处历届领导人名录

行政领导			党组织领导		
姓名	职务	任期	姓名	职务	任期
徐承标	副处长（主持工作）	2006.12—2007.5	徐承标	党总支副书记	2006.12—2007.6
邱贞土	副处长	2006.12—2007.5	邱贞土	党总支副书记	2006.12—2009.11
邱贞土	副处长（主持工作）	2007.6—2009.4	邱贞土	党总支书记	2009.12—
吕雄飞	副处长	2009.5—2009.7	陈宗广	党总支组织委员	2007.6—2009.11
邱贞土	处长	2009.4—2011.4	余慧	党总支宣传委员	2007.6—2009.11
施苋	副处长	2010.10—	吕雄飞	党总支纪检委员	2007.6—2009.7
			周轶成	党总支群工委员	2007.6—2009.11

龙丽高速公路龙丽管理处

龙丽高速公路(编号 S33)龙丽管理处成立于 2006 年 12 月 31 日,隶属于浙江龙丽丽龙高速公路有限公司。所辖路段为 S33(龙丽)高速公路全线 156.910 千米(包括与杭新景高速公路连接的龙游支线 37.110 千米),其中丽水段 85.056 千米(云景高速在建,未计在内)。处机关位于松阳县西屏镇新溪村西北(松阳收费站出入口北侧),与松阳中心管理所、东田隧道所、监控分中心共处一院。机关大院占地面积约 10632 平方米,建筑面积 2949 平方米。院内设处办公用房 1 幢,职工宿舍 1 幢,监控分中心、职工食堂、发电机房、停车场、材料仓库等。处机关有员工 35 人,其中党员 14 人,共青团员 6 人。管理处主要负责龙丽段车辆通行费收取、路产路权维护、道路养护、营运管理、设备维护等任务。所辖 S33 全长 119.80 千米,主线起于龙游吕塘角枢纽互通立交,连接杭金衢、杭新景高速公路龙游支线,途经龙游县、遂昌县、松阳县、莲都区,终点交于丽龙高速公路莲都区北埠枢纽。全线有桥梁 178 座、17085 米,隧道 27 道,双幅共长 20275 米,高边坡、高挡墙、高路堤“三高”路段 230 处、42644 米,涵洞通道 379 道。下辖龙游南、遂昌、松阳 3 个中心收费管理所,龙游南、灵溪、北界、新路湾、遂昌、遂昌东、古市、松阳、象溪 9 个收费站,灵溪、松阳 2 对服务区,遂昌停车区,溪田、青云岭、东田 3 个隧道管理所。管理处采取中心所管理模式,由各县中心管理所分别担负

龙丽高速龙丽管理处办公大楼

境内其他站所的管理任务,即“一县一中心所、中心所带小站”。每个中心所设所长及财务、总务、文秘、稽查管理人员各1人,每个收费站有收费人员12人。管理处设监控分中心,各中心所设监控室。全段有大型标志标牌937处。

管理处机关设办公室、营运管理科(监控分中心)、路产养护科、设备维护科,2010年11月,增设安全保畅科。设处长1名、副处长2名、各科室负责人5名,共有员工35人。

2010年,全处有职工257人,其中大专以上学历160人,中高级技术职称5人。

全处有车辆37辆,其中,江铃皮卡车14辆,接送车5辆,公务车13辆,大巴车1辆,洒水车1辆,登高车1辆,25吨吊车1辆,20吨清障车1辆。

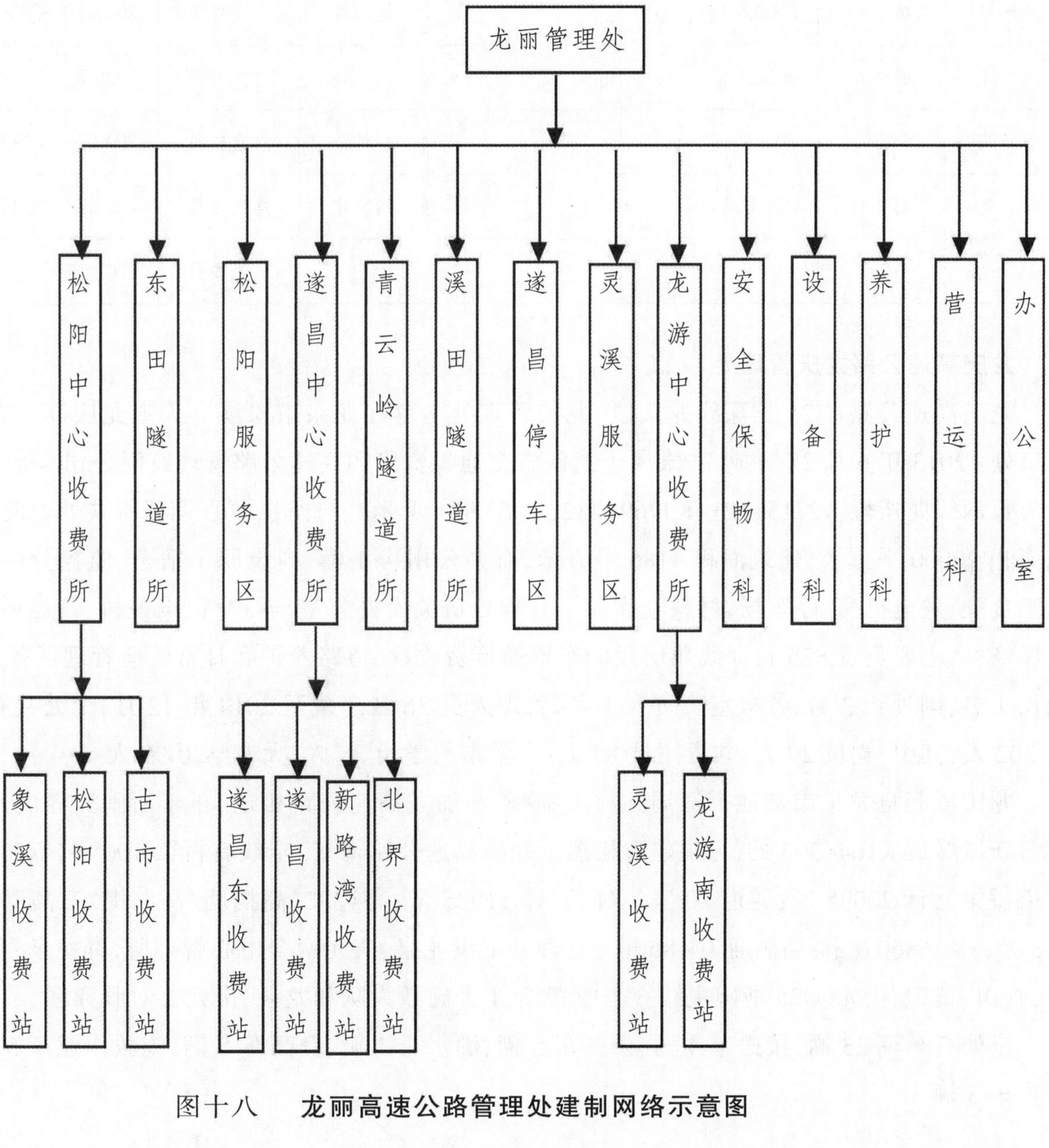

图十八　**龙丽高速公路管理处建制网络示意图**

表 167 **龙丽高速公路管理处历届领导人名录**

行政领导				党组织领导		
姓名	职务	任期	备注	姓名	职务	任期
杨钦若	副处长	2006.12—2007.4	筹建期主持工作	徐承标	党总支书记	2007.10—
李明忠	副处长	2007.4—2008.4	2007.4—2007.6 主持工作	李明忠	总支委员	2007.10—2008.5
徐承标	处长	2007.6—		张生祥	总支委员	2007.10—2008.5
郑坤平	副处长	2008.4—2009.5		施苋	总支委员	2007.10—2009.7
何建	副处长	2008.4—		何建	总支委员	2008.7—
徐慧	处长助理	2009.7—2010.10		郑坤平	总支委员	2008.7—2009.5
徐慧	副处长	2010.11—		汤修中	总支委员	2008.7—2009.3
				徐慧	总支委员	2009.12—

龙庆高速公路龙庆管理处

龙庆高速公路(G25 长深线龙庆段)龙庆管理处坐落在龙泉市松溪弄大道龙庆高速龙泉出口处。2013 年 6 月 25 日成立,隶属于浙江省交通投资集团高速公路管理有限公司。所辖路段为长深线龙庆段 K2715+521~K2769+482,计 53.961 千米。与龙泉中心管理所共处一院,占地面积 20000 平方米,建筑面积 4185 平方米,有办公用房 1 幢,内设职工宿舍、监控分中心、职工食堂、发电机房、停车场、材料仓库等。管理处机关设办公室、养护科、设备科、营运科、安全保畅科,主要负责 S25 长深线龙庆段的车辆通行费收取、道路养护和日常营运管理任务。设处长 1 名,副处长 2 名;各科室负责人 1 名,管理人员 36 名。截至 2014 年 12 月,全处共有职工 202 人,其中,党员 20 人,共青团员 87 人;大学本科学历 35 人,大专学历 99 人。

龙庆段起自龙泉市剑池街道周际村大猫亭,与丽龙高速公路相连,止于浙闽交界庆元县新窑新城隧道 K164+397 处,与福建省松溪至建瓯高速公路衔接。全线有桥梁 106 座(双向,含匝道桥梁),计 20035 米;隧道 20 座(双向),计 11925 米;高边坡、高挡墙、高路堤"三高"路段 198 处,计 36860.6 米;涵洞通道 186 道。管理处下设龙泉、庆元两个中心管理所,有龙泉、龙泉南、查田、黄田、庆元、G25 浙闽主线 6 个收费站,1 个施救大队和龙泉、庆元 2 对服务区。

全处有车辆 23 辆:接送车 4 辆、公务车 5 辆、洒水车 1 辆、登高车 5 辆、施救作业车 5 辆、巡查车 3 辆。

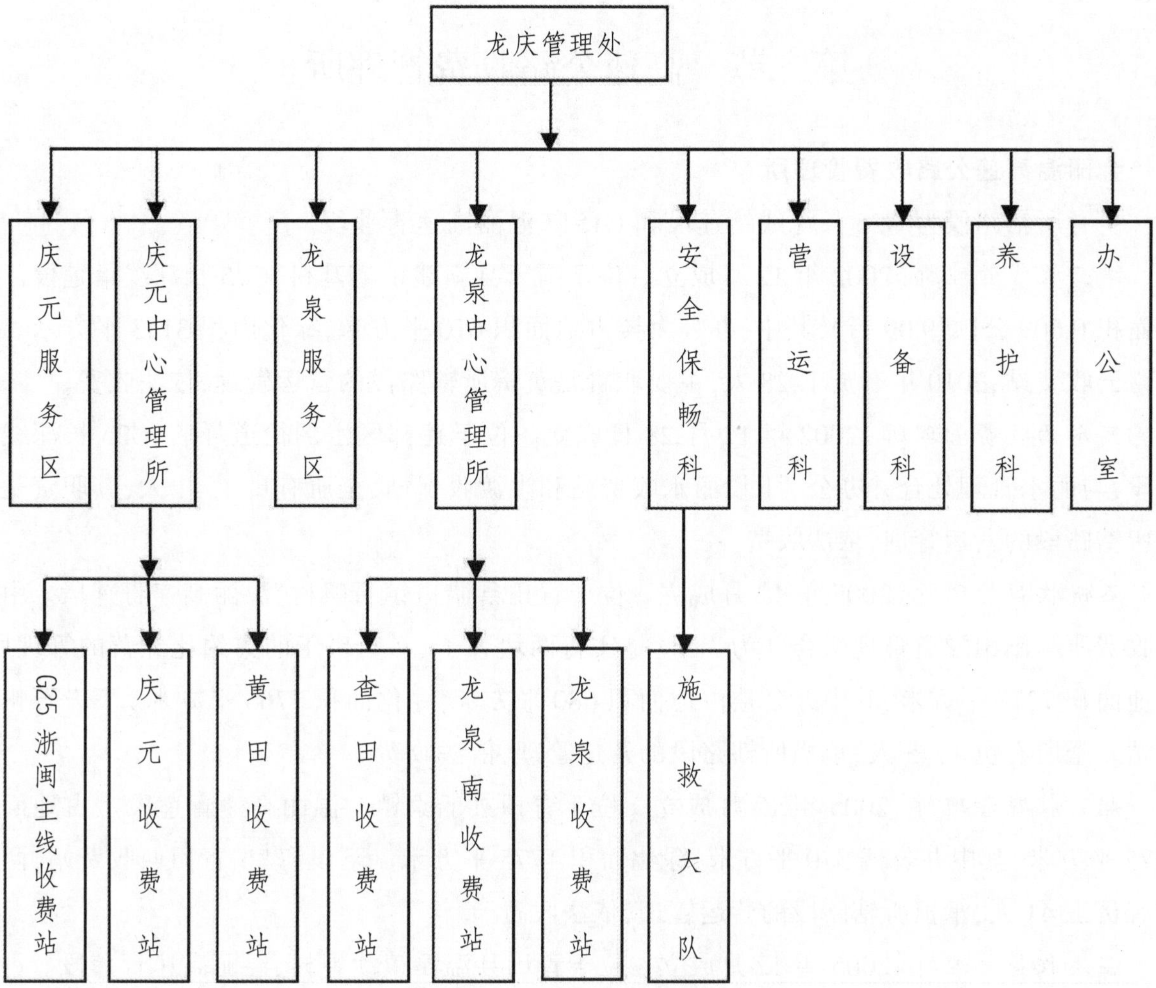

图十八　龙庆高速公路管理处建制示意图
（G25 长深线龙庆段）

表 168　龙庆高速公路管理处历届领导人名录

行政领导			党组织领导		
姓 名	职 务	任 期	姓 名	职 务	任 期
吕雄飞	处长	2013.6—	吕雄飞	党总支书记	2013.11—
侯　伶	副处长	2014.3—			
潘春梅	处长助理	2014.10—			

第二节 高速公路收费管理所

金丽温高速公路收费管理所

——所辖路段为G25长深线缙莲段和G1513温丽高速青莲段。

缙云收费管理所 2002年12月成立。位于缙云县新建镇宅基村、G25长深线缙莲段。占地面积0.609公顷(9.09亩),其中,办公大楼占地面积610平方米,绿化面积3143平方米。下辖缙云收费站,2010年有员工28人,主要职责是负责所辖路段的营运管理,依法收费。

丽水西收费管理所 2002年12月28日成立。位于莲都区水阁街道垟店、G25长深线缙莲段,与丽水管理处合并办公。下设丽水收费站和洪渡收费站,全所有员工41人,其职责是负责所辖路段的营运管理,依法收费。

石帆收费管理所 2005年12月成立。位于青田县腊口镇石帆村、温丽高速青莲段。由石帆收费所与阳山隧道管理所合并为一所,是实行两块牌子、一套班子的集约化经营的管理所。占地面积7270平方米,其中办公楼占地面积680平方米,绿化面积3765平方米。下设石帆收费站。全所有员工45人,承担所辖路段的营运管理,依法收费。

船寮收费管理所 2005年12月成立。位于青田县船寮镇、温丽高速青莲段。占地面积2875平方米,其中办公楼370平方米,绿化面积1775平方米。下设海口、青田西收费站,两站共有员工41人,承担所辖路段的营运管理,依法收费。

温溪收费管理所 2005年12月成立。位于青田县温溪镇沙埠村、温丽高速青莲段。占地面积17940平方米,其中办公楼占地面积478平方米,绿化面积10610平方米。有员工21名。承担所辖路段的营运管理及温溪收费站,依法收费。

丽龙高速公路收费管理所

——所辖路段为G25长深线丽龙段

丽水(富岭)中心收费所 位于丽龙高速公路丽水富岭互通枢纽处,为龙丽丽龙高速和金丽温高速合二为一的丽水出入口收费站,距丽水主城区约6千米。2007年12月28日投入使用。占地面积15306平方米,建筑面积6551.7平方米。与金丽温高速公路丽水监控中心、龙丽丽龙高速公路监控中心、丽水市高速公路应急救援中心等同单位同一区域。有员工44人,设所长1人。内设监控室、系统稽查科、票证科、综合办公室、所长室等科室。自开通运行以后,实行大站带小站的“中心所”营运管理模式。主要负责所辖丽水收费站、碧湖(南山)收费站、莲都停车区的日常管理及营运工作。采用全省高速公路联网收费,所内配置电子监控等设施。

云和中心收费所 2006年10月投入使用,与丽龙高速公路管理处同处一院。下辖石塘、云和、赤石3个收费站。有员工56人,设所长1人。置所务、票证、稽查、系统维护等岗位,主要负责石塘收费站、云和收费站的日常管理及营运工作。

安仁中心收费所　2006年10月投入使用。位于龙泉市安仁镇长深线丽龙段安仁收费站出口、长深线K2689+105处，距龙泉市区27千米。占地面积6073平方米，建筑面积1634平方米。建房屋4幢，为办公用房、隧道监控用房、变电房和水泵房。办公用房内设办公室、展示厅、会议室、图书室、活动室、职工宿舍和职工食堂。下辖安仁、塔石和龙泉主线3个收费站。有员工65人，设所长1人。主要负责所辖3个收费站的日常管理和营运工作。

龙丽温高速公路丽水段收费管理所

遂昌中心收费所　2006年12月投入使用。位于遂昌妙高镇株树窟，遂昌收费站出口。占地面积26993平方米，建筑面积1790平方米。站内设办公用房1幢以及职工宿舍、职工食堂、发电机房、停车场等。有员工94人，设所长1人。置所务、收费、监控、巡查、后勤等职能部门，主要负责北界、新路湾、遂昌、遂昌东4个收费站和青云岭隧道管理所及遂昌停车区的日常管理及营运工作。

松阳中心收费所　2006年12月投入使用。位于松阳县西屏镇新溪村，松阳收费站出口，与龙丽高速公路管理处共处一院。有办公用房1幢以及隧道所监控室、发电机房、停车场、材料仓库等。有员工68人，设所长1人。置所务、收费、监控、巡查、后勤等职能部门，主要负责古市、松阳、象溪3个收费站和东田隧道管理所的日常管理及营运工作。

松阳收费站

台金高速公路壶镇收费管理所

位于缙云县壶镇镇姓汪村、中心桩号S28K139+959。2008年1月26日建成，下辖壶镇收费站，依法双向收费。有员工20人。

2010年，日均车流量686辆，日最大车流量1629辆（10月1日），日最小流量0辆（事故，冰雪天气封道）。

云景高速公路景宁中心管理所

位于景宁畲族自治县城北鸭蛋坑（云景高速公路景宁收费站旁）。2013年3月4日成立，隶属于浙江省交通投资集团有限公司云景分公司。占地面积0.95公顷，建筑面积1716平方米，办公楼建筑面积1592平方米。有员工44人，设所长1人。管辖路段起点为G25长深线丽龙段（丽龙高速）云景枢纽，经云和县安溪、泗州岭、景宁县溪口至鸭蛋坑，主线全长12.159千米。全线有大桥6座（含双幅），特长隧道2座（含双幅），长隧道2座（含双幅），收费站1座。所内设办公楼，置所务、收费、隧道管理、配电、监控、水泵等职能部门。

该所采用中心所管理模式，主要负责云景高速隧道管理、车辆通行费收取、服务及道路安全保畅通等工作。

龙庆高速公路收费管理所

——所辖路段为 G25 长深线龙庆段收费所

龙泉中心管理所 位于龙泉市松溪弄大道龙庆高速公路龙泉出口处，与龙庆管理处同一幢大楼办公。2013 年 6 月 25 日成立，隶属于浙江省交通投资集团高速公路管理有限公司龙庆管理处。

该所实行中心所管理模式，下辖龙泉、龙泉南、查田 3 个收费站。有员工 52 人，承担所辖路段的营运管理，依法收费。

庆元中心管理所 位于庆元县竹口镇新窑，占地面积 13000 平方米，建筑面积 1850 平方米。2013 年 6 月 25 日成立，隶属于浙江省交通投资集团高速公路管理有限公司龙庆管理处。

该所实行中心所管理模式，下辖黄田、庆元、G25 浙闽主线 3 个收费站。有员工 52 人，承担所辖路段的营运管理，依法收费。

第三节 高速公路隧道管理所

金丽温高速公路隧道管理所

——所辖路段为 G25 长深线缙莲段和 G1513 温丽高速青莲段隧道。

G25 长深线缙莲段牛廷岭隧道管理所 2002 年 12 月建立，位于缙云县新建镇双港桥村。有员工 27 人，设所长 1 人。其职能是维护和管理辖区内所有隧道设备的正常运行秩序，进行道路巡查，实行交通监控，及时收集、上传、下载交通信息，参与交通救助，确保高速公路隧道安全畅通。辖区内有隧道 21 座，长 6900 米；棚洞 7 座，长 900 米；明洞 1 座，长 230 米，牛廷岭隧道 1#、2# 变电站、洪渡变电站各 1 座。

牛廷岭隧道管理所办公楼

G1513 温丽高速鹤城隧道管理所 2005 年 12 月建立。位于青田县鹤城镇、温丽高速 K67+200 处。有维护、监控和巡查等员工 26 人，设所长 1 人。所辖路段为温丽高速 K45+386~K76+908，全长 31.522 千米，有隧道 13 座，长 12.761 千米，桥梁 13 座，长 12.492 千米，桥隧总长度为25.253千米，占辖区总里程的80.11%。辖区沿线设监控室1间、配电房6间、柴油发电机站2座和10千伏变电站2座。

G1513温丽高速阳山隧道管理所　位于青田县腊口镇石帆村，与石帆收费所同处一地，两块牌子，一套班子。隧道所管辖路段为丽水收费所至船寮收费所45千米线路内6座隧道，长6861米，其中长3790米的阳山隧道是金丽温高速公路最长的隧道。

鹤城隧道管理所办公楼

丽龙高速公路隧道管理所

——所辖路段为G25长深线丽龙段隧道。

朱岭头隧道管理所　位于云和县云坛乡陈村，与云和服务区相邻，占地面积3000平方米，建筑面积800平方米。院内设办公用房、监控房、停车场等。有员工19人，设所长1人。置所务、电工、助理系统员、巡查员、监控员等岗位，主要负责所辖隧道的日常管理及营运工作。

赤石岭隧道管理所　位于云和县赤石乡张源头村。占地面积10004平方米，建筑面积1634平方米。院内设办公用房3幢，办公大楼和发电机房、水泵房、停车场等。有员工26人，设所长1人。置所务、电工、助理系统员、巡查员、监控员等岗位，主要负责所辖路段G25长深线丽龙段K2662+375~K2688+975，计26.600千米内6座隧道的日常管理及营运工作。

塔石岭隧道管理所　位于长深线丽龙段塔石岭隧道左线丽水方向K2709+760处。占地面积13510平方米，建筑面积3200平方米。院内设办公用房、职工宿舍、监控室、发电机房、水泵房。有员工14人。主要负责所辖路段隧道的日常管理及隧道机电设备管理。

龙丽温高速公路丽水段隧道管理所

青云岭隧道管理所　位于遂昌县妙高镇株树窟、龙丽高速K91+850处。与遂昌收费站同一幢楼房，合署办公，主要负责辖区内6座隧道长3384米(右幅计)的正常运行，以及遂昌收费站路段的巡查管理工作。

东田隧道管理所　位于松阳县西屏镇新溪村、龙丽高速K122+372处。与松阳收费站同一幢楼房，合署办公，主要负责辖区内隧道的正常运行，以及松阳收费站路段的道路巡查和管理工作。

台金高速公路苍岭隧道中心管理所

位于台州市仙居县横溪镇境内、苍岭东麓。2008年1月28日成立，隶属浙江台金高速公路有限公司。有员工88人，设所长1人。管辖苍岭隧道东段和西段隧道35座，全长22.05千米。下设雪岭、麒龙顶、苍岭和法莲4座隧道所。其中缙云境内有苍岭隧道(左幅7536米，右幅

7605米)、大庙坑(左右幅210米)及浣溪隧道(左右幅327米)3座隧道。隧道配置有先进的通风系统、照明系统、火灾检测与报警系统、紧急电话系统、闭路电视监视系统与控制系统、配电系统、消防系统、防雷及接地系统。

S34云景高速公路隧道由景宁中心管理所负责管理。

龙庆高速公路(G25长深线龙庆段)107座(20幅)隧道由龙庆管理处安全保畅科负责管理。

第七篇

业务管理

塑雕：丽水公路人形象

各级交通管理机构根据国家有关交通的法律、法规、政策，各司其职，负责全市交通工程建设、工程质量监督、路政管理、公路养护、航道养护整治、水陆规费稽征、港航监管、行业管理、交通安全管理、违章处罚等业务，以法治路、以法护航，确保水、陆交通运输畅通无阻，为经济社会持续稳定发展，发挥保驾护航的作用。

第一章　交通工程建设监管

进入20世纪90年代,全地区(市)交通系统新建续建工程项目逐年增多,1993年,地区交通局设工程管理科,对工程建设每个节点依法进行管理;1996年9月,地区交通局成立丽水地区交通工程质量监督站,质监站受交通局委托,依法对全区公路、水路工程建设全过程实行质量监管,确保工程质量合格、优良,同时对工程造价进行管理。

第一节　工程建设管理

20世纪90年代起,丽水地区(市)交通建设各类规划、计划陆续出台,公路建设市场日趋走向统一有序,繁荣兴旺。全市交通建设中,大工程由当地政府及有关部门提出方案,进行可行性研究后,上报行署(市政府)和地区(市)交通局转报省有关部门审核批准后组织实施。1993年3月,地区交通局设工程管理科具体负责政策处理、经费筹措、项目管理、招投标管理、施工管理、竣工验收、工程监理、工程决算审计等工作。1990—2000年,地区交通局先后编制交通建设"八五""九五"规划;2000年12月,编制《丽水市公路水路交通建设规划》(2001—2015),实施时间长达15年。进入21世纪,全市交通建设进入大投资、大建设、大发展时期,为利于实施,于2000年制定交通建设"十五"规划(2001—2005),2005年制定《丽水市公路水路交通"十一五"规划》(2006—2010),提出"实施公路畅通战略,实现公路网络现代化"的6大目标。这些规划均获得省发改委和交通厅正式批复。

特别是省交通厅提出"集中力量打歼灭战,实行公路干线整条成网建设,实施'三八双千工程'",以及2003年省委、省政府根据国务院提出的交通扶贫计划,开始实施"乡村康庄工程",丽水市公路建设进入跨越式发展时期,公路交通基础设施的面貌发生了巨大变化。

20年间,全市交通工程建设项目之多,规模之大,投资之多,都是前40年所没有的。这些工程建设的管理由市交通局工程管理科具体负责。

政策处理

新建改建公路需用土地,本着节约土地,少占耕地的原则,做到"全面规划、充分利用、合理安排",由乡(镇)人民政府规划、审核,报县人民政府批准划拨。20世纪70年代前公路建设用地均无偿使用,80年代起,根据国家土地管理条例,开始对国、省道公路建设或改造项目所用的土地,实行有偿征用,价格按国家《土地管理条例》的规定,付给土地征用费。乡道公路及拖拉机路需占用土地,由当地群众自行决定,通常不付征地费,只给青苗补偿。对公路用地范围内建筑物拆迁,由公路主管部门按规定付给拆迁费用。原则规定:先有公路后有建筑物,由建筑物使用者自行拆迁;而先有建筑物后有公路者,由公路主管部门付给拆迁费用。

经费筹措

20世纪90年代以来,公路建设的经费筹措日益呈现多样性,来源多渠道、多模式,实行投资多元化,走"谁投资,谁受益"和"以路养路、以桥养桥"的路子。由单纯依靠交通专项投入转变为多种形式吸引国内外的资金投入,由无偿使用设施转变为有偿使用。鼓励和引导社会各方面资金参与建设,鼓励外商直接投资,积极争取国内外贷款。推行一路一公司、一桥一公司、一隧道一公司等股份制公司模式筹措资金。同时继续抓好公路、水路各项规费和通行费的征收、稽查工作,做到应征不漏。在林区,通过山林出租、山林转让、出售林木等方式筹集资金,开发山区公路。实行交通产业界与金融界的优化组合,共同开发交通建设项目。

资金使用上,实行"阳光"政策:公开、明白、明了,专款专用,实施建设过程监督控制;做到精打细算、严格审批制度;实行工程有设计,施工有预算,竣工有决算等一整套科学精细的管理方法。

项目管理

根据国家总方针,加强交通基础建设,结合丽水交通实际,把需要与可能结合起来,由地区(市)、县(市、区)交通局编制计划任务书,分析可行性及造成的经济效益和社会效益等;设计者必须实地勘察,科学设计,采取必要措施,尽量做到少占耕地,减少对自然地貌的破坏,保护生态环境,防止水土流失和环境污染,编造设计文件和预算,报经上级批准后,再按预算计划组织施工,以利对项目进行严格管理。

招投标管理

20世纪80年代,交通建设管理法规不健全。进入90年代,交通工程建设基本以招投标的形式确定施工队伍,包括乡村道路。遵照省相关规定,50万元以上的工程均通过招投标形式确定。20年来,无论是通过公开招标、邀请招标,或是议标方式选择施工企业,基本上采用综合评估法招标。组织评标专家,对各投标人的报价、施工组织与管理能力、企业的业绩信誉等进行打分,得分最高者中标。其优点:将由政府定价转变为由市场定价,降低工程造价,让资质符合要求、投标无重大商务和技术条件偏差、评标价最低的施工企业中标。取得工程承包权的企业,具有较强的经济实力,有比他人更强的技术工艺水平和更好的项目管理水平,有利于促使施工企业加强管理。充分体现公开、公平、公正、诚信的原则,减少招标中的腐败行为。

为避免最低评价法可能出现低价抢标、高价索赔,违法分包、肢解转包,偷工减料、降低质量等问题,建立履约担保制度。除提供相应的履约担保外,还要提供中标价与成本分析参考价差额的一至数倍的现金担保。

完善招投标制,加强交通建设市场管理,杜绝私下交易,促进了奉公守法、施工单位正当经营,舞弊现象得以遏制,工程质量有了提高。

施工管理

凡经报请批准确定的建设项目,按工程大小组成有各级领导干部和有关部门领导参加的规模规格不同的工程指挥部,以保证各项工程顺利进行。

承担施工的工程企业,必须取得经公路主管部门考核合格发给的施工证书,以及工商行政管理部门核发的施工营业执照。

工程技术人员工程管理的基本要求是:施工前必须全面阅读设计文件,了解设计者意图,妥善保存图表,不得擅自更改或遗失;施工人员应做好施工质量检查,严格按图施工,项目中标业主、施工人员和施工队伍不得私自更改图纸。原设计有不合理之处,如在重点工程施工过程中,因重大地质问题、施工现场情况发生变化、新材料和新工艺的使用以及原来的勘察设计存在错、漏、缺等问题而需要变更设计,应征得原设计人员的同意,进行设计变更报批后,方可更改;施工管理人员必须做好施工安全管理,不得擅离职守。

施工的组织领导,按项目工程大小,实行分级管理。

工程质量监理

高速公路建设、国省道改线、改造及其他较大工程,如大型桥梁工程、隧道工程,为确保工程施工质量,省、市交通部门组织工程监理小组常驻地方,并设工程监理工程师,负责施工过程中的质量监督,使工程施工管理走上轨道。

为了确保交通工程质量, 地区交通局于1996年9月3日成立丽水地区交通工程质量监督站,监督站受地区交通局委托,负责全市公路、水路交通工程的质量与安全监督管理。

1998年4月,成立丽水地区公路水路工程监理咨询公司,2006年4月,改制后更名为丽水市丽通工程监理有限公司,负责对水陆交通工程的质量监理。

竣工验收

交通建设工程完工后,按交通部《公路工程竣(交)工验收办法》及时组织验收。由验收人员组成验收小组,其级别视工程大小而定,省交通厅安排的工程,如高速公路建设、文明样板路建设、文明公路创建等大项目竣工后,由省交通厅组织验收小组进行验收。市、县(市)工程,分别由市、县(市)有关领导和有关部门负责人参加。不符合设计标准,达不到质量要求,要采取补救措施或翻工,直至达到要求,办理交接手续;对不符合要求,以及公路产权资料不完备的工程,不得交付使用。验收合格后,报上级交通主管部门批准,方可投入使用;新建公路或改线公路,批准后,公路管理部门给予接养。

竣工决算审计

丽水市交通建设项目竣工决算审计、审批管理遵循以下原则:谁立项、谁审批;统一领导、分级管理;依法行政、强化监管、独立审计;客观公正、实事求是。项目竣工决算未经审计,不得付清工程尾款,不得报批竣工决算,不得办理竣工验收。竣工决算报告是考核建设项目投资效益,反映建设成果的文件,是确定交付使用财产价值、办理交付使用手续的依据。市交通建设项目,无论是市境内国省道改建工程还是市环城公路工程竣工决算审计均遵循上述规定。竣工决算前,做好建设项目相关的档案资料归集整理、账务处理、财产物资盘点核实,以及债权债务清偿等清理准备工作;项目完工后,及时组织工程技术、计划、财务、物资、统计等有关人员,并和设计、施工、监理等有关单位共同编制项目竣工决算,确保了项目竣工决算的真实性、合法合规性和有效性。20年来,在上百个交通建设项目竣工决算审计中,未查出各类违规违纪问题。

第二节 工程质量监督

1996年9月之前,丽水地区未设专门机构监督交通工程质量,而是由技术人员把关,管理很不规范。

1996年9月,丽水地区(市)交通工程质量监督(造价管理)站(简称"质监站")成立后,根据国家有关交通工程质量监督管理的法律、法规及相关文件精神,切实履行职责。

质量监督

地区质监站成立后,抓好工程建设全过程的质量监督,促进规范管理,全面提升工程质量。

抓好项目开工初期的质量监控。参与设计会审,加强设计监督,靠前管理。2010年参加12个项目的设计会审,占应参加项目的85.7%。根据《浙江省公路、水运工程设计监督办法》的要求,于11月11至15日组织全市公路工程设计单位监督检查,抽查全市5设计单位的8个设计项目质保体系的落实和执行情况、设计程序、设计行为和设计服务质量。完善手续,确保监督覆盖率。全年全市新建和续建500万元以上公路工程受监项目21项,100万元以上水运工程受监项目1项,项目监督覆盖率达100%;全年办理监督手续48项,其中委托监督项目37项。加大培训,提高从业人员业务素质。4月、12月质监站分两批对2010年新开工的12个项目参建人员进行集中的监督交底培训。4月30日在全市检测工作会议上对试验负责人进行业务培训。

建章立制,健全质量监督制度。发布《关于进一步加强波形梁护栏施工质量管理的通知》(丽交监〔2010〕49号),对波形梁护栏的原材料、施工安装质量作出补充规定,提出更高的要求。为紧抓砼通病治理工作,出台《关于加强混凝土通病治理的若干规定》(丽交监〔2010〕44号),对混凝土喷淋养护、数控钢筋弯曲机使用等方面作出规定。加强日常检查,整改推进。2010全年共检查工地62次,签发质量监督抽查意见通知书52份,反馈意见50份。开展综合执法大检查。2010年9月21日~10月10日,检查市绕城公路丽阳殿至坢店段等6个项目的10个施工合同段和6个监理办公室,分别对各项目的实体工程质量、施工安全管理、施工与监理管理工作、合同与造价管理内容进行检查。做好全市康庄工程质量监督管理工作。全年分两次对康庄工程进行检查,发现问题,进行反馈,限期整改。进行职能改革,将兼职监督工程师职能与通村公路监督组合并,使监督工作效率更高,管理更为简化。同时发布《丽水市各县(市、区)通村公路工程质量监督组工作考核办法》。

做好工程质量鉴定工作。截至2010年12月底,共组织40个项目的竣工质量鉴定(含大中修工程),受监工程质量优良率为83.3%。

规范监理秩序。随着丽水市交通建设市场的迅速扩张,大量外聘监理人员进入监理市场,甚至持假证人员也借机流入监理市场。为此,市质监站对7个新开工的监理办监理人员及本年度监理替换人员进行上岗摸底考试,参加考试54人,通过34人,补考通过15人,更换了补考仍未通过的5人。开展专项检查。全年,对丽水至武义公路莲都区联城至老竹段改建工程等7项新开工工程的监理办组建情况进行检查;对S227(51)省道遂昌上江至三墩桥段公路改建工程等16项市管工程进行监理专项检查,检查覆盖率达100%。抓好信用评价。在各参建监理单位自评及建设单位复评的基础上, 对18个项目18个监理办公室的信用情况进行初审,对辖区内一家公路水运工程丙级资质监理企业进行评审,并出具书面审查意见,为上级部门的决策和定级提供有力的支持。继续协助省交通运输厅质监局做好全市专业技术人员资格考试和申报工作。全年共选送监理人员10名、工程质检人员21名参加省质监局举办的公路工程监理、质检人员的业务培训;协助省质监局组织公路工程施工安全和环境保护监理培训班及交通部门监理工程师、甲乙级造价工程师、试验工程师、试验员资格的考试工作。

做好工地临时试验室的技术考评与日常监督管理工作。全年共组织技术考评并核准工地临时试验室(含增项管理)40家;对各在建项目的工地临时试验室共检查30家(次),等级试验室检查12家(次),检查覆盖率达100%;对18个公路工程项目的53个工地试验室及等级试验室专项检查,印发《抽查意见通知书》17份,反馈17份,反馈率100%;组织开展工地试验室的专项检查。加大检查力度,对试验人员到位情况不正常及试验工作不规范的工地试验室提出具体整改要求;组织开展全市在建公路工程常用产品及主要材料的监督抽检工作,严防“三无”(无生产厂家、无生产日期、无质量合格证)产品流入施工现场,确保进入公路工程的常用产品及主要材料质量;推行第三方检测,探讨工地试验室运行模式。2010年对S229(54)省道庆元段和遂昌峡湖金公路改建项目的工地试验室按多标段进行整合,由参建方将检测任务委托给有能力的第三方检测单位完成，提高工地试验室建设的标准化水平和从业人员的业务素质；积极做好试验检测数据比对工作。5—6月，组织市内6家等级试验检测机构参加省质监局组织的水泥和集料相关参数的比对试验，取得良好效果；开展等级试验检测机构中间定期核查工作。7—9月，按省质监局要求，对丽水市5家丙级检测机构通过布置动员、自查整改等工作，进一步规范了相关检测机构的检测行为；开展检测信用评价，大力推进诚信体系建设。

安全生产监督

2000年以来，全市在建项目多、监督任务重，面对存在的困难，质监部门找准切入点，使安全监督工作逐步规范化、制度化，确保在建项目安全监督覆盖率达到100%。签订责任书，落实责任。年初分别与市交通局、通村公路监督组长、全市在建重点公路工程建设单位签订《安全目标管理责任书》，明确全年安全生产管理目标及责任。完善制度，逐步规范安全管理。先后制定《加强公路水运建设工程场内专用机动车辆及工程运输车辆安全管理的通知》《加强公路水运建设工程特种设备及大型施工设备管理的通知》等一系列管理规定，逐步规范管理。

2010年，全市受监的公路水运建设工程发生一般事故2起，死亡2人，占市考核控制指标的25%，未发生较大安全事故，事故的发生次数和死亡人数比2009年，分别下降50%和33.3%。

加强质监站监督人员对安全生产监管程序、施工安全技术规程、施工现场临时用电规范等业务知识方面的学习，结合现场检查实践，努力提高安全监督人员的理论知识水平和实际工作能力；同时开展从业人员的安全培训，提高安全生产能力。组织新开工项目安全监督技术交底；2010年组织全市在建工程从业人员的安全培训，参加培训的有各县(市、区)在建项目建设、监理、施工单位的项目安全负责人、安全员约200人。市质监站先后与缙云等县交通部门联合举办康庄工程安全管理从业人员业务培训，参加培训的对象为各乡镇分管康庄工程的领导、安全管理人员和施工单位的项目负责人、工队及班组的安全员累计400人。全年组织开展各类安全培训和交底14次，参加培训1149人，提高了监督管理水平。

组织日常安全监督抽查。2010年对在建公路工程进行安全监督抽查90次，累计检查施工、监理单位178家次，印发《安全监督抽查意见通知书》74份，反馈71份，印发通知书比例82.2%，反馈率95.9%。开展安全生产专项检查，组织重要节日前后的安全检查。2010年3月，对全市10个在建重点公路工程进行节后复工安全专项检查。国庆节来临前，组织对各在建重点工程进行安全大检查；组织“三防”(防汛、抗洪、防台)、高温期间和台风季节等期间的检查；组织世博安保工作检查，确保世博会期间的安全生产；组织开展康庄工程专项检查；对全市6个主要在建重点项目进行施工现场临时用电安全专项检查；组织开展冬季施工及广州亚运会和亚残运会期间安全专项检查；组织开展全市在建公路水运工程消防安全专项检查。在历时184天的上海世博会期间，全站全力以赴，对受监项目共组织日常安全检查30次，世博安保专项检查1次，累计检查施工、监理单位81家，整改隐患169处。组织从业人员开展安全培训8

次，参训人数646 人；发布各类信息 66 条，发放宣传资料 2760 份。全市受监公路水运项目在上海世博会期间，实现未发生一起伤亡事故的目标。

造价管理

突出编审重点，规范造价管理，严格实行持证上岗制度，造价文件编制和审查人员的持证率均达到 100%，促进工程顺利实施。开展工程初步设计概算、设计投标控制价等造价文件的审查工作。2010 年，对 S228(52)省道岚头岭段改建工程、乌溪江大桥建设工程等 5 个项目初步设计概算进行审查，审定概算 5.58 亿元，其中核增 216.80 万元，核增率 2.46%；核减 1632.11 万元，核减率 3.48%。对 S222(50)省道松阳段、莲都段改建工程等 30 个项目工程量清单预算进行编审，审定金额 16.98 亿元，核减 3057.68 万元，核减率 1.8%，对 S222(50)省道莲都段公路改建工程、缙云县岩沿至西岸公路改建工程等 4 个项目的设计投标控制价进行编审，对 S328(53)省道龙泉至八都公路改建工程隧道围岩类别变更等 4 个项目的较大变更概算进行审查；认真调查，做好服务，维护参建各方的利益。全年按时上报材料价格 12 次，较好地完成了各县(市、区)工程材料价格的收集及初审工作。特别是针对水泥、燃油等主要工程材料价格波动幅度过大等情况，通过实地调查、网上、电话查询、定人每月调查等方法，加强复核工作，进一步提高了材料价格的准确性，较好维护了参建各方的合法利益；规范管理，督查整改，维护建设市场秩序。全年对丽武公路莲都区联城至老竹段等 13 项工程进行合同与分包检查，检查覆盖率达 81.3%；对龙泉安福至松阳大东坝公路龙泉段一期工程等 16 项市质监站主管监督项目开展工程实施阶段造价管理检查。全年共印发通知书 17 份，通知书印发比例为 85%。进一步增强了建设各方的合同意识，规范了工程分包、劳务管理及计量支付、变更等造价行为。

第二章 公路养护

丽水地区(市)公路养护实行专业养护和县乡养护相结合的养护体制。国省道及部分县道公路由公路管理部门实行专业养护;部分县道和乡道、通村公路由县乡公路管理部门组织养护;专用公路由使用单位自行负责养护;高速公路由高速公路管理处采取招投标由中标专业公司负责养护。公路分级养护相应实施分级管理,确保公路质量处于经常完好状态。

第一节 养护体制沿革

丽水行政督察区境内公路养护机构设立始于民国22年(1933),4月,永康至缙云县城公路竣工后,在缙云县境内今古塘设立丽水行政督察区第一个公路养护道班,隶属永康养路所管辖。

民国23年(1934)10月,随着浙江省公路大量建成,省公路管理局对全省公路实行分区管理,在丽水设立第四区管理处,实行车务、养路统一管理,管辖路线513.27千米(注),处内设工务股,负责养路工作。

民国37年(1948)11月1日,全面实行民众养路,各县设立省道保养队,担任经常性养护工作、防护工作和紧急抢修。

1949年9月,浙江省交通管理局设置金岸、丽水、龙泉3个工务段,管辖龙游—金岸74千米(维持勉强通车)、金岸—遂昌6千米(维持勉强通车)、金岸—松阳25千米(临时调道班养护)、松阳—碧湖46千米(暂不养护)的养护工作。

1950年春,丽水专区境内置丽水、缙云2个监工所,隶属第五(丽水)运输段管辖。是年6月1日,撤销金岸工务段,碧(湖)龙(游)路的养路工作由第四(江山)运输段兼管,同月丽水工务段撤销,机构人员并入金华办事处。

1952年1月,丽水专区撤销后,原境内公路分别归属金华养路总段和温州养路总段管养。

1963年5月9日,恢复丽水专区。

1964年9月25日,浙江省交通厅丽水养路总段成立,接管原金华养路总段的缙云、遂昌(1958年11月,松阳并入遂昌县)和温州养路总段所辖的青田、丽水、云和、龙泉、庆元5个养路工区,并设置公路总段工具厂和工程队。全总段干部工人692人。

1968年10月,丽水养路总段所属的丽水、缙云、青田、云和、龙泉、庆元、遂昌7个工区改称公路段。

1971年3月,丽水地区公路总段撤销。交通、邮政合并成立丽水地区交通邮政局。养路总段所属公路段的行政人事权下放所在县工交局管理。

1977年11月,复设丽水地区公路总段,下辖丽水、龙泉、缙云、青田、遂昌、云和、庆元7个公路段。

1989年5月19日,地区公路总段改称丽水地区公路管理处,为副县级事业单位,受省公路管理局和地区交通局双重领导。下辖丽水、龙泉、青田、缙云、遂昌、松阳、云和、庆元、景宁9个公路段。1999年11月26日,根据丽水地区行署丽署〔1999〕26号文精神,公路管理实行"条块结合,以县(市)为主"的体制,各公路段成建制划归各县(市)交通局管理。

根据2002年省交通厅《浙江省公路管理体制和运行机制改革的指导意见》精神,2003年市县乡公路管理处并入市公路管理处,成为该处的道路科,管理处下辖直属公路段和龙泉、青田、缙云、遂昌、松阳、云和、庆元、景宁8个县(市)公路段;县(市)公路管理机构与县乡公路管理机构和路政机构合并;莲都区保留县乡公路管理所;事企分开和管养分离,把养护生产作业从公路管理机构剥离出来,组建具有独立法人资格、自主经营、自负盈亏的企业性质的养护公司,承担原由公路管理机构管养的辖区内公路。

第二节　专业养护

丽水督察区公路养护始于民国22年(1933)5月,设道班养护公路,至民国23年(1934)10月,养护里程513.27千米。以10人组成一个道班,人均管养1.83千米。当时的公路都是等级较低的砂石路面,靠人工用扫把、锄头、铁锹、簸箕等工具进行养护。

1949年,全专区专业养护322.62千米,为全区公路总里程500多千米的64.4%。

1958年,实行运输养路合一的体制。1963年8月,"运养分开",除设置专业道班外,新修公路一般采用社队(农工)养护,实行农民轮换工制度。

1964年养护里程1146.78千米,其中专业养护1018.30千米,农工养护128.4千米。

20世纪90年代,全区公路养护分专业养护和县乡养护两种管理体制。国道、省道和少数县道由地区公路管理处专业养护,公路管理处下设9个县(市)公路管理段,段下设道班(后改称公路养护站),承担所辖路段的专业养护;1990年专业养护1680.57千米

1991年11月20日,《公路养护定员标准》在北京通过专家技术审定,这是交通行业第一个国家级公路养护定员标准,对于指导境内公路养护定员具有重要意义。

1994年交通部对《公路养护工程分类范围暂行规定》进行修订,新规定将公路养护按其工

程性质、规模大小、技术难易程度分为小修保养、中修、大修、改善4类。丽水市、县(市、区)公路管养部门按新规定对境内路段进行养护。

2002—2003年,各县(市)公路段改革公路管理体制,实行“管养分离,事企分开”,建立养护中心,负责县境内国省道、县乡道管养;专用公路自建自管自养。2002年,市境内高速公路部分路段建成通车后,高速公路由丽水市高等级公路养护中心管养。2010年12月,市高等级公路养护中心撤销,市境内高速公路由高速公路管理处设养护工区对辖区高速公路进行养护。

把心放在路上,把路放在心上

表 168　**1991—2010年丽水市公路养护机具拥有量**

单位:辆、台

年份	施工机械	运输设备	生产动力设备	试验设备仪器	其他生产用固定资产	设备总数合计	原值(元)
1991						558	7803118.88
1992						741	13464191.64
1993						584	16575823.5
1994						614	18786732.42
1995						720	22562091.86
1996						699	26571959.1
1997	165	230	248	1	54	698	26571959.1
1998	182	227	261	1	72	743	33978864.4
1999	242	245	276		75	838	43477796.77
2000	250	243	279		77	849	43773946.77
2001	273	236	276		76	861	48178267.13
2002	300	231	272	1	83	887	54708932.26
2003	339	228	261	1	108	937	65904463.64
2004	362	237	256	2	106	963	79268523.7
2005	381	259	288	3	129	1060	98718026.22
2006	388	265	247	3	141	1044	114989911.2
2007	365	219	153	8	198	943	132975040.2
2008	390	223	159	7	201	980	13481299
2009	383	223	159	13	203	981	137245506.2
2010	499	184	103	10	205	1001	145168414.7

表169

1991—2010年全市公路养护里程表

单位：千米

年份	国道	省道	县道	乡道	专用道	等级公路						公路养护里程（千米）	高级、次高级路面铺装率(%)	好路率(%)
						高速	一级	二级	三级	四级	等外			
1991	140.9	888.2	1992.4	837.4	138			75.5	248.5	3033.4	639.3	3996.7	9.6	77.8
1992	140.9	879.6	2098.1	799.6	138			92	255.2	3139	570	4056.2	10.11	80.1
1993	140.9	875.2	2112.3	857.3	138			92	254.4	3207.2	569.9	4123.7	13.53	82.8
1994	140.9	875.2	2147.3	861	138			121	286.4	3185	570	4162.4	14.94	84.3
1995	139	869.2	2231.9	864.4	138			231.1	306.8	3157	547.6	4242.5	20.72	37.8
1996	135.7	867.8	2273.8	888	138			265	359.6	3135	543.7	4303.3	22.61	45.7
1997	135.7	866.9	2299.2	889.4	138			293.3	357.2	3133.5	545.2	4329.2	23.37	46
1998	136.9	865.9	2347.5	887.5	127.5			365.53	381.4	3143	475.4	4365.3	27.68	50.4
1999	136.91	861.03	2370.51	894.78	127.48			371.65	403.49	3140.15	475.42	4390.71	29.5	53.5
2000	136.91	851.4	2384.09	887.94	127.48			394.84	448.93	3082.71	461.34	4387.82	34.6	56.4
2001	176.53	782.17	2710.78	754.74	161.74		22.41	591	342.22	3333.96	296.38	4585.96	40.09	60.1
2002	130.8	879.8	2774.5	754.7	161.8	51.9	26.3	606	350.9	3370.1	296.4	4701.6	43.89	62.4
2003	130.8	879.7	2782.5	751.7	161.8	51.9	29.2	604.5	371.5	3376.7	272.5	4706.3	47.6	64.4
2004	129.75	895.46	2787.9	751.18	161.74	51.94	46.24	626.12	386.46	3342.75	272.53	4726	60.4	69.9
2005	129.77	971.16	2793.84	752.73	161.74	127.64	46.24	641.89	388.14	3348.55	256.78	4809.24	89.9	76.08
2006	129.8	1135.3	2984	876	156.2	291.4	35.5	688.5	443.1	3652.5	170.2	9640.8	97.9	76.3
2007	129.8	1158	3006.1	877.4	156.2	314.6	48.4	706	442.2	3662.3	154	10685.6	98.1	76.8
2008	359.33	937.79	3037.83	877.4	156.2	328.3	54.3	793.8	389.2	3737.1	65.9	11697.063	98.5	不评好路率
2009	359.3	937.8	3059.7	904.4	156.2	328.3	66.8	825.2	424.8	3723	49.4	12681.7	98.8	不评好路率
2010	360	938.4	3077.4	899.7	156.2	328.8	72.5	884.7	372.1	3744.2	29.4	13989.86	98.6	不评好路率

说明：2006年起，全市公路里程包括村道纳入统一养护

表 170　　丽水市村道里程

年　份	村道里程(千米)	年　份	村道里程(千米)
2006	4359.6	2009	7264.3
2007	5357.7	2010	8508.2
2008	6238.5		

第三节　县乡公路养护

中华人民共和国成立初期,为保证公路通行,曾组织公路沿线群众养护公路,除干线公路有专业道工养护外,一般支线由群众养护。

1964 年农工养护 128.4 千米。

1965 年丽水养路总段在遂昌县大柘公社进行试点,推行亦工亦农养护公路。1970 年,各县亦工亦农养路道工多数转为专业养路工人。

1971 年起,凡新建县乡道公路由社队(乡村)组织养护,交通部门负责管理。

1972 年,省交通厅规定,凡新建的县乡公路均组织社队养护,各县交通主管部门配备 1~2 人专职负责管理社队养护工作。1977 年,地区交通局设道路科分管社队养护工作;各县先后设立交通局,局内设道路股分管县乡道社队养护工作。1980 年遂昌县率先建立社队养护公路段,设在县交通局内,专事县乡道社队养护,继而各县亦相应建立。1984 年恢复区乡建制,改称县乡养护公路段。1989 年 10 月,地区交通局道路科撤销,建立丽水地区县乡公路管理处,负责全区县乡公路修建计划与养护管理工作。各县(市)统一成立和改称县乡公路管理所,属全民所有制事业单位。

县(市)县乡公路管理所在县乡公路设道班,承担辖区内路段的养护管理。1990 年 12 月,全区县乡公路道班 178 个,养路农工约 750 人,管养县乡道 2203.88 千米。

2000 年,全市有县道 2384.09 千米,乡道 887.94 千米,除规定的县道实行专业养护,大部分县道和所有乡道均由各县(市、区)县乡公路管理所实行农工养护。

2002 年,实行公路管理机构与县乡公路管理机构合并,事企分开和管养分离,原由公路管理机构承担的专业养护公路以及由县乡管理部门管养的县乡道、村道,由新成立的养护中心(公司)承担养护。

2006 年起,全市公路里程包括村道 4359.6 千米,共计 9642.3 千米,纳入统一养护。

专用公路自建自管自养。

第四节 农村公路管养

2003年，全市乡村康庄工程启动，大批通村公路项目上马，建设力度加大，至2007年，5年累计完成通乡公路建设1133.23千米，其中，路基114.4千米，路面1018.83千米；完成通村公路10551.6千米，其中：通村公路路基5809.4千米，路面4742.2千米，乡村公路里程成数倍增加，如何养护农村公路成为公路部门和乡村的一项重要工作。

2003年7月，丽水市人民政府办公室发文成立丽水市农村公路工作领导小组，负责全市农村公路的建设、养护和管理工作，具体承担指导、协调、监督和检查全市农村公路的建、管、养工作。

根据《中华人民共和国公路法》《农村公路管理养护体制改革方案》、《浙江省公路路政管理条例》《浙江省农村公路养护与管理办法》等法律、法规、行政规章的规定，经丽水市政府第58次常务会议审议通过，市政府于2009年9月17日制发《丽水市农村公路养护与管理办法》(丽政发〔2009〕64号)，自2009年11月1日起按此办法管理和养护丽水境内农村公路。

健全组织。2009年12月，成立以分管副市长为组长，各相关职能单位为成员的农村公路工作领导小组，设立办公室，加强对农村公路养护管理的领导和指导，推进农村公路养护管理工作，设置机构，配备人员。至2010年4月，除各县(市、区)成立相关机构外，全市176个乡镇(街道办事处)全部落实养护管理机构，成立以乡(镇)长或分管乡(镇)长为负责人的乡村公路养护管理站，有乡村公路养护管理兼职人员424人。

完善管养机制。为贯彻《丽水市农村公路养护与管理办法》，各县(市、区)相继制定当地农村公路养护与管理办法，实行统一领导、分级管理、条块结合、以县为主的原则，纳入路网统一管理，按照科学高效的原则建立农村公路养护与管理的协调、监督、考核机制，实现有路必养的目标。

考核、督促。2009年12月《丽水市农村公路养护管理目标考核办法》经市政府同意施行，同时制定《农村公路养护管理目标考核办法实施细则》，有助于进一步落实责任，建立"标准明确，企业自检，社会监理，政府监督"的质量监督体系，推进全市农村公路养护管理工作，确保农村公路养护工程质量。

农村公路养护管理工作纳入各级政府、相关部门和单位的年度工作目标考核内容。各级交通运输行政主管部门及所属的公路管理机构负责本行政区域内农村公路养护管理的检查监督。

农村公路养护。农村公路养护包括农村公路养护工程及日常养护。养护工程，是指农村公路的大修和中修工程。日常养护，是指农村公路的小修、保洁、绿化管护、附属设施维护等。

县道公路养护按照《公路养护技术规范》的相关技术标准执行。乡道、村道公路养护按照《浙江省农村公路养护技术规范》的相关技术标准执行。未经验收或验收不合格的农村公路不得交付使用,不列入养护计划。养护工程计划由县级交通运输行政主管部门会同同级财政主管部门制订,并报省、市级公路管理机构备案。

养护资金筹措及管理。养护资金包括养护工程资金和日常养护资金。

各级人民政府按照“县乡自筹、省市补助”的原则,建立由成品油价格和税费改革税收返还收入、财政一般预算以及其他资金共同组成的多渠道农村公路养护资金筹措机制。

县级财政投入农村公路日常养护资金标准不低于:县道年千米4000元、乡道年千米2000元、村道年千米500元;

乡级财政投入农村公路日常养护资金标准不低于:乡道年千米1000元、村道年千米500元。县级财政应当对无独立财政的乡(镇)给予补助;

养护资金专款专用,实行财务公开,定期向当地群众公布养护资金使用情况。审计、财政、交通运输等行政主管部门对农村养护资金的使用进行监督管理。

通过贯彻省、市文件精神,2010年全市12641.498千米农村公路全部实现了“有路必养”,还总结推广市场化养护、分段承包养护、委托承包养护、专业户领养等多种管养模式,初步建立以市场化为方向,多种形式并存的农村公路管理养护模式。

君行千里文明路,理解辛勤护路人。

第五节　路面养护

小修保养

小修保养是对现有公路,包括泥结砂石路面、沥青路面、水泥混凝土路面及设施进行保养和修补轻微损坏部分,使之经常保持完好状态。通常由道班在定额经费内,根据季节、气候特点、因地制宜,按月安排计划,进行经常性养护工作。

1985年,小修保养试行经济责任制。1988年进一步深化和完善,全面实行目标管理与经济承包相结合的公路养护(小修保养)经济责任制,公路养护效果和公路技术状况进一步提高。1990年底,全区公路243条、4022.39千米,其中高级次高级路面342.72千米。养护里程:专业养护1680.57千米,县乡养护2203.88千米;2002年,全市公路养护里程4701.6千米,其中高速公路养护里程51.9千米，一、二、三、四等级公路养护里程4353.3千米，等外公路养护里程296.4千米。2005年底，全市公路养护里程4809.24千米，其中高速公路养护里程127.64千米，等级公路养护里程4424.82千米，等外公路养护里程256.78千米。2010年底，全市公路养护里程13939.855千米，其中高速公路养护里程328.771千米，等级公路养护里程13910.4千米(含高速公路里程)，等外公路养护里程29.455千米。详见下表。

表171 **历年养护里程及小修保养经费支出情况一览表**

年份	养护里程(千米)		总投资(万元)	其中小修保养(万元)	年千米成本(元)
	专业	县乡(农工)			
1965	1018.38	128.4	153.6942	69.3348	514.81
1966	1048.845	444.86	153.8755	77.369	517.96
1967	1493.985		152.9532	88.065	501.63
1968	1493.735		143.9768	79.8945	502.02
1969	1497.258		153.1615	81.513	544.41
1970	1536.53		189.4329	78.4529	510.57
1971	1517	123	210.9684	80.17	528.5
1972	1517	138	210.4871	87.3182	575.5
1973	1517		230.358	102.5118	676.03
1974	1519.5		258.8317	106.8645	727.46
1975	1518.7		388.588	109.3849	720
1976	1519.5	541.17	294.9259	122.6946	807.46
1977	1519.5	677.88	344.93	127.1623	836.87
1978	1516.86		401.2874	135.1324	890.9
1979	1516.86	1098.26	446.7374	153.15	1009.65
1980	1519.38		557.592	169.1782	1113.47
1981	1516.51	1242.32	571.6172	189.604	1246.39
1982	1521.46		634.9664	191.0538	1255.73
1983	1521.46		810.9299	221.9997	1459.12
1984	1521.46		704.11	226.3	1487.36
1985	1554.46		771	312.52	2010.51
1986	1568.42		1158.2599	414.9486	2645.64
1987	1567.69		156.2979	454.5596	2903.39
1988	1566		2238.06	592.04	3780.56
1989	1680.57		2136.39	657.27	3989
1990	1680.57		2416.18	697.79	4126
1991	1682.4	2314.3	4299.23	931.91	2332
1992	1711.4	2344.8	6865.3	953.9	2352
1993	1701.5	2422.2	8492.4	1187.6	2880
1994	1701.5	2460.9	10045.5	1442.1	3465
1995	1719.4	2523.1	12335.2	1935.5	4562
1996	1724.3	2579	13987.9	1994.5	4635
1997	1732.26	2596.94	16637.6	2329.8	5382

续表 171

年 份	养护里程(千米)		总投资(万元)	其中小修保养(万元)	年千米成本(元)
	专业	县乡(农工)			
1998	1754.72	2610.63	11790.9	2288.11	5242
1999	1778.38	2612.33	22417.8	2321.62	5288
2000	1766.32	2621.5	24750.31	2414.37	5502
2001	1765.56	2820.44	38810.6	2389.7	5211
2002	1837.31	2748.69	61780	1867.9	10166
2003	1889.67	2764.93	62087	1992	10542
2004	4674		106645	2269.3	4855
2005	4681.6		148359	2208.9	4718
2006	4989.8		21256.5	3311.8	6637
2007	973.19		18161.67	2039.6	20958
2008	968.79		25929.24	2756.6	28454
2009	967.72		38172.47	4957.4	51228
2010	969.6		64166.5	3822.8	39427

说明:1. 2004—2008 年养路工人头费在县乡道补助经费中列支未列入年千米成本,从 2004 年起专业养护与县乡道养护合并;

2. 2007 年后是指国省道成本;

3. 从 2002 年起县乡道从补助经费中支出未计成本

表 172

1991—2010 年公路小修保养成本一览表

年份	资金投入(万元)	养护里程(千米)	平均成本(元)	其中											
				块石路(千米)	资金投入(万元)	年千米成本(元)	砂石路(千米)	资金投入(万元)	年千米成本(元)	黑色路(千米)	资金投入(万元)	年千米成本(元)	水泥路(千米)	资金投入(万元)	年千米成本(元)
1991	727.7	1644.77	4424	10.8	1.9	1759	1304.56	577.7	4428	238.4	130.2	5461	91.01	17.9	1966
1992	741.2	1669.21	4440	9.3	2.4	2581	1291.06	554.3	4293	276.08	161.1	5835	92.77	23.4	2522
1993	927.8	1701.53	5453	9.7	2.5	2577	1226.9	683.7	5573	325.74	216.3	6640	139.19	25.3	1818
1994	1155.6	1701.5	6792	9.7	2.4	2474	1172.2	830.8	7088	371.24	291.6	7855	148.36	30.8	2076
1995	1555	1710.54	9091	8.4	2.6	3095	1173.52	1183.2	10080	385.21	314.5	8164	143.41	54.7	3814
1996	1594	1724.3	9244	3.32	2.2	6627	1158.61	1081	9330	416.37	431.4	10361	146	79.4	5438
1997	1851.5	1732.26	10688	3.27	2.8	8563	1026.49	1131.8	11026	509.52	621.8	12204	192.97	95.1	4928
1998	1774.6	1754.72	10113	3.8	2.7	7105	980.47	1100.8	11227	548.85	543.8	9908	221.6	127.3	5745
1999	1757.9	1778.38	9885	1.88	3.1	16489	900.09	1109.5	12327	581.06	477.9	8225	295.35	167.4	5668
2000	1885.4	1766.32	10674	1.88	2.4	12766	784.24	1143.3	14578	674.27	529.4	7851	305.93	210.3	6874
2001	1831.6	1765.56	10374	1.88	2.5	13298	784.24	1016.3	12959	653.5	567.7	8687	325.94	245.1	7520
2002	1867.9	1837.31	10166	1.88	3.3	17553	776.29	850.1	10950	701.5	772.3	1109	357.64	242.2	6772
2003	1992.1	1889.67	10542	国道 130.8	327.6	25041	省道 879.82	1088.1	12367	县道 775.75	548.1	7065	其他道 103.3	28.3	2739
2004	2269.3	4674	4855	129.75	294.1	22668	895.5	1294.4	14454	786.49	598.9	7615	104.5	81.9	7837
2005	2208.9	4681.6	4718	129.78	367.6	28325	843.52	1304.6	15466	2793.84	483.6	1731	914.5	53.1	581
2006	3311.8	4989.8	6637	129.78	445.4	34320	843.87	1466.3	17376	2984	1254	4202	1032.2	146.1	1415
2007	2039.6	973.19	20958	129.77	447.2	34461	843.42	1592.4	18880						
2008	2756.6	968.79	28454	129.77	682.7	52609	839.02	2073.9	24718						
2009	4957.4	967.72	51228												
2010	3822.8	969.6	39427												

说明:1991—1995 年改线路段不计当年里程;2009—2010 年是国省道年千米成本;1991—2003 年是指专业养护,不包括县乡养护里程;不包括高速公路

表173　1991—2010年干线公路管养人员一览

年份	公路职工(人)	其中			
		管理人员	工程技术人员	养路工人	其他工人
1991	1243	206	54	785	198
1992	1311	211	60	750	290
1993	1331	215	67	679	370
1994	1326	225	77	710	314
1995	1328	224	78	705	321
1996	1249	225	80	669	275
1997	1211	226	80	761	144
1998	1229	228	80	735	186
1999	1151	239	79	662	171
2000	1131	232	84	678	137
2001	1124	247	99	670	108
2002	1155	278	112	609	156
2003	1137	280	123	588	146
2004	1144	303	136	524	181
2005	1052	296	146	456	154
2006	977	339	272	253	113
2007	977	367	273	231	106
2008	1006	367	269	253	117
2009	1017	371	276	259	111
2010	1042	378	290	308	66

说明：干线公路管养人员是指直接从事公路管养工作，不包括厂、站、队、校人员、临时工、高速公路管养人员

大中修工程

公路中修工程是对管养范围内的公路及其工程设施的一般性磨损和局部损坏处进行定期的修理加固，使其恢复原状的小型工程项目，主要是对砂石路面、沥青路面的翻修及水泥板块的更换等。

公路大修工程，是对管养范围内的公路及其工程设施的较大损坏处进行全面综合大修，主要有重新铺筑砂石路的磨耗层和保护层，按原标准铺筑水泥路面及沥青路面翻修、补强及

其设施大修、更新等工程项目。

加强公路大中修工程建设与管理，是公路管理机构的经常性工作。50万元以上的大中修工程项目均通过政府招投标监督机构公开招投标，由中标单位组织实施。同时，坚持“押工程质量保证金”和签订“安全生产”“廉政”责任书制度，对大中修工程项目实行规范化管理。

从1991—2010年，全市公路大中修工程共投入资金近15.80亿元。

改善工程

公路改善工程亦称改建工程，是对公路及其工程设施因不适应现有交通量和载重的需要，分期对整条或逐段线路进行拓宽改建、弯道改线、降坡、桥梁加宽升高等提高技术等级的公路工程。

民国29年(1940)5月，省政府为改善丽浦公路和金丽公路，以适应抗战需要，加征改善工程费，专作改善工程之用。次年拨款改善金丽线丽水境内的冷水、马头山和丽浦线的赤石岭、新岭、牛头岭等处急弯、陡坡、狭路，拓宽了“瓶颈”地段。

民国31年(1942)，添建丽浦线的赤石渡浮桥，加宽赤石至武溪开山地段的狭路以及将局村渡改为低水位桥等。

中华人民共和国建立后，丽水专署和各有关县及公路部门采取国家投资和民办公助建设公路的方针对境内公路进行修复、拓宽、改建等大中修及改善工程。

自1951—1990年，国家(包括部门)共投资1.78亿元，多次对国省道丽水地区境内段进行拓宽、改线、裁弯取直，开凿隧道，改砂石路面为沥青路面、水泥混凝土路面；建造新桥，改低水位桥为中、高水位桥，基本解决了“瓶颈”问题。

从20世纪90年代初开始，对境内13条国省道和部分县乡道进行改扩建，提升了公路等级，提高了通畅能力。1991—2010年改建工程共投入经费近7.22亿元。

压路机正在压实沥青路面

表174　**1991—2010年大中修改建工程经费使用情况一览**

年 份	中修(万元)	大修(万元)	改建工程(万元)
1991	100.7	127.1	1346
1992	80.8	342.4	3003.1
1993	111.1	332	4103.1
1994	102.1	456.5	582.6
1995	105.5	903.5	445.5
1996	117.4	1656.8	664
1997	119.5	1284	102.9
1998	101.7	806.6	1736.9
1999	148.3	2001.1	3336.3
2000	53.7	1909.9	2277
2001	55.3	1496.3	1999.6
2002		4761.4	3689
2003		3837.5	200
2004		687.1	13126.5
2005		13837.5	27910.7
2006		16946	7334.1
2007		18833.8	166
2008		19746.5	150
2009		30744.3	无
2010		36173.2	无
合计	1096.1	156883.5	72173.3

说明:根据公路养护会计年报,从2002年起大中修合为一项;1991—2003年是专业养护大中修改建经费,不包括县乡道大中修经费;不包括高速公路

抗冰雪 保畅通

丽水市境内,除330国道、49省道穿越地势较平缓、翻越海拔不上300米的低山地带外,其余11条省道及百余条县乡道均盘绕在崇山峻岭甚至上千米的高海拔山地。冬春之际,雨雪纷纷,有的年份甚至冰雪成灾,交通中断,而且冰雪期间,往往又和春运交织在一起,因而抗冰雪、保畅通,确保春运期间使旅客安全、及时返家欢度春节,成为公路管理部门干部、职工和养路工人的重要任务之一。

每年冬春之际,冰雪频繁降临,市、县(市、区)公路管理部门根据气候特点,要求各公路段早准备、早落实,下达备料经费,在高山陡坡边备足防滑路料;对易发生冰冻、雪阻、塌方、滑坡的狭路、岭坡、弯道等路段及危桥预先制订应急预案,采取必要的养路措施;建立24小时春运值班制度,做到上情及时下达,下情按时上报;加强日常上路巡查,及时修补坑洞,清理塌方;

在易滑坡、塌方处设立观察点进行观察;在重点路段预先增设警告、禁令标志。成立由养护、路政、机械操作等人员组成应急小分队,随时准备上路突击抢修。2008年1月下旬~2月上旬,50年一遇的重大冰雪灾害,致使全市12条省道、69条县道共计1684千米,全面雪阻,直接经济损失2500万元。全市交通系统职工奋勇抗击,投入抢险人员17148多人次,抢险设备3626余台次,工业用盐600吨,防滑用料9669余吨,累计投入抢险经费768万元,确保了春运期间全市各级雪阻公路及时恢复通车。

抗冰雪,保畅通

2009年1月26日~2月上旬,受降雪冰冻影响,景宁、庆元、遂昌、龙泉县(市)境内4条省道、7条县道及330国道莲都段先后交通中断,全市交通部门投入900多人次、60多辆工程抢险车、30吨工业用盐、30吨防滑材料,经一天紧张清理恢复通车。

2010年12月15日上午开始至次日上午8时,丽水市9县(市、区)有7个县(市、区)遭遇暴雪,是1996年以来最大的一场雪,导致全市交通中断线路199条,其中国省道9条:330国道温寿线、S322(35)省道临石线、S220(44)省道上松线、S222(50)省道龙丽线、S227(51)省道遂龙线、S328(53)省道丽浦线、S228(52)省道云寿线、S329(55)省道菊寿线、S330(56)省道瑞东线,县乡道190条。大雪阻碍千里路,15日下午起,丽水客运西站停运班次47个,客运东站停运班次37个。

丽水市公路局接到气象预报后立即启动应急预案;全市各级交警和高速公路交警也同时启动恶劣天气应急预案,做好抢险保畅通各项准备工作。

全市各公路段连夜对国省道公路的桥面、结构物等易结冰路段撒工业盐,以防路面冰冻。全市公路系统投入抢险人员5400多人次,机具1110台次,工业用盐59吨,防滑料980立方米,投入抢险经费940万元。由于抢险立足于“快”“准”“狠”,16日上午9时起至下午,丽水东、西两站至各地班车陆续恢复正常运行。

水毁防治,雨季养护

丽水市位于浙江省西南浙闽结合部,地处中亚热带,距离东南沿海较近,几乎每年都有公路水毁发生,有几年还特别严重。为此,全市公路管理部门十分重视水毁防治,雨季养护,采取切实措施,抓好公路防汛、防洪、防台“三防”工作。每年坚持防大汛抗大汛,早部署,早检查,早落实,自1991年以来,每年雨季均以养好路面为中心,以排水为重点,加强上路巡查,发现问题及早处理,同时对公路桥梁和高护坡、高挡墙以及易塌、易滑坡路段进行定期检查,及时修补路面坑洞,确保路面、路基平整,涵洞无堵塞,桥涵两端无跳车。积极做好公路施工现场长度、宽度、平整度和排水工作,确保施工路段车辆安全通行。

现撷取几个年份公路水毁情况及公路部门及时抢修水毁，确保公路畅通所作出的不懈努力。

1992 年 5 月 16~17 日，全区受特大暴雨袭击，龙泉市山洪暴发，县道牛住线驳坎倒塌 3 处 1300 立方米，塌方 114 处 12634 立方米，毁坏涵洞 25 道；丽浦线塌方 16 处 914 立方米；遂龙线塌方 61 处 6039 立方米，毁坏涵洞 5 道；于蛟线塌方 48 处 2125 立方米；安西线塌方 27 处 1081 立方米。8 月 30 日遭受第 16 号强热带风暴袭击，全区普降特大暴雨。云寿线、重沙线多处山体滑坡，路基冲断；330 国道汛头桥桥面板破碎严重，半幅通车；菊寿线、青岱线路基多处缺口；丽皂线 K16+600 路基冲断；遂龙线 K59 大塌方严重阻车；缙云县 3 处过水路面冲毁。全区水毁损失 912 万元。

1994 年 6 月中旬连降特大暴雨，又受 8 月 21 日 17 号台风暴雨侵袭，全区大部分线路中断交通，公路水毁损失 7800 万元。6 月 14 日 330 国道 K111+150 发生特大山体滑坡，20 多万立方米泥石倾塌在公路上，调用当地社会装载机铲除塌方，苦战 2 昼夜恢复车辆通行；丽浦线 K96+128 路段路基缺口，塌方接连不断，车辆无法通行；遂龙线 K69 至 K80 路段路基路面冲毁阻车；龙后线 K10+700 豫章双曲拱桥被冲毁，中断交通，采用贝雷钢架架设临时便桥通车；云寿线 28 处大缺口，12 处路基冲断，际头桥被冲毁，利用当地公路行道树架搭临时木便桥通车；县道重沙线沙湾地带公路全部冲毁。经半个月抢修全部线路恢复通车。

1995 年 6 月 14 日、17 日两次遭受特大暴雨和 17 号台风袭击，遂龙线 K50+50 地段塌方 3580 立方米，冲毁路面 16 千米，路基冲断 3 处 125 米；丽浦线龙泉境内 K88+500 地段发生两次大塌方，数万辆车受阻。全区路基挡土墙倒塌 189 处、36410 立方米，山体滑坡 67617 立方米，桥梁冲毁 7 座，水毁损失 700 多万元。

1998 年梅汛期，全区持续普降大暴雨，全区公路水毁直接经济损失 6488 万元，其中专业养护公路 2800 万元，县乡养护公路 3688 万元。330 国道、丽浦线、龙后线等国、省道干线公路多处路段屡遭水淹，330 国道丽缙复线 K19+650 路段发生山体滑坡，路基沉陷，K5+400 处（银场路段）发生大面积山体崩塌，庆元新杉线、兰荒线，龙泉后屏线、林桑线，景宁青景线，遂昌三砾线等 60 余条县乡公路交通中断，庆元全县公路曾一度全部中断。灾情发生后，地区、县交通公路管理部门领导带头奋战在抗洪抢险第一线。公路养护职工和广大养护农工以“舍小家，保大家”，“先抢通，后修复，先干线，后支线”的原则，在最短的时间内抢通公路，恢复通车。全年全区投入公路水毁抢修恢复资金 895 万元。

1999 年 9 月 3 日受 9 号强热带风暴和副热带高压的共同作用，青田等地普降暴雨，3 日 21 时~4 日 6 时降雨量达 186 毫米，山洪暴发。330 线青田境内 K42+300 汛头桥台后路基冲断，裂口 10.2 米宽，交通中断。地区、县交通局和地区、县公路管理部门突击架通限载 10 吨的工字钢梁，9 月 7 日又架起一座限载 20 吨的战备钢桥，保证了国道的安全畅通。据统计，汛期以来，全区共清理320处塌方62500立方米，修复68处缺口16551立方米,3处抛石防护12000立方米,突击抢修桥梁2座,奋勇抢险保畅通。全区全年水毁损失1238.75万元。

2002年4月22日,330线青田境内K53+200处发生山体滑坡7122立方米,交通中断。8月15—18日,遂昌境内连降暴雨,新路湾,云峰、妙高、蔡源、焦滩等7个乡镇遭受百年一遇的特大暴雨,遂龙线、小金线、三砾线、桂王线等8条公路交通中断,损失达361.5万元。

2005年年初雨雪交加,2月降水量124毫米，是53年来的第6个高值年,4月、5月暴雨不断,降水量均超过200毫米,尤其在6—10月,全市共遭受5次台风和1次强降雨的袭击,特别是“6·18”强降雨和“海棠”“麦莎”“泰利”3次台风影响特别巨大,导致公路水毁十分严重。5号台风“海棠”于7月18日开始影响市境,18—20日普降暴雨或特大暴雨,日降雨量最大在300毫米以上。强降雨给全市公路造成直接经济损失近1000万元,冲毁沥青路面2.28万平方米，冲毁桥梁3座，冲毁涵洞8座，挡土墙倒塌93处1.52万立方米，公路坍方128处7.626万立方米。公路中断11条,国省道3条(S230省道青岱线、S333省道六东线、S329省道菊寿线),县乡道8条。S333(49)省道K35处坍方近2万立方米。9月1日,景宁县遭受百年一遇的13号强台风“泰利”袭击,公路严重受损。石竹岙公路站站长鲍伟平为解救一辆受困中巴车和旅客,不顾个人安危,在排险时,被泥石流冲走,不幸牺牲。据初步统计,1—10月全市共发生公路塌方和结构物水毁1633余处,其中:水毁塌方917处,计88万立方米;路基缺口及挡墙倒塌500处,计216085立方米,涵洞毁坏211座,受灾较严重的线路有国省道9条,330国道、S228(52)省道云寿线、S330(56)省道瑞东线、S329(55)省道菊寿线、S229(54)省道龙后线、S328(53)省道丽浦线、S222(50)省道龙丽线、S333(49)省道六东线、S230(57)省道青岱线,县道29条和大部分乡道,直接经济损失近2亿元。

2006年8月10日,第8号超强台风“桑美”直面袭击庆元县,持续特大暴雨,庆元县东部地区降雨量达350毫米,受台风影响的还有景宁、青田、龙泉等县(市),致使丽水市境内S329(55)省道菊寿线、S230(57)省道青岱线和14条县道公路交通中断。全市公路损失约2.04亿元。其中庆元县公路毁坏最为严重,55省道菊寿线和7条县道瘫痪,11个乡镇交通受阻。冲毁路基51.2千米,计1324260立方米;冲毁沥青路面58.3千米,计263790立方米;全毁桥梁2座,计35米,局部水毁桥梁15座,计220米;全毁涵洞585道,局部水毁涵洞902道;护坡水毁3处、计350平方米;驳坎水毁14处,计9140立方米;挡墙水毁192处,计383300立方米;坍塌496处,计383300立方米;山体滑坡5处;水毁房屋5幢,计710平方米;公路淹水62处,计22.1万平方米;损失标志标牌358块;损失行道树6874株,共计损失金额1.61亿元。

灾情发生后,全市公路系统投入大量的人力物力和机械设备,龙泉、缙云公路段将新购买的挖掘机无条件支援庆元,市公路管理处在最短时间内组织近百人的抢修队伍赶赴庆元抢修中断的公路。全市共出动3800余人次,包括一线抢险和指挥巡查人员,其中庆元县交通局组织19支抢险分队300多人投入抢险。投入设备435多台套,包括装载机、汽车、拖拉机。投入路面抢险砂石料34000多立方米,编织袋15000余只。投入公路抢修经费290万元,修复公路投入4260万元。经过18个日日夜夜的紧张施工,11个重灾乡镇所在地恢复通车。

2007年8月17~21日,第9号超强台风"圣帕"影响市境东南部,8月18日青田境内一个测量点测得日降雨量达302毫米,青田、景宁、庆元等县山洪暴发,全市公路中断交通17条,其中省道3条(青岱线、云寿线、菊寿线),县乡道11条,中断交通的省道、县乡道,有的修复交通不久,有的刚刚修复,9月18~20日,13号台风"韦帕"和16号台风"罗莎"相继影响市境,全市公路中断交通23条,其中国省道5条(330国道、省道磐缙线、龙丽线、云寿线、丽浦线),县乡道20条。据统计,这两次台风,共冲毁砂石路面17千米。塌方2361立方米,坍塌挡墙20441立方米,冲毁沥青路面12000平方米、路基6420平方米、涵洞38道,修复经费2388万元,其中国省道321万元,县乡道2067万元。

2009年8月6~9日,第8号超强台风"莫拉克"影响丽水市,其中景宁、青田、缙云受影响最大。过程总雨量最大的站点青田方山达594.5毫米,山洪暴发,市境内云寿线、青岱线、丽浦线、六东线、菊寿线5条省道和20条县乡道交通中断。冲毁公路路基83200立方米、路面32965平方米,塌方287257立方米,倒塌挡墙96622立方米,驳坎5290立方米,冲毁涵洞68道、桥局部损毁5座,全毁桥梁2座;共计水毁损失4026万元,其中省道公路420万元、县乡道公路3606万元。

针对"莫拉克"造成的损失,市交通局和市公路管理处立即于8月7日启动公路系统"三防"应急预案,切实做好防洪抗台工作,保持通信畅通,做好物资准备。各公路段在台风来临前除落实自有的所有抢险设备,还与社会上的抢险设备进行联系,充实抢险力量。全市公路系统共投入抢险人员4654人次,车辆及机械612台次,架设战备钢桥1座,投入经费190多万元。市公管处首次将"96266"路政指挥系统并入防台值守,台风期间"96266"共受理报警电话168个,发送路况信息短信273条,有效地保障了公路系统防台抗台的信息畅通。在抗击超强台风"莫拉克"中,实现了"不死人,少伤人,保畅通"的工作目标。

2010年5月21日17时~23日8时,全市平均降雨量88.8毫米,龙泉市达166毫米,该市宝溪乡达270毫米。龙泉、云和、景宁、遂昌等县(市)63个乡镇受灾,全市公路中断17条。市内3条省道60余处路段不同程度塌方,水漫路面,涵洞堵塞,44条县乡道370余处公路路基挡墙倒塌,边坡塌方,涵洞堵塞。

2010年6月17~22日连日强降雨,全市各地公路沿线多处山体滑坡,遭受泥石流冲刷,路基路面被冲毁,边坡坍塌。致使菊寿线、遂龙线、丽浦线和六东线4条省道和36条县乡道交通中断。截至6月21日,全市省际班线停开14条65班次,县际班线停开3条6班次,县内班线停开46条429班次,据不完全统计,在这次过程强降雨中,全市公路损失6129.5万元,村道损失6325.5万元，公路在建工程损失2135.78万元，路基被冲毁6.9万立方米，路面被冲毁5.6万平方米，涵洞被冲毁132道，挡墙、驳岸被冲毁6.1万立方米，山体塌方770处27.3万立方米。

灾情发生后，市交通部门立即启动“三防”应急预案迅速投入抢险工作，由5000多名工程技术人员、一线工人组成的数百支抢险队伍，第一时间赶赴受灾现场清理塌方、组织抢修，投入机械780台班，投入抢险经费290万元。至6月25日，3条省道和26条县乡道抢修通车，其余10条县乡道公路至7月上旬也修复通车。

表175

1991—2010年水毁经费使用情况一览

年份	养护里程(千米)	投入经费(万元)	每千米水毁费(元)
1991	1682.4	55.3	329
1992	1711.4	151.7	886
1993	1701.5	95.2	559
1994	1701.5	219.1	1288
1995	1719.4	166.9	971
1996	1734.3	209	1205
1997	1723.3	208.9	1212
1998	1754.7	298.6	1702
1999	1778.38	384.5	2162
2000	1766.32	269.5	1526
2001	1765.56	137.6	779
2002	1837.31	163	887
2003	1889.67	474.1	2509
2004	4674.1	137.4	294
2005	4681.6	1052.3	2248
2006	4989.8	4896.2	9812
2007	5013	5215.8	10405
2008	5040	2197.1	4359
2009	5089	2554	5019
2010	5102.9	2783.6	5455

说明：1991~2003年是指专业养护水毁经费，不包括县乡道养护、水毁经费；不包括高速公路、村道水毁经费支出

公路绿化

公路绿化是国土绿化的重要组成部分，它对巩固路基，保护路面，美化路容具有重要作用，是生态公路和文明公路建设的标准之一。

1991年前公路绿化是在公路两旁植树，主要栽种杨柳、梧桐、楝树、枫树、水杉等树种，公路绿化以达到“道路林荫化”为标准。1991年，结合在国省道干线公路实施“GBM”工程(即公路的标准化、美化工程)，公路绿化以美化为标准。在公路两旁及中间隔离带栽种冬青、香樟、广玉兰、桧柏、红枫、紫薇、棕榈等乔木；栽种四季花、夹竹桃、四季桂、茶花、茶梅、杜鹃、龙柏球等花灌木；花圃、草坪相结合，花木相谐，混栽点缀，美化公路。

1998年2月，省交通厅、省绿化委员会联合颁布的《浙江省公路绿化办法》规定，新建、改建的国、省道干线公路和主要的县道公路，在宜林路段两侧应各征用不少于1.5米的土地用作绿化植树带，绿化与工程同步设计、同步组织实施；公路绿化的管理费单独列支，经费必须满足基本管理需要。同时颁布的《实施细则》规定，对破坏公路绿化的行为，将依据《中华人民共和国森林法》、《中华人民共和国公路法》等有关法律法规予以处罚，使公路绿化工作步入规范化管理。

公路两侧行道树

仅1998—1999两年间，全区公路交通部门投入公路绿化资金达408.11万元。深入开展“千家万户绿公路”活动，新植、补植绿化公路1051.83千米，种植修建花坛14个、面积1万多平方米，种植乔灌木、花草11.9655万株。

根据丽水山区大部分公路沿溪傍水、护坡、边坡多、雨量充沛等特点，经过多年探索，在泥石护坡、路边下边坡栽种香根草，以防沿边坡水土流失，至2010年，栽植70多万平方米；在路边上边坡山岩外普栽爬山虎，爬山虎根须扎在石缝之中，不但能使岩石披绿又能防止砾石坠落，减少事故发生。

自1991—2010年，全市共投入绿化资金5617万元。

注：数据来自《丽水地区年鉴》。

绿化苗木培育

丽水地区公路管理机构为加快公路两旁绿化,节省绿化经费支出,自供绿化苗木。1959年,在松阳县破樟树建立苗圃,创丽水专区公路部门自行培育树苗的先例。20世纪60~80年代,先后建立松阳潘村苗圃和丁旺山苗圃、丽水桃山、上岗背苗圃,缙云仙都苗圃。

丽水公路段桃山苗圃 由废弃公路改建而成,有0.266公顷(4亩),曾出产冬青、法国梧桐、水杉等苗木15000余株,后大部分被南明湖水淹没,留下一小块地上水杉已长成大树;上岗背苗圃有0.2公顷(3亩)。曾出产白杨、法国梧桐等苗木10000余株,为丽水段公路绿化提供苗木,于1985年改成段油库。

松阳公路段潘村苗圃 有山地1.33公顷(20亩),1976年12月在松阳县水南公社潘村大队(现属西屏镇)瓦窑头山上,建立潘村苗圃,1980年开始供苗。1988年达到大批量供应,每年可供公路绿化苗木1.2万株,1991年最高年产量达2万多株。累计产出冬青、法国梧桐、白杨、樟树、苦楝树、紫薇、柏树等35万株,专供本地各公路段公路绿化。1999年8月由松阳公路段一职工承包,每年交承包金15000元。有樟树、紫薇、马褂木(鹅掌楸)、桂花、爪子黄杨、罗汉松、红枫、杜英等苗木35000株,价值100多万元。

松阳县公路段潘村苗圃

丁旺山苗圃 1987年10月,松阳县县乡公路管理所筹建。征用旱地0.123公顷(2.849亩),山地0.43公顷(6.447亩)。1988年6月和1989年12月,先后征用旱地0.57公顷(8.523亩)、水库0.401公顷(6.019亩),旧房72.98平方米。1990年起,向全县县乡公路供应苗木。2002年,对外承包以作他用。至2010年合同期未满,尚未收回。

缙云公路段仙都苗圃 育苗土地0.186公顷(2.8亩),累计产出法国梧桐、冬青、水杉等苗木10000多株,专供本段公路绿化,于1998年后停产。公路绿化经费见附表。

表 176

1991—2010 年公路绿化情况统计一览

年 份	资金投入（万元）	新植（千米）	补植（千米）	植树（株）	花灌木（千米）	绿篱（平方米）	草坪（平方米）	边坡荒地绿化（平方米）
1991	10.9	13		9000				
1992	12.7	18	196					
1993	13.6	23		9000				
1994	14.8	17	245					
1995	20.8	30	50	30000			20000	
1996	23.2	48	36					
1997	28.3	52	70	40450				
1998	110.9	103	53					
1999	69.7		76.78	11340			1050	
2000	79.7	4	46.4	1125			3518	
2001	95.8	12	191	35202			834	
2002	175	103	75	74800		1022	680	
2003	279.4	77	687	129500		310	1034	
2004	580.2	155	471	458000			12000	
2005	1301.4	177	418					
2006	525.8	309	253		16			
2007	494.3	265				15950		
2008	386.3	307	254	40000	8		60000	
2009	766.2	12	84	119600	86		139063	
2010	628	17						44400
合计	5617	1742	3206.18	958017	110	17282	238179	44400

表 177

1991—2010 年干线公路养护经费投入情况一览

单位：万元

年 份	市处本级机关	莲都	青田	缙云	云和	遂昌	松阳	庆元	景宁	龙泉	全市
1991	10.8	77.6	91.4	103.2	51.1	88.6	47.4	78.9	55.5	123.2	727.7
1992	22.7	83.9	75.8	103.9	52.4	88	49	83.5	58.3	123.6	741.1
1993	34.6	106.2	107.8	128	68.3	108.8	61.4	96.7	60.7	155.3	927.8
1994	43.6	148.5	114.9	158.2	91	127.7	77.4	114	86.3	194	1155.6
1995	49.4	197.7	147	205.8	109	197.3	123.8	152	113	260	1555
1996	51.4	168.8	142.5	271.1	118.4	181.2	114.4	176.1	137.8	232.3	1594
1997	51.7	234.9	169.2	260.3	148.7	190.2	134.1	201.1	154.8	306.5	1851.5
1998	-2.6	257.2	170.2	184.3	145.8	206.8	164.7	201.8	153.6	292.8	1774.6
1999	9.4	230.3	164.3	199.7	113.5	211.3	150.6	208.9	160.5	309.4	1757.9
2000	7.8	228.5	175	210.4	125.4	255.2	139.5	216	167	360.5	1885.3
2001	12.4	268.8	145.4	261.1	113.1	257.2	129.6	190.2	165.1	288.7	1831.6
2002	48.6	210.9	284.7	85.8	110.6	156.6	222.4	267.3	187	294	1867.9
2003	23	231	212.6	238.5	147.1	264.4	163	224.8	160.8	326.9	1992.1
2004	42.1	271.4	243.6	231.8	147.9	290.3	262.6	229.8	205	344.8	2269.3
2005	40	304.2	278.3	252.8	164	287.8	101.5	264.1	250.2	266	2208.9
2006	70.9	340.1	356.7	314.3	171.3	579.8	276.3	279.5	263.8	659.1	3311.8
2007	27.1	283.5	373.8	164.2	182.7	165.4	109.6	261.7	160.5	311.2	2039.7
2008	38.6	462.9	523.6	284.2	228.4	251.4	106.9	401.7	161	297.9	2756.6
2009	88.6	628.8	571	642.8	414.6	544.8	506.4	213.7	207.4	1139.3	4957.4
2010		633.9	509	268.9	331.3	316	564	182.7	247.6	769.4	3822.8

说明：历年结余县乡道补助经费 1998 年在处机关冲销，因此出现负数

表 178　　**1990—2010 年公路密度情况一览**

年　份	通车公路里程（千米）	公路密度（千米/百平方千米）	乡镇总数（个）	通公路乡镇（个）	通公路乡镇占乡镇总数（%）	行政村总数（个）	通车行政村（个）	通村率（%）
1990	3914.74	22.6	334	313	93.7	3656	1689	46.2
1991	3996.7	23.1	334	315	94.3	3661		
1992	4056.2	23.4	194	182	93.8	3662		
1993	4123.7	23.8	194	186	95.9	3662	1737	47.43
1994	4162.4	24.1	194	189	97.4	3662	1779	48.58
1995	4242.5	24.5	194	194	100	3661	1704	46.49
1996	4303.3	24.9	194	194	100	3661		
1997	4329.2	25	194	185	95.36	3661		
1998	4365.3	25.2	194	185	95.36	3662		
1999	4390.71	25.38	194	186	95.88	3663	1680	45.86
2000	4387.82	25.37	194	186	95.88	3663	1680	45.86
2001	4586	26.51	190	183	96.32	3664	1683	45.93
2002	4701.6	27.18	190	183	96.32	3664	1693	46.21
2003	4706.5	27.21	187	181	96.79	3479	1508	43.35
2004	4726.04	27.32	187	183	97.86	3477	1858	53.44
2005	4809.24	27.8	187	187	100	3477	2277	65.49
2006	9640.8	55.73	187	187	100	3476	2663	76.61
2007	10685.16	61.77	181	181	100	3480	2944	84.6
2008	11697.063	67.62	170	170	100	3481	3109	89.31
2009	12681.8	73.31	170	170	100	3482	3284	94.31
2010	13939.86	80.59	170	170	100	3452	3431	99.4

说明：1. 本表数字以市公路管理局统计台账为准；2008—2010 年数字以《丽水市交通统计资料汇编》为准。当时许多通乡镇公路未硬化，也未通班车；

2. 2006 年起，全市公路里程包括村道，纳入统一养护

第六节　养护组织 站房

丽水市路桥工程处

1965 年 1 月建立，原称丽水地区公路总段公路工程队，1989 年 7 月改称丽水地区公路管理处公路工程队。1996 年 5 月改称丽水地区路桥工程处，2000 年 7 月改名丽水市路桥工程处。

该处为独立核算、自负盈亏的科级事业单位，担负全市主要干线公路的新建、改建及部分大中修工程施工任务。

步入21世纪，在激烈的公路工程市场竞争中，举步维艰，难以为继，至2006年底，负债1049万元。2007年4月18日，向市公路管理处申请破产，经市公路管理处、市交通局同意，丽水市国有资产管理委员会、(丽国资委〔2007〕22号)批复："同意市路桥工程处依法申请破产"。

该处破产后，对退休职工、提前退休职工、在职职工按政策，均作了妥善处理。

丽水市公路管理处车队

驻丽水市灯塔街2号。1976年建队，初与丽水地区公路管理处(当时称丽水地区公路总段)机械修理厂合并。1988年8月，单独设队，自负盈亏。车队建立以来，一直担负全区公路养护工程物资的运输任务。2010年12月3日，经市编委批复，该车队撤销，其资产、人员并入市公路管理局直属公路段莲都养护中心。

丽水市高等级公路养护中心

驻丽水市区中东路639号。2002年8月19日，经市编委同意设立"高等级公路养护中心"，为市公路管理处下属自收自支科级事业单位，定员25人。2010年有固定职工12名，其中有中教一级教师2名、工程师2名、档案馆员1名、技师2名、从直属公路段借用10名职工组建而成。事业编制，企业管理。具有公路养护二类甲级资质，拥有固定资产1296.2万元。2009年7月10日，丽交复〔2009〕6号文，2010年12月3日，丽水市编制委员会(丽编委〔2010〕77号)批复：经研究，同意撤销市高等级公路养护中心，资产、人员并入市公路管理局直属公路段(分局)莲都养护中心。详见附表。

表179 **丽水市高等级公路养护中心养路机械一览表**

序号	机械名称	数量	序号	机械名称	数量
1	沥青拌和楼	1座	11	破碎机	3台
2	装载机	1台	12	轻型自卸车	1辆
3	压路机	1台	13	帕萨特轿车	1辆
4	内燃平板夯	1台	14	蒙迪欧轿车	1辆
5	电动平板机	1台	15	平板拖车	1辆
6	内燃冲击夯	1台	16	浮动基准梁	1条
7	手扶压路机	1台	17	宾的全站仪测仪	1台
8	沥青摊铺机	2台	18	五十铃皮卡车	1辆
9	沥青路面养护车	1辆	19	中型客车	1辆
10	切缝机	1台	20	电动柴油发电机组	1台

2003年4月—2010年,参与高速公路养护及大中修工程情况,见下表。

表180　**丽水市高等级公路养护中心承接公路工程养护情况一览**

单位:万元

年份	公路工程			公路养护		
	项目名称	里程(千米)	金额	养护路段名称	里程(千米)	养路费
2003	1. 丽龙一级公路大港头至规溪亭路面工程 2. 金丽温高速公路沥青路面抢修工程(三十四合同段)	2.88 6.5	699.7273 174.5773	金华至丽水高速公路日常养护工程	51.99	193.0457
2004	丽水市绕城公路溪口大桥南端至塔下段路面工程	6.54	1730.4618	金华至丽水高速公路日常养护工程	51.99	193.0457
2005	丽水市绕城公路塔下至丽阳段路面工程	8.82	2780.1678	金华至丽水高速公路日常养护工程	51.99	196.8623
2006	330国道青田段路面整治工程	11.58	2580.2917			
2007						
2008				市绕城公路溪口大桥南端至塔下段路面养护	6.54	27.7212
2009				市绕城公路溪口大桥南端至塔下段、塔下至丽阳段路面养护	15.36	45.1705
2010						

莲都公路养护中心

坐落在330国道K122+800右侧(丽水市上岗背),占地面积约5000平方米。是一家二类甲级公路养护国有企业,能承担一级公路和高速公路的路基、路面、中小桥、涵洞、中短隧道、绿化及沿线设施等的中修、大修养护工程。

根据省交通厅公路养护体制实行"管养分离,事企分开"的改革要求,丽水市公路管理处下发《关于丽水直属公路管理段出资成立"丽水莲都公路养护中心"的批复》,由丽水直属公路管理段划资组建,具有独立法人资格、自主经营、独立核算、自负盈亏的莲都公路养护中心,注册资金500万元。承担莲都区境内国道29.567千米(330国道)、省道90.952千米和主要县道150.11千米的养护任务和大中修工程。

中心拥有挖掘机1台、沥青摊铺机2台、各类装载机4台、铲雪车1辆、各种吨位压路机4台、沥青洒布车1辆、道路清扫车1辆、综合路面养护车1辆、水泥拌和机4台、各类抢险运输车25辆以及其他公路养护设备和工程勘察设备等60多台(套),原值1000多万元。

2010年有固定职工108人,其中工程师6人,助工5人,技师42人,高级工10人,中级工15人,是一家具有承担公路养护和道路施工的二类(甲级)施工企业。

龙泉市新欣养护中心

位于龙泉市区剑池东路252号。2003年5月成立,购置办公楼2层,建筑面积390.27平方米。内设办公室、养护科、工程科、安全科、财务科和青坑底油库1座。下设13个公路养护管理站和59个县乡公路养护道班。养护中心是具有独立法人资格、自主经营、自负盈亏、独立核算的企业。2010年底,在册职工195人,其中一线道工52人,管养市境内3条省道和部分县道公路,计286.034千米。

主要的筑路养护机械设备有轮式装载机5台、履带式挖掘机1台、压路机6台、轧碎机械11台、小型沥青洒布机4台、装载汽车12辆、沥青拌和楼1台套、轮式和履带式沥青混凝土摊铺机各1台,各类机械设备共121台套,价值1460万元。

青田县公路工程养护有限公司

位于鹤城镇临江东路59号。有办公用房527.18平方米。2002年12月,青田县公路管理段经体制改革,实行"管养分离,事企分开",建立新的全民事业性质的公路管理机构—— 青田县公路管理段,同时组建具有独立法人资格、自主经营、自负盈亏的青田县公路工程养护有限公司。内设办公室、养护科、工程科、安全科、机料科、财务科等6个科室及4个公路站和1个石料场,在册职工56人。负责养护县公路段承担的全县境内国道72.789千米(330国道小峙至风化段),省道72.624千米(S333省道温溪至船寮镇黄言村段和S230省道青田石郭至与文成交界段)、县乡道337.32千米的公路养护、路政管理工作,其他乡道年每千米补助800元,由当地乡镇政府管养。

养护公司拥有轮式装载机、压路机、路桥养护机、沥青搅拌机、打夯机、沥青摊铺机、载货汽车、轻型客车、沥青设备、自卸汽车、空压机等养护机械45台(件)。

缙云县顺达公路养护中心

驻地五云镇谢山村168号。2002年根据省交通厅〔2002〕67号和丽水市交通局〔2002〕130号文件精神,缙云县公路管理段开始实行"管养分离、事企分开"即"两合并,两分开"公路养护管理体制改革,县公路管理段和县乡公路管理所合并,公路管理和公路养护分开,县公路管理段成为新的全民事业性质的公路管理机构,同时组建具有独立法人资格,自主经营、自负盈亏的公路养护中心。在五云镇谢山村建养护中心综合楼,占地面积6300平方米,用地面积4480平方米,总投资531.3万元。

养护中心设办公室、养工科、财务科、安全科,有正式职工166人,管养全县公路409.383千米,其中国道27.839千米,省道87.36千米,县道294.184千米。有养护机械41台。

遂昌县公路养护工程有限公司

位于遂昌县妙高镇平昌路18号,占地面积185平方米,建筑面积469.04平方米。2002年,实行以"两合并,两分开"为主要内容的公路管理体制改革,把公路养护作业从公路管理中剥离出来,成立自主经营、自负盈亏、具有独立法人资格的养护公司,人员全部由原公路管理段养护道工和专业技术人员组成,保留事业编制。

公司由遂昌县公路管理段出资310万元,于2001年5月8日成立。公司通过招投标的办法,获得遂昌县境内公路日常养护和其他公路大中修工程的业务。2003年经省交通厅审核,同时具有二类甲、乙级及三类甲、乙级资质。2010年,养护总里程为676.197千米,其中省道公路85.894千米,农村公路590.303千米。

公司下设办公室、财务科、安全科、养护工程科和12个公路养护管理站。2010年有职工58人,有大中型养护工程设备105台套,净值428万元。

松阳县三鑫工程有限公司

位于西屏镇东阁街原县乡公路管理所办公大楼。2003年1月,按照浙江省交通厅公路管理体制改革精神,松阳县县乡公路管理所并入松阳县公路管理段,公路养护从公路管理中剥离出来,成立松阳三鑫工程有限公司,承担县境内省道79.3千米、县道46.7千米、乡道5.42千米的专业养护及大中修工程项目。2004年6月25日,经浙江省交通厅批准,松阳县三鑫工程有限公司具有公路养护工程施工二类(甲级)企业资质,可以承担一级公路和高速公路的路基、路面、中小桥、涵洞、中短隧道、绿化及沿线设施(不含监控、通讯、收费管理系统)等的大中修养护工程。注册资金108万元。隶属松阳县交通局管理。2008年底,改属松阳县公路管理段管理。

公司设行政办公室、养护科、工程科、经营科、机料科、安全科、财务科、材料实验室、象溪沥青拌和场,下辖公路养护站10个,正式职工44人。有各类养护机具57台(套),固定资产790万元。

松阳路桥工程有限公司

2002年6月30日成立,经浙江省建设厅批准,具有公路工程施工总承包(三级)、公路路面工程专业承包(三级)、公路路基工程专业承包(三级)企业资质,注册资金1296万元,隶属松阳县公路段。

2000年1月,松阳三鑫工程有限公司和松阳县路桥工程有限公司合署办公。2004年,原县交通局工程队并入路桥公司,改为松阳路桥工程有限公司第一分公司,员工20人。

2006年底,成立松阳县路桥工程有限公司改制小组,开始对路桥公司进行改制。路桥公司与三鑫公司进行资产剥离,评估后实行拍卖,安置职工21人,退休3人。改制工作于2007年12月底基本结束。浙江林苑有限公司以485万元拍卖竞得松阳县路桥工程有限公司资产、房地产、机械设备。

2008年,松阳路桥有限公司为民营公司,不再属松阳县交通局管理。

云和县永盛公路养护工程有限公司

驻地云和镇城北路117号。2003年5月，由云和县原公路管理段内设的路桥开发公司、工程公司、养护中心及其下属的5个公路养护站和云和县原县乡公路管理所合并组建“云和县永盛公路养护工程有限公司”，属省交通厅审批的公路养护工程施工二类(甲级)企业。可承担一级公路和高速公路的路基、路面、中小桥、涵洞、中短隧道、绿化及沿线设施(不含监控、通讯、收费管理系统)的大、中修养护工程。隶属云和县公路管理段。

公司内设办公室、安全科、工程队、机械队、油路基地、养护股，下设小顺、独山、坪田3个公路养护站。职工49人。有沥青摊铺机、80T沥青拌和机、压路机、装载机、发电机等各种大、中、小型施工机械设备91台(辆)。管养公路290.588千米。其中省道2条66.705千米，县道6条122.564千米，乡道13条88.634千米，专用道2条12.665千米。

浙江云和德通路桥工程有限公司

驻云和镇红光路242号。有办公用房299平方米。前身为建于1978年4月的云和县开发山区交通公路测量队，属事业单位，企业管理，独立核算，自负盈亏。1980年11月改称云和县公路建设测量(工程)队。2006年4月21日，云和县事业单位改革领导小组批准云和县公路工程队实行体制改革(云事改〔2006〕2号)，改制为无主管部门的股份制公司，改称现名。

公司由张启胤等9位股东组成，注册资金1000万元。具有公路工程施工总承包三级和路基路面专业承包三级资质，可承担高速和一级公路的路基、路面、中小桥梁、中短隧道、涵洞和公路大中修项目建设。公司设办公室、财务科、工程科、经营科和机械队。有职工24人，其中具中级以上的技术人员10人。有装载机、拌和机、摊铺机、测量仪器、工作用车等设备23台(辆)。

庆元县公路养护中心·庆元县立信公路养护工程有限公司

初驻地松源镇松源街8号(县公路段办公楼)，2009年迁址新建路46号。其前身分别为庆元县公路段油路施工组、浙江庆元立达路桥工程有限公司。2002年12月根据浙江省公路管理体制改革部署，实行公路管养分离，政企分开，于2003年10月成立庆元县公路养护中心·庆元县立信公路养护工程有限公司，隶属庆元县公路管理段(局)，两块牌子，一套班子，合署办公，为具备法人资格的独立核算的一级企业单位，实行企业化管理。负责庆元县公路局管养范围内省、县道公路、桥梁的养护、水毁修复等工程，参与公路工程施工。管养2条省道、26条县乡道公路，管养里程267.4千米。内设机构有办公室、养护科、工程科、安全科、机械队5个日常科室和12个公路站、1个沥青拌和场。

该养护中心共有职工110人，其中正式职工67人，临时工29人，女职工14人。到2010年12月底止，在公路养护、抢险、施工等机具设备中，有租用养护巡查(抢险)车、履带式挖掘机、除雪洒盐车、加配推雪板装载机、沥青混凝土拌和设备、压路机、道路综合车、道路清扫车、高压清洗车、沥青摊铺机等各类机具设备148台(套),机械设备资产值达1236.41万元。拥有生产、办公用地10000多平方米,机械设备、房屋建筑等固定资产达千万元。

景宁县腾鹰公路养护工程有限公司

驻地鹤溪镇体育场路1号(原县乡公路管理所办公楼)。2002年9月,县公路段根据景宁畲族自治县政府《关于县公路养护体制与运行机制改革方案的批复》(景政〔2002〕4号)文件精神,坚持"精简高效、权责一致、管养分离、事企分开、投资、效益统一"的改革原则,是年12月完成"两合并,两分开"的管养体制改革,县公路管理段各养护道班和县乡公路管理所合并,组建具有法人资格、自主经营、自负盈亏、独立核算的县公路养护工程有限公司。2004年7月通过股份制形式组建成景宁县腾鹰公路养护工程有限公司,2009年为国有独资法人企业。内设办公室、养护科、工程科、机料科(含油库基地)、安全科。下设景宁、东坑、齐桶、鸬鹚、库头5个公路站,农民工承包养护站17个,正式职工52人,编外合同工5人,有工程师2人。管养全县公路32条、574.152千米。

公路养护站房

公路养护站房是养护公路的设施之一,过去称道班房,是养路工人居住、休息,并放置养路器具的场所。

大的站房往往又是养路工人和路政管理人员共同使用的办公场所,路政管理人员在站房负责执行路政管理,并对违规驾驶人和有损坏公路现象的人进行处理。

2010年,全市有养路段房10处、2.157万平方米,站房266座、8.09万平方米。公路站中,路政合用的有12个,乡镇农村公路养护站(所)有92个、1.63万平方米。

公路站房的建设为养好路、保畅通,提供了必要的条件。详见下表。

表 181

2010年全市公路养护管理业务用房情况一览

市县	处房				段房				站房合计			公路站其中：路政合用	公路站其中：危房	公路站其中：1990年后建成	公路站其中：大公路站			公路站其中：一般公路站			公路站其中：乡镇农村公路养护站（所）		
	处	占地（公顷）	建筑面积（平方米）	建成年份	处	占地（公顷）	建筑面积（平方米）	建成年份	座	占地（公顷）	建筑面积（平方米）	座	座	座	座	占地（公顷）	建筑面积（平方米）	座	占地（公顷）	建筑面积（平方米）	座	占地（公顷）	建筑面积（平方米）
市级	1	0.062	4708.3	2004																			
直属					1	0.16	2062.5	1998	15	1.39	5669.45	1	6	0	1	0.58	1823.75	14	0.81	3845.7	0	0	0
莲都区					1	0.04	2744	1997	8	7.64	1285.07	0	1	3	0	0	0	8	7.64	1285.07	0	0	0
龙泉市					1	0.343	3887.59	1974	80	5.9	22242.7	3	6	8	4	3.18	4359.14	16	1.08	7507.02	60	1.64	10376.53
青田县					1	0.046	459.51	1979	41	0.99	3120.22	0	0	9	1	0.58	579.92	37	0.38	2327.3	3	0.037	213
缙云县					1	0.166	1537.59	1994	24	2.27	13846.6	3	0	4	3	0.85	6001.8	11	1.24	6584.22	10	0.17	1260.59
遂昌县					1	0.269	2430	2000	12	2.04	6519.6	3	0	2	4	1.41	3868.6	8	0.63	2651	0	0	0
松阳县					1	0.54	2758	2002	28	6.28	8229.58	0	0	5	4	1.61	2595.53	19	3.25	4863.05	5	1.34	771
云和县					1	0.166	2190	1996	11	1.04	4878.36	1	0	3	5	0.81	2802.75	4	0.18	1683.98	2	0.055	391.63
庆元县					1	0.236	2477.22	1997	21	1.93	8495.53	1	4	10	0	0	0	9	1.21	5229.23	12	0.72	3266.3
景宁县					1	0.213	1020	1991	26	1.06	6632.58	0	0	3	0	0	0	26	1.05	6632.58	0	0	0
全市小计	1	0.062	4708.3		10	2.2	21566.4		266	30.44	80919.7	12	17	47	22	9.04	22031.5	152	17.44	42609.2	92	3.96	16279.05

第七节　高速公路养护管理

养护机构

G25 长深线金丽(莲)段小修保养项目经理部

位于金华市武义县武义收费站内。隶属于浙江顺畅高等级公路养护有限公司。占地面积 5903 平方米，建筑面积 924 平方米。主要供浙江顺畅高等级公路养护有限公司作为办公、住房用地,承包管辖路段 G25K2494+000~2613+020 的养护。

项目部配备项目经理及总工程师各 1 名,其他管理人员 17 名,养护工 52 人,保洁工 42 人。主要设备有:桑塔纳 1 辆、巡查车 3 辆、养护工具车 8 辆、多功能路面养护车 1 辆、灌缝机 1 台、沥青拌合楼 1 套、空气压缩机 3 台、切缝机 2 台、小型振动压路机 2 台、开槽机 2 台、电焊机 2 台、雪铲 2 台等。下设工程科、"三高"(高边坡、高挡墙、高路堤)办公室、机料科、财务科、安全科和金华、丽水 2 个工区,并给工区配置有保洁班组、巡查班组、交通设施维修班组、坑洞修补班组、绿化班组及综合班组。

金华养护工区　位于金华市境(略)。

丽水养护工区　位于丽水市莲都区双溪镇洪渡村。2006 年成立。占地面积 840 平方米,建筑面积 121 平方米,由浙江顺畅高等级公路养护有限公司租赁,承包管辖路段养护。工区在项目部领导下分段负责路况巡查和检查、日常保洁、养路机具维修和保养、路面维修保养、桥梁隧道维修保养、绿化养护、安全设施维修及相应的维修保养工作。金丽温高速丽水管理处路产养护科负责对养护单位日常养护工作的监管和指导,包括养护计划安排、质量验收、计量、考核。

G1513 温丽高速青丽(莲)段小修保养项目经理部

位于丽水市青田县船寮镇大洋村。隶属于河南省高远公路养护技术有限公司。占地面积 18700 平方米。其中绿化面积 4500 平方米,生活及办公面积 2000 平方米、水电房面积 140 平方米及停车区等。主要供河南省高远公路养护技术有限公司作为办公、住房用地,承包管辖路段 G1513K0+435~K115+468 的养护管理。

项目部配备项目经理及总工程师各 1 名,其他管理人员 18 名,养护工 52 人,保洁工 37 人。主要设备有:商务车 1 辆、巡查车 3 辆、养护工具车 8 辆、多功能路面养护车 1 辆、灌缝机 1 台、沥青拌合楼 1 套、强力清扫机 1 台、空气压缩机 3 台、切缝机 2 台、小型振动压路机 2 台、开槽机 2 台、电焊机 2 台、雪铲 2 台等。下设工程科、"三高"办、机料科、财务科、安全科等科室和船寮、温州 2 个工区。并给工区配置有保洁班组、巡查班组、交通设施维修班组、坑洞修补班组、绿化班组及综合班组。

温州养护工区　位于温州市永嘉县梅岙(略)。

船寮养护工区　位于青田县船寮镇大洋村,与项目部同一幢楼办公。2005年成立。工区在项目部领导下分段负责路况巡查和检查、日常保洁、公路机具维修和保养、路面维修保养、桥梁隧道维修保养、绿化养护、安全设施维修及相应的维修保养工作。金丽温高速丽水管理处路产养护科负责对养护单位日常养护工作的监管和指导,包括养护计划安排、质量验收、计量和考核。

G25长深线丽龙段(丽龙高速公路)小修保养项目部

位于丽龙高速公路碧湖收费站内。隶属于浙江交工高等级公路养护公司。占地面积2736平方米，建筑面积387平方米。由浙江交工高等级公路养护有限公司租赁，承包管辖路段G25K2613+175~K2715+521的养护。

项目部配备项目经理及总工程师各1名,其他管理人员13人,养护工33人,保洁人员34人。主要设备有:养护车辆10辆、综合养护车辆1辆、打桩车1辆。下设工程科、机械科、财务科、安全科、综合办公室。在丽龙沿线布设碧湖、安仁2个工区,工区配置有保洁班组、巡查班组、交通安全设施班组、坑洞修补班组、绿化班组及综合班组。工区在项目部的统一指挥下分段负责路况巡视和检查、日常保洁、路基维修保养、路面维修保养、桥梁隧道维修保养、绿化养护、安全设施维修及相应的小修保养工作。丽龙高速丽龙管理处路产养护科负责对养护单位日常养护工作的监督和指导,包括养护计划安排、质量、计量、考核。

碧湖养护工区　2009年10月6日成立。位于莲都区碧湖镇长深线丽龙段(K2627+450)收费所一楼,与项目部同一幢楼。在项目部领导下,承担所辖路段的养护工作。

安仁养护工区　2006年12月成立。位于龙泉市安仁镇,租赁民房225平方米,供12名工人用于所辖路段的日常养护和应急处理。

S33龙丽温高速公路丽水段小修保养项目经理部

位于龙丽温高速公路遂昌东收费站内。隶属于浙江交工高等级公路养护公司。占地面积10000平方米，建筑面积1000多平方米，主要供浙江交工高等级公路养护公司作为办公用房。承包所辖路段S33K37+110~K156+800的养护管理。

项目部配备项目经理及总工程师各1名,其他管理人员18人,养护工55人,保洁工36人。主要设备有:养护车辆12辆、综合养护车1辆、打桩车1辆、2000型拌合楼1套,占地约0.86公顷(13亩)。下设工程科、机料科、财务科、安全科、综合办公室5个职能科室。并在龙丽沿线布设溪口、遂昌东2个工区,工区配置有保洁班组、巡查班组、交通安全设施维修班组、坑洞修补班组、绿化班组及综合班组。工区在项目部的统一指挥下分段负责路况巡视和检查、日常保洁、路基维修保养、路面维修保养、桥梁隧道维修保养、绿化养护、安全设施维修及相应的小修保养工作。龙丽高速龙丽管理处路产养护科负责对养护单位日常养护工作的监管和指导,包括养护计划安排、质量验收、计量、考核。

溪口养护工区　位于龙游县溪口(略)。

遂昌东养护工区　2006年12月成立,位于遂昌东收费站内,与养护公司同一幢楼,在公司领导下,承包所辖路段的养护。

G25长深线龙庆段(龙庆高速公路)小修保养工程项目经理部

位于龙泉市查田镇。隶属于浙江交工高等级公路养护有限公司。有办公用房4间,仓库面积102平方米,宿舍面积473平方米。由浙江交工高等级公路养护有限公司租赁,承包管辖龙庆高速公路53.961千米的小修保养。

项目部配备项目经理和总工程师各1名,承包管理人员和工人,共44人。主要设备有洒水车、养护车辆、沥青混凝土拌和设备、多功能沥青养护车、空压机、路面清扫车等养护器具等50多台(件)。负责路况巡视和检查、日常保洁、路基维修保养、路面维修保养、绿化养护、安全设施维修及相应的小修保养工作,确保路容路貌完好,车辆行驶畅通无阻。

养护管理

境内高速公路有限公司采用社会化招标的方式选择养护公司,管理处路产养护科负责对养护公司日常养护工作的监管和指导,包括养护安排、验收、计量、考核等。绿化、日常保养工程、安全设施修复等工作由养护公司负责。专项工程由养护科根据《金丽温高速公路有限公司招投标管理办法》组织公开招标,选择有相应资质的专业公司实施,养护科负责监督落实。大中修工程由高速公路有限公司统一招投标,公司养护部和管理处养护科共同管理。

第八节　国省道文明公路创建

自1996年开始,丽水地区在省政府统一部署、省交通厅直接指导下,全区(市)各级政府和各有关部门互相配合,紧密协作,开展文明公路创建活动。

1996年创建330国道丽水地区段文明建设样板路,1997~1998年进一步巩固创建成果。

1998年330国道丽缙复线创建文明建设样板路27.46千米。

1999年,创建53省道丽浦线大港头至龙泉段104千米文明建设样板路。

2002年,巩固330国道青缙段和丽浦线丽龙段文明建设样板路创建成果。

2006年,创建S227(51)省道遂龙线文明公路。

2007年,创建S220(44)省道上松线松阳段文明公路。

2008年,创建S328(53)省道丽浦线丽水段文明公路。

2009年,创建S228(52)省道云寿线云景段63.74千米文明公路。

2010年,打造S322(35)省道缙云段“五型”(品质型、平安型、生态型、服务型、阳光型)公路。

1996—2002年,创建文明样板路共投入资金2166万元;至2010年,创建文明公路共投入资金2715.5万元,通过文明样板路和文明公路创建,改善了路况、路貌,提高了通行能力,为丽水市接轨大上海,融入长三角,东连海西区,南抵珠三角,提供了"畅、洁、绿、美、安全、舒适"的交通条件,为丽水经济社会科学发展发挥了至关重要的作用。现择记通往邻省、兄弟县(市)的几条文明公路创建情况:

创建和巩固330国道丽水地区段文明建设样板路

330国道丽水地区段起自青田县温溪镇花岩头,经丽水市至缙云县新碧镇界首,穿越青田、丽水、缙云3县(市)38个城镇、村庄,全长135.7千米,设有3个通行收费站和1个公路收费检查站。

根据省政府统一部署,从1996年2月开始,在330国道开展以治理公路"三乱",改善路况路貌,规范收费行为,依法文明执勤为内容的创建文明样板路活动。地委、行署及沿线各级政府和交通、公安、林业、监察、城建、工商、税务、土管、宣传等有关部门紧密配合。地区在330国道缙云黄龙地段建设1千米样板路示范段,抓好示范,以点带面,确保工程、路政、公路站房等软、硬件建设和管理任务的全面完成。

创建中油路大修17.36千米、中修4.15千米,浇筑水泥砼路面26221平方米,整修硬路肩63.2千米,砌穿暗沟25688米,石混凝土砌明沟43096米,修复驳坎7218立方米,修复桥面386平方米,修复桥梁伸缩缝63米,新建上岗背公路站。拆除违章建筑33829平方米、龙门架7个,整治马路市场14处,整治营业性设施边沟31.4千米,拆除非公路标牌4468块,清除堆积物39565立方米,清理加水点99处,拆除违章建筑1950平方米,清除私设电杆18根。

1996年11月7日,330国道丽水地区段文明样板路创建工作顺利通过省政府验收。1997年转入创建成果巩固阶段,重点是抓好公路养护和路政管理。上半年着重抓排水、路肩边沟清理和构造物的维修工作,下半年主要抓好水毁路面抢修和路面大中修工程。至年底,丽水、青田、缙云3县(市)公路段,共处治路面沉陷3000平方米,水泥路面灌缝69.2千米,修复浆砌水沟11000米,新建边沟2000米,修补水泥破板5000平方米,修复桥梁伸缩缝10条90延米、护栏柱1700根、桥梁栏杆100延米、涵洞1道15延米、驳坎1200立方米,清理边沟12次1560千米,改善急弯1处,清理边坡危石25处7500立方米,沥青路面中修6千米。在抓好公路养护管理基础上,重点抓路政巡查和路政案件查处工作。全年上路巡查1280人次,查处损坏公路案件48次,赔偿17万元,拆除永久性违章建筑36起1852平方米,制止违章建筑17次720平方米,取缔加水点22起,拆除非公路标志牌287块,清理违章堆放660处12504立方米,整顿马路市场3处,迁移马路市场1处,集中路政员统一行动9次,政府组织召开协调会8次,路政召开协调会8次,通过协调得到沿线干部群众的理解与支持,切实有效地巩固了创建成果。

12月,通过省创建文明样板路检查组验收考评,全线标志、标线齐全鲜明,基本达到二级公路技术标准,穿越村镇路段脏、乱、差现象明显改善,实现了“畅、洁、绿、美”,公路通行能力大大提高。

53省道文明建设样板路创建工作

1999年,交通部门开展53省道大港头至龙泉段104千米文明样板路创建活动。全年完成新创建路段12.45千米的沥青路面大修和7千米沥青路面中修,修复水泥路面破板13220平方米、暗沟2000米,新建水沟3000米,修复水沟10640米、桥面120平方米、桥梁伸缩缝186米、驳坎19684立方米,清除危石9处5000立方米,清除塌方50处21000立方米,增设护栏墩870个、护栏柱3200根,完成石塘库区波型钢质防撞护栏5.5千米。创建期间,增设路政中队3个,组织大规模行动15次,拆除违章建筑3645平方米,完成率103%;拆除龙门架1个,完成率100%;拆除非公路标牌190块,完成率146%;整治接线接坡2850米,完成率140%;整治马路市场4处,取缔2处,规范2处;清除堆积物8095立方米,完成率311%;整治加油站23家,取缔12家,整改11家。经省创建文明建设样板路活动领导小组验收,53省道大港头至龙泉段成为全区继330国道青缙段后的第二条文明建设样板路。

S328(53)省道丽浦线文明公路创建工作

2008年,丽水市53省道丽浦线文明公路,围绕“一个惠民主题,立足科学发展、品质服务、和谐共赢,打造品质型、平安型、生态型、服务型、阳光型‘五型公路’为创建目标”,以路面大中修、站房建设、景观绿化3大工程为重点,突出公路站、路政中队、收费站、服务区“四小单位”创建。全线改建养护站(路政中队)5个,实施大中修工程30余千米,硬化路肩68520米,改造边沟13884米,修复增砌挡墙18822立方米,修补路面20648平方米,整治路口接坡2310平方米,修补桥头跳车病害1522.5平方米,改建桥梁伸缩缝105米,改造桥梁栏杆600余米。更换标志309块,警示桩、轮廓标535根,安装急弯反光凸镜20余块,新装A级加强型钢质护栏41.2千米,整治事故多发、隐患点16个。利用废弃土地绿化56700平方米,种植各类行道树17566株、草皮86000平方米,砌筑花坛156个。制止违章1817件,查处48件。拆除非公路标牌396块,拆除违法建筑(摊棚)2915平方米,取缔马路市场4处,治理砂石料场4个,清理堆积物4处17159立方米。12月24日,53省道丽浦线丽水段168.86千米文明公路创建工程顺利通过省交通厅文明公路创建检查组验收。

创建云寿线云景段文明公路

2009年,S228(52)省道云寿线云和—景宁段被省交通运输厅确定为文明公路创建路段。

云寿线北起云和境内,与S328(53)省道丽浦线相连,经云和、景宁,南至与福建省寿宁县交界处,云景段长63.742千米,其中云和段13.38千米、景宁段50.362千米,途经云和县云和镇、云坛乡8个村,景宁县外舍、鹤溪、澄照、东坑4乡镇(管理区)40个村。

按照“政府主导,行业监管,条块互动,各负其责,全面创建,注重实效”的工作思路,打造“五型”公路为创建目标,把地方特色和公路文化有机结合,塑造文明公路新形象,提高公路服务水平。云和县依托地方产业特色,大力营造以“山水童话,梦幻家园”为主题的公园式景观带,在云坛村路段两侧设置玩具小城堡和卡通精灵,将云和木制玩具的地方产业特色文化巧妙地融入公路文化之中。景宁县结合境内原始植被丰富,自然景观靓丽和绚丽多彩的畲族风情,在汇田大桥三角区树立起一座畲乡标志的吉祥物—— 凤凰,展示浓郁的民族文化。

2009 年,云和县在创建中投入资金 1210 万元,修复增砌挡土墙 5100 立方米,修补路面坑洞 3200 平方米,硬化路肩 18.67 千米,硬化公路两侧平交接口 23 个,修筑边沟 7.37 千米。拆除公路两侧“红线”范围内违章建筑 86 平方米,清除违章堆放物 308 立方米,拆除非公路标牌 230 块,更新、增设警告标、禁令标 54 块、诱导标 35 块、让行标 7 块、门架式限高标 2 块、举报电话标 2 块,设置路政宣传牌 25 块、大型广告牌 3 块、公路文化标语 20 幅,漆画公路文化墙 4 幅、标线 13.3 千米,整治沿线砂石料场 4 处,查处违章抛、漏、洒车辆 211 辆次。

两县在沿线空阔地段或村镇过境路段、公路边废弃闲置地块,按照“乔灌结合,四季常青,区块绿化、层次绿化,色彩绿化”等方式,设置各具特色的景观,种植香樟、盘槐、红叶李、红花檵木等乔灌木 18.24 万多株,全线绿化面积达 25 万平方米,铺设草皮 16.8 万平方米,鹅卵石砌筑边沟 14000 余米,既美化了公路又突显了生态建设。

景宁县以提高公路养护质量为重点,投入 2000 多万元,在境内 50.362 千米路段中,对路况较差的 12.55 千米沥青路面实施大中修。狠抓节能减排,应用智能化隧道照明节能控制系统,更换 4 座隧道高耗能线材 15000 米,灯泡、镇流器等照明设施全部更新为节能器材,总数达 1595 套,全年可节省电费 20 余万元。

积极实施安保工程,秉持“以人为本,安全第一”的理念,两县大力抓好安全工作。对全线公路开展桥梁隐患排查,及时修复被损的钢质护栏,更换尺寸规格较小的警告、禁令标志,在道口路段增设警示桩、减速带和让行标志,整治过村路段“黑点”和安全隐患“死角”,增设轮廓标、温馨告示牌、振撼标线等,进一步完善安全管理应急保障体系,提高了全线公路的安全保障系数。

12 月 28 日,云景段完成文明公路创建工作,并顺利通过省交通运输厅验收。

打造文明路,催开“五型”花

S322(35)省道临石线缙云段东连仙居,西达永康,是金、台、温 3 市往返的必经之路。

2010年,缙云段被确定为文明公路创建路段,起点双溪口乡平坑口村,终点壶镇镇打虎岭,途经双溪口乡、三溪乡、东方镇、壶镇镇等4个乡镇18个行政村,全长33.92千米。

2010年3月,缙云段文明公路创建工作正式拉开序幕。对全线路面的大中修、路肩硬化、边沟整治、绿化实施、安保设置、排水设施、标志标线、站房设置等各项内容进行逐段、逐点调查汇总。委托浙江佳途勘测设计有限公司结合"功能性、实用性、因地制宜、科学发展"的设计理念,对该路段的公路文化、地方特色、文化宣传等进行有规划设计,然后有针对性地开展创建工作。

双管齐下抓路政治理。到12月止,拆除违章建筑物143户1411.92平方米,清理违章堆放物900多立方米,拆除非公路标牌43块、太阳棚20处,迁移各种线杆26根。经过治理,彻底改变部分路段脏、乱、差的局面。

全力以赴抓工程整治。完成的工程量有:破板修复10000平方米,路肩硬化30652平方米,新砌边沟1250米,钢筋混凝土圆管涵230米,混凝土边沟27140米,钢筋混凝土护栏(桥)100米,修补边沟混凝土封顶8000米,修建花坛(土建部分)28000平方米,修复片石混凝土挡墙500立方米,整修土路肩及边坡37500平方米,行道树补植1673株,边坡复绿16200平方米。

缙云段原路技术等级低,大部分是四级公路,纵坡大,平曲半径小,创建中尽量拼宽小半径平曲线路面。沿线陈旧安保设施更新维护14千米。对裸露边坡进行复绿。特别是在平坑口和打虎岭两处布设了两座花坛,面积分别达2000平方米和1500平方米,并辅以草皮、树木、文化石、大型广告宣传等元素;对一座大型垃圾场进行集中整治,一改往日"脏乱差"的形象。通过创建,呈现出"畅、安、舒、绿、美、谐"的文明生态公路景象。

第九节 文明高速公路创建

金丽温高速公路文明建设样板路创建工作

根据《浙江省2001—2005年创建文明建设样板路实施计划》精神,2003—2004年,金丽温高速公路丽水市段51.94千米列入创建路段。沿线各级政府依据《浙江省创建文明建设样板路活动考核标准》,制定《金丽高速(丽水段)共建、共创文明建设样板路实施计划方案》,紧密结合实施,细化和分解各项目标任务,使创建工作扎实、有效地开展。

根据省交通厅关于在高速公路服务区开展优质服务活动的文件要求,金丽温高速丽水管理处及时成立创建活动工作小组,与各经营单位签订创建目标责任书,制定实施方案;按规定申请营业执照、卫生许可证、税务登记证、各类专业人员上岗证;依法纳税、规范经营;4~10月,对汽车维修点依照《浙江省高速公路服务区汽车维修管理细则》进行全面、系统的整顿工作,达到省交通厅的要求;投入资金35.9万元,用以完善服务区基础设施、改善行车环境、改造停车广场及“亮丽工程”等改建工作,做好流量预测和服务区建设的规划方案。

创建活动中,投入资金239.4万元,对路段的20道隧道、8个棚洞的路面进行稀浆封层改造,稀浆封层表处16.4千米,面积13.9万平方米。投入资金110多万元,对20座隧道604处2825米墙面渗漏水进行处理,涂料粉刷44466平方米,并对部分隧道涂料重新进行粉刷。12月,创建路段顺利通过省里验收。

创建丽龙高速文明公路

2008年,省交通厅把丽龙高速公路列为文明公路创建计划。根据创建要求,丽龙管理处成立文明公路创建活动领导小组,负责组织协调全处文明公路的组织和指导工作。

丽龙高速全长102.46千米,途经莲都区、云和县、龙泉市。由于全线穿行于浙西南山区,桥隧里程占全线总里程的40%以上,“三高”路段长,且大部分路段由原一级公路改建而成,在路基、路面、边坡、排水系统方面存在41个工程缺陷点,在创建中全部得到解决。同时做好沿线边沟清理、隔离栅上爬藤清理、土路肩杂草割除、路面坑洞修补、隧道墙壁清洗、桥梁扶手油漆、收费岛油漆及各项日常养护工作。

为确保路面平整完好,共修补路面坑洞轻微病害1181处,其中冷补202处、18.272立方米,热补479处、117.520立方米;路面裂缝灌缝28600.1米;对路面出现连续坑洞、车辙等严重病害进行大中修,计3.087千米,非罩面路段病害处治8.678千米。对全线9座大桥梳型伸缩缝进行改造,更换梳型伸缩缝49道、595.31米;对桥梁扶手(含挡板)刷氟碳漆5919米、普通漆8462米。清洗隧道侧墙94049.4米,隧道磁面砖更换35.3立方米,并对隧道排水系统进行清理和疏通。整治边坡病害35处,完成平台排水沟5498.2米,截水沟2155.6米,增设检修道8122.1米、检修道扶手9142.5米。

为确保道路安全畅通,按规范要求开展巡(查)检,对隔离栅经常打开位置进行检查,增设缺失位置,防止人、牲畜进入高速公路;及时修复防撞护栏,增设防撞墩、防撞桶、水马等防护设施,结构完好;防眩板齐全,无损坏。

经考核,达到路面抗滑性能良好,PCI值大于90,优良路率达100%。建成了“畅、洁、绿、美、安全、舒适”的文明公路,年底顺利通过验收。

创文明公路 建和谐“龙丽”

龙丽高速公路主线全长119.78千米,途经龙游县、遂昌县、松阳县、莲都区。2006年底建成通车。

自开通营运以来,按照“重在建设,贵在创新、务求实效”的文明公路创建方针,以省交通厅创建文明行业规划为依据,扎扎实实开展创建文明公路活动。2008年,龙丽管理处根据省交通厅《浙江省文明公路创建活动实施办法》,先后制定《龙丽管理处文明公路创建实施方案》《08年文明公路创建实施意见》等文件,成立文明公路创建领导小组,印制《文明公路创建员工须知》500 册，各科、室，各所（区）、站按照创建要求，切实开展创建活动。通过自查自纠，发现存在问题 78 处，梳理后由所（区）解决的 22 处，由管理处科室解决 49 处，申请上级浙江龙丽丽龙高速公路有限公司解决 7 处。全处开展各类培训和活动 58 次，其中管理人员业务培训 10 次，收费员业务培训 23 次，提高员工的管理水平和业务素质。

管理处全面贯彻“预防为主、防治结合”的养护工作思想，制定养护措施，使营运路段保持较好的路况，养护质量指数 MQI 保持在 90 分以上，确保全线路面整洁，排水畅通，边坡稳定，桥梁、隧道等结构物维护完好。

养护科每周上路巡查全程不少于 3 次，每月夜查不少于 1 次。三高（高边坡、高挡墙、高路堤）路段每月定期检查 1 次，并做好记录。加强对地面排水设施（边沟、泄水槽、截水沟等）和地下排水设施（明沟、暗沟、盲沟、洞内渗沟等）进行全面检查与疏通，做到设施完好，排水畅通。完成边沟清理累计 391.959 千米；更换铸铁、水沟盖板 443 个；清理路肩杂草 144900 平方米。随着雨季的来临以及路上车辆尤其是重车的增加，路面坑洞、车辙、拥包等一系列病害的加重趋势，加大路面坑槽修补，共修补路面坑洞 449 处，其中热料修补 308 处、148.469 立方米，冷料修补 141 处、7.285 立方米。全线行车道铣刨重铺 1360 千米；处理病害面积约 3182 平方米；莲都段处理路面病害 2 处、2260 平方米。截至 9 月底，全线共进行路面抛洒物清扫白天 44 次，夜晚 11 次；桥涵堆积物清理 111 处、580 立方米。更换护栏 1716.5 米、防阻块 656 个，更换隔离栅网片 462 米，更换 LDS 线性轮廓标 926 片；更换防眩板 197 片，使沿线设施保持完整、齐全，处于良好状态。截至 2008 年 9 月底，因事故引起的公路路产案件 138 处，其中结案 126 起，未结案 12 起。路产损失总金额 85.659 万元，实赔金额 78.69 万元，获赔率 92%。完成边坡塌方治理 3 处，桥梁伸缩缝维修 7 处，桥梁铺装层凿除重筑 1 处，桥梁渗漏水处理 2 处：桃源坑隧道及新路湾隧道。至年底，创建成“畅、洁、绿、美、安全、和谐”的文明高速公路。

2009 年 4 月，通过省交通厅组织的验收小组验收。

第十节 交通量调查

交通量调查是公路部门选定时间，对通过道路的车辆和行人进行统计，通常分为汽车交通量、机动车交通量和混合交通量。主要是通过连续式、间隙式交通量观测站及其配置的手工计数器、自动观测仪、雷达测速仪等进行。调查的内容通常有各类公路平均日交通量、汽车高峰小时交通量、白天 12 小时和 16 小时交通量占有率、日最大交通量出现日期，汽车平均运行速度以及交通量比重等。

连续式交通量调查为全年分小时不间断地进行观测与调查，目的是掌握调查点所在的区域、路线或路段交通流量的大小及随时间变化的规律，取得月、周、日交通变化系数，以省为单位，一般在每条国道设2至5个观测站。间隙式交通量调查时按预先确定的调查日，对交通量进行定期观测。间隙式交通量调查得到的路段交通量是相应路段个别特定日的交通量折算成相应路段的年平均交通量(AADT)。

丽水地区公路交通量调查始于1971年，有系统地开展交通量调查工作始于1982年。在国省道公路开始设立交通量间隙式观测点，每月5日与20日为观测日，24小时分车型进行人工观测统计，330国道观测点设在丽水县(现莲都区)塔下道班。

1983年1月1日，在丽水县岩泉镇上岗背设立连续式观测站，观测员12人，实行连续式3班工作制，观测330国道丽水县境内28千米的交通量。分车型观测，同时调查高峰小时、大吨位、装载等。观测手段采用广东佛山GE型手操计数统计。

1993年塔下观测点取消。

1995年安装半自动观测仪器，采取人工抽样调查来分车型。

由于道路的改变(1998年1月，330国道丽缙复线竣工通车)于2005年秋迁址330复线K124+068处(枫树湾村)。2010年全市有交通量观测站(点)202个，分布在：金丽温高速公路1个、330国道4个、12条省道24个、县乡道173个。高速公路和国道采用连续式交通量调查，安装全自动交通流量观测仪，采用先进的计算机动态视频图像识别技术和网络实时传输技术，记录道路车辆图像、分车道交通流量、车型分类和平均车速等交通信息，通过互联网实时传输到交通量调查服务器，并通过交通部黄金周公路交通信息网站向社会公众公布，为百姓出行提供参考。省道干线公路交通流量观测站采用连续式交通量调查，并安装线圈感应式(全自动)或地感式(半自动)流量观测设备，对交通流量实行观测。县乡道均采用间隙式交通量调查，各站每年于3月5日、5月10日、9月5日、11月10日，采用手操计数器对交通流量进行统计。从1995年起，由地区公路管理处高级工程师专管，建立了定期检查和技术数据资料。

表 182

1991—2010年全市干线公路年平均日交通量

单位：辆次

年份	类别	金丽温高速	龙丽高速	丽龙高速	台金高速	330国道	临石线	磐缙线	龙丽线	遂龙线	云寿线	丽浦线	龙后线	菊寿线	瑞东线	上松线	六岙东渡	青岱线
1991	汽车					4389	907	214	653	509	335	768	546	457	325	96		
	机动车					4769	1272	774	1010	734	439	1041	817	860	433	215		
	混合交通					5146	1632	944	1411	804	493	1295	888	989	477	228		
1992	汽车					4910	692	211	828	578	400	972	610	681	359	130		
	机动车					5346	1063	468	1247	811	503	1279	858	1314	456	265		
	混合交通					5896	1406	543	1589	868	485	1439	887	1319	439	272		
1993	汽车					6541	729	386	1049	694	540	1169	656	711	224	193		
	机动车					6921	885	709	2544	700	640	1372	744	1040	241	198		
	混合交通					7815	1518	913	1998	976	804	1894	1058	1518	289	331		
1994	汽车					6925	1065	2228	1356	957	616	1462	708	1282	288	130		
	机动车					7555	1460	2334	1706	1002	746	1810	805	1806	312	140		
	混合交通					8237	2105	2785	2733	1470	843	2231	1147	3239	399	232		
1995	汽车					6527	1378	1087	1484	490	770	1732	664	1235	232	314		
	机动车					6974	1422	1559	1796	535	883	1882	710	1521	253	315		
	混合交通					7654	1638	1678	2591	721	1143	2288	1049	2456	257	408		
1996	汽车					7895	1105	2704	1995	593	826	1967	1066	1716	440	136		
	机动车					8495	1120	3050	2105	611	938	2088	1294	2130	509	155		
	混合交通					9260	1217	3742	2755	791	964	2475	1601	2649	557	245		
1997	汽车					7230	975	1460	1777	364	589	2100	8256	1289	252	150		613
	机动车					7547	1078	2197	2307	504	724	2690	1152	2152	298	227		754
	混合交通					7643	1089	2263	2701	521	740	2667	1236	2275	313	230		787
1998	汽车					9903	628	1802	2190	397	1158	1877	923	2010	425	185		643
	机动车					10123	686	2211	2348	497	1380	2081	1163	2433	498	231		765
	混合交通					10600	750	2371	2654	666	1396	2261	1273	2599	587	254		875
1999	汽车					9920	349	1036	2971	275	709	1968	801	669	420	120		586
	机动车					10376	379	1439	3113	378	919	2204	1010	790	474	171		820
	混合交通					10432	446	1459	3438	459	989	2311	1017	799	585	162		911
2000	汽车					8343	1018	984	2765	271	678	1421	806	755	110	421		859
	机动车					8630	1109	1087	2839	408	906	1636	1044	891	141	532		1063
	混合交通					8742	1178	1263	3050	402	904	1648	990	957	179	574		1200
2001	汽车					8661	599	1902	3061	377	929	2162	1061	813	99	516		1418
	机动车					9104	710	2097	3283	506	1151	2371	1183	911	119	530		1514
	混合交通					8432	675	1780	3224	381	750	2156	1117	814	119	440		1249

续表 182

单位：辆次

年份	类别	金丽温高速	龙丽高速	丽龙高速	台金高速	330国道	临石线	磐缙线	龙丽线	遂龙线	云寿线	丽浦线	龙后线	菊寿线	瑞东线	上松线	六岙东渡	青岱线
2002	汽车					8661	360	2516	3940	237	1046	2978	1357	947	103	484		2841
	机动车					9004	411	2823	4126	332	1155	3183	1473	1009	125	550		2866
	混合交通					8432	357	2489	4277	277	956	2779	1124	893	121	498		2141
2003	汽车					8266	1213	2368	4056	431	1432	3909	1864	1519	252	614	4989	3369
	机动车					8334	1246	2823	4342	569	1871	4372	1976	1596	279	615	5047	3396
	混合交通					7739	1003	2489	4281	467	1387	3756	1727	1368	203	527	4388	2761
2004	汽车					8062	655	2617	4210	369	1442	4076	1942	1984	166	690	4440	4166
	机动车					7856	873	3115	4518	502	1670	4429	2072	2072	188	690	4497	4209
	混合交通					7918	1067	3213	4644	526	1855	5110	2432	2765	195	690	4810	4209
2005	汽车					6022	1173	3346	4411	369	1694	6041	2238	2659	257	610	4318	4355
	机动车					6310	1195	3237	4717	517	2011	6330	2342	2750	281	610	4371	4400
	混合交通					7024	1536	3700	4838	548	2202	7044	2722	3438	288	610	4614	4400
2006	汽车					6130	4363	3131	4363	319	1891	6808	1895	1574	214	453	4543	5020
	机动车					8156	5402	4760	5402	527	2516	9242	2479	2493	330	614	5150	5456
	混合交通					11868	8904	5425	8904	920	2927	12561	3491	3369	390	763	8305	7774
2007	汽车					5220	1144	3848	4196	427	1796	5023	2020	1606	177	585	4776	5795
	机动车					6001	1840	5551	5652	804	2425	7901	2660	2667	260	744	5547	7874
	混合交通					9282	2167	6259	7863	1222	2977	10327	3708	3506	374	938	7865	10552
2008	汽车	11747				7032	1293	4187	4713	601	2070	4694	3137	2091	305	685	5440	7477
	机动车					7590	2123	6080	6298	1556	2871	7059	4157	3753	368	887	6429	11337
	混合交通					7590	2187	6132	6309	1567	2914	7197	4271	3877	368	890	6432	11337
2009	汽车	11178				7240	1221	4041	4018	493	2279	5005	3066	2071	356	814	5650	7255
	机动车					7690	1956	5873	560	1480	3058	7500	3888	3562	450	1084	6677	10991
	混合交通					7690	2008	5911	5560	1492	3077	7619	3963	3597	450	1086	6677	10991
2010	汽车	10204				6722	1125	4559	3688	413	2480	6342	3814	2727	294	1018	7171	9513
	机动车					7160	1445	5435	5230	537	3597	9592	4700	4313	428	1146	7890	11230
	混合交通					7160	1446	5435	5230	548	3636	9673	4786	4340	429	1330	7890	11230

说明：1.汽车、机动车为绝对数（自然数）；混合交通为折算数；2.2006 年之前以中货车为标准，系数 1；3.2006 年之后以小客车为标准，系数 1

第十一节　公路普查

公路普查是交通行政主管部门组织的对辖区内所有公路及其构造物进行全面、详细的调查，是为了掌握公路发展状况，制定公路发展规划，调整路网结构，提高路网质量，促进公路管理信息化而进行的一项重大调查。

1949 至 1978 年公路调查

1978 年，丽水地区公路总段为掌握全区公路发展变化情况，为今后科学制定公路发展规划，对 1949 至 1978 年全区 30 年公路的通车里程、养护里程、渡口、桥梁、职工人数进行调查汇总。公路调查资料列表如下。

表 183　**1949—1978 年丽水地区公路总段公路调查资料(摘录)**

年份	公路通车里程(千米)	公路养护里程(千米)	汽车渡口(处)		公路总段职工人数(人)
				内机轮渡	
1949	302.76	302.76	4		148
1950	302.76	302.76	4		148
1951	302.76	302.76	4		171
1952	302.76	302.76	4		172
1953	399.06	399.06	4		233
1954	514.96	423.06	4		241
1955	517.96	517.96	4		295
1956	537.36	530.36	4		302
1957	632.86	632.86	5		358
1958	755.07	755.07	5		412
1959	824.77	804.77	6		443
1960	990.67	921.7	6		488
1961	1022.92	1022.92	6		525
1962	1022.92	1022.92	6		525
1963	1088.64	1088.64	6		553
1964	1180.9	1088.9	6		604
1965	1442.05	1427.32	7	1	696
1966	1493.74	1462.85	6	2	770
1967	1493.74	1550.43	5	2	726

续表 183

年份	公路通车里程(千米)	公路养护里程(千米)	汽车渡口(处)		公路总段职工人数(人)
				内机轮渡	
1968	1493.74	1550.43	4	2	728
1969	1514.21	1550.43	4	2	785
1970	1570.87	1550.43	3	1	786
1971	1647.54	1632.14	3	1	843
1972	1841.45	1743.73	3	1	863
1973	1864.71	1806.55	4	2	883
1974	1989.07	1906.53	4	2	876
1975	2109.26	2017.3	4	2	900
1976	2165.47	2070.17	4	2	924
1977	2316.21	2196.22	4	2	947
1978	2438.67	2377.62	3	2	929

说明：1949 年，共计有公路桥梁 118 座、2199.35 米，其中永久性 18 座、459.32 米
1978 年，共计有公路桥梁 763 座、16043.26 米，其中永久性 757 座、15963.56 米

第一次全国公路普查

第一次全国公路普查是 1979 年。1979 年 6 月 1 日，交通部发布《关于布置全国公路、内河航道普查的通知》，指出为给编制交通建设规划和交通战备规划提供比较可靠的依据，迫切需要把全国公路和内河航道的现状搞清楚，要求在全国范围内进行一次公路和内河航道的普查。凡 1978 年底达到部颁《公路工程技术标准》的等级公路和 1979 年 10 月底前新建、改建竣工投产的等级公路都属普查范围。

这次公路普查资料由省交通局工程管理局负责汇总，按地区(市)分册存放。全区的公路普查从 1979 年 9 月开始，至同年 12 月完成。经汇总核实，全区国道、省道、县公社(乡)道、专用道共计 130 条、2672.92 千米。其中国道 2 条:404 国道寿昌—温州，丽水地区境内长 125.66 千米，204 国道丽水—庆元新窑，长 197.98 千米；省道 9 条、555.66 千米；县公社道 112 条、1738.62 千米；专用道 7 条、35.62 千米。

公路等级：山岭二级公路 182.6 千米，平丘三级公路 27 千米，山岭三级公路 439.09 千米，平丘四级公路 93.58 千米，山岭四级公路 1985.95 千米，等外公路 22.15 千米。

路面等级：高、次级 56.34 千米，中级 2555.04 千米，低级 58.99 千米，合计 2670.37 千米。

1979 年 9 月 10 日，丽水地区交通局发文《关于转拨公路普查经费的通知》(丽地交〔1979〕22 号)。详见下表。

说明：档案资料未查到为何丽水地区有 404(寿昌—温州)和 204(丽水—庆元新窑)两条国道，特录以备考

表 184　**1979 年公路普查拨补经费分配情况一览**

县 别	1979 年二季度前通车里程(千米)	其中扣除国道、省道(千米)	核拨经费(元)	扣预拨费(元)	拨补经费(元)
丽水	283	82	1400	500	900
缙云	266	105	1200	500	700
青田	249	81	1200	500	700
云和	375	164	1400	500	900
遂昌	645	162	3200	500	2700
龙泉	551	186	2500	500	2000
庆元	260	132	1000	500	500
合计	2629	912	11900	3500	8400

省交通厅工程管理局实拨普查经费 15600 元,地区负责省道公路普查工作,里程 560 千米,留用普查经费 3700 元。

1982 年公路补充普查

在省交通厅统一布置和具体指导下，由地区交通局为主组织对全地区公路开展补充普查,从 5 月开始,指定专人负责,组织普查人员,学习有关业务知识,然后对 1979 年以来通车公路的技术状况逐条作出实地调查、测量、核对。在各县交通局的紧密配合下,于 9 月底完成外业的实地调查工作,10 月进行内业整理,绘制分县的“路线示意图”,11 月份进行资料汇总。

对省道“菊水—左溪—江根”的“左溪—江根”路段 22.75 千米长的普查资料交省交通厅普查办公室汇总;专业养护提高等级的普查,由公路总段负责,资料交省交通厅普查办公室汇总。

通过 1979 年、1982 年公路普查,全地区共计公路 156 条、3074.09 千米。其中:国道(地区境内)1 条、145.04 千米;省道(地区境内)10 条、833.84 千米;县道 38 条、1125.84 千米;公社(乡)道 100 条、933.75 千米;专用公路 7 条、35.62 千米;

1982 年普查的公路共有 42 条、369.30 千米。其中:县道 8 条、74.54 千米;公社道 34 条、294.76 千米;专用公路　条、千米。

对于原有和 1982 年新建成的公路中，根据公路性质，要求调整公社道为县道的路线 14 条、239.50 千米。其中交通局管养 148.90 千米,公路段专养 90.60 千米。

1982 年 5 月以后验收通车的路线未列入普查资料的有 69.84 千米。

第二次全国公路普查

第二次全国公路普查标准时点是2000年12月31日。2001年1月,浙江省交通厅和浙江省统计局联合成立公路普查协调小组。丽水市及时召开普查会议,设立市、县两级普查协调小组及市、县9个办公地点,配备专职普查员50人。全市投入普查经费100万元,召开普查培训会议10次,培训人员160人次。为使普查准确规范,市普查办公室制定《丽水市公路普查实施方案》《丽水市公路普查方案实施细则》《丽水市公路普查安全管理规定》,在普查中严格按照"自查、复核、审核"和"分级负责、就地解决"的控制原则。公路普查的对象为全市范围内所有国道、省道、县道、乡道、村道和专用公路及其构造物。普查的主要内容为辖区内公路的里程、行政等级、技术等级、路面等级、路面类型,公路桥梁、隧道、涵洞、渡口及公路通达情况以及养护、管理、绿化等方面。公路普查于2001年3月启动,2002年2月结束。通过普查建立市、县两级公路数据库,绘制公路电子图集。普查以实地测量确定并埋设里程桩号和百米桩,按统一标准填写普查卡片的方式进行。由于公路普查工作成绩显著,2002年6月,丽水市公路管理处被交通部、国家统计局授予第二次全国公路普查"先进集体"称号。截至第二次全国公路普查标准时点(2000年12月31日),丽水市公路总里程为11196.239千米(包括村道等外路5402.051千米)。详见附表。

表 185

2000年丽水市公路普查汇总

指标		千米	指标			千米	
总计		4573.061	有路面里程合计			4573.061	
国道		176.533	高级路面			791.207	
其中:国道主干线			次高级路面			865.799	
省道		782.175	中级路面			2749.453	
县道		2697.882	低级路面			166.602	
乡道		754.735	无路面里程合计				
专用公路		161.736	养护里程			4573.061	
等级公路合计		4276.676	其中:交通部门养护			4361.381	
高速公路	小计		晴雨通车里程			4573.061	
高速公路	四车道		已绿化里程			2218.86	
高速公路	六车道		指标			延米(米)	座(处)
高速公路	八车道		桥梁	合计		39147.2	1104
一级公路	小计	22.414	桥梁		其中:危桥	3143.6	34
一级公路	四车道	22.414	桥梁	按使用年限分	永久性	39147.2	1104
一级公路	六车道		桥梁	按使用年限分	半永久性		
二级公路	小计	590.988	桥梁	按使用年限分	临时性		
二级公路	双车道	548.131	桥梁	按跨径分	特大桥	2596	3
二级公路	四车道	42.857	桥梁	按跨径分	大桥	10855.2	66
三级公路	小计	342.222	桥梁	按跨径分	中桥	10989	187
三级公路	双车道	342.222	桥梁	按跨径分	小桥	14707	848
三级公路	四车道		隧道	合计		24256.7	41
四级公路	小计	3321.052	隧道	特长隧道			
四级公路	单车道	3168.106	隧道	长隧道		16602	12
四级公路	双车道	152.946	隧道	中隧道		4709	8
等外公路合计		296.385	隧道	短隧道		2945	21
车道里程合计		5812.173	涵洞				21578
不纳入总里程的重复里程		22.618	渡口				1
不纳入总里程的断头路里程		105.644	其中:机动渡口				1

专项调查

1991年,浙江省交通厅决定在全省范围对县乡公路进行专项调查。根据《公路工程技术标准》(JTJ01–88)和《浙江省县、乡(专用)公路路况登记工作的具体要求和卡片填写说明》,丽水地区交通局组织地区、县交通系统技术人员对全区境内的全部县、乡(专用)公路的里程、路况进行调查登记。调查结果:全区县、乡(含专用)公路2967.6千米,比上年缩短25.71千米;县道1992.2千米,比上年缩短83.76千米;乡道837.4千米,比上年增加57千米;专用道138千米,比上年增加0.62千米。县乡道专业养护里程:县道518.3千米,乡道135.0千米,工矿专用道自建自用自养。

2006年,浙江省交通厅决定在全省范围开展农村公路通达情况专项调查,并建立基于GPS技术的省、市、县三级农村公路基础数据库和电子地图。这次专项调查为制定浙江省农村公路发展规划及相关政策,实现对全省农村公路建设项目和公路通达情况的动态管理,提高交通行业的信息化管理水平,规范统计行为,合理安排农村公路建设和养护资金,加快农村公路管理进程,完善全省路网结构提供可靠的基础数据。专项调查的标准时点为2005年12月31日,丽水市交通局于2006年3月安排市、县(市、区)交通系统专业技术人员对境内全部县道、乡道、专用公路及路基宽度最低达到4.5米或路面宽度最低达到3.5米的村道进行调查,调查内容主要两部分:一是通达情况,重点调查乡(镇)及建制村名、人口、所属地形等基本情况和通达路线名称、编码、通达位置等通达信息;二是技术状况,重点调查路线的基本属性和桥梁、隧道、渡口等附属设施的情况。专项调查的外业数据采集设备由浙江省交通厅统一配备。

从2006年3月5~30日,历时25天完成外业的采集、汇总审核上报。全市农村公路总里程8375.8千米,高级路面5586.3千米,次高级路面1316.9千米,未铺装路面1472.6千米。全市县道2984千米,乡道876千米,专用道156.2千米,村道4359.6千米。公路密度55.73千米/百平方千米。全市187个乡镇,通公路乡镇187个,公路通乡率100%;行政村3476个,通公路行政村2663个,通村率76.61%。

OD调查

OD①调查是浙江省公路网规划、建设的一个环节,大致每5年左右进行1次,直接服务于5至10年中远期公路建设决策、评估、研究。根据车辆种类、载重量、省际与省内车辆分类,进行停车调查,询问驾驶员及同车人员汽车起讫点、货运量情况等。

根据全省统一部署,2010年11月30日7时~12月1日7时,丽水市OD调查及交通量调查全面展开。参加调查的有:市调查负责人3人,县(市、区)调查负责人27人,调查点现场负责人240人,现场调查员1014人,共计1284人。设调查点104个:普通国省道干线82个(省界3个),高速公路22个。对高速公路22个点,S329省道(菊寿线)菊水、兰溪桥,S328省道(丽浦线)双桥3个点实行路边停车24小时调查,其余点路边停车12小时调查。

①OD调查,又称起讫点调差,指在某一区域内,为获得通过两个出行断点的交通量及其组成、流向、车辆实载率及交通目的等资料所进行的调查。

第三章　路政管理

公路路政管理是公路路政管理机构依据国家法规、规章的规定，对公路实施行政管理，维护路产路权，依法治路，严治“双超”，确保公路畅通无阻。

第一节　机构设置

民国21年(1932)丽水行政督察区始有公路。民国25年(1936)国民政府实业部编发《公路植树须知》《全国公路植树监督规则》，规定公路机关或承办人及当地政府、地方自治人员均应负保护之责。民国26年(1937)抗日战争爆发，公路失养、失管。对公路的抢修通车或破坏阻车，则由省交通管理处直接受理。

中华人民共和国成立后，全区道路管理分别由公安和交通管理两个部门负责。车辆监理由省公路管理局直接负责。

1963年11月，丽水专区交通监理所成立，开始负责全区道路交通事故处理、行车安全和机动车驾驶员的培训考核工作。

1974年9月，丽水地区交通局成立，负责公路建设、运输、路政管理和公路规费稽征等工作。

1985年4月，丽水地区公路总段组建公安派出所，同年12月成立公安科，负责全区路政管理。1987年9月3日，根据国务院《关于改革道路交通管理体制的通知》精神，地区和各县交通监理部门成建制划归公安部门管理，成立丽水地区公安局交通警察支队、各县(市)分别成立公安交通民警队(1990年更名为公安交通民警大队，简称交警大队)，负责公路路政管理。

1990年11月，地区公路管理处和地区县乡公路管理处联合组成公路路政管理大队，并在全区所属各县(市)设公路路政管理队，公路路政管理开始步入专业化、规范化轨道。

1999年6月28日，经丽水地区编办〔1999〕18号文批复，原丽水地区公路路政大队更名为丽水地区路政管理支队。各县(市)公路路政管理队相应更名为公路路政管理大队，同时相继成立路政中队。金丽温高速公路开通后，2002年2月21日，设立金丽温高速公路路政管理大队，2006年9月21日，更名为丽水市公路路政管理支队高速公路大队。负责市境内328.771千米高速公路路产路权的管理工作。2004年6月，设立金丽温高速公路联合治超检查点。

2007年4月7日，在莲都区风化村设立330国道丽水超限运输检测站。

第二节 路政管理形式

1985年4月~1990年3月，公路路政管理机构受交通局委托，对公路实行路政管理；1990年4月~2010年，路政管理机构经交通局授权，对公路实施路政管理。授权内容为："负责管理和保护公路、公路用地和公路设施，依法查处各种违章利用、侵占、污染、毁坏公路路产行为，控制公路两侧建筑红线，审理跨越公路其他设施建筑事宜，核批公路的特殊利用、占用和超限运输，维持公路渡口和公路养护施工作业的正常秩序，保护公路管理机构及其他工作人员的合法权益等。"

2005年1月13日，浙江省人大常委会发布《浙江省公路路政管理条例》(省人大常委会公告〔2005〕40号)，同年4月1日起施行。废止1996年11月12日省政府发布的《浙江省公路路政管理办法》。《条例》明确各级公路管理机构是路政管理主体，路政管理执法权由受委托的形式变更为法律授权形式，使公路管理机构在执法中能以自己的名义实施行政行为并承担法律责任。《条例》第三条第二款规定："县级以上交通行政主管部门所属公路管理机构负责具体实施本行政区域内的公路路政管理工作"。第六条规定"公路管理机构依法行使下列公路路政管理职责：(一)许可挖掘、占用、利用公路的申请事项，制止和查处破坏、损坏或者非法占用公路的行为；(二)许可超限运输申请事项，制止和查处违法超限运输行为；(三)管理公路附属设施的设置和维护；(四)管理公路两侧建筑控制区；(五)管理公路施工秩序；(六)参与公路工程中涉及路政管理事项的设计审查、竣工验收；(七)实施公路路政巡查；(八)法律、法规规定的其他职责"。

2007年12月27日，《浙江省公路路政管理条例》(修正) 经浙江省十届人大常委会通过，并经省长吕祖善签署于2008年4月1日正式实施。

丽水市路政管理分三个层次：第一，高速公路路政管理，由丽水市公路路政管理支队高速公路路政管理大队负责市境内高速公路路政管理 (2010年，市境内4条高速公路共328.771千米，加上2013年开通的云景、龙庆2条高速公路65.485千米，共计394.256千米)。2010年，该大队共有路政队员94人。大队下设6个中队，担负辖区高速公路路政管理。第二，国省道及部分县乡道的路政管理。由丽水市公路路政管理支队直属路政大队和龙泉、青田、缙云、遂昌、松阳、云和、庆元、景宁县(市)路政大队，承担辖区的公路路政管理。第三，路政大队下设若干中队，由中队分管部分县乡道、通村公路路政管理工作。

各级公路路政管理机构以及法规授权的形式和职责，根据路政管理工作"统一管理、分级负责、依法行政"的原则，全面开展路政管理工作。

第三节　公路用地及公路两侧建筑控制区管理

公路用地管理是公路路政管理的一项主要内容。1951 年,浙江省人民政府颁布《浙江省公路用地保留实施办法》。1973 年 10 月,丽水地区交通邮政局在转发交通部、省交通局《关于检查和健全公路标志的通知》中指出:“公路沿线一切设备均为国家财产,由各级交通部门负责管理,任何单位和个人不得侵占或破坏。”1984 年 8 月,浙江省人民政府发出《关于划定公路用地和留地范围的通知》,对国家干线公路、省级干线公路、县级及县级以下公路留地范围作了规定;1987 年 10 月,国务院颁布《中华人民共和国公路管理条例》;1990 年 9 月,浙江省政府发布《关于加强对公路两侧建筑管理的通知》,规定在建筑红线范围内不得修建永久性建筑,未经批准也不得搭建临时性建筑物。

1991 年 4 月 5 日,丽水地区行署发出《加强对公路两侧建筑管理实施意见》(丽署办〔1991〕22 号),规定公路两侧修建永久性工程建设(包括房屋、灌溉渠道、管线、电缆、电杆、坟墓、砖瓦窑等)靠公路一侧的边缘与公路边沟或截水沟(坡脚)外缘的间距为公路两侧建筑红线范围。其间距:国道不少于 20 米,省道不少于 15 米、县道不少于 10 米、乡道不少于 5 米。在建筑红线内,不得修建永久性建筑,也不得搭建临时建筑物。同年 4 月 17 日,浙江省交通厅制发《浙江省公路及其附属设施损坏赔(补)偿标准的通知》(浙交〔1991〕113 号),规定凡损坏路肩路面及公路附属设施,按新标准执行。

1993 年 5 月 30 日,丽水地区公路管理处丽地公〔1993〕74 号文规定:机动车制造、修理厂家不得擅自在公路上试刹车。经公路路政机构同意车辆制造、修理厂家在公路上试刹车的应按标准交纳公路磨损补偿费。

1993 年 7 月 29 日,丽水地区公路管理处下发《关于超限运输车辆行驶公路管理的通知》(丽地公〔1993〕96 号),明确查处超限运输车辆执行的标准是:

1.货物装载高度从地面算起 4.3 米以上;

2.车货长度 25 米以上;

3.货物宽度 3.5 米以上;

4.每辆车货总重 40 吨以上;

5.车辆轴载质量在下列规定值以上:

单轴(每侧单轮胎)载质量 6 吨;

单轴(每侧双轮胎)载质量 10 吨;

双联轴(每侧单轮胎)载质量 10 吨;

双联轴(每侧双轮胎)载质量 18 吨;

三联轴(每侧单轮胎)载质量12吨;

三联轴(每侧双轮胎)载质量22吨;

集装箱(1AA或2×1CC)半挂车双联轴(每侧双轮胎)载质量20吨。

建筑控制区内的违章建筑依照法律、法规予以拆除,不予补偿。建筑控制区划定前依法修建的建筑物和地面构筑物,因公路建设或者交通安全等原因需要拆除的,在依法补偿后予以拆除。

1991—2010年,全区(市)共拆除违章建筑物17.91万平方米;清理堆积物101.62万立方米。

第四节 公路交通标志标线管理

公路交通标志标线是公路安全设施极重要的组成部分,是公路路政管理的一个重要方面。公路交通标志标线是道路建设的重要内容,要求统一、规范、齐全、醒目、牢固。

1998年1月1日起施行《中华人民共和国公路法》。4月13日,浙江省公安厅、交通厅联合颁发《关于公路交通标志标线管理工作移交的有关事项通知》(浙交〔1998〕200号),决定自1998年7月1日起,全省公路交通标志标线的设置和管理工作统一由各级交通主管部门负责。

1999年2月13日,浙江省交通厅、物价局、财政厅颁发《浙江省公路及其附属设施损坏赔(补)偿管理办法的补充通知》(浙交〔1999〕68号、浙价费〔1999〕5号、浙财综〔1999〕19号),自1999年3月1日起执行。规定"公路两侧不得任意接线接坡。经营单位确需接线接坡的,经县级以上公路管理机构同意,并向公路管理机构一次性交纳赔(补)偿费:国道400元/米、省道300元/米、县道200元/米、乡道100元/米";"超限车辆车货总重或轴载质量超过规定的,超过部分按每吨千米0.1元缴纳赔(补)偿费""二级(含)以上公路两侧建筑控制区以内确需设置各类非公路标牌的,经市(地)以上公路管理机构批准同意后设置,并向公路管理机构缴纳赔(补)偿费(公益性广告不收费)。广告牌80元/平方米年、厂(店)名牌50元/平方米年、指路牌(其它标牌)30元/平方米年"。

2000年12月5日,浙江省交通厅颁发《浙江省公路沿线非公路标牌管理办法》(浙交〔2000〕403号)。明确"公路沿线非公路标牌是指除符合国家标准《道路交通标志和标线》(GB5768-1999)和《公路工程技术标准》(JTJ001-97)规定的公路标志以外的指路牌、地名牌、厂(店)名牌、宣传牌、广告牌、龙门架、霓虹灯、电子显示牌、橱窗、灯箱和其他标牌设施等"。"公路沿线非公路标牌控制区域为公路用地和公路两侧建筑控制区范围"。公路用地是指公路及其两侧依法征用的土地;公路两侧建筑控制区是指公路两侧边沟(坡脚护坡道、坡顶截水沟、高速公路用地)以外区域:“高速公路不少于30米,高速公路连接线和国道不少于20米,省道不少于15米,县道不少于10米,乡道不少于5米”。“高速公路和连接线、国道及省道沿线非公路标牌具体设置由市交通管理机构负责审批;县乡道沿线非公路标牌设置由县(市、区)公路管理机构负责审批”。同时规定:“公路路肩、公路收费站(亭)、高速公路中央绿化带和跨线桥等设施上严禁设置霓虹灯、电子显示牌、橱窗、灯箱等非公路标牌”。高速公路主线(含匝道)上严禁设置跨越公路的任何非公路标牌。“公路弯道内侧不得设置影响视线的各种非公路标牌”。

2008年8月12日,丽水市交通局制定《丽水市公路交通标志标线管理办法》(丽交〔2008〕139号),明确“各县(市、区)交通局是本行政区域内公路交通标志标线的主管部门。各县(市、区)公路管理机构负责具体实施本行政区域内非收费公路交通标志标线的设置、维护、管理和收费公路(除高速公路外)交通标志标线行业管理工作”。“各级公路管理机构对损坏、毁坏公路交通标志标线的当事人,依照《中华人民共和国公路法》和《浙江省公路路政管理条例》的有关规定进行处罚,同时依据《浙江省公路及其附属设施损坏赔(补)偿办法》要求赔偿。涉嫌犯罪的,移送到司法部门依法追究其刑事责任”。

第五节　公路路产赔(补)偿及处罚标准

2003年2月1日起执行浙江省物价局、财政厅发出的《浙江省公路路产赔(补)偿有关标准的通知》(浙价费〔2003〕17号)。同时废止浙交〔1997〕543号、浙价费〔1997〕472号、浙财综〔1997〕48号文《关于印发<浙江省公路及其附属设施损坏赔(补)偿管理办法〉的通知》、浙交〔1999〕68号、浙价费〔1999〕5号、浙财综〔1999〕19号文《关于印发〈浙江省公路及其附属设施损坏赔(补)偿管理办法〉的补充通知》以及浙价费〔2001〕43号文《关于调整超限运输车辆行驶公路赔(补)偿标准的通知》。

2003年3月24日,丽水市路政管理支队转发省交通厅、物价局、财政厅联合制定的《浙江省公路路产赔(补)偿管理办法》。办法规定:公路路产具体包括路基、路面、桥梁、隧道、渡口、涵洞、沟管、排水设施、防护及调治构造物、测桩、里程碑、百米桩、示警桩、标志、标线、绿化、专用房屋、通讯及监控设施、收费设施等受国家法律保护,损坏、占(利)用公路路产应依法缴纳赔(补)偿费。挖掘公路、公路用地的,需经县级以上公路管理机构批准同意。按照不低于该公路原有的技术标准予以修复,超限运输车辆行驶公路,应按照规定缴纳公路赔(补)偿费;为保证超限车辆通过承载能力不足的公路(桥梁),需由公路管理机构对公路(桥梁)采取防护措施的,所需费用由运输单位和个人承担;公路两侧建筑控制区范围内经批准设置的各类非公路标牌,应向公路管理机构缴纳赔(补)偿费(公益性广告除外)。

跨越、穿越公路、公路用地各种管线设施,需经县级以上公路管理机构批准同意,并向公路管理机构缴纳赔(补)偿费。

随着经济的快速发展,人流、物流和各类机动车大量增加,沿路开发、沿路经营、部分公路路段街道化、市场化现象日益突出,导致公路路口交通事故频发,为此,2003年6月19日,丽水市政府办公室转发《丽水市2003年度整治道路交通事故"黑点"、"马路市场"工作方案》(丽政办发〔2003〕90号),同年10月21日,浙江省公路管理局制定《浙江省公路路产赔(补)偿管理办法实施意见》(浙公路〔2003〕39号),明确公路路产赔(补)偿费为超限运输赔(补)偿费和其他公路路产赔(补)偿费两种,由各级公路管理机构执收。

2003年12月29日,浙江省公路管理局颁发《浙江省公路路政内务管理制度(试行)》(浙公路〔2003〕130号),明确公路路政管理处罚依据、处罚标准及罚款最高限额,进一步规范了公路路政管理处罚,强化了以法治路。

第六节 依法治路

全区(市)路政部门认真贯彻执行公路路政管理的各项法律法规,维护路产路权,做了大量工作。现择几个年段记叙如下:

1984—1986年,拆除违章建筑1011处13031平方米,制止违章建筑631处20150平方米,拆除瓦窑、厕所606处5635平方米,清除开山采石387处8932平方米,查处损坏、被盗行道树1204棵、被盗砂石料113.9立方米、挖掘路基82处1131.3平方米、损毁水泥桥栏柱272根、损坏路面176处2414.72平方米,清除公路堆积物497777处89006立方米,清除集市贸易场所104处6870平方米,清除打场、晒场315处10311平方米,刷写路政宣传标语475条,收取路政管理赔罚款136438元。

1995—1998年,拆除违章建筑68921平方米、临时建筑面积3772平方米、搭设摊棚2258处,制止违章建筑598平方米,拆除围墙836米、菇灶17个,拔除违章埋设电杆1036根、违法埋设管线10103米,制止违章安装电力通讯线路10余起,拆除非公路标牌9763块、跨越公路营业性龙门架6个,整治马路市场30处,迁移马路市场10处,填埋营业性边沟31.4处,清理加水点682处,整治挖路引水1567平方米,查处违章开山采石113起、挖损路基1403平方米,查处损坏路面肩9701平方米、履带车上路23起23辆(次),查处超限车辆9起11辆,损坏公路标牌、桩258块、损坏桥梁护栏741根、公路护栏墩1798根,查处损坏驳坎9070立方米、盗窃砂石料184吨,偷损路树1767株,清理违章堆放物料295733立方米,清理种植作物5324平方米,解决殴打管养人员16起20人。收取路政索赔款431.577万元,处理路政案件13件,收取押金20余万元。

2010年全市路政部门共出动执法人员56180人次,发现违法案件4512件,查处违法案件4509件,拆除违法建筑9444平方米,清理堆积物94709.7立方米,拆除非公路标牌1455块,整治马路市场267次,缴纳赔补偿款458.56万元,行政处理案件913件。

市公路路政部门与市安全监督管理局、市公安局交通警察支队等部门密切配合,严格做到法律文书规范,执法程序合法,无行政复议变更、撤销案件和行政诉讼败诉案件,尽力把全市境内公路打造成“五型”公路。

丽水市公路路政管理工作见附表。

表186　**1991—2010年丽水市路政管理情况统计表**

年份	查处案件(件)	拆违建(平方米)	清堆积物(立方米)	拆非公路牌(块)	治马路市场(次)	查超限案件(件)	查超限车(辆)	超限车(辆)	卸车(辆)	卸载吨位(吨)	缴赔,罚款(万元)
1991		9237	48348					8			22.1
1992	1621	12158	8154					7			42.7
1993	1534	14267	9456								47.5
1994	1464	2509	21091					950			68.3
1995	1593	10438									84.6
1996	1657	40543	56646		18						87.8
1997		5345	43090	780	5						149.3
1998		10237	61116	3481							176.7
1999		7631	34212	2643	4			293			196.1
2000		4385	34987	1237			17011	14499			414.5
2001		949	16209	660		32178	54314	32178	9975		475.75
2002	9648	673	54760	689		8392	14785	9736	3678		382.55
2003	5987	9174.5	113361.8	1443	288	752	752	752	454		355.96
2004	4519	7768	104571	1311	114	3776	7796	3796	3527	39433.16	304.21
2005	2822	4944	104592	2127	120	7121	70148	7121	5832	57483.6	1465.78
2006	2600	7489	76802	1059	142	4205	87428	4205	4179	41539.5	1396.8
2007	2073	6948.7	62938	659	214	1512	23161	1512	1480	26267.8	802.4
2008	3869	7473	79817.3	1822	200	1081	16862	1081	1079	18756.2	859.28
2009	4487	7504	93700	1628	358	1117	23200	117	1095	12100	613.24
2010	4509	9444	94709.7	1455	267	959	26610	959	959	8752	719.3

表 187

1991—2002 年丽水市路政管理一览

年份	拆除违章建筑		清理违章堆放(立方米)	处理损坏路面(平方米)	查处损坏路基(立方米)	处理损坏桥路栏(支)	清理非公路标牌(块)	整顿马路市场(处)	查处损坏偷窃行道树(株)	损坏驳坎(立方米)	埋设电杆(根)	埋设管线(平方米)
	永久(平方米)	临时(平方米)										
1991	9237		48348									
1992	12158		8154									
1993	14267		9456									
1994	2509		21091									
1995	10438	189 处	61642	4998	245	326			571	1560	81	1858
1996	40543	644 处	56646	4703	14 起	441	5502	18	452	1720		
1997	5345	3772 处	43090	2598		679	780	12	600	2082	68	102 米
1998	10237	630 处	61116		1158	1091	3481		144	3708	614	6867
1999	7631		34212				2643	4				
2000	4385	429 处	34987	路面路肩 9747	409	904	1237		145	1514		
2001	949		16209				660					
2002	673	318 处	54760	7937		1308	689		900	损坏挡土墙 1280	124	8652

说明:数字来源:1.《丽水年鉴》有关年份;2. 市公路局

表 188

2003—2010 年丽水市路政管理一览

年份	违章案件(起)	查处(起)	查处率%	结案率%	赔补偿费(万元)	拆除违章建筑(平方米)	清理公路堆积物(立方米)	拆除非公路标牌(块)	整治马路市场(处)	处理行政案件(起)	行政处罚案件(起)
2003	6028	5987	99.32	90	355.96	9174.5	113361.8	1443	288	809	320
2004		4519			304.21	7768	104571	1311	114		
2005	3146	2822	99	90	39.0665	4944	104592	2127	120	667	6934
2006	2610	2600	99.6	90	400	7489	76802	1059	142	838	2304
2007	2076	2073	99.6	95	262.6	6948.7	62938	659	214	602	781
2008	3947	3869	99.6	95	467.8	7473	79817.3	1822	200	1018	1060
2009	4495	4487	99.8	95	363.8	7504	93700	1628	358	4688	1160
2010	4512	4509	99.9	95	458.56	9444	94709.7	1455	267	913	

说明:数字来源:1.《丽水年鉴》;2. 市公路局

第七节　超限运输管理

超限运输主要指客运车辆超载超速,货车超高、超宽、超长、超重装载货物以及车辆轴载质量超过规定的运输车辆。车辆超载行驶,危害极大,导致公路损坏严重,事故频发。1999 年 7 月 7 日,浙江省交通厅发出〔1999〕271 号文,决定在全省"开展超限运输车辆行驶公路管理专项治理"。

2000 年 4 月 1 日,交通部颁布《超限运输车辆行驶公路管理规定》,2000 年 9 月 7 日,省交通厅颁发《浙江省超限运输车辆行驶公路管理规定实施办法》(浙交〔2000〕343 号),规定"对超过规定限值标准未办理超限运输手续的超限运输车辆,原则上以卸载放行为主,必要时要处以一定金额的处罚。卸载可由公路管理机构执行或车主自卸,卸载货物应堆放至指定场所。所卸货物如不可解体,应责令其补办手续,并可作出处罚""经批准的超限运输车辆,承运人必须持'通行证',在批准的时间和指定的公路上行驶"。在超限运输违法处理中,以下所述的一般的、轻微的违法中符合《行政处罚法》中规定的简易程序的适用范围时,可当场作出行政处罚决定:"(一)没有办理通行证而擅自上路行驶,并造成公路及其附属设施损坏的;(二)涂改通行证,超限期使用,不按规定路线行驶,并造成公路及其附属设施损坏的;(三)虽造成路产小额损坏,当事人对处理决定无异议的;(四)外省(市)过境车辆违法,并造成公路及其附属设施损坏或损坏数额较小的"。同年 9 月 22 日,浙江省交通厅发出《关于进一步加强超限运输车辆行驶公路管理的通知》(浙交〔2000〕374 号),要求"各级公路管理机构原则上要 24 小时不间断的现场管理""对超限运输车辆,各级公路管理机构应责令当事人(车主或驾驶员)卸载超限部分货物。货物的卸载应由当事人自行卸货、自行保管、自行驳运。所产生的费用由当事人自行承担,公路管理机构原则上不再予以处罚。但是超限车辆已行驶的公路里程应按规定收取公路赔(补)偿费;对于超限情况特别严重的超限运输车辆,除卸载并收取公路赔(补)偿费外,还应依法予以处罚"。

2001 年 4 月 2 日,浙江省公路管理局下达《关于开展全省超限运输管理宣传月及专项整治活动的通知》(浙公路〔2001〕28 号),再度掀起超限运输整治高潮。同年 4 月 19 日,丽水市公路路政管理支队制定《丽水市 2001 年公路超限运输管理整治实施方案》(丽市路政〔2001〕3 号),规定:"超限 5 吨以下(含)收取赔(补)偿费,原则上不予罚款;对超限 5 吨以上(不含)至 10 吨以下(含)除卸载外酌情予以罚款和索赔;超限 10 吨以上,首先卸货(卸载),并补以罚款和索赔""对运载不可解体或确实不可卸载的货物,按交通部 2 号令处罚,并由当事人承诺继续行驶和安全保证,不收取继续行驶的赔(补)偿费""持有省公路运输管理局核发的"超限运输通行证"的车辆,车货总重超过 50 吨的,按规定收取超过部分赔(补)偿费,视情严肃处理"。

2001 年,根据交通部 2000 年 2 号令《超限运输车辆行驶公路管理规定》,市公路管理处制定《丽水市超限运输稽查方案》, 开展专项活动。在 330 国道、53 省道和 50 省道共检测车辆 54314 辆,查处严重超限车辆 32178 辆,卸货 9957 辆,超限查处率 100%,卸货率 31%,为国家挽回规费损失,减少公路损坏,收到积极的社会效果。

2002 年,全市检测运输车辆 14785 辆,其中超限车辆 9736 辆,占 65%,被处理 8392 辆,处罚 241 辆,卸载 3678 辆,卸载率 43.81%,本地始发车被劝返回 1200 余辆。

2004 年 6 月 20 日,全国公路治理超限超载车辆活动(简称"治超")正式开始。依照国家交通部等 7 部委的治超实施方案和省治超办公室的统一部署, 市政府建立以分管秘书长为组长、市交通局、市公安局及有关单位领导为成员的市治超领导小组,下设办公室及路面整治组、运力保障组、宣传督查组,在地方各级政府统一领导下,相关部门鼎力配合,积极行动,联合治理。6 月 20 日—12 月 31 日,全市"治超"工作出动交通执法人员 25791 人次,交警执法人员 7155 次,检查车辆 21189 辆,其中"双超"车辆 4090 辆(超限 3322 辆),卸载 3829 辆,卸载吨位 42780 吨,处罚 1629 辆,罚款金额 137.34 万元,报停车辆 534 辆,复驶车辆 462 辆,大吨小标车辆恢复 2501 辆。通过连续 4 年"治超",取得显著成效:公路超限超载运输基本得到遏制,交通事故明显下降,大吨小标车辆逐日减少,公路车流量明显增多,公路运价趋于平稳。

2010 年,全市"治超"工作进入从源头抓起,从源头遏制运输超限行为。治超站联合运管部门,通过进驻、巡查,实施对运输货场、码头、配载场及大型工程,建材、大型化工产品等货物集散地货物装载源头环节的全过程监管,发现货运车辆有超限超载行为的,依法予以制止;将货运源头单位发生的超限超载行为列入质量信誉考核,进行源头处罚,定期向社会公布,取得治超的显著效果。详情见下表。

表 189 **2004—2010 年丽水市治理"双超"情况一览**

年 份	检查超限车（辆）	其中超限（辆）	卸载车辆（辆）	卸载吨位（吨）	超限车辆比例%	备 注
2004	21189	3322	3829	42780	15.67	
2005	76571	7578	6221	60298.1	6	
2006	87428	4205	4117	41539.46	6	
2007	23161	1512	1480	26267.8	不足 6	
2008	16862	1081	1079	18756.2	不足 4.5	
2009	23200	1117	1095	12100	不足 4	
2010	30487	1100	1097	8752	不足 4	

说明:资料来源:《丽水年鉴》;市公路管理局

为利于加强路政管理,市公路管理部门在330国道丽水超限运输检测站及全市路政管理车辆上安装GPM监控系统,用于监控过往车辆是否超限运输、路政车上路巡查及执法情况;市公安交警部门在市辖公路上安装了79处固定车速检测探头(各县、市、区街道上安装的和临时性的不计在内),并在9县(市、区)城郊结合部安装车辆出城电脑监控系统,用于监控车辆是否超速行驶和车辆出城情况。

第八节 高速公路路政管理

维护路产路权

2002年12月28日,金丽温高速公路开通后,丽水市高速公路路政管理大队承担丽水市段128.345千米的路政管理职责。人员少,任务重,队员们坚持每日3巡,在大雾、低温等恶劣天气,午夜加巡1趟,日巡路程近500千米,确保高速公路的行车安全,有效地维护了路产路权。2003年,全年发现违章案件29起,查处29起;拆除违章建筑559平方米,清理桥梁、涵洞等通道内堆积物1300立方米;拆除非公路标牌8块;查处路产损失案件335起,结案315起,结案率94%,为金丽温高速公路挽回损失124.87万元。

随着"两龙"高速公路开通,大队新增中队4个,共计6个中队,队员94人,管理里程包括2007年1月开通的台金高速缙云段,共计328.771千米。

2007年1月—6月底,大队共上路巡查10260人次,发现建筑控制区违章案件44起,查处并制止建筑控制区违章案件42起;发生路产损失案件474起,结案448起,结案率95%,为金丽温、"两龙"高速公路挽回损失167.57万元;根据工作要求,各中队巡查人员每天至少检查2座桥梁、涵洞,半年共清理桥、涵堆积物8551.5立方米。

2010年,大队出动21万多人次上路巡查。拆除建筑控制区内违章建筑和地面构筑物500余平方米,清理涵洞及桥下各类堆积物2700立方米。全年发现并处理路产索赔案件613起,收回路产赔(补)偿款260余万元,结案率100%,无出现一起行政诉讼和行政复议案件。

强力推进"治超"

2004年,依照交通部等7部委的治超方案和省治超办公室统一部署,市高速公路路政大队加大力度,强力推进治理"双超"。首先调查摸清白天、黑夜不同时段的车流量,各个高速路口车流量情况,然后调整工作方法,在大队人员有限的情况下,通过沟通,得到市高速交警部门的大力支持,加大高速公路丽水治超点对夜间超限车辆的打击力度,严厉打击了超限车辆绕道行驶逃避检查的行为。是年,在综合治超中,共检查车辆5992辆,查处超限车辆1149辆,卸载货物9078.71吨,处罚超限车辆2次,罚款1500元,超限率从治超前的73%下降到10%,卸载率95.7%。大队在2005年4月13日至11月30日整治超限车辆时期内,检查车辆32650

辆次,查处超限车辆1959车次,超限率6%,超限货物18375吨,卸货17640吨,卸载率96%。

2006年1—11月底,高速路政大队检查车辆16883次,查处超限车辆1013车次,超限率6%,超限货物17652吨,卸货17652吨,卸载率100%,审批超限车辆行驶高速公路3起,护送超限车辆行驶高速公路1辆。

2007年,路政队员采取高速公路出入口蹲点与路面流动治超相结合的方式,极大地遏止了违法超限行为,但驾驶人拒绝接受检查等恶性事件依然时有发生。3月21日18时许,一辆车牌号为皖S28192的涉嫌超限运输的货车在丽水服务区出口匝道处,强行推开准备检查的执法人员,冲卡逃走,大队上报指挥中心后,由高速交警于18时50分左右在金丽温高速温州方向K120+100处将该超限运输车拦截,依法处以1.5万元的罚款。截止6月30日,大队共出动检查人员5475人次,检测车辆5892辆,查处违章运输车辆359辆,超限率6%,超载货物8804.65吨全部卸载。

2010年,路政大队依托“丽水路政,畅通丽水”为平台,心系高速,确保高速公路安全畅通,重点为巡查人员到各主要收费站点出口驻勤,实施24小时不间断值勤,取得显著效果,仅4月16至30日的半个月时间,大队出动路政队员529人次,教育劝返超限车175辆,保障了高速公路的安全畅通。

每年路政工作效益,见下表。

表190 **2003—2010年丽水市高速路政大队路政管理情况统计一览**

年份	查处违章案件(件)	行政处理案件(件)	拆除违建(平方米)	清理堆积物(立方米)	拆非公路标牌(块)	缴纳赔(补)偿款(元)	查超限车(辆)	查处超限车(辆)	卸车(辆)	卸载吨位(吨)	罚款(万元)
2003	29	321	559	1300	8	1252716					
2004	4	130	1034	1306		526203	5992	1149	1149	9078.71	
2005	4	185	8	1420	1	1167690	29479	2092	1859	18474.11	403.31
2006	6	438	213	45		1886782	17766	1066	1010	18428.24	453.77
2007	55	785	277	11205		2963666	9348	561	559	15420.35	325.59
2008	12	754	60	6259	0	3220793	2982	141	141	5135.68	120.41
2009	12	506	10	5115	0	2102017	252	6	6	280.5	6.05
2010	21	613	501.5	2717.9	0	2633167	1979	80	79	1336.41	21.02

第九节 “路政宣传月”活动

2010年4月,是“全省路政宣传月”第三个年月。一年一度的“全省路政宣传月”启动以来,市路政支队、市高速公路路政大队和各县(市、区)路政大队以此为契机,践行“建设大路网,打造五型路和保护公路,畅通浙江,服务世博”的主题,以打造“丽水路政,畅通丽水”为突破口,深化“浙江路政”品牌建设,路政人员走进千家万户,深入开发区、集镇、停车场、高速公路服务区等场所,开展路政宣传大会战。

路政走进丽水经济开发区 4月19日,丽水路政走进丽水经济开发区活动正式启动。市经济开发区管委会、市公路路政管理支队、市高速公路路政大队、市直属路政大队、330国道丽水超限运输检测站及30多家开发区各行业协会会长和运输企业经营者参加座谈会。

丽水经济开发区每年的货物运输量在万吨以上的企业达30多家。丽水路政抓住源头管理,通过召开座谈会等形式,向企业详细介绍高速公路计重收费后治超工作,国家高速公路网命名编号调整及高速公路不停车收费系统(ETC)相关政策,保障企业运输安全,避免因政策法规不熟悉而造成的经济损失。丽水路政还向开发区企业发出合理装载拒绝超限的倡议。企业老总们纷纷在《拒绝超限运输倡议书》《企业(拒绝超限)守法信用考核标准》上签字。

电影下乡,营造保护公路氛围 在各县(市、区),公路路政部门开展送“百场电影下乡”活动,在全市近百个乡镇巡回播放,并在影片放映前后,开展发放路政宣传单、路政知识现场咨询,播放路政宣传片等活动,取得较好效果。

丽水路政部门还制作《农村公路路政管理手册》等路政相关法律法规图册、宣传单,深入偏远乡镇的农村公路,发放到沿线的村干部、村民手中。在人群聚集的广场、路口设立路政宣传咨询台,各县(市、区)路政大队采取固定宣传栏与流动展板相结合等形式向群众宣传路政法律法规、公路保护及超限运输等知识,使广大驾驶员和社会各界人士自觉遵守路政法律法规,自觉维护路产路权,保障公路运输通畅无阻。

第四章 航道养护

瓯江从源头到温溪段，两岸山势陡峻，河谷深切，滩潭相间，河水暴涨暴落，流域内每年农历九月至翌年一月系枯水期，最低水位15厘米，三月至七月为洪水期。自丽水至温溪航程86.5千米，共72个滩、85个湾，大滩长2.5千米，小滩长0.25千米左右；丽水到龙泉航道长135.45千米，沿途大小浅滩137处。在丽水未通公路和公路交通尚不发达的年代，瓯江航运与丽水人民的生产和生活息息相关，因此几乎每年均需组织航道养护和整治。

第一节 养护 整治

养护机构

古代，没有专门航道养护机构，对碍航浅滩险滩，少数工程由州(府)县(知州、知府、知县)组织民工搬石疏浚；大部分工程由船工和当地群众自行组织凿礁搬滩整治。

民国时期，流域内县一级设立建设科，航道一般由建设科分管。

民国27年(1938)，浙江省船舶总队电饬青田县政府征民工疏浚温溪至县城段航道，自12月27日起至翌年5月15日，完成该航道整治。

中华人民共和国成立后，由县政府分管交通的机构兼管航道养护。

1960年省交通厅航运局确定建立健全航道养护组织，原丽水专区境内养护工程队核定204人，组成龙泉(含地区局直属机构)、丽水、景宁、青田4个分队，分段负责，养护所辖航道。

1981年1月24日，地区航管所针对全区当时航道的实际情况，大的工程项目没有任务，经常性的养护工作由各县包干，决定撤销专业航养队伍，拍卖船只。

此后，根据需要，凡上级立项的重点航道整治工程，则临时组建指挥部，负责工程实施。

自20世纪90年代以来，日常航道养护和整治一直由地区航管处和县(市)航管所负责；缙云和庆元20世纪80年代已停航，航管机构撤销。

险难整治

养护整治就是疏浚航道，整治险滩以提高航道通过能力。

丽水地区航道，常因特大洪水严重冲击而改变航道，影响航运。因此，航管部门几乎每年都要组织人力，投入财力、物力对瓯江干流及其支流航道的一些浅滩、险滩进行疏浚、整治。

根据山区航道特性，确定以疏浚挖槽为主，筑坝导治为辅，先求其通，后求其畅的原则进行整治，采取一般碍航滩险挖槽、严重碍航滩险筑坝进行处理。

整治后经济效益显著提高，船舶装载量成倍增加，2.75 吨舴艋船，上行可载 1.75 吨；下行满载。10~14 吨的大岀船，上行可载 3 吨，下行满载。周转率（由丽水至温州 122 千米）下行从 3 天减至 2.5 天；上行从 5 天减至 3~3.5 天。木排放运顺水下行，既流畅又安全，并为国家减少了木材流散的损失。

1986 年紧水滩电站水库下闸蓄水后，龙泉以下河道成为库区，继之石塘电站建成，紧水滩电站水库坝下至石塘电站水库大坝也成为深水航道。竹、木要经过水库大坝，当时过坝设施尚未完善，暂难过坝，大部分竹、木由水运转为陆运。此段航道养护工作消失。

1991 年，航运管理部门对瓯江石塘电站水库大坝至青田航道以及小溪航道开展经常性航道养护工作，疏浚航道 1564.45 立方米，修坝 386.4 立方米，投资养护经费 1.9 万元，保持了航道畅通。

1993 年，各县（市）航运管理所（站）对辖区碍航地段疏浚、清障航道 850 立方米。

“八五”期间，省交通厅逐年拨款，改造丽水至青田航段的圩仁、联河、牛埠、滩头、旗鼓等“瓶颈”浅滩，工程量 1.08 万立方米，投资 35.17 万元。其中 1995 年改造旗鼓滩，完成投资 2 万元。通过再改造，正常水位通航能力从原来的 15 吨提高到 20 吨。

1996 年，航道养护完成人力疏浚 900 立方米，航道整治建筑物修复 454 立方米，投资 3.82 万元。同时安排水毁修复工程 5 个，完成 2 个。开始实施瓯江航道月牙滩整治工作。

1997 年，全年完成航道疏浚 6940 立方米，整治构筑物修复 1710 立方米。月牙滩改造完成坝体工程 4626 立方米，疏浚 3200 立方米，清基 141 立方米。投资 25.8 万元。

1998 年，全年完成航道疏浚 780 立方米，整治构筑物修复 305 立方米。

1999 年，省港航管理局下拨资金 10 万元，用于青田石门洞航段的航道整治、建筑物维修，完成工程量 2108 立方米。青田县政府投资 3 万元，由青田县航管人员对青田至石门洞航段进行疏浚，完成疏浚工程量 2103 立方米。

2000 年，在瓯江青田至温溪航段，由于前几年砂石无序开采，致使该航段废石乱弃，航障迭起，严重阻碍航道畅通，青田县政府组织清除航道上的乱石堆，通航能力由原来的 100 吨级提高到 300 吨级。

2001 年，对青田太鹤大桥碍航航道进行专门调查研究，委托省交通设计院设计《瓯江青田段太鹤大桥桥墩保护工程及临时通航方案》，经过专家审查通过后，临时通航方案经青田县计委批复由青田航管所负责实施，完成工程量 700 立方米。同时对瓯江莲都区的白口至陈山埠航段浅滩进行疏浚，完成工程量 1551 立方米。

2002 年，完成水毁修复工程 11 处、2632 立方米，疏浚工程 28 个滩、20693 立方米。全年，投入水路交通费38.8万元。

2003年,丽水市直属港航所和景宁县港航所完成小溪航道疏浚19个滩,工程量3855.43立方米。青田县港航所疏浚工程量38000立方米,维护航标15座。

2004年,丽水市直属港航所和景宁县港航所按计划完成小溪航道疏浚16个滩,疏浚量4186立方米。

2005年,全年完成航道疏浚15个滩,清障码头1处,工程量4681.3立方米。维护航标15座。

2006年,根据省港航管理局下达的养护计划,结合丽水市航道实际情况,对本年度航道养护计划合理调整后组织施工。青田、直属、龙泉、遂昌、景宁港航所均已按计划完成工程量的100%。全年共疏浚浅滩10处,工程量9452立方米,制作航道法规宣传牌11副,临时航标5座,3项工程共完成养护资金15.9万元。

2007年,疏浚浅滩2处,工程量872立方米,制作航道法规宣传牌1副,2项工程共完成养护资金5.39万元。

2008年,根据年度养护计划,航道疏浚3200立方米,设置宣传牌15块。

同年,按省港航养护工程管理办法,组织实施花岩头至港头港区6.2千米航道和南明湖库区(开潭电站大坝—白岩大桥)的航标配布方案。

2009年,航道疏浚清障5058立方米,设置宣传牌10块,完成内河跨航公路桥梁航标布设、饮用水源标志及内河骨干航道相接7级以上支线航道信息标的设置。

表191 **按县(市、区)分航道维护类别**

单位:千米

维护类别	合计	莲都区	龙泉市	青田县	遂昌县	松阳县	云和县	景宁县
一类维护	7			7				
二类维护	203.74	10.02		88.3	34.42			71
三类维护	182.67	35.5	44.61	28			55.34	19.22
不维护	41.73					41.73		
合计	435.14	45.52	44.61	123.3	34.42	41.73	55.34	90.22

第二节　内河航道普查

1979 年 6 月 1 日，交通部发布《关于布置全国公路、内河航道普查的通知》，要求在全国范围内进行一次内河航道的普查，以搞清楚内河航道的现状，以利编制水运发展规划。

2002 年 10 月 15 日，丽水市交通局发文，为切实抓好第二次全国内河航道普查工作，决定成立丽水市内河航道普查工作领导小组及办公室。

第二次全国内河航道普查，标准时间为 2002 年 12 月 31 日。丽水市航道普查工作计划总时间为 2 年零 3 个月，即从 2002 年 10 月至 2004 年 12 月，实际普查时间于 2002 年 10 月 15 日启动，至 2003 年 8 月初完成。

普查汇总的主要数据：

1. 全市有内河航道 5 条，总里程 435.14 千米，通航总里程 435.14 千米，其中五级航道 17.01 千米、六级航道 103.73 千米、七级以下航道 314.41 千米；2.有桥梁 34 座，其中达标桥梁 26 座；3.有架空电线 6 条，都符合达标要求；4.有枢纽 3 个，并建有船闸 1 处，升船机 2 处，都符合相应等级的通航功能；5.有主要浅滩 11 处；6.全市有 8 个航道管理机构，其中地市级 1 个、县级 7 个；从事航道管理人员 27 人，航道养护里程 274.56 千米。

未定级航道情况：

乌溪江丽水境内的遂湖线、茳湖线在 1995 年丽水市内河航道定级时已上报，由于缺少资料未被定级。该航段有渡船 22 艘、单位自备船舶 7 艘、其他船舶 117 艘，具有一定开发价值，所以纳入这次普查范围。

遂湖线从衢州交界点龙鼻(墨)头至丽水市遂昌县焦滩，是一条跨市航道。全长 27.56 千米，航道水深 7.0 米，宽度 52.3 米，最小弯曲半径 165 米，最低通航保证率 90%，定级六级，属于库区航道。

茳湖线从茳口到湖山，是一条县内航道，全长 6.90 千米，航道水深 25 米，宽度 60 米，最小弯曲半径 220 米，最低通航保证率 90%，定级六级，属于库区航道。

第五章 规费稽征

规费稽征包括公路规费和水运规费。公路规费是国家按照“以路养路、专款专用”的原则，由政府规定的征收部门向在公路上经营运输的单位或车主征收的用于公路养护、修理、技术改造、改善和管理的事业经费；水运规费是按照国家规定，由港航部门依据国家法律向在航道上运输的水运经营单位或船主征收的用于航道养护整治、船舶港务管理、水路运输管理等的事业经费。

第一节 公路养路费征收

丽水行政督察区于民国29年(1940)5月开始征收公路养路费。

中华人民共和国建立后，国家、省、市(地区)有关部门按汽车种类，挂车、轮式拖拉机、手拖等机动车，根据实际情况，制定统一养路费及车辆过渡费收费标准，并且按不同年份，燃油价格的变动，及时制定补充规定，发文调整收费标准。

1987年丽水地区各县(市)先后建立公路稽征所，地区建立公路稽征处，改变了从20世纪50年代起30多年来由车辆监理部门代征公路养路费的制度，建立起一套完整的公路养路费稽征制度。

1990年10月12日，省政府颁发《关于开征摩托车养路费和调整部分车辆养路费征收标准的通知》(浙政〔1990〕18号)，决定从1990年11月1日开征摩托车养路费。具体征收标准为：侧三轮摩托车每辆每年150元，二轮摩托车每辆每年100元，轻便摩托车(指发动机汽缸工作容积不超过50毫升)每辆每年50元。

通知调整了部分车辆养路费征收标准，从1990年11月1日起执行。按核定吨位计征养路费的车辆(包括后三轮机动车)，其征费标准从每月每吨位105元调整为120元；5座及5座以下非营运客车一律改按一个载重吨计征养路费；营业性客车按营运收入总额的15%计征养路费，征收实绩低于按吨位计征费额时，一律补足到按吨位计征费额；拖拉机(包括方向盘和手扶式)按拖挂车的核定载重量计征养路费，其费额调整为每吨每月50元。

1991年，省交通厅、财政厅联合发出《浙江省公路养路费稽征工作有关规定》(浙交〔1991〕104号、财工〔1991〕97号)，从1991年起，对养路费征收采用“确定基数、定比递增、超收分成”

的办法。在确定 1991 年基数上，每年递增 5%作为次年征收计划。对超计划增收部分，省、市、县按一定比例分成。主要用于各级交通部门国省道改建、干线公路养护及县乡公路养护。

根据省交通厅《贯彻实施省政府关于开征摩托车养路费和调整部分车辆养路费征收标准的通知》第三条精神，地区运管稽征处下发《关于核定我区营运性客车养路费征收标准的通知》，结合丽水地区实际情况，核定全区营运性客车养路费征收标准：客运班车日行程 200 千米以上，费额为 200 元/月·吨，日行程在 200 千米以下，费额为 180 元/月吨；省内外旅游客车养路费，大客(20 座及以上)，费额为 180 元/月·吨，其他旅游出租车为 135 元/月吨；后三轮机动车养路费客运(包括货运)费额为 120 元/月·吨。上述车辆核定的养路费均不含养路费附加费。

1992 年 12 月 1 日，省政府颁发《关于加快交通基础设施建设的通知》(浙政〔1992〕28 号)，调整按核定载重吨位计征的养路费标准，汽车养路费征收标准从每吨每月 120 元调整为每吨每月 135 元；手扶拖拉机养路费征收标准从每月每吨 50 元调整为每月每吨 60 元。

同年 12 月 25 日，丽水地区公路运管稽征处制定《丽水地区公路养路费定额征收标准》，营业性客车不再征收养路费附加费，从 1993 年 1 月 1 日起执行。具体见下表。

表 192　**1993 年丽水地区公路养路费定额征收标准**

类别			征收标准	备注
营业性客车	大客车	不分区域	230 元/月·吨	指 20 座以上，不含 20 座
		县(市)境内	230 元/月·吨	
	小客车	跨县(市)班车(含省内外旅游出租)	240 元/月·吨	跨地(市)毗邻的县(市)班车、跨省毗邻的县(市)班车
		跨地(市)班车(含省内外旅游出租)	250 元/月·吨	
		跨省	260 元/月·吨	
货车			160 元/月·吨(含附加费)	含非营业性的客车，三卡、中拖拖挂车吨位折半
摩托车	侧三轮		150 元/年·辆	
	二轮		100 元/年·辆	
	轻便摩托车		50 元/年·辆	指汽缸容积不超过 50 毫升，只供单人乘骑
手拖(含同类型拖拉机)			70 元/月·吨(含附加费)	可累进减免计征
说明	1. 营业性客车不再征收养路费附加费。 2. 取消养路费统缴证，一律使用缴讫证。			

自此以后，公路养路费征收标准中均已含养路费附加费或不再征收养路费附加费(营运客车)，客货运输附加费称为公路建设专用基金。

随着改革开放不断深入，越来越多运输企业采用多种承包经营方式，过去那种能准确反应营运收入总额的条件已不存在。省交通厅下发浙交〔1993〕13 号文，决定从 1993 年 1 月 1 日起对专业运输企业的营运客车的养路费，改为按费率核定定额计征。营运货车与社会车辆同样按吨计征。

1994年3月7日，省政府发布第42号令：《浙江省公路养路费征收管理办法》，对养路费的稽征机构、征收和减免范围、养路费征收标准和办法、违章处罚等作了详细的规定。对原营运客车、其他机动车的征收标准从160元/月吨调整到165元/月吨，并确定拖拉机（包括方向盘和手扶式）按核定吨位按年征收，确定拖拉机养路费征收标准为每年每吨540元。按年计征的车辆，属下半年新增加的减半征收养路费，从1994年4月1日起实施。

1997年7月3日，第八届全国人大常委会第二十六次会议通过《中华人民共和国公路法》，自1998年1月1日起施行。规定"公路养路费用采取征收燃油附加费的办法。征收燃油附加费的，不再征收公路养路费，具体实施办法和步骤由国务院规定"。同时规定"燃油附加费征收办法实施前，仍实行现行的公路养路费征收办法"。

1998年7月1日，浙江省第九届人大常委会发布第2号公告：《浙江省公路养路费征收管理条例》，从1998年10月1日起施行，结束了养路费征收管理工作无法可依的历史。

2003年12月17日，省交通厅、财政厅、物价局联合发出《关于调整公路养路费征收标准的通知》（浙交〔2003〕538号），从2004年1月起，货车和非营业性客车的公路养路费征收标准由每月每吨165元调整为每月每吨200元；其余机动车辆的公路养路费征收标准仍按浙政办发〔1998〕140号文件的规定执行。

2004年8月28日，第十届全国人民代表大会常务委员会第十一次会议《关于修改〈中华人民共和国公路法〉的决定》对公路法进行第二次修订。新修订后的公路法第三十六条规定"国家采用依法征税的办法筹集公路养护资金，具体实施办法和步骤由国务院规定"，停收养路费及其他公路规费改征燃油税的税费改革由此起步。

2004年10月13日，省交通厅、财政厅《关于对农村客运班车养路费等公路规费实行优惠的通知》（浙交〔2004〕428号），对县（市）区域范围内乡镇之间，乡镇至行政村和行政村之间运行的班车（即农村短途客运班车），以及专门用于接送小学生的农村客运班车，养路费、公路客运附加费实行全免；对县（市）范围内由县城始发至乡镇、行政村的亏损或保本经营的班车，养路费、公路客运附加费实行减半征收。

2006年国务院办公厅颁发《国务院办公厅关于在燃油税正式实施前切实加强和规范公路养路费征收管理工作的通知》（国办发〔2006〕103号），对养路费征收的具体办法作了调整：在用车辆应在每月10日前缴纳当月养路费，从当月第11日起加收滞纳金（原规定为应于每月月底前缴纳次月养路费，未及时缴纳的，从当月1日起加收滞纳金）；养路费滞纳金每日加收应缴费额5‰计算（原规定为滞纳金按每日加收应缴费额的1%计算）；欠缴当月，按当月应缴费额计算，欠缴两个月以上（含两个月）时，欠缴养路费平均费额按开始欠缴月份到计算当月的欠缴养路费总额的1/2计算(计算日期为每月10日前,当月养路费不作为欠缴费款);新增和转籍车辆应在车管部门完成车籍登记之日起10日内到当地稽征机构办理养路费建档手续并完成首次缴费(原规定为5日内)。上述规定,一定程度上减少了车主因迟交养路费造成的损失,提高了车主自觉缴费意识。全省已于2007年1月6日开始将每月缴费时间从上月底前延至当月10日前,滞纳金标准从按日加收1%改为按日加收5‰。

2008年12月22日,财政部、国家发展改革委、交通运输部、监察部、审计署联合下发《关于公布取消公路养路费等涉及交通和车辆收费项目的通知》(财综〔2008〕84号),从2009年1月1日起,实施燃油税费改革,采用征收燃油附加税的办法,募集公路养路费。在全国范围内统一取消公路养路费、航道养护费、公路运输管理费、公路客货运附加费、水路运输管理费、水路客货运附加费。

通知要求,在取消上述各项收费项目后,交通规费稽征机构要按照国家和省交通厅关于各类规费征收管理的法规、政策,继续做好2008年度及其以前年度车辆、船舶交通规费欠缴、漏缴清理工作。浙江省公路管理局浙公路〔2009〕44号文明确清理时限为1年,即2009年1月1日至2009年12月31日。

由于开征燃油税牵涉到许多用油单位,非公路运输用油单位要增加一定负担,再加上国际原油价格一路飙升给燃油税改革带来一定困难。国务院决定停征公路规费开征燃油税,前后经历近10年时间,终于完成我国公路养护资金筹集上的重大改革。

第二节 公路其他规费征收

公路其他规费包括公路养路费附加费、公路客货运输附加费,该两项统称公路建设专用基金;公路运输管理费、车辆购置税。

公路建设专用基金

公路建设专用基金是根据浙江省人民政府《关于建立客运汽车站和公路设施专用基金的批复》(浙政发〔1986〕51号)和《关于征收公路建设专用基金的批复》(浙政发〔1988〕87号)所建立的两项基金的统称。包括公路客、货运输附加费和公路养路费附加费,是为了尽快改变公路建设与经济社会发展不相适应的状况,扩大公路建设的资金来源,征收客、货运输附加费,作为公路建设专用基金。

丽水地区从1986年7月1日起,先从旅客中征收,按客票里程每人千米征收3厘,作为建立客运汽车站和公路设施专用基金。1987年7月1日起,客运在原来已按客票里程每人千米征收人民币3厘的基础上增收7厘(即每人千米征收0.01元),由经营者在发售客票时向旅客代征。货运按货票里程每吨征收人民币0.01元,由货运经营者在承运、签发货票的同时向托运单位、货主代征。

浙江省交通厅是征收公路建设专用基金的主管部门，各地（市）交通局负责对辖区内征收工作的领导、监督、检查和管理。

各级公路运管稽征部门是征收的具体执行单位，负责做好各自辖区内的征收工作。

公路客、货运输的经营者是公路建设专用基金的代征单位，要负责做好代征工作，切实做到不漏征、不截留、不挪用。

交通运输部门的运输企业在客货营收票证月报表内列出公路建设基金金额，依隶属关系向公路运输管理部门解缴。

对非交通部门从事公路客、货运输的经营者，其营运资料齐全，并有有效的管理和考核制度，则同交通部门的运输企业的办法一样解缴。对资料不齐全，周转量难以考核的，在经营期间由县（市）公路运输管理所核定车座（吨）月产量，报地区公路运输管理处批准，按月定额计征。

代征单位必须根据当地征收部门确定的时间按时解缴基金，并在当地工商银行开立省公路建设专用基金专户，只能存入，不能挪用、截留。地区公路运输管理处将当月收取的基金，于次月 20 日汇总，并及时全额解缴浙江省公路运输管理局。

各代证单位向公路运输管理部门解缴公路建设专用基金后，由公路运输管理部门签发公路建设专用基金缴讫证或公路建设专用基金统缴证，随车携带，以凭查验。上述两证由浙江省公路运输管理局统一印发。

公路养路费附加费　1988 年 7 月 1 日起，丽水地区执行浙江省人民政府《关于征收公路建设专用基金的批复》（浙政发〔1988〕87 号文），开始按费额计征养路费的车辆，征收公路养路费附加费，作为公路建设专用基金，丽水地区由公路稽征处及其所属各县（市）公路稽征所负责征收。按省交通厅规定，手扶拖拉机养路费附加费由各县（市）交通局指定征收手扶拖拉机养路费的单位代征，丽水地区由各县（市）公路稽征所代征。养路费附加费征收额度为原养路费标准的 23.81%，所得的养路费附加费如数解入浙江省高速公路筹建领导小组办公室。高速公路建设基金专户，任何部门、任何单位均不准截留、挪用、借用或转移。

按照省政府的要求，省计经委、交通厅、财政厅联合颁发《浙江省公路养路费附加费征收实施办法》（浙交〔1988〕225 号），规定：按每吨每月 105 元计征养路费的车辆，养路费附加费按每吨每月 25 元计征，两者合计征收每吨每月 130 元；按每吨每月 53 元计征养路费的车辆，养路费附加费按每吨每月 12 元计征，两者合计征收每吨每月 65 元；按每吨每月 42 元计征养路费的车辆，养路费附加费按每吨每月 10 元计征，两者合计每吨每月 52 元；按每辆每月 30 元计征养路费的车辆，养路费附加费按每辆每月 6 元计征，两者合计每辆每月 36 元。因减征、复驶等原因，月吨（辆）计征标准无法使用上述条款时，可使用下列公式计算养路费附加费：养路费额×23.81%=养路费附加费额(按四舍五入法计算到元)。

公路客货运输附加费　1988 年 8 月 6 日,丽水地区公路运管稽征处根据《浙江省公路建设专用基金征收实施办法》(浙交〔1988〕226 号)有关规定,经测算,首次核发丽水地区“客货运输附加费定额收费标准”,从 1988 年 8 月 10 日起执行。

1989 年 12 月,丽水地区公路运输管理处、稽征处对公路建设专用基金定额收费标准作出部分调整,自 1990 年 1 月 1 日起按下表规定标准执行。

表 193　**1990 年丽水地区公路建设专用基金定额收费标准**

项目		计费单位	原费额(元)	调整后费额(元)	备注
客运班车		元/每座每月	0.2×车座日行程	0.175×车座日行程	1. 核算资料齐全的可按总收入的费率计算 2. 客运班车费额=25×天×70%,实载率×0.01 元/人千米×车座×日行程=0.175×车座日行程
旅游出租车	面包车	元/每座每月	30~35	25	
	轿车	元/每座每月	40	30	
货车	主车	元/每吨每月	28	28	
	挂车	元/每吨每月	22	22	
	半挂车	元/每吨每月	26	26	
简易三轮车 方向盘拖拉机 手扶拖拉机		元/每辆每月	20	10	
		元/每吨每月	22	22	
		元/每台每月	10	5	

1990 年 10 月,省政府浙政〔1990〕18 号文调整部分车辆养路费征收标准。省交通厅浙交〔1990〕360 号规定,车辆养路费调整后,养路费附加费征收范围和征费标准按原规定不变,即征费范围为按费额(不含按费率)计征养路费的车辆,征费标准为:养路费征收标准调整为每吨每月 120 元计征的车辆,养路费附加费每吨每月仍为 25 元,半吨 12 元。相应的,因减征、复驶等原因,无法使用月吨(辆)征费标准的,养路费附加费占养路费的比例则相应改为 20.33%。

1991 年 1 月,丽水地区公路运管稽征处重新核定颁发公路建设专用基金定额收费标准,从 1991 年 1 月起执行。详见下表。

表 194

1991 年丽水地区公路建设专用基金定额收费标准

项目		计费单位	原费额(元)	调整后费额(元)
客运班车		元/每座每月	0.175×车座日行程	0.175×车座日行程
旅游出租车	省内外	元/每座每月	25(面包车)	40(不分车类)
	省内	元/每座每月	30(轿车)	30(不分车类)
微型汽车		元/每辆每月	未明确	80
货车	主车	元/每吨每月	28	30
	半挂	元/每吨每月	26	25
	挂车	元/每吨每月	22	20
后三轮机动车		元/每辆每月	10	10
四轮农用汽车	货运	元/每吨每月	未明确	25
	厢式	元/每吨每月	未明确	25
中拖		元/每吨每月	22	20
手拖		元/每台每月	5	5
说明	1.新增或大修车辆,若旬交按均等规费; 2.临时营运的车辆照实际的吨千米或人千米 0.01 元征费; 3.营业性客车、行驶证核载 10 座以上,免缴 2 座的公建金;9 座以下免征 1 座公建金(含驾驶员座)			

1991 年 12 月 17 日，省交通厅颁布《关于公建金征收中的有关问题》(浙交〔1991〕438 号),会同省物价局制定浙江省公路建设专用基金征收标准。详见下表。

表 195

浙江省公路建设专用基金定额征收标准

客运				
班车		旅游出租(包)车		
定时、定点定线班车(元/月座)	定线不定时班车(元/月座)	20 座以下(不包括轿车)(元/月座)	20 座以上(含 20 座)(元/月座)	轿车(元/月辆)
核定班次×里程×25 天×75%(实载率)×0.01	30～40 元	30～40 元	15～30 元	100～160 元

货运					
15 吨以下(包括所有集装箱专用车)(元/月吨)	15 吨以上(含 15 吨)及挂车(元/月吨)	三卡(元/月辆)	拖拉机(元/月吨)	箱式货车(元/月辆)	特种车辆
20～35 元	10～17.5 元	20～35 元	10 元。全年 1 次缴清按 80 元/吨; 半年预缴按 45 元/吨; 按季预缴 25 元/吨	40～70 元	由各市(地)根据具体情况自定

1992年5月12日,丽水地区物价局、交通局联合发出《关于公路建设专用基金定额征收标准的通知》(丽地价〔1992〕42号、丽地交〔1992〕65号),根据省定征收标准,制定丽水地区公建金征收标准,从1992年5月起执行。详见下表。

表196　**1992年丽水地区公路建设专用基金定额征收标准**

客运							货运							其它未归类车辆参照相近种类定额标准执行
班车		旅游出租(包)车					15吨以下(包括所有集装箱专用车)元/月吨	15吨以上(含15吨及挂车(元/月吨)	三卡(元/月辆)	拖拉机(元/月吨)		厢式货车(元/月辆)		
定时、定点、定线班车(元/月座)	定线不定时班车(元/月座)	20座以下(不含轿)(元/月座)		20座以上(含20座)(元/月座)		轿车(元/月辆)								
		省外	省内	省外	省内					手拖	中拖	货运	客运	
核定班次×里程×25天×75%(实载率)×0.01元	30	40	30	30	15	100	20	10	20	5	10	40	70	

1992年12月25日,丽水地区公路运管稽征处根据省政府《关于加快省交通基础设施建设的通知》(浙政〔1992〕28号),下发《关于下发丽水地区公路养路费、公建金定额征收标准的通知》(丽地公稽〔1992〕22号、公建31号),调整丽水地区公建金定额征收标准,从1993年1月起执行。详见下表。

表197　**1993年丽水地区公路客货运输附加费定额征收标准**

类别			标准	备注
客运	县(市)境内班车		40元/月·座	
客运	跨县(市)班车(含省内旅游出租)		70元/月·座	跨地(市)的毗邻县(市)的班车 跨省的毗邻县(市)的客运班车
客运	跨地(市)班车(含省内外旅游出租)		90元/月·座	
客运	跨省的班车		120元/月·座	
客运	轿车		200元/月·辆	
货运及其它车辆	15吨以下(含所有集装箱专用车)		40元/月·吨	含农用货车
货运及其它车辆	15吨以上(含15吨)及挂车		20元/月·吨	
货运及其它车辆	三卡		40元/月·辆	
货运及其它车辆	拖拉机	中拖	20元/月·吨	可按累进减免的办法计征
货运及其它车辆	拖拉机	手拖	10元/月·吨	
货运及其它车辆	厢式运输车	客运	100元/月·辆	
货运及其它车辆	厢式运输车	货运	80元/月·辆	
货运及其它车辆	农用车(客运)		80元/月·辆	底盘载质量在0.5吨
货运及其它车辆	农用车(客运)		160元/月·辆	底盘载质量在0.5吨(不含0.5吨)以上的
特种车辆及其他未归类的车辆由各县(市)所参照相近种类定额标准执行				

为进一步减轻农民负担,省政府浙政发〔1993〕49号文规定,从1993年8月1日起,停止收取手扶拖拉机的养路费附加费。丽水地区客货运输附加费定额收费标准。详见下表。

表198

丽水地区客货运输附加费定额收费标准

项 目	计费单位	费 额(元)	备 注
客 车	元/每座每月	按如下公式计算: 费额=车座日行程(千米)×25(日)×80%×1%=车座日行程×0.2	核算资料齐全的,按总收入的费率计征
面包车 10~19座	元/每座每月	35	
9座以下	元/每座每月	30	
轿 车	元/每座每月	40	
三 卡	元/每座每月	40	
货 车 主 车	元/每吨每月	28	
挂 车	元/每吨每月	22	
半 挂	元/每吨每月	26	
轮 拖	元/每吨每月	22	
手 拖	元/每台每月	10	

为增加对山区县公路和机耕路建设的投入,根据中共浙江省委、浙江省人民政府《关于实施扶贫攻坚计划加快山区经济发展若干政策的通知》(省委〔1996〕33号),1997年1月10日,省交通厅、财政厅、物价局联合颁发《关于调整公路客货运输附加费征收标准的通知》(浙交〔1997〕12号、〔1997〕财综6号),决定从1997年起,浙江省客货运输附加费在现有人(吨)千米/2分征收标准的基础上,每人(吨)千米增加0.005元。各地征收的客货运输附加费部分,专项用于山区县公路和机耕路建设。

1997年1月21日,丽水地区公路运管稽征处制发《关于贯彻执行省交通厅、财政厅、物价局〈关于调整公路客货运输附加费定额征收标准〉的通知》(丽地公稽〔1997〕1号),丽水地区从1997年2月开始统一执行新的定额标准。详见下表。

表 199

1997 年丽水地区公路客货运输附加费定额征收标准

单位:元

项目			计算单位	征收标准	
公路建设专用基金	客运		千米/人	0.025	注: 1. 省内卧铺客车比普通客车每月/座增加10元 2. 省际普通客车实载率按75%计征,省际卧客实载率按85%计征
	货运		千米/吨	0.025	
	客运	县(市)境内班车	座/月	50	
		跨县(市)班车	座/月	90	
		跨地(市)班车	座/月	110	
		省际班车按实计征			
		轿车	辆/月	250	
	货运	15吨以下(含所有集装箱专用车)	吨/月	50	
		15吨以上(含15吨)	吨/月	25	
		挂车	吨/月	25	
		手拖	辆/月	12	
		中拖	吨/月	25	
	其它	三卡	座/月	20	
		箱式农客	座/月	40	
		简四轮	座/月	30	

2005 年 5 月 31 日,丽水市发改委颁发《关于调整部分客货运输附加费和管理费定额征收标准的通知》(丽计费管〔2005〕149 号),对全市公路客货运输附加费进行调整,取消了农村班线客运附加费和运管费的征收和在城区营运出租车的客货运输附加费。从 2005 年 7 月 1 日起执行。见下表。

表 200

2005 年丽水市公路客货运输附加费调整征收标准

类型	类别、标准、项目	调整前标准	调整后标准	备注
客运	乡村班车	50元/月座	取消	
	县(市)境内班车	50元/月座	40元/月座	
	跨县(市)班车	90元/月座	80元/月座	
	跨地(市)班车	110元/月座	100元/月座	
	旅游客车	50元/月座	40元/月座	
	出租车	250元/月辆	取消(在城区运营)	
货运	15吨以下	50元/月吨	45元/月吨	
	15吨以上部分	25元/月吨	20元/月吨	
	挂车	25元/月吨	20元/月吨	
	手拖	12元/月吨	10元/月吨	
	中拖	25元/月吨	20元/月吨	

说明:货运车辆包括所有集装箱专用车和农用货车。在非城区运营的出租车,按调整前标准收取客运附加费

2005年6月30日,丽水市交通局、发改委颁发《关于对城区和非城区运营出租汽车客运附加费征收的补充意见》(丽市交〔2005〕100号),根据浙交〔2005〕145号及丽计费管〔2005〕149号文件精神,对承诺在城区营运的出租车,客运附加费不征收;对在城区和非城区同时营运的,客运附加费减半征收,从2005年7月1日起执行。

2006年7月25日,市发改委、交通局、财政局丽发改费管〔2006〕295号规定,从2006年7月1日起取消出租汽车客运附加费。

同年12月31日,丽水市发改委、财政局、交通局联合颁发《关于重新公布公路客货运输附加费和管理费定额征收标准的通知》(丽发改费管〔2006〕568号),对农用拖拉机免收客货运输附加费,从2007年1月1日起执行。见下表。

2007年丽水市公路客货运输附加费定额征收标准

类型	类别、标准、项目	定额征收标准	备　注
客运	县境内班车	40元/月·座	
	跨县班车	80元/月·座	
	跨市班车	100元月·座	
	跨省班车	120元/月·座	
	旅游客车	40元/月·座	
货运	15吨以下	45元/月·吨	三轮汽车(原三轮农用运输车,包括从事农业生产和营业性运输的三轮汽车、农用拖拉机)免收
	15吨以上部分	20元/月·吨	
	挂 车	20元/月·吨	
	手 拖	10元/月·吨	
	中 拖	20元/月·吨	

备注:货运车辆包括所有集装箱专用车

公路运输管理费

公路运输管理费是根据国家规定,向从事公路运输及公路运输服务单位或个人征收用于公路运输行业管理和服务的事业费。公路运输管理费由各车籍所在地、运输服务业所在地的交通主管部门的公路运输管理职能部门——地区公路运输管理处和县(市)公路运输管理所负责征收,分级管理,专款专用,并接受财务部门和审计机关的监督、稽查。

经国务院批复,国家经委、交通部于1983年7月21日颁发《关于改进公路运输管理的通知》(经交〔1983〕594号),规定凡从事营业运输的单位和个人,按运输营业额缴纳不超过1%的运输管理费。

1986年9月10日,交通部、财政部颁发《公路运输管理费征收和使用规定》(交公路〔1986〕633号),从1986年10月1日起实施。

1988年12月24日，丽水地区运管处发出《关于统一我区公路运输管理费定额征收标准的通知》(丽地运〔1988〕30号)，从1989年1月1日执行。见下表。

表202 1989年丽水地区公路运输管理费定额征收标准

车类	单位	标准	备注
客车	元/座	1.50	
货车	元/吨	10.00	包括中型拖拉机、简易车
手扶拖拉机	元/台	6.00	累进减免额由各县(市)运管所自定
小三卡	元/辆	6.00	

为进一步加强和改善公路运输管理费(以下简称运管费)征收和管理，浙江省交通厅、财政厅、物价局联合制发《浙江省公路运输管理费征收和使用规定实施细则》(浙交〔1990〕344号)，规定运管费的征收范围为：从事营业性公路客货运输、从事营业性搬运装卸和运输服务、从事营业性汽车维修的单位和个人。征收标准为：客货运输车辆按应收运费的1%计征；搬运装卸、运输服务按营业收入的1%计征；汽车维修按不超过营业总额的0.5%计征；对应收运费、营业收入额确实难以计算的，也可按月定额征收。细则还明确规定运管费由各级公路运输管理部门征收。

1991年3月19日，丽水地区交通局、物价局发出《关于按月定额征收公路运输管理费的通知》(丽地交〔1991〕45号、丽地价〔1991〕9号)，从1991年3月起执行。具体标准见下表。

表203 1991年按月定额征收的公路运输管理费标准

项目	单位	定额标准	备注
货车	元/吨	10.00	包括方向盘拖拉机，简易汽车
客车	元/座	1.50	
手扶拖拉机	元/台	4.00	累进减免由各县(市)运管所自定
小卡车	元/辆	6.00	

1992年11月13日，丽水地区物价局、交通局发出《关于公路运输管理费定额征收的通知》(丽地价〔1992〕124号、丽地交〔1992〕153号)，对各类运输车辆运管费定额征收标准作了详细规定，从1992年12月1日起执行。详见下表。

表204　1992年丽水地区公路运输管理费定额征收标准

类别		标准	备注
客车	县(市)境内经营	1.5元/月·座	
	跨县(市)经营	2.5元/月·座	
	跨地区经营	3元/月·座	
	跨省经营	4元/月·座	其中跨省毗邻县2.5元/月·座
货车	主　车	13元/月·吨	
	挂　车	10元/月·吨	
拖拉机 简易车	方向盘拖拉机	10元/月·吨	
	手扶拖拉机	4元/月·辆	不能累进减免
	简易机动三轮车	6元/月·辆	
维修业	设在国省道上专项修理店	10元/月·人	按从业人数计收，徒工不计
	设在县乡道上专项修理店	5元/月·人	按从业人数计收，徒工不计
	摩托车修理	15元/月·人	按从业人数计收，徒工不计
	汽车小修	15元/月·人	按从业人数计收，徒工不计

1995年3月22日，丽水地区物价局、交通局发出《关于公路运输管理费定额征收标准的通知》(丽地价〔1995〕31号)，从1995年3月1日起调整公路运输管理费定额征收标准。详见下表。

表205　1995年丽水地区公路运输管理费定额征收标准

类别		标准	备注
客车	县(市)境内经营	3元/月·座	含经营客运的各种运输车、三轮机动车。载客2座的三轮机动车2元/月·座
	跨县(市)、市(地)、省(市)经营	5元/月·座	指跨县(市)、市(地)、省营运的汽车，微型汽车
货车	主　车	18元/月·吨	含经营客运的各种运输车、微型汽车、三轮机动车
	挂　车	12元/月·吨	方向盘拖拉机同价
	手扶拖拉机	5元/月·辆	
修理业	设在国、省道上专项修理店	10元/月·人	按从业人数计收、徒工按从业人员定额标准的1/2征收。财务管理规范，资料齐全也可按营业额的1%征收
	设在县乡道上专项修理店	5元/月·人	
	摩托车修理	15元/月·人	
	汽车小修	15元/月·人	

说明：1.载客的三轮机动车按每辆6座计征；

2.载客的微型汽车(指柳州、大发等车型)及简易四轮车按每车8座计征

1998 年 4 月 17 日，丽水地区物价局、财政局、交通局下发《关于重新核定丽水地区公路、水路运输管理费定额征收标准的通知》(丽地价费〔1998〕80 号)，核定丽水地区新的公路运输管理费定额征收标准，从 1998 年 5 月 1 日起执行。详见下表。

表 206　**1998 年丽水地区公路运输管理费定额征收标准**

类别		收费标准
客车	一、县(市)内经营 1. 三轮机动车 2. “面的”出租车 3. 中巴(农用)车、大客车	 2 元/月·座 3 元/月·座 3 元/月·座
	二、跨县(市)、市(地)、省(市)经营 1. 大、中、小型种类客车 2. 出租轿车	 5 元/月·座 4 元/月·座
货车	主车(含经营货运的各种运输车) 挂　车 方向盘拖拉机 手扶拖拉机	18 元/月·吨 10 元/月·吨 8 元/月·吨 4 元/月·辆

2004 年 3 月 25 日，省交通厅《转发关于取消和调整部分涉及农民负担的行政事业性收费项目及标准的通知》(浙交〔2004〕101 号)，对农民没有营运证从事营业性运输的农用三轮车、农用拖拉机，其运输收入免收公路运输管理费，从 2004 年 3 月 1 日起执行。

2005 年 3 月 28 日，省财政厅、物价局《关于调整公路运输管理费征收范围的通知》(浙财综字〔2005〕14 号)中，明确规定浙江省公路运输管理费收费范围包括机动车维修经营、机动车驾驶员培训，从 2005 年 5 月 1 日起执行。2005 年 4 月 25 日，浙交办〔2005〕91 号文明确规定机动车维修经营和机动车驾驶员培训的运管费标准按最高不超过营业(培训)收入 0.8%的标准执行，按月征收，对营业(培训)收入难以确定计算的，可核定按月(年)定额征收。

2005 年 4 月 27 日，省交通厅、财政厅、物价局联合发出浙交〔2005〕145 号文，规定停止收取出租汽车运输管理费。

2005 年 5 月 31 日，丽水市发改委、财政局发布《关于核定三类汽车维修业定额征收公路运输管理费标准的通知》(丽计费管〔2005〕148 号)，对汽车维修企业实行分类管理。通知规定：一、二类汽车维修经营和机动车驾驶员培训的公路运管费收费标准按最高不超过营业(培训)收入的 0.8%执行，按月征收；三类汽车维修业公路运输管理费定额征收标准核定如下：摩托车维修企业 25 元/户月，汽车专项维修企业 30 元/户月，汽车美容装潢企业 50 元/户月，汽车快修企业 100 元/户月，从 2005 年 7 月 1 日起执行。2005 年 5 月 31 日，丽水市发改委《关于调整部分客货运输附加费和管理费定额征收标准的通知》(丽计费管〔2005〕149 号)，规定取消乡村班车和出租车的运管费征收；运输服务业(客运站、货运站)按营业额的 0.8%征收运管费，从 2005 年 7 月 1 日起执行。详见下表。

表 207 **2005 年丽水市公路客货运输车辆运管费调整征收标准**

车 类	调整前标准	调整后标准	备 注
乡村班车	3 元/月·座	取 消	
县(市)境内班车	3 元/月·座	12 元/月·座	含经营旅游客运及客运的各种车辆
跨县、市(地)、省(市)班车	5 元/月·座	15 元/月·座	
租赁业小车	30 元/月·辆	15 元/月·辆	
货运车辆	18 元/月·吨	23 元/月·吨	含经营货运的各种车辆
挂 车	10 元/月·吨	15 元/月·吨	
出租车	16 元/月·辆	取 消	

2006 年 12 月 31 日,丽水市发改委、财政局、交通局联合发出《关于重新公布公路客货运输附加费和管理费定额征收标准的通知》(丽发改费管〔2006〕568 号),调整了丽水市运管费定额征收标准,对农用拖拉机免收运管费,从 2007 年 1 月 1 日起执行。详见下表。

表 208 **2007 年丽水市公路客货运输附加费和管理费定额征收标准**

类 型	定额征收标准	备 注
县(市)境内班车	12 元/月·座	含经营旅游客运及客运的各种车辆
跨县、市、省班车	15 元/月·座	
租赁业小车	30 元/月·辆	
货运车辆	23 元/月·吨	含经营货运的各种车辆
挂 车	15 元/月·吨	
手扶拖拉机	4 元/月·吨	三轮汽车(原三轮农用运输车,包括从事农业生产和营业性运输的三轮汽车)、农用拖拉机免收
方向盘拖拉机	8 元/月·吨	
摩托车维修	25 元/户·月	三类机动车维修经营
汽车专项维修	30 元/户·月	
汽车美容装潢	50 元/户·月	
汽车快修	100 元/户·月	

说明:一、二类机动车维修经营、机动车驾驶员培训和运输服务业(客运站、货运站)按营业额的 0.8%征收运管费

车辆购置费(税)

1985 年 4 月 2 日,国务院颁发《车辆购置附加费征收办法》(国发〔1985〕50 号),决定自 1985 年 5 月 1 日起,征收车辆购置附加费(以下简称车购费),作为公路建设专用基金来源。

办法规定:车购费的征收管理工作由交通部门负责,并由本办法所列单位代征收,即国内生产或组装的车辆,由生产厂或组装厂代征,车购费的费率为实际销售价格的 10%;国外进口的车辆,车购费由海关代征,费率为组合价格(即到岸价格+关税+增值税)的 15%,车购费在全国范围内征收,每辆只征 1 次。车辆的购买者或使用者为车购费义务缴费人,缴费人缴纳车购费取得缴费凭证后,才能向交通监理部门或公安车辆管理部门申请车辆牌照。车购费的全部收入作为国家公路发展基金的一项来源,基金的使用由交通部按国家有关规定统一安排。

1985 年 4 月 6 日,交通部、财政部、中国工商银行联合下发《关于颁发〈车辆购置附加费征收办法实施细则〉的通知》(交财字〔1985〕760 号),对"征收办法"作详细的说明。规定交通监理或公安车辆管理部门发现漏缴车购费时,应责成缴费人向所在地交通部门补缴费款。

在国务院颁发《关于改革道路管理体制的通知》(国发〔1986〕94 号)前,车购费由交通监理部门管理与征收。1987 年起, 根据省政府 《关于认真做好交通管理体制改革的通知》(浙政〔1987〕67 号)精神,车购费由地、县(市)运管稽征部门负责管理与征收。1997 年 5 月,丽水地区车辆购置附加费征收管理办公室设立(简称"车购办"),与运管稽征处合署办公,负责征收和管理车购费。

2000 年国务院颁发《国务院批转财政部国家计委等部门〈交通和车辆税费改革实施方案〉的通知》(国发〔2004〕34 号),车辆购置附加费改为车辆购置税(下称车购税)。是年 10 月 22 日,国务院颁发《中华人民共和国车辆购置税暂行条例》(第 294 号令),确定车辆购置税由国家税务局负责征收,税率与车购费同,从 2001 年 1 月 1 日起施行。

2000 年 12 月 20 日,国家税务总局、交通部联合发文《关于做好代征车辆购置税工作有关问题的通知》(国税发〔2000〕211 号),为有利于车购费改车购税工作的平稳过渡,在车购费稽征机构未移交前,车购税暂由交通部门所属车购费稽征机构负责代征。丽水市车购税代征工作至 2004 年底结束,从 2005 年 1 月 1 日起,车购税移交市国税局征收。公路稽征部门"车购办"自然撤销。

为贯彻落实国家税务总局、交通部、人事部、财政部、中央编办《关于做好车辆购置税费改革人员财产业务划转移工作的通知》(国税发〔2004〕144 号)文件精神,2004 年 12 月 8 日,丽水市公路运输管理处公路稽征处下发 《关于做好车购税移交工作的通知》(丽车征〔2004〕2 号),强调做好移交人员名册及财产业务等的档案移交工作。丽水市车购办划转被市国税局录用接受的有干部 6 名,工人 1 名;龙泉、青田、遂昌、松阳、庆元、景宁 6 县(市)车购办划转被所在县(市)国税局录用接收的干部各 1 名;龙泉、青田、缙云、云和 4 县(市)车购办被所在县国税局接受的工人各1名,青田、遂昌县车购办各有1名退休人员被所在县国税局接收。

表209　1991—2008年丽水地区(市)公路规费征收情况一览表

单位:万元

年份	汽　车 养路费	摩托车、拖拉机 养路费	客货运输 附加费	养路费 附加费	车辆购置 附加费	公路建设 基　金	公路运输 管理费
1991	2807.57	269.38		360.52	115.32	1068.62	279.59
1992	2895	291		421	206	946	318
1993	3648.2	372.4	1887.9	535.7	332.9		450.7
1994	4328	502	2048	589	1856		556
1995	4714	594	2207	629	2644		771
1996	4340.4	617	2358.7	607.8	2528.6		774.7
1997	4896	690	3270	602	2665	通行费	790
1998	6145	706	3634	598	2528	14103	765
1999	6679	847	3809	624	3422	14194	775
2000	8231	1004	3760		4474		795
2001	8348	1215	3860		5046	高等级基 金790.0	863
2002	9679	1362	4122		8064	1000	988
2003	9577	1581	3490				929
2004	12762	1705	4042				1057
2005	14517	1862	3469				1203
2006	18310	2215	3461				1726
2007	22678	2301	3547				1826
2008	25021	2352	3613				1858

说明:1. 2009年1月1日起,实施燃油税费改革,在全国范围内统一取消公路养路费等规费征收;
2.资料来源:《丽水市交通统计资料汇编》

表210　1987—2009年丽水地区(市)公路稽征处本级公路规费征收情况统计表

单位:万元

年份	合计	汽车养路费				公路建设基金			运管费	车购费	手拖、摩托车养路费			驾驶员培训结业鉴定费	营运驾驶员考试费
		小计	公路养路费	高等级基金	康庄基金	小计	客运	货运			小计	手拖	摩托		
1987	819.2	819.2	819.2												
1988	935	935	898.2	36.8											
1989	1039.9	1039.9	946.8	93.1											
1990	1989	1138.1	1054.9	83.2		688.6	513	175.6	89	43.3	30	30			
1991	2314.89	1407.7	1318	89.7		715.44	526.66	188.78	97.22	46.4	48.13	43.7	4.43		
1992	2097.96	1352.1	1240.3	111.8		494.6	352	142.6	100.85	88.1	62.31	54.8	7.51		
1993	2164.28	1240.4	1079.1	161.3		509.7	289.5	220.2	158.28	180.3	75.6	69.6	6		
1994	3757.39	1479.7	1273.8	205.9		593.4	303.7	289.7	147.1	1428.4	108.79	96.5	12.29		
1995	5007.19	1738.91	1497.5	241.41		740.34	402.05	338.29	225.1	2164.34	138.5	117.26	21.24		
1996	5019.73	1885.68	1650.98	234.7		791.53	466.08	325.45	232.71	1961.31	148.5	123.04	25.46		
1997	5197.78	2192.1	1948.79	243.31		1023.6	639.26	384.34	235.02	1589.59	157.47	106.92	50.55		
1998	5598.49	2248.32	2004.73	243.59		1248.84	835.79	413.05	231.61	1733.22	136.5	80.81	55.69		
1999	6700.55	2448.51	2178.02	270.49		1380.07	920.76	459.31	220.11	2512.33	139.53	70.59	68.94		
2000	8291.98	3042.16	2701.84	340.32		1362.41	795.35	567.06	246.91	3449.59	190.91	90.33	100.58		
2001	9509.06	3689.12	3259.06	430.06		1429.61	749.09	680.52	294.6	3827.79	267.94	64.67	203.27		
2002	13802.8	4747.18	4158.63	588.55		1613.23	735.34	877.89	381.92	6794.65	265.82	75.87	189.95		
2003	17853.85	4943.68	4280.88	662.8		1390.12	557.87	832.25	361.86	10850.89	307.3	83.73	223.57	47.36	11.18
2004	18812.37	6502.83	4734.75	736.7	1031.38	1483.87	718.19	765.68	418.58	10070.26	336.83	90.43	246.4	72.56	15.36
2005	10097.82	7881.98	5702.86	907.97	1271.15	1370.48	685.76	684.72	450.76		394.6	113.98	280.62	49.33	17.06
2006	11746.86	9226.98	6637.22	1079.07	1510.69	1355.16	568.58	786.58	676.69		488.03	114.4	373.63		26.96
2007	13279	10918.88	7828.08	1287.83	1802.97	1299.53	560.5	739.03	667.89		392.7	78.38	314.32		16.56
2008	13153.55	10814.03	7751.94	1275.87	1786.22	1256.24	572.01	684.23	639.85		443.43	108.02	335.41		21.79
2009	25.55	20.63	16.19	1.85	2.59	1.24		1.24	3.7		-0.02		-0.02		21.16
合计	159214.2	81713.09	64981.77	9326.32	7405	20748.01	11191.5	9556.52	5879.76	46740.47	4132.87	1613.03	2519.84	169.25	130.07

说明:1987—1988年地区本级征收任务由原丽水市(现莲都区)公路稽征所承担,从1989年开始丽水地区公路稽征处征收科开始征收原地区单位车辆规费

表 211 **2002—2006 年丽水市运管稽征处车主违规行政处罚案件统计表**

年 份	案 件 (件)	金 额 (万元)	年 份	案件 (件)	金 额 (万元)
2002	436	37.35	2007	552	163.35
2003	290	19.28	2008	558	251.18
2004	168	8.84	2009	227	155.81
2005	274	20.14	2010	136	39.60
2006	120	31.93			

第三节 水运规费征收

水运规费包括航道养护费、货物港务费、船舶港务费、运输管理费、乡镇船舶管理费、船舶检验费、港航监督费、水建费、证书工本费及其他规费。

航道养护费

1965 年 10 月 1 日起丽水专区航管所执行省财政厅、交通厅颁发的《浙江省内河航道养护费征收和使用试行办法》,将航政费改称航道养护费,费率为运费的 4%,经营运输的农村副业船,按每月载重吨 0.5 元征收,由省航运局统收统支。

为加快航道改善,跟上水运发展,本着“以航养航”原则,1971 年省革委会生产指挥组(浙革生计字〔1971〕202 号文件)批准,自 1972 年 1 月 1 日起,内河航道养护费从现行 4%提高为 6%。

1979 年 9 月 18 日,地区航运管理所重申内河航道养护费征收范围及费率的若干规定。规定指出,为某一部门专用的航道,由该部门负责养护、管理,均不征收航道养护费;森工部门每年也投资整治山溪河流,因此,森工部门流放的木排暂不征收航道养护费,但森工部门轮拖的木排应缴纳航道养护费。

1979 年 11 月 1 日起,航养费的征收费率是:专业运输企业的船舶按运输收入的 6%征收;机关、企事业、合作社、农场、水产、森工部门负担本单位运输或经营运输副业生产的船舶、机动船按每月登记吨 1 元、非机动船按每月载重吨 0.50 元计征;其他有经营运输业务的船舶、以及免征船舶参加营业运输时,按运输收入 6%计征。

1983 年 10 月起,执行省航运管理局颁发的《浙江省内河航养费和沿海航政费“统缴证”、“缴讫证”的通知》,对从事水上运输船舶实行按吨位、定期定额计征,并发给缴讫证。1983 年

10 月 8 日，丽水地区航管所(丽地航〔1983〕第 28 号文件)通知各站，对航政规费的汇缴工作进行一次清查核实，按时收缴，对欠缴的按每迟 1 天加收 5%的滞纳金。

1992 年 8 月 4 日，交通部、财政部、国家物价局联合发布《内河航道养护费征收和使用办法》(交工发〔1992〕672 号)第五条规定：营业性运输船舶，按其运费收入的 8%按月或季度计征航养费。1998 年 4 月 17 日，丽水地区物价局、财政局、交通局联合发文《关于重新核定丽水地区公路、水路运输管理费定额征收标准的通知》(丽地价费〔1998〕30 号)，规定内河航道养护费为每载重吨每月 3 元，此标准自 1998 年 5 月 1 日起执行。

根据国家成品油税费改革方案，2008 年 11 月 19 日，浙江省人民政府制定下发《关于第二批取消暂停征收部分行政事业性收费项目和降低部分收费标准的通知》(浙政发〔2008〕75 号)，根据文件精神，从 2009 年 9 月 1 日起取消航道养护费征收。

货物港务费

为给沿海、内河创造开港条件，1979 年 12 月 11 日，省革委会批准省交通局(厅)《关于征收航运货物港务费的报告》(浙革〔1979〕166 号)，规定从 1980 年 1 月 1 日起，征收航运货物港务费。1980 年 4 月 30 日，丽水地区航管所《关于征收货物港务费的通知》(丽地航〔1980〕第 24 号)规定：(1)凡经本区境内各港埠出口的货物，均由所在地航管机构分别向货物单位征收货物港务费 1 次，甲类货物每吨收 0.1 元，乙类货物每吨收 0.2 元，军用物资、生产队运缴的公粮、邮件、货样，凭客票托运的行李免征；(2)货物起运时在填制货物运单(运票)或运杂费收据，计算运费的同时按货物重量，将应征收的出口货物港务费在货票或运杂费收据内列名征收；(3)对厂矿企业自备船(包括水产运销船等)的港务费，按船舶载重吨，按月每吨 1 元的暂定标准，由当地航管部门向船舶单位征收；(4)征收货物港务费时，按货物的实重吨征收；(5)根据地区实际情况，下列范围免征货物港务费：①丽水至碧湖范围内的货物；②青田至岭根范围内的货物；③由于航道水涸，装载量不足满载 60%的货物；(6)对森工部门撑运的竹、木排，委托森工部门代征。

1990 年，省交通厅、省物价局以浙交〔1990〕85 号、浙价费〔1990〕17 号文规定，进出本省沿海、内河各港的货物港务费征收费率；甲类货物进出港各计征 0.2 元/吨；乙类货物进出港各计征 0.4 元/吨。

1995 年 4 月 22 日，浙江省物价局，浙江省交通厅联合发文关于核定按月征收货物港务费定额标准的批复，浙价费〔1995〕106 号、浙交复〔1995〕638 号规定货物港务费自 1995 年 4 月起每月每载重吨收 2.5 元计征。

1999 年 4 月 19 日，丽水地区物价局、交通局对丽水地区航运管理处《关于要求按月定额征收货物港务费标准的报告》作出《关于按月定额征收货物港务费标准的批复》(丽地价费〔1999〕37 号)，“核定丽水地区船舶货物港务费自 1999 年 4 月 20 日起每月每载重吨统一按 2

元计征”。

2004年12月23日,浙江省物价局、财政厅发出《关于调整部分内河交通规费标准的通知》(浙价费〔2004〕334号),规定:标准船型船舶的货物港务费在现行收费标准的基础上统一降低30%;挂桨机船的货物港务费标准可在不超过国家有关规定的费率基础上适当提高相应的定额标准。具体为2005年1月、2006年1月和2007年1月起分别在现行定额标准的基础上加收10%、20%、30%;其他各类船舶的货物港务费仍按现行收费标准执行。

2005年8月9日,浙江省物价局、财政厅对省交通厅《关于要求适当调整港务费定额征收标准的函》(浙交函〔2005〕179号)作出《关于调整货物港务费征收标准的复函》(浙价费〔2005〕199号),规定我省向航行国内航线船舶及国内进出口货物收取的货物港务费标准调整为沿海港口0.50元/吨,内河港口1.00元/吨,同时废止了浙价费〔1995〕106号《关于核定按月征收货物港务费定额标准的批复》。

2005年8月25日,丽水市港航管理处下发《转发省物价局、财政厅关于调整货物港务费征收标准的通知》(丽港航〔2005〕33号),考虑丽水市实际情况,经省港航局同意,决定自2005年9月1日起实行新的货物港务费征收标准。

2011年12月9日,财政部、国家发改委颁发《关于免征小型、微型企业部分行政事业性收费的通知》(财综〔2011〕104号),根据通知精神,自2012年1月1日至2014年12月31日止,停止小型、微型企业货物港务费征收。

水路运输管理费

为促进水运事业协调发展,维护运输市场秩序,保证水路运输行政管理工作的正常进行,统一全国各地对水路运输管理费的征收和使用制度,1990年3月5日,交通部、财政部《关于发布全国统一的水路运输管理费征收和使用办法的通知》(交运字〔1990〕136号)。通知规定“运输费按水路运输(服务)企业、单位和个人的营运(营业)收入计征,最高不超过营运营业收入的2%”。对难以准确反映营运收入的运输企业、单位和个人,其运管费按船舶定额载重吨(客位或千瓦)计征。自1990年4月1日起施行。

1998年1月21日,浙江省物价局、财政厅转发国家计委、财政部《关于第一批降低22项收费标准的通知》第二条规定,水路运输管理费标准仍按浙交〔1991〕1号文规定的“按水路运输(服务)企业、单位和个人营运(营业)收入的1.5%计征运管费”。

1998年4月17日,丽水地区物价局、财政局、交通局联合发文《关于重新核定丽水地区公路、水路运输管理费定额征收标准的通知》(丽地价费〔1998〕30号),水路运输管理费为每载重吨每月0.7元,此标准自1998年5月1日起执行。

2004年12月23日,浙江省物价局、财政厅发出《关于调整部分内河交通规费标准的通知》(浙价费〔2004〕334号),规定:标准船型船舶的水路运输管理费在现行收费标准的基础上统一降低30%,挂桨机船的水路运输管理费标准可在不超过国家有关规定的费率基础上适当提高相应的定额标准，具体为2005年1月、2006年1月和2007年1月起分别在执行定额标准的基础上加收10%、20%、30%;其他各类船舶的水路运输管理费仍按现行收费标准执行。

根据国家成品油税费改革方案,2008年11月19日,浙江省人民政府制定下发《关于第二批取消暂停征收部分行政事业性收费项目和降低部分收费标准的通知》(浙政发〔2008〕75号),按照文件精神,从2009年9月1日起取消水路运输管理费征收。

船舶港务费

自1988年10月1日起,执行省交通厅和省物价局颁发的《浙江省船舶港务费征收办法》(浙交〔1988〕281号、省价费〔1988〕164号),对事业运输单位的船舶港务费按该单位拥有的船舶总载重吨,每月每载重吨1元计征,并按月(季)3元缴。

1994年8月18日,省物价局、省交通厅印发《浙江省港口收费规则》(浙价费〔1994〕69号、浙交〔1994〕163号),规定船舶港务费率标准:船舶、排筏和水上设施每进港或出港1次,各征收船舶港务费1次,内河船舶每净吨(木竹排、其他水浮物按立方米)0.55元,拖轮每千瓦0.75元。实行按月定额计征的内河船舶港务费,按其拥有的营运船舶总净吨(拖轮按千瓦),每月每净吨3元计征,拖轮每月每千瓦4元。但下列船舶免征船舶港务费:1.遇难、避难、抢险、救灾船舶;2.非营运的军事、公安、边防、海关、检疫、港务航监督船舶;3.专门用于农业生产的船舶,载运粪便、垃圾的船舶,渔业捕捞船舶;4.本省内河客轮、农村渡船;5.本省沿海客班轮在省内港口中途停靠;6.进口或出口船舶的客、货运收入在船舶港务费两倍以下并持有证明的船舶;7.进港船舶没有卸货(下客)行为免征进港船舶港务费、出港船舶没有装货(上客)行为免征出港船舶港务费。但进出港口不定期的旅游船舶不免征;8.本省交通部门专门从事航道、港口测量、疏浚、工程施工船舶;9.经省交通厅批准减免船舶港务费的船舶。

2004年12月23日,浙江省物价局、财政厅发出《关于调整部分内河交通规费标准的通知》(浙价费〔2004〕334号),规定:标准船型船舶的内河船舶港务费标准在现行收费的基础上统一降低30%;挂桨机船的船舶港务费标准可在不超过国家有关规定的费率基础上适当提高相应的定额标准。具体为2005年1月、2006年1月和2007年1月起分别在现行定额标准的基础上加收10%、20%、30%;其他各类船舶的港务费标准仍按现行收费标准执行。

乡镇船舶管理费

按浙交〔1987〕520号、浙价费〔1987〕174号、浙财〔1987〕546号文规定,自1988年1月1日起开始征收乡镇船舶管理费,征收范围:凡属本省乡镇船舶均应缴纳乡镇船舶管理费。费率标准,拖轮每月每马力0.3元;其他机动船每月总吨0.8元(无总吨的按载重吨计算),非机动船每月每载重吨0.3元,专用于农业生产的船舶及客渡船免征;该项费收由省、地区、县(市)分成,用于乡镇船舶的安全管理。

船舶检验费

丽水地区所辖航区的内河、沿海的船舶检验收费按国家船检局〔1982〕船检字425号文规定执行,丽水地区自1984年开始实行这一计费规定。

其费率:20吨以下船舶制造检验每艘次36元,丈量8元;初次检验21.6元,丈量8元;年度检验10元(旧船每年检验1次)。

表212 **1984年丽水地区船舶检验费类型表**

总吨位(吨)	功率单位(千瓦)	制造检验	初次检验	期间和年度检验	特别检验	电气设备额功率(千瓦)
未满10	未满20	钢质88元 木质30元	钢质73.2元 木质18.4元	钢质20元 木质7元	36元	
10～未满20	20～未满40	钢质156元 木质44元	钢质116.8元 木质26.6元	钢质30元 木质10元	64元	
20～未满50	40～未满60	—	钢质175.2元	钢质44元	钢质96元	
50～未满100	60～未满80	—	钢质261.6元	钢质70元	钢质153元	1～未满3
100～未满200	80～未满100	—	钢质362.4元	钢质84元	钢质202元	1～未满3
100～未满200	100～未满250	—	钢质400.2元	钢质100元	钢质239元	1～未满5
200～未满400	100～未满250	—	钢质537.8元	钢质112元	钢质329元	3～未满5

1.内河船舶证书、正本收3元,副本1元;
沿海船舶证书,工本费正本10元,副本2元;
2.展期检验:50吨—未满60总吨位收6元;
60吨—未满100总吨位收9元;
100吨—未满500总吨位收13.5元

1998年2月8日,国家发展计划委员会颁发《关于发布船舶及船用产品检验计费标准的通知》(计价费〔1998〕800号)。自1998年6月1日起执行。过去有关船舶检验计费规定与本通知不一致,以通知为准。

丽水地区船舶检验费有以下几种类型:

检验类型

1.初次检验(建造检验)——在船舶投入营运以及第一次对船舶颁发证书之前,对与某一特定证书有关的所有项目进行一次完整的检查，以保证这些项目符合有关要求并且能满足船舶预定的营运业务。

2.年度检验——对与特定证书有关项目进行总的检查以确保其处于良好状态，并且符合船舶预定的营运业务的要求。

3.中间检验——对与特定证书有关的指定项目进行检验以确保其处于良好状态，并且符合船舶预定的营运业务。

4.换证检验（特别检验）——在船舶证书到期之前，对与特定证书有关的项目进行检验以确保其处于良好状态，并且适合船舶预定的营运业务，并颁发一张新证书。

5.船底外部检查（坞内检验）——对船舶水下部分和有关项目进行的检查以确保其处于良好状态，并且适合船舶预定的营运业务。

6.附加检验（临时检验）——在因调查而进行的修复之后或进行了任何重要修理或更新之后，或在本目第二、第五条所述其他情况下，根据具体情况进行一次普遍或部分检验。

检验范围

新船的初次检验（建造检验），现有船舶的初次检验、年度检验、中间检验、换证检验、船底外部检查（坞内检查）、附加检查（临时检验）。

检验间隔期

表 213　　**内河营运船舶检验间隔期一览**

船舶种类	间隔期限（年） 换证检验执行次数 / 检验种类	第一次	第二次	第三次	以后各次
钢质自航客船、客货船、汽车渡船、油船	换证检验	6	6	6	4
	中间检验	3	2	2	2
	年度检验	1	1	1	1
以上未包括的所有钢质自航船	换证检验	6	6	6	4
	中间检验	3	3	3	2
	年度检验	1	1	1	1
油驳 油趸船	换证检验	8	8	4	4
	中间检验	4	4	2	2
	年度检验	2	2	1	1
非自航工程船	换证检验	8	8	8	4
	中间检验	4	4	2	2
	年度检验	—	2	—	1
趸船、以上未包括的所有钢质非自航船	换证检验	8	8	8	6
	中间检验	4	4	2	2
	年度检验	—	2	—	—

1.年度、中间检验可在相应间隔期限到期日前后 1 个月内进行。

2.船舶载重线中间检验及乘客定额换证检验到期时，对其执行年度检验。

3.换证检验应按期进行。若船东提交检验确有困难,为使船舶能完成其航行,经船舶检验机构同意,并经检验满意后,可对其证书不超过3个月的展期。

4.在有冰封期水系营运的船舶,经船舶检验机构同意,并经检验满意后,换证检验可延期最多不超过12个月。

5.船舶的起货设备检验间隔期按《起重设备法定检验技术规则》有关要求进行。

内河营运船舶在任何换证检验间隔期内应进行2次船底外部检查。船底外部检查一般应结合换证检验和中间检验进行。

船舶检验计费标准由国家发展计划委员会计价费〔1998〕800号文批准颁布自1998年6月10日执行。

其他规费

内河船舶油污检验费按交通部〔1988〕交船检字525号规定执行,船用产品检验费按国家船检局〔1980〕船检字380号规定执行;内河水上交通事故调解费按交通部水上安全局〔1986〕水监字175号文规定执行;内河事故调解收费按损失金额的1%计收,按当事各方达成的协议分摊,达成协议的,按损失金额的5%计收,由当事各方平摊,但最低不低于人民币30元;船舶登记费的计收按交通部交海〔1960〕131号文规定执行:20总吨以上2元,20总吨以下1元;内河船员考试发证费的计收按交通部颁发的《中华人民共和国轮船船员考试发证办法》(交港字〔1979〕703号)的有关规定执行;水路运输许可证工本费、运输船舶营运证工本费按交通部运管局〔1989〕280号文规定执行,每本收费5元。

事业性收费标准

2006年12月31日,浙江省财政厅、物价局发出《关于重新公布交通系统行政事业性收费项目和收费标准的通知》(浙财综〔2006〕124号),进一步加强全省交通系统行政事业性收费工作的管理,规范收费行为。重申"未经省级财政、物价部门批准同意,各地、各有关部门不得擅自调整行政事业性收费项目和收费标准或将其转为营业服务性收费,也不得将明令取消的行政事业性收费项目转为营业服务性收费或其他形式变相继续收取",清理后保留的收费项目和收费标准见下表。

交通系统行政事业性收费项目和收费标准

表 214　（水路运输）

序号	收费项目名称	收费标准	收费文件	说明
1	水路运输管理费	按营运（营业）收入的 1.5%（标准船型船舶下调 30%，挂桨机船自 2007 年 1 月起可在不超过国家有关规定的费率基础上上调 30%）	浙价费〔1998〕43 号 浙价费〔2004〕334 号	设区市物价部门可会同财政、交通主管部门核定定额征收标准，并经省物价、财政部门同意后执行
2	船舶登记费		浙价费字〔1992〕191 号	
	船舶所有权登记	基数 200 元（未满 50 净吨位的船舶，基数为 100 元），按船舶净吨加收，每净吨收 1 元，超过一万净吨，超过部分减半收费；拖轮每千瓦收 0.5 元		
	船舶临时登记	1000 净吨以下船舶 200 元，1000（含 1000）净吨以上船舶 400 元		
	船舶抵押登记	按抵押总金额的 0.5‰核收		
	船舶租赁登记	按租赁总金额的 1‰核收		
	船舶烟囱标志或公司旗注册（自愿申请）	每艘 100 元		
	船舶更名或	100 元		
	船籍港变更			
	船舶登记项目变更	50 元		
	船舶国籍证书	正本 100 元／本，副本 25 元／本； 内河船舶登记证书 20 元／本， 内河船舶执照 10 元／本		
	废钢船登记	每艘次 100 元		
3	“四自”航道通行费（限于政府投资）	详见文件	浙政办发〔2004〕105 号	
4	船员考试收费	海船船员适任证书、引航员、磁罗经校正人员、验船师考试费标准为 450 元／人，内河船舶船员适任证书考试费标准为 100 元／人，船员专业培训和特殊培训考试费标准为 80 元／人	计价格〔2001〕2717 号	
	理论考试（全部科目）			
	实际操作考试（全部科目）	按理论考试的收费标准执行		
	补考（无论几门）	按相应考试费标准的 50%计收		

续表 214

序号	收费项目名称	收费标准	收费文件	说明
5	船员证收费		计价格〔2001〕2717 号	
	“海船船员适任证书”“内河船舶船员适任证书”“船员专业培训合格证书”“船员特殊培训合格证书”“船员服务簿”证书工本费	10 元 / 证		
	“海员证”证书工本费	50 元 / 证,申请加急办理的,在第一个工作日内或立等即取的,每本加收 40 元加急费;在第二个工作日内取的,每本加收 25元加急费		
6	船名牌工本费	130 元 / 付	浙价费〔1996〕50 号 浙财综〔1996〕28 号	
7	驾驶培训教练员证工本费	10 元 / 本	浙财综字〔2005〕100 号	
8	船舶港务费	详见文件	浙价费〔1994〕69 号 浙价费〔2004〕334 号	标准船型船舶下调 30%,挂桨机船自 2007 年 1 月起可在不超过国家有关规定费率的基础上上调 30%
9	油污水化验费	每个样品 150 元;同类化验,每增加一个样品 50 元,船舶油漆、油种和水面污油鉴别分析,每张图谱 400 元	浙价费字〔1992〕191 号	
10	海事调解费	调解成功的,收取调解费最高不超过损失金额的 0.7%,按当事人过失比例或约定数额分摊;调解不成的,按最高不超过损失金额的 0.35%计收调解费,由当事人各方平均分摊	浙价费〔2004〕347 号 浙财综字〔2004〕148 号	
11	船舶证明签证费		浙价费字〔1992〕191 号	
	海事声明签证	正本 100 元 / 份,副本 25 元		
	在港期租船出具证明	签证费 30 元 / 份		
	油污损害民事责任保险或其他财务保险证书签发费	正本 50 元 / 份,副本 10 元		
	油污损害民事责任信用证收签发费	正本 25 元 / 份,副本 5 元		
	船舶残油接收处理证明	每份 100 元		
	船舶最低安全配员证书	国际航线船舶 100 元 / 证,国内航线船舶和航行港澳 500 总吨以下船舶 50 元 / 证		

续表 214

序号	收费项目名称	收费标准	收费文件	说明
12	特种船舶和水上水下工程护航费	0.1元/马力小时	浙价费〔2004〕347号	
13	船舶申请安全检查复查费	每艘次100元	浙价费字〔1992〕191号	
14	浮油回收费	详见文件	浙价费字〔1992〕191号	
15	海岸电台无线电报、电话费	详见文件	浙价费字〔1992〕191号 交财发〔1993〕379号 财综〔2004〕62号	
16	内河航道养护费	按运费收入的6%	浙价费〔1998〕43号 浙价费〔2004〕334号	标准船型船舶下调30%，挂桨机船自2007年1月起可在不超过国家有关规定费率的基础上调30%
17	货物港务费	航行国内航线船舶及国内进出口货物收取的货物港务费；沿海港口0.5元/吨，内河港口1元/吨；对于经营运销结合难于按其进、出口货物运量计收货物港务费的内河运输船舶，按4元/载重吨计征	浙价费〔1994〕69号 浙价费〔2004〕334号 浙价费〔2005〕199号	标准船型船舶下调30%，挂桨机船自2007年1月起可在不超过国家有关规定费率的基础上调30%
18	旅客港务费	0.5元/人	本通知	
19	引航、移泊费	引领船舶进港或出港以及港内移泊，引航费每净吨(拖轮按千瓦)每次0.21元计收，移泊费每净吨（拖轮按千瓦）每次0.15元计收，引航移泊距离超过15海里时，按相应费率加收30%，起码计费吨位为500吨(拖轮按千瓦)，引领拖轮及其拖带船舶、驳船、木竹排和其他水上浮物的，分别按引领的拖轮千瓦和拖带船舶净吨或载重吨(木竹排和其他水上浮物每立方米换算一吨)计算	浙价费〔1994〕69号	
20	船舶及船用产品检验费	详见文件	浙价费〔1998〕405号	

2008年10月23日，浙江省政府发出《关于取消暂停征收部分行政事业性收费项目和降低部分收费标准的通知》(浙政发〔2008〕66号)，取消内河船舶户牌工本费、内河船民证工本费、内河临时船民证工本费、船舶户口簿工本费和船舶刷号工本费；暂停征收船舶及船用品检验证书工本费；降低收取内河航道养护费(库区非经营性船舶免征)，内河运输企业全年按9个月包缴，船舶港务费、船舶及船用产品检验费、货物港务费、水路运输管理费亦按全年9个月包缴。

2008年12月22日,国家财政部、发展改革委、交通运输部、监察部、审计署联合下发通知,从2009年1月起在全国范围内取消航道养护费、水路运输管理费、水路客货运附加费。根据国家成品油税费改革方案,按照《浙江省人民政府关于第二批取消、暂停征收部分行政事业性收费项目和降低部分收费标准的通知》(浙政发〔2008〕75号)精神,从2009年9月1日起在全省范围内取消航道养护费的征收。

表215　**1991—2010年丽水地区(市)水运规费收入一览表**

年份	航道养护费	航政费	货物港务费	船舶港务费	船舶检验费	其　他		合　计
1991	215280.21	192008.45	97875.09	107602.02	17511.8	22336.7		652616.22
1992	230731.52	142802.1	103728.19	112728.76	43681.3	9368.78		643041.15
1993	355688.77	434773.06	141083.8	214312.36	179212.07	29819.1		1354878.16
1994	431092.66	843146.07	170443.84	391127.15	405553.62	48576.48		2289939.82
1995	365184.52	643485.35	186172.74	348391.06	286460.35	28295.95		1857989.97
1996	307893.61	262585.15	157716.85	233063.91	181969.61	64698.95		1207928.08
1997	260542.96	62992.25	343255.61	122791.76	160795.59	77989.29		1028367.48
1998	227151.46	36980.7	325405.3	110399.78	195706.3	52186.38		947829.92
年份	航道养护费	航政费	货物港务费	船舶港务费	船舶检验费	水运管理费	其他	
1999	506466.3	30925.4	678573.25	175485.9	355067.87	110710.7	55221.41	1912450.91
2000	1229395.78	—	400518.85	225307.95	458316.01	149707.88	144040.46	2607286.93
年份	航道养护费	水运管理费	货物港务费	船舶港务费	船舶检验费	水路交通建设费	其他	
2001	1510584.97	176285.87	465859.78	258246.6	631484.1	703198.95	98902.09	3213078.36
2002	1438318.76	212701.05	606871.25	381795.35	1386486.59	387752.35	51312.86	2465238.21
2003	1686158.93	261001.3	738399.2	623278.75	853895.8	—	80398.01	4243131.99
2004	1854989	280805.1	811571	875551	645586.73	—	90454.16	4558951.99
2005	1841917	305591	1100908	742105	688769	—	70776	4750066
2006	1913331	290885	1632963	684241	668550	—	33981	5223951
2007	1758809	298462	1627632	683877	706719	—	33947	5109446
2008	1722632	343086	1760499	770550	1217223	—	56019	587001
2009	法律取消	法律取消	1329649	521930	644021			2495600
2010	法律取消	法律取消	1571451	423767	681523		14550	

说明:其他规费:包括乡镇船舶管理费、船舶油污检验费、船用产品检验费、水上交通事故调解费、船舶登记费、船员考试发证费、水运许可证工本费、船舶营运证工本费、违章罚款、滞纳金、港监收入等

第六章　公路运输管理

公路运输管理是对道路客货运输实施全过程的依法管理,包括运输市场开停业、运政、运价、站场的管理,以及车辆、车辆维修业、驾驶人培训、驾培基地等的全面管理,推进公路客货运输快速有序发展。

第一节　市场行业管理

民国时期,国民政府、省政府及交通运输部门陆续发布各种规章制度,对运输市场行业进行管理。

中华人民共和国成立后,公路运输管理各种规章制度日臻完善,管理走上规范化。

1979—1982 年,丽水地区和各县相继建立公路运输管理处、所,行使对公路运输的管理职能。

1986 年 12 月 29 日,国家经委、交通部颁发《公路运输管理暂行条例》,明确规定交通运输主管部门运用行政、法律、经济等手段实施对公路运输市场的全面管理。

1987 年 4 月 3 日,交通部发布《关于发布〈公路运输管理部门工作条例〉(试行)的通知》(国家公路字〔1987〕215 号),明确各级公路运输管理部门是同级交通主管部门的职能机构,在同级交通主管部门的领导下,行使对公路运输行业的行政管理职权。

1990 年 9 月 24 日,交通部颁发第 23 号令——《道路运输违章处罚规定(试行)》,自 1990 年 10 月 1 日起执行。这是交通部以部令形式颁布的全国统一处罚规定,从事道路运输经营的业主均应自觉执行公路运输管理及其他规定,违章者由道路运输管理机关按规定给予相应处罚。该处罚规定经交通部 1998 年 3 月、2001 年 8 月两次修改后执行至今。

1992 年 3 月 24 日,丽水地区交通局下发《关于施行运输行业经营行为规则的通知》,规定凡经营户必须遵守本行业经营规则,提倡合法经营,维护运输秩序,避免不合理竞争,使运输市场进一步规范化。

1993 年 7 月 24 日,浙江省政府发布第 36 号令——《浙江省道路运输管理办法》,2001 年 4 月 19 日浙江省人大常委会发布《浙江省道路运输管理条例》,2004 年 4 月 14 日国务院颁发《中华人民共和国道路运输条例》,2005 年 9 月 30 日浙江省人大常委会颁发经修订的《浙江省道路运输管理条例》。以上法规规定,县级以上交通行政管理部门负责领导本行政区域内的道路运输管理工作,授权县级以下道路运输管理机构负责具体实施道路运输管理工作。

1997 年根据交通部(公发〔1996〕446 号文)、省交通厅(浙交〔1996〕329 号文)和地区交通局《关于整顿我区道路客运市场秩序的实施意见》(丽地交公〔1996〕136 号)等文件精神,结合丽水地区道路客运市场的现状和实际情况,从 1996 年 10 月开始,对全区道路客运市场秩序进行了全面整顿,通过整顿,违法违章经营和不正当的竞争日益减少。

鉴于部分客运班线运力过剩以及客运市场仍存在不规范的经营行为,客运经营者之间矛盾较多,1999 年各级运管部门经过调查研究,以法律和政策为依据,做好协调疏导工作,把矛盾解决在萌芽状态。同时合理调整运力结构和发展速度,继续坚持"先审批、后购置"的原则,严格控制运力新增,做好区内客运班线平衡和调整工作,既解决了山区群众乘车难,又维护了经营者利益。

1997 年,根据交通部第 4 号令和省交通厅浙交〔1997〕355 号文,加强货运市场管理,认真做好道路货物运单的使用和发放工作。审批了"丽水地区货运信息交流中心"和"丽水地区公铁联运有限公司"2 家较规范的专业货运服务企业, 促使运输服务业逐步走上规范化管理的轨道。

2000 年,根据省交通厅文件和地区交通局《关于开展"道路运输市场管理年"活动方案》文件精神,从 4 月 20 日起,地区运管处开展全区道路运输市场管理年活动,制发《丽水地区道路客运车辆"进站证"管理规定(试行)》,规定凡从事境内道路运输的班车都必须办理"进站证",一车一证,每年年审一次。

2001 年,根据市交通局《丽水市整顿和规范道路运输市场工作方案》(丽交〔2001〕73 号文)要求,市运管处着重在打击非法营运,保护合法经营,规范经营行为,强化安全生产监督管理等方面开展道路运输市场整顿,通过整顿和规范,道路运输市场秩序明显好转,经营行为明显规范,安全状况明显改善。

2010 年,为进一步规范丽水市道理运输市场秩序,以开展专项整治活动为抓手,先后制定《丽水市农村小客运质量安全规范创先实施方案》等制度,开展 6 次联合整治专项行动,有力打击路面的各种违章行为,全年出动执法人员 13528 人次,检查车辆 62210 辆次,查处运政违法违章车辆 3429 辆,办结行政执法案件 1355 件,全市无行政败诉案件。

开、停业管理

开业:凡从事经营公路运输业、站(场)服务经营、汽车维修、驾驶人培训业的单位和个人,必须办理开业手续。经营单位或个人,须向辖区公路运输管理部门报送申请书,凡符合开业条件的发给经营许可证,然后经工商行政管理部门审核符合工商登记条件的,发给营业执照,再凭工商营业执照,分别向税务局办理税务登记,按章纳税,向保险公司办理有关保险事宜。对从事道路运输的业户还需申请营运线路，按批准的营运线路，发给线路核准证。按注册的营运车辆数，由公路运输管理部门发给交通部统一发的"公路运输营运证"，一车一证，随车携带，全国通行，一年进行一次年度审验。

停业：经营公路运输和运输服务业的单位或个人要求停业，应在一个月前，向辖区公路运输管理部门提出书面申请，经审查同意，并在清理国家税费、银行贷款等债务后，签发停业许可通知单，由运输管理部门收缴营业证和经营许可证，由工商行政、税务部门分别收缴工商营业执照和纳税登记证。

运政管理

丽水地区(市)公路运输管理处本着人便于行，货畅其流，为工农业生产，为加快经济社会发展，提高社会效益的宗旨，进行客、货运政管理。

道路客运管理。道路客运包括班车客运、包车客运、旅游车客运、出租车客运、城市公交客运、城乡公交客运等。丽水市公路运输管理部门，主要管理经营线路、运输质量、客运运价和票证印发。

经营线路管理，是指凡从事旅客运输的单位或个人的车辆营运线路，必须经县、市(地)和省的各级公路运输管理部门的审批核准，方可营运。经营班车客运，首先由运输经营者填报公路汽车客运审批表，再按营运线路的管理范围和审批权限，征得起点、中途停靠、终点地域公路运输管理部门的同意，然后由县、市公路运输管理部门逐级上报审批后，发给营运线路核准证，方可营运。

旅游客车若定线经营，以班车客运对待。出租旅游车辆，不定线、定班的，则按上述办法审批手续，发给经营区域客运核准证，在核准证的区域内经营客运。如遇超越核准证区域营运时，必须补办手续，否则按违章处理。

申请从事客运经营的，应当具备以下条件：有与其经营业务相适应的并经检测合格的车辆；有符合规定条件的驾驶人员；有健全的安全生产管理制度。申请从事班线客运经营的，还应当有明确的线路和站点方案。

从事客运经营的，应分别情况向有审批权的道路运输管理机构提出申请。即：从事县级行政区域内客运经营的，向县级道路运输管理机构提出申请；从事省内跨 2 个县级以上行政区域客运经营的，向地市级道路运输管理机构提出申请；从事省内跨 2 个市级区域客运经营的，向省道路运输管理机构提出申请；从事跨省行政区域客运经营的，向省道路运输管理机构提出申请。

客运班线经营期限为 4~8 年，经营期限届满需要延续客运班线经营的，应当重新提出申请。

按省交通厅《浙江省汽车客运站站级核定和考核管理办法》(浙交〔2000〕170 号)及省交通

厅《关于开展道路旅客运输企业经营资质评定和质量信誉考核工作的通知》(浙交〔2001〕117号)要求,确定丽水汽车客运东站为一级车站(客运西站投入运营后,东站确定为二级站)。根据丽水市区经济发展情况和旅客运输的实际供求情况,核准丽水客运东站经营道路班线客运及包车客运。

运输质量管理,是道路运输管理部门的重要工作内容,经常开展路检路查,检查驾驶人员安全操作,遵章守法,车辆技术状况和按核定吨位载客等。并且对道路运输企业经常实施质量信誉考核,严格考核程序,提升行业服务质量,2010年信用考核范围扩大到危险货物运输企业。全市列入考核范围的相关运输企业达241家,其中客运企业28家、客运站10家、驾培企业30家、维修企业127家、危险品运输企业27家、汽车性能检测站3家、货运企业16家。认真坚持每季一考核的制度,及时输入考核信息,建立考核档案,着力推进信用体系建设,保障人民生命财产安全。

道路货运经营管理。申请从事货运经营的应当具备以下条件:有与其经营业务相适应并经检测合格的车辆;有符合规定的驾驶人员;有健全的安全生产管理制度。

申请从事危险货物运输的还应当具备以下条件:有5辆以上经检测合格的危险货物运输专用车辆、设备;有经所在市(地)级交通主管部门考试合格、取得上岗资格证的驾驶人员、装卸管理人员、押运人员;危险货物运输专用车辆须配有必要的通讯工具、消防工具,有健全的安全生产管理制度。

从事危险货物运输经营以外货运经营的,向县级道路运输管理机构提出申请;从事危险货物运输经营的,向市(地)级道路运输管理机构提出申请。

道路货物运输管理,主要是公路运输管理部门通过审核颁发"道路运输经营许可证"、发放"道路运输证"、考试核发"从业资格证"和车辆技术状况、安全生产情况的检测检验及道路运输证年审等手段进行管理;同时通过对货运车辆上门检查与路检路查进行监督管理。查货运车辆营运手续是否齐全、装载货运物资是否安全、车辆装运是否超重、超高、超宽、超长,驾驶员安全操作、运价执行情况;危险品运输是否符合相关规定、货运驾驶员是否具有从业资格证、车辆技术状况、车辆是否按规定维护、检测,有否擅自改装车辆等方面进行检查监管;营运车辆与非营运车辆的管理、路单使用情况;配合协助工商行政、税务等部门检查国家禁运物资、营运车辆的营业执照、税务登记、各种税费的缴纳、载运物资是否与物资税票同行;以及负责处理承、托运双方的运输商务纠纷事宜等。在检查中发现问题及时提出改进意见,对违反运输规定,情节严重的,可以扣留行驶证和营运证,并辅以经济处罚。

运价管理

道路运价管理

运价管理是国家价格管理的一个组成部分,各级运输管理部门在贯彻执行国家有关运输价格和运输服务价格外，主要是监督检查运输单位、个体联户、运输服务单位、个体店户等，严格执行价格政策。对擅自哄抬价格，勒索货主、旅客的行为，予以查处；协助物价部门对运输和运输服务业价格的修订，使其符合价值规律，维护经营者和广大群众的合法权益。

汽车运输价格根据国家有关政策分等级制订和管理，同时根据实际情况和燃油价格的变化，对运价进行适时的调整。

货运运价管理　1962年，《浙江省公路汽车货物运输规则实施细则（摘要）》（录自1962年10月25日丽水县物价委员会印发的《关于颁发"丽水县交通运输价格（汇编）的通知"》）（丽物字〔1962〕第05号）对汽车货运价格、行包运价、客车运价制定了具体规定。其中货运价格、行包运价，见下二表。

表216　**汽车货运价格**

线别	吨·千米费率（元）		说明
	运价	特价	
金华—丽水—温州	0.19	0.154	1. 表列运价系指固体燃料（木炭）整车运费率，零担运价按表列运价增加10%，液体燃料（汽油、柴油）车运价固体运价分别递增20%计收 2. 下列九种农业生产资料适用特种运价：①肥料；②农具；③鱼秧；④农药及机械；⑤小猪及母猪；⑥肥料种子；⑦饲料；⑧树苗及种子；⑨菜种子 3. 调车（空）费，凡空驶里程超过重驶里程时，超过部分按每吨千米0.095元计算（部分液固体） 4. 市区接送费及延车费：除特种运价物资按特种运价计算外，各线一律按每吨千米0.19元计算 5. 短途运价：运距在10千米以内者（包括10千米），其运价按表列运费率增加5%计算（零担不加），起码计算里程为5千米，超过5千米按实际里程计费 6. 简易公路维护费应按规定附加
温州—丽水—金华	0.20	0.175	
丽水—龙泉—庆元	0.20	0.20	
丽水—松阳	0.19	0.154	
松阳—丽水	0.20	0.189	
丽水—白云山	0.20	0.175	
景宁—三枝树	0.23	0.23	
张村—赤木山	0.23	0.23	
丽水—景宁—东坑	0.23	0.23	
丽水—雅溪	0.23	0.23	
山口—白象（青田）	0.23	0.23	

表 217

行包运价

项目	计算单位	运价	备注
行李	每千克	0.00024 元	每一客票(包括车票)或免费票证的行李免费重量 10 千克,孩童半票 5 千克
包裹	每千克	0.00024 元	轻浮包裹以 4 立方公寸合一千克计算,特种轻浮包裹:自行车每辆按 100 千克,缝纫机每具按 75 千克,小孩车、摇篮、残疾人车体积在 400 立方公寸以下按 30 千克计算,空笼、空木箱、竹器空箩、□器按量尺后折合的重量减半计算

1984 年 10 月 18 日,浙江省物价局、浙江省交通厅联合发布关于试行《浙江省公路汽车货运运价实施细则》,并于 1984 年 12 月 1 日起试行。《实施细则》贯彻了保持运价基本稳定,对原运价结构作了适当改革,对不同运输条件的计价作有升有降的变动。当时确定的运价为最高限价,运输企业在执行中可以根据当地实际情况,在 20%的幅度以内自行决定向下浮动。

1987 年 9 月 21 日,交通部、国家物价局颁发《公路运价管理暂行规定》(交公路字〔1987〕681 号),自 1987 年 12 月 1 日起执行。规定明确公路定价的确定和调整实行按质论价、分等定价的原则;公路运价实行国家定价、国家指导价格、市场调节价格 3 种形式,以国家定价为主。国家定价公路运价是统一性定价;国家指导的公路定价,是由各级交通主管部门和物价部门,按照分级管理权限,在一定控制幅度内调整的运价和费收,是统一性和灵活性相结合的价格形式;市场调节的公路运价,允许随运输市场的动力、运量供求的变化而灵活变动的运价或费收,一般可由承托双方协议定价。

为加强汽车客货运输价格管理,正确执行国家价格政策,统一全省汽车运价计算办法,根据交通部发布的《汽车运价细则》(交运字〔1991〕134 号),1992 年 12 月 25 日,省物价局、省交通厅联合发出《关于颁发〈浙江省汽车运价规则〉实施细则的通知》(浙价费〔1992〕57 号、浙交〔1992〕308 号),明确规定汽车运价是国家计划价格的组成部分,以国家定价为主。该运价从 1992 年 12 月 25 日起执行。详见下表。

表 218

浙江省货物运输长途费率一览表

项目 / 费率 / 车型	整车													零担				
	普通货车			特种货物						大型车运输普通货物	特种车			一般零担				省内快件	
				长料笨重货物			危险货物							省际省内		县乡			
	一等货物	二等货物	三等货物	长度六米至十米 重量四吨以上至八吨	长度十米以上至十四米 重量八吨以上至二十吨	长度十四米以上 重量二十吨以上	二级危险货物	一级危险货物	贵重及特种鲜活货	四十吨以上大型牵引平板车	普通冷藏车专用车	槽罐车	制冷冷藏车	普通货物	特种货物	普通货物	特种货物	普通货物	特种货物
中型货车（3吨及3吨以上）	0.26	0.29	0.31	0.34	0.37	0.4	0.37	0.4	0.37	0.26	0.37	0.4	0.44	0.46	0.6	0.58	0.78	0.55	0.72
小型货车（2.5吨以下）	0.44	0.48	0.53				0.63	0.68	0.63										

表219

浙江省汽车货运短途运价、吨次费率及21~39千米递减率一览表

项目				1～5千米运价	6～20千米吨次费率	21～39千米吨次递减费(每增加1千米递减)
中型货车3吨及3吨以下	普通货物	一等货物		1.06	4	0.2
		二等货物		1.17	4.4	0.22
		三等货物		1.27	4.8	0.24
	特种货物	长大笨重货物	长6至10米重4吨以上至8吨	1.38	5.2	0.26
			长10米以上至14米重8吨以上至20吨	1.49	5.6	0.28
			长14米以上重20吨以上	1.6	6	0.3
		危险货物	二级危险货物	1.49	5.6	0.28
			一级危险货物	1.6	6	0.3
		贵重及特种鲜活货物		1.49	5.6	0.28
小型货车2.5吨以下	普通货物	一等货物		1.8	6.8	0.34
		二等货物		1.93	7.2	0.36
		三等货物		2.05	7.6	0.38
	特种货物	危险货物	二级危险货物	2.55	9.6	0.48
			一级危险货物	2.74	10.3	0.515
		贵重及特种鲜活货		2.55	9.6	0.48

计算公式：

(1)5千米以内运价按不同货物、不同车型计价，不计吨次费；

(2)6～20千米　　运费＝费率×周转量＋吨次费；

(3)21～39千米　运费＝费率×周转量＋[吨次费－(里程－20千米)×吨次递减费]；

(4)40千米以上　运费＝费率×周转量；

说明：运价单位：元/吨千米；吨次费率、吨次递减费率单位：元/吨

1993年3月23日，省物价局、省交通厅下发《关于调整公路客货运燃料油差价补贴的通知》（浙价费〔1993〕23号、浙交〔1993〕74号）文。《通知》规定：鉴于车用燃油价格上涨的情况，经研究，决定自1993年4月10日起调整我省公路客货运输的燃油差价补贴，公路汽车客运燃油差价补贴从现行每人千米4厘调整为1分2厘。2000年以后，公路货运运价完全放开，国家不再实行指导价，运价由货主和运输单位（含个体运输户）协商定价。

客运运价管理　1962年，《浙江省公路汽车货物运输规则实施细则》对汽车客运运价作了具体规定。见下表。

表220

1962年浙江省客车运价

项目			计算单位	运价						备注
				元	角	分	厘	豪	丝	
客票	对号车	汽油车	每人每千米			2	5	6	0	1.照实际里程计算，车票按全票九五折，孩童票按全票五折优待 2.费率尾数进整方法仍按原规定办理 3.省际客车直达联运票价按各有关路段费率加总计算，费率尾数按加总后进整 4.完全实行车上售票及车站上同时发售客票的路段，车上售票取销军人九五折优待，统按全票票价（包括保险费在内）计收，站上售票不变更 5.车售路段的军人包车，仍按原规定不变更
客票	对号车	木炭车	每人每千米			2	3	2	0	
客票	环座短途区间客车	汽油车	每人每千米			2	4	2	0	
客票	环座短途区间客车	木炭车	每人每千米			2	2	0	0	
客票	简易与货代客车	汽油车	每人每千米			2	4	2	0	
客票	简易与货代客车	木炭车	每人每千米			2	2	0	0	

1987年3月，丽水地区交通局、物价局发布了《关于调整我区公路客运短途、支线票价的通知》，决定自1987年4月1日起，对丽水地区公路客运短途、支线进行一次调价。

1989年1月4日，丽水地区物价局、地区交通局根据省交通厅《关于整顿公路客运运价的通知》（〔1988〕425号、省物价局浙价〔1988〕208号），规定在丽水地区范围内普通客车一类线路每人·千米不得超过0.04元，二类线路不得超过0.045元，三类线路不得超过0.05元；跨省跨地区执行全省统一价，每人·千米不得超过0.033元，高靠背软座客车运价为每人千米0.043元。

1992年8月11日，丽水地区物价局、交通局发出《关于对公路客运加收油料差价的通知》（丽地交〔1992〕99号），同意从1992年8月15日起，地区内公路旅客运输企业，不分营运区间和线路等级一律按每千米0.006元计收油料差价。

省交通厅、省物价局联合发出《关于1992年春节运输期间上浮公路客运票价的通知》(浙交〔1991〕153号、浙价费〔1991〕114号),规定1992年春运期间客运票价可在现行各类车型客票基价的基础上上浮15%,执行期限自1992年1月20日至2月28日,2月29日起仍按原票价执行。

表221　**1992年12月25日起执行的浙江省公路客运运价**

车型			单位	费率(元)	说明
大型客车	普通客车		人/千米	0.036	包括普通客车、通道客车、简易高靠背客车
	高靠背软座客车		人/千米	0.046	包括二.二座
	高靠背宽座客车		人/千米	0.052	仅限于跨省固定的高靠背宽座
	空调客车	普通空调客车	人/千米	0.06	
		豪华空调客车	人/千米	0.075	
中型客车	16~30座	中型普通客车	人/千米	0.055	
		普通空调	人/千米	0.07	
		豪华空调	人/千米	0.08	
小型客车	6~15座	普通客车	人/千米	0.075	
		空调客车	人/千米	0.11	
卧铺客车	20铺位	普通卧铺客车	人/千米	0.12	
			人/千米		

票价计算公式:
客票票面=运价费率×计费里程+公路建设专用基金并计金额

为解决春运期客流量大、运输成本不断上升问题,1994年12月30号,省物价局、交通厅下发《关于1995年春运期间公路客运运价上浮通知》(浙价费联〔1994〕61号、浙交〔1994〕267号),确定1995年春运期间(1月11日—3月11日)公路客运票价上浮25%,这是春运票价上浮幅度最高的一年。

1995年3月22日,丽水地区物价局、交通局发出《关于规范公路客运运价及相关收费管理的通知》(丽地价〔1995〕30号),规定丽水地区公路客运运价费率。见下表。

表 222　**1995 年丽水地区公路客运运价费率**　单位:元/人·千米

车型		基本运价 一类线路	基本运价 二类线路	基本运价 三类线路	备注
31 座以上	普通客车	0.05	0.065	0.071	
	高靠背软座客车	0.058	0.074	0.081	
	高靠背宽座客车	0.065	0.084	0.09	
	空调客车	0.075	0.115	0.128	
21～30 座	普通客车	0.069	0.089	0.096	
	空调客车	0.088	0.115	0.128	
6～20 座	普通客车	0.093	0.115	0.128	
	空调客车	0.138	0.165	0.19	

说明:1.基本运价为最高标准,可以下浮,不能突破;
2.票价计算公式 =〔(基本运价 + 油贴 + 公建金)× 计费里程〕+ 地方站建金 + 通行费 + 夜班加成;
3.车辆通行费代收:按规定甲类每客 0.25 元,乙、丙类每客 0.15 元;
4.票价金额加总后一次进整(保留 0.5 元,即二舍八入,三七改作五,检查处理标准)

为解决油价不断提高,运输成本不断上升,运输企业经营困难的问题,1996 年 1 月 23 日,省物价局、交通厅联合颁发《关于调整和整顿公路客运运价的通知》(浙价费〔1996〕16 号、浙交〔1996〕25 号),对我省公路客运价格做了较大的调整,从 1996 年 1 月 30 日起执行。见下表。

表 223　**1996 年 1 月 30 日起执行的浙江省公路客运运价**

车型			单位	费率(元)	说明
大型客车(30 座以上)	普通客车		元 / 人·千米	0.06	
	高靠背客车		元 / 人·千米	0.072	包括 2×2 座客车
	空调车	普通客车	元 / 人·千米	0.09	
		豪华高级客车	元 / 人·千米	0.11	
中型客车 16～30 座	普通客车		元 / 人·千米	0.1	
	空调车	普通客车	元 / 人·千米	0.12	
		豪华高级客车	元 / 人·千米	0.14	
小型客车 15 座及以下	普通客车		元 / 人·千米	0.11	
	空调客车		元 / 人·千米	0.14	
卧铺客车	普通客车		元 / 人·千米	0.16	
	空调客车		元 / 人·千米	0.18	

2005 年 9 月 14 日,丽水市发展和改革委员会、市交通局发出《关于调整丽水市跨县(市、区)道路班车客运基准运价的通知》(丽发改价管〔2005〕177 号),根据省物价局、省交通厅《关于下发〈浙江省道路班车客运价格管理暂行办法〉的通知》(浙价管〔2005〕213 号)有关规定,调整丽水市跨县(市、区)道路班车客运基准运价。见下表。

表 224 **2005年丽水市跨县(市、区)道路班车客运基准运价**

车型	客车类别	客车等级	参考车价(元)	基准运价(元/人千米)
座席	30座以上(大型车)	普通级	20万(含)以下	0.12
		中一级	20万~40万(含)	0.15
		中二级	40万~60万(含)	0.18
		高一级	60万~120万(含)	0.22
		高二级	120万~180万(含)	0.24
		高三级	180万以上(含)	0.28
	30座(含30座)以下(中小型)	普通级	20万(含)以下(无冷暖空调)	0.15
		中一级	20万(含)以下(有冷暖空调)	0.17
		中二级	20万~40万(含)	0.20
		高一级	40万~60万(含)	0.22
		高二级	60万以上	0.22
卧 铺		普通级	20万(含)以下	0.16
		中级	20万~60万(含)	0.18
		高一级	60万~120万(含)	0.20
		高二级	120万~180万(含)	0.24
		高三级	180万以上	0.28

说明:1.班车旅客运价实行客车等级和购车参考价格双控标准,两者不一致时按购车参考价格对应的班车旅客运价执行;
2.上述班车旅客运价已含旅客身体伤害赔偿费责任保障金

2005年9月16日,丽水市发展和改革委员会、市交通局发布《关于公布丽水市跨省市县道路班车客运票价的通知》(丽发改价管〔2005〕179号),《通知》指出,鉴于近年来油料费用、保险费用、人员工资增加等因素推动道路客运班车运输成本不断上升,为有利于缓减全市道路班车客运经营者的困难,促进道路班车客运市场健康发展,对各县跨省市县道路班车客运票价作了规定,调整后的丽水市跨省市县道路班车客运票价予以公布,从2005年9月20日起执行。见附件:

2007年12月13日,省物价局、交通厅下发《关于跨省、市道路客运班车加收燃油附加费的批复》(浙价复〔2007〕312号),同意从2008年1月1日起,对跨省、市道路班车客运加收燃油附加费,具体标准为0.015元/人千米。同时规定,燃油附加费应根据油价升降调整,道路运输企业应于调整实施前10天报当地物价、交通主管部门备案。

为配合国家成品油价格和税费改革，综合考虑近年来客运成本提高因素，2009年4月23日，丽水市发展和改革委员会、丽水市交通局联合下发《关于调整丽水市跨县（市、区）道路班车客运基准运价的通知》（丽发改价管〔2009〕131号），从2009年5月1日起执行，同时废止市发改委、市交通局《关于调整丽水市跨县（市、区）道路班车客运基准运价的通知》（丽发改价管〔2005〕）117号）。详见下表。

表225　**2009年丽水市跨县（市、区）道路班车客运基准运价**

车型	客车类别	客车等级	参考车价	运价（元/人千米）
座席	30座以上（大型车）	普通级	20万元（含）以下	0.145
		中一级	20万～40万元（含）	0.175
		中二级	40万～60万元（含）	0.205
		高一级	60万～120万元（含）	0.245
		高二级	120万～180万元（含）	0.265
		高三级	180万元以上	0.305
	30座（含30座）以下（中小型）	普通级	20万元（含）以下（无冷暖空调）	0.175
		中一级	20万元（含）以下（有冷暖空调）	0.195
		中二级	20万～40万元（含）	0.225
		高一级	40万～60万元（含）	0.245
		高二级	60万元以上	0.245
卧铺		普通级	20万元以下（含）	0.185
		中级	20万～60万元（含）	0.205
		高一级	60万～120万元（含）	0.225
		高二级	120万～180万元（含）	0.265
		高三级	180万元以上	0.305

说明：1.营运客车类型划分及等级评定标准按交通部《营运客车类型划分及等级评定》（JT/T325）执行。2009年5月1日前投入运营的车辆仍按原等级执行相应基准运价；

2.上述班车运价已含旅客身体伤害赔偿责任保障金

出租车运价管理 1995年5月9日,丽水地区物价局、丽水地区公路运输管理处发文公布《关于制定和规范丽水地区出租汽车收费标准及有关事项》(丽地价〔1995〕56号、丽地运管〔1995〕11号),从1995年5月9日起执行。见下表:

表226 **1995年丽水地区出租汽车收费标准**

类型	基础里程	起步价	起步价后车千米	车型
豪华型	4千米	8元	1.5元	丰田、尼桑、三菱、标致、桑塔纳
普通型	4千米	6元	1.2元	拉达、奥托、夏利、征天、康迪、通宝、伏尔加
面包车(面的)	4千米	5元	1元	长安、五菱、昌河
单程行驶超出10千米的,可加收30%返程空驶费,随车往返不收空驶费; 夜间0时至凌晨5时,可加收20%的夜班加成				

文件规定,车辆过渡、过桥、过洞费用由乘客承担,车辆遇路阻不得向乘客收等候费,如乘客要求车主等候的,等候费由双方面议。

2000年更新改造后的出租车因经营成本上升较快,2004年10月,市物价局以《丽水市计委关于规范丽水市区营运出租车运价标准等有关事项的通知》(丽计价管理〔2004〕350号)文件内容,规定市区客运出租车运价起步价由原来的3元/1千米调整到5元/2.5千米,超过1千米后,每千米1.4元调整到2元。加价部分:1.单程行驶里程超过8千米的,超过部分可按每千米运价加收50%的返程空驶费,随车往返不得加收返程空驶费。2.夜间零时至凌晨5时营运,可按基本运价加收20%的夜班加成。3.在营运过程中因旅客的原因要求车主等候的,可免费等候3分钟后,每3分钟折合1千米计费。2006年7月20日,再次调整运价,从5元/2.5千米调整到5元/2千米,其他收费保持不变。2009年9月,经市人民政府批准,实行油运价格联运机制,市区客运出租车每车加收燃料附加费1元。

丽水市区公交客运运价管理 1997年6月25日,丽水市区首次开通南明山至火车站的2路公交线和溪口至火车站的3路公交线,投入16辆中巴车运营,票价1元/人,至2003年8月31日,共开通11条公交线路,票价全部1元/人。自9月1日起,部分线路运营公交车更新为空调车,票价调整为1.5元/人,全部公交车更新为空调车后,票价全部调整为1.5元/人。2006年8月1日开始,市公交公司贯彻执行市政府文件,对70周岁(含)以上老年人凭"老年人免乘卡"实行免费乘车。为使公交车更好地服务于市民,从2006年9月22日开始发售IC卡。乘客购买IC卡,上车只需刷卡,不必找零投币,方便了市民乘车。

驾驶员不得亲自收取乘客车费。

丽水市区城乡公交客运运价管理　2008 年 12 月 22 日，丽水市城乡公共交通有限公司成立时，车票因路定价。1.K201 路、K205 路、K17 路、K18 路、K211 路实行一票制，票价 1.5 元/人；对 70 周岁（含）以上老年人凭“老年人免乘卡”实行免费乘车。2.K202 路、K203 路、K207 路、K208 路、K312 路实行分段计票，全程票价 3 元/人。对 70 周岁以上老年人实行免费乘车。3.K310 路分段计票，全程票价 4 元/人；K203-1 路实行分段计费，全程 4.5 元/人；K311 路分段计费，全程票价 5.5 元/人；上述线路，根据上级规定 70 周岁以上老年人暂不实行优待乘车。

驾驶员不得亲自收取乘客车费。

水运价格管理

鉴于水路客货运输价格还是 20 世纪 50~60 年代制定的，随着经济的发展，计划经济逐步被市场经济所代替，为利于水路运输企业发展，必须对水运价格作出调整，加强水运价格管理。

1992 年 8 月 15 日，浙江省物价局、浙江省交通厅颁发《关于调整浙江省水路货物运价的通知》，指出由于国家取消燃油计划供应，致使运输成本上升。为缓解水运企业营运的困难，决定对我省水路货物运价作适当调整。通知规定：

内河货物运价　停泊基价由每吨 3 元调整为每吨 4 元，航行基价：运距在 150 千米以内（含 150 千米）由每吨千米 0.03 元调整为 0.04 元；运距在 150 千米以上部分由每吨 0.024 元调整为 0.034 元。

沿海货物运价　停泊基价由每吨 5.00 元调整为 6.50 元。航行基价：全程运距在 200 海里以内（含 200 海里）每吨海里由 0.05 元调整为 0.065 元；全程运距在 201~400 海里以内（含 400 海里）的每吨海里由 0.046 元调整为 0.061 元；全程运距在 400 海里以上的每吨海里由 0.041 元调整为 0.056 元。

粮食（大米、稻谷、小麦、面粉）、化肥的水路货物运价，继续实行优惠，按新运价的 85%计收。

自 1992 年 9 月 1 日零时起执行。

2000 年 11 月 27 日，浙江省物价局、浙江省交通厅制定下发《关于适当调整内河重点物资运输价格的通知》，通知指出由于国内成品油价格不断上涨，致使水运企业的运输成本大幅增加，为缓解水运企业的经营困难，经研究，决定适当调整内河重点物资的运输价格。内河重点物资运价在现行规定的运价费率标准基础上每吨千米提高 1 分，自 2000 年 12 月 1 日起执行。

2001 年 3 月 6 日，国家计委、交通部联合下发《关于全面放开水运价格有关问题的通知》（计价格〔2001〕315 号），通知规定：从 2001 年 5 月 1 日开始，放开水运客货运输价格（不包括由军费开支和财政直接支出的军事、抢险救灾运输价格），实行市场调节价。具体价格由水运企业根据经营成本和市场供求情况自行确定,中央直属水运企业的客货运输价格由企业报国家计委、交通部备案,其他水运企业的运输价格报相关省(区)物价、交通主管部门备案。第三条规定,水运价格放开后,各水运企业应严格执行国家关于明码标价的有关规定。

渡口收费标准管理

民间渡口收费标准　由各县(市、区)渡口经营人视渡运距离、乘客、物资轻重,车辆(包括小型货车、拖拉机)载重量等,收取相应过渡费。青田县民间渡口较多,对渡口收费标准作出具体规定,并根据物价和燃料油价格变动,作适当调整。

1993年,青田县交通部门和县物价部门针对油料和其他材料价格上升,修理费用提高,制发《关于调整渡口收费标准的通知》(青交字〔1993〕第15号)(青价字〔1993〕第9号)。规定:西门、大埠头、石门洞、港头0.4元/人;其他渡口0.3元/人;旅客带车(自行车)和超重物品加收0.1元/件;夜渡和洪水期间每人每次加收3%。

2001年,根据物价和油料变动情况,再次调整收费标准。

表227　**2001年青田县渡口收费标准**　单位:元

项　目	计算单位	标　准	备　注
行人	人次	1	每人次不超过1元
摩托车	辆次	2	
拖拉机	辆次	5	
小车	辆次	5	
中　巴	辆次	10	1.渡口不得对车上所载旅客收取过渡费 2.殡仪车过渡参照本项标准执行
货　车	辆次	10	

1996年, 松阳县谢村水库蓄水后,4位村民各自投资建造4艘木质机动船, 进行收费渡运。2002年,4艘木质船停运。谢村乡政府集资8万余元,购置20马力钢质机动船舶,定载额30人,常年免费从事沿库区学生、村民交通和农事渡运。

汽车轮渡收费标准 汽车轮渡渡船由公路部门投资建造管理。渡船从最初的非机动木质船发展为机动钢质船,不仅渡运各种类型汽车,同时渡运其他机动车、非机动车及旅客等,渡运量大,维修任务重,实行以渡养渡。由公路主管单位按上级交通部门文件精神制定渡运收费标准,渡工按规定收取过渡费。

1988年11月15日,丽水公路段下发《关于渡口收费单价标准重申的通知》(丽公〔1988〕43号),对碧湖渡班的过渡费收费标准重申规定。详见下表。

碧湖渡收费标准。碧湖渡是50省道龙丽线大溪(瓯江中游)汽车渡,位于丽水县(莲都区)南山,民国27年(1938)11月设置。

表228 碧湖渡过渡费收费单价

单位:元

类别＼金额＼性质	空车	重车	超载	备注
手扶拖拉机	1/车	2/车	3/车	超载的不收重车过渡费
天目山三轮车	1/车	1/车	2/车	
轻骑	0.30			
外省大型汽车	4/车	2/吨		
外省半挂汽车	6/车	2/吨		
外省拖挂汽车	8/车	2/吨		
外省小汽车	4~6/车			
自行车	0.10/车			
手拉车	0.20/车	0.50/件		
行人	0.10/人			

通知指出,各组要指定专人售票,严格按价收费,不得违反,南山村拖拉机减半或酌情收费。

青田西门渡收费标准。西门渡是330国道车辆经西门渡驶往57省道青岱线及青(田)北(山)公路的必经渡口。渡运量大,收取一定过渡费。

根据交通部〔1990〕11号及有关省、地文件精神,从1992年9月1日起,对西门渡口过往车辆进行收费。收费标准如下:

表229 西门渡收费标准

单位:元

手拉车	手扶拖拉机	机动三轮车	人力三轮车	摩托车	大型货车		小型货车	
					五吨以上	五吨以下	五座以下	6~10座
0.2	1	0.5	0.3	0.2	5	3	0.5	1

拖挂车每辆加收2.00元。对执行任务的军车、警车、消防车、救护车、邮车和定点定线客运班车免收过渡费。

三塘汇渡(又称腊口渡)收费标准。三塘汇渡是330国道通往腊黄公路的渡口,于1984年10月建置。1990年1月起的收费标准如下。

表230 **1990年1月三塘汇渡收费标准** 单位:元

车 辆	收 费	备 注
5吨以上汽车	每辆每次5元	含5吨,包括大客车
5吨以下汽车	每辆每次1元	
中型客车(面包车)、大型拖拉机	每辆每次3元	
小车	每辆每次2元	
手扶拖拉机、小四轮拖拉机	每辆每次2元	
机动三轮车	每辆每次1元	

夜间(指晚7时至次日早上6时)加倍收费。警车、消防、工程抢险等特种车辆以及国营运输单位的客车不收费。

1995年,根据燃料油价格、原材料价格上升、渡工工资及修理费用提高等情况,又对西门渡和三塘汇渡的收费标准作了调整。详见下表。

表231 **青田县西门渡、三塘汇渡收费标准**

(1995年4月10日起)

车 型	西门渡收费标准	腊口渡收费标准
大型客车(20座以上)	6	5
中型客车(6~20座)	5	4
小型客车(包括简易机动车)	2	2
大型货车(5吨及以上)	6	6
小型货车(5吨以下)	4	4
手扶拖拉机	3	2
摩托车、人力车	1	0.5

说明:拖挂车每辆加收2.00元

出租车行业管理

宏观调控 1995年以前,全区尚无有组织的专业客运出租车企业,对出租车客运管理权限未作明确规定。

丽水市城市客运出租汽车起步于1995年1月18日,在丽水城区投放出租汽车18辆,不久,增加到30辆,车型为黄色五菱面包车,市民称之为"面的"。至6月底,全区有客运出租汽车专业公司6家,拥有客运出租汽车487辆,其中丽水城区有客运出租汽车公司5家,出租汽车286辆,加上个体出租车,共368辆。

针对迅猛增加的客运出租汽车,为规范客运出租汽车行业经营行为和改善服务质量,1995年5月29日,地区交通局制定《关于加强全区客运出租汽车发展宏观管理的通知》,实行额度管理,宏观调控,做到先审批,后购置。

1996年,出租汽车发展继续成增长势头,至年底,全区有客运出租汽车专业公司16家,拥有客运出租汽车585辆,其中丽水城区有客运出租汽车公司5家,出租汽车368辆(后1人退出);货运出租汽车100余辆。

依据省交通厅《浙江省货运出租车管理办法》(浙交〔1996〕486号)和省运管局《关于贯彻省交通厅〈浙江省货运出租汽车管理办法〉的通知》(浙公运〔1997〕19号)文件进行审批和管理,丽汽总公司投入70辆LZW1010PS五菱双排货运出租车。

为把市场机制引入城市客运出租车行业,2000年8月19日,市交通部门委托产权交易所,采取公开拍卖方式向社会出让20辆客运出租汽车的经营权,294位竞买者参加竞买,以每辆17.3万元,整体拍卖19辆。

2001年11月27日,丽水市政府颁发《丽水市客运出租汽车管理办法》(丽政令〔2001〕18号),进一步规范出租汽车管理。是年,丽水城区客运出租汽车运力暂停增长。

整治管理　1997年3月2日,丽水地区行署制定《丽水地区客运出租汽车管理办法》(丽地政〔1997〕7号),文件规范了全区客运出租车行业管理。

为提高服务质量,2000年地区运管处将出租汽车移交给原丽水市(县)管理,104辆个体出租车挂靠公司,实行公司化管理。

2003年1月,开始执行出租车营运记分规定,对经营良好的驾驶员给予加分:凡获市级"十佳驾驶员"称号的加记10分;先进事迹在市级新闻媒体报道宣传的加记10分;有拾金不昧、见义勇为、救死扶伤行为的每次加记5分;连续2年以上被评为市级以上"文明出租车"的加记10分。扣分内容有20项:不按规定使用"服务资格证"者,每次扣5分;服务态度差,语言不文明,经核实每次扣3分;仪表不端庄、服装不整洁者每次扣2分;车容车貌不整洁者每次扣2分;有敲诈、勒索、刁难、殴打旅客行为的一次扣20分;甩客每次扣10分等。规定凡扣20分以上者,收回"服务资格证",重新参加学习;对连续2次累计扣分在20分以上者,注销"服务资格证",并在两年内不得驾驶客运出租车。

2003年12月3日,市政府办公室转发市交通局拟定的《关于促进汽车租赁业健康发展的意见》。该意见根据省人民政府《转发交通厅等单位关于促进汽车租赁业健康发展意见的通知》和《关于开展全省汽车租赁市场专项整治的通知》等文件精神,针对丽水市汽车租赁市场无证经营现象普遍存在、经营运作缺乏制度规范、收费价格未经审批、国家对租赁车辆技术状况的强制措施无法得到实施的状况而制定。意见的出台加强了全市汽车租赁业管理,促进汽车租赁业健康有序发展。

加强市区出租车出城管理。2004年起,经市政府批准,客运出租车出城实行登记,在市区客运西站、塔下、330国道收费站(上岗背)设立登记点,经过一年试行,破获大批积案、要案。2008年,增加富岭出城登记点。

2008 年 6 月 25 日，丽水市人民政府发布第 54 号令《丽水市客运出租车管理办法》，从 2008 年 7 月 1 日起施行。《办法》对加强丽水市客运出租车行业管理，维护正常的道路客运秩序，保护合法经营，保障乘客的合法权益，促进客运出租汽车行业的健康发展发挥了重大作用。同时，废止市人民政府于 2001 年 11 月 27 日发布的《丽水市客运出租汽车管理办法》(丽政令第 18 号)。

打击非法运营 出租车无证及超范围经营，严重扰乱运输市场的正常秩序。市运管部门组织开展"天网一号、二号、三号""百日稽查"等专项整治行动，严厉打击无证及超范围经营车辆。从 2005 至 2008 年查处无证经营的"黑车"及超范围经营车辆 200 余辆次，纠正并查处出租汽车各类违章经营案件 600 余件。

2009 年新年伊始，在省交通厅、公安厅《关于打击"黑车"等非法从事出租汽车经营专项治理活动的通知》下发后，全市各级运管部门采取重点区域管理与举报流动管理相结合，源头管理与巡查管理相结合的方式，加大监管力度。市运管处在市区布点 3 处，8 县(市)运管所也各自在相关区域布点，并与公安交警、高速公路交警开展联合执法行动。截止 3 月 21 日，全市共投入稽查人员 1564 人次，出动稽查车辆 302 台次，设置固定检查点 11 个，流动检查点 22 个，检查车辆 7561 辆次，查处无证营运车辆 109 辆，异地驻点营运车辆 17 辆，拒载 11 辆次和其他道路运输违法违章车辆 221 辆次。通过整治，维护了出租车行业营运市场的正常秩序和车主的利益。

市区出租车更新改造 出租车的经营权期限 8 年，市区第一批出租汽车经多年营运已经陈旧，2000 年市区原有 367 辆"面的"出租车必须更新，至 9 月 28 日全部更新为"捷达""富康"两种国产中档轿车。

2002 年 6 月，根据货运出租车管理的相关规定，市区 70 辆旧货运出租车实行分期分批更换成 30 辆"长城"皮卡型小货车，实行经营权和产权合一，承包经营。同年 8 月，丽水市外事旅游汽车有限公司 43 辆出租车全部更新为"捷达"轿车出租车。

出租车文明创建活动

2008 年，市区有 324 辆出租车经营权于 8 月 1 日到期。市运管处根据市政府《丽水市客运出租车管理办法》和《2008 年丽水市区到期客运出租汽车经营权重新配置及车辆更新工作方案》要求，加强对出租车动态管理，7 月 29 日，出租车经营权全部平稳更新。

出租车文明创建活动 1996 年，按照省政府提出的"交通管理效益年"的要求和省交通厅的部署,开展“爱我浙江,爱我交通,争创文明出租车”百日竞赛活动。全区有14辆出租车被省交通厅评为“文明营运出租车”。

2006年,市运管处组建出租车文明车队,连续四年坚持组织“3·5”学雷锋免费乘车、重阳节免费接送老人、“3·15”答谢消费者活动、组织高考志愿者车队免费接送考生活动、评比文明出租车和文明驾驶员、爱心送考应急服务等公益和评先进活动。11月,结合市委、市政府开展的“六城联创”举办“文明创建我先行”出租车文明创建活动。2008年省运管局评出丽水市省级优秀服务明星8人。市运管处主持全民参与评出市级优秀服务明星10人,优秀驾驶员10人。2009年,出租车行业开展讲文明,树新风,我为六城联创做贡献的活动,评选出服务明星10名和优秀驾驶员9名,丽汽集团长运出租车公司下属“阳光文明车队”被评为省级文明车队,省运输管理局评出丽水市省级优秀服务明星14人。绿谷文明车队被评为省级文明车队,长运阳光文明车队加入省级文明车队的行列。

残疾人营运机动车更新置换

按照市政府“兼顾出租车车主及驾驶员、残疾车车主和消费者的利益,规范出租车市场秩序的要求,2004年9月29日,市政府下发《关于印发丽水市区有动力装置残疾人专用车处理工作方案的通知》,通过依法行政,11月20日,将市区105辆残疾人营运车按2.5:1的比例置换成42辆出租汽车,从而规范了丽水市区道路交通秩序。

道路运输站(场)管理

申请从事道路运输站(场)经营的应当具备以下条件:有经验收合格的运输站(场);有相应的专业人员和管理人员;有相应的设备和设施;有健全的业务操作规程和安全管理制度。经营者向所在地(市)县级道路运输管理机构提出申请,经批准后向工商行政管理部门领取营业执照后方可开业。

客运站、货运站管理 道路站(场)经营者应当对出站车辆进行安全检查,防止超载车辆或未经安全检查的车辆出站;应当向旅客和货主提供安全、便捷、优质的服务。尤其要加强对客运站(点)的管理,保持站(场)清洁卫生;监督客运单位或个人车辆按营运线路定班、定时、定点准时发车;是否严格按核定运价售票,是否做好车辆门检例检工作,客运从业人员是否具有资格证;安全生产执行情况以及站容建设,车站文明建设,卫生设施,服务态度,提高服务质量等。

市运输管理处在丽水汽车客运东、西两站设立执勤点,加强对客运站的监督和管理,并受理旅客的投诉。

加油站管理 加油站是公路交通运输的重要设施之一,汽油、柴油称之谓“汽车的食粮”,各县(市、区)加油站地址设置、营业等需报经县(市、区)发改委、经贸、安监、消防等部门审批,持有效经营许可证方可经营。加油站负责人、管理人员及其他从业人员须经安监、消防等部门根据不同岗位的设置进行安全生产和消防技能的培训,取得相应岗位证书,方得上岗作业。县(市、区)安监、消防等部门每年定期或不定期对县(市、区)境内加油站的安全及消防设施、安全生产管理工作进行检查,发现有不符安全生产和消防安全的限期整改。

第二节 车辆管理

管理机构

民国22年(1933),丽水行政督察区始有汽车时,系按《浙江省管理汽车暂行章程》规定,公、商汽车应在交通部门规定地点进行登记、检验、发照方可行驶。中华人民共和国成立后,汽车管理工作由省公路局直接负责。1953年12月24日,浙江省交通厅公路局决定在丽水、宁波二地分别成立交通监理小组,1955年11月,省公路运输管理局将丽水监理小组充实力量。1964年11月1日,省交通厅成立丽水运输段和丽水养路总段,丽水专区车辆监理所归总段领导,不久独立,归省公路运输管理局领导。1985年5月,丽水地区车辆监理所与地区公路运输管理处合并,成立丽水地区交通监理处,隶属地区交通局。

1987年9月3日,根据国务院《关于改革道路交通管理体制的通知》精神,地区和各县交通监理部门成建制划归公安部门管理,工作人员改称公安交通民警。同年10月21日,丽水地区公安处交通民警支队(简称交警支队)成立,各县(市)也分别成立公安交通民警队(1990年更名为公安交通民警大队,简称交警大队),自此开始,全区道路交通管理工作统一由公安部门管理。运输工具管理工作归地区公路运输管理处。

机动车辆管理

牌证管理 中华人民共和国建立初期,全区机动车辆牌证管理沿袭旧制,仍由省公路管理局直接管理,车辆牌照基本上沿用新中国建立前的旧牌照。1950年3月,中央人民政府政务院颁发《汽车管理暂行办法》,随后,交通部颁发《汽车管理暂行办法实施细则》,规定汽车号牌、行车执照必须执行全国统一格式;新车上牌必须检验合格、立卷存档;对已领牌照车辆,规定每年进行年度检验一次,合格者才能换领新执照。此后,无论是国产车还是进口车;是民用机动车辆还是机关、企事业单位、运输企业机动车辆,均按照国家有关文件规定进行办理,规范车辆牌证换发,严格牌证管理。明确牌号,便于检查督促,有利于提高运输服务质量,确保公路交通安全行驶。

1986年12月,根据公安部、交通部《关于使用新的机动车号牌的通知》,全省统一换发新号牌,其号牌按上下排分地区编号。

1992年8月,省里规定,凡购小汽车,须备有缴纳购置小汽车调节基金证明。

1994年10月,根据省公安厅《关于印发全省启用换发"九二"式机动车牌证工作实施意见的通知》和省公安厅统一设置的车辆号牌代号,全区开展换发启用新牌证工作,并规定1996年7月1日为旧牌证使用的最后期限,其号牌共分为汽车、摩托车、农用运输车、拖拉机、挂车、临时等6类共22种。使用性质分普通车、外籍车、教练车、试验车4种,共有蓝、黄、黑3种底色,大小7种规格。大型汽车和摩托车分前后两种规格,摩托车前号牌为双可视面,编号为5位数,首位用英文字母,表示发证机关所辖县(市)的代号,车辆注册编号为4位数;5位数首位如果是阿拉伯数字,则表示是发证机关直辖机动车的注册编号。省内市一级建制的市区出租车,其注册编号的首位数统一使用"T"代号。地区和县一级建制的出租车,不另使用"T"字母代号。公安号牌统一改为"浙O"代号,分蓝、白两种底色。

2000年5月,丽水撤地设市后,汽车牌号的注册编号代号为"浙K·A",市区的出租车牌号的注册编号全部改为"浙K·T"代号,其他车辆代号不变。

2001年10月1日,《中华人民共和国机动车登记办法》开始在全市施行。

2002年, 市交警支队贯彻实施机动车登记办法,1—12月丽水市车管所办理新增汽车6261辆、摩托车6234辆。支队组织全市场地工程车牌证收缴工作和农用车淘汰改型改制工作,做好电动自行车上牌管理前期准备工作。

2003年,支队共办理新增汽车8974辆、新增摩托车6056辆。

2004年,全市新增注册汽车9465辆,新增注册摩托车42725辆(市本级6954辆);支队开展以无牌无证摩托车为重点的机动车排查整治行动。5~7月,采取屯警路面集中整治与方便群众上门办牌相结合的方式,组织车管民警深入莲都区碧湖、大港头等乡镇办理摩托车上牌。全查扣无牌无证摩托车5920辆,强制报废摩托车2530辆,补检5255辆,对144名无证驾驶者执行了治安拘留。

2005年,车管所实行机动车注册上牌"一窗制",在群众所提供的手续齐全有效的基础上,由窗口民警内部传递资料;并实行驾驶人办证、换证"一站式""一条龙"服务;实行延时下班、增设办事窗口、简化办事程序以及定期检验车辆采取168电话预约等服务。

2006年,全市新登记注册机动车43183辆,市本级新登记机动车22772辆(汽车14982辆,摩托车7790辆)。

2007年, 为加强对重点车辆的安全监管, 严把车辆注册登记关, 全市新登记注册汽车15893辆,摩托车30112辆(其中市本级新登记注册摩托车9394辆)。5月起,车管所将龙泉、庆元汽车注册登记业务下放到龙泉车管所办理。全市各级公安交警部门组织开展 "套牌、无牌、假牌"机动车专项整治行动。

2008年,为方便辖区群众上牌,支队增加庆元、龙泉、遂昌汽车上牌点,松阳籍车辆可以自由选择到遂昌或丽水上牌。计算机公开选号由"6选1"增加到"8选1",再到自主选号。《机动车登记规定》(公安部令第102号)10月1日起施行。为进一步满足人民群众对小型汽车号牌

“个性化”的需求，根据公安部《机动车登记规定》的要求，10月6日开始实施车辆号牌“自编自选”的措施。

检验管理 车辆检验始于1950年。是年3月，中央人民政府政务院颁发《汽车管理暂行办法》，规定新车上牌必须检验合格，立卷存档，并规定对已领牌照的车辆，每年须进行一次年度检验，合格者才允许换领新证照。

1951年，按照政务院《汽车管理暂行办法》规定，全区首次开展对所有公、商机动车辆的年度检验，规定逾期不检验不得行驶。

1953年，丽水车辆监理小组成立后，改进汽车年检制度，对商营货车进行甲乙丙等级评定，凡车辆各重要部件损坏严重，不堪修理者，予以停驶报废。

“文化大革命”期间，车辆检验处于停顿或半停顿状态，到1976年后才逐步恢复正常。

1980年2月，《中华人民共和国机动车制动检验规范(试行)》颁发，车辆检验开始着重于加强车辆日常维护保养和改善、提高车辆技术状况。对1955年以前购置，经长期使用，性能差、效率低、油耗大、又未进行技术改造的老旧车，分别进行更新和办理淘汰报废手续。在1981年9月的年检中，一次就封存老旧汽车59辆，报废4辆。在对车辆全面检验的同时，把重点放在大小客车上，严把检验质量关。对老旧汽车一概予以淘汰，对解放牌CA10B汽车，有计划地进行了技术改造。1985年，根据省交通厅《关于改革机动车及驾驶员检、审、验工作的通知》精神，对全区车辆年度检验实行按牌号末位数分月进行。对实行计划保修制度的车辆单位，按车辆牌号加以调整，在两年内保修完毕。

1987年9月，全区道路交通管理体制大改革，车辆检验登记工作移交公安交警部门负责。1988年，全区机动车辆开始按国家标准GB-7258-87《机动车运行安全技术条件》的规定内容进行检验，除整车、发动机、转向泵、制动泵、照明信号、电气设备行驶泵、传动泵、车身、安全防护装置等9项内容进行常规检验外，还对各种车辆的附加要求和汽车废气排放、噪音控制等提出严格要求。

1991年8月，丽水地区机动车辆安全技术检测站成立，同年10月改为丽水地区机动车辆检测中心，购置先进的车辆检测设备，机动车辆检测工作全部按照公安部颁发的《机动车辆安全技术检测站管理办法》和《机动车运行安全技术条件》的规定，坚持高标准、严要求，对车辆的车容、底盘、制动、侧滑、灯光、车速表、废气、烟度、声级、轴重等作全方位检验，年检测车辆从数百辆提高到上万辆。对大小客运车辆严格按公安部规定认真进行季度检验，严防“带病车”上路。配合打击走私、反盗抢机动车专项整治，规定新车注册登记、车辆年度检验，必须在车辆的前后玻璃上喷印防盗号码(车牌号、车架号)，以提高查控能力。

2002年，市交警支队结合上级公安机关部署，开展机动车检测站整顿工作，采取防伪措施。为避免车辆年检过度集中，10月起，汽车年检实行电话预约登记制度。1~12月支队检测站完成检测汽车21162辆、摩托车26444辆。

2003年，支队完成全市交巡警4级网络建设，车管检测中心接入信息网，车辆检测系统引进指纹识别、人员IC卡管理等信息系统。是年，车管所共检验汽车29941辆、摩托车30770辆。清理出两年以上未年检及达到报废年限的车辆3101辆，对应报废的2990辆汽车，实际报废2765辆，报废率达92.5%。

2004年，按照《中华人民共和国道路交通安全法》及其实施细则的规定，加大对“大吨小标”等违规车辆注册登记和检测的监管力度，全年排查出“大吨小标”车辆3004辆，更正2697辆。检测站检验汽车36866辆，参检率达87%；检验市本级摩托车32833辆，参检率达85%。

2005年，从源头上加强对车辆、驾驶员及客运企业的监管，严把车辆上牌和检验关，防止盗抢、走私机动车注册入户，防止不符合安全性能摩托车检验过关。对客运车辆、危险化学品运输车辆、学生接送车辆及其驾驶员实行户籍化管理，做好车辆、驾驶员等基础信息的登记、变更和统计工作。全市共排摸录入重点车辆3113辆，其中营运客车2814辆，危险化学品车辆247辆，学生接送车52辆；驾驶员3665人。严格办理机动车检验业务和注销业务。全年检测机动车128867辆，报废各类机动车3778辆。违法处理中心录入违法数据70002条，办理通行证14457张，对472辆机动车办理报废注销手续，对9265辆汽车、13106辆摩托车制发催检通知书。全市共查处无牌无证机动车1371辆，报废车81辆，销毁报废车552辆。

2007年，为确保春运交通安全，市交警支队对1706辆春运客运车辆进行临检。落实“谁检验，谁负责；谁签字，谁负责”的机动车检验岗位责任制。车管所推行“首问负责制”和“一站式”服务、上门服务、预约服务、延时服务等服务措施。

2008年，市交警支队下发《关于进一步加强重点车辆及驾驶人户籍化管理的通知》，重点加强对营运客车、危险品运输车、中小学生接送车、在全市从事交通运输的外省籍货车等4类车辆及驾驶员的基础数据排查和信息录入工作，对上述车辆实行“户籍化”管理。交通违法10次以上未处理的车辆纳入监管库，实行重点监管，从源头上杜绝不合格车辆上路。

汽车管理　地区公路运输管理处及各县公路运输管理所对辖区内从事公路客、货运输的汽车、机动三轮车、拖拉机等，分别建立账、卡，基本掌握了全区公路运输情况。1988年起，全区各县(市)公路运输管理部门逐步开始对新增车辆实行事先报告，经研究同意批准后才能购置的审批制度，比较有效地控制了运力的盲目增长。

1986年12月22日，根据国务院颁发的〔86〕94号文和省公安厅、交通厅《关于重新公布机动车发牌机关代号的通知》(浙公治〔86〕137号文)，丽水地区为10，其下属县(市)为：

丽水市A	青田县B	景宁县C
云和县D	龙泉县E	遂昌县F
缙云县G	庆元县H	松阳县J

2000年5月,丽水撤地设市后,汽车牌号的注册编号代号为“浙K·A”,丽水市区的出租车牌号的注册编号全部改为“浙K·T”代号,其他车辆代号不变。

表232

机动车号牌代号分配表

丽水市(地)浙K	莲都A·K	青田B·R	景宁C
	云和D	龙泉E	遂昌F
	缙云G·L	庆元H	松阳J

拖拉机管理 丽水地区各县(市)20世纪60年代始有5马力、8马力拖拉机用于农田耕作。70年代起,12马力手扶拖拉机开始上公路搞农副业运输。1972年2月,浙江省颁发《手扶拖拉机管理暂行办法》,规定手扶拖拉机应主要为农业生产服务,在农闲时参加副业运输和本社队、单位运送农副产品,或农业生产资料,并应向当地交通管理部门申请办理车辆牌照、行驶证,无证、照者不准在公路上行驶。同时规定安全装载规格,载重量不准超过出厂核定数,高度从地面算起不得超过1.8米,宽度不准超过车厢50厘米,装货后货上不准坐人,空车最多可乘坐6人,最大时速不准超过15千米,违者照章处罚。

1978年12月后,拖拉机上路搞运输成群结队,出现客货混装,以及严重超载、超速行驶、违章作业、无证驾驶等情况,交通监理部门虽加强路检路查,但违章现象仍屡禁不止。

1984年2月27日,国务院发布《关于农民个人和联户购置机动车船和拖拉机经营运输业的若干规定》(国发〔1984〕27号),规定:农民个人或联户的农用拖拉机,由县级以上农机监理部门负责检验,并办理报户(过户)、发牌发证手续,其驾驶人员必须按有关规定进行考试、考核,取得合格证照。农用拖拉机上公路行驶,其证照还须按规定加盖当地公安或交通部门公章,并由公安、交通部门对其行使交通安全管理和事故处理权。随后浙江省人民政府颁发了《关于农村拖拉机的管理和经营运输业有关问题的暂行规定》(浙政〔1984〕63号),文件规定:农村集体、个人和国营农业企事业单位所有的手扶拖拉机(包括12马力和12马力以下的变型农用运输车),统一由农机部门监理。大中型四轮拖拉机(包括20马力和20马力以上的变型运输车),由交通、公安部门监理。拖拉机在乡村公路上行驶发生的事故,由当地农机监理和公安部门处理;拖拉机在国家公路上行驶发生的事故,分别由交通监理和公安部门处理。根据国务院和浙江省政府的文件精神,浙江省编制委员会(浙编〔1984〕22号)文件规定:同意各级农机管理部门增挂农机监理机构的牌子。丽水市(地区)农业局农机管理站增挂农机监理所牌子,各县增挂农机监理站牌子,开始行使拖拉机安全管理工作。

2003年10月28日全国人大常委会通过,2004年5月1日起施行的《中华人民共和国道路交通安全法》规定:对上道路行驶的拖拉机,由农业(农业机械)主管部门行使本道路交通安全法第八条、第九条、第十三条、第十九条、第二十三条规定的管理职权。从此,农机监理部门对拖拉机实行全面管理，行使对拖拉机及驾驶人的发牌发证、考试考核、年检审验，安全宣传等职能。

三轮机动车管理　1978 年 12 月后，农村富余劳力涌入城镇，购置三轮机动车，经营短途客、货运输，促进运输市场进一步繁荣。对于此类小型机动车，由工商行政管理部门核发营业执照，交通监理部门检验合格，发给机动车行驶证，并定期缴纳养路费、运输管理费和税收，方可经营短途客、货运输。但由于该车重心高，在行驶中稳定性、适应性差，且往往人货混载，超载严重，驾驶员应急能力弱，成为引发道路交通事故的严重隐患，特别是山区公路陡坡急弯多，常造成交通事故，人们的生命财产遭受重大损失。

进入 20 世纪 90 年代后，全区农用"小三轮""小四轮"客货运输车辆迅速增多，城区交通拥挤，秩序比较混乱，地县(市)交警部门先后采取一系列有效措施。1993 年 3 月，丽水市(县级)交警部门在丽水城区开始对穿越市区的丽浦线、丽阳街及丽青路的部分路段实行车辆限时行驶，并禁止拖拉机、农用三轮车等低速车通行。1997 年，全区开展集中整治农用运输车活动，对无牌无证车辆和违规行为进行重点查处，并在重点街道上，禁止农用运输车辆行驶。

2001 年 2 月，浙江省政府发布《道路客运管理办法》(省政府令〔2001〕24 号)，明令禁止小三轮农用运输车从事客运，丽水市交警支队、市运管处、市安监局联合行动，各县(市、区)交警大队、运管所等部门密切配合，或采取各种置换措施，以几辆小三轮置换一辆中巴车或面包车投入营运，强制机动三轮车禁止客运，并作报废处理。

2006 年，市交警支队针对农用车、三轮车、拖拉机非法载客现象时有发生及存在的安全隐患，开展农用车载人专项整治，对拖拉机、农用车载客实行"逢车必查，逐车登记"。

2007 年，加强对农用三轮车、拖拉机违法载人的查处。加强对外省籍拖拉机及驾驶人的管理。督促外省籍拖拉机及驾驶人限期到农机监理机构备案，禁止不符合安全要求的外省籍拖拉机上路行驶。丽水市农业局结合"平安农机"活动，成立专项整治领导小组，在全市范围内组织开展为期 80 天的拖拉机交通安全专项整治。

2008 年，加强与农业等部门的配合，以联合执法的方式开展农村道路交通安全集中整治工作，对低速载货汽车、三轮汽车、拖拉机载人等违法行为进行重点整治。

尽管市运管部门和市公安交警部门对简易机动三轮车非法载客严厉查禁，然而禁而不止。据市运管部门调查，截至 2010 年 9 月粗略统计，在丽水市区非法营运的简易机动三轮车达 400 辆以上，且每年以 50 辆以上数字递增。为规范市区客运市场，确保市区交通安全，交通管理部门一直在采取措施加强管理。

摩托车管理　2001 年，全市有摩托车 118601 辆，2010 年全市达到 329069 辆，其中市本级 76546 辆，导致城镇交通拥挤，秩序混乱，甚至引发重大交通事故。根据 2001 年 2 月浙江省政府发布的《道路客运管理办法》(省政府令〔2001〕124 号)的有关规定，市交警支队和县(市、区)

交警大队加大力度，整治无牌无证驾驶三轮机动车和摩托车及驾驶摩托车不戴安全头盔等交通违法行为，实行摩托车强制保险和报废制度，加强对摩托车的技术状况检测，按车牌号尾数分月进行年检。2009年7月1日起，实施公安部交管局发布的《交通管理服务群众十项措施》，根据其第七项关于"定期组织民警下乡，为农民集中办理摩托车登记、检验及驾驶证申领等业务"的规定，为确保摩托车行车安全，市公安局专门设立摩托车培训考试基地，经严格考试合格由公安部门发给驾驶证，方能上路。与此同时，公安交警部门还规定，新购摩托车每两年年审1次，4年后每4年年审1次。

历年全区(市)摩托车发展情况，详见下表。

表233 1985—2010年全区(市)摩托车统计表

年份	辆数	年份	辆数
1985	421	1999	76249
1986		2000	97862
1987	488	2001	118601
1988	548	2002	144523
1989	511	2003	189979
1990	553	2004	215008
1991		2005	268678
1992	4409	2006	279879
1993		2007	303514
1994		2008	308145
1995	17289	2009	323609
1996		2010	329069
1997	28897		(其中市本级76546辆)
1998			

说明：数字来源《丽水统计年鉴》

电动车管理　电动车是一种以蓄电池(电瓶)放电，使直流电动机带动车轮转动的二轮车或三轮车，具备省本、省力、轻便、快捷、环保等特点。两轮电动车(又称电瓶车、电动自行车)一般可载2人，三轮电动车可载少量货物。最快速度每小时可行驶40千米，不同型号的电动车蓄电池充电后可行驶30~80千米不等。

2010年全市有电动车近50万辆，丽水市区有近10万辆。

由于屡屡发生电动车失窃现象，2010年11月26日，车管部门全市统一行动，给电动车配上丽水防盗记牌，加强对电动车管理，至年底，丽水市区已登记1万余台。

非机动车辆管理

解放初，对行驶公路的非机动车辆（包括自行车、手拉车、黄包车等）管理事宜由省公路局下属各管理站负责。自行车牌照的申领工作由各县税务部门负责。对一般的农用手推车、手拉车不纳入管理范围。对搞运输的非机动车辆实行行业管理。其时，全区自行车很少，黄包车只有5辆，全区搞营运的手拉车和手推车有12000辆。

1951年6月，《浙江省人力车辆通行公路管理暂行简则》颁发后，非机动车辆管理明确由公安和交通管理两个部门共同管理。

1978年3月，省公安厅转发公安部《关于自行车管理工作的通知》，规定自行车使用牌照统一由县（市）公安局制发。1982年5月，经省人民政府批准，省公安厅公布《浙江省自行车管理暂行规定》，进一步完善对新购自行车的登记、打印、发放行驶证，自行车迁移、户主变更等各项管理制度，并一直执行至今。

改革开放以后，随着经济发展，手拉车、手推车大量减少，自行车、人力三轮车（黄包车）数量剧增，城市交通管理出现新的矛盾。1987年9月，交通管理体制改革后，非机动车辆划归公安交警部门统一管理。1990年，各县（市）对自行车开展全面整顿、登记、换照工作，仅据丽水市（县）统计，经重新登记的自行车就有127120辆。

1991年4月，省公安厅《关于抓紧做好非机动车归口管理工作的通知》下达后，各县（市）公安交警部门专门建立了非机动车辆管理所，负责对非机动车辆的登记、发证、换发牌照等管理业务，并根据有关法规，做好安全防范、牌证检查、疑车调查、违章处罚等工作。同年7月9日，省交通厅发出《关于进一步加强非机动车运输管理的通知》（浙交〔1991〕226号），明确规定“从事营业性的非机动车（不含自行车）运输的单位和个人必须纳入道路运输行业的管理范畴”。嗣后，各县（市）交通局、工商局、税务局、物价局联合制订人力三轮车（黄包车）的经营运价。城内起步价1元，城内、城内至城外视运输里程由经营者和乘客协商确定。1992年8月，省公安厅颁发《浙江省非机动车管理办法》，对车辆及驾驶人员、行驶和停放、装载和处罚等作出具体规定。此后，全区各县（市）交警部门按照该办法的规定，对自行车、人力三轮车、手拉车等非机动车辆的乱行驶、乱停放及无证行驶等“三乱”现象进行多次整治。

为确保丽水市区街道车辆行驶畅通，三轮车营运有序、安全，2002年8月，市公安、工商、城建、交通4个单位联合发布通告，对丽水市区人力三轮车（黄包车）实行单双日营运制度，把市区黄包车分黄色车棚和蓝色车棚2类，黄色车棚逢双日运行，蓝色车棚逢单日运行，进一步扩大禁行的路段范围。

此后，市交警支队逐年对人力三轮车实施更新换车，闯红灯整治、无牌无证三轮车整治，2006—2007年，办理三轮车过户197辆，非机动车上牌1196辆。2010年底，丽水市区黄包车有1738辆，一律实行“一车一档”制管理，促进营运者遵纪守法，规范营运。

机动车修理业管理

改革开放以后，随着国营、集体、个体(联户)一起搞运输，机动车辆迅速增加，促使修理业相应发展，加强机动车修理业管理已成行业所需。

1986年12月13日，国家经委、交通部、工商行政总局颁发《汽车维修行业管理暂行办法》(交公路字〔1986〕956号)，指出各级交通运输主管部门应建立、健全和加强汽车维修行业管理机构，负责对汽车维修行业的管理。《办法》明文规定，汽车维修(含机动车)属于公路运输管理范围，后又扩大到摩托车维修内容。

严把维修户准入关　凡申请从事机动车维修经营的，必须具备以下条件：有相应机动车维修场地；有必要的设备、设施和技术人员；有健全的机动车维修管理制度；有必要的环境保护措施。

申请从事机动车维修经营，应当向所在地县级道路运输管理机构提出申请。

机动车维修企业开业条件按经营项目分成4类：一类汽车维修企业，可从事汽车大修、总成修理，也可从事汽车维护、汽车小修和汽车专项修理；二类汽车维修企业，可从事汽车一级、二级维护和汽车小修；三类汽车维修业户，专门从事汽车专项修理(维护)，即车身修理(含涂漆、电子电器修理、轮胎修补、空调器、汽车快修等)；摩托车维修业户，专门从事摩托车修理、维护、小修。

1995年，全区有汽车维修企业835家，其中，一类甲级维修企业4家，一类乙级维修企业19家；二类甲级维修企业28家，二类乙级维修企业105家；专项维修点517个；摩托车维修点162个。从业人员4538人，其中技术人员396人。拥有各类维修机具设备3029台(套)，固定资产原值7989万元。全年维修各类车辆21.7万辆次，产值5259万元。丽水城区有维修企业246家，全年维修车辆9.8万辆次，产值1980万元。

1997年，全区有汽车维修企业949家，其中一类甲级维修企业18家，一类乙级维修企业125家；专项维修点806个，摩托车维修点652个。从业人员4129人，其中技术人员371人。拥有各类维修机具设备2119台(套)，固定资产原值5951万元。全年维修各类车辆35.3万辆次，产值4493万元。丽水市区有汽车维修企业238家，全年维修车辆8.4万辆次，产值500万元。

1998年，全区有汽车维修营业户953户，其中一类维修企业18家，二类维修企业125家，三类维修店810户；摩托车维修店272户。从业人员5389人，其中技术人员391人。拥有各种维修机具2242台，全年维修各类车辆37.6万辆。

建立车辆技术档案　建立车辆技术档案是定期检修车辆、加强运输车辆技术管理的基础。

1990年3月7日，交通部发布第13号令《汽车运输企业车辆技术管理规定》，规定对营运车辆实行“定期检测、强制维护”制度，车辆的维护必须按规定的行驶里程或间隔时间，按期强制执行。

省交通厅根据交通部13号令中“运输单位和个人必须逐车建立车辆技术档案”的规定，于1991年8月23日颁布《关于印发〈浙江省运输车辆技术档案〉的通知》(浙交〔1991〕286号)，自1992年1月1日起实行。从1996年4月1日起使用交通部公路管理司制发全国统一的《车辆技术档案》。

1992年新印制的“营运证”中已含有车辆技术状况和二级维护记录，故将实行二级维护签证制度作为道路运输证年审的重要内容，对不按期维护的，可不予核发营运证。同时严厉查处维修企业“三假一点”(假维修、假保养、假发票，强制定点维修)，对机动车进行二级维护、总成修理、整车修理的，按规定建立机动车维修档案。

1993年11月23日，省公路运输管理局《关于印发〈汽车二级维护基本作业项目及周期规定(试行)〉的通知》(浙公运〔1993〕58号)规定：营运汽车在行驶15000±1000千米(或3个月时)，应进行二级维护。维修厂(场)对车辆维护后，应将车辆维护级别、项目填入车辆技术档案，并签发合格证。

开展维修业安全生产检查和整顿，完善维修业户档案资料，对检查的企业逐一记录，发现重大问题的，发整改通知书，限期改正。督促维修企业纠正在安全检查中发现的一些安全观念淡薄、责任心不够强、安全工作不重视、对员工缺乏严格的安全培训和安全教育、制度不健全、不上墙、安全组织机构没有建立、没有事故处理预案和安全生产责任书、安全活动不记录、缺少安全消防设施、存在安全隐患等问题。

加强维修市场管理 全区公路运输管理部门根据交通部、省交通厅、省公路管理局、地区(市)交通局等部门颁发的关于加强车辆维修业务管理的有关规定和文件精神，着力加强对机动车辆维修市场的监督和管理，做到从严要求。每年对维修厂家、店户的维修技术、维修质量进行检查、验收、考核、整顿，对维修人员进行技术培训，持证上岗。

在加强维修市场管理的同时，加强了对机动车检测站和维修厂家的监督和管理。经检查、考核，2002年全年取缔无证车辆维修业户47户。

2003年4月上旬~5月上旬，开展维修市场整顿考核验收。成立丽水市整顿考核验收小组，对全市各县(市、区)143家二类以上维修企业按照统一标准、统一评分，逐户进行考核验收，取缔无证经营者；对经营条件不达标的49家(户)企业，发出限期整改通知书；通过考核验收，进一步完善经营条件达标企业内部的各项管理，汽车维修市场明显净化。

2008年，又进一步加强对机动车辆维修市场管理。一是开展对三类机动车维修市场的专项整治。5月20日—6月10日，完成对市区186家三类业户的年度考核，取缔二类机动车维修企业2家、汽车专项维修企业25家，查处无证经营企业47家。二是严把市场准入关。全年办理行政许可48件，其中，一类维修企业4家，二类汽车维修企业5家，汽车快修2家，三类专项维修店 18 户,完成二级维护竣工质量检测 16473 次,车辆技术等级评定检测 100596 辆次,车辆二级维护超期处罚案件 75 起。规范维修市场,维护了守法维修户的利益。

实行质量保证期制度,质量保证期内因维修质量造成机动车无法正常使用的,机动车维修经营者应当无偿返修。

1996 年,全区有汽车维修企业 795 家。地区公路运输管理部门坚持以提高维修质量为中心,认真抓好行业管理。加强车辆技术管理。组建 13 个客运车辆例检站,开展正常例检工作。龙泉市汽车综合性能检测 B 级站经省交通厅认定合格,开展车辆维修竣工出厂和车辆技术等级鉴定检测工作。对维修厂家进行审验,召开各维修厂家参加的提高技术质量座谈会,制发全区摩托车维修监督牌 795 块。

加强车辆维修人员业务培训, 车辆维修人员的技术水平对于机动车维修质量至关重要,近 20 年,运管部门举办各种类型、不同内容的培训班近 30 期,培训人员达 4669 人次,考核合格者,发给合格证书。

维修价格管理,严格规定,凡从事汽车、摩托车维修行业经营者收费必须明码标价,使用价目牌,价目本,不得收取未标明的费用;凡发现经营者违反规定或有欺诈行为的将依据有关法规予以处罚。

开展惠农快修网络建设,2009 年, 开展维修企业创优达标创建活动和全省道路运输行业维修企业文明行业创建活动,引导农村汽车维修市场向规范化、品牌化、网络化发展。以城市"方便、快捷、规范、优质"的快修服务标准为标杆,以为新农村建设提供有力的维修服务保障为出发点和落脚点,积极打造"浙江惠农快修"品牌,完善惠农快修网络,切实解决农村修车难问题。在莲都区碧湖镇、龙泉市八都镇、松阳县古市镇 3 个中心镇完成"惠农快修"网点建设。全市有 24 家维修企业加入全省维修救援网,各县(市、区)均在 2 家以上,并与 96520 平台联动,保证救援及时。

2010 年,全市维修企业设施设备已发展到一个新的阶段。二类以上维修企业修理车间、场地、顾客休息接待室、举升机、调漆设备、车身车架校正设备、车身整形设备、烤漆房、电脑解码仪、四轮定位仪、排气分析仪等维修开业要求的设施设备,能满足各类车辆维修需求。已经形成以一类企业(汽车 4S 店)为龙头,二类企业为骨干,快修、三类企业为辅助的机动车维修服务体系。在全市 164 家 2 类以上维修企业中,挑选出优秀企业 18 家,成立丽水汽车快修网络,实行 24 小时全天候施救服务。机动车维修网点已经遍布全市城乡和主要道路边沿,惠农快修品牌网络逐渐延伸至各农村中心乡镇。2008—2010 年的 3 年中,平均每年完成机动车修理、维护在 110 万辆次左右,基本上能满足广大机动车用户不同层次的维修需求。96520 服务热线电话能为车辆用户维修排忧解难。丽水市机动车维修情况,详见下表。

表234

1995—2010年全区(市)机动车维修情况统计表

年份	统计数	汽车维修企业(户)(含机动车)				摩托车		完成修理量(辆次)					
		一类	二类	三类	专业维修类	维修户(户)	年修理量(辆)	整车大修	总成大修	二级维护	专项修理	维修救援(辆次)	合计(万辆)
1995	835	23	133		517	162							21.7
1996	796												
1997	1601	18	125		806	652							35.3
1998	1225	18	125	810		272							37.6
1999	1266	18	125	810		313							39.36
2000	1312	18	131	818		345							
2001	1183	15	115	586		467		33408	16272	51747	228471		32.99
2002	575	23	141	51		360		550	5350	543000	902000		145.09
2003	1114	24	147	580		363		615	5270	543900	903500		145.33
2004	1104	25	128	503		448		905	6387	530160	904762		144.22
2005	1185	28	136	502	快修9家	519		2663	3996	403202	835531		124.54
2006	2120	44	217	883	快修9家	976	945028	3662	7604	446433	1054603	19701	247.7
2007	1157	31	118	554		454	627773	4450	8189	84988	277136	18708	102.12
2008	1157	33	120	515	快修17家	489	676530	3877	7530	81970	282732	19209	107.18
2009	1195	38	122	557		478	639007	4900	10372	94475	387053	16024	115.18
2010	1306	41	133	618	快修19家	514	643828	5098	11046	97027	399474	1171978	155.05

说明:1.1999年以前系《丽水地区年鉴》刊登数字;
2.2000—2010年系《丽水市交通统计资料汇编》数字;
3.2005年以前专项修理包括摩托车修理量;
4.1991—1994年维修户及维修量材料缺;
5.修理量包括摩托车修理

第三节 运输单证 票证管理

凡从事公路客货运输、搬运装卸、汽车维修、运输服务的单位和个人及公路、水运规费票据，都要由公路运输管理部门核发公路运输统一单证，使用公路运输管理部门制发的公路运输统一票据，接受公路运输管理部门的检查。

丽水地区(市)实行的公路运输统一单证有：公路运输业经营许可证(含副本)、行车路单、客运线路核准证、公路、水运规费票证等，由交通部统一制定格式，各省、自治区、直辖市公路运输管理部门负责印刷、发放和管理。行车路单分为客、货车行车路单，货车行车路单又分为营业性和非营业性两种。

丽水地区(市)实行的公路运输统一票据有：客、货运输票证、搬运装卸、汽车维修、运输服务、公路、水运规费票证等征收和结算凭证。票据的制定，公路客票、货票由省公路运输主管部门按交通部统一制定的格式，负责印刷、发放、管理，并接受税务部门的监督；搬运装卸、汽车维修、运输服务的结算凭证、票据的制定，由省公路运输主管部门统一规定格式，委托地(市)运输主管部门统一印刷、发放、管理，并接受税务部门监督。1987 年 12 月 8 日，浙江省交通厅《关于交通运输发票(票据)格式和印制工作的通知》(浙交〔87〕543 号文)规定，汽车维修发票，搬运装卸发票，出租汽车、三轮车、人力车客、货物运输发票等，由市(地)交通局制定格式。公路、水运规费票证由省运输管理局统一印制发放，原则上一年印刷一次。

丽水地区(市)对票据的管理，按分级制定格式，并接受税务部门监督，进行印制、发放、管理。全区运输业、汽车修理、搬运装卸、运输服务业等，实行统一的结算票据。1988 年起在运输单证、票据上加强管理，凡是县公路运输管理部门核发的公路运输统一单证，使用公路运输管理部门制发的公路运输统一票据，接受公路运输管理部门的检查。

对公路运输统一票证的发放和管理，按《公路运输管理条例》中规定的开歇业管理、票证发放管理的办法执行。各单位领取票证时，应填制“票证领用单”，对领取的票证，经领人应当场清点，领用后如发现有缺联、漏印、废页、错号等问题，应原本注销上缴。各单位对领取的票证要妥善保管，要设专用库房和专柜，按票据种类顺序存放，做好防火、防盗、防霉、防鼠、防蛀工作，严防损坏和散失。

2005 年 3 月，丽水市公路运管稽征处依据《浙江省行政事业性收费票据管理办法》以及《浙江省公路养路费票证管理办法》，制定了《丽水市公路运管稽征处票证管理办法》，规定：浙江省公路养路费票据(微机票)适用于辖区内汽车、农用运输车、简三轮、正三轮养路费的征收(可用于外省长期调驻车辆)。浙江省道路运输管理费专项收费票据(本式手工票)，适用于辖区内运输服务业、维修行业、驾培等运输管理费的收取。

办法明确指出，事由栏填写内容表达要明确、易懂，不能留有空白，书写要工整、清晰，不得有涂改、校验盖章等情况出现。

票证必须严格管理。各级运管稽征部门的领导应加强对这项工作的指导、监督和检查，并配备专职票证管理人员，由其负责票证的领发、保管和结报工作。征费人员和票证管理人员应分别设置，不得兼管。办法最后规定，征费人员调动工作时，要将所领用的全部票证向票证管理员办理结报手续，票款不符，结报不清的，不得离岗。

第四节　驾驶人培训管理

证照管理和考核审验

1950 年 9 月，根据省交通管理局制发的《汽车管理暂行办法实施细则》《浙江省汽车驾驶人考换执照暂行办法》的规定，对全区在中华人民共和国建立前领有驾驶执照或新中国建立后领有各级政府所发执照的汽车驾驶人员，一律于规定限期内向指定地点申请登记，根据其执照上的记录及服务资历，予以审核，并办理考换新照手续。1953 年后，执行国家交通部修订后颁发的《汽车管理暂行办法实施细则》，将职业驾驶员根据技术分为一、二、三等，汽车驾驶员的考验分为初验、复验、升等、审验 4 种，规定领有三等职业驾驶员执照，并有 3 年以上驾驶经验，安全行驶 5 万千米，可申请二等驾驶员；领有二等职业驾驶员执照，并有 6 年以上驾驶经验，安全行驶 10 万千米以上，有小修技能者，可申请一等驾驶考验。驾驶员审验工作规定每年一次，称为“年度审验”，并作审验记录。

1964 年 1 月起，全省试行国家交通部颁发的《机动车驾驶员考试暂行规定》，明确规定机动车驾驶员必须经过培训和考试合格，才能办理执照。对驾驶员的文化程度要求，从新中国成立初的粗通文字，提高为具有高小毕业或相当于高小以上文化程度。考试项目有学科(政治常识、文化测试、监理规章、机械常识)和术科(场内驾驶、道路驾驶、保养作业、排除故障)2 类共 8 个内容。

1970 年 3 月，根据省交通厅颁发的《浙江省机动车驾驶员考试评定试行办法》，对驾驶员考评的内容规定了 7 项，大、小型汽车考试合格后，实习期为 6 个月，其他车辆为 3 个月。1973 年 1 月，省交通邮政局制定的《浙江省机动车驾驶员考试办法》下达后，对二轮摩托车、手把式三轮机动车和手扶拖拉机的考试增加了绕 8 字开两圈的内容，并规定对交通规则的考试，以 100 分为满分，70 分为合格，凡不合格者，作当次考试不合格论，不再继续其他课目的考试。1974 年，省交通部门颁发《机动车驾驶操作禁令》(简称十大禁令)，即严禁无驾驶证人员开车和学习驾驶员单独驾驶车辆；严禁酒后开车和开车时吸烟、饮食、闲谈；严禁驾驶无牌无证、刹车方向不灵或怠速、加速不正常的车辆；严禁直流供油行车或边倒油边发动车辆；严禁下坡时熄火、脱档或踏离合器溜破;严禁时速超过20千米通过急弯、车站、窄桥、便道、视线不良等危险地段;严禁遇人车马交会避让时高速冒险行驶;严禁强行超车、让车不减速或故意不让车;严禁驾驶室超额坐人和车辆装货后搭乘非押运、装卸人员;严禁手扶拖拉机加大速比行驶。这对当时整顿交通秩序,确保行车安全,起了很大作用,是驾驶员年度审验的主要内容。

1975年起,拖拉机驾驶员的审验工作交由农机监理部门负责。

20世纪80年代初,对驾驶员的审验内容增加了参加安全学习、组织纪律、驾驶作风、工作表现以及是否保持经常驾驶及驾驶技术等。同时,开始实行私营汽车聘用驾驶员的申报制度,以加强对逐渐增多的私营汽车驾驶员的管理。

1985年6月,地区车辆监理所首次作出规定,凡遗失驾驶证的驾驶员,必须在《浙江日报》上刊登“遗失声明”后,方可申请补领驾驶证(1989年后改为《公安交通报》)。

1989年11月,根据省公安厅《关于启用、换发新机动车驾驶证工作的意见》,全区开始启用全国统一的新驾驶证,新证分正式、实习、学习、临时4种类型。换证时间规定在1990年底止,逾期不换者,按无证车论处。全区共计换发新证31799人,其中有大小汽车驾驶员5256人,运输农用车辆驾驶员2153人,拖拉机驾驶员20639人,摩托车驾驶员仅丽水市(县)有3751人。

1992年3月27日,针对“汽车上路检查多,携带证件多、行路难”的突出问题,公安部、交通部等5个单位联合发出《关于清理整顿汽车驾驶员出车所带证件的通知》,自6月1日起,规定驾驶员出车必需携带驾驶证、行驶证和道路运输证,凡已投保的车辆,加带机动车保险证。同时,对城市客运汽车驾驶员所带证件也作出明确规定:除必须携带驾驶证、行驶证外,还必须携带建设部门统一制发的“城市公共客运交通营运证”。对公安机关换发的车辆年检标志、通行证、停车证等,不属于驾驶员随身携带证件,应按规定置于车辆前挡风玻璃上。

自1996年9月1日起,全区交警部门开始执行《中华人民共和国机动车驾驶证管理办法》。办法规定,在道路上驾驶民用机动车辆的人员,须依照本办法申请领取机动车驾驶证,该证全国有效。驾驶员证分机动车驾驶证、机动车学习驾驶证、机动车临时驾驶证3种。机动车驾驶员登记项目共计有15项。驾驶员考试科目为交通法规与相关知识、场地驾驶、道路驾驶3门。对持证人发生交通事故或违章的,实行记分管理并在驾驶证或驾驶登记资料中记载,对超过违章、事故记录分数规定的,依法分别进行交通法规教育、考试和处罚。

驾驶人管理

主要是通过对驾驶人的学习证培训考试、审验驾驶人驾驶证、加强道路安全法律、法规学习等方面进行管理。

2002年,市公安局交警支队车管所制发汽车驾驶人学习证11208本,培训考试汽车驾驶人8519人,新增汽车驾驶人6729人,审验汽车驾驶人39784人。

2003年,审验各类机动车驾驶证70167本。

2004年8月30日,新的机动车、驾驶人信息管理系统顺利启用。

2005年,吊销机动车驾驶证115起115人,暂扣机动车驾驶证4起4人。

2006年，注销超期未审驾驶证1823本，无证驾驶拘留83人，受理报名学习汽车驾驶28710人,报名学习摩托车8263人。新增汽车驾驶人31985人、摩托车驾驶人6344人。

2007年5月起,汽车驾驶证补证、换证业务下放到各县(市)车管所。

2008年,市交警支队下发《关于进一步加强重点车辆及驾驶人户籍化管理的通知》,对记满12分、发生重特大交通事故的驾驶人加强交通安全教育。全年组织1187名记满12分的驾驶人、396名自愿申请减分的驾驶人进行道路交通安全法律、法规学习并考试。首次对持外省驾驶证的"三类车辆"驾驶人、本省籍驾驶人持外省驾驶证发生严重交通违法行为(酒后、醉酒驾驶,超速50%以上)或有责任交通事故的,进行相关交通安全常识和技能测试。1月,全市持外省驾驶证的442名驾驶人参加技能测试,合格299人,不合格143人。

是年,根据浙江省交通厅〔2007〕327号关于印发《浙江省机动车驾驶培训教练员诚信考核办法(试行)》的通知精神,开始对全市驾驶培训教练员进行诚信考核管理。

驾驶人培训行业管理

1993年国务院发布国阅〔1993〕204号会议纪要,明确交通部门对驾校和驾驶人培训工作实行行业管理。

1995年3月27日，交通部颁发《汽车驾驶员培训行业管理办法》(交公路发〔1995〕246号)。1996年12月23日,交通部颁发《中华人民共和国机动车驾驶员培训管理规定》(交通部令〔1996〕第11号)。省交通厅、公安厅发浙交〔2000〕299号通知,确定我省汽车驾驶员和驾驶学校培训工作从2000年7月31日起由交通部门负责行业管理。2001年7月23日,省交通厅颁发《浙江省汽车驾驶员培训管理暂行规定》(浙交〔2001〕290号),国家和浙江省分别颁发《机动车驾驶员培训业户开业条件》,改变过去驾驶员培训无章可循的局面,驾驶员培训行业管理逐步走上规范化。

2001年7月,按照省交通厅、工商局的规定,丽水市驾校与全省同步,统一换发由道路运输管理部门核发的经营许可证,自此,驾驶人培训工作正式纳入交通运管部门实行行业管理。

2004年7月,《中华人民共和国道路运输条例》正式实施。丽水市运管处进行驾培管理职能的调整,"三级管理二级审批"改变为"三级管理一级许可",许可权限下放至县级运管机构,理顺了驾培管理,方便了群众。

规定:申请从事机动车驾驶员培训的,应当具备下列条件:有健全的培训机构和管理制度;有与培训业务相适应的教学人员、管理人员;有必要的教学车辆和其他教学设施、设备、场地。

申请从事机动车驾驶员培训业务的，应当向县级公路运输管理部门提出申请，县级运管部门对申请人的申请材料进行审核，按照《浙江省汽车驾驶员培训业户开业技术条件（试行）》要求，组织人员实地查勘、核实，达到技术要求的，发给“经营许可证”，准予开业。（注：此为《中华人民共和国道路运输条例》规定，自2004年7月1日起执行。此前，驾驶员培训经营业务按《浙江省汽车驾驶员培训管理暂行规定》，须由省公路运输管理局审批核准）。

第五节 交通违章处罚

中华人民共和国成立初期，道路交通管理工作分别由交通和公安两个单位负责，违章处罚也根据中央和省里的有关规定分别由两个单位执行。

1950年3月，政务院颁发《汽车管理暂行办法》。1951年6月，省交通厅制定《浙江省人力车辆通行公路管理暂行简则》，按照规定，对无证驾驶、酒后开车、乱停乱放、阻碍交通和违反治安等违规行为酌情给予教育和处罚。

1955年8月，公安部颁布《城市交通规则》，进一步明确规定，对违章者依据情节轻重分别给予批评、教育、警告，直至扣留驾驶执照和拘役等处罚。1957年10月，《中华人民共和国治安管理处罚条例》公布，《条例》规定，对违反交通管理等行为，公安部门应通过立案、传唤、讯问、调查裁决等程序给予警告、罚款、拘留3种处罚。1959年10月，省交通厅制定的《浙江省汽车监理办法》规定：凡情节轻微或一般违章的，给予批评教育；情节严重的，分别按情节给予罚款、记录执照、停止驾驶权利、取消准驾车类记录、撤回牌照等处理；涉及治安管理与司法问题的，转送公安、司法机关处理。

1960年5月，省交通厅、水产厅、农业厅和公安厅联合转发交通部、公安部等5个部发布的《城市交通规则补充规定》，对不符合技术标准或经常发生违章事故的汽车驾驶员，暂停驾驶资格，经过训练教育复试合格后，再发给驾驶执照。

“文化大革命”中，违章处罚工作混乱，直到1975年12月，省公安局（厅）和省交通局（厅）颁发《浙江省城市和公路交通管理规则实施细则（试行）》后，才逐渐恢复正常。

1978年6月，省公安厅颁发了《浙江省机动车违章肇事处理暂行规定》，对违章情节划分为一般违章、重大违章和严重违章3类，并可分别情况处以书面检讨、警告、罚款、复验、扣证、撤销驾驶证等，凡属警告、罚款、复验、扣证、处罚中的任何一项的，一律记录驾驶证，并由经办机关填写“违章通知书”，分别送车辆单位和原发证机关。

1984年，全区推广驾驶员“违章记分卡”，对行车违章的，按违章记分情况给予不同处罚；凡一年内无违章记分的，可作为免审的重要条件，并参加年度安全驾驶员评比。

1986年9月，新的《中华人民共和国治安管理处罚条例》公布后，原治安管理处罚条例废止。新的条例对违反交通管理、妨碍公共安全和社会管理秩序的行为作出明确规定,这是公安部门对违反交通管理行为进行执法处罚的主要法律依据。

1987 年 1 月,省交通厅颁发的《浙江省道路交通管理条例》规定,对违章处罚不服的裁决,可以提出申诉;对上一级机关、部门裁决不服的,还可以向当地人民法院起诉。同年 9 月,交通违章处罚开始归属公安交警部门统一执行。

1988 年 11 月,省公安厅按照公安部《交通管理处罚程序规定》,对违反交通管理行为的处罚,作出补充规定。

1991 年,省公安厅又下发《贯彻实施公安部〈交通管理处罚程序规定〉的意见》,对有违反交通管理行为的人,根据违章情况,作出具体处罚规定。

1994 年,全国人大常委会对《中华人民共和国治安管理处罚条例》再次修改并重新公布。新条例对违反交通管理的处罚,规定得更为具体,并一直执行至今。

1999 年 12 月,国家公安部重新颁发《交通违章处理程序规定》,并于 2000 年 3 月 1 日起开始施行。该规定是当前交警部门具体操作违章处罚最完善的法律依据,凡不符合该规定的其他规定,一概废止。

2004 年 5 月 1 日,《道路交通安全违法行为处理程序规定》(公安部令〔2004〕69 号)开始施行。规定指出,公安机关交通管理部门及交通警察对违法行为的处理,应依据违法行为的事实和法律、法规的规定作出处罚决定。

2006 年 6 月 1 日,《浙江省实施〈中华人民共和国道路交通安全法〉办法》开始在全市施行。

2007 年 1 月 1 日,《丽水市公安机关交通管理部门执法质量考核评判实施办法》开始施行。是年,市交警支队直属大队完成治安接处警 383 起,调解终结案件 683 起,除不具备条件或当事人未要求调解的案件外,其余案件基本办理完结。全年行政拘留 118 人、刑事拘留 33 人、直接采取取保候审 16 人、移送起诉 47 人。经市公安局法制处考核,批捕率、起诉率、取保候审转处率均达到 100%。支队设立法制科,强化内部执法监督和案件审核力度,提高办案质量,至年底,完成审核办理行政案件 208 起,刑事案件 91 起。

2009 年 1 月 1 日,修订后的《交通警察道路执勤执法工作规范》开始实施。新修订的《工作规范》对执勤执法用语、执勤执法行为举止、着装和装备配备、通行秩序管理、违法行为处理、实施交通管制,以及执行交通警卫任务、接受群众求助、执勤执法安全防护、执法监督与考核评价等方面都作出具体详细的规定。并且增加轻微违法行为适用教育、警告措施的具体规定,进一步规范执法质量考核评价。4 月 1 日,新修订的《道路交通安全违法行为处理程序规定》(公安部令第 105 号)开始施行。修订后的程序规定要求交管部门处理交通违法行为时实现法律效果和社会效果的统一。强化教育功能,突出操作性,明确和细化了处罚、调查取证、强制措施、交通技术监控设备使用、违法信息转递等执行规定。

第七章 港航监管

丽水境内凡有水运的各级政府均设立港监机构,对水上航政、船舶、船员依据国家有关法律、规章制度实施监督管理,使境内的船舶管理,水上运输走上正规有序的轨道。

第一节 机构沿革

民国前期,丽水行政督察区境内瓯江航运、航政、船舶、船员由各县自设机构管理。民国19年(1930)1月,丽水县大水门设船舶管理站管理船舶。民国20年(1931)7月,浙江省船舶管理局在永嘉设第四区管理船舶事务所,对瓯江境内舴艋船进行登记、查验、核发牌照等管理,并在青田县设立第三管理船舶事务分所,青田始有水上运输管理专设机构。民国25年(1936)11月,根据省制发的《编联水上保甲法》,将登记船只编成大队、中队和小队,中队长由县长兼。民国28年(1939),抗日战争期间,为适应战争需要,船舶由军政部门控制。32年(1943)2月,第三战区司令长官部会同浙江省政府,设立瓯江运输司令部,由驻丽水县碧湖之三十二集团军总司令李默庵兼运输司令,对瓯江水运市场进行全面管理。

民国34年(1945)8月,抗日战争胜利后,省政府迁回杭州,瓯江港航为地方势力、霸头、帮头所把持。

中华人民共和国成立后,丽水专区境内瓯江船舶管理逐步走上正规有序的轨道。

1949年7月, 丽水专署公安处丽水县大水门分驻所所长吴学增发起组织 "瓯江民船工会",对船只实行登记编号,统一掌握货源,统一调派船只。1950年6月1日,丽水航务管理站设立,接管航运管理工作,对船舶统一发放"航行簿""水上户口簿"。"航行簿"除注明船舶、船员基本情况外,用于每次航行进出口过境、违章、奖惩等记录与签证,无证船舶一律不准航行。

1952年,丽水专区撤销后,原丽水专区瓯江航运各项事务由温州专区航管处设丽水航管所管理,各县设航管或有关机构施行具体管理。

1964年6月3日,丽水专区航运管理所成立,全区各县航运管理归其所辖。1984年改称地区航运管理处;2000年5月丽水撤地设市后改称丽水市航运管理处;2003年9月, 更名丽水市港航管理处,指导各县(市)港航所开展工作。

第二节 航政管理

全区航政由地(市)、县(市)航管部门根据中央和交通部、省交通厅和省港航局(航运局)有关文件,负责管理。

水运市场管理和整顿

丽水地区(市)水运市场管理始于民国时期,当时各县自设机构对航运、航政、船员等进行粗放管理。抗日战争期间,为适应战争需要,于民国32年(1943)2月,第三战区司令长官部会同浙江省政府,设立瓯江运输司令部,颁发《瓯江船舶管理实施办法》,对瓯江上的船员登记、编队、调派、运量、运价、运输周期及维修,均作出具体规定,对瓯江水运市场进行全面管理。

中华人民共和国成立后,丽水专区加强瓯江水运市场管理。1963年,执行省交通厅水运月度计划,把支农物资运输放在首位,柴炭、土特产运输的交接手续按月、按季度编制运输计划,交航运部门统一安排,禁止船民私拉客货。"文化大革命"期间计划运输受到冲击,1974年1月,省交通厅修订的《浙江省水路货物运输规划补充规定》和《浙江省水运企业货运质量标准及统计考核办法》等规章均难以执行。改革开放以后,国营、集体、个体(含联户)一起搞水运,水运市场一度出现抢货源、忽视安全等混乱局面,1988年,开始执行国务院于1987年5月12日发布的《中华人民共和国水路运输管理条例》和交通部于1987年9月22日发布的《水路运输管理条例实施细则》,航管部门适时对水运市场加强管理并进行整顿。

1991年,航管部门针对水上运输市场一些运输船舶存在无证经营、无序竞争现象,着重查处两户船舶无证经营,争抢货源,不按规定办理运力审批手续,超越经营范围,任意改变航线,服务质量欠佳和逃避规费行为,进行查验、治理,补交规费等整顿工作。

1992年,航管部门开展对经营者经营行为自查、鉴定、处理工作,发放自查表632份,回收598份。鉴定结果:合格538户、基本合格44户、不合格16户,根据不同情况进行处理。

1994年,水上运输市场管理以源头管理工作为重点,航管部门加强现场监督检查力度,有效控制出境船舶违反经营活动,制止非法经营,保护正常竞争,促进水上运输市场统一有序、平等竞争。地区航管处直属航查队上航检查1680人次,检查船舶6950艘次,纠正违章船舶857艘次,补收规费6.85万元,全区内河船舶违章行为明显减少。

1997年12月7日,省交通厅颁发《浙江省水路运输审批工作规程》(浙交〔1997〕568号),1998年1月开始执行。工作规程对水路客货运输的开业、变更、新增运力、新开航线的审批作出6条严格规定:水路运输企业(船舶)开业申请书;有效的自有船舶国籍证书、所有权证书、检验证书复印件;主要船员名单及其有效职务证书复印件、船员来源证明;主要出资单位同意设立企业的文件;负责人及组织机构;合法的验资证明;安全技术管理的规章制度。

1998年4月,执行交通部于1998年3月6日发布的《关于修改〈水路运输管理条例实施细则〉的决定》,规定设立运输企业必须具备以下条件:具有与经营范围相适应的运输船舶,并持有船检部门签发的有效船舶证书,其驾驶、轮机人员应持有航政部门签发的有效职务证书;在要求经营的范围内有较稳定的客源或货源;经营客运航线的,应申报沿线停靠港(站、点),安排落实船舶靠泊、旅客上下所必须的安全服务设施,并取得县以上航运管理部门的书面证明;有经营组织机构、场所和负责人,并订有业务章程;拥有与运输业务相适应的自有流动资金。

2001年,整顿和规范水路运输市场秩序是全年水路运输管理的中心工作。市交通局成立以李以勤局长为组长的市工作领导小组,并在市航管处设立办公室和评估小组,各县(市、区)也相应成立组织。经过自查和评估,对不符合经营资质条件的25名船舶运输经营人签发了整改通知书,责令限期整改。通过初评、整改、复评,有2家企业基本符合交通部的有关要求;责令13艘个体客运船舶通过合作、股份制,实行企业化经营;10艘个体客运船舶被取消经营资格。

2002年,浙江省人民政府发布《浙江省水路运输管理条例》,规定相邻乡镇、村之间为当地群众生活、生产提供交通服务的乡镇渡船运输的管理,适用《浙江省渡口安全管理办法》,丽水市境内紧水滩、石塘、玉溪、开潭、湖山、滩坑、五里亭、外雄等库区中航行的船舶均属于上述性质的渡船,故此后水运市场管理按2002年7月17日颁布的《丽水市渡口安全管理办法》执行。

经营资质管理

2002年,按照交通部《国内船舶运输经营资质管理规定》和省港航局部署,港航部门重点抓了水路客运市场和个体乡镇船舶的整顿工作。针对乌溪江水库遂昌湖山库区18艘简易客船经营资质达不到规定要求的实际情况,省海事局、市港航处领导亲临现场指导整顿工作,圆满解决简易客船资质不符规定的问题,取缔个体简易客船18艘,报废老旧运输船舶32艘、392客位、560载重吨。

2004年按照《浙江省水路运输企业经营资质预警制度》,多次组织开展预警、运政大检查。次年,为实施《浙江省水路运输企业经营资质预警制度》,市港航管理处结合上半年的行业年审和下半年的运政大检查,对辖区的2家企业经营资质维持情况进行预警检查,对其中1家经营资质水平下降但仍符合最低资质条件的企业发出绿色警告一次。

2006—2007年,在经营资质管理中,共受理船舶新建、改建、过户申请116份,批准新建、改建、过户船舶110艘,水路船舶营业运输证、许可证申领表386份,办妥386本。

2008年,市港航管理处受理经营资质审批、审核上报事项100件,其中许可证年度换证1件,许可证法人代表变更换证1件,同意企业筹建1家,办理瓯江水系砂石运输船舶营运证审核、审批事项 45 件，办理其他船舶营运审核、审批事项 52 件。

2009 年，港航部门受理经营资质审批、审核上报事项 282 件，其中办理许可证、营运证日常审核、审批许可事项 41 件；年度换发证事项 241 件。

2010 年，共受理经营资质审批、审核上报事项 281 件。其中瓯江水系砂石运输船舶审批权限调整后换发营运证 234 件；批准企业开业 2 家；办理日常营运证核发事项 45 件。

运政检查

运政检查就是通过对水运企业、运输船舶的检查、整顿，加强管理，促进水运市场健康有序发展，确保水运安全。根据省航运局〔1999〕243 号文件精神，从 1999 至 2010 年，全市港航部门几乎每年均开展水上统一执法行动，对营运船舶进行检查，纠正违章船舶，补交规费，甚至罚款。详见下表。

1999—2010 年丽水市水运运政检查情况统计表

表 235

年份	出动车船（辆艘）	上航检查人数	检查船舶（艘次）	查处违章船舶（艘）	办理航政案件	补缴规费（万元）	罚款（万元）
1999		387	494	61	6		
2000	28	187	432				
2001							
2002		135	590	59		1.01	3.45
2003	37	106	1808	106	106		1.23
2004	97	285	水运企业 12 家 4650	210		8.28	15.56
2005	40	139	316	20		2.5(含罚款)	
2006	72	350	773	68		12.49(含罚款)	
2007	86	478	1031	112		15.78(含罚款)	
2008	75	218	839	91		5.19(含罚款)	
2009	78	228	710	43		5.3(含罚款)	
2010	43	154	165	28		3.93(含罚款)	

2010 年，运政检查以瓯江水系青田段砂石运输及紧水滩、南明湖、滩坑库区旅客运输为重点。检查主要内容是各企业的安全管理制度及其措施落实情况；对船舶主要检查是否持有效的“水路运输许可证”“船舶营业运输证”，是否有超载、超经营范围的行为。全年全市共出动车船 43 辆(艘)次，上航检查 154 人次，检查运输、服务企业 9 家，检查运输船舶 165 艘，查处违

章28艘次，补征规费及处罚金额共计39344元，有效遏制了水上运输违章行为，确保了水上航行安全。

行业年审

行业年审，即对水运企业、水运服务企业、水运船舶进行年审，包括企业开、停业批准，新建、改建船舶批准，企业的安全管理机构、管理制度、管理人员的落实情况，使水运行业经营更为规范，无违章违规现象发生。

根据《中华人民共和国水路运输管理条例》(国发〔1987〕46号文，1997年12月3日，中华人民共和国国务院令237号修正)，全区航运部门认真贯彻《条例》精神，加强对行业的年审工作。

2000年，水运企业、个体船舶年审率分别达100%和93%。

2002年，全市年审水运企业2家，服务企业2家，年审营运船舶487艘、24735载重吨、1146客位，企业年审率100%，个体船舶年审率94.4%，全年共受理企业筹建、开业申请3份，批准1家。受理新建、改建运输船舶申请96份，批准新建、改建船舶56艘，受理船舶营运运输证申领表206份，全部办妥证书。

2003年，将从事客运的短途客班、简易客船及近年组建的水上客运企业、服务企业列入年度重点审验对象，全年共审验水运企业2家、服务企业3家，年审营运船舶465艘、30037载重吨、448客位，企业年审率100%，个体(联户)船舶年审率98.3%，达到省港航局要求。

2004年，根据省港航管理局《关于做好2004年国内水路运输行业年审工作的通知》精神，重点审验企业的安全管理机构、管理制度、管理人员的落实情况，全市年审水路运输企业3家(其中取消经营资格1家)、服务企业3家，年审营运船舶501艘，企业年审率100%，个体营运船舶年审率92.3%，达到省港航局要求。

2005年，全市年审水运企业2家、服务企业3家，年审营运船舶492艘、438客位、38941载重吨，企业年审率100%，个体营运船舶年审率96.1%。

2006年，年审水运企业2家、服务企业3家，年审营运船舶491艘、444客位、39510载重吨，企业年审率100%，个体营运船舶年审率95.7%。在对水路企业经营资质预警工作专项检查中，共检查水路运输企业17家次，对其中一家经营组织水平下降但仍符合最低组织条件的企业发出绿色警告1次，并监督整改。

2007年1~4月，全市年审水运企业4家、服务企业3家，年审营运船舶456艘、508客位、38009载重吨，企业年审率100%。

2008年，全市年审水运企业4家、服务企业3家，年审营运船舶434艘、472客位、38396载重吨，企业年审率100%，个体营运船舶年审率达95.2%。

2009年，行业核查工作中，1~4月全市共年审水运企业3家、服务企业3家，年审营运船舶 421 艘、40372 载重吨、472 客位,企业年审率 100%,个体营运船舶年审率 96%。

根据省港航管理局《关于开展 2010 年国内水路运输业和水路运输服务业核查工作的通知》(浙港航〔2009〕399 号)文件精神,按照分级管理的原则,2010 年全市核查水运(服务)企业 5 家,核查营运船舶 382 艘、40046 载重吨、460 客位,企业核查率 100%,营运船舶核查率 100%。

表 236 **2000—2010 年全市水运行业年审情况一览表**

年 份	水运企业	服务企业	船舶			企业年审率%	全体船舶年审率%	备注
			艘	载重吨	客位			
2000						100	93	
2001								
2002	2	2	487	24735	1146	100	94.4	批准企业开业 1 家,批准新建、改建船舶 56 艘,办妥船舶运输证申请表 206 份
2003	2	3	465	30037	448	100	98.3	
2004	3	3	501			100	92.3	其中取消水运企业经营资格 1 家
2005	2	3	492	38941	438	100	96.1	
2006	2	3	491	39510	444	100	95.7	
2007	4	3	465	38009	508	100		
2008	4	3	434	38396	472	100	95.2	
2009	3	3	421	40372	472	100	96	
2010	5(含服务)		382	40046	460	100	100	

乡镇船舶整顿管理

1997 年,地区航管处根据省人民政府于 1987 年 9 月颁发的《浙江省乡镇船舶安全管理暂行办法》和交通部、省航运局有关文件精神,逐步规范乡镇船舶的安全管理,对乡镇船舶进行年审,审验船舶 708 艘、13289 载重吨。

2001 年,通过近两个月的全市乡镇船舶普查工作,查明全市有乡镇船舶 898 艘。按船型分:落舱机船 602 艘、挂桨机船 41 艘、其他 255 艘;按功率分:20 千瓦以下 264 艘、20~50 千瓦的 244 艘、50 千瓦以上的 184 艘。

第三节 船舶管理

1952年1月丽水专区撤销后至1963年,丽水专区瓯江航运船舶归温州专区航管处管理。

1964年6月3日,丽水专区航运管理所成立,全区航运事务归其管辖。

1965年12月,该所认真贯彻中央关于民间运输"保护、整顿、恢复并适当发展"的方针,凡船舶买卖,客班航线、客船按规定限期配齐倒车、救生、消防器材装备,船舶换补发证的收费,水上运输市场管理,水上交通秩序整顿,船舶检查,船舶发证等各项事宜都作了具体规定。

1985年10月,省航运局将原浙江省船舶检验处丽水检验站改为浙江省船舶检验处丽水检验所,并增设浙江省船舶检验处青田检验站。1985年在"运输要搞活、航道要搞通,安全要管死"的方针指导下,地区航管处和县航管站组织航查组,共检查35次,参加检查人员245人次,检查7892船次,加强了船舶管理。

船舶签证换证工作

1991年,全区有乡镇船舶551艘,换发"两证"(船舶登记证、船舶营业运输证)的有470艘,发证率83.2%。全区签证船舶8000多艘次,发现并纠正船舶违章2000余艘次。建立船舶签证台账。开展船舶登记号授予工作,全区1130艘船舶全部授予船号,建立了授予号台账。

1994年,按交通部(交运发〔1993〕810号)、省航运局(〔1994〕22号)的通知,地区航管处发出《关于换发船舶营运运输证的通知》(丽地航管〔1994〕10号),积极做好"四证"(船舶登记证、船舶检验证、船舶营运证、船员适任证)换发工作,全区于9月底顺利完成,换证率100%。

是年6月2日,李鹏总理签发国务院第155号令:发布《中华人民共和国船舶登记条例》,自1995年1月1日起施行。1998年11月23日,国家港务监督局下发《关于颁布〈中华人民共和国船舶登记条例补充说明〉的通知》(港监字〔1998〕298号)。条例和条例补充说明加强国家对船舶的监督管理,保障船舶登记有关各方的合法权益。

1995年,开始实施内河船舶、国籍证书及所有权证书制度,地区航管处在云和县紧水滩召开全区船舶登记换证工作会议,贯彻学习省航运局有关工作会议精神,布置船舶登记权及登记号工作的具体内容和要求。

1999年,全区共办理进出口签证2466艘次,定期签证374艘次。

2000年,全市办理船舶进出口签证3457艘次,定期签证2875艘次,现场签证787艘次。是年,按省航运局要求,老版船检证书要在年底全部更换为新版证书,并且每艘船舶都要进行复检,至年底完成全市采砂船舶和自备船舶营运船的船检证书换证工作,共换发新证书201本。

2001年,换发船舶新版证书662本,换证率80%。

2004年5月,开展内河5等船员档案的接收和到期船员证书换证工作,截至11月30日已换发证书308本。

是年,办理全市跨航区砂石运输船舶和不跨航区(辖区内)的库区船舶、渡船、短途运输船舶及其他船舶换发新版证书工作,共换发765本。

2005年,进一步规范船舶登记和完成最低安全配员换证工作。全年发放船舶所有权登记证书67本,国籍证书67本,变更登记证书40本,最低配员登记证书374本,注销登记证书4本 。

2006年,根据“长三角”一卡通工程的要求和省港航局工作部署,结合丽水市水运现状,对封闭水域的船舶暂不申领IC卡,对瓯江水域跨航区营运的货运船舶符合申领要求的,将上报省港航局申领。开展新版船舶登记证书换发工作,新发证船舶95艘,变更10余艘,注销18艘,补办证书18艘次,换发证书75艘。

2009年,针对全市绝大部分船舶国籍证书已到期的情况,市港航管理处在全市全面开展船舶换证工作,1~11月换发船舶证书1306本。

船舶检验

船舶检验就是检验水上营运船舶的质量,保障船舶营运和渡运的安全。

1991年,全区全年检验水上运输船舶992艘,其中客、渡船330艘。

1992年,完成船舶设计图纸审核16套,检验船舶1229艘。

1993年2月24日,国务院总理李鹏签发国务院第109号令:《中华人民共和国船舶和海上设施检验条例》,自发布之日起施行。根据《条例》规定,全区各县(市)工程船(挖砂船)、渡船、运砂船均需每年检验1次。

1993年,检查船舶装载稳定性、安全设备配备情况等,发现问题及时解决,坚决制止报废船舶和技术质量不合格的船舶投入营运。全区共检验船舶1018艘、37026总吨位、功率33214098千瓦。

1994年,全年共检验船舶927艘、34083总吨位、32417029千瓦。全年共收船检费40多万元。

1995年,航管部门把客渡船作为船舶检验工作的重点,保障了船舶营运和渡运的安全,全区共检验船舶1136艘,共收船舶检验费30余万元。

1996年,为确保春运安全,航管部门对全区客渡船进行一次全面复查,检查客渡船300余艘。对存在隐患较大的,收回船检证书,限期修理,重新检验核发;对救生、消防设备不齐的,督促其及时补上;对四类渡船强制停航。积极做好铁路施工船的检验工作,提供技术服务。全年受理船舶建造检验24艘、449吨位、999千瓦;船舶营运检验973艘、19093.9吨位、23955.5千瓦。

1997年,针对紧水滩、乌溪江水库遂昌湖山库区出现货船代客船的现象,航管部门本着既方便群众过渡，促进库区经济发展，又能保证库区水上安全，采取疏与堵相结合的方式，制定《紧水滩、乌溪江库区简易客船检验暂行规定》，允许部分船况好且船员素质好的船舶，经审验核定定额后从事客运。全年全区共检验船舶748艘、12049载重吨位、24523.22千瓦。

1999年，船检工作按"营运规范"、"建造规范"、"船舶检验工作程序"要求进行，共检验船舶485艘、10432总吨、16995.6千瓦。

2000年，检验船舶810艘次、34823总吨、33623.97千瓦，其中制造船检验38艘次、初次检验50艘次、特别检验130艘次、年度检验424艘次、临时检验168艘次。

2001年，完成船舶制造检验42艘、1466总吨，特别检验80艘、4150总吨、3409千瓦，年度检验船舶619艘、25347总吨、23113千瓦，临时检验船舶104艘、2389总吨、3541千瓦，征收船检费59万元。

2002年，检验船舶896艘、48266总吨、49837.67千瓦。

2004年，检验船舶855艘、45157总吨、233221.72千瓦，共收取船检费64.5万元。

2009年，充分发挥船检信息系统在船舶检验工作中的作用，该系统能掌握全市船舶营运检验动态情况，发现问题及时纠正，提高证书文件质量，杜绝检验不到位的现象。1~11月，全市累计完成船舶营运检验521艘、42117总吨。

2010年，船舶营运检验491艘、39146总吨。

船舶修造管理

开展船舶建造业纳规工作，一方面扶持建造业，帮助船厂申报省港航管理局生产技术条件认可；另一方面发出通告，逾期未经认可船厂建造的船舶一律停止检查。

2003年4月，为规范船厂修造船舶检验和管理，市港航管理处制定《丽水市船舶修造和检验管理规定》，建立滩涂造船举报制度，发现3起违法造船行为，依法给予取缔。

2004年，加大对船厂的造船技术、质量监督力度，严格把好船舶建造检验关。全年监督建造检验船舶30艘。

2005年，监督辖区内新建、改建船舶行为，督促船厂严格按照规范和图纸施工建造。

2008年，开展"打击船证不符专项整治"工作，打击、杜绝擅自新建改建和滩涂建造船舶的行为，取缔并改建船证不符船舶26艘，纳规船舶近5000总吨。

2009年，认真贯彻国家海事局《国内航行船舶图纸审核管理规定》、《国内航线船舶船体建造检验管理暂行规定》，对船舶建造检验坚决把好审图质量关。1—11月，全市累计完成船舶建造检验15艘、743总吨。

2010年船舶建造检验12艘、1232总吨；批准图纸9套。全年共收船舶检验费68万元。

挖砂船、运砂船整治

1996年，对挖砂船进行专项治理整顿，要求限期配备安全设施和申请船舶检验发证，指定区域采挖。全区有挖砂船 51 艘,已检验发证 46 艘。

1997 年,瓯江航道上挖砂船增加到 53 艘,出现乱采乱挖乱抛现象,影响到航道安全。为此,航管部门对船舶业主和从业人员进行运输、安全生产、法制知识和业务知识培训,对 53 艘挖砂船进行登记检验发证,发放采砂许可证。在挖砂船集中的航段设立监控点,航管人员现场办公,有效减少了采砂中的违规违章现象。

1999 年,航管部门针对瓯江航区砂石料运输市场秩序混乱的状况,拟定《瓯江航区水运市场秩序整治方案》,报省航运局批准印发。根据方案与温州市航运管理处处联手行动,开展水运市场秩序整治,4 月 15 日~7 月初,在青田港头设点,对每艘钢质运砂船进行重新检验丈量,按载货参考吨 0.38 系数核定载货吨位,标写船名、船号、船籍港,勘划载重线,换发船舶、船员证照。共检验丈量船舶 372 艘,全部纠正大船小证,载货参考吨由原来的 8538 吨升为 20110 吨,新增吨位 11572 吨,换发证书 1732 本,补征规费 29 万元。同时更正易地办证船舶 26 艘,纳规"三无"(无船舶登记证、检验证、营运证)船舶 3 艘,沉重打击非法运输,有效治理了水上"三乱"(乱设站卡、乱罚款、乱收费)现象,初步形成"统一、开放、竞争、有序"的水运市场。

2000 年,地区航管处与温州市航管处联合颁发《关于加强瓯江水系砂石运输市场管理的联合通知》,使用统一的"浙江省乡镇船舶货物运单",要求采砂石企业凭货单装载砂石,船主必须按时缴纳规费。

2002 年,按照省港航管理局《关于开展工程船技术状况检查》的通知,重点对青田、莲都采砂、碎石等工程船进行全面检查整治,完善 35 米以上船舶的船检档案。

2004 年,对瓯江水系青田航区砂石运输船舶进行整顿,共完成标注船名、船员、船籍港、载重线勘划和船舶载货参考吨复核 326 艘,换发证书 652 本,查获违章船舶 41 艘,处罚 37 艘。

2006 年,对全市现有的 71 艘挖砂船舶进行水工审批工作,至年底完成水工审批 45 艘,审批率 65%。

2007 年, 市港航管理处分别于 6 月、10 月组织开展内河砂石运输船舶超载整治专项活动,使全市砂石运输船舶超载现象得到遏制。

2008 年 5 月,市港航管理处组织海事、船检工作人员,对青田航区运砂船舶进行督查,防止运砂船舶超载。2010 年 7 月 28 日,瓯江干流莲都段实现全面禁采,最后一艘采砂船拆除,转移上岸。2012 年 7 月 1 日起,青田段航道全面禁止采砂。

第四节　船员管理

船员培训

市港航管理处和各县(市)港航所负责对船员培训、考核,船员证件换发,船员违法记分等管理工作。

历史上,木帆船和渡船船工驾驶船只的技术,依靠家传师教,无需考核,凡能掌握撑船、摆渡技术,从事航运者,均可申请登记,发给船员证。

1970年以后,瓯江中上游航道始用机动船,并进行驾机船员考核管理。考核分理论、实践操作两个方面,成绩合格者发给证书,持有船员合格证书者,方可任职。并逐年举办驾机船员培训班,提高他们的操作技术,经考核合格,发给证书。

1986年以后, 执行省航运管理局公布的《浙江省内河40马力及以下小机船船员配额规定》。全区机动船属于12~15马力,7~18吨位小型简易船舶,7吨以上船舶每船配备驾驶员1名,水手或机助1名。驾驶员均须经过培训、考试,持有航管部门核发的“浙江省小机船船员证书”。船员考试与船舶检验40马力及以上的由地区航管处负责,40马力以下的由县(市)航管所办理。

随着船舶吨位扩大和船舶主机功率增大,航线延伸,好多船员驾驶技术达不到规定要求,提高船员业务技术素质成为当务之急。1991年举办200总吨位培训班1期,参加32人,经考试全部合格,发给适任证书。

1992年举办近海未满200总吨位的船员、值班驾驶员、海船300马力以下轮机长、值班船员培训班,培训73人,考核合格。

是年,举办内河船员培训班,培训112人;渡工培训班,培训51人。

1993年,举办船员培训班5期,学员289人,通过考试,合格率98%。

1994年,培训船员258人次,合格率98.5%。

1995年,全区组织船员培训15期、参加589人次,换发新的船员适任证书634本。

1996年省航运管理局发文规定200总吨以下(四等、五等船员)的考试,发证工作下放到市(地)级航管部门,200总吨以上(三等以上船员)由省级航管部门考试、发证。

1997年9月4日,省人民政府发布《浙江省渡口安全管理办法》(浙江省政府令〔1997〕88号),规定港航(港务)监督机构“负责渡工的技术考核,核发渡工证或船员适任证书”。根据省政府令,地区航管处加强对不适任船员和渡工的培训。

1999年,举办船员培训班,考试合格233人,其中四等大副111人、四等大轮管119人,建立船员档案,发给适任证书。

2000年,对驾驶技术达不到规定资格要求的船员进行培训,经培训考核合格的153人,其中四等船员43人,五等船员110人,建立档案,发给适任证书。

2001年,加强船员考试管理工作,实行培训、考试、发证分离。严格要求培训单位,在师资、设备和课时上到位,对船员进行安全知识、职业道德、法律法规的教育,确保培训质量。对经过培训的200名船工、筏工进行不同类别的等级考试,合格发证190人,建立船员档案,发给相应等级的适任证书。

2002年,举办船员培训班2期,对参加培训的361名船员进行理论、操作考核,合格者发给四等船员证书。

2004年5月,市港航管理处指导丽水市汽车运输集团有限公司汽车技术学校建立船员培训中心,7月经省港航管理局查验合格。9月,举办第一期内河船舶船员轮机、驾驶专业培训班,参加培训、考试的船员72名,考试合格62名,发给合格证书,合格率85%。

2005年3月,根据交通部海事局规定,考试与培训不能由同一单位进行。海事部门专门负责船员的考试与发证,培训由专业培训机构负责。莲都区范围的船员培训工作由丽水市汽车运输集团有限公司汽车技术学校担负。

2006年,根据省港航管理局要求,市港航部门全面开展新版船员证书换发工作,发放从业人员服务簿1073本,换发新版证书630本,换发率超过70%。

是年上半年举办内河船员培训班1期,参加考试47人,不合格3人,合格率94%。7月、10月市港航管理处先后举办水上摩托艇船员培训2期,经考试合格船员64名,初步适应了南明湖旅游业的开发对水上摩托艇船员的迫切需求。

根据上级交通部门规定,船员培训考试开始使用浙江省内河船员考试题库的出题试卷,使船员培训考核更加规范。2007年全市举办船员培训班2期,参加考试83名,不合格4人,合格率95%,发放合格船员证书。截至10月30日,共换发新版船员适任证书794本,内河船员簿1230本。

为确保水上旅游安全,2008年4月,市港航管理处专门为缙云县举办排工培训班,组织10名排工考试,合格者发给排工证书。做好滩坑库区船员考试、发证工作,同年5月,举办培训班,参加培训考试船员70名,考试合格58人,发给合格船员证书。8月24日,市港航管理处下发《丽水市内河船员强制性培训管理办法》,强化船员理论与实际操作考试,逐步提高船员的安全意识、操作水平和应急反应能力,并于3月、4月、9月先后举办内河船员安全知识培训班,参加培训276人。

2009年1月15日,丽水市地方海事局发出《关于做好内河船舶船员适任证书到期再有效审验工作》的函,要求持有"适任证书"的船员应当在"适任证书"有效期截止日期前6个月内向原发证机关申请证书再有效审验。在结合船员换证工作的同时,全面开展内河船舶船员注册工作。1—11月,市港航管理处举办培训班10期,参加培训和考试的船员564人,换发、注册船员证书1028本,顺利完成了换证、注册任务。

2010年,举办培训班1期,培训船员63人次。

历年船员培训情况,见下表。

表 237

1991—2010 年全市船员培训情况一览表

年份	培训班期数	培训内容及对象	参加人数	合格数	备注
1991	2	渡工培训	54 人	53 人	发给证书
1991	1	200 总吨培训班	32 人	32 人	发给适任证书
1992	1	近海未满 200 总吨位船长、值班驾驶员、海船 300 马力以下轮机长、值班船员	73 人	73 人	发给证书
1992	1	内河船员培训	112 人	112 人	发给证书
1992	1	渡工培训	51 人	51 人	发给证书
1993	5	船员培训	289 人	合格率 98%	合格者发给证书
1994		船员培训	258 人	98.5%	合格者发给证书
1995	15	船员适任培训	589 人次		换发证书 634 本
1999	多期	船员培训班，其中四等大副 111 人，四等大轮管 119 人	233 人	建立档案	发给适任证书
2000	多期		153 人	四等船员 43 人，五等船员 110 人	发给适任证书
2001	多期	船工、筏工	200 人	190 人	发给相应等级适任证书
2002	2	船员培训	361 人		合格者发给四等船员证书
2004	1	内河船舶船员轮机、驾驶专业	72 人	62 人	发给合格证书
2006	1	船员培训	47 人	44 人	合格率 94%，发给证书
2006	2	水上摩托艇船员培训	64 人	64 人	适应了南明湖旅游业发展
2007	2	船员培训	83 人	79 人	合格率 95%，发给合格船员证书
2008	1	滩坑库区船员培训	70 人	58 人	合格者发给适任证书
2008	3	内河船员安全知识培训	276 人		
2008		为缙云县培训排工	10 人	10 人	发给排工证书
2009	10	航员培训	564 人		换发、注册船员证书 1028 本
2009	多期	内河客渡船船员特殊培训	183 人		合格者发给证书
2010	1	船员培训	63 人	63 人	合格者发给证书

船员违法记分管理

为维护水上交通秩序，增强船员遵章守法意识，预防水上交通安全事故，加强对内河船舶船员的动态管理，依据《中华人民共和国船员条例》规定，2008 年 2 月 2 日，浙江省地方海事局制定《浙江省地方海事局辖区船员违法记分管理实施办法》(浙地海〔2008〕2 号文件)，定于 2008 年 3 月 1 日起实施。

根据文件精神，市港航管理处于 2009 年在全市全面开展船员违法计分工作，并在 6 月、9 月安排督查人员对各县(市)港航所该项工作开展情况进行督促检查，其中青田滩坑库区执行船员违法计分 3 起。

2010 年，全市无发生船员违法事例。

第八章 安全管理

民国期间，丽水行政督察区没有专门机构或专职人员从事交通安全管理，出问题临时派员处理。中华人民共和国成立后，人民政府重视交通安全工作。1953 年 12 月，在丽水成立交通监理小组，1963 年 11 月丽水专区交通监理所成立，1964 年 6 月专区航运管理所成立，1974 年 9 月，丽水地区交通局成立，负责全区公路、水路各项行政管理工作。地区交通监理所归属地区交通局管理，至此，交通安全管理机构日臻健全，机构遍及全区各个县。1987 年 9 月 3 日，贯彻 1986 年国务院 91 号文件精神，地区交通监理处原"车辆监理"职能成建制移交公安部门，地区公安局设立交通警察支队，县(市)设交警大队。从此，道路交通运输安全管理由交警部门和交通部门共同负责。

2005 年 12 月 24 日~2008 年 12 月 31 日，丽水境内金丽温、龙丽、丽龙、台金 4 条高速公路建成通车，并成立管理处(台金高速管理处设在仙居县)，对辖区高速公路实施全面管理。管理处下设安全保畅科，管理所辖路段，并对管养单位的管养情况进行检查、考核。

第一节 道路交通运输安全管理

道路交通安全管理

路面管理

中华人民共和国成立后，公路交通运输安全一直由交通监理机构、交通管理部门和国营汽车运输单位负责。

1951 年，省行车安全宣传教育委员会在丽水设立分会，在宣传教育的同时，分别组织人员检查行车情况，开展安全竞赛活动。对占道设摊、阻碍交通等行为及时进行劝阻和处理。

中共十一届三中全会后，为适应道路交通事业迅速发展的需要，1978 年，地区交通监理部门根据全区监理工作会议精神，实行三分之一人员用三分之一时间上路、上车、上单位检查纠正违章的制度，并开展 5 月"安全月"、9 月"质量月"等活动。

1978 年 12 月，省汽车运输公司丽水分公司建立安全科，把安全质量提到议事日程。各站、队经常向职工宣传"安全质量第一"的重要意义，普遍坚持周五安全活动日，制订安全公约，召开各种类型的安全会议，对职工进行遵章守纪教育，不定期进行路检路查，有力地促进了各项安全质量管理制度的落实。

1981 年，丽水分公司举办各种类型的驾驶员学习班 15 期，组织路检路查车辆 3351 辆次，行车事故次数比 1980 年同期下降 18%，安全间隔里程增长 6.9%。

1982 年，丽水分公司认真贯彻省公司《关于迅速行动起来，狠刹违章操作，确保行车安全的决定》，切实加强管理，使广大干部职工进一步树立“安全第一”的思想，分公司百车事故率、百车死亡率、受伤率和大事故减少。

1983 年 9 月，丽水分公司成立以主管安全质量的分公司安全质量管理领导小组，各基层成立相应组织，建立一支具有初中文化以上的年轻的安全员队伍，并受过全面安全质量管理(简称 TQC)知识培训。

1990 年 8 月，根据全省公路交通管理工作会议部署，地县交警部门分别把主要警力投入路面管理，在事故多发地段，采取重点检查和巡逻相结合，实行两班值勤制，以保持干线道路基本畅通。青田、丽水、缙云 3 县(市)坚持每天有三分之一干警上路，并建立交通管理信息点和报警员制度，沟通路面交通管理信息网络，以消除隐患，遏制事故上升势头。

1992 年，全区对交通管理工作进行 4 改：改定点检查为巡逻值勤，真正实行动态管理；改随意拦车检查为发现违章后停车检查；改以经济处罚为主为以宣传教育为主；改“常日班”巡逻为全天候巡逻。在全区开展“整顿交通秩序，预防交通事故”活动。青田、丽水、缙云 3 县(市)在 330 国道线首批设置报警点 12 个，以方便群众就近报警，并实行“高峰保点、平峰巡线、分段包干、责任到人”的勤务形式，以保证道路畅通无阻。

1993 年，地区交警支队在城镇和主干线上采取定人员、定路段、定责任的“三定”挂牌执勤制度，并开始实行 24 小时全天候执勤，还将原有的路检组改为督查组，及时做好交通安全的督查工作。

1995 年，全区“122”交通事故报警电话开通，设报警站 9 个，负责调度交通事故处理工作。

1996 年初，丽水城区主要路口开始设置交警手势指挥台和红绿灯指挥仪。

2000 年，全国“平安大道畅通工程”启动。撤地建市后，丽水市交警支队在市区开展大规模的“文明交通劝导”活动。加强道路交通事故快速联动紧急救援工作机制，组织开展百日交通安全竞赛活动和道路交通事故“黑点”排查整治工作，以确保“平安大道”工程顺利进行。

2003 年，丽水市区巩固三等管理水平，实现排位前移。“平安大道”创建通过省考核验收，330 国道交通事故死亡人数下降 17.3%。

2004 年，交警支队与交通、公路等部门联合，组织开展公路路口和事故“黑点”排查整治，辖区 12 处省级“黑点”得到全面治理。全年全市投入 974 万元对 93 个事故多发路口进行整治，完善各类交通安全设施。交警支队还会同路政管理部门对全市 958.6 千米国道、省道路段的限速标志进行排查，调整限速设置路段 75 处，确保了公路限速交通标志设置的合法性与科学性。

2006 年，22 处省、市级事故黑点除碧湖南山路段正在治理外，均得到有效整治。12 处省级临水临崖高落差危险路段已基本治理到位。

2007 年春运期间，全市排摸出事故隐患点段 61 处，在危险路段增设警告等交通标志牌 323 块，对 1706 辆客运车辆进行临检，设立 5 个“春运交通安全检查服务站”，检查各类交通违法行为，最大限度地减少道路交通事故的发生。

2008 年，制定《丽水市公安交通事业“2008—2012”发展规划》，对全市交通管理事业作出战略性、全局性、前瞻性部署，推进全市道路交通管理科学化、信息化、现代化。

各级交警部门加快道路交通“政府主导、部门主管、单位主体”3 大责任体系建设，加强与安监、交通、建设、农业、医院、教育等部门的协调和配合，推进道路交通安全社会化管理进程。通过对相关企事业单位的考核，督促单位主要负责人负起本单位的交通安全管理责任。

公路安保设施建设

管理职责　1976 年前，公路交通安保设施建设由地区车辆监理部门参与、交通管理部门负责。

1987 年，交通管理体制实行大改革，省交通厅和公安厅联合颁发《关于贯彻省政府改革交通管理体制补充通知的实施意见》，明确规定：公路交通标志、标线的设置和日常维护，由公安机关负责；公路地名、分界标志、百米桩、里程牌、护栏等，仍由交通管理部门设置和维护。

自 1991 年以来，地区公路管理部门总结前 30 年公路安全管理方面的经验教训，切实抓好安保工程建设，加强安全生产管理，确保交通运输安全。

《中华人民共和国公路法》通过立法规定了交通主管部门、公路管理机构对公路交通标志标线的管理职责与权限。1998 年 4 月 13 日，浙江省交通厅、公安厅联合下发《关于公路交通标志标线管理工作移交的有关事项通知》（浙交〔1998〕200 号文），自 1998 年 7 月 1 日起，全省公路交通标志标线的设置和管理工作统一由各级交通主管部门负责，标志标线的档案移交给同级公路管理机构，是日起，公路标志标线管理工作由公路管理机构接管。丽水地区交警和公路部门正式办理交接手续后，商定新建、改建公路的交通标志标线设置统一由公路管理部门规划设计，涉及公路交通禁令标志的经县、市公路、交警部门会审后实施；公路交通禁令标志的设置和更改由县级以上公安交警部门提出书面意见，会同同级公路管理部门实地勘察后，由地区公路管理处审批并组织实施，公安交警部门参加验收。

安保设施建设　1988 年后，全区加快交通安全设施建设，增加了科技投入。1989 年，全区完成境内省道 634 千米悬臂式标杆和标牌的设置任务，并在危险地段增设导向标志。

1993 年，完成 53 省道丽龙段 100 多千米标志线和缙云、龙泉、松阳、云和等县（市）公路的指路牌、道口柱桩等设置。

1998年，缙云、龙泉、庆元、遂昌4县(市)在交通要道增设4个安全监控点。缙云县交警大队在330国道的3个事故频发地段增设“雷达测速区”告示牌，并安装6组共360枚反光道钉；青田县交警大队在城区划置车辆分道线3500米；遂昌县增设道路指示牌22块、方向指标16块，并在事故多发地段增设交通禁令标志牌26块。全区的车辆、驾驶员管理，全部实现计算机化。

2002年，全市漆划公路标线计划89232平方米(含“四自”公路)，实际完成10万多平方米，投入经费260多万元。增设国省道标志牌900多块，县道指路标志90多块，一般标志1220块，共投资170余万元。增设和更新县乡公路沿线学校标志37付、落实标志169付、连续弯道标志457付，禁止夜间客运标志272付，共投资51.9万元。加强危桥险路的防护，投入资金200余万元。

2003年，市交警支队在330国道缙云、青田境内建立两个车辆监控系统。是年完成国省道、重要县乡道标志标线的建档工作；漆划标线87208.5平方米(热熔型13860平方米，常温型733348.5平方米)；增设标志牌4000余块。使高速公路、国省道干线公路标志标线规范、醒目、齐全，县乡道危险路段均设置必要的警告、禁令、指示标志牌，完好率达95%以上。

钢质护栏

2005年，全市公路沿线新增各类标志、警告标志235块、禁令标志63块、指路标志68块、界牌41块，新增软体分道标679块、隧道立面标志26块、道钉8000只、示警桩560根。公路标线重新漆划474.5千米，漆划热熔标线250891平方米，冷漆标线46680平方米，震荡标线2179平方米，除旧线7116平方米。标志标线工作投入经费600余万元。

2006年，增设交通标志牌746块，道口标柱589块，漆划交通标线82169平方米，减速带1395平方米。是年，市公路管理部门根据省公路管理局要求，实施护栏墩91372米、连续护栏1675米，投资1321万元；是年，根据交通部下达丽水市县道安保工程的任务，实施墙式连续护栏140米，墙式间断护栏44340米，投入经费456万元。同年，省下达丽水市危桥改造计划9座，省补助251.4万元，至年底已全面完成。

2007年，全市公路安保工程共投入经费2173万元。其中，中央投资463万元，省投资1710万元，按照省交通厅对安保设施提高防护等级要求，市公路管理部门及时调整，基本上采用钢质或钢筋混凝土护栏。先后在7处省级临水临崖危险路段安装钢质护栏13.3千米，在

8处县乡道临水临崖危险路段完善交通安全设施,其中墙式间断护栏13.7千米,墙式连续护栏3.9千米。初步完成桥梁限载标志的设置工作,真正使公路安保工作实现“消除隐患,珍爱生命”的主题。

防撞

2008~2009年,全市公路增设各类标志2290块,道口标柱1107块,附着式轮廓标2304个,柱式轮廓标2693根,反光镜11套,橡胶减速带1327米,反光道钉2846只,重划交通标线186163平方米。

通过实施安保工程,完善公路引导、诱导及安全防护设施,交通事故死亡率和特大交通事故发生率大幅度降低,良好的公路环境保障了行车安全和人民群众的生命财产安全。

表238 2006—2010年全市公路护栏工程建设情况一览表

年份		2006		2007		2008		2009		2010		小计	
项目名称		实施规模	投资需求(万元)	实施规模	投资需求(万元)	实施规模	投资需求(万元)	实施规模	投资需求(万元)	实施规模	投资需求(万元)	实施规模	投资需求(万元)
公路安保工程(千米)	护栏	155.972	2525.5	101.56	1710.1	296.9	5694.1	1047.7	19717.7	582.532	10633.7	2184.664	40281.1
	专项工程				653.5		834.4		984.5		900		3372.4
合计		155.972	2525.5	101.56	2363.6	296.9	6528.5	1047.7	20702.2	582.532	11533.7	2184.664	43653.5

危险路段排查整治

2005年,市公路路政部门与市安全生产监督管理局、市交警支队等部门密切配合,积极开展消除事故多发点(段)工作。全年投入资金80万元,用于全市12处省定和17处市定事故多发点段的整治。

2006年,投入经费236万元,对省政府提出的丽水市12处临水临崖高危路段增设安全设施。

2007年,投入资金462.2万元,整治省市两级事故多发路段21处。

2008年,全市共有8处事故多发点段、11处临水临崖危险路段列入省级挂牌督办整治,8

处事故多发点段、13处临水临崖危险路段列入市级挂牌督办整治。青田县政府下拨隐患整改经费，完善330国道、S333(49)省道、S230(57)省道16处隐患点段的交通安全设施。

防落网

2009年年初，全市有9处事故多发点段、13处临水临崖危险路段列入省级挂牌督办整治，11处事故多发点段、21处临水临崖危险路段列入市级挂牌督办整治，至年底全部治理到位。增设一大批反光标志、标志标线、减速带，其中市区水东大桥安全隐患路段新安装中心隔离护栏1500米；13处省级、21处市级临水临崖危险路段，共安装钢质护栏、浇筑水泥护墩323千米。各地公安交警部门对未纳入挂牌整治的临水临崖路段，及时向当地党委政府提出整改建议，配合交通部门增设交通标志，最大限度消除安全隐患。

2010年，全市有10处事故多发点段、15处临水临崖危险路段列入省级挂牌督办整治。其中省级挂牌的10处事故多发点段共投入资金103万元，增设警示牌14块，浇筑混凝土护栏100米，安装减速带19条，漆划交通标线2357米，封闭护栏6处。省级挂牌的15处临水临崖危险路段共投入治理资金6011万元(其中省补资金4807万元)，增设钢质护栏573.8千米，钢筋混凝土连续护栏8.7千米，至12月已全部治理完毕。全年全市安保工程(临水临崖)实施总里程857.97千米，实施护栏长度540061.0米，其中钢质护栏531691米，钢筋砼连续护栏8370米，总投资1.06亿元，省补资金8507万元，至12月25日，工程全部完成。

分县(市、区)统计见下表。

表 239

2010 年县(市、区)公路安保工程(临水临崖)实施情况汇总一览表

县(市、区)	实施里程(千米)	实施内容					招标进度(%)	工程实施进度		投资完成情况(%)
		钢质护栏(米)	钢筋混凝土连续护栏(米)	护栏柱(根)	总投资(万元)	省补资金(万元)		护栏长度(米)	形象进度(%)	
莲都区	32.35	24210	28		508.4	406.7	100	24238	100	82
龙泉市	234.62	134468			2796.2	2236.9	100	134468	100	91.1
青田县	42.68	31710	3160		634.9	507.9	100	34870	100	50
缙云县	24.78	14346	964		334.1	267.3	100	15310	100	100
遂昌县	235.91	174638			3143.5	2514.8	100	174638	100	57
松阳县	28.44	20286	32		370.4	296.3	100	20318	100	73
云和县	69.87	50273	1342		1099.4	879.6	100	51615	100	75
庆元县	28.114	15920			323.5	258.8	100	15920	100	80
景宁县	161.201	65840	2844		1423.4	1138.7	100	68684	100	66
合　计	857.97	531691	8370		10633.8	8507		540061	100	

表 240

2009 年县(市、区)公路安保工程核查情况一览表

县(市、区)	钢质护栏(米)			钢筋混凝土连续护栏(米)			配套资金(万元)			质量等级
	计划数量	实际完成数量	完成比例	计划数量	实际完成数量	完成比例	应配套	实际配套	配套比例	
直　属	27930	28082	100.50%	—	—	—	—	—	—	优良
龙　泉	190105	162944	85.70%	—	—	—	683.89	0	0	优良
青　田	110863	105309	95%	5168	7019	136%	439.9	200	45.50%	优良
缙　云	59810	52888	88.40%	14635	6740.4	46.10%	364.7	0	0	优良
遂　昌	207164	200470	96.80%	486	1973.5	406.10%	737.9	0	0	优良
松　阳	64800	64875	100.10%	940	785	83.50%	239.4	0	0	优良
云　和	35554	35628	100.20%	1162	1174.3	101.10%	140.4	140.4	100%	优良
庆　元	137776	123080	89.30%	—	—	—	451.9	0	0	优良
景　宁	134792	128830	95.60%	1560	1943	124.60%	536.43	200	37.30%	优良
合　计	968794	902106	93.10%	23951	19635.2	82%	3594.52	540.4	15%	

说明:2010 年农村公路钢质护栏 573820.5 米、钢混凝土 8712 米,因未验收,不计表内

表241

2010年12月330国道丽水市段交通安保设施

序号	设施名称	数量	序号	设施名称	数量
1	钢质防护板(米)	80287	17	墙式护栏(米)	18416
2	护撞防栏柱(支)	24142	18	柱式护栏(支)	897
3	护撞栏板托架(只)	28502	19	护栏墩(只)	1379
4	防撞端头(只)	963	20	轮廓标(只)	3299
5	警告标志牌(块)	386	21	凸镜(块)	9
6	禁令标志牌(块)	187	22	黄闪灯(盏)	15
7	指路标志牌(块)	99	23	爆闪灯(盏)	20
8	旅游标志牌(块)	19	24	隧道灯(盏)	976
9	辅助标志牌(块)	15	25	宣传牌(块)	71
10	诱导标志牌(块)	130	26	减速带(米)	2639
11	单立柱(支)	148	27	道钉(只)	2262
12	悬臂立柱(支)	511	28	指示标志(块)	140
13	常温标线(平方米)	41880	29	养护站房(座)	6
14	示警桩(支)	1020	30	其他设施(件)	0
15	百米桩(支)	1232	31	热熔标线(平方米)	17079.05
16	里程碑(块)	136	32	振荡标线(平方米)	2487.75

表242

2010年12月S219(42)省道磐缙线缙云段交通安保设施

序号	设施名称	数量	序号	设施名称	数量
1	钢质防护板(米)	12980	17	墙式护栏(米)	1719
2	护撞防栏柱(支)	5381	18	柱式护栏(支)	0
3	护撞栏板托架(只)	5381	19	护栏墩(只)	290
4	防撞端头(只)	206	20	轮廓标(只)	22
5	警告标志牌(块)	122	21	凸镜(块)	3
6	禁令标志牌(块)	35	22	黄闪灯(盏)	0
7	指路标志牌(块)	23	23	爆闪灯(盏)	0
8	旅游标志牌(块)	6	24	隧道灯(盏)	0
9	辅助标志牌(块)	5	25	宣传牌(块)	0
10	诱导标志牌(块)	118	26	减速带(米)	164
11	单立柱(支)	91	27	道钉(只)	672
12	悬臂立柱(支)	143	28	指示标志(块)	8
13	常温标线(平方米)	0	29	养护站房(座)	2
14	示警桩(支)	204	30	其他设施(件)	0
15	百米桩(支)	387	31	热熔标线(平方米)	10594.20
16	里程碑(块)	43	32	振荡标线(平方米)	75.60

表 243　　2010 年 12 月 S220(44)省道上松线松阳段交通安保设施

序号	设施名称	数量	序号	设施名称	数量
1	钢质防护板(米)	4640	16	里程碑(块)	12
2	护撞防栏柱(支)	1177	17	墙式护栏(米)	175
3	护撞栏板托架(只)	1177	18	柱式护栏(支)	/
4	防撞端头(只)	34	19	护栏墩(只)	83
5	警告标志牌(块)	50	20	轮廓标(只)	0
6	禁令标志牌(块)	18	21	凸镜(块)	0
7	指路标志牌(块)	15	22	黄闪灯(盏)	0
8	旅游标志牌(块)	17	23	爆闪灯(盏)	0
9	辅助标志牌(块)	4	24	隧道灯(盏)	418
10	诱导标志牌(块)	19	25	宣传牌(块)	0
11	单立柱(支)	24	26	减速带(米)	90
12	悬臂立柱(支)	54	27	道钉(只)	704
13	常温标线(平方米)	5027	28	指示标志(块)	7
14	示警桩(支)	86	29	养护站房(座)	1
15	百米桩(支)	108	30	其他设施(件)	1

表 244　　2010 年 12 月 S222(50)省道龙丽线丽水市段交通安保设施

序号	设施名称	数量	序号	设施名称	数量
1	钢质防护板(米)	85322	16	里程碑(块)	116
2	护撞防栏柱(支)	18338	17	墙式护栏(米)	286
3	护撞栏板托架(只)	18338	18	柱式护栏(支)	271
4	防撞端头(只)	637	19	护栏墩(只)	527
5	警告标志牌(块)	527	20	轮廓标(只)	0
6	禁令标志牌(块)	318	21	凸镜(块)	0
7	指路标志牌(块)	116	22	黄闪灯(盏)	0
8	旅游标志牌(块)	9	23	爆闪灯(盏)	5
9	辅助标志牌(块)	12	24	隧道灯(盏)	0
10	诱导标志牌(块)	161	25	宣传牌(块)	1
11	单立柱(支)	446	26	减速带(米)	607.6
12	悬臂立柱(支)	480	27	道钉(只)	4624
13	常温标线(平方米)	41534	28	指示标志(块)	80
14	示警桩(支)	1503	29	养护站房(座)	3
15	百米桩(支)	1039	30	其他设施(件)	1

表 245

2010 年 12 月 S227(51)省道遂龙线交通安保设施

序号	设施名称	数量	序号	设施名称	数量
1	钢质防护板(米)	64974	16	里程碑(块)	48
2	护撞防栏柱(支)	11500	17	墙式护栏(米)	0
3	护撞栏板托架(只)	11500	18	柱式护栏(支)	0
4	防撞端头(只)	1250	19	护栏墩(只)	750
5	警告标志牌(块)	320	20	轮廓标(只)	0
6	禁令标志牌(块)	17	21	凸镜(块)	19
7	指路标志牌(块)	25	22	黄闪灯(盏)	0
8	旅游标志牌(块)	19	23	爆闪灯(盏)	0
9	辅助标志牌(块)	2	24	隧道灯(盏)	0
10	诱导标志牌(块)	161	25	宣传牌(块)	12
11	单立柱(支)	115	26	减速带(米)	0
12	悬臂立柱(支)	355	27	道钉(只)	0
13	常温标线(平方米)	4262.76	28	指示标志(块)	4
14	示警桩(支)	98	29	养护站房(座)	5
15	百米桩(支)	463	30	其他设施(件)	0

表 246

2010 年 12 月 S228(52)省道云寿线丽水市段交通安保设施

序号	设施名称	数量	序号	设施名称	数量
1	钢质防护板(米)	34950	17	墙式护栏(米)	652
2	护撞防栏柱(支)	12920	18	柱式护栏(支)	94
3	护撞栏板托架(只)	12920	19	护栏墩(只)	4
4	防撞端头(只)	461	20	轮廓标(只)	1920
5	警告标志牌(块)	218	21	凸镜(块)	5
6	禁令标志牌(块)	89	22	黄闪灯(盏)	4
7	指路标志牌(块)	113	23	爆闪灯(盏)	2
8	旅游标志牌(块)	22	24	隧道灯(盏)	1492
9	辅助标志牌(块)	77	25	宣传牌(块)	33
10	诱导标志牌(块)	221	26	减速带(米)	0
11	单立柱(支)	170	27	道钉(只)	1082
12	悬臂立柱(支)	196	28	指示标志(块)	0
13	常温标线(平方米)	18773	29	养护站房(座)	2
14	示警桩(支)	194	30	其他设施(件)	0
15	百米桩(支)	568	31	龙门架(只)	2
16	里程碑(块)	64			

表 247

2010 年 12 月 S229(54)省道龙后线丽水市段交通安保设施

序号	设施名称	数量	序号	设施名称	数量
1	钢质防护板(米)	21896	16	里程碑(块)	88
2	护撞防栏柱(支)	7036	17	墙式护栏(米)	1179.56
3	护撞栏板托架(只)	7036	18	柱式护栏(支)	148
4	防撞端头(只)	766	19	护栏墩(只)	660
5	警告标志牌(块)	157	20	轮廓标(只)	448
6	禁令标志牌(块)	49	21	凸镜(块)	11
7	指路标志牌(块)	25	22	黄闪灯(盏)	0
8	旅游标志牌(块)	10	23	爆闪灯(盏)	0
9	辅助标志牌(块)	12	24	隧道灯(盏)	467
10	诱导标志牌(块)	28	25	宣传牌(块)	18
11	单立柱(支)	46	26	减速带(米)	136
12	悬臂立柱(支)	153	27	道钉(只)	218
13	常温标线(平方米)	25216.06	28	指示标志(块)	6
14	示警桩(支)	248	29	养护站房(座)	6
15	百米桩(支)	844	30	其他设施(件)	0

表 248

2010 年 12 月 S230(57)省道青岱线青田段交通安保设施

序号	设施名称	数量	序号	设施名称	数量
1	钢质防护板(米)	17700	16	里程碑(块)	38
2	护撞防栏柱(支)	6654	17	墙式护栏(米)	1470
3	护撞栏板托架(只)	6654	18	柱式护栏(支)	150
4	防撞端头(只)	336	19	护栏墩(只)	43
5	警告标志牌(块)	109	20	轮廓标(只)	900
6	禁令标志牌(块)	13	21	凸镜(块)	7
7	指路标志牌(块)	6	22	黄闪灯(盏)	1
8	旅游标志牌(块)	0	23	爆闪灯(盏)	2
9	辅助标志牌(块)	0	24	隧道灯(盏)	430
10	诱导标志牌(块)	98	25	宣传牌(块)	0
11	单立柱(支)	38	26	减速带(米)	210
12	悬臂立柱(支)	63	27	道钉(只)	96
13	常温标线(平方米)	7143	28	指示标志(块)	1
14	示警桩(支)	88	29	养护站房(座)	5
15	百米桩(支)	340	30	其他设施(件)	0

表 249

2010年12月S322(35)省道临石线缙云段交通安保设施

序号	设施名称	数量	序号	设施名称	数量
1	钢质防护板(米)	3171	17	墙式护栏(米)	2345
2	护撞防栏柱(支)	1474	18	柱式护栏(支)	0
3	护撞栏板托架(只)	1474	19	护栏墩(只)	2261
4	防撞端头(只)	52	20	轮廓标(只)	0
5	警告标志牌(块)	79	21	凸镜(块)	15
6	禁令标志牌(块)	23	22	黄闪灯(盏)	0
7	指路标志牌(块)	32	23	爆闪灯(盏)	0
8	旅游标志牌(块)	2	24	隧道灯(盏)	0
9	辅助标志牌(块)	14	25	宣传牌(块)	52
10	诱导标志牌(块)	224	26	减速带(米)	0
11	单立柱(支)	158	27	道钉(只)	0
12	悬臂立柱(支)	76	28	指示标志(块)	0
13	常温标线(平方米)	0	29	养护站房(座)	2
14	示警桩(支)	82	30	其他设施(件)	
15	百米桩(支)	306	31	热熔标线(平方米)	4590.92
16	里程碑(块)	34	32	振荡标线(平方米)	392.16

表 250

2010年12月S328(53)省道丽浦线丽水市段交通安保设施

序号	设施名称	数量	序号	设施名称	数量
1	钢质防护板(米)	48294	16	里程碑(块)	199
2	护撞防栏柱(支)	25313	17	墙式护栏(米)	7590
3	护撞栏板托架(只)	25313	18	柱式护栏(支)	26(云和段)
4	防撞端头(只)	1796	19	护栏墩(只)	361
5	警告标志牌(块)	425	20	轮廓标(只)	1610
6	禁令标志牌(块)	174	21	凸镜(块)	49
7	指路标志牌(块)	133	22	黄闪灯(盏)	23
8	旅游标志牌(块)	28	23	爆闪灯(盏)	12
9	辅助标志牌(块)	48	24	隧道灯(盏)	168
10	诱导标志牌(块)	303	25	宣传牌(块)	94
11	单立柱(支)	364	26	减速带(米)	366
12	悬臂立柱(支)	464	27	道钉(只)	1581
13	常温标线(平方米)	40580.77	28	指示标志(块)	41
14	示警桩(支)	968	29	养护站房(座)	7
15	百米桩(支)	1610	30	其他设施(件)	9

表 251　　2010 年 12 月 S329(55)省道菊寿线庆元段交通安保设施

序号	设施名称	数量	序号	设施名称	数量
1	钢质防护板(米)	66154	16	里程碑(块)	103
2	护撞防栏柱(支)	24807	17	墙式护栏(米)	1281.96
3	护撞栏板托架(只)	24807	18	柱式护栏(支)	1345
4	防撞端头(只)	490	19	护栏墩(只)	1474
5	警告标志牌(块)	314	20	轮廓标(只)	3047
6	禁令标志牌(块)	54	21	凸镜(块)	44
7	指路标志牌(块)	59	22	黄闪灯(盏)	2
8	旅游标志牌(块)	3	23	爆闪灯(盏)	1
9	辅助标志牌(块)	0	24	隧道灯(盏)	488
10	诱导标志牌(块)	94	25	宣传牌(块)	10
11	单立柱(支)	118	26	减速带(米)	132
12	悬臂立柱(支)	376	27	道钉(只)	166
13	常温标线(平方米)	21436.45	28	指示标志(块)	6
14	示警桩(支)	164	29	养护站房(座)	7
15	百米桩(支)	1038	30	其他设施(件)	0

表 252　　2010 年 12 月 S330(56)省道瑞东线景宁段交通安保设施

序号	设施名称	数量	序号	设施名称	数量
1	钢质防护板(米)	34106	16	里程碑(块)	21
2	护撞防栏柱(支)	11126	17	墙式护栏(米)	48
3	护撞栏板托架(只)	11126	18	柱式护栏(支)	0
4	防撞端头(只)	682	19	护栏墩(只)	0
5	警告标志牌(块)	127	20	轮廓标(只)	0
6	禁令标志牌(块)	8	21	凸镜(块)	4
7	指路标志牌(块)	3	22	黄闪灯(盏)	0
8	旅游标志牌(块)	0	23	爆闪灯(盏)	0
9	辅助标志牌(块)	0	24	隧道灯(盏)	0
10	诱导标志牌(块)	39	25	宣传牌(块)	10
11	单立柱(支)	8	26	减速带(米)	0
12	悬臂立柱(支)	77	27	道钉(只)	0
13	常温标线(平方米)	32349	28	指示标志(块)	0
14	示警桩(支)	36	29	养护站房(座)	1
15	百米桩(支)	197	30	其他设施(件)	0

表 253　**2010 年 12 月 S333(49)省道六东线丽水市段交通安保设施**

序号	设施名称	数量	序号	设施名称	数量
1	钢质防护板(米)	31983	17	墙式护栏(米)	5528
2	护撞防栏柱(支)	9744	18	柱式护栏(支)	965
3	护撞栏板托架(只)	9744	19	护栏墩(只)	50
4	防撞端头(只)	444	20	轮廓标(只)	1193
5	警告标志牌(块)	218	21	凸镜(块)	9
6	禁令标志牌(块)	94	22	黄闪灯(盏)	0
7	指路标志牌(块)	23	23	爆闪灯(盏)	8
8	旅游标志牌(块)	6	24	隧道灯(盏)	616
9	辅助标志牌(块)	10	25	宣传牌(块)	5
10	诱导标志牌(块)	130	26	减速带(米)	379
11	单立柱(支)	128	27	道钉(只)	897
12	悬臂立柱(支)	245	28	指示标志(块)	4
13	常温标线(平方米)	23000.4	29	养护站房(座)	4
14	示警桩(支)	266	30	其他设施(件)	0
15	百米桩(支)	667	31	热熔标线(平方米)	1831.52
16	里程碑(块)	63			

避险车道建设

330 国道枫树湾避险车道　330 国道 K126~K128 丽缙段枫树湾路段，为长达 6 千米多的连续下坡加急弯路段，从 1998 年正式通车至 2007 年由于交通事故已死亡 40 余人，2004 年，该路段被列为省级事故“黑点”。2006 年年底，丽水公路部门筹资 240 余万元在该路段建设避险车道。该避险车道采用入口驶出主线 330 国道失控行车速度为 100 千米/小时的标准建设，路基宽度 9. 5 米，其中制动车道宽度 6.0 米，整个车道长约 110 余米。工程于 2007 年 2 月建成并投入使用。

2007 年 10 月 20 日~12 月 31 日，丽水市公路管理处直属公路段投入 100 多万元进行路基加固，加长避险车道渐变段长度，加大入口处宽度，使入口处的视线更通畅，并在服务车道安装自发光轮廓标提醒夜间驾驶员，在车道尽头设置大型安全避险标志牌，进一步完善了车道的避险功能。

2010年7月,直属公路段又给该避险车道安装出险救援监控系统,通过电子眼将整条避险车道及周边情况纳入眼帘,实行24小时监控,确保第一时间快速出警,同时打开录像回放资料,全面准确地掌握出险过程和事故原因,以便于营救工作的顺利开展。

截至2010年底,该避险车道有记录在案的就已成功避险车辆10余辆,保障20余人的生命安全。

S220(44)省道上松线松阳段避险车道　S220省道松阳段从K81开始,均为连续下坡路段,许多车辆因长时间刹车,导致制动失灵,造成交通事故。

2009年6月,松阳县投资340万元,在松阳段K77+550处动工建设避险车道。工程于6月10日动工,次年1月16日完工。避险车道长85米,其中坡床长66.3米,宽5米,坡床纵坡13%。2010年1月,经丽水市交通工程质量监督站鉴定合格。2010年1月1日投入运行,至2011年3月,为13辆失控车成功避险,挽救生命30多人,挽回经济损失700多万元。

S222(50)省道龙丽线洋条岭避险车道　S222省道龙丽线遂昌县妙高镇洋条岭路段,是连续下坡急弯事故多发地段。2009年遂昌县投资250万元,在龙丽线K53+500处设置避险车道,采用驶入避险车道入口的失控车辆行驶速度为100千米/小时的标准设计。避险车道长220米,其中引道150米、制动车道70米。2009年9月3日开工,2010年3月15日完工。4月投入使用。2011年4月,又安装出险救援监控系统,实行24小时监控,以便在车辆出险第一时间快速救援。自启用至2010年12月,已有22辆失控汽车成功避险。

S230省道青岱线(汤垟至将军岩段)避险车道　2006年10月,S230省道青岱线汤垟至将军岩段第三期改建工程动工。该路段从文成往青田方向7.4千米路线基本为大纵坡连续下坡,工程在K26+800处设置一道避险车道,供故障车辆特别是制动失灵车辆紧急避险。避险车道总长205米,总宽8米,其中制动坡床长104米,纵坡为15%,制动坡床宽4.5米,车道外侧设置波型防撞护栏。从距避险车道进口2千米处开始,设置避险车道指示牌5块,配合其它交通标志引导故障车辆进入避险车道。工程总投资90万元。2011年第三期改建工程竣工,避险车道投入使用。

农村公路安保护栏建设

2003年,实施乡村康庄工程以后,通村公路数量、里程成倍增加,公路管理部门为确保农村公路车辆行驶安全,加大力度,实施农村公路安保工程建设。

2009年,全市公路部门对县乡道临水临崖危险路段进行整治,完成线路126条、1042.4千米整治工作,其中设置钢质护栏1016.7千米,设置水泥混凝土护栏25.7千米,全面完成省公路局下达的计划。投资1.95亿元,其中省补资金1.56亿元,地方配套资金3893.44万元。

2010年,完成钢质护栏设置573820.5米、钢筋混凝土护栏8712米,共投资1.06亿元,其中省补资金8507万元,地方配套资金2126万元。

监控卡口建设

针对交通肇事车逃逸、盗抢机动车等案件不断发生,2008年,市交警支队重点加强全市22组省际卡口建设。6月开始,22组智能监控卡口投入试运,充分发挥监控系统在查处交通违法、侦破交通肇事逃逸案件、打击盗抢机动车等方面的作用。至2010年,在市境内13条国省道118个路口陆续建立智能监控卡点,其中丽水市区79个。

丽水市区交通安保设施建设

丽水市区交通安保设施包括红绿灯、电子警察、各类交通标志标牌、漆画线、减速带、隔离栅、护栏等。

红绿灯安装 丽水城区第一座红绿灯交通岗亭于1991年在丽阳门十字街头边建立,当时红绿灯依赖岗亭执勤民警指挥,此后在车流量大的十字街口陆续安装红绿灯。

2002年,市交警支队为使车辆和行人左右转向有序,新增多相位交通信号灯10组,改选6组,至2010年底,在市区共安装87组。

2004年,市区人民路、囿山路、和平路、寿尔福路增设了4组路口红绿灯,市区路口交通红绿灯总数达到20组。

2005年,全年完成丽水市区新设置路口交通红绿灯13组,使市区路口交通红绿灯总数达到42组(含水阁开发区)。

2007年,在新建道路路口安装红绿灯11组,在车流量较大、没有红绿灯的路口新增移动式交通信号灯5组。至2010年底,市区已安装红绿灯72组。

电子警察系统安装 2003年,市交警支队建立车载流动电子警察系统4组。

2006年,修建市区路口电子警察系统4组。

2007年,增加电子警察系统9组。

2008年,在丽阳街与大洋路、解放街与大洋路、绕城东路与水东大桥等3个路口安装电子警察3组,至2010年底,在丽水市区共安装电子警察66组,实行路口交通动态全程监控,进一步严格驾车人员和广大行人执行交通安全法规,遵守交通秩序,减少交通事故发生。

标志标牌设立 1988年,丽水城区增设各种标杆105根,各种交通标志牌183块,指路标志牌12块。2002年,新设标志牌390块。2003年新设标志牌68块。

2004年,在新建的开发路、学院路、城北路、中山街北段等道路新增各类交通标志牌430块。

2005年设置指路标志36块、禁令标志55块、警告标志31块、道口标志320块、单列柱82支、导向标志F杆23支、指路标志F杆76支。重新设置限速标志44块、危险品禁令标志43块、机动车行驶标志34块、非机动车行驶标志34块、人行横道标志12块。

2006年,设置标志牌83块、突起路标450颗、道口标柱24支。

2007年，在江滨路、长虹路、北苑路等新建路段设置指路、限速、禁停、辅助、人行横道等各类标志牌408块，设置道口标柱72支。

隔离带和人行护栏设置　市区街道增设隔离带和人行护栏，是使车、人各行其道，确保车行有序、人行安全。

1991年，开始在城镇繁华地段设置人行横道线(又称斑马线)、人行护栏和隔离带。

2002年，市区增设隔离护栏1200米。2004年更新交通安全护栏1500米。

2005年增设隔离护栏1500米，橡皮警示柱50支。

2006年设置隔离护栏8400米。

2007年购置安装隔离护栏1000米。

施划标线、振感标线、减速带　1988年丽水城区漆划安全线45千米。

2002年6月13日，市政府主持召开会议，专题研究落实城区道路投资建设计划，将维护经费列入城市维护费中，为市区交通基础设施建设理顺了经费渠道。全年，丽水市区施划交通标线22300米。

2003年，施划市区交通标线3700平方米。

2004年，对新建的开发路、学院路、城北路、中山街北段等道路新划交通标线13千米，重新漆划大洋路、解放街、丽阳街等道路交通标线共7500平方米。

2005年，施划交通标线14500平方米，同时，重新施划标线14000平方米。

2006年，施划振感标线490米，热熔标线2250平方米，设置橡胶减速带60米。

2007年，在江滨路、长虹路、北苑路等新建路段设置橡胶减速带200米，施划热熔标线21983平方米。同时在其他街道补划标线18799米，清除1154米。

道路运输安全管理

制定规章制度，维护道路运输安全。

20世纪90年代以来，市运输管理处为维护道路运输安全陆续制定《车辆安全技术管理制度》《驾驶员安全管理制度》《安全监督例会制度》《GPS卫星定位系统和行驶记录仪使用监管制度》《道路客运安全管理制度》《关于建立道路运输安全生产监督检查制度的通知》《道路危险货物运输安全管理制度》《安全生产督查工作制度》等10多项规章制度，并加大严管力度，促进交通运输人日日讲安全，自觉遵章守制，把运输安全视作大事要事来抓。

2002年，市运输管理处在丽水汽车东站建立执勤点。次年，丽水汽车西站建成投入营运后在西站建立执勤点，对车站的安全工作进行监管，加强车辆进出站管理，对营运秩序进行监管，并处理旅客投诉等项事宜。

在日常工作中，市、县运管部门和市、县交警部门严把运输经营者市场准入关，严把营运车辆技术状况关，严把营运驾驶员从业资格关，认真抓好对汽车客运站的安全监督。对道路营运车辆，坚持预防为主和技术与经济相结合的原则，对运输车辆实行择优选配、正确使用、定期检测、强制维护、视情修理、合理改造、适时更新和报废的全过程综合性管理；督促驾驶员认真学习《中华人民共和国道路运输条例》《中华人民共和国道路交通安全法》《中华人民共和国道路安全法实施条例》等国家及各级政府、行业管理机构关于安全生产的方针、政策、法规和标准。抓好企业对司乘人员的安全教育和培训工作，检查、指导驾驶员的安全学习活动情况。

积极推广和正确使用GPS卫星定位系统、行驶记录仪等管理设备，并督促使用GPS卫星定位系统的运输企业建立互联网车辆监控服务中心，实行24小时专人监控，按时向运政管理机构上报监控相关数据。

2004年5月1日，《中华人民共和国道路交通安全法》《中华人民共和国道路安全法实施条例》开始施行。8月，市交警支队对丽水市汽车西站、东站、丽水市汽车运输集团有限公司等客运单位进行安全情况普查，检查企业环境和车辆运行情况，车辆和驾驶员安全责任书、驾驶员配备和学习情况、门检制度落实情况等，杜绝超载车和病车出站上路，协同交通部门完成GPS卫星定位系统和行车记录仪安装工作。

2005年，市交警支队组织车管所专门人员对辖区机动车档案进行清理，开展打击盗抢机动车专项行动。9月21日起，交警支队开展“奋战100天，确保零增长”道路交通安全竞赛活动，形成严管氛围，实现“全市不发生一次死亡3人以上的特大交通事故，杜绝发生一次死亡5人以上的特大恶性交通事故”的工作目标。拟定以市公安局、交通局、安全生产监督管理局名义联合发布的《全市营运客车专项整治工作方案》，从2005年11月1日至2006年2月20日，在全市范围内开展营运客车专项整治活动，确保营运客车安全行驶。

打击“车匪路霸”

中华人民共和国建立初，金丽温公路(330国道)丽水至永康段曾多次发生过往车辆被土匪抢劫事件，专署公安局和解放军驻丽部队联合进行武装守卫、押运和追剿打击，保障了行车安全。

1992年，拦路抢劫、敲诈勒索的“车匪路霸”再次出现。为保障行车安全，全区公安机关于5至7月开展一场以“二反”(反入室盗窃，反拦路抢劫)为重点的侦破战役，后又于9至12月开展打击“车匪路霸”统一行动，狠刹在公路沿线拦路抢劫、敲诈勒索的歪风，保障行车安全。

1995年初，地区交警部门本着“一切为了畅通，一切为了安全”的指导思想，提出“超常规管理交通”的新思路，从改革勤务制度入手，实行目标管理责任制，在330国道线上建立由缙云、丽水、青田3县(市)共54人组成的3支交通巡逻队；在缙云的新碧、丽水的岩泉、青田的锦水等易失控的路段建起3个交通治安岗亭。开通“122”交通事故报警电话，全区15个交警中队全部夜间开门执勤，以提高公安机关快速反应能力。

1997年下半年，地区和各县(市)先后组成10支公路巡逻民警大队，并开始担任在公路沿线的刑事、治安、交通安全等综合执法任务，强化动态管理，进一步提高接处警能力，保障了道路交通安全。

清理整顿公路“三乱”

公路三乱即在公路沿线乱设卡、乱收费、乱罚款。

1988年，经省、地区公安部门批准，全区设有25个交通、运管、木材、商检等综合性检查站，对维护交通秩序，打击违法行为起到一定作用。此后，因受物质利益驱动，部分事业单位和乡镇，甚至行政村，未经公安部门批准，擅自设立各类检查站，对过往车辆进行拦车检查，实行乱收费、乱罚款，扰乱交通秩序，影响党和政府的威信，驾驶员和人民群众反响强烈。

1995年，根据省政府《关于清理整顿公路检查站的通知》，全面开展以纠正公路乱设卡、乱收费、乱罚款为主要内容的整顿活动。地区、县（市）公安部门对各地的检查站开展全面清理，先后撤销未经批准的检查站（点）115个，取消没有法律依据或不合理的收费项目53项，维护公民利益，保障了道路畅通。

1997年，公路“三乱”出现回潮现象，地区公安局及时下发《关于防止公路“三乱”回潮的通知》，开展明查暗访，发现一处查处一处。地区公安局与各县（市）公安局签订治理公路“三乱”责任书，确保实现无“三乱”发生。市、县（市）运管部门和各级交警部门，协同共管，加强道路运输安全管理。

酒后驾车整治

根据《中华人民共和国道路交通安全法》和《浙江省实施〈中华人民共和国道路交通安全法〉办法》，规定机动车驾驶人饮酒后驾驶机动车的，处暂扣1个月以上3个月以下机动车驾驶证，并处500元罚款；醉酒后驾驶机动车的，由公安机关交通管理部门约束至酒醒，处15日以下拘留和暂扣3个月以上6个月以下机动车驾驶证，并处2000元罚款。

一年内有醉酒驾驶机动车的行为，被处罚两次以上的，吊销机动车驾驶证，5年内不得驾驶营运机动车。

酒后驾车关系到道路交通安全，一直是全市交警部门长抓不懈的重点工作之一，整治力度大，持续时间长，形成严管常态。特别是2009年8月7日，全省公安机关贯彻落实严重道路交通违法行为5条常态严管措施电视、电话会议召开之后，市公安局第一把手亲自抓酒后驾驶整治工作，专门出台“三个严禁”（严禁擅自为交通违法当事人减轻或减免处罚；严禁擅自对依法扣留的车辆、证件进行违规处理；严禁擅自对交通违法当事人减免记分），杜绝交通违法“说情风”。公安交警部门积极行动，认真部署，采取异地交叉用警、相关警种配合、营造宣传声势、成立小分队、机关事业单位工作人员抄告纪检监察部门等措施，强力推进“酒后驾驶”交通违法行为整治行动深入开展。截至12月31日，全市查处酒后驾驶1719起，醉酒后驾驶304起，因酒后驾驶暂扣驾驶证1858本，因醉酒驾驶拘留300人，醉酒拘留执行率达98.68%，涉及国家机关事业单位工作人员酒后驾驶34起，酒后驾驶人员被媒体曝光1217起。

2010，全市各级公安交警部门严格落实省公安厅关于严重交通违法行为5条常态严管措施，把“禁酒驾”作为全年的重点工作、中心工作强势推进，严格落实省公安厅领导提出的对酒后驾驶违法行为“天天查、夜夜查”的要求，始终坚持“零容忍”导向，始终保持对“禁酒驾”的严管高压态势，切实做到“禁酒驾”决心态度不变、工作力度不减、处罚标准不降。市公安局领导要求各大队全警动员、全警上路、全力以赴查处“酒后驾驶”交通违法行为。交警支队领导、督察队分组到各县(市)督促各大队查处“酒后驾驶”交通违法行为。各中队配备1~2台酒精测试仪、1~2辆巡逻警车，不分白天、黑夜，无论工作日、节假日、休息日都有交警上路“禁酒驾”的身影。

据省公安厅交管网页的最新通报，自1月1日~12月20日，丽水市查处酒后驾驶15766起(超过湖州、衢州、绍兴、舟山支队)，醉酒驾驶1765起(超过衢州、绍兴、舟山支队)，醉酒拘留执行率100%，因酒后驾驶暂扣驾驶证14144本，国家机关工作人员酒后驾驶抄纪检监察部门80起(全省总共176起，占45.45%)，酒后驾驶人员被媒体曝光10080起，有效地促进了道路运输安全。

危险货物运输管理

根据《中华人民共和国道路交通安全法》第四十八条之规定；机动车载运危险物品，应当经公安机关批准后，按指定的时间、路线、速度行驶，悬挂警示标志并采取必要的安全措施。

交通部《关于发布〈道路危险货物运输管理规定〉的通知》(交运发〔1993〕1382号文)，自1994年3月1日起施行。规定指出，凡从事道路危险货物运输的单位，必须拥有能保证安全运输危险货物的相应设施设备。

根据《浙江省实施〈中华人民共和国道路交通安全法〉办法》第十三条和第四十四条之规定：

危险化学品运输车应当安装、使用符合国家标准和行驶记录仪。机动车所有人或者管理人应当保持行驶记录仪的正常运行。

运载危险物品的机动车在高速公路上行驶最高时速为80千米。

加强危险货物运输管理工作，事关运输安全、人民生命财产安全，为此，运管部门经常开展专项整治工作，严禁没有资质的车辆及个体运输户从事道路危险货物运输经营的活动；对从事道路危险货物运输经营的车辆，必须是一级车，且要车证相符，驾驶员必须持有危化运输“从业资格证”，对道路危险货物运输企业的从业人员进行专门培训。在客运站严格查堵危险货物进站携带上车。

1996年春运期间，全区共配备43名危险品检查人员，上岗1817人次，查出煤气瓶137只、炸药50箱、导火线200米、硫酸900升、福尔马林207瓶、酒精485瓶、烟火、鞭炮69161

筒、串、封、支以及汽油、油漆、香蕉水等危险货物并堵截在车下，全区未发生因危险品携带上车而发生意外事故。查堵工作不但重大节日期间抓，而且做到常年日日抓，从不松懈。2000年，专门培训道路危险货物运输企业的从业人员124人，全市危险品从业人员持证上岗率达98%以上。

2005年，运管部门对全市危运企业车辆、运载货物进行摸底调查，对货物按类别、项别、性质划分归类，重新建立基础台账档案，积极协调相关部门做好危运车辆的“大吨小标”恢复工作；下发丽公运〔2005〕68号文，结合年审工作，完成全市388家危险品运输单位所有危运车辆的GPS卫星定位系统的安装和投保危险货物运输承运人责任险，GPS安装率和投保率均达100%；运管部门还要求危运企业制作“道路危险货物安全卡”，发到每辆危运车上，一车一卡，随车携带；举办危运企业法人代表、押运员、装卸员、安全管理人员培训班2期，参加上岗前培训有172人；组织企业进行应急救援演练，进一步完善事故应急救援预案和应急救援的作战能力和水平。

市交警支队制定《全市道路运输危险化学品交通事故应急预案》，以市公安局名义发布《关于划定危险化学品运输车辆通行(禁止)路段公告》，开展危险化学品道路运输安全专项整治工作。运用行驶记录仪和GPS卫星定位系统，对危险化学品运输车辆行经路线、行驶速度及所在位置进行监控，对危化车辆的超载、超速、闯禁行线等交通违法行为进行查处。

截至2010年，全市各县(市)汽车客运站均已安装“安检智能系统”，即危险货物检测仪，提升危险品检测水平，严堵危险货物进站偷带上车。

2010年，全市危险品货物运输单位有388家，其中丽水市区有31家：

丽水朝阳油品运输有限公司

丽水市安达汽车运输服务有限公司

丽水市处州汽车运输有限公司

丽水市丰业汽车服务有限公司

丽水市傅式企业有限责任公司蓝帽子快运分公司

丽水市恒兴汽车代理服务有限公司

丽水市华峰汽车运输服务有限公司

丽水市金达汽车服务有限公司

丽水市凯瑞物流中心有限公司

丽水市劳服汽车运输有限公司

丽水市南明物流有限公司

丽水市瑞达汽车运输有限公司

丽水市双龙汽车运输服务有限公司

丽水市顺通汽车运输有限公司

丽水市天顺汽车信息服务有限公司

丽水市通海燃气化工有限公司危险品运输分公司

丽水市万峰机动车服务有限公司

丽水市兴业汽车服务有限公司

丽水市亚通汽车运输有限公司

丽水市元通汽车租赁有限公司

丽水市远大汽车信息服务有限公司

丽水市浙西南汽运服务有限公司

丽水市至真商贸有限公司

丽水市中顺汽车服务有限公司

丽水市中油灵山石油销售有限公司

丽水市仲伟汽车运输服务部

浙江光年物流有限公司

浙江鸿汇医药物流有限公司

浙江顺虎德邦涂料有限公司

浙江天虹物流有限公司丽水分公司

丽水市白云汽车货运服务部

旅客进丽水客运东站行李安全检查

节日期间客运安全管理。

各级交通运输部门充分履行职责，切实抓好春节、“五一”、“十一”三大节日期间的旅客安全运输工作。“以客为主、客货兼顾”，充分满足广大旅客的出行需要。春运工作确保广大农民工、学生平安返乡和顺利返回工作、学习岗位。“五一”和“十一”期间确保广大旅客和旅游者旅途平稳安全舒适。提前做好车(船)检修，确保车(船)技术状况良好，堵绝机械事故隐患。仅2009年春运期间，全市运管机构共出动稽查人员3686人次，检查车辆28462辆次，其中：查获无证营运车辆68辆次，异地驻点经营23辆次，出租车强行拼载17辆次，其他违法违章行为202起，切实保护了广大乘客和守法经营者的合法权益。市交警支队的临检组对车辆制动、方向、导向、轮胎、座位、行李架、行驶记录仪等部位做到重点把关。加强安全生产教育。特别是对客车(船)驾驶员进行安全学习，教育面达100%，要求切实把安全运输放在首位，做到遵章守纪，严格按规行驶。严禁酒后驾车，严禁违章超载、超速和疲劳驾驶，确保行车安全。突击路面保养，确保路况路貌良好。加强路面交通安全管控。全市各级公安交警部门全警动员，全力以赴，充分发挥交通安全服务站作用。加大对重点时段、重点路段、重点部位、重点违法行为的管控力度，形成严管高压态势，切实改善路面行车秩序，特别加大对客运车辆超员、超速的查处力度。对客运车辆超员的,除依法上限处罚外,一律“卸客转运”。加强对“三品”的查堵工作,严禁危险品进站上车。近两年,全市二级以上客运站都安装危险品检测仪,专门抽调危检人员负责查堵危险品工作,杜绝旅客携带危险品上车。2010 年春运期间,丽水客运东站利用危险品检测仪,共检查行包 119592 件,查到危险品有气体 5 瓶、喷漆 2 瓶、烟火 10 束 75 支、小鞭炮 1000 响、双响炮 17 筒 5 支、礼炮 1 筒;丽水客运西站检查行包 115352 件,查获各种危险品 57 件(包括鞭炮、管制刀具、雷管、打火机、酒精等);丽水火车站对所有旅客携带物品做到严查细检不漏网。针对检测仪成像效果不明显或有疑似危险品的情况,检查员手工开包检查,严格落实机检、手检相结合制度,共查获危险品 195 件(其中易燃易爆 125 件、管制刀具 70 件)。做足各种应急准备。市本级及各县(市)交通运输部门均制定应急运输准备,防患于未然。安排一定量的机动客车,以应急需。市本级及各县(市)制定公路抢险保畅通应急预案。

表 254　　**市、县(市)客运站配置危险品检测仪情况**

辖区	合计	一级站			二级站				三级站			
	已配危险品检测仪		已配危险品检测仪	在市、县城的一级站		已配危险品检测仪	在市县城的二级站	在乡镇的二级站		在市、县城区的三级站	在县(市)城的	在乡镇的
合计	12	2	2	2	8	8	8	0	2	0	1	1
市区	2	1	1	1	1	1	1	0	0	0	0	0
龙泉	1	1	1	1	0	0	0	0	0	0	0	0
青田	2	0	0	0	1	1	1	0	1	0	1	0
缙云	2	0	0	0	1	1	1	0	1	0	0	1
遂昌	1	0	0	0	1	1	1	0	0	0	0	0
松阳	1	0	0	0	1	1	1	0	0	0	0	0
云和	1	0	0	0	1	1	1	0	0	0	0	0
庆元	1	0	0	0	1	1	1	0	0	0	0	0
景宁	1	0	0	0	1	1	1	0	0	0	0	0

应用高新科技,提高行车安全

随着科学技术的发展,一些高新技术产品应用于交通运输,特别是营运车辆上,既有利于提高运输效率,又能提高行车安全。

根据上级交通部门的统一要求,凡专业从事旅客运输和危险货物运输的企业及个体(联户),必须加大安全保障投入,把安保科技应用于客货营运车辆。为此,丽水市交通运输企业从2003年开始,就逐步把一些高新科技产品应用于客、货营运车辆上。

配备GPS卫星定位系统装置 对旅客运输车辆按经营线路类别以及危险货物运输车辆安装GPS卫星定位系统装置,同时安装行驶记录仪,并要求各旅客、危险货物运输的企业建立二级监控平台,对已安装GPS设备的营运车辆,每月进行数据采集抽样工作,专人负责,建立监控台账。从2003年起至2004年底,全市营运客车及危险货物运输车辆共安装GPS卫星定位系统357台,行驶记录仪1681台,获得补助资金166万元。2005年,营运客车安装行驶记录仪1645台,安装GPS卫星定位系统282台,分别占车辆总数92. 42%和15. 84%。19座以上的客车已全部安装行驶记录仪;高速、快客、400千米以上长途班车和省内外旅游车都已安装GPS。2006年营运客车安装行驶记录仪1589台,安装GPS345台,分别占车辆总数66. 4%和14. 4%。19座以上客车全部安装行驶记录仪,高速、快客、400千米以上长途班车和省内外旅游车都已安装GPS。

2007年,营运客车安装行驶记录仪2186台,安装GPS446台,分别占车辆总数的75.4%和21.5%。19座以上客车全部安装行驶记录仪;高速、快客、400千米以上长途班车和省内外旅游车全部安装了GPS。到2010年底,全市营运客车除农村客运班车未安装GPS卫星定位系统,135辆旅游包车均安装GPS,1600多辆营运客车均安装行驶记录仪;全市402辆危险货物运输车均安装了GPS和行驶记录仪。

监控车载视频设备安装 2009~2010年9月底前,全市道路运输企业又投入80多万元,在190辆跨县以上客运班车安装监控的车载视频设备,对车内实施监控。

2009—2010年,丽水客运东、西两站投入20多万元安装了“客运站安检智能系统”两台。

自2003年以来,至2010年底,全市运输企业在道路运输安装高科技安保设施已投入上千万元资金。高科技产品应用于道路营运车辆上,对企业的安全管理起到不可低估的作用,发挥了较好的经济效益和社会效益。

第二节 高速公路交通安全管理

交通安保设施建设

丽水境内高速公路为双向四车道,中间建隔离带,全封闭,全立交,道路两旁设置钢质护栏,混凝土护栏,活动护栏(其中有普通波形护栏、插拔式护栏)。还有各种类型包括限速、指路方向等标志标牌,构成了比较完整的安保设施。

表 255

2010 年金丽温高速公路丽水段交通安保设施

序号	设施名称	数量	序号	设施名称	数量
1	单柱式标志(套)	223	11	混凝土护栏(米)	104180
2	双柱式标志(套)	256	12	活动护栏(米)	2189
3	单悬臂标志(套)	76	13	插拔式护栏(米)	367
4	双悬臂标志(套)	11	14	防眩板(千米)	78
5	门架式标志(套)	19	15	可变情报板(块)	44
6	隧道内标志(套)	430	16	旅游区标志(块)	12
7	标线(万平方米)	7.1	17	爆闪灯(盏)	14
8	普通波形护栏(米)	221438	18	指路标志(块)	567
9	禁令标志(块)	107	19	警告标志(块)	74
10	二波+二波形护栏(米)	18484			

说明:包括 G25 长深线缙莲段和 G1513 温丽高速青莲段

表 256

2010 年 G25 长深线丽龙段交通安保设施

序号	设施名称	数量	序号	设施名称	数量
1	单柱式标志(套)	406	12	防眩板(千米)	10.068
2	双柱式标志(套)	114	13	突起路标(个)	31585
3	单悬臂式标志(套)	71	14	LDS 线型轮廓标(片)	13684
4	双悬臂式标志(套)	9	15	轮廓标(个)	20822
5	门架式标志(套)	28	16	φ89 警示桩(个)	24
6	附着式交通标志(个)	48	17	诱导标(个)	648
7	立面可移动临时标志(平方米)(铝板反光膜)	86.8	18	防撞筒(个)	177
8	隧道内标志(套)	1041	19	缓冲垫(块)	54
9	标线(万平方米)	5.8651	20	隔离墩(个)	19
10	钢质护栏(千米)	192.785	21	可变情报板(块)	131
11	隔离栅(千米)	147.523	22	爆闪灯(盏)	12

表 257　**2010 年龙丽高速公路丽水段交通安保设施**

序 号	设 施 名 称	数 量	序 号	设 施 名 称	数 量
1	单柱式标志(套)	622	11	可变情报板(块)	44
2	双柱式标志(套)	122	12	旅游区标志(块)	19
3	单悬臂式标志(套)	68	13	指路标志(块)	307
4	双悬臂式标志(套)	28	14	钢质护栏(千米)	396
5	门架式标志(套)	40	15	隔离栅(千米)	201
6	隧道内标志(套)	164	16	防眩板(千米)	17
7	标线(万平方米)	11.7	17	突起路标(个)	17062
8	爆闪灯(盏)	6	18	轮廓标(个)	16200
9	禁令标志(块)	138	19	诱导标(块)	196
10	警告标志(块)	45	20	其 他	

安全管理

2010 年 11 月,境内 3 个高速公路管理处均设安全保畅科,负责全线安全管理、道路保畅、施救管理工作。坚持“安全第一、预防为主”的方针,不定期对辖区各单位及外协单位安全生产工作进行业务指导和监督;协助高速交警、路政等相关部门做好现场管理,协调施救、巡查、养护等相关单位做好应急工作,成立联动机制,具体负责施救单位的监督管理和考核。

清障施救　高速公路管理清障施救工作以外包模式交由施救公司实施，每家高速公路管理处管辖路段配置 1 个大队,按路线长短设数个施救中队,施救管辖路段。其中丽水管理处管辖金丽温高速丽水段 128 千米,丽龙管理处管辖丽龙高速、云景高速,共计 114.5 千米，龙丽管理处管辖龙丽高速丽水段 120.32 千米。配备清障施救车辆及施救人员。其中丽水管理处配备清障车 7 辆(8 吨拖车 3 辆、20 吨拖车 1 辆、平板车 2 辆均由公司提供,15 吨拖车由平安公司自有)、轮胎抢修车 7 辆、驳货车 1 辆。配备施救人员 44 名:路面施救人员 38 人,管理人员 6 人。丽龙管理处配备清障车 5 辆(平板车 1 辆、中拖 1 辆、轮胎抢修车 2 辆、驳货车 1 辆)。配置施救队员 29 名:施救管理人员 1 名,出纳 1 名,道路施救

施救车正对事故车辆实施施救

队员 27 名。龙丽管理处配备清障车 4 辆(8 吨拖车 3 辆,20 吨拖车 1 辆由公司提供)、轮胎抢修车 5 辆、驳货车 1 辆、25 吨吊机 1 辆(公司提供)。配置施救人员 38 名:施救管理人员 4 名,施救班组员工 30 名,吊机驾驶员 1 名,司索工 1 名,驳货车驾驶员 1 名,出纳 1 名。

路面巡查　高速公路管理处辖区内的巡查队伍由隧道所巡查、高速交警、高速路政、高速施救、高速养护、管理处养护科等部门组成,配有路面巡查车(丽水管理处 29 辆、丽龙管理处 12 辆、龙丽管理处 12 辆),巡查的主要内容为设备巡检、路产路权巡检、路面抛洒物处理、故障车辆施救、"三高"路段路况等。为节约巡查成本,提高巡查效率,实现资源的优化配置,自 2008 年 3 月开始,各隧道所巡查员与高速交警实行联勤联动机制,24 小时不间断巡逻。施救单位采取在每个收费站出口派驻轮胎车和拖车的方式,确保在辖区道路内发生突发事故时,做到快速出警、快速处置和快速恢复,确保管辖路段的安全畅通。

表 258

丽水管理处营运绩效一览表

年　份	车流量(辆)		收取通行费(元)	上缴税收(元)
	年车流量	年日均车流量		
2006	4298857	11777.7	202388060	14833805
2007	5071357	13894	230971055	15160832
2008	4193398	11488.8	190162725	15128122
2009	3991212	10934.8	175451160	14603214
2010	4382486	12006.8	225175088.9	15498127

表 259

丽龙管理处营运绩效一览表

年　份	车流量(辆)		收取通行费(元)	上缴税收(元)
	年车流量	年日均车流量		
2006				
2007	2917945	7994	62365010	1068932.91
2008	4271841	11703.7	128222085	3532224.77
2009	4457985	12213.6	138146750	3811532.77
2010	5089891	13945	167783940.8	5558703.56

表260 龙丽管理处营运绩效一览表

年　份	车流量(辆)		收取通行费(元)	上缴税收(元)
	年车流量	年日均车流量		
2007	2290038	6274	59688365	3780450
2008	2133130	5844	71025515	4210864
2009	2210925	6057	7243800	4242540
2010	2585684	7084	97310500	6899177

第三节　水路运输安全管理

航运安全管理

民国以前,处州(今丽水市)境内无专设航运安全管理机构,民国时期亦然。中华人民共和国成立后,人民政府采取具体航行安全措施。1962年4月在经常发生触礁、碰撞、沉船、翻船的险滩设立临时安全生产检查组,对经过险滩的船舶作出具体规定,凡过往船只必须服从检查,听从指挥,遵守规定。1964年4月30日,丽水专区航管所成立后制订《安全航行草案》和《防洪措施》,要求所属木帆船和在丽水境内行驶的外地木帆船都必须遵照执行。1977年规定,货运船未经航管部门许可不得擅自搭载乘客。严禁超载、超高,严禁篷背、船头、船尾、船舷边站人坐人。未经航管部门许可,不得在溪流、航道内打桩、填滩、筑坝捕鱼,不准在水上水下建筑工程,不准在码头、坝边附近筛砂、挖石。航运管理部门是船舶管理机构,任何组织和个人必须服从航管部门的统一管理。每逢重大节日组织定期检查,平时进行不定期突击检查,以确保航运安全。

1990年9月,地区航管处对库区代客船作出规定:船舶质量好,载客舱室有固定客位;每船有正副水手各1名;救生圈4只悬挂两舷,按载客的50%配备救生衣;必须有倒、顺车装置;船员必须持证驾驶,限期审核。

1992年2月,浙江省政府发出《关于加强交通基础设施建设的通知》(浙政〔1992〕28号),地区航管处和各县(市)航管所,县(市)移民办,拨补资金对境内的内河码头、埠头和渡口进行改扩建,仅1992—1995年,云和县拨补资金43.8万元,对部分码头、渡口进行改造扩建,改善了渡船、停泊、旅客上下船的设施。

截至2010年的前20年,市港航管理部门始终以落实安全责任为主线,坚持“安全第一,预防为主,综合治理”的方针,深入开展“安全生产年”“安全质量年”“安全生产三项行动”等活动,深化隐患排查治理,建立长效机制,认真开展水上交通安全各项工作。加强航道养护整治,确保航道畅通,无碍航“肠梗”航段。切实加强节假日及汛期期间辖区重点水域水上安全监管,加强现场监督。全面开展隐患排查治理工作,切实抓好水运工程建设的安全管理,突出"两查",查制度措施与落实情况,查风险较大工程隐患防范情况,杜绝因管理不到位导致各类生产安全事故的发生。加强渡口安全管理,督促落实渡口三级安全责任制的签订,确保渡口安全渡运。进一步加强船舶、船员管理,严把船舶签证关,杜绝不适航船舶出港。完善水上交通事故应急预案。2010年,完成《丽水航区安全监管体系数字化建设方案》初稿,并开展试点,构建水上应急救助系统。建设市本级应急指挥中心及景宁(汇头)、云和(紧水滩)、青田(鹤城)、青田(泉山)、龙泉(安仁)、遂昌(湖山)等6个应急搜救分中心,全面提升应急反应的救助能力。继续完善安全检查等相关制度,深入实施《丽水市海事监管责任追究制度》和《丽水市港航管理系统实施行政许可过错责任追究办法》,进一步规范、提高全市水上交通安全管理工作。

水上运输安全检查　全区水上运输交通安全管理工作始终坚持"安全第一、预防为主"的方针,开展水上安全、运政、船舶安全等大检查,发现问题,限期整改,确保水上运输安全。

1991年4月中下旬,航管部门组织人员参加全省性水上安全大检查,10天共检查船舶1276艘次,纠正违章船舶243艘次。地区航管处航查队长年在青田平演设点检查,共检查船舶20886艘次,纠正违章船舶214艘次。

1992年,地区航查队日常航查和各县(市)的季节性航查共上航3357人次,检查船舶8355艘次,纠正违章船舶760艘次。

1993年,针对在航道上拦网捕鱼、乱抛废石等状况,航管部门依法行使管理职能,制止这些违章行为,维护了航道的畅通和安全。全年全区各航管所(站)上航1881人次,检查船舶13176艘次,纠正违章船舶117艘次。地区航管处直属航管队在青田港头设点检查,上航2060人次,检查船舶4298艘次,纠正违章船舶980艘次,补交规费10.25万元,检查竹木排2800余条次,补交规费约2万元。

1994年6月,为贯彻落实省政府《关于切实加强交通安全管理工作的通知》和省、地交通安全工作会议精神,抓好水上安全隐患的整顿工作,地区航管处成立水上交通专项整顿领导小组,在丽水、青田航管所成立相应的工作班子,其他各所(站)也有专人负责。7月开始对地区航管处辖区沿海挂靠船舶经营情况进行摸底,提出清退实施意见,下发《关于清退沿海挂靠船舶的通知》,将辖区33艘纯挂靠的船舶列入清退对象(共计8161载重吨),10月初完成该项整顿工作。针对采砂船在航道上挖取砂石、乱抛废石等情况,依法行使管理职能,对采砂船进行登记注册,维护了航道畅通。

1995年,根据省航运局有关文件精神和通知要求,分别于4月、5月、11月开展全区水上安全、运政联合检查月、安全生产周和冬季船舶安全大检查等活动。重点查处"三无(无船籍号、无船名号、无船舶证书)、三违(违章指挥、违章作业、违反劳动纪律)、偷逃规费"等违法经营行为。地区航管处直属航查队全年上航检查1485次、检查船舶5568艘次,纠正违章船舶

666 艘次。

1996 年 1—5 月，全区相继发生 5 起死亡 15 人的沉船事故，航管部门采取相应措施，全面清退沿海船舶，暂停 8 家海船代管企业代管权，清退现有 48 艘已代管海船；加强对内河船舶的安全管理，制定“内河客运航线未经批准不准延伸到温州”“严禁内河船舶出海航行”“在不具备夜航条件的航段、库区禁止一切船舶夜行”“航行时船员必须穿救生衣”等规定；严把船舶进出口签证关，保证船舶航行安全；加大水上安全检查力度，组织“安全生产周”“冬季安全检查”等活动，全年全区共上航检查 2603 人次、检查船舶 7438 艘次、渡口 1761 个次，有效地遏制了事故的发生。

1997 年，水上运输安全管理突出“客船、渡船及制止非客船搭客和危险货物运输”工作重点，开展专项治理整顿，狠抓事故隐患整改。5 月，航管部门组织人员上航对辖区的渡口、渡船、水上娱乐设施、挖砂船、油船进行全面排查，检查船舶 1036 艘次，纠正违章船舶 133 艘次，教育船员 2633 人次。

1999 年，航管部门开展春运、第六次“反‘三违’月”、第九次“安全生产周”、12 月全省安全大检查等活动，共出动航管人员上航检查 2451 人次，检查船舶 3160 艘次，纠正船舶违章 126 艘次，发违章通知书 31 份。对娱乐船、旅游船、漂流排筏、危险货物运输船落实安全责任制，确保水运安全。

2002 年 6 月 28 日，国务院总理朱镕基签发国务院第 355 号令：《中华人民共和国内河交通安全管理条例》，自 2002 年 8 月 1 日起施行。条例为加强内河交通安全管理作出具体规定。

2003 年，市港航部门相继出台《丽水市重点水域、时段监督管理工作方案》《丽水市水上安全监督检查规定》《丽水市水上安全监督组织形式规定》《丽水市事故调查处理工作规范》等规定，使全市水上安全监督管理工作更加规范。全年上航检查 110 人次，检查船舶 2500 余艘次，航道巡查 50 余次。在巡查过程中对温丽高速公路青丽段涉及水上水下施工作业违章行为进行查处，发放隐患整改通知书 14 份，办理水上水下施工作业许可证 6 份，发通航通告 6 份。

2004 年，全年共出动车(艇)400 余辆(艘)，上航检查 1361 人次，检查船舶 2706 艘次，查处违章 96 次，处罚金额 12.71 万元。

2005 年，多次开展对“四客一危”船舶(客渡船、客滚船、高速客船、旅游船；危险品运输船)的安全检查，出动海事车(艇)886 辆(艘)次，人员 2452 人次，检查船舶 7086 艘次，查出事故隐患 152 处，整改 148 处，整改率 97%。

2006 年，针对全市 600 余艘砂石运输船舶，近百艘采砂船和餐饮、娱乐船等，分布在瓯江支流小溪、松阴溪和各大库区，水上情况复杂，管理难度大等情况，港航部门采取平时检查和节日重点检查相结合，安排现场监管人员 882 人次，出动海事车(艇)88 辆(艘)次，检查船舶 2302 艘次。

2007年，按照省、市有关文件精神，确定南明湖管理处旅游船舶存在安全制度不落实、岗位职责不清、船舶无证航行等有关隐患。港航部门帮助其整改隐患。全年全市安排现场监管人员850人次，出动海事车(艇)90余辆(艘)次，检查船舶2200艘次，较好地维护和保障了水上交通安全。

2008年，市港航部门开展"奥运安保及反恐"等专项活动，成立专门领导小组，下发《丽水市奥运水上安保及反恐应急处置预案》，确保奥运会期间丽水市水上安全形势的稳定。在水上交通行业安全隐患排查专项整治活动中，查出隐患141处，整改139处，限期整改2处。全市全年现场安全检查186余次，检查船舶2952艘次，出动车(艇)704余辆(艘)次，出动人员1561人次，查处违章船舶120艘，行政处罚14.76万元。

2009年，紧紧围绕年初港航工作会议提出的海事安全"规范管理年"目标，切实加强节假日及汛期辖区重点水域水上安全监管，全面开展隐患排查治理工作，全市全年出动检查人员1354人次，车、艇380辆(艘)次，检查船舶1664艘次。

2010年，严格执行船舶法定检验质量管理体系，实现检验质量合法化，业务管理程序化，各检验服务规范化，加大营运船舶安全检查力度，确保营运船舶适航。全市共检验船舶2370艘、155748总吨。

表261　　1991—2010年全区(市)水运安全检查情况统计表

年 份	上航检查人次	检查船舶艘次	纠正违章船舶艘次	补交规费(万元)	备 注
1991		22162	457		
1992	3357	8355	760		
1993	3941	20274	1097	12.25	其中含检查竹木排2800条次 补交规费2万元
1994					清退33艘、8161载重吨
1995	1485	5568	666		
1996	2603	9199			其中检查渡口1761个次
1997		1036	133		教育船员2633人次
1999	2451	3160	126		发违章通知书31份
2003	110	2500	航道巡查50余次		发整改通知书14份 发通航通告6份
2004	1361	2706	查处违章96次	罚款12.71	
2005	2452	7086	查出事故隐患152处		整改148处，整改率97%
2006	882	2302			
2007	850	2200			
2008	1561	2952	120	处罚14.755	
2009	1354	1664			
2010		2370			

说明：表中有4年无检查数字，系原件丢失，资料不全

“水上运输安全管理年”活动 按照交通部、省交通厅《关于开展“水上运输安全管理年”活动的意见》的要求。时间为2000~2002年。市成立专门工作班子,联系实际,制定活动实施方案,精心组织实施。利用多种形式宣传水上安全法规、规章及安全知识,共发放安全宣传资料3902份,张贴标语822余幅,悬挂横幅14幅,广播电视报道26篇次,报纸报道4篇,设摊进行水运安全咨询活动3天,为中小学生讲解安全知识32课时,受教育师生3000余人次。向社会公布事故隐患举报电话,接受群众监督。

开展“安全生产周”和“反‘三违’月”活动,排查隐患。2000年对全市尚存的194处渡口232艘渡船、娱乐船、简易客船、危险品码头进行排查,查出事故隐患26处;全市上航检查548人次,查船舶460艘次,查处船舶违章23艘次,落实整改单位与责任人。开展“2000年水上统一执法行动”,市港航管理处、县(市)港航所(站)组织人员进行现场执法,检查船舶432艘次,行政处罚案件6起(艘次),还对所(站)船检人员资质进行审查,集中培训,提高业务水平。

在继续开展“水上运输安全管理年”活动中,进行4个方面的整顿:对水路客运市场和危险品运输市场进行整顿;评估水运客运企业的经营资质,检查管理机构、管理制度、管理人员的落实情况;实行安全一票否决制。

平时经常组织航管人员到现场检查船舶安全情况。在“春运”、第8次反“三违”活动月、第11次安全生产周、“十一”长假等时间到现场重点检查“三客一危”船舶的安全情况。航管人员参加检查共3255人次,检查船舶5970艘次,查出事故隐患69处,责令限期整改,并实行跟踪监督管理。

完善船员管理制度,健全船员档案。加强船员考试管理,实行培训、考试、发证分离,确保船员培训质量。对经过培训的200名船工、筏工进行不同类别的等级考试,合格者发证190人。

加强瓯江青田县城至温溪航段及紧水滩、石塘库区的水运安全巡逻检查。青田县港监制发《水上交通事故处置预案》,云和县制发《云和县重点水域应急处置预案》,市港航管理处制定“三防”工作预案。实行水上水下施工作业的审批制,对捕捞、采砂、养殖等影响船舶航行的行为及时处理,确保船舶通航安全。

通过3年“水上运输安全管理年”活动,全市共检查船舶13409艘次,查出事故隐患279处,整改率90%。为确保水上运输安全,围绕“五个规范”开展工作:1.规范水上运输秩序。通过市场调研,对新增运力实行控制,完善运力宏观调控和运单管理为主的源头管理机制。2002年4月,制定《丽水市瓯江砂石运输新增运力投放管理办法》,进一步规范水上运输市场准入条件。成立客运、液化危险品运输资质评估小组,评估水上旅游客运企业2家,客运船舶24艘和危险品装卸码头1座。首次对3家船舶修造厂进行技术资质认可调研,其中1家通过省船检局技术资质认可。2.规范船舶秩序。对全市197处渡口排列出渡运高峰期,落实汛期、大雾、大风等恶劣天气及渡运高峰期的现场管理人员，予以公布；落实各乡镇渡口安全责任人，上报省交通厅。3.规范船检秩序。全市船检人员10人通过国家船检局组织的验船师资质认可考试，其中具有沿海验船师资质5人。4.规范船员秩序。3年来，经过培训参加考试的船员314人，一次合格率89%，合格者发给相应等级资格证书。5. 规范通航秩序。定期组织安全、航政、运政检查，及时消除碍航物及事故隐患。做好临、跨、拦河建筑物及水上水下施工作业的审批，及时进行捕捞、养殖、采砂等碍航行为的治理。进行船舶超载问题的调研，着手船舶超载整治。通过4项"整顿"、5个"规范"，全市水上安全形势基本稳定，市场发育良好，全市层级安全管理体制建立，完善了安全生产责任制。

渡口安全管理

管理职责　丽水市(地区)各县的渡口安全管理，中华人民共和国建立前以乡规民约制约。中华人民共和国建立后政府有关部门订有《渡口守则》，告示过渡旅客遵守，每逢节日进行几次检查，但超载、强渡仍时有发生，每每发生翻船沉船死人事故。

1988年12月，丽水地区渡口安全管理委员会成立，除缙云、庆元两县没有渡口外，其余7县(市)的许多乡镇亦建立渡口安全管理小组，以加强组织领导、思想教育、安全宣传、检查督促等工作，促进辖区内渡口安全管理。截至1990年底，全区有民间渡口243处，渡工306人，人力渡船220艘，机动渡船73艘。加强对渡船、渡工管理，地区(市)、县(市)航管部门继续贯彻"安全第一、预防为主"的方针，狠抓渡口、渡船安全监督管理。

1997年9月4日，浙江省政府发布《浙江省渡口安全管理办法》(浙江省政府令〔1997〕88号)，明确"县级人民政府指定的部门负责本辖区内的渡口安全监督管理工作"，"海事管理机构负责渡船和渡船船员的安全监督管理工作，船舶检验机构负责渡船的检验、发证工作"，"渡口安全实行谁经营、谁管理、谁负责的原则。渡口经营者对渡口安全负全面责任，渡口安全主管部门和渡口所在地的乡镇人民政府对渡口安全负全面领导责任"。

2009年3月27日，丽水市人民政府发布《丽水市渡口安全管理办法》(丽水市人民政府令〔2009〕6 0号)，规定："渡船(包括机动船和非机动船)，须经船舶检验部门检验、海事管理机构登记，依法取得船舶检验证书、船舶登记证书和航行签证簿或渡船证。未经检验合格、登记发证、上牌的渡船，不得投入渡运""严禁水泥船作渡船使用，逐步淘汰挂桨机船""渡船应当按规定配备消防、救生、防污染等安全设施和设备"。

办法对渡工的职责也作了明确规定：渡工应当由责任心强、技术好、熟悉航道、身体健康、并经海事管理机构考核合格，取得相应渡工证或船员适任证书的人员担任。渡工应坚守岗位，遵守航行规则，认真瞭望，谨慎驾驶，严禁超载超员航行，严禁酒后驾驶，严禁将船交给无证人员担任渡工，严禁擅自改变渡船用途和渡运航线，严禁在大风、浓雾、洪水、急流等危险情况下冒险渡运；禁止装运危险品的车辆和客车同渡；禁止渡运剧毒化学品以及有关规定禁止运输的其它危险化学品。有权拒绝任何单位或个人的强迫违章渡运、冒险航行的要求。宣传《渡口守则》,维护渡运秩序。做好渡船日常例检及维修保养工作,发现渡船不适航时,应立即停航,及时采取防范措施并向经营者和主管部门报告。渡船发生事故时,应立即采取救援措施,进行现场抢救,并及时向渡口经营者、所在地乡镇人民政府、街道办事处(渡口主管部门)和海事管理机构报告。

渡工安全责任书签订 按照《浙江省渡口安全管理办法》,港航部门协助当地政府签定乡镇与村、村与渡工的安全责任书,落实渡工安全责任制,责任书每年续订,现择记几个年份。

1991年,航管部门协助渡口办公室完成240处渡口、311艘渡船的有关县、乡、村渡口的安全管理责任制落实和责任书签订工作。

1993年,航管部门完成全区230处渡口、287艘渡船的有关乡、村、渡工安全责任书的重新签订工作。

1996年,航管部门认真贯彻执行省人民政府《浙江省渡口管理规定》,把加强渡口安全管理当作全年航区重点工作来抓,协助各级政府落实渡口安全责任制,全区渡口安全责任书签订率:县与乡镇、乡镇与村达100%,村与渡工达90%。

2000年,进一步落实《浙江省渡口安全管理办法》和省航管局对简易客船的管理要求,协助当地政府落实安全管理责任制,全市渡口安全管理三级责任书签订率达100%,简易客船也都签订了安全责任书。

2001年,航管部门每季对全市现有193个渡口、234艘渡船进行全面检查,落实责任制,安全管理三级责任书签订率达100%。

2003年,通过对全市渡口安全状况4期评估,反映部分县、乡、镇、村责任制落实不够到位,渡工队伍老龄化和渡工队伍不稳定等问题,全市推广渡工安全考核制度,对稳定渡工队伍、增强渡工安全责任心、规范渡运行为、保证渡船质量、提高乡镇政府对渡口安全管理工作的重视等方面起到较为明显的效果。

加强渡工技术培训 渡工驾驶渡船的技术和安全意识,关系到渡运的安全,地区(市)、县(市)港航部门一直非常注重渡工素质,严格培训、考试制度。

1991年,举办渡工培训班2期,参加54人,考试合格53人。

1992年,举办渡工培训班1期,培训51人。

1996年,利用"安全生产周""反'三违'月"活动,举办渡工培训班,宣传、学习有关法律、法规和渡运安全知识,提高渡工的责任心和业务素质。

加强渡工安全教育培训 港航部门督促并协同有关乡镇开展渡工安全培训,深入基层,运用法律法规和相关的水上安全知识对渡工进行讲解,进一步增强渡工的安全意识。2006年、2007年,在全省统一的渡口渡船专项安全整治工作年活动中,全市举办培训班50余次,参加培训600人次。

2009年6月15—26日,分别组织内河12客位及以上客渡船船员特殊培训及水上从业人员基本安全知识培训,参加183人,考核合格者,发给培训合格证书,使客渡船船员严守法规,规范操作,确保渡运安全。

监管与整改 1991年,地区航管部门组织人员对全区所有渡口从解放初期至1991年6月的渡船历年航行情况进行调查,绘制渡口事故概况图,通过调查分析,针对性地提出整改意见。

1993年,青田县航管所坚持定期与突击、一般与重点检查结合,全年查处渡船487艘次,发停航通知书13份,违章通知书20份,限期整改。

1994年,全区航管部门全年上航检查2603人次、检查渡船10745艘次、纠正违章1234艘次。

1995年,突击检查重点渡口和库区的安全管理,严把渡口、渡船、渡工3个关,发现问题及时向乡镇政府、渡口主管单位及渡工发出违章通知书和停航通知书,限期整改。全区发放通知书68份,取得显著效果。

1996年,狠抓渡口定期检查和节假日的重点检查,全年全区对渡口检查投入人员772人次、车船160辆(次)、检查渡口1761个次,并对渡工进行安全知识培训。

2001年,航管部门每季对全市193个渡口、234艘渡船进行一次全面检查。在渡运高峰期、旅游旺季、汛期、大雾、大风等恶劣天气,要求有关乡镇派人到现场落实安全措施,各县(市)航管所组织人员到现场监督检查。并在全市推广云和县的“学生平安过渡”做法,通过乡镇政府和学校签定责任书,由学校组织护送学生过渡,确保渡运安全。

渡船改造与更新 渡船的质量关系到渡运安全,全市港航部门根据国家关于渡口安全管理有关规定,狠抓渡船改造、改进与更新。见下表。

表 262 **1991—2010 年全区(市)渡船改造与更新情况一览表** 单位:艘

年 份	改造渡船 三、四类渡船	修复渡船	新建		改进渡船	备 注
			木质	钢质		
1991	28	57			41	
1992	14	改造开口 渡船 82 艘		9		
1993		38	3	8		
1994						
1995		52		9		
1996						
1997					17 个渡口渡船实现钢质化	
1998						
1999					莲都区原有 30 艘渡船 85% 实现钢质化	
2000	消除了四类渡船				全市一、二类渡船达 92%	
2002	50					
2003	88					更新率达 100%
2004					渡船钢质化从原来的 57% 提升到 75%	
2008	23					
2009	18					
2010	更新渡船 20 艘				全市渡船基本达到安全运营要求	

渡口改造和撤渡建桥 2002 年 7 月 17 日,丽水市人民政府出台《丽水市渡口安全管理办法》(经修改,于 2009 年 3 月 27 日重新发布,原文件作废),明确指出撤渡建桥是一项消除渡运隐患的极其重要的工作。在市政府文件精神推动下,全市农村撤渡建桥、改造渡口进入快速发展时期。

2004 年,全市撤渡 8 处,建造民间桥梁 4 座。

2005 年,投资 600 万元改善渡口安全条件,全年建桥 4 座,撤渡 6 处,改造简易渡埠 41 处;投入 20 余万元购置内部安全管理设备,进一步改善安全管理各项硬件设施。

2006 年,市港航管理处致函市交通局《关于开展创建"平安渡口"活动的请示》,组织开展"文明渡口"达标评比活动,并落实年度渡埠改造和建桥撤渡计划。及时下发《关于加快已立项造桥撤渡及渡埠改造项目实施进度的通知》,全年完成渡埠改造 38 处。

2008年，全市投入渡口安全基础设施建设资金超过3000万元，实现建桥撤渡项目5处，完成渡口码头改造23处。

2009年，完成水上康庄工程撤渡建桥3处，渡埠改造5处，新建候船亭3处。

2010年，投入资金123.64万元，完成撤渡7处，建桥7座，改造渡埠6处。

至年底，全市民间渡口尚存115处，比1990年底减少128处；渡工136人，比1990年底减少170人，而且全部渡船实现了机动化，渡运更加安全，水上事故大幅减少。

水上危险品运输管理

2002年，青田县温溪港码头是全市唯一的危险品码头，年进港油品等化学危险品达10余万吨，是水上危险品运输管理的重点区域。港航部门对进出温溪港的危险品运输船舶进行重点监督检查，开展化学危险品运输及装卸的专项整治工作，防止事故性和意外性石油泄漏事故发生。从3月10日起对所有进出港运载油品船舶进行围栏作业，并对所有进出港船舶进行垃圾接受，使危险品作业更加安全规范。1~11月进港化学危险品运输船舶177艘次，安全监卸各类化学危险品8万余吨，安全监卸率100%。

2003年，进港化学品运输船舶60余艘次，安全监卸3万吨，安全监卸率100%。

2004年，对温溪港危险品装卸作业监管工作制定了《危险货物作业巡查制度》、《危险货物作业巡查程序》，并完成了危险品申报员的年审和材料上报工作。全年进港化学品运输船舶104艘，安全监卸5.25万吨，安全监卸率100%。

2005年，制定危险货物进港作业申报制度，实行全天24小时受理，全年进港化学品运输船舶106艘次，安全监卸5.15万吨，安全监卸率100%。

2006年，港航部门结合水上危险品运输“百日会战”安全专项整治工作，组织市石油公司召集有关人员联合在温溪油码头举行实操人员演练，提高操作人员对安全应急处置能力。1~11月，温溪港码头进港化学品运输船舶90艘次，安全监卸5.06万吨，安全监卸率100%。

2007年，为规范丽水市危险货物港口作业申报和危险货物港口作业巡查的管理，市港航处在2006年8月修订《丽水市危险货物港口申报规定》《丽水市危险货物港口作业巡查制度》的基础上，针对温溪港危险货物作业的具体情况，落实温溪港危险货物作业申报和作业巡查的实施机关，做到职责分工明确，监督检查到位，管理台账规范。并对港航部门相关人员、丽水石油公司温溪油库现场管理人员及一线作业人员到省、市交通、安监部门实施专业培训，并取得上岗证。一线作业人员持证上岗率达95%，现场管理人员达80%。

2008年4月，温溪港作业区成品油装卸作业停止，至此，丽水市境内已无危货作业码头。

应急预案演练

2005年，市港航部门结合省港航管理局海事比武，组织人员对市、县两级水上安全应急预案进行认真修改，内容涵盖组织机构、应急人员、应急装备、完善救助要求以及相应程序等，基本形成符合丽水市水运实际的应急体系，并在全年多次防台、抗台中得到印证。全年启动应急救助程序5次，出动150余人次，抢救和协助转移人员700余人次，基本达到应急求助要求。

2006年，制定和完善《丽水市水上交通安全发展规划》《水上应急救助预案》，并利用抽查形式对青田、市港航处直属港航所的应急反应情况进行综合评估和检验，使应急救助预案更加完善、科学，更具有实际操作性。

温溪港安保演练

2007年7月6日，在云和县云和湖龙门水域举行一次由市安委会牵头、县安监局等多部门参加的水上交通事故应急处置演习，12月在青田举行一次水上应急抢险演练，并在全市开通水上应急救助报警电话12395，提高了各县(市)港航所水上抢险救灾重特大事故的应急救助、反映能力。

2009年，市港航管理处积极完善水上交通事故应急预案，并对预案有计划地组织演练，有制度、有计划、有步骤地开展应急救助工作。9月，市港航管理处在青田滩坑库区进行一次以信息处理、反映速度和现场处置为主要内容的水上事故应急演练，并加大应急救助基础设施、设备的投入。6月在云和县建立的丽水市第一个水上应急安全指挥中心通过项目一期工程验收，该系统具备实时报警、录像、图像传输等功能，有效提高丽水市应急处置水平。

航标配布

航标是供船舶定位、导航、避开危险物或其他专用目的(如测速、校正罗经)的人工助航标志及设施的简称，旨在引导船舶选择适航水道，保证船舶安全运输。

丽水市按区域分有内河航标、湖泊水库航标。1977年2月，温溪港务管理处在瓯江下游温溪码头至温州梅岙渡口段配布各类航标17座。1987年1月，省航运局在临海召开航标工作会议，传达交通部关于航标改革有关文件后，温溪码头到梅岙瓯江大桥(1984年9月建成)段航道航标进行改革，重新配布，航标增至21座，其中，过河标13座，沿岸标4座，测石标3座，示位标1座。1994年，实施“撤航简港”后，航标仍由温溪港务管理处管理，2004年，移交青田县港航所管理，2007年移交温州市地方海事局航标管理处管理。

港航信息化建设

加强港航系统信息化建设，是加快发展河海运输，尽快传递信息，确保水上运输安全、稳定、和谐的重要硬件设施。

2004年，市港航处对局域网进行改造，采取双硬盘、隔离卡、物理隔离方式，光纤接入浙江交通网和 Internet 网,并在机房配置安全设备。与电信协作采用 VPN 连接方式建立全市内部虚拟网,已开通青田港航所。在省港航管理局组织的瓯江砂石运输船舶超载整治工作中,市港航处与青田港航所租用 VPN 远程联网系统,保证了整治期间船舶数据的传送。

2005 年,市港航管理处在青田县温溪大桥航道设立航道视频监控点,重点监控青田至温溪航道船舶航行情况,通过远程视频监控,监管人员可以随时掌握船舶航行情况。

2006 年,港航科技单项工程项目计划安排款 180 万元,至 11 月 30 日已完成 137 万元。省交通厅立项的科技项目,有“浙西南库区客运、旅游船开发”,完成上报材料验收。

2007 年,根据省港航管理局提出的信息化要求,市港航管理处信息化工作在做好日常维护的同时,重点围绕管理人员应用技术提升、交通网络系统集成、业务软件推广应用 3 方面展开工作,实现由简单的基本硬件建设向系统网络建设的转型。

第四节 交通安全宣传

全市(地区)交警和交通运管部门始终坚持“宣传是交通管理命脉”的理念,加强交通安全宣传教育,不断提高交通安全宣传的针对性和有效性,积极探索交通安全宣传社会化的新途径、新方法,把中小学生、公路沿线村民、外来务工人员作为交通安全宣传教育的重点,开展多种形式的交通安全教育。在电视、报刊、电台、网络等新闻媒体开辟固定宣传栏目,广泛开展宣传活动,进入辖区单位、学校、社区、农村进行交通安全宣传教育,着力提高全民交通安全意识。

交通安全宣传内容根据各个时期相关法律、法规、交通安全常识和各种专项行动,有针对性地开展宣传教育。

1992 年,为宣传《中华人民共和国道路交通管理条例》《道路交通事故处理办法》《浙江省道路交通管理条例实施办法》等重要法规,地区交警支队配合电视台录制一批宣传资料,在丽水电视台多次播放。同年 6 月,与丽水电视台联合举办“首届交通安全知识宣讲比赛”,有各运输企业、丽水实验学校等多家单位的众多职工和学生参加,并向全区播放决赛时的全部录像。1997 年,地区交警支队分别与丽水电视台和丽水广播电台联合开辟《红绿灯》专栏,开展交通安全宣传;拍摄《话说行路难》的电视专题片,在全区播放。1998 年,丽水城区实行“双禁”(禁鸣喇叭,禁止拖拉机进城),广泛开展多种形式的宣传活动,并在市区街道入口处设置鲜明的警示标志。1999 年 4 月,在“全国交通安全活动周”中,地、县(市)交警部门继续开展“普及农村交通法规常识”活动,除运用广播、电视、图片、横幅、宣传窗、黑板报、宣传车等多种形式宣传外,还组织新闻记者采访,开展万人签名、千人劝导、百幅书画展等活动,并组织中小学生上街游行宣传。

2002年5月、8月、11月，市交警支队在丽水市区3次开展以“遵守交通规则，争做文明市民”为主题的“文明交通劝导”活动，发放传单3万余张，劝导纠违37670人次。编印《驾驶人交通安全知识手册》《居民交通安全知识手册》《村民交通安全知识手册》，并进行分发，受到市民欢迎。

2003年6月，市交警支队组织开展全国安全生产月活动，10月16日，在纳爱斯广场开展“以人为本，关爱生命”预防道路交通事故宣传活动。11月，协同市安全生产监督管理局开展“平安之歌”交通安全广场文艺活动。

2004年，市交警支队围绕《道路交通安全法》先后组织开展“学习道路交通安全法从我做起万人大签名”，“学法、守法、树立文明交通意识”劝导。上街咨询、组织市民、学生代表游街宣传，宣传车上街宣传等各类宣传活动200余起，在市区繁华路段刷写100米巨型《中华人民共和国道路交通安全法》宣传画2幅，在市区各主要路口安装《中华人民共和国道路交通安全法》宣传图版100块，在社区各出入口安装交通安全警示牌400余块，印制、分发各类宣传资料10万余份，制作各类宣传图版3000余幅，发放倡议书10000余份，组织文艺演出9场，送电影、宣传卡片到交通安全村20场，为《中华人民共和国道路交通安全法》顺利实施营造了良好社会氛围。从11月开始至年底，支队交通安全宣传已进行政村651个、进社区57个、进单位178家、进学校220所；挂图展览994场次，播放光盘1602次，上交通安全课279次。

2005年，中小学生交通安全宣传月活动期间，市交警支队向中小学生发放“小黄帽”5万顶、漫画手册17万本、小画册3万本、《致中小学生家长的一封信》和《致广大中小学生的一封信》各2万份；向学校发放动画光盘500多张、宣传挂图500多幅，给学生上交通安全课168多课时。围绕《中华人民共和国道路交通安全法》实施一周年，共发放《中华人民共和国道路交通安全法》等宣传学习资料10万余册，悬挂宣传横幅200多条、张贴宣传标语500余条。

2006年，市交警支队结合“保护生命、平安出行”宣传教育工程，利用广播、电视、报纸、互联网等媒体加大交通安全宣传力度。开设《红绿灯下》《交警直通车》《交通执法实录》《曝光台》等7个宣传栏目，及时曝光市区典型交通违法行为。结合交通安全宣传“五进”工作，在丽水客运西站、东站候车大厅举办《重特大交通事故案例》《十不违》宣传图片展览，播放《关爱生命、安全出行》等宣传光盘，到辖区旅游、运输企业对驾驶员、安全管理人员开展交通安全宣传，增强宣传教育的针对性和有效性。

2007年，全市交警部门开展“文明四让”(车让车、人让人、车让人、人让车）交通劝导活动。组织民警进入辖区单位、学校、社区、农村进行交通安全宣传教育，深化交通宣传工作。

2008年，全市各级交警部门以“迎奥运，文明出行”为主题，开展各项交通安全宣传活动。通过举办“1·23”安全迎春节启动仪式、“4·1”奥运宣传启动日活动、“4·25”奥运交通安全集中宣传日活动、“5·17”交通安全进社区宣传周活动、“5·23”青年志愿者文明劝导活动、“6·6”安全月活动咨询日等大型宣传活动,扩大交通安全宣传影响面。

2009 年,在涉牌、涉证专项整治和酒后驾车专项整治中,邀请多家媒体参与跟踪报道,对酒后驾车违法行为进行公开曝光,提高群众遵章出行意识。

2010 年,市委宣传部、市公安局等 11 个部门联合下发《丽水市文明交通行动计划(2010~2012)》;举办全市中小学生安全网络知识竞赛,文明交通讲座,开展文明交通劝导,培养公众文明交通意识。

第五节　运输事故案例

在交通运输生产过程中,事故常有发生。中华人民共和国建立后,采取改善公路和航道条件,加强职工思想教育;建立健全安全生产规章制度,重视安全生产工作,以保障运输安全,但运输事故仍屡有发生,剖析事故原因,从中吸取教训,是确保运输安全的重要举措之一。

道路运输事故

1.民国 27 年(1938)11 月 28 日,夜,浙江省公路管理局 1007 号班车,由青田驶往丽水,在芝溪头翻入瓯江,乘客 36 人,死 27 人,伤 9 人。《东南日报》1938 年 11 月 30 日、12 月 1 日、12 月 2 日连续报道这起事故。

2.1958 年 4 月 14 日,温州汽车站由金华开往龙泉的加班车 3011 号客车(木炭燃料)驶到丽浦线 39 千米处(云和县石塘村),机械发生故障,汽车翻入桥下,死亡 10 人,伤 24 人。

3.1981 年 3 月 27 日,庆元车站 1613 号客车,从荷地回庆元途中,在 55 省道菊寿线 K119 处下坡,关电门放空档,车速过快与手扶拖拉机相撞,从左侧翻入 38 米深谷,死 5 人,重伤 5 人,轻伤 9 人。

4.1983 年 12 月 6 日,温州汽车客运西站 40-30222 号解放牌大客车载客 44 人,由温州至龙泉,驶至丽浦线 K39+980 弯道处,与青田县北山公社农机站 10-65316 号钱江牌大货车相撞,翻入距路面 33.5 米的瓯江,死 11 人,重伤 14 人,轻伤 19 人。

5.1985 年 7 月 12 日,金华汽车客运南站 10-21942 号东风牌大客车,于温寿线 K84+800 地段弯道超速行驶,造成翻车责任事故,死亡 12 人,重伤 4 人,车辆严重损坏。

6.1986 年 2 月 17 日,温州市化学工业总公司解放牌大货车与平阳县南雁运输站 10-35157 号解放牌大客车于温寿线 K86+535 弯道处碰车,翻入瓯江,死 12 人,轻伤 17 人,直接经济损失 1.7 万元。

7.1987 年 4 月 9 日,浙江省汽车运输公司丽水分公司云和站 8-13033(牌照号码10-67881 号)解放牌大客车,从景宁大顺返回云和途中,在景宁县渤海镇石塘口翻落 16 米深小溪,死亡 34 人,重伤 14 人,经济损失 20 余万元。云和车站定为“站耻日”,以牢记教训。

8.1987年9月15日,丽水市(县级)苏港乡个体户桑全明同意崇义乡新屋村无驾驶证者江剑平驾驶11-丽水01067号工农12型手扶拖拉机,于港(口)曳(岭)线K5+708处(金弄口)翻车,死亡4人,重伤2人,轻伤3人,拖拉机损坏。

9.1987年11月24日,缙云县城南乡金坑村无驾驶证者陈春叶(女)驾驶无牌证的天目山牌机动三轮车,于金丽(金华—丽水)线K75+600处与水电部十二局的浙江33-04750号大货车交会碰撞,死亡3人,重伤3人。

10.1991年6月 日,浙江03F0268号"东风"牌客车从金华返回瑞安途经330国道K136+670处,因超车翻入好溪,该车载客29人,死亡23人。

11.1992年7月28日,丽水地区汽车运输公司景宁分公司一辆大客车,从庆元返回景宁途中,行驶至菊寿线K22+345下坡右转弯地段,由于超速行驶,翻入庆元境内39米深兰溪桥水库,死亡8人。

12.1995年10月8日,凌晨2时30分,330国道青田县海口段山坡突然塌方,覆压一辆温州大客车,37名乘客和驾驶员罹难。

13.1996年6月20日,松阳县西屏至三都公路K7+810处,一辆"三月山"牌机动三轮车因严重超载坠入60米深山涧,死亡17人。

14.1997年12月4日,遂昌县湖山乡九墅岭附近一个体中巴客车与一辆大车交会时,不慎翻入坎下,9人死亡,3人失踪。

15.1999年3月25日,7时40分,紧水滩水力发电厂厂车途经丽浦线石塘水库路段时,因山体崩塌,巨石砸中厂车坠入水库,全车47人,死亡18人。

16.2000年3月31日,330国道丽缙复线枫树弯处,浙C03713号解放牌10吨大卡车与浙K1761号中巴客车相撞,死9人,伤12人。

17.2001年2月2日,9时40分,330国道青田县海口镇高沙村K91+663.5处,一辆福建卧铺客车与青田县一辆农用三轮车相撞,死亡10人,重伤3人,农用车报废。

18.2002年12月19日,23时左右,丽水市公铁联运有限公司浙K·A2285号大型槽罐车,运载10吨甲醛(核定4.5吨)从丽水驶往温溪,行经330国道K70+800(青田县船寮大洋村)路段,与江西一辆牌照为赣A03897号解放牌大货车交会时,右驾方向过猛,致使槽罐车驶出路面,坠入瓯江,10吨甲醛外泄和车辆损坏的重大交通事故。

19.2003年2月6日,14时30分,青田县章村乡上宁村汤松平(车主)聘用吴加姚,驾驶浙K·B0795号中巴车(核定19人,实载37人),由章村驶往丽水,途经青田腊口-黄庄线K7+800处(下坡弯道时),因刹车失灵,中巴车冲出路面,翻滚到30多米的山沟里,死亡6人,伤31人,车辆报废(超载,刹车失灵,导致事故)。

20.2003年6月24日,14时20分,一辆从缙云县城开出的中巴车,途经东渡镇南山村时,被突如其来的洪水淹没,卷走 4 人死亡。

21.2005 年 6 月 22 日,夜 11 时,一辆浙 GC7271 大型卧铺客车,行驶至 330 国道 K136+260 处时,与缙云驶往丽水方向赣 E10275 装运废铁料货车交会时,冲出路边钢质护栏坠落 30 多米的山谷,大客车死 7 人,伤 11 人。

22.2007 年 8 月 3 日,晚,龙丽高速公路遂昌段发生两车追尾事故,死亡 3 人。龙丽高速公路丽水方向车道封道 3 小时。

23.2007 年 12 月 7 日,7 时 30 分,S222 省道龙丽线松阳县王店铺路段一辆从遂昌开往丽水的快客与两辆货车相撞,死亡 5 人,伤 10 人。

24.2007 年 12 月 7 日,7 时 33 分许, 遂昌县绿通汽车运输公司驾浙 K·F0929/浙 K·F176 挂重型半挂车,途经 S222 省道 K98+217 路段(吕谭樟树滩弯道),在超越江山县四都镇青山村浙 H·D0417/浙 H.D817 挂全挂车的过程中与相对方向的遂昌县华通汽运公司从遂昌驶往丽水的浙 K· F0855 号大型客车(核载 29 人,载客 13 人)发生碰撞,造成 6 死(旅客 4 人,客、货车驾驶员各 1 人)9 伤,3 辆车严重损坏。

25.2008 年 9 月 4 日,零时 19 分,一辆闽 BY8006 大客车在金丽温高速公路 K116 处,冲破中央护栏后猛撞隧道口挡墙,死亡 10 人。

26.2008 年 9 月 16 日,13 时 53 分,云和县恒运旅游有限公司浙 K·T4033 号出租车,由云和驶往丽水,途经长深线丽龙段往丽水车道 K2659+896(庵基头隧道内)处时,因超速行驶(限速 80 千米/时),车辆追尾碰撞前方 1 辆半挂牵引车,2 名乘客当场死亡,3 人受伤,出租车报费。

27.2009 年 11 月 23 日,上午 8 时 40 分,龙丽高速公路松阳段 1 辆江西牌照的小轿车因超速,与 1 辆浙江牌照的大货车追尾相撞,死亡 4 人。

28.2010 年 3 月 2 日,凌晨 5 时许,龙丽高速公路丽水方向 K141+960 处,1 辆满载乘客的湖北牌照的大客车冲毁护栏,侧翻后跌至对向车道,1 辆江西牌照的大客车躲避不及,与侧翻客车迎头相撞,造成 2 死 5 伤。

表 263

1990—2000 年丽水地区道路交通事故统计表

年　份	发生次数(次)	死亡人数(人)	受伤人数(人)	直接经济损失(万元)
1990	1195	221	789	286.20
1991	1305	281	886	222.70
1992	1030	311	887	425.49
1993	1049	275	909	535.55
1994	1094	270	949	728.03
1995	1292	275	1072	933.27
1996	1569	410	1519	1300.70
1997	1829	363	1560	1571.39
1998	2022	333	1800	1788.30
1999	2865	380	2307	2183.13
2000	3045	380	2278	2442.23

表 264

2002—2010 年丽水市道路交通事故统计表

项目/年份	发生次数(次)		死亡人数(人)		受伤人数(人)		经济损失	
	数量	下降比例	数量	下降比例	数量	下降比例	万元	下降比例
2002	3016	—	371	—	2516	—	2482.614	—
2003	3274	-8.60%	409	-10.20%	2513	0.10%	2928.216	-17.90%
2004	3286	-0.40%	389	4.90%	3303	-31.40%	1726.94	41.00%
2005	2602	20.80%	340	12.60%	3365	-1.90%	891.1367	48.40%
2006	2028	22.10%	334	1.80%	2767	17.80%	682.2436	23.40%
2007	1528	24.70%	337	-0.90%	2075	25.00%	362.1395	46.90%
2008	872	42.90%	288	14.50%	1120	46.00%	295.3531	18.40%
2009	689	20.99%	279	3.12%	813	27.41%	140.7948	52.33%
2010	577	16.26%	269	3.58%	687	15.50%	151.0731	-7.30%

表265　**2002—2010年全市公路经营性客货运车辆交通事故统计表**

年　份	上报事故次数(次)	受伤人数(人)	死亡人数(人)	直接经济损失(万元)
2002	43	21	35	201
2003	37	40	32	190
2004	45	28	30	235
2005	72	56	32	308
2006	70	77	49	120
2007	49	43	40	489
2008	51	84	45	539
2009	34	13	36	545
2010	39	47	44	803

说明：1991—2001年资料失

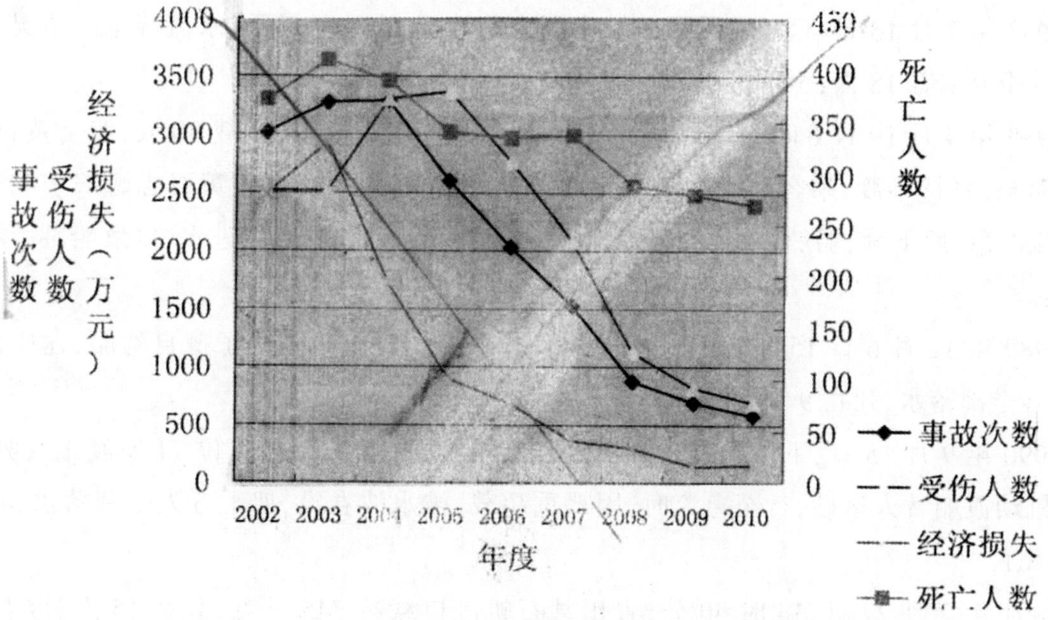

图十九　**2002—2010年丽水市道路交通事故四项指数统计图**

数据及图表显示，2002年、2003年道路交通事故发生率呈上升趋势，道路交通安全形势比较严峻。从2004年开始，丽水市实施了公路安保工程，效果明显，交通事故统计4项指数连续大幅度下降，尤其是“十一五”期间各项指数下降尤为明显，道路交通事故次数从2028次下降到577次，有力地遏制了道路交通事故不断增长的趋势。

内河运输事故

1.民国31年(1942)，日本侵略军进攻金华、衢州时，5月13日夜，丽水站利用25集团军回福建货车售票搭客，在括苍渡(丽水县桃山)过渡时，手车与汽车争渡，渡船尾船下沉，溺死乘客11人。

2.1961年5月21日，3号台风侵袭，瓯江水位猛涨，温溪汛头桥至学诗村的公路水深2米，交通受阻，停泊汛头桥的龙泉县运输公司职工朱瑞佐，乘机摆渡赚钱，以只能乘座5人的小船，载客30人，从汛头桥驶向学诗村，船舶离岸即向乘客收钱(每人一角)，置急流船倾于不顾，结果撞在公路边树杆上而翻船。除船工朱瑞佐及13名乘客得救外，其余17名乘客(女13人，男4人)淹死。

3.1978年4月8日，丽水县好溪防洪工程工地，渡船载人定额20~25人，是日上午10时40分，该县崇义、丽新两公社民兵乘船回青林村驻地吃中饭，一拥而上，实载54人，既严重超载，又前重后轻，船头低处离水面三四厘米，船离岸四五米时，水已灌进第三舱，这时船上人惊慌起来，有的人开始跳水，使船失去平衡，船向右侧翻沉，54人全部落水，11人溺死。

4.1983年7月13日，松阳县雅溪公社南洲大队渡船，在连日暴雨、水流湍急的情况下，冒险强渡。船上乘客18人，全部落水，溺死13人。

5.1985年4月19日6时，青田县高沙村农渡，渡船定额30人，实载80人，渡工黄石志认为严重超载，坚持不渡，乘客过渡心切，不听渡工劝阻，将渡船推出，由黄石志媳妇掌舵划船，由于水流湍急，船下淌，船舷披水，乘客惊慌，有的跳水，引起渡船倾斜进水，以致船翻下沉，淹死29人。

6.1989年12月6日15时30分，青田县海口乡南岸渡口渡工儿子擅自驾船，途中翻船，22名乘客全部落水，死亡9人。

7.1990年9月15日，下午5时，青田县祯埠乡小群村瓯江水面，1位71岁渡工驾驶1条已报废机动渡船替人运砂，行至急流时，因严重超载，被水波卷没，船上6人全部落水，4人获救，2人死亡。

8.1991年2月27日，14时40分，青田县石帆渡口载砖745千克，载客15人，因客货混装，超载沉船，死亡6人。

9.1992年3月7日10时50分许，青田县石溪乡溪口渡口青渡035号木质机动船，核载26人，实载45人，严重超载。渡工郭连田到渡船前部收取渡费，由无驾证15岁学生叶建军掌舵,渡船偏向急流前进,江水迅速涌进船首,船头下沉,船上人员全部落水,26 人获救,19 人死亡。

10.1994 年 4 月 5 日 10 时许,缙云县雁岭乡左库水库内的柳兆兴自备船,擅自给学生春游乘坐,从上坟山潭埠头至下陈溪滩砂场,上船时学生一拥而上,载客 139 人,严重超载,船舶失去平衡,倾斜下沉,造成特大事故,死亡 45 人。

11.1996 年 2 月 29 日 19 时 20 分许, 青田石帆乡青竹村渡船被铁路施工的民工无证驾驶,非法装运黄砂超载,致使渡船沉江,11 人全部落水,死亡 5 人,生还 6 人。

12.1997 年 4 月 4 日 2 时,丽水市航运公司永芳 1 号船,在广东惠州以南 10 海里处与汕头海安 8 号船发生碰撞,永芳 1 号船沉没,10 人获救,2 人失踪。

13.1999 年 10 月 14 日 10 时,浙青田货 0454 号、浙瓯货 0586 号船违载靠泊,发生走锚。在重新靠泊时,造成浙青田货 0454 号和浙青田货 0245 号相碰,致使浙青田货 0245 号沉没,死亡 2 人。

14.2001 年 6 月 12 日 20 时 30 分许,因瓯江涨水,锚泊于丽水塔下铁路大桥的平台船因加固锚泊钢缆崩断,致使平台船随洪水下漂,在下漂过程中分离为两部分,装有 20 吨吊机部分的平台翻沉在铁路大桥下游 1 千米水域,另一部分平台继续下漂,最后触撞搁在青田腊口大桥第 6 跨桥墩口上。经有关部门检测大桥桥墩受到严重损伤,事故直接经济损失 164 万多元。事故主要原因是中铁大桥局四处七公司固锚泊不合理,不按规定向水上港航监督机关申请水上水下施工作业许可,违章作业造成。

15.2008 年 1 月 3 日凌晨 4 时 05 分许, 停泊在青田县瓯江鹤城魁市航段浙丽采砂 0085 号船上陶家盛等 5 人相继入睡。不久,采砂船因漏水右倾侧翻沉入水中,船上 5 人全部落水。救起 4 人,死亡 1 人。直接经济损失 22 万元。事故原因为船主朱献波在事故一个月前发现船体明显有漏水,未及时修补,临时雇佣没有经过任何安全知识教育培训的 4 个人在船上作业,也没有落实具体人员值班看守抽水,以致造成沉船事故。

16.2010,全市未发生内河运输交通事故。

表 266 **1991—2010 年全区(市)水上运输事故一览表**

年 份	事故次数(次)	死亡人数(人)	伤亡人数(人)	经济损失(万元)	备 注
1991	23	10		10.5	
1992	19	24		17.84	
1993	11	3		159.47	沉船 1 艘
1994	11	0		20.55	
1995	7	3		701.2	沉船 3 艘
1996	4	12		441.66	沉船 2 艘
1997	6	4		23.7	沉船 4 艘
1998	3	2		4.2	
1999	5	2		17.41	沉船 4 艘
2000	5	0		9.1	沉船 5 艘
2001	3	1		0	
2002	7	2		7.7	沉船 8 艘
2003	1	1		10	沉船 1 艘
2004	1	0		9	沉船 1 艘
2005	2	1		14.1	
2006	1	1		2	
2007	2	0		4.3	
2008	2	1		0	
2009	2	2		0	沉船 1 艘
2010	0	0		0	

交通事故处理依据

中华人民共和国成立初期,公路交通事故的处理工作由公安和交通管理两个部门共同负责。

1950 年 3 月,中央人民政府政务院公布《汽车管理暂行办法》。随后,交通部制定《汽车管理暂行办法实施细则》,规定车辆肇事应立即停车,服从在岗值勤警察或交通管理人员处理。1951 年 5 月,公安部又公布《城市陆上交通管理暂行规则》,在交通肇事一章中规定:"车马如遇肇祸,必须报告附近在岗值班警察或公安机关听候处理,公安机关对交通肇事损害赔偿案件,应查明真相,弄清肇事责任,判明是非,加以合理调解。如当事人之一对调解不同意时,得移送法院处理之。”

1959年10月,省人民委员会颁发《浙江省汽车管理暂行办法》和《公路交通规则》。1961年11月,省交通厅据此制定《机动车行车肇事处理办法》,将责任归纳为5类:驾驶员责任;养路、工程、交通指挥人员责任;业务管理人员责任;行为乘客责任和无责任(山洪、山崩、地震等自然灾害)。全区在处理交通事故中统一执行上述规定。

1986年7月,省公安厅、交通厅颁发《浙江省道路交通事故处理暂行规定》,首次提出“按责论处”的处理原则,并对现场勘察、责任鉴定、处罚、经济补偿等作出统一规定。

1987年9月,全区交通管理职能统一移交公安部门后,地区公安局成立交通警察支队,各县公安局分别成立警察队(后改为大队),开始独家担负辖区内的道路交通管理及交通事故处理工作。其时,交通事故处理的主要依据是省公安厅制定的《浙江省道路交通事故处理暂行规定》(1986年7月公布)、《浙江省道路交通事故处理工作规程》(1987年12月公布)和《浙江省交通事故伤残者确定范围》。

1991年9月22日,国务院发布《中华人民共和国道路交通事故处理办法》(国务院令〔1991〕89号)。

1992年1月1日,全区开始执行《中华人民共和国道路交通事故处理办法》。对发生交通事故的现场处理、责任认定、调解和处罚以及损害赔偿等都作了具体规定。将交通事故分为轻微事故、一般事故、重大事故和特大事故4类,交通事故处理的责任亦分全部责任、主要责任、同等责任和次要责任4种。发生道路交通事故,经交警部门处理后,如果当事人对事故责任认定不服,可以在接到认定书后15日内向上一级公安机关申请重新认定;上一级公安机关在接到复议申请后30日内,应当作出复议决定。当事人对复议决定不服的,可以在接到复议决定书后15日内,向人民法院提起行政诉讼。在认定事故责任后,事故责任者应当按规定承担相应的损害赔偿责任。同年8月,公安部颁发《道路交通事故处理程序规定》,详细规定了交警部门现场处理、责任认定和调解处罚办法。

1995年,全区“122”交通事故报警电话开通,提高交通事故快速处理能力。

2000年6月18日,为真正体现交通事故处理“公开、公平、公正”的办事原则,全区首次重大交通事故听证会在丽水举行。听证会将交通事故损害赔偿的调解工作全面移交法院审理,交警部门只负责勘查、认定工作。这是交警部门实现“两公开一监督”,实施“阳光作业”的首次尝试。

2003月10月28日发布的《中华人民共和国道路交通安全法》、2004年4月28日发布的《道路交通安全法实施条例》和浙江省十届人大常委会29次会议通过、2006年3月29日发布的《浙江省实施〈中华人民共和国道路交通安全法〉办法》有关条款规定，将道路事故分为人员死亡事故、人员损伤事故和财产损失事故3种。同时规定，机动车发生交通事故造成人员伤亡、财产损失的，由保险公司在机动车第三责任强制保险范围内予以赔偿；损失超过保险责任限额的，超过部分由过错方承担赔偿责任；双方都有过错的，按照各自的过错比例分担责任。

2004年4月30日，公安部、国家发改委、交通部、农业部、国家安监局联合印发《预防道路交通事故“五整顿，三加强”实施意见》（公通字〔2004〕33号），要求严格把好驾驶员考试关，完善驾驶员考试机制，加强监督制约，坚决消除违法驾驶，减少交通死亡事故。

2006年3月1日，国务院颁布《机动车道路交通事故责任强制保险》（国务院令〔2006〕462号），切实保障了机动车道路交通事故受害人依法得到赔偿。

2008年3月17日，省公安厅、省安监局联合颁发《浙江省机动车轻微物损交通事故自行协商处理暂行规定》（浙公通字〔2008〕70号），规定机动车之间、机动车与非机动车之间，在道路上发生交通事故未造成人员伤亡，仅造成经济损失计人民币3000元以下或者双方机动车损失各在2000元以下的，当事人双方在互解互谅的基础上，可选择自行协商的办法处理，并在现场及时向公安部门和保险公司报告和申请定损。保险公司应及时进行处理，核对协议书，核定事故损失，与当事人协商赔偿方式。当事人双方应当积极协助保险公司进行处理并将车辆移至不影响交通的地方。保险公司应快捷、高效进行理赔。

第八篇

体制改革

丽水市汽车运输集团有限公司成立大会会场

丽水市交通行业体制改革包括职能事业单位改革、科技型事业单位改革、国有企业改革、国有运输企业改革。通过改革,职能事业单位机构设置更为精简、科学,人员更为精干,办事效率大为提高;科技型事业单位、监理型国有企业、国有运输企业改制为股份制企业,打破了管理上条条框框的束缚。实行股份制运行与社会主义市场经济体制相适应的新的企业管理机制,提高了管理效能和生产效益,企业面貌焕然一新。

丽汽集团第一次股东大会会场

第一章 行业体制改革

丽水地区交通行业体制改革始于1988年3月,主要实施公路管养、交通勘察设计、公路运管规费征收和交通运输企业等方面的体制改革。通过改革,公路管理由以条为主,改为条块结合,以块为主,打破公路管理方面受条条框框的束缚,消除公路管养混合、企业事业混编、机构重叠、办事效率不高的弊病,建立公路管理与养护分离、事业与企业分开的新的管理与养护机构。运管稽征行业通过改革,运管稽征工作向一个办事窗口集中,办事效力大为提高;科技型事业单位改制为股份制企业,真正成为自主经营、自负盈亏、自主创业创新,适应市场经济要求的法人实体和市场主体。

第一节 公路管养机构体制改革

丽水市公路管理体制改革先后有3次。第一次在1989年5月,根据省人民政府《浙江省公路、航运、沿海港口和航运公司管理体制改革方案的通知》精神,丽水地区公路总段更名为丽水地区公路管理处。公路管理由以条为主,改为条块结合,以市(地)为主的管理体制。改革后,公路管理机构降为副县级,隶属地区交通局,由省公路管理局与地区交通局双重领导。地区交通局是公路主管部门,公路管理处经交通局授权,负责全区(市)专业公路具体行政管理工作,各县(市)公路段(2010年10月—2011年4月,陆续改称公路管理局)是地区公路管理处派出机构,直属公路管理处管理。第二次是1999年11月26日,根据省交通厅和省公路管理局的要求,为理顺关系,完善体制,公路管理实行"条块结合,以县(市)为主"的体制,各公路段(正科级事业单位)成建制划归各县(市)管理,下放后相当于副科级事业单位。地区公路管理处对其实行业务指导,计划管理。第三次是2002年,根据省交通厅《浙江省公路管理体制与运行机制改革的指导意见》精神,实施以"两合并,两分开,一加快"为主要内容的改革。两合并即市公路管理处与市县乡公路管理处合并;县(市)公路管理段与县(市)县乡公路管理所、路政大队合并,不再设立其他县乡公路管理机构。两分开是指事企分开和管养分开,把原属公路管理机构的工程公司、生产单位,与公路管理处(段)分开,把养护生产作业从公路管理处(段)剥离出来,组建具有独立法人资格、自主经营、自负盈亏的企业性质的养护公司(中心),实行企业化管理。一加快是指加快改革进程,积极培育养护市场主体,建立健全养护市场规则,通过养护招投标，提高养护质量和效益。至2004年，9县(市、区)先后建立养护公司(养护中心)：莲都公路养护中心、龙泉市新欣养护中心、青田县公路工程养护有限公司、缙云县顺达公路养护中心、遂昌县公路养护工程有限公司、松阳县三鑫工程有限公司、云和县永盛公路养护工程有限公司、庆元县公路养护中心、景宁县腾鹰公路养护工程有限公司。养护公司(养护中心)下设养护站，负责辖区内路段的养护。

通过改革，公路管理处由原来的8个科室，整合为办公室、政工(监察)、养工(设备)、财务(审计)、路政、县乡道路6个科室。处机关工作人员由68人精简为53人，领导干部和职工实行全员聘任制，公开考核，竞争上岗，双向选择，择优聘用。(附：公路段体制下放情况表)。

表267 **2003年公路段体制下放情况一览表** 单位：万元

单位	职工人数(人)		固定资产		其中		
	在职	退休	总值	净值	机械(台)	原值	净值
龙泉段	184	86	412.83	296.9	60	262.52	165.22
青田段	106	59	382.42	220.61	59	303.32	169.6
缙云段	170	87	706.34	517.2	68	449.34	262.03
遂昌段	126	69	348.96	276.33	84	260.63	188
松阳段	88	41	422.64	359.28	47	219.43	157.51
云和段	96	46	632.34	493.21	75	350.95	211.85
庆元段	77	42	349.2	268.78	85	245.14	153.35
景宁段	92	34	287.28	221.91	44	155.67	90.87
合计	939	464	3542.01	2654.22	522	2247	1398.43

说明：丽水段改为市公路管理处(局)直属公路段

第二节 丽水市路桥工程处体制改革

丽水市路桥工程处位于丽水市区溪口，前身为1965年1月建立的丽水专区公路总段公路工程队，1989年7月改为丽水地区公路管理处公路工程队，1996年5月改名丽水地区路桥工程处，2000年7月，改为丽水市路桥工程处，为独立核算、自负盈亏科级事业单位。

在计划经济时期，曾为公路工程建设作出过辉煌业绩。进入20世纪，在激烈的公路工程市场竞争中，因经营不善等原因，至2006年底，负债1049万元。

为了强化管理，使企业走出困境，根据市政府《关于印发丽水市直属单位改制实施办法的通知》(丽政发〔2002〕179号)文件精神和市体改办通知，市路桥工程处着手体制改革准备，于

2003年初成立市路桥工程处改制领导小组。通过学习贯彻落实省交通厅浙交〔2003〕198号文件精神,进一步深化和完善公路管理体制改革工作,对资产进行评估。为减轻其改制压力,经市交通局同意将年龄偏大的32名职工分流到丽水公路段。因负债累累,改制遇到困难,2007年4月3日,召开职工大会,审议通过《丽水市路桥工程处破产预案》,在改制的同时,实行破产,经市公路管理处、市交通局同意,市国资委批复"同意市路桥工程处依法申请破产"。

破产后,退休的和提前退休的职工,按市政府规定享受事业单位退休职工福利待遇;参加改制的47名在职职工按市政府关于事业单位破产职工安置标准,给予经济补偿。此后,市路桥工程处不复存在。

第三节 丽水市公路运管稽征处体制改革

1987年9月,根据国务院《关于交通道路体制改革的通知》(国发〔1986〕94号文)及浙江省人民政府指示精神,地区交通监理处原车辆监理职能成建制划归公安部门,成立丽水地区公安局交通警察支队,恢复地区公路运输管理处;养路费征收划出,新建公路稽征处,两处合署办公,隶属于地区交通局。1988年,升格为副县级事业单位。内设办公室、运管科、征收科、汽修科、稽查科;各县(市)设公路运输管理所、公路稽征所,两所合署办公,为副科级事业单位。

2000年7月,丽水撤地设市后,原丽水地区公路运管稽征处改称丽水市公路运管处、公路稽征处。2000年7月20日,丽水市委、丽水市人民政府发布《关于市本级与莲都区部分事权划分的决定》(丽委〔2000〕1号)要求,将原丽水市公路运管所、稽征所、车辆购置附加费征收管理办公室改为直属所,并成为丽水市公路运管稽征处的内设机构。原丽水市公路运管稽征所房产一并划入丽水市公路运管稽征处。

2001年,国家将驾驶人培训行业纳入道路运输行业管理,丽水市公路运管处设立驾培科。

根据浙江省国家税务局、省交通厅、省人事厅《关于车购税费改革人员交接有关事项的通知》(浙国税人〔2004〕153号)规定,从2005年1月1日起,丽水市车辆购置附加费征收管理办公室职能划转给丽水市国税局,丽水市车辆购置附加费征收管理办公室机构撤销。

根据国务院《关于实施成品油价格和税费改革的通知》(国发〔2008〕37号)文件规定,从2009年1月1日起,停止征收公路养路费、公路运输管理费等6项规定,2009年为补征、清缴公路规费年,2010年公路规费稽征职责取消。

2009年4月,市运管稽征处经市人劳社保局批准为监督管理类事业单位。

2010年,进一步贯彻落实市委、市政府关于推进行政机关"两集中两到位"行政审批职能归并改革的任务部署,全面适应税费改革后道路运输市场发展变化的需要,对市运管处内设机构实施以“行政许可、法制监察、业务指导、市场分离相互分离”的“四分离改革”,做到全处所有行政审批事项向1个科室集中和行政审批服务在1个中心窗口集中办理,初步构建起分工更加明确、职责更加清晰、沟通更加顺畅、运转更加高效的道路运输管理工作新机制。通过调整改革,各科室工作目标和职能更为清晰,行业规划编制和运输市场监管等重点工作得到加强,基本消除了费改税带来的队伍工作困扰,同时为新的财政转移支付体制确定、下步运管自身干部队伍建设及部门参照公务员法管理等工作打下基础。

第四节　丽水市交通规划设计院体制改革

丽水市交通规划设计院前身为成立于1985年1月的丽水地区交通勘察设计室,1989年10月6日确定为地区交通局属下事业单位。

根据中共丽水市委、丽水市人民政府《关于深化市直属事业单位改革的意见》及丽水市人民政府《关于印发丽水市市直属单位改制实施办法的通知》文件精神和市体改办通知,市交通规划设计院着手进行改制各项工作。改制前有注册资本金200万元,具有公路工程乙级设计资质,为自收自支事业单位,有在职职工29人。该单位没有不动产,办公用品及测量仪器,交通工具(汽车)等经评估归属设计院。根据市政府的部署和市交通局的指导意见,结合本单位实际拟定改制方案,经职工大会通过的《关于上报丽水市交通规划设计院改制方案的报告》(丽交院〔2003〕8号),于2003年7月8日上报市政府和市交通局。2003年10月10日,丽水市直属事业单位改革领导小组复函《关于同意丽水市交通规划设计院改制方案的批复》(丽事改〔2003〕3号),批准更名为浙江佳途勘测设计有限公司,11月18日,正式挂牌营业,是一家科技型有限责任公司,办公地址位于丽水市区中东路616号紫金新村1幢东首4~6楼。

公司下设总工程师室、综合经营部、财务部、测设部、工程测量部和岩土勘察部,共计60多人。法定代表人(董事长):叶建胜。

改制后,公司由原单位在编的、并且在原单位工作2年以上的正式职工,以及调入的紧缺专业人才等23人组成,股东也是此23人,入股遵循公开、公平、公正的原则,风险共担、利益共享的原则;自愿出资的原则。设置注册资本金人民币300万元,全部由股东出资。配股以实行权责分明,管理科学,激励和约束结合的内部管理体制为目标,使企业真正成为自主经营、自负盈亏、自我约束、自我发展、适应市场经济要求的法人实体和市场主体。

该公司是一家包括公路工程设计甲级、岩土工程及工程测量乙级的综合性设计单位。经营范围包括岩土工程勘察、设计、测试监测检测,岩土工程治理、工程钻探、凿井,工程测量,公路、桥梁、隧道、交通工程设计,可行性研究,设计咨询,造价咨询,项目管理,工程总承包,实业投资,国家准许的货物与技术自由进出口业务。

公司建立符合社会主义市场经济要求的现代企业制度管理和运作，在主持参与丽水市绕城公路、青景庆公路复建工程、S229省道(原称54省道)菊水至后山桥段改建工程、龙丽、丽龙高速公路、330国道至金丽温高速公路(G1513温丽高速青丽段)连接线(青田县秋炉至高岗)公路改建工程、S328省道(原称53省道)云和县城过境公路改建工程、莲都至武义公路联城至老竹段改建工程等多项工程的勘察设计工作中，取得良好的社会和经济效益。

附：浙江佳途边坡生态治理有限公司

坐落丽水市中东路616号，为中国岩土锚固工程协会会员单位，是2003年由丽水市交通规划设计院体制改革后组建的企业。主要从事公路、水电、建筑边坡的加固、防护、生态恢复和地质灾害治理等工作。公司设备齐全，拥有设计、施工等工程技术人员56人，其中具有高级职称者12人、中级职称者23人，国家一级建造师(项目经理)7人，锚固工程专业技师14人。

公司拥有浙江省建设厅核发的特种专业工程专业承包资质(限边坡治理)，浙江省国土资源厅核发的地质灾害治理工程丙级设计资质。

公司成立以来，先后参建杭金衢高速公路、金丽温高速公路、丽龙高速公路、龙丽高速公路等数十个大型、特大型边坡、滑坡的治理工程施工及近百个边坡防护工程。在边坡治理设计、施工与监测方面积累了丰富的理论和实践经验。

第五节　丽水市公路水路工程监理咨询公司体制改革

丽水市公路水路工程监理咨询公司位于丽水市中东路616号紫金新村1幢东二楼，成立于1998年4月，为地区交通局下属国有企业。

为了适应社会主义市场经济要求的内部管理体制和运行机制，深化国有企业改革，加强管理，根据丽水市人民政府《关于印发丽水市市直属单位改制实施办法的通知》(丽政发〔2002〕179号)文件精神和市体改办通知，2006年4月初，公司着手进行体制改革，经丽水市国资委对公司原有资产进行评估，拍卖，4月26日，由支济旗等3位股东合资532万元购买。11月，召开股东会议，选举成立董事会、监事会，支济旗任董事会执行董事兼经理，赵向华任监事会监事，公司更名为丽水市丽通工程监理有限公司，成为独立核算、自负盈亏的股份制企业。下设行政部(办公室)、监理部、经营部、财政部、丙级中心实验室。2010年有专业监理工程师以上执业证书的各类专业技术人员165人，其中高级工程师14人，工程师76人。

公司改制后，努力开展公路工程监理业务，由丙级企业提升为甲级，通过了北京世标认证中心有限公司的ISO现场认证审核。建立起一套科学的质量管理程序、严密的质量保证体系和规范化、标准化的工程监理管理程序，保障监理工程优质高效。改制后先后接手的市内多项公路工程的监理工作中，为确保工程质量发挥了应有作用。

第二章　运输企业体制改革

第一节　丽水市汽车运输联合总公司体制改革

2000年1月4日，丽水市汽车运输联合总公司体制改革启动，经资产评估为公司整体改制工作奠定了物质基础。

2001年1月4—5日，公司召开八届三次职代会通过《总公司整体改制方案》和《集团公司持股会组建方案》。7月9日，公司给市体改委上报《关于要求审批〈丽水市汽车运输联合总公司改制方案〉的请示》。9月12日，市政府办公室下发〔2001〕6号市长办公会议纪要，明确对公司有关改制问题的处理意见。9月27日，市体改委下发《关于丽水市汽车运输联合总公司改制方案的批复》(丽体改〔2001〕27号)，赋予公司整体改制工作的正确方向。

2001年9月29日，公司召开八届四次职代会，听取关于《总公司整体改制方案》和《职工持股会组建方案》的修改意见说明；审议通过《集团公司章程》《股份认购办法》《股权管理办法》和《职工持股会章程》等改制文件。10月16—25日，公司在岗职工劳动关系转换费经职工本人自愿选择，全部处置到位。

10月31日，召开职工持股会一届一次会员代表大会，选举成立第一届理事会理事，吕丽君为理事长；余备建为公司董事会职工董事，沈宗浩为公司监事会职工监事。

11月3日，公司召开第一届自然人股东大会。会议同意赵国新、虞大贵、张仲初、何赤诠为自然人董事；同意杜志田、叶伟军为自然人监事。在第一次股东大会上通过《丽水市汽车运输集团有限公司章程》、《股权管理办法》；选举确认赵国新、虞大贵、张仲初、何赤诠、吕丽君、余备建为公司董事，通过聘请公司法律顾问李光耀为独立董事的提案，由上述7人组成第一届董事会；选举确认杜志田、叶伟君、沈宗浩为公司第一届监事会监事。同日公司董事会举行第一次会议，赵国新当选为董事长；董事会同时聘任赵国新为总经理，虞大贵任常务副总经理，张仲初、何赤诠任副总经理，黄增清任总经理助理，杜志田任监事会主席。

2001年11月8日，按照改制整体计划，1500万元注册资金全部募股到位。11月27日，改制后组建的丽水市汽车运输集团有限公司(简称“丽汽集团”)注册成立。12月16日，公司举行隆重的新公司揭牌仪式，标志着丽水市最大的国有道路运输企业职工身份彻底转换，国有企业资产彻底退出的“两彻底”改制结束。

改制后的丽汽集团沿着现代企业制度的发展轨道，以丽水市人民政府“三市”(生态立市、工业强市、绿色兴市)战略为依托，以ISO9001质量管理体系认证、客(货)运企业经营资质等级评审、经营线路服务质量招投标等工作为切入点，坚定地走稳固提升运输主业、积极推进集约化经营、相关行业多角度发展、加快信息化管理步伐、大力建设企业文化发展道路，有效地提升企业的核心竞争力，取得了企业3个文明建设的协调发展。

2008年和2009年，市国资委先后2次收购部分股东的股份，占集团公司全部股份的17.74%。2010年11月16日，丽水市汽车运输集团有限公司变更为丽水市汽车运输集团股份有限公司，所属分公司相应更名，至年底，公司拥有相关单位23个，其中分公司12个、控股公司10个、参股公司1个，形成以汽车客运、物流、货运为主，汽车修理、汽车检测、汽驾培训、汽车改装、燃油配件经营、宾馆、旅游业等相关行业为铺的经营格局。

第二节　县(市)汽车运输企业体制改革

丽水市(县级)运输总公司

丽水市(县级)运输总公司建于解放初期，属集体企业，1983年10月取名丽水县运输公司，1986年7月更名为丽水市运输公司。1996年4月24日，改称“丽水市运输总公司”。2000年10月，经公司职代会审议通过公司在改制的基础上兼并整体划转至丽水市(地级)汽车运输联合总公司，人员、大型客车、出租车、班线及土地使用面积都全部进行划转并作了妥善处置。

龙泉市长途汽车运输公司

龙泉市长途汽车运输公司位于龙泉市剑池路300号。前身为丽水地区汽车运输公司龙泉分公司。1992年10月1日，改称龙泉市长途汽车运输公司。2010年在册员工370人。该公司未进行改制。2010年，有客运车辆216辆、4219座位，采取公车公营、客车承包经营等方式，公司下属11个单位依既定规章制度进行运作。

青田县长途汽车运输公司体制改革

青田县长运公司驻青田客运东站大楼。2000年9月19日，该公司体制改革起步，就企业体制改革有关事宜上报县人民政府和县交通局审批，经批复同意，公司着手进入实质性改制阶段。时拥有资产3354余万元，聘请有关单位对资产(含土地)进行估价，为体制改革奠定物质基础。公司国有资产全额转换，改制为股份制企业。确定自愿参股职工196人，募集总股本270.1万元。

2001年5月11日，召开首届股东代表大会，通过《青田茂源长运有限公司章程》。5月21

日，经县工商部门变更登记，青田茂源长运有限公司注册成功，5月28日，挂牌营运。

改制后，公司以“深化改革，兴车生财，发展交通，繁荣市场，规范经营，振兴茂源”为指导思想。至2010年，公司拥有资产1.5亿元，比公司成立时核减、剥离和提留资产3193多万元，增加1.28亿元。年营业额达1.1亿元。在册员工950人，各种客运车辆226辆，营运线路53条。东、南两个客运站日发班车730班，年发送旅客198万人次，客运周转量1.59亿人·千米。

缙云县汽车运输总公司体制改革

缙云县汽车运输总公司驻缙云县客运中心大楼，前身为丽水地区汽车运输公司缙云分公司。1992年10月，成建制从丽汽公司下放至缙云县交通局管理，成为“全民性质、自主经营、独立核算、自负亏盈”的独立法人。12月，采取“适当控制、逐步放开”的原则，对符合一定条件的营运客、货车和经营线路实行租赁经营责任制。在一定时期内以“补偿资产、定死租费、规费预交、服务有偿、费用自负、盈利全留”的形式交个人经营。1993年1月更名为浙江缙云汽车运输总公司。2001年12月，注册登记为缙云县汇通汽车运输有限公司，成为股份制企业，完善了企业法人治理结构。

遂昌县汽车运输总公司体制改革

遂昌县汽运总公司位于妙高镇平昌路1号，前身是丽水地区汽车运输公司遂昌分公司。1992年10月，改称遂昌县长途汽车运输公司。1994年6月，遂昌县运输公司与遂昌县长途汽车运输公司合并，改称遂昌县汽车运输总公司。

2001年1月，该公司改制起动，国有资产全额置换，改制为股份制企业，改名为遂昌县华通汽车运输有限责任公司。2008年8月，浙江魏氏实业（集团）有限公司对公司的股权进行全部收购。此后，华通汽运公司即由魏氏实业（集团）有限公司实行控股，公司注册资本金为2000万元，是遂昌县最大的客货运企业，具有道路客运三级、道路货运三级资质的专业企业。

松阳县长途汽车运输公司体制改革

松阳县长途汽车运输公司驻西屏镇长虹中路48号客运大楼内。前身为丽水地区汽车运输公司松阳分公司。1992年10月1日，改称松阳县长途汽车运输总公司，下设货运站、客运站、修理厂。

1996年8月，松阳县长途汽车运输总公司、松阳县运输公司、松阳县第二运输公司3家运输企业合并组建为松阳县长途汽车运输（集团）公司。

1998年10月，公司国有资产全额转换，改制为股份制企业。同年11月11日，松阳县长运有限公司完成注册登记，标志着公司成功实现改制。公司下设总经理室、工会、总经办党办、公司办公室、经营管理部、计财部、保卫稽查部等机构。

改制后，公司采取“一业为主、多业并举、综合发展”的发展战略，立足公路客货运输主业，先后创办浙南茶叶市场、浙南茶叶市场物流基地、松阳县长运旅行社；2001年5月，箬寮山庄建成对外营业;2001 年 11 月,南源电站建成投产;2005 年 10 月,合资创办松阳县长林汽车驾驶培训学校。

改制后,公司各项业务迅猛发展,规模不断壮大。第一年,实现产值 4138.9 万元,税利 379 万元,为改制前的 3.6 倍。至 2010 年,公司拥有营运客车 122 辆,经营线路 28 条,营运货车 111 辆及 5 家二级单位、8 家控股企业,资产总额从改制时 2000 多万元发展到 1.46 亿元,净资产 3426.2 万元。

云和县汽车运输总公司体制改革

云和县汽车运输总公司驻云和镇城东路 160 号,前身为丽水地区汽车运输公司云和分公司。1992 年 10 月,改为浙江省云和县汽车运输公司,次年 12 月,更名为云和县汽车运输总公司,属国有企业。下设客运站、长途汽车运输公司、汽车运输工业公司、汽车运输贸易公司。

1998 年 12 月 2 日,公司改名为云和县汽车运输有限责任公司。

2000 年 6 月 9 日,公司经改制,组建为云和县恒通汽车运输有限公司,成为股份制企业,时有在职职工 122 人、临时工 50 人、离退休职工 253 人。注册资本金 367.3 万元。2004 年 2 月,以邵仁富为代表的股东对恒通公司进行股份收购,2005 年 8 月,以魏文华为代表的股东对恒通公司进行整体收购和股份重组,注册资金 600 万元。重组后,公司投资 3900 万元,建成占地面积 19525 平方米、建设用地 14025 平方米、建筑面积 8527 平方米的新客运中心。下辖二级客运站 1 个、一级汽车维修企业 1 家。主营汽车客货运输,兼营汽车维修、旅游车出租、房地产开发等。拥有资产 5460 万元,年结算额近 5000 万元,为国家二级道路客运企业。

庆元县汽车运输总公司

庆元县汽车运输总公司位于松源镇大济路 166 号,前身为丽水地区汽车运输公司庆元分公司。1992 年 11 月 12 日,改称庆元县汽车运输总公司,隶属县交通局。

公司未进行重大改制,仍是公车公营。1993 年起,陆续将班车承包给个人经营,公司只收一定班线管理费。公司没有自营班车,也不再经营货运业务。2005 年 9 月 1 日起公司收回庆元至丽水 6 个班车中的 4 辆车的 72.5%股份,再次实行公车公营,至 2008 年 3 月 1 日,承包合同到期,全部收回庆元至丽水班线的 6 个班次;同年 9 月 1 日,收回庆元至杭州班线 2 辆班车,由公司自己经营。

公司下辖单位有 2001 年 3 月 30 日成立的庆元县长运汽车运输有限公司和 2005 年 12 月成立的庆元县出租汽车调度中心,实行两块牌子,一套人马管理,经营汽车租赁,公路运输和出租车营运。

景宁畲族自治县汽车长途运输公司

景宁县汽车长途运输公司驻鹤溪镇环城西路 151 号(原为城西路 88 号),前身为丽水地区汽车运输公司景宁分公司,国营企业,科级单位。

1992 年 10 月 1 日成立景宁畲族自治县汽车长途运输公司，为副科级国营企业。2002 年 12 月 31 日，管理体制再次下放，为县交通局下属股级国有企业，成为“全民性质、自主经营、独立核算、自负盈亏”的具有独立法人资格的企业。

该公司未进行重大体制改革，仍是公车公营，根据新形势，以搞好运输为主、兼营汽车修配、旅游出租、旅行社、驾培等业。

第三节 丽水市汽车改装厂体制改革

丽水市汽车改装厂是丽水市汽车运输联合总公司下属的二级法人单位，市直国有企业。根据市政府的要求及市汽车运输联合总公司的改制方案，于 2000 年 9 月，启动企业改制和清算核资工作。经清资，剩余的国有资产 11.42 万元经国资部门批准，以 80%的优惠价卖给改制后的新公司。由国有企业全额置换成股份制企业，改制后的企业名称为丽水市南明专用汽车有限公司。

2001 年 3 月 19 日，经丽水市工商局登记注册，丽水市南明专用汽车有限公司正式挂牌营业。公司下设行政部、财务部、技术部、生产部、质检部、营销部、安全部、一分厂、二分厂及修理厂。

该企业是浙江省专用车生产经营最具有规模和实力的企业，同时还经营汽车维修。

2001 年，产销专用汽车 1132 辆，营业收入 1.57 亿元，实现利润 180.30 万元，税金 222.45 万元。2010 年，产销汽车 1498 辆、营业收入 1.96 亿元，实现利润 241.12 万元，税金 432.59 万元。

浙江省经贸委主任、原丽水市委书记(右三)丁耀民到丽水市南明汽车改装厂视察

第九篇

交通工业 科技 培训

丽水市南明专用汽车改装厂

在强力推进丽水交通现代化的进程中，丽水交通部门认真实施“科技兴交”“人才强交”战略，不断发展和提升交通工业。20 年来，丽水境内汽车维修、汽车零配件制造、汽车制造、摩托车、电动车制造等交通工业的迅速发展，实现了交通运输的跨越式发展，促进了经济社会持续、稳定、和谐发展。

狠抓交通教育和职工培训，全市交通人才如雨后春笋，蜂拥而出。20 年来，全市交通系统获得高级职称者达 120 多人，他们为实现丽水交通现代化作出了应有贡献。

科技创新，新科技引进、应用，取得了丰硕成果，改变了养路工艺，推动了路况路貌提质提升，道路车流量更为畅通，交通运输和经济社会发展相互促进，更加和谐。

丽汽集团汽车修理厂

第一章 保养 修理 检测

丽水汽车修理出现于20世纪30年代，随着汽车运输进入丽水境内而兴起，带动了丽水汽车修理工业。

中华人民共和国成立后，丽水的汽车运输和汽车维修业得到较快发展，特别是中共十一届三中全会后，经济发展迈入快车道，集体、联户、个体创办的汽车维修、保养、汽车零配件制造、专用汽车制造、摩托车制造、机动船舶修造等均获发展。

第一节 汽车修理

民国21年（1932）10月，杭州总车场在武林门新建，并在丽水等28处设修车点、停车场、加油站。民国24年（1935），省营汽车在丽水行政督察区的修理场所有丽水、云和、龙泉、青田、松阳5处，这是丽水行政督察区有汽车维修场所之始。此后，随着公路运输业的发展，车辆增加，汽车维修企业（户）也相应增加，修理设备不断推陈出新，修理技术不断提高，从小修保养提高能承担大修任务。

1966年1月，丽水运输段组建的汽车修理车间投入生产，4月30日，第一辆解放牌货车大修出厂后，开始承担该段的汽车大修任务。1969年9月，在丽水县白云山麓创办地区汽车修配厂，承担全区200辆汽车的修理任务，这是20世纪70年代前丽水地区两家最大的汽车修理厂。

1978年12月，中共十一届三中全会后，经济发展迈入快车道，专业运输公司车辆、社会车辆、集体、个体（联户）车辆迅速增加，一起参与客货运输，适应机动车维护需要，机动车（包括汽车、简易机动车、机动三轮车等）维修企业（户）迅速发展起来。

1980年，丽水地区机关小车修理所创建，是全区最早一家专业维修小车的一类汽车维修企业，多年来一直是地区行署（市政府）和部、委、办、局的小车定点维修单位。2006年，经体制改革，由事业单位改制成股份制企业，年修理各种品牌小车750余辆。

1980年3月1日，丽水分公司（1978年11月，丽水汽车运输公司改属省汽车运输公司成为分公司）将丽水修理厂和丽水汽车修配厂合并改称为浙江省汽车运输公司丽水修理厂，承担汽车的保养、修理，自1966至1990年共修理客货汽车10901辆，三类底盘105只，发动机152.25只。是年起，分公司着重加强技术管理，严格技术标准和作业规范，同年8月制定《爱车、优质保养竞赛试行办法》,压缩在厂车日,车间、车队、调试部门密切配合,协调一致,各负其责,使客货车完好率达到97%和95.5%。

1982年5月,汽车保修机具制造厂(改装厂)创办,经逐年发展,成为全国专用汽车生产的定点企业,自1990—2010年,开发的主要汽车产品,经鉴定、公告的有89种(批),为汽车修理、装配、调换零件,提供部分所需配件。

1984年,丽水分公司通过企业整顿,对车辆、设备、能源、轮胎、工业技术档案和情报均配备专人管理。机务技术管理制度,主要有《汽车运输企业管理制度》《修理质量检验标准》《机具设备管理制度》《能源管理制度》《爱车例行保养检查制度》《汽车保修质量抽查制度》《技术档案管理制度》等。

1986年12月13日,国家经委、交通部、工商行政总局颁发《汽车维修行业管理暂行办法》,全市各级交通运输主管部门落实《办法》精神,建立、健全和加强汽车维修行业管理机构,对汽车维修企业(户)进行检查、检验、监管、督促、考核、整顿;对修理技术人员进行技术培训;建立档案和质量保证制度;凡考核、验收不合格者,限期整改,或则吊销营业执照。

与此同时,丽水地区汽车运输公司(简称"丽汽公司")从20世纪90年代开始,对车辆的保养维护作出更为具体的规定。

1994年12月27日,丽水地区汽车运输联合总公司制定下发《关于承包中巴车定点定期保养的若干规定》。明文规定:新增中巴车一律在长运公司保修厂维护,已实行单车承包经营的车辆,原则上也要到长运保修厂进行维护作业,或到有资质的厂家进行车辆维护作业。

2001年8月,丽汽总公司根据《中华人民共和国国家汽车维护、检测、诊断技术规范》(GB/T18344-2001)、《道路运输车辆维护管理规定》等文件,制定《营运车辆维护技术管理实施细则》和《道路运输车辆技术管理办法》。2003年,公司(丽汽集团)制定下发《车辆维修管理办法》,对车辆二级维护作进一步规定,规范了二级维护。

2003年6月28日,丽水汽车客运西站建成投入营运。丽汽集团在西站站场内创办汽车修理厂,以修理维护公司设在西站内快客公司车辆为主,兼修外地进站需小修的车辆。2005年12月,分一部分技术工人到丽水客运东站组建修理车间,定点包修设在客运东站内丽汽集团的客长运公司客车124辆和市城乡公交公司客车17辆以及青田茂源长运公司往返丽水的客车,兼修外地进站需小修的车辆。此后,随着车型变化,每年车辆数均有增减,车辆修理数也时增时减。

为确保维修车辆的质量,市、县(市)运管部门坚持以提高维修质量为中心,从加强技术管理,对维修厂家及时进行审验,加强维修人员技术培训等方面入手,切实抓好行业管理,有效地净化了维修市场,提高了车辆维修质量。

2005年,全市有汽车维修企业(户)1194家,其中汽车维修一类企业28家,二类136家,三类502家(户)、快修9家;摩托车维修店519户,全年维修车辆125.60万辆(次),其中维修汽车447592辆次。是年,针对迅猛增加的维修企业,运管部门认真宣传贯彻国家标准《汽车维修开业条件》,从6月1日—9月30日,对经许可的机动车维修行业(户)按照人员条件、场地环境、设备配置、经营管理、诚信承诺等5个方面进行整顿。经过逐年多方面的考核、督查、整顿,至2010年,全市机动车维修企业的设施、设备发展到一个新的阶段,经营户的资质水平,修理人员的技术素质,已能满足各类车辆的维修要求。

第二节 车辆综合性能检测

1990年,交通部13号令《汽车运输企业车辆技术管理规定》、交通部28号令《汽车维修质量管理办法》、交通部29号令《汽车运输业车辆综合性能检测站管理办法》及各类相关法规和技术标准公布。1995年,开始筹建龙泉市汽车综合性能检测站。2004年8月、10月分别通过计量认证和ISO9001:2000质量管理体系认证。具体承担龙泉社会汽车年度检测和庆元、遂昌两县社会汽车季度安全检测。1997年3月13日,丽水市车辆综合性能检测站建成投入使用,服务对象为云和、景宁、遂昌、松阳、青田、缙云和丽水市的营运车辆。在行业管理部门和技术监督部门的监督指导下,实行对车辆技术状况的定期检测评定(车辆技术等级评定检测每年1次)和对汽车维修行业维修车辆的质量检测(即二级维护出厂检测每年4次);同时接受司法、质量技术监督、环保、检验检疫、保险部门和社会的委托承担有关项目的检测。2002年6月,检测站首批通过省级计量认证的项目有发动机性能、制动性能、转向操纵性、整车与外观、整车动力性等20个项目。

车辆性能检测

2004年3月,庆元安华机动车辆检测有限公司成立,担负庆元县客、货运车辆的二级维护检测和车管所车辆年审检测。

丽水市车辆综合性能检测站

图二十

丽水市车辆综合性能检测站检测过程控制程序

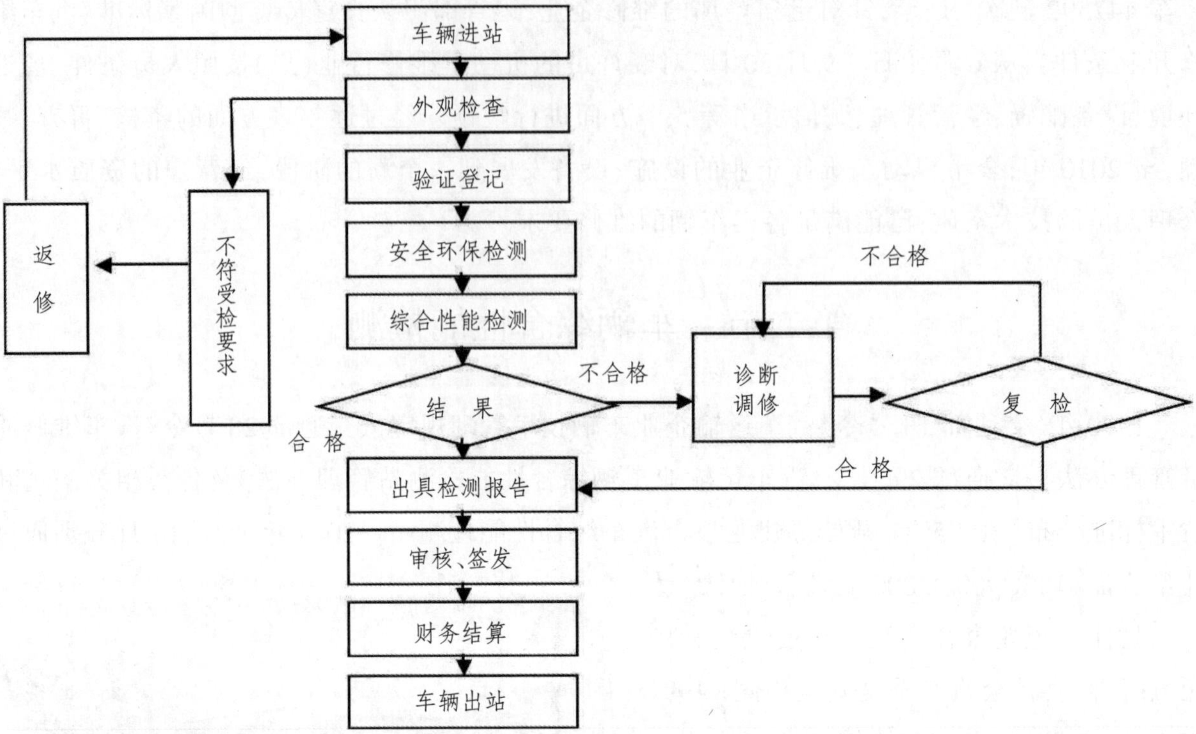

丽水市车辆综合性能检测站有限公司

丽水市车辆综合性能检测站有限公司属丽汽集团的控股公司，成立于1997年3月13日。驻地莲都区岩泉村，毗邻原330国道丽水收费站，占地面积13300平方米，累计投资700多万元。首期工程建有918平方米主检测办公楼，350平方米综合检测楼，250平方米外检调试厂房，2000平方米停车场地和2000平方米绿化区，是经浙江省交通厅授权，对车辆技术状况检测评定和维修质量检测的A级综合性能检验机构。检测站设备功能齐全，拥有两条自动化安全环保检测线及功能检测仪、悬挂装置测试仪、大车前轮定位仪、四轮定位仪等多种综合性检测设备，并形成车辆检测从申报受理到上线检测、调试及统计查询等全过程数据和信息的电脑化管理。下设办公室、技术计量室、受理引车室、检测车间、外检诊断车间等5个部门。有员工35人，其中大专以上学历占60%，聚集着一批经验丰富、多年从事汽车检测监定领域的行业精英，形成雄厚的技术力量体系，检测能力每日110辆。

该站检测服务对象为莲都、云和、景宁、遂昌、松阳、青田、缙云等县(区)的营运车辆。在行业管理部门和技术监督部门的监督指导下，实行对车辆技术状况的定期检测评定和对汽车维修行业维修车辆的质量检测；接受司法、质量技术监督、环保、检验检疫、保险等部门和社会的委托，承担有关项目的检测。

2002年6月12日获得浙江省检验机构计量认证证书，证书号〔02〕量认(浙)字(P377)号，有权向社会提供公证数据。

表 268　1997—2010 年丽水市车辆综合性能检测站有限公司经营数据统计表

年 度	营业收入（万元）	利润(万元)（税后）	营业税（万元）	检测车辆数（辆）
1997	30.96	冲减开办费	1.72	1763
1998	112.61	19.17	6.25	5070
1999	129.09	32.38	7.16	5976
2000	175.49	30.19	9.74	7532
2001	224.98	60.15	12.54	8911
2002	294.54	132.26	16.38	11135
2003	292.88	139.33	16.25	10897
2004	303.04	126.35	14.82	10680
2005	328.44	85.12	18.23	11542
2006	377.37	91.66	21.03	13939
2007	371.15	93.61	20.78	13982
2008	395.87	94.67	22.17	16108
2009	390.29	66.96	21.89	15755
2010	397.55	70.83	22.32	17663
合计	3824.26	1042.58	211.28	150953

龙泉市汽车综合性能检测站

龙泉市汽车综合性能检测站位于龙泉市区环城西路 57 号。占地面积 14576 平方米，建筑面积 1103.85 平方米。设有营业厅、办公室、安全检测车间、综合性能检测车间。1995 年和 2003 年由龙泉市长途汽车运输公司先后投资 250 万元和 98.98 万元建成并进行扩建升级(A 级)改造。2004 年 8 月、10 月分别通过计量认证和 ISO9001:2000 质量管理体系认证。2006 年 5 月接受丽水市机动车辆安全检测站委托，开始从事社会车辆安全技术项目检测服务。2008 年 9 月通过龙泉检测线资格认证，取得丽水市公路运输管理处颁发的道路运输车辆检测服务经营许可证，丽水市机动车辆安全检测站龙泉检测线正式设立，经营社会机动车辆年检，新车注册登记检测，车辆维修质量检测，车辆技术等级评定检测，车辆技术状况检测。检测站于 2009 年 7 月通过省质监局计量认证复审。省环保局和省质监局分别在 2010 年 9 月、12 月组织评审专家组通过一系列的全面评审，于 2010 年 12 月 31 日和 2011 年 1 月 6 日分别取得机动车环保定期检验委托证书和机动车安全技术检验机构检验资格许可证书，自此，成为龙泉市独立的车辆检测机构，具体承担龙泉市社会汽车年度检测和庆元、遂昌两县社会汽车季度安全检测，年检测量达 8000 余辆次。

庆元县安华机动车辆检测有限公司

庆元县安华机动车辆检测有限公司位于松源镇新建路141号。前身为1996年6月浙江省林业厅汽车一分队(简称庆元林业车队)建立的B级车辆综合性能检测站。2002年底,由于林业车队改制,车辆综合性能检测站停业解散。2003年1月—2004年庆元县客、货运车辆检测均在龙泉和丽水两地车辆综合性能检测站检测。2004年3月,在庆元县运管所和庆元县车辆管理所指导下,成立庆元县安华机动车辆检测有限公司,主要担负庆元县客、货运车辆的二级维护检测、车辆技术状况评定和车管所车辆年审检测。2004—2009年底止,年均检测汽车1600辆次。

第三节　车辆更新改造

根据国家经委等10个部委1986年560号文件规定，车辆更新周期由原来的20年缩短为客车14年、货车12年。

进入21世纪,由于公路路面硬化率提高,路况改善,车辆零部件损耗程度降低;车辆档次提高,故更新期限依具体情况而定。车辆报废,需上报运管部门审核批准,达到期限或其它原因,公示后,车管部门才能批准上牌。

需要更新改造的车辆,主要有以下几种情况:与节能降耗、节省费用相联系;与企业(含个体联户)的经济效益挂钩;与车辆档次结合;从提高城市品位着想;消除安全隐患,提高道路交通安全系数。企业经济效益好,要求更换高档次低油耗车辆,中低档车5—6年更新一次;高档车8—9年更新一次。改革开放以后,鼓励多种方式发展交通运输业,农村富裕起来的农民购进三轮农用车用于道路客运,安全隐患大,交通事故频频发生,即使使用年限未到,按照上级有关文件,也必须更换。

2000年,省交通厅发出通知,要求全省在3年内完成农村客运改造任务。丽水地区公路运输管理处印发《关于我区客运短途班线经营机制改造的若干意见》,加快了丽金班线的快客车辆改造和客运短途农村客运改造的进程。至是年12月底,丽金班线的快客改造完成,从原来的12辆客车更新为4辆中高档客车。农用客车更新331辆,占全市载客农用车总数1003辆的33.1%。

2001年,运管部门认真宣传贯彻省政府124号令和《浙江省道路运输管理条例》,坚决取缔农用三轮车载客,按照比例,用中巴车置换“农三轮”。2000—2002年,全市载客农用三轮车全部改造完毕。

丽水市汽车运输集团有限公司(丽汽集团)为优化运输结构和运力结构,合理配置车辆资源,对车辆更新改造,既考虑车辆采购成本,又注重车辆的使用成本(省油、省料程度),结合车辆使用条件选购相适应的车辆。2006—2007年,投入更新资金2100万元,以柴油车取代汽油车,逐步发展大型化车型,消除车身6米长客车,高档车型比例提高,达到交通部高一级等级以上客车占73%以上,各类进口品牌车型占25%。2008年起,公司规定一律选用欧Ⅲ排放的车辆,对于使用年限长、车况差、费用高的车辆,坚决予以淘汰,从源头上控制高油耗的车型。2008年1—11月公营客车燃油消耗量285.8万升,比2007年同期节约24.4万升。

车辆更新改造还从推进集约化经营,优化运输组织结构为出发点。丽汽集团下属的快客公司,2006年底拥有客运车辆62辆、1576座位,班次104班,通过车辆结构和运行结构的调整更新,原有的信腾、亚星等18~21座位老旧客车退出营运,更新为现代、尼奥普兰等38座客车,车辆下降至42辆,下降35.5%;座位数为1482座,班次数为101班,班次数与上年基本持平,但总收入从2005年的3521万元增加到2008年的5538万元,增幅为57.3%,获得了较好经济效益。

表269

2001—2010年丽汽集团客车更新情况一览

年份	更新车辆		淘汰车辆		降低油耗	总投资(万元)
	车辆数(辆)	座位(个)	淘汰车辆(辆)	座位(个)		
2001	77	1745	—	—		1912.92
2002	20	646	—	—		1474
2003	50	1475	58	1160		1578.053
2004	54	1235	102	1975		986.04
2005	39	1170	49	832		1496.65
2006	23	775	41	939		1549.7
2007	27	760	37	955		1889.73
2008	17	636	18	398		1157.75
2009	34	1249	47	1327		1935.68
2010	21	754	31	867		1238.505

说明:未含出租车。2008年6月更新161辆出租车,投资1194.2万元

出租车的经营权属于公共资源,经营权限8年,到期由市政府收回经营权重新配置,更新车辆。1995年初,丽水市区起步的客运出租汽车是面包车,经多年营运,车辆技术状况、车容车貌已经陈旧,已不符合城市的要求,2000年9月,对市区原有的367辆“面的”出租车,全部更新为“捷达”“富康”两种国产中档轿车。

2002年6月,对市区70辆旧货运出租车分期分批实行更新,更换成30辆"长城"皮卡型小货车。

更新车辆还考虑道路通行能力和提高安全系数、降低油耗。丽水市区5路公交车,原来行驶的是8辆16座公交客车,2010年1月8日更换成12辆8座小型公交车,车辆数增多,行驶密度加大,乘客等车时间缩短;车型小,通行能力加强,安全系数提高;油耗降低,原来每百千米油耗18%,更换后,百千米油耗降低到13%。

1991—2010年丽水市客车更新情况见下表。

表270

1991—2010年丽水市(地区)客车更新一览

年份	更新车辆		淘汰车辆		降低油耗(人均)	总投资(万元)
	新增车辆数(辆)	座位(个)	淘汰车辆数(辆)	座位(个)		
1991	8	204	4	102		93.9
1992	14	269	4	180		114
1993	35	652	7	310		301
1994	33	608	10	251		264
1995	19	586	9	141		278
1996	42	898	19	423		463
1997	34	646	15	1292		309
1998	52	1015	28	579		663
1999	45	918	16	409		532
2000	27	581	51	1050		321.4
2001	191	3908	133	2475		3331.92
2002	174	3152	152	2689		3363
2003	88	2415	86	1728		2478.65
2004	150	3161	154	3020		3570.04
2005	192	4272	153	2877		3948.35
2006	106	4285	173	3326		4243.89
2007	166	4341	190	4760		4627.09
2008	171	4550	201	4189		3998
2009	181	4595	182	4220		5130
2010	208	5313	248	5193		6452
合计	1936	46369	1836	39214		44482.24

表 271

2002 年—2010 年丽水市新增车辆一览

年份	客运新增车辆数(单位:辆)				货运新增车辆数(单位:辆)			
	营运	非营运	临时营运	总数	营运	非营运	临时营运	总数
2002	731	1		732	416			416
2003	457	738		1195	875			875
2004	138	55		193	504	1		505
2005	195			195	779			779
2006	215			215	2708	1		2709
2007	161		1	162	2299			2299
2008	202		1	203	1941		1	1942
2009	214			214	3570	3		3573
2010	219			219	3286			3286

第四节　汽车设备修造企业

丽水市公路机械修理厂

丽水市公路机械修理厂位于丽水市区溪口。建有厂房 1700 平方米,宿舍 2221 平方米及其附属设施用房等。属自收自支、独立核算、科级事业单位。承担全区公路养护车辆、机械修理,制造破碎机。始建于 1958 年,1976 年 5 月称地区公路工具厂,1983 年改称丽水地区公路总段机械修理厂,2000 年称市公路管理处机械修理厂。

随着改革开放不断深化,各县(市)公路段实行经济承包责任制后,送厂修理的车辆、机械日益减少,以及个别工人退休后自办厂,生产同型号破碎机进行竞争以及经营管理不善等诸多因素,1996—1998 年 3 月亏损 40 万元。1998 年 3 月 31 日,地区公路管理处领导决定实行人员分流。厂财务、厂房、设备等资产于 1998 年 6 月 19 日移交给丽水地区路桥工程处管理,该厂不再存在。

龙泉茶丰汽车空调零部件制造企业

龙泉市茶丰汽车空调零部件及配件制造企业位于茶田镇茶丰汽车空调零部件科技园区。前身为 1973 年茶丰公社创办的茶丰五金厂。

1982 年茶丰公社圩头大队(村)郭从献第一个私人注册独资办起汽车零部件制造厂。

1992 年,茶丰工业小区一期工程动工,1993 年竣工,占地 6500 平方米,有 50 户汽车配件五金经销商落户其中。1993年汽配五金市场开业，生产交易35种大小车型的1500多种汽车零部件及空调配件。

1998年龙泉市实施“二次创业”发展战略，吸引在外营销的茶丰人回乡办厂兴业，汽车(空调)零部件产业蓬勃兴起。茶丰汽车配件厂等6家企业生产的汽车空调管销往广州、上海、沈阳等全国各大中城市，占全国市场份额近20%。

2006年，龙泉市规划133.33公顷(2000亩)工业用地，号召在外创业龙泉籍人员回归办厂，有43位在广州等地从事工程机械、汽车空调配件和汽车配件行业的龙泉籍人士回乡，在金沙工业园区建立创业者“回归工程”。

龙泉市汽车空调零部件产业经过多年的发展壮大，已基本形成产业集聚，至2009年7月建成省级工业园区汽车空调零部件科技园、茶丰汽车空调零部件园区和回归工程产业园3大基地，共有汽车空调零部件制造企业210余家，500万元以上企业68家，其中亿元以上企业3家，1000万元以上企业有40余家。2008年全行业产值达到29.3亿元，占全市工业总产值46.59%，2009年生产总值达到42亿元。

生产的汽车空调零部件，主要有中冷器、冷凝器、蒸发器、气液分离器、干燥瓶、空调管路总成、膨胀阀、截止阀、控制阀、油冷器、滤清器等，种类多达200余种。汽车空调管路和接头产量约占全国产量的90%，环保型平行流冷凝器、蒸发器出口量占全国50%以上，具备了生产包括压缩机在内的汽车空调全套配件能力。有50多家企业获得外贸出口经营权，一些企业还在北美、中东、东南亚等地区开设办事处。

技术创新步伐不断加快，现有高新技术企业5个，省级高新技术研发中心4个，规模以上企业70%取得ISO9000、QS9000、TS16949国际质量标准认证。同时还与浙江大学科研、技术、人才培养等方面加强合作，聘请浙大一批知名教授担任相关产业的首席专家，增强了可持续发展能力。

2008年，龙泉市被浙江省经贸委命名为全省唯一的“浙江省汽车空调零部件产业基地”，茶丰汽车空调零部件生产基地被浙江省中小企业局认定为“浙江省中小企业创业基地”。2009年10月被中国汽车工业协会授予“中国汽车(空调)零部件制造基地”。

丽水市宝丰汽车有限公司

丽水市宝丰汽车有限公司坐落丽水市区丽青路171号。前身是丽水市机关小车修理所，创建于1980年，是丽水市(地区)最早一家专业维修小车的一类汽车维修企业，是地区行署和部、委、办、局的小车定点维修单位。1995年设立哈飞汽车特约技术服务站，2001年设立长丰猎豹汽车特约技术服务站。

2000年，拓宽丽水市区城东路，修理所搬到丽阳街，2003年搬到丽青路171号。2006年，经体制改革，成立丽水市宝丰汽车有限公司，成为股份制企业。

2010年,公司有职工47人、其中技师2人、高级技工8人、中级技工15人、检验技术人员3人、会计师1人、经济师1人。有厂区面积4600平方米,标准厂房1600平方米,配件材料仓库300平方米,工作配套用房400平方米,停车场地1700平方米,并配有举升机15台,电脑烘房1间,汽车数据解码仪3台,四轮定位仪1套,汽车外形修复机1台,施救服务车2辆。几年来,年修理各种品牌小车达750余辆!

2013年4月底,搬迁到宇雷北路606号。

丽水市南明专用汽车有限公司

丽水市南明专用汽车有限公司是丽汽集团的参股公司,位于丽水市水阁工业园区枫岭街1号。前身为成立于1982年5月12日的汽车保修机具制造厂,1992年3月,改称丽水市汽车改装厂,由交通部颁发生产许可证,是全国专用汽车生产定点企业。2001年3月27日,由丽水市汽车改装厂、丽水市汽车保修机具制造厂等改制组建成股份制企业。注册资本500万元。

2001年通过ISO9001:2000质量管理体系认证,2003年4月"南明"系列专用汽车产品通过"3C"认证,是浙江省三优企业(优秀企业、优质产品、优秀经营者)。2005年,"南明牌"商标被省工商局认定为浙江省著名商标,2004年,被省经贸委、财政厅等9个单位评为浙江省诚信示范企业,丽水市"五个一批"重点骨干企业,小型巨人企业,连续5年被评为丽水市工业企业20强,丽水市民营企业50强,丽水市先进民营企业。

2006年末和2007年初,公司分批从丽水市区丽阳街587号搬迁到枫岭街1号。2010年,注册资本提升到600万元。年底,有职工200多名,其中高级工程师8名,中级职称30多名;占地54954.71平方米,生产厂房面积12000平方米;拥有数控等离子切割机、折弯机、剪板机、630吨压机和美国林肯牌埋弧焊机等大型较先进的设备100多台,具有较强的专用汽车产品设计、试制和生产能力。主要生产经营半挂汽车、厢式汽车、集装箱运输车、自卸汽车、散装水泥车、油罐车、低平板半挂车等专用汽车,有100多种型号产品上国家公告,具备年产3500辆专用汽车的能力,是全国专用汽车生产的骨干企业,也是浙江省专用车生产经营最具有规模和实力的企业。同时还经营汽车维修,保障产品的售后服务。

公司产品技术达到国内同类产品的先进水平,曾多次在全国、省质量监督抽检时被评为一级品和优等品,多次获得省、厅、市级科技进步奖、新产品奖。

公司的产品已覆盖华东、华南地区及其他省市,并在各地建立经销网络。近年,还进行较大规模的技术改造,建设新厂房,购置了新设备,安装了技术先进的生产流水线,进一步提高工艺水平和生产能力,并建立解放4S店,设立中国重汽集团汽车特约维修服务站和陕西重型汽车有限公司、北京欧曼重型汽车厂、东风日产柴油汽车有限公司的维修服务站及北京现代4S店,形成以专用车生产为基础,以展场、销售、服务为依托的专用汽车生产经营新格局。

1989—2010年丽水市南明专用汽车公司(改装厂)开发的主要汽车产品

表272

公告时间	主要开发产品名称	备注
1990.4	LSY9140JLHD型集装箱栏板半挂车	省级鉴定
1990.12	LSY5090X型厢式汽车	省级鉴定
1993.1	LSY9171W型带卧铺载货半挂车	省交通厅科技进步三等奖
1993.12	LSY1091LW型长轴距带卧铺载货汽车	省产品质量监督检验一等品
1994.12	LSY9181W型带卧铺载货半挂车	省级鉴定
1995.12	LSY9190WS(P)、LSY9220WS(P)型带卧铺双后轴半挂车	1996年度省科技进步优秀奖
1996.9	LSY3100型自卸汽车	省级鉴定
1998.3	LSY9220S型集装箱栏板半挂车	省级鉴定
1998.3	LSY5110XL型厢式汽车	1999年度省交通厅科技进步三等奖
1998.11	LSY5150XL、LSY5120XL型厢式汽车	
1999.8	LSY5070XXY、LSY5130XXY型厢式汽车	省级鉴定
2000.6	LSY9181TJZS、LSY9240TJZS型集装箱运输半挂车	省级鉴定
2000.12	LSY5060XXB、LSY5161XXB、LSY5111XXB型厢容可变车	省级鉴定
2001.4	LSY3160型自卸汽车	省级鉴定
2001.4	LSY9160S型半挂车	省级鉴定
2001.4	LSY9161TJZS型集装箱运输半挂车	省级鉴定
2001.11	LSY9260型半挂车	第七批公告
2001.11	LSY9261TJZ型集装箱运输半挂车	第七批公告
2001.11	LSY3220P型自卸汽车	第七批公告
2001.12	LSY9130TJZ型集装箱运输半挂车	第十批公告
2001.12	LSY5120X型厢式运输车	第十批公告
2001.12	LSY5120C型仓栅式运输车	第十批公告
2002.1	LSY5121X型厢式运输车	第十一批公告
2002.9	LSY5200GFL型粉粒物料运输车	第三十批公告
2003.1	LSY9203TDP型低平板半挂车	第三十八批公告
2003.6	LSY5240GSN型散装水泥车	第四十八批公告
2003.7	LSY9250GYY型运油半挂车	第五十批公告
2004.8	LSY9205TJZP型平板式集装箱运输半挂车	第七十八批公告
2004.8	LSY9205TJZ型集装箱运输半挂车	第七十八批公告
2004.8	LSY9207XXY型厢式半挂车	第七十八批公告
2005.1.19	LSY9281型半挂车	第88批公告
2005.11.8	LSY5082X型厢式运输车	第109批公告
2005.11.8	LSY5123X型厢式运输车	第109批公告
2005.11.8	LSY5206X型厢式运输车	第109批公告
2005.11.8	LSY9380C型仓栅式半挂车	第109批公告

续表 272

公告时间	主要开发产品名称	备 注
2005.11.8	LSY9301 型半挂车	第 109 批公告
2005.11.8	LSY9381 型半挂车	第 109 批公告
2005.11.8	LSY9396TJZ 型集装箱运输半挂车	第 109 批公告
2005.11.8	LSY9396TJZP 型集装箱运输半挂车	第 109 批公告
2005.11.8	LSY9310XXY 型厢式半挂车	第 109 批公告
2005.11.8	LSY9382XXY 型厢式半挂车	第 109 批公告
2005.12.7	LSY9397TJZ 型集装箱运输半挂车	第 111 批公告
2005.12.7	LSY9383 型半挂车	第 111 批公告
2005.12.23	LSY3251PCA 型自卸汽车	第 113 批公告
2006.1.24	LSY9384 型半挂车	第 115 批公告
2006.3.7	LSY3251PZZ 型自卸汽车	第 117 批公告
2006.3.7	LSY3200PEQ 型自卸汽车	第 117 批公告
2006.3.7	LSY9260Z 型自卸半挂车	第 117 批公告
2006.3.7	LSY9381A 型半挂车	第 117 批公告
2006.8.7	LSY5207XCA 型厢式运输车	第 125 批公告
2006.12.13	LSY9403 型半挂车	第 133 批公告
2006.12.13	LSY9403A 型半挂车	第 133 批公告
2006.12.13	LSY9350TJZ 型集装箱运输半挂车	第 133 批公告
2006.12.13	LSY9402TJZ 型集装箱运输半挂车	第 133 批公告
2006.12.13	LSY9402TDP 型低平板半挂车	第 133 批公告
2006.12.13	LSY5082XCA 型厢式运输车	第 133 批公告
2006.12.13	LSY5160XCA 型厢式运输车	第 133 批公告
2006.12.13	LSY5207XZZ 型厢式运输车	第 133 批公告
2007.11.14	LSY5082XXY1 型厢式运输车	第 154 批公告
2007.11.14	LSY5150XXY1 型厢式运输车	第 154 批公告
2007.11.14	LSY3200P3 型自卸汽车	第 154 批公告
2007.11.14	LSY3240P2 型自卸汽车	第 154 批公告
2008.1.17	LSY9282B 型半挂车	第 158 批公告
2008.1.17	LSY9302 型半挂车	第 158 批公告
2008.1.28	LSY9404 型半挂车	第 160 批公告
2008.1.28	LSY9404C 型仓栅式半挂车	第 160 批公告
2008.3.17	LSY9404XXYP 型篷式运输半挂车	第 162 批公告
2008.10.8	LSY9406TJZ 型集装箱运输半挂车	第 177 批公告
2008.11.10	LSY9352TJZ 型集装箱运输半挂车	第 179 批公告
2008.11.10	LSY9385 型半挂车	第 179 批公告
2008.11.10	LSY9386 型半挂车	第 179 批公告
2008.11.10	LSY9190TDP 型低平板半挂车	第 179 批公告

续表 272

公告时间	主要开发产品名称	备　注
2008.11.10	LSY5240XXYP1 型篷式运输车	第 179 批公告
2008.11.10	LSY5310XXYP1 型篷式运输车	第 179 批公告
2008.12.23	LSY5311XXYP1 型篷式运输车	第 181 批公告
2008.12.23	LSY5310XXYP3 型篷式运输车	第 181 批公告
2008.12.23	LSY5190XXY 型厢式运输车	第 181 批公告
2009.1.15	LSY9351XXYP 型篷式运输半挂车	第 183 批公告
2009.1.15	LSY9401XXY 厢式运输半挂车	第 183 批公告
2009.1.15	LSY5310GFLZZ 型粉粒物料运输车	第 183 批公告
2009.9.1	LSY5250XXYP3 型篷式运输车	第 195 批公告
2009.9.1	LSY5311XXYP3 型篷式运输车	第 195 批公告
2009.9.1	LSY5312XXYP3 型篷式运输车	第 195 批公告
2009.11.11	LSY9405 型半挂车	第 199 批公告
2009.11.11	LSY5120TPB 型平板运输车	第 199 批公告
2009.12.12	LSY9401TZX 型自卸半挂车	第 201 批公告
2009.12.12	LSY5310GXH 型下灰车	第 201 批公告
2010.1.23	LSY9403TDP 型低平板半挂车	第 205 批公告
2010.8.24	LSY9406XXYP 型篷式运输半挂车	第 217 批公告

表 273　**1989—2010 年南明专用汽车公司主要经济指标**

年　度	营收(万元)	利润(万元)	税金(万元)	产销辆数
1989	242.27	27.11	25.09	39
1990	231.37	14.93	11.43	25
1991	287.76	21.55	12.98	46
1992	509.93	46.12	16.55	82
1993	1845.10	36.20	28.28	157
1994	1861.29	31.07	55.85	171
1995	2099.67	40.02	45.12	168
1996	803.20	−147.42	15.10	27
1997	1071.80	−252.13	29.27	37
1998	2668.18	−54.72	37.47	169
1999	7119.33	155.84	70.40	510
2000	15063.53	320.95	163.50	1139
2001	15674.00	180.30	222.45	1132
2002	17653.00	192.00	197.0	1464
2003	16804.19	235.16	140.38	1504
2004	12728.51	106.84	238.80	966
2005	7577.1	27.21	224.78	630
2006	14322.13	182.05	234.18	1211
2007	15630.37	118.62	226.43	1262
2008	11857.06	23.61	161	914
2009	18479.73	215.03	293.03	1356
2010	19624.53	241.12	438.59	1498
合计	184154.06	1734.46	2887.68	14507

浙江科马摩擦材料股份有限公司

浙江科马摩擦材料股份有限公司坐落松阳县工业园区瑞阳大道312号。前身是始建于1993年的松阳县林业局下属的国营松阳木材厂所属的松阳县摩擦材料厂,专业从事摩擦材料生产。1998年改制为民营企业,为松阳县民正摩擦材料厂,专业从事汽车用离合器面片生产。2002年5月,企业进行改制和重组,更名为松阳县科马摩擦材料有限公司,2002年12月,更名为浙江科马摩擦材料有限公司(简称"科马公司")。企业注册资本4550万元,厂区面积56000平方米,建筑面积35000平方米,有生产离合器面片的专用设备300多台套。公司建有省级研发中心,拥有配套齐全、国内行业最先进的检测设备。

科马公司是中国摩擦密封材料协会理事单位、中国汽车工业协会离合器专业委员会和中国质量检测协会团体会员单位。科马产品芳纶纤维无石棉离合器面片获国家发明专利一项;2003年公司通过浙江省重点技术创新项目年产2000吨无石棉摩擦材料项目、芳纶纤维无石棉离合器面片产业化验收。2004年12月,离合器面片产品被评为省高新技术产品。2005年4月,通过德国TüV公司ISO/TS16949:2002质量体系认证,2005年5月被认定为浙江省高新技术企业。

公司全面实施ISO/TS16949:2002质量管理体系,加强环保型无石棉离合器面片的开发力度,逐步淘汰生产工艺落后、耗能大、含石棉类产品。企业在节能、降耗、减污、增效的同时,年可产生经济效益320多万元。

2005年通过浙江省重点质量赶超项目高性能轿车用无石棉离合器面片验收。2006年通过浙江省清洁生产阶段性成果企业验收。2007年被授予浙江省名牌产品、省绿色企业。2008年,科马商标被认定为浙江省著名商标。2009年,完成企业自主立项的新型无橡胶缠绕离合器片的研制与开发项目。科马产品广泛应用于中国一汽、东风、重汽、天汽、欧曼等集团公司的中重型汽车及小汽车配套,部分产品出口韩国、日本、印度、东南亚及欧美等国家和地区,是中国摩擦材料行业综合实力21强企业和GB/T5764《汽车用离合器面片》修订起草单位之一。

2010年,公司固定资产7500余万元,有员工430余人,各类专业技术人员50多人,年产值1.5亿元,税利2800万元。

丽汽集团汽车修理厂

丽汽集团汽车修理厂位于丽水市南环西路109号(丽水客运西站内)。成立于2003年6月28日,拥有维修厂房3070平方米,场地4188平方米。下设生产检验办公室、财务(行政)办公室、车辆自动门检站等3个部门7个维修班组。各工种人员配备齐全,有员工54人,其中技师2人,高级技工6人,中级技工25人。主要承担各种汽车的各级维护,以修理维护公司的公营车辆为主。厂内配有车辆维修所需的各种设备和车辆安全检测线。该厂是经交通行业主管部门确认的一类维修单位,是目前丽水承修客车规模最大、设备最全的维修企业。2004年2月通过ISO9001:2000质量管理体系认证。2004年实现营业收入10.55万元。

2005年12月,在汽车东站设修理点,分一部分员工,包括技工到东站修理点,主要修理设在东站内的客长运公司的客运车辆,丽水市城乡公交公司部分线路营运车辆及青田茂源长运公司往返丽水的客车等。归属客长运公司管理,有职工32人,其中高级技师3人,中级修理工25人。

设在西站内的修理厂主要修理设在西站内的丽汽集团分公司—— 快客公司的客运车辆及部分其他客运公司的车辆。2010年12月有员工36人、其中高级技师1人、高级装配工2人、检验员2人,获中级职称10多人。全年维修汽车7013辆次,营业收入39.81万元。比2009年的23.68万元增长25%。

第五节 摩托车制造企业

浙江雷克机械工业有限公司

浙江雷克机械工业有限公司坐落松阳县西屏镇长虹东路191号。前身为1995年8月开始筹建的松阳雷克本田工业有限公司,是集摩托车、发动机及零配件研究、开发、制造、销售与售后服务为一体的科技企业,是列入《全国摩托车生产企业及产品目录》的定点生产厂家。

1996年建成投产,总投资3000多万元,占地面积62000平方米,建筑面积24000余平方米,拥有员工300余人,具有高中级职称的各类专业技术人员20余人,其中高级职称3人。同年,试生产摩托车7000多辆,创产值6700多万元,销售收入5200多万元。

1997年4月28日,公司正式挂牌开业,7月,扩建第二条总装配线,年设计生产摩托车整车20万辆。1997年公司生产各种型号的巨龙牌雷克系列踏板式摩托车2.30万辆。

公司的产品主要有:豪迈型、大鲨型、凌鹰型、五羊公主型等多种款式型号的摩托车及零配件。

1999年5月更名为浙江雷克机械工业有限公司。

2000年8月,经浙江省外经贸厅批准,公司拥有自营证出口权,产品出口到欧美、东南亚等各国。同年,公司被评为全国民营企业500强。

2002年根据国家经贸委摩托车企业生产准入管理办法要求,投入200多万元扩建技术中心,添置三座标检测仪、精密分析天平、盐雾实验机、HPDJ500绘图仪、扫描仪、数码相机、图形工作站等设备。

公司技术中心有高级工程师3名、专业技术人员100多名,下设摩托车研究所、发动机研究所和电气件研究所、计量室、试验检测室及试车队,采用PRO/E等软件进行计算机辅助设计与开发,与天津内燃机研究所、杭州电子工业学院、丽水职业技术学院等进行企校协作。

2002年,公司技术中心被浙江省乡镇企业局和中小企业局授予“浙江省省级技术中心”。

雷克公司生产的车辆经国家摩托车质量监督检验中心抽查,10项关键指标一次检验全部合格。所开发的绿色摩托车,经天津检验中心检测,尾气排放达欧Ⅰ标准,被列入北京市环保目录。雷克牌摩托车保修期从6000千米或一年延长到1万千米或一年半。

因产品质量上乘,市场广,销路好,扩建企业规模。2010年,公司总资产达6300余万元,有员工500余人,工程技术人员26人,其中有中级职称3人,高级职称1人。

浙江浩洋骄子车业有限公司

浙江浩洋骄子车业有限公司坐落遂昌县东城区工业园区,成立于2006年6月6日,注册资本2000万元,系浙江省自行车电动车商会常务理事单位。公司下设办公室、财务部、外贸部、营销中心、采购部、生产总厂、售后服务部、产品研发部,2010年,有职工200多名,占地面积1.79公顷、建筑面积1.6万平方米。

公司是专业研发、制造、销售电动自行车、自行车、电动摩托车、电动滑板车及其他电动驱动车辆等系列产品的高科技企业。2010年实现生产总量6万辆、销售额1.056亿元、出口额595万美元、上缴利税379万元、税后净利润133万元。

2010年8月13日,该公司年产100万辆自行车和年产40万辆电动车新生产线项目正式开工。新项目占地5.9537公顷,坐落于遂昌县东高速公路出口处,总投资1.81亿元,2011年年底竣工。新生产线2012年5月建成投产。

第六节 船舶修造

民国之前,处州尚无公路,瓯江及其主要支流是处属各县进出物资的主要水运通道,加上盛产木材,沿江各县造船业发达。

民国12—35年,丽水县创办的造船厂,丽水城关6家、碧湖4家,大港头3家。1949—1951年,丽水城关又创办7家造船厂。

民国期间,青田县沿江的港头、沙埠、石郭、水南、石溪、钓滩、白岩、滩头、戈溪、祯埠等地均建有船舶修造厂(场),零星修理工遍及船民集中的村庄。

民国期间及中华人民共和国建立初期,云和县船运事业兴旺,瓯江上游龙泉溪沿溪一带村庄,几乎都建有修造船厂。

地处瓯江上游的龙泉,盛产木材,瓷器制造业发达,是主要出口产品,是瓯江水运的起点,旧时造船业也极其兴旺。

当时,各县造的木帆船,大都是舴艋船,也有民间渡口的渡船。

中华人民共和国成立后,建立组织,加强管理。1956年,合作化高潮时期,众多造船厂组成造船生产合作社,船民加入合作社,按劳取酬,参加分红。

20 世纪 70 年代,随着公路交通发展,汽车运输业兴盛,航运事业逐步衰落,特别是 80 年代,紧水滩、石塘两大电站相继建成,瓯江上游航运中断,船舶修造业终止。1958 年创办、曾盛极一时的龙泉临江造船厂修造船业终止,厂场位于水库淹没区。云和局村航运站造船厂也随着航运业衰落而关闭,境内再无造船厂。至于松阴溪、好溪 1985 年起已全线停航。丽水造船厂因衰落,无船修造,1988 年 6 月被丽水工业设备安装公司兼并,此后,丽水县(市)境内已无造船厂。只有地处瓯江下游的青田县因航运业发达,还保有数家船舶修造厂,1988 年全县有船舶修造工人 90 余人,分布在沙埠、小峙、港头、船寮、祯埠等地。90 年代,原有的造船厂因各种原因终止生产。2003 年,县经贸委经审核批准两家新办的船舶修造厂。

青田县建星船舶修造厂

青田县建星船舶修造厂位于青田县温溪镇沙埠码头。2003 年 5 月经青田县工商行政管理局批准,2004 年 5 月由浙江省船舶检验局认可,是以留占星等 3 人投资 30 万元人民币合伙经营的民营企业,属丙级造船厂。实行独立核算,自主经营,风险共担,自负盈亏。

该厂占地面积 3120 平方米,随着当地和周边船运业务的发展,船舶吨位趋向大型化,2004 年扩大场地占地面积约 6000 平方米。总投资 100 万元。经营民用钢质船舶制造、销售、维修业务。设有一条长 105 米、宽 16 米的船台 1 座,船舶上下水使用 20 吨电动减速器辅助作业。一条 60 米直轨道、四条横轨道,能承受重量大于 200 吨级的船舶,可同时修造 100 吨级以上的船舶 14 艘。船体铁锈使用 10 立方米的喷砂设备,备有 160 千瓦的发电机 1 台,具有承担制造 500 吨位船舶能力。

该厂主要以修理船舶和船舶的年检测厚为主,至 2010 年已制造低于 500 吨级各类船舶 9 艘,修理船舶 20 艘,年检、测厚船舶 150 艘。

2009 年,留占星聘请外地造船厂技术人员来厂指导,为伊朗制造过一艘 3000 吨位的船舶,空船顺水下放到温州出海。

丽水瓯江船舶修造有限公司

丽水瓯江船舶修造有限公司位于青田县鹤城镇前仓。2003 年 6 月经青田县工商行政管理局批准,注册资金 100 万元。2004 年 6 月,由浙江省船舶检验局认可,是以郭永平等 3 人共计投资 300 万元人民币合伙经营的股份有限公司,属乙级船舶修造厂。实行独立核算、自主经营、风险共担、自负盈亏。

该厂有专业生产码头 4800 平方米,扶助生产用地 3000 平方米,车间面积 700 平方米,办公及生活用房 150 平方米,钢结构工棚 200 平方米。配置造船器具有:车床、卷扬机、刨床、压板机、自动切割机、测厚仪、30 台电焊机、上下水用气囊、喷砂机,并安装有供电变压器。全厂有职工 30 多人,其中中、高级工程师 6 人。具有建造 1000 吨级钢质内河船舶能力,经营钢质船舶制造、销售、维修保养等业务。

自投产以来,先后为外雄电站、五里亭电站各建造60吨位混装船1艘,填补了丽水当地不能建造此类船舶之空白。建造人力和机动钢质渡船23艘。与嘉兴造船厂合作制造旅游客船7艘。

该厂为浙江省太平洋保险公司指定的沉船维修点,计修理船舶70余艘。并在云和县黄岗码头设立分厂,维修和保养紧水滩库区船舶计30余艘次。

自2004年投入修造船舶至2009年停业,所修造的130余艘船舶和渡船未发生安全事故等质量问题。

第二章 科技活动

丽水交通系统干部、职工在加快发展交通的进程中,大力开展多项技术革新,取得丰硕成果,为公路建设、公路养护增添新的科技活力,提升了公路质量。

科技人员潜心钻研,攻坚克难,取得多项科技成果,为生态公路建设、隧道照明节能、隧道灯自动清洗以及防撞等作出了应有贡献;涌现出一大批高级科技人才,助推了丽水交通运输实现跨越式发展。

第一节 技术革新

工程技术革新

双连拱隧道同向异线开挖条件下曲墙式中墙支户及防渗水研究 以龙丽高速公路西凹口隧道的设计和施工为研究对象,第一承担单位遂昌县公路勘察设计所,合作单位龙丽高速公路遂昌段工程建设指挥部、中铁四局五公司。研究项目内容是形成双连拱隧道同向异线开挖条件下的中隔支护技术,改进双连拱隧道的中墙类型,同时提高曲墙式中墙的防水效果。通过研究解决两个根本性难题:合理开挖工序保证了开挖围岩和中隔墙的稳定;中隔墙无渗水现象。浙江省交通厅2007年7月28日组织通过验收,发放了"浙江省交通厅科技计划项目验收证书",证书号浙交科验〔2007〕27号。

船舶技术革新 游艇浅吃水课题研究并应用。1997年10月,根据"九五"丽水地区水运交通建设规划,丽水地区航管处提出开发适合瓯江航道的浅吃水机动船的课题项目。

1998年3月,省交通厅下发浙交〔1998〕81号文件,确定该项目为省交通科技开发项目,由丽水地区航管处为第一承担单位,浙江省船舶运输设计研究所为科研图纸设计单位,丽水市(县级)航管所为协作单位。

2001年6月,浙江省船舶运输设计研究所提出的游艇浅吃水的科研设计方案通过省交通厅验收。2001年9月12日,丽水市大通联运有限公司和丽水市航运管理处达成《联合开发瓯江浅吃水游船的会议纪要》。2002年8月28日,丽水市大通联运有限公司与温州永嘉县造船厂签订瓯江32客位浅吃水游船正式合同,并在温州永嘉县造船厂动工建造。由省船舶设计研究所提供设计制造的国内首台直翼式船舶推进器在该船应用。

2003年12月1日,瓯江32客位浅吃水游船在永嘉县造船厂制造完毕下水试航。2004年3月2日游船从永嘉造船厂起航,溯瓯江向丽水航行。2005年12月29日,通过全省船舶专家的论证,可以投入使用,次年12月1日,正式投入南明湖旅游客运,成为瓯江第一艘投入旅游客运的游船。该船设计总长17.64米,宽3.6米,垂线长15.80米,额定功率32.4千瓦,静水航速每小时14千米,32客位,为双层式,内设有空调、娱乐设施,并具有噪音低、污染少的特点,与普通船舶相比,其最大的特点就是吃水浅,当载客30人时常规船吃水0.7米,而该船吃水仅0.5米。

二、公路养护技术革新

阳离子乳沥青在公路养护中的应用 2003年开始,遂昌县在公路养护中普遍推广应用阳离子乳沥青。乳化沥青使沥青的微粒上带有阳离子电荷,有良好的工作度,不需加热即可直接使用,与表面带有阴离子电荷的润滑骨料产生良好的黏附性,在阴湿与低温季节也可用于公路养护,较好地解决了雨季和冬季沥青路面的经常养护问题。使用阳离子乳化沥青养护路面具有节省能源、节省资源、改善施工条件和延长施工季节等优点。

钢纤维水泥混凝土桥面的应用 2003年,遂昌县在S222省道龙丽线危桥维修项目中,采用撒布法在水泥砼桥梁面层上下层布设少量钢纤维(约每平方米2.6~2.8千克),从而显著提高混凝土抗折强度,大幅提高混凝土桥面承载能力,延长桥面使用寿命,减薄桥面厚度,降低造价和养护维修费用,具有较好的经济效益和社会效益。

乳化SBS改性沥青的应用 2006年,龙丽高速公路遂昌段工程沥青混凝土路面全面使用乳化SBS改性沥青。乳化SBS改性沥青先将一定量的高分子聚合物改性剂(SBS)掺加在沥青中,并在一定的工艺条件下使沥青和改性剂混合物以极细小的微滴分散于含有乳剂的水溶液中而形成乳化改性沥青。乳化SBS改性沥青可以有效地改善和提高沥青的抗高温、耐低温、抗水害、耐摩擦、高黏结性等能力,提升道路质量,延长了道路寿命。

铣刨路面清扫

沥青冷再生技术应用 2008年9月20日—11月19日,丽水市公路管理部门在S328省道丽浦线(原称53省道)莲都段K16+200~K16+850左幅路面大中修工程,应用厂拌泡沫沥青冷再生技术进行修复,实施里程5.097千米。11月15日主体工程完成,12月16日全线竣工,填补了丽水

公路行业沥青冷再生技术应用的空白。

厂拌泡沫沥青冷再生技术，指旧沥青路面铣刨10厘米沥青混凝土面层+5厘米水泥稳定碎石基层，旧料破碎筛分，运送至指定的场地，根据需要添加新料，通过固定的再生设备加入泡沫沥青，在常温下拌和形成新的再生混合料，运送至道路施工现场，在铣刨后的基层上加铺厚10厘米泡沫沥青混凝土下面层，再加铺厚5厘米沥青混凝土上面层，使用摊铺设备进行摊铺，压实成形后，成为路面一个结构层次的整套工艺。

沥青路面大中修养护，传统加铺面层或翻挖重建的施工方法存在路面标高抬升、废料倾倒公路下坡、污染公路环境、工期长影响交通等缺陷。

数据表明，以30千米沥青路面大中修产生旧料21000立方米计算，若这些旧料全部加以再生利用，可直接节约沥青1000吨、碎石12000立方米，节约资金630万元。在丽水，生产1立方米的沥青混凝土料，成本价不低于700元，而对旧料进行再生利用，成本约在400元左右，即对1万立方米的旧料进行再生利用，可节约资金300万元。

废旧沥青的再生利用，具备节能、环保、经济等优点。丽水市公路部门从节能降耗的理念出发，应用沥青再生技术，并专门购置旧料再生设备，至2010年，在全市沥青路面大中修领域全面推广沥青冷再生技术。既节能，又环保，保护了公路两边的生态环境。

玻璃纤维封层技术应用 2009年度在丽和线和330国道路面大中修中应用纤维封层罩面。纤维封层技术是指采用纤维封层核心设备同时洒(撒)布沥青粘结料和玻璃纤维，然后在上面撒布碎石经碾压后形成新的磨耗层或者应力吸收中间层的一种新型道路建设施工和养护技术。

纤维封层施工中，经过专门工艺破碎切割的纤维在上下两层均匀洒布的沥青结合料中呈乱向均匀分布，相互搭接，与沥青混合料形成网络缠绕结构，有效地提高封层的抗拉、抗剪、抗压和抗冲击强度等综合力学性能,类似在新建道路基层和面层之间或原有路面基础上加铺了一层更具有高弹性和高强度的防护网垫,特别适用于旧沥青路面(或新建路基)、面层层间应力吸收中间层施工和原有旧沥青路面耐磨层施工,对新旧沥青道路建设及养护起到有效的保护作用，更能延长其养护周期及服务寿命,其特点是具有良好的应力吸收和扩散能力，高耐磨性，高防水性，高稳定性以及施工的快捷性，因而能够明显改善沥青路面的质量，可广泛应用于道路施工及养护。

新型路面涂层材料应用 2009年12月，丽龙高速公路(长深线丽龙段)管理处在全线收费站内广场沥青路面首次应用美国STAR—SEAL公司研制的高级沥青路面涂层料，项目的具体实施由上海敬城机械设备有限公司承担。

该路面涂层材料具有延长寿命、保护路面受损、防刮擦、抗水等优点，它的使用可有效解决收费站内广场沥青路面因紫外线氧化分解、雨水渗透侵蚀、石化产品污染侵蚀等造成的损坏问题。该保护剂使用十分简便,只需将新型涂层材料、水、砂子按一定配比拌匀,即可使用,它的应用将为高速公路的管养工作提供新的途径。

玄武岩纤维沥青碎石封层技术运用公路养护 2010年5月,330国道温寿线、S222省道(原称50省道)龙丽线莲都段在路面破损及病害大中修工程施工中,首次运用玄武岩纤维沥青碎石封层技术于公路养护,该项公路养护新科技居于国内外领先地位。

纤维封层是一项新型道路建设施工和养护技术,为国家"863"计划研究成果。2009年在丽和线农村文明公路路面破损修复施工中,公路部门进行玻璃纤维封层应用,取得很好的效果。2010年,丽水市公路局直属公路段引入玄武岩纤维,与其它材料的纤维制品相比,玄武岩纤维的各种性能更加优良,价格更加低廉。运用玄武岩纤维沥青碎石封层,就象给公路穿上一层坚韧的"纤维衣"。这层纤维衣具有高弹性、高强度、高耐磨性、高防水性等特点,从而大大延长沥青路面的养护周期和服务寿命,公路的后期养护也变得更加方便快捷。运用这项技术,修路时只需在破损路面上做简易修复即能完工,对交通的影响大大减少。

第二节 科技成果

香根草(浙江省交通厅科研项目)在丽水试种成功

1999年4月,丽水地区公路管理处独家首次从泰国引进香根草,种植推广面积70万平方米。香根草又名岩兰草(与本地茅草相似),原产于泰国、印度及马达加斯加等国,属禾本科多年生草本植物,具有适应性广、易繁殖、生长快、耐旱耐瘠、根系发达等特点,根系深扎可达2~3米,其粗壮、稠密、网状的根系能有效控制浅层土体位移,对边坡有加固作用,拦截高速水流冲刷,既能防治边坡水土流失,又与公路绿化相结合,取得较好经济效益、环境效益和社会效益。

2000年11月11日,省交通厅在景宁畲族自治县召开"浙江省引种香根草治理公路边坡试验研究"课题鉴定会,来自中国科学院、交通部和浙江省有关部门的10位专家组成的委员会通过听取试验研究总结报告和现场观察,对《引种香根草治理公路边坡试验研究》课题通过了鉴定(鉴字〔2000〕14号),专家认为该课题研究成果属省内首创,国内先进,可以推广,将为全省治理公路边坡,尤其是对山区公路大填大挖的边坡有着很好的治理作用。

丽水市公路管理处高级工程师潘碧影女士,由于试种推广香根草成绩显著,2003年9月,被国际香根草网络总会授予"优秀人才"称号。

智能化隧道照明节能控制系统研制成功

2006年,丽水市公路管理处与丽水市海威光控科技有限公司联合研制开发出"智能化隧道照明节能控制系统"。2007年,该节能系统在330国道塔下隧道和S220省道上松线寨头岭隧道成功试验以后,2008 年 6 月开始先后对龙丽线洋条、丽浦线严山岭、云寿线岚头岭 3 座隧道进行节能改造,经一年运行,节能效率分别达到 40%、28.3%、17.3%,综合效率达到 28.5%。

该系统是一项运用嵌入式软件技术集信号采集、载波及无线信号传输、自动电压切换、车流量统计为一体的高新技术产品。它的研发成功改变了长期以来公路隧道 24 小时以恒定功率照明的浪费现象,实现隧道遇车过往灯亮,无车过往灯暗,此外夜间循环节能模式也得到更好的发挥。

应用该技术对隧道进行照明节能控制在国内尚属领先。2008 年 10 月,该项目被省交通厅评为全省首次公布的交通运输行业节能降耗示范项目，同时也是浙江省科技厅面上科技项目、丽水市科技局专利技术产业化项目。该控制系统已在丽水市境内甚至省内多条公路隧道推广应用。

触摸屏仪器

2009 年 8 月,丽水市汽车运输集团有限公司经过 6 个多月时间,自行研发成功客运智能门检系统—— 触摸屏仪器,于 10 月正式投入使用。

客运智能门检系统就是利用计算机网络、指纹识别等先进技术,对车辆技术状况、驾驶员身份资格认定等涉及安全的全过程进行智能化管理，避免手工作业管理存在人为不规范因素,进一步提高客运管理工作效率和安全管理能力。

驾驶员在调度室触摸屏报班,他的指纹是先前已经被录入到系统中的,同时录入的还有该驾驶员的照片。当系统确认驾驶员的指纹后,会自动跳出驾驶员信息及他所驾驶班车的信息。如:驾驶员所属单位、驾驶证信息、驾驶员从业资格信息及所驾车辆的车属单位、车牌号、年检、车况门检、季度检、保险等信息,这些环节只要有一处不合格,系统就会提示,并对下一环节进行封锁,出站门检对该班车不予放行。

隧道灯自动清洗技术研发成功

2009 年 12 月，长深线缙丽段牛廷岭隧道管理所自主研发的“旋转式半自动隧道灯清扫机”用于清洗隧道灯表面烟尘覆盖层取得成功。

过去,隧道灯具人工清扫时,清洁工一盏一盏登高清扫,进度缓慢,半幅封道作业对车辆通行也带来一定影响。每年清扫一次隧道灯,需耗时 15 天以上。

使用“旋转式半自动隧道灯清扫机”后,无需设警示标志,只派预警车随后,清扫也非常方便,牛廷岭隧道辖区 20 多座隧道的 2100 多套照明灯具可以每两个月清扫 1 次,使用登高车与清扫器组合,1—2 天即可清扫 20 座隧道灯具,清扫面达 90%以上,费用 800 元左右一次,而此前每清扫一次费用高达 1 万元。这项技术于 2010 年 12 月 1 日获国家知识产权局颁发的实用新型专利证书。

新型抗冲击旋转式防护栏

2010年初,金丽温高速公路有限公司、省交通设计院、浙江飞虹集团针对山区高速公路的特点,从韩国引进"新型抗冲击旋转防护栏"技术,并根据国内道路特点和有关要求开展一系列研究,成功研制国产的新型抗冲击旋转式防护栏。采用"一柱四栏"方式,通过加强立柱和护栏的性能及安装方式,有效地防止汽车穿越防护栏,驶出行驶车道;还开创性地把富有弹性且防撞耐磨的旋转桶支撑在立柱上,使旋转桶在自由旋转时分解汽车撞击力,避免旋转桶受冲击时被撞碎,有效地对防护栏和司乘人员进行保护,使用寿命至少10年以上。

该护栏安装在G25、S33高速公路丽水段事故多发路段,总长度约600米。2010年6月,经过交通运输部交通工程监理检测中心测试,实车碰撞试验和产品的常规性能测试,均达到国内先进水平,在全省还是首次运用。

获奖科技项目见下表。

表274　**1991—2010年全市交通系统获奖科技项目一览**

单位	获奖项目	获奖等级名称	颁奖时间	颁奖单位	获奖人员
丽水市公路局	香根草系统进行工程和结构保护的研究和发展	国际香根草网络总会三等奖	2003.9.2	国际香根草网络总会	潘碧影(女)(市公路局)
丽水市南明专用汽车有限公司	LSY9171W型带卧铺载货半挂车	科技进步三等奖	1993.1	省交通厅	
	LSY1091LW型长轴距带卧铺载货汽车	省产品质量监督检验一等奖	1993.12	省质监局	
	LSY5110XL型厢式汽车	1999年度省交通厅科技进步三等奖	1999.6	省交通厅	
	LSY5150XL、LSY5120XL型厢式汽车	1999年度省交通厅科技进步三等奖	1999.6	省交通厅	
	LSY9190WS(P)LSY9220WS(P)型带卧铺双后轴半挂车	1996年度省科技进步优秀奖	1996.12	省人民政府	
浙江佳途勘测设计有限公司	丽浦线垟店至大港头段改建工程	浙江省"钱江杯"优秀勘察设计三等奖	2003.7.7	浙江省勘察设计行业协会	叶建胜、周再青、曹　律、王国科、洪海涛、周晓琳、吴剑波、俞豪俊
	丽龙高速富岭互通连接线加宽工程	浙江省"钱江杯"优秀勘察设计表扬奖	2009.7.25	浙江省勘察设计行业协会	叶建胜、梁根才、谢云琦、李忠朝、徐建亮、孟强华、薛桂珠、叶承松、杨丽丽

第三节 专业科技人员

表 275　　**1991—2010 年全市交通系统高级职称获得者**

单位	姓名	单位	职称名称	评定时间	评定单位
丽水市交通局	蔡旭锋		高级工程师		
	高向东		高级工程师		
	蔡竹聪		高级工程师		
	蒋金松		高级工程师		
	吴礼华		高级工程师		
	季宋平		高级工程师		
	汤朝龙		高级工程师		
丽水市公路管理局	张培新		高级政工师	1992.12	省政工职务评委
	何碧玲		高级工程师	1993.12	省工程职务评委
	张志树		高级工程师	1998.12	省工程职务评委
	严志华		高级政工师	2004.12	省政工职务评委
	潘碧影		高级工程师	2006.01	省工程职务评委
	毛良清		高级政工师	2006.12	省政工职务评委
	樊积庆		高级政工师	2006.12	省政工职务评委
	应利云		高级工程师	2006.12	省工程职务评委
	胡文跃		高级政工师	2007.12	省政工职务评委
	曹发文		高级工程师	2007.12	省工程职务评委
	王　勤		高级工程师	2007.12	省工程职务评委
	陈金顺		高级工程师	2007.12	省工程职务评委
	李承广		高级工程师	2009.12	省工程职务评委
	杨晓东		高级工程师	2009.12	省工程职务评委
	周家鹏		高级工程师	2009.12	省工程职务评委
	周立军		高级工程师	2009.12	省工程职务评委
丽水市公路局直属公路段	徐国华		高级工程师	2000.12	浙江省交通工程技术人员高级工程师资格评审委员会
	孙根龙		高级工程师	2005.12	浙江省交通工程技术人员高级职务评审委员会
	严国俊		高级经济师	2008.12	丽水市职称改革领导小组
	叶青华		高级工程师	2010.03	丽水市职称改革领导小组
	李庆华		高级工程师	2010.12	省工程职务评委

续表 275

单 位	姓 名	单 位	职称名称	评定时间	评定单位
丽水市运管稽征处	吕卫东		高级工程师	2002.12.24	省交通工程技术人员高级工程师资格评审委员会
	叶录寿		高级经济师	2008.12.20	省高级经济师资格评审委员会
	吴冰帆		高级工程师	2009.5.23	省人力资源和社会保障厅
市港航管理处	朱理伟		高级工程师	1999.9	省职改办
	留寿贤		高级工程师	2008.9	省职改办
丽水市交通工程质量监督站	石宝林		高级工程师	1997.11.28	省人事厅
	吴碧军		高级工程师	2004.12.24	省人事厅
	傅长荣		高级工程师	2005.12.22	省人事厅
	徐德进		高级工程师	2006.12.22	省人事厅
	方　良		高级工程师	2007.12.27	省人事厅
莲都区交通系统	雷田水	莲都区交通工程设计室	高级工程师	1993.10.11	
	戴土儿	莲都区交通工程设计室	高级工程师	2002.12.24	
	管晓平	莲都区交通局	高级工程师	2002.12.24	
	钦寿云	莲都区交通工程设计室	高级工程师	2004.12	
	洪　飞	莲都区交通局	高级工程师	2006.12	
	何春龙	莲都区县乡公路管理所	高级工程师	2007.12	
	吴林君	莲都区县乡公路管理所	高级工程师	2009.12	
	谭继英	莲都区交通局	高级工程师		
龙泉市交通系统	周建钧	龙泉市运管稽征处	高级经济师	2001.11	省高级经济师资格评审委员会
	季春达	龙泉市公路管理段	高级工程师	2007.12	省交通工程技术人员高级工程师资格评审委员会
	李月文	龙泉市交通设计所	高级工程师	2008.8	省交通工程技术人员高级工程师资格评审委员会
	柳春峰	龙泉市交通设计所	高级工程师	2009.12	省交通工程技术人员高级工程师资格评审委员会
青田县交通系统	章志芬	青田县交通局	高级工程师	2007.12	省人事厅
	朱玲君	青田县交通工程质监站	高级工程师	2008.12	省交通厅
	朱小勇	青田县公路管理段	高级工程师	2008.12	省交通工程技术人员高级工程师资格评审委员会
	叶千秋	青田县公路管理段	高级工程师	2009.12	省交通工程技术人员高级工程师资格评审委员会

续表275

单 位	姓 名	单 位	职称名称	评定时间	评定单位
缙云县交通系统	郑宝求	缙云县公路管理段	高级工程师		
	陶国清	缙云县交通局	高级工程师	2001.9.1	
	胡永强	缙云县交通局	高级工程师	2008.12.31	
遂昌县交通系统	卢丁强	遂昌县交通工程设计所	高级工程师	2000.12	
	叶慧斌	遂昌县公路管理段	高级工程师	2001.12	
	高初明	遂昌县交通局	高级工程师	2004.12	
	张朝辉	遂昌县交通局	高级工程师	2004.12	
	叶法明	遂昌县公路管理段	高级工程师	2005.12	
	潘建龙	遂昌县交通局	高级工程师	2006.12	
	鲁之平	遂昌县公路管理段	高级政工师	2006.12	
	张 毅	遂昌县公路管理段	高级工程师	2008.12	
	叶慧燕	遂昌县运管所	高级经济师	2010.12	
松阳县交通系统	许士发	松阳县公路管理段	高级农艺师	2004.12	
	张国荣	松阳县公路管理段	高级政工师	2005.12	
	宋火星	松阳县长运公司	高级经济师	2005.12	
	廖向东	松阳县交通勘察设计所	高级工程师	2008.12	
	刘永健	松阳县公路管理段	高级工程师	2010.4	
	刘彩旗	松阳县公路管理段	高级工程师	2010.12	
云和县交通系统	赵常山	云和县公路管理段	高级工程师	2005.12	省职改办
	张小平	云和县公路管理段	高级工程师	2007.12	省职改办
庆元县交通系统	吴庆洪	庆元县交通局	高级工程师	1998.12	省体制改革委员会
	吴良福	庆元县交通工程质监站	高级工程师	2007.12	省人事厅
	吴新清	庆元县交通局	高级工程师	2007.12	省人事厅
	蔡丰伟	庆元县建设局	高级工程师	2007.12	省人事厅
	胡寿美（女）	庆元县公路管理段	高级工程师	2008.12	省人事厅
	胡睦秀	庆元县公路管理段	高级工程师	2008.12	省人事厅
	胡 炳	庆元县公路管理段	高级工程师	2010.12	省人事厅
景宁县交通系统	徐建强	景宁县公路管理段	高级政工师	2002.12	浙江省委宣传部评定浙企职高字第01430号
	李火林	景宁县港航管理所	高级政工师	2006.12	浙丽政职办中字第0449号
	严益贵	景宁县交通局	高级工程师	2009.2.30	省水利工程技术人员高级工程师资格评审委
	陈海峰	景宁县交通局	高级工程师	2009.12	省交通工程技术人员高级工程师评审委，证书G33001059号
	任贵慧	景宁县交通局	高级工程师	2010.12.31	省交通工程技术人员高级工程师资格评审委
	华少良	景宁县交通局	高级工程师	2010.12.31	省交通工程技术人员高级工程师资格评审委

续表275

单　位	姓　名	单　　位	职称名称	评定时间	评定单位
浙江省佳途勘察设计有限公司	曹　律		高级工程师	1999.9.29	
	李忠朝		高级工程师	2000.12.25	
	毛伟雄		高级工程师	2001.12.31	
	梁根才		高级工程师	2002.12.24	
	叶建胜		高级工程师	2004.12.24	
	何昌平		高级工程师	2006.12.31	
	谢云琦		高级工程师	2007.12.27	
	叶松岳		高级工程师	2008.12.31	
	周再青		高级工程师	2009.12.30	
	周晓琳		高级工程师	2009.12.30	
	蒋临安		高级工程师	2009.12.30	
	曹润汉		高级工程师	2009.12.30	
	徐子良		高级工程师	2009.12.30	
	金玉娣		高级工程师	2009.12.30	
丽水市汽车运输集团股份有限公司	张国强		高级工程师	2000.12	省交通工程技术人员高级工程师资格评审委员会
	廖翊尧		高级会计师	2003.12	省高级会计师资格评审委员会
	邓小珍（女）		高级经济师	2006.12	省高级经济师资格评审委员会
	江建华		高级政工师	2006.12	省高级思想政治工作人员专业职务任职资格评审委员会
	沈吉彪		高级会计师	2007.6	省高级会计师资格评审委员会
	吕丽君（女）		高级政工师	2007.12	省高级思想政治工作人员专业职务任职资格评审委员会
	虞大贵		高级经济师	2007.12	省高级经济师资格评审委员会
	何赤诠		高级经济师	2007.12	省高级经济师资格评审委员会
	薛和有		高级经济师	2007.12	省高级经济师资格评审委员会
	谢惠珍（女）		高级会计师	2008.5	省高级会计师资格评审委员会
	庄育民		高级经济师	2008.12	省高级经济师资格评审委员会
	张仲初		高级经济师	2008.12	省高级经济师资格评审委员会
	杨江盛		高级会计师	2010.4	省高级会计师资格评审委员会
	林周颖		高级会计师	2010.4	省高级会计师资格评审委员会
丽水南明专用汽车有限公司	颜增品		高级工程师	1988.1	省交通工程技术人员高级工程师资格评审委员会
	吴询禊		高级工程师	1988.1	
	陈特昭		高级工程师	1988.1	
	罗小英		高级工程师	1993.1	
	林桂元		高级工程师	1993.1	
	潘桂松		高级工程师	1995.12	
	叶　桦		高级工程师	2004.12	
	邹丽军		高级经济师	2010.12	省级经济师资格评审委员会

第四节　科技机构

浙江交通劳动学会丽水地区联络组

1985 年 5 月成立。会员主要是丽水地区交通系统各部门各单位劳动工资人员和工会工作者。学会会员 72 人。

联络负责人:金时龙

浙江省公路学会丽水分会

1990 年 7 月 5 日成立。第一届理事会有理事 21 人,常务理事 9 人。

名誉理事长:蓝光谅

理　事　长:蒋维洛

常务副理事长:钟祖敏　　副理事长:邢志良、邹观水、纪介三

秘　书　长:叶葆鹤　　　副秘书长:陈特昭、王启发

浙江省丽水地区交通职工思想政治工作研究会

1990 年 9 月 27 日成立。有理事 21 人,常务理事 8 人。

会　长:蒋维洛　　　　副 会 长:金时龙、马历夏

秘书长:郭　桐　　　　副秘书长:柯鉴清

丽水市道路运输协会

第一届会员大会和第一届理事一次会议于 2002 年召开。

第二届会员大会和第二届理事一次会议于 2008 年 10 月召开。有理事 112 人,常务理事 40 人。

会　长:吕卫东　丽水市运管处处长

副会长:吴晓根　中共丽水市运管处总支副书记

　　　　赵国新　丽汽集团总经理

　　　　王小平　青田茂源长运公司总经理

　　　　宋火星　松阳县长运公司总经理

秘书长:虞中伟　丽水市运管处运安科科长

第三章 培 训

丽水交通行业培训随着交通事业的发展而发展。民国时期,随着交通运输的兴起,于20世纪30年代开始出现驾驶人培训,第一期培训驾驶人60名。

1971年6月,浙江省汽车驾驶技工学校丽水分校(又称小梅汽校)创办,为全区培养了一大批驾驶员。此后,市、县(市)驾校陆续创办,至2010年,全市有驾校26家,年培训能力达30000多人。

为了提高交通人的文化、技术、政治素质,1981年5月,丽水地区公路总段职工学校创办,应时应需举办培训班,至2010年,共举办汽车驾驶人培训、青壮年文化和技术补习、中技培训、会计培训、施工员道班长培训、现代物流培训、技师培训等各种类型的培训班112期,培训了一大批学员,适应了交通发展的需要。

第一节 机动车驾驶人培训

民国21年(1932)10月,国民党陆军第二十一师第二旅旅长将1辆8缸5座别克小轿车,从温州运抵丽水,供教练和军工使用。冬,在丽水郊外五谷神庙开办第一期驾驶员培训,学员60名,为辖区内的第一辆汽车和第一代汽车驾驶员。此后,直至1970年前,全区无驾驶员专门培训机构,驾驶员的来源除从浙江省汽车培训学校培养外,主要依靠"以师带徒,跟车传教"的方法培养。

1971年6月,浙江省汽车驾驶技工学校丽水分校(又称小梅汽校)创办,后改为丽水地区汽车驾驶中等技术学校,为全区培养了一大批驾驶员。

1985年,各县推行"以运代训"的办法进行培训,时间一般为半年,期满后,经该县车辆监理部门统一考试合格,发给实习驾驶证,实习一年后,换以正式驾驶证。

1989年8月23日,地区公安处创办丽水地区机动车驾驶员培训中心,借用公安干校房子,以短训班为主,至1992年,培训学员3333人次,其中有初训驾驶人1307人,社会复考班516人,交通管理学习班1510人次。1993年3月1日,经地区教育委员会批准,培训中心改为丽水地区机动车驾驶员培训学校(简称"公安汽校"),址设桃山大桥南岸,总面积6300平方米,建设规模为每期500人,办学之初仍以短训班为主,1994年开始招收初训班。至2000年,学校发展成为拥有各类教练车68辆，教学楼、宿舍楼、食堂、文化娱乐中心、教练场等设备齐全的驾驶员培训基地，先后为社会培养各类机动车驾驶员7313名。同时举办各种短训班，共培训增加班、理科考试班、违章复训班等学员26489人。

为保证培训质量，自1989年起，地区公安局根据公安部《机动车驾驶员培训学校(班)管理办法》的规定，全面清理和整顿全区驾驶员培训单位，对不具备办学条件、教学质量差、管理问题多的培训单位，责令停办。同时，要求教练员必须有中华人民共和国机动车驾驶证，具有3年或5万千米以上安全行车经历、高中文化程度、驾驶基本理论知识和一定教学能力等条件。根据上述要求，至2000年底，全区保留的培训单位有市机动车驾驶员培训学校(即市公安汽校)、丽水市农机培训学校、丽水市汽车技术学校、丽水军分区驾驶员培训班、青田侨乡汽校和缙云汽校等6家。

为提高驾驶员的安全意识，自1994年开始，地区交警支队和各县(市)交警大队还分别创办交通安全教育学校和分校，对年审换证、违章、肇事的驾驶员举办安全教育学习班，至2000年底，全市共举办3000多班次，受教育驾驶员1万多人次。

2000年，科目统一实行无纸化考试，当场公布成绩，不合格的考生，可当场补考，体现了公开、公平、公正的考试原则，全年有4300余人通过无纸化考试。

2002年，市交警支队加强对汽车驾驶人培训学校的监督管理，要求学校制定严格的培训计划，建立教练车维修保养制度、门检制度和责任追究制度，统一驾驶人考试尺度标准，对考试成绩当场公布，以保证考试质量和监考的公正性。

2004年，全年组织12期221名记满12分的驾驶人，进行道路交通安全法律、法规学习并考试。4月1日起，全市驾驶人道路考试增加实际道路和城市道路的考试，新购置桩考仪投入使用，并建立考试员资格认证制度，考试工作质量明显提高。全市全年受理报名学习汽车驾驶36177人，学习摩托车驾驶51000人，其中市本级9362人。培训考试合格汽车驾驶人23991人，摩托车驾驶人46772人，其中市本级7961人。

2005年，教练车统一安装IC卡计时管理系统。市交警支队通过督促机动车驾校落实教学、培训计划，严格机动车驾驶人考试规程，把好机动车驾驶人考试关。1~12月，受理报名学习汽车驾驶42000人，报名学习摩托车4690人；安排汽车科目2桩考仪考试45796人，考试合格39323人，安排科目3桩考仪考试46645人，考试合格40748人；市本级安排摩托车考试5048人，考试合格4379人。深化“流动车管所”服务，全年利用双休日到农村派出所办理共9批2879名摩托车驾驶人培训考试业务。

2006年开始全面使用交通部的新教材，落实新的教学大纲。按照大纲，配备驾驶模拟器。从3月22日起，新报名学习汽车驾驶的学员实施科目3场内道路(9选6)考试项目，市交警支队严格执行公安部考试标准，规范“9选6”考试程序，增加考试难度，提高考试质量。

2007年，继续严把驾驶人考试关，受理报名学习汽车驾驶29954人，市本级报名学习摩托车2680人。加强对考试员的管理与监督，不断完善考试员工作制度。根据公安部新修订的《机动车驾驶证申领和使用规定》(91号令)，在“9选6”考场增加“坡道定点停车和起步、百米加减档、起伏路行”3个考试项目，调整大型车辆“曲线行驶”曲线半径，在实际道路考试路段安装标志牌，增加考试难度，以提高考试质量。安排科目1考试4.6万余人次，合格3.4万余人次；安排科目2考试2.9万余人次，合格2.5万余人次；安排科目3考试3.1万余人次，合格2.6万余人次。春运期间，组织3050名春运驾驶人进行交通安全教育学习。

2008年，在驾驶人考试中，推行责任倒查制，对因把关不严引发交通事故的考试员实行责任追究，从源头上杜绝不合格驾驶人上路。

2010年，大力推广驾培模拟器教学，坚持正面教育宣传，加强行政手段制约，全市配置60台教学模拟器，并且逐渐由点向面推广。针对驾培市场能力过剩、无序竞争、效益偏低的状况，市运管处积极鼓励驾校资源整合，走兼并和联合经营之路，完成青田等地驾校联合经营，驾校服务进一步规范，企业经济效益提高，抗风险能力明显增强。加大驾校监管力度，提升驾培市场社会服务能力。认真做好“培训记录单”核实工作。严格把关，落实培训课时，确保培训质量，2010年核实理论培训记录35230人次，二、三类科目培训27863人次；驾驶人从业资格培训29期1871人；驾驶人培训结业24629人。对驾驶人实行诚信考核。对全市26家驾校开展安全大检查和诚信考核，全市512名教练员被评为AAA级教练员、116名教练员被评为AA级教练员、56名教练员被评为A级教练员、3名教练员被评为B级教练员，查处违规教学行为30多起，并给予诚信扣分处理。开展“丽水市十大明星教练员”评选活动，推选出省级明星教练员1名、市级明星教练员10名。

第二节　驾驶人培训基地

丽水市汽车运输集团有限公司汽车技术学校

汽车技术学校是丽汽集团的分公司，位于丽水市区丽阳街514号。前身是浙江省汽车驾驶技工学校丽水分校(又称小梅汽校)，创办于1971年6月。1983年5月17日，省汽车运输公司丽水分公司根据省交通厅指示，将省汽车驾驶技工学校所属的丽水分校划归当地丽水汽车运输分公司领导，并改称为职工学校。其任务除培训分公司职工外，仍担任省校的驾驶、修理培训任务。1984年1月19日，公司将职工学校从龙泉小梅迁址丽水城区丽青路399号，2005年6月，汽校由丽青路399号搬迁到 丽阳街514号，正式建立浙江省汽车运输公司丽水分公司职工学校。1992年12月，省汽车公司对丽水片各二级单位的管理体制进行改革，将该校更名为丽水地区汽车技术学校。对内仍保留职工学校名称，主要承担内外部的职工教育和技术培训。

该校目前是全市唯一一所集汽车驾驶理论、操作技能培训为一体的学校。下设汽训处、教务处、办公室、财务科等部门、科室,有教职工63人,其中40%以上为教一级教师、指导驾驶员(技师)和高级驾驶员。有各类教练车49辆。配有多媒体电教设备、驾驶模拟器、红外线桩考仪等,教学管理上采用先进的远程监控和车辆GPS全球定位系统。

汽车技术学校

主要培训业务:

汽车驾驶培训(含驾驶理科):小客车、大货车、大客车;

营业性道路运输驾驶员从业资格证培训;

道路危险品运输驾驶员、押运员从业资格证培训;

汽车维修及其他相关工种从业资格证培训;

汽车驾驶员和维修工技术等级培训;

内河船员和摩托艇驾驶员培训。

该校是丽水市营业性道路运输从业人员培训机构,也是全市唯一的汽车类国家职业技能鉴定所、机动车维修工从业资格考评机构和内河船员培训机构。2003年被丽水市评为"文明单位",2005年荣获浙江省"十佳"驾驶培训机构称号,2006年荣获浙江省驾驶培训行业十大诚信企业称号,2007年荣获浙江省职业技能鉴定工作先进单位称号,2008、2009年和2010年连续3年荣获浙江省道路交通文明行业单位等荣誉称号。

该校是丽水市唯一通过ISO9001:2000质量管理体系认证的汽车驾驶培训机构。

表276 **1989—2010年丽汽集团汽车技术学校领导人名录**

行政领导			党组织领导		
姓名	职务	任期	姓名	职务	任期
柯鉴清	校长	1989.2—1991.4	朱丁南	书记	1983.8—1994.5
楼志旺	校长	1991.4—1997.11	柯鉴清	书记	1994.5—1997.11
卢永坚	校长	1997.11—2004.12	李兴华	书记	1997.11—2002.6
卢小平	校长	2004.12—	卢永坚	书记	2002.6—2004.12
			周美君	书记	2004.12—2008.7
			王徐光	书记	2008.7—2009.1
			周美君	书记	2009.1—

表 277

1989—2010 年丽汽集团汽车技术学校培训人数汇总

年 度	汽驾培训人数	短期培训人数	小 计
1989	/	1369	1369
1990	120	2042	2162
1991	/	1156	1156
1992	419	452	871
1993	875	4348	5223
1994	1218	1999	3217
1995	1274	819	2093
1996	678	231	909
1997	652	2458	3110
1998	788	4639	5427
1999	643	2580	3223
2000	745	1406	2151
2001	941	2342	3283
2002	1415	4031	5446
2003	3459	1413	4872
2004	2768	3409	6177
2005	2285	3061	5346
2006	2085	4988	7073
2007	1779	4835	6614
2008	1790	4671	6461
2009	2214	4090	6304
2010	2421	5839	8260
合计	28569	62178	90747

驾校发展概况：

1971 年 6 月，浙江省汽车驾驶技工学校丽水分校(又称小梅汽校)创办(当时位于龙泉小梅)，1984 年 1 月，迁址丽水城区。

汽车驾驶人培训

1989 年 8 月，地区公安处创办丽水地区机动车驾驶员培训中心。20 世纪 90 年代，随着机动车数量不断增加，机动车驾驶员的驾培学校逐年增多。

2001 年，全市有驾校 6 家：一类驾校 1 家，二类驾校 3 家，三类驾校 2 家；经济成分：国有(含国资)3 家，股份制 2 家，私人 1 家；分布情况：市区 4 家，缙云、青田各 1 家；教练车 201 辆(大客车 9 辆，大货车 100 辆，吉普车 71 辆，轿车 21 辆)；教练场地 37700 平方米;教室面积1735平方米,教员199人,管理人员43人,年培训量5000多人。6家驾校普遍存在规模小,设施不齐全,教练场地不固定,有些设置达不到开业条件及教学环境差等问题,而且驾校布局不合理,全市6家驾校,市区集中了4家,除缙云、青田外,其他6县(市)无驾校,不利于驾培市场的发展和学员就近学驾;生源实行分配制度,缺乏应有的竞争机制。

2010年全市有驾校26家,其中:市区8家、龙泉3家、青田3家、缙云4家、遂昌2家、松阳2家、云和1家、庆元2家、景宁1家;一级驾校1家,二级驾校8家,三级驾校17家。

教练车辆613辆。其中:大客车4辆、大货车35辆、小车574辆。教练场地236229.6平方米,教室6125平方米,管理人员206人,理论教员48人,操作教员670人,年培训能力:30000多人。

表 278

2010年12月丽水市区驾校情况一览

序号	驾校名称及级别	负责人电话	地址及编号	教练车数量	教练员人数（人）	培训场面积（平方米）	年培训人数（人）	2010年培训人数（人）
1	丽水市汽车运输集团有限公司汽车技术学校(二级)	卢小平 13905881979	丽阳街514号 3311020001	轿车52辆 大货4辆、大客1辆	48	16000	2300	2838
2	丽水市机动车驾驶员培训学校有限公司(一级)	林跃平 13905783088	吕埠坑2号 3311010001	轿车43辆、大货5辆、大客1辆	53	31000	2400	3327
3	丽水市鸿运机动车驾驶培训有限公司(二级)	叶友明 13957087087	城北路93号 3311040001	轿车32辆 大货4辆	37	12000	1800	1913
4	丽水市大地汽车驾驶培训有限公司(二级)	钟炳华 13905788568	丽阳街727号 3311090001	轿车42辆 大货3辆	52	22000	2500	3310
5	丽水市白云汽车驾驶培训学校(二级)	杨双荣 13905880113	丽阳街608号 3311030001	轿车45辆 大货3辆	55	20000	1450	2175
6	缙云县长红机动车驾驶员培训有限公司丽水分校(三级)	赵世华 13515789111	括苍北路 3311150001	轿车21辆	21	12000	550	621
7	丽水市华东汽车驾驶培训有限公司(三级)	丁大鹏 13957083698	灯塔街294号 3311160001	轿车24辆	24	12000	1100	1264
8	丽水市大东方驾驶培训学校(三级)	梁宜健 13905885677	九里冷冻厂对面 3311100001	轿车47辆	48	25000	1200	2310
合计				327辆		150000	13300	17758

表 279

2010 年 12 月丽水市驾校名册一览

县、市	驾校名称及级别	级别	类别	创办时间/年	联系人	地址	教练车数量/辆	年培训能力/人
丽水市区	丽汽集团汽车技术学校	二级	国营	1971	卢小平	丽水市丽阳街 514 号	57	2300
	丽水市机动车驾驶员培训学校有限公司	一级	国资	1989	林跃平	丽水市吕埠坑 2 号	49	240
	丽水市大地汽车驾驶培训有限公司	二级	私营	2003	钟炳华	丽水市丽阳街 727 号	45	2500
	丽水市白云汽车驾驶培训学校	二级	私营		杨双荣	丽水市丽阳街 608 号	48	1450
	丽水市华东汽车驾驶培训有限公司	三级	私营	2004	丁大鹏	丽水市灯塔街 294 号	24	1100
	丽水市大东方驾驶培训有限公司	三级	私营	2004	梁宜健	丽水市九里冷冻厂对面	47	1200
	缙云县长红机动车驾驶员培训有限公司	三级	私营	2003	赵世华	丽水市大洋路 335 号	21	550
	丽水市鸿运机动车驾驶培训有限公司	二级	私营	2005	叶友明	丽水市城北路 93 号	36	180
龙泉市	龙泉市汽车技术学校	二级	国营	2003	诸葛华	龙泉市环城西路 57 号	28	2000
	龙泉市乾通汽车驾驶培训有限公司	三级	私营	2004	张清乾	龙泉市龙渊镇	25	2500
	丽水市机动车驾驶员培训学校龙泉分校	三级	私营	2005	张俊武	龙泉市龙渊镇田村	23	2000
青田县	青田县正阳汽车驾驶培训有限公司	三级	私营	2004	江剑俊	青田县江南大道 140-5 号	20	1500
	青田县万顺汽车驾驶培训有限公司	三级	私营	2004	郭伟浩	青田县鹤城镇前仓村	25	2000
	丽水市侨乡机动车驾驶员培训学校	二级	私营	2008	郭伟浩	青田县鹤城镇石下工贸园	25	2000
缙云县	缙云县仙都汽车驾驶培训学校	三级	私营	2003	江根福	缙云县五云镇官店村	22	3000
	缙云星辉汽车驾驶员培训学校有限公司	二级	私营		陈　辉	缙云县新碧镇南路 76 号	28	2000
	缙云县龙泰机动车驾驶员培训有限公司	三级	私营	2005	张秋镇	缙云县壶镇石明堂村	20	2800
	缙云县长红机动车驾驶员培训有限公司	三级	私营	2006	赵世华	缙云县壶镇塘川村	25	2500
遂昌县	遂昌安达汽车驾驶学校有限公司	二级	私营	2003	莫如飞	遂昌县妙高镇庄山村	25	2300
	丽水市大地汽车驾驶培训有限公司遂昌分校	三级	私营	2004	俞　华	遂昌县青云小区	20	1000
松阳县	松阳县长林汽车驾驶培训学校有限公司	三级	私营	2004	徐茂林	松阳县长虹中路 85 号	23	1000
	丽水市机动车驾驶员培训学校松阳分校	三级	私营	2004	陈来根	松阳县西屏镇青蒙村	20	900
云和县	云和县安泰汽车驾驶培训学校	三级	私营	2003	钟锦忠	云和县睦田村	22	1300
庆元县	庆元县平安驾驶培训学校有限公司	三级	私营	2003	吴善伟	庆元县江滨路工业园区	15	1000
	丽水市大地汽车驾驶培训有限公司庆元分校	三级	私营	2004	刘善文	庆元县松源镇会溪村	12	800
景宁县	景宁县华泰机动车驾驶员培训有限公司	三级	私营	2004	董希云	景宁县鹤溪镇	17	1200

第三节　职工培训

丽水市公路管理处职工学校位于莲都区岩泉街道长岗背。前身为丽水地区公路总段职工学校,创办于1981年5月。有教学生活用房600平方米,校舍、食堂、球场等设施。其主要任务是提高全市路工文化、技术、政治素质,以适应养路专业发展的需要。

该校自1981年5月创办至2010年,共举办汽车驾驶员培养、青壮年文化和技术补习、中技培训、普法学习、会计培训、施工员与道班长培训、施工安全员培训、"现代物流"培训、公路普查员培训、技师培训、施工机械操作培训以及各种类型的政治、业务、技术、文化等培训班112期,培训学员4789名,其中:1981—1990年举办培训班32期,培训学员1278名;1991—2010年举办培训班80期,培训学员3511名。

该校具有中教一级老师3名,管理人员2名。2003年2月,该校并入丽水市高等级公路养护中心,办公地点设在市公路管理处直属公路段。

1992年12月底前王端岳任副校长,1993年1月—1994年8月楼加富任副校长,1994年9月—2000年2月潘桂法任校长,2000年3月—2003年2月王省洲任副校长,尔后由李根华老师负责职工培训教育工作,于2004年7月开办公路技师学院浙南分校,其主要功能是对技师考前函授指导、教育与培训。附表见下页。

表 280

1991~2010 年职工教育培训情况一览

年份	培训内容	培训期数（期）	培训人数（人）
1991	二五普法师资培训、施工员培训各一期	2	75
1992	施工员与道班长培训各一期	2	91
1993	道班长、中级工培训	6	300
1994	中级工、高级工培训	6	300
1995	高级工、机修工培训，公路养护职高班	11	524
1996	高级工、库工、公路养护职高班（两年制）	5	224
1997	施工安全员培训	2	80
1998	施工监理预训	1	48
1999	施工机械操作手培训	1	45
2000	高级工、中级工培训	2	84
2001	公路普查员培训	3	180
2002	高级工、中级工培训	2	64
2003	项目经理预训班	1	65
2004	公路桥梁与养护高、中技班	2	77
2005	现代物流、公路工程与检测、公路工程与养护、机械操作与维修、公路桥梁与养护高、中技班、高、中级工、技师培训	10	513
2006	现代物流、公路工程与检测、公路工程与养护、机械操作与维修高、中技培训	5	173
2007	公路工程高中技培训，高中级工、技师培训	6	252
2008	公路工程高中技培训，高级工、技师培训，公路养护职高函授班	6	199
2009	公路工程高中技培训，高中级工、技师培训，合肥工大路桥专业函授班	6	181
2010	技师培训班	1	36

第十篇

人物　交通文化

庆元县竹口镇后坑侨(又称红军桥)

迈入20世纪90年代后,随着改革、开放、搞活方针的深入贯彻,丽水经济社会发展如潮涌起。交通建设从缓解进入跨越式发展时期。全市交通系统干部、职工为发展交通甘洒热血的献身精神,涌现了一大批先进集体和先进个人;民间集资、仁人献资为交通建设推波助澜;交通文化建设迈入繁荣阶段,交通诗文推陈出新,交通摄影一枝独秀;廊桥文化进一步发扬光大,交通旅游随着公路的迅速发展,各地来丽水一览秀山丽水、全国生态第一市的旅客蜂涌而至。时间在推进,丽水的交通文化将更加光辉灿烂。

南明山石梁

第一章 人 物

人物传,收录长期在丽水地区(市)交通系统工作,对交通事业发展有杰出贡献的于 1991 至 2010 年间已故人物。1995 年版《丽水地区交通志》已收录的历史人物,本志不赘。

先进集体、先进人物,均列入入志。本志因有纠错、补遗责任,故从 1950 年记叙到 2010 年,与 1995 年版《丽水地区交通志》录用有重复(1950—1990 年先进集体、先进人物列表刊于附录)。

热心故里交通建设人物,仅择捐 30 万元以上者简介,以记述捐助交通建设事迹为主;30 万元以下 1.5 万元以上者列表入志。

第一节 人物传

徐 琮 (1907—1994),又名品璠,字子员,缙云县溶江乡池岭村人。1948 年入伍,曾任缙云县人民法院副院长,后调水利电力部华东水力发电工程局上海勘测设计院工作。离休后,1984 年起,连续 9 届任缙云县政协常委。徐琮生前粗茶淡饭,殚力交通,从退休金里挤出 2 万余元,修桥补路及其他公益事业。在村东的三百岭、村西的下岭、村北的坑口岭共修建道路 2500 米,新建石级 900 余级,并捐资修建天桥路、五里牌至胡宅口公路拓宽工程。曾多次提议修建蛟坑考察车头公路,受到市、县政府及交通部门的重视。在罹难去世的前一天,还特意召集干部和身边子女,嘱咐修好胡村之山岭路。干部、子女亲聆教诲,努力仿效。池岭村公路已通车。

曹子亮 (1940.1—1997.3),缙云县五云镇水南村人。原任缙云县交通局副局长,1996 年 8 月,调任金温铁路总指挥部工程运输处副处长。1997 年 3 月 18—19 日,因连日暴雨,铁路青田腊口锦水中桥拉沟不断,总塌方量约 5000 立方米,导致在良港段铺轨的铁道部十四局工程运输受阻。为尽快清理塌方,3 月 20 日,曹子亮率工程运输处干部、员工数人赶赴现场,与铁路腊口管理处领导一同研究清障抢险方案。之后,到现场指挥,直至深夜。翌日一清早,他即到工地指挥抢险,下午 4 时 40 分,塌方清理完毕。但曹子亮担心边坡清理未净,返回 K150+550 处检查塌方清除情况,这时从边坡上方 40 米高处坠落一块约 15 立方厘米的石块击中共后脑,当即鲜血直流昏倒在地。经送医院全力抢救无效,当晚 8 时 10 分去世。同年 6 月 9 日,中共浙江省委直属机关工委发文，追认为优秀共产党员。

鲍伟平 （1971.1—2005.9），景宁畲族自治县渤海镇鲍山头村人。1990年12月参加工作，先后在该县际头、叶源道班工作，2000年任景宁公路段石竹岙公路站站长。2005年9月1日，百年一遇的13号超强台风“泰利”袭击景宁。在S330省道瑞东线K125+900处，为清除路障，抢救被洪水围困的中巴车上13名乘客，不幸牺牲，年仅35岁。牺牲后，省市媒体发表《危急时刻，他挡在了山洪前面》《景宁石竹岙公路站站长鲍伟平抗台中殉职》等新闻报道。丽水市公路管理处、中共景宁畲族自治县委员会分别发文，号召全市公路系统和全县范围，开展学习宣传鲍伟平先进事迹活动。2006年1月3日，浙江省人民政府发浙烈褒字第002340号《革命烈士通知书》，追认鲍伟平为革命烈士。

第二节 先进集体 先进个人

市、县（市、区）先进集体

表281 全国先进集体一览

单位名称	获奖年月	获奖名称	授奖单位
丽汽集团工会委员会	2003.9	全国模范职工之家	中华全国总工会
庆元县公路段荷地公路站工会小组	2005.4	全国模范职工之家	中华全国总工会
景宁县长运公司客运站工会小组	2005.4	全国模范职工小家	中华全国总工会
松阳客运站	2008.4	2007年度全国“五一”劳动奖状	中华全国总工会
庆元县兰溪桥公路站	2010.1	2008年度全国“安康怀”竞赛优胜班组	中华全国总工会、国家安监局
景宁县公路段景宁公路站	2010.5	2009年度全国“安康杯”竞赛优胜班组	中华全国总工会、国家安监局
松阳县长运公司工会委员会	2010.5	全国模范职工之家	中华全国总工会
缙云县汇通汽车运输有限公司客运中心安全门检组	2010.6.15	2009年度全国“安康杯”竞赛优胜班组	中华全国总工会、国家安监局

表282 省（部）级先进集体一览

单位名称	获奖年月	获奖名称	授奖单位
景宁县交通局大沙公路项目	1992.3	第一批世行贷款全国优秀项目奖	交通部
遂昌县长运公司客运站	1993.4	92年度部级文明车站	交通部
景宁客运站		1992.10—2000.10，获得“省级文明车站”称号	省委、省政府
丽水客运站	1995.11	1993—1995年度部级文明车站	交通部
景宁县公路运管稽征所	1995.12	1994—1995年度省级文明单位	省委、省政府
景宁县公路运管稽征所	1996.11	1995.12—1996.11，省级文明单位	省委、省政府
松阳县公路运管稽征所	1996.11	1995.12—1996.11，省级文明单位	省委、省政府
丽水长途汽车运输公司	1996	1990—1996年度省级文明单位	省委、省政府、省精神文明建设委员会
景宁县公路运管稽征所	1997.11	全国道路运政管理文明单位	交通部

续表 282

单位名称	获奖年月	获奖名称	授奖单位
丽水客运站	1997.12.3	部级文明车站	交通部
遂昌县汽运总公司客运站	1997	省级文明单位	省委、省政府
景宁县公路运管稽征所	1998.11	省级文明单位	省委、省政府
松阳县交通局	1998.2	省交通系统行风建设先进集体	省政府
景宁县长运公司	1998	第六批省级文明单位	省委、省政府
遂昌县汽运总公司客运站	1999.5	1998—1999 年度文明汽车客运站	交通部
景宁县公路运管稽征所	1999.6	1996—1997 年省级文明单位	省委、省政府
景宁县长运公司	1999.7	1996—1997 年省级文明单位	省委、省政府
遂昌县公路运管稽征所	1999.7	省级文明单位	省委、省政府
景宁县公路运管稽征所	1999.11	1997—1998 年省级文明单位	省委、省政府
丽水客运站	1997—2000	省级文明单位	省委、省政府
庆元县交通局	2000.9	全国交通系统档案工作先进集体	交通部
云和县公路管理段	2000.12	省级文明单位	省委、省政府
景宁县公路运管稽征所	2000.12	省级文明单位	省委、省政府
景宁县长运公司	2001.3	1998—2000 年省级文明单位	省委、省政府
龙泉市交通战备办公室	2001.3	浙江省“九五”期间交通战备工作先进单位	省国防动员委员会
景宁县公路运管稽征所	2001.3	1999—2000 年省级文明单位	省委、省政府
松阳县县乡公路管理所	2001.3	省级文明单位	省委、省政府
景宁县长运公司	2001.5	全省“三五”法制宣传教育先进集体	省委、省政府
丽汽联合总公司党委	2001.6	先进基层党组织	中共浙江省委
遂昌县华通公司客运站	2001.9	全国道路运输系统文明单位	交通部
景宁县公路运管稽征所	2001.1	2000—2001 年度全国道路运输系统文明单位	交通部
遂昌县公路运管稽征所	2001.12	全国交通系统先进集体	国家人事部、交通部
丽水市南明物流公司	2001	全国文明货运站	交通部
丽水市公铁联运有限公司	2002.2	2000—2001 年度道路货运文明单位	交通部
丽水客运站售票班	2002.2	2000—2001 年度全国汽车客运系统优秀班组	交通部
景宁县公路运管稽征所	2002.6	2000—2001 年度全国道路运政管理文明单位	交通部
丽水市公路管理处	2002.6	第二次全国公路普查先进集体	交通部、国家统计局
云和县航管所	2002.12	“水上运输安全管理年”先进单位	交通部交安委
云和县交通局	2002.12	“水上运输安全管理年”先进单位	交通部交安委
遂昌县公路运管稽征所	2002.12	全国交通系统先进集体	交通部交安委
景宁县公路管理段	2002.12	2002 年度“安康杯”竞赛优胜企业	省总工会、省经贸委

续表282

单位名称	获奖年月	获奖名称	授奖单位
云和县交通局	2003.1	2000—2002年水上运输安全管理年活动先进集体	交通部交安委
景宁县长运公司客运站工会小组	2003.3	省模范职工之家	省总工会
丽汽集团工会委员会	2003.3	省模范职工之家	省总工会
遂昌县公路运管稽征所	2003.4	省级文明单位	省委、省政府
遂昌县华通汽运公司客运分公司	2003.4	省级文明单位	省委、省政府
景宁县公路运管稽征所	2003.4	省级文明单位	省委、省政府
景宁县长运公司	2003.4	省级文明单位	省委、省政府
云和县公路管理段	2003.4	省级文明单位	省委、省政府
丽汽集团	2003.9	浙江省抗击非典先进集体	省委、省政府
丽水市内河航道普查办公室	2004.6	第二次全国内河航道普查先进集体	交通部
青田茂源长运公司	2004.12	全省再就业先进工作单位	省政府
丽水客运西站	2004	省级文明单位	省委、省政府
遂昌县公路管理段	2004	省级文明单位	省委、省政府
缙云县公路运管稽征所	2004	汽车维修市场整顿工作先进集体	交通部
云和县港航管理所	2005.1	省级文明单位	省委、省政府
景宁县长运公司	2005.3	2004年度浙江省"安康杯"竞赛优胜企业	省总工会
景宁县长运公司工会委员会	2005.4	省模范职工之家	省委组织部 省总工会
丽水客运西站	2005.1	全国精神文明建设工作先进单位	中央文明委
景宁县公路运管稽征所	2005	2003—2004年度省级文明单位	省委、省政府
遂昌县公路管理段	2005	省级文明单位	省委、省政府
丽水市港航管理处	2006.3	2005年度省级卫生先进单位	省委、省政府
金丽温高速公路丽青段建设指挥部	2006.4	浙江省重点建设立功竞赛先进集体	省政府
丽龙高速公路龙泉段建设指挥部	2006.4	浙江省重点建设立功竞赛先进集体	省政府
龙泉市交通战备办公室	2006.5	"十五"期间交通战备工作先进单位	南京军区交通战备办公室
丽水客运西站党支部	2006.6	浙江省先进基层党组织	中共浙江省委
丽汽集团	2006.6	2001—2005年浙江法制宣传教育先进集体	省委、省政府
丽水市港航管理处	2006.12	省级文明单位	省委、省政府
松阳县公路管理段	2006.12	省级文明单位	省委、省政府
庆元县交通局	2006.12	省级文明单位	省委、省政府
庆元县公路管理段	2006.12	省级文明单位	省委、省政府
松阳客运站	2007.4	2006年度浙江省"五一"劳动奖状	省总工会
丽水客运西站	2008.3	2006—2007年度"全国交通行业文明示范窗口"	团中央、交通运输部

续表 282

单位名称	获奖年月	获奖名称	授奖单位
景宁县交通局	2008.4	工人先锋号	省总工会
松阳县长运公司工会委员会	2008.4	省模范职工之家	省总工会
丽龙高速公路龙泉段建设指挥部	2008.4	省重点建设立功竞赛先进集体	省人民政府
青田县交通局	2008.1	滩坑水电站移民工作先进单位	省政府
庆元县汽运总公司工会委员会	2008.11	省模范职工之家	省委组织部、省总工会
庆元县交通局	2008	省级文明单位	省委、省政府
庆元县公路管理段	2008	省级文明单位	省委、省政府
缙云县顺达公路养护中心	2008	抗冰雪灾害先进单位	省政府
遂昌县公路管理段	2008	全国交通行业抗灾保通先进集体	交通部
丽汽集团汽车技术学校		2008—2009 年度连续 2 年获浙江省道路交通行业文明单位称号	
龙泉市交通战备办公室	2009.1	交通战备工作正规化达标建设先进单位	南京军区交通战备办公室
松阳县公路运管稽征所	2009.2.15	2008 年度省级文明单位	省委、省政府
景宁县公路管理段	2009.2	省级文明单位	省委、省政府
龙泉市交通战备办公室	2010.7	南京军区交通战备工作先进单位	南京军区交通战备办公室
丽汽集团快客公司	2010.9	全国交通运输行业文明示范窗口:丽杭班线	交通运输部
松阳县长运有限公司	2010.9	全国交通运输系统先进集体	交通运输部、人力资源和社会保障部
丽水客运西站	2010.9	全国交通运输行业文明示范窗口、省级文明单位(复评)	交通运输部
庆元县公路运管稽征所	2010	省级文明单位	省委、省政府
遂昌县公路运管稽征所	2010	省级文明单位	省委、省政府
庆元县客运站	2011.4	省工人先锋号	省总工会
庆元县龙庆高速公路建设工程指挥部	2011.4	2010 年度全省重点建设立功竞赛先进集体	省政府
丽水市龙庆、云景高速公路建设工程指挥部	2011.4	2010 年度全省重点建设立功竞赛先进集体	省政府

表 282 **省厅级先进集体一览**

单位名称	获奖年月	获奖名称	授奖单位
地区汽车运输公司公安科	1991.3	交通公安保卫工作先进集体	省交通厅
丽水地区汽运公司	1991.4	全省计划生育工作先进单位	省计生委
青田客运站	1991.5	1991 年省级春运先进集体	省交通厅
地区汽运公司团委	1991.5	省“新长征突击队”	团省委
丽水地区汽运公司	1991.6	全省质量管理合格证	省交通厅

续表283

单位名称	获奖年月	获奖名称	授奖单位
丽水、遂昌、青田、松阳客运站	1991.6	省级文明车站	省交通厅
丽水地区汽运公司	1991.9	浙江省思想政治工作优秀企业	省委宣传部、省委企工委、省计经委、省总工会等
青田客运站	1991.1	1990—1991 年度省文明营运示范车站	省交通厅
丽水客运站	1991	“学雷锋、树新风、创三优”先进单位	省交通厅
松阳客运站	1991	“学雷锋、树新风、创三优”先进单位	省交通厅
遂昌客运站	1991	“学雷锋、树新风、创三优”先进单位	省交通厅
青田客运站	1992.1	1991 年度省级文明车站并获三等奖	省交通厅
遂昌客运站	1992.1	省级文明车站	省交通厅
地区汽运公司政治处	1992.2	浙江省宣传工作先进集体	省委宣传部
丽水地区汽运公司	1992.2	民主管理先进单位	省委组织部、省企工委、省计经委、省总工会
景宁县客运站	1992.3	省窗口单位卫生先进	省爱卫会
青田客运站	1992.9	1991 年度省级文明车站三等奖	省交通厅
青田县公路运输管理所	1992.1	全省道路、水路运输管理先进单位	省交通厅
青田县交通运输公司	1992.11	全省文明营运示范车	省交通厅
遂昌客运站	1993.3	省级文明车站	省交通厅
青田客运站	1993.1	1992 年度省级文明车站二等奖	省交通厅
景宁县长运公司	1993	省优秀质量管理小组	省交通厅
遂昌客运站	1993	1992 年省工业企业窗口单位卫生先进单位	省爱卫会
缙云县公路运管稽征所	1993	道路运输管理先进单位	省交通厅
丽水长途汽车运输公司	1993	省交通系统双文明建设先进单位	省交通厅
青田县联运公司	1993—1995	省道路运输安全管理先进单位	省交通厅
青田县长途汽车运输公司	1994.1	1993 年度文明营运示范车	省交通厅
青田县交通运输公司	1994.1	1993 年度文明营运示范车	省交通厅
青田县船寮运管站	1994.1	1991—1993 年度全省交通系统两个文明建设先进集体	省交通厅
青田客运站	1994.2	1993 年度省级文明车站二等奖	省交通厅
青田县联运公司	1994.4	1993 年度金华市联运公司先进企业单位	省计经委
遂昌客运站		1995—1996 年度和 1997—1998 年度“文明客运汽车站”	省交通厅
丽水地区汽运总公司	1994.12	保留省思想政治工作优秀企业称号	省委宣传部、省委组织部
景宁县长运公司	1995	省优秀质量管理小组	省交通厅
龙泉市长途汽车运输公司	1995	1993—1995 省道路运输安全管理先进单位	省交通厅

续表283

单位名称	获奖年月	获奖名称	授奖单位
丽水客运站	1995.1	1994年度省级文明车站(二等奖)	省交通厅
庆元县交通局	1996.3	1995—1996年连续2年获省交通系统社会治安综合治理先进集体	省交通厅
缙云县公路段仙都公路站	1996.3.29	95年度"全省文明公路养护管理站"	省交通厅
云和县公路段独山公路站	1996.3.29	95年度"全省文明公路养护管理站"	省交通厅
丽水公路段蒲岩公路站	1996.3.29	95年度"全省文明公路养护管理站"	省交通厅
青田县公路运管稽征所	1996.4	1996年春运安全有序优质畅通竞赛活动优胜单位	省交通厅
景宁县公路运管稽征所	1996.9	全省交通系统管理文明单位	省交通厅
青田县公路运管稽征所	1996.9	1995年度全省交通系统管理文明单位	省交通厅
景宁县公路运管稽征所	1996.11	全省文明服务示范点	省文明委
云和县航管所	1996.12	航运管理文明单位	省交通厅
龙泉市长运公司	1996	安全行车先进单位	省道协安委会
丽水地区汽车技术学校	1996	省交通系统"八五"期间教育先进集体	省交通厅
丽水市旅游出租车公司	1997.3	全省出租车"爱我浙江、爱我交通、争创文明出租车百日赛活动"先进单位	省交通厅
青田客运站	1997.3	1995—1996年度省级文明(示范)客运汽车站	省交通厅
丽水客运站	1997.3	1995—1996年度省级文明车站	省交通厅
缙云县公路管理段	1997.3	96年度创建文明样板路活动优胜单位	省交通厅
青田县运输总公司	1997.3	1995—1996年度地区级文明营运示范车	省交通厅
青田县长途运输公司	1997.3	1995—1996年度地区级文明营运示范车	省交通厅
青田县交通运输公司	1997.3	1995—1996年度地区级文明营运示范车	省交通厅
青田县长途汽车运输总公司	1997.3	1995—1996年度地区级文明营运示范车	省交通厅
景宁县航运管理所	1997.4	全省渡口安全管理先进集体	省交通厅
丽水客运站站售组	1997.4	全省交通系统1995—1996年度青年文明号	团省委、省交通厅
景宁县公路运管稽征所	1997.4	全省交通系统文明示范窗口	省交通厅
丽水公路管理段	1997	全省创建文明建设样板路活动优胜单位	省交通厅
丽水公路管理段	1997	全省公路路政管理工作先进集体	省交通厅
云和县交通局	1997	全省交通系统行风建设先进集体	省交通厅
云和县航运管理所	1997	全省渡口安全管理先进集体	省交通厅
丽水市交通局	1997	全省渡口安全管理先进集体	省交通厅
松阳县交通局	1998.2	全省交通系统行风建设先进集体	省交通厅
松阳县交通局	1998.2	浙江省交通系统行风建设先进集体	省政府纠风办
遂昌客运站	1998.2	全省交通系统行风建设先进单位	省交通厅

续表283

单位名称	获奖年月	获奖名称	授奖单位
景宁县公路运管稽征所	1998.2	全省交通系统行风建设先进单位	省交通厅
丽水公路管理段	1998.4	1997年度全省创建文明样板路活动先进单位	省交通厅
330国道青田收费站	1998.8	1997年度公路车辆通行费文明收费站	省交通厅
庆元县新窑征费稽查站	1998.12	省公路稽查工作先进单位	省交通厅
遂昌客运站		1998年度省级示范文明车站(丽水地区第一家)	省交通厅
遂昌县交通局	1998	全省渡口安全管理先进单位	省交通厅
丽水公路管理段路政队	1998	文明公路路政管理工作先进单位	省交通厅
丽水公路管理段	1998	文明公路管理段	省交通厅
丽水市交通局	1998	浙江省创建文明建设样板路活动先进单位	省交通厅
龙泉市交通局	1998	省交通系统行风建设先进集体	省交通厅
青田县交通局	1999.3	1998年度创建文明建设样板路活动优胜单位	省交通厅
青田县公路管理段	1999.3	98年度全省创建文明建设样板路活动优胜单位	省交通厅
丽水公路管理段	1999.3.1	98年度全省创建文明建设样板路活动优胜单位	省交通厅
遂昌县公路运管稽征所	1999.4	全省交通系统文明示范窗口单位	省交通厅
遂昌客运站	1999.4	全省交通系统文明示范窗口单位	省交通厅
丽水客运站	1999.6	1997—1998年度省级文明汽车客运站	省交通厅
丽水地区货联运公司	1999.6	1997—1998年度省级文明货运站	省交通厅
50省道洋条隧道管理收费站	1999.7.2	1998年度文明公路收费站	省交通厅
龙泉市上垟公路管理站	1999.10	省文明公路管理站	省交通厅
遂昌县汽运总公司	1999.12	省级安全管理先进集体	省交通厅
丽水公路段上岗背公路站	1999.12.15	97—98年度文明公路管理站	省交通厅
云和县公路段独山公路站	1999.12.15	97—98年度文明公路管理站	省交通厅
遂昌县公路段大洞源公路站	1999.12.15	97—98年度文明公路管理站	省交通厅
松阳县公路段二滩坝公路站	1999.12.15	97—98年度文明公路管理站	省交通厅
丽水公路管理段	1999.12	97—98年度全省文明公路管理段、文明路政大队	省交通厅
庆元县公路段车头洋公路站	1999.12	97—98年度文明公路管理站	省交通厅
松阳县交通局	1999	全省交通系统纠风评议"回头看"和推行政务公开先进单位	省交通厅
庆元县车头洋公路站	1999	省厅双文明建设先进集体	省交通厅
丽水客运站站售组	1999	全省交通系统1998年度青年文明号	团省委、省交通厅
上松线松阳段改建工程指挥部	2000	质量管理优秀在建项目	省交通厅
丽水市直属公路段	2000	全省创建文明建设样板路活动优胜单位	省交通厅
龙泉市公路管理段	2000	全省创建文明建设样板路活动先进集体	省交通厅

续表 283

单位名称	获奖年月	获奖名称	授奖单位
龙泉市公路管理段	2001.3	2000 年度建设文明公路优胜单位	省交通厅
丽水市直属公路段	2001.3	2000 年度建设文明公路优胜单位	省交通厅
龙泉市交通战备办公室	2001.3	浙江省"九五"期间交通战备先进集体	省国防动员委员会
龙泉市长运公司	2001.8	安全先进单位	省道协安委会
龙泉市交通局	2001	全省创建文明建设样板路活动先进集体	省交通厅
莲都区交通局	2001	全省创建文明建设样板路活动先进集体	省交通厅
庆元县汽车运输总公司	2001	省级卫生先进单位	省爱卫会
龙泉市公路管理段	2001	省创建文明建设样板路活动先进集体	省交通厅
遂昌县交通局	2001	"全省窗口行业文明创建重点指导单位"	省交通厅
缙云县公路运管稽征所	2001	全省婚育新风进万家活动先进单位	省委宣传部、省计生委
松阳客运站	2001	浙江省卫生先进单位	省爱卫会
龙泉市交通局团委	2001	浙江省级先进团委	团省委
遂昌县公路运管稽征所	2002.5	全省交通系统文明示范窗口单位	省交通厅
遂昌县客运站	2002.5	蝉联"文明示范窗口"	省交通厅
庆元县公路管理段	2002.5	省交通系统文明示范窗口	省交通厅
丽汽集团	2002.12	2002 年度全省道路运输诚信企业	省科协、省企业联合会、浙江日报社、省运管局
遂昌县交通局	2003.6	全省交通系统安全生产知识竞赛组织奖	省交通厅
青田县交通局妇女会	2003.7	2003 年度获浙江省"三八"红旗集体	省妇女联合会
龙泉市长运公司	2003.12	1988—2002 年省卫生先进单位	省爱卫会
庆元县交通局	2003	省级卫生先进单位	省爱卫会
景宁县公路运管稽征所	2003	2001—2002 年度省级文明单位	省文明委
庆元县汽运总公司	2003	省级卫生先进单位	省爱卫会
丽水客运东站	2003	省二星级汽车站	省交通厅
丽汽集团团委青年志愿者服务队	2003	浙江省优秀志愿者服务队	团省委
丽汽集团团委	2003	浙江省优秀团委	团省委
遂昌县康庄办	2003	全省"乡村康庄工程"建设先进单位	省交通厅
青田县路政大队	2004.1	2003 年度纠风建设先进单位	省交通厅、省纠风办
丽汽集团	2004.2	省治安安全示范单位	省综治委
丽汽集团	2004.4	省工商企业信用"AA 级守合同重信用"单位	省工商局
丽水市内河航道普查办公室	2004.4	第二次全国内河航道普查工作先进集体	浙江省内河航道普查办公室
景宁县公路管理段	2004.12	卫生先进集体	省爱卫会

续表283

单位名称	获奖年月	获奖名称	授奖单位
松阳县公路管理段	2004.12	治理车辆超限超载工作先进单位	浙江省治理超限超载工作领导小组
龙泉市长运公司	2004	省劳动保障诚信示范企业	省劳保厅
丽汽集团团委	2004	浙江省“五四”红旗团委	团省委
丽汽集团	2004	省级内部审计先进单位	省审计厅
龙泉市长运公司	2005.3	省治安安全示范单位	省综治委、省公安厅
云和县运管所违章处理窗口	2005.12	“五心级”服务达标窗口	省交通厅、共青团省委
丽汽集团汽车技术学校	2005	省“十佳”驾驶培训机构	
丽汽集团	2005	省级内部审计先进单位	省审计厅
丽水客运东站	2005	保留省级卫生先进单位	省爱卫会
遂昌县交通局	2005	全省县道砂石路面改造工程优秀单位	省交通厅
丽汽集团汽车技术学校	2005	浙江省职业技能鉴定工作先进单位	省劳动和社会保障厅
龙泉市交通战备办公室	2006.1	“十五”期间交通战备工作先进单位	南京军区交通战备办
丽水市交通局	2006.2	全省县(省)道砂改油路面改造工程先进单位	省交通厅
龙泉市交通局	2006.2	省稽征工作先进集体	省交通厅
遂昌县交通局	2006.5	全省交通系统建设平安交通先进单位	省交通厅
丽水客运西站	2006.9	全省交通行业文明示范窗口	省交通厅
丽汽集团	2006.9	全省交通行业文明创建工作先进单位	省交通厅
庆元县兰溪桥公路站	2006.9	省交通行业文明示范窗口	省交通厅
庆元县交通局	2006.9	省交通行业文明创建先进单位	省交通厅
云和县港航管理所	2006.12	行业文明创建先进单位	省交通厅
丽汽集团	2006.12	省卫生先进单位	省爱卫会
龙泉市长运公司	2006	省交通安全、宣传教育工作优秀驾驶集体	省综治委、省公安厅
松阳县长运有限公司	2006	文明单位	省交通厅
云和县港航管理所	2006	行业文明创建先进单位	省交通厅
丽汽集团	2007.1	浙江省实施交通安全宣传教育工程先进集体	省委宣传部、公安厅、交通厅等7个单位
丽汽集团	2007.3	诚信单位	省劳动和社保厅
丽汽集团	2007.3	诚信企业	省委宣传部、工商局等
丽水市公路运管稽征处	2007.12	省交通系统群众满意基层站所(办事窗口)创建工作先进单位	省交通厅、省纪委驻交通厅纪检组
龙泉市长运公司	2007	省劳动保障诚信单位	省劳动和社会保障厅
松阳县公路管理段	2007	省交通系统群众满意基层站所办事窗口创建工作先进单位	省交通厅
云和县公路管理段	2008	抗击冰雪灾害先进集体	省交通厅

续表283

单位名称	获奖年月	获奖名称	授奖单位
丽水市运管处办证窗口	2009.1	改革开放30年浙江交通创业创新先进集体	省交通厅
青田县公路管理段	2009.1	2008年度“安康杯”竞赛优胜企业	省总工会、省安监局、省卫生厅
景宁县公路段景宁公路站	2009.3	2008年度浙江省“安康杯”竞赛优胜班组	省总工会、安监局、卫生厅
丽汽集团快客公司	2009	客运文明示范班线:丽杭线	省交通厅
松阳县公路运管稽征所	2009	浙江交通系统群众满意基层站所(服务窗口)创建工作先进单位	浙江省纪委
松阳县公路运管稽征所	2009	浙江省出租车行业精神文明创建先进集体	省交通厅、省总工会
松阳县公路运管稽征所	2010.1.6	2009年度浙江省出租汽车行业精神文明建设先进集体	省交通运输厅、省总工会
丽汽集团长运出租车公司	2010.1.6	2009年度浙江省出租汽车行业精神文明建设先进企业	省交通运输厅、省总工会
景宁县公路运管稽征所	2010.1	全省交通运输系统群众满意基层站所(服务窗口)创建工作先进单位	省交通运输厅
松阳县公路路政大队	2010.1	2007年度省交通运输系统群众满意基层站所(服务窗口)创建工作先进单位	省交通运输厅
丽水客运东站	2010.2	三星级汽车客运站	省交通运输厅
丽汽集团汽车技术学校	2010	2008~2009年连续2年获浙江省道路交通行业文明单位称号	省交通运输厅
松阳县公路运管稽征所	2010	“十一五”浙江省交通运输系统“五五”普法先进集体	省交通运输厅
庆元县公路运管稽征所	2010	上海世博会“环沪护城河”交通安保工作先进集体	省交通运输厅
遂昌县交通局	2010	全省交通运输行业财务审计工作先进集体	省交通运输厅
遂昌县公路局档案室	2010	省二级规范化档案室	省交通运输厅、省档案局
松阳客运站		1993.6至2010年浙江省文明车站	省交通运输厅
松阳县道路运管所	2011.5	全省交通运输行业精神文明建设十佳先进单位	省交通运输厅
330国道丽水超限运输检测站	2011.5	全省交通运输行业十佳文明示范窗口	省交通运输厅
缙云县路政办事窗口	2011.5	全省交通运输行业文明示范窗口	省交通运输厅
丽水客运东站	2011.5	全省交通运输行业文明示范窗口	省交通运输厅
丽水市运管处行政审批科办证中心	2011.5	全省交通运输行业文明示范窗口	省交通运输厅
丽水市道路运管处	2011.5	2010年度文明示范窗口	省交通运输厅
丽水市交通工程质监站	2011.6	“五八工程”管理部门先进集体	省交通运输厅
松阳县道路运管所	2011	全省交通运输系统春运工作先进集体	省交通运输厅

表284

地(市)级先进集体一览

单位名称	获奖年月	获奖名称	授奖单位
丽水地区汽运公司客运分公司党总支	1991.6	1990年度先进基层党组织	丽水地委
丽水地区汽运公司	1992	1991年度地直机关先进单位	地委、行署
丽水地区汽运总公司	1994.4	全国第三产业普查地区级基层先进单位	地区行署
青田县交通局	1995.11	1994年冬季退伍安置工作先进集体	地区行署
青田县长途汽车运输公司	1996.4	1995年度冬防工作先进集体	地区行署
丽水市汽车改装厂	1996.4	1995年度丽水地区技术进步优秀企业	地区行署
丽水地区汽运总公司	1996	全国第三次工业普查地级先进单位	地区行署
景宁县公路运管稽征所党支部	1996	丽水地区先进基层党组织	地委
遂昌县汽车运输总公司	1997	第一批地级文明单位	行署决定
松阳县公路运管稽征所	1997	第一批地级文明单位	行署决定
景宁县公路运管稽征所	1997	第一批地级文明单位	行署决定
景宁县长途汽车运输公司	1997	第一批地级文明单位	行署决定
丽水地区长途汽车运输总公司	1997	第一批地级文明单位	行署决定
丽水地区长运总公司	1998.4	1997年度企业思想政治工作创新奖	地委
遂昌县公路运管稽征所	1998	第二批地级文明单位	行署决定
松阳县长途汽车运输集团公司	1998	第二批地级文明单位	行署决定
松阳县县乡公路管理所	1998	第二批地级文明单位	行署决定
青田县公路运管稽征所	1998	第二批地级文明单位	行署决定
庆元县交通局党支部	1999.6	地区先进基层党组织	地委、行署
景宁县长运公司党支部	1999.6	地区先进基层党组织	地委、行署
丽水市汽车改装厂	1999.9	全面质量管理先进单位	行署决定
丽水客运站	1999	地级文明单位	地委、行署
遂昌县汽运公司客运分公司	1999	继续保持地级文明单位荣誉称号	行署决定
松阳县公路运管稽征所	1999	继续保持地级文明单位荣誉称号	行署决定
景宁县公路运管稽征所	1999	继续保持地级文明单位荣誉称号	行署决定
景宁县长途汽车运输公司	1999	继续保持地级文明单位荣誉称号	行署决定
地区交通局	1999	1999年度围绕地委、行署中心工作,在加快全区基础设施建设,成绩显著,获单项奖	行署决定
云和县公路管理段	1999	地级文明单位	地委、行署
庆元县交通局	1999	地级文明单位	地委、行署
景宁县运管稽征所党支部	2000.3	1999年度先进党支部	地委
丽水市汽车改装厂	2000.8	丽水市"五个一批"重点骨干企业小型巨人企业	市政府
丽水地区汽运总公司	2000.10	全市厂务公开先进单位	

续表284

单位名称	获奖年月	获奖名称	授奖单位
松阳客运站	2000	文明车站	市政府
云和县公路管理段	2000	第三批地级文明单位	市政府
庆元县交通局	2000	第三批地级文明单位	市政府
景宁县公路运管稽征所	2000	地级文明单位	市委、市政府
丽水市汽车改装厂	2000	丽水市工业企业20强	市政府
庆元县公路管理段	2000	1996—2000年全市法制宣传教育先进集体	市委、市政府
丽水客运站	2000—2001	市级文明单位	市委、市政府
庆元县交通局党支部	2001.6.25	2000年度先进基层党组织	市委
庆元县公路管理段	2001.8	"三五"普法先进单位	市委、市政府
庆元县公路管理段	2002.3	市级文明单位	市委、市政府
庆元县公路管理段	2002.3	市级卫生先进单位	市委、市政府
缙云县交通局	2001.3 2002.4	1999—2000年冬季退伍安置工作先进单位	市政府、军分区
松阳县交通局	2001.3 2002.4	1999—2000年冬季退伍安置工作先进单位	市政府、军分区
丽水市交通局	2002.4	2001年部门工作目标责任制考核优秀单位和单项奖	市政府
丽汽集团客运站(丽水客运站)	2002.3.26	2001年度市级文明单位	市委、市政府
龙泉市公路运管稽征所	2002.3.26	2001年度市级文明单位	市委、市政府
青田县公路运管稽征所	2002.3.26	2001年度市级文明单位	市委、市政府
云和县公路管理段	2002.3.26	2001年度市级文明单位	市委、市政府
庆元县交通局	2002.3.26	2001年度市级文明单位	市委、市政府
遂昌县公路运管稽征所	2002.3.26	2001年度市级文明单位	市委、市政府
遂昌县华通汽运公司客运分公司	2002.3.26	2001年度市级文明单位	市委、市政府
松阳县公路运管稽征所	2002.3.26	2001年度市级文明单位	市委、市政府
松阳县长途运输有限公司	2002.3.26	2001年度市级文明单位	市委、市政府
景宁县公路运管稽征所	2002.3.26	2001年度市级文明单位	市委、市政府
景宁县汽车长运公司	2002.3.26	2001年度市级文明单位	市委、市政府
丽水市直属公路段		2002—2003市级文明单位	市委、市政府
丽水市交通局	2003.5.7	2002年度市政府工作目标责任制考核交通规划工作单项奖	市政府
龙泉市交通局机关党委	2003.6	先进基层党组织	市委
丽汽集团客运站党支部	2003.6.27	防治非典型肺炎先进基层党组织	市委
丽水市交通局	2003.7.29	重点建设先进集体	市政府
丽汽集团投资管理处	2003.7.29	重点建设先进集体	市政府

续表 284

单位名称	获奖年月	获奖名称	授奖单位
丽汽集团	2003.10	丽水市抗非典先进单位	市委、市政府
丽汽集团	2003	市级文明单位	市委、市政府
汽车客运西站	2003	市级文明单位	市委、市政府
汽车客运东站	2003	市级文明单位	市委、市政府
丽汽集团汽车技术学校	2003	市级文明单位	市委、市政府
丽水市车辆综合性能检测站	2003	市级文明单位	市委、市政府
遂昌县公路管理段	2003	市级文明单位	市委、市政府
遂昌县交通局	2003	市级文明单位	市委、市政府
云和县公路运管稽征所	2003	市级文明单位	市委、市政府
遂昌县华通汽运公司客运分公司	2004.2.24	2003年度市级文明单位	市委、市政府
遂昌县交通局	2004.2.24	2003年度市级文明单位	市委、市政府
遂昌县公路管理段	2004.2.24	2003年度市级文明单位	市委、市政府
遂昌县公路运管稽征所	2004.2.24	2003年度市级文明单位	市委、市政府
松阳县公路运管稽征所	2004.2.24	2003年度市级文明单位	市委、市政府
松阳县长运有限公司	2004.2.24	2003年度市级文明单位	市委、市政府
松阳县公路管理段	2004.2.24	2003年度市级文明单位	市委、市政府
景宁县公路运管稽征所	2004.2.24	2003年度市级文明单位	市委、市政府
景宁县汽车长运公司	2004.2.24	2002—2003年度市级文明单位	市委、市政府
景宁县长运公司	2004.2	2003年度全市消防工作先进单位	市政府
景宁县长运公司	2004.2	丽水市2002—2003年度价格、计量信得过单位	市政府
景宁县长运公司	2004.10	全市厂务公开工作先进集体	市政府
丽水市车辆综合性能检测站	2004—2010	市级文明单位	市委、市政府
松阳县长运有限公司浙南茶叶市场	2004	市消费安全先进单位	市政府
龙泉市公路管理段	2004	市级文明单位	市委
龙泉市交通局	2004	市级文明单位	市委
云和县公路运管稽征所	2004	市级文明单位	市委
景宁县长运公司	2004	市级卫生先进单位	市政府
丽水市公路管理处	2005.1	市文明行业	市委、市政府
丽水市港航管理处	2005.1	市文明行业	市委、市政府
丽水市交通局	2005.4	2004年度市政府工作目标责任制考核乡村康庄工程建设优秀单项奖	市政府
丽水市交通局	2005.2	2004年度丽水市重点建设先进集体	市政府
丽水市公路运管稽征处	2005.6	丽水市农村指导员工作先进集体	市委、市政府

续表 284

单位名称	获奖年月	获奖名称	授奖单位
青田县交通局	2005.6	丽水市农村指导员工作先进集体	市委、市政府
景宁县公路管理段	2005.12	丽水市抗洪(台)救灾先进集体	市委、市政府
丽水市公路管理处	2005.12	丽水市抗洪(台)救灾先进集体	市委、市政府
丽水市交通局	2006.2.6	滩坑水电站移民工作先进单位	市委、市政府
丽水市公路管理处	2006.2.10	2005年度市级文明单位	市委、市政府
丽水市公路路政管理支队高速公路大队	2006.2.10	2005年度市级文明单位	市委、市政府
丽水市交通工程质量监督站	2006.2.10	2005年度市级文明单位	市委、市政府
丽汽集团客长运公司	2006.2.10	2005年度市级文明单位	市委、市政府
龙泉市港航管理所	2006.2.10	2005年度市级文明单位	市委、市政府
青田县公路管理段	2006.2.10	2005年度市级文明单位	市委、市政府
青田县港航管理所	2006.2.10	2005年度市级文明单位	市委、市政府
缙云县公路管理段	2006.2.10	2005年度市级文明单位	市委、市政府
云和县公路运管稽征所	2006.2.10	2005年度市级文明单位	市委、市政府
景宁县公路管理段	2006.2.10	2005年度市级文明单位	市委、市政府
景宁县交通局	2006.2	移民工作先进集体	市委、市政府
丽水市交通局	2006.3	2005年度市政府工作目标责任制考核县(省)道砂石路面改造工作单项奖	市政府
景宁县长运公司	2006.3	市级卫生先进单位	市委、市政府
龙泉市交通局	2006.3.26	丽水市民族团结进步模范集体	市政府
龙泉市交通局机关党委	2006.6.26	丽水市先进基层党组织	市委
丽汽集团	2006.6	2005年度按比例安排残疾人就业工作先进单位	市政府
台金高速公路缙云段建设指挥部	2006.9.10	2005年度重点建设先进集体	市政府
丽水市金丽温高速公路丽青段建设指挥部	2006.9.10	2005年度重点建设先进集体	市政府
云和县交通局	2006	市重点项目建设先进集体	市政府
丽龙高速公路龙泉段建设指挥部	2006	丽水市重点建设先进单位	市政府
庆元县交通局	2007.2.5	市抗洪(台)救灾先进集体	市委、市政府
丽水市公路管理处养护工程科	2007.2.5	市抗洪(台)救灾先进集体	市委、市政府
浙江瓯江水电开发有限公司(青田外雄电站)	2007.3.19	2006年度全市重点建设先进集体	市政府
丽水市交通局	2007.3.20	2006年度丽水市工作创新奖	市委、市政府
丽水市交通局	2007.3.29	2006年度市重点建设先进集体	市政府
龙丽高速公路遂昌段工程建设指挥部	2007.3.29	2006年度市重点建设先进集体	市政府
龙丽高速公路松阳段工程建设指挥部	2007.3.29	2006年度市重点建设先进集体	市政府
丽龙高速公路云和段工程建设指挥部	2007.3.29	2006年度市重点建设先进集体	市政府

续表 284

单位名称	获奖年月	获奖名称	授奖单位
丽龙高速公路龙泉段工程建设指挥部	2007.3.29	2006 年度市重点建设先进集体	市政府
云和县交通局	2007.3.29	2006 年度市重点建设先进集体	市政府
景宁县汽车长途运输公司	2007.3.29	2006 年度消防工作先进单位	市政府
丽水市交通局	2007.4.2	2006 年度市政府工作目标责任制考核"两龙"高速公路提前建成通车单项奖	市政府
丽水市公路管理处	2007.9	农村指导员工作先进单位	市委、市政府
丽水市公路运管稽征处	2007.7.19	农村指导员工作先进单位	市委、市政府
景宁县长运公司	2007.11	丽水市劳动关系和谐企业	市委、市政府
松阳县交通勘察设计所	2007	丽水市文明单位	市委、市政府
云和县公路管理段	2007	市级文明单位	市委、市政府
云和县公路运管稽征所	2007	市级文明单位	市委、市政府
浙江龙丽、丽龙高速公路建设总指挥部	2008.2.22	龙丽、丽龙高速公路工程建设先进集体	市政府
龙丽高速公路遂昌段工程建设指挥部	2008.2.22	龙丽、丽龙高速公路工程建设先进集体	市政府
龙丽高速公路松阳段工程建设指挥部	2008.2.22	龙丽、丽龙高速公路工程建设先进集体	市政府
龙丽、丽龙高速公路莲都段工程建设指挥部	2008.2.22	龙丽、丽龙高速公路工程建设先进集体	市政府
丽龙高速公路云和段工程建设指挥部	2008.2.22	龙丽、丽龙高速公路工程建设先进集体	市政府
丽龙高速公路龙泉段工程建设指挥部	2008.2.22	龙丽、丽龙高速公路工程建设先进集体	市政府
330 国道瓯青复线青田收费站	2008.2.25	2007 年度市级文明单位	市委、市政府
云和县公路管理段	2008.2.25	2007 年度市级文明单位	市委、市政府
云和县公路运管稽征所	2008.2.25	2007 年度市级文明单位	市委、市政府
庆元县公路运管稽征所	2008.2.25	2007 年度市级文明单位	市委、市政府
庆元县汽车运输总公司	2008.2.25	2007 年度市级文明单位	市委、市政府
遂昌县公路运管稽征所	2008.2.25	2007 年度市级文明单位	市委、市政府
松阳县交通勘察设计所	2008.2.25	2007 年度市级文明单位	市委、市政府
丽水市交通局	2008.2.27	完成固定资产投资优秀奖	市政府
丽水市交通局	2008.3.2	2007 年度市直社会主义新农村建设先进单位	市委、市政府
丽水市汽车运输集团有限公司	2008.3.31	2007 年度节能工作先进集体	市政府
龙泉市公路管理段	2008.4.23	丽水市抗雨雪冰冻灾害先进集体	市委、市政府
景宁县公路管理段	2008.4	2008 年度抗击雨雪冰冻灾害先进集体	市委、市政府
丽水市交通局	2008.5.21	2007 年度市政府系统部门工作目标责任制考核优胜单位	市政府
景宁县交通局	2008.11	滩坑水电站移民工作先进集体	市委、市政府
丽水市公路运管稽征处	2008	市级文明单位	市委、市政府
丽水市港航管理处	2009.3	2008 年交通安全工作特别奖	市政府

续表 284 续表 15

单位名称	获奖年月	获奖名称	授奖单位
遂昌县交通局	2009	市级文明单位	市政府
庆元县交通局	2009	2008—2009 年社会治安综合治理先进单位	市委、市政府
松阳县长运有限公司	1998 至 2010 年连续 13 年	市级文明单位	市政府
丽水市直属公路段	2010.2	市级文明单位	市委、市政府
龙泉市公路管理段	2010.2	丽水市效能建设创新创优先进典型	市政府
丽汽集团快客公司	2010.2	市级文明单位	市委、市政府
景宁县公路运管稽征所	2010.3	2009—2010 年市级文明单位	市委、市政府

市、县(市、区)先进个人

表 285 全国先进个人一览

姓　名	职　务	工作单位	获奖年月	获奖名称	授奖单位
杜志田	工会主席	丽水地区汽运总公司	1998.10	全国优秀工会工作者	中华全国总工会

表 286 部级劳动模范(先进工作者)一览

姓　名	职　务	工作单位	获奖年月	获奖名称	授奖单位
洪樟水		丽汽公司松阳分公司	1991.4	全国红旗车驾驶员	中国公路运输工会全国委员会等
汤田富		丽水地区汽运公司	1991.4	全国红旗车驾驶员	中国公路运输工会全国委员会等
蓝伟亮		丽水地区汽运公司	1991.4	全国红旗车驾驶员	中国公路运输工会全国委员会等
程良昊		丽水地区汽运公司	1991.4	全国红旗车驾驶员	中国公路运输工会全国委员会等
魏翠芳(女)	站售员	丽水地区汽运总公司	1994.10	全国交通系统劳动模范	交通部、人事部
傅永平		丽水地区汽运总公司	1995.12	全国出租车客运优质服务百日赛“全国优质服务车”	交通部公路管理局、中国道路运输协会
刘伟强		丽水地区汽运总公司	1995.12	全国出租车客运优质服务百日赛“全国优质服务车”	交通部公路管理局、中国道路运输协会
蓝伟亮		丽水地区汽运总公司	1996.6	全国红旗车驾驶员	全国公路工会、交通部公路管理司
朱荣欣		丽水地区汽运总公司	1996.6	全国红旗车驾驶员	全国公路工会、交通部公路管理司
朱　杰	统计员	丽水地区汽运总公司改装厂	1997.7	第三次全国交通系统工业普查先进工作者	交通部
王炳生	驾驶员	丽水地区汽运总公司	1998.5	全国交通系统劳动模范	交通部、人事部
叶河清		景宁县公路运管稽征所	1998.12	公路建设事业贡献奖	交通部
宋火星	总经理	松阳县长运有限公司	2001.10	全国交通系统劳动模范	交通部、人事部

续表286

姓 名	职 务	工作单位	获奖年月	获奖名称	授奖单位
刘 勤		丽水市公路管理处	2002.6	第二次全国公路普查先进个人	交通部、国家统计局
潘碧影(女)	副科长	丽水市公路管理处	2003.9	优秀人才和三等奖	国际香根草网络总会
洪叶平	所 长	青田县港航所	2004.6	第二次全国内河航道普查先进个人	交通部
张 毅	副段长	遂昌县公路管理段	2005.3	全国交通系统先进工作者	人事部、交通部
周可坚		缙云县昌盛车辆维修中心	2006.3	全国优秀共青团员	共青团中央
沙云燕(女)		丽水市交通局康庄办	2007.10	全国农村公路通达情况专项调查先进个人	交通部
陈国富		缙云县公路段顺达公路养护中心	2008.3	全国交通行业抗灾保畅通先进个人	交通部

表287

省级劳动模范(先进工作者)一览

姓 名	职 务	工作单位	获奖年月	获奖名称	授奖单位
蓝伟亮	驾驶员	丽水公路管理段	1991.6	省优秀共产党员	浙江省委
王炳生	驾驶员	丽水地区汽运总公司	1993.10	省优秀职工	省总工会
潘陈根	驾驶员	松阳县长运总公司	1995.3	省劳动模范	省政府
蓝伟亮	驾驶员	丽水地区汽运总公司	1996.6	省优秀共产党员	浙江省委
李建平	局 长	丽水市(县级)交通局	1999.9	省劳动模范	省委、省政府
杜志田	副书记	丽水地区汽运总公司党委	2001.6	省优秀党务工作者	浙江省委
郭海光	局 长	青田县交通局	2001.6	省优秀共产党员	浙江省委
黄丽华		金丽温高速莲都段工程建设指挥部	2002.12	浙江省高速公路建设功勋奖一等奖	省政府
杨奎平		金丽温高速缙云段工程建设指挥部	2002.12	浙江省高速公路建设功勋奖二等奖	省政府
温伟东		金丽温高速丽水段工程建设指挥部	2002.12	浙江省高速公路建设功勋奖二等奖	省政府
楼维升		金丽温高速缙云段工程建设指挥部	2002.12	浙江省高速公路建设功勋奖三等奖	省政府
任利群		金丽温高速公路建设指挥部	2002.12	浙江省高速公路建设功勋奖三等奖	省政府
吕丽君	副主席	丽汽集团工会	2003.3	省优秀工会工作者	省总工会
谢小波		丽水市运管稽征处	2005.5	省优秀农村工作指导员	省委、省政府
夏德福		景宁县滩坑电站工程建设协调小组	2005.12	滩坑电站移民工作先进工作者	省政府
鲍伟平	站 长	景宁县公路段石竹岙公路站	2006.1	革命烈士	省委、省政府
叶永库		庆元县公路管理段	2006.12	省抗台救灾先进个人	省委、省政府

续表287

姓 名	职 务	工作单位	获奖年月	获奖名称	授奖单位
吴良福	所 长	庆元县交通局规划设计所	2007.4	浙江省“五一”劳动奖章获得者	省总工会
唐秀花		丽水市运管稽征处	2007.8	浙江省优秀农村工作指导员	省委、省政府
李光强		景宁县交通系统	2008.3	2008年度抗击雨雪冰冻灾害先进个人	省委、省政府
高跃峰	局 长	莲都区交通局	2008.3	2008年度抗击雨雪冰冻灾害先进个人	省委、省政府
吴荣平		庆元县公路管理段	2008.3	2008年度抗击雨雪冰冻灾害先进个人	省委、省政府
许志平		丽水市运管稽征处	2008.5	浙江省优秀农村工作指导员	省委、省政府
夏德福	支部书记	景宁县公路管理段	2008.10	滩坑水电站移民工作先进工作者	省政府
杨炳甫		青田县交通局	2008.10	滩坑水电站移民工作先进个人	省政府
梁庆华		丽水市直属公路段	2008	2008年度抗击雨雪冰冻灾害先进个人	省政府
陶军友		缙云县平黄公路仙都景区改线工程指挥部	2009.1	2008年度省重点建设立功竞赛先进个人	省政府
毛传宝		庆元县交通局	2009	省百名职工安全生产标兵	省总工会、省安监局
谢小波		丽水市运管处	2010.1	2009年度浙江省出租汽车行业精神文明创建先进个人	省总工会
叶 铨		丽水市运管处	2010.1	2009年度浙江省出租汽车行业精神文明创建先进个人	省总工会
庄育民		丽汽集团长运出租车公司	2010.1	2009年度浙江省出租汽车行业精神文明创建先进个人	省总工会
陈长福		丽汽集团长运出租车公司	2010.1	2009年度浙江省出租汽车行业精神文明创建先进个人	省总工会
张金树		龙泉市交通局	2010.4	省第三届“金钟奖”评选活动省优秀职工	省委宣传部、省总工会
吴炉庆	副科长	庆元县交通局工程科	2010.9	2009年度全省重点建设立功竞赛先进个人	省政府
冯国荣		丽水市龙庆云景高速公路建设指挥部	2010	2009年度全省重点建设立功竞赛先进个人	省政府
薛力群	局 长	庆元县公路局	2011.7	职工之友	省总工会

表288 厅级先进个人一览

姓 名	工作单位	获奖年月	获奖名称	授奖单位
蔡火根	庆元县汽运总公司	1991.5	省新长征突击手	团省委
魏翠芳	丽水地区汽运公司	1991.5	省新长征突击手	团省委
傅传德	丽水地区汽运公司松阳分公司	1991.5	春运先进个人	省交通厅
傅传德	丽水地区汽运公司松阳分公司	1991.6	全省交通系统客运先进职工	省交通厅
马历夏	丽水地区汽运公司	1991.9	浙江省优秀思想政治工作者	省委宣传部、计经委、省总工会
单海鸥	青田县汽运分公司客运站	1991.10	1990—1991年度省文明营运示范车驾驶员	省交通厅
刘国友	青田县汽运分公司客运站	1991.10	1990—1991年度省文明营运示范车驾驶员	省交通厅

续表 288

姓 名	工作单位	获奖年月	获奖名称	授奖单位
杜崇滔	青田县汽运分公司客运站	1991.10	1990—1991 年度省文明营运示范车驾驶员	省交通厅
蒋军伟	青田县汽运分公司客运站	1991.10	1990—1991 年度省文明营运示范车驾驶员	省交通厅
邓新良	丽水公路管理段	1991	年度 320.330 国道劳动竞赛个人优胜	省交通厅
项春利	丽水地区汽运公司	1992.5.18	91 年度两个文明建设先进个人	省交通厅
章建胜	青田县交通运输公司	1992.11.24	全省文明营运示范车驾驶员	省交通厅
夏勤标	青田县交通运输公司	1992.11.24	全省文明营运示范车驾驶员	省交通厅
李江峰	青田县交通运输公司	1992.11.24	全省文明营运示范车乘务员	省交通厅
周锦令	青田县交通运输公司	1992.11.24	全省文明营运示范车乘务员	省交通厅
陈汉兴	青田县交通运输公司	1992.11.24	全省文明营运示范车乘务员	省交通厅
潘陈根	松阳县长途运输总公司	1992.11	省文明营运示范车驾驶员	省交通厅
章次华	松阳县长途运输总公司	1992.11	省文明营运示范车驾驶员	省交通厅
鄢建跃	松阳县长途运输总公司	1992.11	省文明营运示范车驾驶员	省交通厅
王炳生	丽水地区汽运总公司	1993.10	浙江省行业建设先进个人	省交通厅
蔡仁杰	龙泉市长途汽车运输公司	1993—1995	省道路运输安全管理先进个人	省交通厅
杨奎平	缙云县交通系统	1993.12	1991—1993 年度全省交通系统两个文明建设先进职工	省交通厅
吴运平	松阳县长途运输总公司	1993	文明营运示范车驾驶员	省交通厅
王学增	松阳县长途运输总公司	1993	文明营运示范车驾驶员	省交通厅
郑怀中	松阳县长途运输总公司	1993	文明营运示范车驾驶员	省交通厅
丁勇武	松阳县长途运输总公司	1993	文明营运示范车驾驶员	省交通厅
傅传德	松阳县长途运输总公司	1993	省交通系统“两个文明”优秀职工	省交通厅
郭玉川	青田县航管所	1994.1	1991—1993 年度省交通系统两个文明建设单位职工	省交通厅
林国芳	青田县汽车长运公司	1994.1	1993 年全省文明客运示范车、文明示范驾驶员	省交通厅
许小平	青田县汽车长运公司	1994.1	1993 年全省文明客运示范车、文明示范驾驶员	省交通厅
单海鸥	青田县汽车长运公司	1994.1	1993 年全省文明客运示范车、文明示范驾驶员	省交通厅
刘宗科	青田县汽车长运公司	1994.1	1993 年全省文明客运示范车、文明示范驾驶员	省交通厅
季建民	青田县交通运输公司	1994.1	1993 年全省文明客运示范车、文明示范驾驶员	省交通厅
章剑胜	青田县交通运输公司	1994.1	1993 年全省文明客运示范车、文明示范驾驶员	省交通厅
夏勤标	青田县交通运输公司	1994.1	1993 年全省文明客运示范车、文明示范驾驶员	省交通厅
季翔鸿	青田县交通运输公司	1994.1	1993 年全省文明客运示范车、文明示范驾驶员	省交通厅
陈汉兴	青田县交通运输公司	1994.1	1993 年全省文明客运示范车、文明乘务员	省交通厅
蓝伟亮	地区汽运总公司	1994.8	省交通系统“双文明”先进个人	省交通厅

续表288

姓 名	工作单位	获奖年月	获奖名称	授奖单位
柯鉴清	丽水地区汽运总公司	1994.12	省关心下一代工作先进个人	省关工委
杜国其	庆元县交通局	1995.2	省交通系统社会治安综合治理先进个人	省交通厅
柯鉴清	地区汽运总公司	1995.2	省优秀宣传工作者	省委宣传部
吴生音	地区汽运总公司	1995.8	省交通系统通讯报道先进个人	省交通厅
张东华	庆元县汽运总公司	1995.10	省级道路运输安全管理先进个人	省交通厅
王光国	青田县公路管理段	1995.9.7	1995年度全省交通通讯报道先进个人	省交通厅
王献龙	丽水地区汽运总公司	1995.9	省退休职工管理服务先进个人工作者	省退休职工管理委员会
宋火星	松阳县长途运输总公司	1996.3	省交通系统社会治安综合治理先进个人	省交通厅
楼志旺	地区汽运总公司	1996.4	省交通系统“八五”期间教育先进工作者	省交通厅
张跃庭	龙泉市县乡公路管理所	1996.6	先进科技工作者	浙江省公路学会
王光国	青田县公路管理段	1996.8	1995年度全省交通系统优秀通讯员三等奖	省交通厅
饶小雷	缙云县交通系统	1997.1	1996年全省创建文明建设样板路活动先进个人	省交通厅
尹迎松	青田县公路管理段	1997.1	1996年度全省创建文明建设样板路活动先进个人	省交通厅
陈旭伟	青田县汽车长运公司	1997.3	1995—1996年度文明营运示范车驾驶员	省交通厅
章国范	青田县汽车长运公司	1997.3	1995—1996年度文明营运示范车驾驶员	省交通厅
周 鹤	青田县汽车长运公司	1997.3	1995—1996年度文明营运示范车驾驶员	省交通厅
程金王	青田县汽车长运公司	1997.3	1995—1996年度文明营运示范车驾驶员	省交通厅
杨林美	青田县汽车长运公司	1997.3	1995—1996年度文明营运示范车驾驶员	省交通厅
叶正芳	龙泉市长途汽车运输公司	1997—1998	省文明营运示范驾驶员	浙汽运企安全办公室
程良美	青田县交通运输公司	1997.3	1995—1996年度文明营运示范车驾驶员	省交通厅
官建平	青田县交通运输公司	1997.3	1995—1996年度文明营运示范车驾驶员	省交通厅
林道荣	青田县交通运输公司	1997.3	1995—1996年度文明营运示范车驾驶员	省交通厅
徐卫娟（女）	青田县交通运输公司	1997.3	1995—1996年度文明营运示范车乘务员	省交通厅
詹 林	青田县汽车长运公司	1997.3	1995—1996年度文明营运示范车驾驶员	省交通厅
詹 荣	青田县汽车长运公司	1997.3	1995—1996年度文明营运示范车驾驶员	省交通厅
季伟鸿	青田县汽车长运公司	1997.3	1995—1996年度文明营运示范车驾驶员	省交通厅
包何德	青田县汽车长运公司	1997.3	1995—1996年度文明营运示范车驾驶员	省交通厅
池仙宏	青田县汽车长运公司	1997.3	1995—1996年度文明营运示范车驾驶员	省交通厅
陈观忠	青田县汽车长运公司	1997.3	1995—1996年度文明营运示范车驾驶员	省交通厅
刘国友	青田县汽车长运公司	1997.3	1995—1996年度文明营运示范车驾驶员	省交通厅
林国芳	青田县汽车长运公司	1997.3	1995—1996年度文明营运示范车驾驶员	省交通厅

续表 288

姓 名	工作单位	获奖年月	获奖名称	授奖单位
陈苏良	青田县汽车长运公司	1997.3	1995—1996 年度文明营运示范车驾驶员	省交通厅
徐建军	青田县汽车长运公司	1997.3	1995—1996 年度文明营运示范车驾驶员	省交通厅
邱尼田	青田县汽车长运公司	1997.3	1995—1996 年度文明营运示范车驾驶员	省交通厅
叶成尼	青田县汽车长运公司	1997.3	1995—1996 年度文明营运示范车驾驶员	省交通厅
尤爱萍（女）	青田县汽车长运公司	1997.3	1995—1996 年度文明营运示范车乘务员	省交通厅
徐建妹（女）	青田县汽车长运公司	1997.3	1995—1996 年度文明营运示范车乘务员	省交通厅
季志仙	青田县交通运输公司	1997.3	1995—1996 年度文明营运示范车驾驶员	省交通厅
章剑胜	青田县交通运输公司	1997.3	1995—1996 年度文明营运示范车驾驶员	省交通厅
林信贵	青田县交通运输公司	1997.3	1995—1996 年度文明营运示范车驾驶员	省交通厅
夏勤标	青田县交通运输公司	1997.3	1995—1996 年度文明营运示范车驾驶员	省交通厅
林爱民	青田县交通运输公司	1997.3	1995—1996 年度文明营运示范车驾驶员	省交通厅
姚良云	青田县交通运输公司	1997.3	1995—1996 年度文明营运示范车驾驶员	省交通厅
陈汉庭	青田县交通运输公司	1997.3	1995—1996 年度文明营运示范车乘务员	省交通厅
项卓明	青田县交通运输公司	1997.3	1995—1996 年度文明营运示范车乘务员	省交通厅
吕明权	青田县交通运输公司	1997.3	1995—1996 年度文明营运示范车乘务员	省交通厅
陈汉成	青田县交通运输公司	1997.3	1995—1996 年度文明营运示范车乘务员	省交通厅
季秀成	青田县交通运输公司	1997.3	1995—1996 年度文明营运示范车乘务员	省交通厅
陈汉兴	青田县交通运输公司	1997.3	1995—1996 年度文明营运示范车乘务员	省交通厅
潘成根	青田县长途汽车运输公司	1997.3	1995—1996 年度文明营运示范车驾驶员	省交通厅
余金来	青田县长途汽车运输公司	1997.3	1995—1996 年度文明营运示范车驾驶员	省交通厅
郑怀中	青田县长途汽车运输公司	1997.3	1995—1996 年度文明营运示范车驾驶员	省交通厅
叶光金	青田县长途汽车运输公司	1997.3	1995—1996 年度文明营运示范车驾驶员	省交通厅
杨继忠	青田县长途汽车运输公司	1997.3	1995—1996 年度文明营运示范车驾驶员	省交通厅
陈旭伟	青田县长途汽车运输公司	1997.3	1995—1996 年度地区及文明营运示范车乘务员	省交通厅
章国花（女）	青田县长途汽车运输公司	1997.3	1995—1996 年度地区及文明营运示范车乘务员	省交通厅
周 鹤	青田县长途汽车运输公司	1997.3	1995—1996 年度地区及文明营运示范车乘务员	省交通厅
程金玉（女）	青田县长途汽车运输公司	1997.3	1995—1996 年度地区及文明营运示范车乘务员	省交通厅
杨林美（女）	青田县长途汽车运输公司	1997.3	1995—1996 年度地区及文明营运示范车乘务员	省交通厅
蒋金松	丽水地区公路管理处	1997.3	96 年度创建文明样板路活动先进个人	省交通厅
杨延河	丽水地区公路管理处	1997.3	96 年度创建文明样板路活动先进个人	省交通厅
李振利	缙云县公路管理段	1997.3	96 年度创建文明样板路活动先进个人	省交通厅

续表 288

姓　名	工作单位	获奖年月	获奖名称	授奖单位
饶小雷	缙云县公路管理段	1997.3	96 年度创建文明样板路活动先进个人	省交通厅
潘景飞	丽水公路管理段	1997.3	96 年度创建文明样板路活动先进个人	省交通厅
朱小勇	青田县公路管理段	1997.3	96 年度创建文明样板路活动先进个人	省交通厅
梁维琛	云和县交通局	1997	渡口安全管理工作先进个人	省交通厅
宋火星	松阳县长运(集团)公司	1997	省交通系统行风建设先进个人	省交通厅
潘启顺	丽水地区汽运总公司	1997.4	1996 年度安全管理先进个人	省道路交管学会 省道协安全工委
邵敬放	丽水地区汽运总公司	1997.4	1996 年度安全管理先进个人	省道路交管学会 省道协安全工委
饶小雷	缙云县交通系统	1997.6	1996 年度全省公路绿化工作先进个人	省交通厅
蔡焕岳	庆元县公路管理段	1997.6	96 年度全省公路绿化先进个人	省交通厅
胡建新	遂昌县公路管理段	1997.6	96 年度全省公路绿化先进个人	省交通厅
叶伟莲	松阳县交通局	1997.10	第一次全国基本单位普查先进个人	省基本单位普查协调小组办公室
陈崇平	青田县公路管理段	1998.2	97 年度全省创建文明建设样板路活动先进个人	省交通厅
郭海民	青田县交通局副局长兼公路运管稽征所所长	1998.2	97 年度全省交通系统行风建设先进个人	省交通厅
李国武	缙云县交通系统	1998.2	97 年度全省创建文明样板路活动先进个人	省交通厅
王炳生	丽水地区汽运总公司	1998.2	97 年度全省创建文明样板路活动先进个人	省交通厅
程志刚	丽水地区汽运总公司	1998.2	97 年度全省创建文明样板路活动先进个人	省交通厅
吴丽松	丽水地区公路管理处	1998.2	97 年度全省创建文明样板路活动先进个人	省交通厅
蒋金松	丽水地区公路管理处	1998.2	97 年度全省创建文明样板路活动先进个人	省交通厅
邱巧屯	丽水地区公路管理处	1998.2	97 年度全省创建文明样板路活动先进个人	省交通厅
李振利	缙云县公路管理段	1998.2	97 年度全省创建文明样板路活动先进个人	省交通厅
李国武	缙云县公路管理段	1998.2	97 年度全省创建文明样板路活动先进个人	省交通厅
尹迎松	青田县公路管理段	1998.2	97 年度全省创建文明样板路活动先进个人	省交通厅
陈崇平	青田县公路管理段	1998.2	97 年度全省创建文明样板路活动先进个人	省交通厅
潘景飞	丽水公路管理段	1998.2	97 年度全省创建文明样板路活动先进个人	省交通厅
黄建华	丽水公路管理段	1998.2	97 年度全省创建文明样板路活动先进个人	省交通厅
潘启顺	丽水地区汽运总公司	1998.5	全省交通系统汽车运输安全管理先进个人	省交通厅
王文铭	丽水地区汽运总公司	1998.5	全省交通系统汽车运输百万安全千米先进驾驶员	省交通厅
朱荣欣	丽水地区汽运总公司	1998.5	全省交通系统汽车运输百万安全千米先进驾驶员	省交通厅
徐泰松	丽水地区汽运总公司	1998.5	全省交通系统汽车运输百万安全千米先进驾驶员	省交通厅
周海明	丽水地区汽运总公司	1998.5	全省交通系统汽车运输百万安全千米先进驾驶员	省交通厅

续表288

姓 名	工作单位	获奖年月	获奖名称	授奖单位
潘明强	丽水地区汽运总公司	1998.5	全省交通系统汽车运输百万安全千米先进驾驶员	省交通厅
杨春进	丽水地区汽运总公司	1998.5	全省交通系统汽车运输百万安全千米先进驾驶员	省交通厅
章志祥	丽水地区汽运总公司	1998.5	全省交通系统汽车运输安全管理先进个人	省交通厅
王文铭	丽水地区汽运总公司	1998.5	全省交通系统汽车运输百万安全千米先进驾驶员	省交通厅
郑建平	丽水地区汽运总公司	1998.5	全省交通系统汽车运输百万安全千米先进驾驶员	省交通厅
朱荣欣	丽水地区汽运总公司	1998.5	全省交通系统汽车运输百万安全千米先进驾驶员	省交通厅
周海明	丽水地区汽运总公司	1998.5	全省交通系统汽车运输百万安全千米先进驾驶员	省交通厅
徐泰松	丽水地区汽运总公司	1998.5	全省交通系统汽车运输百万安全千米先进驾驶员	省交通厅
潘明强	丽水地区汽运总公司	1998.5	全省交通系统汽车运输百万安全千米先进驾驶员	省交通厅
杨春进	丽水地区汽运总公司	1998.5	全省交通系统汽车运输百万安全千米先进驾驶员	省交通厅
饶小雷	缙云县公路管理段	1998.9	全省公路路政管理工作先进工作者	省交通厅
杜国其	庆元县交通局	1998	省交通系统行风建设先进个人	省交通厅
叶国喜	丽水公路管理段	1998	全省公路系统化先进个人	省交通厅
宋火星	松阳县长途运输总公司	1998	全省交通系统行风建设先进个人	省交通厅
毛良清	丽水地区公路管理处	1999.3	98年度全省创建文明建设样板路活动先进个人	省交通厅
曹发文	丽水地区公路管理处	1999.3	98年度全省创建文明建设样板路活动先进个人	省交通厅
程国强	丽水公路管理段	1999.3	98年度全省创建文明建设样板路活动先进个人	省交通厅
董一琪	丽水公路管理段	1999.3	98年度全省创建文明建设样板路活动先进个人	省交通厅
项春利	丽水公路管理段	1999.3	98年度全省创建文明建设样板路活动先进个人	省交通厅
林建成	缙云县公路管理段	1999.3	98年度全省创建文明建设样板路活动先进个人	省交通厅
郭海明	青田县交通局	1999.3	98年度全省创建文明建设样板路活动先进个人	省交通厅
尹迎松	青田县公路管理段	1999.3	98年度全省创建文明建设样板路活动先进个人	省交通厅
沈建华	青田县公路管理段	1999.3	98年度全省创建文明建设样板路活动先进个人	省交通厅
黄水远	庆元县县乡公路管理所	1999.3	98年度公路绿化先进个人	省交通厅
黄建华	丽水公路管理段	1999	98年度全省创建文明样板路活动先进个人	省交通厅
潘景飞	丽水公路管理段	1999	98年度全省创建文明样板路活动先进个人	省交通厅
韩 英	丽水地区公路管理处	1999	98年度通行费审计先进个人	省交通厅
陈吉郎	云和县交通局	1999	98年度创建文明建设样板路活动先进个人	省交通厅
郭海民	青田县交通局	2000.2	1999年度全省创建文明建设样板路活动先进个人	省交通厅

续表 288

姓 名	工作单位	获奖年月	获奖名称	授奖单位
郑建平	丽水地区汽运总公司	2000	全省客运车辆单位文明安全星级驾驶员	省交巡警总队
郭子余	龙泉市交通局	2000	1999 年度省交通系统创建文明建设样板路活动先进个人	省交通厅
杜陈元	龙泉市公路管理段	2000	1999 年度省交通系统创建文明建设样板路活动先进个人	省交通厅
蒋金松	丽水市公路管理处	2001.3	2000 年度创建文明公路先进个人	省交通厅
高明龙	丽水市公路管理处	2001.3	2000 年度创建文明公路先进个人	省交通厅
李康广	丽水市公路管理处	2001.3	2000 年度创建文明公路先进个人	省交通厅
杜陈元	龙泉市公路管理段	2001.3	2000 年度创建文明公路先进个人	省交通厅
叶际川	青田县公路管理段	2001.3	2000 年度创建文明公路先进个人	省交通厅
潘景飞	丽水市直属公路段	2001.3	2000 年度创建文明公路先进个人	省交通厅
饶小雷	缙云县公路管理段	2001.4	2000 年全省创建文明建设样板路活动先进个人	省交通厅
杨奎平	缙云县交通局	2001.4	2000 年全省创建文明建设样板路活动先进个人	省交通厅
郭海民	青田县交通局	2001	2000 年全省创建文明建设样板路活动先进个人	省交通厅
杜陈元	龙泉市公路管理段	2001	省交通系统创建文明建设样板路活动先进个人	省交通厅
郭子余	龙泉市交通局	2001	省交通系统创建文明建设样板路活动先进个人	省交通厅
余金来	松阳县长途运输有限公司	2001	星级驾驶员	省交通警察总队
王学增	松阳县长途运输有限公司	2001	星级驾驶员	省交通警察总队
叶俊跃	松阳县长途运输有限公司	2001	星级驾驶员	省交通警察总队
郭海民	青田县交通局	2002.2	1999 年度全省创建文明建设样板路活动先进个人	省交通厅
林盛满	龙泉市长途汽车运输公司	2002	省文明星级驾驶员	省公安厅、交巡警总队
吕丽君（女）	丽汽集团	2002	浙江省 2001 年优秀团干部	团省委
郑建平	丽汽集团	2002	全省客运车辆单位文明安全星级驾驶员	省交巡警总队
洪叶平	青田县港航管理所	2004.4	第二次全国内河航道普查工作先进个人	浙江省内河航道普查办公室
留寿贤	丽水市港航管理处	2004.4	第二次全国内河航道普查工作先进个人	浙江省内河航道普查办公室
梁 巍	丽汽集团	2004.10	浙江省青年文明号活动先进个人	团省委
张伟仁	龙泉市交通局	2006.1	“十五”期间省交通战备工作先进个人	省国动委
彭 中	庆元县交通局	2006.2	“十五”期间省交通战备工作先进个人	省国防交通协会
蔡火根	庆元县汽运总公司	2007.1	省交通安全宣传教育工程优秀驾驶员	省委宣传部等单位
李霞萍（女）	丽水客运西站	2007.1	2006 年度省交通安全宣传教育工程优秀讲解员	省委宣传部、省交通厅

续表288

姓 名	工作单位	获奖年月	获奖名称	授奖单位
何伟军	丽水市公路管理处	2007.1	2006年抗台救灾先进个人	省委办、省府办
叶永库	庆元县公路段	2007.1	2006年抗台救灾先进个人	省委办、省府办
项子标	缙云县交通系统	2007.2	农村公路通达情况调查工作省级先进个人	省交通厅
叶伯清	青田茂源长运有限公司	2007.2	全省实施“保护生命,平安出行”交通安全宣传教育工程优秀驾驶先进个人	省委宣传部、公安厅、交通厅、安监局等7个单位
毛必瑞	龙泉市交通局	2007.5	全省乡道沙石路面改造工程先进个人	省交通厅
项朝顺	龙泉市康庄工程办公室	2007.10	农村公路通达情况专项调查工作先进个人	省交通厅
彭凤珍（女）	庆元县康庄办	2007.10	农村公路通达情况专项调查工作先进个人	省交通厅
杜坤彬	缙云县运管稽征所	2007.12	浙江省基层站所(办事窗口)纠风建设先进个人	省纪委、监察厅、纠风办、
叶清夫	丽水市直属公路段	2007	浙江省基层站所(办事窗口)纠风建设先进个人	省纪委、监察厅、省纠风办
余卫东	龙泉市公路运管稽征所	2007	省基层站所纠风建设先进个人	省纪委、监察厅、纠风办
刘立欣	丽龙高速公路龙泉段建设指挥部	2007	省重点建设立功竞赛先进个人	省总工会、发改委
高跃峰	莲都区交通局	2008.3	2008年度抗击雨雪救灾先进个人	省交通厅
薛力群	庆元县公路管理段	2008.12	省交通行业抗雪救灾先进个人	省交通厅
章新永	松阳三鑫工程有限公司	2008	省交通系统抗震救灾先进个人	省交通厅
蔡火根	庆元县汽运总公司	2009.1	全省“迎奥运,文明出行”道路交通安全主题宣传活动优秀驾驶人	省委宣传部等7厅局
吴杭旭	庆元县公路管理段	2009.1	改革开放30年浙江交通创业创新先进个人	省交通厅
鲍伟平	原景宁县公路段石竹岙公路站	2009.1	改革开放30年浙江交通荣誉奖	省交通厅
章佳其	庆元县公路管理段	2009.1	改革开放30年浙江交通荣誉奖	省交通厅
周良明	庆元县公路管理段	2009.1	改革开放30年浙江交通荣誉奖	省交通厅
陈新宝	遂昌县公路管理段	2009.1	改革开放30年浙江交通荣誉奖	省交通厅
雷 运	遂昌县公路管理段	2009.1	改革开放30年浙江交通荣誉奖	省交通厅
付可基	遂昌县公路管理段	2009.1	改革开放30年浙江交通荣誉奖	省交通厅
聂如伟	丽水市直属公路段	2009.10	浙江省技术能手	省交通运输厅
徐兴丁	缙云县公路管理段	2009.10	浙江省技术能手	省交通运输厅
聂如伟	丽水市直属公路段	2009	获“省公路系统养护机械操作技能比武”“浙江省技术能手”称号	省人力资源和社保局
廖美恩	遂昌县交通局	2010	全省交通运输行业财务审计工作先进个人	省交通运输厅
林小军	丽水市交通工程质监站	2011.6	“五八工程”管理部门先进个人	省交通运输厅
傅长荣	丽水市交通工程质监站	2011.6	“五八工程”管理部门先进个人	省交通运输厅
石宝林	丽水市交通工程质监站	2011.6	“五八工程”管理部门先进个人	省交通运输厅

表 289

地(市)级先进个人一览

姓 名	工作单位	获奖年月	获奖名称	授奖单位
夏烈军	松阳县运输公司	1991.3	丽水地区优秀厂长(经理)	地区行署
马历夏	地区汽运公司	1992.2	副县以上领导先进工作者	丽水地委
金叶军	地区汽运公司	1992.2	先进工作者	丽水地委
邓新良	丽水公路管理段	1992	年度地直先进个人	丽水地委
俞星照	丽水地区汽运总公司	1994.4	全国第三产业普查地区级先进个人	地区行署
虞大贵	丽水地区汽运总公司	1994.4	1993年度全区优秀厂长(经理)	地区行署
沈心予等	青田县交通局	1995	1991—1992年度地区社会学科优秀成果二等奖	地区行署
程崇发	青田县长运公司	1996.4	1995年度冬防工作先进个人	地区行署
蓝伟亮	丽水地区汽运总公司	1996.6	丽水地区优秀共产党员	丽水地委
林佰和	龙泉市长运公司	1996.6	丽水地区优秀共产党员	丽水地委
彭荣根	庆元县交通局	1996.6	丽水地区优秀党务工作者	丽水地委
柯鉴清	丽水地区汽运总公司	1996.7	1991—1995年丽水地区法制教育先进个人	丽水地委
吴加茂	丽水地区汽运总公司	1997.3	1996年度先进工作者	丽水地委
刘文蔡	遂昌县交通局	1999.2	社会治安综合治理先进个人	地委、行署
林佰和	龙泉市长途汽车运输公司	1999.6	丽水地区优秀共产党员	丽水地委
彭荣根	庆元县交通局	1999.6	丽水地区优秀共产党员	丽水地委
楼志旺	丽汽总公司办公室	2001.4	1996—2000年全市法制宣传教育先进个人	丽水地委
邱巧屯	丽水市(县)运管稽征所党支部	2001.6	丽水地区优秀党务工作者	市委、市政府
陈如明	丽水地区汽运总公司	2001.7	见义勇为积极分子	杭州市人民政府
陈成连	丽水地区汽运总公司	2001.7	见义勇为积极分子	杭州市人民政府
陈水生	丽水地区汽运总公司	2001.7	见义勇为积极分子	杭州市人民政府
张建荣	丽水地区汽运总公司	2001.7	见义勇为积极分子	杭州市人民政府
陈鑫林	丽水客运中心(客运东站)	2002.10	征兵工作先进个人	市政府、军分区
钟 强	丽水市直属公路段	2002	丽水市优秀共产党员	丽水市委
张祝强	庆元县运管稽征所	2003.6	防治非典型肺炎工作优秀共产党员	丽水市委
蔡旭锋	丽水市高速公路丽青段指挥部	2003.7	丽水市重点建设先进个人	市政府
蒋金松	丽水市绕城公路指挥部	2003.7	丽水市重点建设先进个人	市政府
黄光荣	57省道青岱线指挥部	2003.7	丽水市重点建设先进个人	市政府
杨建中	丽龙一级公路龙泉段指挥部	2003.7	丽水市重点建设先进个人	市政府
刘光礼	龙丽一级公路遂昌段指挥部	2003.7	丽水市重点建设先进个人	市政府
程国强	丽水市交通局	2004.3	生态示范区建设先进个人	市委、市政府
王金华	丽水市汽车配件公司总经理	2005.2	丽水市非公有制经济人士优秀中国特色社会主义事业建设者	市委、市政府
叶建勤	青田县交通局	2005.2	2004年丽水市重点建设先进个人	市政府
刘世平	云和县交通局	2005.2	2004年丽水市重点建设先进个人	市政府
李以勤	丽水市交通局	2005.2	2004年丽水市重点建设先进个人	市政府
薛力群	庆元县公路管理段	2005.12	丽水市抗洪(台)救灾先进个人	市委、市政府
洪叶平	青田县交通局	2005.12	丽水市抗洪(台)救灾先进个人	市委、市政府

续表 289

姓 名	工作单位	获奖年月	获奖名称	授奖单位
谢松华	松阳县交通局	2005.12	丽水市抗洪(台)救灾先进个人	市委、市政府
叶 彪	丽水市交通局	2005.12	丽水市抗洪(台)救灾先进个人	市委、市政府
王晓忠	景宁县腾鹰公路养护工程公司	2005.12	丽水市抗洪(台)救灾先进个人	市委、市政府
吕卫东	丽水市运管稽征处	2006.3	滩坑水电站移民工作先进工作者	市委、市政府
石小军	丽水市运管稽征处	2006.6	第二批市优秀农村工作指导员	市委、市政府
杨奎平	缙云县交通局党委	2006.6	丽水市优秀党务工作者	丽水市委
江启法	缙云县交通局	2006.9	2005年度全市重点建设先进个人	市政府
陈旭彪	云和县交通局	2006.9	2005年度全市重点建设先进个人	市政府
蔡旭锋	丽水市交通局	2006.9	2005年度全市重点建设先进个人	市政府
何伟军	丽水市公路管理处	2007.2	2006年市抗洪(台)救灾先进个人	市委、市政府
叶 彪	丽水市交通局	2007.2	2006年市抗洪(台)救灾先进个人	市委、市政府
刘立欣	丽龙高速龙泉段工程建设指挥部	2007.3	2006年度全市重点建设先进个人	市政府
舒志勇	青田县交通局	2007.3	2006年度全市重点建设先进个人	市政府
江乃华	云和县交通局	2007.3	2006年度全市重点建设先进个人	市政府
徐金坤	龙丽高速松阳段工程建设指挥部	2007.3	2006年度全市重点建设先进个人	市政府
陈德权	丽水市交通局	2007.3	2006年度全市重点建设先进个人	市政府
李丽云	丽水市交通局康庄办公室	2007.4	2006年度全市社会主义新农村建设先进个人	市委、市政府
刘东升	丽水市交通局	2007.7	第三批优秀农村工作指导员	市委、市政府
郑庆刊	丽水市运管稽征处	2007.7	第三批优秀农村工作指导员	市委、市政府
魏 庆	丽水市公路管理处	2007.7	第三批优秀农村工作指导员	市委、市政府
张永春	云和县公路管理段	2007.7	第三批优秀农村工作指导员	市委、市政府
陶军友	缙云县交通局	2008.2	2007年度重点项目建设先进个人	市政府
方 良	丽水市交通局	2008.2	2007年度重点项目建设先进个人	市政府
谢松华	松阳县交通局	2008.2	龙丽丽龙高速公路建设先进个人	市政府
赖祖标	松阳县交通局	2008.2	龙丽丽龙高速公路建设先进个人	市政府
徐金坤	松阳县交通局	2008.2	龙丽丽龙高速公路建设先进个人	市政府
毛宗龙	松阳县交通局	2008.2	龙丽丽龙高速公路建设先进个人	市政府
江东明	松阳县交通局	2008.2	龙丽丽龙高速公路建设先进个人	市政府
张新忠	松阳县交通局	2008.2	龙丽丽龙高速公路建设先进个人	市政府
王绍峰	松阳县长运有限公司	2008.2	龙丽丽龙高速公路建设先进个人	市政府
周显文	庆元县运管所	2008.3	2007年度“六个双百”活动先进个人	市委、市政府
叶 彪	市交通局“三防”领导小组办公室	2008.4	2007年度丽水抗洪(台)救灾先进个人	市委、市政府
杜坤彬	缙云县公路运管稽征处	2008.4	丽水市劳动模范	市委、市政府
夏德福	景宁县公路段党支部	2008.4	丽水市劳动模范	市委、市政府
吴良福	庆元县交通规划设计所	2008.5	丽水市劳动模范	市委、市政府
叶建华	云和县交通局	2008	丽龙高速公路建设先进个人	市政府

高速公路管理处先进集体、先进个人

自2005年12月24日，金丽温高速公路建成通车，至2008年12月31日，台金高速公路建成通车，丽水市境内4条高速公路（段）在高速公路管理单位及其工作人员的科学管养下，确保了高速公路“畅、洁、绿、美、安全、舒适”，为经济社会发展作出了应有贡献，涌现了一批先进集体、先进个人。现将2010年底前被市（地）级（含）以上单位授予的先进集体、先进个人列表如下。

先进集体

表290 金丽温高速公路丽水管理处先进集体

单位名称	获奖年月	获奖名称	授奖单位
部级			
丽水西收费所	2007	全国青年文明号	团中央、交通运输部
丽水服务区	2007	全国巾帼文明岗	全国巾帼建功和双学双比活动协调小组
丽水服务区	2009	全国工人先锋号	中华全国总工会
牛廷岭隧道所	2011	全国“安康杯”竞赛优胜班组	中华全国总工会、国家安全生产监督管理总局
省级（含厅级）			
缙云收费所	2005	省卫生先进单位	省爱国卫生运动委员会
丽水西收费所	2005	省三星级收费站	省交通厅
丽水西收费所	2005	省青年文明号	省交通厅、团省委
丽水管理处	2006.3	省卫生先进单位	省爱国卫生运动委员会
丽水服务区	2006.3	省卫生先进单位	省爱国卫生运动委员会
牛廷岭隧道所	2006	省卫生先进单位	省爱国卫生运动委员会
丽水西收费所	2006	省卫生先进单位	省爱国卫生运动委员会
石帆收费所	2006	省三星级收费站	省交通厅
丽水服务区	2007	省青年文明号	省交通厅、团省委
温溪收费所	2007	省三星级收费站	省交通厅
丽水服务区	2006、2007、2008、2009	省规范化管理先进单位	省交通厅
石帆（阳山）管理所	2008	省巾帼文明岗	省巾帼建功和双学双比活动协调小组
牛廷岭隧道所	2008	抗雪救灾先进集体	省交通厅
丽水管理处	2009	省文明单位	省委、省人民政府
牛廷岭隧道所	2009	“安康杯”竞赛优胜班组	省总工会、省卫生局、省安全生产监督管理局
船寮收费所	2010	省级青年文明号	共青团浙江省委

续表 290

单位名称	获奖年月	获奖名称	授奖单位
市级			
丽水服务区	2006	丽水市文明单位	丽水市委、市人民政府
缙云收费所	2006	丽水市文明单位	丽水市委、市人民政府
牛廷岭隧道所	2006	丽水市文明单位	丽水市委、市人民政府
丽水服务区	2008.3	社会主义新农村建设“六个双百”活动先进单位	丽水市委、市人民政府

表 291 丽龙高速公路丽龙管理处先进集体

单位名称	获奖年月	获奖名称	授奖单位
省级			
塔石岭隧道管理所	2008	浙江省卫生先进单位	省爱国卫生运动委员会
安仁中心收费所	2009.7	2008 年度先进基层党组织	省交通投资集团公司党委
安仁中心收费所	2009.12	省青年文明号	共青团浙江省委
安仁中心收费所	2010.2	省巾帼文明岗	省巾帼建功和双学双比活动协调小组
赤石岭隧道管理所	2010.2	2009 年度安全生产先进集体	浙江金丽温高速公路有限公司
云和收费管理所	2010.3	先进团支部	省交通投资集团公司
安仁中心收费所	2010.7	2009 年度先进基层党组织	省交通投资集团公司党委
安仁中心收费所	2010.7	基层党建示范点	省交通投资集团公司党委
丽龙管理处	2011.1	2010 年省级文明单位	省委、省政府
安仁中心收费所	2011.1	之江先锋·创先争优闪光言行月度之星	省委创先争优活动领导小组
丽龙管理处	2011.5	全省交通运输行业文明示范窗口	省交通运输厅
安仁中心收费所	2011.5	省交通运输行业文明示范窗口	省交通运输厅
安仁中心收费所	2011.6	国企先锋·创先争优闪光言行	省国资委创先争优活动领导小组
安仁中心收费所	2011.7	四星级基层党建示范点	省交通投资集团公司党委
丽水收费处	2011.7	2010 年度先进基层党组织	省交通投资集团公司党委
市级			
丽龙管理处	2009	丽水市文明单位	丽水市委、市政府

表 292

龙丽高速公路龙丽管理处先进集体一览

单位名称	授奖年月	获奖名称	授奖单位
省级			
松阳中心收费所	2008	省卫生先进单位	省爱国卫生运动委员会
松阳服务区	2008	省卫生先进单位	省爱国卫生运动委员会
灵溪服务区	2008	省卫生先进单位	省爱国卫生运动委员会
遂昌中心收费所	2009.7	2008年度先进基层党组织	省交通投资集团公司
松阳中心收费所	2010.1	省巾帼文明岗	省巾帼建设、双学双比活动协调小组
龙游南中心收费所	2010.2	省巾帼文明岗	省巾帼建设、双学双比活动协调小组
溪田隧道所	2010.2	省巾帼文明岗	省巾帼建设、双学双比活动协调小组
松阳中心收费所	2010.3	先进团支部	省交通投资集团公司
松阳中心收费所	2010.12	省青年文明号	共青团浙江省委
遂昌中心收费所	2010	省巾帼文明岗	省巾帼建设、双学双比活动协调小组
遂昌中心收费所	2010	省卫生先进单位	省爱国卫生运动委员会
遂昌中心收费所	2010	青年安全示范岗	省交通投资集团公司
松阳中心收费所	2010	先进基层党组织	省交通投资集团公司
金丽温公司松阳中心所	2010	先进基层党支部	金丽温高速公路有限公司
龙丽管理处	2011.1	省级文明单位	省委、省人民政府
遂昌中心收费所	2011	省级青年文明号	共青团浙江省委
市级			
灵溪服务区	2008	市级文明单位	衢州市文明办
龙丽管理处	2008.2	2007年度市级文明单位	丽水市委、市人民政府
龙游南中心收费所	2009.2	文明单位	衢州市委、市人民政府
溪田隧道所	2009.2	文明单位	衢州市委、市人民政府
龙丽管理处	2009.2	2008年度丽水市社会主义新农村建设六个双百活动先进单位	丽水市委、市人民政府

先进个人

表 293

金丽温高速公路丽水管理处先进个人一览

姓　名	工作单位	获奖年月	获奖名称	授奖单位
国家级				
王常青	金丽温高速公路丽水管理处营运科	2005	国际摄影节特别奖	国际摄影组委会
省级				
黄发荣	金丽温高速公路丽水管理处	2002	浙江省高速公路建设功勋奖二等功	省人民政府
严小飞	金丽温高速公路丽水管理处营运科	2007	浙江省优秀青年志愿者	省交通厅
严小飞	金丽温高速公路丽水管理处营运科	2007	浙江省十大优秀服务标兵	省交通厅
李　敏	金丽温高速公路缙云收费所	2008	浙江交通职工书画展金奖	省交通厅
张健鑫	金丽温高速公路石帆收费所	2008	交通系统首届职工运动会田径比赛男子 400 米第六名	省交通厅、省体育局、省总工会
市级				
蔡邦国	金丽温高速公路丽水管理处	2002、2005	温州市政府高速公路建设先进个人	温州市政府
张　靖	金丽温高速公路丽水管理处养护科	2006	先进个人	丽水市政府
陈　巍	金丽温高速公路丽水管理处养护科	2006	先进个人	丽水市政府
严小飞	金丽温高速公路丽水管理处营运科	2008	丽水市首届邻居节十大形象大使	丽水市政府、市文明办

表 294

2010 年底止丽水管理处高级职称获得者一览

姓　名	所在单位	称　号
蔡邦国	金丽温高速公路管理处	高级工程师
黄发荣	金丽温高速公路管理处	高级工程师
王全勇	金丽温高速公路管理处	高级工程师

表 295

丽龙高速公路丽龙管理处先进个人一览

姓　名	工作单位	获奖年月	获奖名称	授奖单位
陈宗广	丽水收所费	2007	2006 年度优秀工会积极份子	省交通投资集团公司
上官日东	朱岭头隧道所	2008	先进个人	省交通投资集团公司
柳世金	朱岭头隧道所	2009	优秀共产党员	省交通投资集团公司党委
林还军	云和收费所	2011	浙江省打击偷逃高速公路车辆通行费和盗窃高速专项行动先进个人	省公安厅高速公路交警总队、省公路管理局
余　慧	安仁收费所	2011	优秀党务工作者	浙江省国资委
余　慧	安仁收费所	2011	2010 年度优秀党务工作者	省交通投资集团公司党委
余　慧	安仁收费所	2011	优秀员工	省交通投资集团公司

龙丽高速公路龙丽管理处先进个人一览

表 296

姓 名	工作单位	授奖年月	获奖名称	授奖单位
省级				
谢晓辉	松阳中心收费所	2006	浙江省科技创新项目奖	省交通科学研究所
郑建胜	松阳中心收费所	2009.7	基层优秀共产党员	省交通投资集团公司党委
程 斌	溪田隧道所	2009	2008 年优秀党务工作者	省交通投资集团公司党委
程 斌	龙游南中心收费所	2009	2008 年优秀党务工作者	省交通投资集团公司党委
兰金祖	松阳中心收费所	2010.3	优秀团干部	省交通投资集团公司
葛凌霄	遂昌中心收费所	2010.3	2009 年度浙江省交通投资集团优秀团员称号	省交通投资集团公司
王叶敏	龙游南中心收费所	2010.3	优秀团员	省交通投资集团公司
郑建胜	龙丽管理处	2010.7	基层优秀共产党员	省交通投资集团党委
陈晓燕	龙丽管理处	2010.9	第二届高速公路收费业务技能比武个人综合一等奖	省交通投资集团公司
陈晓燕	龙丽管理处	2010.9	第二届高速公路收费业务技能比武个人模拟第四名	省交通投资集团公司
陈晓燕	龙丽管理处	2010.9	第二届高速公路收费业务技能比武个人点钞技能第一名	省交通投资集团公司
陈晓燕	龙丽管理处	2010.1	第二届高速公路收费岗位技能竞赛理论第一名	省交通投资集团公司
孙 兵	溪田隧道所	2010	优秀党务工作者	省交通投资集团公司党委
陈晓燕	松阳中心收费所	2011	优秀共产党员	省交通投资集团公司党委
陈晓燕	龙丽管理处	2011.3	第四届浙江省优秀职工	省总工会
陈晓燕	龙丽管理处	2011.4	浙江省五一巾帼标兵	省委宣传部、省总工会

第三节 热心故里交通建设人物

朱仁恩 祖籍缙云县河阳村，老家在青田县阜山乡下北村。2010 年 92 岁，住丽水市区继光街。先后捐资建起阜山乡乐安桥、海洋桥、同德桥、下北村桥和公墓桥；捐资助造阜山乡朱庵村老人亭、仁宫村亭、公墓怀仁亭、阜山乡门台、缙云河阳村门台，以及有关公路及石板路 8 条，至今，向社会捐资的各种捐款超过 100 万元。

杨焕恩 1943 年 11 月出生于青田县金田陈岙底村，现居鹤城镇临江东路别墅小区 27 号。1979 年旅居奥地利经商。曾任奥地利华人总会副会长等职。1991—2010 年杨焕恩捐资青田太鹤大桥、湖边至郑坑下公路、仁庄至黄岩垟的水泥路、朱坑下至下寮村道、章旦至彭降村道、章旦至徐山村公路、陈岙底村道及家乡其它公益建设共计106万元。

邹继名 青田县小舟山乡人。旅居奥地利华侨。1996年为建设青田太鹤大桥，捐资5万元。2004年为小舟山乡乡路建设，捐资25.8万元。2005—2009年，为小舟山乡乡路建设及老人亭建设，捐资19万元。

郑步雄 1914年出生，缙云县七里乡竹余村人。缙云旅台同乡会副理事长。1989年返乡带头捐资1.5万元修建竹余村至黄山脚3千米机耕路，2001年捐资4万元予以拓宽，2002年秋捐资30万元新建标准水泥路。同时又捐资3万元修复竹余至下麻车石级小路。捐资1万元铺设七里至下麻车柏油路。

表297

1991—2010年热心故里交通建设名录

捐助者	籍贯或地址	捐资金额（万元）	捐助时间（年）	捐助项目	备注
莲都区					
谢一龙	太平乡	3	2007	修建太平乡大畈村村口水泥桥	侨居斯洛伐克
叶　玲	大港头镇利山村	2	2007	修建利山村村口水泥桥	侨居意大利
王家惠	碧湖镇下圳村	11.5	2007	修建下圳村村口路牌	侨居塞尔维亚
龙泉市					
邱利呈	岩樟乡坑源底村	3		村中道路桥梁	
柳兆华	岩樟乡柳山头村	12		通村公路及路面硬化	
张德亮	上垟镇源底村	2		源底大桥工程	
吴叶根	龙南乡石械村	5		通村公路	
季景明	龙南乡麻竹坑村	3		通村公路	
青田县					
朱仁恩	老家阜山乡下北村住丽水市继光街	100多万元	1991—2010	建造阜山乡乐安桥、海洋、同德桥、缙云河阳村门台及有关公路及石板路8条等	
杨焕恩	鹤城镇临江东路别墅小区27号	106	1991—2010	建青田太鹤大桥、湖边至郑坑下公路、仁庄至黄岩垟水泥路等公路、村道	任奥地利华人总会副会长
邹继名	小舟山人	49.8	1996—2009	助建太鹤大桥、小舟山乡乡道等	旅居奥地利

续表297

续表1

捐助者	籍贯或地址	捐资金额（万元）	捐助时间（年）	捐助项目	备注
陈钱权	仁庄镇冯垟村	3	1996	助建太鹤大桥	旅居西班牙
林津一	鹤城镇	2	1996	助建太鹤大桥	旅居意大利
杨应花	鹤城镇	2	1996	助建太鹤大桥	
朱正敏	山口镇油竹村	2	1996	助建太鹤大桥	旅居西班牙
卓旭光	青田人	10	2003.5	助建青田温溪大桥	
邹继铭	青田人	5	2003.5	助建青田温溪大桥	
应秀清	青田人	3	2003.5	助建青田温溪大桥	
叶成典	青田人	2.5	2003.5	助建青田温溪大桥	
孙佰成	青田人	2.2	2003.5	助建青田温溪大桥	
叶正敏	青田人	2.5	2003.5	助建青田温溪大桥	
周芳年	青田人	2	2003.5	助建青田温溪大桥	
周楚云	青田人	2	2003.5	助建青田温溪大桥	
周向荣	青田人	2	2003.5	助建青田温溪大桥	
徐作芝	青田人	2	2003.5	助建青田温溪大桥	
陈永福	青田人	3.5	2005.1	助建青田海口大桥	
秉建友	青田人	3.5	2005.1	助建青田海口大桥	
刘佰成	青田人	3.5	2005.1	助建青田海口大桥	
留松伍	青田人	3.5	2005.1	助建青田海口大桥	
宁乃欣	青田人	3.5	2005.1	助建青田海口大桥	
王　君	青田人	3.5	2005.1	助建青田海口大桥	
王兴平	青田人	3.5	2005.1	助建青田海口大桥	
周翠兰	青田人	3	2006	修建莲都区老竹镇章记村机耕路	旅居荷兰

续表 297

捐助者	籍贯或地址	捐资金额（万元）	捐助时间（年）	捐助项目	备注
邱藏书	青田人	3	2006	修建莲都区老竹镇赤坑村机耕路	旅居法国
叶 芬	青田人	2	2007	修建莲都区大港头镇利山村村口水泥桥	旅居斯洛伐克
傅少武	青田人	5	2008	修建莲都区太平乡吴弄村机耕路	旅居法国
缙云县					
郑步雄	七里乡竹余村	35.5	1989～2002	资助建竹余村3千米拖拉机路、新建水泥路等	缙云旅台同乡会副理事长
叶君振	南溪乡东余村	10	1989	捐资修建南溪至东余拖拉机路	
江国富	溶江乡雅江村	2	1989	修建溶溪村水泥路等	
黄步进	壶镇美里村	3.3	1990	资助修建村道	
陶志成	新建镇双港桥村	3.3万元 5000美元	1991—1995	资助修建本村道路等	
舒寿福	舒洪镇	5	2005	修建型坑至大园10千米康庄工程	
遂昌县					
沈 良	妙高镇大桥村	近104万	2001—2010	助大桥村修复古廊桥、向县慈善总会捐款等	曾任遂昌县建设局长、外贸局长
叶焕强	云峰镇下马村	4	2003	改造云峰镇东亭至白沙村级公路	
松阳县					
范德寿	大横坑村	15	1994.11		
叶淦金	松阳	17	2004—2009	朱山、张山头公路	
王关标	竹源乡黄上村	7.18	2006—2009	黄上公路、尧周公路	
叶显铸	竹源乡大岭头村	1.68	2006	新后公路	
何发富	竹源乡小竹溪村	1.5	2006—2007	尧周公路	
何士发	枫坪乡黄埠坞村	15	2007—2010	黄埠坞桥建设、村内道路硬化及停车场建设	
蔡法伟	板桥乡东坑村	5	2008	大毛科至东坑联网公路	

续表 297

捐助者	籍贯或地址	捐资金额（万元）	捐助时间（年）	捐助项目	备注
何家骏	浙江骏达钢管制造有限公司	5	2009.1	南坑至周坑公路	
张德乐	浙江宏峰铜业有限公司	5	2009.1	南坑至周坑公路	
潘水亮	竹源乡上黄村	5	2009	黄上公路	
王显东	竹源乡黄上村	4	2009	黄上公路	
王周根	竹源乡黄上村	2	2009	黄上公路	
何土基	玉岩镇何庄村	2	2009	玉岩镇黄交线至何庄村公路	
邵士林	浙江鹏业不锈钢有限公司	10	2009.1	玉岩镇南坑至周坑公路	
孙晓芳	义乌市	7	2010.1	小槎村江心岛凉亭	

庆元县

捐助者	籍贯或地址	捐资金额（万元）	捐助时间（年）	捐助项目	备注
沈炳鳞	香港商人	4.7	1990	顺德桥	
夏富根	淤上乡淤上村	3.3	1998	54省道至淤上学校公路	
范世满	张村乡松柏湾村	1.68	2005	石川至松柏湾公路	
叶兆平	荷地镇桃坑村	5	2007	桃坑村道	
何品才	隆官乡张地村	3		林场岙至张地公路	
吴宗芳 姚华琴	松源镇	10	2008	濛洲桥	
毛茂铃 董珍凤	松源镇	2	2008	濛洲桥	

景宁县

捐助者	籍贯或地址	捐资金额（万元）	捐助时间（年）	捐助项目	备注
潘月梅	澄照乡朱坑村	2	1990年以来	建溪下廊桥等	
陈世平	景南乡东塘村	9	2003—2004	建成长13米、宽5.5米、高6米的石拱桥	

第二章 艺文

第一节 诗文

恶溪改名好溪

《唐书·地理志》载：丽水县东十里有恶溪，多水怪。宣宗时(847~859)，刺史段成式有善政，水怪潜去，民谓之好溪。段成式《好道庙记》云："缙云郡之东南十五里抵古祠，曰好道。询于旧，云置自后周，莫详年月。好溪本名恶溪，时有陈氏子，失名，尝任永嘉长史，秩满北归，卒于溪阴"，"是时，陆擅蛇虎，水制蛟螭，道茀路绝，一境相恐，吏民始为建庙。木人长史，徒俨衣冠，桐郎诸侯，未加印绶。州内昉定，畏途坦夷，安流涟漪，遂名溪曰好溪，路曰好道，里人因以署庙焉。计其岁月，逾六甲子矣。"据此，恶溪改名好溪，不在段成式任处州刺史之时，而是在北朝周(557~581)，即南朝陈之时。

夜宿石门

南朝宋·谢灵运(注)

朝搴苑中兰，畏彼霜下歇。
暝还云际宿，寻此石上月。
鸟鸣识夜栖，木落知风发。
异音同致听，殊响俱清越。
妙物莫为赏，芳醑谁与伐？
美人竟不来，阳阿徒晞发。

注：谢灵运，南朝宋永嘉太守。永初三年(422)，乘船溯瓯江而上，夜泊青田石门洞，写下五言诗一首。石门洞名气从此远扬。"美人"二句，典出屈原《九歌·少司命》，这里借指谢灵运怀念密友。

咏缙云仙都山鼎湖峰

唐·白居易

黄帝旌旗去不回，片云孤石独崔嵬。
有时风激鼎湖浪，散作晴天雨点来。

恶溪铭

唐·李阳冰

天作巨堑,险于东南。岌丘巉呀,苍山黑潭。殷云填填,怒虎虩虩。一道白日,四时青岚。鸟不敢飞,猿不得下。舟人耸棹,行子夹马。知雄守雌,为天下蹊。烜赫如此,人将畏之。水德至柔,狎侮而死,畏而亦死,宁敢放彼。

注:录自1995年版《缙云县志》

泊舟戈溪

明·刘基

日薄云阴雪在山,野寒溪静客舟还。
乾坤板荡逾三载,风俗乖张似百蛮。
废井衰芜霜后白,空村乔木晓余殷。
独怜节序逢冬至,不得安栖学闭关。

注:录自1990年版《青田县志》

竹客岭(注)

宋宣和状元·沈晦

九月陡山中,崎岖处处同。
溪流因雨涨,木叶着霜红。
人迹千岩绝,松声万壑雄。
幽寻自可悦,不复叹途穷。

注:民国14年版《松阳县志·艺文》。
明万历《括苍汇记》亦有此诗,注曰竹客岭,北通宣平,足成厄塞。邑人沈晦诗:"三月乱山中,(下同)"。
王在镐,明崇祯年间宣平令,署松篆,倡修竹客岭以便行者。松人建祠其间祀之,有咏竹客岭诗:

稠林塞蹬道,怪云似嗔人。
行者影灭没,阴森搏角巾。
木学山鬼啸,雾为猛兽蹲。
飞泉翻百道,乱洒出深垠。
晴中作雨色,谷底听雷振。
悬崖同腐木,霹雳裂断断。
斗上复斗下,十步九步踆。
山水无苦恶,苦恶弥堪亲。

注:竹客岭为松阳至宣平大道必经途径,又称寨头岭;选自清光绪版《处州府志》卷三十。

水 障

明·金 文

是谁砻石为高障？从此洪涛不敢狂。
郡郭无虞民舍固，括城千古赖堤防。

注：明《括苍汇记》；录自莲都区史志办《丽水县志·丽水志稿》合刊点校本412页。

岩泉桃花岭(注)

清·项炳珩

绝壁青屏障，飞流白练悬。
松阴横客担，竹里逗人烟。

注：市东二十里，为桃花岭之始。自丽水赴缙，经其地。项冰夫(炳珩)，清光绪府学训导。

南 明 山(一)

清·皇甫访①

名山终日俯南郊，出郭才闻一里遥。
直指千峰探化阁，暂依双树息尘镳。
梁横断壑云常覆，涧落疏泉雪未消。
莫讶使君非好静，桓伊今就远公招。

注：录自莲都区史志办《丽水县志·丽水志稿》合刊点校本411页。

(二)

清·刘廷玑②

郡楼南望此苍苍，今见城池在下方。
上去几层云作路，生成一段石为梁。
低头古洞开门小，拂面青萝挂树长。
村酒一壶人两个，悬虹崖畔老梅傍。

注：录自莲都区史志办《丽水县志·丽水志稿》合刊点校本418页。
①皇甫访(明)，字子才，江苏吴县人，清嘉庆八年(1803)进士，首任处州同知。
②刘廷玑，字玉衡，号在园，清康熙二十七年(1688)任处州知府。

好 溪 棹 歌

清·吴世涵(注)

(一)

金莲城下采芙蕖，沐鹤潭边觅鲫鱼。
濑似突星溪似箭，更无人识右军书。

（二）

记从水怪息鲸鲵，来往行人路不迷。
若比西湖堤上路，好溪应是段公溪。

（三）

劝君莫厌乱滩多，要向滩头鼓棹歌。
滩水有时消恶浪，人间无处不风波。

注：吴世涵，遂昌人，清光绪二十年(1894)进士。

九 盘 山① 清·朱有璋②

抛却家园上九盘，迤逦步入白云端。
山依北斗心期远，地尽东瓯眼界宽。
陡觉置身高处险，从知行路古来难。
昂头且倚崖边坐，一阵天风五月寒。

注：①九盘山在市北60里西溪之后，稽勾古道经该山盘曲而过。
②朱有璋，丽水人，晚清时曾任四川省奉节等县知县。

侵 云 岭① 清·吴世涵②

缥缈流云半在天，岧峣峻岭与云连。
行人已向云中过，岭树犹看云表悬。
一水崖前飞白练，万山足底涌青莲。
乡关此去重回首，多在层云叆叇边。

注：①又名青萌岭，遂昌至龙游大道，必经侵云岭，为险峻山岭。
②吴世涵，遂昌石练人，清道光二十年(1840)进士，任云南太和县知县。

下 滩 清·刘廷玑

（一）

下滩容易到山城，风急滩高水不平。
人立船头篙乱点，一峰飞送一峰迎。

(二)

不是沙滩是石滩,石藏滩底更巑岏。
莫言顺水皆佳境,一上虽难下亦难。

少微山 清·夏宗尧

少微星朗少微山,处士声华隐现间。
绝岛长留芝草色,幽岩应有竹林环。
天因高洁乘云汉,人染尘嚣慎跻攀。
寄语高山流水处,圣朝饥渴属贤关。

丽龙舟中即事① 民国·胡行之

民国壬午年(1942)四月初五日至十三日,为避兵乱自丽水乘船至龙泉计时八日。

半日傍徨若九秋,撇开险境上扁舟。
敌机飞去心神稳②,一路看山到石牛③。

一片风帆过碧湖,浮鸥点点不虞孤。
青山绿水从间致,画出流离郑侠图。

红日一轮正欲西,榜人打点宿规溪④。
篷窗放下橹声静,野岸舟横烛影低。

天未半明上险滩,雷公赤壁驶船难⑤。
舟人凭赖双肩力,抵挡风波不觉寒。

莫谓船行感太徐,却能远近看萧疏。
晴峰叠翠高飞瀑,老树横容小结庐。

朝朝坐卧斗篷船,两岸青山一水悬。
高层建瓴三百里,缘篙直斗到龙泉。

万山环绕水萦回，终日船声响若雷。
一月羁居如百岁，复怀能卜几时开。

注：①胡行之，浙江奉化人，自丽水至龙泉途中一路见闻。
②时日寇飞机盘绕上空，心情不定。
③原莲都区石牛乡，现丽水市经济开发区。
④云和规溪村。
⑤瓯江多滩地段，逆水上滩时不用撑篙，而是涉水用肩推舟。

如龙桥①

彭荣根

凡间天上尽花容，移步举溪冰臼重。
水映宫楼明似镜，飞虹跨越势如龙。

注：①如龙桥位于庆元县举水乡月山村，国家一级保护木拱廊桥。
②彭荣根曾任庆元县交通局党组书记。

筑 路 工 人

毛 良

心地光明不染埃，斩山劈地显其能。
高攀天险赤旗插，飞跃悬崖炮眼开。
铁臂长铺幸福路，丹心不竖里程碑。
脚踩八方无杂念，南天北地战风雷。
1973 年 12 月

唯我筑路精英

翟翕武①

金龙控海延伸，穿山越洞跨金温。
谁敢降伏乌龙，唯我筑路工人。

注：①时任中共浙江省委常委、组织部长，1993 年 2 月 3 日考察丽水期间所提。

天 道 有 情

叶放①

兵戟森森千岭树，阵旗猎猎万壑沟。
瀑擂通鼓开山宴，“两龙”②展臂纳群儒。
天道有情融春色，浙西要塞启枢纽。
戴宗③日行万里程，踏歌商路坦途通。

注：①中国作家协会会员，龙泉市作家协会主席，报告文学《两龙记事》作者。
②指龙丽、丽龙两条高速公路。
③水浒人物。

赞美你——道工(注)

你是山之骄子风尘霜雪里
一如既往来去巡回的使者
吃苦耐劳是你的生命的习惯
你以孜孜劳作的习惯
深入你的生命

赞美你——养路工人

你用古朴的手劳动
填补生命旅途的坎坷
你用曾经风华的青春岁月
充实很多个
平坦的季节
你要的不多你知道
为了行车旅人多一分
舒畅,多一分平坦
多一分宽阔应该怎样
把自己的孤独默默隐藏

简陋的工房足以栖息
你青春激昂的热情
艰苦的工作环境
永不会磨灭你生命的
执著追求和向往!
你说路本该用双脚去丈量
风沙里娇阳下你说生命
应需磨练和锻打才有火花
烈酷的紫外线照射
雕塑了你古铜色的性格
四季中最严酷的雨雪霜寒

造就了你坚强而韧性的
思想和体格！

道工——我要高声赞美你！
只因有了你和千万个你的
献身
才拥有了美丽的世界
才使我们能够到达每一个
遥远而旖旎的风景！
才使行旅的驿程少却
几多的坎坷
几多的不平！
赞美你——道工！

注：作者：缙云县公路段吴丽明，诗被省交通厅编纂的《春天里的交通文集》录用。

咏“两龙”通车 叶 放

祖祖辈辈爬这座山，
世世代代闯这片滩，
一半是风景，
一半是苦难。

山间的古道蜿蜿蜒蜒，
峡谷的小溪曲曲弯弯，
一半是甘甜，
一半是辛酸。

浙西南的儿女啊热爱浙西南，
扁担挑岁月，背篓背梦幻。
古老的山歌代代喊，
喊出龙游丽水喷龙泉！

追着太阳喊,追着月亮喊,
北望龙游喊,南望龙泉喊。
喊出“两龙”腾飞这一天。
喊出龙丽丽龙幸福一串串!

第二节 习 俗

做“顺风”

做“顺风”是旧时船民、排工对水上生活祈求安全的一种习俗。新船或刚修理好的船只下水,禁忌说“下”“落”字,要叫“拔上水”。船只竣工那天,船主备好鸡、肉、福礼香烛,摆设船头供祭神灵,保佑航行安全,生意兴隆。祭后聚餐,兼作慰劳做船师傅。

排工在排筏编扎完成放运的前一天也做“顺风”,而且次数不拘。如路上碰到排筏撞礁、搁浅,经修整继续放运,就要做一次“顺风”。做“顺风”祭祀开销由货主承担,不计运费之内。仪式过后,祭品由排工享用,叫“散排福”。水上操作难免会出些事故,这样工人要多化时日,货主损失更多。如遇到撞礁事故,便归咎此次“顺风”不利,必须重做,用神灵要挟来改善生活,货主只能俯首听命。这也是劳动者争取到的小小福利。

20世纪90年代后,排筏“顺风”习俗一度兴起,但在观点上已成为一种庆祝活动。

路 会

路会是旧时一种群众自发性的养护组织,青田各地较为普遍。由农村热心交通人士组成的路会,其人数8至16人不等,每年农历正月或秋收后利用农闲修筑附近道路。根据经费来源有3种组织形式:一是早年乡绅捐助(或购置)田租,以租谷收入作常年经费,经费用在雇工工资、工程费用和竣工后会餐费用;二是会员集体栽种树木、慈竹,待成林后间伐出售作费用;三是乡村老年协会长者“捧钵兜资”,乡镇中小企业主动捐款,前两种组织拥有资产由会员轮流管理称会首,值年的会首主持经费收支和会餐招待;后者采取承包形式。

从湖口至小溪岭根一段长110华里,为青田通景宁、泰顺古县道,也是县内五、六、七、八、九都行人必经之路。早时两旁杂草丛生,浓荫蔽道,树梢、荆条阻碍交通。清初白岩“刳路会”是县内历史较久的路会组织,成员有北山、白岩、张口、妙后诸村士绅16人。每年清明日,会首、会长雇工分批出发,一往岭根,一向湖口,沿路刳除荆棘,修整道路,便利行人。“刳路会”会员世代相袭,同时对田产坐落、收支账目、养路细则、会餐供给,均登记专册轮流保管。如刳路标准有“上不碰伞,下不碍脚”的规定,违者值年会首受罚。

木拱廊桥造桥习俗

庆元：叶树生 陈伟红

庆元木拱廊桥在营造过程中，有一整套独特的传统民间习俗，它是千百年廊桥历史形成的一种文化现象。一座木拱桥的兴建，自始至终，有以下几个民间风俗：选择吉日、祭河动工、两次上梁，踏桥开走、圆桥谢众等。

选择吉日　桥梁是公有性和公用性建筑，古代一般也由公众出资、出物、出力共同建造。廊桥在兴建之前，由发起人寻找几个或十几个热心人成立一个民间组织——“桥会”，专门负责建桥资金的募集、管理和使用，以及处理建桥过程中的相关事务。桥会的主要成员叫“董事”，“桥董”或“缘首”。

造桥资金由“桥董”在当地和附近十里八乡进行民间募集。资金筹措差不多后，“桥董”选择约请造桥木匠师傅，再请“风水先生”测定桥的具体位置、方位、坐向，然后再请“择日先生”选取开工、上梁的黄道吉日、时辰。然后用红纸书写叫“择日吉课”，一般包括以下内容：木匠师傅“架马”起工日期、时辰；石匠做桥台动工日期、时辰；上“苗梁”的日期、时辰；上栋梁的日期、时辰。“择日吉课”要送给主墨师傅审定是否符合建桥工期，然后再行修改确定。

祭河动工　木拱桥桥台的建造，一般选择在农历秋分之后的枯水期进行。石匠动工建桥台之前，举行一个祭河仪式。祭河要置备斋供一席，有香烛、茶、酒、果点、全猪、全羊、公鸡等祭河供品。

祭河仪式有的请道士主持，有的也由主墨师傅主持，分 3 个程序进行，即请神、祭神读疏文、送神。疏文要写明某地(按古代称某府、某县、某都、某村)，因为河流阻拦交通不便，行人商贾过河困难，某村某弟子(指桥董或缘首)定于某年某月某日，在某地建造木拱廊桥一座，请求河神及鲁班祖师保佑造桥过程顺利圆满，造桥师傅帮工吉祥平安。祭河仪式结束，随即石匠破土动工建桥台，木匠开始架“木马”、做“水杆”。廊桥竣工之日，要进行祭河答谢仪式。

南山伐“梁”　建造木拱廊桥，选择梁木是十分重要的大事，不仅关系到建桥过程的顺利与否，还关系到整个村庄未来凶吉兴衰。所以，选择梁木有比较复杂的程序要求。1.梁木必须到南山(即桥南或村南)的山场去选择。2.栋梁必须是杉木，要选择三株或是两株同根、枝叶茂盛、笔直参天的“双胞胎”树，“苗梁”亦可用松木取代，但必须是四周长有许多小杉松木的“多子多孙”树，决不可选独木。3.树龄要适中，不宜太老也不宜太嫩，树形要挺拔，树木大小从根部到尾部要尽量一致。

选好梁木后，伐木时要择吉日，备香、烛、酒，并选择乡村中父母双全、三代同堂的“有福人”为伐木工。砍伐时先由主墨师傅“开斧”，并念唱伐木经：

一斧送你财丁两旺，二斧送你大兴大发，

三斧送你富贵双全,四斧送你年年出状元。

师傅每唱一句砍一斧头,砍4斧之后再由"有福人"接着砍。为讨吉利,砍栋梁时,最好不要伤害同根树木和周边的树木。"梁木"伐倒时要朝山的上方倒,砍倒的"梁木"要用树枝垫底,不能触地。随即量好尺寸,去其树枝,用截下的树尾挂于"梁木"中央,并给"梁木"披上红布,以示有头有尾、兴旺发达。尔后由两人抬回,一路上还要有人在前面鸣放鞭炮,告知一路上行人给"梁木"让道。抬"梁木"要走露天道,不能经过任何房子的屋檐下,其意是"梁木"为整座桥梁至高无上的木材,不能居于其他木材之下。"梁木"抬到桥址旁边空地后,要置于露天之下,两头平放在早已准备好的木马上,不可触地,不准晾晒衣物,不许人从"梁木"上面跨过或坐在上面。然后削去树皮将它晾干直到正式制作成"梁"为止。山上砍来做栋梁的这根杉木,除了中间取一截作为栋梁外,它的头尾两节要作为桥中间神龛两边的主柱用。

露天制"梁" 不论是"苗梁"或是"栋梁",动斧锛刨的那一天,都要选吉日,师傅要先点3支香于露天之下,再放2响鞭炮,然后念唱一段"梁木"的由来:

此木长在终南山,鲁班弟子把它搬,

锛刨斧锯做成梁,用在此桥定平安。

念唱完后,主墨师傅手执墨斗、曲尺,一边拉墨线一边接着念唱:

墨斗金线定中央,财丁富贵两头量,

不偏不斜分风水,村人齐齐各相当。

念唱到这,主墨师傅立即拿起斧头,将第一斧头轻砍在"梁木"中央,接着一斧向左,一斧向右,寓意将"梁木"风水人人均分。之后,方可锛刨,精心制作。

两次"上梁" 在建造木拱廊桥的过程,流传着每座桥两次"上梁"的习俗,一是桥拱部分上"苗梁",二是桥屋部分上"栋梁"。

上"苗梁"是指廊桥拱架结构基本建造完成,其余3节苗已上好,在安装3节苗平苗中央一根苗木时举行的仪式,均是在众人协助下,由师傅将早已精心挑选加工好的圆木安放到指定的位置,不钉不铆,不锤不凿,安放好"梁木"后,在梁中间贴上用大红纸写成"上梁大吉"的梁批,以示吉利。"上梁"习俗看似简单,但却有不少繁琐细节。

(1)苗梁仪式,"梁木"制作完工后,拱桥或廊屋已基本完成,紧接着按预先选定的吉日良辰"上梁"。上"苗梁"和"栋梁"的两次"上梁"仪式相仿,但是,主墨师傅的祷告词有所不同。

上"苗梁"时,是在桥拱上好斜苗和其他平苗后,留下中间一根平苗来举行祭梁仪式。先在溪边摆一供桌,供品有香烛、茶酒、果点、斋菜,以及木匠造桥工具墨斗、斧子、凿子等。祭梁由主墨木匠主持,点烛、焚香、烧纸钱、上茶酒,然后由主墨师傅念唱,唱后边放鞭炮,边由主墨师傅喝梁。随即指挥木匠转动天门车抽缆绳,大梁徐徐上升。

(2)栋梁仪式,桥内正中屋顶上的一根梁木,即栋梁。上梁这天,主事造桥的桥董和捐资的邻里村人,都要一一到场庆贺,祈求吉祥。

“上梁”仪式开始前,也要师傅在桥边摆上供桌,点烛、焚香、烧纸钱、敬茶酒、燃放鞭炮。尔后由主墨和副墨师傅抬着“梁木”,分别来到两边特意搭好的木梯子前,一步一步慢慢往上攀登。由于“梁木”粗大较重,他人也用“丫”字形木杈帮助将“梁木”杈上屋脊顶端。

俩师傅在抬栋梁时要平平稳稳往上抬,不能高低倾斜。栋梁到了屋脊顶后,不钉不铆,平放在早已预备好的凹槽内,然后用发锤轻轻在两头敲打,最多各敲3下,让栋梁入槽。栋梁放平稳后,主墨师傅站在大梁旁接着念:

栋梁好比一条龙,摇头摆尾卧当中,

问龙为何身不动,身上还缺“惯梁红”。

“惯梁红”就是给栋梁披挂红布,以示吉庆。念到这里,桥董立刻将早已备好的红绸布(或大红纸)递给师傅,师傅再把它挂到栋梁的中央,紧接着由主墨师傅站在梁边高声用一些吉祥的话喝梁。

完成上梁仪式后,接着是主墨师傅要将“水杆”横放在“喜梁”下面,然后再念唱(略)。

念完,主墨师傅要快速下来,回到桥面。至此,廊桥上梁仪式全部完成,意味着廊桥即将竣工,当地桥董要置办一餐丰盛的“上梁”酒,一是庆贺廊桥建造即将大功告成,二是感谢建桥师傅、工匠以及捐资出力的民众。

踏桥开走 “上梁”仪式之后,接着有一个仪式“踏桥开走”。此时,桥面工程已经基本完工,可以供行人通行,乡俗要请人首先从桥上走过去,就叫“踏桥开走”。

在此之前,桥董、缘首要预先选择村里三代同堂、夫妻双全、家庭富裕、有一定声名威望两位长者,请他们做“踏桥人”。受请“踏桥”是一种荣耀,一般都会欣然应邀。在“踏桥开走”之前,“踏桥人”要当众为建桥捐款,然后点香拜桥开走,众人紧跟其后在桥上来回走。“踏桥人”在走的时候,会念一些吉利的话,如人丁兴旺、四季发财、风调雨顺、岁岁平安等等,众人亦然。

“圆桥”谢众 整座桥都完全建好还有一个重要的仪式,叫“圆桥”。

一种情况是桥上没有供奉神佛,在桥竣工后,就按预先选好的吉日举行“圆桥”,仪式过程与“踏桥开走”基本一致,另外增加“祭河”答谢河神,并请参与建桥所有师傅、帮工喝“圆桥酒”,表示建桥工程圆满结束。

更多的木拱廊桥上供奉有神佛,那仪式就要复杂、隆重许多。首先,在桥上做好神龛,请人塑好神像或佛像,请道士或高僧做道场、法事,然后在“圆桥”当天举行“开光”仪式,接着举行“圆桥”。每逢一座廊桥落成举行“圆桥”时,附近十里八村的善男信女、乡民百姓都汇集于桥上桥下,常常热闹几天。

桥田与桥山

庆元:彭荣根

庆元廊桥特别是木拱廊桥由木构件组成,长年经受风霜雪雨的侵袭,出现损坏现象在所难免。为了维持廊桥管理、维修、修缮的长期费用支出,庆元廊桥自古以来有专门的田产、山产,俗称“桥田”“桥山”。这些田产、山产,有的用募捐的款项购买,有的由财主、乡绅直接捐赠,捐赠时要立田契山约,捐赠后即为“桥田”“桥山”,由董事会经营管理,所有收入都由董事会用于桥事开支。桥梁的日常维护修缮有长期的物资经费来原,有桥董事会负责管理操办,这样就形成了廊桥“永续利用,造福百姓”的有效运行机制。

光绪版《庆元县志》对“桥田”“桥山”有明确详细记载,其中关于咏归桥就有如下内容:“道光二年(1822),置买官陂段内租十把水,道光十年又买大坂洋土名山下垄、又名瓦窑下租五十二把水,所有新旧田契,领粮单一并粘簿交与经理董事吴东垣掌管”。咸丰八年(1858),置买山场一片,坐落魏溪白蒙湾。八都同济桥有捐田捐山者18人,共有桥山桥田20多处。

第三节 歌 曲

驾起绿谷的快车

——丽水市汽车运输集团有限公司司歌

1=G2/4

稍快 自豪地

毛光正词

周义界曲

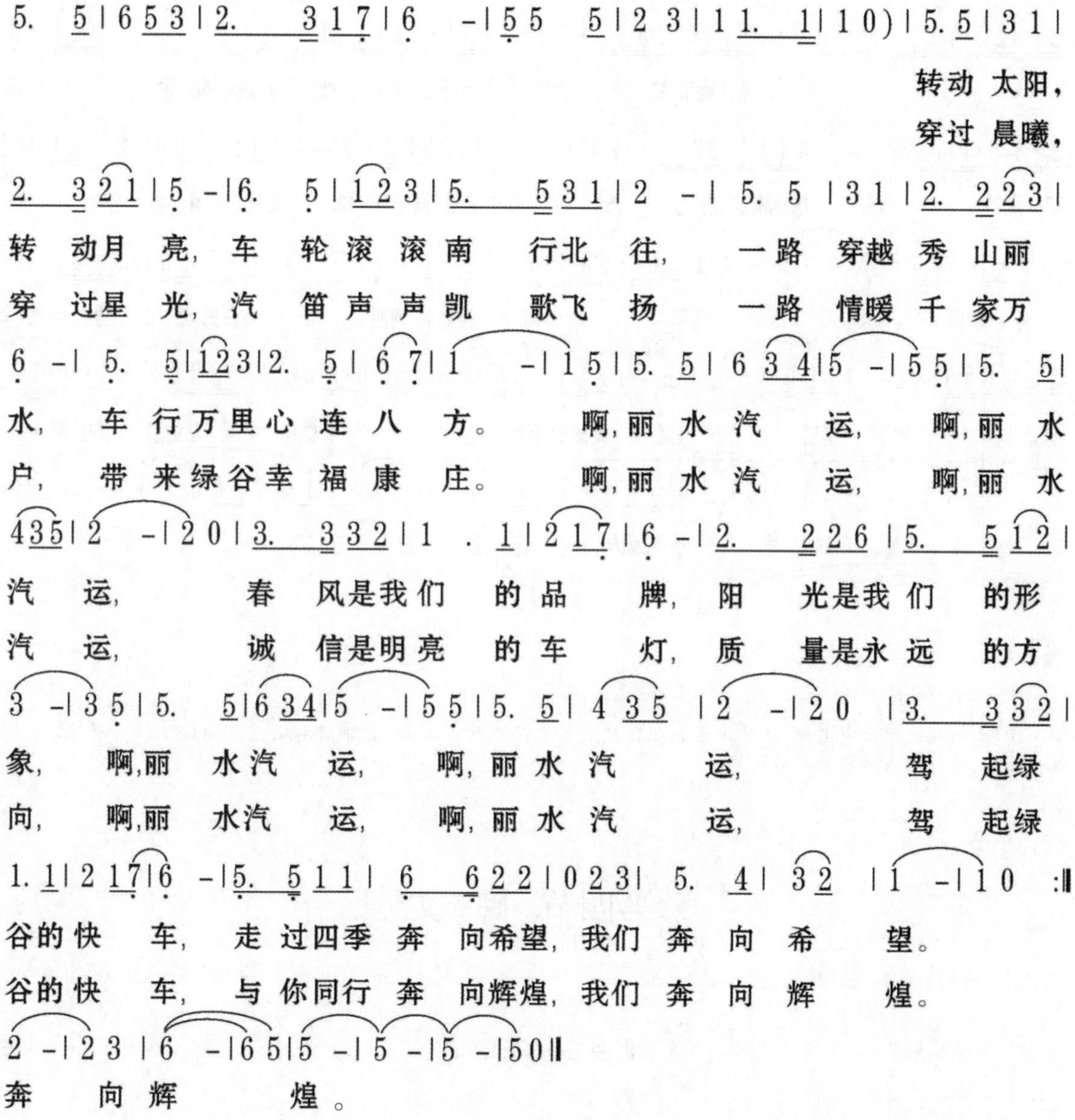

美丽的南明湖

（女声独唱）

钱建隆词
印 青曲

1=G2/4 中速 优美地 （雷佳 演唱）

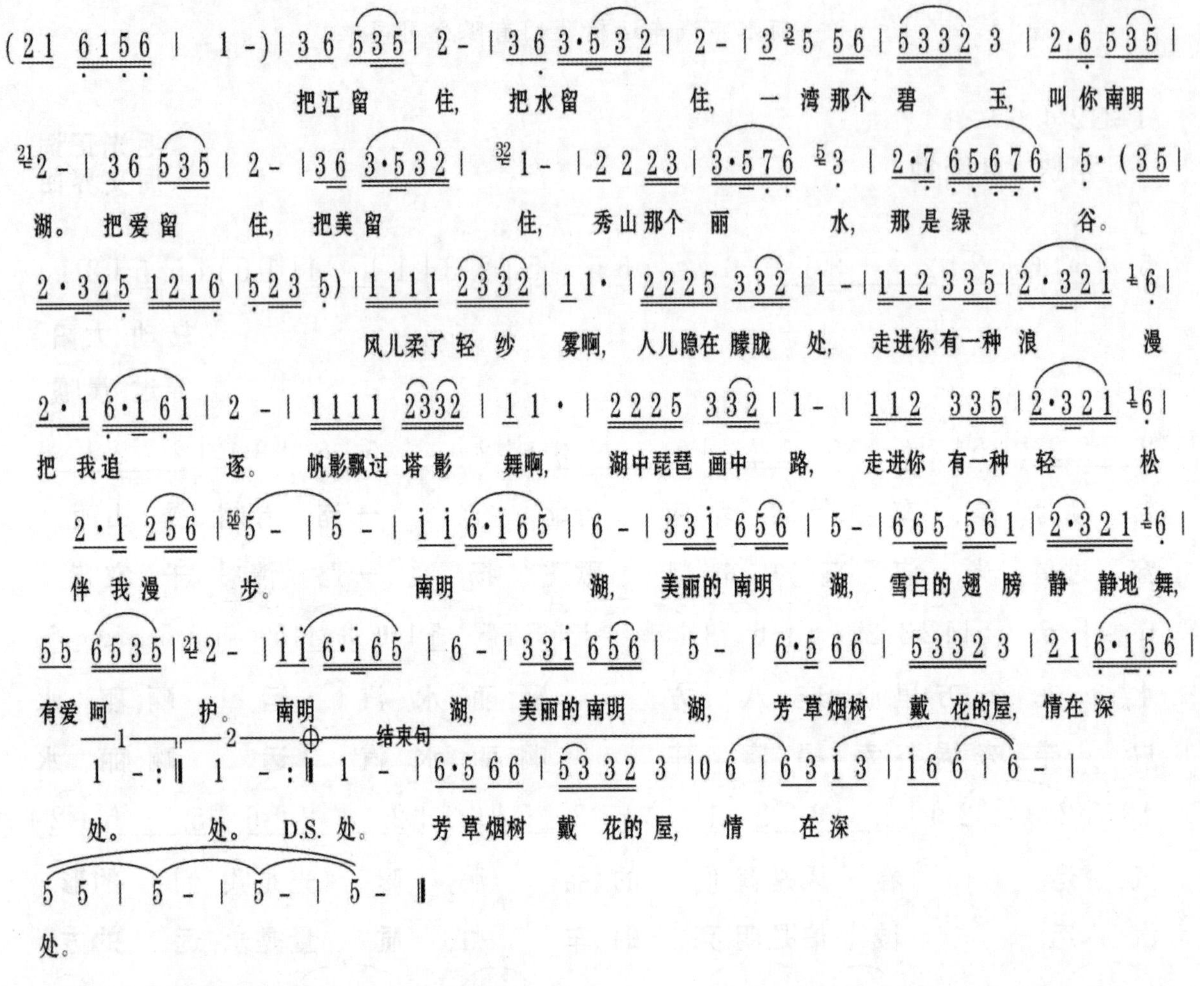

注：南明湖处瓯江中游段，是开潭水利枢纽建成蓄水而成的人工湖，贯穿丽水城区，面积5.6平方千米，相当于杭州西湖，使秀山丽水更为秀丽妩媚。

第四节 碑 文

北乡古括苍道记①

训导 陈遇春

古括苍道在和乐乡，闻当时官民之赴武林者，靡不由此，盖处之通馗②也。自桃花岭开，人皆不从和乐乡出入，由是废而不治，险易遂分。然其间八十有四乡(庄)之人，往来仍由此路，则虽废而终不能废也。癸巳岁(1833)，余为黉宫劝捐过此，明年勘灾，又明年查赈，三过此地，跋陟艰难，惊阻者屡矣！且中有里许，阪③峻、径狭，下临深潭，轮舆颠覆，人马仆僵，往往有之，更为性命之忧。余相其地，非不可以开凿也；但富者啬于财，贫者限于力。啬于财，则见义不为；限于力，则有志未逮；以致积年久远，土崩石碎，狭者愈狭，峻者愈峻者。危乎艰哉！行旅之苦至此已极。余慨之，因捐廉修治，不呼将伯之助，众工亦乐有是举，踊跃趋事，不日成之，仅费六十余金而工竣。书"古括苍道"四字，并志时日勒于石。复有进言于余曰："中道不可无亭，以待行者憩焉"。其如余之瓜期④已及乎，后之人与余同志，必有能建此亭者，庶几斯道之终于不废，岂独八十四乡(庄)之人顾而乐之哉。噫，丽之四乡，和乐居其一。冯公之开桃花岭，为四乡也，非专在和乐也。余修古括苍道为和乐也，亦不止在和乐也。于此废而不治，岂得曰厉无咎乎？余之所以惓惓于怀者，乌能自已欤！遂记其始末如此。

注：①录自莲都区史志办《丽水县志·丽水志稿》合刊点校本383页。文中所记和乐乡，据光绪《处州府志》所列清代区域，辖26、27、28三个都，其范围相当于今莲都区联城镇境。作者陈遇春系永嘉人。
②馗(kui)：同逵，四通八达之大路。
③阪(ban)：高低不平而瘠薄之地。
④瓜期："瓜代"的期间。指任期届满等候移交的期间。

处州府城厦河堤障记

知府 赵亮熙

行春门外五里许曰厦河村。村之前一水盈盈环绕如带，曰洄溪。是溪也，阖郡之冲要，九邑之咽喉，千山万壑之水奔而来者，至此一束汇合而赴瓯。迩者溪之南沙碛日高，溪之北田畴日陷，水为沙阻而流不畅，往往横决贻患诸民。岁庚子夏，雨积日，山水暴涨，城厢内外，莫不抱其鱼之忧。越日，水退二三，耆宿思议筑堤障之，窘于赀，难以集事。予为捐廉以倡，于是郡之殷富亦踊跃乐输。岁辛丑(1901)相度地势，经之营之，唯虑基址弗坚弗善难垂永久，寸衷焦灼，会吕祖梦赉良法，遂谨遵之。由是鸠工庀(pǐ，具备、治理之意)材，创始于仲秋，蒇(chan，完成)事于仲冬，凡三阅月而堤成，坚固完密，观者叹异。以为大水比来，得以庆安流而歌乐土者莫非此堤为之障也；且以为非神力不及此也。堤自趾至巅，竖计四丈一尺，纵长二十丈四尺，横广十丈二尺，共支青蚨(古代用作钱的别名)三千余缗。董其事者为捐局委员陆理闻继贤，盐局委员晏大使，同书贡生王国香、赵维城，监生王邦兴，生员王邦佐，例合具书于碑。

注：选自1993年版《丽水市交通志》。

兵部侍郎 郑汝璧

庆元槎溪桥记①

庆,括岩邑也。地当闽、浙之交,而八都离城二十里,水势洄漩,盖水口所关,为邑孔道也。旧有桥,兴坏不一。正德间,邑令何公鳌②架木为之。至万历甲午,蜃③水大发,桥坏无存。春夏之交,溪流迅驶,垫溺者众,往来病焉。邓④公顾瞻兴叹,以此举为不可缓。乃捐俸首倡,而乡之士民咸乐于助。叠石为墩者五,每高二丈,而阔比高之数缩其半,覆屋三十七楹。砻甓精密,结构坚固,民有攸济矣。桥成,走使⑤征予为记。余曩迁官之闽,道经松源,见其山水明秀,意必有异人出于其间,及稽载籍,其昔巾山献瑞,佳气浮空,若彩桥然。以故状元刘公知新、尚书陈公嘉猷,后先崛起⑥焯然,至今有声⑦。迩年以来,因桥辄坏,风气不聚,人文寥寥,有由然矣!是桥之成,水口有键,多士生同其乡,足称俊雅。又得公而振作之,岂无有绍述之思,继二公而兴起者乎?信有之。则古云地灵人杰,非虚语也。公其⑧大有造于庆哉!

注:选自清光绪《处州府志》(标点本)卷二十八。①槎溪桥:1972年由龙泉工交局改建钢筋混泥土6孔圆洞拱片双曲拱桥,更名八都大桥。②何公鳌:何鳌。德顺人,进士,正德三年任庆元知县。③蜃水:蜃,大蛤。《周礼·天官·鳖人》:"春献鳖蜃"。蜃水即春水。④邓公:邓建邦,全州举人。万历二十一年任庆元知县。⑤走使:遣人。⑥后先崛起:刘知新宋徽宗大观四年(1110)中状元。陈嘉猷宋孝宗乾道八年(1172)登进士,先后相隔六十余年。⑦焯:同灼。焯然,光彩的意思。有声,有声望。⑧公:指邓建邦。

湖口渡碑记(碑存小奕积米庵)

湖口之渡由来远矣。北通景邑,东达瓯江,攘往熙来,此为津要。故自古迄今,作舟楫以济川者,代不乏人。而犹曰捐输为事,刳木以利之。或者其多事乎?抑知人心不古,惟掌渡者为最:或人久立,呼之不应;或事仓皇,从容以待;甚则洪水汪洋,便歇;湖沟傍停木筏,而妇人愚盲登岸维艰。吾族夏公舜九其人,窃心患之。于是捐助田产,以造渡舟;设立章程,以安行旅;凡掌渡者,厚食以固其心;乐输者,乘便以示其信。复古之道其庶几乎!今者厥功告成,索予以序。余虽不敏,敢备记之,以垂后云。

计开章程于后①:渡船许(须)住边岸,不许南歇湖沟,北停木筏;要事不许带搁来往,不许索勒多钱;湖口渡船每口给租一石,而地方有名勒碑者,不许渡夫收钱募化;渡船破坏,永听庵边②修造;而篙桨等,须渡夫自行办用。

光绪二十二年冬痒生夏从龙撰

注:①原碑文分一、二、三、四,编者以";"号并排。
②指积米庵,夏舜九为当时庵主。
③选自1992年版《青田县交通志》。

庆元修磨手岭暨建亭阁记

知县　黄　焕

括州领县十，惟庆元距郡最远，重冈叠巘，跨连闽越。而城西二十里之磨手岭为由庆达闽之要道，尤陡峭。高入云际，自下而上积九百余丈，登陟者侧足仅二尺许。猱攀蚁缘①一步一顿，行者苦之。岭之尽处旧有亭，屡经修葺，近又倾圮，不堪憩息矣。邑之上舍生姚园者，庆元望族也，乐善好施，自其祖父已然。而生复仰承世德，力行善事。举凡济颠扶危者，靡不毅然为之。乃者，慨是岭之亍彳②难行也，欲重辟之，告祖若父，咸曰："善。"于是捐镪鸠工，凿诸险隘，更甃以石。前之阔仅二尺许者，今则广至五尺焉！且也，于其巅建大士阁，外翼以亭，颜曰"世美"，于亭前凿井以汲，时虞不给，复疏泉亭后之石罅间，笕③行三百余丈，宛转入厨并捐田若干亩，为往来者茗饮之需，凡靡费一千八百两有奇。予前慨世之拥厚资者，媮衣丰食，率以华侈相高，至于人之困瘁艰辛则隔膜而不相恤，以视姚生之乐善好施得无愧乎？夫利物为立心之上，善济人即种福之良田。如姚生者不惜多金广此宏愿，向之尺行寸步者，一旦化险山戏 为坦途，于以知生之用力为甚劳，其所以慰祖若父之心为甚笃！而其为功亦甚巨矣！况姚生以年少，而行善伊始即能成此巨功，异日之扩充善量，以光大其世德者其积愈厚而其流愈长也。是役也，始于道光丙戌之春④，迄戊子冬⑤而工告竣，吾知后之过是岭者，登其亭摩挲竹树，将比之造八万四千塔，而祝颂无穷矣！美哉！斯举也！

注①猱：猿类，身体便捷，善攀援。蚁，蚂蚁。形容像猴子一样攀援，像蚂蚁一样爬行。②亍彳：小步也，左步为亍。右步为彳合而为行。③笕：连接起来引水用的竹管。笕引即用竹管引水。④道光丙戌：道光六年(1826)。⑤戊子：道光八年(1828)。

53省道严山岭隧道碑文

严山岭主峰海拔670米，四周群山起伏，草木繁茂，地质上有复杂的断层构造，公路隧道与展线越岭方案比较；缩短行车里程5千米，经济效益显著。隧道长1037米，宽8.5米，上复拱圈，下铺混凝土路，形成全断面混凝土衬砌。洞内设有灯光照明，洞口置有光差棚架，设备较为完善，是我省第一座大型公路隧道。

本隧道工程由浙江省交通设计院负责设计，云和、龙泉两县组织施工，自1983年7月正式开工，至1985年6月竣工，工程质量良好，施工操作安全，特此树碑志志。

浙　江　省　交　通　厅
浙江省丽水地区行政专员公署
云　和　县　人　民　政　府
龙　泉　县　人　民　政　府
一九八五年七月一日
张先进书
注：张先进，原省交通厅厅长

第五节 文 辑

交通文籍

表 298

1989—2009 年丽水地(市)交通文籍一览

出版时间	书 名	作 者	出版社
1989 年 10 月	缙云县交通志	《缙云县交通志》编纂办公室	内部发行
1992 年 3 月	遂昌县交通志	遂昌县交通局	海洋出版社
1992 年 5 月	青田县交通志	青田县交通局	海洋出版社
1993 年 3 月	庆元县交通志	庆元县交通局	海洋出版社
1993 年 5 月	松阳县交通志	松阳县交通局	海洋出版社
1993 年 8 月	龙泉县交通志	龙泉市交通局	海洋出版社
1993 年 10 月	丽水市交通志	丽水市交通局	海洋出版社
1993 年 12 月	景宁畲族自治县交通志	景宁畲族自治县交通局	海洋出版社
1994 年 2 月	云和县交通志	云和县交通局	海洋出版社
1995 年 11 月	丽水地区交通志	杨一民主编	海洋出版社
2006 年 12 月	处州廊桥	丽水市政协文史资料委员会	中国民族摄影艺术出版社
2009 年 1 月	括苍古道保护与开发	《括苍古道保护与开发》课题组	丽水市新时代教育印刷有限公司

交通摄影

交通摄影是丽水交通文化的组成部分,具有交通运输的独自特色,在摄影界有较大影响。丽水地区汽车运输公司(丽汽集团)和丽水地区(市)运管稽征处成绩尤为显著。

丽水地区汽车运输公司摄影小组 始建于 1987 年 8 月,成员约 30 余名。2007 年 4 月改为摄影协会,有会员 25 名。20 多年来,在市、省、国家和国际举行的影展中,入选的作品较多,并多次获得大奖。

1999 年 12 月 6—11 日,第四届中国摄影节在丽水举行,公司选派 26 辆客车承担运输任务;2003 年 4 月 15 日,公司和市摄影家协会联合举办"丽汽风采"摄影比赛;2003 年 12 月 29

日—2004年1月8日,由中国摄影家协会、丽水市委、市政府举办的“中国第十届国际摄影展暨秀山丽水摄影之旅”承担主要服务工作。公司有100多幅作品参展。

丽水市运管稽征处“视觉”摄影俱乐部 始建于2006年7月,有会员50人。2007年,运管处协办“骄傲的浙江交通人”摄影比赛。2008年3月“视觉”摄影俱乐部更名为“交通之光”。处长吕卫东的作品《望秋》入选中国第11届国际摄影艺术展,《山村一角》《港湾》入选中国第12届国际摄影艺术展。云和县运管稽征所所长陈智明《金猪献宝》荣获中国最美的山村梯田梅源梯田开犁仪式活动现场“抓拍赛”一等奖;缙云县运管稽征所所长赵德灿《希望》获得2007年“瓯江行”丽水摄影大展铜奖。

交通工作研究

关于山区公路水毁防治的思考

景宁畲族自治县公路管理局 徐关铭

编者按:录用时,有所删改。

九山半水半分田的丽水市,地势西南高,东北低。山脉属武夷山系,主要有仙霞岭、洞宫山、括苍山,呈西南向东北走向。地貌以深切割山地为主,千皱万褶,峰峦簇拥。

区域有瓯江、钱塘江、飞云江、椒江、闽江、赛江,被称为“六江之源”。溪流与山脉走向平行。溪流、沟壑纵横交织如网。

气候属中亚热带季风区,温暖湿润,雨量充沛,每年4月进入汛期,5月~9月常受台风影响。

2010年,全市有高速公路4条、328.771千米,国道1条、130.343千米;省道12条、839.243千米;县道183条、3077.44千米;乡道129条、899.657千米;专用公路156.215千米;通村公路8508.191千米,共计有公路13939.86千米,百分之八九十路线为盘山越岭或沿溪公路,受雨季汛期及台风影响特别大,几乎每年都有公路水毁发生,有几年还特别严重。

如何抗洪防台救灾,保障公路畅通,已成为全市公路部门最严峻的挑战;如何科学防治公路水毁,把公路水毁损失降到最低程度,已成为全市公路人亟待思考研究的课题。

公路水毁成因

公路水毁的因素很多,且错综复杂,共同作用,最主要的有汛期洪水、台风暴雨、地理环境、地质不良、基础薄弱等几个方面:

汛期洪水、台风暴雨 它是公路水毁的首恶元凶,因为降雨量大,引发山洪暴发,冲毁桥梁;山体滑坡,冲塌路基,导致交通中断。2010年6月17日~22日连日强降雨,全市各地公路沿线多处山体滑坡,遭受泥石流冲刷,路基路面被冲毁,4条省道和36条县乡道交通中断。

地理环境 地理环境复杂恶劣也是造成公路水毁的重要因素。全市公路大部分路线在沟壑纵横、群峰林立的大山中穿行,或依山旁溪,或盘山越岭,在修建公路的同时,也破坏了原有地貌生态的平衡,留下了高边坡、高挡墙、回头线、上下线等后遗症,为水毁产生提供了温床。

公路上边坡山坡陡峭,汇水面积大,台风暴雨来袭时,短时间内就能聚雨成流,汇流成溪,并挟强大的势能和动能沿着陡峭的山谷飞流直下冲向公路,其破坏力是平原地区的人难以想象的。

沿溪公路的挡墙、下边坡直接受河水侵袭,汛期洪水、台风暴雨时,河水暴涨、水流湍急,对公路挡墙、下边坡有更强的冲击力和破坏力。

公路线型,盘山公路的线型不能避免的产生回头线、上下线的形式,当山洪暴发时就会产生连锁冲毁的情况。

地质不良　全市有多条公路的部分路段为地质不良地段,山体主要由吸水性、蓄水性很强的黄泥(粘性土)和稳定性极差的砂土、碎石夹层构成,台风雨季时,山体(黄泥)大量吸水蓄水,重量成倍增加,破坏了原有的受力平衡,导致山体滑坡、泥石流等地质灾害的发生。

基础薄弱　丽水山区修建公路每千米造价很高,地方配套资金难以到位,致使现有公路等级偏低、基础薄弱。

排水系统薄弱:部分公路排水系统不完善,排水泄洪能力不足。

挡墙薄弱:部分公路挡墙质量欠佳,在常年车辆荷载和雨水的共同作用下,多数挡墙已经"走动"和"凸肚"。部分挡墙基础处理不到位,埋置深度不够,台风洪水季节都有挡墙因基础被洪水冲空而倒塌。

路基薄弱:部分公路路基填筑材料质量差(如黄泥),且没有分层压实,在长期雨水和车辆荷载作用下,路基沉降并对外侧挡墙产生很大的横向土压力,造成挡墙"凸肚",甚至倒塌。

边坡薄弱:部分公路上边坡因施工没有达到设计要求,处理不到位,台风雨季容易塌方;部分公路土质下边坡,因未作加固处理,易造成下边坡冲沟,甚至路基缺口。

此外,还有地震灾害、冰雪灾害等因素。公路水毁的发生,往往不是由单一因素引发,而是多种因素共同作用的结果。

公路水毁防治

应牢固树立"预防为主,防治结合"的理念,科学应对公路水毁的挑战:

建立公路水毁预防机制　根据不同公路、不同季节、不同气候制定并落实预防性养护和各种防治措施,全面抓好水毁防治工作,尽可能把公路水毁消灭在萌芽状态。

一是检查并及时维修、加固和改善各类构造物。每月进行定期检查,每年汛期前对所辖公路进行一次拉网式水毁隐患排查。特别是截水沟、桥涵和沿河地段挡土墙、驳岸构造物应重点排查,如一些坡顶没有截水沟但需要设置截水沟的;一些早年设计跨径过小排水不良、坡度过缓不易排淤排砂和人工难以进入清淤的涵洞;桥涵台墙、锥坡基础被淘空的;沿河地段挡土墙、驳岸构造物,由于基础埋置深度不足或地基软弱,受水流冲刷后淘空的;挡土墙墙体松散或外凸的。所查出的隐患应在雨季汛期之前处治完毕,对一些排水不畅、易发生堵塞的路,根据集水区划分,增设一些必要的排水构造物。

二是设立公路工程预防性养护专项资金。投入部分资金用于水毁工程预防,就能起到四两拔千斤、事半功倍的效果。设立水毁预养护专项资金并列入年度计划,为公路水毁工程预防性养护工作提供资金保障。

日常性养护预防 公路水毁工程的日常养护,主要是要加强对公路排水系统和构造物的养护。经常性地对公路边沟、涵洞、桥梁、截水沟、排水沟、迭水井、急流槽和桥梁伸缩缝及泄水孔、挡土墙泄水孔等进行检查、疏通、养护,保障排水系统和构造物功能处于良好状态。一定要改变重路面、路肩养护,轻桥涵、挡墙等排水设施和构造物养护的现象。

工程措施防治 工程措施防治所需经费最多,难度最大,也是最重要的。在检查中发现的桥涵墩台、锥坡、侧墙的基础被淘空的,挡土墙凸肚或基础被冲空的,明显涵洞孔径过小,排水能力不足的等等,都必须请工程技术专家到现场勘察,斟酌修复加固方案,并及时实施工程防治。“小洞不补,大洞叫苦”,公路水毁资金用于毁前防治比用于毁后修建效益要大几倍乃至几十倍。“好钢用在刀刃上”,设立水毁工程预养护专项经费,实行水毁工程防治,不仅是必要的,也是科学的。

生态措施防治 打造“生态型”公路是现代公路建设与养护的目标之一,是环保,是优美,是和谐,也是防治公路水毁的良方。

在公路建设中,要认真贯彻环境建设与工程建设“三同步”(同步规划、同步实施、同步发展)和“三统一”(经济效益、环境效益、社会效益统一)的方针,尽量减少对公路两侧边坡的生态破坏,做好水土保持,施工废渣不要乱倒乱弃,同时对土质边坡实施绿化和植被恢复,稳固路基边坡。

在养护中,要强化生态养护理念,结合文明公路创建工程、边坡复绿工程、边坡治理工程,积极推进公路绿化、植被恢复、水土保持、路肩草养护、养护废渣再利用等工作,促进公路与周边环境的生态和谐,更稳固路基、边坡、排水设施及构造物,减少边坡坍方、冲沟及路基缺口等水毁灾害的发生。

新建公路工程防治 提高新建公路的工程质量,提升新建公路抗灾能力,也是水毁防治工作的重要一环。具体的说,新建公路在工程设计时设计单位要做认真细致的水文、地质调查,科学精心的设计,桥梁涵洞要有足够的排水泄洪能力,地质不良的高边坡要有加固处治方案;施工阶段,施工单位要提高质量意识,严格按设计图纸施工,特别是高边坡、高挡墙,一定要按设计坡比及要求进行施工处理;建设单位和监理单位要加强质量管理,保证新建的公路质量良好,抗水毁能力较强。

公路水毁应急处置

在抓好公路水毁防治的同时，还要做好各种水毁应急准备工作。

建立水毁应急救援体系　建立公路保畅应急救援体系，确保发生水毁等突发情况时能及时抢通公路。一是建立以公路段(局)长为组长，副段长为副组长，各职能股室主要负责人为成员的领导小组，按区域划分、公路水毁类型和成因落实领导分工和部门职责，明确各职能股室(队)、养护公司、公路站的职责和任务。二是建立公路水毁应急抢险队伍，定期不定期开展公路水毁突发事件处置培训和实战演练。组建公路水毁应急抢险队伍，配备挖掘机、铲车、自卸车、照明车等抢险机械设备，每年针对发生不同类型和成因的公路水毁开展抢险培训，并模拟发生超强台风进境地和实践演练。三是要备好足够石料、编织袋等水毁抢修物质和材料，资金有限时可采取与企业或物质供应商签定汛期即时供货保证协议的方式储备物质。对抢修车辆、机械和防洪设备在汛期前要进行一次全面检修。

建立公路水毁预警机制　一是加强同当地气象部门的联系，随时掌握气象动态，做好局部暴雨、山洪、泥石流的监控和防范工作。二是加强同当地通讯部门的联系，以手机短信群发系统为主要手段，及时将气象预报信息和路况信息发送给各防灾责任人及公路抢险救灾相关人员。这一系统的建立，将有效提高公路水毁灾害预防能力和公路水毁抢险调度能力，保障了信息的传递。三是在雨天和汛期前夕应加大公路巡查力度和频率，重点检查桥涵、路基、边沟、上边坡及各种构造物是否处于完好状态。发现水毁险情应及时予以排除；对一时无法排除或可能发生严重水毁路段应在两端设立明显的安全警告标志和禁止通行标志，并及时向上级报告。四是在雨季汛期期间视雨情巡路排险。发现积水、小溜方要立即排除；特别是边沟等排水沟渠不要被小溜方堵塞，对一时无法清理的大溜方要开出临时流水沟，不能让积水浸泡路基。有些路基缺口仅是因为几十立方米的小溜方阻塞边沟，使水漫路基、淘空坡脚而造成上万元的损失。对一些被冲刷严重的桥涵等构造物基础等要临时加固。洪水来临时，其中往往夹带大量树枝、木头，直接冲击桥梁等，要立即采取措施进行疏排。五是建立数据库，对检查中发现并确定为危险路段、危险桥涵等实施日常检查监测，做好局部暴雨、山洪、泥石流的监控和防范工作。

制定好水毁应急抢修预案和雨季水毁抢修责任制并抓好落实　一是前移“三防”值班工作岗位。根据山区公路点多线长的特点，将“三防”值班工作岗位由县城段(局)部往基层前移，在重要区域分设“三防”值班室。当“三防”预案启动时，“三防”工作领导小组组长坐阵段(局)部值班，调度指挥，“三防”工作领导小组成员将带领相关科室成员、抢险队员、抢险设备分赴指定区域蹲点值班，以便在灾情发生时能在最短的时间里抢通公路、上报灾情，为抗洪救灾赢取宝贵的时间。二是要充分掌握社会上机械设备的分布和储备情况，建立联系沟通合作机制，做到随叫随到、随租随用。三是对敏感路段及重点桥梁逐一落实防治措施及绕行路线方案。四是接到台风、暴雨等紧急警报后，立即进入工作状态，执行24小时值班制度，并安排人员上路巡查，及时掌握路况动态并向上级报告，同时抢险机械、抢险人员集结待命。

做好“三防”保畅通是公路部门的天职，公路水毁防治是公路人长期的课题。作为公路人，要常年持之以恒地做好这项工作。

千峡湖水上交通安全潜在问题剖析与预防对策

景宁畲族自治县地方海事处 李火林

编者按：该文作者虽直指千峡湖，剖析问题深刻，提出预防对策高屋建瓴，实事求是。对全市已经形成的几座大型库区，如乌溪江水库湖山库区，位于瓯江中上游的仙宫湖（紧水滩库区）、石塘库区、玉溪库区、南明湖以及瓯江中下游梯级电站串珠状库区，均有借鉴意义。库区水上交通安全潜在的问题，应当引起库区各级党和政府以及港航和海事部门的高度重视，切实采取预防对策和强有力的措施，确保库区水上交通安全，保障人民群众生命财产安全，维护社会和谐稳定，促进库区四周及辐射地区的社会经济发展。

千峡湖航区基本情况：

2008年4月，位于瓯江支流小溪中游的滩坑电站大坝下闸蓄水，形成90.93平方千米的水域(取名千峡湖)；160米水位，库区长90千米，成为深水航道。湖区涉及景宁、青田两县6个乡镇、94个行政村、601个自然村，约有5.72万人生活在千峡湖畔。目前库区50个水运码头已经全部启用，通达(渡)航线20余条，在运船舶60余艘，年客运量150万人次，车辆运量25万辆次，货运量500万吨以上。

航区潜在问题剖析

码头隐患问题 航区有50吨级客运码头36座，100吨级客货码头14座。车渡码头隐患较多。一是险。码头因设计落差大，连接线外侧形成临涯状态，缺少安全防护装置，车辆进入码头，易引发落水事故。二是弯多。受其地形条件所致，码头弯道多，水位变化频繁，泊位时常改变，由于浅滩多，导致船舶不能适靠，车辆上下渡船存在安全隐患。三是坡陡。千峡湖设计水位落差24.75米，码头坡度在8%以上，重型车辆通过码头没有应急停车区域，遇车辆故障、抛锚、下滑等险情，其后果不堪设想。

船员适任问题 水库建成后，省港航部门配置了30客位的动力船和二车渡客滚船。暴露的问题有：一是船员新。被聘船员原籍是当地的农民，对动力船、轮机机械、航行知识等知之甚少，虽已经短期培训，但并未系统掌握，遇到问题应变能力差。二是技能疏。新船员单纯知道驾驶操纵，对轮机的性能与保养、船舶的维护与管理、船舶适航和适靠等技术掌握不全面，导致停航事件时有发生。三是经验缺。因新船员原先未接触动力船，自身文化较低，接受能力差。航运实践、应急处置、航运安全等经验严重缺乏。

地质灾害问题 一是隐患点多。2009年底国土部门公布,航区景宁县境内有地质灾害隐患点36个,分布面广、灾害等级高。二是成灾时间集中。主要集中在每年的4—7月份春雨梅汛期和8—9月的台汛季节,潜在地质隐患严重威胁着水上交通安全。三是灾情损失大。2009年5月,青田县岭根乡境内发生一起大面积的山体崩塌事件,幸未伤及人员;2010年9月,景宁县境内的绿草码头附近发生山体塌陷,导致绿草码头整体报废,直接经济损失达300余万元。

航运保障问题 一是船舶维修难。千峡湖是一个封闭航区,在运船只60余艘,船舶的保养、维修至今仍是空白,遇应急修理需到外地请维修人员。二是购买配件难。由于对船舶缺少维护,导致机件磨损过快,缩短了船舶使用寿命。为更换1个零件,需到200千米外的金华市订购,少则3天,多则一周,船员主苦不堪言。三是补给难。船舶用油需到县城加油站用车辆运送,一艘船舶每补给一次燃料,车辆须来回跑半天,而且用油桶运输燃料,潜藏较大安全隐患。

安全监管问题 一是监管力量不足。千峡湖属青田、景宁两县管辖,仅有3名海事人员,受人员和装备的限制,两地海事机构只能各管一头,中间航段成了真空地带,无证船只、排筏时常出没,监管难以到位。二是管理装备差。航区监管最先进的装备是车辆,人员驾车在每个码头轮回巡查,航区水域面积大,每组织一次安全检查需2—3天,由于车辆老旧,中途时常抛锚,导致现场监管难以正常进行。三是应急设备空白。按规划设计,在航区两头各建1处应急求助指挥中心,在航区中间水域设监控救助站。目前航区的应急指挥基地尚在建设中,应急设备、物资、通讯、交通工具、救生设施等仍处于空白状态。

预防对策与措施

消除隐患,完善设施 首先,加大安全投入。对库区涉及群众出行和车辆通行的危险地段,进行安全防护规划设计,设置防护装置和应急避让区域,保障涉水群众和车辆的通行安全。其次,做好码头清障。针对码头弯道多、浅滩多、靠泊难等问题,应尽快编制清障方案,筹措资金,在枯水期组织突击施工,消除安全隐患,保障码头前沿有足够的水深,确保船舶安全适靠。再次,做好地质灾害防治。在库区地质灾害重点区域,实行监测与防治,对一时难以治理的,实行24小时监测预警,划定警戒区,设置警(告)示标志,提醒过往行人、船只、车辆注意通行安全,预防事故的发生。

把好关口,加强监管 水上交通安全4大要素是:船员、船舶、航道和监管。加强源头管理,把好安全关口,是做好水上交通安全的关键所在。一是把好船员适任关。强化对船员的培训,主要内容包括安全法规、航行规则、业务技能、操作规程、应急自救等知识培训,以提升船员综合素质,确保船员适任。二是把好船舶适航关。落实船舶安全管理责任,及时做好船舶保养与维护,定时进行上船排险,把好船舶签证关,确保船舶时刻处于适航状态。三是把好现场监督关。加强现场巡查,坚决取缔无证船舶;严查超载行为,确保船舶适运,保障渡运安全;开展航道整治，千峡湖非法捕鱼现象严重，拦河鱼网等碍航物已危及通航安全，海事、渔政等部门应联合行动，对其坚决予以清除，保障通航安全。

政策倾斜，扶持航运 加快培育水上旅游市场，带动航行产业链发展，服务航行生产，保障航运安全，已成为整个航区的当务之急。由于缺乏航行的补给和服务，航行业安全生产潜藏着很大隐患。建议当地政府出台优惠政策，重点扶持航行产业链的发展：在航运产业链发展的项目规划、立项审批、土地使用、资金筹措和项目建设等方面予以倾斜，优先发展航行产业链，以解决航行业发展中实际问题，从而保障航行业健康发展。

整合资源，应用科技 针对千峡湖航区监管力量薄弱，管理装备、设施严重不足等现象，应优化资源整合，运用科技手段，对航区实施有效监管。一是优化资源配置。根据新库区安全监管实际需要，由当地编委和上级海事部门共同核定人员编制和工作经费，确保监管工作的正常进行。二是加强机构整合。建议将两地海事机构合二为一，发挥资源效益最大化。三是运用科技信息管理手段。应根据国务院《关于坚持科学发展安全促进安全生产形势持续稳定好转的意见》（国发〔2011〕40号）文件精神，积极运用科技信息管理手段，在航区建立电子监控指挥系统，实行网络全覆盖、全天候监控、24小时预警、全时段搜寻的监管网络。发现情况及时应对，以提高安全监管效能和快速反应能力。

第三章 宏扬廊桥文化

处州(现丽水市)廊桥是集实用性、艺术性、观赏性于一体的古典建筑,是镶嵌在处州大地上的一颗颗璀璨的明珠,是古代处州人民为中华民族留下的珍贵遗产。保护廊桥,已经引起廊桥所在地的党、政府、有关部门和广大民众的高度重视,采取政府拨款、群众资助、企业和个人认养等切实措施,修复保护廊桥。

2007 年 9 月,浙闽两省 11 个县共同发表《中国廊桥申遗寿宁宣言》,以唤起国内公众和国际社会对廊桥的认知度,争取各方重视廊桥保护。

同年 10 月,庆元县人民政府发布《关于做好古廊桥保护工作的通告》,采取 8 条措施加强对廊桥文化的保护工作。

第一节 处州先民与廊桥

九山半水半分田的丽水市境,在山涧、沟壑、小溪上,模跨着一座座造型别致、工艺精湛、类型多样的廊桥,有木拱廊桥、八字拱廊桥、平梁廊桥、石拱廊桥等。

廊桥,顾名思义,即是在桥面上建造廊屋,以屋护桥,桥屋一体的桥梁。据浙江省第三次历史文化遗产普查登记,丽水境内现存廊桥有 134 座,尚有不少廊桥未登记在册。丽水是中国廊桥最为集中的区域之一,其中普查登记的木拱廊桥有 40 多座,约占目前中国木拱廊桥总数的二分之一。有确切纪年、寿命为全国最长的木拱廊桥,有全国现存单孔跨度最大的木拱廊桥,全国现存廊屋最长的单孔木拱廊桥,全国有史料记载时间最早的木拱廊桥。处州廊桥拥有数个“全国第一”,丽水是当之无愧的中国廊桥之乡。

古代处州境内之所以廊桥众多,分布广泛,9 个县均有分布,其中以庆元最多,这与古代处州人民的生存环境息息相关。处州境内峰峦叠翠,高山耸峙。“迭峰回抱,中心翠微,隔山见川,沟塍如棋”,这是唐朝缙云县令李阳冰在《忘归铭》中对处州地形地貌的真实写照。山隔壤阻,沟壑纵横,江溪源短流急,河床切割较深,水位暴涨暴落,将境内先人封闭于大山之中,严重阻隔了先人们与外界先进地区的交往,同时也给先人们的生活和生产活动带来诸多不便。

处州大地自然灾害种类多,发生频繁,有雨雪冰冻、风雹干旱、洪水肆虐、地震等等。在历史的长河中,先人们在与各种自然灾害的斗争中增长了自身的聪明才智和顽强抗争的能力,架桥铺路便成了先人的迫切愿望和共同行动。廊桥自宋代陆续出现，既是处州先人悠久历史文化的见证，也彰显了处州山民的坚强与智慧。

廊桥是处州先人因地制宜、实事求是精神的体现。建造廊桥的材料没有丝毫的舶来品。处州大地，山多树多石多，先人们就地取材，选择适宜造桥的地址，在山涧、沟壑，以大圆木架起木拱桥、八字拱桥，在桥上加盖桥屋，如桥似厝，以屋护桥，桥屋一体，既增强木拱桥的稳定性、耐腐性、实用性，又增添桥外观的美感；在较宽的江溪上，则以块石砌桥墩，上架木梁，在桥上建造廊屋，同样以屋护桥，延长桥梁寿命，同时以廊屋供路人躲风雨、歇憩。

廊桥彰显了自身抗衡自然灾害的顽强能力。现存的上百座廊桥数百年来，饱经风雨、冰冻、洪水冲击岿然不动。建于明正德年间（1506—1521）的松阳玉岩镇的普济桥，迄今已500年，历经各种自然灾害，尤其是经历明万历三十二年（1604）的地震颤动、清康熙二十五年（1686）、民国元年（1912）特大暴雨、洪水冲击，至今保存完整，是浙江省现存已知最早的木伸臂梁式廊桥，为省级保护文物。其坚固性和顽强的抗争能力令人赞叹，同时也验证了处州先人高超的造桥工艺水平。

廊桥为处州先人作出无私的奉献。自成桥以后，就成为处州山民与外界经济、物质、文化交往的纽带，为处州先人走出大山，吸取外地先进文化、农耕技术，建设家乡，发展经济，改善生存环境发挥了应有作用。也显现了处州先人慷慨解囊，乐助公益事业的高尚品德，把造桥修路当作一件大事。1949年以前，人口不满9万的庆元县，据旧县志记载，数百年来，建造各类桥梁556座，而至今仍保存的各式廊桥尚有上百座，其中举水乡月山村就建造风格各异的廊桥5座，被国务院最早公布的国家级保护的木拱廊桥如龙桥就坐落在月山村。毗邻文成县的景宁县东坑镇，地处边远山区，地瘠民贫，解放前200多年建造廊桥13座，这是何等的壮举和奉献精神。

处州廊桥是集实用性、艺术性、观赏性于一体的古典建筑，是桥梁建筑史上的一朵奇葩，是处州先人顽强意志与聪明才智的结晶。处州廊桥是产生在特定的地理环境和特定民俗的文化背景中的历史产物。她古朴而典雅的造型，实用而科学的结构，粗犷而不失细腻的风格，无不折射出处州先人的文化观念、审美情趣和高超技艺。特别是大多数木拱廊桥，构造复杂，工艺精湛，功能完备，与自然环境完美结合。无论从建筑学的角度还是从美学角度均有其鲜明的独特性和地方性，具有较高的历史、艺术和科学价值。

第二节　保护廊桥措施

处州历史悠久，地灵人杰。在历史的长河中，处州先民孕育了风格独特、多姿多彩的廊桥文化。廊桥，是弥足珍贵的古典建筑，是造桥史上的创举，是处州先民智慧与高超的造桥技艺的巧妙结合，倍受处州先民以及当代丽水人民的青睐和爱护，保护廊桥，成为代代相传的优良传统。

斗转星移，由于年代久远，在各种自然灾害的侵袭、腐蚀下，有的廊桥发生霉变、腐烂，甚至被洪水冲毁。处州先民以其顽强的意志和不屈不挠的精神，对于损坏部分给予重新修葺，被毁的重建，甚至屡毁屡建。特别是中华人民共和国成立后，作为处州先民千百年来孕育的一种独特的文化，一直受到各级党和政府的重视和保护。丽水境内现存的239座廊桥中，2010年前被列为国家级保护的有1座，列为省级保护的有18座，列为县级保护的有19座，余为文物保护点。近20年来，庆元县委、县政府和庆元人民多举措保护好廊桥。

一是政府拨款，群众集资修复重建廊桥。庆元县城北门村的咏归桥，始建于元大德十年(1306)，为覆屋式木拱桥，后屡毁屡建。累计明代至清光绪二年(1876)重建重修10多次。后年久损坏，不再交通。1983年，庆元县人民政府拨款重修，系县级文物保护单位。位于庆元县后广乡西洋村的兰溪桥，始建于明万历二年(1574)，清乾隆五十九年(1794)重修，为木拱伸臂廊屋桥，全长48.4米，净跨36.8米，高9.8米，面阔5米，廊屋19间，是全国现存单孔跨度最大的木拱桥。因原址(兰溪桥村)坐落水库淹没区，1984年由政府拨款，群众集资，迁建到西洋殿旁，被列为县级文物保护单位，1997年被列为省级文物保护单位。

位于庆元县竹口镇枫堂村的后坑桥，始建于清康熙十年(1671)，此后重修重建多次。全长36.20米，面阔5.45米，净跨28.5米，拱高6.05米，有廊屋15间。1934年8月30日，寻淮洲、乐少华等率领的中国工农红军北上抗日先遣队在此桥附近歼敌官兵300余人，并活捉庆元县长张志远。由此，当地老百姓称后坑桥为红军桥，经第一次文物普查确定为革命遗址，1982年9月列入县级文物保护单位。2001年由政府拨款、群众集资对年久霉变损坏部分按原样修复。截至2010年，全县共修复或重建古廊桥24座，其中包括2007年10月动工，由政府拨款，群众集资，在庆元县城横跨松源溪，运用古廊桥造桥技艺兴建的濛洲桥，于2008年完工。

二是认养认护古廊桥。2007年4月25日，中共庆元县委宣传部、庆元县文化广电新闻出版局、庆元县风景旅游局、庆元县古廊桥保护与开发协会发出《庆元古廊桥爱心认护倡仪书》，旨在动员全社会力量，共同致力于保护庆元廊桥这颗中华民族的文化瑰宝。

认修办法：县文物部门根据庆元境内古廊桥的残损情况及保护利用价值，将急需维修的古廊桥列入认修范围，认修方以出资方式，赞助其指定廊桥的一次性检修，出资比例上浮不限，可多人或多家单位联合认修。

认护办法：全县现有廊桥均列入认护范围，认护方每年资助廊桥的文物保护级别分档确定，上浮不限，国家级每年1万元，省级每年6000元，县级每年3000元，未定级的每年2000元。认护至少5年以上，期满后可续订认护协议，可多人或多家单位联合认护。

如双枪公司认护如龙桥、兰溪桥、咏归桥。2008年7月，杭州匀碧文物古建筑有限公司出资4万元,对大济甫田桥进行维修。

三是宏扬廊桥文化。1997年,浙江省人民政府公布兰溪桥为省级文物保护单位。2001年,国务院公布如龙桥为全国重点文物保护单位。

2002年9月,浙江省电信公司制作如龙桥、兰溪桥、咏归桥、后坑桥4座桥为背景的IP电话卡4枚,在全省发行。

2004年8月,庆元县委、县政府专门成立县木拱廊桥抢救保护领导小组,制定一系列措施保护廊桥,邀请国内著名的桥梁专家和廊桥研究者,召开浙闽两省木拱廊桥保护和开发研讨会,积极开展区域合作,并成立中国木拱廊桥与开发协会筹委会。同年12月23日,庆元县古廊桥保护与开发协会正式委托北京大学世界遗产研究中心谢凝高教授为咨询专家、阙维民教授为主持,以修复保护后坑桥为例,申报庆元木拱廊桥“2005年联合国教科文组织亚太地区文化遗产保护”项目。经反复考察、核实、比较,2005年9月,后坑桥荣获2005年联合国教科文组织第六届亚太地区文化遗产保护卓越奖。2007年5月14日,联合国教科文组织亚太地区文化管理办公室文化遗产项目主管帕曲霞·阿尔伯特代表联合国教科文组织专程到庆元县颁发卓越奖。同年9月27日,庆元与泰顺、景宁、寿宁等浙闽11个县(市)在福建省寿宁县召开的第二届中国廊桥国际研讨会上联手为保护木拱廊桥共同签署《中国廊桥申遗寿宁宣言》。

在《寿宁宣言》的推动下,各有关县先后成立县、乡、村直至民间保护廊桥的组织,制定措施,保护廊桥;募捐集资,对需修葺的廊桥,修旧如旧,使廊桥文化在浙南(含浙西南)闽北地区永放光彩。

第三节 廊桥申遗及保护文献

浙闽两省边界10多个县是中国木拱廊桥最集中的分布地。在千百年的历史进程中,为古代浙闽两省边界地区的经济文化发展、社会进步和人民的生产生活作出了重要贡献。廊桥,是古代浙闽边界广大人民为中华民族留下的珍贵遗产。廊桥营造技艺是中国的独创,保护廊桥,宏扬廊桥文化,让廊桥营造技艺代代相传,已引起两省边界各县人民政府、有关部门和广大人民的重视,提出廊桥申遗,发布保护文献,以加强对廊桥的保护。

中国廊桥申遗寿宁宣言

The Shouning County Declaration

二〇〇七年九月二十一日

木拱廊桥是中国传统木构中技术含量最高的一类结构形式,在世界建筑发展史上惟中国独有。它是中国古代劳动人民创造的一个伟大奇迹,显示了中国古代桥梁工程技术领先于世界的卓越成就，是中国古代工匠留给世界人民的珍贵物质和文化财富，是山地人居历史传承的重要人类遗产。木拱廊桥的建造历史至迟始于宋，以梁木穿插别压形成拱桥，形似彩虹。在千年的历史进程中，为中国古代的经济发展、社会进步和文化繁荣作出了重要贡献，至今仍在发挥着巨大作用。

随着经济社会的发展，木拱廊桥周边环境和人民生活发生了很大变化，木拱廊桥的传统交通功能已逐渐丧失，特别是进入二十一世纪农村城镇化建设步伐的加快，木拱廊桥的生存面临着严重挑战。为了使木拱廊桥的历史文化遗存、风光景物和自然生态环境不受破坏，保持其真实性和完整性，2004 年 8 月，浙江省庆元县承办了“浙闽两省木拱廊桥保护与开发研讨会”，首次开展了浙南闽北地区两省数县对廊桥、尤其是单孔木拱廊桥进行共同研究、保护与管理的交流活动，并联合发起了关于“开展浙闽两省木拱廊桥保护与开发区域合作”的倡议。2005 年 11 月 24 日—26 日，由中国廊桥研究会发起的、在杭州举行的第一届中国廊桥国际学术研讨会上，浙江省和福建省以寿宁、屏南、泰顺、庆元、景宁 5 县的文物保护部门负责人名义共同签署了廊桥保护的联合宣言，标志着闽浙两省联合开展廊桥保护工作正式启动。

同样由中国廊桥研究会发起的、在寿宁召开的第二届中国廊桥国际学术研讨会上，与会的中外学者一致认为，木拱廊桥申遗的优势在于它的独特性和完整性。这些山地人居文化遗产具有重要技术价值、艺术价值和旅游观赏价值，留下了丰富独特的历史文化财产，积淀了深厚悠久的文化底蕴，凝聚了我国政治、经济、文化、社会诸多领域的丰富信息。闽浙两省强化区域合作，联合申请将木拱廊桥纳入世界文化遗产，能将艺术特色各异的木拱廊桥资源整合在一起，实现资源共享，申遗成功的概率会大大提高。同时，申遗的过程更是一个宣传和保护的过程。对于传承人类共同的文化遗产，促进社会和谐发展，具有极其重大的意义。

为此，我们提议：

—— 唤起公众对木拱廊桥重要地位和多重价值的社会认知度，进一步增强各级政府的保护意识，总结和宣传各地在保护与发掘木拱廊桥深厚历史文化内涵方面的经验，动员全社会力量参与木拱廊桥的保护申遗工作，延续廊桥技艺，传承廊桥文明。

—— 从战略高度，建立闽浙两省统一协调的保护木拱廊桥机构，提请立法机关制定廊桥保护的法规，统筹保护与发展规划，调动各方力量，实施有效保护，维护生态环境，科学合理利用，造福子孙后代。并以创新的思路，在木拱廊桥所在地经济社会发展规划与实施过程中，正确处理自然遗产、物质文化遗产与非物质文化遗产的关系，正确处理保护、利用与发展的关系，切实把申遗的过程变成加强木拱廊桥保护与管理的过程。

—— 尽快成立由闽浙两省相关部门、有关专家、木拱廊桥所在地参加并全力支持的木拱廊桥申遗机构，以严谨的科学态度，汇集各地资料，开展价值评估工作，根据《保护世界文化和自然遗产公约》的要求，按照程序向国家文物局提出加入中国世界遗产预备名录的申报，启动木拱廊桥申遗工作。

闽浙两省木拱廊桥所在地文物部门负责人或代表签名：

泰顺、景宁、庆元、寿宁、屏南、周宁、古田、福安、柘荣、福鼎、霞浦。

庆元县人民政府
关于做好古廊桥保护工作的通告

我县现存的古廊桥是古代劳动人民聪明智慧的结晶，是不可复得的珍贵文化遗产，具有很高的历史、文化、科研、价值。为贯彻落实《中华人民共和国文物保护法》，切实加强我县文物保护工作，特通告如下：

一、在古廊桥保护范围内不得违章搭建、乱拉电线，不得破坏桥周边景观，不得在桥周围烧山、垦荒、破坏植被。

二、不准在桥内堆放易燃易爆品，严禁堆放香菇段、毛竹、柴木等闲杂物品。不得使用明火，电线不准从桥中穿过。香烛纸、鞭炮要送到桥外焚烧、燃放，消除火灾隐患。

三、任何人不得在桥上食宿，如遇乞丐等在桥内食宿，有关单位和个人应及时劝其离开，以防发生火灾。

四、禁止任何单位和个人住桥上，在河道内乱倒垃圾、排放污染物等。

五、不准在桥内乱涂乱划、吵闹喧哗、乱扔烟蒂等，保持桥内外整洁、卫生、营造幽雅舒适的环境。

六、做好廊桥经常性保养维护。如屋顶除草勾抹、局部揭瓦补漏、梁柱椽枋等简易更换加固和环境卫生清理时，不得改变廊桥的现存结构、材料质地、外貌、装饰、色彩等。

七、按照《文物法》“一切机关、组织和个人都有依法保护文物的义务”的规定，发现险情和违反上述通告，应及时报告所在地村委会、当地乡镇政府和县文物主管部门（联系电话：0578-6218647）。

八、对损坏文物的行为，依法严肃处理。

以上通告，望遵照执行。

庆元县人民政府
二00七年十月

第四章 旅游交通

丽水市峰峦叠翠,山水神秀,奇峰异石,飞瀑流泉,古树异草,珍禽走兽,充满大自然的神奇,是中国东南沿海一块难得的“静土”,天然氧吧,旅游胜地。各大景区均有公路通达,旅游交通便捷,促进了旅游事业的发展。

第一节 丽水市公路、铁路、航空旅游交通路线

航空 丽水市区距杭州萧山国际机场 245 千米,距温州机场 165 千米。在丽水市大洋路“丽汽集团”大楼一楼设有温州机场候机厅,到温州乘飞机的旅客可在丽水候机厅直接办理登机手续;温州机场距上海 418 千米,距广州 1015 千米,距北京 1596 千米。

铁路 金温铁路途经丽水市的缙云县、丽水市区(含莲都区)、青田县。每天经过丽水火车站的图定旅客列车有 13 对。列车直达北京、哈尔滨、上海、南京、镇江、武汉、江苏徐州、安徽亳州、杭州、金华、广州、贵阳、温州。丽水市区至金华 126 千米,至温州 136 千米,至杭州 317 千米,至上海 518 千米,至北京 1872 千米,至广州 1544 千米。

公路 金丽温高速公路(长深线金丽段和温丽高速公路)、龙丽高速公路、丽龙高速公路(长深线丽龙段)、台金高速公路,330 国道温寿线、S222(50)省道龙丽线、S328(53)省道丽浦线贯穿市境。

金丽温高速公路(G25 长深线金丽段、G1513 温丽高速) 起自金华市金东区二仙桥与杭金衢高速公路(K145+572)相接,途经丽水市的缙云县、丽水市区(莲都区)、青田县至温州市,境内线路长 127.698 千米。

龙丽高速公路(S33) 丽水市区距龙游 119.8 千米,起自龙游吕塘角枢纽互通立交,与杭金衢高速公路相接,经遂昌、松阳至莲都区北埠与丽龙高速公路相接。

丽龙高速公路(G25 长深线丽龙段) 起于莲都区富岭互通立交,与金丽温高速公路相接,途经莲都、云和至龙泉市城关大猫亭,全长 102.346 千米。

台金高速公路(S28) 东起台州市临海杜桥,接甬台温高速公路,经丽水市缙云县,西至金华永康市前仓,与长深线金丽段相接,全长 152.681 千米,其中缙云段主线长 13.723 千米。

330 国道温寿线 丽水市区东至温州 120 千米,北距金华 120 千米,自温州市区起途经青

田县、莲都区、缙云县至金华市。

S328(53)省道丽浦线 丽水市区至龙泉市区119千米,自丽水市区客运西站起经莲都区、云和县、龙泉市,西通福建浦域。

S222(50)省道龙丽线 丽水市区距龙游132.113千米,自丽水客运西站起途经莲都、松阳、遂昌至龙游,与浙赣铁路衔接。

丽水市区公共交通 以丽水市区为中心,向四周辐射,共有公交线路17条,总长148.15千米,公交车辆146台,从市区往返于市郊。

丽水市城乡公共交通 主营丽水南城城市公共交通,并逐步向四周中心镇延伸,至2011年1月1日有线路9条、224.4千米,营运车辆54台。

第二节 国家级旅游景区

仙都国家4A级旅游景区

在缙云县城东北7千米,仙都农管处境内。缙云县城距丽水市区36千米,距金华93千米。

仙都景区由鼎湖峰、黄帝祠宇、倪翁洞、小赤壁等组成。区内风景分布于好溪两岸,东西长约10千米。被评为首批国家4A级旅游景区、国家重点风景名胜区。

鼎湖峰 在缙云县城东北9千米,状如春笋,直刺云天,高170.8米,堪称"天下第一峰","天下第一笋",顶有湖,四季不竭,相传是中华民族始祖轩辕黄帝在此铸鼎炼丹,然后跨赤龙升天而去的地方。

黄帝祠宇 原名缙云堂,始建于东晋成帝咸和年间(326—334),为中国古代道教活动中心地之一。与陕西黄帝陵遥相呼应,形成"北陵南祠"的格局,是中国南部祭祀、朝拜中华民族人文始祖轩辕黄帝的主要场所。

倪翁洞 在缙云县城东北7.5千米。唐乾元二年(759),缙云县令李阳冰篆书"倪翁洞"3字于此间石壁,因而得名。由3个石洞连接而成,洞中留有唐、宋、元、明、清、民国和现代文人摩崖题刻60多处。被列为全国重点文物保护单位。

小赤壁 在缙云县城东北6.5千米,西临好溪,绝壁陡峭,东西横亘长数里,其色为赤赭红色,犹如焰火烧过,故称小赤壁。有八仙亭、蓬莱阁等人文景观。

龙泉山国家4A级旅游度假区

龙泉山位于龙泉凤阳山—百山祖国家级自然保护区内,距龙泉市区50千米,距丽水市区169千米。龙泉山主峰黄茅尖海拔1929米,为江浙第一高峰。年平均气温12摄氏度,形成了高原湖泊、高山草甸、云海雾凇等众多高原特有的自然奇观。已开放的龙泉大峡谷、凤阳湖、绝壁奇松、七星潭、黄茅尖、瓯江源等6大景区,吸引众多旅游者留连忘返,叹为观止。

百山祖国家级自然保护区

位于庆元县百山祖乡境内。距县城30余千米,庆元县城距丽水市区208千米,距福建政和57千米。主峰百山祖海拔1856.7米。区内有第四纪冰川时期的孑遗植物、素有“活化石”之称的“百山祖冷杉”,有曲径通幽、瀑潭连亘的“百瀑沟”。冬天,有“冰瀑”“雾凇”可供观赏;还有拔地凌云的“擎天柱”、平坦如镜的“石棋桌”、流水淙淙、深不见底的“鬼洞”等景观景点。

2011年8月,庆元首个由政府主导实施的骨干龙头景区——百山祖景区低碳体验区块开工建设。该区块内由5个部分内容组成:低碳体验屋、生态厕所、大沼气池、动物运动场、生态农业花园,占地面积1200平方米。在这里游客可以参与多种清洁能源的生产和使用;体验能源的循环利用和节能,其乐无穷。

庆元国家级森林公园

位于庆元县城西侧,以原巾子峰省级森林公园为基础,由巾子峰、白坎、百丈3个独立区块组成,面积2455.70公顷,森林覆盖率达99.5%。公园内拥有万亩天然阔叶次生林,园内气候温和,四季分明,森林繁茂,古木参天,溪谷瀑潭众多,奇峰绝壁随处可见,自然风景资源达50多处,植物物种1000多种。境内著名的千岗峡是丽水市10大峡谷之一。公园内由于森林覆盖率近百分之百,植被茂盛,空气清新,氧离子高于低丘、平原地区,是名符其实的“天然氧吧”“林海换肺区”,是度假、休闲、疗养的绝佳旅游胜地。

遂昌国家级森林公园

遂昌县城距浙赣铁路龙游站75千米,距丽水市区96千米。公园由白马山森林公园、南尖岩国家4A级旅游景区、湖山森林公园、神龙谷旅游景区组成。

白马山森林公园　坐落于遂昌县城西,距县城43余千米、距浙赣铁路龙游站60千米、S222(50)省道龙丽线32千米。公园内年绝对最高气温29.30℃,年平均气温11.60℃,四季景色秀丽多姿,主峰海拔1621米,山势巍峨耸立。公园内有白马宝殿、白马湖、水帘洞、百丈瀑等40多处景点,每个景点都有神奇的传说,吸引历代众多的名人逸士和四方游客。公园周围建有公路、游步道及水上娱乐等设施,是休闲避暑、度假的理想之地。

湖山森林公园　位于遂昌县湖山乡,距县城51余千米,系国家AA级旅游景区。景区总面积3422公顷,其中乌溪江水库湖山库区水面2000公顷,构成公园的主游览区;公园及库区湖水晶莹如玉、清澈见底、山水相连;湖边林木葱郁,遍布奇峰异石,自然风情浓郁,生态环境优越,有胜景数10处,既有千岛湖的湖光山色,又有桂林山水的秀丽多姿,长江三峡的奇绝险要,赢得“小三峡”“小桂林”的美称。

神龙谷景区　位于垵口乡桂洋林场,距县城48千米。景区由长寿谷、伊甸园、情人湖、情人谷、6636考古区、神龙一漂、十八里翠、神龙飞瀑、翠仙谷、林海换肺区10大景区组成。

千佛山景区 原名飞石岭景区,位于遂昌县石练镇,距县城34千米,被誉为全球首个网络景区,2011年1月成为国家4A级旅游景区。景区内峡谷曲折清幽,纵深长达10千米,林木茂密,森林覆盖率达90%以上。春宜赏花、夏适淌水、秋可登山、冬能观雪,生态休闲旅游四季皆宜,被誉为江南"小九寨"。

南尖岩景区 位于遂昌县西南部王村口镇,距县城52千米,有天柱峰、唐僧越壑、千丈岩、鬼洞口、霞归瑶池、龙门瀑布、石林奇观、紫云瀑布、神鹰啄食等9大景区40多处景点,是融奇峰怪石、云雾林海、云海梯田、飞瀑流泉、珍禽异兽于一炉的旅游胜地。2008年11月获批国家4A级旅游景区,国际摄影基地。

遂昌金矿国家矿山公园

位于遂昌县濂竹乡境内。2005年7月12日,国土资源部批准建设浙江遂昌国家矿山公园。

公园距遂昌县城19千米,距杭州260千米,距温州170千米,距龙丽高速遂昌东出口10千米。总面积53.6平方千米,其中矿业展览区6.3平方千米。

遂昌金矿开采始于唐朝。公园已开发黄金青年公寓、黄金博物馆、黄金商业街、金池淘金体验区、黄金治炼观光区、上元茶楼(金都桃花源)、银坑山水库、瑶池仙境、叠翠农家、金艺科普游、金龙穿山游、金窟探险游等旅游项目和景点,是长三角唯一集休闲、度假、商务会议、求知、探密、旅游观光为一体的黄金景区。

石门洞国家森林公园

石门洞位于青田县城西北28千米的瓯江南岸,隔江为温丽高速和330国道。距丽水市区40千米,距温州市区78千米。景区由洞天飞瀑、子胜景、师姑草海3大景区组成。境内有石门飞瀑、碑廊、刘文成公祠、灵佑寺等50多处景点,"高可眺、清可濯、邃可隐、幽可适、芳可采、奇可咏"是石门洞胜景的真实写照。

卯山全国农业旅游示范点·国家森林公园

位于松阳县古市镇北部。距县城14千米,距古市镇2千米,距丽水市区79千米,距浙赣铁路龙游站80多千米。公园由人文荟萃的卯山景区、自然景观优美的七都景区、生态环境优越的八都景区、峰岩奇特的万寿山景区等组成。

卯山景区 距古市镇区2千米,是整个森林公园的中心与主体,全国农业旅游示范园区,也是卯山道教寻根区。内有丰富的文物古迹、动人的传说、厚重的道教文化,也是名副其实的花果山。是道教寻根、体验农事的绝佳去处。景区较好地保存着俭公祠、天师殿、通天观、试剑石等遗迹,建有千亩脐橙林和500余亩卯山仙茶园。2003年被国家旅游局命名为全国农业旅游示范点。2011年9月23日,被国家林业局、教育部、共青团中央授予"国家生态文明教育基地"。沿盘山公路或游步道慢步闲行,观赏花果山,游览各景点,更为赏心悦目,怡然自乐。

七都避暑休闲度假景区 位于古市镇东北部松阴溪支流七都源内,距镇区4千米,距卯山景区2千米,由七都林区仙人谷及两侧山体组成。区内植被繁茂、溪流淙淙,夏日傍晚,太阳下山,山风渐起,从海拔900多米的山巅沿墨绿色山坡缓缓而下,凉风习习,暑气顿消,最适宜避暑纳凉。由仙人谷至鸳鸯潭的游步道沿溪而上可至鲤鱼跳龙门、鸳鸯潭等景点。仙人谷建有卯山山庄和小木屋10幢、蒙古包5顶,共设有120多张床位,配有餐厅、会议室及接待中心,不愧是旅客避暑消夏度假休闲的清凉处所。

第三节 丽水市区名山名园景区

白云森林公园 位于丽水市区北部2千米处。1992年12月,在白云山生态林场基础上建立。总面积2666.66公顷(4万亩),有灵鹫禅寺、钟鼓楼等景观,开发了白云竹径、水帘藏宝、绿海万象等景点景观。新建成的景区有入口综合区:位于公园入口,面积10.66公顷(160)亩。景区设有入口广场、标志性牌坊、服务区、丽水三宝(青瓷、龙泉宝剑、青田石雕)馆、白云寺、五梅亭、金栗园、跨丽阳坑八字拱廊桥、瓯江赋、丽水名人群等景点景观。一路公交车大水门起驶,直抵白云山脚。2008年12月30日,开通市区江滨岩生园至白云森林公园Y1双层旅游公交车,沿途设19个站。也可自驾游,公路既可直通山顶,鸟瞰丽水市区,也可沿丽阳坑上游公路行驶,饱览山水之秀丽。

处州公园 位于丽水市区中北部,北邻丽水市行政中心,南接人民路和花园路迎宾大道。面积6.9万平方米,园区设置音乐喷泉、茶室、花坛、雕塑等,南北入口处耸立10幅巨型浮雕,生动而形象地展现了丽水地域文化、历史名人和山水风景。9路、15路、16路公交车可达公园边。

南明山景区 位于丽水市区南2千米处,与市区隔瓯江相望,2路公交车至南明山脚。山上寺阁掩映于丛林,古迹隐现于丹崖,素有"括苍之胜推南明"之美誉。南明山以人文景观著称,尤以仁寿寺和摩崖题刻闻名。仁寿寺位于南明山北麓,原名佛日仁寿寺,始建于宋乾德三年(965),现存仁寿寺正殿为清嘉庆八年(1803)建。南明山有摩崖题刻58处,主要分列于石梁、高阳洞、云阁崖3处。石梁长达十数丈,凌空横亘,是浙江省3大石梁之一,喻为"半云""悬虹",崖壁上有20多处晋以来的历代名人、学者和书画家的珍贵题刻。高阳洞洞壁有10余处古人摩崖题刻,以沈括、李之仪等人的记游题刻为最。云阁崖有摩崖题刻12处,其中东晋葛洪"灵崇"题刻沉着稳重。北宋大书画家米芾的"南明山"题刻潇洒自如,是很有历史和艺术价值的文物珍品。1981年被列为省级文物保护单位。

第四节 红色旅游景区

一、大柘镇泉湖寺—王村口红色旅游景区

大柘镇泉湖寺中共遂昌支部旧址 大柘位于遂昌县城西南18千米处。泉湖寺位于大柘溪东,始建于清嘉庆年间,1914年重建。1927年1月,浙西南第一个党组织——中共遂昌支部在大柘泉湖寺建立,从此点燃了遂昌乃至浙西南革命斗争的星火,成为浙西南人民革命事业的里程碑。2001年,旧址修复,并置中共遂昌支部建立、遂昌革命斗争历史等革命历史图片展览。

王村口红军挺进师革命旧址群 红色古镇王村口位于遂昌县王村口镇,距县城58千米。王村口镇有始建于清乾隆年间的天后宫,1935年6月3日,刘英、粟裕率领的中国工农红军挺进师占领王村口,7月29日在天后宫召开"八一"誓师大会。7月中旬,成立以洪家云为书记的中共王村口区委,驻地蔡相庙。8月26日,红军挺进师在宏济桥上召开群众大会,宣告浙西南特区王村口苏维埃政府成立。1936年6月,红军挺进师再度进驻王村口,中共浙西南特委书记许信焜在此桥上召开群众大会,师长粟裕作重要讲话。在王村口,还有当年苏维埃政府办公地点和挺进师师部旧址,均为省级文物保护单位。旧址修旧如初,受到重点保护。

在王村口月光山上,安息有粟裕大将的部分骨灰,1985年4月5日,叶飞所题"粟裕同志纪念碑"在此落成。同年同月同日,粟裕夫人楚青亲赴王村口月光山祭奠粟裕英灵,成诗二首,以谢王村口父老乡亲。

(一)

山色迷朦云雾里,清溪曲折万山中。
一村老幼扶携出,月光园内仰遗风。

(二)

当年鏖战此山中,热血染得乌溪红。
鱼水相依深情在,浩气长存月光峰。

二、龙泉革命旧址旅游景区

龙泉市区距丽水市区119千米,有丽龙高速公路、53省道丽浦线直达龙泉。

龙泉红色旅游路线由革命烈士陵园、住龙、宝溪系列革命旧址组成,范围广、地址多、内容丰富,为省级爱国主义教育基地。

革命烈士陵园 位于龙泉市区东北隅安清山麓。1959年经省人民政府批准兴建。占地3公顷,分门楼、陈列馆、墓地建筑3部分。内有中共浙西南特委第一任书记宗孟平、第三任书记许信焜、第四任书记张麒麟等烈士墓和季步高烈士碑亭及粟裕、李逸民将军骨灰冢。陈列馆上

层陈列革命烈士生平事迹、照片、遗物和革命历史文物。门额“龙泉县革命烈士陵园”为粟裕将军题书，为省级爱国主义教育基地。

住龙、宝溪系列革命旧址 住龙镇位于龙泉市西北浙闽边陲，镇政府驻地住溪村距龙泉市区 42.5 千米，距丽水市区 170 多千米。龙泉城区至住龙每天有数趟客运班车往返。

宝溪乡位于龙泉市西陲，与福建为邻。乡政府驻地溪头村，距龙泉市区 60 千米，每天有班车往返于龙泉市区。

住龙、宝溪一带有着悠久的革命历史。宝溪内高塘村是浙西南特委、龙浦县委成立地，高山、住溪村先后为处属特委驻地。1934 年 8 月，红军北上抗日先遣队曾在这一带活动。10 月 10 日，还攻克住溪村，并在高山、叶岭头建立交通站。1935 年 3 月 25 日，红军挺进师在粟裕、刘英率领下，由浦城进入宝溪溪头村，打响入浙第一枪，随后转战浙西南，创建浙西南游击根据地。1939 年 4 月 11 日—13 日，中共处属特委首次党代会在住龙乡水塔村叶岭头召开，这是中华人民共和国成立前处属特委召开的第一次也是唯一一次党代会。1938—1939 年冬，特委根据党组织发展、党员大量增加的情况，在住龙乡水塔村水碓坑、地伏两地先后举办 3 期农村基层党支部书记、组织委员训练班。

悠久的革命历史在当地留下多处革命胜迹：住溪苏维埃政府成立大会遗址，处属特委第一次党代会旧址，叶岭头、水塔革命历史纪念碑，处属特委党员干部训练班旧址，地伏范翠珠家，挺进师政委会上田会议旧址，仓磁社庙，上田革命纪念馆，1998 年秋，该馆被省军区定为浙江省国防教育基地。

三、红色古寨安岱后一玉岩(枫坪)革命根据地

安岱后位于松阳县东南安民乡，距县城 60 余千米。50 省道龙丽线港口停靠站有公路直达安岱后。玉岩，位于松阳县南部，距松阳县城 50 千米，松阳汽车站每天有多趟班车往返玉岩、枫坪。

1935 年 5 月，刘英、粟裕率中国工农红军挺进师来到安岱后、玉岩、枫坪、小吉一带，以此为据点开辟浙江第一块革命根据地——浙西南游击根据地。仅一个月时间，挺进师建立了浙西南特委、浙西南军分区，先后成立中共竹溪区委、竹溪区苏维埃政府和中共玉岩区委、玉岩区苏维埃政府，组建根据地内第一支人民游击队——松遂龙游击总指挥部。保留着红军革命根据地的主会场、红军医院、红军桥(位于安岱后村，原称善济桥)、红军寮及刘英、粟裕旧居等遗址和烈士墓地。并立有萧克上将题词的“红军桥”石碑。被省、市授予国防教育基地、市级绿色旅游基地、被县授予爱国主义教育基地、党员教育基地和青少年法制教育中心。在参观安岱后红军挺进师革命事迹后，可前往玉岩革命根据地，参观红军挺进师以玉岩为中心开展游击战争，建立红色政权的革命事迹。

四、浙西南革命根据地纪念馆

位于丽水市区滨江路和紫金路交叉处，乘市公交车16路可到达。纪念馆占地面积12000平方米。总建筑面积3581平方米，其中包括：纪念馆11个展厅、3361平方米；红军标语廊220平方米；保留和修缮刘英故居面积237平方米及西南侧保留建筑338平方米。总投资4500万元。

纪念馆由5个单体建筑组成。东侧为纪念馆主体展区，楼上楼下有3个展区、9个单元；馆区中央为省级文物保护单位——中共浙江省委机关旧址。

东侧主体展厅馆藏大量反映革命斗争的史料和实物。并运用场景复原、雕塑、沙盘、图表等现代化陈列手段，将革命遗址、旧址场景加以复原，利用现代的声光电技术制造出逼真效果，使展馆静中有动，能见其物闻其声，翔实、形象地展现新民主主义革命时期浙西南地区革命斗争的全部历史和浙西南革命根据地创建的艰难历程，生动地再现了革命先辈为民族独立、人民解放事业而英勇奋斗、前仆后继的光辉业绩和崇高的革命精神。

厦河中共浙江省委机关旧址，即刘英烈士纪念馆，位于丽水市区滨江路和紫金路交叉处。市公交16路自市政府行政中心(北)至终点站，即到刘英烈士纪念馆。旧址为粉墙青瓦的传统江南民居院落，二层砖木结构，占地200多平方米，建筑面积400多平方米。辟有魁梅园、刘英卧室、实物展厅、文字图片展厅、题词室等部分。1939年，中共浙江省委机关从温州迁至丽水县城郊厦河村，并在丽水城区设立联络处和秘书处，省委书记刘英以"兴华广货号"老板的身份作掩护，领导全省党的工作和抗日救亡运动。

1995年以来，丽水人民自发捐资，先后按历史原貌重新修复占地13.33公顷的厦河省委机关旧址，"兴华广货号"旧址，新四军驻浙办事处等革命传统教育基地，并在省委机关旧址的魁梅园内塑起一座高2.5米，宽1.2米的刘英半身像，还修建了市区至厦河村的刘英大街，在厦河村兴建了刘英学校。旧址恢复后，举办复原陈列和图片展览，为省级文物保护单位和省级爱国主义教育基地。每年有来自北京、上海、杭州、温州等大中城市的游客到此参观学习，凭吊先烈，缅怀先烈的革命事迹。

五、缙云县革命烈士陵园—西青头村—雪峰山

公路：丽水距缙云36千米，缙云距金华89千米。

铁路：丽水至缙云32千米，缙云至金华84千米。

缙云县革命烈士陵园　位于缙云县城南部塔下畈，1982年建成。占地面积2万多平方米，包括纪念碑、纪念馆、墓园和纪念亭。纪念碑底座刻有319名烈士名录。1985年在陵园内建成烈士纪念馆。纪念馆展示厅全面反映从辛亥革命至解放缙云的整个革命斗争历史。收藏有119幅珍贵烈士照片、200多件烈士遗物和革命历史文物等。是浙江省重点烈士纪念建筑物保护单位、丽水市爱国主义教育基地、市重点文物保护单位。

西青头村革命历史陈列室 西青头村坐落于缙云县新建镇西北隅，距缙云县城25千米。1947年8月，中共处属特委领导人与中共浙东工作委员会领导人在西青头村召开联席会议，共商进一步开展游击战争问题，决定以处属武装为基础建立“浙江壮丁抗暴自救军第三总队”，总队长宣恩金、政委傅振军、政治部主任李文辉，1948年9月，番号改为“浙南人民解放军第三支队”。

2007年，由丽水、金华、缙云3市、县党史研究部门及新建镇、西青头村在西青头村社屋内建立西青头村革命历史陈列室。原中共浙江省委书记铁瑛题写馆名。门口竖立“中共浙东工作委员会、中共处属特委负责人联席会议纪念碑”。

陈列室内容包括红军挺进师转战到西青头；抗战期间建党，成为处属特委和游击队的一处重要驻地及其创办兵工厂、开展闹米荒斗争、带领附近山区群众开展“三抗”斗争、建立武装工作队等斗争历史。2008年被定为缙云县爱国主义教育基地。

雪峰山革命历史展示馆 新建镇雪峰村位于缙云县西部，海拔1140米，距缙云县城30千米，地处缙云、丽水、武义、宣平（现武义县柳城镇）、永康县交界。

1947年8月，中共浙东工作委员会领导和处属特委领导人在西青头村召开联席会议。会后，处属与浙东金华的革命武装在雪峰山会师。在雪峰山王氏宗祠宣布“浙江壮丁抗暴自救军第三总队”建立。

2007年，在雪峰村王氏宗祠内设立雪峰山革命历史展示馆，馆名由中共浙江省委原书记薛驹题写。展示厅内容包括：1930年建立地方红军游击队，配合红十三军开展武装斗争；3年游击战争时期，粟裕率红军挺进师转战雪峰山区；抗战期间建党；1947年，浙东、处属两地区党组织联合在雪峰山区建立主力武装，开展人民解放斗争；雪峰山区成为浙东、路南党政军领导机关驻地和后勤基地；“雪峰精神”在新时期的传承。

第五节 水上旅游景区

一、云和湖旅游度假区

云和湖（即紧水滩水库，又称仙宫湖），为浙江省第三大人工湖。库区跨云和县、龙泉市。湖长66.3千米，水域面积32.26平方千米。距金温铁路丽水站54千米，距丽水市区50千米。距云和县城10千米左右，湖岸是53省道丽浦公路，云和县城每天有客运班车直达紧水滩镇。湖区以森林、湖泊为主体，两岸峰峦起伏，水中青山绰约，集洞府飞瀑、民族风情和名胜古迹于一体，有湖湾22处，大小岛屿14处，著名景点有夏洞天、八仙洞、九潭十八湾、鲤鱼寨、石房山、源口青瓷古窑址等。

赤石景区 位于云和湖埠田区块，距县城17千米。2007年杭州宋城集团投资20亿元打造赤石景区。建有五星级度假酒店，酒店式公寓、开心岛游艇俱乐部等娱乐配套设施。

仙宫景区 位于云和县紧水滩镇，距云和县城10余千米，紧邻丽龙高速公路和53省道丽浦线。景区面积16平方千米，是一个以碧水、深湖、野生鱼为主题特色的综合性休闲度假旅游景区。景区依托云和湖良好的生态环境和紧水滩电站水电文化资源，建成以水电科普为主题的工业游览线，以垂钓、水上运动为主题的仙宫渔乐线，以瓯江中帆影、佛教文化和船帮文化为主题的"十里云河"游览线。景区有浙西南第一座无动力滑索，国内第一座可随水位自动伸缩的仙宫浮桥等水上娱乐项目，既是摄影创作基地，也是自驾车旅游指定景区。

小顺景区 位于云和县石塘镇，距53省道100米，距丽龙高速公路石塘出口8千米，距丽水城区30多千米。景区内有周恩来视察纪念碑、南宋古墓遗址、摄影采风会所、长汀风情区、龙石水寨区、银坑猎谷区等。旅游配套设施齐全，是旅游观光、休闲度假、会议会晤的理想选择。

二、瓯江中游（南明湖）水上游

南明湖地处瓯江中游段，贯穿丽水市区，是开潭水利枢纽蓄水形成的人工湖。湖长14.12千米，湖面宽度200~600米，湖区水域面积5.6平方千米，与杭州西湖水域面积相当。南明湖景区是瓯江自然景色最优美的河段，山青水秀、湖光山色、建有游船码头、古城水上乐园，乘游船可尽情欣赏南明湖秀丽的风光。

南明湖游船码头 位于南明湖3号码头、市区花园路南端、紧靠江滨公园、南明湖北岸，置有游船1艘（浙丽水游1001号），可乘坐32人，开辟船线有：下至开潭电站大坝，航程10千米；上溯至莲都区联城镇敏河村瓯江边，航程16千米。

南明湖古城水上乐园 位于南明湖1号码头。丽水市区东古城岛对面沿好溪防洪堤岸边。置有各种类型娱乐船27艘。其中大型篷式娱乐船2艘，每艘可载客10人，小型篷式娱乐船2艘，每艘载客4人，亭式娱乐船3艘，每艘载客6人，脚踏式娱乐船15艘，每艘载客2人，脚踏式水上自行船5艘，每艘载客3人。活动水域面积约6.66公顷（100亩），娱乐船溯好溪（南明湖）而上可达青林村，往下出好溪200米即达瓯江主流（南明湖），可尽情游乐，饱览南明湖风光。

三、漂流

神龙谷漂流 景区位于遂昌县垵口乡的森林峡谷中，有瓯江源之称，距县城35千米。漂流全长3.5千米，落差跌水有10余处，险滩、清潭、河湾、飞瀑、巨石、拱桥、苍松、飞鸟、游鱼……可谓风光无限。

乌溪江漂流 景区位于遂昌县王村口镇大溪坝，距县城55千米。漂流河段全长3.5千米，青山环绕、自然风景优美，水流急、落差大，激流冲击着山石溅起层层浪花，橡皮艇在波峰浪谷中颠簸、跳荡，漂流者尽情释放激情与活力。

白口漂流 位于莲都区白口村瓯江边松林,占地面积近1.5公顷,距丽水市区10多千米。除江边建有多种娱乐项目如乒乓球、排球等之外,在水上置有竹筏30条,汽艇两艘。这段河道,水势平缓,乘筏慢漂闲流,悠然自得,放松好心情。驾艇飞驰,浪花四溅,真是湖宽任你“飞”,别有一番滋味。

大均畲乡浮伞漂流区 位于景宁畲族自治县大均乡政府驻地大均村。距县城12千米,有青(田)景(宁)庆(元)公路通过。大均古村始建于唐末、五代,一千多年来是瓯江支流小溪流域的水陆交通枢纽,有“小溪明珠”“浙南芙蓉镇”之美称。已开发的旅游项目有浮伞仙漂、畲族婚俗等项目。

大均漂流系一条观赏游憩漂流河段。有漂流航线2条:梅花圩至大均,航程4千米,有12座皮筏艇15只、6座皮筏艇7只;大均村至大赤坑,航程4千米,途经十潭九滩四壁一礁群,水流时缓时急,缓时轻舟慢行,荡漾悠然,急时飞奔直下,击起层层浪花,溅湿游客衣裤,十分惊险,被省航道漂流专家组评为全省大漂流航道中最为惊险的一条漂流道。浮伞仙漂可同时接受260余人漂流,尽可观赏滩潭相接的水上奇绝风光;橡皮艇漂流更是有惊无险,急流险滩,撞浪翻腾,飞流直下,有着百分之百的狂飙感受,同时饱览潭丽、峰奇、林古、人朴的畲乡山水风光。

游客浮伞仙漂后,可在大均村观看诙谐风趣且又喜庆吉祥的畲族婚俗。从男方迎亲队伍出发、女方拦路对歌,进女方家后相互作揖、奉茶、赤郎借锅杀鸡、罚酒抹乌脸、双方对歌、新娘留箸、吃千金饭、留风水、行嫁、传代、合卺酒、传火种一系列婚俗情节,作畲族婚俗风情演示。由于有浓厚的畲族文化意蕴,参与性强,深受海内外游客观赏好评。

附 录

丽水火车站站房

附录在正文后面共刊录了与正文有关的文章、专用术语、参考资料等15篇，其中有：

丽水市人民政府关于发展交通方面的文件，市交通部门发展交通的规划、取得的业绩；发展港航的重大决策，丽水港总体规划；

金温铁路、金丽温铁路扩能改造工程、衢宁铁路工程以及丽水机场前期准备工作，截至2010年底，因管辖关系，且资料缺佚，故在附录内刊载为妥；

《丽水市交通志》是1995年版《丽水地区交通志》的续志，记述年限为1991~2010年，为便于清晰掌握事件发展脉络，录用了《丽水地区交通志》部分大事记以及古道、古桥；

中华人民共和国建立后，地区交通局党政领导人为发展山区交通事业披荆斩棘、无私奉献，创建了巨大业绩，特此1990年前地区交通局历届党政领导人以重笔记载于附录中；

从1950~1990年，全区交通系统高级职称获得者和地级以上单位表彰的先进集体、先进个人，他们同样为发展全区交通奉献了自己的才智和艰辛，作出了应有贡献，为让全市交通人永远铭记他们的劳动成果，也不惜浓墨刊于附录内；

最后为使广大读者更深刻地理解正文中的有关内容，选解部分专用术语，以作为正文之补充。

一、丽水市人民政府
关于印发丽水市乡村康庄工程实施意见的通知

（丽政发〔2003〕77号）

各县（市、区）人民政府，市政府直属各单位：

《丽水市乡村康庄工程实施意见》已经市政府同意，现印发给你们，请认真组织实施。

二00三年九月二十九日

丽水市乡村康庄工程实施意见

为贯彻落实省委、省政府全面建设小康社会、提前基本实现现代化的战略决策和实现丽水交通的跨越式发展，根据《浙江省乡村康庄工程实施意见》、《浙江省农村通村公路改造工程管理实施细则》、《丽水市乡村康庄工程实施意见》的精神，结合丽水实际，制定本实施意见。

一、指导思想和原则

以邓小平理论和“三个代表”重要思想为指导，全面贯彻党的十六大精神，紧紧围绕发展农村经济、方便群众出行、全面建设小康社会的目标，紧紧抓住我省交通实施“六大工程”、实现跨越式发展的历史机遇，坚持“依靠政府、发动群众、科学规划、规范管理、因地制宜、分类指导、尽力而为、加快发展”的原则，把乡村康庄工程建成民心工程、精品工程、廉政工程。

二、总体目标和任务

（一）总体目标。用三年时间全面完成通乡公路等级化、路面硬化。新建通6个乡镇的等级公路198.5千米，改造通94个乡镇的公路路面1513千米，使全市通乡镇等级公路的通乡率达到100%，硬化率达到100%。

用五年时间按交通部颁发的《公路工程技术标准》的单车道四级公路和《浙江省准四级公路工程技术标准（试行）》（暂定名）改造完成通行政村公路5550千米，使省定地方标准以上公路通村率达85%。硬化通行政村公路路面2500千米，使通村公路硬化率达53%。原则上，改造完成通行政村的公路应同步完成路面硬化。

（二）各县（市、区）具体任务（编者注：省略）

三、技术标准和补助标准

（一）通乡、通村公路的技术标准。凡是享受通乡公路和通村公路省以上补助资金的项目，必须达到以下技术标准并验收合格：

1.通乡公路路基改造必须达到四级及以上公路标准，路面铺装必须为高级、次高级路面。

2. 通村公路路基改造必须达到准四级及以上公路标准，路面铺装应达到次高级路面以上。

3.路面结构由基层和面层组成。基层类型按因地制宜、就地取材的原则，根据预测的车辆轴载情况，可采用柔性或半刚性基层，其厚度一般为15~20厘米；面层类型和厚度依据相应等级标准和交通量确定。

（二）通乡、通村公路的补助标准。农村公路采用省以上补助，县、乡、村自筹办法。具体补助标准为：

1.通乡公路新（改）建路基省补助25万元/千米，路面硬化18万元/千米。

2.通村公路的补助标准：青田、云和、景宁县通村公路路基改造省以上补助12万元/千米，路面铺装12万元/千米；其它县（市、区）通村公路路基改造省以上补助10万元/千米，路面铺装10万元/千米。

四、要求和措施

（一）健全组织，明确职责。为确保乡村康庄工程的有序进行，根据省里要求，丽水市政府已成立农村公路建设领导小组，下设办公室，办公室设在市交通局。主要负责全市乡村康庄工程组织实施的日常事务，负责对农村公路改造的计划、指导、协调、监督和检查。市计委会同交通部门负责全市国债资金项目的编制上报和监督实施；各县（市、区）人民政府应抓紧成立领导小组，在各县（市、区）交通局设办公室，并由县（市、区）交通局主要领导挂帅，成立相应的工程管理机构，会同计委编制五年和年度建设计划，具体负责辖区内工程项目实施管理工作；各县（市、区）乡镇要建立乡村康庄工程建设指挥部，由乡镇一把手任指挥，各村（有任务的村）建立工作班子，负责具体工作。

丽水市人民政府每年与各县（市、区）人民政府签订目标考核责任状，列入市政府对各县（市、区）政府的考核目标进行考核。对经考核合格、成绩突出的县（市、区）人民政府和交通主管部门进行表彰、奖励。

（二）科学规划、分年实施。各县（市、区）政府要根据新农村的规划，做好农村公路的规划。在制定规划、计划中，要坚持集约优化合理配置的原则，要与小城镇建设相结合，与实施“百村示范、千村整治”工程相结合，与易地脱贫和人口梯度转移相结合，与农村工业经济和农业结构调整相结合，与土地资源和旅游开发相结合，与工程相结合，确定行政村的布点规划，对规划中列入下山脱贫的行政村，不列入改造计划。同时结合本地实际，提出分年度实施计划。

（三）科学设计、建设项目库。农村公路的设计应严格按交通部颁布的《公路工程技术标准》单车道四级公路或《浙江省准四级公路工程技术标准》执行，必须在充分利用现有简易公路的基础上进行适度改造，避免出现二个极端做法：一是盲目提高标准，完全丢弃老路，另僻新线，造成投资大、环境破坏严重；二是降低标准，导致无法达到等级公路标准，建成后通路无法通车的被动局面。

农村公路设计采用一阶段施工图设计,设计单位可选择有相应资质的设计单位,或组织有资格的技术人员实行简易设计,但需经设计咨询单位审核。设计中考虑到农村公路系老路改造,故在设计中要充分考虑水土保持和环境保护的相关因素,不再单独编制水土保持和环境评估报告。各县(市、区)交通局设计室(所)要为农村公路设计提供优质服务,交通局组织有关部门审查批准。

各县(市、区)要根据各自规划和分年度实施计划,提前做好项目设计,建立项目库,为下一年计划安排提供充足的项目贮备。

(四)规范建设程序、确保工程质量。县(市、区)人民政府批准(认可)的机构或组织为通村公路改造工程的项目业主。各级交通主管部门要切实履行行业监管职责,严格执行国家计委、交通部的《县际及农村公路改造工程管理办法》和省计委、交通厅的《浙江省农村公路改造工程管理实施细则》的有关规定。在乡村康庄工程的组织实施中,工程施工单位原则上采取公开招标确定,有的也可以采用邀请招标方式确定,可在本市有土建资质的企业中招标,一般工程招标工作由各县(市、区)交通局负责监督管理,招标形式原则采用无标底方法。

工程质量管理要建立三级质量保证体系。一是政府监督。在市质监站监督指导下,由各县(市、区)交通局兼职监督工程师负责监督。二是工程监理。有条件的项目可委托有资质的监理公司负责工程监理,也可由村民委员会公开推选村民代表负责现场监理工作,但必须有专业技术人员作指导。三是各中标施工单位要建立企业质量自检体系,确保工程质量。同时,各地在工程建设过程中要加强安全管理和施工现场管理,把好安全生产关。

(五)资金筹措和管理。各级政府要统一认识,抓住中央国债和交通部、省交通厅加大对农村公路建设投入的机遇,增加财政投入,以争取上级更多支持。农村公路建设应坚持以当地政府为主,采用上级补一点,当地政府拿一点,乡村群众自筹一点等办法,促使农村公路建设目标早日实现。各县(市、区)除省以上补助外,要采取有力措施建立农村公路地方财政投入机制,每年安排不少于500万元的资金用于乡村康庄工程建设,并视工程进展情况,安排一定的资金作为乡村康庄工程建设周转资金。各行政村的自筹资金要严格按照国家关于农村税费改革的有关规定,在不增加农民负担的前提下,充分尊重村民委员会作为一级自治组织,采用“一事一议”的办法,引导农民自愿出义务工或出资,并积极动员社会、企业、个人以各种形式支持农村公路建设。

计委、财政和交通主管部门要切实加强农村公路建设资金的监管和审计,确保资金的安全使用。要对资金实行专户存储、专款专用、单独建帐、单独核算、进行规范化管理。原则上省补偿金由县(市、区)根据通村道路路基改造的难易程度进行统筹安排。国债资金只能用于支付通村公路改造工程款,不得用于偿还银行贷款和支付拖欠的工程款。任何单位、组织和个人不得任意滞留、截留、挤占或挪用、超范围使用项目资金。各项目根据施工图预算确定建设资金总额,除省、县补助资金外,缺口资金由各行政村自筹到位,统一汇入乡镇专户。村委会对建路不是很紧迫,"一事一议"无法形成建路决议的行政村,将取消建设项目。农村公路建设中涉及到土地补偿和房屋拆迁等政策处理费用,均由各乡、村自行解决。农村公路项目建成后,要组织审计,任何单位和个人均不得侵吞建设资金,项目结余资金将归还项目所在地的村委会,作为村道养护资金使用。

(六)各方联动,政策支持。市国土局、林业局、公安局、水利局、环保局、财政局等部门对下列事项要简化办事程序、实行优惠政策:

1.农村公路建设由各行政村自行调剂用地。

2.占用林地由各村自行调剂,林木砍伐根据工程建设需要向林业部门报批。

3.允许有资质的施工队伍自行组织爆破,对乡村康庄工程所需的民爆物品,简化审批手续,提高服务质量。

4.在施工图设计中不再单独编制环境评价报告和水土保持方案,但要充分考虑环境保护和水土保持相关因素,要有相关内容说明,并在设计审查及工程验收时请环保、水利部门参与把关。

5.电力、通讯等部门的管线设施迁移,按照"谁家孩子谁家抱"的原则,由所有权单位负责迁移并免收费用。

6.农村公路建设中涉及到的有关规费均予免征,农村公路建设缴纳的税收,留地方部分补助用于乡村公路建设。

(七)工程竣工验收。工程建设完工,由各施工单位提供竣工验收的资料后,由各乡镇报告县(市、区)交通局组织竣工验收。

五、廉政建设

各地在实施乡村康庄工程过程中,必须制定廉政措施,落实廉政责任制,全面推行廉政合同,把乡村康庄工程建设成为廉政工程。

2003年各县(市、区)康庄工程任务一览表

单位:千米

	全市(合计)				莲都区				龙泉市				青田县				缙云县			
	通乡		通村		通乡		通村		通乡		通村		通乡		通村		通乡		通村	
	路基	路面	路基	路面	路基	路面	路基	路面	路基	路面	路基	路面	路基	路面	路基	路面	路基	路面	路基	路面
一、国债资金(浙交〔2003〕387号)	0	0	444.1	149.7			55.8	4			67.3	31			61.3				29.5	41.9
二、省补通村(浙交〔2003〕338号)	22	184.8	0	0		12.5				34				24.5				43		
三、省补通村(浙交〔2003〕338号)	0	0	31.6	50.5				6				6			10	5			7.6	5
四、省补百贫乡通村(浙交〔2003〕338号)	0	0	13.5	84				3				3			6.5	26				9
小计	22	184.8	489.2	284.2	0	12.5	55.8	13	0	34	67.3	40	0	24.5	77.8	31	0	43	37.1	55.9
合计	980.2				81.3				141.3				133.3				136			

续表

	遂昌县				松阳县				云和县				庆元县				景宁县			
	通乡		通村		通乡		通村		通乡		通村		通乡		通村		通乡		通村	
	路基	路面	路基	路面	路基	路面	路基	路面	路基	路面	路基	路面	路基	路面	路基	路面	路基	路面	路基	路面
一、国债资金（浙交〔2003〕387号）			40	35.3			57.3				41.3				53.8				37.8	37.5
二、省补通村（浙交〔2003〕338号）		31				10.8								15			22	14		
三、省补通村（浙交〔2003〕338号）				12			14	3				4.5				9				
四、省补百贫乡通村（浙交〔2003〕338号）			2	7				6			5	10								20
小计	0	31	42	54.3	0	10.8	71.3	9	0	0	46.3	14.5	0	15	53.8	9	22	14	37.8	57.5
合计	127.3				91.1				60.8				77.8				131.3			

二、丽水市人民政府
关于印发丽水市公路两侧控制区管理办法的通知

（丽政发〔2007〕9 号）

各县(市、区)人民政府,市政府直属各单位：

现将《丽水市公路两侧控制区管理办法》印发给你们,请认真贯彻执行。

二 00 七年一月二十三日

丽水市公路两侧控制区管理办法

第一条 为加强对公路两侧控制区的管理,提高公路通行能力,减少交通事故隐患,保障公路安全畅通,根据《中华人民共和国公路法》、《浙江省公路路政管理条例》和《浙江省高速公路运行管理办法》等法律、法规和规章,结合我市实际,制定本办法。

第二条 本办法所称公路两侧控制区，是指本市范围内县级以上人民政府按照国家规定在公路两侧划定的一定范围内的区域,包括公路用地、公路建筑控制区及公路两侧一定距离内禁止实施危害公路完好、安全、畅通行为的区域。

第三条 本市行政区域内高速公路、国道、省道、县道、乡道和村道(以下统称公路)两侧控制区的管理须遵守本办法。

第四条 各级人民政府应当重视公路两侧控制区管理。公路沿线乡镇政府应采取积极措施,协助好公路两侧控制区的管理工作。

各级交通主管部门主管辖区内公路控制区的管理工作。各级公路管理机构具体负责本辖区内公路控制区的日常管理工作。

公安、建设(规划)、国土资源、安监、水利、农业、林业、环境保护、工商行政管理等部门按照各自职责,做好公路两侧控制区的有关管理工作。

第五条 公路两侧边沟(截水沟、坡脚护坡道)外缘起不少于一米区域为公路用地。

第六条 禁止任何单位和个人在公路用地内实施下列行为：

(一)倾倒或者堆放废土、垃圾等固体废弃物,排放污水、污物；

(二)堵塞水道,挖沟引水；

(三)挖砂、采石、取土；

(四)设置电线杆、变压器、维修场、停车场、洗车点或者加水点；

(五)集市贸易、摆摊设点、搭建棚屋或者砖窑、堆放或者摊晒物品；

(六)利用公路桥梁、隧道铺设输送易燃易爆和有毒物品的管道,利用公路桥涵堆放物品、搭建设施,在公路桥涵附近焚烧物品;

(七)法律、法规规定的其他损坏、污染公路或者影响公路畅通和交通安全的活动。

第七条 公路两侧建筑控制区是指公路两侧边沟外缘(高速公路隔离栅)向外一定距离内,除公路防护、养护需要外,禁止修建建筑物和地面构筑物的范围。县级以上人民政府依照职权对公路建筑控制区的范围按照下列标准划定:

(一)高速公路的建筑控制区为公路两侧隔离栅(无隔离栅的,从两侧外缘算)起不少于30米、互通立交和特大型桥梁不少于50米;

(二)国道的建筑控制区为从公路两侧边沟外缘起不少于20米;

(三)省道的建筑控制区为从公路两侧边沟外缘起不少于15米;

(四)县道的建筑控制区为从公路两侧边沟外缘起不少于10米;

(五)乡道的建筑控制区为从公路两侧边沟外缘起不少于5米;

(六)村道的建筑控制区范围依照村镇规划合理确定。

第八条 除公路防护、养护需要的以外,禁止在公路两侧建筑控制区内修建建筑物和地面构筑物。建筑控制区内的违章建筑,由公路管理机构依照有关法律、法规规定拆除,不予补偿。建筑控制区内原有合法的建筑物和构筑物,因公路建设或者交通安全等原因需要拆除的,应当在依法补偿后予以拆除;对公路建设及交通安全无影响的,可以保留;保留的住宅经鉴定机构鉴定确属危房,又不影响交通安全的,经公路管理机构同意,报国土、建设等相关部门批准,可以进行修缮加固或修复但不得扩大占地面积和建筑面积。

需要在公路建筑控制区内埋设管线、电缆等设施的,应事先经公路管理机构批准。

在公路建筑控制区范围内实施基本建设项目工程的,应事先征求公路管理部门意见。

第九条 在大中型公路桥梁和渡口周围二百米、公路隧道上方和洞口外一百米范围外,以及在公路两侧一定距离内,不得挖砂、采石、取土,不得进行爆破作业及其他危及公路、公路桥梁、公路隧道、公路渡口安全的活动。

第十条 公路与城市道路的划分,由交通主管部门、公路管理机构会同建设部门向本级政府提出,由政府按规定程序报批。

城市规划区由公路管理机构建设、养护、管理的公路路段,其两侧建筑控制区按本办法执行;经协商移交建设部门养护与管理的路段,其两侧建筑限界,由建设部门按有关规定负责控制。

第十一条 国土资源、建设(规划)、水利等部门审批涉及公路控制区的建设项目和公路、桥梁、隧道沿线河道挖砂、采石项目,应严格执行本办法,并加强对公路两侧控制区的监督检查;违法审批造成后果的,应追究相关人员责任,并由审批机关承担相应的赔偿责任。

第十二条 在公路沿线规划新建、扩建村镇、开发区等，应当符合公路控制区管理的相关规定，规划项目应与公路保持规定的距离并避免在公路两侧对应平行进行，防止公路街道化，影响公路的运行安全与畅通。

第十三条 违反本办法第六条规定的，依照《浙江省公路路政管理条例》第五十条规定，由县级以上公路管理机构责令停止违法行为、限期清除障碍、恢复原状；情节严重的，处五千元以下罚款；责任人逾期未清除障碍或者恢复原状的，由县级以上公路管理机构清除障碍、恢复原状，所需费用由责任人承担。

第十四条 违反本办法第八条规定，在公路建筑控制区内修建建筑物、地面构筑物或者擅自埋设管线、电缆等设施的，依照《中华人民共和国公路法》第八十一条和《浙江省公路路政管理条例》第四十九条规定，由公路管理机构责令限期拆除，并可以处五万元以下的罚款。逾期不拆除的，由公路管理机构拆除，有关费用由建筑者、构筑者承担。

第十五条 违反本法第九条规定，从事危及公路安全作业的，依照《中华人民共和国公路法》第七十六条和《浙江省公路路政管理条例》第四十九条规定，由公路管理机构责令停止违法行为，可以处三万元以下的罚款。

第十六条 拒绝、阻碍公路路政人员依法执行公务的，由公安机关依照《中华人民共和国治安管理处罚法》的规定，予以处罚；构成犯罪的，依法追究刑事责任。

第十七条 当事人对公路管理机构作出的行政处罚、行政强制措施决定不服的，可依法申请行政复议或向人民法院提起行政诉讼；逾期不申请行政复议、也不提起行政诉讼，又不履行行政处罚决定的，公路管理机构可以申请人民法院强制执行。

第十八条 公路管理机构及其工作人员有下列行为之一的，按照管理权限由有关部门对负有直接责任的主管人员以及直接责任人员给予行政处分；构成犯罪的，依法追究行政责任：

(一)执行职务未按规定佩戴标志或者未持证上岗的；

(二)对公路施工作业未按规定及时验收并恢复公路通行的；

(三)未按规定实施行政许可的；

(四)未按规定实施行政处罚的；

(五)未按规定实施强制措施的；

(六)因监督管理不力，造成公路较大损害或者他人人身损害、财产损失的；

(七)其他玩忽职守、徇私舞弊、滥用职权的。

第十九条 本办法自 2007 年 3 月 1 日起施行。法律、法规另有规定的，从其规定。

三、丽水市交通发展 “十五”、“十一五”规划执行业绩

“十五”(2001~2005)时期,丽水市公路主骨架规划目标:“一纵三横一绕两线六通道。

“一纵”为金丽温高速公路;

“三横”为台缙高速公路、丽龙庆高速公路、龙丽温高速公路(由龙丽段和云景温段组成);

“一绕”为丽水绕城一级公路;

“两线”为51省道遂龙线和重要县道青景庆线;

“六通道”为云寿、青岱、龙花、磐缙、菊寿、遂(昌)江(山)等跨市公路。

围绕公路主骨架,“十五”期间重点实施“高速网络工程”、“干线畅通工程”、“乡村康庄工程”。

《丽水市公路水路交通“十一五”规划》制定于2006年12月28日。至“十五”末,全市公路通车总里程4809.24千米,其中国道129.77千米,省道12条971.16千米,高速公路127.64千米,等级公路总里程4552.46千米。高级、次高级路面铺装率89.9%。

“十一五”(2006~2010)公路发展规划为6大目标:

实施公路畅通战略,实现公路网络现代化。

到2010年,全市公路总里程达5500千米,公路密度达31.8千米/百平方千米,平均技术等级达到3.29。高速公路里程达406千米,实现所有县(市、区)通高速公路。农村公路里程达7810千米,标准化农村公路通村率达89.5%,通村公路硬化率达81.7%。

“十一五”建设重点实施“315”工程。

“3”——建设300千米高速公路。

“1”——建设和改造1000千米干线公路。

“5”——建成农村等级公路5000千米。

公路建设规划

一、高速公路

全市高速公路网的规划重点是“联结省内、贯通省外”,总体布局为“一纵三横”,其中一纵为金丽温高速公路(即G25长深高速缙丽段和G1513温丽高速青丽段),“十五”期已建成通车。“十一五”期重点实施三横,建成S28台金高速缙云段、S33龙丽温高速龙丽段、G25长深高速丽龙庆高速丽龙段及云景高速云和至景宁城关段,同时做好丽龙庆高速龙泉至武夷山支线40千米的前期工作。争取“十一五”期末动工建设。“十一五”期建成高速公路里程278.4千米。

(一)台(金)缙高速缙云段

建设里程 16.8 千米，总投资 11 亿元。2003 年动工建设，计划 2007 年建成，“十一五”期投资约 6.6 亿元。（说明：台金高速已于 2008 年 12 月 31 日 24 时全线建成通车。缙云段主线长 13.723 千米，匝道及连接线 9.53 千米。总投资 10.97 亿元）。

（二）丽龙庆高速公路

丽水—龙泉—庆元高速公路是全省高速公路网的组成部分，是实现县县通高速、贯通福建省高速公路网的重要线路，是我省通往福建及闽粤地区的大通道，并与黄（山）衢（州）南（平）高速公路相连，对开展省际贸易，优化浙西南交通环境有着非常重要的现实意义，也是丽水市通往福建沿海地市的经济大走廊，对全市经济的发展有着不可低估的作用。该线路建成后，丽水至福州可缩短里程 160 千里。

该线穿越丽水市莲都、云和、龙泉、庆元 4 县（市、区），全长 163 千米，投资 86.2 亿元，另修建龙泉至武夷山支线高速 40 千米。

“十一五”期规划建设：

（1）续建丽龙庆高速公路云和—龙泉段 80 千米，2006 年建成，投资 9.2 亿元。（2）续建丽龙庆高速莲都段 26 千米，2007 年建成，投资 12.5 亿元。（说明：贯穿莲都、云和、龙泉的丽龙高速<G25 长深线丽龙段，全长 102.346 千米。已于 2006 年 12 月底建成贯通>）。（3）新建庆元段高速公路，里程长 57 千米，建设期 2007~2010 年，投资 34.2 亿元。（说明：庆元段即龙庆段，全长 53.961 千米，总投资 45.67 亿元。2010 年 1 月 18 日开工建设，2013 年 6 月 25 日建成验收通车）。（4）做好龙泉到武夷山支线高速公路 40 千米的前期工作。

（三）龙丽温高速公路

（1）龙丽温高速公路龙丽段。龙（游）丽（水）高速公路连接杭金衢高速公路、杭新景高速公路和丽龙庆高速公路，穿越丽水市遂昌、松阳、莲都 3 县（区），全长 85 千米，投资 42.6 亿元。“十五”期已动工建设，计划 2006 年建成，“十一五”期投资 10.7 亿元。（说明：龙丽高速丽水段建设里程 84.838 千米，2003 年 1 月动工，2007 年 1 月 1 日正式通车。概算投资 36.6 亿元，包括建一级公路投资）。（2）龙丽温高速公路云景温段。云景温高速公路北接丽龙庆高速公路，南连温州市绕城高速公路，穿越云和、景宁两县，全长 53 千米，投资 31.8 亿元。“十一五”期已动工建设云和至景宁城关段。

“十一五”期续建云和至景宁城关段高速公路，里程长 13.6 千米，2007 年建成，“十一五”期投资 7 亿元。景宁城关至温州段 39.4 千米，“十一五”期完成前期工作，“十二五”期建成。（说明：云景高速北接丽龙高速云和枢纽，终点景宁县城北鸭蛋坑口，按右线计全长 11.524 千米，2008 年 3 月动工建设，2013 年 4 月 10 日已正式通车。总投资 14.62 亿元）。

二、国省道及区域干线公路

“十一五”期国省道区域干线公路建设将重点围绕“一绕两线六通道”，全面进行国道和大部分省道的技术改造,建设和改造1079千米干线公路。其中建成一级公路78千米,二级公路415千米,省县道路面改造600千米。

1.丽水市区绕城公路

丽水市区绕城公路按一级公路标准建设,长28.2千米,分段分3期建设,至2010年底,绕城南线、东线和北线东段前后于2006年12月和2008年12月完成交工投入使用;绕城西线和北线一部分,工程于2007年底开工,2012年10月27日通车。全长26.4千米。总投资9.50亿元。

2.庆景青公路(2010年,改称青景庆公路)

起于庆元县,经景宁、青田接温州瓯海,途经3县8个镇12个乡,是丽水市腹地东西向的重要交通要道之一,规划为二级公路,辖区内长216千米。建成后,从庆元到青田可缩短里程近90千米,将改善3县的交通环境,带动3个县20个乡镇的经济发展。"十五"期结合滩坑电站建设,景宁、青田境内130千米已开工建设,投资约8亿元,"十五"期预计完成4亿元。

"十一五"期计划建设:

(1)续建景宁、青田境内(滩坑电站淹没段复建)130千米,计划2007年建成,投资4亿元。

(2)动工建设景宁至庆元段86千米,建设期2008~2010年,投资约6亿元。

3.新建S227(51)省道遂龙复线。

4.改造S228(52)省道云寿线。

5.改造S230(57)省道青岱线。

6.改造S328(53)省道丽浦线龙泉至花桥段。

7.改造S219(42)省道磐缙线缙云壶镇至交界潘溪段16千米及仙都过境段5千米,按二级公路标准改造,合计总里程约21千米。

8.改造S329(55)省道菊寿线,"十一五"期完成二级公路改造前期工作。

9.启动建设遂昌至江山线遂昌焦滩至交界九牛岙段,按二级公路标准建造,建设期2010~2014年。

10.改造S333(49)省道六东线青田至温溪段。

11.建设缙云壶镇至外堰一级公路。

该路段沿途经缙云壶镇、东方、新碧、新建镇,起于壶镇,连接台金(缙)高速,终于新建,连接金丽温高速(长深线缙丽段)公路新建互通,建成后可使丽水、缙云沿线乡镇上台金(缙)高速公路里程大大缩短。"十一五"期计划按一级公路标准建设该项目,里程长25.4千米,建设期限为2006~2008年,投资约5.5亿元。

12.改造S229(54)、S329(55)省道龙泉至庆元段。

13.改造S229(54)省道菊水至后山桥段。

14.改造 S322(35)省道临石线三溪盛园至胡宅口段,里程长 21 千米,可比原线缩短 7 千米,计划按二级公路标准建设,期限 2008~2009 年,投资约 1.5 亿元。

15.新建松阳大东坝经龙泉供村至安仁公路 53 千米,按三级公路标准建设,建设期 2006~2008 年,投资 4.3 亿元。

三、重要县道

有坦五线玉岭头至五里牌段 4.8 千米改建工程, 平黄公路仙都风景区过境段 6 千米改造工程,新建遂昌金岸至力其桥公路 20 千米,新建松阳西屏至叶村公路 16 千米。上述县道均按二级公路标准建设。

四、省县道路面砂改油

为了进一步提高路网效益,“十一五”期将实施省县道路面砂改油 600 千米,投资 10.8 亿元。

五、农村公路建设

规划在“十五”通达的基础上,全面实施“乡村康庄工程”,提高通村公路技术标准和路面硬化率,至 2010 年,全市标准化公路通村率达 97%,通村公路路面硬化率达 80%。

“十一五”期建设农村等级公路 5700 千米,路面硬化 6800 千米,投资约 28 亿元。

六、公路站场建设

“十一五”期,初步完成丽水市客运站场体系的合理布局,重点完成遂昌客运新站、松阳客运新站、景宁客运中心、龙泉客运中心、缙云客运站、青田客运老站等客运枢纽站场的改造和建设。全市 39.38%乡镇要建成准四级以上客运站或简易站,全市 27.2%行政村要建成港湾式停靠站,即地区性公路枢纽、站场建设 17 个;乡镇客运站建设 42 个;港湾式停靠站建设 190 个,总投资 6.52 亿元。

“十一五”期货运站场建设,重点完成水阁国际物流园区、丽水公铁联运物流园区、丽水岩泉物流园区、青田温溪货运交易市场、云和县物流中心、龙泉货运交易市场、遂昌货运站、缙云新碧物流交易市场、松阳物流中心等区域物流站场设施建设。

“十一五”规划完成情况:

2010 年底,全市公路总里程 13939.86 千米,比 1990 年的 3914.74 千米增加 10025.12 千米, 高速公路 328.771 千米, 比 2005 年的 127.64 千米增加 201.131 千米; 等级公路里程 13910.487 千米,占总里程的 99.8%;高级、次高级路面铺装率 98.6%,比“十五”期末增加 8.7 个百分点;村道 8508.191 千米,比“十五”期末 2695.5 千米增加 5912.691 千米,其中高级、次高级路面铺装率占 98.5%。2010 年底全市 3452 个行政村, 通公路行政村 3431 个, 通村率达 99.4%。

“十一五”期规划的公路站场建设、物流中心、物流园区建设已全面启动。至 2010 年底,全市建成乡镇准四级客运站64个,农村港湾式停靠站611个,其余还有农村客运简易站、招呼站等60多个,极大地方便了村民出行和农副产品、林特产品外运。

至2013年6月25日,全市9个县(市、区)已全部通高速公路,国省道干线网络进一步完善,并实施交通可持续战略,建设了交通绿色通道,形成了一个快速、安全、便捷的交通运输网,全面提高了交通运输能力,开创了丽水市交通事业的新局面,为丽水全市的经济社会持续稳定发展奠定了基础。

水运建设规划

丽水市"十一五"期间水运建设的重点是:一个港口(青田港),一条高等级航道(瓯江干线航道丽水城关至温州江心屿段),以及解决主要库区的水上交通问题。逐步完善水上运输系统,发挥瓯江水系在浙南地区独特的水运优势,使之成为丽水市"融入长三角,接轨大上海,连接长江沿线、沿海及东南亚"的又一条黄金水道。

"十一五"期水路重点实施"11215"工程:

"一干"——瓯江青田至温溪段17千米航道整治,达到可通航1000吨级海轮;丽水至青田段69千米航道,结合水资源的梯级开发,按通航500吨级内河船舶进行整治。

"一支"——瓯江支流小溪三溪口(注:应是湖边)至滩坑电站大坝段48.11千米航道,结合滩坑电站建设进行整治,达到可通航100吨级内河船舶。

"两港"——建设青田港和丽水港。

"十五座码头"——建设库区交通码头15座。

一、内河高等级航道——瓯江干线

瓯江干线丽水至温州航道全长122千米,是浙江省内河航运规划中"十线"的组成部分。其中,温州—温溪港,水深条件良好,1000吨级海轮可通达温溪港(注:已通航1300吨海轮)。青田—温溪段航道17千米,经过几年挖砂疏浚,航道水深有明显改善,通航条件较好。"十一五"期间,有必要将瓯江青田至温溪17千米航道建成能通1000吨级海轮的内河高等级航道。

丽水—青田航道69千米,结合航运开发,规划建造三溪口、外雄、五里亭、开潭4座梯级电站。(注:开潭、五里亭、外雄3座电站至2010年已建成,三溪口电站正在建)。"十一五"跨"十二五"期将实现500吨级内河船舶直通丽水城关,并使丽水至温州形成一条长122千米的内河高等级航道。

规划完成情况(注):

二、内河港口——青田港、丽水港

(一)青田港

青田港位于瓯江丽温段航道中点,是丽水市两个内河主要港口之一,是青田县和瓯江中上游部分地区对外开放的重要窗口及交通运输的中心枢纽。

青田港规划为两部分港区，一为“瓯江部分”港区，主要岸线范围为鹤城至温溪段岸线；二为滩坑交通港区，主要岸线范围为滩坑水库青田段库区岸线。青田港今后将形成瓯江内的鹤城、港头、温溪三大核心港区及滩坑水库青田段交通港区。前三者主要承担杂货、散货、成品油储运和装卸，还具备客运、临港工业、管理、物流、综合服务等功能，后者主要承担客运和少量货物运输。

“十一五”期间，青田港“瓯江部分”三大港区规划新建或改建1000吨级货运泊位5个，500吨级货运泊位15个，300吨级管理泊位3个。滩坑水库交通港区规划建设50~300吨级各类交通、旅游、管理泊位18个。其中：鹤城港区平演作业区新建300吨级管理泊位3个，500吨级货运泊位5个；港头港区高岗新建500吨级货运泊位5个，港头作业区改建500吨级货运泊位6个；温溪港区花岩头作业区改建1000吨级石化泊位2个，马湾作业区改建1000吨级货运泊位3个。

（二）丽水港〔略，见附录：丽水港总体规划(2007~2020)〕

注：“十一五”期，丽水市水运规划实施业绩，包括瓯江干线航道建设，库区码头建设等水上康庄工程，见本志第二篇。

四、打通瓯江中上游出海大通道重大决策

根据中共浙江省委、省政府提出的建设港航强省的要求，丽水市港航管理处于 2004 年制定了《瓯江中上游航运规划》，是年 10 月 26 日，浙江省发改委、省交通厅邀请市水利、环保、国土、建设等部门领导和专家对《规划》进行评审，并通过了审查。2006 年 10 月 8 日，《规划》获省发改委、交通厅正式批复，为打通瓯江中上游出海大通道指明了方向。2007 年 11 月 21 日和 2008 年 10 月 16 日，《青田港总体规划》和《丽水港总体规划》(2007~2010)先后获市政府批复。根据瓯江航运规划，主要建设“一干两支两港”：一干即瓯江干流航道；两支即瓯江支流小溪和松阴溪航道；两港即青田港和丽水港。青田港包括温溪港区、港头港区、鹤城港区(含塔山客运码头)已建成投入使用；丽水港位于瓯江中游、丽水城区范围，包括水阁货运港区、风化货运港区、水东客运中心码头。水阁货运港区位于丽水城区上游水阁，承接上下游来船，以 300 吨级(兼顾 500 吨级)为主；风化货运港区位于南明湖下游，是丽水港面向下游的门户，是丽水港主要货运港区，拟布置危险品泊位，主要为老城区及富岭区块服务，其岸线在瓯江北岸，全长约 2 千米(含塔下岸线)；水东客运中心码头，位于市区好溪口西岸，岸线长 1 千米，以适应水上旅游业的迅猛发展。明确了瓯江航运开发规划重点，通过航道疏浚、部分桥梁改造及开潭、五里亭、外雄、三溪口、青田水利枢纽 5 级电站梯级渠化，贯通丽水市区至温州 122 千米的高等级航道，同时建设青田港、丽水港，构筑一条以丽水港为起点，以瓯江为连线，以温州为跳板的出海通道。

2008 年，省交通厅、省港航管理局将瓯江港航发展纳入交通“三大建设”范畴，是年 8 月 21 日，丽水市政府出台《关于加快丽水市交通事业发展的意见》，以“打通一条出海大通道”为目标，成立丽水市交通建设领导小组，对全市港航建设发展工作进行统一领导、统一规划、统一建设、统一管理，制订五年工作计划。财政投入 2000 万元组建丽水市港航建设发展有限公司，专项负责全市港航建设项目的开发建设、资金筹措及运营管理。丽水市港航管理处根据市政府《意见》精神，致力于加快“瓯江港航建设”。

五、丽水港总体规划(2007~2020)

(节录时有删改)

丽水市区地处瓯江中游,自古以来就有货物装卸,就有港口。抗日战争时期至20世纪50年代,丽水及温州等各地航行的船筏都在大水门一带停泊或装卸。丽水城区瓯江沿岸上起小水门、下至厦河埠,绵延数里,帆樯如林,港口十分发达。丽水港在1986年前,由丽水航管站管理,1986年改为丽水航管所管理,2000年丽水撤地设市后,改为由莲都区航管所管理,2001年7月又改为丽水市航管处直属所管辖,2003年9月改为丽水市港航管理处直属所管理。2006年10月1日,瓯江丽水城关下游的开潭电站大坝下闸蓄水,原有港区被淹没,急需对丽水港作规划调整。同时《丽水市城市总体规划(2004~2020)》已通过审查,港口规划作为城市总体规划的重要组成部分,也应抓紧进行专业规划。

改革开放以来,浙江省的国民经济和社会发展取得了长足进步,丽水作为浙西南中心城市,其发展水平相对滞后于全省的平均水平,为了能赶上和争取超过全省的平均水平,有必要大力促进丽水市的国民经济和社会发展,成为浙江省经济社会发展的新增长点。而从物流角度看,首要的是交通。省公路水路交通建设规划纲要提出,浙江交通要有新的跨越式发展,要实施水运强省工程。据2003年统计,全省水运货运量和周转量分别占到全省综合货运量的近1/3和2/3强。编制丽水港总体规划就是为了促进水运的发展、港口的发展,使港口的发展有目标,港口的管理有依据,港口的建设有序列。

为谋求跨越发展,促进和谐融入,与全省同步提前基本实现现代化。2002年9月,丽水市交通局与其所委托的浙江省港口协会组成课题组,共同负责编制丽水港总体规划,并设顾问对重大问题进行指导。课题组成员到现场踏勘,研究了规划大纲内容和工作计划,进行了分工,落实了外业测量等工作,10月完成了外业测量和地形图数字化处理。同时委托浙江大学港口海岸与近海工程研究所,开展吞吐量发展水平的调查预测,12月提出了经调报告初稿,2003年2月基本完成总体规划初稿,10月提出了最终调研报告,11月完成丽水港总体规划编制,分别征求了相关部门的意见,2004年4月,根据反馈意见对规划作了局部调整,10月26日,省交通厅和市人民政府组织评审丽水港总体布局规划,会议原则同意该规划送审稿,但对客运中心内容有关部门提出了不同意见。为此,港航管理部门对客运中心的选址、规模等有关问题又进行专题研究,同时邀请市有关部门进行座谈,进行了调整。2006年底,根据经济发展态势与市政府领导意见,将路湾货运港区调整为水阁货运港区。2008年10月6日,《丽水港总体规划(2007~2020)》获市政府批复(丽政函〔2008〕84号)。现将丽水港总体规划(2007~2020)简述如下:

一、丽水港发展目标

贯彻党的“国民经济持续、稳定、协调发展”和“以发展综合运输体系为主轴的交通业”方针，本着高起点、高标准建设水运强省的要求，使港口的建设和发展，适应或适当超前于国民经济和社会发展的需求，港口吞吐量2010年将超过500万吨的水平，到2020年将达800万吨的水平。

二、丽水港总体规划编制的主要依据

1.交通部《港口总体规划编制办法》(交规划发〔2006〕469号)

2.《浙江省公路水运交通建设规划纲要(2003~2010)》和《丽水市公路水运交通建设规划(2003~2020)》

3.《丽水市国民经济和社会发展规划(2001~2020)》

4.《丽水市城市总体规划(2004~2020)》

三、丽水港总体规划编制的主要原则

1.统筹安排，合理布局；明确功能，科学分区；互不干扰，集疏畅通。

2.注重环境，保护资源。使港口资源得到充分的开发利用，实现可持续发展战略。

3.与城建、水运等规划相衔接，港城共荣，互相促进，协调发展。

四、规划范围和期限

丽水港总体规划的范围，按照交通部“一城一港”的原则精神确定为丽水市城市总体规划用地范围。

丽水港总体规划的年限，基础年为2006年，近期到2010年，中期到2015年，远期到2020年。

五、港口的性质和功能

丽水港是丽水市的中心港口，是整个浙西南地区的综合性地方港口，为瓯江中上游和浙西南部分地区尤其是丽水中心城市的经济建设和社会发展服务。其主要功能是：

1.丽水市对外开放的重要窗口；

2.丽水市交通运输的水运枢纽；

3.丽水市物流系统的关键节点；

4.丽水市水上旅游的重要支撑。

六、港口的划分及功能

丽水港可分为风化货运港区、水阁货运港区及水东客运中心码头。

七、岸线划分和港区安排

1.风化货运港区

位于开潭电站下游，是丽水港面向下游的门户，是丽水港的主要货运港区，在下游段还需布置危险品的泊位。主要为老城区及富岭区块服务。其岸线在瓯江北岸,全长约 2 千米(含塔下岸线)。港区规划详见图(略)。

2.水阁货运港区

位于丽水城区上游水阁,承接上下游来船,以 300 吨级(部分 500 吨级)为主,是丽水港两大货运港区之一,其岸线在瓯江南岸。主要为水阁及联城区块服务,长 800 米,向上游预留线 700 米,全长 1500 米。港区规划详见图(略)。

3.水东客运中心码头

瓯江是浙江省第二大江,有丰富的旅游资源,随着我国国民经济的快速发展和人民生活的不断提高,水上旅游将迅猛发展,为此在市区江边拟建一个客运中心码头,再配合其他的客运旅游码头,组成一个较完善的丽水客运旅游体系。该中心码头位于好溪口的西岸,岸线长约 1 千米,在防洪堤绿化带内设客运候船室 600 平方米,江滨路北面防洪堤附近设置适当面积的搜救中心。

八、规划分期实施

随着"十一五"期末瓯江内河航运的发展,根据丽水现有港区规划和设施配置,按照各规划期港口吞吐量,集疏运量预测水平和水陆域的规划,吞吐能力与需求的综合平衡。规划泊位总数达 51 个,总投资 6720 万元(未包括货运码头及其他旅游客运码头)。结合瓯江梯级开发进度,对港口总体规划的分期实施序列安排如下:

2010 年前,完成水东客运中心码头 100 客位泊位 4 个;实施风化货运港区 100 吨级泊位 5 个。投资 820 万元。

2011~2015 年,完成风化货运港区 300 吨级泊位 5 个,完成水阁货运港区 300 吨级泊位 5 个;完成水东客运中心码头 100 客位泊位 9 个。投资 2000 万元。

2016~2020 年,完成风化货运港区 500 吨级泊位 5 个,300 吨级泊位 5 个,100 吨级泊位 3 个;完成水阁货运港区 500 吨级泊位 5 个,300 吨级泊位 5 个。投资 3900 万元。

九、航道现状

至 2006 年底,瓯江航区丽水航道里程为 435 千米。航区内营运船舶有 1500 艘,代表性船舶为 100、200、300 吨级内河钢质船、10 吨级内河木质船。随着航道条件的不断改善,300 吨级以至 500 吨级船舶逐渐增多。

1.干线航道

瓯江干线自青田县温溪镇花岩头至龙泉全长 222 千米,其中温溪至鹤城镇段为感潮航段,可通 500 吨级船舶,1500 吨级海轮乘潮可达温溪。丽水以下段航道等级规划为四级,丽水以上段航道规划为六至七级。2006 年瓯江干流航道货物通过量 1000 多万吨。

丽水以上已建紧水滩、石塘、玉溪等 3 座电站,均设有过船设施,水位基本衔接。丽水以下规划建设开潭、五里亭、外雄、三溪口、青田水利枢纽(四都)等电站,水位亦基本衔接,并同步建设500吨级船闸,其中,开潭、五里亭、外雄电站在建。(注:至2014年4月,开潭、五里亭、外雄3座电站已建成,过坝船闸已成功试通航,三溪口电站、青田水利枢纽正在建;玉溪电站坝下至开潭电站水库回水处之间30.5千米航道,玉溪电站发电时,水量大,航道水位升高,定为六级航道,可通100吨级船舶)

2.主要支线航道

小溪航道,自青田三溪口至景宁沙湾,全长为137千米,航道等级为六级。(注:青田、景宁两县境内小溪中游的滩坑电站,2003年10月31日动工建设,2008年4月29日大坝下闸蓄水,从大坝至景宁白马寮大桥,形成长90千米的库区,成为深水航道。滩坑电站大坝不设船闸。小溪航道被大坝拦截为两截,大坝至青田湖边为原有航道,长48.11千米,电站发电放水,水位抬高,利于通航);

松阴溪航道,自大港头至西屏镇,全长42千米,航道等级为七级,规划通航50吨左右的船舶,整治后可通航。

航道现状

航道名称	起迄地点	里程(千米)	现状	航道定级	规划等级
瓯江干线	*温溪花岩头—青田塔下	15	100~300吨	五	四
	青田塔下—丽水	71	30~50吨	五	四
支流小溪	青田三溪口—景宁沙湾	137	10吨	六	
支流松阴溪	大港头—西屏	42		七	七

十、综合评价

(一)地位与作用

1.丽水港在丽水市的综合交通运输体系中占有重要地位,是丽水经济发展的重要组成部分。2006年全市年货运总量超5000万吨,随着瓯江航道的开发和发展,水运应占有一定的比重。

2.丽水港基于它的地理位置优越,经济腹地广阔,辐射范围较大,包括省内温州、台州、金华、衢州等地主要城市和上海、江苏、安徽、山东、长江沿岸主要省市及广东、福建、海南等近海港口,并由此将确立丽水港作为丽水内河中心枢纽港的地位。

3.随着丽水城市化进程的加快实施,丽水港以其潜在发展前景,围绕城市发展目标,完全可以通过合理科学的规划,先进有效的管理,有重点地在货物运输发展、旅游市场培育,外向经济开拓和整体功能的发挥上做好文章，为区域经济的发展和温州后花园的建设尽量实现，发挥十分积极作用。

(二)条件与优势

1.丽水境内江河水量丰沛,温州和丽水两地发达的经济、丰富的资源,加上潜在的广阔的经济腹地,这些优越的自然条件和水上运输特有优势,为丽水港的发展提供了极为有利的自然基础。

2.丽水经济建设走充分利用外资、台资的发展道路,开发建设发展迅猛。2010 年全市工业产值将达 1000 亿元(注:已达到 1328 亿元,其中规模工业实现产值 1141 亿元),生产和生活消耗的煤、油、气等资源和原材料大量调入,腹地内矿建材料与非金属矿产等资源和产品大批外运。水上运输由于其批量大、成本低、能耗少,成为首选的运输方式,进出港货运量将急剧增长。

3.丽水市为国家生态示范区,旅游景点大多傍水依山,环境优美,旅游有着巨大的潜在的发展前景。

4.根据省公路水运交通建设规划,“水运强省”工程已将瓯江列入我省内河主骨架“十线三连”中的“十”线之一,丽水青田港已列入重点建设的全省“七大”内河主要港口。省水运“十一五”建设重点将向瓯江倾斜,瓯江作为丽水的母亲河,在经济建设中将发挥越来越重要的作用,丽水港将成为不可或缺的重要支柱。

5.随着开潭、五里亭、外雄、三溪口电站和青田水利枢纽的建设,瓯江航行条件将得到较大改善。并按省政府批复的航道技术等级建设通航 300 吨级船舶兼顾 500 吨级的船闸,此五级电站建成后,瓯江丽水以下将形成水位衔接的库区航道,航行条件将极大改善,航道等级将得以提高,为水运创造更好的条件。随着腹地经济的快速发展,对外招商引资力度加大,投资环境的完善,进出口贸易的大幅度增长,把集装箱运输作为水上运输结构调整、发展的重点和水上运输新的经济增长点考虑是十分必要的。

6.丽水港现有主要码头 12 处,其规模虽少但疏运快捷,2006 年吞吐量 104.6 万吨,在丽水港整体发展中,货主专用码头经统一规划、调整,在岸线资源、泊位利用等方面,有较大的发展余地。

六、丽水市综合交通发展“十二五”规划

（2011~2015）

（节录。章、目、子目按原文结构，文字有删改）

第三章 指导思想、基本原则、战略重点和总体目标

一、指导思想

深入贯彻科学发展观，全面落实省委“两创”总战略，按照市委市政府“生态立市、工业强市、绿色兴市”和建设生态文明城市的发展要求，以综合交通转型发展为主线，更加注重交通发展方式转变，更加注重交通结构调整，更加注重综合交通运输，更加注重交通体制机制改革，深化城乡交通、区域交通和综合交通统筹发展，加快构建综合交通运输体系，推进交通由传统产业向现代服务业转型升级，为丽水市“全面建设小康社会，争取与全省同步基本实现现代化”奠定坚实综合交通基础。

二、基本原则

1.坚持转型发展

转型发展是丽水市综合交通“十二五”发展主线。综合交通发展将努力适应经济转型、城市转型、社会转型与体制转型的要求，着力构建现代综合运输体系，不断提高“三个服务”的能力和水平，努力实现综合交通运输由传统产业向现代服务业的转型。

2.坚持协调发展

适应经济社会发展要求，实现各种运输方式统筹规划、合理布局、有序建设、集中管理，“建、养、运、管”4 位一体化发展，促进各种交通资源整合和优化配置，着力推进区域交通一体化、城乡交通一体化、综合交通一体化。

3.坚持创新发展

依靠创新不断增强综合交通转型升级的动力，推进综合交通行业体制机制改革和创新，推进交通科技进步和人才队伍建设，提高交通自主科技创新能力，实现“科技兴交、人才强交”。

4.坚持可持续发展

切实履行可持续发展政策，发展低碳经济，打造“低碳交通体系”，努力提高交通运输效能，建设资源节约、环境友好、生态和谐的综合交通运输行业。

三、战略重点

通过打造交通“三个一体化”，加快构建丽水市综合交通运输体系，满足丽水市经济社会

发展的需求。

1.区域交通一体化

以服务于长三角一体化、海峡西岸经济区及金衢丽产业带的交通通道建设为重点，加快区域交通一体化进程，推动区域优势互补，资源整合，促进区域经济一体化和各地区协调发展，为区域经济的合作做好有效的交通运输服务。

2.城乡交通一体化

合理布局城乡路网，推进城乡公交一体化，完善城乡物流网络，建立健全城乡交通协调发展的体制机制，统筹城乡发展，实现“以城带乡、以乡促城、城乡互动”的发展格局。

3.综合交通一体化

统筹兼顾各种运输方式发展，调整优化交通运输结构，形成功能清晰、布局完善、功能合理的综合交通运输体系，实现各种运输方式一体化。

四、发展目标

围绕“交通转型升级”这一发展主线，努力促进“三个”一体化，切实满足“三市并举”发展战略和建设生态文明城市的要求，争取到2015年，交通建设基本适应丽水市经济社会发展的需要。

各种运输方式具体发展目标如下：

铁路交通：重点加快并完成金丽温铁路扩能改造工程，开工建设衢宁铁路、衢丽铁路、龙浦铁路、金台铁路缙云段，到2015年预计铁路总规模达到200千米，形成“五线一枢纽”的高速铁路路网格局。

公路交通：到2015年全市公路网总里程约14866千米，其中高速公路416千米；三级以上公路2000千米，连通所有中心城镇；农村连网公路不断完善，城乡交通统筹发展取得显著成效。

内河航运：加快瓯江航道高等级改造，提升全市高等级航道达标率；内河港口新续建各类泊位，提高内河港口吞吐能力，运力规模达5.2万吨。

运输枢纽：加快等级客运站和物流中心建设，推广农村客货一体站，进一步巩固丽水市作为浙江省西南部交通枢纽的地位。

航空与管道：完成丽水机场项目前期工作，力争“十二五”末开工建设；积极加快输气管道建设，启动输油管道建设的前期工作，力争与全省同步建设成品油输送管线。

第四章 综合交通运输发展布局

根据丽水市“十二五”交通运输发展形势和目标，规划建设“三级网络、三大系统”，为丽水融入长三角、接轨海西经济区和发展旅游经济、建设生态文明城市提供强有力的交通保障。

一、三级网络

(一)区域对外干线交通网络

区域对外干线交通网络由跨市域干线铁路、高等级公路、骨干航道、机场、管网与轻轨交通等共同组成,与周边区域和全国运输网络充分衔接,主要承担过境和出入市域的快速、大容量客货运输,是丽水市沟通周边区域、通达周边主要港口、机场、重要高速公路枢纽的主要交通依托。

1.铁路

“十二五”期间,重点完善全市铁路网规划布局,形成“五线一枢纽”的高速铁路路网格局。即完成金丽温铁路扩能改造,开工建设衢宁铁路、衢丽铁路、龙浦铁路(丽浦铁路龙浦段)、金台铁路和丽水铁路枢纽。

金丽温铁路:属省“十二五”综合交通发展规划的续建项目,是浙江内陆以及丽水市通往沿海地区的重要交通大动脉。项目建设内容为新建双线电气化铁路188千米,其中丽水段约102千米,已进入全面实施阶段,计划于2013年建成。

衢宁铁路:列入国家中长期铁路网项目,并已列入省“十二五”综合交通发展规划。衢宁铁路北起衢州市,纵贯丽水西南部,直至福建省宁德市。该铁路的建设可有效拓展浙西南出省通道,最大程度地联结浙闽两省,增进长三角与海西经济区的交流和互补,有力地促进丽水市与海西经济区重要港口与海西涵盖区衢州、温州之间的紧密联系,充分带动沿线经济社会发展,发挥路网综合效益。

衢丽铁路:列入省“十二五”综合交通发展规划,与金丽温铁路、衢宁铁路相连,有利于充分发挥温州港的腹地效应,有利于带动丽水经济社会发展,有利于发挥铁路路网综合效益。衢丽铁路与衢宁铁路(衢州至松阳段)规划共线,争取“十二五”中后期与衢宁铁路基本同步开工建设。

金台铁路:浙赣铁路沿金丽温铁路从永康向台州港的延伸线,是浙江内陆通往沿海的交通大动脉,也是丽水市通往沿海地区的重要交通通道,将有力地加强丽水与金华、台州沿海的交通联系。“十二五”期间有望开工建设。

丽浦铁路:国家中长期铁路网中已有福建武夷山市接入衢宁铁路至丽水市龙泉附近的规划线位,此线路就近接入龙泉,以后将经云和延伸至丽水市。丽浦铁路实现与沪昆(浙赣)线平等排列,并与金丽温和衢宁铁路一起形成“口”字形路网框架,构建成我省向西南,通过闽北直至赣、粤诸省的出省通道,有助于丽水更好融入长三角、对接海西经济区及赣、粤等省。“十二五”期间,将积极争取丽浦铁路龙浦段开工建设。

温武铁路:东起温州,向西经过文成、泰顺、景宁、云和、龙泉、浦城至武夷山。丽水市境内云和至龙泉至浦城段可与丽浦铁路共线利用。该线西接浦梅铁路,中连衢宁铁路,东至沿海铁路,形成浙西南连接海西区北部直至珠三角的便捷通道,有利于拓展温州港西进通道,加快港口经济发展。“十二五”期间,形成规划研究、打好前期工作基础。

杭广铁路:杭(沪)广铁路由福建南平市接入龙泉,利用丽浦铁路、金丽温铁路至缙云,再经东阳、诸暨引向杭州,或经磐安引至甬金铁路,进而直抵甬沪。杭广铁路可大大增加铁路网灵活性,提升浙江铁路网干线布局。“十二五”期间,争取尽早启动杭广铁路浙江省境内线路研究工作。

城际和城市轻轨交通:轻轨交通是一种城市新型快速轨道交通客运系统,它的客运量在地铁和公共汽车之间。随着丽水中心城市经济社会的发展以及和金华、温州等城市经济交往的日益频繁,人流量必将大量增加。因此,有必要适时开展金丽温城市间及丽水中心城市南北城之间等发展轻轨交通可行性的研究。

2.公路

高速公路:围绕“大路网”发展战略,优化路网结构,规划形成“两横两纵三支”高速公路网。“两横”为丽龙庆高速、武(义)松(阳)龙(泉)高速;“两纵”为金丽温高速、龙(游)丽温高速;“三支”为龙(泉)浦(城)高速、台(州)缙高速、遂(昌)江(山)高速。其中,金丽温高速、龙丽温高速、台(州)缙高速、丽龙庆高速、龙浦高速等5条高速公路是省规划高速公路网组成部分;武松龙高速、遂江高速为新规划研究高速公路。此外,“十二五”期间将从发展的需求出发,研究庆(元)寿(宁)高速的可行性。

公路干线:根据浙江省普通国省道布局调整初步方案,规划形成“七纵七横”普通干线公路网布局。“七纵”为缙云-温州、G330国道、武义-丽水-文成、松阳-景宁-泰顺、武义-松阳-庆元、遂昌-龙泉-庆元、衢州-遂昌-龙泉;“七横”为仙居-缙云-松阳、缙云-丽水-龙泉、遂昌-江山、遂昌-松阳-丽水、青田-景宁-庆元、文成-景宁-龙泉、寿宁-庆元。

3.水路

瓯江航道(丽水至温州段),是丽水出海通道,也是温州港的重要集疏运通道,构筑一条以丽水港为起点,以瓯江为连线,以温州港为跳板的出海通道,通江达海。航道规划等级为Ⅳ(四)级,规划通航内河500吨级船舶,其中温溪大桥以下段规划通航1000吨级以上海轮。

4.机场

2008年丽水机场被列入经国务院批准发布的《全国民用机场布局规划》。2011年丽水机场再次列入国家民航局《中国民用航空发展第十二个五年规划》。丽水机场的性质属于民用航空支线机场,实行军民合用。同时,为发展通用航空,丽水新机场在发展民用航空的同时,规划建设通用航空机场基地。“十二五”期间,丽水机场建设的主要任务是扎实开展前期工作,为机场项目的实质性建设奠定基础。

(二)区域快速交通网络

区域快速交通网络是依托于区域对外干线交通网络,主要为沟通相邻县(市)、联络各交通干线的公路,是高速公路、国省道的有力补充,即为连接市域各县重要节点间的公路,是丽水市统筹城乡发展、加快城乡一体化进程的重要交通基础。由19条联络公路组成,具体如下:缙云新建–新川–武义、黄村–舒洪、雅溪–仙渡–双黄–石笕(–大洋)–季宅–高湖、船寮–东源–黄垟、联城–老竹–丽新、丽新–高溪–峰源–大顺、腊口–章村–峰源、濂竹–云峰–新路湾–北界–应村–金竹、焦滩–蔡源–黄沙腰–柘岱口、白岩–枫坪–大东坝、龙洋–岩樟–龙泉、龙泉–道太–大源–紧水滩、住龙–宝溪–浦城、宝溪–上垟–黄田、兰巨–屏南–四山–屏都、云坛–云和–崇头–云丰–鸬鹚、标溪–家地–官塘–江根、松源–举水–龙溪、北山–万阜。

(三)城乡集散交通网络

城乡集散交通网络是指丽水市下属各县县域内的公路:主要为县城联系乡镇、乡镇间、乡镇到行政村、行政村间联网及连接旅游景点、码头等客货集散节点的公路和支线航道组成,在城乡一体化发展和新农村建设中具有重要作用。

城乡集散公路建设标准原则上县城到乡镇、乡镇间达到三级及以上公路标准;乡镇到城镇化建设重点发展的中心村、中心村之间的路网规划等级远期可考虑三级及以上公路标准,并与城市道路规划建设统筹考虑;乡镇到一般行政村达到四级。瓯江航道丽水市区以上段(龙泉溪)及支线航道发展应根据航道运输需求和自身开发条件合理确定。龙泉溪及支线航道规划为:小溪Ⅵ级航道、龙泉溪Ⅶ级航道、松阴溪Ⅶ级航道。

二、三大系统

(一)运输枢纽站场系统

由综合运输枢纽站场、一般客货运输站场、客货运输集散站点3个层次组成,是丽水市提供运输组织、运输作业的客流、物流集散和转换场所,是运输网络的重要节点和运输生产的重要环节,是实现运输集约化、专业化、信息化的基础平台,为生态旅游提供客、货运输集散和转换服务。

综合运输客货运枢纽:根据丽水铁路加快发展的现实需要,理顺交通换乘、运输组织、道路衔接、空间利用、功能布局等关系,将丽水火车站周边区域(水东)规划建设成丽水中心城区客、货运输结合的中心枢纽,形成铁路客流与城市公交实现零换乘、铁路货流便捷高效流畅的良好格局。同时,根据丽水货物水陆兼有的特点,积极深入研究水东中心枢纽与青田石帆区块的关系,在丽水中心城市规划建设水陆联运的省级物流园区—— 丽水综合物流园区,为丽水综合交通枢纽的扩展留足必要的空间。公路交通方面,规划将市3个一级客运站(客运东站、西站、南站)建设为丽水市的客运枢纽;丽水县(市)一般客货运输站场布局规划8个客运站、17个货运站场(物流中心、配送中心)、6个铁路站和2个港口枢纽。客货运输集散站点主要包括乡镇客货运综合站、农村配送网点、客车停靠点、码头等,为城乡居民及企业的生产、生活提供便捷、可靠的货物运输服务。

(二)运输服务保障系统

运输服务保障系统是充分发挥基础设施服务功能、提高运输管理与服务水平的重要环节,是丽水市现代综合交通运输体系的重要组成部分。

——促进区域运输一体化发展。加快协调统一与周边区域的运输政策,形成统一开放、公平竞争、规范有序的区域一体化运输市场;发展城际客运、城市公交、城乡公交相互间的"一卡通"服务体系;加强市区与各县(市)班线及各县市间班线改造,发展与周边区域对接的小件快运网络。

——继续完善城乡公共客运系统。努力构建各县城通达各镇、交通枢纽、重要产业园区以及相邻各镇间互通的公交系统;实现城乡公交集约化经营。

——加快发展现代物流。整合区域配送资源,加快小件快运网络和城乡配送体系建设,建立和完善现代物流服务体系;推动物流企业的信息化建设,推广应用区域互联互通的物流公共信息系统,推动市域物流公共信息平台建设,促进物流资源整合。培育现代物流市场,发展第三方物流企业。

——提高运输装备技术水平。鼓励运输企业采用高效、安全、环保、低耗的运输装备,优化车船结构,推动运输装备技术升级。

——推进交通运输管理和服务的信息化。建设交通电子政务系统,构建政务办公自动化管理平台;加快交通基础数据库建设,建立方便、实用的公众信息服务系统;推动区域联网售票服务覆盖乡镇客运站;推进先进交通技术应用和普及,建设市域干线公路网交通信息采集和发布系统、应急调控系统、交通信息中心。

——加强安全应急保障系统建设。以交通运行监控系统为基础,以车载GPS、预案管理、突发应急事件反应机制和管理系统为重点,加强紧急救援系统建设;以水上交通安全通信监管系统、搜救应急指挥系统、巡航救助系统为重点,推进主要通航水域的交通安全监管系统和救助体系建设。

(三)油气输送管道系统

重点规划建设两大管线,分别是省级天然气管网和成品油管网。天然气管道由金华接入丽水境内,经缙云、市区、青田,进入温州,"十二五"期将建成"缙云-市区-青田"主干线。同时,做好其余县(市)的支线管网的前期工作并加快建设。成品油输管线起自台州临海(或温州)分输泵站,由台州(或温州)进入丽水境内,经缙云(或青田)、市区、松阳、遂昌,接龙游站。"十二五"时期关键要加快启动输油管道的前期工作,力争与全省同步建设成品油输送管线,同时着手开展市域内各支线建设的研究工作。

三、综合运输通道

建设“三级网络、三大系统”，形成丽水市域“三纵三横”综合运输通道。

“一纵”为金华–丽水–温州通道，连接金华、丽水、温州等地及沿海港口温州港。主要由金丽温铁路、金丽温高速公路、330国道、丽水机场、武义–丽水–文成公路、瓯江航道、温州–丽水–金华天然气、成品油管线等组成，是丽水市最重要的一条运输通道，也是浙江省综合运输通道(浙南通道)的重要组成部分，有利于促进金丽温沿线产业的集聚发展，有效地加强丽水与温州都市圈、浙中城市群间的密切联系。

“二纵”为松阳–云和–景宁通道，连接金华(武义)、松阳、云和、景宁、温州(泰顺)等地区。主要由龙丽温高速公路、松阳–景宁–泰顺公路等组成，是丽水市中部地区重要的南北向运输通道，有效加强松阳、云和和景宁3县联系，带动中部地区经济与社会的发展。

“三纵”为遂昌–龙泉–庆元通道，连接衢州(龙游)、遂昌、龙泉、庆元、福建(松溪)等地区。由衢宁铁路、武松龙高速公路、龙庆高速、遂昌–龙泉公路等组成，是丽水市西部地区的重要运输通道，向北接入浙江省综合运输通道(沪宁浙赣通道)。

“一横”为衢州–丽水–温州通道，连接衢州、遂昌、松阳、莲都区、青田、温州等地及沿海港口温州港。主要由衢丽铁路、金丽温铁路、龙丽温高速公路、金丽温高速公路、遂昌–松阳–丽水公路、瓯江航道、成品油输送管线等组成，是丽水市一条重要东西横向通道，向西接入浙江省综合运输通道(沪宁浙赣通道)，向东接入浙江省综合运输通道(沿海通道)。

“二横”为台州–丽水–浦城通道，连接沿海港口台州港、缙云、莲都区、云和、龙泉、福建(浦城)等地及中国西南部内陆腹地。主要由丽浦铁路、丽龙庆高速公路、龙浦高速公路、缙云–丽水–龙泉公路等组成，是丽水市进入福建，进而对接海西经济区的一条重要运输通道。

“三横”为庆元–温州通道，连接福建(松溪)、庆元、泰顺、文成等地及沿海港口温州港。主要由龙丽温高速公路、庆寿高等级公路、青田–景宁–庆元公路等组成，是丽水市南部一条主要运输通道。

丽水市主要枢纽站场布局规划

类别		铁路	公路	水运	航空
综合运输枢纽站场	客运枢纽	丽水市火车站	客运东站、西站、南站。		
	货运枢纽	丽水市火车站	丽水综合物流园区(水陆联运)		
一般客货运输站场	客运站	缙云站、青田站、遂昌站、松阳站、龙泉站、庆元站	缙云客运中心、龙泉客运中心、遂昌客运站、景宁客运站、松阳客运中心、青田客运站、云和客运站、庆元客运站		丽水机场
	货运站	缙云站、青田站、遂昌站、松阳站、龙泉站、庆元站	物流中心:丽水水东公铁联运物流中心、缙云县五云物流中心、遂昌县货运物流中心、龙泉市交通物流中心、松阳县长运公司物流中心(浙南茶叶市场)、松阳县物流中心、青田县温溪物流中心 配送中心:丽水客运西站配送中心、庆元超大配送中心、云和县配送中心、景宁县配送中心、松阳县配送中心、遂昌县配送中心、青田县配送中心、壶镇AAA级仓储配送中心、新碧镇大型中转物流中心、龙泉安仁配送中心、龙泉香菇仓储中心	丽水港 青田港	

第五章 “十二五”交通运输发展重点

一、基础设施建设

(一)铁路建设

1.规划建设目标 在完成金丽温铁路扩能改造基础上,加快衢丽铁路、衢宁铁路、金台铁路缙云段、龙浦铁路等项目前期工作,加快开工建设步伐,尽快形成“五线一枢纽”铁路网布局。预计到2015年,铁路总长达到近200千米。“十二五”期间铁路总投资235亿元。

2.规划建设重点

(1)完成金丽温铁路扩能改造,规划扩能为Ⅰ级铁路,设计速度200千米/小时,预留250千米/小时的条件,全长188千米。丽水境内经缙云、莲都、青田,约102千米,投资约110亿元,“十二五”计划投资80亿元,2009年已开工,2013年建成通车。

(2)加快衢宁铁路规划建设,规划Ⅰ级铁路,设计速度200千米/小时,全长约280千米,丽水境内约180千米。争取“十二五”中后期开工建设,投资100亿元。

(3)适时提前衢丽铁路建设,规划Ⅰ级铁路,设计速度200千米/小时,全长128千米。丽水境内经遂昌、松阳、莲都,里程约50千米。争取“十二五”中后期与衢宁铁路同步开工建设,投资约25亿元。

(4)加快金台铁路规划建设,规划Ⅰ级铁路,设计速度200千米/小时,全长约142千米,“十二五”期间有望开工建设,建设期初定为2011~2014年。丽水境内长约20千米,总投资约15亿元。

(5)规划研究建设丽浦铁路,规划为Ⅱ级铁路,设计速度为120千米/小时,丽水境内路线全长约25千米。“十二五”期间,加快丽浦铁路龙泉段的规划研究,争取尽快开工建设,投资约15亿元。

(6)推进温武铁路、杭广铁路境内线路的研究,适时开展丽水城际和城市轨道交通的研究。

(二)公路建设

1.规划目标

加快“大路网”建设步伐,对外建成以高速公路为主、国省道干线为辅的区域对外快速交通网络,加强与福建、温州、金华等周边城市联系;对内抓好区域干线公路建设,提升路网畅通水平,推进通往重要景区公路建设,满足建设生态文明城市的要求;加强农村联网公路建设,统筹城乡交通发展,进一步提高农村公路通达深度和畅通程度,为全面建设小康社会提供交通保障。

2.建设重点

(1)高速公路。继续推进高速公路建设,逐步完善“两横两纵三支”高速公路网布局,重点打通省际断头路和区域对外高速公路。“十二五”期间,建设里程125千米,投资约71亿元。具体项目建设安排如下表。

丽水市高速公路“十二五”建设工程

序号	项目名称	规模(千米)	开工年	完工年	投资情况(亿元)		备注
					总投资	“十二五”	
1	金丽温高速公路青田互通出口工程		2010	2011	0.65	0.45	2011年4月开工 2013年1月通车
2	云景高速公路云和段	6.23	2009	2012	7.31	4.31	2013年4月10日通车
3	云景高速公路景宁段	6.5	2008	2012	7.4	3	2013年4月10日通车
4	龙庆高速公路龙泉段	32.6	2010	2013	24.41	20.41	2013年6月25日通车
5	龙庆高速公路庆元段	21	2009	2012	20.81	16.71	2013年6月25日通车
6	浙江龙泉至福建浦城高速公路(浙江段)	25	2011	2014	21	21	2012年12月18日动工
7	景宁至温州高速公路	33.6	2012	2020	44	5	09年1月省厅组织线位论证
8	武(义)松(阳)龙(泉)高速公路丽水段	120	2015	2020	100	新规划研究项目	规划(服从省规)
9	遂(昌)江(山)上(饶)高速公路遂昌段	70	2015	2018	42	新规划研究项目	规划(服从省规)
10	庆(元)寿(宁)高速公路庆元段	50	2015	2020	35.7	新规划研究项目	规划(服从省规)
合计		364.93	--	--	303.28	70.88	--

(2)国省道及区域干线公路。重点布局形成“七纵七横十九联”的市域干线公路网。“十二五”期间,总投资122亿元(含重点项目和其他项目)。

重点项目476千米,投资约108亿元(含续建、新建),具体项目见下2表。

续建项目:“十二五”期间,里程277千米,投资41亿元,见下2表。

丽水市普通国省道及区域干线公路重点项目续建工程

序号	项目名称	规划等级	规模(千米)	开工年	完工年	投资情况(亿元)	
						总投资	“十二”
1	丽水市绕城公路丽阳至坪店	一级	11.04	2009	2011	4.03	2.66
2	龙泉安福至松阳大东坝公路(松阳段)	二、三级	29.58	2007	2013	4.71	2.41
3	龙泉安福至松阳大东坝公路(龙泉段)	二、三级	24.98	2007	2012	3.53	1.93
4	50省道莲都段改建工程	一、二级	27.57	2010	2012	11.6	7.54
5	缙云42省道壶镇至早宅段改建工程	一级	17.2	2010	2012	5.3	3.3
6	49省道青田县鹤城过境段改建工程	二级	5	2010	2012	2.47	1.37
7	50省道松阳三里亭至雅溪口段改建工程	一、二级	28.84	2010	2013	5.9	4.3
8	51省道上江至三墩桥段公路改建工程	二级	9.96	2008	2011	1.99	0.24
9	遂昌县峡口门至湖山至金竹公路改建工程	二级	15.96	2009	2012	3.81	2.71
10	51省道遂昌王村口至老虎跳公路改建工程	二级	13.48	2010	2013	2.27	1.87
11	庆元县兰荒线庆元至百山祖公路	二、三级	22.15	2009	2011	3.02	1.22
12	庆元县54省道菊水至后山桥段改建工程	二级	15.30	2009	2011	2.5	1.1
13	景宁52省道岚头岭段改建工程	二级	7	2010	2012	2.5	2
14	53省道龙泉至八都公路改建工程(二期)	二级	8.5	2009	2011	1.98	1.18
15	51省道遂龙线龙泉段公路改建工程	二级	32.6	2010	2013	7.45	6.25
16	53省道云和县城过境段公路	一级	8.25	2010	2012	1.8	0.9
合计	—	—	277.41	—	—	64.84	40.97

新建项目:“十二五”期间,里程约199千米,投资约67亿元,详见下表。

丽水市普通国省道及区域干线公路重点项目新建工程

序号	项目名称	规划等级	规模(千米)	开工年	完工年	“十二五”投资(亿元)
1	330国道莲缙段改建工程	一级	25.97	2011	2013	15
2	330国道缙云至永康交界段工程	一级	22	2013	2017	4.8
3	缙云县沿岩及西岸公路改建工程	一、二级	9	2011	2013	2.2
4	缙云县42省道磐安至壶镇段改建工程	一级	20	2011	2013	6
5	水阁经景宁民族工业园至腊口公路工程	一级	13	2012	2016	9
6	49省道高速公路青田互通至县城段公路改建工程	一级	1.2	2012	2014	0.5
7	青景公路青田湖边至巨浦段改建工程	二级	22	2011	2017	3.2
8	松阳县50省道雅溪口至保定段公路改建工程	一级	25	2013	2017	3
9	遂昌县乌溪江大桥建设工程	二级	1.32	2010	2013	0.66
10	庆元县54省道黄坛至菊水、55省道菊水至松源(丽龙庆高速公路庆元互通连接线)改建工程	一级	25	2011	2017	13
11	丽水市330国道丽水至船寮改建工程	一级	35	2013	2017	10
合计	—		199.49	—	—	67.36

预备(其他)项目:里程约663千米,总投资超过200亿元,“十二五”期间预计投资约14亿元。详见下表。

丽水市普通国省道及区域干线公路重点项目预备工程

序号	项 目 名 称	规划等级	规模(千米)	开工年	完工年
1	景宁至庆元公路庆元段改建工程	二级	31.05	2012	2017
2	遂昌县50省道遂昌段公路改建工程	一级	35	2015	2017
3	景宁52省道县城过境段改建工程	二级	10	2015	2017
4	景宁56省道景宁段公路改建工程	二级	30	2012	2016
5	云和53省道石塘至大徐段改建工程	一级	45	2013	2017
6	龙泉53省道安仁至龙泉公路改建工程	二级	33	2012	2017
7	景宁县青景庆公路大均至交溪口段改建工程	二级	56	2012	2017
8	缙云新建到牛廷岭公路改建工程	二级	11.5	2013	2016
9	缙云舒洪至蛟坑段公路改建工程	二级	15	2014	2018
10	35省道三溪岭段改造工程	一、二级	15	2013	2018
11	缙云船埠头至舒洪段公路改建工程	一级	7	2013	2017
12	云和一松阳公路松阳段改建工程	二级	21	2013	2016
13	外靖线松阳靖居口至桐榔段公路改建工程	二级	18	2014	2017
14	遂江线遂昌峡口门至江山石门镇段公路改建工程	二级	46	2012	2016
15	庆元县兰荒线百山祖至桌案际公路改建工程	二级	19.68	2013	2017
16	龙泉安仁至叶村至桌案际公路改建工程	二级	65	2014	2019
17	莲都区丽和线洪渡出口至武义段改建工程	二级	20	2015	2020
18	外靖线莲都段公路改建工程	二级	43.5	2015	2020
19	57省道青田县仁庄段过境公路改建工程	二级	4.5	2014	2016
20	330国道青田鹤城过境段改建工程	二级	7	2013	2017
21	遂昌县51省道大柘至石练段公路改建工程	一级	11	2015	2017
22	遂昌县连直线公路改建工程	二级	30	2015	2018
23	55省道庆元县松源至江根段改建工程	二级	66.5	2015	2019
24	55省道庆元菊水至半岱至杨心桥段改建工程	一级	22	2015	2020
合计		—	662.73	—	—

“十二五”期间,除重点项目外,其他公路项目投资约35亿元,其中包括续建项目、新建项目和预备类加快建设项目及公路养护等支出。

(3)农村公路建设,突出农村公路中的重要公路,提高一般公路等级,提升路网服务水平。总投资约6亿元。

(三)水路建设

1.规划目标

根据《浙江省内河航运发展规划》、《瓯江中上游航运规划》以及杭州、丽水等7个内河港口总体规划,围绕“大港口”建设战略要求,继续加快瓯江航运开发,重点建设瓯江航道,逐步完善支线航道;加快建设内河码头泊位,提升码头现代化水平,大力开发青田县和丽水市区两个区域性枢纽港,将丽水港发展成为瓯江中上游地区的水陆联运枢纽和物流中心。

预计到2015年,丽水内河港口货物吞吐量突破千万吨;争取完成瓯江航道高等级提升改造工程,实现内河通航500吨级船舶,其中温溪大桥以下通航1000吨级以上海轮。总投资约15亿元。

2.建设重点

丽水航运重点围绕“一干两支两港”工程开展建设:

“一干”—— 瓯江航道丽水-温州段,是丽水出海通道,也是温州港的重要集疏运通道。

“两支”——瓯江主要支流:小溪和松阴溪。

“两港”——青田港和丽水港。

“十二五”期间,“一干两支两港”项目安排如下:

(1)内河航道。初步建成瓯江丽水境内81千米高等级航道;开发适合瓯江航道和江海联运的主力船型;建立瓯江航运开发的管理体制和政策体系。预计投资11.72亿元。

(2)内河港口。初步建成青田港1000吨级海轮和丽水500吨级内河重点港区。新建龙泉安福、遂昌大溪边、云和紧水滩、小顺等一批内河和库区水上客货运运输码头。预计投资2.01亿元。根据发展需要,预备千峡湖(滩坑)综合服务区、鹤城码头等一批内河港口项目,总投资约1.28亿元。

(3)水上康庄。实施完成库区码头建设、撤渡建桥(路)、渡埠改造、渡船改造及配套设施建设等“水上康庄工程”项目。“十二五”期间,改造农村渡口码头约70处,投资约2.07亿元。

(四)运输枢纽站场

1.客运站场

以服务于丽水市经济社会发展,满足旅客出行需求为出发点,满足跨省跨市长途旅客、城乡旅客及各旅游景点旅客的出行需要,实现区域之间、省际、城际、城乡公路旅客运输一体化。预计投资4.43亿元,详见下表。

丽水市公路客运站场规划建设项目

序号	项目名称	占地面积（平方米）	建筑面积（平方米）	能力（万人/日）	开工年	完工年	“十二五”投资（万元）
1	缙云客运中心	66600	20000	1.0	2012	2015	5000
2	缙云壶镇新客站	26640	6000	0.5	2013	2014	2000
3	缙云新碧新客站	13320	3000	0.2	2014	2015	1000
4	云和公交总站	10000	3000	—	2011	2013	2000
5	松阳客运中心	50000	20000	0.7	2013	2015	5000
6	松阳公交总站	30000	10000	0.5	2011	2015	5000
7	遂昌县客运旅游集散中心	56000	20000	1.1	2011	2014	5000
8	庆元客运西站	6667	1200	0.15	2013	2015	1000
9	景宁交通客运服务中心	31193	23666	0.5	2010	2012	5275
10	景宁县客运中心	43783	27280	—	2010	2013	7000
11	青田汽车客(货)运东站	—	—	—	2011	2015	6000
合计	—	—	—	—	—	—	44275

2.货运站场

以满足货物运输需求为出发点，提高货运枢纽“无缝衔接”能力，实现区域之间、省际、城际、城乡公路货物运输一体化。预计投资约4.02亿元，详见下表。

丽水市公路货运站场规划建设项目

序号	项目名称	占地面积（平方米）	开工年	完工年	“十二五”投资（万元）
1	缙云五云物流中心	30000	2011	2015	3000
2	缙云壶镇物流中心	15000	2011	2015	1000
3	缙云新碧物流中心	30000	2011	2015	3000
4	青田茂源长运公司	15000	2011	2015	6000
5	云和物流中心	40000	2011	2013	5000
6	松阳长运公司物流中心	40500	2011	2012	3000
7	松阳县物流中心	40000	2012	2015	5000
8	松阳配送中心	30000	2013	2015	3000
9	庆元县物流中心	20010	2011	2015	2200
10	庆元县省市际物流园区	33350	2011	2015	1000
11	龙泉市交通物流中心工程	28293	2010	2014	5000
12	青田温溪物流中心	—	2011	2015	1000
13	青田船寮物流中心	—	2011	2015	1000
14	青田腊口物流中心	—	2011	2015	1000
合计	—	—	—	—	40200

3.农村客货运站场

主要包括乡镇客货运站、农村配送网点、客车停靠点，“十二五”期间，共建农村乡镇客货运站62个，总投资约2.21亿元。

(五)航空建设

加快丽水机场前期工作，积极争取“十二五”期内开工建设。机场建设总投资约10亿元。

(六)管道建设

重点完成天然气管道省干网及中心城市局域网建设，同时着手市域各支线及局域网规划建设工作；加快启动台丽金输油管道的前期工作，力争与全省同步建设成品油输送管线。主干管网总投资35亿元以上，预计“十二五”投资30亿元。

二、交通设施养护

1.公路养护

(1)规划目标。以“提升管理水平、推进科学养护、强化应急保障、提供优质服务”为重点，不断提高综合交通路网养护质量和科技水平。预计“十二五”期间，争取全市公路年平均优良路率达到80%，国省道干线公路年平均优良路率达到93%以上，其中高速公路平均优良路率达到90%以上，县乡道公路年平均优良路率达到75%。

(2)养护重点。大力推进公路大中修工程；加快危桥改造和隧道修复工程；深化实施道路安保工程；加大公路养护站房及路政站房规划建设，做到农村公路“建、养、运、管”的协调发展。“十二五”期间，公路大中修9.59亿元，危桥危隧改造2.1亿元，安保工程14.84亿元。

文明公路创建安排投资约1.1亿元。2011年创建57省道青岱线；2012年创建55省道菊寿线；2013年创建54省道龙后线；2014年创建50省道龙丽线。

2.航道养护

(1)规划目标。以“建养并重，协调发展，强化管理，提高质量，保障畅通”为原则，加强瓯江航道的经常性养护。推进全市水运养护工作的专业化、市场化、社会化进程。

(2)养护重点。认真贯彻《省内河骨干航道经常性养护管理规定》，重点加强瓯江干线航道养护，航道总里程约221千米；推广应用“养建结合”模式，提升支线航道等级，养护总里程约213千米；加强新材料、新工艺、新技术的推广应用，提高航道养护科技含量和养护装备现代化水平；最大程度地消除渡运安全隐患，明显改善农村涉渡地区群众的出行条件。

三、交通运输服务

1.道路旅客运输服务

(1)规划目标。充分发挥城市公共交通低能耗、低污染、环保、大容量等特点，构筑道路客运和城市公共交通“一体化”的旅客运输服务体系，实现客运全过程的快捷便利，提高公共交通出行率，为城乡居民提供安全、经济、方便、多样的运输服务。为促进城乡经济社会一体化发展，提供支撑和保障。

到 2015 年，以高速公路、国省道主干线为依托的公路城际快速客运系统基本成型，以公路网为依托的干支相连、长短配套、遍布城乡的道路客运网络基本完善，实现丽水市道路客运与周边地市道路客运一体化的融合，城乡公交一体化水平显著提高，有效满足丽水市经济社会发展对旅客运输服务的需求。

(2)发展重点

城际快速客运系统 充分发挥铁路和公路客运“门到门”优势，构建以高速铁路、高速公路、市域干线公路网为基础，以枢纽站场为节点，以信息服务为手段，有效衔接铁路、公路、港口等客运枢纽快速客运系统。到 2015 年，全市开通的城际快速客运线路实现在长三角和海西区主要城市的全覆盖。

推动旅游客运进一步发展。积极开通省内各地市和长三角、海西区等区域特色精品旅游客运班线，到 2015 年争取至长三角主要景区均有铁路、公路旅游专线；到 2020 年，争取至长三角、海西区主要景区均有铁路、公路旅游专线。

城乡客运网络 继续推进城乡公交一体化，有效衔接城市公交线路与通村公交线路，推进城乡公交集约化、网络化、规范化发展。

—— 建设枢纽站。加强公交首末站建设和港湾式停靠站建设，提高港湾式候车亭覆盖率。

—— 新增线路。进一步发挥中心城市与中心乡镇的辐射作用。

—— 改革票价。落实公交优惠票价政策，对城乡公交票价实行优惠措施。

—— 更新车辆。实行城乡公交标准车型，提高运营车辆的空调车比例。

城市公共交通系统 大力实施“公交优先”战略，逐步建立起与人口规模、城市和经济社会发展相适应的结构合理、设施配套、高效快捷的城市公共交通体系，提高公交出行分担率，降低碳排放。

—— 优化公交线网。调整部分线路走向，提高公交线网通达深度；开辟公交专用道，保证公交车辆优先通行。

—— 提高出租车服务水平。适当新增出租车运力，提高出租车人均拥有量，发挥出租车灵活便捷的服务优势。

—— 提高公共交通管理能力。完善智能化调度系统，提高城市公共交通服务科技含量，为乘客提供出行信息服务。

2.道路货运及现代物流发展

(1)规划目标。紧紧围绕“大物流”发展战略，以市场为导向，以提高服务质量为宗旨，积极引导道路货运企业走质量经济型、高效型和环保型的发展道路，为道路运输业的发展提供可靠保障。到 2015 年,基本建成以公铁水联运为骨架,高速铁路网、公路网、市域干线公路网、瓯江航道为基础,以货运枢纽站场为节点,以信息服务为手段,有效衔接各种运输方式的现代道路货运系统,充分发挥货运系统的整体功能和效益。

(2)发展重点。建设物流基地,打造物流发展设施平台。整合物流企业资源,逐步构建起布局合理、层次匹配、功能完善、运转高效的全市道路物流基地体系,支持全省"大物流"战略。

培育物流龙头企业,提升物流服务供给能力。组建一批上规模的骨干物流企业,支持大型工业企业等物流配送中心建设,加快建立综合性、专业性的多层次物流配送体系。

构建信息平台,提高物流信息化水平。督促重点联系企业和综合物流基地提高信息化、标准化、网络化水平。

完善运输网络,构筑城市、城乡配送体系。以铁路、公路运输网络为依托,大力发挥与省内主要城市至国内主要城市的干线运输网络;整合城乡区域配送资源,有效解决市域内城乡货物配送的高效集散,形成不同层面的公路区域集散网络。

3.水路运输服务

(1)规划目标。逐步完善"一干两支"的内河航道网,加快瓯江航道的开发;加大内河港区、码头建设,联合组建大型码头或内河港口;合理匹配运输船舶结构;采用企业化组织管理,发展大型水上运输企业,实现内河码头企业规模化、集约化发展。

(2)发展重点。扶持龙头和骨干运输企业发展,引导个体运输船舶实现企业化管理,提高水运企业和港口企业规模化、集约化经营程度,逐步形成具有较强竞争能力,与客货源需求、港口结构、航道等级相适应的标准化、专业化、高速化船队。

水路客运服务应结合丽水市旅游发展实际情况,调整改善客运设施、运力状况,以满足人们出行舒适、快速、安全需求。

4.运输装备发展

(1)规划目标。加快运力结构调整,通过引进新的运输设备,加快车型、船型等更新换代,逐步实现综合交通客运工具高速化、舒适化、标准化,货运工具实现专业化、标准、快速化。

(2)发展重点。公路运输装备。提高客运装备水平,引导旅客运输车辆向高效、节能、环保、安全、舒适方向发展;鼓励企业加大节能、环保高档空调车辆购置力度;通镇公交线路推广采用空调公交车,加快农村客运车辆的更新换代。货运车辆结构向大型化、标准化、专用化、清洁低碳化方向发展,支持企业发展厢式运输、甩挂运输;培植大型货运企业,实现规模化集约化经营。

水路运输装备。加大运力结构调整力度,不断提高水路运输生产力;积极引导扶持航运企业发展特种货物运输船,适度发展内河快速客船和旅游船。到 2015 年,内河货运船舶平均吨位达到 135 载重吨。

四、交通行业管理

1.法治建设

贯彻国务院《全面推进依法行政实施纲要》和《关于推行行政执法责任制的若干意见》,进一步完善执法制度,不断强化对市场的引导与监管,促进统一、开放、竞争、有序市场的形成。

推进行业管理制度体系建设,规范行政执法。逐步制订和完善行政决策、许可、处罚、责任追究等方面配套控制制度,规范执法程序和执法标准。

加强综合交通行政执法政策、理论研究与探索。积极尝试推行行政诉讼案件本单位行政首长出庭应诉制,为进一步提升行业监管的法制化水平提供有力支撑。

2.科技创新

建立相对完善的科技创新体系,全面提升交通科技含量,打造"以人为本、科技为先、可持续发展"的和谐交通。

开展铁路、航空、公路、航道和管道运输等工程技术科技创新,加强运输管理与服务信息系统关键技术研究,积极消化吸收国内外先进管理经验与技术,实现综合交通基础设施耐久化、资源利用高效化、运输结构合理化,为交通全面协调可持续发展提供有力保障。

3.人才教育

着眼于急需、紧缺人才及高层次、创新型人才的培养与使用,重点解决人才队伍的学历层次、专业结构、效能发挥等问题,为行业科学发展提供人才支撑。加强职工学历教育,提高职工专业技术水平,着力于提升综合交通队伍的专业知识水平。增强人才队伍协同解决各种综合交通重大难题和复杂问题的整体创新能力。

4.信息建设

加强交通网络信息平台建设。初步建成标准统一、功能完善、安全可靠的综合交通政务信息网络平台;逐步建成涵盖行政、铁路、航空、公路、港航、管道及相应交通设施运输管理等综合交通基础数据的市县数据中心;加快建立信息共享制度,不断完善综合交通门户网站,为公众提供"一站式"综合交通服务。

突出综合交通重点业务系统建设。建成涵盖行政、铁路、航空、公路、港航、管道及相应交通设施运输管理等综合交通业务管理信息平台,提高交通管理部门的管理决策能力、公共服务能力和应急处理能力。

加快综合交通信息化保障体系建设。构建交通信息化安全保障体系,建立健全安全管理机制和监控防御体系,提高网络与信息安全应急能力;加强信息化人才培养,建设一支高素质高水平的信息化人才队伍。

5.安全保障

树立"以人为本、安全至上"的"平安型"交通理念。提高综合交通安全保障能力,在建设工程、养护工程和运行管理中采取技术处置、工程处置及综合管理措施，完善综合交通安全设施，提高综合交通安全服务水平和应急保障能力。

抓好水上安全生产工作，做到船舶适航、船员适任、通航安全、救援迅捷的水上交通安全体系。充分应用科技手段提高安全监管能力和水平，加强水上交通指挥中心建设，加强水上救助、疏航等应急设施装备的建设。

第六章 保障措施与对策

一、围绕规划抓落实

一要加强规划引导，确保规划科学性、可操作性。保证规划目标和任务得到贯彻落实。二要把加强综合交通运输发展摆到更加突出位置，强化对综合交通运输发展工作的领导，成立专门工作班子，落实责任，统筹协调，整体推进。建立目标责任管理机制，把交通发展目标纳入年度考核目标中，并明确相关要求。

二、围绕网络抓衔接

交通运输事业发展事关全市经济社会发展大局，是一项需要全社会共同参与的系统工程。要加强与省级规划、当地经济社会总体规划以及城建、国土、环保、水利等专项规划的衔接，强化部门之间的资源整合利用，形成合力。在坚持政府主导作用的基础上，充分发挥市场配置的主体作用和公众的参与作用，共同推进全市综合交通运输发展。在具体项目上，对外要在省发改委的指导和支持下，加强省际之间尤其是和福建省之间的交流和对接，省内周边城市之间的密切合作与共同发展，同时要强化市内各县、市之间的重大项目的对接与落实，群策群力共同建设好丽水综合交通网络，实现和谐共赢的目标。

三、围绕重点抓突破

突出交通基础设施建设，提高综合交通运输供给能力，有效缓解运输供给与运输需求间矛盾，改善经济发展环境和生产生活环境。要准确把握建设重点，有序推进交通重点项目建设，切实把完善综合交通网、推进交通重大基础设施一体化作为接轨长三角与海西区的关键。重点加强铁路、机场、管道、低等级公路改造等基础设施的薄弱环节建设，进一步优化网络功能结构与布局。

四、围绕难点抓改革

深化改革，增强交通运输发展动力。以国务院机构改革方案和省“三定”方案为依据，结合丽水市实际情况，改革和创新交通行业管理，提高行业现代化管理水平。以交通税费改革为契机，多渠道筹集资金，建立资金保障机制。继续完善政府投资、社会集资、市场融资的资金筹集渠道，积极拓宽投融资渠道，加强与各种金融机构合作，增强资金筹措能力；规范政府与其他投资主体合作建设模式，吸引各投资主体参与交通建设与运营管理。

五、围绕生态抓保护

按照建设“资源节约型、环境友好型”社会的发展要求，做到科学管理、合理施工，积极实施工程生态保护行动，降低交通基础设施建设对资源环境的影响，提高资源利用效率。要强化项目建设“三同时”制度，尽可能减少交通建设项目对山体、水体的破坏。积极推进交通“节能减排”，加快构建“生态交通”，提高“绿色交通”出行比重；强化交通与土地等资源利用的规划衔接，确保交通建设用地规模，促进节约用地。

丽水市综合交通发展“十二五”规划建设总规模

项目分类		“十二五”投资（亿元）	备注
铁路		235	—
公路		234	—
其中	高速公路	71	—
	普通国省道及区域干线公路	122	—
	农村公路	6	农村联网公路
	其他	28	公路大中修、安保工程等
站场		10.6	—
其中	客运站场	4.4	—
	货运(物流)站场	4	—
	农村客货站场	2.2	客货一体站、港湾式停靠站
内河水运		15	—
其中	内河港口	2	—
	内河航道	11.7	
	渡改	1.3	—
机场		3	推进前期工作
管道		30	
合计		521.6	—

七、铁路 机场

金温铁路是浙江中部通往东南沿海的交通大动脉，途经金华、丽水、温州3市，结束了丽水没有铁路的历史。金丽温铁路扩能改造工程、衢宁铁路工程是市内第二、第三条铁路，建成后，将极大推动丽水市社会经济的快速发展。

民国23年（1934）9月，在丽水城东天皇畈动工兴建丽水飞机场，总面积85公顷（1275亩）。中华人民共和国成立后，由南京军区空军接管，并进行扩建。2008年1月，规划建丽水新机场，选定莲都区碧湖镇南山为机场地址，对机场项目做了大量前期工作。

金温铁路

前期准备工作

民国16年（1927）6月，刘贻燕在《浙江建设》月刊第一期上，发表《新浙江建筑轻便铁路之我见》，谈及"自杭经萧山、处州（丽水）至闽为一线，自杭经宁波、台州、温州至闽又为一线，再由温州经处州（丽水）联络杭（浙）贡（赣）线。"终无实践。抗日战争期间，日本侵略者占领金华，为抢运莹石，曾修金华至武义简易铁路，后废。

1958年，金温铁路金华至永康段动工兴建，后因国民经济困难暂停。1969年，曾对金温铁路进行全面勘测设计，因国家财力有限未动工。

1984年浙江省人民政府以浙政发〔1984〕253号文件，向国务院提出建议修筑金温铁路。1985年4月6日，国家计划委员会以计交〔1985〕500号《关于金华至温州地方铁路项目建议书的复函》，批复浙江省人民政府和铁道部："经研究，为适应温州市对外开放，搞活地方经济和利于沿线的经济开发，同意兴建金温铁路。"

1984年10月11~12日，由省重点工程建设领导小组副组长丁世祥主持在温州市召开了金温铁路筹建领导小组第一次会议，商议如何集资修建金温铁路。

1985年1月中旬，省委书记王芳等赴金温铁路沿线进行实地考察，确定这条铁路的建设方案。3月28日，丽水地区行署建立金温铁路丽水地区段建设领导小组和办公室。4月9日、10日、5月18日，缙云、青田、丽水市（现莲都区）相继建立铁路建设指挥部。接着，抽调人员做了大量前期准备工作。

承担勘测设计任务的铁四院派出8个队、700余人，于1985年3月10日进入现场，在全线开展初步勘测设计工作，5月下旬完成了全线初勘任务。

1988年3月，因铁路建设资金未落实，筹建工作暂停。

1989年，浙江省地方铁路公司与香港联盈兴业股份有限公司签订合资建设金温铁路意向性协议书，1990年2~9月，铁四院派出2个综合勘测队、1个地质队和1个物理探测队，共400

多人,对金温铁路按地方铁路1级标准进行重新勘测设计。1990年10月,国务院正式批准金温铁路合资建设项目,列入国家“八五”计划。

1991年9月,国家计委批准合资建设金温铁路可行性研究报告。1992年1月,时任浙江省人民政府副省长的柴松岳率团到香港洽谈合同,并完成签约,8月,经贸部正式批准,11月12日“浙江金温铁道开发有限公司”宣告成立,12月18日,金温铁路金缙段开工建设。

线路建设

金温铁路是全国第一条部分引进港资建设的地方铁路,按地方铁路I级标准设计,自金华市新东孝站接轨浙赣铁路,至温州市龙湾港前站,全长252.289千米,途经金华、丽水、温州3个市(地)10个县(市、区),其中经过丽水地区缙云县、丽水市(现莲都区)、青田县。工程总投资1.72亿美元(人民币18.9亿元),其中浙江省出资45%,铁道部30%,香港联盈兴业有限公司25%。合资3方设立董事会,下设浙江金温铁道开发有限公司,负责金温铁路运营管理。

金温铁路丽水段沿线设新碧、缙云、长坑、小处、丽水、石帆、祯埠、南岸、良岸、芝溪、船寮、青田、温溪等13个车站。

金温铁路丽水地区段线路123.56千米,沿线有大、中、小桥梁56座,总长8129.3延米,占全线的58.25%;隧道74座,总长29304.35延米,占全线的78.19%;土石方1440.4万立方米,占全线的62.9%;整个地区段工程量约占全线工程量的60%。

金温铁路缙云段　1992年12月18日,在仙都隧道动工,金温铁路缙云段工程建设正式上马。缙云境内段29.557千米,有大中小桥梁11座、1292.7延米,涵洞127处、长2447横延米;隧道11座、长8236.5米。其中100米以上桥梁有:碧川大桥327.5米,好溪大桥214.9米,盘溪大桥161.93米。1000米以上隧道有:仙都隧道1166.6米,玉岭隧道1202米,雅宅隧道1112米、石笕岭隧道3512米。

县内建新碧、缙云、长坑车站3座,沿线经过新碧、城北、五云、东渡4个乡镇31个行政村。1994年底,金华至缙云段84千米全线铺轨,1995年3月5日,金华至缙云段建成并试通车成功。1996年4月21日,金华至缙云段客车临运开通。

金温铁路丽水市(莲都区)段　丽水市(莲都区)段总长21.113千米,即从黄村乡的石笕岭到开潭的大岙,段内共有隧道14座,总长6417.74延米,占市(莲都区)段总长的36.53%;大中桥梁5座,总长924.5延米,占市(莲都区)段总长的4.91%,桥隧共长7342.24延米,占市段总长的41.44%;涵洞53处、185.52延米。

丽水市(莲都区)段沿途经过黄村乡、岩泉街道办事处、紫金街道办事处。全段设丽水、小处2座站。

1996年9月16日,金温铁路缙丽段开始铺轨,1997年6月26日,金温铁路丽水至杭州客车临运开通。

金温铁路青田段 1993年6月18日在狮子头隧道动工。全长72.89千米,占金温铁路总长252.289千米的29%。西起腊口镇青竹村,与金温铁路丽水段相接,东至温溪镇小峙村,与金温铁路温州段连接,沿途经过9个乡镇、42个行政村、55个自然村。全段建有石帆、祯埠、南岸、良岸、芝溪、船寮、青田、温溪8座车站和1座石门洞升降所。全段总工程量1000多万立方米,其中路基站场施工6160.8立方米。有隧道明洞49座,总长14650.11延米,占全段线路的20.10%,金温线第二长隧道——2282米的狮子头隧道、第三长隧道——1502.5米的锦水滩隧道均在段内;有桥梁40座,长5912.1延米,占全段线路的8.10%。金温铁路6座特大桥有3座(小溪、徐岙、港头)在青田段内;有涵洞242座,总长5507.91横延米;桥隧合计长20560延米,占全线长度的28.20%。桥隧相连、隧群密邃、高填方、高挡墙连接不断,且沿线山陡沟深、地形复杂、交通不便,专家们评说青田段工程的施工难度可与成昆铁路相比。1997年5月29日,青田段提前66天全线铺通。1998年6月11日,金温铁路全线建成通车。

金温铁路贯穿浙西南、浙南广大地区,受益范围4.3万平方千米,总人口1450万人。

铁路管理

业务管理 金温铁路系地方铁路,由浙江金温铁道有限公司负责管理,业务上接受上海铁路局指导。

计划管理 境内铁路货运计划、客运计划,统一由杭州铁路分局和上海铁路局管理和审批。

运价管理 铁路客运运价按照铁道部规定执行,货运运价在参照铁道部规定执行基础上,结合地方铁路实际情况予以制订执行。

安全管理 金温铁路自投入营运以来,坚持执行“安全第一、预防为主”的方针,从服务质量、客货运输、行车安全、搬运装卸安全等方面制定应对措施,明确工作目标。对职工进行安全教育、培训、考核,以确保行车安全、人身安全、货物运输安全和机具设备安全。根据铁路运行规律,各车站每年进行一次规章考试,并颁发考试合格证,凭证上岗。在劳动安全方面则以“八防”措施为抓手:防车辆伤害;防高处坠落;防触电伤害;防起重伤害;防物体打击;防机具伤害:防炸药、锅炉压力容器爆炸伤害;防中毒窒息。货物运输安全主要通过进货验收和装车前、后“三检”制(检查车辆状况、货物状况、机具设备状况),对货物捆绑加固予以保障。机具设备安全由车站每季强制进行自检和上级单位每年2次检查,对特种机械设备,必须有相应的操作资质证才能上岗。所有人员上岗前由单位、车间和班组进行三级教育,合格后上岗。每年春运、防暑降温、防寒过冬进行专门的季节性安全教育,并且开展每年5月份为安全月、9月份为质量月的宣传教育活动。各车站分别建立以安全责任制、安全分析例会制、事故分析例会制、机械设备检查维修制、安全奖励制为内容的铁路安全管理制度,以及相应的管理台账,把不安全因素消灭在萌芽状态。自开始营运以来,至2010年底,丽水站管辖范围已实现行车安全4214天,人身安全5406天;缙云站和青田站均实现行车安全4586天,取得了良好的经济社会效益。

火车站

金温铁路丽水段设3个中心站和9个中间站，中心站带中间站。管辖里程为丽水段123.56千米,承担站辖内的客货运输和安全生产。

丽水火车站 位于丽水市区东部水东村附近，距市中心3.5千米。中心里程位于金温线K118+646,系二等客货运站。兼管辖小处、石帆、祯埠、南岸4座中间站,站辖里程:K113+100~K138+800,计25.7千米。车站占地面积38.66公顷(580亩),站房建筑面积6300平方米,造价1100万元,为二层框架水泥结构大厦。一层北首为出口、行李房,中间供商业用房,南首为售票厅；二层北端为北上旅客候车室，可同时容纳2000人候车,中间供商业用房,南端为南下旅客候车室，可同时容纳800人候车。客运站台两座计1000米,站线9股道,其中正线1股,到发线3股,存车线1股,货物线4股,专用线3股。站内有搬运、装卸设备:36T门吊1座,装载机2台,叉车2台,电动抓斗1台,电动吸盘1台,货运仓库2座、800平方米，雨棚1座、1000平方米。工程总投资5700万元。

旅客列车驶入丽水火车站

丽水中心站下设运转、客运、货运、小处站、石帆站、祯埠站、南岸站及运输服务分公司8个作业区,2010年有在编职工65人,包括分公司临时用工、装卸工等,共计170人,管理人员5人。

1997年6月开站办理丽水至金华南站的客运业务。2007年开始日办理温州经丽水至哈尔滨、北京、广州、汉口、贵阳、南昌、南京、阜阳、镇江、亳州、上海、杭州、金华共16对(含3对临客)旅客列车和15对货物列车的客、货运输业务,年运输收入超亿元。

2003年4月获省级文明单位称号,2007年1月被评为市级文明示范窗口。

缙云火车站 地处缙云新区仙都大道和旭山路交汇处。中心里程位于金温线K86+542,系三等客货运站,下辖长坑、新碧2座中间站。车站占地总面积11.7公顷(176亩),建筑面积3200平方米;站房为三层框架水泥结构大厦,一层自北向南依次为:出口处、行包房、候车室、客运值班室,候车室设有近500个座位,可同时容纳1000人候车;二层南侧为售票厅,中间是进站大厅;三楼为职工宿舍。车站有客运站台两座,长500米、宽6米,站线5股道,其中1~3股道为客货到发线,4股道为货物装卸线,5股道为水泥专用线;站内装卸设备有吊机1台、叉车1台、装载机2台,货运仓库2座,计700平方米,防湿雨棚2座,计400平方米。

缙云中心站下设运转、客运、货运、新碧站、长坑站5个作业区,2010年有在编职工40人,分公司职工12人,装卸工40人,共计92人。车站于1996年4月开办客运业务,1999年10月开办货运业务。2007年开始日办理旅客列车16对和货物列车15对的客、货运输,年发送旅客近25万人次。车站办理的到发货有水泥、煤炭、化肥、矿产品、农副产品及生活用品等,辐射范围为缙云、丽水市部分地区以及台州市部分县市。

青田火车站 位于鹤城镇水南回头山和郑岙山两山脚之间,系三等客货运站。站辖里程K127+266~K192+526,计65.26千米。站场铺设正线1股、到发线3股,存车线2股,专用线1股,占地总面积104143平方米。1996年建成站台2条(505×8×2),占地总面积8080平方米。

2001年2月10日,位于鹤城镇江南新区一侧的火车站站房正式动工兴建。占地面积3900平方米,是一座底层为商店,上面为站房的综合性建筑,共5层,总建筑面积约7031平方米。其中站房面积4028.91平方米,商店面积2447.74平方米,其它附属设施554.35平方米。总投资约900万元。2002年10月完工,12月24日,正式对外营业。

2010年站内有搬运、装卸设备:装载机1台、叉车2台,堆货场面积1000余平方米,仓储面积2000平方米,下设运转、客运、货运、良岸、芝溪、船寮及运输服务公司7个作业区,有正式在编员工50人,包括服务公司临时用工、货物装卸工,共计72人。车站管理人员2人。下辖良岸、船寮、芝溪3座中间站。日办理旅客列车16对、货物列车15对的客、货运输。

运输

客运 1996年4月21日,金温铁路金华至缙云段客车临运开通。6月26日,丽水至杭州客车临运开通,同日,金华至丽水普通快客临运开通,减轻了330国道客运压力。

1998年,为了适应形势发展的需要和满足旅客乘车要求,6月11日前,开通丽水—杭州火车东站1对/日、丽水-金华南站2对/日的旅客列车。6月11日,金温铁路全线通车,开通杭州东站—温州2对/日、金华南—温州2对/日旅客列车,7月1日,开通上海—温州1对/日旅客列车;10月1日,开通北京—温州、南京西—温州、温州—常州、阜阳—温州、汉口—温州5对/日旅客列车。至此,全年共开通10对/日旅客列车,对改善全区交通硬环境起到重要作用。

1999年,新开通和增加南昌-温州、杭州-温州2对/日旅客列车,总计开通12对/日旅客列车。丽水地区段客运量迅速攀升,从1997年丽水至杭州客车临运开通,年客运量11万人次迅速增加到110万人次。

为了有效提高客货运输量,金温铁道有限责任公司决定,自3月13日起金温铁路全线提速运行,容许最大时速80千米,个别小半径曲线(L≤350米)地段限时速70千米,丽温段时速60千米,提速后,温州至上海旅客列车缩短2小时10分。

2000年,金温铁路新开通温州——广州1对/日旅客列车,共开通旅客列车13对/日,丽水、缙云、青田3座中心站全年共发送旅客107.85万人次。

2007年,日办理温州经丽水至哈尔滨、北京、广州、汉口、贵阳、南昌、南京、阜阳、镇江、亳州、上海、杭州、金华共13对旅客列车(图定13对)。此后,根据节假日到达站旅客人数的变化及旅游发展的需要,列车运行线路有所调整,但日经丽水的旅客列车一直保持16对。

货运 1999年6月20日开始,丽水、缙云、青田3个中心站先后开办全国货运整车到达发送业务,开通5对货车,结束了丽水货物运到金华火车站转运的历史,当年货运量3万吨。次年,货列增加1对,货运量达17万吨,2001年货列增加2对,共达8对,年货运量达92万吨。

由于货运量增加较快,2002年,货运列车增加到12对。运出的有肥皂、洗衣粉等大宗化工产品及当地工业品、农副产品、矿产品等;运入货物有"中石化"公司的柴油、汽油及煤、粮食、化肥、工业品、食盐以及水泥、石灰粉、滑石粉、方解石粉、重晶石粉、铬铁、带钢等。

2006年,货列增加到15对,截至2010年12月,均保持15对,基本能满足货物运输。

1997~2010年铁路丽水市段客货运输情况表

年 份	开通客列(对)	客运量(万人)	开通货列(对)	货运量(万吨)	备 注
1997	3	11			6月26日,丽水至杭州客车临运开通
1998	10	59.18			先后开通共计10对/日旅客列车
1999	12	110.6		3	3座中心站先后开办全国货运整车到达发送业务
2000	13	107.84	6	17	
2001	13	112	8	92	
2002	13	112	12	122	
2003	13	94	12	129	
2004	13	110	12	176	
2005	13	117	12	169	
2006	13	128	15	163	
2007	16	131	15	159	
2008	16	132	15	151	
2009	16	126	15	130	
2010	16	125.44	15	134.04	

金丽温铁路扩能改造工程建设

2009年7月3日，丽水市人民政府发文（丽政发〔2009〕50号），指出：为加强丽水市金丽温铁路扩能改造工作，统一指挥、统筹协调金丽温铁路扩能改造工程的建设工作，决定成立丽水市金丽温铁路扩能改造工程指挥部。

总指挥：吕文明

常务副总指挥：洪勇华

办公室主任：郑 翀

办公地址：丽水市区北苑路198号，财富大厦9楼

金丽温铁路扩能改造工程是国家铁路干线网中沪昆通道和东部沿海通道浙江省内的重要连接线路，在浙江省铁路网中起骨干作用。是浙江省2小时高速铁路交通圈中的重要一环，也是杭州通往浙江中部和西南部金、丽、温3市及连接浙南沿海地区的主通道。扩能改造工程是我省2009年"七线两枢纽"铁路建设重点项目之一。

金丽温铁路扩能改造工程项目正线全长约188.81千米（在丽水市境内长约102.1千米），比原线缩短63.479千米，全封闭、全立交的双线电气化国家I级铁路。旅客列车目标时速200千米，最小曲线半径3500米，限制坡度6‰，牵引质量4000吨，近期（2020年）最大区段货流密度为1830万吨/年，客车56对/日：远期（2030年）最大区段货流密度2400万吨/年，客车83对/日。项目投资估算总额189.4亿元，由铁道部和浙江省共同出资。

金丽温高铁塔下大桥

金丽温铁路从金华南站引出，经武义、永康、缙云、丽水（莲都）、青田、温州市瓯海区及鹿城区。从金华到温州沿途设东孝、金华南、武义北、永康南、缙云西、丽水、祯埠（预留）、青田等8座火车站。进入温州市区后和温福铁路、甬台温铁路汇合于瓯海区潘桥镇的新温州站。开行动车组列车后，温州至杭州仅需2个半小时，从丽水到杭州只需1小时20分钟。

金丽温铁路丽水段正线长102.1千米，占全线总长的54%，境内有特大桥、大桥22座，隧道27座，桥隧总长88.9千米，占正线长度的88.6%。概算总投资100亿元。

2010年1月19日，金丽温铁路扩能改造工程建设动员大会在丽水举行，省委书记、省人大常委会主任赵洪祝宣布工程建设启动，12月1日，工程正式开工，2015年12月26日，高铁客运试运行开通，翌年1月10日，客运正式开通。日开通43趟。

衢宁铁路项目工程动工建设

衢宁铁路位于浙西南和闽东北地区,北起浙江省衢州市,经过丽水市遂昌、松阳、龙泉、庆元县(市)进入福建省南平市,终于福建省宁德市。衢宁铁路北接沪昆、九景衢铁路,中连规划中的衢丽、龙浦、温武铁路,南连沿海铁路。

2013 年 11 月 20 日,国家发改委正式下发《国家发展改革委关于新建衢州至宁德铁路项目建议书的批复》。根据批复,该线路全长 379.169 千米,投资估算 274 亿元,其中浙江省境内 212 千米,建设工期 5 年,由铁路总公司和浙闽两省共同出资建设。衢宁铁路功能定位为客货兼顾的区域性铁路,等级为国铁Ⅰ级。速度目标值 160 千米/时。

2014 年 12 月 23 日, 衢宁铁路浙江段开工建设动员大会在松阳县斋坛乡花田垒村举行,工程正式开工建设。

衢宁铁路在丽水市境内全长 159 千米,投资估算为 110 多亿元,在遂昌、松阳、龙泉、庆元境内建 4 座县火车站。衢宁铁路是丽水市目前线路最长、投资最大的铁路建设项目。建成后,将与金丽温铁路(扩能改造工程)一东一西,共同构成丽水市域铁路网“两纵”干线。

丽水机场

丽水旧飞机场　丽水飞机场位于丽水城东天皇畈,距城 3.5 千米。属航空补给站(场)。

旧机场始建于民国 23 年(1934)9 月 28 日,经三次扩建于民国 28 年(1939)10 月完工,占地面积 1275 亩。

抗日战争时,机场成为日军重要轰炸目标。民国 27 年(1938)农历 1 月 7 日,日机 3 架首次袭丽,在飞机场投弹 6 枚,炸死海潮村农民 1 人。民国 29 年(1940)3 月 8 日夜,日机 18 架先投照明弹 8 枚,后即在飞机场投下大量炸弹,炸毁崔公祠监狱,炸死囚犯数十人。

抗日战争期间,我方飞机仅在该机场降落两次。一次在民国 28 年(1939)2 月间,一架苏联飞机到该场加油,陷在泥坑中,动员了数百名农民和码头工人拖曳;还有一次两架同盟国飞机,也陷到泥坑中,连夜拆卸运走。

1947 年,丽水县政府要求机场复垦,民国省政府未予批准。

1952 年 11 月,华东空军司令部派人勘察后,决定原机场向外扩展成长 2500 米、宽 2000 米。在扩修前,准予农民耕种,但不准建造任何新的建筑物。

1962 年开始,附近各人民公社陆续耕种了除跑道以外的土地。1966 年,修复临时跑道,起降过飞往缙云林区喷药治虫的运 5 飞机。

1964 年、1983 年,南空部队两次与丽水县政府签订了旧机场委托代管协议,明确土地面积 98.96 公顷(1484 亩),权属部队,已耕种土地仍借给各乡和农场种植,不准新建扩建构筑物。

丽水机场项目前期工作　2008 年 1 月,丽水机场项目列入《全国民用机场布局规划》(发改交运〔2008〕83号）。是年12月9日，丽水市人民政府办公室发文《关于成立丽水机场项目前期工作领导小组的通知》（丽政办发〔2008〕123号），指出为妥善处置丽水旧机场，加快丽水新机场项目前期工作，增强国防战备能力，拓展和提升中心城市功能，促进丽水经济持续快速发展，经研究，决定成立丽水机场项目前期工作领导小组。

组　长：叶朝丐（副市长）

副组长：刘世书（市政府副秘书长）、周业新（市人防办主任）、任淑女（莲都区政府区长）

成　员：9人

领导小组下设办公室，办公室设在市人防办，周业新兼任办公室主任。

2012年6月，丽政办发〔2012〕81号文，领导小组组长调整由市政府副市长葛学斌担任。

2010年5月7日，浙江省政府与南京军区空军签订了《关于新建丽水机场和易址空军丽水旧机场的协议》。同意易址旧机场并由地方政府投资新建丽水军民合用机场，机场建成后，地方政府向南京军区空军提供一期飞行区国有土地使用权证，南京军区空军将旧机场土地产权交地方政府。同年8月3日，第66次市政府常务会议决定成立丽水机场开发建设有限责任公司，作为市政府的国有独资公司，负责丽水旧机场地块的置换和新机场建设运作。12月31日，国家民航局发出《关于浙江丽水机场场址的审查意见》（民航函〔2010〕1525号），同意将莲都区太平乡横岗场址作为浙江丽水机场的推荐场址。

2011年4月2日，丽水机场项目列入国家民航局和国家发改委联合编制的《全国民用机场"十二五"建设规划》（民航发〔2011〕43号）。4月4日，丽水市政府与南京军区空军司令部签订了《关于临时易址空军丽水旧机场部分土地的协议》。协议约定丽水市政府给南京军区空军办理丽水机场一期飞行区土地证之前，为南京军区空军办理龙泉九姑山林场46.66公顷（700亩）土地和旧机场区块53.33公顷（800亩）土地的土地证后，丽水市政府可取得旧机场剩余土地产权。7月13日，丽水市委、市政府联合发文成立了丽水市旧机场区块征迁指挥部，指挥部办公室设在市机场办，由市机场办具体负责旧机场区块土地房屋处置和人员分流工作。9月8日，丽水市政府与丽水军分区联合发布了《关于开展旧机场区块土地房屋处置工作的通告》。10月26日，丽水旧机场区块征迁指挥部出台《旧机场土地房屋处置意见》及《旧机场居住人员分流意见》。10月28日，市委、市政府召开动员大会，进入实施阶段。通过近年时间的努力，截至2012年10月，完成了旧机场及周边177.8公顷（2367亩）土地、24万平方米房屋、5000余人口的处置、征迁及分流工作。

是年11月16日，浙江省政府向国务院、中央军委上报《浙江省人民政府关于要求批准建设丽水机场项目的请示》（浙政〔2011〕61号）。

2012年7月，丽水机场项目列入《"十二五"综合交通运输体系规划》（国发〔2012〕18号）。8月，中咨公司在丽水召开了《丽水机场预可研报告》评估会。根据评估会关于综合优化建设方案,以降低风险,提高项目可操作性的要求,丽水机场办在各有关方面的大力支持下,开展了丽水机场场址优化工作,并委托编制了《丽水机场场址优化报告》。11 月 9 日,丽水机场办将龙泉九姑山林场 46.66 公顷(700 亩)和旧机场区块 53.33 公顷(800 亩)两宗土地的土地使用权证交给南京军区空军,同日南京军区空军发出了关于同意丽水市政府取得空军丽水旧机场剩余土地使用权的《函》。是月 14 日,丽水市国土局将丽水旧机场 78.53 公顷(1178 亩)剩余土地的土地证办至丽水市政府名下。

2013 年 5 月 29 日,南京军区空军发出《关于丽水机场场址优化事》,原则同意丽水机场场址从莲都区太平乡横岗调整优化至莲都区碧湖镇南山。9 月 24 日,国家民航局发出《关于浙江丽水机场场址优化的批复》(民航函〔2013〕1263 号),同意将南山场址作为浙江丽水民用机场的推荐场址。12 月 19 日,浙江省政府和南京军区空军签订了《关于新建丽水机场和易址空军旧机场的补充协议》并报中国空军。中国空军已向总参报文同意新建丽水机场。

2014 年 1 月 16 日,中咨公司向国家发改委上报了《关于新建浙江丽水机场项目预可研报告的评估报告》(咨交发〔2014〕136 号)。3 月 21 日,华东民航局向国家民航局上报《关于新建浙江丽水机场工程预可行性研究报告的审查意见》。8 月 15 日,浙江省发改委向国家发改委上报了《关于要求批准建设丽水机场项目的补充请示》(浙发改交通〔2014〕701 号)。

是年 9 月 29 日,省政府向国家发改委发出《关于丽水机场项目资金的承诺函》(浙政函〔2014〕106 号)。11 月 17 日,国家民航局向国家发改委报送了《关于报送新建浙江丽水民用机场预可行性研究报告意见的函》,同意建设丽水机场项目,2014 年,国家民航局发文同意给予丽水机场项目 10.56 亿元(占总投资 40%)的民航发展基金补助。同时还可获得国家发改委 20%的补助,以及省政府 20%的配套扶持。11 月 25 日,总参向国家发改委发出《关于浙江丽水机场新建立项的办理意见》,同意启动丽水机场项目立项审批办理工作。

丽水机场位于丽水市莲都区南明山街道上沙溪村附近,距离市中心直线 15 千米。机场性质为国内支线机场,本期飞行区等级指标 4C,跑道长度 2800 米,跑道海拔高度 165 米,控制航程 2000 千米。航站区按 2025 年年旅客吞吐量 100 万人次、货邮吞吐量 4000 吨的目标设计,可以起降波音 737 和空客 320 系列飞机;远期按 2045 年年旅客吞吐量 300 万人次设计,可以起降波音 767 等飞机。新建航站楼 12000 平方米,设站坪机位 6 个,占地 219.58 公顷(3293.7 亩,含边坡 1347.3 亩)。项目估算总投资 26.4 亿元。

八、秦代~1990年大事记(补遗)

(含1995年版《丽水地区交通志》部分大事记)

秦

秦始皇二十六年(公元前221)

"秦军从余干水(今江西信江)越过武夷山而达闽江、瓯江之地。"开辟了一条从今江西信江,越过武夷山入闽境浦城,再分兵两路。其中东北一路,逾栝岭,沿瓯江达今温州永嘉,此路即是当时瓯、括最早的通京大道,史称"括瓯古道"。

注:(1)《淮南子》、(2)栝与括同。

东汉

东汉至南朝(25~562)

始拓括苍古道。后经历代拓修,成为处州通往京师最重要的通京大道。

晋

永和、升平年间(355~361)

书法家王羲之溯瓯江而历好溪,在缙云县东溪村前东溪渡书"突星濑"3字于石。

南朝

(420~589)

开辟从临海至缙云壶镇之苍岭古道。清道光年间(1821~1850),邑人胡芬铺筑石板蹬道,行者称便。

梁天监四年(505)

詹、南二司马主持在松阴溪注入瓯江前200米处,兴建横截溪流的水利工程——通济堰。堰坝筑有槽闸,供船筏通航。经历代疏浚,均保持"便舟楫之往来"。

隋

开皇九年(589)

置括苍县,建处州,开辟从括苍县城往北行走通往京师长安最近的一段古道—— 稽勾古道。

唐

大中九年(855)

段成式任处州刺史,发动民众疏溪治滩,在丽水县东 15 里的“恶溪”垒石为堰,开渠引水,既利于灌田,又通筏舟,人们遂以“好溪”相称。次年,段成式为纪念整治好溪航道和修筑好溪堰等工程的完成,在县东 10 里立“好道庙碑”,并自撰庙记。

宋

天禧五年(1021)

处州奉命打造航船 605 艘,为各地造船额之首位。

元祐七年(1092)

七至十二月,龙泉县疏浚龙泉溪浅滩、险滩 80 余处,处州各县相继仿效,瓯江水路交通得以改善。

是年,治理好溪 30 多滩,缙云舟楫可安抵瓯江至处州城。

乾道五年(1169)

冬,处州知州事范成大主持重修通济堰,规定:“遇行舟重滞者令卸其物,以轻装过,不使损及堰堤。”

元

大德七年至皇庆元年(1303~1312)

鬓人募民财在括苍门外琵琶洲北,依山垒石,历 10 年筑成水障一墩(即水障角),保护处州府城垣和大溪码头。

明

洪武年间(1368~1398)

青田设芝田驿于县清溪门瓯江边,备站船、运船各 5 艘,船夫 50 人,以利客、货运输。

正德七年(1512)

景宁一都(渤海)“渤海驿”驿路建成,客通青田。“高洋驿”驿路建成,客通庆元。

正德年间(1506~1521)

松阳县玉岩(旧称白岩)建普济桥,为省级文物保护单位。

嘉靖十五年(1536)

丽水县碧湖叶云鹏捐资将瓯江均溪河段原有一礁石凿去,使船只无触礁沉没之忧。

嘉靖二十四年(1545)

庆元知县陈泽申请鬻寺田及公署故址充费,修城池,并修路700余丈,通达于八闽。

万历年间(1573~1589)

遂昌知县钟宇淳在县北40里,界接龙游,建瞻华公署,供客憩宿。

万历二年(1574)

庆元县建木拱廊桥兰溪桥。1984年因建兰溪桥水库,按原样拆建至后广乡西洋村,列入县级文物保护单位,1997年被列为省级文物保护单位。

万历二十二年(1594)

丽水县何钢出资改造县城通往省城、京城的捷径大鹤岭险道。

天启五年(1625)

庆元县月山村在举溪上建如龙桥。该桥为现存有确切纪年、寿命最长、保存最完整的木拱廊屋桥。2001年被列为国家级文物保护单位。

崇祯十三年(1640)

庆元知县杨芝瑞重建石壁、喜鹊、棘兰、龟田、乌石、马蹄6隘。

清

康熙十年(1671)

庆元县重建后坑桥(原名普渡桥),为单孔屋盖式木拱桥。2011年1月列入浙江省文物保护单位。

康熙十五年(1676)

青田设急递铺,县城设总铺,沿瓯江每10里设分铺,共15铺,铺兵78人。

康熙二十二年(1683)

缙云知县霍维腾主持重疏好溪水道,捐俸禄造船10艘,建埠头,缙丽再复通舟。

康熙二十五年(1686)

闰四月二十四日夜至二十七日,大雨倾盘4昼夜,丽水、松阳、遂昌、龙泉、云和、景宁、青田等县大小石桥、木桥大部分冲毁。

雍正十一年(1733)

景宁县山洪暴发,大水冲坍县东官路,至张村一带几十里,知县李应机捐修。嗣后知县顾礼让、段三才、张九华相继募捐修筑。道光后又圮,邑人重捐修。

嘉庆十五年(1810)

云和各处捐资整治瓯江石壁滩,以利船筏通航。

道光六年(1826)

庆元后田姚承恩独资改建寨后岭为平路,继修马蹄隘百余丈,从县城经马蹄隘至县境西部各地交通得以改善。

咸丰七年(1857)

缙云特大洪水,县城五云街道,水深淹屋,五云继义桥被冲毁。

光绪十年(1884)

旌德旅遂商贾汪应亮捐银在遂昌至松阳大道——三十六步险要路段,植石柱50余根,立石栏30余丈,历一年而成。

光绪十七年(1891)

景宁潘志成捐资修造云(和)属沈村源道路10里及本邑“三透天”崎岖之路,两地间交通得以改善。

光绪二十七年(1901)

八至十一月,处州府知府赵亮熙为首捐俸募集3000余缗,筑厦河堤障,保护田畴及厦河码头。

中华民国

民国元年(1912)

8月27日始,暴雨4昼夜,遂昌、松阳、云和、丽水、景宁、龙泉、青田等县,山洪暴发,溪水狂涨。松阳、丽水、云和、青田县舟行城内大街。各县道路、桥梁被毁不计其数。

民国8年(1919)

青田项元人金仲贤在永嘉(今温州)创办济瓯轮船公司,经营永嘉至青田客运。

瓯海道尹黄庆澜、景宁县知事陈景光倡捐修建景宁北岸至泗洲坳邮政交通之路20余里。

民国15年(1926)

青田县王纶如组建济瓯(新记)轮船公司,在县城上店街设办事处。

民国18年(1929)

云和县政府筹款疏浚云和县城至局村浮云溪14里(7千米),小船从龙泉溪沿浮云溪可达云和县城。

民国20年(1931)

7月,浙江省航政局第四区(温州)管理船舶事务所在青田设第三管理船舶事务分所。

是年,西安轮船公司青田办事处建立,温州至温溪江面开始由汽轮拖带客运航船。

民国 21 年(1932)

5 月 1 日,丽水至温州公路动工兴建。民国 23 年(1934)10 建成。

6 月,缙丽汽车股份有限公司成立,2 年后改组为官商合营的缙丽公路汽车两合公司。

10 月,国民党第二十一师第二旅旅长的 8 缸 5 座别克小轿车,从温州运抵丽水,供教练和军工使用。冬,在丽水郊外五谷神庙开办第一期驾驶员培训班,学员 60 名,为处辖区内的第一辆汽车和第一代汽车驾驶员。

是月,丽(水)浦(福建浦城)公路动工兴建,民国 23 年(1934)11 月完工。

12 月,省公路管理局在丽水召开处属各县筑路会议,拟订向富商劝募,募收竹、木、炭售价的 8%为股款等办法来筹款。

民国 22 年(1933)

11 月,省公路管理局配"雪佛兰"牌汽车 2 辆,经营丽水至云和客运,为丽水汽车客运之始。

12 月,龙(游)南(丽水南山)公路动工兴建,民国 28 年(1939)10 月竣工,次年 5 月通车。

民国 23 年(1934)

11 月,货车 1 辆在丽水至缙云公路从事货运。

12 月,丽水飞机场第一期工程完工。民国 27 年 4~7 月和民国 23 年 8~10 月又两次扩建,共征用土地 85 公顷(1275 亩)。

是年,松阳县城商民阙桐斋自温州购入双轮钢圈橡胶充气轮胎手拉车 12 辆,雇人从事松阳—遂昌公路运货。

民国 24 年(1935)

3 月 4 日,丽水—云和—龙泉公路全线通车。

民国 26 年(1937)

8 月,龙庆公路龙泉县小梅至庆元县城段 51.27 千米动工兴建,民国 29 年(1940)6 月建成。民国 35 年,庆元境内部分路段遭水毁,不通车。

民国 27 年(1938)

1 月,省公路管理局取消公路货运专营限制,以利战时物资流通,省内外大量公商货车拥入丽水。

2 月,省公路管理局汽车修配厂由常山迁至丽水。以杭州修车厂和总场人员、设备,在大港头另建"大港头修车厂",后厂址移建于丽水县县头,称"县头汽车修造厂",为全省汽车维修中心。

5 月 26 日,日本飞机轰炸丽水,炸毁丽水汽车站和修车场。

是月,丽水、缙云、永康、金华集中手车 3200 辆组成手车队,支援抗日战争,承运军需民用物资。

10月14日,第九行政督察区专员公署令云和县长增筑乡村道路,整理河道。

11月28日夜,省公路管理局1007号客运班车由青田驶往丽水,至芝溪头翻入瓯江,死29人,伤9人。

12月,龙泉县城至小梅44.82千米公路动工,次年4月8日竣工,20日通车。

民国29年(1940)

1月1日,缙丽公路汽车两合公司撤销,业务由省公路运输公司统一经营。

2月,遂昌县城至湖山简易公路动工,翌年4月竣工。全长44.9千米。此后续建,至9月延长9.46千米至奕琴乡乌溪江边,接通衢州水路。

3月,章达庵创办丽(水)、云(和)、龙(泉)快船公司,在龙泉设站,开始航船载客,龙泉、丽水两地对开。

7月,为阻日军入侵,丽温公路青田海口至丽水段36千米奉第三战区长官司令部命令破坏。

9月1日,松阳县观口渡渡船载客36人,超载翻沉,死亡16人。

是年,丽水詹凤友兄弟3人组建丽温交通船队,有60只小船从事客运,丽水至松阳也有客运船只对开。同年,丽、青、温快船公司开业,在丽水大水门设总站,有小船20只从事客运。

民国30年(1941)

1月,浙江省驿运管理处成立,在丽水大水门城楼设丽水驿运站,负责船舶、手车、挑伕的管理和军、政、民用一般运输的调派。民国34年(1945)12月撤销。

5月,浙江省交通管理处与省驿运管理处、水陆联运管理处均驻丽合署办公,实施战时交通统一管理。

民国31年(1942)

2月,浙江省政府迁至丽水城关、碧湖,后迁至云和。

5月,日军逼近金华,国民党当局电令浙江省政府主席黄绍竑破坏缙云至丽水公路,丽水城区至三岩寺、南明山支线同时破坏。

6月24日,日军侵占丽水城盘踞66天,交通运输遭毁惨重,仅县头汽车修造厂(省汽车维修中心)损失即达法币70万元。

7月23日,为阻日军南下,国民党第三战区司令长官下令破坏金温公路。

9月,抢修丽浦路龙泉至丽水南山段,11月15日客车由龙泉通至南山,次年1月延伸至丽水。

民国32年(1943)

3月30日,日军飞机24架,对丽水城区狂轰滥炸,泊于溪口的大批民船被炸毁,船工死伤甚多。

6月25日，东南4省(浙江、福建、江西、湖南)联合开行云和至湖南来阳、云和至江西铅山两线旅客联运。

民国33年(1944)

6月，日军第二次侵扰丽水前夕，丽浦线丽水至南山公路奉令再度破坏，次年9月修复，12月，丽浦公路全线恢复通车。

10月13日，松阳县南洲渡对岸雅溪口村演戏酬神，超载翻船，全船48人，死亡46人。

民国34年(1945)

9月1日，碧湖至龙游公路为省政府迁返杭州“复员路线”，提前抢修，9月21日土路便桥修通。

10月，省交通管理处迁回杭州，在丽水设办事处。

民国35年(1946)

6月16日，丽水至缙云公路修复通车，7月21日延伸至永康。

是月，国民政府交通部公路总局转发行政院核准通知丽(水)青(田)温(州)公路由省道升为国道。

民国37年(1948)

11月，省道公路实行民众养路。

民国38年(1949)

1月，丽浦公路奉令破坏，同年8月，抢修通车。

中华人民共和国

(含1949年5月10日~9月30日)

1949年

5月10~13日，龙庆界桥——小梅大桥被国民党军某部十八师(师长刘绍周)逃经龙泉去福建省松溪县方向时烧毁。

5月21日，浙江公路联营运输处丽水总站恢复营运。

6月1日，金丽公路修复营运，客运班车隔日往返。

6月18日，浙江汽车股份有限公司丽龙办事处恢复丽水至龙泉客运业务。

7月23日，丽浦路括苍(丽水桃山)汽车渡修复。

12月，丽水公路运输工会私营汽车委员会成立。

1950年

6月1日，丽水航务管理所成立，接收瓯江民船工会航务工作，对民船实行普查登记和发放“航行簿”,开始实行“三统”管理。

1951 年

9 月,丽金公路试行公商车辆统一调派、统一运价、统一安排货源的“三统一”管理。

1952 年

1 月 19 日,丽水专区撤销,专区属下各县的公路、汽车运输、航运随县划归衢州、金华、温州专区管理。

7 月 19 日晚~22 日,大雨倾泻,山洪暴发,瓯江水位高至海拔 54.23 米,缙丽公路多处水毁坍方,阻车达一个半月,车辆绕道龙(游)南(山)线。

9 月 27 日,浙江省公路局丽水办事处设立。

12 月 12 日,瓯江民船联合运输社在温州成立,丽水设分社。1954 年 5 月 16 日,丽水分社撤销,其财产和业务由同月成立的丽水航运管理站接管。

12 月 20 日,瓯江船民协会在温州成立,丽水设分会,会员包括丽水、云和、龙泉、松阳 4 县船民。

1953 年

10 月 1 日,丽(水)温(州)公路修复通车。

12 月 10 日,丽水汽车中心站创办。

1954 年

4 月 6 日,龙庆公路修复通车,全长 96 千米。

5 月,景宁县人民银行毛遂等 3 名干部押运 15 亿人民币(旧币)至温州,经瓯江支流小溪新亭滩,因江水湍急翻船,3 人溺亡,人民币全部漂失。

1955 年

7 月,瓯江河道运输实施改革,瓯江上游龙泉、云和等地木桴直放温州木材公司,木排放运经青田中转作业结束。

1956 年

2 月,云和至景宁公路动工建设,长 39 千米,次年 8 月 1 日建成通车。

4 月,云和局村丽浦线车渡改建成 2 孔低位过水路面桥,废车渡。1966 年 6 月改建为石拱桥;1989 年,改建为钢筋混凝土空心板梁桥。

是年,瓯江上游包括丽水、松阳、云和、龙泉 4 县木帆船在丽水组成 4 个运输合作社。

1957 年

1 月 1 日,公私合营丽水汽车运输公司并入国营丽水运输处。

12 月,撤销丽水航管站,成立丽水县民船管理所。

1958 年

2 月 10 日,对缙云县壶镇古桥—— 贤母桥载重测试,尔后改造为公路桥。

3 月 13 日,云和大源口渡船沉没死 10 人。

7 月,浙江省交通厅在遂昌县垵口乡大山村召开现场会,推广遂昌县城至桂洋公路施工现场培训开岩技工经验。

1959 年

8 月 5 日,浙江省交通厅在遂昌县成屏乡源口村召开现场会,推广城桂公路施工实施大爆破经验。

是年,温州专区瓯江运输公司建立专业航道养护队,设景宁、龙泉、丽水、青田 4 个分队,负责县境内航道整治、养护。

1961 年

7 月,丽水县民船管理所改为丽水航运管理所。

10 月,丽浦线丽水县括苍(丽水桃山)渡改为机轮渡,28 年来用人力摆渡汽车的历史结束。

1962 年

9 月 5~6 日, 12 号台风暴雨倾泻,瓯江水位超警戒线 3.82 米。丽水县境内冲失渡船 4 艘,毁坏桥梁 10 座、公路 7 千米;云和县境内冲毁桥梁 74 座,丽浦线石玄 埠桥水毁停车 5 天。

1963 年

5 月 9 日,恢复丽水专区建置,辖丽水、龙泉、青田、缙云、遂昌、云和 6 县。

是年,丽水县航养队对碧湖至龙泉航道的西滩险滩进行重点整治,炸礁清泓、截弯取直,改善航行条件。

是年,中国石油公司丽水分公司开始用油罐车运油。

1964 年

6 月 3 日,丽水专区航运管理所成立。1984 年 7 月 4 日,改称丽水地区航运管理所。

1965 年

2 月, 交通部决定瓯江丽水至青田温溪段 86.5 千米航道整治作为全国浅水航道整治试点。丽水、青田两县均成立瓯江航道整治工程指挥部。9 月动工,至 1970 年 7 月第一期工程结束。

9 月,省汽车运输公司向全省推广丽水运输段“面向山区、短途、支线、承运轻泡、长干、零担”(简称:“山、短、支、轻、长、零”)服务方向的经验。

12 月,省汽车运输公司在遂昌县召开现场会,推广遂昌汽车站优良服务经验。

1966 年

2 月,庆元县菊水至福建省政和县公路安溪至后山桥段动工,10 月建成。长 2.32 千米,丽水专区和福建省政和县省际公路接通。

3 月,省交通厅拨款 20 万元,整治瓯江航道,提高通航能力。

8 月 1 日,丽浦线云和县赤石大桥动工兴建,翌年 3 月建成通车,废赤石塔下车渡。

8 月 3 日,疏浚小溪景宁县大顺至新四航道、炉西坑至门潭 15 千米航道。

10 月,庆元县新窑至福建省松溪县旧县城省际公路动工,长 8.03 千米,翌年 6 月上旬竣工。

12 月,景宁县外舍跨小溪长 243.32 米外舍大桥建成通车,汽车渡撤。

是年,遂昌金岸至龙泉梧桐口公路建成通车,全长 102.58 千米,称金梧公路。

1967 年

8 月,省交通厅拨款 1.74 万元改建小溪景宁外舍码头。

1968 年

11 月 20 日,丽浦线瓯江桃山大桥动工,1970 年 1 月 25 日建成通车,汽车轮渡撤。

1969 年

7 月 31 日,地区革委会下发《关于维护公路交通秩序确保交通运输安全的通知》,此后,公路交通运输安全逐步好转。

12 月 4 日,地区革委会下发《关于加强航运管理,维护水上运输秩序,确保运输安全的通知》,规定集体所有制航船,即日起恢复向航运管理部门办理进出口手续,实行统一调度、统一运价、统一货源等规定,水上运输逐步走上正规化。

1970 年

1 月,青田县鹤城镇航运站购置 20 匹马力机动船 2 艘,拖带客货船直航青(田)温(州)航线。

10 月,云寿线云和县独山桥头至景宁县岚头村改线工程开工,长 20 千米,翌年 4 月竣工通车。

1971 年

1 月,由地区农业局拨款补助,丽水县后铺大队民工建勤,修建天宁寺至后铺村县内第一条按标准设计的拖拉机路。

2 月,地区交通邮政局设立。

5 月 1 日,丽水至杭州直达班车开通。

1972 年

8 月,丽水地区航管所拨款 0.26 万元,改景宁渤海渡口为码头。

10月21日，遂昌县牛尾岗大桥动工，翌年4月竣工。桥长88米，单孔净跨60米，高46米，跨飞石岭深谷，为当年全省跨涧最高之桥梁。

12月，地区革委会生产指挥组投资30万元在青田县温溪东3千米的下花门建温溪港。1977年1月第一期工程500吨浮码头建成，开港通航。

是年，丽水县航管站在温州造船厂2名工人帮助下，试制5马力柴油机挂桨及12马力柴油机动船获得成功。

1974年

9月，地区交通邮政局邮政划出，改称丽水地区交通局。

1975年

8月12日，受4号台风影响，丽水县峰源公社降水240毫米，雅溪区降水200多毫米。山洪暴发，朱弄、莲乐、龙孔、金竹、上陈等多处桥梁被冲毁。

1976年

1月，浙江省林业厅汽车队第一分队(庆元)成立。

5月6日，浙交二公司一辆解放牌大货车，在庆元三济公路K17+700处，因驾驶不当翻车，死亡6人，重伤6人，车毁。

10月，丽水公路段首次在330国道K112.490~K119丽水段铺筑沥青混凝土路面。

1977年

10月11日，遂昌县首开妙高镇至西屏镇(现松阳县城)农村公共汽车，沿途设21个停靠站。

1978年

2月，景宁县交见圩至交溪口28.52千米公路动工，1984年5月竣工，接通庆元县公路。

4月18日，温溪航运公司“浙海901”号轮首驶上海港。

1979年

3月1日，省财政厅、交通厅通知：农村社办企业汽车、拖拉机养路费按半费计征。

5月1日，丽水县航运公司1至9号小马力机动船经地区航管所批准为正式客班船。

8月29日，遂昌县上龙潭大桥动工兴建，翌年5月7日竣工。桥长140米，单孔净跨108米，桥面净宽7米，为当年全省单孔跨径最大的桥梁。

9月，云和县紧水滩大桥动工兴建，长225米，1980年12月建成。

9~12月，贯彻交通部《关于布置全国公路、内河航道普查的通知》，全区开展第一次公路普查。

10月，省交通厅在缙云召开全省山区公路建设座谈会，授予缙云县“社社通公路县”锦旗。

1980 年

2 月,青田县温溪镇小舟山公社叶某购买解放牌 5 吨货运汽车,为丽水地区首家个体货运专业户。

5 月 20 日,遂昌县龙南公路 K48+175 处,拖拉机载客车速过快失控,翻入 9 米深的溪坑,死、伤各 6 人。

10 月 10 日,联合国工业发展组代表及专家到缙云县五木公路抱骨岭盘道实地考察。

1981 年

4 月 4 日,丽水县大水门一带遭龙卷风袭击,停泊木船 62 艘翻沉,造船厂倒塌楼屋 3 间、平房 5 间、宿舍 5 间、围墙 1000 多平方米。省交通厅拨给丽水县航运公司救灾款 8 万元。

11 月 14 日,丽水城区小水门大桥动工,长 351.7 延米。1983 年 12 月 25 日竣工,次年元旦通车,小水门渡废,原浮桥撤。

1982 年

2 月 10 日,云和县局村航运站"浙云机 2 号"外海船只在温州港岩门山附近江面触礁沉没。

4 月,丽浦线云和县赤石至龙泉县城段改线工程动工。因紧水滩电站库区淹没该路段,由沿龙泉溪北岸改经溪南岸过严山岭隧道至龙泉县城,1985 年 1 月 25 日竣工验收,8 月通车。

6 月,紧水滩水电站主体工程动工兴建,龙泉溪航道暂时停航。

7 月 8 日,遂昌县北界、应村、梭溪、高坪 4 公社暴雨,冲毁公路 3.3 千米,桥梁 10 坐,涵洞、水沟 20 多处,塌方 1 万立方米,公路交通中断。

10 月 15 日,紧水滩库区 53 省道赤石至龙泉段改线工程之一—— 龙泉县南秦大桥动工,桥长 147 米,1986 年 4 月建成通车。

是月,景宁县东坑车站职工吴祖东贪污 5.89 万元,案发潜逃,1985 年缉拿归案判处死刑。

11 月,龙泉凤阳山国家级自然保护区专用公路际头至凤阳庙 13.8 千米路段建成。

1983 年

1 月 1 日,330 国道丽水县长岗背交通量观测站设立并开始常年观测交通量。1999 年 6 月 1 日起隶属丽水公路管理段。

3 月 1 日,从即日起拖拉机运输实行统一管理、统一运价、统一发票的"三统一"管理。

7 月,丽浦线改道工程严山岭隧道动工,长 1037.423 米,1985 年建成通车。

10 月 31 日,紧水滩水电站大坝截流,导航洞开通。1986 年 6 月 24 日下闸蓄水,形成深水航道。瓯江上游第一座水库大坝船、筏过坝通道建成。1987 年 3 月 28 日,实行排、船混合运行过坝试验。次年 1 月,排道正式运行,瓯江恢复通航。

11 月 21 日,330 国道丽水水东大桥工程动工,长 243.57 米,跨好溪,1985 年 4 月 30 日竣工。配套接线工程 8 月 29 日竣工通车,原低位公路桥停用。

12 月 16 日,温州站客车在云和县小顺营盘村与一辆货车交会相擦,客车翻入龙泉溪,死 11 人。

1984 年

8 月 1 日,缙云县金钩至平坑口公路 7.53 千米建成通车,缩短丽(水)台(州)线距 24.5 千米。

12 月,330 国道温(州)寿(昌)线缙云段 30.242 千米拓宽改造工程竣工。国家先后投资 522 万元,历时 10 年。

1985 年

1 月 15 日,景宁县大均至沙湾公路动工兴建,长 21.9 千米。“以工代赈”,由世界银行贷款、民工建勤,共投资 432 万元。1987 年 3 月 2 日,世界银行公路专家卡西特罗和交通部领导、专家实地考察大沙公路,对工程建设给予高度评价。同年 11 月竣工。

4 月,丽浦线 K37+645~K41+780 石塘水电站库区水位线以下 11 千米路段改建工程动工,翌年 12 月 1 日竣工通车。

1986 年

12 月 3 日,丽水城区第一座交通指挥红绿灯在丽阳门交叉路口启用。

1987 年

1 月 6 日,省、县公路建设会议在景宁畲族自治县召开,交通厅厅长邵尧定一行出席会议。

4 月 9 日,云和车站 8-13033 客车,从景宁县大顺返回云和途中,在景宁渤海镇石塘口翻落 16 米深的小溪,死 34 人,重伤 14 人,汽车报废。

10 月,丽水市(县,下同)城关镇首次涌现载客三轮黄包车。

12 月 25 日,330 国道温寿线丽水市(县级)境风化至凉塘段 9.7 千米改建工程开工,1990 年 11 月 22 日竣工验收。

1988 年

8 月,330 国道丽水塔下隧道工程开工,1990 年 11 月验收通车。

11 月,由地方集资 4.3 万元(其中地、市交通局 1.6 万元)动工兴建丽水市(县级)大港头渡口码头,翌年 12 月建成交付使用。

1990 年

3 月,丽浦线赤石岭隧道及改造工程动工,隧道长 1239.77 米,1992 年 5 月投入使用。

5 月 6 日,330 国道丽水市湾岙— 风化段塌方泥石 2 万立方米,覆盖公路长 80 米,宽 16 米,阻车 15000 辆,交通中断 3 天。

8 月 13 日,54、55 省道曹岭至庆元县城 46.36 千米路段拓宽改造工程动工,1990 年 8 月 7 日竣工,次年 6 月 13 日交工验收。

九、古 道

处州(今丽水市)境内古道包括通京大道、省际通衢、州(府)际大路和府、县大路,有陆路也有水路。

古时括郡(今丽水市)境内道路分干路、支路。干路,即驿道,亦称官马大道,通京大道。唐时,一般5里设亭,10里设铺,30里设驿。非通途大道设馆。宋时,20里设一驿,10里设一递铺。元时,70~80里设站赤。干路一般宽2米以上,山岭最宽的3米以上,路面铺石板为多。支路,即民间步行道路,遍布乡间各村庄,一般平丘铺卵石,越岭砌石级,宽1~2米。县际,州(府)际,省际和通京大道已成网络。

通京大道

陆路

括瓯古道(浙闽古道) 秦始皇二十六年(公元前221),命属屠睢帅师50万平百越。“秦军从余干水(今江西信江),越过武夷山而达闽江、瓯江之地”,开辟了一条从今江西信江,越武夷山入闽境浦城的路,再分兵两路。其中东北一路,逾柘岭经今龙泉、丽水(古称括苍),沿瓯江到达今温州永嘉,以其地置闽中郡。东汉时(25~220),开辟从今丽水、龙泉逾柘岭入闽的浙闽古道,山高路狭,行路艰险。唐乾符五年(878),黄巢起义军“乃刊山开道七百里”仙霞岭山路进入福建。此路,即是当时瓯、括最早的通京(秦时咸阳,汉、唐时长安)大道,史称括瓯古道[1]。

唐朝驿道,以长安为中心,遍布四方。唐高宗上元二年(675),于永嘉置温州,德宗贞元二年(786),全国普设驿站后,括瓯古道成为从长安经汴州(今河南开封)、扬州,渡长江经润州(江苏镇江)、苏州到杭州经睦州(今建德)、婺州(今金华)、括州至温州之重要驿站。清顺治八年(1651)把括瓯古道同“西交三衢”(衢州因界连闽、赣、皖3省,故称“西交三衢”)的通济古道联成一线,合称为永嘉官道。括瓯古道,全程270里,属丽水县境的有25里[2]。

括苍古道 始拓于东汉至南朝(25~562)。南朝陈天嘉三年(562)三月,司空侯安都破留异于桃花岭。此道由善士冯大杲所凿,亦称冯公岭。唐贞元二年(786),朝廷在全国普设驿馆。括州因非通途大道,仅设馆。当时,括苍古道是括州、婺州、睦州至杭州的通途大道。南宋建都临安(今杭州),对重要驿道普遍进行整修,括苍古道在这一时期,铺筑了卵石、青石路面和石板蹬

级。路面宽约2米。明、清两代,称驿道为官马大道。括苍古道自宋代辟为通京大道,元、明、清以至民国初均为驿道。

注:栝同括,书名《栝苍汇记》,不改。

《明史·地理志》云:浙江布政司距京师3300里,处州距布政司730里,《皇朝舆地略》则云:浙江省治在(距)京师3200里,处州府治在省治南710里,府治至缙云全程90里。清嘉庆九年(1804),浙江巡抚阮元在丽水县银场岩壁上题有“括苍古道”4字,摩崖石刻今尚存。民国23年(1934),金(华)丽(水)温(州)公路建成通车,古道鲜为人行。步行仍通此道。

括苍古道丽缙复线 位于丽水市区东北部,起点莲都区岩泉街道坑口村(古代起点岩泉,经灵山寺脚至坑口,此段路后被330国道所代),越坑口岭至大岭行政村(属岩泉街道,古属丽水县银岭乡),经沈山、叶平头、徐庄、黄畈、沈村,抵三望岭,与括苍古道会合,上桃花岭,出桃花洞,去缙云,达省、京。有村民称此条路也为通京大道,也有称括苍古道丽缙复线。

该古道位于330国道丽缙复线和括苍古道右边,建造年代距今已500多年,因人居渐多成村而建。

据当地村民讲,该古道比括苍古道里程短,仅坑口至大岭村的坑口岭较陡。现来往这条古道的人比走括苍古道的人多,保存也较完整。

坑口岭

通济古道 东汉建安四年(199)置松阳县,二十三年(218)置遂昌县,隋开皇九年(589)建处州,置括苍县(后改称丽水县),“西交三衢”古道基本贯通,通济古道因通济堰而得名,为官修古驿道,成为永嘉官路的重要一段,为处州城通向今松、遂、云、景、龙、庆6县的干线。起自括苍县城(处州衙门驻地)括苍门,过济川桥到垟店、石牛、碧湖至保定村。保定村岔道口交步亭路碑刻有“南—— 云和、龙泉、浦城道,西—— 松阳、遂昌、南昌大道”。通济南道自保定渡大溪至大港头,出丽水县境,与云和境内的石塘铺相接,经龙泉入浦城。开辟时间与秦军开辟括瓯古道几乎同时,即为括瓯古道的一段,是最早开辟的丽水向外通道(境内段古道70里);通济西道自丽水县保定村经松阳、遂昌,过龙游,直至衢州,可达闽、赣、皖3省,县境内段57里。

稽勾古道 始创于隋朝,因经稽勾岭而得名,曾称“古括苍道”。稽勾山,括苍县西北100里,与武义龙门山对峙,势极险峻,盘绕20余里,自丽阳门经龙门坳,至武义县壶山镇160里,为瓯、括达都会通衢(清·道光《丽水志稿》卷一)。隋开皇九年(589),置括苍县,建处州。为建立处州与京都长安之间的通道,开辟了从括苍县城往北的稽勾古道,这是通往京师最近的一段古道。《处州府志》载:为瓯括达婺之间道。

括苍古道
缙云县城
东渡
雅村
樊庄
荆坑
半岭
公凸头
吴岭
隘头
滴水岩
桃花洞
三望岭
大湾
雨伞岗头
高青岭脚
高青岭
雨伞岗
（老鸦矿）
却金馆
余岭头
余岭
（余岭脚）
银场坑
枫树湾
岩泉
望城岭
九里
五里亭
丽水城

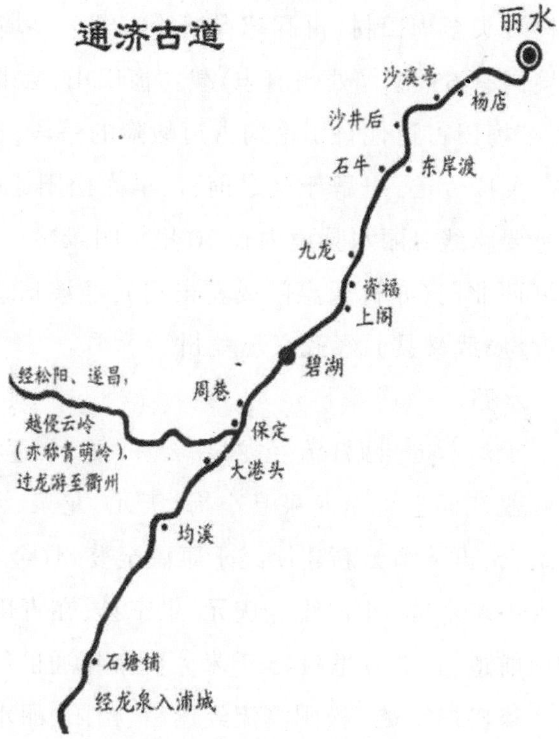
通济古道
丽水
沙溪亭
杨店
沙井后
石牛
东岸渡
九龙
资福
上阁
碧湖
经松阳、遂昌，
越侵云岭
（亦称青萌岭），
过龙游至衢州
周巷
保定
大港头
均溪
石塘铺
经龙泉入浦城

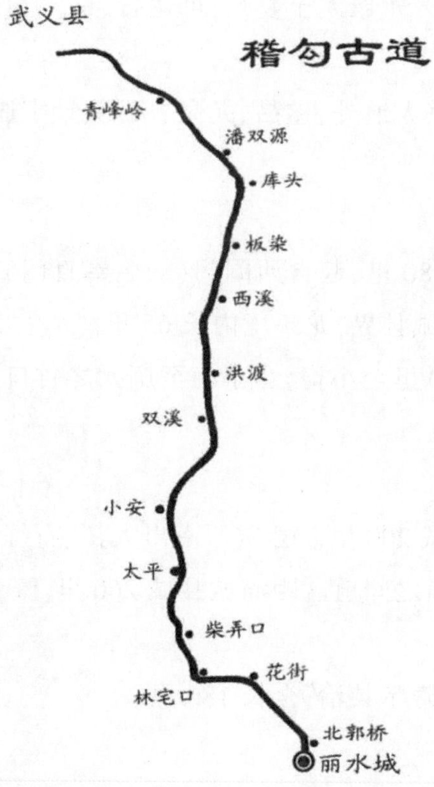
武义县
稽匀古道
青峰岭
潘双源
库头
板染
西溪
洪渡
双溪
小安
太平
柴弄口
花街
林宅口
北郭桥
丽水城

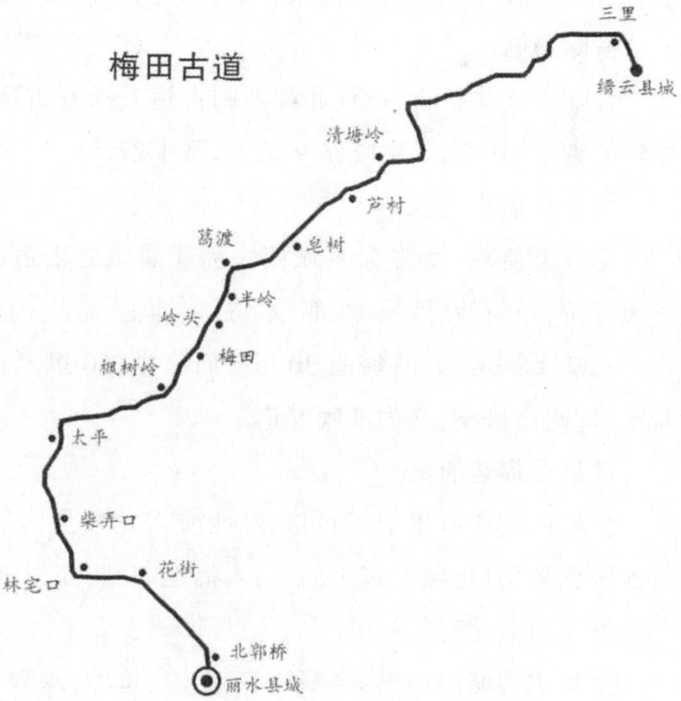
梅田古道
三里
缙云县城
清塘岭
芦村
葛渡
皂树
半岭
岭头
梅田
枫树岭
太平
柴弄口
花街
林宅口
北郭桥
丽水县城

梅田古道 大致开辟宋、元时期。自丽水县城往北至太平村与稽勾古道共线。从太平村经枫树岭头至梅田村,再翻越青塘岭入缙云县境。“缙云县西南85里至州城”。梅田古道在丽水县境内有65里。《处州府志》载:“梅田山,县北40里,旧为缙云官道,乡民立市焉,古驿废址尚存。”梅田古道代替了稽勾古道峻险的一段,也成为通京大道的一段通道。

曳岭古道 开辟于隋之前,最早为松阳通临海郡治章安的官路。唐、宋时期成为军事争夺的重要路线。丽水县境内长70里。明景泰三年设宣平县后,为处州府至宣平县驿道。由丽水县城西北门(亦称通惠门或左渠门),经溪口、桃山、路湾、张村街、茭坑(今高坑)、界牌入宣平县(今属武义县),经武义至婺州。

水路

瓯江水道 瓯江流经龙泉、云和、丽水(莲都)、青田,出境经温州市境注入东海。古时,小木船溯瓯江而上可至龙泉县小梅,庆元、龙泉、云和3县官民乘船沿瓯江而下至处州城,溯好溪至缙云,再从缙云新建溪经永康溪至婺州(金华)达省京。

小溪水道 小溪流经庆元、景宁县,在青田县湖边注入瓯江。小溪从景宁县沙湾至青田县湖边航道,长290里(145千米),可常年通舴艋船。

松阴溪水道 松阴溪流经遂昌、松阳、丽水三县,在丽水县大港头注入龙泉溪。古时,小木船从瓯江上游龙泉溪溯松阴溪可达遂昌金岸,从松阳县城至大港头,全长84里(42千米),可长年通舴艋船。

好溪水道 自处州城经好溪至缙云县,再从缙云新建溪入永康溪至婺州,可达省、京。

省际通衢

省际古道除括瓯古道(亦称浙闽古道)、括苍古道等通京大道外,遂昌、龙泉、庆元、景宁通福建的古道10条,其中陆路9条,水路1条。

龙泉至福建

龙泉至浦城 为龙泉县城西去福建浦城之干道,相距180里,起自西圈门(一名奉直门),过观音桥,经新岭、沙溪、八都、木岱口、塘上、石坑接福建浦城县界,龙泉境内长65里。

龙泉至松溪 自县城南30里至石玄湖,50里至查田,20里至小梅,自小梅至庆元之竹口、新窑,抵闽之松溪,亦为浙闽要道。

遂昌至福建浦城

县城西南100里至王村口,经西滩入龙泉县达福建浦城200里。县城西南出大柘、石练、黄沙腰到柘岱口,经尹家至碌下,入福建浦城,亦为闽浙相通之间道。距浦城县城260里。

景宁至福建寿宁

从景宁县城南门出,经慕岭头、大漈、鱼漈,越青草隘抵寿宁县治,全长180里。

庆元至福建

庆元至松溪　从县城经八都、马蹄岙、蜈蚣岭入福建松溪县木城，境内长40里。

庆元至政和　出县城经五都、淤上、安溪，翻越岭腰入政和县境，境内长50里。

庆元至寿宁　从县城经应岭、五大堡、岭头、竹坪、江根入寿宁县境，境内长150里，或从岭头经八炉入寿宁县境，长90里。此线还可以由寿宁出西溪至泰顺，或由寿宁经斜滩至福建福安。现被菊(水)寿(宁)公路代替。

庆元至浦城　从庆元县城经柏渡、洋垄至浦城官庄界110里，至浦城县城170里。

水路：庆元竹口至松溪　从竹口沿竹口溪经黄坛、新窑入福建松溪至松溪县城，长60里。

州(府)际大路

州(府)际大路，通过括苍古道、梅田古道、稽勾古道、曳岭古道经缙云、宣平、武义至婺州外，境内尚有通州大道5条，其中陆路3条，水路2条。

括瓯古道　从处州府城行春门至下河、渡瓯江至中岸，经叶村、高头庵、主洞坑、界牌入青田至温州，全长270里。

苍岭古道　始拓于东汉末年或隋之前，东通仙居，西连永康，南接缙云县城。全长120里(合57.6千米)，南至处州(丽水)。其中缙云至仙居间为险阻地段。清道光年间(1821~1850)，邑人胡芬创建蹬道，行者称便。今为临(海)石(永康石柱)公路和台金(台州至永康前仓)高速公路替代。

永嘉官道(温州官道)　清顺治八年(1651)，闽浙总督驻衢州，辟温州官路，由衢州、龙游越侵云岭至遂昌、松阳，经丽水至永嘉(温州)。

瓯江水路　包括支流松阴溪、好溪、小溪，瓯(温州)括(丽水)交通赖瓯江舟楫，起自丽水大水门，从风化入青田至温州，全长270里。沿溪各县可从水路达处州(府)城，其中丽水至温溪瓯江溪流段180里。同时也有沿江而筑的行道。

乌溪江水路　乌溪江属钱塘江水系，发源于福建省浦城县大福罗东坡(浙闽交界之仙霞岭北麓)，经龙泉、遂昌2县，在衢州东8千米的章滩镇汇入衢江，主流长155.9千米，丽水市境内河段长86.87千米。3~5吨小木船和竹木排筏，可从遂昌县王村口直抵衢江，至衢州，达省城。

府、县大路

处州境内府县之间与县县之间均筑大路，以济往来。据清乾隆《浙江道里图》及各县(市)志载，处州府(今丽水市)各县主要大路有53条，其中陆路47条，水路6条。

丽水县(处州府衙驻地)　东北括苍古道、梅田古道通缙云县陆路90里，西南通济古道自碧湖、木寮入景宁县陆路140里，通云和县陆路110里，通松阳县水路110里，西北曳岭古道通宣平县(今武义县柳城镇)陆路120里，东括瓯古道入青田县150里。

青田县　东北通仙居县340里，东南通瑞安县陆路250里，西北经石溪、石帆到处州府(丽水)150里。清光绪元年(1875)《青田县志》载：东从前仓至港头到温州府120里，东南过油竹、白沙岭到瑞安县陆路250里,西从湖口渡经岭根入景宁县100里,北从石溪经季宅到缙云县160里。

缙云县 东入苍岭古道至仙居县185里,西南括苍古道入处州府90里。清乾隆《缙云县志》载:“自县达府90里,达省670里,达京师5150里。”境内有两条驿道穿过:一曰括苍道,一曰苍岭道,计长205里。括苍道自缙云经永康县至婺州170里。东南自县城经五里牌、舒洪至南溪入永嘉县,县城经金谷、严鸟至石笕入青田县,东北自壶镇经双溪入磐安县。水路从县城经好溪至处州。

松阳县 东从县城经王田铺至处州府水路120里, 南从县城经石仓, 越方山岭入云和县140里,西南从县城至玉岩入龙泉县200里,西北从县城经古市至界首入遂昌县60里,北从县城越寨头岭入宣平县60里。水路沿松阴溪上至遂昌,下至丽水。

遂昌县 东北出县城至北界入龙游县120里,东通宣平县140里,南出县城西过源口,经根竹口至徐村入龙泉县180里,西从县城至黄沙腰、上西坑入江山县230里,北从县城到金竹至茶树坪入衢州府107里,从县城经社后至门阵,至汤溪县城150里,至金华府治200里。

龙泉县 北通松阳、遂昌县200里,东经道太、赤石至云和县120里,南经宏山、查田通庆元县200里,经瞿源、岱根岭至景宁县。水路沿瓯江至处州,转道杭州。

庆元县 东北经桐梓、新村入景宁县100里,北经上庄、双港潭入龙泉县境60里。驿道,经县城北门、五都、八都、竹口、西边、曹岭进入龙泉小梅,计程90里。水路从曹岭沿龙泉溪、大溪至处州府治。

云和县 东北经小顺、石塘入丽水县治110里,西经赤石至龙泉县治120里,南经沈村至景宁县治60里,北自双港经朱村、金村至松阳县治140里。水路沿龙泉溪上至龙泉,下至丽水。

景宁县 西南经沙湾、毛垟,越山头岭至庆元县治120里,称高洋驿道;西经沙湾、蛟垟至龙泉县治150里;东经渤海、大顺至青田县治120里,称渤海驿道;东南至泰顺县城160里;东北经外舍、大顺、高沈入丽水县治120里;自西北门出经外舍、泗洲岭至云和县治60里。沿小溪下经青田可达温州。

这些古道大路,现除个别路段仍为山民行走外,多数被铁路、公路、拖拉机路所替代。

瓯江干流及其支流松阴溪、小溪航道正在开发。

十、古 桥

丽水市各类古桥数量众多,类型丰富,分布广泛。有木拱廊桥、八字拱廊桥、平梁廊桥、石拱廊桥、石拱桥、石梁桥(石板桥)等。据全市9县志书记载,自宋至民国时期,处州境内建有各类古桥2495座,保存至今具有重要影响的尚有近400余座。特别是各类廊屋桥现存数量多达239座,其中庆元境内至今仍保存有近百座风格各异的古廊桥。丽水是我国廊桥最集中的区域之一,其中木拱廊桥有40余座,约占目前我国木拱廊桥总数的二分之一。

丽水境内各类古桥,特色鲜明,历史文化积淀深厚,是文明和技术的产物,是古代处州人民为利于生产,方便生活,保护生命财产,与大自然抗争,发挥自身的聪明才智所作出的重大贡献,是嵌镶在处州大地一颗颗璀璨的明珠,是古代处州人民为中华民族留下的珍贵文化遗产。现将国家级、省级、县级保护或艺术价值较高之各类著名古廊桥择其二、三简述如下,余则列表以存。

木拱廊屋桥

现存木拱廊屋桥有庆元县举水乡月山村的如龙桥、景宁县沙湾镇大地桥村的莲川大地桥等26座。

如龙桥

如龙桥　始建年代无从考证,明天启五年(1625)重新修造。位于庆元县举水乡月山村南侧,南北走向,横跨举溪,因其态势与后山山嵴依稀相连,桥似龙首下倾而得名,其建筑风格颇具宋代遗风。系双臂起拱廊屋桥,其结构主要由木拱架和廊屋两部分构成,由数10根粗大圆杉木纵横组合铆接而成。桥长28.2米,宽5.09米,高6.8米,单孔,净跨19.5米。廊屋9间,面阔3间,明间为桥之通道,两侧设长木凳供行人小憩。梁架各缝用9檩4柱。桥北端建三重檐歇山顶钟楼,南端设桥亭。

桥上悬有明、清及民国时期的修缮题志和“如龙桥”3字古匾,顶部施斗拱藻井。桥身外壁鳞叠挡雨博风板。屋面施方椽、望板、小青瓦合铺。如龙桥构造复杂,工艺精湛,功能完备,是我国有确切纪年、现存寿命最长、保存最完整的木拱廊桥,是我国现存木拱廊桥中不可多得的典型范例,具有较强的代表性和较高的历史、艺术、科学价值,也是全国木拱廊桥中最早公布的全国重点文物保护单位(2001年国务院公布)。

莲川大地桥　位于景宁畲族自治县沙湾镇大地桥村,为贯木拱伸臂廊屋桥。始建于清嘉

莲川大地桥

庆八年(1803)。桥长41.5米,宽4.8米,拱跨31.1米,廊屋18间,屋面两坡歇山顶,单层,廊屋面宽3间,当心间为桥之通道,两次间施长木凳供行人小憩。桥面除南北两端各一间以蛮石墁地,其余桥面以木板铺钉。桥两侧铺钉挡雨板,廊屋梁架以牛腿出檐单挑,桥楹柱直接立于桥面板上。脊枋等木构件上有墨书题记,还绘有山水、花鸟、植物、戏剧人物故事等图案。风雨板镂饰扇面形、圆形、葫芦形、棱形等花窗。被列为省级保护文物。

八字拱廊桥

有景宁畲族自治县章坑怀胜桥,松阳县八仙桥,龙泉市双溪桥,莲都区观音桥、普济桥,庆元县包果桥、白云桥、甫田桥,青田县怀仁桥、卧虹桥等10座。

双溪桥

双溪桥　位于龙泉市小梅镇孙坑村。始建于清同治十年(1871),民国21年(1932)重建。桥长32.6米,宽4.5米,桥拱采用八字简支、悬臂结合式起拱。两端桥台条石砌筑。廊屋11间。桥面当心间地面用条石,其它均为金砖墁地,屋顶正脊正中塑饰7层一小塔。灰瓦阴阳合铺。

卧虹桥　重建于清同治十二年(1873)。位于青田县章村乡坑根村。桥长25米,宽4米,人行部分2.1米,高7米,单孔,净跨14.45米,廊屋7间。桥两端各用12根圆木上下交叉支撑。桥两侧铺风雨板,全用木板封闭,上架木梁铺设木板,桥面为穿廊式楼层,两旁设条凳供人憩息。桥西立有“卧虹桥”碑。

永和桥

平梁廊桥(又称木梁廊桥)

有龙泉市永和桥,松阳县普济桥、板桥村板桥、红军桥,遂龙界桥,遂昌县宏济桥等125座。

永和桥　位于龙泉市安仁镇,跨安仁溪。始建于明成化元年(1465)。原名永宁桥。清顺治年间(1644~1661)毁于火,康熙五十七年(1718)重建,民国4年(1915)又重建,改今名。桥长125.7米,宽7.5米,高13米,五墩四孔,石木结构,是浙江省保存至今最完好最长的廊桥之一。永和桥具有鲜明的浙南山区地方特色,为悬臂式廊桥,有廊屋42间。桥两端屋檐斗拱层叠,作门楼式,东端踏垛26级,西端踏垛27级,用条石砌筑桥墩5座,桥墩间最大跨距18.4米,桥基护石坡长86米,宽57米,桥内两侧设栏杆板凳供人小憩。雕梁画栋,造型美观,至今保存完好。为省重点文物保护单位。

普济桥

普济桥　位于松阳县玉岩镇。建于明正德年间(1506~1521),为双孔石墩木伸臂廊桥,横跨玉川之东。桥长27米,宽7米,高4.1米。廊屋9间。中墩石砌,迎水面作出分水尖,以杀水势;墩上悬挑木伸臂两层,架主梁7根,木梁部分用鱼鳞板封护。廊屋为五架梁带前后单步,用4柱,明间中柱升高,覆歇山顶,形成局部重檐,内施方形藻井,斗拱密排,层层出跳,构造复杂。普济桥造型端正,风格古朴,保存完好,是我省现存已知最早的木伸臂梁式廊桥,为省重点保护文物。

石拱廊桥

有缙云县慕义桥,松阳县夫人桥,庆元县外村桥等78座。

庆元县坝头石拱廊桥

慕义桥　建于清道光十二年(1832)。位于缙云县前路乡前路村西侧,跨漳溪。系古代永康、缙云壶镇通往仙居、温州方向的行道桥梁。块石拱桥,横联石砌筑。桥长53米,宽3.5米,高8.1米,3孔,单孔净跨8.6米。桥上两侧施望柱高1.4米,栏板高0.78米,东西两端有引桥,东端引桥长6.15米,置2台12阶,西端引桥长13.7米,置3台33阶。建有桥亭,水底至桥亭高11.22米。共有6个开间,南北两侧由一过廊相连。慕义桥构造复杂,工艺精湛,功能完备,系迄今发现有确切纪年并保存完好的石拱廊桥。

古溪桥　清道光十八年(1838)重建。位于龙泉市小梅镇黄南村。为单孔石拱廊桥。桥长29.3米,宽5.6米,廊屋9间。上覆斗八藻井,两侧轩廊,下设神龛。桥廊建筑重檐结构,局部三重檐。桥廊两端牌楼式,中部重檐歇山,高低错落,起伏有致,具有较高的建筑艺术价值。为省级保护文物。

石拱桥、石板桥(石梁桥)

市境民国末年前建造的石拱桥、石板桥现存达400余座,文中除择述2至3座著名石拱桥、石板桥外，余撷长 10 米以上（含 10 米）或 10 米以下属文物保护桥梁列表以存。

石拱桥，有缙云县贤母桥、兢爽桥、贞溪桥、永济桥，云和县石门桥、栈云桥、毓元桥，龙泉市燕贻桥，松阳县南明桥、三济桥，遂昌县通惠桥，莲都区清明桥等 223 座。

石门桥　建于北宋时期，位于云和县城新华街东段、康复桥下首，跨黄溪，清康熙三十一年(1692)《云和县志》有载。该桥系云和镇唯一保存完好的石梁石板拱桥，桥拱呈五边形。长 14.16 米，宽 4.07 米，高 3.08 米，单孔，净跨径 10.6 米。无栏杆，两端各建石阶 8 级，昔时有桥屋，已拆除。民国元年(1912)夏，洪水横溢，淹没县城，唯此桥尚存，为城镇居民留下一条逃生路，故被誉为“救命桥”。解放后，云和县政府对该桥进行保护。2008 年 5 月被列为县级文物保护单位，2011 年 1 月列为省级文物保护单位。

关川桥　位于遂昌县王村口镇关川村，跨关川溪，系准悬链线石拱桥。始建年代不详，后经毛姓里人重建，桥上有屋，复圮。清乾隆九年(1744)，里人贡生毛仪焘、毛仪点捐资重建。桥长 17 米、宽 4.3 米、高 7 米，单孔，跨径 12 米。为珍贵文物。

贤母桥　在缙云县壶镇西隅。始建于清嘉庆二十二年(1817)，由里人吕氏载杨、载修、载驯、载希兄弟以其母蔡太孺人“必成是桥，以遂吾志”之遗训而合力修建。该桥为半圆石拱，系 13 孔，长 67 丈，宽丈余，桥面铺石板，两侧石板护栏，两端石阶为引。整个工程历时 14 个月，清嘉庆二十三年(1818)九月完工，初名“永济桥”。后由督学朱士彦更名“贤母桥”。是桥耗白银三万余两。今改造为公路桥，并改名“壶镇大桥”。

南明桥　始建年月失考，清同治十二年(1873)改建为双孔石拱桥，位于松阳县城南直街下跨白龙堰。桥长 21.5 米，高 8 米，桥面净宽 4 米，每孔净跨 7 米，两边各 20 厘米×55 厘米条石栏杆，桥面铺条石，桥两端有石级阶梯。至今仍坚固实用。为县文物保护单位。

永济桥　始建于民国 7 年(1918)，次年落成。位于缙云县新建镇南隅，跨新建溪。由楼炉福等 4 人首事于附近各乡村募捐乐助而建。大桥为 7 孔八字形石板拱桥，每孔净跨 7.8 米，板面铺石板，两侧各有 1.4 米高的石板护栏，南北两端分设 10 级和 14 级石级。大桥正中拱顶刻有楷书“永济桥”3 字。北端建有桥亭，桥碑已毁，桥完好无损。为省级文物保护单位。

石梁桥（又名石板桥），石板桥又有碇步桥、石板八字型桥之分，以缙云县为多。碇步桥在碇步上铺以石板、桥面距水面高一般为 0.3 米至 1 米，成直线型建造，有双柱双梁和单柱单梁两种结构。有松阳县杉溪桥、莲都区五铢桥、河桥，缙云县鼎湖峰桥、上东岸桥、永济桥、云溪桥、佃安桥、马迹桥等 81 座。

五铢桥　位于丽水市城南天井岭下。这是一座单孔双臂伸展，为丽水市现存最古桥梁之一。据清同治《丽水县志》记载：“旧为木桥，有僧过。坠水洄而出，得五铢钱一瓮于岸，以钱更为石桥焉。”五铢钱，西汉元鼎二年（公元前 115），汉武帝下令铸造，作为法定货币通行全国，严禁各郡国和私人仿铸，沿用至 220 年三国时废。桥墩三层，层层外伸，如鸟翼伸展，上覆三块 7

米长、厚30厘米石板拼合为桥面。桥宽1.30米、桥高8米、全长11米。古代石匠采用“古涩”(即双臂伸展)造桥工艺,减轻桥墩压力,合乎科学。此桥已有两千多年历史,至今仍保持完好。

杉溪桥 又名散溪桥,建于元延佑六年(1319),位于松阳县城东阁街东端,跨古湖坑。桥长19.50米,宽2.10米,七孔六墩石板桥,桥墩立方形石柱3根,中置卯梁石,两桥墩间平铺石板5条,全桥略呈弓形,东西走向。桥头石上勒有建桥年款、捐资者姓名,铭文称“延佑六年 月日吉建钟一新恩宅捨财独资鼎造”。

鼎湖峰桥 始建于明代,又名碇步桥,位于缙云县仙都风景区鼎湖峰畔,跨好溪,为碇步桥。1974年7月被洪水冲坏。1980年缙云县政府拨款修复,其结构仍为45孔双柱双梁石板桥,全长72米,宽0.8米,高1米。

缙云县仙都鼎湖峰桥

福安桥 清代建造,位于遂昌县妙高镇渡船头东,横跨小山溪,系三折边石梁桥。长5米、宽2.83米、高2.2米,单孔,跨径3.1米。桥面由7块长条石并联铺砌。三折边石梁桥保存至今,极为稀少,属珍贵文物。

独木桥

又称一节桥。桥梁史上起源最古、延续时间最长、架桥技术最简陋的一种桥。不用桥梁,山涧、沟壑、田间沟渠两岸间距不宽,不能设渡,人们又无法跨越,于是视其宽窄,截取松、杉,阔叶树杆之一段,或长1米多、2米、3米、4米……架于山涧、沟壑、沟渠两岸,便于行人过往。一般并列2至3条木料,宽在40至50厘米以上。

马凳式木桥

此种一节木桥在丽水山区小路,田间沟渠仍随处可见。后又以石板代替,现又以钢筋水泥板代替,具有持久性。但在山涧、山路被水冲断之处,仍以木料架设。

木梁木板桥

丽水地区河流、山溪纵横密布,洪水暴涨暴落,非渡即桥,否则,城乡居民无以过往。木梁木板桥始于何时,无从考证,应在唐、宋之前就始架设。这是一种符合山区木材多,取材易,技术含量不高,造价低廉的桥梁,又称马凳式跳板木梁桥,或称八字型木梁分节木板桥,每节桥长丈余,桥面宽约0.8米~1米。桥板离水面高度视溪流两岸高度而定,桥梁长度又视水之深浅而定,桥长则视溪流宽窄而定。丽水县1954年修复跨好溪的彭头木梁木板桥,高3米,宽1米,

12孔,每孔5米,全长60米。解放前就架有的松阳县西屏镇南门跨松阴溪至对岸瓦窑头的木梁跳板桥,因来往行人众多,并行架设两座桥 ,便于行人一来一往,桥长近200米。

为避免洪水暴发时,桥板桥梁被冲走,管桥单位和管桥人用竹皮打成阔约8~9厘米的竹皮辫将每节桥板和每付桥梁系牢,竹辫的一头系在桥头陆地的石墩上,洪水暴发时,木桥冲倒,但不可能将桥板桥梁冲走。洪水降落,即可原地架设通行。解放后,逐步用铁链代替竹辫系桥板桥梁。直至20世纪50年代,仍是丽水地区分布最广,数量最多的一种桥。

20世纪60年代后期开始,逐步改建为钢筋水泥混凝土桥或石拱公路桥;至21世纪,此种木梁木板桥已为数不多。

浮桥

仅丽水县有记载,贯通瓯江南北两岸曾在3处架设过浮桥:一在碧湖,建于民国33年(1944)8月。日军第二次侵犯丽水时拆除。二在石牛,名通济桥。明万历《括苍汇纪》有载。清康熙十三年(1674)毁于冦(耿精忠叛乱),置二船以渡。三是架设在丽水城南的"括苍带郭浮桥",即济川桥,又名平政桥。浮桥创始年代不详。"维舟为梁,联以铁缏,为处州七邑孔道,浙闽通津"。因城南水势关系,历经修废变迁,并曾三易其址。

宋乾道四年(1168)范成大实始改作,"为舟七十二,联续架舟为梁三十有六……"桥成,名之曰"平政"。自此,从县城跨大溪,能"踏渊若衢"。

元大德七年(1303),括苍门外上流筑了防护县城的水障,使南明门外的水势趋疾。因而,"在明祖称吴国公时"(1359~1365),参军胡深把浮桥改建于上流桃溪下,"旋以水势漂疾,徙括苍门外"。

浮桥自明代改建在括苍门外之后,虽在万历二十八年(1600),知府李淳因民请,曾将桥复建于南明门外故址,但终因上流筑水障之后,水势"则括苍较缓而南明为驶",故万历三十五年(1607)知府陈见龙重建时,又迁回括苍门外。自明至清,水荡兵毁,历尽修废沧桑,其中以雍正八年(1703)知府曹抡彬主持修复的记载最为具体:"计溪宽八十一丈,需船四十八只,长四丈。面板四十八节,每节阔一丈二尺,长一丈六尺。余船六只,以备溪涨添用。锁链二条,铁重五千五百八十余斤;铁箍一百八十个,每个重二斤。两岸建亭,北亭曰'绿波'。置桥夫三十二名,季给工食银取于丽水地丁存留项下。"

民国33年(1944)8月,日军第二次侵占丽水时浮桥拆除。中华人民共和国成立后,1952年丽水县人民政府重建,于12月11日动工,31日竣工,1953年1月11日通行。重建的浮桥19孔,每孔5米,全长95米、宽3米。两端筑桥台用跳板,北端用长7.5米、宽4.5米、厚0.1米的跳板两块;南端用长、宽均为4.5米、厚0.05米的跳板10块,架设在4只分别为0.6、0.7、0.8、0.9米高的跳板凳上,用启闭跳板方式,通行船只。20世纪60年代改跳板凳为钢筋混凝土悬臂梁,使来往船只自由从下通过。此次修建的浮桥,加强了管理,及时维修,延用至1984年瓯江小水门大桥建成通车后,浮桥才拆除。

丽水市廊桥、石拱桥、石梁桥一览

木拱廊桥(26座)

桥　名	建造或重修年代	桥长(米)	桥跨(米)	桥宽(米)	桥高(米)	保护级别	地　　点
龙泉							
顺德桥	清道光二十年	35		4.5		省　级	龙泉市屏南镇坪顺村
合兴桥	民国23年	22	18	4	9.7	文物点	龙泉市础石乡秋畈村
庆元							
双门桥	始建于宋,明隆庆年间(1567~1572)重修,1992年重建	11.15	10.2	4.35	5.2	文物点	庆元县城郊大济村
咏归桥	始建于元大德十年(1306年),民国13年重建	38.76	21.7	5.5	8.8	省　级	庆元县松源镇北门村
查洋桥	元至正年间造,清嘉庆二十三年复建,民国六年(1917)重建	28.65	21.25	4.9	5.75	文物点	庆元县黄田镇陈边村
濛淤桥	建于明嘉靖五年,1995年火毁	35	28.2	4.5	8	省　级	庆元县五大堡乡濛淤村
兰溪桥	始建于明万历二年(1574),清乾隆五十九年重修,2006年重建	48.12	36.8	5	9.8	省　级	庆元县五大堡乡西洋村
袅　桥	明万历三十二年(1604)建,清乾隆三十四年重修	28.63	14.5	3.6	4.1	2011年 省　级	庆元县松源镇西门村
如龙桥	明天启五年重建	28.2	19.5	5.09	6.8	国家级	庆元县举水乡月山村
白云桥	明末年间造	8	7.5	3	3.5	省　级	庆元县举水乡月山村
龙济桥	清初	20.9	4.9	5.1	3.8	省　级	庆元县隆宫乡隆官村
后坑桥	建于清康熙十年(1671),乾隆三十六年、道光五年修缮	36.2	28.5	5.45	6.05	省　级	庆元县竹口镇枫堂村

续表

桥名	建造或重修年代	桥长(米)	桥跨(米)	桥宽(米)	桥高(米)	保护级别	地点
济川桥	清康熙三十年(1694)	21.5	16	4.7	2.8	省级	庆元县黄田镇上济村
黄水长桥	始建于清乾隆十九年(1754),清同治十一年迁建现址	54.3	17.45	4.9	8.7	文物点	庆元县合湖乡黄水村
竹坪桥	清道光二十二年重建	36.69	18.2	4.48	9	文物点	庆元县左溪镇竹坪村
景宁							
东坑下桥	清乾隆二十八年建	29.15	21.8	4.8	9.5	省级	景宁县东坑镇东坑村
莲川大地桥	清嘉庆八年	41.5	31.1	4.8		省级	景宁县沙湾镇大地桥村
徐山永镇桥	清同治三年	42	24	4		县级	景宁县金钟乡徐山村
东坑上桥	清同治八年	28.3	18.7	4.4	6.7	文物点	景宁县东坑镇东坑村
芎岱岭脚桥	清同治九年	38	27.3	4.6	9.6	县级	景宁县家地乡芎岱村
章坑接龙桥	民国6年	38.5	19.6	4.5	18.8	县级	景宁县东坑镇章坑村
北溪桥	民国12年	23.3	14.7	4.1	6	文物点	景宁县东坑镇北溪村
东坑永平桥	民国12年	22.6	14.4	4.2		文物点	景宁县东坑镇平桥村
杨斜半岭桥	民国12年(1923)	22.5		4.8	15	文物点	景宁县东坑镇
大赤坑桥	民国12年	36.4	30	5	11.3	县级	景宁县大均乡大赤坑村
梅岐桥	民国14年	35	26.3	4.6	8	县级	景宁县梅岐乡梅岐村

八字拱廊桥(10座)

桥　名	建造或重修年代	桥长（米）	桥跨（米）	桥宽（米）	桥高（米）	保护级别	地　　点
观音桥	清　代	26		4.15		文物点	莲都区雅溪镇上黄村
普济桥	民国 17 年	22.1	13.7	3.2		文物点	莲都区仙渡乡何金富村
双溪桥	民国 21 年	25	15	5	6.5	文物点	龙泉市小梅镇孙坑村
卧虹桥	清同治十二年	25	14.45	4	7	文物点	青田县章村乡坑根村
怀仁桥	1962 年(2005 年滩坑库区蓄水前拆除)	35.6	25.8	4.4	5.5	文物点	青田县岭根乡林坑村
八仙桥	民国 26 年	10.4		3.55	4.65	文物点	松阳县裕溪乡凤弄源村
甫田桥	建于宋,明万历年间重修,民国 26 年重建	16.5	9.5	4.4	4.2	省　级	庆元县松源镇大济村
白云桥	明末年间修建	8.00	5.75	3.00	3.5	省　级	庆元县举水乡月山村
包果桥	清乾隆十一年	18.15	11.3	4.25	2.3	文物点	庆元县岭头乡包果村
怀胜桥	清光绪三十年	20	17.9	4.7	5	文物点	景宁县东坑镇章坑村

木梁廊桥(125座)

桥　名	建造或重修年代	桥长（米）	桥跨（米）	桥宽（米）	桥高（米）	保护级别	地　点
龙泉							
永和桥	清康熙五十七年	125.7		7.5	13	省　级	龙泉市安仁镇
观音桥	清雍正十一年	35	25	4	5	文物点	龙泉市安仁镇胜利管理区胜源村
惠龙桥(生源桥)	清道光十五年	40	10	5	2.5	文物点	龙泉市上垟镇生源村
庆德桥	清咸丰四年	14	10	7	8		龙泉市岩樟乡郑庄村
益头廊屋桥	清同治十二年	34	15	4.3	7.7	文物点	龙泉市屏南镇均益村
上田桥	清同治年间	14	8	6.8	4		龙泉市城北乡兰田村
济川桥	清光绪十五年	31	20	6.8	7.2		龙泉市城北乡东书村
东畲桥	清光绪十五年	23	10	5	5.5		龙泉市城北乡东书村
宝车桥(锦川桥)	清光绪三十四年	37.5	33	4.5	6	文物点	龙泉市锦溪镇中锦村
白水桥	清宣统三年	24.5		3.1		文物点	龙泉市西街街道大泽垟村
永安桥	清乾隆年间	24.5	15	9	7	文物点	龙泉市岩樟乡金源村独源自然村
万安桥	清　朝	12	10	5	3.3		龙泉市城北乡盛山后村
济龙桥	清　朝	13.6	8	4.3	7		龙泉市城北乡上垟村
恩　桥	清　朝	22	10	6	4		龙泉市城北乡外埲村
永安桥	清末民国初年建	35	12	4	6		龙泉市西街街道蓁部村
坤德桥	民国19年	43	14.8	3.50	5.5	文物点	龙泉市竹垟畲族乡盖竹村
水口桥	民国29年	12	5	4.5	3.5		龙泉市剑池街道周际村

续表 1

桥 名	建造或重修年代	桥长（米）	桥跨（米）	桥宽（米）	桥高（米）	保护级别	地 点
惠福桥	民国 33 年	18.5		5.4	2.5	文物点	龙泉市上垟镇上源村村尾
聚庆桥	1949 年前	25	6	5	3		龙泉市上垟镇汤源村
大笋寮桥	1949 年前	15	10	4.5	3		龙泉市上垟镇汤源村
飞龙桥	1949 年前	14	10	6	7		龙泉市岩樟乡石坑村
青田							
陈宅廊桥	明万历三年	11.15	7.5	3.6	2.6	文物点	青田县阜山乡陈宅村
迎龙桥	清乾隆三十七年	12.15	5	3.8		文物点	青田县阜山乡周宅村
西湖廊桥	清道光十八年	10.4		4.5		文物点	青田县温溪镇西湖村
夏西坑平梁廊桥	清道光二十年(1840)	6		2.78	2		青田县阜山乡双溪村
黄肚廊屋桥(渡川桥)	清咸丰年间	19.5		4	3	文物点	青田县章村乡黄肚村
廊屋桥	清光绪二十四年	7		4.35	2.5	文物点	青田县船寮镇石头村
遂昌							
遂龙界桥	始建明初,民国 30 年重修	28	10/2 孔	4	4.6	县 级	遂昌县垵口乡坝头村
宏济桥	清康熙二十五年重建民国 16 年重修	39	26/ 单	5	8.3	省 级	遂昌县王村口镇关川溪上
马埠桥	清康熙五十年	36.7	6/5 孔	1.8	4		遂昌县新路湾镇大马埠村
接卫桥	清乾隆二十九年	71	7/8 孔	5	2.7		遂昌县石练镇
徐村廊屋桥	清乾隆年间	16.5	10/ 单孔	4	5	县 级	遂昌县垵口乡徐村
亭 桥	清乾隆年间	14	4.3/ 双孔	2.8	3		遂昌县妙高镇大桥村
叶家田廊屋桥	清道光七年	18.21	5/2 孔	3.7	2.7	文物点	遂昌县濂竹乡叶家田村

续表 2

桥　名	建造或重修年代	桥长（米）	桥跨（米）	桥宽（米）	桥高（米）	保护级别	地　点
佛殿桥(宝善桥)	清道光二十八年	17.80	10/ 单	4.85	4	县　级	遂昌县龙洋乡黄塔村
镇东桥	清同治十二年	6.2	5/ 单	4.2	2.4		遂昌县妙高镇渡船头村东
大务桥	清光绪六年	18	6/3 孔	4	3		遂昌县云峰镇大务村
横坑桥	清光绪十五年	13.3	7/ 单	5.5	3.7		遂昌县濂竹乡横坑村
岩下桥	清光绪三十一年	12.2	6/ 单	4.2	4.3		遂昌县垵口乡岩下村
永安桥(桂洋廊屋桥)	清光绪三十三年	20	11/ 单	4.2	5	文物点	遂昌县垵口乡桂洋村
松阳							
普济桥	明正德年间重修	27		7	4.1	省　级	松阳县玉岩镇
仁安桥	清康熙年间	20	20	6	7	县　级	松阳县玉岩镇周安村
板桥(上、中、下三桥)	清康熙、雍正年间	6.4 6.6 6.7		8.1 5.3 8.1	5	县　级	松阳县板桥乡板桥村
道惠大桥	清道光十九年	24	11	5	4	文物点	松阳县玉岩镇道惠村
观音桥	清同治年间	15.5	6	6.4	3.5	文物点	松阳县安民乡台坑村
横岗桥	清光绪二十二年	18.05		4.88	5	文物点	松阳县竹源乡横岗村
黄庄廊桥	清光绪二十三年	18.05		4.88	13	文物点	松阳县竹源乡黄庄村
桥处桥	清光绪年间建,1990 年重建	42	42	3.5	6		松阳县三都乡伊源口村
岱头桥	古代	21.5	10	5	2		松阳县叶村乡岱头村
膳垄桥	清代	18.5	3 孔	2.35	3.6		松阳县叶村乡膳垄村
蔡宅水口桥	古代	12	1 孔	4.5	4.5		松阳县大东坝镇蔡宅村

续表 3

桥 名	建造或重修年代	桥长（米）	桥跨（米）	桥宽（米）	桥高（米）	保护级别	地 点
周岭脚桥	古代	14	1孔	3.5	3		松阳县大东坝镇下宅街村
香乳山桥	古代	15	18	4	6		松阳县玉岩镇香乳山脚
源内殿桥	古代，1986 年 11 月重建	20	8	4.5	4		松阳县西屏镇源内村
古廊桥	清代后期	12.8	10	5.5	6		松阳县新处乡官岭村
红军桥（善济桥）	清	27.8	5.5	5.4		县 级	松阳县安民乡安岱后村
南岱桥	清代	12	8.6	4.6	4		松阳县叶村乡南岱村
寨下廊桥	民国 14 年（1925）	16	8	8	6		松阳县谢村乡南坑村
济德桥	民国 18 年	18	单孔	4.5		文物点	松阳县枫坪乡丁坑村
村口桥	民国 24 年（1935）	17	6	5	7		松阳县玉岩镇道惠村
南山桥	民国 25 年	18.9		4.7		文物点	松阳县西屏镇南山村
庆元							
官局桥	明嘉靖间造，清光绪六年重建	11.80	2.90	4.5	3.80	文物点	庆元县岭头乡山翠湾村
蛟龙桥	明万历壬戌岁六月，道光十六年重建	26.4	8.6	4.40	2.95	县 级	庆元县岭头乡大际头村
济川桥	清康熙三十六年	21.5	17.85	4.7	2.6	文物点	庆元县黄田镇上济村
水尾桥	清乾隆十五年	19.80	2.15	3.60	3.00	文物点	庆元县五大堡乡北坑村
洋里桥	清乾隆五十四年	13.00	2.70	4.40	2.40	文物点	庆元县淤上乡石坝村良锂塘
村尾桥	清乾隆六十年	15.35	3.30	4.05	1.60	文物点	庆元县张村乡澄湖村
杉坑桥	清嘉庆五年	24.00	8.30	5.05	3.80	文物点	庆元县江根乡杉坑村

续表 4

桥　名	建造或重修年代	桥长（米）	桥跨（米）	桥宽（米）	桥高（米）	保护级别	地　点
东溪桥	清嘉庆二十三年	20.35	6.7	3.69	2.2	文物点	庆元县岭头乡钵下村
护龙桥	清嘉庆二十五年	27.75	7	5.12	2.15	2011 省级	庆元县岭头乡杨家庄村
渡龙桥	清嘉庆二十五年	22.10	2.50	3.65	2.55	文物点	庆元县百山祖乡龙岩村
大际头水尾	清道光十六年	26.4	8.6	4.4		文物点	庆元县岭头乡大际头村
福星桥	清道光二十二年	17.75	3.80	4.50	1.50	文物点	庆元县荷地镇半路村
平兴桥	清同治二年	11.6	8.75	4.4	1.75	文物点	庆元县合湖乡合湖村
桃坑水尾桥	清同治二年	12.2	2.2	4.75	17	文物点	庆元县荷地镇桃坑村水尾
交龙桥	清同治十年	11.10	3.40	3.40	1.90	文物点	庆元县举水乡择树坑村
新村阙桥	清同治十年	11.10	3.40	3.40	1.90	文物点	庆元县贤良镇新村
甘公坑桥	清光绪五年	16.50	6.30	3.70	5.50	文物点	庆元县淤上乡甘公坑村
下源桥	清光绪十二年	13.28	7.8	4	3.8	文物点	庆元县安南乡方塘村
底村桥	清光绪十三年	6.50	4.30	2.50	4.30	文物点	庆元县左溪镇石塘村旁
新　桥	清光绪二十一年	17.15	3.70	3.65	4.00	文物点	庆元县松源镇乌石岭村
吴坑桥	清光绪二十一年重建	18.30	5.20	4.80	4.70	文物点	庆元县张村乡吴坑村
庙后桥	清光绪二十一年重建	6.60	3.20	10.00	2.50	文物点	庆元县龙溪乡西溪村村头
转水桥	清光绪二十四年	11.37	7.2	3.4	2.60	文物点	庆元县左溪镇梅树村
双龙桥	清光绪年间造	19.30	10.00	4.80	5.20	文物点	庆元县贤良镇库坑村
龙济桥	清　代	20.9	4.9	5	3.6	文物点	庆元县隆宫乡隆宫村
桥陌水尾桥	民国 20 年	17.6	10.9	4.15	2.55	文物点	庆元县百山祖乡桥陌村

续表 5

桥 名	建造或重修年代	桥长（米）	桥跨（米）	桥宽（米）	桥高（米）	保护级别	地 点
观音桥	民国 20 年建	17.60	10.90	4.15	2.55	文物点	庆元县百山祖乡桥陌村
下 桥	民国 35 年	19.00	3.50	3.70	3.00	文物点	庆元县松源镇半岱村
黄垟水尾桥	民 国	19.5	2.5	4.24	2	文物点	庆元县荷地镇黄垟村水尾
永兴桥	1953 年重修	25.1	3.90	4.90	6.50	文物点	庆元县合湖乡三堆村
殿 桥	1974 年重建	22.45	12.50	4.70	4.50	文物点	庆元县合湖乡合湖村
后苍坑桥	1974 年重建	18.65	7.6	11.38	5.30	文物点	庆元县岭头乡后苍坑村
阙下桥	1986 年重建	18.70	5.70	3.50	2.10	文物点	庆元县百山祖乡枫树坪村
护龙桥	1987 年重修	19.80	2.20	4.30	1.70	县 级	庆元县荷地镇黄洋村
野岙桥	清道光二十六年建，2006 年重修	12.8	2.18	4.08	1.5	文物点	庆元县四山乡班岱后村
后溪桥	不详	8.30	6.60	4.05	5.70	文物点	庆元县张村乡后溪村
下桥	不详	16.90	6.65	4.30	3.00	文物点	庆元县岭头乡陈鉴坑村
暗坑桥	不详	8.40	5.40	3.80	2.00	文物点	庆元县江根至石塘的古道上
景宁							
胡 桥	清康熙二十三年	18	17.9	14		县 级	景宁县大漈乡大漈村
高演环胜桥	清乾隆七年	30.6	3.55	5.65	4.5	县 级	景宁县梧桐乡高演村
雁溪石印桥	清乾隆五十三年	12.5	9	5.7	3.5	文物点	景宁县雁溪乡溪头底村
护关桥	清乾隆年间	27	27	7.1	3.5	县 级	景宁县大漈乡大漈村
东坑徐砻桥	清道光二十一年	13.2	8.6	4.8	3.8	文物点	景宁县东坑镇徐砻村
家地谢坑桥	清咸丰四年	27	14	4.2	4.3	文物点	景宁县家地乡谢坑村

续表 6

桥　名	建造或重修年代	桥长（米）	桥跨（米）	桥宽（米）	桥高（米）	保护级别	地　　点
黄坑保荫桥	清同治三年	12.9	11	4	5.6	文物点	景宁县大地乡黄坑村
梅岐石门桥	清光绪三十一年	19	10.2	4.6	5.5	文物点	景宁县梅岐乡石门村
东坑马坑双溪楼桥	清光绪三十二年	19	12	3.8		文物点	景宁县东坑镇马坑村东
景南东垟桥	清光绪三十二年	19	12	3.8		文物点	景宁县景南乡东垟村
东坑基隆坑楼桥	民国 6 年	13.2	6.7	3.9	3.2	文物点	景宁县东坑镇马坑村
梅坞水尾风水桥	民国 6 年	23	4.3	4.8	2	文物点	景宁县家地乡梅坞村
茑岱下村廊桥	民国 11 年	23.8	2	4.5	6.5	文物点	景宁县家地乡茑岱村
黄垟口廊屋桥	民国 13 年(1924)	20	15	4.8	4.5		景宁县英川镇
东坑马坑楼桥	民国 19 年	16.8	7.2	4	3.7	文物点	景宁县东坑镇马坑村
东坑马坑楼桥	民国 19 年(1930)	16.8	7.2	4	3.7		景宁县东坑镇
观音桥	1960 年重建	16.8	9.2	3.95	4.5	文物点	景宁县梅岐乡梅岐村
缪坑村头廊桥	民国 28 年	14.2	8.6	5.6	4.7	文物点	景宁县雁溪乡缪坑村
大漈漈头桥	民国 37 年(1948)	17.7	8.9	3.2	3.5	文物点	景宁县大漈乡漈头村
梅岐观音桥	公元 1960 年重建	16.8	9.2	3.95	4.5		景宁县梅岐乡
高演清风桥	公元 1962 年重建	22	8.5	4.3	3.5		景宁县梧桐乡
柘湾水尾桥	公元 1965 年重建	14.5	8.5	4.7	2.8	文物点	景宁县雁溪乡柘弯村
缪坑水尾桥	公元 1968 年重建	16.4	8.8	4.2	7.8	文物点	景宁县雁溪乡缪坑村
茑岱水碓桥	1983 年重建	19.6	6.9	3.7	2	文物点	景宁县家地乡茑岱下村

石拱廊桥(78座)

桥　名	建造或重修年代	桥长（米）	桥跨（米）	桥宽（米）	桥高（米）	保护级别	地　　点
莲都							
渥溪桥	清嘉庆二十四年	17.5	10	3.2		文物点	莲都区老竹镇梁村
佛堂桥	清道光十九年	6	5	3.5	3.6	文物点	莲都区仙渡乡仙里村
龙泉							
福隆桥	清嘉庆年间	18.5	9	8.6	5.2		龙泉市上垟镇花桥村
古溪桥	清道光十八年	29.3		5.6		省　级	龙泉市小梅镇黄南村
太华桥	清道光年间	38	6	4	7.8		龙泉市道太乡下乾村
接龙桥	清同治七年	22.9		5.1		文物点	龙泉市上垟镇丁源村
风水桥(双际下桥)	清光绪五年	31	6	5	3	文物点	龙泉市上垟镇双际村
蛟垟廊屋桥	清光绪十三年	32.1		4.25		文物点	龙泉市龙南乡蛟垟村
安庆桥(红军桥)	清光绪二十七年	31.7	12	3.2	7	文物点	龙泉市宝溪乡塘上村
横坑头屋桥	清光绪年间	18.1		5.3		文物点	龙泉市屏南镇横坑头村
上南坑廊屋桥(观音桥)	清　代	36	8.5	4	4.3	文物点	龙泉市龙南乡上南坑村
张山岩桥	民国38年	18	8	4	3		龙泉市安仁镇大丘另村
梅村桥(观音桥)	民国38年	14	10	3	4		龙泉市安仁镇李登村
接荫桥	民　国	22		4.2		文物点	龙泉市竹垟畲族乡际上村
谷山桥	解放前	9	5.5	3	8		龙泉市八都镇白角村
泗州亭桥	解放前	30	20	5	12		龙泉市住龙镇白岩村

续表 1

桥　名	建造或重修年代	桥长（米）	桥跨（米）	桥宽（米）	桥高（米）	保护级别	地　点
观音桥	解放前	23.5	6.5	3.8	3.6		龙泉市龙南乡上南坑村
永安桥	解放前	38	16	6.8	8		龙泉市城北乡溪下村
青田							
朱垟桥	清同治十年(1871)	12.5		4.27	2.4		青田县章旦乡朱垟村
水碓基廊桥	清光绪十七年	14.3	单孔	2.8	6		青田县高市乡水碓基村
龙门桥	清宣统二年(1910)	21.4	10.6	4.2	9		青田县高湖乡黑旦头村
塘口桥	清代	13	5	3.4	4		青田县章旦乡桥头村塘口
为美桥	民国 7 年(1918)	9.4	4.7	4	4.5		青田县北山镇妙后村
毓秀桥	民国 22 年重修	12	5	3	3.5	文物点	青田县阜山乡陈宅村
缙云							
慕义桥	清道光十二年	53	8.6	3.5	8.1	省　级	缙云县前路乡前路村西
锁星桥	清光绪二年	9.85		4.8		文物点	缙云县双溪口乡姓潘村
遂昌							
万石桥	清乾隆四十年造 2005 年重建	50	20 米 / 2 孔	4			遂昌县大柘镇横街
松阳							
普惠桥	清乾隆三十七年	9.1		4	5.4	文物点	松阳县板桥乡板桥村
夫人桥	清道光二年	15.5	5	4.3	6.6	文物点	松阳县象溪镇鲁西村
永庆桥	清咸丰七年	17.8		3.8	5	文物点	松阳县枫坪乡小吉村
万安桥	清光绪六年	15		4.2	5.3	文物点	松阳县板桥乡桐榔村

续表2

桥　名	建造或重修年代	桥长（米）	桥跨（米）	桥宽（米）	桥高（米）	保护级别	地　点
云和							
林山村廊桥	清光绪十四年	28.6	7.6	4.1	6	文物点	云和县沙铺乡林山村
庆元							
步蟾桥	始建于明永乐年间(1403~1424),民国6年重修	50.2	16.4	5.2	9.8	2011年列为省级	庆元县举水乡月山村
殿　桥	明成化二十一年	14.90	3.00	4.15	4.00	文物点	庆元县合湖乡三堆村
来凤桥	清顺治元年(1644)	30	16.7	5.5	6.1	文物点	庆元县举水乡月山村
乌石桥又名五石桥	清康熙庚寅年	17	5.14	3.33	5.4	文物点	庆元县安南乡陈村
青田桥	清雍正年间	10.7	6.8	3.6	2.7	文物点	庆元县江根乡青田村
垅　桥	乾隆四年(1739)	20.15	11.7	3.95	3.8	文物点	庆元县龙溪乡鱼川村
龙凤桥	清乾隆五十四年	17.8	3.9	4.0	4.5	文物点	庆元县岭头乡小际头村
坝头桥	清嘉庆十四年	9.4	12	4.3	6		庆元县江根乡坝头村
黄坑桥	清嘉庆壬申年建,1993年重建	27.9	12	4	6.5		庆元县隆富乡黄坑村
余地桥	始建于清嘉庆二十三年(1818),同治九年重建	16.45	5.6	3.75	2.80	文物点	庆元县安南乡余地村水尾
来凤桥	清道光年间(1821~1850)	30	16.7	5.5	601	2011年省级	庆元县举水乡丹山村
园山桥	清道光十六年	12.5	2.1	4.1	1.75	文物点	庆元县安南乡洋坪村
半山桥	清道光二十年	12.87	6.9	4.2	5.5	文物点	庆元县龙溪乡大毛坪村
木桥头水尾桥	清道光二十年	26.3	26.3	7.5	3.4	文物点	庆元县左溪镇木桥头村
外村桥	清道光二十八年	14		4.2		县　级	庆元县荷地镇底墅村
秆坑桥	清咸丰五年	6.9	2.9	2.9	2.2	文物点	庆元县举水乡月山村

续表3

桥　名	建造或重修年代	桥长（米）	桥跨（米）	桥宽（米）	桥高（米）	保护级别	地　点
梅树桥	清咸丰六年建	21.8	2.50	3.65	1.7	文物点	庆元县左溪镇梅树村
莲湖桥	清咸丰十一年	7.7	4.9	3.45	2	文物点	庆元县隆宫乡莲湖村
接龙桥	清同治十七年重建,2000年重建	16.20	8.20	4.50	4.0	文物点	庆元县隆宫乡隆宫村
寨后坑桥	清光绪十一年建,1983年改石拱桥	23.55	9.50	4.15	5.0	县级	庆元县竹口镇新窑村
三溪桥	清光绪二十二年	34.3	9.1	4.4	5.3	文物点	庆元县四山乡高际村
通济桥桥亭	清光绪丁酉年,1897年重建	8.0	3.7	5.15	1.6	文物点	庆元县屏都镇八一村
观音桥	清光绪丁酉年	35	5.2	6.4	5.2		庆元县贤良镇富林村
福寿桥又名后楼坑桥	清光绪二十四年	11.45	3.7	3.50	2.10	县　级	庆元县安南乡后楼村
八字桥	清　代	4.3		2.35	2.20	文物点	庆元县四山乡砻头村
下村桥	清　代	15.05	2.4	4.35	2.5	文物点	庆元县黄田镇曹岭村南源村
复兴桥	清代中叶建,2004年重建	25.5	13.10	6.00	1.60	文物点	庆元县黄田镇姚村
塘窟水尾桥	清　代	18.33	4.3	3.37	2.15	文物点	庆元县岭头乡塘窟村
班岱后村头桥	民国5年	12.8	3.7	3.6		文物点	庆元县四山乡班岱后下村
村头桥	民国5年(1916)建	12.80	5.6	3.6	2.7	文物点	庆元县四山乡班岱后村
应岭尾桥	民国29年,1941年重建	11.00	4.60	3.10	4.50	文物点	庆元县松源镇应岭尾村
村尾桥	1969年建	10.1	2.4	3.35	3.0	文物点	庆元县松源镇乌石岭村
会龙桥	1991年重建	19.7	2.05	4.3	2.7	文物点	庆元县百山祖乡斋郎村
双溪桥	1994年重建	19.65	5.00	5.00	1.70	文物点	庆元县黄田镇双溪村
石门桥	1995年重建	16.5	7.00	3.9	2.60		庆元县屏都镇官山头村

续表 4

桥　名	建造或重修年代	桥长（米）	桥跨（米）	桥宽（米）	桥高（米）	保护级别	地　点
岙下桥	1995 年建	11.1	4.6	6.25	4.5	文物点	庆元县松源镇大坑村
观洋桥	1999 年重建	20.00	6.30	3.85	5.00		庆元县安南乡陈村
文昌桥	2001 年重建	13.70	13.00	3.80	5.15	文物点	庆元县安南乡吾际下村
南坑桥	2003 年重建	17.85	7.80	4.25	5.90		庆元县安南乡南坑村
慈照桥	2009 年 11 月建	28	12	5.6	3.7		庆元县松源镇底村
水尾桥	戊寅年十一月重建	16.0	5.60	4.90	2.80	文物点	庆元县四山乡砻头村
阙下桥	不详	23.75	9.80	4.10	7.00		庆元县竹口镇上坑村
奈何桥	不详	13.3	3.00	5.05	1.90	文物点	庆元县松源镇仑山
景宁							
小地桥	清雍正十二年(1734)	17	3	4	2.5		景宁县沙湾镇
印章洪鹅桥	清咸丰元年(1851)	13.2	4	3.6			景宁县葛山乡
梅漈安固桥	民国 6 年(1917)	30		5			景宁县英川镇

石拱桥(223座)

桥　名	建造或重修年代	桥长(米)	桥跨(米)	桥宽(米)	桥高(米)	保护级别	地　　点
莲都							
梅树桥	清乾隆五十年(1785)	10		3			莲都区双黄乡沈村
永安桥	清道光二十一(1841)	18	9	27	10		莲都区泄川乡库头村
延年桥	民国11年(1922)	36		2			莲都区太平乡潘村
火烧桥	不详	14	8	3			莲都区枫树湾乡火烧桥村
龙泉							
上川桥	清同治五年	12.5	20	4.5	4		龙泉市上垟镇小黄南村
横坑口桥	清同治五年	15	10	4	4		龙泉市上垟镇际岭村
南垟水口桥	清同治七年	40	20	5	4		龙泉市上垟镇高垟村
永庆桥	清光绪三十年	20.5	12	3.5	6.4		龙泉市碴石乡垟畈村
横店桥	清光绪三十年	15	10	47	2.5		龙泉市上垟镇横店村
协济桥	民国12年	29	8.5/单孔	4.5	8.5		龙泉市查田镇下坞村
燕诒桥	民国5年	36		4.65	15.9	文物点	龙泉市八都镇
金北头桥	民国24年(1935)	16	15	5	7		龙泉市安仁镇黄砬村
水碓桥	民国29年(1940)	14	12	4	5		龙泉市安仁镇黄砬村
歇场屋下桥	1949年前	20	20	4	2.5		龙泉市安仁镇新建村
青田							
高悬桥	清嘉庆年间	10	6	4	10.5		青田县方山乡邵山村

续表 1

桥名	建造或重修年代	桥长(米)	桥跨(米)	桥宽(米)	桥高(米)	保护级别	地点
下洞桥	清道光二十一年(1841)	13.5	7	3.4	5		青田县海溪乡马岙村
济美桥	清道光二十四年(1844)	12	8.5	3.9	5.2		青田县海溪乡西园村东
金锁桥	清咸丰元年(1851)	29	7	3.7	6		青田县舒桥乡罗西村
防卫桥	清咸丰五年(1855)	11.5	6.3	3.7	9		青田县黄寮乡西岸村上东坑
渡川桥	清咸丰七年(1857)	10.3	7.7	3	5.6		青田县章村乡黄肚村
百岁桥(镇东桥)	清光绪三年(1877)	19.4	5.3	3.4	5.2		青田县章旦乡外垟村
双溪桥	光绪七年(1881)	43.3	2孔	4.9	10		青田县季宅乡黄放口村
永庆桥	光绪二十三年	21	18	3.3	7		青田县巨浦乡西坑村
永青桥	光绪二十四年	29.2		3.5	6		青田县黄垟乡金坑口村
人和桥	清光绪三十四年(1908)	18	9	3.8	7		青田县巨浦乡外吴村
光乍坑桥	清光绪年间	18	12	3	7.2		青田县万山乡光乍坑村
红罗桥	清光绪年间	11.3		3.2			青田县章旦乡章旦村
下田桥	清代	12	5.4	2.4	7		青田县黄寮乡下田村
同亭桥	清代	11.5	7	3.2	5		青田县海溪乡锦水岭脚
西茶坑口桥	清代	13	8	3.2	6		青田县海溪乡西茶坑口村
齐众桥	清代	17	8.5	3.1	6		青田县海溪乡西园村东
济美桥	清代	17.8	7.7	3.4	5.8		青田县石溪乡吴山村
岙底桥	清代	12	6	3	7.5		青田县阜山乡岙底村

续表 2

桥 名	建造或重修年代	桥长（米）	桥跨（米）	桥宽（米）	桥高（米）	保护级别	地 点
合美桥	清代	10.5	9	3.2	6.5		青田县季宅乡三房村西北
龙潭桥	清代	18.2		4.8	10		青田县小令乡小令村
南岸桥	清时	14	10	3.1	6.2		青田县小令乡小令村
广济桥	古代	21	9.5	2.9	7.3		青田县仁官乡彭湖村
利济桥	古代	22	13	3.25	9.5		青田县外旦乡郑坑下
外金桥	古代不详	15	7.6	3	4.8		青田县平桥乡平溪村
金坑口桥	古代不详	10	5.2	4	7		青田县黄垟乡金坑口村
坑洞桥	古桥	16	9	3	8.2		青田县垟心乡坑洞村
相 桥	1901 年前	30	26	2.5	10		青田县鹤城镇郑坑下村
村头洞桥	1901 年	10	4	4	6		青田县仁官乡小奕村
众济桥	民国元年(1912)	11	8.5	3	6		青田县季宅乡引坑口村
济善桥	民国 2 年重建	13	8	3.8	6		青田县海溪乡正教寺村东
东升桥	民国 4 年(1915)	14.5	10	3.3	6		青田县季宅乡引坑村
角坑桥	民国 7 年(1918)	10.0	5.5	2.8	5.0		青田县高湖乡角坑村
大治桥	民国 7 年(1918)	11	3 孔	9	2		青田县方山乡角坑村
大清桥	民国 8 年(1919)	25	13	4.5	10		青田县季宅乡南坑村
登云桥	民国 10 年(1921)	14	7	3.2	4.5		青田县芝溪乡坑根村
惠济桥	民国 12 年(1923)	23	10.2	3.2	9		青田县巨浦乡朗回坑原村
石砻桥	民国 16 年(1927)	10	6.5	2.9	6.6		青田县小令乡石砻外垟村
广治桥	民国 18 年(1929)	16	10	3.3	6.6		青田县巨浦乡南宕水口

续表 3

桥　名	建造或重修年代	桥长（米）	桥跨（米）	桥宽（米）	桥高（米）	保护级别	地　　点
双溪桥	民国 21 年(1932)	23	3 孔	4.1	6		青田县方山乡上庄村南
石马桥	民国 22 年(1933)	13	7.3	3.2	5.2		青田县小令乡石砻底垟村
捍门桥	民国 22 年(1933)	10.7	7	2.9	6		青田县小令乡石砻外垟村
红罗桥	民国 24 年(1935)	10	5.7	3.3	4		青田县章旦乡外垟村
下弄桥	民国 31 年(1942)	24	14	5.1	7.5		青田县高市乡东源口村
垟岙桥	民国时期	15	8	2.5	10		青田县石帆乡垟岙村
外垟桥	民国时期	14	7.5	3.2	10.5		青田县石帆乡外垟村
黄畈桥	民国时期	15	9.3	3.9	5.5		青田县海溪乡黄畈村
大坑桥	民国期间	36	9 孔	1	1.2		青田县仁庄乡彭口村
马坑桥	民国期间	14	6.5	3.5	6.5		青田县小令乡马坑村
普济桥	民国期间	19	7.2	3.5	5.7		青田县石溪乡横路村
双洞桥	民国时期	28	2 孔	3.7	7.1		青田县小令乡小令村
东坑口桥	民国期间	18	11	3	5.8		青田县小令东坑口村
缙云							
新屋桥	明代建	10	6 孔	2.4	3.6		缙云县新屋村
延寿桥	明末建	10	单孔 5 米	2.8	3.5		缙云县岭脚村口

续表 4

桥　名	建造或重修年代	桥长（米）	桥跨（米）	桥宽（米）	桥高（米）	保护级别	地　点
飞虹桥	清初建	21	3孔	2.6	4		缙云县升堂村口
三官桥	清乾隆五十二年建	27	3孔	2.3	4.5		缙云县五云镇三里村
漳溪桥	清嘉庆六年重建	33.4	8孔	2.7	5.7		缙云县沈宅村北
贤母桥	清嘉庆二十二年(1817)	159	13孔			文物点	缙云县壶镇西隅
洪溪桥	清道光初年建	60	7孔	3.6	5.4		缙云县溪南乡钦村北隅
兢爽桥	清道光七年(1827)	142		4.55	9	文物点	缙云县南10里东渡
同济桥	初建清道光年间,民国元年重建	40	5孔	2.5	4.5		缙云县东川乡王路村
万古桥	清道光年间建,民国27年重建	40	5孔	2	5		缙云县杨桥头村
利通桥	清道光二十九年建(1849)	25	双　孔	3	2.5		缙云县东渡村
公济村	清咸丰三年建成	32丈		1.5丈			缙云县河阳村
种德桥	清咸丰五年建	22.5	双　孔	3.4	1		缙云县石笕乡石笕一村
信远桥	清咸丰十一年建	14	单孔	2.4	4.8		缙云县周隆桥北500米处
荆坑桥	清光绪十二年(1886年)重建	12	单孔6米	6	6		缙云县荆坑村口
利济桥	清光绪十四年建	12	单孔	2.9	4.4		缙云县七里乡万松村隔水
迴澜桥	清光绪十九年(1893)重建	15	单孔12米	3.7	7		缙云县上周村西南
通太同济桥	清光绪二十一年	40	5孔	2.5	4.5		缙云县王路至梅溪
同心桥	清光绪三十年建	10	单　孔	2.8	5.2		缙云县大洋镇木栗村
贞溪桥	清光绪年间(1875~1908)			2.9		文物点	缙云县舒洪镇南隅

续表 5

桥　名	建造或重修年代	桥长（米）	桥跨（米）	桥宽（米）	桥高（米）	保护级别	地　点
岩下水口桥	建于清	15.8		3.6	7.2		缙云县雁岭乡岩下村
联襟桥	清光绪年间建，民国17年重建	23	3孔	0.9	4		缙云县旸村、西丘两村间
节萱桥	清　建	23	双　孔	3.5	7.5		缙云县大洋镇槽头村
同济桥	清　建	14	单　孔	2.8	5.2		缙云县大洋镇木栗村
平安桥	清　建	12.5	单　孔	3.4	1		缙云县石笕乡石笕三村
双港桥	清　建	12.5	单　孔	3	5.7		缙云县双港桥村
长坑桥	民国7年建	28	单孔净跨15米	4.5	10		缙云县长川村
永济桥	民国7年(1918)		7.8/7孔			省　级	缙云县新建镇南隅
马浮桥	民国12年建	29	3　孔	3.8	6		缙云县大洋镇木栗村
龙溪桥	民国14年	21	3孔	3.2	4		缙云县后吴村
连环桥	民国17年建	30孔	3孔	2.2	5		缙云县杨桥头村
槐花桥	民国21建	18	单孔	3.8			缙云县小筠大园村
进欧桥	民国25年建(1936)	19	单孔10米	3	9		缙云县盘溪三级电站上游
张公桥	民国26年重建	34	3孔	2.8	6		缙云县张公桥村
同仁桥	民国38年重建	18.5	3孔	2.15	1.8		缙云县东雅宅村
乌下桥	民国年间造	14		2.6	5		缙云县乌下村北
砵旧坑龙溪桥		12	10	3.3	5.2		缙云县砵上村

续表6

桥　名	建造或重修年代	桥长（米）	桥跨（米）	桥宽（米）	桥高（米）	保护级别	地　点
遂昌							
超长岭桥	明嘉靖二十七年	30.6	8.9/ 单孔	3.4			遂昌县湖山乡白砬下村
黄中桥	明嘉靖年间	10	7.5/ 单孔	5.4	2.2		遂昌县柘岱口乡河边坑村
坞里桥	明代中后期	10	3.4/ 单孔	4	4		遂昌县柘岱口乡坞里村
下马头桥	明　代	13.24	7.1/ 单孔	3.8	3.8		遂昌县云峰镇下马头村
梭溪桥	清　初	20	16/ 单孔	6.1	9.5		遂昌县大柘镇梭溪村
东济桥	清康熙年间	15	3.35/ 单孔	2.6			遂昌县云峰镇木岱村
北济桥	清康熙年间	11.7	3.66/ 单孔	2.34			遂昌县云峰镇木岱村
关川桥	清乾隆十二年重建	17	12/ 单孔	4.3	7		遂昌县王村口镇关川村
赛济桥	清乾隆四十九年	17	6/ 双孔	3	3.5		遂昌县石练镇宏岗村
永济桥	清嘉庆年间	13.5	8/ 单孔	3	5		遂昌县龙洋乡潘竹岭脚
外　桥	清嘉庆年间	10	6/ 单孔	2.5	3.7		遂昌县柘岱口乡柘岱口村
内　桥	清嘉庆年间	11.5	6/ 单孔	3.3	3.7		遂昌县柘岱口乡柘岱口村
镇西桥	清嘉庆年间	10.1	6/ 单孔	3.6	3.5		遂昌县柘岱口乡坑西村
镇武桥	清嘉庆年间	10	6/ 单孔	4	4		遂昌县柘岱口乡坑西村
画锦桥	清嘉庆年间	10.5	6/ 单孔	2.9	4.3		遂昌县柘岱口乡坑西村
学士桥	清道光十年	12	10/ 单孔	3.2	6.4		遂昌县金竹镇华溪包村
回龙桥	清道光十一年	18.5	11/ 单孔	4	8		遂昌县金竹镇回龙寨村

续表 7

桥　名	建造或重修年代	桥长（米）	桥跨（米）	桥宽（米）	桥高（米）	保护级别	地　　点
通惠桥	清康熙年间造	66	9/5 孔	4	9	县　级	遂昌县云峰镇连头村
殿后坑桥	清道光年间	10	5/ 单孔	2.7	3.5		遂昌县蔡源乡殿后坑
济寿桥	清同治十年	10	4.6/ 单孔	3	4.2		遂昌县王村口镇大路后村
上岗桥	清光绪四年	11.5	5/ 单孔	1.8	4.2		遂昌县王村口镇上岗
吉庆桥	清光绪四年	12	6/ 单孔	4	3		遂昌县垵口乡桂义岭脚
永安桥	清光绪二十三年	43.8	13.6/ 双孔	4.96	8.9		遂昌县王村口镇双溪口村
享乐桥	清光绪二十四年	22	17/ 单孔	6.1			遂昌县大柘镇梭溪桥村
万德桥	清光绪三十年	31.5	11.5/ 双孔	4	7.3		遂昌县大柘镇田后村
兴隆桥	清宣统三年	12	6.5/ 单孔	4	3.8		遂昌县垵口乡桂洋村
小估坑桥	清代	15	6/ 单孔	2.6	4.1		遂昌县垵口乡小估坑村
上横坑桥	清　代	10	5.8/ 单孔	2.5	2.7		遂昌县新路湾镇上横坑村
苍畈桥	清　代	10.5	6/ 单孔	3.2	4		遂昌县妙高镇苍畈村
高际头桥	清　代	15	9/ 单孔	3.5	3		遂昌县妙高镇高际头村
塘岭头桥	清　代	12.5	5.4/ 单孔	3.3	4.8		遂昌县金竹镇塘岭头村
火烧坪桥	清　代	11.5	7/ 单孔	3	4		遂昌县石练镇火烧坪
慈善桥	清　代	24.3	11/ 单孔	3.75	5.9		遂昌县石练镇黄皮村
社公边桥	清　代	17	6/ 单孔	2.8	7.6		遂昌县王村口镇大坑村
胡坑桥	清　代	12	6.1/ 单孔	3.5	5		遂昌县王村口镇雨山头村

续表 8

桥　名	建造或重修年代	桥长（米）	桥跨（米）	桥宽（米）	桥高（米）	保护级别	地　　点
下坑桥	清　代	11.6	7.45/ 单孔	3.65	4.3		遂昌县应村乡东源村
半山桥	清光绪年间	15.5	10/ 单孔	3.2	5.2		遂昌县龙洋乡半山
埠头洋村	清　代	12.6	7.8/ 单孔	2.8	5		遂昌县龙洋乡埠头洋村
赤枝桥	清　代	14.5	10/ 单孔	3.2	5.6		遂昌县龙洋乡赤枝村
后龙桥	清　代	17	10.45/ 单孔	2.65	4.8		遂昌县云峰镇毛田村
峡口门桥	民国初	46.2	14.5/ 双孔	4.6	12		遂昌县大柘镇峡口门
永庆桥	民国 12 年重建	50	12/ 双孔	4.5	7	县　级	遂昌县王村口镇对正村
石亭桥	民国 17 年	20	12/ 单孔	5.7	7.3		遂昌县王村口镇石亭桥
永贞桥	民国 28 年	25	13/ 单孔	4	8		遂昌县垵口乡种榧田村
天师砬桥	民国年间	11.75	6.8/ 单孔	2.35	3.2		遂昌县应村乡天师砬村
上村桥	不　详	10	5/ 单孔	2.7	3.5		遂昌县蔡源乡上村
大田桥	不　详	10	10/ 单孔	4.5			遂昌县大柘镇大田村
耳朵桥	不　详	15.75	9/ 单孔	2.2	3.9		遂昌县大柘镇后垄村
后潘桥	不　详	12	12/ 单孔	2.8	4.3		遂昌县云峰镇大务村
济龙桥	1985 年重建	12	9.2/ 单孔	3	4.6		遂昌县王村口镇弓桥头村
松阳							
永裕桥	清·嘉庆	20	15/1 孔	4	15		松阳县三都乡下坑淤村
永庆桥	清咸丰七年	30	20/1 孔	3.5	7		松阳县枫坪乡小吉村

续表 9

桥　名	建造或重修年代	桥长（米）	桥跨（米）	桥宽（米）	桥高（米）	保护级别	地　点
南明桥	清同治十二年(1873)	21.5	7/ 双孔	4	8	县　级	松阳县城南直街南
光裕桥	清光绪年间	15		4.2			松阳县板桥乡桐榔村
慈航桥	清光绪年间	18.3		3.9			松阳县板桥乡桐榔村
彩虹桥	清代	14	13/1 孔	4.05	7	文保点	松阳县玉岩镇溪口村
阴坑内桥	古	10	1 孔	2.5	4		松阳县四都乡西坑村
葛山头桥	古	11	4.5/2 孔	1.5	2.1		松阳县西屏镇周坌村
乌形山下桥	古	10	6/1 孔	3.4	3.5		松阳县西屏镇乌形山下村
彩虹桥	古	11	6/1 孔	4	4		松阳县西屏镇铺门村
黄坌桥	古	11	1 孔	2.3	4		松阳县西屏镇铺门村
大路口桥	古	20	1 孔	3.5	5		松阳县西屏镇大路口村
石拱桥	古	10.6	1 孔	3.5	5		松阳县古市镇湖溪源
佛堂桥	古	15	10/1 孔	3	6		松阳县三都乡呈回村
凉亭桥	古代不详	16	6/2	6.0	7.5		松阳县西屏镇南山村
下包水口桥	古称洞后桥	10	4/2	1.5	3		松阳县四都乡下包村
阴坑外桥	古	10	1 孔	2.5	4		松阳县四都乡西坑村
三济桥	民国初	70.8	9.6/4 孔	4.70	4.4	县　级	松阳县寺岭下村北，1970 年水毁
东济桥	民国初	17.1		3			松阳县象溪镇东田村东
寿善桥	民国 25 年	22.7	15/1 孔	3	8	文保点	松阳县玉岩镇文昌阁
水口桥	民国年间	12	9.5/1 孔	3	4.7		松阳县三都乡黄岭根村

续表 10

桥名	建造或重修年代	桥长（米）	桥跨（米）	桥宽（米）	桥高（米）	保护级别	地点
云和							
石门桥	北宋年间	33	10	3.9	3.3	省级	云和县城新华街东
石塘桥	清嘉庆二十一年	19	8	5.7	6.3		云和县石塘镇(民国22年改为石拱公路桥)
丰源桥	清道光六年	14	6.5	3.7	4.1		云和县黄源乡黄家畲村
永荫桥	清道光七年	16.6	10.5	3.9	5.7		云和县沙铺乡朱宅村
石峡桥	清道光八年	12	8	3.9	6.5		云和县黄源乡黄家畲村
毓元桥	清道光九年(1829)	24	11.6/单孔	4.5	9.2	文物点	云和县黄源乡黄家畲口村
水碓桥	清道光十四年	12.7	7	4	5		云和县云丰乡张家地村
栈云桥	清道光二十二年(1842)	24.5	18/单孔	6.1	9.1	文物点	云和县崇头镇崇头村
荫桥	清咸丰五年(1855)	39	16.3/单孔	5.9	9.2	文物点	云和县云丰乡张家地村
观音阁桥	建于清	13	5	3.2	5.5		云和县云丰乡政府所在地
南坑桥	建于清	9	6/单孔	3.2	3.5		云和县朱村乡南坑村水口
副和桥	建于清	12	6	3	4		云和县云丰乡张家地村
林山处下桥	建于清光绪年间	22	20	4.5	8.5		云和县沙铺乡林山村
石桥	建于清	12	10	2.1	5		云和县崇头镇梅源村茂墩
上屋桥	建于清	10	7	3	6.8		云和县朱村乡桑岭中村
北溪坑里桥	建于清	10	6	1.8	3.6		云和县石塘镇北溪村
村头老桥	建于清	43	17.8	5.35	11.3		云和县崇头镇外坪背村

续表 11

桥　名	建造或重修年代	桥长（米）	桥跨（米）	桥宽（米）	桥高（米）	保护级别	地　点
庆元							
葛田桥	元至正年间(1341～1370)建	16		5	3.8		庆元县黄田镇葛田村口
店坪桥	明嘉靖三十四年(1555)初建	11	8	4.5	4		庆元县江根乡坝头村
色果岭桥	明代建	12	9	4	7		庆元县岭头乡下庄村
黄田桥	明代建	12	9	4	7		庆元县岭头乡下庄村
浅铧桥	明代建	30	20	3	10		庆元县岭头乡包谢村
竹岭双坑口桥	明代建	15	10	3	8		庆元县岭头乡包谢村
番潭桥	明末清初造	30	21	4.8			庆元县左溪镇黄岗岭脚
上礁桥	清嘉庆十四年(1809)	18	15	5	9		庆元县江根乡坝头村
门前桥	清嘉庆二十五年(1820)	24.35	12.35	5.1	7.5		庆元县岭头乡岭头村
乐善桥	清道光九年(1829)	22	11	5	7		庆元县五大堡乡五大堡村
下庄水头包果桥	清咸丰元年(1851)	12	7	4.5	16		庆元县岭头乡包果村
际背岭桥	清咸丰九年(1859)	10	5	4	9		庆元县岭头乡包果村
上庄桥	清同治六年(1867)	29	6.8	3.4	3.3		庆元县至龙泉古道上
老桥	清同治九年(1870)	17	8.7	4	3.5		庆元县南安乡余地村
高际尖桥	清光绪二十一年(1895)	28.1	8.7	4.30	4.56		庆元县四山乡高际村
下坑桥	清光绪年间(1875～1908)	35	4	2.5	5		庆元县岭头乡包谢村
古买岭桥	清光绪年间(1875～1908)	22	13	3	5		庆元县岭头乡包谢村

续表 12

桥　名	建造或重修年代	桥长（米）	桥跨（米）	桥宽（米）	桥高（米）	保护级别	地　　点
水口桥	清代	28	18	4	20		庆元县百山祖乡栗洋村
村尾桥	清代	12	8	5.5	4		庆元县百山祖乡洋头村
上桥	清代建	13	8	5	8		庆元县岭头乡岭头村
外桥	清代建	17	3	4	3		庆元县四山乡九际村
新桥头桥	清代建	18	4	3	3		庆元县四山乡三溪村
交龙桥	清代	50	15	4.5	8		庆元县贤良镇青林村
二七桥	不详	12	8	4	5		庆元县岭头乡大园村
大际头交溪桥	不详	12	7.2	2.4	5		庆元县岭头乡大际头村
会龙桥	不详	18	8	4	8		庆元县岭头乡后仓坑村
石佛岩桥	不详	18		4	18		庆元县岭头乡葱甩村
社殿桥	不详	21	10	4	4.3		庆元县黄田镇姚村
殿头桥	不详	10	6	2.5	4.5		庆元县黄田镇姚村殿旁
江河桥	不详	15.6	8.5	3.6	5.7		庆元县合湖乡江河亭
苦槠林桥	不详	13	8	3	5.4		庆元县张村乡第五坑村
铜锣元桥	清代	16		4.3	5		庆元县百山祖乡桐梓村

石平桥(石梁桥 81 座)

桥　名	建造或重修年代	桥长(米)	桥跨(米)	桥宽(米)	桥高(米)	保护级别	地　　点
莲都							
清明桥	宋绍熙年间(1190~1194)		7.9			文物点	莲都区碧湖镇广福寺后
河桥	明嘉靖四十五年(1566)	11		1.7	4	县　级	莲都区永丰乡梁村水口
五铢桥	距今 2000 年前造	7	8.4	1.3	8	文物点	莲都区天井岭下
青田							
洲头桥	始建北宋元祐五年(1090)	12	4.5/2	2	5.2		青田县温溪镇洲头村
十字桥	清光绪十二年	35		1.2	2		青田县仁庄镇彭口村
众安桥	清光绪十四年(1888)	17	5 孔	2.4	2.5		青田县山口镇山口村
叶处桥	清光绪二十年(1894)	17	8 孔	1	1.3		青田县阜山乡叶处村
广惠桥	清光绪三十年(1904)	14	7 孔	0.7	1		青田县阜山乡前王村
港头桥	清时	50	3	1.65	2.9		青田县港头乡港头村
横坑桥	清代	10	5	1.5	3.5		青田县章旦乡横坑村
朱奄桥	清代	14	7 孔	0.7	0.8		青田县阜山乡朱奄村
后坑桥	清光绪年间	19	8 孔	1.1	1		青田县阜山乡叶处村
王费潭桥	古代	15	7 孔	1.1	1.2		青田县阜山乡王费潭村
永安桥	民国元年(1912)	18	2~3	1.8	2.85		青田县仁官乡小奕村
樟垟桥	民国 19 年(1930)	13	12	1	1.2		青田县阜山乡岗下村
马口畸桥(木平桥)	民国 36 年	10	10	5	5		青田县腊口镇北坑村

续表 1

桥　名	建造或重修年代	桥长（米）	桥跨（米）	桥宽（米）	桥高（米）	保护级别	地　点
下安店桥	民国时期	20	8 孔	1.2	1.2		青田县阜山乡安店村
大坑桥	民国时期	35		0.8	1.2		青田县仁庄镇彭口村
缙云							
鼎湖峰桥	始建于明代(1980 年重修)	72		0.8	1	文物点	缙云县仙都风景区
广济桥	明成化元年(1465)	118	65 孔	0.6	1		缙云县板堰村南
万年桥	清初建	105	46 孔	1	2.6		缙云县东渡镇兆岸村
洪坑桥	清乾隆三十二年建,光绪十四年重建	18.6	14 孔	2.95	8.3		缙云县溶江乡洪坑桥村
深渡桥	清乾隆三十四年(1769)	136	72 孔	0.6		文物点	缙云县上章村
上章桥	清乾隆三十四年(1769)	67	54 孔				缙云县田村
云溪桥	清乾隆三十四年(1769)	65	36 孔				缙云县田村
佃安桥	清乾隆三十四年(1769)	62	35 孔				缙云县田村
松州桥	建于清中期	东桥长 95 西桥长 64		1	0.8	碇步桥	缙云县五云镇周村
太平桥	清道光八年建	134	20 孔	3.5	1.7		缙云县马渡村南
连珠桥	清道光二十九年建(1849)	22	3 孔	3	2.5		缙云县东渡村
上川桥	清道光年间	48	23 孔	0.9	1.2	文物点	缙云县
丁川桥	清道光年间建	91.6	13 孔	2.5	3.7		缙云县笕川村南
马迹桥	清道光年间(1821~1850)	153	73 孔	0.7	1		缙云县下洋村南
乐善桥	清咸丰七年建	15	单孔 9 米	3	5		缙云县石笕乡石笕村

续表 2

桥名	建造或重修年代	桥长（米）	桥跨（米）	桥宽（米）	桥高（米）	保护级别	地点
万安桥	清咸丰七年建	19	3孔	1.8	4		缙云县石笕乡石笕村
川石桥	清光绪三年	43	7孔	2	3.5	文物点	缙云县川石村东
永济桥	清光绪二十一年(1895)	108		0.7		文物点	缙云县下名山村
永乐桥	清光绪二十二年	24.5	4孔	2	3.2	文物点	缙云县城北乡百峰湖村
利济桥	清光绪二十七年	19	4孔	1.7	2.5		缙云县岩山下村
麻岙桥	清光绪年间	10		3	6.5	文物点	缙云县上川村
大溪头桥	清光绪年间建	14	6孔	1.2	1.2		缙云县上周村东南
东门石桥	建于清	97.6	50孔	0.8			缙云县五云镇东门
大路畈桥	年代不详	30	14孔	1.5	1		缙云县溶江乡大路畈村
济川桥	清朝末年	90	46孔	0.8			缙云县镇东村下徐宅自然村
永乐桥	不　详	42.5	10孔	1.5	1.5		缙云县梅溪村西北
笕头本桥	年代不详	20	3孔	1.7	3.4		缙云县笕头本村中
上东岸桥	无考	53	24孔	0.8	0.8	文物点	缙云县白竹乡上东岸村
朱村桥	清宣统三年	14	2孔	1.7	3		缙云县朱村北
斜圩桥	民国初	66.7	29孔	0.6		文物点	缙云县深渡村北隅
二九桥	民国5年建	18	2孔	2.3			缙云县马桥头村
永乐桥	民国22年建	22.7	4孔	1.6	2.5		缙云县黄店村
同乐桥	民国27年建	23	4孔	1.3	2.5	文物点	缙云县城北乡百峰湖村

续表 3

桥　名	建造或重修年代	桥长（米）	桥跨（米）	桥宽（米）	桥高（米）	保护级别	地　点
银杏桥	民国 26 年建　民国 32 年重建	96	26 孔	1.1	2.6		缙云县金竹村西南
梅溪桥	民国 36 年建	10	2 孔	1.3	1.9		缙云县隔水村
景星桥	民国 36 年建	10	2 孔	1			缙云县永乐村北
上陈桥	民国 36 年建	10.5	2 孔	1			缙云县上陈村西
长毛堰桥	民国 37 年建	25	4 孔	1.7	3.5		缙云县河宅村
永济桥	民国年间造	43	7 孔	2	7	文物点	缙云县川石村
板堰桥	民国时重修	150	87 孔	0.8	1.5		缙云县上前湖村北
塔山下桥	民国年间	14	2 孔	1.5	3.5	文物点	缙云县麻村
遂昌							
南渡桥	清　代	11	5/2 孔	1.3	2		遂昌县新路湾镇蕉川二村
岭脚桥	清　代	13	4/2 孔	1.2	3		遂昌县高坪乡小坪坑
李祠桥	清　代	10	4~5/2 孔	1	2.4		遂昌县新路湾镇蕉川一村
下横坑桥	不　详	11	10/1 孔	1.2	3.5		遂昌县新路湾镇下横坑村
村脚桥	不　详	18	6/2 孔	1.2	3		遂昌县金竹镇赤塔源
石桥背桥	不详	11	2 孔	2.8	3.3		遂昌县高坪乡石桥背
排路下桥	不详	12.6	2.6/ 单孔	3	5		遂昌县龙洋乡西坑口村
黄庄桥	不　详	10		1.25	3.5		遂昌县王村口镇黄沙岭脚塔潭
永济桥	民国 10 年	13.3	5.5/2 孔	1.6	2.7		遂昌县三仁乡坑口村
四杵桥	民国 30 年	19	5/3 孔	1.2	3.4		遂昌县新路湾镇大马埠村

续表 4

桥名	建造或重修年代	桥长（米）	桥跨（米）	桥宽（米）	桥高（米）	保护级别	地点
松阳							
杉溪桥	元延佑七年(1319)	19	2/7孔	2.10	2		松阳县西屏镇七村
利济桥	清嘉庆十八年	50	32/9孔	1.2	5		松阳县望松乡五都阳村
白沙桥	古	15	10/1孔	3	6		松阳县西屏镇白沙村
陈坡桥	古	12	2/5孔	2	3.5		松阳县西屏镇下岩西村
老鹰桥	古	18	7/2孔	3.2	4.5		松阳县西屏镇南山村
下村木桥	古、2008年重修	11	9/1孔	1	5		松阳县玉岩镇程路村
金钟木石桥	民国初	12	7/1孔	5	6		松阳县象溪镇金钟村
光裕桥	民国初年	15		4.2			松阳县板桥乡桐榔村
慈航桥	民国初年	18.5		3.9			松阳县板桥乡桐榔村
八仙木桥	民国26年	10	1孔	4.5	8		松阳县裕溪乡风弄源村
云和							
正川桥	民国22年	25	8/3孔	6	7		云和县石塘镇石塘坑村
庆元							
杨家楼石梁桥	清光绪二十年	5					庆元县五大堡乡杨楼村

2010年全市古桥统计

县(市、区)	木拱廊桥	八字拱廊桥	木(平)梁廊桥	石拱廊桥	石拱桥	石平桥(石梁桥)	备　　注
莲　都		2		2	4	3	浮桥1,1984年拆除
龙　泉	2	1	21	16	10		
青　田		2	6	6	52	15	
缙　云				2	37	41	已毁不计在内
遂　昌			13	1	50	10	遂昌县尚存古桥171座
松　阳		1	23	4	21	10	
云　和				1	17	1	
庆　元	13	3	37	43	32	1	其中洄龙桥毁于2006年台风“桑美”。
景　宁	11	1	25	3			其中2座木拱廊桥迁建;1座迁建北京。
合　计	26	10	125	78	223	81	

十一、1974~1990年12月丽水地区交通局历届领导人名录

行政领导			党组织领导		
姓 名	职 务	任 期	姓 名	职 务	任 期
丽水专署建设科 1950.6~1951.10					
樊康平	科 长	1950.6~1951.5			
徐明章	副科长	1951.5~1951.10			
丽水专署工交办公室 1963.8~1970.10					
范勋泰	副主任	1963.8~1968			
卢声亮	副主任	1964.10~1970.10			
丽水地区革委会生产指挥组工交办公室 1970.10~1971.2					
张廷贤	负责人	1970~1971.2			
丽水地区交通邮政局 1971.2~1974.9					
刘 先	第一副组长	1971.2~1974.9			
薛立广（军代表）	副组长	1971.2~1974.9			
刘连铨	副组长	1974.3~1974.9			
地区交通局 1974.9~1979.3					
郑元夫	组 长	1974.9~1977.9			
刘连铨	副组长	1974.9~1977.9			
霍在宝	临时领导小组组长	1977.9~1978.1	霍在宝	党组书记	1978.1~
李树林	副组长	1977.9~1978.1			
刘 先	副组长	1977.9~1978.1	刘 先	党组副书记	1978.1~
霍在宝	局 长	1978.1~1978.5			
刘 先	副局长	1978.1~1979.3			
周国龙	副局长	1978.10~1979.3	周国龙	党组副书记	1978.10~1983.9
地区工业交通局 1979.3~1980.1					
卢声亮	局 长	1979.3~1980.1			
钱祈永	副局长	1979.3~1980.1			
周国龙	副局长	1979.3~1980.1			
钱金全	副局长	1979.3~1980.1			

续表

地区交通局 1980.1~1990.12

行政领导			党组织领导		
姓名	职务	任期	姓名	职务	任期
邢宝荣	局长	1980.1~1983.9	邢宝荣	党组书记	1980.1~1983.9
李树林	副局长	1980.5~1983.2			1983年9月撤销党组,1984年7月复建
周国龙	副局长	1980.1~1983.9			
蓝光谅	局长	1983.9~1990.6	蓝光谅	党组书记	1987.6~1990.6
金时龙	副局长	1983.9~1987.12	金时龙	党组副书记	1988.1~1998.4
钟祖敏	副局长	1983.9~1987.12			
傅志新	副局长	1985.3~1987.12			
蒋维洛	副局长	1988.12~1990.6			

注:1974年9月,丽水地区交通邮政局分设为丽水地区交通局和丽水地区邮电局。设领导小组,1977年9月,地区交通局成立临时领导小组,1978年改称局长、副局长。

十二、1950~1990 年丽水地区交通系统高级工程师获得者

叶葆鹤　地区交通局勘察设计室主任

陈特昭　地区汽车运输公司副总工程师

颜增品　地区汽车运输公司保修机具制造厂副厂长

吴洵楔　地区汽车运输公司保修机具制造厂

李正潮　地区汽车运输公司龙泉分公司

郑士刚　地区汽车运输公司修理厂

徐必元　地区汽车运输公司保养厂

徐发俊　地区公路管理处

吴贤焯　地区公路管理处副处长

蓝延生　地区汽车运输公司职工学校教师,中教高级。

十三、1950~1990 年全区交通系统先进集体、先进个人

先进集体

全国先进集体

单位名称	获奖年月	获奖名称	授奖单位
松阳工区第六道班	1956	全国一等先进生产单位	交通部
丽水养路段	1956	全国交通系统先进单位	交通部
遂昌县养路点 103 道班(即原松阳工区第六道班)	1959.11	全国交通运输系统先进集体	国务院
遂昌县西屏搬运站妇女手车第一班	1960	全国妇女"三八"红旗手集体	全国妇联

省(部)级先进集体

云和县赤石养路领工区	1955	省公路绿化先进单位	省人民政府
丽水运输处客车队第一小组	1956.4	先进集体	省人民政府
丽水中心站搬运小组	1957.6	先进集体	省人民政府
丽水修理车间	1959	先进集体	省人民政府
遂昌县运输公司西屏搬运站妇女手车第一班	1959	全省交通运输系统先进集体	
云和县赤石养路渡班	1959	安全渡运 10 年无事故先进集体	省人民政府
龙泉运输段吉尔半挂小组	1964	先进集体	省人民政府
遂昌公路管理段	1976.1977	全省"工业学大庆"先进单位	省委、省政府
丽水地区汽车运输公司团委	1984	全国青年读书活动先进集体	团中央、全国青联
青田公路段石帆道班	1986	省文明班组	省人民政府
松阳公路段靖居口道班	1987	省文明班组	省总工会
丽水地区汽车运输公司	1989.5	省级安全生产单位	省人民政府
丽水地区汽车运输公司	1990.10	稽查先进单位	华东地区公路运输稽查联合会
遂昌县长运公司客运站	1990.11	文明车站	交通部
丽水客运站	1990.11	文明车站	交通部

厅级先进集体

单位名称	获奖年月	获奖名称	授奖单位
遂昌县城桂公路筑路兵团	1959	省交通系统先进单位	
遂昌汽车中心站	1964	浙江省交通系统先进单位	
遂昌客运站		1979 年、1980 年、1984 年浙江省汽车运输系统先进单位	
遂昌公路管理段		1976、1977 两年被评为"工业学大庆"先进单位	
松阳公路段靖居口道班	1979	"过得硬"道班	省交通厅

续表 1

单位名称	获奖年月	获奖名称	授奖单位
地区汽运公司龙泉分公司保养车间	1979	先进集体	省汽运公司
松阳县运输公司		1981 年起连续 3 年被评为省级先进单位	
庆元公路段西边道班		从 1972 年至 1981 年连续 10 年被评为省级先进单位	
龙泉县运输公司	1982	省交通运输系统先进单位	省交通厅
地区汽运公司龙泉分公司货运站	1982	先进集体	省汽运公司
地区汽运公司龙泉分公司保养车间	1983	先进集体	省汽运公司
地区汽运公司龙泉分公司轮胎车间	1983	先进集体	省汽运公司
省汽运公司丽水分公司松阳站 1904 号车	1984.3	获“青年团浙江省委十项活动”、“百面红旗”竞赛活动“文明车”称号	青年团省委
遂昌货运站	1984	浙江省汽车运输系统先进集体	省汽运公司
云和车站	1984	先进集体	省汽车运输公司
云和车站	1985	安全行车先进集体	省汽车运输公司
丽水地区汽车运输公司	1986.6	全省工交企业经济效益先进单位	省计经委
松阳公路段潘村苗圃	1986	全省公路绿化先进集体	省绿化委员会
地区汽运公司龙泉分公司货车队	1986	先进集体	省汽运公司
松阳县交通监理所	1986	省级交通监理先进单位	
松阳县轮胎翻修厂	1987	省交通系统两个文明建设先进单位	
松阳公路管理段	1987	全省绿化先进单位	省绿化委员会
松阳公路段靖居口道班	1987	省交通系统先进集体	
景宁公路管理段		1988、1989、1990 年度被评为省交通系统先进单位	省人事厅
地区汽运公司松阳分公司客运东风组	1988	省汽运公司级先进集体	省汽运公司
丽水地区汽车运输公司	1989.12	“六五”以来技术改造先进单位	省计经委
丽水地区汽运公司	1990.2	省节水先进单位	省计经委
丽水地区汽运公司团委	1990.3	“学雷锋、树新风”先进集体	团省委、浙江日报社
地区汽车运输公司	1990.4	省稽征工作先进单位	省稽查分会
丽水地区汽运公司	1990.5	省级先进档案管理合格证	省档案局
遂昌客运站	1990.5	省级文明车站	省交通厅
丽水客运站	1990.5	省级文明车站	省交通厅
丽水地区汽运公司	1990.6	省交通系统两个文明建设先进单位	省交通厅
丽水地区汽运公司劳动服务公司	1990.10	省劳动服务工作先进单位	省人事厅
丽水地区汽车运输公司	1990.12	全省汽车运输系统油料管理工作先进集体	省交通厅
丽水市区黄泥山加油站	1990.12	省级先进加油站	省交通厅
松阳客运站	1990	省级文明车站	省交通厅

续表 2

地(市)级先进集体

单位名称	获奖年月	获奖名称	授奖单位
云和县局村航运站	1978	完成运输任务优质单位	地区行署
丽水地区汽车运输公司	1990.10	90年退伍安置工作先进单位	地区行署

先进个人

全国先进个人

姓 名	职 务	工作单位	获奖年月	获奖名称	授奖单位
林岩进	船 工	青田县木帆船运输合作社	1956.4	全国先进生产(工作)者	国务院
孟宪琨	驾驶员	原省公路局丽水运输处	1956.5	全国交通先进生产(工作)者	中共中央、国务院
吴金娟(女)	站务员	遂昌汽车站	1979.3	全国"三八"红旗手	全国妇联
陈再新	驾驶员	省汽车运输公司丽水分公司龙泉车队	1980	全国交通战线劳动模范	中共中央、国务院
蓝伟亮	驾驶员	丽水地区汽运公司丽水客运分公司	1989.9	全国劳动模范	国务院

部级劳动模范(先进工作者)

姓 名	职 务	工作单位	获奖年月	获奖名称	授奖单位
徐振妙	站务员	丽水运输处客运站	1956	浙江省先进生产(工作)者	交通部
吴金娟(女)	站务员	遂昌汽车站	1964	全国交通系统先进工作者	交通部

省级劳动模范(先进工作者)

姓 名	职 务	工作单位	获奖年月	获奖名称	授奖单位
王继武	驾驶员	丽水汽车保养场	1951.5	省一等劳动模范	省政府
金少余	驾驶员	丽水汽车保养场	1951.5	省二等劳动模范	省政府
茅阿忠	车 工	丽水黄梅记修理厂	1951.5	省二等劳动模范	省政府
裴长根	轮胎工	丽水汽车保养场	1951.5	省三等劳动模范	省政府
孟宪琨	驾驶员	浙江省交通厅公路运输管理局丽水运输处	1955	省先进生产(工作)者	省政府
徐振妙	站务员	丽水运输处客运站	1955	省先进生产(工作)者	省政府
姚肇基	驾驶员	丽水运输处	1955	省先进生产(工作)者	省政府
周燕堂	装配工	丽水汽车保养车间	1955	省先进生产(工作)者	省政府
徐振妙	站务员	丽水运输处客运站	1956	省先进生产(工作)者	省政府
林岩进	船 工	瓯江木帆船运输社	1956	省级先进生产者	省政府
杨芝香	装配工	温州运输处丽水中心站	1957.6	省先进生产(工作)者	省政府

续表 3

姓 名	职 务	工作单位	获奖年月	获奖名称	授奖单位
卢增桂	装卸工	温州运输处丽水中心站	1957.6	省先进生产(工作)者	省政府
邓鸿松	炊事员	温州运输处丽水中心站	1957.6	省先进生产(工作)者	省政府
李梦阳	驾驶员	温州运输处龙泉中心站	1959.3	省先进生产(工作)者	省政府
曹宝源	经 理	温州运输处丽水中心站	1959.3	省先进生产(工作)者	省政府
方豪正	驾驶员	温州运输处丽水中心站	1959.10	省先进生产(工作)者	省政府
何坤松		青田县公路养路队	1962	省工交系统先进生产(工作)者	省政府
董玉成		温州运输处龙泉中心站	1962.5	省先进生产(工作)者	省政府
陈享宜		温州运输处丽水中心站	1962.5	省先进生产(工作)者	省政府
陈再新	驾驶员	龙泉客运中心	1978	省劳动模范	省革委会
陈再新	驾驶员	龙泉客运中心	1979	省劳动模范	省革委会
张发其		丽水地区公路总段	1979	省先进生产(工作)者	省革委会
蓝光谅	局 长	遂昌县交通局	1982	省劳动模范	省政府
陈再新	驾驶员	龙泉客运中心	1982	省劳动模范	省政府
郑国超	干 部	云和县车辆监理站	1982	省级先进工作者	省政府
吴贤长	修理工	丽水地区汽运公司	1983	省青年突击手	
范鼎维		龙泉县交通局	1987	民族团结先进个人	省政府
陈再新	驾驶员	龙泉汽车站	1980～1987	省优秀党员	省委
吴世海	驾驶员	云和县供销车队	1988	省劳动模范	省政府
蓝伟亮	驾驶员	丽水地区汽运公司	1989.5	1988 年度省劳动模范	省政府
金叶军	驾驶员	丽水地区汽运公司	1989	1989 年浙江省优秀工人	省总工会

厅级先进个人

姓 名	工作单位	获奖年月	获奖名称	授奖单位
徐观兴	松阳工区 22 道班班长	1953	省公路工程系统先进生产(工作)者	
徐准兴	松阳工区道工	1955	省交通系统先进生产(工作)者	
金美潭	松阳工区 103 道班（原第六道班)班长	1956	省先进生产(工作)者	
汤金亮	松阳县客运公司驾驶员	1985.10～1986.3	全省交通文明建设保障安全畅通活动先进个人	
何碧玲(女)	地区公路管理处	1986	公路绿化先进工作者	省绿化委员会
洪樟水	省运输公司松阳站驾驶员	1987	省交通系统两个文明建设先进职工	
饶小雷	缙云县交通系统	1988.3	全省公路路政管理工作先进个人	省交通厅
林建成	缙云县交通系统	1988.3	全省创建文明样板路活动先进个人	省交通厅
章志祥	丽水地区汽运公司	1989.6	省级安全生产先进个人	省安全生产委员会

续表 4

姓名	工作单位	获奖年月	获奖名称	授奖单位
李正明	地区公路管理处	1988	“双文明”(物质文明和精神文明)先进工作者	省交通厅
梁 效	龙泉县运管所	1988	春运先进工作者	省交通厅
蓝伟亮	丽水地区汽运公司	1990.6	1988～1989 年度“双文明”先进职工	省交通厅
程良吴	丽水地区汽运公司	1990.6	1988～1989 年度“双文明”先进职工	省交通厅
李正明	地区公路管理处	1990	“双文明”(物质文明和精神文明)先进工作者	省交通厅
鲍万军	丽水地区汽运公司	1990	1988～1989 年度“双文明”先进职工	省交通厅

地级先进个人

姓 名	工作单位	获奖年月	获奖名称	授奖单位
严顺风	云和县局村航运站	1955	温州航区劳动模范	温州专署
林步翰	松阳县古市搬运站工人	1960	获金华专区交通运输先进生产者称号	金华专署
卢兴雪	云和县车辆监理站	1979	地区先进工作者	丽水地区行署
郑国超	云和县车辆监理站	1980～1984	地区先进工行者	丽水地区行署
潘君献	松阳县县乡养路段曹竹道班班长		1982 年起连续 6 年被评为地级交通系统先进生产(工作)者	丽水地区行署
李道林	云和汽车站	1985	地区优秀党员	丽水地委
汤田富	云和汽车站	1985	地区优秀党员	丽水地委
林永进	云和汽运分公司	1989	丽水地区优秀党员	丽水地委
程良吴	云和汽运分公司	1989～1990	丽水地区优秀党员	丽水地委

十四、专用术语

1.航道远程视频监控:在重点航道设立视频监控点,监控航道船舶情况,监管人员在室内通过视频可以随时掌握船舶航行情况。

2.智能检测仪:又称危险品检查仪或全自动行李检查仪,用于火车站、汽车客运站、机场、码头,为提高对旅客行包检查的水平,保证行包检查的快速、准确与方便,打破过去行包检查靠人力、凭经验、抽查开包等落后的检查方式,在旅客进入候车(机、船)室(厅)处配置智能检测仪,进站旅客的行包全部通过检测仪检查,堵截了危险品携带上车(飞机、轮船),确保了安全。

3.GPS卫星跟踪系统:其功能是实时记录车辆在行驶中所在位置、速度、运行线路,包括处于某个位置的具体时间、经度、纬度、状态信息、方向等,并具有报警防盗抢等功能,数据无须为人读取,可实时监控车辆运行情况,以便及时对车辆违规行驶或意外事故进行处理和调配。

4.行驶记录仪(黑匣子):其功能是能够循环记录最新时段内车辆运行速度、转向、制动、倒车、大灯等数据,数据必须为取件读取,为车辆安全管理和事故分析提供数据。

5.公路客运站务系统:为车站售票相关业务提供服务与支撑的软件系统,包括基础信息管理、调度、售票、检票、统计分析等相关模块。

6.微机联网售票:1995年,丽水地区汽车运输联合总公司(丽汽集团)针对公路客运售票系统技术的滞后和传统的操作模式,影响旅客出行的实际情况,引进电子售票系统,先后运用于丽水客运站、客运东站。

为推进信息化管理进程,进一步提高企业的管理水平和管理质量,提高信息资源的共享率和工作资金积累,2001年4月1日, 丽汽总公司帮助丽水客运站与客运东站成功地实现了微机联网售票。2003年6月28日,丽水客运西站建成投入运营(丽水客运站业务和人员并入西站),丽汽集团通过改用光纤,完善了东、西两站的联网售票系统,提高了售票、检票工作的快速性和稳定性。2010年9月丽水客运东站、西站和全省11个地级市互联网购票业务正式开通,乘客只要用手机登陆wap86580cn或用电脑登陆www.86580cn网站,查询和选择车次,并通过网上银行成功付款后即完成购票。交易成功后,网站会通过移动、电信等彩信平台发送给一个二维码,取票时,只要将手机放在车站里的取票机上一刷,就能拿到纸质的车票。倘若旅客因故临时取消行程,到车站先将纸质车票取出,再到售票窗口办理退票手续。退票系统流程按照《道路旅客运输及客运站管理规定》,需在发车前半小时办理。

通过电子售票系统,乘客在平常日子里可以提前3天买到票,在春运期间则可以提前40天,在方便乘客的同时,更加有效地规范了客运市场。

中国道路运输协会秘书长常庆宪称,电子售票系统率先在丽水投入使用运行,标志着我国道路客运信息化技术的新进步,中国道路运输协会今后将大力支持并推广这一新技术。

7.乡村康庄工程:以修筑农村公路、服务城镇化,使通行政村公路等级化,路面硬化,即铺有柏油路、水泥路为目标的农村交通工程称为乡村康庄工程。

8.六大工程:2003 年,浙江省交通厅提出实施“六大工程”,实现交通跨越式发展目标,其“六大工程”是指“高速网络工程”、“干线畅通工程”、“水运强省工程”、“乡村康庄工程”、“绿色通道工程”、“廉政保障工程”。

9.三大建设:2007 年,浙江省交通厅提出“三大建设目标”:“三大建设”是指“大港口”、“大路网”和“大物流”的建设。它是加快发展现代交通业的一项重要任务,也是促进交通传统产业向现代服务业转型的必然要求。

10.城乡交通网:概括起来就是骨架公路成网,乡村公路进村,农村公交到家,促进城乡间要素的畅流。

11.农村公路:是指按照国家、省公路工程技术标准修建,并按照国家和省有关规定验收合格的县道、乡道和村道,是国家公路网的重要组成部分。

12.五型公路:

品质型公路 立足升级扩容,打造与现代化其它交通方式全面对接,公路网络全面完善、公路等级全面提升、公路路况全面改善、公路通行能力全面提高,在功能与质量上满足多样化公路交通需求的公路公共产品。

平安型公路 立足珍视生命,进一步树立安全至上的理念。把公路安全贯穿于设计、建设、养护、运营、监督等全过程。坚持安全第一,实行综合治理,加强公路安全设施建设,使“安全第一”思想及制度、措施在公路行业管理中得到全面落实,人民群众生命财产安全得到有效保障,为社会公众提供安全的公路产品。

生态型公路 立足区域绿谷生态优势,因地制宜,将公路建设与景观协调有机结合。公路绿化必须把生态功能的恢复、强化和持续放在首位;利用园林绿化的基本手法,打造景观效果良好的园林式公路。把公路建设打造成科学规范、通行环境整洁优美,与自然和谐融洽的公共产品。

服务型公路 立足“三个服务”,构建服务意识进一步增强、服务设施进一步完善、服务方式进一步多样化、服务水平进一步提升的公路服务体系。牢固树立以人为本的思想、为民服务、便民利民。以“真心、用心、耐心”,切实抓好各项服务工作。

阳光型公路 立足规范透明,依法治路为管理准则,以文明廉洁为管理要求,构建依法行政,公正公开,勤政廉政、文明和谐的公路管理体系。

十五、参 考 资 料

1.清光绪二十年(1894)纂《处州府志》

2.《浙江省丽水地区地名通览》,丽水地区地名办公室 编
1987年10月印刷,内部赠送。

3.《丽水地区志》,丽水地区地方志编纂委员会 编
杭州:浙江人民出版社1993年6月版

4.《丽水地区交通志(589—1990)》,《丽水地区交通志》编纂委员会 编
北京:海洋出版社1995年11月版

5.丽水地区县(市)交通志,丽水地区县(市)交通局 编
北京:海洋出版社20世纪90年代出版

6.丽水市各县(市、区)交通志稿(1991—2010年)资料
县(市、区)交通局编

7.《丽水地区(市)公路资料汇编(1991—2010)》,丽水市公路管理局 编
内部刊印

8.《丽水地区(市)交通统计资料汇编》(1991—2010),丽水市交通局 编
内部刊印

9.《丽水年鉴》,丽水地区(市)地方志编纂委员会 编
北京:方志出版社、海洋出版社等1996至2011年版

10.《交通法规汇编》(1996年),浙江省交通厅 编 内部刊印

11.丽水市汽车运输集团有限公司《企业志(1998—2004)》 内部刊印

12.《丽水公安志》,《丽水公安志》编纂委员会 编
北京:方志出版社2004年5月版

13.《处州廊桥》,丽水市政协文史资料委员会 编
北京:中国民族摄影艺术出版社2006年12月版

14.《丽水统计年鉴》,丽水市统计局 编
北京:中国统计出版社2007年10月版

15.《丽水市河流简明手册》,丽水市水利局 编
北京:中国水利水电出版社2008年5月版

16.《括苍古道》,括苍古道保护与开发课题组 编著
北京:中国文史出版社2008年10月版

17.《丽水统计年鉴》,丽水市统计局 编

北京:中国统计出版社 2010 年 9 月版

18.《丽水文史资料》,丽水市政协文史资料委员会 编

北京:中国文史出版社 2011 年 3 月版

19.《丽水日报》,中共丽水市委机关报

20.《处州晚报》,丽水日报社主办

21.丽水市档案馆档案资料

编 后 记

《丽水市交通志(1991—2010)》编纂工作起步于2007年12月,成立丽水市交通志编纂委员会,下设办公室,着手志书编纂准备工作。

2008年2月25日,召开丽水市交通志编纂工作动员会议,局属单位及丽水市汽车运输集团有限公司等部门20多人参加会议,编志工作正式起动。

后因工作需要调动或换届,编纂委员会主任、副主任、委员、编委会办公室主任及相关人员,不再担任此职。但他们开启的《丽水市交通志(1991—2010)》编纂工作,发挥的领导作用和付出的辛勤劳动将永载史册。

现将《丽水市交通志(1991—2010)》原编纂委员会组成人员及参与编写人员记叙如下:

党组书记、局长崔建宏、叶沙平先后任编纂委员会主任

党组副书记、副局长王顺发、李根林先后任编委会副主任

时任副局长詹百松、谢华友、蒋金松、祝亮、吴和俊、王栋、纪检组长曹章兴以及王梅生任编委会委员,编委会办公室主任先后由局原办公室主任俞利清、李维强兼任,王梅生、吕珠钗参与撰写工作(凡连任者不列入)。

新编《丽水市交通志(1991—2010)》是1995年版《丽水地区交通志(589—1990)》的续志,体例设序、述、记、志、传、图、表、录,以志为主体。全志分编、章、节、目、子目,设10篇,33章,142节,100多万字,首卷地图6帧、彩照54幅,正文、附录黑白附图120幅。正文后设附录。

2015年9月,市交通运输局领导班子换届,《丽水市交通志(1991—2010)》尚在编修中,接着,在新成立的编纂委员会领导下继续志书编纂工作,直至出版发行。

20年来,丽水市交通运输业实现了跨越式发展,涌现出许多新事物、新特点,取得了辉煌的业绩。根据新情况、新特点,新设物流 仓储、生态交通建设、体制改革等3篇。

《丽水市交通志(1991—2010)》虽是《丽水地区交通志》的续志,但有纠错和补遗之任务。为对历史负责,使事件上下有机衔接,在记叙历史事实时,有的起于事物发端,并在第一轮修志的基础上,有错必纠,有漏必补,以提高志书的史料真实性和存史价值。

《丽水市交通志(1991—2010)》得以成书,9年多来,完全有赖于市交通局先后三届领导的关心重视,全市交通系统特别是局属单位和9县(市、区)交通志编纂办公室的通力合作和支持,省交通运输厅编志办行家和老师以及丽水市地方志办公室行家的指导,各单位参与志稿编写工作的同仁,齐心协力,才得以编纂而成。在此,表示衷心的感谢!

《丽水市交通志(1991—2010)》成书的过程，是不断修改补充，不断纠误，不断充实资料的过程。志书之成，绝非一人之力，而是众人成书，完全有赖于40多个部门和单位大力提供资料，在此，特向所有关心、支持《丽水市交通志》编纂工作的有关人士，表示衷心的感谢！

作为具有存史、资政、育人作用的志书，真实的史料是弥足珍贵的。由于种种原因，有的资料缺失难以查找；有的资料本身有误，但又难以查找纠误的资料，尽管作过种种努力，《丽水市交通志》仍难免有资料错误、遗漏、不足之处，为此，特向读者致歉，并请不吝赐教。

编 者

二〇一五年十一月